AF826929

Harald Wilsch
NotarFormulare Erbbaurecht

N O T A R F O R M U L A R E

H E R A U S G E G E B E N V O M
D E U T S C H E N N O T A R V E R E I N

NotarFormulare
Erbbaurecht

Muster – Verträge – Erläuterungen

---

3. Auflage 2025

von
Bezirksrevisor **Harald Wilsch**,
München

DeutscherNotarVerlag

Zitiervorschlag:
Wilsch, NotF Erbbaurecht, § 1 Rn 1

Benutzer-Hinweis für Muster
Für den Download der Mustertexte gehen Sie auf
https://www.notarverlag.de/notarformulare-erbbaurecht
Dort erhalten Sie Zugriff auf das zip-Archiv: 6315_musterdownload

Hinweis
Die Ausführungen in diesem Werk wurden mit Sorgfalt und nach bestem Wissen erstellt. Sie stellen jedoch lediglich Arbeitshilfen und Anregungen für die Lösung typischer Fallgestaltungen dar. Die Eigenverantwortung für die Formulierung von Verträgen, Verfügungen und Schriftsätzen trägt der Benutzer. Herausgeber, Autoren und Verlag übernehmen keinerlei Haftung für die Richtigkeit und Vollständigkeit der in diesem Buch enthaltenen Ausführungen und der per Download bereitgestellten Daten.

Anregungen und Kritik zu diesem Werk senden Sie bitte an
info@notarverlag.de
Autoren und Verlag freuen sich auf Ihre Rückmeldung.

Copyright 2025 by Deutscher Notarverlag, Bonn
Umschlaggestaltung: gentura, Holger Neumann, Bochum
Satz: Reemers publishing publishing GmbH, Krefeld
Druck: Hans Soldan Druck GmbH, Essen
ISBN 978-3-95646-315-0

Das Werk einschließlich aller seiner Teile ist urheberrechtlich geschützt. Jede Verwertung außerhalb der engen Grenzen des Urheberrechtsgesetzes ist ohne Zustimmung des Verlages unzulässig und strafbar. Das gilt insbesondere für Vervielfältigungen, Übersetzungen, Mikroverfilmungen und die Einspeicherung und Verarbeitung in elektronische Systeme.

Bibliografische Information der Deutschen Bibliothek
Die Deutsche Bibliothek verzeichnet diese Publikation in der Deutschen Nationalbibliografie; detaillierte bibliografische Daten sind im Internet über
http://dnb.d-nb.de abrufbar.

Vorwort zur dritten Auflage

Das Erbbaurecht zählt zu den langfristigen und nachhaltigen Schlüsselinstrumenten einer Bodenpolitik, die zur Marktberuhigung[1] beitragen soll und der eine Renaissance attestiert wird.[2] Deutlich wird dies nicht nur in den Kommunen,[3] die Grundstücke nicht mehr verkaufen, sondern vorrangig im Erbbaurecht vergeben,[4] sondern auch in den Koalitionsverträgen der Landesregierungen, die das Erbbaurecht aufnehmen, um mit dem Erbbaurecht eine gemeinwohlorientierte Antwort auf soziale und ökologische Fragestellungen zu geben. Parallel dazu verfolgen Stiftungen und kirchliche Rechtsträger seit Jahrzehnten eine erfolgreiche und segensreiche Agenda der ausgewogenen Wohnraumversorgung, wobei sie auf das Erbbaurecht setzen. Von einem „Fremdkörper"[5] kann daher nicht die Rede sein, auch nicht von „mangelnder Akzeptanz".[6] Das Gegenteil trifft zu, das Erbbaurecht ist integraler Bestandteil der Immobiliarpraxis und erfreut sich großer Akzeptanz. Das Erbbaurecht: eine facettenreiche und mehr als einhundertjährige Erfolgsgeschichte mit einer mehr als gewissen Zukunft. Vor dem Hintergrund steigender Wohn- und Baukosten bzw. hoher Zinsbelastungen ist die Relevanz des Erbbaurechts ungebrochen. Viele Erbbaurechte laufen in den nächsten Jahren aus und stehen vor der Verlängerungsfrage,[7] was die Grundstückseigentümer als social engineer fordert und die Notariatspraxis vor große Herausforderungen stellt. Diesen Herausforderungen soll mit der Neuauflage des Buches begegnet werden.

Die Neuauflage berücksichtigt Literatur und obergerichtliche Rechtsprechung bis zur Jahresmitte 2024. Dargestellt sind die Änderungen des neuen Vormundschafts- und Betreuungsrechts sowie die umfassenden Änderungen im Zuge der Reform des Personengesellschaftsrechts (MoPeG), zu erwähnen sind insoweit die Einführung des Gesellschaftsregisters und die Neukonzeptionierung der Gesellschaft bürgerlichen Rechts. In der Neuauflage finden sich die Schlichtungsklauseln des Schlichtungs- und Schiedsgerichtshof Deutscher Notare (SGH), um „mehr Schlichtung (zu) wagen".[8] Darüber hinaus galt es, „green leases" für das Erbbaurecht zu finden, Klimaschutzklauseln, die dazu dienen, die Klimaschutzziele und Reduktionsziele zu definieren, die der Grund-

1 Vgl. *Krusenotto/Pätzold*, ErbbauZ 2024, 9, 10.

2 Vgl. ErbbauZ 2024, 63 („Nachrichten rund um das Erbbaurecht").

3 Zum Erbbaurecht als „strategische Option kommunaler Bodenpolitik" vgl. *Krusenotto/Pätzold*, ErbbauZ 2024, 9. Einen „Verkaufsstopp" kennt beispielsweise die Stadt Freiburg im Breisgau.

4 So auch die Praxis der Stadt Freiburg im Breisgau.

5 *Löhr/Braun*, Zeitschrift für Immobilienökonomie, 6 (2), 111–136, zitiert bei *Krusenotto/Pätzold*, ErbbauZ 2024, 9.

6 *Krusenotto/Pätzold*, ErbbauZ 2024, 9.

7 Zur „unsichere(n) Anschlusssituation bei Auslaufen der Erbbaurechtsverträge" vgl. auch *Krusenotto/Pätzold*, ErbbauZ 2024, 9, 11.

8 Vgl. *Schmitz-Vornmoor*, notar 2019, 188.

stückseigentümer bei der Vergabe des Erbbaurechts verfolgt. Obgleich das Erbbaurecht als grundstücksgleiches Bauwerksrecht die Notwendigkeit solcher „green building leases“ nahelegt, offeriert die aktuelle Publizistik keinerlei Regelungsvorschläge, sodass eine Lücke zu konstatieren ist. Diese Lücke soll mit der Neuauflage geschlossen werden.

Dieser Hintergrund und die positive Resonanz der beiden Vorauflagen machten eine Neuauflage notwendig. Der geneigten Leserschaft, dem Verlag und Frau Rehm, der Lektorin, sei Dank gesagt für die Möglichkeit, eine neue Auflage unterbreiten zu dürfen. Unverändert geblieben ist die Zielsetzung dieses Buches, den Leser durch alle Stadien des Erbbaurechts zu begleiten.

Die dritte Auflage widme ich erneut meiner Ehefrau Tanja und meiner Tochter Sarah Marie.

München, September 2024

Harald Wilsch, Bezirksrevisor am Grundbuchamt München

Vorwort der ersten Auflage 2016

Dass das altrechtliche Erbbaurecht das Präludium zu den Dienstbarkeitsvorschriften bildete, bedeutete keinen Zufall oder Betriebsunfall des mit meisterlicher Hand gefügten BGB. Bereits damals verfügte das Erbbaurecht über einen weiten Gestaltungsspielraum, vergleichbar mit der thematischen Vielfalt der Dienstbarkeiten. In der aktuellen Praxis reicht der Variantenreichtum von Einheimischenmodellen, betreutem Wohnen, Wärme-Contracting, industriellen Anwendungsbereichen bis hin zu Erbbaurechten, die an Kindergärten oder an Vereine vergeben werden. Ein echtes Multifunktionsrecht, überdies veräußerlich, belastbar, vererblich und einem Grundstück gleichgestellt.

Das Erbbaurecht kann auf eine zweitausendjährige Geschichte zurückblicken und auf eine gewisse Zukunft hoffen. Gewiss deshalb, weil die boden- und sozialpolitische Relevanz ungebrochen ist, fehlen deutschlandweit doch hunderttausende von Wohnungen. Die Notwendigkeit, günstigen Wohnraum zu schaffen, stellt aktuell eine der größten Herausforderungen der Politik dar. Das Thema berührt nicht nur die Kommunen, sondern betrifft alle verantwortungsbewussten Akteure, die sich in der Lage sehen, zur Problemlösung beizutragen.

Wie dieses Buch zeigen möchte, kann dieser Herausforderung auch mit dem Instrumentarium des Erbbaurechts begegnet werden. Das Erbbaurecht kann einen wichtigen Beitrag dazu leisten, die Entwicklung in geordnete Bahnen zu lenken. Was *Räfle* seiner Kommentierung des Erbbaurechts mit auf den Weg gab, sei an dieser Stelle in Erinnerung gerufen:

> *„Aufgabe der öffentlichen Hand muss es deshalb sein, durch vermehrte Bestellung von Erbbaurechten die wohnungspolitischen Steuerungsmöglichkeiten zu nutzen, die gerade das Erbbaurecht bietet.“*[1]

Räfle knüpfte damit an eine Darstellung an, die *Pesl* ein Dreivierteljahrhundert zuvor mit seiner Erbbaurechtschrift[2] geliefert hatte. Fast einhundert Jahre nach Inkrafttreten der Erbbaurechtsverordnung (ErbbauVO), nun Erbbaurechtsgesetz (ErbbauRG), sieht sich das Erbbaurecht im Zentrum sozial- und ordnungspolitischer Überlegungen.

Das größte Kapitel dieses Buches beschäftigt sich mit der Begründung eines Erbbaurechts – eine Konstellation, die die notarielle Praxis in den nächsten Jahren noch häufiger beschäftigen wird, vor dem Hintergrund des geschilderten Szenarios.

Erörtert werden aber auch Fragen, die sich um die Laufzeitverlängerung und die inhaltliche Modifikation des Erbbaurechts drehen, daneben die Übertragung und die Belastung eines Erbbaurechts. Eigene Kapitel beschäftigen sich mit der Anpassung des Erbbauzin-

1 *Räfle*, Erbbaurechtsverordnung, 1986, Vorwort.

2 *Pesl*, Das Erbbaurecht. Geschichtlich und wirtschaftlich dargestellt, Duncker & Humblot, 1910, S. 153.

ses sowie der Teilung und der Vereinigung bzw. Bestandteilszuschreibung von Erbbaurechten. Die Beendigung eines Erbbaurechts, ausgelöst durch die rechtsgeschäftliche Aufhebung oder den Zeitablauf, gewinnt in der Praxis mehr und mehr an Bedeutung, wie auch die höchstrichterliche Rechtsprechung hierzu zeigt. Diese fand im Buch ebenso Berücksichtigung wie Rechtsprechung und Literatur bis zum November 2015.

Behandelt wird ein weites Spektrum, dargestellt werden nicht nur Vertragsmuster, sondern auch Grundbucheintragungsmuster, begleitet von Hinweisen auf Gebühren, die im Notariat und im Grundbuchamt anfallen. Ein Buch, das alle Stadien des Erbbaurechts durchlaufen möchte. Zur Seite gestellt sind Hinweise zum Wohnungserbbaurecht, historische Bezüge sollen der weiteren Erläuterung dienen.

Dank sagen möchte ich an dieser Stelle Frau Greferath-Russ vom Deutschen Notarverlag, die dieses Buch wesentlich gefördert und hochprofessionell begleitet hat.

Dieses Buch sei meiner Ehefrau Tanja und meiner Tochter Sarah Marie gewidmet.

München, März 2016

Harald Wilsch, Bezirksrevisor am Grundbuchamt München

Inhaltsverzeichnis

Musterverzeichnis

Allgemeine Abkürzungen

AA	Auswärtiges Amt; andere Ansicht
a.a.O.	am angegebenen Ort
ABl	Amtsblatt
Abt.	Abteilung
a.E.	am Ende
AEntG	Arbeitnehmerentsendegesetz
AErfG	Gesetz über Arbeitnehmererfindungen
ÄndG	Änderungsgesetz
AG	Aktiengesellschaft; Amtsgericht; Arbeitgeber; Auftraggeber; Ausführungsgesetz
AGH	Anwaltsgerichtshof
AIZ	Allgemeine Immobilien-Zeitung
Alg	Arbeitslosengeld
Anh.	Anhang
Anm.	Anmerkung
AnwG	Anwaltsgericht
AnwGH	Anwaltsgerichtshof
ArbG	Arbeitsgericht
ARGE	Arbeitsgemeinschaft
BA	Blutalkohol, Bundesanstalt für Arbeit
BAA	Bundesausgleichsamt
BaFin	Bundesanstalt für Finanzdienstleistungsaufsicht
BAK	Blutalkoholkonzentration
BauGB	Baugesetzbuch
BAV	Bundesaufsichtsamt für das Versicherungswesen, Betriebliche Altersversorgung
BayGBGA	Bayerische Geschäftsanweisung für die Behandlung der Grundbuchsachen

BayGO	Bayerische Gemeindeordnung
BayObLG	Bayerisches Oberstes Landesgericht
BayObLGZ	Entscheidungen des Bayerischen Obersten Landesgerichts in Zivilsachen
BayVerfGH	Bayerischer Verfassungsgerichtshof
BayVGH	Bayerischer Verwaltungsgerichtshof
BDH	Bundesdisziplinarhof
BDiG	Bundesdisziplinargericht
BEA-Freibetrag	Freibetrag für den Betreuungs-, Erziehungs- und Ausbildungsbedarf
BeckRS	Beck'sche Rechtssammlung
BerlVerfGH	Berliner Verfassungsgerichtshof
Beschl.	Beschluss
BeurkG	Beurkundungsgesetz
BezG	Bezirksgericht
BG	Berufsgenossenschaft
BGB	Bürgerliches Gesetzbuch
BGBl.	Bundesgesetzblatt
BGH VGrS	Bundesgerichtshof, Vereinigter Großer Senat
BIP	Bruttoinlandsprodukt
BKA	Bundeskriminalamt
BKartA	Bundeskartellamt
BMA	Bundesministerium für Arbeit
BMF	Bundesministerium der Finanzen
BMI	Bundesministerium des Innern
BMJ	Bundesministerium der Justiz
BPatG	Bundespatentgericht
BRAK	Bundesrechtsanwaltskammer
BRH	Bundesrechnungshof
BT-Drucks	Bundestags-Drucksache
BV	Betriebsvereinbarung, Bestandsverzeichnis

BVNr.	Bestandsverzeichnisnummer
BWNotZ	Zeitschrift für das Notariat in Baden-Württemberg
c.i.c.	culpa in contrahendo; Codex Iuris Canonici
CISG	Convention on Contracts for the International Sale of Goods
DA	Dienstanweisung
dB	Dezibel
DBA	Doppelbesteuerungsabkommen
DFG	Deutsche Freiwillige Gerichtsbarkeit
DGB	Deutscher Gewerkschaftsbund
DIS	Deutsche Institution für Schiedsgerichtsbarkeit e.V.
DiszH	Disziplinarhof
DJT	Deutscher Juristentag
DNotI	Deutsches Notarinstitut
DNotZ	Deutsche Notarzeitung
DNR	Dauernutzungsrecht
DPA	Deutsches Patentamt
DRS	Deutscher Rechnungslegungsstandard
DSR	Deutscher Standardisierungsrat
DStK	Dienststrafkammer
DVEV	Deutsche Vereinigung für Erbrecht und Vermögensnachfolge e.V.
DWR	Dauerwohnrecht
EAG	Europäische Atom-Gemeinschaft
EFTA	European Free Trade Association
EG	Europäische Gemeinschaft, Einführungsgesetz
EGBGB	Einführungsgesetz zum Bürgerlichen Gesetzbuch
eGbR	eingetragene Gesellschaft bürgerlichen Rechts
EGH	Ehrengerichtshof der Rechtsanwaltskammer

EGKS	Europäische Gemeinschaft für Kohle und Stahl
EGKSV	Vertrag zur Gründung einer Europäischen Gemeinschaft für Kohle und Stahl
EGMR	Europäischer Gerichtshof für Menschenrechte
EGV	Vertrag zur Gründung der Europäischen Gemeinschaft
EinigungsV	Einigungsvertrag
Einl. ALR	Einleitung zum Preußischen Allgemeinen Landrecht
EKMR	Europäische Kommission für Menschenrechte
eLP	eingetragene Lebenspartnerschaft
EMRK	Europäische Menschenrechtskonvention
EPA	Europäisches Patentamt
ErbbauRG	Erbbaurechtsgesetz
ErbbauVO	Erbbaurechtsverordnung
ErbbauZ	Zeitschrift für Erbbaurecht
ES	Entscheidungssammlung
EuG	Europäisches Gericht Erster Instanz
EuGH	Europäischer Gerichtshof
EuGHMR	Europäischer Gerichtshof für Menschenrechte
EuGVÜ	Übereinkommen der Europäischen Gemeinschaft über die gerichtliche Zuständigkeit und die Vollstreckung gerichtlicher Entscheidungen in Zivil- und Handelssachen
EUR	Euro
EV	Eidesstattliche Versicherung
EWG	Europäische Wirtschaftsgemeinschaft
EWGV	Vertrag zur Gründung der Europäischen Wirtschaftsgemeinschaft
EWIV	Europäische Wirtschaftliche Interessenvereinigung
FamFG	Gesetz über das Verfahren in Familiensachen und in den Angelegenheiten der freiwilligen Gerichtsbarkeit
FG	Finanzgericht, Freiwillige Gerichtsbarkeit

FGPrax	Praxis der Freiwilligen Gerichtsbarkeit
FlstNr.	Flurstücksnummer
FS	Festschrift
FTP	File Transfer Protocol (Dateiübertragungsprotokoll)
G	Gericht, Gesetz, Gesellschaft
GAAP	Generally Accepted Accounting Principles
GATT	General Agreement on Tariffs and Trade
GBA	Grundbuchamt
GBO	Grundbuchordnung
GbR	Gesellschaft bürgerlichen Rechts
GBV	Grundbuchverfügung
GdB	Grad der Behinderung
GDV	Gesamtverband der Deutschen Versicherungswirtschaft e.V.
GenStaAnw	Generalstaatsanwalt
GF	Grundfläche
GFZ	Geschossflächenzahl
GmbH	Gesellschaft mit beschränkter Haftung
GmbH i. Gr.	GmbH in Gründung
GmS-OGB	Gemeinsamer Senat der obersten Gerichtshöfe des Bundes
GNotKG	Gesetz über Kosten der freiwilligen Gerichtsbarkeit für Gerichte und Notare
GoB	Grundsätze ordnungsgemäßer Buchführung
GPÜ	Gemeinschaftspatentübereinkommen
GrdstVG	Grundstücksverkehrsgesetz
GrEStG	Grunderwerbsteuergesetz
GRStS	Großer Senat in Strafsachen
GRZ	Grundflächenzahl
GRZS	Großer Senat in Zivilsachen
GS	Großer Senat, Gedächtnisschrift
GVBl	Gesetz- und Verordnungsblatt

GVGA	Geschäftsanweisung für Gerichtsvollzieher
GWG	Geldwäschegesetz
HessStGH	Hessischer Staatsgerichtshof
HReg	Handelsregister
HTML	Hypertext markup language
HzA	Handbuch zum Arbeitsrecht
IAS	International Accounting Standards
ICC	International Chamber of Commerce
IDW	Institut der Wirtschaftsprüfer in Deutschland
i.G.	in Gründung
IGH	Internationaler Gerichtshof
i.L.	in Liquidation
ImmoWertV	Immobilienwertermittlungsverordnung
InsO	Insolvenzordnung
InsbürO	Zeitschrift für die Insolvenzpraxis
IntPatÜbk	Vertrag über die internationale Zusammenarbeit auf dem Gebiet des Patentwesens
IP	Internetprotokoll
IPR	Internationales Privatrecht
IRO	International Refugee Organization
IRPA	Internationale Strahlenschutzassoziation
JG	Jugendgericht
JurBürO	Das Juristische Büro
JurionRS	Datenbank Jurion Recht
KAUG	Konkursausfallgeld
KfH	Kammer für Handelssachen
KG	Kommanditgesellschaft; Kammergericht

KGaA	Kommanditgesellschaft auf Aktien
KV GNotKG	Kostenverzeichnis zum GNotKG
LAG	Landesarbeitsgericht; Lastenausgleichsgesetz
LCIA	London Court of International Arbitration
lit.	litera (Buchstabe)
LRH	Landesrechnungshof
LSG	Landessozialgericht
LVA	Landesversicherungsanstalt
LWG	Landwirtschaftsgericht
MdE	Minderung der Erwerbsfähigkeit
MDK	Medizinischer Dienst der Krankenversicherung
MDR	Monatsschrift für deutsches Recht
MittBayNot	Mitteilungen des Bayerischen Notarvereins, der Notarkasse und der Landesnotarkammer Bayern
MittRhNotK	Mitteilungen der Rheinischen Notarkammer
MiZi	Allgemeine Verfügung über Mitteilungen in Zivilsachen
MoPeG	Gesetz zur Modernisierung des Personengesellschaftsrechts
MPU	Medizinisch-psychologische Untersuchung
NachlG	Nachlassgericht
ne.	nichtehelich
NJOZ	Neue Juristische Online-Zeitschrift
NJW	Neue Juristische Wochenschrift
NJW-RR	NJW-Rechtsprechungsreport
notar	Monatsschrift für die gesamte notarielle Praxis
NotBZ	Zeitschrift für die notarielle Beratungs- und Beurkundungspraxis
Nr.	Nummer

NZI	Neue Zeitschrift für das Recht der Insolvenz und Sanierung
NZM	Neue Zeitschrift für Miet- und Wohnungsrecht
OECD	Organization for Economic Cooperation and Development
OLG	Oberlandesgericht
OLGZ	Entscheidungen der Oberlandesgerichte in Zivilsachen
p.a.	pro anno
pVV	positive Vertragsverletzung
RAG	Reichsarbeitsgericht
RdErl	Runderlass
Rdn	Randnummer intern
RdSchr	Rundschreiben
Red.	Redaktion
Reg.	Regierung, Register
RegEntw	Regierungsentwurf
RFH	Reichsfinanzhof
RKostO	Reichskostenordnung
Rn	Randnummer extern
RNotZ	Rheinische Notar-Zeitschrift
Rpfleger	Der Deutsche Rechtspfleger
RpflJB	Rechtspfleger-Jahrbuch
RpflStud	Rechtspfleger Studienhefte
RVA	Reichsversicherungsamt
SachenRBerG	Gesetz zur Sachenrechtsbereinigung im Beitrittsgebiet
SFR	Schweizer Franken
SG	Sozialgericht
Slg.	Sammlung
StV	Strafverteidiger

SÜ	Sicherheitsübereignung
SVS	Speditionsversicherungsschein
TARIC	Gebrauchszolltarif (Integrated tariff of the European Communities)
TRIPS-Abkommen	Übereinkommen über handelsbezogene Aspekte der Rechte des geistigen Eigentums
UB	Unbedenklichkeitsbescheinigung
UmwG	Umwandlungsgesetz
UNCITRAL	United Nations Commission on International Trade Law
Univ.	Universität
UNO	United Nations Organization
UR.	Urkundenrolle
URL	Uniform Resource Locators
URNr.	Urkundsrollennummer
Urt.	Urteil
UVZ	Urkundenverzeichnis
UVZ-Nr.	Urkundenverzeichnisnummer
VBL	Versorgungsanstalt des Bundes und der Länder
VDE	Verband deutscher Elektrotechniker
VDI	Verband deutscher Ingenieure
vEK	verwendbares Eigenkapital
VEK	Vereinigung Europäischer Kunststoffverarbeiter
VGrS	Vereinigter Großer Senat
VGT	Verkehrsgerichtstag
VOBl	Verordnungsblatt
VormG	Vormundschaftsgericht
VPI	Verbraucherpreisindex

VVaG	Versicherungsverein auf Gegenseitigkeit
VZ	Veranlagungszeitraum
WA	Warschauer Abkommen
WEG	Wohnungseigentumsgesetz
WGV	Wohnungsgrundbuchverfügung
WM	Wertpapier-Mitteilungen
WP	Wirtschaftsprüfer
WRV	Weimarer Reichsverfassung
WTO	World Trade Organization (Welthandelsorganisation)
ZAP	Zeitschrift für die Anwaltspraxis
ZDK	Zentralverband des Deutschen Kraftfahrzeuggewerbes
ZfBR	Zeitschrift für deutsches und internationales Bau- und Vergaberecht
ZfIR	Zeitschrift für Immobilienrecht
ZIP	Zeitschrift für Wirtschaftsrecht
ZNotP	Zeitschrift für die Notarpraxis
ZPO	Zivilprozessordnung
ZVG	Gesetz über die Zwangsversteigerung und die Zwangsverwaltung
ZVK	Zusatzversorgungskassen

Literaturverzeichnis

Kommentare, Hand- und Lehrbücher

Bamberger/Roth/Hau/Poseck, BGB, Band 3: §§ 705–1017, PartGG, ProdHaftG, ErbbauRG, WEG, 5. Aufl. 2023

Battis/Krautzberger/Löhr, Baugesetzbuch, 15. Aufl. 2022

Bauer/Schaub, GBO, 5. Aufl. 2023

Baumann, Tiny House: Ratgeber, 1. Aufl. 2021

Beck'sches Formularbuch Immobilienrecht, 4. Aufl. 2023

Beck'sches Formularbuch Wohnungseigentumsrecht, 5. Aufl. 2022

Beck'sches Notar-Handbuch, 8. Aufl. 2024

Beck'scher Online Kommentar GBO, Hügel (Hrsg.), verschiedene Editionen

Böttcher, Praktische Fragen des Erbbaurechts, 9. Aufl. 2020

Böttcher/Faßbender/Waldhoff, Erneuerbare Energien in der Notar- und Gestaltungspraxis, 2014

Demharter, Grundbuchordnung, 33. Aufl. 2023

Diehn/Volpert, Praxis des Notarkostenrechts, 2. Aufl. 2018

Erbbaurechte in deutschen Metropolen, 2019

Erman, BGB, 17. Aufl. 2023

Fackelmann, Notarkosten nach dem neuen GNotKG, 2013

Festschrift für Günter Brambring, 2011

Freckmann/Frings/Grziwotz, Das Erbbaurecht in der Finanzierungspraxis, 3. Aufl. 2018

Gern/Brüning, Deutsches Kommunalrecht, 4. Aufl. 2019

Glaß/Scheidt, Das Erbbaurecht, 1919

Gmür/Roth, Grundriss der deutschen Rechtsgeschichte, 12. Aufl. 2008

Hager (Hrsg.), Die Beendigung des Erbbaurechts, 2015

Hedemann, Green Leases, 1. Aufl. 2023

Heidel/Hirte (Hrsg.), Das neue Personengesellschaftsrecht, 1. Aufl. 2024

Herrler/Hertel/Kesseler (Hrsg.), Aktuelles Immobilienrecht, 2023

Hügel, GBO, 5. Aufl. 2024

Hügel/Scheel, Rechtshandbuch Wohnungseigentum, 3. Aufl. 2011

Ingenstau/Hustedt, ErbbauRG, 12. Aufl. 2022

Jennißen, WEG, 4. Aufl. 2015

Knothe, Das Erbbaurecht. Eine rechtsdogmatische und rechtspolitische Untersuchung, 1987

Korintenberg, GNotKG, 22. Aufl. 2022

Korintenberg, KostO, 18. Aufl. 2010

Kruse, Das Erbbaurecht: seine Geschichte, juristische Natur und praktische Bedeutung, 1903

Ländernotarkasse, Leipziger Kostenspiegel, 4. Aufl. 2024

Langhein, Notarformulare Wohnungseigentumsrecht, 2014

Lemke, Immobilienrecht, 2. Aufl. 2016

Limmer, Erbbaurecht, 2001

Meikel, GBO, 12. Aufl. 2020

Meikel, GBV, 11. Aufl. 2019

MüKo zum BGB, 9. Aufl. 2023

Münchner Vertragshandbuch, 8. Aufl. 2020

Nagel (Hrsg.), Erbbaurechtsgesetz, 1. Aufl. 2022

Nagel (Hrsg.), Erbbaurechte. Eine alternative Vermögensanlage für Stiftungen, 2014

Notarkasse München (Hrsg.), Streifzug durch das GNotKG, 12. Aufl. 2017

Oberneck, Das Reichsgrundbuchrecht, 2. Aufl. 1900

Pahlke, GrEStG, 6. Aufl. 2018

Pesl, Das Erbbaurecht, Leipzig, 1910 (Reprint 2013)

Räfle, Erbbaurechtsverordnung, 1986

Schöner/Stöber, Grundbuchrecht, 16. Aufl. 2020

Schreiber/Ruge, Handbuch Immobilienrecht, 4. Aufl. 2020

Schrödter, BauGB, 9. Aufl. 2019

Schulze/Grziwotz/Lauda, BGB, 5. Aufl. 2024

Staudinger, Kommentar zum BGB, ErbbauRG, Neubearbeitung 2021

Vertragsformulare PREMIUM, Stand 1.3.2024

Vogt, Das Erbbaurecht des klassischen römischen Rechts, 1950

Winkler/Schlögel, Handbuch des Erbbaurechts, 7. Aufl. 2021

Aufsätze

Amann, Erbbauzinslose kommunale Erbbaurechte infolge Ersitzung?, DNotZ 2017, 328

Becker, Das Erbbaurecht in der Insolvenz des Erbbauberechtigten – Teil 1: Grundlagen des Erbbaurechts, InsbürO 2023, 142

Bittl, Vergünstigte Erbbaurechte als kommunales Instrument der Wohnraumförderung, ErbbauZ 2024, 98

Boemke/Purrmann, Ausschluss des Entschädigungsanspruchs des Erbbauberechtigten in AGB, NJW 2010, 2983

Böhringer, Aufhebung eines Erbbaurechts und Gebäudeeigentums, Rpfleger 2019, 557

Böhringer, Verwendung eines Unschädlichkeitszeugnisses im Grundstücksverkehr in Baden-Württemberg, BWNotZ 2020, 376

Böhringer, Die neuen Sondereigentumstypen des § 3 WEG im Grundbuchverfahren, Rpfleger 2021, 393

Böttcher, Entwicklungen beim Erbbaurecht und Wohnungseigentum 2013, ZNotP 2014, 47

Böttcher, Entwicklungen beim Erbbaurecht und Wohnungseigentum 2014, ZNotP 2015, 42

Böttcher, Entwicklungen beim Erbbaurecht und Wohnungseigentum 2016, ZNotP 2017, 42

Böttcher, Entwicklungen beim Erbbaurecht und Wohnungseigentum 2019, ZNotP 2020, 200

Böttcher, Entwicklungen beim Erbbaurecht und Wohnungseigentum 2020, ZNotP 2021, 49

Böttcher, Neuere Rechtsprechung zum Erlöschen eines Erbbaurechts, RpflStud 2023, 5

Demharter, Zur Begründung von Wohnungserbbaurechten an einem Gesamterbbaurecht, DNotZ 1986, 457

Dieckmann, Das Vorkaufsrecht der Gemeinschaft der Wohnungserbbauberechtigten am Erbbaugrundstück, ErbbauZ 2020, 173

Dieckmann, Erbbaurecht prêt-à-porter – Teil 1, Das ursprüngliche Eigentümererbbaurecht als alternatives Gestaltungsmittel bei Planung von Erbbaurechts-Wohngebieten, ErbbauZ 2021, 136

Dieckmann, Erbbaurecht prêt-à-porter – Teil 2, Das ursprüngliche Eigentümererbbaurecht als alternatives Gestaltungsmittel bei Planung von Erbbaurechts-Wohngebieten, ErbbauZ 2021, 168

Dieckmann, Die Schuldübernahme beim Heimfall nach § 33 Abs. 2 Erbbaurechtsgesetz als (verdecktes) Beleihungshindernis – Anregungen für Korrekturen, BWNotZ 2021, 350

Drasdo, Literaturübersicht zum Erbbaurecht – Januar bis Dezember 2020, ErbbauZ 2021, 38

Drasdo, Literaturübersicht zum Erbbaurecht – Januar bis Dezember 2023, ErbbauZ 2024, 39

Drexler, Baulandmobilisierungsgesetz – Das Genehmigungserfordernis des § 250 BauGB aus notarieller Sicht, notar 2021, 252

Empfehlungen auf Grundlage der Beratungen der Kommission für „Nachhaltige Baulandmobilisierung und Bodenpolitik“ (Baulandkommission), 2.7.2019

Freckmann, Die Finanzierung von Erbbaurechten, ErbbauZ 2021, 98

Gemeinsame Wohnraumoffensive von Bund, Ländern und Kommunen, Ergebnisse des Wohngipfels am 21.September 2018 im Bundeskanzleramt

Grauel, Teilung eines Erbbaurechts, ZNotP 1997, 21

Grauel, Verlängerung der Laufzeit eines Erbbaurechts und Aufhebung eines Erbbaurechts, ZNotP 1998, 456

Grziwotz, Löschung eines Erbbaurechts nach Zeitablauf, MittBayNot 2013, 517

Grziwotz, Erbbaurecht und Wohnungsmangel, ErbbauZ 2022, 126

Grziwotz, Praktische Probleme der Genehmigungspflichten für Teilungserklärungen und gleichgestellte Vorgänge, insbesondere nach § 250 BauGB, ZfIR 2023, 62

Habel, Rechtliche und wirtschaftliche Fragen zum Untererbbaurecht, MittBayNot 1998, 315

Häublein, Anwendung des Genehmigungsvorbehalts nach § 172 BauGB auf die Begründung von Wohnungserbbaurechten?, ErbbauZ 2021, 164

Heckscher, Grenzüberschreitende Bebauung bei Erbbaurechten – Gestaltungsmöglichkeiten für Nachbar- und Gesamterbbaurechte, RNotZ 2016, 1

Heinz/Jaeger, Das Nachbarerbbaurecht, ZfIR 2008, 318

Hustedt/Hustedt, Zur Zustimmungsbedürftigkeit von Erbbauzinserhöhungen auf Grundlage von Wertsicherungsklauseln – zugleich Besprechung des Beschlusses des Oberlandesgerichts Naumburg vom 11.1.2021 – 12 Wx 72/20, ErbbauZ 2023, 167

Kollmann, Die Ausübung von Vorkaufsrechten: Fundiert prüfen – sachgerecht entscheiden, ErbbauZ 2021, 68

König, Verlängerungsmöglichkeiten beim Erbbaurecht – eine Übersicht, MittRhNotK 1989, 261

Kost, Erfahrungen und Herausforderungen in der Erbbaurechtsverwaltung evangelischer Körperschaften, ErbbauZ 2024, 34

Krause, Praktische Fragen des Erbbaurechts, ZAP Fach 7, 339 (Teil 1) und 359 (Teil 2)

Krusenotto/Pätzold, Das Erbbaurecht in der kommunalen Bodenpolitik. Zwischen Mauerblümchen und Hoffnungsträger, ErbbauZ 2024, 9

Lahmann, Zur Bilanzierung von Erbbaurechten beim Erbbauberechtigten, ErbbauZ 2021, 132

Lehnert, Über die Schwierigkeiten der Anwendung des § 14 Abs. 3 ErbbauVO im Falle der Anlegung von Wohnungserbbaugrundbüchern, Justizverwaltungsblatt 1972, 97

Löhr, Das kommunale Erbbaurecht als gesellschaftsrechtliches ÖPP-Modell, ErbbauZ 2021, 70

Martin, Das Wohnungswesen in der Geschichte: Der Fall des spezifischen Intellektuellen, abgedr. als Kommentar zu Friedrich Engels, Zur Wohnungsfrage, Neuabdruck 2015, Haus der Kulturen der Welt

Matheis, Erbbaurecht: Neue Wege für Gewerbeimmobilienentwickler, ErbbauZ 2021, 104

Mayer, Veräußerung des Erbbaurechts durch Erben: Zustimmungspflicht (§ 5 Abs. 1 ErbbauRG) und Vorkaufsfall (§ 463 BGB) bei Erbschafts- und Erbteilskauf, ErbbauZ 2024, 74

Meusel, Die Gegenleistung im Erbbaurechtsvertrag – vielfältige Möglichkeiten, ErbbauZ 2020, 12

Meusel, Neues zur Bewertung des Erbbaurechts im Gebühren- und Steuerrecht, ErbbauZ 2021, 34

Meyer, Das Erbbaurecht in der Insolvenz, NZI 2007, 487

Mönig, Grundpfeiler erbbaurechtlicher Vertragsgestaltung – Das Erfordernis der ersten Rangstelle nach § 10 ErbbauRG, ErbbauZ 2020, 5

Mohrbutter/Mohrbutter, Die Neuregelung des Erbbauzinses, ZIP 1995, 806

Nagel, Die Regelung des Heimfalls bei Neuabschluss eines Erbbaurechtsvertrages, ErbbauZ 2020, 2

Nagel/Bohlsen, Rangsicherung und Verstoßfolgen bei der Erstrangverpflichtung im Erbbaurecht, ErbbauZ 2022, 62

Nagel/Merk/Schirmer, Kann das Erbbaurecht auch gemeinwohlorientiert eingesetzt werden?, ErbbauZ 2023, 162

Neumann, Die Bauhandwerkersicherungshypothek an Erbbaurechten, ZfBR 2020, 211

Novy-Huy, Erbbaurechtsgrundstücke als sinnstiftende Geldanlage, ErbbauZ 2021, 102

Ott, Änderungen des Ausübungsbereichs beim bestehenden Erbbaurecht, notar 2014, 265

Ott, Das Erlöschen des Erbbaurechts, notar 2015, 75

Ott, Das Sicherungsbedürfnis von Dienstbarkeitsberechtigten bei der Bestellung eines Erbbaurechts, DNotZ 2015, 341

Ott, Die Bestimmung der voraussichtlichen Standdauer des Bauwerks im Sinne des § 27 Abs. 3 ErbbauRG, ErbbauZ 2021, 162

Pitz, Diskussionspunkte mit Banken bei Erbbaurechtsfinanzierungen, ErbbauZ 2021, 100

Rapp, Erbbaurecht und Dienstbarkeiten – sichere Vertragsgestaltung für Dienstbarkeitsberechtigte sowie Grundstückseigentümer, ZfIR 2017, 89

Rapp, Die Wirkungen des Heimfalls und der Beendigung des Erbbaurechtes – Bewährungsprobe für den Erbbaurechtsvertrag, abgedr. in: Hager (Hrsg.), Die Beendigung des Erbbaurechts, DNotRV 2015

Reichel, Das Erbbaurecht in der Due Dilligence, ZfIR 2023, 315

Resolution der Generalversammlung der Vereinten Nationen, verabschiedet am 25.9.2015, Siebzigste Tagung, Transformation unserer Welt: die Agenda 2030 für nachhaltige Entwicklung

Ruff, Bestellung von Erbbaurechten an kommunalen Wohnbaugrundstücken, ZKF 2010, 245

Rutenfranz, Inhaltsgleiche, beschränkte persönliche Dienstbarkeiten auf dem Grundstück und dem Erbbaurecht, DNotZ 1965, 464

Sauren, Ausgewählte Rechtsprechung zum Wohnungseigentum und Erbbaurecht, Rpfleger 2019, 368

Schlögel, Einheimischenmodelle und Erbbaurecht, ZfIR 2016, 175

Schmenger, Aktuelle Rechtsfragen beim Erbbaurecht, BWNotZ 2006, 73

Schmidt-Räntsch, Erbbaurecht in der Rechtsprechung, ZfIR 2014, 269

Schmitz-Vornmoor, Mehr Schlichtung wagen! Zur Neuausrichtung des SGH, notar 2019, 188

Schneider, Aktuelle Fragen zur Gemeinschaft der Wohnungserbbauberechtigten, ZfIR 2018, 589

Schneider, Wohnungserbbaurechte – wie geht es am Ende in die Verlängerung?, ErbbauZ 2024, 66

Schneider/Grau, Eintragungshindernisse vermeiden, hier: Bestellung eines Erbbaurechts, BWNotZ 2021, 366

Schreinert, Aktuelles zum Erbbaurecht, notar 2019, 363

Stahl-Sura, Formen der Bestellung eines Erbbaurechts, DNotZ 1981, 604

Stöber, Die nach Inhaltsvereinbarung bestehenbleibende Erbbauzins-Reallast, Rpfleger 1996, 136

Swars, Datenschutz in der Erbbaurechtsverwaltung – Verarbeitung und Löschung personenbezogener Daten, ErbbauZ 2021, 66

Swars, Einheimischenmodelle im Erbbaurecht, ErbbauZ 2023, 98

Tiedtke, Geschäftswert bei Kauf eines Erbbaurechts, ZNotP 2015, 118

Von der Lieth, DW – Die Wohnungswirtschaft, Heft 6/2013, 78

v. Oefele, Änderungen der Erbbaurechtsverordnung durch das Sachenrechtsänderungsgesetz, DNotZ 1995, 643

Weber, Rangvorbehalt bei der neuen Erbbauzinsreallast, Rpfleger 1998, 5

Westermann, Vorsorge für eine Beendigung des Erbbaurechts, in: Hager (Hrsg.), Die Beendigung des Erbbaurechts, 2015

Wiesner/Stephan, Wohnungserbbaurecht auf Gesamterbbaurecht, ErbbauZ 2020, 164

Wilsch, Die GbR im Grundbuch nach dem Mauracher Entwurf für ein Gesetz zur Modernisierung des Personengesellschaftsrechts, ZfIR 2020, 521

Wilsch, Das kommunal-aufsichtsrechtliche Genehmigungserfordernis von Erbbaurechten im Grundbuchverfahren, ErbbauZ 2020, 170

Wilsch, Die Krux mit dem Untererbbaurecht, ErbbauZ 2021, 35

Wilsch, Die Verlängerung eines Erbbaurechts, ErbbauZ 2021, 9

Wilsch, Aktuelle Grundbuchfragen zum Aufteilungsplan und zur Abgeschlossenheitsbescheinigung, ZfIR 2021, 11

Wilsch, Das Gesamterbbaurecht, ErbbauZ 2024, 2

Winkler, Das Erbbaurecht, NJW 1992, 2514

Wobst, Die Neufassung der Allgemeinen Verwaltungsvorschrift für die Ausstellung von Bescheinigungen nach dem Wohnungseigentumsgesetz (AVA), DNotZ 2021, 582

Wolffskeel v. Reichenberg, Praxisupdate Erbbaurecht, MittBayNot 2021, 219

Wolffskeel v. Reichenberg, Praxisupdate Erbbaurecht, MittBayNot 2023, 220

Zeller/Tingelhoff, Erbbaurechte in der Doppik, ErbbauZ 2021, 130.

§ 1 Eine kurze Geschichte des Erbbaurechts

Forum Romanum vor zweitausend Jahren, Fußballstadien der *Gegenwart*: Was auf eine zweitausendjährige Geschichte[1] zurückblicken kann, nun als „sichere *Assetklasse*"[2] gilt, scheint ein **Rechtsinstitut mit Geschichte und Zukunft** zu sein, das der näheren Betrachtung wert ist. Dies gilt umso mehr, als in Deutschland das Erbbaurewcht lange Zeit am Katzentisch Platz nehmen musste, trotz seiner originären Verbindung mit der sozialen Frage. 1

Die Ursprünge des Erbbaurechts reichen weit zurück in die Zeiten des **römischen Imperiums**. Zu den ältesten Erbbauten zählen die sog. Tabernen,[3] eingeschossige Holzbauten, die dem Handel und Handwerk als Verkaufsbuden dienten, Laden und Wohnstätte zugleich, errichtet auf öffentlichem Grund, beispielsweise auf dem bereits erwähnten Forum Romanum, verliehen durch die das Gemeindevermögen verwaltenden Censoren[4] und eingetragen in sog. tabulae bzw. matriculae.[5] Händler und Handwerker konnten entweder kraft Gesetzes kein Grundeigentum erwerben, oder sahen sich außerstande, die hohen Baupreise für römischen Grund zu tragen.[6] Begrifflich treten diese „in publico" errichteten Tabernenbauten als „superficiaria aedes"[7] in Erscheinung, später in der Literatur nur noch als **Superficies**,[8] als Nutzungsrecht fremden Bodens, zuerst nur als obligatorisches Recht, dann als dingliches Recht ausgestaltet,[9] überdies veräußerlich, vererblich[10] und belastbar.[11] Der Superficiar hatte im Gegenzug eine jährliche Abgabe an den Eigentümer zu zahlen, eine Nutzungsgebühr (solarium, penso[12]). 2

Lange Zeit fiel dem alten **deutschen Recht** der Teilausstieg aus der Schicksalsgemeinschaft Grundstück/Gebäude schwer, weil es im Haus eine bewegliche Sache sah, 3

1 Vgl. *Pesl*, Das Erbbaurecht; *Vogt*, Das Erbbaurecht des klassischen römischen Rechts, Marburg Lahn, 1950; zur Geschichte vgl. auch Ingenstau/Hustedt/*Hustedt*, Einl. Rn 2; *Räfle*, Rn 3.

2 *Von der Lieth*, DW (Die Wohnungswirtschaft) 6/2013, 78.

3 Vgl. *Vogt*, S. 5, 8, die sog. Tabernenbauten, die sich teilweise auch in griechischen Städten der Frühzeit finden.

4 *Vogt*, S. 54; später dann durch die zuständigen Munizipalbeamten, *Vogt*, S. 61/62.

5 *Vogt*, S. 63; darin kann ein Impuls für die Buchung von Grundstücken in speziellen Registern gesehen werden, ein Impuls für das Grundbuchwesen.

6 *Vogt*, S. 13, 14.

7 Vgl. *Vogt*, S. 3; vgl. DNotI-Gutachten Fax-Abruf-Nr. 98606#.

8 Vgl. *Pesl*, S. 7; vgl. DNotI-Gutachten Fax-Abruf-Nr. 98606#.

9 *Pesl*, S. 8; zur Rechtsentwicklung trugen im Wesentlichen die sog. „Interdicte" bei, mit denen der Prätor beispielsweise die Zwangsräumung der Bauten untersagte, vgl. *Vogt*, S. 43, sowie *Pesl*, S. 8.

10 *Vogt*, S. 72, zum Übergang des Rechtsverhältnisses auf den Erben, solange dieser die Nutzungsgebühr weiterzahlte.

11 *Pesl*, S. 9.

12 *Pesl*, S. 9; *Vogt*, S. 68, ebenfalls zum zahlenden Zins (solarium), ein „nicht unbedeutende(r) Aktivposten der städtischen Finanzen", vgl. *Vogt*, S. 69.

„fahrende Habe“, nicht aber einen Bestandteil des Grundstücks.[13] Im Mittelalter entwickelte sich ein superficies-ähnliches Rechtsinstitut, die sog. städtische Bodenleihe, die als Ursprung der englischen lease angesehen werden kann,[14] ein vererbliches, allerdings nicht veräußerliches Recht an einer Baustelle.[15] Mit der schleppenden Rezeption des römischen Rechts setzten sich die superficies auch im **gemeinen Recht** durch, vermischt mit Elementen der städtischen Bodenleihe. Im preußischen Recht finden sich die superficies als „Platzrecht“ wieder, im sächsischen Recht als „Bau- und Kellerrecht,[16] wenngleich nur in marginaler Zahl.[17] Als paradigmatisch kann der im Jahr 1860 erstellte Entwurf eines Bürgerlichen Gesetzbuchs für das Königreich Bayern gelten.[18] Das Platzrecht findet hier Erwähnung als *„höchst anomales Rechtsinstitut“*,[19] dessen praktische Brauchbarkeit aber nicht in Abrede gestellt wurde. Grund ist die Verbreitung im unmittelbaren Umfeld von Kirchen oder Wallfahrtskapellen, teilweise direkt an die Kirche bzw. Kapelle gebaut und dem Verkauf von Devotionalien gewidmet,[20] was als Reprise der bereits erwähnten Tabernen auf dem Forum Romanum gewertet werden muss.

4 Dass die Vorformen des Erbbaurechts, die superficies und die städtische Bodenleihe, in der **Neuzeit** an weiterer Bedeutung verloren,[21] ist nicht nur dem individualistischen Eigentumsbegriff[22] geschuldet, der mit der französischen Revolution Einzug in die Rechtsentwicklung hielt, sondern auch dem Zusammenbruch mittelalterlicher Institutionen,[23] der das Zeitalter des liberalen Rechtsstaates ab 1806 einleitete. Zu Unrecht sahen sich die Erbbaurechtsvorformen als Relikte abgestempelt, als obsolet, als Echo vergangener Zeiten,[24] was sich erst dann wieder änderte, als die soziale Frage gegen Ende des **19. Jahrhunderts** in das allgemeine Bewusstsein drängte (zum altrechtlichen Erbbaurecht, §§ 1012–1017 BGB, vgl. § 2 Rdn 2–12).

13 Vgl. *Pesl*, S. 17, der zugleich das alte Rechtssprichwort bemüht: „Alles, was die Fackel verzehrt, ist fahrende Habe.“

14 *Pesl*, S. 50, 48.

15 Vgl. *Winkler/Schlögel*, § 1 Rn 1.1.

16 Vgl. *Planck*, Bürgerliches Gesetzbuch nebst Einführungsgesetz, Dritter Band, Sachenrecht, Berlin, 1906, Vierter Abschnitt, Erbbaurecht, S. 347; *Pesl*, S. 34; zum allgemeinen preußischen Landrecht vgl. auch DNotI-Gutachten Fax-Abruf-Nr. 98606#.

17 *Pesl*, S. 35: „Sehr zahlreich waren in Preußen Superfiziarrechte nicht.“

18 Vgl. *Pesl*, S. 35; vgl. auch Ingenstau/Hustedt/*Hustedt*, Einl. Rn 5 (nicht verzichtbar, aber auch „nicht wichtig genug, um es eingehender und gründlicher zu behandeln“).

19 S. *Pesl*, S. 35.

20 *Pesl*, S. 34.

21 Vgl. *Pesl*, S. 48; *Räfle*, Rn 3.

22 Ingenstau/Hustedt/*Hustedt*, Einl. Rn 2.

23 Vgl. *Gmür/Roth*, Rn 347 ff.

24 Vgl. die Schilderung von *Pesl*, S. 5/6: „Dem Volk selbst ist das Erbbaurecht durchaus etwas Fremdes, und so ist es nicht zu verwundern, dass sich nur allmählich Leute herbeilassen, vom Erbbaurechte Gebrauch zu machen.“

In diesen Zeitraum fällt die **Entwicklung von Lösungsansätzen**, mit denen die Wohnungsnot der Fabrikarbeiterheere gelöst werden sollten, beispielsweise die Gründung von Bausparkassen oder Wohnungsgenossenschaften,[25] daneben die Schaffung von Wohnungseigentum, orientiert am englischen System der cottages. Friedrich Engels lehnte in seiner 1872 erschienenen Schrift „*Zur Wohnungsfrage*“[26] entsprechende „*bürgerliche*[27]“ Lösungsansätze ab. Ideologisch verläuft die auf praktische Sozialreformen gerichtete **Immobilisierung** breiter Volksmassen völlig konträr zu seiner auf „*Abschaffung der kapitalistischen Produktionsweise*[28]“ gerichteten Ansicht, die auf die **Mobilisierung** setzt, die Revolutionierung des Proletariats. Dementsprechend diffamierend fiel sein Urteil aus über die „*Verwandlung der Arbeiter in Kapitalisten*“,[29] die Verwandlung der Arbeiter in „*gehorsame Duckmäuser*“:[30] 5

> *Verschafft ihnen eigne Häuser, kettet sie wieder an die Scholle, und ihr brecht ihre Widerstandskraft gegen die Lohnherabdrückung der Fabrikanten. Der einzelne Arbeiter mag sein Häuschen gelegentlich verkaufen können, bei einem ernstlichen Strike oder einer allgemeinen Industriekrise aber würden sämtliche den betreffenden Arbeitern gehörenden Häuser zum Verkauf auf den Markt kommen müssen, also gar keine Käufer finden oder weit unter Kostpreis losgeschlagen werden.*[31]

Die **Revitalisierung** der Erbbaurechtskonzeption ging von der Erkenntnis aus, mit dem Erbbaurechtsinstrumentarium auf wirksame Art und Weise der Wohnungsnot[32] und der Bodenspekulation begegnen zu können[33] – beides Problemlagen, die nach dem 1. Weltkrieg der Erbbaurechtsverordnung zur Gesetzeskraft verhalfen, wenngleich zuerst im Verordnungswege.[34] 6

25 Vgl. *Martin*, Das Wohnungswesen in der Geschichte: der Fall des spezifischen Intellektuellen, abgedr. als Kommentar zu Friedrich Engels, Zur Wohnungsfrage, Neuabdruck 2015, Haus der Kulturen der Welt, S. 173 ff.

26 *Friedrich Engels*, Zur Wohnungsfrage, Neuabdruck 2015, Haus der Kulturen der Welt, Berlin.

27 *Engels*, S. 76.

28 *Engels*, S. 77.

29 *Engels*, S. 76.

30 *Engels*, S. 74.

31 *Engels*, S. 70; dementsprechend sah *Engels* in der Lösung der Wohnungsfrage keine Lösung der sozialen Frage, sondern sah umgekehrt in der Lösung der sozialen Frage als Nebenprodukt die Lösung der Wohnungsfrage, vgl. *Engels*, S. 77.

32 Zum Erbbaurecht als Instrument der „Kommunalisierung des Wohnungsbodens“ vgl. bereits *Pesl*, S. 62; *Räfle*, Vorbemerkungen Rn 3.

33 Vgl. *Winkler*, NJW 1992, 2514; *Räfle*, Vorbemerkungen Rn 3.

34 Im Anschluss hieran folgte das Übergangsgesetz vom 4.3.1919, vgl. *Wilhelm*, Sachenrecht, 4. A., 2010, Rn 2123, hierzu Fußnote 3240; das Übergangsgesetz trat am 7.3.1919 in Kraft, RGBl Nr. 55, 285, vgl. Ingenstau/Hustedt/*Hustedt*, Einl. Rn 9.

7 Dass die **Erbbaurechtsverordnung vom 15.1.1919**, in Kraft getreten am 22.1.1919,[35] zu den sog. Revolutionsverordnungen zählt, die nach dem 1. Weltkrieg erlassen wurden, mag als Sinnbild der rechtspolitischen Bedeutung des Erbbaurechts gegen Ende des 19. und zu Beginn des 20. Jahrhunderts dienen. Die Erbbaurechtsverordnung ist aber *„nicht erst nach dem 9.11.1918 entstanden, sondern bereits vorher von langer Hand vorbereitet worden“*.[36] Ihre Entwicklung begann bereits vor 1914,[37] setzte sich 1917 mit einem Entwurf fort, gefolgt von der Veröffentlichung des Entwurfs[38] im Reichsanzeiger vom 3.5.1918, womit die öffentliche Diskussion angestoßen werden sollte.[39] Die bereits weitgediehene Entwicklung[40] und die Fortschrittlichkeit[41] des Regelwerks gaben den Ausschlag dafür, dass die Erbbaurechtsverordnung nicht verworfen wurde.

8 Als Mittel der Ordnungspolitik und sozialpolitischer Hebel konnte sich die Erbbaurechtsverordnung auch nach dem **Ende des 2. Weltkrieges** beweisen, als es darum ging, boden- und sozialpolitische Ziele zu verwirklichen, insbesondere vor dem Hintergrund der millionenfachen Vertreibung der deutschsprachigen Bevölkerungsgruppen aus den deutschen Ostgebieten,[42] die es im Westen zu integrieren galt. In dieselbe Richtung zielte die mit dem Wohnungseigentumsgesetz (WEG) geschaffene Möglichkeit, an einem Erbbaurecht Wohnungs- und Teileigentum zu begründen, § 30 WEG. Das Spektrum der Gestaltungsmöglichkeiten erweiterte sich damit erheblich und prägt immer noch die Gegenwart, wie ein Blick auf diejenigen kirchlichen Grundstücke zeigt, die an Bauträger oder Genossenschaften vergeben und dann in Wohnungs- und Teilerbbaurecht aufgeteilt werden.

Mit dem Verbot der Bestellung von Erbbaurechten ging die **DDR** ab dem 1.1.1976 einen anderen Weg,[43] sah aber die Möglichkeit von sog. „Gebäudeeigentum“ vor.[44]

9 Weitere wichtige Impulse gingen von der Schaffung des § 9a ErbbauRG aus, mit dem der Erbbauberechtigte vor überhöhten Erbbauzinssteigerungen geschützt werden sollte,[45] sowie der Novellierung des § 9 ErbbauRG, der Einführung eines wertgesicherten und versteigerungsfesten Erbbauzinses.[46]

35 RGBl S. 72.
36 *Glaß/Scheidt*, S. V.
37 Federführend war das Reichsamt des Innern.
38 Veröffentlicht durch das Reichswirtschaftsamt, vgl. *Glaß/Scheidt*, S.V.
39 Vgl. *Glaß/Scheidt*, S. V.
40 Vgl. *Glaß/Scheidt*, S. V: „Als die Revolution ausbrach, lag der Entwurf fertig zur Einbringung beim Bundesrat und Reichstag vor.“
41 *Glaß/Scheidt*, S. V.
42 Vgl. auch Ingenstau/Hustedt/*Hustedt*, Einl. Rn 26.
43 Die ErbbauVO galt bis zum 1.1.1976, vgl. § 15 Abs. 2 Nr. 11 EGZGB.
44 Ingenstau/Hustedt/*Hustedt*, Einl. Rn 31.
45 *v. Oefele*, DNotZ 2011, 503, 504.
46 *v. Oefele* a.a.O.

Nach einer im Jahr 2013 erstellten Einschätzung sollen 5 Prozent[47] der Wohnflächen auf Erbbaurechten basieren, Marktwert im Jahr 2013 ca. 50 Mrd. EUR,[48] und die große Mehrzahl[49] der Kirchen und Kommunen verfügt über Erbbaurechte. Hinzu kommen weitere Gestaltungsfelder im Bereich der Energiewende, der erneuerbaren Energien, etwa zur Sicherung von Biogasanlagen[50] oder zur Sicherung des sog. Wärme-Contracting. Weitere Vorschläge zur Erbbaurechtsreform[51] blieben ohne Resonanz, was aber nicht bedeutet, dass das Erbbaurecht wieder am Katzentisch der Rechtsentwicklung Platz genommen hat oder sich in einem Dornröschenschlaf befindet. An der wirtschaftlichen Notwendigkeit, günstigen Wohnraum zur Verfügung zu stellen, ohne das Tafelsilber der Kirche, der Kommune oder des Staates anzugreifen, wird sich auch in Zukunft nichts ändern. Was *Pesl* im Jahr 1910 schrieb, kann unverändert Gültigkeit beanspruchen: 10

> *Das Erbbaurecht ist ein geeignetes und auch empfehlenswertes Mittel in den neuzeitlichen Bestrebungen der Bodenreform und noch mehr der Wohnungsreform und Wohnungsverbesserung.*[52]

Bestätigt wird diese Einschätzung durch einen Blick auf die **aktuelle Wohnungs- und Bodenpolitik**. In einer Umfrage aus dem Jahr 2019 äußerten **75 Prozent**[53] **der Befragten** die Meinung, dass das Erbbaurecht ein gutes Instrument sei, um mehr Menschen Wohneigentum zu ermöglichen. Darüber hinaus wollte bereits der **Wohngipfel 2018** im Bundeskanzleramt die Bereitschaft des Bundes demonstrieren, die „rechtlichen Grundlagen zu schaffen, um auch das Erbbaurecht nutzen zu können, damit eine rasche Bebauung erfolgen kann".[54] Die **Empfehlungen der Baulandkommission** vom 2.7.2019 zielten in dieselbe Richtung (vgl. § 3 Rdn 1). Nicht wenige Kommunen[55] wollen städtische Flächen bevorzugt im Erbbaurecht vergeben und nur noch im Ausnahmefall verkaufen (vgl. § 3 Rdn 1). Nicht nur das nationale Level ist tangiert,[56] in Deutschland leben 7 Prozent der Bevölkerung in überbelegten Wohnungen, zum Teil ist jedoch in anderen EU-Ländern die Überbelegungs-

47 Vgl. *von der Lieth*, S. 79; *Reiß-Fechter/Nagel*, DW 6/2013, 80.
48 *Reiß-Fechter/Nagel*, DW 6/2013, S. 80.
49 90 Prozent, Umfrage vgl. *von der Lieth*, a.a.O.
50 Vgl. *Albers/Hauschild*, in: Böttcher/Faßbender/Waldhoff, Erneuerbare Energien in der Notar- und Gestaltungspraxis, 2014, § 4 Rn 148; ebenso dort *Bormann*, § 5 Rn 30.
51 *v. Oefele* unterbreitete Vorschläge in seinem Beitrag DNotZ 2011, 503 ff.
52 *Pesl*, S. 153.
53 Vgl. die Umfrage https://www.handelsblatt.com/finanzen/immobilien/immobilien-das-erbbaurecht-wird-100-und-feiert-eine-kleine-renaissance/24154808.html?ticket=ST-2819865-a0h9O3wBkr6hibAhhBRx-ap5.
54 S. 8 der Ergebnisse des Wohngipfels am 21.9.2018 im Bundeskanzleramt, Gemeinsame Wohnraumoffensive von Bund, Ländern und Kommunen.
55 Vgl. ErbbauZ 2020, 33, Frankfurt am Main, Berlin, Hamburg und München. In München ist es Genossenschaften sogar temporär wieder möglich, das städtische Grundstück zu erwerben, ein Erbbaurecht ist nicht mehr zwingend zu bestellen, vgl. ErbbauZ 2024, 128.
56 Vgl. zum Marktumfeld auch Schrader/*Ondrusch*, ErbbauZ 2020, 9.

quote noch höher.[57] Eröffnet ist vielmehr der globale Rahmen. Das Erbbaurecht kann auf die Verbreitung in den USA, Hong Kong, Singapur, Belgien, Niederlande, Großbritannien und Deutschland verweisen. In diesem Zusammenhang ist die **Resolution der Generalversammlung der Vereinten Nationen vom 25.9.2015** zu erwähnen, überschrieben mit „*Transformation unserer Welt: die Agenda 2030 für nachhaltige Entwicklung*". Diese **Agenda 2030** gilt für alle Staaten dieser Welt. Die Agenda 2030 sieht „*kühne und transformative Schritte*" vor, um „*die Menschheit von der Tyrannei der Armut und Not zu befreien*". Dies soll mit Hilfe von „*17 Zielen für nachhaltige Entwicklung und 169 Zielvorgaben*" geschehen. „*Unermüdlich*" sollen die Staaten dabei vorgehen, um bis 2030 alle Ziele zu erreichen. Zu den 17 Zielen, den **SDG's**, den Sustainable Development Goals, zählt das Ziel 11.1:

„*Bis 2030 den Zugang zu angemessenem, sicherem und bezahlbarem Wohnraum und zur Grundversorgung für alle sicherstellen*" (= *sustainable cities and communities*).

Damit kontrastiert die aktuelle bundespolitische Lage, in der das Erbbaurecht nicht oder kaum thematisiert wird, wie ein Blick in den Koalitionsvertrag der Ampel-Regierung zeigt. Der Schwerpunkt der Erbbaurechtsentwicklung liegt eindeutig im kommunalen Bereich, liegt in der Praxis der Städte, der Gemeinden, der Kirchen und der regionalen Stiftungen, was nicht als Nachteil, sondern als Vorteil zu werten ist, als Ausdruck des **social engineering**,[58] der dem **Erbbaurecht als hidden champion** zu eigen ist.

57 Siehe https://www.destatis.de/DE/Presse/Pressemitteilungen/2019/01/PD19_015_634.html, Pressemitteilung Nr. 015 vom 14.1.2019 des Statistischen Bundesamtes, Abruf 4.7.2019.

58 Vgl. *Wilsch*, ErbbauZ 2021, 9, 14, Verlängerung der Erbbaurechte.

§ 2 Das altrechtliche Erbbaurecht, §§ 1012–1017 BGB

A. Allgemeines

1 Beim Gesetzgeber des **BGB** fanden entsprechende Erwägungen noch keine Berücksichtigung, wie ein Blick auf die **rudimentäre Ausgestaltung** der Erbbaurechtsvorschriften zeigt, enthalten in sechs Paragraphen, §§ 1012 bis 1017 BGB.[1] Wäre das BGB zehn Jahre später in Kraft getreten, hätte das Erbbaurecht anderen Anklang gefunden, wäre die Ausgestaltung anders ausgefallen.[2] So dominierte im Jahr 1910 in echter case-law-Manier „*eine Übersicht der wichtigsten bisher abgeschlossenen Erbbaurechtsverträge*“,[3] bestehend aus 14 Verträgen, abgeschlossen zwischen dem Fiskus bzw. Gemeinden und Privaten, darunter beispielsweise der sog. „*Berliner Vertrag*“ zwischen dem preußischen Fiskus und dem Beamten-Wohnungsverein.[4]

B. Beschreibung des alten Rechts

2 Das **altrechtliche Erbbaurecht** präsentierte sich als weitreichendes, veräußerliches und vererbliches Nutzungsrecht,[5] dessen Manko mitunter darin bestand, „*keine Vorschriften … hinsichtlich des Erbbauzinses, der Dauer des Rechts und des Schicksals der Gebäude bei Beendigung des Rechts*“[6] zu offerieren. In der Folge kam es beim Abschluss von Erbbaurechtsverträgen zu einer großen „*Ängstlichkeit und Unsicherheit*“[7] – ein Zustand, der die Akzeptanz und Bedeutung des Rechtsinstituts besiegelte. In dieselbe dunkle Ecke zielte die damals übliche Vereinbarung eines Erbbauzinses, der 70 bis 100 Jahre unveränderlich blieb[8] und sich auf 2 bzw. 2,5 Prozent des Grundstückswertes belief[9] – ein Kontrast zur jetzigen Ausgestaltung der wertgesicherten Erbbauzinsreallast.

3 Als besonders fatal erwies sich die damals übliche Bestimmung in den Erbbaurechtsverträgen, wonach das Erbbaurecht ohne weiteres **erlischt** bzw. sofort aufgehoben werden

1 Vgl. hierzu auch *Pesl*, S. 58 ff.; *Räfle*, Vorbemerkungen Rn 3.

2 So forderte *Pesl*, bereits 1910, „die (englische) Lease genauer zu betrachten, die seit Jahrhunderten besteht“, vgl. *Pesl*, S. 48.

3 *Pesl*, S. 70.

4 Daneben referiert *Pesl*, noch den Charlottenburger, den Dresdener, den Elberfelder, Essener, Frankfurter, Freiburger, Hallenschen, Leipziger, Posener und Ulmer Vertrag, vgl. *Pesl*, S. 70 ff.

5 Vgl. § 1012 BGB a.F.

6 *Pesl*, S. 59 und S. 76 („Das BGB bestimmt nichts über einen Erbbauzins“).

7 *Pesl*, S. 59.

8 *Pesl*, S. 67.

9 Zum Zinsspektrum vgl. *Pesl*, S. 77.

kann, sofern der Erbbauzins nicht rechtzeitig entrichtet wird.[10] Gleiches galt für die weitere Vielzahl von Beendigungsgründen, die als Erlöschungsklauseln Eingang in die Erbbaurechtsverträge fanden.[11]

Zu erwähnen ist insoweit die vertragliche Abänderung von § 1016 BGB, sodass der Untergang des Bauwerks als auflösende Bedingung oder als Endtermin gesetzt werden konnte.

4 Maßgaben für die **Mindest- oder Höchstdauer** eines Erbbaurechts sahen die §§ 1012–1017 BGB nicht vor.[12] Als subjektiv-dingliches Recht konnte das Erbbaurecht nicht begründet werden,[13] ebenso wenig an einem Gebäudeteil[14] oder einem ideellen Grundstücksanteil, sondern nur an einem Grundstück.[15]

5 Nicht anders als § 1 Abs. 1 ErbbauRG, beruhte die Erbbaurechtskonzeption auf dem veräußerlichen und vererblichen Recht, auf oder unter der Oberfläche des Grundstücks ein **Bauwerk** zu haben, § 1012 BGB. Nach der Definition des Reichsgerichts[16] ist hierunter „*eine durch Verwendung von Arbeit und Material in Verbindung mit dem Erdboden hergestellte Sache zu verstehen*".[17] Die Bestellung des Erbbaurechts beschränkte sich aber nicht auf das Gebäude, sondern konnte u.U. auf unbebaute Grundstücksteile erstreckt werden, § 1013 BGB.[18] Dennoch konnte eine Verpflichtung des Erbbauberechtigten zur Bebauung nicht vorgesehen werden.[19] Der Untergang des Gebäudes führte nicht zum Erlöschen des Erbbaurechts, § 1016 BGB, es sei denn, eine anderslautende Vereinbarung der Beteiligten lag vor.[20]

Andererseits konnte bereits § 1017 BGB die Qualität eines **grundstückgleichen Rechts** entnommen werden, die Annäherung an das Grundstück, weg vom bloßen Charakter einer Grundstücksbelastung. Das Reichsgericht[21] sprach in diesem Zusammenhang von der „*Schaffung eines einem Grundstücke gleichgeachteten Rechts*".

10 Vgl. die Darstellung bei *Pesl*, S. 83/84.

11 Zu den Beendigungsgründen vgl. *Pesl*, S. 86, 88–91.

12 Vgl. auch *Pesl*, S. 72; ferner RG, Urt. v. 16.5.1905, Az. Rep. VII. 578/04 = RGZ 061, 001–005 = JurionRS 1905, 10110.

13 *Planck*, Bürgerliches Gesetzbuch nebst Einführungsgesetz, 3. Aufl., Dritter Band, Berlin, 1906, S. 348.

14 Vgl. § 1014 BGB, beispielsweise an einem Stockwerk.

15 *Planck*, S. 349.

16 *Planck*, S. 349: RG56 S. 41.

17 *Planck*, a.a.O.

18 Die Nutzung des unbebauten Grundstücksteils musste einen Vorteil bieten, was i.S.d. § 1019 S. 1 BGB zu verstehen ist.

19 *Glaß/Scheidt*, § 2 Anm. II 2.

20 Vgl. *Planck*, S. 353 (§ 1016 Anm. 3): § 1016 BGB ist eine dispositive Vorschrift, der Untergang des Bauwerks konnte als auflösende Bedingung oder Endtermin vereinbart werden.

21 RG, Urt. v. 16.5.1905, Az. Rep. VII. 578/04 = RGZ 061, 001–005 = JurionRS 1905, 10110.

Die **erste Rangstelle** musste das Erbbaurecht nicht einnehmen,[22] worin ein weiterer Nachteil der alten Konzeption zu erkennen ist. Auch fehlte eine gesetzliche Regelung über die **Tragung der öffentlichen und privatrechtlichen Lasten und Abgaben**, was die Praxis allerdings nicht davon abhielt, entsprechende dingliche Regelungen im Vertrag vorzusehen.[23] 6

Die Regelung in **§ 38 ErbbauRG** bestimmt, dass für altrechtliche Erbbaurechte, mit denen Grundstücke am 21.1.1919 belastet waren, die bis dahin geltenden Gesetze maßgeblich bleiben, demnach die §§ 1012 bis 1017 BGB,[24] die im Folgenden abgedr. sind.[25]

C. Umwandlung altrechtlicher Erbbaurechte – Umwandlungsprobleme

Im Wege der **Inhaltsänderung** kann ein Erbbaurecht alten Typs in ein Erbbaurecht nach dem ErbbauRG umgewandelt werden.[26] Da hiermit regelmäßig eine Laufzeitverlängerung einhergeht, liegt eine neue grundstücksgleiche Belastung des Grundstücks vor. In der Folge ist eine Unbedenklichkeitsbescheinigung (UB) des Finanzamtes anzufordern und dem Grundbuchamt vorzulegen. Darüber hinaus ist die Zustimmung der dinglich Berechtigten vorzulegen, die im Grundstücksgrundbuch im Rang nach dem Erbbaurecht eingetragen sind. Eine Beeinträchtigung ihrer Rechtsposition liegt vor. Ob auch die dinglich Berechtigten am Erbbaurecht zustimmen müssen, ist danach zu beurteilen, ob eine Beeinträchtigung ihrer Rechtsposition bejaht werden kann (vgl. § 6, Änderung des Inhalts des Erbbaurechts, sowie § 7, Verlängerung eines Erbbaurechts). 7

Der **Bauwerksbegriff** bereitet insofern keine Probleme, da § 1012 BGB bereits eine unverändert gültige Bauwerksdefinition enthielt. 8

Gleiches gilt für die Erstreckung des Erbbaurechts auf einen für das Bauwerk **nicht erforderlichen Teil des Grundstücks** (§ 1013 BGB), die dem geltenden Recht entspricht und daher Eingang in die Umwandlungsurkunde finden kann.

Etwas anderes gilt für eine evtl. altrechtlich vereinbarte **Bedingtheit** des Rechts, die sich aus § 1015 BGB herleitet[27] und die dem Verbot auflösend bedingter Erbbaurechte angepasst werden muss, § 1 Abs. 4 ErbbauRG.

22 Vgl. *Glaß/Scheidt*, § 1 Anm. 7: „In Abweichung von dem bisherigen Recht erklärt die neue Reichserbbauverordnung zum Wesen des Erbbaurechts noch das Erfordernis der ersten Rangstelle."

23 S. *Glaß/Scheidt*, § 2 Anm. II 2 b.

24 Vgl. auch Ingenstau/Hustedt/*Bardenhewer*, § 38 Rn 1 ff.

25 Vgl. *Planck*, a.a.O.

26 LG Frankfurt a.M., DNotZ 1956, 488; Ingenstau/Hustedt/*Bardenhewer*, § 11 Rn 63.

27 Vgl. *Glaß/Scheidt*, § 1 Anm. 5; *Planck*, § 1015 Anm. 2 b, Bestellung und Übertragung eines Altrechts unter einer Bedingung oder Befristung, da § 925 Abs. 2 BGB für nicht anwendbar erachtet wurde; ebenso RG in JurionRS 1905, 10110.

Eine weitere, essenzielle Modifikation ergibt sich aus der **Notwendigkeit der ersten Rangstelle**, § 10 Abs. 1 S. 1 ErbbauRG, der ggf. durch Einholung von Rangrücktrittserklärungen Rechnung zu tragen ist.[28]

9 Einer Anpassung zu unterziehen ist überdies der **Erbbauzins**.

Dabei sind auch explizite Regelungen über die Tragung der öffentlichen und privatrechtlichen **Lasten** und Abgaben sinnvoll, da das bisherige Recht hierzu keine gesetzliche Regelung enthielt.

10 Die altrechtlichen Regelungen[29] sahen überdies keine **Zustimmungspflicht** zu Veräußerungen oder Belastungen des Erbbaurechts vor, wie sie nun § 5 ErbbauRG offeriert, weshalb auch insoweit Klärungs-, ggf. Modifizierungsbedarf besteht.

D. Verweisung

11 Insoweit wird auf die folgenden **Muster** verwiesen:

- Muster zu § 6, Änderungen des Inhalts des Erbbaurechts, siehe § 6 Rdn 12
- Muster zu § 7, Verlängerung eines Erbbaurechts, siehe § 7 Rdn 18
- Muster zu § 4, Begründung des Erbbaurechts, siehe § 4 Rdn 148.

Dort finden sich auch Anmerkungen zum Erfordernis einer **notariellen Beurkundung**, zum dinglichen **Vollzug** und zu den **Kosten** des Notariats und des Grundbuchamtes.

E. Gesetzeswortlaut der altrechtlichen Erbbaurechtsbestimmungen

12 Die Regelungen §§ 1012 bis 1017 BGB im Wortlaut:[30]

§ 1012 BGB

Ein Grundstück kann in der Weise belastet werden, dass demjenigen, zu dessen Gunsten die Belastung erfolgt, das veräußerliche und vererbliche Recht zusteht, auf oder unter der Oberfläche des Grundstücks ein Bauwerk zu haben (Erbbaurecht).

§ 1013 BGB

Das Erbbaurecht kann auf die Benutzung eines für das Bauwerk nicht erforderlichen Theiles des Grundstücks erstreckt werden, wenn sie für die Benutzung des Bauwerkes Vortheil bietet.

28 Zum alten Recht vgl. *Glaß/Scheidt*, § 1 Anm. 7.

29 Vgl. *Glaß/Scheidt*, § 5 Anm. I („Neuerung gegenüber dem unter Herrschaft des Bürgerlichen Gesetzbuchs geltenden Rechtszustand“).

30 Quelle vgl. *Planck*, a.a.O.

§ 1014 BGB

Die Beschränkung des Erbbaurechts auf einen Theil eines Gebäudes, insbesondere ein Stockwerk, ist unzulässig.

§ 1015 BGB

Die zur Bestellung des Erbbaurechts nach § 873 erforderliche Einigung des Eigentümers und des Erwerbers muss bei gleichzeitiger Anwesenheit beider Theile vor dem Grundbuchamt erklärt werden.

§ 1016 BGB

Das Erbbaurecht erlischt nicht dadurch, dass das Bauwerk untergeht.

§ 1017 BGB

Für das Erbbaurecht gelten die sich auf Grundstücke beziehenden Vorschriften.

Die für den Erwerb des Eigenthums und die Ansprüche aus dem Eigenthume geltenden Vorschriften finden auf das Erbbaurecht entsprechende Anwendung.

§ 3 Allgemeines zum Erbbaurecht (wirtschaftliche Bedeutung; Phänotypen)

Die enorme wirtschaftliche Bedeutung des Erbbaurechts findet ihren Ausdruck in den unter § 1 bereits geschilderten Zahlen (5 Prozent[1] aller Wohnflächen beruhen auf Erbbaurechten, Marktwert ca. 50 Mrd. Euro[2]). 1

Mehr als einhundert Jahre nach Inkrafttreten des Erbbaurechtsgesetzes ist das Erbbaurecht wieder ein Mittel der Wahl, um mehr **bezahlbaren Wohnraum** zu ermöglichen. Dafür sprechen auch die Empfehlungen der **Baulandkommission**:

> *Die Baulandkommission empfiehlt, das Erbbaurecht stärker als ergänzendes Instrument zur Bereitstellung von bezahlbarem Bauland, insbesondere auch für den Geschosswohnungsbau, zu nutzen. Die BImA sollte analog zur BImA-Verbilligungsrichtlinie Vergünstigungen auch auf Erbbaurechtsverträge gewähren. Die Baulandkommission weist darauf hin, dass die inhaltliche Ausgestaltung der Verträge und das berechtigte Vertrauen der Erbbaurechtsnehmer auf langfristige Sicherheit für den Erfolg entscheidend sind. Sie empfiehlt die Entwicklung neuer, an die geänderten wirtschaftlichen Zielstellungen und Perspektiven angepasster sowie vom Nachhaltigkeitsgedanken geprägter gemeinsamer Musterverträge für Erbbaurechtsverhältnisse. Die Baulandkommission empfiehlt, den Bekanntheitsgrad des Erbbaurechts sowohl bei kommunaler als auch privater Eigentümerschaft als Instrument der Baulandaktivierung und langfristigen Sicherung von Grundstücken und vereinbarten Nutzungen zu erhöhen.*[3]

Verschiedene **Städte**, darunter München[4] und Hamburg,[5] können auf ihre wohnungspolitischen Handlungsprogramme verweisen, wonach städtische Flächen bevorzugt im Erbbaurecht vergeben und nur noch im Ausnahmefall verkauft werden sollen. 75 Prozent aller Erbbaurechte sind im Wohnungsbereich angesiedelt.[6]

Daneben trägt das Erbbaurecht auch zur Realisierung **struktur-** und **energiepolitischer Ziele** bei. Zu erwähnen sind in diesem Zusammenhang die Ansiedlung von Gewerbebetrieben, daneben die im Erbbaurecht vergebenen Biogasanlagen, die der Energieversorgung

1 Vgl. von der *Lieth*, S. 79; ebenso *Reiß-Fechter/Nagel*, DW 6/2013, S. 80; *Ruff*, ZKF 2010, 245, 247.

2 *Reiß-Fechter/Nagel*, a.a.O., S. 80.

3 Empfehlungen auf Grundlage der Beratungen in der Kommission für „Nachhaltige Baulandmobilisierung und Bodenpolitik" (Baulandkommission) vom 2.7.2019, S. 5.

4 Wohnen in München VI 2017 – 2021, vgl. ErbbauZ 2020, 30. In München ist es Genossenschaften nun temporär wieder möglich, städtische Grundstücke von der Landeshauptstadt zu kaufen, vgl. ErbbauZ 2024, 128, eine Übernahme durch Erbbaurecht ist nicht mehr zwingend.

5 ErbbauZ 2020, 31, 31.

6 Nagel/*Nagel*, § 1 Rn 52.

dienen (Biogasanlagen;[7] Wärme-Contracting), sowie die Einheimischenmodelle, deren Maßgaben eine bestimmte und dauerhafte Grundstücksnutzung des Grundstücks sichern sollen.

2 Erbbaurechtsgeber und Erbbaurechtsnehmer finden sich in einer klassischen *win-win-Situation* wieder, zumal der Erbbauberechtigte ein umfassendes, grundstücksgleiches, veräußerliches, vererbliches und belastbares Nutzungsrecht erhält,[8] ohne einen Kaufpreis entrichten zu müssen, während der Grundstückseigentümer mit nicht unerheblichen Einkünften rechnen kann, die sich aus dem Erbbauzins speisen.[9] Im historischen Zeitverlauf ist dies ein Niveau von 3 bis 6 Prozent des Bodenwertes,[10] eine sichere Rendite. Darüber hinaus partizipiert der Grundstückseigentümer an der Wertsteigerung des Bodens[11] und erhält das uneingeschränkte Nutzungsrecht wieder, sobald das Erbbaurecht erlischt. Dann geht das Bauwerk auf den Grundstückseigentümer über, § 12 Abs. 3 ErbbauRG.[12]

3 Die große Anzahl von Erbbaurechts-Phänotypen (strittig dagegen: Nachbarerbbaurecht, vgl. dazu Ausführungen unter § 4 Rdn 30 ff.) verwundert daher nicht, zu nennen sind klassische Erbbaurechte an einem Grundstück, Gesamterbbaurechte[13] (§ 6a GBO), Eigentümererbbaurechte,[14] Wohnungs- und Teilerbbaurechte (§ 30 WEG) sowie Untererbbaurechte.[15] *Rapp* sah im Erbbaurecht die „intensivste Belastung eines Grundstücks, die einem Grundstückseigentum auf Zeit nahe kommt".[16]

7 Vgl. *Albers/Hauschild*, in: Böttcher/Faßbender/Waldhoff, § 4 Rn 148; ebenso dort *Bormann*, § 5 Rn 30.

8 Nicht geteilt werden kann die Auffassung, die im Erbbaurecht ein „temporäres Eigentum" sieht, dies wird der Veräußerlichkeit und Vererblichkeit des Nutzungsrechts nicht gerecht.

9 Vgl. *Winkler/Schlögel*, Rn 1.13: „laufende Rendite ohne eigene wirtschaftliche Anstrengung".

10 Schrader/*Ondrusch*, ErbbauZ 2020, 9.

11 *Räfle*, Rn 5.

12 Vgl. Ingenstau/Hustedt/*Bardenhewer*, § 12 Rn 31.

13 Zum Gesamterbbaurecht vgl. *Wilsch*, ErbbauZ 2024, 2. Zu den Fußballstadien als Gesamterbbaurecht vgl. auch ErbbauZ 2024, 127 („So viel Erbbaurecht steckte in der EM").

14 OLG Düsseldorf NJW 1957, 1194; *Schöner/Stöber*, Rn 1686.

15 Vgl. BGHZ 62, 179–186 = LSK 1974, 850389 = NJW 1974, 1137; *Schöner/Stöber*, Rn 1701.

16 *Rapp*, S. 9.

§ 4 Begründung eines Erbbaurechts

A. Gesetzlicher Inhalt, §§ 1, 10 ErbbauRG

I. Vererbliches Recht, § 1 Abs. 1 ErbbauRG

Kraft Gesetzes ist das Erbbaurecht als **vererbliches Recht** konzipiert, § 1 Abs. 1 ErbbauRG, womit sich das Erbbaurecht wesentlich von den Dienstbarkeiten unterscheidet.[1] Die Vererblichkeit unterliegt nicht der Disposition der Beteiligten, kann nicht durch Vereinbarung mit dinglicher Wirkung ausgeschlossen,[2] allenfalls durch weitere Bestimmungen begleitet werden.[3] So kann für den Tod des Erbbauberechtigten ein Heimfallanspruch vorgesehen sein, der die Vererblichkeit unangetastet lässt.[4] Das Erbbaurecht geht auf den Erben über, beschwert durch den Heimfallanspruch.[5] 1

Eine Bestellung als **subjektiv-dingliches Recht** kommt nicht in Betracht, dies implizierte eine Unterminierung der Vererblich- und Veräußerlichkeit des Erbbaurechts.[6] Ebenso wenig kann das Grundstück dem auf ihm lastenden Erbbaurecht als Bestandteil zugeschrieben werden. Folge wäre ein unzulässiges subjektiv-dingliches Erbbaurecht.[7] Die **Zuschreibung des mit einem Erbbaurecht belasteten Grundstücks zum Erbbaurecht** wird zwar in Teilen des Schrifttums für möglich erachtet,[8] das Kammergericht[9] weist jedoch zu Recht auf die Unzulässigkeit einer solchen Konstruktion hin. Das OLG Hamm[10] hat sich dem Kammergericht angeschlossen und ebenfalls gegen die Zulässigkeit einer solchen Zuschreibung ausgesprochen.[11] Anders dagegen das

1 Vgl. bereits *Glaß/Scheidt*, § 1 Anm. 5.

2 *Glaß/Scheidt*, § 1 Anm. 5 sowie § 2 Anm. II 1; *Räfle*, § 1 Rn 58; Staudinger/*Rapp*, § 1 Rn 25 und 28. Ein Verstoß gegen die Veräußerlich- und Vererblichkeit des Erbbaurechts bedeutet eine inhaltliche Unzulässigkeit des Rechts, vgl. Bamberger/Roth/*Maaß*, § 1 Rn 4.

3 *Glaß/Scheidt*, § 1 Anm. 5.

4 *Glaß/Scheidt*, § 1 Anm. 5; Ingenstau/Hustedt/*Hustedt*, § 1 Rn 75.

5 *Räfle*, § 1 Rn 59.

6 Bamberger/Roth/*Maaß*, § 1 Rn 48.

7 **A.A.** KG DNotZ 2011, 283, welches hierin kein unzulässiges subjektiv-dingliches Erbbaurecht, sondern eine zweckwidrige Konstruktion sieht und die Zuschreibung ebenfalls ablehnt.

8 *Kehrer*, BWNotZ 1954, 86 mit Beispielsfall und BWNotZ 1957, 52 (61); BGB-RGRK/*Räfle*, § 11 Rn 21; *Staudinger/Rapp*, § 11 Rn 14. Das BayObLG (BayObLG MittBayNot 1999, 375 mit Anm. *Rapp* = MittRhNotK 1999, 327 = Rpfleger 1999, 327) hat die Frage offengelassen.

9 KG DNotZ 2011, 283; **a.A.** OLG Jena, Beschl. v 6.11.2017, Az. 3 W 344/17 = MDR 2018, 22 = RNotZ 2018, 177; Rechtsbeschwerde konnte jedoch nicht zugelassen werden. Zur Rechtslage vgl. DNotI-Report 14/2006, dort auch zur Eintragungsweise.

10 OLG Hamm, Beschl. v. 30.1.2019, Az. 15 W 320/18, 15 W 321/18 = RNotZ 2019, 266 = ErbbauZ 2023, 150.

11 Eine Rechtsbeschwerde zum BGH wurde allerdings nicht eingelegt, vgl. RNotZ 2019, 266, Anm. der RNotZ-Schriftleitung.

Thüringer OLG,[12] welches eine Bestandteilszuschreibung für zulässig hält.[13] Gegen eine Vereinigung[14] spricht bereits der auch durch § 11 ErbbauRG nicht überbrückbare, wesensmäßige Unterschied zwischen einem Grundstück und einem dinglichen Recht an einem Grundstück, wenngleich mit eigentumsähnlichem Charakter. Gegen eine Vereinigung spricht auch, dass das Grundstück als Belastungsort des Erbbaurechts bereits dogmatisch nicht auch nichtwesentlicher Bestandteil des Erbbaurechts sein kann.[15] Ein solches Ergebnis (subjektiv- dingliches Erbbaurecht) verträgt sich nicht mit dem numerus clausus des Sachenrechts.[16] Die Rspr kann im Übrigen auch kein echtes praktisches Bedürfnis an einer solchen Vereinigung erkennen.[17] Eine auf Dauer angelegte Rechtseinheit kann nicht erreicht werden.[18] Die **Empfehlung** der Vorauflage ging bereits dahin, eine obergerichtliche Klärung herbeizuführen. An dieser Empfehlung muss auch weiterhin festgehalten werden, insbesondere vor dem Hintergrund der Planungen zur Entwicklung des Datenbankgrundbuchs. Technische Gründe zeichnen verantwortlich, warum eine **Vereinigung bzw. Bestandteilszuschreibung sog. heterogener Buchungsstellen** abzulehnen ist. Eine Ergänzung der §§ 5, 6 GBO wird erforderlich.

2 Die Motive[19] und weite Teile der Literatur[20] sehen in der Erbbaurechtsbestellung **auf Lebenszeit des Erbbauberechtigten** einen Verstoß gegen das Vererblichkeitsmerkmal. Eine andere Auffassung[21] erkennt hierin nicht einen Verstoß gegen § 1 Abs. 1 ErbbauRG, sondern beruft sich auf § 1 Abs. 4 ErbbauRG. Die Beschränkung auf die Lebenszeit des

12 OLG Jena, Beschl. v. 6.11.2017, Az. 3 W 344/17 = RNotZ 2018, 177. Zur Eintragungstechnik vgl. https://www.dnoti.de/fileadmin/user_upload/dnoti-reports/DNotI-Report-2006–14.pdf, das Grundstück wird in das Erbbaugrundbuch ausgebucht, das Erbbaurecht wird zugleich als Belastung der Zweiten Abteilung übernommen. Im Erbbaugrundbuch wird die Bestandteilszuschreibung dann vorgenommen. Das Grundstück wird nicht selbstständiger Teil des Erbbaurechts.

13 Für die Zuschreibung spreche der Wortlaut des Gesetzes; die Grundstücksvorschriften würden allgemein und uneingeschränkt zur Anwendung gelangen, darunter auch die Bestandteilszuschreibungsvorschriften. Eine Zweckwidrigkeit der Konstruktion läge nicht vor, ein praktisches Bedürfnis könne nicht verneint werden. So das OLG Jena, Beschl. v. 6.11.2017, Az. 3 W 344/17 = RNotZ 2018, 177. Zur Eintragung vgl. DNotI-Report 14/2006, https://www.dnoti.de/fileadmin/user_upload/dnoti-reports/DNotI-Report-2006–14.pdf; ähnlich OLG Köln, Beschl. v 14.1.2020, Az. 2 Wx 361/19 = ZfIR 2022, 138 = ErbbauZ 2024, 126, generelle Zulässigkeit der Vereinigung von Erbbaurecht und Grundstück.

14 **A.A.** OLG Köln, Beschl. v 14.1.2020, Az. 2 Wx 361/19= ZfIR 2022, 138 = ErbbauZ 2024, 126, Zulässigkeit der Vereinigung von Erbbaurecht und Grundstück.

15 So auch das KG a.a.O., das von einer „*Zweckwidrigkeit der Konstruktion*" spricht; vgl. auch *Hügel/Kral*, § 5 Rn 14 und § 6 Rn 9, grundstücksgleiches Recht könne nicht gleichzeitig Belastung und nicht wesentlicher Bestandteil desselben Grundstücks sein.

16 Vgl. auch *Winkler/Schlögel*, § 5 Rn 179; für Unzulässigkeit auch Grüneberg/*Herrler* § 890 Rn 2; OLG Hamm RNotZ 2019, 266, 268.

17 KG a.a.O.

18 OLG Hamm RNotZ 2019, 266, 268.

19 Darstellung bei *Glaß/Scheidt*, § 1 Anm. 5.

20 Ingenstau/Hustedt/*Hustedt*, § 1 Rn 74; *Räfle*, § 1 Rn 58.

21 *Winkler*, NJW 1992, 2514, 2516; *Winkler/Schlögel*, § 2 Rn 134.

Erbbauberechtigten kommt einer unzulässigen auflösenden Bedingung gleich. Weitgehend Einigkeit besteht darüber, ein unzulässiges unvererbliches Erbbaurecht in einen Nießbrauch oder eine beschränkte persönliche Dienstbarkeit umzudeuten.[22] Das Erbbaugrundbuch muss dann von Amts wegen geschlossen und das Recht im Grundstücksgrundbuch berichtigt werden. Zulässig bleibt die Vereinbarung eines Heimfallanspruchs für den Fall des Todes des Erbbauberechtigten,[23] da dies den Bestand des Erbbaurechts unberührt lässt.

Die Erbbaurechtsbestellung **auf Lebenszeit des Grundstückseigentümers** tangiert die Vererblichkeit nicht unmittelbar.[24] Eine solche Vereinbarung verstößt jedoch gegen das gesetzliche Verbot auflösend bedingter Erbbaurechte, § 1 Abs. 4 ErbbauRG.[25]

Zum Erbbaurecht und Bedingungen bzw. Befristungen (§ 1 Abs. 4 ErbbauRG) vgl. unten Rdn 31–35; zur Darstellung in der Vertragspraxis vgl. Rdn 3 ff. und das Muster Rdn 148.

II. Veräußerliches Recht, § 1 Abs. 1 ErbbauRG

Zum weiteren Kernbereich eines Erbbaurechts, der der Disposition der Beteiligten entzogen ist,[26] zählt die **Veräußerlichkeit** des Rechts, § 1 Abs. 1 ErbbauRG. Dem Erbbauberechtigten steht das veräußerliche Recht zu, auf oder unter der Oberfläche des Grundstücks ein Bauwerk zu haben. Im Widerspruch hierzu steht ein etwaiges Erlöschen des Erbbaurechts im Zuge der Veräußerung. Dies birgt zwei Verstöße, zum einen gegen die Veräußerlichkeit des Rechts, zum anderen gegen das Verbot auflösender Bedingungen, § 1 Abs. 4 ErbbauRG.[27] Auch ein nur temporärer Ausschluss der Veräußerlichkeit des Erbbaurechts verstößt gegen den in § 1 Abs. 1 ErbbauRG definierten Kernbereich des Erbbaurechts und kann nicht mit dinglicher Wirkung vereinbart werden.[28] Die Verpflichtung des Eigentümers, das Erbbaurecht nicht zu veräußern,[29] lässt sich nur schuldrechtlich regeln. Vorgesehen werden kann ein Rückübertragungsanspruch, gesichert durch Eintragung einer Vormerkung. 3

22 *Räfle*, § 1 Rn 60; Ingenstau/Hustedt/*Hustedt*, § 1 Rn 74; **a.A.** *Winkler/Schlögel*, § 2 Rn 134: Umdeutung „*nur in ausgesprochenen Ausnahmefällen*", Grund sei die „*Unterschiedlichkeit dieser Rechtsinstitute*", was nicht überzeugt und dem Rettungscharakter der Auslegung kaum Rechnung trägt. Für die Auslegung spricht auch das Interesse der Beteiligten.

23 OLG Hamm, Beschl. v. 2.2.1965, Az. 15 W 286/64 = OLGZ 1965, 72.

24 *Räfle*, § 1 Rn 58.

25 Ingenstau/Hustedt/*Hustedt*, § 1 Rn 75.

26 *Glaß/Scheidt*, § 1 Anm. 5 und § 2 Anm. II 1; *Räfle*, § 1 Rn 54; Ingenstau/Hustedt/*Hustedt*, § 1 Rn 65; OLG München JurionRS 2015, 12110.

27 Ingenstau/Hustedt/*Hustedt*, § 1 Rn 65; ebenso bereits *Räfle*, § 1 Rn 55.

28 *Räfle*, § 1 Rn 54; Staudinger/*Rapp*, § 1 Rn 25.

29 Vgl. bereits *Glaß/Scheidt*, a.a.O.; s.a. *Böttcher*, Rn 68.

4 Eine zulässige Einschränkung offeriert die Regelung in § 5 Abs. 1 ErbbauRG.[30] Als dinglicher Inhalt des Erbbaurechts kann vereinbart werden, dass der Erbbauberechtigte zur Veräußerung des Erbbaurechts der **Zustimmung des Grundstückseigentümers** bedarf (Zustimmungsvorbehalt). Die Bestimmung stellt eine Durchbrechung des gesetzlichen[31] Verbots rechtsgeschäftlicher Verfügungsverbote dar,[32] eine graduelle Modifikation der Veräußerlichkeit des Rechts, die dem Schutz des Grundstückseigentümers dient[33] und einen großen Gestaltungsspielraum zulässt. Demnach kann die Zustimmungspflicht generell oder speziell vereinbart werden, entweder gekoppelt an jede Veräußerung des Erbbaurechts oder gebunden nur an spezielle Veräußerungsfälle.[34] Zur zulässigen Vertragsklausel der **Zustimmungsverweigerung für den Fall, dass der Kaufpreis den Verkehrswert des Gebäudes erheblich übersteigt**, vgl. Rdn 93,[35] das OLG München[36] sieht darin **keine unzulässige bzw. unverhältnismäßige Einschränkung der Veräußerlichkeit des Erbbaurechts**.

Obgleich der gesetzliche Inhalt keiner weiteren Vereinbarung oder Darlegung bedarf, findet sich in der Vertragspraxis nicht selten ein erläuternder **Hinweis** auf den Kernbereich des Erbbaurechts:

> *Formulierungsbeispiel: Definition Erbbaurecht*
>
> Das Erbbaurecht ist das veräußerliche und vererbliche Recht, auf oder unter der Oberfläche des Grundstücks ein oder mehrere Bauwerke nach Maßgabe dieses Erbbaurechtsvertrages zu haben. Errichtung, Nutzung und Umfang des Bauwerks ergeben sich aus … des Vertrages.

III. Belastungsgegenstand, § 1 Abs. 1, Abs. 3 ErbbauRG

5 Belastungsgegenstand eines Erbbaurechts ist ein **Grundstück**, § 1 Abs. 1 ErbbauRG, ein unter einer eigenen Bestandsverzeichnisnummer im Grundbuch eingetragener, räumlich abgegrenzter Teil der Erdoberfläche,[37] unabhängig von der Größe, der Wirtschaftsart[38]

30 *Räfle*, § 1 Rn 54; Ingenstau/Hustedt/*Hustedt*, § 1 Rn 68; OLG München JurionRS 2015, 12110; *Winkler*, § 2 Rn 132: „dingliche Beschränkungsmöglichkeiten"; Staudinger/*Rapp*, § 1 Rn 25.

31 § 137 S. 1 BGB.

32 Ingenstau/Hustedt/*Hustedt*, § 5 Rn 8.

33 OLG München JurionRS 2015, 12110.

34 Ingenstau/Hustedt/*Hustedt*, § 5 Rn 10; häufigster Fall ist die Veräußerung an eine Person, die von einem bestimmten Personenkreis abweicht; vgl. auch *Räfle*, § 1 Rn 54.

35 OLG München, Beschl. v. 18.11.2020, Az. 34 Wx 315/19 = BeckRS 2020, 31520.

36 OLG München, Beschl. v. 18.11.2020, Az. 34 Wx 315/19 = BeckRS 2020, 31520.

37 Ein rechtlich selbstständiges Grundstück, vgl. *Ott*, notar 2014, 265; *Räfle*, § 1 Rn 11.

38 *Räfle*, a.a.O.

oder der Aufteilung des Grundstücks in Wohnungs- und Teileigentum.[39] Letzteres steht zum einen unter der Prämisse der ersten Rangstelle in allen Wohnungs- und Teileigentumsgrundbüchern, § 10 Abs. 1 ErbbauRG, zum anderen unter der Prämisse, dass das Erbbaurechtsbauwerk nicht Gegenstand der WEG- Aufteilung ist.[40] Insoweit müssen **unterschiedliche Bauwerke** vorhanden sein. Zur Frage, ob der *Grundstückseigentümer* (!) an dem **Bauwerk, das den Gegenstand des Erbbaurechts bildet, Wohnungs- und Teileigentum begründen kann,** vgl. Rdn 23, dies wird in der obergerichtlichen Rechtsprechung unterschiedlich beantwortet, woraus eine erhebliche Rechtsunsicherheit resultiert.

In der Vertragspraxis erfolgt die Bezeichnung des Belastungsgegenstandes zumeist im Verbund von Vorbemerkung (enthält Wiedergabe des zu belastenden Grundstücks) und eigenem Bestellungspunkt:

Formulierungsbeispiel: Belastungsgegenstand des Erbbaurechts 6

I. Vorbemerkung: Erbbaugrundstück

Im Grundbuch des Amtsgerichts … von … Blatt … ist folgender Grundbesitz eingetragen:

Bestand

Flurstück …, Gebäude- und Freifläche, … qm.

Eigentümer: …

Belastungen der Zweiten Abteilung des Grundbuchs:

Abt. II Nr. …

Belastungen der Dritten Abteilung des Grundbuchs:

Abt. III Nr. ….

II. Erbbaurechtsbestellung

Der Grundstückseigentümer bestellt hiermit an dem in Ziffer I erwähnten Grundbesitz zugunsten des Erbbauberechtigten zur Berechtigung … ein Erbbaurecht nach Maßgabe des in dieser Urkunde niedergelegten Inhalts und nach Maßgabe des Erbbaurechtsgesetzes (ErbbauRG).

Als unmittelbar auf die Nutzung des Grundstücks gerichtetes Gebrauchsrecht[41] kann das Erbbaurecht **nicht** an einem **Miteigentumsanteil** des Grundstücks bestellt werden,[42] 7

39 Die Bestellung an einem einzelnen Miteigentumsanteil oder an mehreren Miteigentumsanteilen, verbunden mit Sondereigentum, kommt dagegen nicht in Betracht; belastet werden kann nur das ganze Grundstück.

40 Staudinger/*Rapp*, § 1 Rn 15; **a.A.** DNotI-Report 1998, 13: an einem WEG- Grundstück könne kein Erbbaurecht bestellt werden.

41 *Glaß/Scheidt*, § 1 Pkt. I 2; Staudinger/*Rapp*, § 1 Rn 15.

42 *Winkler*, NJW 1992, 2514, 2515; Staudinger/*Rapp*, § 1 Rn 15, das Erbbaurecht ist ein Gebrauchsrecht und kann nur am ganzen Grundstück ausgeübt werden; Spiegelberger/Schallmoser/*Rapp*, Rn 5.11. Ebenso Nagel/*Nagel*, § 1 Rn 142; Bamberger/Roth/*Maaß*, § 1 Rn 24.

etwa an einem einzelnen Wohnungseigentum[43] einer Wohnungseigentumsanlage, sondern nur am **ganzen Grundstück**,[44] auch am eigenen Grundstück in Form eines Eigentümererbbaurechts.[45] Die Bestellung eines Erbbaurechts an einem **Gesamthandsanteil** oder an mehreren Gesamthandsanteilen des Grundstücks scheidet ebenfalls aus.[46]

Die Konzeption als Gebrauchsrecht schließt eine Belastungsbeschränkung des Erbbaurechts auf eine **reale Teilfläche** aus.[47] Eine entsprechende Bestellung wäre inhaltlich unzulässig,[48] sie muss daher in andere Formen gegossen werden. Möglich ist die Belastung des ganzen Grundstücks mit **Ausübungsbeschränkung auf eine reale Teilfläche**,[49] wobei die Ausübungsfläche hinreichend bestimmt zu bezeichnen ist, etwa durch Einzeichnung in einen Lageplan, auf den in der Bestellungsurkunde Bezug genommen ist.[50] Dabei gilt es auch, die **Erstreckung auf die unbebaute Fläche** des festgelegten Ausübungsbereichs zu regeln, § 1 Abs. 2 ErbbauRG.[51] Wirtschaftlich muss dabei das Bauwerk die **Hauptsache** bleiben,[52] der **Nutzungsschwerpunkt** auf dem Bauwerk ruhen.[53] Auf dem Bauwerk ruht der Nutzungsschwerpunkt dann, sofern sich die Nutzung der weiteren Fläche nur als Annex, als Nebenfolge darstellt.[54] Also eine Unterscheidung zwischen Hauptnutzung des Bauwerks und unselbständiger Nebennutzung der weiteren Fläche, etwa als Kfz-Stellplatz, als Weg, Kinderspielplatz, Streuobstwiese oder als Instal-

43 Staudinger/*Rapp*, § 1 Rn 15.

44 *Winkler*, NJW 1992, 2514, 2515.

45 Vgl. beispielsweise OLG Düsseldorf NJW 1957, 1194 (Heimfall führe bereits zum Entstehen eines Eigentümererbbaurechts, deshalb dürfe die originäre Konzeption nicht verwehrt werden; im Übrigen ergebe sich die Zulässigkeit aus dem „Gesichtspunkt der Rechtsähnlichkeit", schließlich halte das Sachenrecht auch an anderer Stelle Eigentümerrechte parat); *Räfle*, § 1 Rn 23; zur generellen Zulässigkeit eines Eigentümererbbaurechts vgl. auch *Dieckmann*, ErbbauZ 2021, 168, 169.

46 Ebenso Bamberger/Roth/*Maaß*, § 1 Rn 24; MüKo/*Weiß*, § 1 Rn 31.

47 Vgl. beispielsweise OLG Hamm, Beschl. v. 7.6.2005, Az. 15 W 158/05 = FGPrax 2006, 2 = JurionRS 2005, 21762. Zur Teilung vgl. § 7 Abs. 1 GBO. Vgl. auch Spiegelberger/Schallmoser/*Rapp*, Rn 5.11, für den schuldrechtlichen Bestellungsvertrag gilt dies nicht, er kann auch ohne Grundstücksteilung beurkundet werden; Bamberger/Roth/*Maaß*, § 1 Rn 25; DNotI-Report 2023, 97, 98; MüKo/*Weiß*, § 1 Rn 32.

48 OLG Hamm a.a.O.; Spiegelberger/Schallmoser/*Rapp*, Rn 5.11; DNotI-Report 2023, 97, 98.

49 OLG Hamm a.a.O. (Ableitung aus der Umkehrung von § 1 Abs. 2 ErbbauRG); Pfälzisches Oberlandesgericht Zweibrücken, Beschl. v. 28.5.1996, Az. 3 W 52/96 = MittBayNot 1996, 299; OLG Hamm, Beschl. v. 27.3.1998, Az. 15 W 332–97 = NJW-RR 1999, 234, 235; DNotI-Report 2023, 97; *Räfle*, § 1 Rn 19; *Winkler*, NJW 1992, 2514, 2515; *Ott*, notar 2014, 265; *Schmenger*, BWNotZ 2006, 73, 81; Staudinger/*Rapp*, § 1 Rn 16; Spiegelberger/Schallmoser/*Rapp*, Rn 5.13, eine Vermessung ist dann nicht erforderlich; vgl. *Schneider/Grau*, BWNotZ 2021, 366; OLG Koblenz, Urt. v. 12.3.2024, Az. 3 U 970/23 = BeckRS 2024, 6353 = ErbbauZ 2024, 112 mit Anm. *Reichel*; MüKo/*Weiß*, § 1 Rn 32.

50 OLG Hamm, a.a.O.; *Ott*, notar 2014, 265.

51 *Ott*, notar 2014, 265, 266; *Schneider/Grau*, BWNotZ 2021, 366.

52 Ebenso Nagel/*Nagel*, § 1 Rn 158; Staudinger/*Rapp*, § 1 Rn 18.

53 *Ott*, notar 2014, 265; Staudinger/*Rapp*, § 1 Rn 18; Bamberger/Roth/*Maaß*, § 1 Rn 19; Nagel/*Nagel*, § 1 Rn 158.

54 Staudinger/*Rapp*, § 1 Rn 18.

lationsort für Wärmepumpen.[55] Im Falle eines offensichtlichen Missverhältnisses zwischen Bauwerk (Garage) und Fläche (1.700 qm) ist dies nicht mehr der Fall.[56] Im Rahmen der Erstreckung auf den für die Bebauung nicht erforderlichen Teil des Grundstücks können negativ auch **bestimmte Nutzungen ausgeschlossen werden**,[57] um einen speziellen Nutzungszweck zu fördern. In der Praxis kann die Nutzung als Kfz-Stellplatz oder als Swimmingpool ausgeschlossen werden. Nach der Erstreckung auf die unbebaute Fläche ist die weitere Eintragung einer Nutzungsdienstbarkeit unzulässig, weil der Erbbaurechtsvertrag bereits eine Regelung enthält.[58]

Der Erbbauberechtigte wird nur **Eigentümer der Bauwerke**, die auf der ihm zugewiesenen Ausübungsfläche errichtet sind oder errichtet werden, § 12 Abs. 1 S. 1 ErbbauRG.[59] Das Bauwerk gilt als wesentlicher Bestandteil des Erbbaurechts, § 12 Abs. 1 S. 1 ErbbauRG, womit es zwingend im Eigentum des Erbbauberechtigten steht. Zur Ausübungsbeschränkung auf eine reale Teilfläche:

> *Formulierungsbeispiel: Erbbaurecht mit Ausübungsbeschränkung auf reale Teilfläche* 8
>
> Die tatsächliche Ausübung des Erbbaurechts beschränkt sich auf eine Teilfläche von … qm, wie sie im beigefügten Lageplan (Anlage 1) rot schraffiert gekennzeichnet ist. Auf den beigefügten Lageplan wird verwiesen; dieser wurde zur Durchsicht vorgelegt und genehmigt. Das Erbbaurecht erstreckt sich auch auf die nicht bebauten Teile des Erbbaugrundstücks innerhalb des festgelegten Ausübungsbereichs, wobei das Bauwerk wirtschaftlich die Hauptsache bleibt. Die unbebaute Fläche des Ausübungsbereichs darf wie folgt genutzt werden: … Rein schuldrechtlich wird festgehalten, dass eine Vermessung oder Vermarkung der Teilfläche derzeit ausdrücklich nicht erfolgen soll. Sollte das Erbbaugrundstück geteilt werden, verpflichten sich die Vertragsteile, das Erbbaurecht auf die Ausübungsfläche zu beschränken und den Rest freizugeben. Soweit dem Grundstückseigentümer Rechte und Ansprüche zustehen, ist dann Berechtigter lediglich der Eigentümer der Ausübungsfläche. Soweit dem Erbbauberechtigten Rechte und Ansprüche zustehen, ist dann Berechtigter lediglich der Erbbauberechtigte an der Ausübungsfläche.[60]

55 *Grziwotz*, ErbbauZ 2022, 126, 129, 132.
56 BayObLG NJW-RR 1991, 718; Staudinger/*Rapp*, § 1 Rn 18.
57 *Grziwotz*, ErbbauZ 2022, 126, 132.
58 Ähnlich Bamberger/Roth/*Maaß*, § 1 Rn 18.
59 Pfälzisches Oberlandesgericht Zweibrücken, Beschl. v. 28.5.1996, Az. 3 W 52/96 = MittBayNot 1996, 299.
60 Formulierungsbeispiel in Anlehnung an *Ott*, notar 2014, 265, 266.

Alternativ:

> *Formulierungsbeispiel: Erbbaurecht mit Ausübungsbeschränkung auf reale Teilfläche*
>
> Die Ausübung des Erbbaurechts ist eingeschränkt auf eine Grundstücksteilfläche von ca. … qm, die im anliegenden Plan (Anlage …) rot schraffiert gekennzeichnet ist (Ausübungsbereich). Auf den Plan, der einen wesentlichen Bestandteil dieser Urkunde bildet, wird verwiesen. Der Plan ist maßgeblich für den Ausübungsbereich des Erbbaurechts, auf den Plan wird daher verwiesen. Der Plan wurde zur Durchsicht vorgelegt und von den Beteiligten genehmigt. Im Zweifel kann der Grundstückseigentümer den Ausübungsbereich nach § 315 BGB bestimmen, also nach billigem Ermessen. Das Erbbaurecht erstreckt sich auch auf den nicht zur Errichtung des Bauwerks erforderlichen Teil der beschriebenen Grundstücksteilfläche, wobei dieser Teil nur im Rahmen der vorgegebenen Nutzung als … genutzt werden darf. Festgestellt wird, dass die restliche, vom Erbbaurecht nicht erfasste Fläche weiterhin vom Grundstückseigentümer genutzt wird.

Alternativ:

> *Formulierungsbeispiel: Erbbaurecht mit Ausübungsbeschränkung auf reale Teilfläche*
>
> Die Ausübung des Erbbaurechts ist eingeschränkt auf eine Grundstücksteilfläche von ca. … qm, die in der beigefügten Planskizze, die Anlage …, rot schraffiert gekennzeichnet ist. Auf die Planskizze wird verwiesen, sie wurde zur Durchsicht vorgelegt, von den Beteiligten genehmigt und eigenhändig unterschrieben. Dies Grundstücksteilfläche von ca. … qm wird im Folgenden auch „Erbbaugrundstück" bezeichnet. Das Erbbaurecht erstreckt sich auch auf den nicht zur Errichtung des vorbezeichneten Bauwerks erforderlichen Teil des Erbbaugrundstücks, wobei dieser Teil nur im Rahmen der Bauwerksnutzung verwendet werden darf. Mit ausschließlich schuldrechtlicher Wirkung gilt, dass eine Vermessung der Teilfläche derzeit nicht erfolgen soll. Sollte eine Teilung erfolgen und die Ausübungsfläche als rechtlich selbstständiges Grundstück vorgetragen werden, verpflichten sich die Vertragsteile zur Vertragsanpassung. Dabei ist das Erbbaurecht auf die Ausübungsfläche einzuschränken, die Restfläche ist freizugeben. Rechte und Ansprüche, die dem Grundstückseigentümer zustehen, werden dem Eigentümer der Ausübungsfläche zugeordnet. Rechte und Ansprüche, die dem Erbbauberechtigten zustehen, werden dem Erbbauberechtigten an der Ausübungsfläche zugeordnet.

Bei **Ausübungsbeschränkungen** auf eine Teilfläche[61] ist besonders darauf zu achten, dass die Konstellation auch bei der Bestellung eines **Vorkaufsrechts** am Grundstück zu-

61 Vgl. zuletzt OLG Koblenz, Urt. v. 12.3.2024, Az. 3 U 970/23 = BeckRS 2024, 6353 = ErbbauZ 2024, 112 mit Anm. *Reichel*.

gunsten des Erbbauberechtigten Berücksichtigung findet. Üblicherweise wird dann das Vorkaufsrecht am Grundstück auf die Ausübungsfläche des Erbbaurechts beschränkt.[62]

In der Praxis ist die Frage aufgetreten, ob **ein Erbbaurecht** auch **mehrere Ausübungs-** 9
bereiche mit unterschiedlicher Dauer enthalten kann.

Beispiel:

der erste Ausübungsbereich betrifft eine Sporthalle mit Vereinsgebäude und Restaurant, der zweite Ausübungsbereich einen Sportplatz mit Anlagen.

Die geschilderte Konstruktion ist **zulässig**. Die Begründung hierfür ist in der Rechtsnatur des Erbbaurechts zu suchen. Als besonderes Nutzungsrecht ähnelt das Erbbaurecht der Dienstbarkeit, was historisch der Grund dafür war, die BGB-Erbbaurechtsvorschriften vor den Dienstbarkeitsvorschriften zu platzieren, vgl. §§ 1012 bis 1017 BGB a.F. Die **Parallele zu den Dienstbarkeitsvorschriften** kann deshalb gezogen werden, somit kann auch die Rechtsprechung des BGH zum Inhalt einer Dienstbarkeit[63] bemüht werden. Der BGH nahm bereits zu einer Dienstbarkeit Stellung, deren Ausübung auf bestimmte Teilflächen beschränkt war.[64] Eine Unzulässigkeit konnte der BGH nicht erkennen, sondern hielt eine solche Dienstbarkeit für zulässig. Diese Auffassung verdient Unterstützung, da sich eine identische Situation durch die Teilung des dienenden Grundstücks ergeben kann, § 1026 BGB.[65] In dieselbe Richtung- Parallele Erbbaurecht und Dienstbarkeit-, zielt das OLG Hamm.[66] In dieser Entscheidung spricht das OLG Hamm vom Erbbaurecht *„als eine(r) gesetzlich besonders geregelte Art der Grunddienstbarkeit“*.[67] Die Ausübungsbeschränkung betrifft im Übrigen nicht den Belastungsgegenstand, sondern den Inhalt des Erbbaurechts,[68] den die Beteiligten frei festlegen können. In den Worten der historischen Literatur:[69] *„Insoweit ist die Lage nicht anders als nach den entsprechenden Dienstbarkeitsvorschriften...“*. Der Bestimmtheitsgrundsatz ist gewahrt, aus der Bestellungsurkunde müssen die beiden Ausübungsbereiche erkennbar sein. Das Erbbaurechtsgesetz enthält keine Beschränkung dahingehend, dass nur eine einheitliche Befristung vorgegeben werden muss. Vielmehr ergibt sich aus der unterschiedlichen Nutzungsdauer von Bauwerken ein weiteres Argument für unterschiedliche Ausübungsbereiche mit unterschiedlichen Laufzeiten. Ein abweichendes Votum ginge über die jeweils übliche Nutzungsdauer von Bauwerken hinaus und wäre wirtschaftlich nicht zu vertreten. Den Beteiligten obliegt es, die Dauer der

62 Zur Zulässigkeit eines solchen Vorkaufsrechts vgl. *Schöner/Stöber*, Rn 1400.
63 BGH, Urt. v. 3.5.2002, Az. V ZR 17/01 = NJW 2002, 3021.
64 BGH, Urt. v. 3.5.2002, Az. V ZR 17/01 = NJW 2002, 3021, 3023.
65 Generell jedoch gegen Anwendung des § 1026 BGB: *Reichel*, ErbbauZ 2024, 115.
66 OLG Hamm FGPrax 2006, 2.
67 OLG Hamm FGPrax 2006, 2.
68 *Räfle*, § 1 Rn 19.
69 *Räfle*, § 1 Rn 19.

Befristung festzulegen. Die Befristung muss unmittelbar aus dem Grundbuch hervorgehen. Eine Unzulässigkeit nach § 1 Abs. 3 ErbbauRG liegt nicht vor.

10 Die Ausübung der Fläche kann aber auch der **tatsächlichen Ausübung** überlassen werden.[70] In der Praxis spielt eine solche Vertragsgestaltung keine Rolle. Zu weitreichend sind die gegenseitigen Verpflichtungen und einseitigen Berechtigungen, als dass über die Ausübung hinweggegangen werden könnte.

Alternativ kann der Weg der **notwendigen Teilung des Grundstücks**[71] beschritten werden, eine Teilung, die vom Grundbuchamt von Amts wegen ins Werk zu setzen ist, § 7 Abs. 1 GBO.[72] Eine bloße Zerlegung[73] reicht nicht aus, da ein solches Flurstück unverändert als reale Teilfläche eines zusammengesetzten Grundstücks gilt. In der Folge kann auch **an einem einzelnen Flurstück eines zusammengesetzten Grundstücks** keine Erbbaurechtsbestellung erfolgen, erforderlich ist in dieser Konstellation eine Grundstücksteilung.[74] Die Abschreibung bereitet keine Probleme, sofern die abzuschreibende Fläche bereits als Flurstück im Grundbuch eingetragen ist oder war.[75] Maßgeblich ist die Regelung in § 2 Abs. 4 GBO,[76] weshalb sich ein Blick auf die Bestandsgeschichte der Fläche empfiehlt. Anderenfalls kann der Teil des Grundstücks nur abgeschrieben und als selbstständiges Grundstück gebucht werden, sofern ein Fortführungsnachweis vorgelegt wird, § 2 Abs. 3 GBO.

11 In der Praxis[77] ist bereits die Frage aufgetreten, wie mit einem **Erbbaurecht** zu verfahren ist, das **ordnungswidrig nur an einem Flurstück eines zusammengesetzten Grundstücks eingetragen wurde**, wegen der fehlenden Abschreibung also nur an einer realen Teilfläche des Grundstücks. Den Hintergrund bildete die Bestellung eines **Erbbaurechts an einer noch zu vermessenden Teilfläche**, gefolgt von der bloßen Zerlegung im Grundbuch, nicht der Teilung, der Abschreibung der Teilfläche. Da die Teilung des Grundstücks jedoch von Amts wegen zu vollziehen ist, sobald ein Grundstücksteil belastet wird, § 7 Abs. 1 GBO, liegt ein Fehler des Grundbuchamtes vor. Der betroffene Teil ist grundbuchmäßig zu verselbstständigen und als eigenes Grundstück vorzutragen. Der grundbuchamtliche Verstoß ist für den Bestand des eingetragenen Rechts folgenlos, verletzt wurde lediglich eine **verfahrensrechtliche Ordnungsvorschrift**,[78] die Vorschrift des § 7

70 BGH Rpfleger 1984, 227.

71 *Schmenger*, BWNotZ 2006, 73, 81; *Winkler*, NJW 1992, 2514, 2515; Staudinger/*Rapp*, § 1 Rn 16 und 35.

72 BayObLGZ 1956, 470; OLG Frankfurt, Beschl. v. 23.1.2003, Az. 20 W 266/02, zitiert nach juris.

73 Spiegelberger/Schallmoser/*Rapp*, Rn 5.11.

74 Spiegelberger/Schallmoser/*Rapp*, Rn 5.11.

75 Als Teil eines zusammengesetzten Grundstücks, bestehend aus mehreren Flurstücken.

76 „Ein Auszug aus dem amtlichen Verzeichnis braucht nicht vorgelegt zu werden, wenn der abzuschreibende Grundstücksteil bereits nach dem amtlichen Verzeichnis im Grundbuch benannt ist oder war."

77 Vgl. nun auch DNotI-Report 2023, 97.

78 DNotI-Report 2023, 97, 98.

Abs. 1 GBO. Ein Verstoß gegen § 7 GBO führt nicht zur materiellen Unwirksamkeit des Erbbaurechts, da § 7 GBO nur formelle Erfordernisse konstituiert.[79] Damit ist das Erbbaurecht nicht unwirksam, sondern **zur Entstehung gelangt**,[80] auch der Bestimmtheitsgrundsatz ist gewahrt, zumal der Belastungsgegenstand eindeutig ist, hier das belastete Flurstück. In der Folge kann weder eine Amtslöschung[81] noch die Eintragung eines Amtswiderspruchs[82] erfolgen. Es obliegt dem Grundbuchamt, die **Teilung von Amts wegen** nachzuholen, § 7 Abs. 1 GBO,[83] worauf das vorlegende Notariat drängen muss. Mit der Nachholung der Teilung ist das entstandene Erbbaurecht auch grundbuchmäßig korrekt bezeichnet. Für die notarielle Praxis illustriert dies die Notwendigkeit, auf den Vollzug der Grundstücksteilung im Grundbuch zu achten, ggf. durch einen Hinweis an das Grundbuchamt im Rahmen der Antragstellung oder im Rahmen der Überprüfung der Eintragungsmitteilung.[84] Die Abschreibung müsste von Amts wegen erfolgen, ohne jedweden Antrag,[85] vgl. § 7 Abs. 1 GBO, ein Hinweis des Notariats schadet aber nicht, vermeidet vielmehr eine Vielzahl von Folgefragen und Unsicherheiten.

Seit der Einführung[86] des § 6a Abs. 1 GBO liegt eine explizite Regelung zur Eintragung eines **Gesamterbbaurechts** vor, zur Eintragung eines einheitlichen Erbbaurechts an **mehreren Grundstücken** oder **mehreren Erbbaurechten**.[87] Die Grundstücke bzw. Erbbaurechte können einer Person oder verschiedenen Personen zustehen.[88] Die Regelung in § 6a Abs. 2 GBO ordnet allerdings an, dass ein Erbbaurecht an einem Grundstück und einem Erbbaurecht generell nicht bestellt werden darf, weil dies technische Probleme der Grundbuchführung evozieren würde.[89] Dem Antrag auf Eintragung eines Gesamterbbaurechts soll nicht entsprochen werden, wenn das Gesamterbbaurecht sowohl an einem Grundstück als auch an einem anderen Erbbaurecht bestellt werden soll, vgl. § 6a 12

79 Ebenso DNotI-Report 2023, 97, 99; Bauer/Schaub/*Maaß*, § 7 Rn 59.
80 DNotI-Report 2023, 97, 102.
81 DNotI-Report 2023, 97, 102, Belastungsgegenstand durch Hinweis auf das Flurstück klar ersichtlich.
82 DNotI-Report 2023, 97, 103, keine Unrichtigkeit des Grundbuchs gegeben, überdies alleinige Pflichtverletzung des Grundbuchamtes.
83 DNotI-Report 2023, 97, 103; Bauer/Schaub/*Maaß*, § 7 Rn 62.
84 Vgl. Beck'sches Notarhandbuch/*Wilsch*, § 11 Rn 250 und 251.
85 Bauer/Schaub/*Maaß*, § 7 Rn 26.
86 Einführung durch das Registerverfahrensbeschleunigungsgesetz vom 20.12.1993 (BGBl I S. 2182),Hügel/*Kral*, § 6a Rn 4. Zum Gesamterbbaurecht vgl. *Wilsch*, ErbbauZ 2024, 2.
87 Vgl. § 6a Abs. 1 S. 1 GBO; zur Zulässigkeit vgl. bereits *Räfle*, § 1 Rn 13; *Heckscher*, RNotZ 2016, 1, 15; Staudinger/*Rapp*, § 1 Rn 22; zur Zulässigkeit von Wohnungserbbaurecht an einem Gesamterbbaurecht vgl. *Demharter*, DNotZ 1986, 457; zur Zulässigkeit des Gesamterbbaurechts vor Einfügung des § 6a Abs. 1 S. 1 GBO vgl. OLG Hamm, Beschl. v. 17.8.1959, Az. 15 W 286/59 = NJW 1959, 2169; OLG Hamm, Beschl. v. 4.3.1963, Az. 15 W 24/82/63 = NJW 1963, 1112; BGH, Urt. v. 21.11.1975, Az. V ZR 21/74 = NJW 1976, 519; BayObLG, Beschl. v. 26.4.1984, Az. BReg. 2 Z 33 – 35/84 = BayObLGZ 1984, 105; *Wilsch*, ErbbauZ 2024, 2.
88 *Heckscher*, RNotZ 2016, 1, 15.
89 Hügel/*Kral*, § 6a Rn 21; Bamberger/Roth/*Maaß*, § 1 Rn 27; *Demharter*, DNotZ 1986, 457, 458; *Wilsch*, ErbbauZ 2024, 2, 6.

Abs. 2 GBO (**Verbot eines Gesamterbbaurechts an einem Verbund von Grundstück und Erbbaurecht**).[90]

13 Darüber hinaus sollen die Grundstücke im **Bezirk** desselben Grundbuchamtes liegen und **unmittelbar aneinandergrenzen**, § 6a Abs. 1 S. 1 GBO i.V.m. § 5 Abs. 2 S. 1 GBO.[91] Dass die Grundstücke unmittelbar aneinandergrenzen, kann durch eine **beglaubigte Flurkarte** nachgewiesen werden. Davon soll nur abgewichen werden, wenn die zu belastenden Grundstücke nahe beieinander liegen und das Erbbaurecht in Wohnungs- und Teilerbbaurechte aufgeteilt werden soll. Davon kann auch abgewichen werden, wenn Gegenstand des Erbbaurechts ein einheitliches Bauwerk oder ein Bauwerk mit dazugehörenden Nebenanlagen auf den zu belastenden Grundstücken ist, vgl. § 6a Abs. 1 S. 2 GBO.[92] Die Vorlage einer beglaubigten Flurkarte ist allerdings nicht zwingend,[93] wie ein Blick auf § 6a Abs. 1 S. 2 Hs. 2 GBO zeigt. Danach findet § 5 Abs. 2 S. 3 GBO entsprechende Anwendung. Demnach kann die Lage der Grundstücke zueinander durch **Bezugnahme auf das amtliche Verzeichnis** nachgewiesen werden, also durch einen bloßen Rekurs. Hintergrund ist, dass die Grundbuchämter zwischenzeitlich auf das amtliche Verzeichnis zugreifen können.[94] Ein Verstoß gegen § 6a GBO führt nicht zur materiellen Unwirksamkeit des Erbbaurechts, da § 6a GBO nur formelle Erfordernisse konstituiert.

Falls weitere, in anderen Grundbuchblättern vorgetragene Grundstücke belastet sind, empfiehlt es sich, im Eintragungsvermerk auch auf die **weiteren Grundstücke zu verweisen**, um den Umfang des Gesamterbbaurechts angemessen zum Ausdruck zu bringen. In der Eintragung wird auf die Gesamtbelastung **hingewiesen**, ohne diese als „Mithaft“ oder „Gesamthaft“ zu bezeichnen,[95] da das Erbbaurecht kein Verwertungs-, sondern ein Nutzungsrecht ist.[96] Beispiel:

„*Gesamterbbaurecht bis zum 31.12.2099 für ...; mitbelastet sind die Grundstücke BVNr. ... Gemarkung ..., Blatt ..., BVNr. ...*“. Dies gilt nicht nur für die Eintragung des Gesamterbbaurechts im Grundstücksgrundbuch, sondern auch für die Eintragung im Gesamterbbaugrundbuch, dort Bestandsverzeichnis und Erste Abteilung, Spalte 4, Grundlage der Eintragung.

90 *Wilsch*, ErbbauZ 2024, 2, 6.

91 Unverständlich Schreiber/*Ruge*, Handbuch Immobilienrecht, 4. Aufl., 2020, Kapitel 10, Rn 15, der in dieser Beschränkung „keine eigenständige Beschränkung“ erkennen möchte; zum selben Grundbuchamts- und Katasterbezirk vgl. *Wilsch*, ErbbauZ 2024, 2, 6.

92 Zur wirtschaftlichen Einheit vgl. auch *Heckscher*, RNotZ 2016, 1, 15.

93 So aber Staudinger/*Rapp*, § 1 Rn 22: amtlicher Lageplan aller Grundstücke.

94 Vgl. Beck'sches Notar-Handbuch/*Wilsch*, § 11 Rn 187; ohne Erläuterung hierzu *Böttcher*, Rn 50–52, dort wird uneingeschränkt die Vorlage einer beglaubigten Karte verlangt.

95 *Wilsch*, ErbbauZ 2024, 2, 8.

96 *Wilsch*, ErbbauZ 2024, 2, 8.

Komplettiert werden diese Erfordernisse durch die die Notwendigkeit der **ersten Rangstelle an allen beteiligten Grundstücken**, § 10 Abs. 1 S. 1 ErbbauRG.[97] 14

Für die einzelnen jeweiligen Grundstückseigentümer (vgl. § 9 Abs. 2 S. 2 ErbbauRG) kann **jeweils ein besonderer Erbbauzins** vereinbart werden (vgl. auch das folgende Muster 4.2, Gesamterbbaurechtsvertrag, optionale Bestellung einer einheitlichen Reallast oder als Mehrzahl von Einzelrechten). Die Erbbauzinsreallast muss demnach nicht zwingend als gemeinschaftliches Recht[98] mit einem Gemeinschaftsverhältnis nach § 47 Abs. 1 GBO ausgestaltet, sondern kann auch in separater Einzelgläubigerschaft bestellt werden, und zwar im Gleichrang miteinander oder in Vor- und Nachrang zueinander (vgl. auch das folgende Muster 4.2 Rdn 149).[99]

Am **Gesamterbbaurecht** kann ein **einheitliches Vorkaufsrecht** für die Eigentümer der 15
erbbaurechtsbelasteten Grundstücke bestellt werden, und zwar ohne weitere Darlegung eines Berechtigungsverhältnisses nach § 47 Abs. 1 GBO, da sich das Berechtigungsverhältnis bereits zwingend aus § 472 BGB ergibt.[100]

Umgekehrt kann an der Gesamtheit der Grundstücke kein einheitliches Vorkaufsrecht für den Gesamterbbauberechtigten bestellt werden, da das materielle Recht ein Gesamtrecht insoweit nicht zulässt. In der Konsequenz können nur **Einzelvorkaufsrechte an den Grundstücken** bestellt werden.[101] In der Praxis ist dies nicht selten Gegenstand grundbuchamtlicher Beanstandungen, obgleich das Grundbuchamt die Pflicht zur Auslegung trifft. Eine unzulässige Bestellung als Gesamtrecht kann u.U. als Bestellung von Einzelvorkaufsrechten ausgelegt werden. Auf das Auslegungswagnis sollte sich die Beurkundungspraxis allerdings nicht einlassen und sogleich zur Formulierung von einzelnen Vorkaufsrechten greifen.

Das Gesamterbbaurecht wird als **einheitliches Recht** an mehreren Grundstücken bestellt, 16
was es erforderlich macht, die **Ausübungsbefugnisse der beteiligten Grundstücke** näher zu regeln (vgl. auch das folgende Muster 4.2 Rdn 149, Gesamterbbaurechtsvertrag, dort die Präambel). Derzeit kennt die **Erbbaurechtspraxis** allerdings auch Verträge, in denen diesem Aspekt kaum oder überhaupt keine Beachtung geschenkt wird, was nicht geteilt werden kann. Getragen werden diese Verträge von der Überzeugung, an der Personalunion – *alle Grundstücke stehen im Eigentum einer natürlichen oder juristischen Person* –, werde sich in der Zukunft nichts ändern. Besonders ausgeprägt ist diese Über-

97 Siehe auch Bamberger/Roth/*Maaß*, § 1 Rn 28; zum Gesamterstrang an allen beteiligten Grundstücken vgl. *Wilsch*, ErbbauZ 2024, 2, 6.

98 Gemeinschaftsverhältnis § 428 oder § 432 BGB ist üblich; soweit ersichtlich, dominiert die Praxis die Gesamtberechtigung nach § 428 BGB.

99 *Wilsch*, ErbbauZ 2024, 2, 6,

100 *Demharter*, § 47 Rn 3.

101 Bauer/Schaub/*Lieder*, AT C Rn 126, Gesamtrecht ist unzulässig und impliziert einen Verstoß gegen den sachenrechtlichen Typenzwang.

zeugung bei staatlichen oder kommunalen Rechtsträgern, etwa im Rahmen der Schaffung von Wohnraum, der Staatsbediensteten bzw. Kommunalbediensteten zur Verfügung gestellt werden soll. In der Retrospektive zeigt sich jedoch, wie schnell solche Planungsgewissheiten Makulatur werden und die Notwendigkeit mit sich bringen können, der nunmehr zersplitterten Eigentumssituation Rechnung zu tragen. Für Sorglosigkeit besteht kein Anlass. Abhilfe und Orientierung bietet hier vor allem die **Regelung bereits im Gesamterbbaurechtsvertrag**, abstrahierend von der aktuellen Eigentumssituation, projizierend in die Zukunft. Anderenfalls wird mit der teilweisen Übertragung des Eigentums ein klarstellender Erbbaurechtsnachtrag notwendig.

Rechte, die sich aus dem Gesamterbbaurechtsvertrag ergeben, stehen den Eigentümern der Erbbaurechtsgrundstücke grundsätzlich gemeinschaftlich zu. Sinnvoll ist eine weitere Unterscheidung zwischen getrennten, teilbaren und unteilbaren Leistungen, die dem Eigentümer bzw. den Eigentümern der erbbaurechtsbelasteten Grundstücke zustehen.[102]

17 **Getrennte Leistungen**, die der Erbbauberechtigte erbringen muss, beispielsweise die Tragung der Grundsteuer oder sonstiger öffentlicher Lasten des jeweiligen Grundstücks, kann der jeweilige Grundstückseigentümer das Recht auch getrennt verlangen, bezogen auf sein Grundstück. Insoweit besteht Einzelgläubigerschaft.[103]

Teilbare Leistungen kann ein einzelner Grundstückseigentümer nicht insgesamt bzw. zu Gänze verlangen, vielmehr kann ein einzelner Grundstückseigentümer nur die Leistung verlangen, die teilweise auf ihn entfällt. Insoweit besteht Mitgläubigerschaft.[104] Eine teilbare Leistung liegt vor, sofern die Leistung ohne Wertminderung und ohne Beeinträchtigung des Leistungszwecks in Teilleistungen zerlegt werden kann.

Unteilbare Leistungen können die Grundstückseigentümer nur an alle Grundstückseigentümer gemeinschaftlich verlangen, vgl. § 432 Abs. 1 BGB.[105] Die Leistung an einen einzelnen Gläubiger befreit den Schuldner grundsätzlich nicht. Auch insoweit besteht Mitgläubigerschaft.

Tritt der **Heimfall** ein, können die Eigentümer[106] der erbbaurechtsbelasteten Grundstücke die Übertragung des Erbbaurechts auf sich oder auf einen von ihnen benannten Dritten auf Kosten des Erbbauberechtigten verlangen. Das Heimfallrecht kann nur einheitlich und nur insgesamt ausgeübt werden, im Zweifel sind mehrere Berechtigte zu gleichen Teilen berechtigt, § 430 BGB. Das Berechtigungsverhältnis der Grundstückseigentümer richtet sich nach §§ 472, 1098 BGB analog.[107] Übt einer der beteiligten Grundstückseigentümer

102 Ebenso *Heckscher*, RNotZ 2016, 1, 17.
103 *Heckscher*, RNotZ 2016, 1, 17.
104 *Heckscher*, RNotZ 2016, 1, 17.
105 Vgl. *Heckscher*, RNotZ 2016, 1, 17.
106 Zur sich hieraus ergebenden „Sonderfolge“ vgl. *Heckscher*, RNotZ 2016, 1, 17.
107 *Heckscher*, RNotZ 2016, 1, 17.

sein Recht nicht aus, sind die übrigen berechtigt, das Heimfallrecht im Ganzen auszuüben. In diesem Fall tritt eine **Anwachsung** des Heimfallrechts ein.[108]

Überdies geht die Empfehlung dahin, im Gesamterbbaurechtsvertrag Regelungen über die **Entschädigung** aufzunehmen, die im Heimfall anteilig zu zahlen ist,[109] sowie Regelungen über die **Verwaltung** und die **Auflösung** der Gemeinschaft zu treffen, die nach der Ausübung des Heimfalls zwischen den beteiligten Grundstückseigentümern entsteht.[110] Regelungen über die **Kosten- und Lastentragung** und die Realisierung einer **Bebauungspflicht** runden den Gesamterbbaurechtsvertrag ab (vgl. auch das folgende Muster 4.2 Rdn 149).

Bei **Beendigung des Gesamterbbaurechts** durch Zeitablauf oder rechtsgeschäftliche Auf- **18**
hebung werden die Bestandteile des Erbbaurechts kraft Gesetzes Bestandteile der Erbbaugrundstücke, § 12 Abs. 3 ErbbauRG. Trotz dieser klaren Gesetzeslage ist noch nicht abschließend geklärt,[111] wie sich im Einzelnen die Eigentumslage am Bauwerk gestaltet. Diskutiert wird eine vertikale Teilung des Bauwerks entlang der Grundstücksgrenzen,[112] soweit dadurch wirtschaftlich sinnvolle Einheiten entstehen, sowie die Entstehung von Miteigentum nach §§ 741 ff. BGB.[113] Daneben wird ins Feld geführt, die Situation gleiche dem rechtmäßigen Überbau.[114] Angesichts dieser ungesicherten Rechtslage empfiehlt es sich, **weitere Sicherungselemente** in den Gesamterbbaurechtsvertrag aufzunehmen, schuldrechtliche Verpflichtungen, die die Realisierung eines wirtschaftlich sinnvollen Ergebnisses sicherstellen sollen. Gemeint sind schuldrechtliche Verpflichtungen mit dem Ziel der Aufteilung des Bauwerks in Wohnungs- und Teileigentum oder mit dem Ziel der Nichtausübung des Überbaurechts. Diese schuldrechtlichen Verpflichtungen können durch Vormerkungen an den beteiligten Grundstücken gesichert werden, in der Praxis ist dies noch selten der Fall.

Für das Gesamterbbaurecht wird nur **ein Gesamterbbaugrundbuch** geführt, § 14 Abs. 1 S. 1 ErbbauRG.[115] Die Zuständigkeit liegt beim Grundbuchamt, in dessen Bezirk die mit dem Erbbaurecht belasteten Grundstücke liegen. Sollten die Grundstücke in den **Bezirken mehrerer Grundbuchämter** liegen, greift § 1 Abs. 2 GBO. Dann ist das zuständige Grundbuchamt nach § 5 FamFG zu bestimmen.[116]

Vgl. im Folgenden auch das **Muster 4.2** = Rdn 149, das Muster eines Gesamterbbaurechtsvertrages.

108 *Heckscher*, RNotZ 2016, 1, 17.
109 *Heckscher*, RNotZ 2016, 1, 17.
110 *Heckscher*, RNotZ 2016, 1, 17.
111 *Heckscher*, RNotZ 2016, 1, 16.
112 *Heckscher*, RNotZ 2016, 1, 16.
113 *Heckscher*, RNotZ 2016, 1, 16.
114 *Heckscher*, RNotZ 2016, 1, 16, insbes. rechtmäßiger Überbau.
115 Vgl. *Wilsch*, ErbbauZ 2024, 2, 8.
116 *Wilsch*, ErbbauZ 2024, 2, 8.

19 Der BGH[117] leitete aus dem grundstücksgleichen Charakter des Erbbaurechts die Zulässigkeit des **Untererbbaurechts** ab, also eines Erbbaurechts an einem Erbbaurecht bzw. an einem Gesamterbbaurecht.[118] Die Einschätzung des BGH korrespondierte mit der Einordnung durch die progressive Literatur,[119] getroffen unmittelbar nach Inkrafttreten der Erbbaurechtsverordnung, wenngleich dort noch nicht von einem Untererbbaurecht die Rede war, sondern von einem zweiten Erbbaurecht,[120] dessen Nutzungsbefugnis auf einen anderen übertragen wird. Mit **§ 6a GBO** liegt zwischenzeitlich eine **gesetzliche Regelung** vor, die die Zulässigkeit eines Untererbbaurechts postuliert.[121] Eine Einschränkung folgt daraus, dass das Untererbbaurecht das Obererbbaurecht nicht aushöhlen darf. Deshalb darf das gleiche Bauwerk nicht gleichzeitig[122] Gegenstand des Ober- und Untererbbaurechts sein.[123] Eine weitere Beschränkung folgt aus dem Inhalt und dem Umfang des Obererbbaurechts, den das Untererbbaurecht nicht überschreiten darf.[124] Am Erbbaurecht muss das Untererbbaurecht allerdings die erste Rangstelle einnehmen, § 10 Abs. 1 S. 1 ErbbauRG,[125] was nur durch Rangrücktritt[126] aller Belastungen erreicht werden kann, die am Erbbaurecht eingetragen sind. In der Praxis zählen hierzu die Rechte, die für den Grundstückseigentümer eingetragen sind, etwa die Erbbauzinsreallast und das Vorkaufsrecht, daneben alle weiteren Rechte in der zweiten und dritten Abteilung des Erbbaugrundbuchs, darunter die Finanzierungsgrundpfandrechte des Erbbauberechtigten. Vgl. auch das **Kapitel** über das **Untererbbaurecht** = § 14 des Buches.

Zum Beschränkungsverbot auf Gebäudeteile (§ 1 Abs. 3 ErbbauRG) vgl. unten Rdn 30.

IV. Berechtigter eines Erbbaurechts, § 1 Abs. 1 ErbbauRG

20 Mit dem Votum in § 1 Abs. 1 ErbbauRG für die Veräußerlich- und Vererblichkeit des Erbbaurechts entschied sich der Gesetzgeber für die **subjektiv-persönliche Ausgestaltung** des Rechts.[127] Als subjektiv-dingliches Recht kann das Erbbaurecht nicht bestellt,

117 BGH, Urt. v. 22.2.1974, Az. V ZR 67/72 = NJW 1974, 1137.

118 Bamberger/Roth/*Maaß*, § 1 Rn 32 ff.; *Räfle*, § 1 Rn 20 ff.

119 *Glaß/Scheidt*, § 1 Anm. II.

120 *Glaß/Scheidt*, a.a.O.

121 Vgl. § 6a Abs. 1 S. 1 GBO, Eintragung eines Erbbaurechts an einem Erbbaurecht; zum Untererbbaurecht vgl. *Wilsch*, ErbbauZ 2021, 35.

122 Zeitverschoben dagegen zulässig, vgl. *Habel*, MittBayNot 1998, 315; *Wilsch*, ErbbauZ 2021, 35, 36.

123 Hügel/*Kral*, § 6a Rn 5.

124 *Winkler/Schlögel*, § 3 Rn 27.

125 So auch bereits *Glaß/Scheidt*, § 1 Anm. II.

126 Vgl. BGH a.a.O.

127 Vgl. bereits *Glaß/Scheidt*, § 1 Anm. III; ebenso Bamberger/Roth/*Maaß*, § 1 Rn 48; Ingenstau/Hustedt/*Hustedt*, § 1 Rn 9; Nagel/*Nagel*, § 1 Rn 115.

im Übrigen aber jeder existenten natürlichen oder juristischen Person eingeräumt werden,[128] sei es einzeln oder im gemeinschaftlichen Verbund mit anderen Berechtigten,[129] in Form von Bruchteils- oder Gesamthandsgemeinschaften.[130]

In Betracht kommt auch die Bestellung am eigenen Grundstück in Form eines **Eigentümererbbaurechts**,[131] und zwar ohne Darlegung eines Rechtsschutzbedürfnisses.[132]

Ob das Erbbaurecht mehreren Berechtigten in Form der **Gesamtgläubigerschaft** nach 21
§ 428 BGB gewährt werden kann,[133] beschäftigt seit geraumer Zeit die Literatur,[134] nicht jedoch die Praxis, die eine entsprechende Eintragung zu Recht unter Hinweis auf die grundstücksgleiche Qualität des Erbbaurechts ablehnt.[135] Am Eigentumsrecht kann eine solche Berechtigung wesensgemäß nicht bestellt werden, womit sie in gleicher Weise für das Erbbaurecht ausscheidet, mangels Leistung, die nach Grundbucheintragung vom Grundstückseigentümer zu fordern ist. Das unzulässige Berechtigungsverhältnis kann in eine Bruchteilsberechtigung umgedeutet werden.[136]

In der Vertragspraxis kursieren Standardverträge, die dem **Regelungsgedanken des § 47 GBO** noch nicht die notwendige Aufmerksamkeit schenken.[137] Darin werden lediglich die Eheleute als künftige Inhaber des Erbbaurechts mit ihren Personalien geschildert, ohne eine Aussage über ihr Berechtigungsverhältnis zu treffen. Soll das Erbbaurecht für mehrere gemeinschaftlich eingetragen werden, muss jedoch die Art und der Inhalt des Gemeinschaftsverhältnisses eindeutig im Grundbuch bezeichnet werden, § 47 Abs. 1 GBO. Das Grundbuch kann diesem Erfordernis nur dann Rechnung tragen, sofern die Eintragungsgrundlage, hier der Erbbaurechtsvertrag, eine exakte Auskunft über das Berechtigungsverhältnis trifft. Sofern das Erbbaurecht für eine **Gesellschaft bürgerlichen Rechts** einzutragen war, waren bis zur Gesetzesänderung zum 1.1.2024 auch deren Gesellschafter im Grundbuch einzutragen, § 47 Abs. 2 GBO a.F., was voraussetzte, dass die Eintragungsgrundlage alle BGB-Gesellschafter enthielt. Im Zuge der Reform des Per-

128 *Räfle*, § 1 Rn 33; Spiegelberger/Schallmoser/*Rapp*, Rn 5.29; Bamberger/Roth/*Maaß*, § 1 Rn 48.

129 Siehe bereits *Glaß/Scheidt*, § 1 Anm. III.

130 *Glaß/Scheidt*, § 1 Anm. III; *Räfle*, § 1 Rn 34; *Winkler*, NJW 1992, 2514, 2516.

131 Vgl. zum Eigentümererbbaurecht auch OLG Düsseldorf NJW 1957, 1194; *Räfle*, § 1 Rn 23 und 37; Ingenstau/Hustedt/*Hustedt*, § 1 Rn 47 ff; Nagel/*Nagel*, § 1 Rn 116; *Dieckmann*, ErbbauZ 2021, 168, 169; *Dieckmann*, ErbbauZ 2021, 136, 137.

132 Staudinger/*Rapp*, § 1 Rn 4.

133 So die ältere Rspr., vgl. LG Hagen DNotZ 1950, 381.

134 Siehe *Räfle*, § 1 Rn 34; Staudinger/*Rapp*, § 1 Rn 4; *Winkler*, NJW 1992, 2514, 2516; *Böttcher*, Rn 88; Nagel/*Nagel*, § 1 Rn 122, 123.

135 Bamberger/Roth/*Maaß*, § 1 Rn 49; *Winkler*, NJW 1992, 2514, 2516; MüKo/*Weiß*, § 1 Rn 70; Nagel/*Nagel*, § 1 Rn 123; **a.A.** LG Hagen DNotZ 1950, 381; *Räfle*, § 1 Rn 34; Staudinger/*Rapp*, § 1 Rn 4.

136 Staudinger/*Rapp*, § 1 Rn 4; Nagel/*Nagel*, § 1 Rn 123; ohne Erläuterung hierzu *Böttcher*, Rn 90.

137 Zu § 47 GBO vgl. Hügel/*Reetz*, § 47 Rn 1, gesichert werden soll die Verkehrsfähigkeit des Anteils des Mitberechtigten sowie die Klarheit darüber, bei wem die Forderungszuständigkeit liegt.

sonengesellschaftsrechts wurde die Regelung in § 47 Abs. 2 GBO neu gefasst.[138] Seit dem 1.1.2024 kann eine BGB-Gesellschaft als Berechtigte eines Erbbaurechts nur eingetragen werden, sofern die **BGB-Gesellschaft im Gesellschaftsregister eingetragen** ist, § 47 Abs. 2 GBO n.F. Ohne Eintragung im Gesellschaftsregister keine Eintragung im Grundbuch. Mit der Eintragung der Gesellschaft im Gesellschaftsregister ist die GbR berechtigt, den Namenszusatz „eingetragene Gesellschaft bürgerlichen Rechts“ oder „eGbR“ zu verwenden, § 707a Abs. 2 S. 1 BGB. Im Grundbuch wird die eGbR nur noch mit ihrem Namen und Sitz eingetragen, nicht mehr unter Zuhilfenahme ihrer Gesellschafter, vgl. § 15 Abs. 1 Nr. 1 GBV. Die Gesellschafter werden lediglich im Gesellschaftsregister eingetragen, nicht im Grundbuch. Eine **Ausnahme** gilt für Eintragungsvorgänge, die vor dem 1.1.2024 bereits angestoßen waren, Art. 229 § 21 Abs. 4 EGBGB. In diesen Konstellationen gilt die **Voreintragungsobliegenheit** nach § 47 Abs. 2 GBO nicht, das Grundbuchamt kann nicht die Eintragung im Gesellschaftsregister verlangen, sondern muss die GbR in der alten Weise mit den Gesellschaftern eintragen. Im Einzelnen sind dies die folgenden Konstellationen:

- Einigung über Erbbaurechtsbestellung bereits vor dem 1.1.2024 erklärt und Antrag auf Eintragung beim Grundbuchamt vor dem 1.1.2024 gestellt, Art. 229 § 21 Abs. 4 S. 1 EGBGB
- Eintragung der Vormerkung auf Eintragung eines Erbbaurechts bereits vor dem 1.1.2024 bewilligt und beantragt, Art. 229 § 21 Abs. 4 S. 2 EGBGB
- Vormerkung auf Eintragung des Erbbaurechts vor dem 1.1.2024 bereits eingetragen, Art. 229 § 21 Abs. 4 S. 2 EGBGB.

22 *Formulierungsbeispiel: Erbbaurecht für mehrere Berechtigte oder für eine eGbR*

Der Grundstückseigentümer bestellt hiermit…

- bei mehreren Mitberechtigten zu je … Anteil
- bei ausländischem Güterstand mehrerer Mitberechtigter: im Güterstand der … nach dem Recht des Staates …
- bei mehreren Mitberechtigten in Gütergemeinschaft/Erbengemeinschaft
- für die im Gesellschaftsregister des Amtsgerichts … unter der GsR-Nr. … eingetragene Gesellschaft bürgerlichen Rechts (eGbR) …

am vorgenannten Grundstück ein Erbbaurecht nach Maßgabe des folgenden Inhalts und nach Maßgabe des Erbbaurechtsgesetzes (ErbbauRG).

138 Zum MoPeG vgl. *Bachmann*, NZG 2020, 612; *Fleischer*, DB 2020, 1107; *Noack*, NZG 2020, 581; *Wilsch*, ZfIR 2020, 521.

V. Vertragliche Regelungen zum Bauwerk, §§ 1 Abs. 1, 12 ErbbauRG

Die zentrale Definition des Erbbaurechtsbegriffs findet sich in § 1 Abs. 1 ErbbauRG: das subjektiv-persönliche, veräußerliche und vererbliche Recht, auf oder unter der Oberfläche des Grundstücks ein **Bauwerk** zu haben. Die Regelung adaptiert die Begriffsbestimmung des BGB-Erbbaurechts[139] und wendet sich gegen altrechtliche Bestimmungen, die noch auf den Gebäudebegriff rekurrierten.[140] Zugleich bringt § 12 Abs. 1 S. 1 ErbbauRG Klärung dahingehend, dass das aufgrund des Erbbaurechts errichtete **Bauwerk** als wesentlicher Bestandteil des Erbbaurechts gilt,[141] gleichgültig, ob das Bauwerk bei Begründung des Erbbaurechts bereits errichtet ist oder erst nachträglich errichtet wird.[142] Welche Implikationen damit verbunden sein können, zeigt der **aktuelle Streit** darüber, ob ein bestehendes Erbbaurecht den Vollzug einer Teilungserklärung nach § 8 WEG hindert. Das ist die Frage, ob der ***Grundstückseigentümer*** (!) an dem **Bauwerk, das den Gegenstand des Erbbaurechts bildet, Wohnungs- und Teileigentum begründen kann**. In der **obergerichtlichen Rechtsprechung** wird dies **unterschiedlich beantwortet**, eine höchstrichterliche Klärung durch den BGH steht noch aus, sodass eine erhebliche Rechtsunsicherheit über die Zulässigkeit einer entsprechenden Aufteilung besteht. Auf diese Gefahr bzw. die bestehende Rechtsunsicherheit sind die Beteiligten in der Urkunde **hinzuweisen**.[143] 23

Nach der Ansicht des **OLG Karlsruhe**[144] und des **OLG Hamm**[145] hindert der Fortbestand des Erbbaurechts den Vollzug des Teilungsantrags nach § 8 Abs. 1 WEG. Da das aufgrund des Erbbaurechts errichtete Bauwerk wesentlicher Bestandteil des Erbbaurechts ist, nicht aber des Grundstücks, könne der Grundstückseigentümer hierüber nicht verfügen, auch nicht in Zukunft gerichtet, auch nicht in der Form des vorerst substanzlosen Sondereigentums.[146] Das OLG Karlsruhe hält es für „ausgeschlossen, dass mit einem Miteigentumsanteil an dem Grundstück das Sondereigentum an einer Wohnung verbunden wird, die sich in einem Gebäude befindet, das aufgrund eines Erbbaurechts erstellt

139 § 1012 BGB.

140 Vgl. die Darstellung bei *Glaß/Scheidt*, § 1 Anm. I.

141 Eine Streitfrage der superficies vor dem Jahr 1919 ist damit geklärt.

142 Staudinger/*Rapp*, § 1 Rn 7.

143 Zum Hinweis auf die evtl. Nichtigkeit des Vertrags vgl. auch *Heinz/Jaeger*, ZfIR 2008, 318, 323.

144 OLG Karlsruhe, Beschl. v. 22.12.2022, Az. 14 W 75/22 (Wx) = ZWE 2023, 306 = ErbbauZ 2024, 59 = ErbbauZ 2023, 117.

145 OLG Hamm, Beschl. v. 27.3.1998, Az. 15 W 332–97 = NJW 1999, 234.

146 OLG Karlsruhe, Beschl. v. 22.12.2022, Az. 14 W 75/22 (Wx) = ZWE 2023, 306 = ErbbauZ 2024, 59 = ErbbauZ 2023, 117.

wurde.[147] Der Grundstückseigentümer sei nicht befugt, so das OLG Karlsruhe, über das Bauwerk zu verfügen, das Teil des Erbbaurechts ist, § 12 Abs. 1 ErbbauRG.[148]

Konträr hierzu verläuft die Einschätzung des **OLG München**, nach dessen Votum[149] die Aufteilung erfolgen könne. Dabei beruft sich das OLG München auf die Möglichkeit, Wohnungseigentum bereits vor der Bauausführung zu begründen,[150] was in der Praxis häufig der Fall ist. Was für die Begründung an einem unbebauten Grundstück gelte, müsse auch in der vorliegenden Konstellation zur Anwendung gelangen, so das OLG München.[151] Ein „Anwartschaftsrecht"[152] liege vor, die „Substanzlosigkeit" des Sondereigentums sei befristet und ende mit Ablauf des Erbbaurechts. Der Vollzug der Teilungserklärung stelle „keine Verfügung über das Eigentum am Gebäude dar".[153] Dabei thematisiert das OLG München nicht, dass Sondereigentum nicht unter einer Bedingung oder Befristung begründet werden kann, § 4 Abs. 2 S. 2 WEG.[154] Das Erbbaurecht kann nicht wirksam entstehen, wenn es **nicht wenigstens auf ein Bauwerk als wirtschaftliche Hauptsache** abzielt.[155] Ohne Bauwerk liegt ein inhaltlich unzulässiges Erbbaurecht vor. Ob das Bauwerk den Rahmen planungsrechtlicher Überlegungen erfüllt, prüft das Grundbuchamt dagegen nicht. Das Bauwerk des Erbbaurechts kann bereits bestehen oder erst in der Zukunft realisiert werden. Sofern der Erbbauberechtigte über die vorgegebene Anzahl der Bauwerke hinausgeht, soll er dennoch das Eigentum am Bauwerk erwerben.[156]

Eine gesetzliche Definition des **Bauwerksbegriffs** fehlt, sodass die höchstrichterliche[157] Beschreibung zu bemühen ist. Danach stellt ein Bauwerk eine

147 OLG Karlsruhe, Beschl. v. 22.12.2022, Az. 14 W 75/22 (Wx) = ZWE 2023, 306, 308; ebenso bereits OLG Hamm, Beschl. v. 27.3.1998, Az. 15 W 332–97 = NJW-RR 1999, 234, 235, Bauwerk des Erbbauberechtigten ist von dem Bauwerk des Wohnungs- und Teileigentums völlig getrennt.

148 OLG Karlsruhe, Beschl. v. 22.12.2022, Az. 14 W 75/22 (Wx) = ZWE 2023, 306, 308; OLG Hamm, Beschl. v. 27.3.1998, Az. 15 W 332–97 = NJW-RR 1999, 234.

149 OLG München, Beschl. v. 24.8.2023, Az. 34 Wx 202/23 e = BeckRS 2023, 21656 = ErbbauZ 2024, 88.

150 OLG München, Beschl. v. 24.8.2023, Az. 34 Wx 202/23 e = BeckRS 2023, 21656 = ErbbauZ 2024, 88.

151 OLG München, Beschl. v. 24.8.2023, Az. 34 Wx 202/23 e = BeckRS 2023, 21656 = ErbbauZ 2024, 88.

152 OLG München, Beschl. v. 24.8.2023, Az. 34 Wx 202/23 e = BeckRS 2023, 21656 = ErbbauZ 2024, 88.

153 OLG München, Beschl. v. 24.8.2023, Az. 34 Wx 202/23 e = BeckRS 2023, 21656 = ErbbauZ 2024, 88.

154 *Schneider*, RpflStud. 2023, 171, 175.

155 OLG Hamm, Beschl. v. 14.8.2019, Az. 15 W 284/19 = BeckRS 2019, 38104 = NotBZ 2020, 151.

156 So *Winkler/Schlögel*, § 2 Rn 51.

157 RGZ 56, 41, 43; BGH, Urt. v. 21.12.1955, Az. VI ZR 246/54 = NJW 1956, 1195 = JurionRS 1955, 10155: „Ausdruck, der nicht eigentlich juristischen Gepräges, sondern dem Sprachgebrauch des Lebens entnommen ist"; vgl. auch Staudinger/*Rapp*, § 1 Rn 11; OLG Schleswig, Urt. v. 21.3.2002, Az. 5 U 150/01 = NJOZ 2002, 1566; *Räfle*, § 1 Rn 26; *Winkler*, NJW 1992, 2514, 2516; zur Definition vgl. auch Bamberger/Roth/*Maaß*, § 1 Rn 8.

- unbewegliche,
- durch Verwendung von Arbeit und bodenfremdem Material
- in Verbindung mit dem Erdboden hergestellte Sache dar.[158]

Allein die Wiedergabe des Gesetzeswortlautes („*darf ein Bauwerk errichten*") reicht nicht aus, weil dies die konkrete Bebauung nicht erkennen lässt.[159] Gleiches gilt für eine Formulierung, die lediglich die „Errichtung von Gebäuden" gestattet.[160] Unter Hinweis auf die allgemeine Verkehrsanschauung im Zeitpunkt der Eintragung[161] lässt die Rechtsprechung **Ausnahmen** für **ältere Erbbaurechte** zu, die unter Bezugnahme auf die Bezeichnung „Bauwerk" Eingang in das Grundbuch fanden. Eine ältere Eintragungsbewilligung, in der lediglich von einem „*Bauwerk*" die Rede ist, flankiert von dem Recht, „*den für das Bauwerk nicht erforderlichen Teil des Grundstücks als Hofraum, Lagerplatz und Garten*"[162] zu nutzen, erweist sich vor diesem Hintergrund als **auslegungsfähig.**[163] Diese Sichtweise bezieht sich allerdings **nur auf bereits eingetragene Erbbaurechte**, nicht für neu bestellte Erbbaurechte. Bei Neueintragungen scheitert der Rekurs auf den Bauwerksbegriff unverändert am Bestimmtheitsgrundsatz.[164] Neu bestellte Erbbaurechte müssen dem Bestimmtheitsgrundsatz uneingeschränkt Rechnung tragen, weshalb in aktuellen Erbbaurechtsbestellungsverträgen nicht nur von einem „Bauwerk" die Rede sein kann. 24

Mit der **Abkehr vom Gebäudebegriff** verband der historische Gesetzgeber eine Erweiterung, da der Bauwerksbegriff allgemeiner gefasst ist als der Gebäudebegriff.[165] Zulässig sind bauliche Einrichtungen jeglicher Art, die eine feste Verbindung mit dem Grundstück aufweisen,[166] nicht dagegen Bäume und Pflanzen.[167] Das Bauwerk kann sich auf oder unter der Oberfläche befinden, § 1 Abs. 1 ErbbauRG, und einem dauerhaften oder nur vorübergehenden[168] Zweck dienen. Welchen Zweck das Gebäude erfüllt, fällt nicht ins Ge- 25

158 BGH NJW 1992, 1681, 1682; OLG München, Beschl. v. 9.7.2012, Az. 34 Wx 434/11 = JurionRS 2012, 21412; OLG Schleswig, Urt. v. 21.3.2002, Az. 5 U 150/01 = NJOZ 2002, 1566; *Schöner/Stöber*, Rn 1704; OLG Hamm, Beschl. v. 14.8.2019, Az. 15 W 284/19 = NotBZ 2020, 151. Bloßes Planieren oder die Aufschüttung eines Erdwalls reichen nicht aus, OLG Hamm a.a.O.; *Böttcher*, ZNotP 2021, 49.

159 OLG Frankfurt a.M., Beschl. v. 20.1.1983, Az. 20 W 361/82 = OLGZ 1983, 165 (Amtslöschung eines inhaltlich unzulässigen Erbbaurechts, das nicht den gebotenen Inhalt aufweist); *Räfle*, § 1 Rn 29; *Winkler*, NJW 1992, 2514, 2516; *Schmenger*, BWNotZ 2006, 73, 81; *Krauß*, Rn 4489.

160 Siehe *Winkler/Schlögel*, § 2 Rn 25.

161 So OLG München, Beschl. v. 10.12.2012, Az. 34 Wx 523/11 = NotBZ 2013, 118 = FGPrax 2013, 62 = JurionRS 2012, 30737.

162 OLG München a.a.O.

163 Auslegung nach OLG München a.a.O.: das Gebäude soll zu Wohnzwecken genutzt werden.

164 Eine aktuelle Eintragung wäre inhaltlich unzulässig und müsste von Amts wegen gelöscht werden, § 53 Abs. 1 S. 1 GBO, vgl. auch *Winkler/Schlögel*, § 2 Rn 26.

165 Vgl. bereits *Glaß/Scheidt*, § 1 Anm. I; ebenso Staudinger/*Rapp*, § 1 Rn 11.

166 *Winkler*, NJW 1992, 2514, 2516.

167 Ebenso Staudinger/*Rapp*, § 1 Rn 13; *Glaß/Scheidt*, § 1 Anm. I 1e.

168 Vgl. *Winkler/Schögel*, § 2 Rn 8.

wicht, es kommt lediglich auf die unter Verwendung von Arbeit und bodenfremdem Material erfolgte Herstellung einer unbeweglichen Sache an, die mit dem Erdboden fest verbunden ist.[169] Regelmäßig befindet sich das Bauwerk auf *und* unter der Oberfläche (Keller, Erdgeschoss, Obergeschosse), es kann sich aber auch *vollständig unter* der Erdoberfläche befinden (Tiefgarage). In Betracht kommen Gebäude aller Art, daneben gewerbliche Anlagen, Verkehrsbauwerke, Ver- und Entsorgungsanlagen sowie Gemeinbedarfsbauwerke und Denkmäler.

26 Dabei gilt es, im Rahmen der Bauwerksbeschreibung dem allgemeinen **Bestimmtheitsgrundsatz** Rechnung zu tragen.[170] Welcher Grad von Bestimmtheit angestrebt werden muss, damit das Erbbaurecht noch als rechtswirksam[171] angesehen werden kann, beschäftigt Rechtsprechung[172] und Literatur.[173] Positionen, die eine vage Bauwerksbeschreibung gelten ließen,[174] konnten sich ebenso wenig durchsetzen wie äußerst strenge Positionen,[175] die eine exakte Festlegung nach Anzahl, Art, Größe, Lage und Geschosszahl forderten.[176] Die h.M. nimmt einen vermittelnden Standpunkt[177] ein und präferiert die **gemäßigte**[178] **Ausprägung** des **Bestimmtheitsgrundsatzes**. Die Begründung hierfür ist darin zu sehen, dass sich gelegentlich der spätere Bauwerksumfang nicht vorhersagen lässt[179] oder der Erbbauberechtigte sich auf die Art der Bebauung nicht festlegen möchte.[180] Die Bezeichnung der **ungefähren Beschaffenheit des Bauwerks (Gattungsart)** reicht aus.[181] Daneben muss deutlich sein, ob es sich um ein oder um mehrere Bauwerke handeln soll.[182] In diesem Rahmen hält der BGH[183] sogar Bauwerksbeschreibungen für zulässig,

169 *Winkler/Schlögel*, a.a.O.

170 Zum Bestimmtheitsgrundsatz vgl. BGH, Urt. v. 10.1.1992, Az. V ZR 213/90 = NJW 1992, 1681.

171 Zur Nichtigkeit vgl. OLG Brandenburg, Urt. v. 3.9.1998, Az. 5 U 2/98 = OLGR Brandenburg 1999, 209; Staudinger/*Rapp*, § 1 Rn 14, Löschung wegen inhaltlicher Unzulässigkeit, § 53 Abs. 1 S. 2 GBO.

172 Vgl. etwa BGH, Urt. v. 17.3.1967, Az. V ZR 63/64 = BGHZ 47, 190 = WM 1967, 513.

173 Vgl. *Winkler/Schlögel,* § 4 Rn 40.

174 *Lutter*, DNotZ 1960, 80, 88.

175 *Ripfel*, NJW 1957, 1826.

176 Zu den Extrempositionen vgl. BGH a.a.O.

177 BGH, Urt. v. 17.3.1967, Az. V ZR 63/64 = BGHZ 47, 190 = WM 1967, 513; so im Anschluss hieran auch *Winkler/Schlögel,* § 4 Rn 40.

178 *Räfle*, § 1 Rn 30; ebenso Ingenstau/Hustedt/*Hustedt*, § 1 Rn 81: „gelockerter Bestimmtheitsgrundsatz"; *Winkler*, NJW 1992, 2514, 2516; ähnlich Bamberger/Roth/*Maaß*, § 1 Rn 12, gelockerte Anforderungen an die Bestimmtheit des Bauwerks; Nagel/*Nagel*, § 1 Rn 139; Beck'sches Notarhandbuch/*Wolffskeel v. Reichenberg*, § 4 Rn 16; MüKo/*Weiß*, § 1 Rn 14, 15.

179 BGH, Urt. v. 17.3.1967, Az. V ZR 63/64 = BGHZ 47, 190 = NJW 1967, 1611 = WM 1967, 513.

180 BGH, Urt. v. 19.12.2014, Az. V ZR 81/14 = BeckRS 2015, 02885.

181 BGH, Urt. v. 17.3.1967, Az. V ZR 64/64, NJW 1967, 1611; KG OLGZ 1979, 139.

182 BGH a.a.O.; ebenso die spätere Rspr. des BGH, vgl. Urt. v. 10.1.1992, Az. V ZR 213/90 = NJW 1992, 1681, sowie BGH, Urt. v. 19.12.2014, Az. V ZR 81/14 = BeckRS 2015, 02885; vgl. auch OLG Nürnberg, Beschl. v. 20.9.2013, Az. 15 W 1465/13 = FGPrax 2014, 16, sowie OLG Brandenburg, Urt. v. 3.9.1998, Az. 5 U 2/98 = OLGR Brandenburg 1999, 209.

183 BGH, Urt. v. 12.6.1987, Az. V ZR 91/86 = NJW 1987, 2674 = DNotZ 1988, 161; *Böttcher*, ZNotP 2014, 47.

die auf „**Gebäude aller Art in Übereinstimmung mit dem zu erstellenden Bebauungsplan**" oder auf „**jede baurechtlich zulässige Art von Bauwerken**"[184] lauten. Die Zulässigkeit dieser Bezeichnung ergibt sich aus der Wahl einer objektiven Bezugsgrundlage.[185]

Die Angabe der konkreten Gebäudezahl ist nicht erforderlich,[186] es genügt der Hinweis **27**
auf die **Errichtung mehrerer Bauwerke**. Dass die Möglichkeit der Bebaubarkeit nachträglich entfallen ist, führt nicht zum Erlöschen des Erbbaurechts, da das Erbbaurecht ein grundstücksgleiches Recht darstellt, dessen Fortbestand unabhängig davon ist, ob es ausgeübt werden kann.[187] Umgekehrt kann ein Erbbaurecht allerdings nicht entstehen, sofern bereits im Bestellungszeitpunkt ein dauerndes öffentlich-rechtliches Bauverbot besteht.[188] Ein entsprechendes Erbbaurecht steht dann unter einer aufschiebenden Bedingung (Bebaubarkeit des Grundstücks),[189] die nicht im Konflikt mit § 1 Abs. 4 S. 1 ErbbauRG steht, der lediglich auflösende Bedingungen ausschließt.

Wirtschaftlich muss das Gebäude die **Hauptsache** bleiben,[190] wobei eine wirtschaftlich wertende Betrachtungsweise geboten ist, nicht eine bloß flächenbezogene Gegenüberstellung von bebauter und unbebauter Fläche.[191] Entscheidend ist die Motivlage der Beteiligten:[192]

- Steht die Nutzung des Bauwerks oder die Nutzung der weiteren Flächen im Vordergrund?
- Ist der „bauwerksbezogene Charakter des Erbbaurechts"[193] gewahrt?

Wirtschaftlich stellt das Bauwerk die Hauptsache dar, sofern sich die Nutzung der weiteren Flächen als bloße Nebenfolge[194] präsentiert. Dies ist bei gewerblichen Anlagen

184 BGH DNotZ 1994, 886; Ingenstau/Hustedt/*Hustedt*, § 1 Rn 84; *Böttcher*, ZNotP 2014, 47; Spiegelberger/Schallmoser/*Rapp*, Rn 5.26; Beck'sches Notarhandbuch/*Wolffskeel v. Reichenberg*, § 4 Rn 16; Nagel/*Nagel*, § 1 Rn 139; MüKo/*Weiß*, § 1 Rn 15.

185 BGH, a.a.O.

186 BGH, Urt. v. 12.6.1987, Az. V ZR 91/86 = NJW 1987, 2674 = DNotZ 1988, 161, sowie BGHZ 47, 190, 193; ebenso OLG Nürnberg, Beschl. v. 20.9.2013, Az. 15 W 1465/13 = FGPrax 2014, 16; Staudinger/*Rapp*, § 11 Rn 18; *Räfle*, § 1 Rn 30; **a.A.** *Winkler/Schlögel*, § 2 Rn 23, die zulässige Zahl der Gebäude sollte bestimmt sein.

187 BGH, Urt. v. 19.12.2014, Az. V ZR 81/14 = BeckRS 2015, 02885; so bereits BGH, Urt. v. 12.6.1987, Az. V ZR 91/86 = NJW 1987, 2674 = DNotZ 1988, 161.

188 BGHZ 96, 385, 388; BGH, Urt. v. 12.6.1987, Az. V ZR 91/86 = DNotZ 1988, 161; Staudinger/*Rapp*, § 1 Rn 2; Bamberger/Roth/*Maaß*, § 1 Rn 7.

189 Staudinger/*Rapp*, § 1 Rn 2; in diese Richtung auch Nagel/*Nagel*, § 1 Rn 112.

190 Vgl. bereits *Glaß/Scheidt*, § 1 Anm. I 3.

191 *Schmidt-Räntsch*, ZfIR 2014, 269, 271; Staudinger/*Rapp*, § 1 Rn 18.

192 Staudinger/*Rapp*, § 1 Rn 18.

193 *Ott*, notar 2014, 265, 266.

194 Staudinger/*Rapp*, a.a.O.

zu bejahen, da hier die Produktion im Zentrum steht. Gleiches gilt für landwirtschaftliche Bauwerke, die der Tierzucht dienen.[195]

28 Zu den **Bauwerken** i.S.v. § 1 Abs. 1 ErbbauRG zählen deshalb:

- Bergwerksschacht[196]
- Betriebsgebäude einer Gärtnerei[197]
- Bioraffinerie zum Zwecke der Gaserzeugung[198]
- Boarding-House mit Restaurant
- Brücken mit festen Pfeilern[199]
- Brunnen mit gemauertem Schacht bzw. mit Brunnengebäude[200]
- Campinganlagen[201]
- Campinggebäude samt Parkplätzen[202]
- Containerterminal[203]
- Denkmäler[204]
- Drahtseilbahn mit Stützträgern[205]
- Fabrikgebäude[206]
- Flughäfen[207]
- Flusswehr[208]
- Fußballstadien[209]
- Gas-Tank mit einem Fassungsvermögen von 900 Kubikmetern[210]
- Gebäude aller Art in Übereinstimmung mit dem zu erstellenden Bebauungsplan[211]
- Gebäude zur Versorgung, Betreuung und Förderung von Kindern und Jugendlichen (Kindertagesstätte)[212]

195 Staudinger/*Rapp*, a.a.O.
196 Vgl. *Winkler/Schlögel*, § 2 Rn 9; Nagel/*Nagel*, § 1 Rn 131; Bamberger/Roth/*Maaß*, § 1 Rn 9.
197 Nagel/*Nagel*, § 1 Rn 162; MüKo/*Weiß*, § 1 Rn 12.
198 Zu den Biogasanlagen vgl. auch MüKo/*Weiß*, § 1 Rn 13.
199 *Glaß/Scheidt*, § 1 Anm. I 1 b; *Böttcher*, Rn 8, ein bloßes Überspannen reicht nicht aus, erforderlich ist eine Verbindung mit dem Boden, was nur durch Pfeiler geschehen kann, vgl. auch Bamberger/Roth/*Maaß*, § 1 Rn 11; Beck'sches Notarhandbuch/*Wolffskeel v. Reichenberg*, § 4 Rn 18; MüKo/*Weiß*, § 1 Rn 12.
200 *Schöner/Stöber*, Rn 1704; MüKo/*Weiß*, § 1 Rn 13.
201 *Demharter*, Anhang zu § 8 Rn 2; MüKo/*Weiß*, § 1 Rn 13.
202 LG Paderborn MDR 1976, 579; *Krause*, ZAP Fach 7, 339, 340.
203 MüKo/*Weiß*, § 1 Rn 13.
204 *Schöner/Stöber*, Rn 1704; Bamberger/Roth/*Maaß*, § 1 Rn 9.
205 Staudinger/*Rapp*, § 1 Rn 12; MüKo/*Weiß*, § 1 Rn 12.
206 KG OLGZ 1979, 139; MüKo/*Weiß*, § 1 Rn 13.
207 Nagel/*Nagel*, § 1 Rn 131.
208 Staudinger/*Rapp*, § 1 Rn 12.
209 Nagel/*Nagel*, § 1 Rn 132.
210 LG Oldenburg Rpfleger 1983, 105 = LSK 270049; ebenso Bamberger/Roth/*Maaß*, § 1 Rn 8.
211 BGH, Urt. v. 12.6.1987, Az. V ZR 91/86 = DNotZ 1988, 161.
212 Zum Kindergarten vgl. MüKo/*Weiß*, § 1 Rn 13.

- Gleisanlagen[213]
- Golfanlage[214]
- Grabdenkmäler[215]
- Hafenanlagen[216]
- Hallen für die Lagerung, Behandlung und Umschlag von Waren aller Art[217]
- Hochspannungsleitungen[218]
- „jede baurechtlich zulässige Art von Bauwerken“[219]
- Kanalisationsanlagen[220]
- Kaufhäuser[221]
- Keller[222]
- Kindergarten[223]
- Kinderspielplatz mit fest verankerten Geräten[224]
- Kirchen[225]
- Klosteranlagen mit Wirtschaftsgebäuden[226]
- Laderampen[227]
- Leitungsmasten[228]
- Mauern[229]
- Parkhäuser[230]
- Parkplätze[231]

213 *Glaß/Scheidt*, a.a.O.; *Krause*, ZAP Fach 7, 339, 340; Beck'sches Notarhandbuch/*Wolffskeel v. Reichenberg*, § 4 Rn 18; Bamberger/Roth/*Maaß*, § 1 Rn 9.
214 BGH, Urt. v. 10.1.1992, Az. V ZR 213/90 = NJW 1992, 1681; OLG Hamm, Beschl. v. 27.6.2013, Az. 22 U 165/12 = ZfIR 2014, 450 = ZAP 2013, 926; *Schmidt-Räntsch*, ZfIR 2014, 269, 271; *Schöner/Stöber*, Rn 1704; MüKo/*Weiß*, § 1 Rn 11; Bamberger/Roth/*Maaß*, § 1 Rn 10.
215 *Glaß/Scheidt*, § 1 Anm. I 1 b; nicht aber Grabsteine, AG München NJW-RR 1986, 20. Vgl. auch Bamberger/Roth/*Maaß*, § 1 Rn 9.
216 Staudinger/*Rapp*, § 1 Rn 12; *Krause*, ZAP Fach 7, 339, 340; Beck'sches Notarhandbuch/*Wolffskeel v. Reichenberg*, § 4 Rn 18; MüKo/*Weiß*, § 1 Rn 13; Nagel/*Nagel*, § 1 Rn 131.
217 OLG Nürnberg, Beschl. v. 20.9.2013, Az. 15 W 1465/13 = FGPrax 2014, 16.
218 Beck'sches Notarhandbuch/*Wolffskeel v. Reichenberg*, § 4 Rn 18.
219 BGH DNotZ 1994, 886; Ingenstau/Hustedt/*Hustedt*, § 1 Rn 84; *Böttcher*, ZNotP 2014, 47.
220 *Glaß/Scheidt*, a.a.O; MüKo/*Weiß*, § 1 Rn 13.
221 *Winkler/Schlögel,* § 2 Rn 11; MüKo/*Weiß*, § 1 Rn 13.
222 Selbstständige Keller, vgl. *Schöner/Stöber*, Rn 1704; Bamberger/Roth/*Maaß*, § 1 Rn 9.
223 Vgl. *Winkler/Schlögel,* a.a.O; MüKo/*Weiß*, § 1 Rn 13.
224 *Winkler*, NJW 1992, 2514, 2516; MüKo/*Weiß*, § 1 Rn 13; Bamberger/Roth/*Maaß*, § 1 Rn 10.
225 Bamberger/Roth/*Maaß*, § 1 Rn 9; MüKo/*Weiß*, § 1 Rn 13.
226 Nagel/*Nagel*, § 1 Rn 130.
227 Bamberger/Roth/*Maaß*, § 1 Rn 9.
228 *Räfle*, § 1 Rn 27; *Krause*, ZAP Fach 7, 339, 340.
229 Bamberger/Roth/*Maaß*, § 1 Rn 9.
230 *Räfle*, § 1 Rn 30.
231 Bamberger/Roth/*Maaß*, § 1 Rn 9.

- Reithalle samt Pferdekoppeln und -weiden[232]
- Rückhaltebecken[233]
- Schießstand, fest gemauert[234]
- Schulen[235]
- Schwebebahn[236]
- Schwimmbecken[237]
- Silos für die Lagerung, Behandlung und Umschlag von Waren aller Art[238]
- Sportplätze mit Bauwerken hierauf[239]
- Straßen[240]
- Tankstelle[241]
- Tennisplätze[242]
- Theater[243]
- Tiefgarage[244]
- Tiny houses, sofern sie mit dem Grund und Boden fest verbunden sind, also das „fixierte" Modell eines tiny house, nicht dagegen das mobile Modell, nicht das tiny house on wheels auf einem Trailer, auf einem Plattform-Anhänger[245]
- Tribüne, nicht in Form eines bloßen Erdwalls[246]
- Viadukte mit Bögen und Pfeilern[247]

232 OLG München, Beschl. v. 9.7.2012, Az. 34 Wx 434/11 = JurionRS 2012, 21412; Nagel/*Nagel*, § 1 Rn 163.

233 OLG Schleswig, Urt. v. 21.3.2002, Az. 5 U 150/01 = NJOZ 2002, 1566.

234 MüKo/*Weiß*, § 1 Rn 13.

235 *Winkler/Schlögel,* § 2 Rn 11; Bamberger/Roth/*Maaß*, § 1 Rn 9.

236 Bamberger/Roth/*Maaß*, § 1 Rn 9.

237 MüKo/*Weiß*, § 1 Rn 13.

238 OLG Nürnberg, Beschl. v. 20.9.2013, Az. 15 W 1465/13 = FGPrax 2014, 16; *Böttcher*, Rn 12.

239 Etwa Umkleidekabinen, Staudinger/*Rapp*, § 1 Rn 12. Zu den Sportplätzen mit Gebäuden vgl. auch Beck'sches Notarhandbuch/*Wolffskeel v. Reichenberg*, § 4 Rn 18.

240 Eine einfach planierte Straße reicht nicht aus, mangels fester Verbindung mit dem Grundstück, notwendig ist eine fester Straßenkörper, der über einen festen, unter Verwendung bodenfremden Materials erstellten Unterbau verfügt, vgl. *Winkler/Schlögel,* § 2 Rn 13*;* zur befestigten Straße vgl. auch *Räfle*, § 1 Rn 27; *Krause*, ZAP Fach 7, 339, 340; MüKo/*Weiß*, § 1 Rn 13; Bamberger/Roth/*Maaß*, § 1 Rn 9.

241 BayObLG MDR 1958, 691; MüKo/*Weiß*, § 1 Rn 13; Bamberger/Roth/*Maaß*, § 1 Rn 9.

242 *Demharter*, Anhang zu § 8 Rn 2; LG Itzehoe Rpfleger 1973, 304; *Schöner/Stöber*, Rn 1704; Nagel/*Nagel*, § 1 Rn 132; MüKo/*Weiß*, § 1 Rn 13.

243 *Krause*, ZAP Fach 7, 339, 340.

244 *Schöner/Stöber*, Rn 1704; MüKo/*Weiß*, § 1 Rn 12; Bamberger/Roth/*Maaß*, § 1 Rn 9.

245 Vgl. „Tiny house: so lebt es sich wirklich in den Mini-Häusern", Tiny House Experts, 2019, 26.

246 MüKo/*Weiß*, § 1 Rn 13.

247 *Glaß/Scheidt*, § 1 Anm. I 1 b; vgl. auch das Stichwort „Brücke"; ein Viadukt stellt ein Brückenbauwerk mit Bögen und Pfeilern dar und kann aus Stein, Eisen oder Holz bestehen; wie hier auch Bamberger/Roth/*Maaß*, § 1 Rn 9. **A.A.** NK- BGB/*Heller*, § 1 Rn 17: kein Bauwerk.

- Windkraftanlagen[248]
- Wohnhäuser.[249]

Formulierungsbeispiel Bezeichnung des Bauwerks im Erbbaurechtsvertrag 29

Das Erbbaurecht wird im Rahmen der bei Vertragsabschluss zulässigen Bebauung für die Errichtung von Bauwerken bestellt, die im Abschnitt ... näher bestimmt sind. Die Lage und die Geschosszahl der Bauwerke ergeben sich aus dem anliegenden Plan, der Bestandteil dieser Urkunde ist. Die Bauwerke sind auf eigene Kosten bis zum ... zu erstellen. Das Erbbaurecht wird zu Wohnzwecken bestellt. Das Erbbaurecht erstreckt sich auch auf den für die Bauwerke nicht erforderlichen Teil des Grundstücks, wobei dieser Teil nur für Anlagen verwendet werden darf, die dem Zweck der Bauwerke dienen, etwa als Hof-, Weg-, Stellplatz oder Gartenfläche. Wirtschaftlich bleibt das Bauwerk die Hauptsache.

Alternativ:

Der Erbbauberechtigte ist berechtigt und verpflichtet, auf dem Grundstück ein oder mehrere zu gewerblichen Zwecken dienende Bauwerke mit Nebenanlagen zu errichten und dort zu belassen, und zwar mit folgender Maßgabe: ... Die Bauwerke sind auf eigene Kosten bis zum ... zu erstellen, die Nutzungen müssen jeweils baurechtlich zulässig sein. Das Erbbaurecht erstreckt sich auch auf den für die Bauwerke nicht erforderlichen Teil des Grundstücks, wobei dieser Teil nur für Anlagen verwendet werden darf, die dem Zweck der Bauwerke dienen, etwa als Hof-, Weg-, Stellplatz oder Gartenfläche. Wirtschaftlich bleibt das Bauwerk die Hauptsache.

Alternativ:

Der Erbbauberechtigte ist berechtigt und verpflichtet, innerhalb von ... Jahren auf eigene Kosten ein Bauwerk nach Maßgabe der baurechtlichen Vorschriften zu erstellen. Das Bauwerk dient ausschließlich zu Wohnzwecken, eine andere Verwendungsart ist unzulässig, insbesondere eine gewerbliche Nutzung des Bauwerks. Das Erbbaurecht erstreckt sich auch auf den für das Bauwerk nicht erforderlichen Teil des Grundstücks, wobei dieser Teil nur für Anlagen verwendet werden darf, die dem Zweck der Bauwerke dienen, etwa als Hof-, Weg-, Stellplatz oder Gartenfläche. Wirtschaftlich bleibt das Bauwerk die Hauptsache.

248 LG Flensburg, Beschl. v. 14.7.2005, Az. 5 T 199/05 = NJW-RR 2005, 1610; Nagel/*Nagel*, § 1 Rn 131; MüKo/*Weiß*, § 1 Rn 13.

249 BGH, Urt. v. 17.3.1967, Az. V ZR 63/64 = WM 1967, 513; BGH, Urt. v. 28.9.1984, Az. V ZR 135/83 = NJW 1985, 1464.

VI. Beschränkung auf Gebäudeteile, § 1 Abs. 3 ErbbauRG

30 Auf einen **Teil des Gebäudes**, etwa ein Stockwerk, kann das Erbbaurecht nicht beschränkt werden.[250] In Anknüpfung an den Gesetzeswortlaut („*insbesondere ein Stockwerk*“) besteht Einigkeit dahingehend, dass ein Erbbaurecht an einem **horizontalen Teil** eines Gebäudes nicht bestellt werden kann.[251] Eine dennoch erfolgte Eintragung muss als inhaltlich unzulässige Eintragung von Amts wegen gelöscht werden, § 53 Abs. 1 S. 1 GBO.[252] Ob die Regelung ein generelles Beschränkungsverbot auf Gebäudeteile bedeutet, also jede Beschränkung verbietet und deshalb auch die Beschränkung auf **vertikale Gebäudeteile** unzulässig ist, wird unterschiedlich beantwortet.[253] Um Streitigkeiten, wie sie das altrechtliche Stockwerkseigentum kennzeichneten, zu vermeiden, stellt die **überwiegende Ansicht** die **Rechtseinheit**[254] am Gebäude in den Vordergrund und entnimmt der Regelung ein generelles Beschränkungsverbot.[255] Dafür spricht auch der Regelungsgehalt des § 94 Abs. 2 BGB.[256] An einer einheitlichen Sache sollen auch nur einheitliche Rechtsverhältnisse bestehen.[257] Der BGH teilt diese Ansicht und entnimmt § 1 Abs. 3 ErbbauRG ein generelles Verbot der Beschränkung auf Gebäudeteile, seien es horizontal oder vertikal abgegrenzte Teile.[258] Eine Ausnahme gilt nur dann, sollten die einzelnen Teile selbstständige Bauwerke darstellen,[259] etwa Reihenhäuser oder selbstständige Anbauten.[260]

Das generelle Beschränkungsverbot auf Gebäudeteile zeichnet auch verantwortlich dafür, dass nach der überwiegenden Meinung die Bestellung eines sog. **Nachbarerbbaurechts** nicht in Betracht kommt, also eines Erbbaurechts, dessen einheitliches Bauwerk sich über mehrere Grundstücke erstreckt, die im Eigentum verschiedener Eigentümer stehen. Mit den Nachbarerbbaurechten sollen Einzelerbbaurechte an dem einheitlichen Bauwerk

250 Damit in Übereinstimmung mit dem alten Erbbaurecht, siehe § 1014 BGB, vgl. *Glaß/Scheidt*, § 1 Anm. I 1 d; Staudinger/*Rapp*, § 1 Rn 34; *Winkler*, NJW 1992, 2514, 2515.

251 Ingenstau/Hustedt/*Hustedt*, § 1 Rn 92; OLG Schleswig BeckRS 2012, 09428; Bamberger/Roth/*Maaß*, § 1 Rn 21; Nagel/*Nagel*, § 1 Rn 170.

252 Ebenso Ingenstau/Hustedt/*Hustedt*, § 1 Rn 92; *Böttcher*, Rn 16.

253 *Räfle*, § 1 Rn 50; zum Streitstand vgl. auch OLG Schleswig BeckRS 2012, 09428; OLG Köln, Beschl. v. 6.5.2013, Az. 2 Wx 128/13 = RNotZ 2013, 482; *Schmidt-Räntsch*, ZfIR 2014, 269, 270; Bamberger/Roth/*Maaß*, § 1 Rn 22.

254 *Winkler/Schlögel*, § 2 Rn 28; *Räfle*, § 1 Rn 50; OLG Schleswig, a.a.O.; Bamberger/Roth/*Maaß*, § 1 Rn 22.

255 BGH, Urt. v. 22.6.1973, Az. V ZR 160/71 = WM 1973, 999, 1000; *Schmidt-Räntsch*, ZfIR 2014, 269, 270; Bamberger/Roth/*Maaß*, § 1 Rn 22.

256 *Winkler/Schlögel, § 2 Rn 28.*

257 OLG Frankfurt, Beschl. v. 23.1.2003, Az. 20 W 266/02, zitiert nach juris; **a.A.** Staudinger/*Rapp*, § 1 Rn 34.

258 BGH, Urt. v. 22.6.1973, Az. V ZR 160/71 = WM 1973, 999, 1000; *Schmidt-Räntsch*, ZfIR 2014, 269, 270; Bamberger/Roth/*Maaß*, § 1 Rn 21.

259 BayObLG DNotZ 1958, 409; vgl. auch OLG Schleswig, a.a.O., dort lagen sechs Reihenhäuser vor; ebenso OLG Frankfurt, Beschl. v. 23.1.2003, Az. 20 W 266/02, zitiert nach juris; Bamberger/Roth/*Maaß*, § 1 Rn 21.

260 OLG Frankfurt a.a.O.

begründet werden.[261] Eine entsprechende Erbbaurechtsbestellung lässt sich nicht mit § 1 Abs. 3 ErbbauRG vereinbaren.[262] Darüber hinaus geht § 39 Abs. 3 SachenRBerG von der Zulässigkeit des Nachbarerbbaurechts nur im Anwendungsbereich des SachenRBerG aus (= neue Bundesländer), nicht auch im gesamten Bundesgebiet.[263] Die Empfehlung geht dahin, als Alternative ein Gesamterbbaurecht zu bestellen.[264] Sollten die Beteiligten dennoch auf der Beurkundung eines Nachbarerbbaurechts bestehen, ist in der Urkunde auf die damit verbundenen **Gefahren** (evtl. Nichtigkeit des Vertrages) **hinzuweisen**.[265]

VII. Erbbaurecht und Bedingungen sowie Befristungen, § 1 Abs. 4 ErbbauRG

An zwei Stellen trifft das ErbbauRG eine Aussage über das Verhältnis von Erbbaurecht **31**
und Bedingungen bzw. Befristungen,[266] zum einen in § 11 Abs. 1 ErbbauRG, zum anderen in § 1 Abs. 4 S. 1 ErbbauRG. Nach § 1 Abs. 4 ErbbauRG kann ein Erbbaurecht **nicht** durch **auflösende Bedingungen** (§ 158 Abs. 2 BGB) beschränkt werden, etwa durch Bestellung des Erbbaurechts auf Lebenszeit des Erbbauberechtigten[267] oder des Grundstückseigentümers.[268] In gleicher Weise kann nicht vereinbart werden, dass das Erbbaurecht im Zuge der Veräußerung oder mit Untergang des Bauwerks[269] erlöschen soll, § 1 Abs. 4 ErbbauRG.[270] Ein auflösend bedingtes Erbbaurecht muss als inhaltlich unzulässiges Recht gelöscht werden, § 53 Abs. 1 S. 2 GBO.[271]

261 Vgl. zur Abgrenzung auch DNotI- Report 2020, 129, 130; zum Streitstand vgl. *Heinz/Jaeger*, ZfIR 2008, 318.

262 OLG Köln, Beschl. v. 6.5.2013, Az. 2 Wx 128/13 = RNotZ 2013, 482 = MittBayNot 2014, 157 mit ablehnender Anmerkung von *Rapp*; *Schmidt-Räntsch*, ZfIR 2014, 269, 270; Bamberger/Roth/*Maaß*, § 1 Rn 22; *Heinz/Jaeger*, ZfIR 2008, 318, 321; **a.A.** *Usinger*, ZfIR 2014, 520, der für die generelle Zulässigkeit von Nachbarerbbaurechten plädiert; ebenso Nagel/*Nagel*, § 1 Rn 193, 206; *Böttcher*, Rn 72; *Böttcher*, ZNotP 2014, 47; Staudinger/*Rapp*, § 1 Rn 34. Vgl. auch DNotI- Report 2020, 129, 130; *Heinz/Jaeger*, ZfIR 2008, 318.

263 Unzulässigkeit des Nachbarerbbaurechts als Umkehrschluss aus § 39 Abs. 3 SachenRBerG, vgl. OLG Köln, a.a.O.; *Schmidt-Räntsch*, ZfIR 2014, 269, 270; ferner BT-Drucks 12/5992, S. 78; vgl. auch Bamberger/Roth/*Maaß*, § 1 Rn 22.

264 OLG Köln, a.a.O., 486; *Schmidt-Räntsch*, ZfIR 2014, 269, 270; ebenso Bamberger/Roth/*Maaß*, § 1 Rn 22; *Heinz/Jaeger*, ZfIR 2008, 318, 325; Beck'sches Notarhandbuch/*Wolffskeel v. Reichenberg*, § 4 Rn 42.

265 *Heinz/Jaeger*, ZfIR 2008, 318, 323.

266 Vgl. auch *Glaß/Scheidt*, § 1 Anm. V.

267 *Winkler*, NJW 1992, 2514, 2516.

268 *Räfle*, § 1 Rn 58; Ingenstau/Hustedt/*Hustedt*, § 1 Rn 75; *Böttcher*, Rn 72.

269 Auch Verstoß gegen § 13 ErbbauRG; vgl. *Krause*, ZAP Fach 7, 359, 365; *Winkler*, NJW 1992, 2514, 2516.

270 Ingenstau/Hustedt/*Hustedt*, § 1 Rn 65; ebenso bereits *Räfle*, § 1 Rn 55.

271 Ebenso *Winkler/Schlögel*, § 2 Rn 154; Spiegelberger/Schallmoser/*Rapp*, Rn 5.16; für Nichtigkeit eines solchen Erbbaurechts auch Nagel/*Nagel*, § 1 Rn 263.

Einer auflösenden Bedingung gleich kommt die Bestellung eines Erbbaurechts durch einen nicht befreiten **Vorerben**[272] ohne Zustimmung des Nacherben, § 1 Abs. 4 ErbbauRG analog.

32 Dieselbe Konstellation liegt vor, sollte im Grundstücksgrundbuch bereits ein **Zwangsversteigerungsvermerk** eingetragen sein. Auch hier hängt über der Erbbaurechtsbestellung ein Damoklesschwert, was mit § 1 Abs. 4 ErbbauRG gerade verhindert werden soll. Dem Grundbuchamt vorzulegen sind die Zustimmungen aller Gläubiger, die die Zwangsversteigerung betreiben. Eine Alternative besteht darin, den Vermerk aufgrund eines gerichtlichen Ersuchens löschen zu lassen.

Nicht anders zu behandeln ist die Frage, ob das Erbbaurecht in der Insolvenz des Erbbauberechtigten gekündigt[273] werden kann, § 109 InsO. Ein **Sonderkündigungsrecht** besteht nicht und stünde auch im Widerspruch zum Verbot in § 1 Abs. 4 ErbbauRG.[274]

Das Verbot auflösender Bedingungen bezieht sich allerdings nur auf die dingliche, nicht auch auf die **schuldrechtliche Ebene** des Erbbaurechts.[275] Demnach kann das Erbbaurecht schuldrechtlich unter jedweder Form von Bedingungen abgeschlossen werden.[276] Welche Ebene tangiert ist, kann Auslegungsfrage sein. Für die schuldrechtliche Ebene spricht eine Formulierung, die den *Vertrag* unter eine auflösende Bedingung stellt.[277] **Schuldrechtliche Regelungen** des Erbbaurechtsvertrages kann und darf das **Grundbuchamt** nicht prüfen, insoweit besteht weder ein grundbuchamtliches Prüfungsrecht noch eine grundbuchamtliche Prüfungspflicht.[278] Eine dennoch erfolgte Beanstandung schuldrechtlicher Regelungen kann erfolgreich mit der Beschwerde angefochten werden.

33 Der **Sinn** und Zweck des Verbots auflösender Bedingungen besteht darin, die Beleihbarkeit des Erbbaurechts zu gewährleisten.[279] Dies stellt den Kontrapunkt zum altrechtlichen Erbbaurecht dar, das eine Vielzahl von Beendigungs- und Erlöschungsgründen kannte (vgl. oben § 2 Rdn 3).[280] Ein dennoch eingetragenes, auflösend bedingtes Erbbaurecht ist als inhaltlich unzulässige Eintragung von Amts wegen zu löschen, § 53 Abs. 1 S. 2 GBO.[281] Materielle Wirkungen kommen einem solchen Erbbaurecht nicht zu, weshalb

272 BGH, Urt. v. 14.7.1969, Az. V ZR 122/66= NJW 1969, 2043 = NJW 1970, 138 m. Anm. *Hönn*; eine entsprechende Bestellung enthält „einen so starken Unsicherheitsfaktor, dass sie dem Sinn und Zweck des § 1 Abs. 4 S. 1 ErbbauRG ebenso zuwiderläuft wie eine auflösende Bedingung“, so BGH a.a.O., 2045. Vgl. auch Nagel/*Nagel*, § 1 Rn 265; MüKo/*Weiß*, § 10 Rn 6; Bamberger/Roth/*Maaß*, § 1 Rn 46.

273 OLG Jena, Urt. v. 25.1.2006, Az. 2 U 746/05 = BeckRS 2006, 07328.

274 OLG Jena, a.a.O.

275 Vgl. DNotI-Gutachten Abruf-Nr. 143909 vom 2.12.2015.

276 DNotI-Gutachten a.a.O.

277 DNotI-Gutachten a.a.O.

278 Vgl. auch Staudinger/*Rapp*, § 14 Rn 12.

279 *Glaß/Scheidt*, § 1 Anm. V.

280 Vgl. die Darstellung bei *Pesl*, S. 83/84; zu den Beendigungsgründen vgl. *Pesl*, S. 86, 88–91.

281 Ingenstau/Hustedt/*Hustedt*, § 1 Rn 117; *Schmenger*, BWNotZ 2006, 73, 80; DNotI-Gutachten a.a.O.

es auch nicht Grundlage eines gutgläubigen Erwerbs sein kann.[282] Als argumentum e contrario ergibt sich, dass die Hinzufügung **aufschiebender Bedingungen** oder **Befristungen** zulässig ist.[283] In der Praxis dominieren Befristungen, orientiert an der Lebensdauer eines Gebäudes,[284] häufig 25, 50, 75 Jahre[285] oder 99 Jahre.[286] Die Laufzeit des Erbbaurechts ist individuell verhandelbar,[287] gesetzliche Einschränkungen oder Maßgaben bestehen nicht. **Ewige**[288] **Erbbaurechte** treten dagegen kaum in Erscheinung, allenfalls für die Bundesländer oder Kommunen. Postuliert[289] wird insoweit, dass dem Grundstückseigentümer eine eigene Nutzungsmöglichkeit verbleiben müsse, anderenfalls drohe die Aushöhlung des Grundstückseigentums zu einem „Scheinrecht".[290] Diese Einschränkung überzeugt nicht,[291] sie ergibt sich nicht aus dem Gesetz und wird auch nicht im Rahmen befristeter Erbbaurechte zugrunde gelegt. Die vielfältigen vertraglichen Beziehungen zwischen dem Grundstückseigentümer und dem Erbbauberechtigten lassen kaum den Schluss zu, es handle sich um ein „Scheinrecht". Eine Restnutzungsmöglichkeit des Grundstückseigentümers sieht das Gesetz nicht vor.[292] Nicht außer Acht gelassen werden darf das Heimfallrecht, im Rahmen dessen eine Rückübertragung auf den Grundstückseigentümer in Betracht kommen kann. Das Erbbaurecht ist auf ewig bestellt, kann aber „vorzeitig" wieder Eigentümererbbaurecht[293] werden. Ein ewiges Erbbaurecht kann im Grundbuch als „Erbbaurecht auf ewige Zeit" bezeichnet werden.

Eine **Befristung** muss **ausdrücklich** im Bestandsverzeichnis des Erbbaugrundbuchs **vermerkt** sein, § 56 Abs. 2 GBV, ebenso eine **aufschiebende Bedingung**. Die Bedingung oder Befristung wird nur dann zum Inhalt des Grundbuchs, wenn sie selbst und ausdrücklich in das Grundbuch aufgenommen wird, eine Bezugnahme genügt nicht.[294] Die Emp-

282 DNotI-Gutachten a.a.O. unter Hinweis auf BGH NJW-RR 2005, 10, 11.

283 *Glaß/Scheidt*, § 1 Anm. V; Staudinger/*Rapp*, § 1 Rn 29; Ingenstau/Hustedt/*Hustedt*, § 1 Rn 112; *Schmenger*, BWNotZ 2006, 73, 80; Nagel/*Nagel*, § 1 Rn 264; Spiegelberger/Schallmoser/*Rapp*, Rn 5.16.

284 Vgl. auch *Schmenger*, BWNotZ 2006, 73, 80; anders dagegen Beck'sches Formularbuch Immobilienrecht/*Frense*, Erbbaurechtsvertrag, Grundstückstruktur, dort Anmerkungen, Ziffer 8, Erbbaurechtsdauer, danach soll die Dauer „nur historisch bedingt" sein, was nicht geteilt werden kann. Aktuell liefert die Nutzungsdauer des Gebäudes den Orientierungspunkt.

285 Das Erbbaurechtsmodell der Stadt Freiburg im Breisgau sieht beispielsweise für Ein- und Zweifamilienhäuser oder für Geschosswohnungsbau eine grundsätzliche Laufzeit von 75 Jahren vor.

286 Teilweise wird vermutet, dass die dem Einfluss französischer Gesetzgebung zu verdanken sei, wahrscheinlicher ist der Bezug zur gewöhnlichen Lebensdauer eines Gebäudes.

287 Ebenso *Nagel/Merk/Schirmer*, ErbbauZ 2023, 162.

288 LG Deggendorf MittBayNot 1987, 254; vgl. auch *Reichel*, ZfIR 2023, 315, 318.

289 Staudinger/*Rapp*, § 1 Rn 30; *Reichel*, ZfIR 2023, 315, 318; MüKo/*Weiß*, § 1 Rn 75.

290 *Reichel*, ZfIR 2023, 315, 318.

291 Wie hier auch Nagel/*Nagel*, § 1 Rn 255; **a.A.** MüKo/*Weiß*, § 1 Rn 75.

292 Vgl. auch Nagel/*Nagel*, § 1 Rn 255.

293 Zur generellen Zulässigkeit eines Eigentümererbbaurechts vgl. *Dieckmann*, ErbbauZ 2021, 168, 169.

294 BGH, Beschl. v. 1.10.2020, Az. V ZB 51/20 = FGPrax 2021, 1; OLG München, Beschl. v. 30.8.2018, Az. 34 Wx 67/18 = NJOZ 2018, 1782; Bamberger/Roth/*Maaß*, § 1 Rn 50.

fehlung an die notarielle Praxis geht dahin, die grundbuchamtliche **Eintragungsmitteilung** dahingehend zu **überprüfen**. Die Grundbuchpraxis kennt Fälle, in denen die Befristung keine ausdrückliche Erwähnung fand, was erfolgreich[295] mit Fassungsbeschwerde angegriffen werden kann.

Auch für ein **aufschiebend bedingtes Erbbaurecht wird bereits ein Erbbaugrundbuch angelegt**, vgl. § 14 Abs. 1 S. 1 ErbbauRG, Praxisbedenken gegen Grundbuchanlegung vor Bedingungseintritt sind unbegründet und stehen im Widerspruch zur Amtspflicht nach § 14 Abs. 1 S. 1 ErbbauRG. In der Folge kann eine grundbuchamtliche Blattanlegungsverweigerung erfolgreich mit der Beschwerde angefochten werden.

Die Angabe eines **Datums**, das **vor der Eintragung** liegt, dient regelmäßig nur der Bestimmung des Endtermins, entfaltet nur Wirkung für die Zukunft, nicht aber für die Vergangenheit.[296] Die moderne Vertragspraxis vermeidet entsprechende Irritationen und stellt ausdrücklich klar, dass das Erbbaurecht erst mit seiner Eintragung im Grundbuch beginnt.

Nach Ansicht des **BGH**[297] kann auch vereinbart werden, dass sich das Erbbaurecht automatisch um eine bestimmte Anzahl von Jahren verlängert (**Optionsrecht auf Verlängerung des Erbbaurechts = Verlängerungsoption**), falls nicht (beispielsweise ein halbes Jahr) vor Beendigung ein Vertragsteil gegenüber einem anderen Vertragsteil der Verlängerung widerspricht. Eine solche Vertragsgestaltung kommt einer **aufschiebenden Bedingung** gleich:[298]

> *Formulierungsbeispiel Erbbaurecht mit Optionsrecht auf Verlängerung*
>
> Das Erbbaurecht verlängert sich drei Mal um einen Zeitraum von jeweils 5 Jahren, sofern nicht der Erbbauberechtigte schriftlich ein Jahr vor Ablauf dem Grundstückseigentümer mitteilt, dass der Erbbauberechtigte von der Verlängerung keinen Gebrauch machen möchte.
>
> **Alternativ**:[299]
>
> Kommt es bis zum Zeitablauf des Erbbaurechts nicht zu einer Einigung darüber, ob der Erbbauberechtigte das Grundstück oder der Grundstückseigentümer das Erbbaurecht erwerben möchte, wird das Erbbaurecht um weitere … Jahre zu den bisherigen Konditionen verlängert.

295 Vgl. BGH, Beschl. v. 1.10.2020, Az. V ZB 51/20 = FGPrax 2021, 1, Bezugnahme reicht nicht aus; ebenso OLG München, Beschl. v. 30.8.2018, Az. 34 Wx 67/18 = NJOZ 2018, 1782.

296 BayObLG, Beschl. v. 14.2.1991, Az. BReg. 2 Z 158/90 = NJW-RR 1991, 718.

297 BGH DNotZ 1970, 32, 35 = NJW 1969, 2043, 2046; für Zulässigkeit auch *König*, MittRhNotK 1989, 261, 262; *Böttcher,* Rn 111; *Reichel*, ZfIR 2023, 315, 318; zum Meinungsstand vgl. DNotI-Gutachten, Abruf-Nr. 185211, letzte Aktualisierung 15.12.2021; für Zulässigkeit der Verlängerungsoption auch Bamberger/Roth/*Maaß*, § 1 Rn 43; Nagel/*Nagel*, § 1 Rn 257.

298 Zur automatischen Verlängerung eines Erbbaurechts vgl. DNotI-Gutachten Abruf- Nr. 185211, letzte Aktualisierung 15.12.2021; für Zulässigkeit einer Verlängerungsoption auch Bamberger/Roth/*Maaß*, § 1 Rn 43; Nagel/*Nagel*, § 1 Rn 257.

299 Vgl. DNotI-Gutachten Abruf- Nr. 185211, letzte Aktualisierung 15.12.2021.

Während das OLG München[300] in Übereinstimmung mit dem BGH die Wirksamkeit eines solchen Optionsrechts nicht anzweifelt, halten **andere Meinungen**[301] die Regelung für nicht eintragungsfähig. Das Gesetz sehe ein solches Optionsrecht nicht vor. Ob vor dem Hintergrund der aktuellen Rechtsprechung des OLG München weiterer obergerichtlicher Klärungsbedarf besteht, wird die lokale Grundbuchpraxis zeigen. Bejaht das Grundbuchamt die Eintragungsfähigkeit, stellt sich die Frage, ob und wie das Optionsrecht besonders im Grundbuch zu verlautbaren ist. Die Antwort knüpft an die Ausgestaltung als **aufschiebende Bedingung** an und spricht für die **unmittelbare Eintragung** im Grundbuch,[302] etwa 34

- mit dem Vermerk „mit aufschiebend bedingter Verlängerungsoption“
- oder mit dem Vermerk „mehrfach aufschiebend bedingte Verlängerung um … Jahre“
- oder mit dem Vermerk „mit einmaliger Verlängerungsoption für 20 Jahre“
- oder der Wiederholung des gesamten Optionstextes
- oder mit dem Vermerk „eingetragen in Abt. II Nr. 1 bis zum 31.12.2098 (im Falle der Ausübung des Optionsrechts nach §…der Urkunde bis 31.12.3113)“, einzutragen im Anschluss an den Vermerk über die Laufzeit des Erbbaurechts.

Ein **Verstoß** gegen das Erfordernis einer unmittelbaren Grundbucheintragung führt dazu, dass die Bedingung entfällt.[303] Die Bedingung wird nicht wirksam, und das Erbbaurecht erlischt zum angegebenen Zeitpunkt.[304] Das beurkundende Notariat ist gehalten, die **Eintragungsmitteilung** dahingehend zu **überprüfen**, um ggf. beim Grundbuchamt die fehlende unmittelbare Eintragung zu monieren.[305] Dabei kann sich das Notariat auf § 56 Abs. 2 GBV beziehen: „*…jedoch sind Beschränkungen des Erbbaurechts durch Bedingungen, Befristungen oder Verfügungsbeschränkungen (§ 5 des Erbbaurechtsgesetzes) ausdrücklich einzutragen.*“

300 OLG München, Beschl. v. 30.8.2018, Az. 34 Wx 67/18 = NJOZ 2018, 1782, 1783: Verlängerung der Laufzeit stehe unter einer zulässigen aufschiebenden Bedingung. Dies muss im Eintragungsvermerk selbst zum Ausdruck gebracht werden, nicht durch Bezugnahme; vgl. auch *Böttcher,* ZNotP 2020, 200, 202; *Reichel*, ZfIR 2023, 315, 318; für Zulässigkeit der Verlängerungsoption auch Bamberger/Roth/*Maaß*, § 1 Rn 43; Nagel/*Nagel*, § 1 Rn 257.

301 *Winkler/Schlögel*, § 2 Rn 143; ebenso das Gutachten des Deutschen Notarinstituts, Abruf-Nr. 152591, letzte Aktualisierung 13.2.2017, Optionsrecht auf Verlängerung des Erbbaurechts.

302 Vgl. DNotI- Gutachten Abruf-Nr. 185211, letzte Aktualisierung 15.12.2021; zur unmittelbaren Eintragung von Bedingungen und Befristungen vgl. BGH, Beschl. v. 1.10.2020, Az. V ZB 51/20 = FGPrax 2021, 1, Bezugnahme reicht nicht aus; ebenso OLG München, Beschl. v. 30.8.2018, Az. 34 Wx 67/18 = NJOZ 2018, 1782, 1783; Bamberger/Roth/*Maaß*, § 1 Rn 43.

303 OLG München a.a.O.; *Böttcher*, ZNotP 2020, 200, 202.

304 OLG München a.a.O.

305 BGH, Beschl. v. 1.10.2020, Az. V ZB 51/20 = FGPrax 2021, 1, Bezugnahme reicht nicht aus; ebenso OLG München, Beschl. v. 30.8.2018, Az. 34 Wx 67/18 = NJOZ 2018, 1782.

35 *Formulierungsbeispiel Festlegung der Erbbaurechtsdauer*

Das Erbbaurecht beginnt mit der Eintragung im Grundbuch und endet am 30.6.2084, in Worten dreißigsten Juni zweitausendvierundachtzig. Nach Beendigung des Erbbaurechts gehen die Bauwerke und baulichen Anlagen in das Eigentum des Grundstückseigentümers über.

Alternativ:

Das Erbbaurecht wird auf die Dauer von ... – in Worten: ... Jahren bestellt. Nach Beendigung des Erbbaurechts gehen die Bauwerke und baulichen Anlagen in das Eigentum des Grundstückseigentümers über.

VIII. Erste Rangstelle, § 10 ErbbauRG, sowie Ausnahmen

36 Die Regelung in § 10 ErbbauRG[306] stellt eine Abkehr vom altrechtlichen Erbbaurecht dar, das keinen besonderen Erbbaurechtsrang erforderte,[307] was einen konzeptionellen Nachteil bedeutete[308] (zur Akzeptanz vgl. § 2). Zum „Wesen des Erbbaurechts“[309] zählt nunmehr das Erfordernis der ersten Rangstelle, festgehalten in § 10 ErbbauRG. Danach kann das Erbbaurecht nur zur **ausschließlich ersten Rangstelle** eingetragen werden, § 10 Abs. 1 S. 1 ErbbauRG. Dies geschieht kategorisch, ohne Gewährung von Ermessensspielraum[310] und kann zu unauflösbaren Konflikten führen.[311] Die Gestaltungsempfehlung geht dahin, für das gescheiterte, das *failed* Erbbaurecht **besondere Rücktrittsrechte** vorzusehen.[312] Unter Umständen kann durch das Scheitern sogar ein Anspruch auf Schadensersatz[313] im Raum stehen, vgl. das folgende Formulierungsbeispiel (Rdn 37). Andererseits kann der Erbbaurechtsvertrag auch vorsehen, dass der Erbbauberechtigte zwar vom Vertrag zurücktreten kann, die Geltendmachung von Schadensersatz sowie die Rückforderung von Erbbauzinszahlungen jedoch ausgeschlossen sind. Um den ersten **Rang des Erbbaurechts**

306 Zur Notwendigkeit der ersten Rangstelle vgl. auch *Mönig*, ErbbauZ 2020, 5; *Nagel/Bohlsen*, ErbbauZ 2022, 62.

307 Vgl. *Glaß/Scheidt*, § 1 Anm. 7: „In Abweichung von dem bisherigen Recht erklärt die neue Reichserbbauverordnung zum Wesen des Erbbaurechts noch das Erfordernis der ersten Rangstelle.“

308 *Glaß/Scheidt*, § 10 Anm. I: „Die Hauptschwierigkeit bei der Beleihung von Erbbaurechten und ein wichtiger, die Abneigung der großen Geldinstitute vor solchen Anlagen erklärender Grund lag nämlich nach dem bisherigen Rechte darin, dass dem Erbbaurechte Hypotheken, Grund- und Rentenschulden sowie sonstige Grundstücksbelastungen im Rang vorgehen oder gleichstehen konnten.“

309 *Glaß/Scheidt*, § 1 Anm. I 7.

310 Vgl. *Rapp*, S. 11, in: Hager (Hrsg.), Die Beendigung des Erbbaurechts a.a.O; Spiegelberger/Schallmoser/*Rapp*, Rn 5.18: „absolut erste Rangstelle“; *Dieckmann*, ErbbauZ 2021, 136, 143.

311 Vgl. *Mönig*, ErbbauZ 2020, 5, 8; *Dieckmann*, ErbbauZ 2021, 136, 137.

312 Ebenso *Mönig*, ErbbauZ 2020, 5, 8, 9: „*vertragliches Haftungsregime*“, verknüpft mit Rücktrittsrechten.

313 Spiegelberger/Schallmoser/*Rapp*, Rn 5.19.

zu sichern, kann eine **Vormerkung** nach § 883 BGB in Betracht kommen, alternativ ein **Vorrangsvorbehalt** für das Erbbaurecht nach § 881 BGB.[314]

Sofern das Grundstück (bzw. im Falle eines Gesamterbbaurechts[315] die Grundstücke) vorrangige Belastungen aufweist, seien es Belastungen der Zweiten Abteilung oder Grundpfandrechte der Dritten Abteilung, mögen diese auch nur vorgemerkt[316] oder existenznotwendiger[317] Natur oder nur von geringer wirtschaftlicher Bedeutung[318] sein, müssen diese den **Rangrücktritt hinter das Erbbaurecht** erklären.[319] Eine Verpflichtung, den Rangrücktritt zu erklären, besteht regelmäßig nicht.[320] Die **erste Rangstelle** muss zum **Zeitpunkt der Eintragung des Erbbaurechts** bestehen, nicht bereits bei Beurkundung des Erbbaurechtsvertrages[321] oder bei Eintragung einer Vormerkung zur Sicherung des Anspruchs auf Eintragung des Erbbaurechts.[322] Falls die Eintragung der Grundpfandrechte bereits längere Zeit zurückliegt, zeigt sich in der Praxis häufig die Notwendigkeit, **weitere Identitätsnachweise** zu erbringen, etwa aufgrund einer zwischenzeitlichen Rechtsnachfolge (Verschmelzung, Spaltung) oder einer Namens- bzw. Firmenänderung bzw. eines Statuswechsels auf der Gläubigerseite. Dies im Rahmen der Einholung der Rangrücktrittserklärungen zu thematisieren, trägt zur Beschleunigung des Grundbuchvollzugs bei. Soweit möglich, trifft die notarielle Vertretungsbescheinigung eine Auskunft über die Rechts- oder Namensänderung des Gläubigers, der den Rangrücktritt erklärt. Gleiches gilt für einen Statuswechsel.

Treten **Dienstbarkeiten** im **Rang** hinter das Erbbaurecht **zurück**, kann das Bedürfnis bzw. die Notwendigkeit bestehen, Vorsorge für den Zeitablauf des Erbbaurechts zu treffen. Eine Möglichkeit besteht darin, bereits im Erbbaurechtsvertrag den zurücktretenden Dienstbarkeiten den **Vorrang vor der Entschädigungsforderung** einzuräumen.[323] Das

314 *Dieckmann*, ErbbauZ 2021, 136, 144.

315 OLG München, Beschl. v. 16.12.2013, Az. 34 Wx 357/13 = NotBZ 2014, 115 = JurionRS 2013, 51756, erste Rangstelle dann an allen Grundstücken, die mit dem Gesamterbbaurecht (§ 6a GBO) belastet werden sollen.

316 *Räfle*, § 10 Rn 4, auch vor- oder gleichrangige Vormerkungen vereiteln das Erstrangigkeitsgebot; Ingenstau/Hustedt/*Bardenhewer*, § 10 Rn 10; vgl. auch *Nagel*/*Bohlsen*, ErbbauZ 2022, 62.

317 Kanal- oder Fernleitungsdienstbarkeiten, vgl. auch *Böttcher*, ZNotP 2015, 42.

318 Ebenso *Nagel*/*Bohlsen*, ErbbauZ 2022, 62; *Böhringer*, BWNotZ 2020, 376, 385; BeckOK GBO-Hügel/*Otto*, 53. Edition, Stand 3.6.2024, Sonderbereich Erbbaurecht, Rn 31.

319 Alternativ kann auch die Löschung des vorrangigen Rechts erfolgen, vgl. zur Berichtigung des Grundbuchs auch BeckOK GBO-Hügel/*Otto*, 53. Edition, Stand 3.6.2024, Sonderbereich Erbbaurecht, Rn 31.1.

320 Vgl. *Dieckmann*, ErbbauZ 2021, 136, 137, 145. Sofern möglich, kann Vorsorge dadurch geschaffen werden, dass vertraglich ein solcher Anspruch begründet wird, ein Anspruch auf Rangrücktritt. **A.A.** *Rapp*, ZfIR 2017, 89, 90: Anspruch auf Rangrücktritt soll sich u.U. aus dem gesetzlichen Schuldverhältnis zwischen Grundstückseigentümer und dem Berechtigten einer Dienstbarkeit ergeben.

321 Zum Zeitpunkt vgl. *Nagel*/*Bohlsen*, ErbbauZ 2022, 62; MüKo/*Weiß*, § 10 Rn 2.

322 Ebenso Staudinger/*Rapp*, § 10 Rn 5.

323 *Schöner*/*Stöber*, Rn 1874; *Rapp*, ZfIR 2017, 89, 95; *Böttcher*, Rn 127; Spiegelberger/Schallmoser/*Rapp*, Rn 5.18.

Erstrangigkeitsgebot des § 10 Abs. 1 ErbbauRG steht einer entsprechenden Eintragung nicht entgegen,[324] da die Entschädigungsforderung als reallastähnliches Recht diesem Rangerfordernis nicht unterliegt, wie ein Blick auf § 27 Abs. 1 S. 2 ErbbauRG zeigt. Eine andere Möglichkeit besteht darin, für den zurücktretenden Dienstbarkeitsberechtigten eine **Vormerkung** am Erbbaurecht einzuräumen, gerichtet auf Neueintragung der Dienstbarkeit, sollte diese im Zuge des Heimfalls erlöschen.[325]

Weiterhin gilt zu beachten, dass zum Rangrücktritt eines **Grundpfandrechts** die **Zustimmung** des **Grundstückseigentümers** erforderlich ist, § 880 Abs. 2 S. 2 BGB. Im Falle des Rangrücktritts eines subjektiv-dinglichen Rechts kann die Zustimmung eines Berechtigten am herrschenden Grundstück erforderlich werden, sofern das subjektiv-dingliche Recht auf dem herrschenden Grundstück vermerkt ist, §§ 9, 21 GBO.

37 *Formulierungsbeispiel: Erste Rangstelle des Erbbaurechts, Verschaffung der ersten Rangstelle sowie Rangrücktritte*

Das Erbbaurecht kann nur zur ausschließlich ersten Rangstelle bestellt werden, § 10 Abs. 1 S. 1 ErbbauRG. Die Rangstelle muss permanent gehalten und kann auch nach Eintragung des Erbbaurechts im Grundbuch nicht nachträglich geändert werden, § 10 Abs. 1 S. 1 Hs. 2 ErbbauRG. Die am zu belastenden Grundbesitz eingetragenen Berechtigten treten im Rang hinter das zu bestellende Erbbaurecht zurück und bewilligen die Eintragung im Grundbuch. Der Grundstückseigentümer stimmt dem Rangrücktritt zu und bewilligt und beantragt die Eintragung im Grundbuch. Der Grundstückseigentümer haftet für die Verschaffung der ersten Rangstelle und verpflichtet sich zur Beschaffung aller erforderlichen Unterlagen (Rangrücktrittserklärungen, ggf. weitere Identitätsnachweise), und zwar auf eigene Kosten. Falls die erste Rangstelle nicht verschafft werden kann, können beide Vertragsteile ihren Rücktritt erklären. Die hierbei anfallenden Kosten (Notariat, Grundbuchamt) trägt der Grundstückseigentümer. Die Geltendmachung weiterer Rechte ist dann ausgeschlossen, insbesondere findet keine Erstattung gezahlter Erbbauzinsbeträge oder die Zahlung von Schadensersatz statt.

38 Die Rangstelle muss **permanent** gehalten und kann auch nach Eintragung des Erbbaurechts im Grundbuch nicht nachträglich geändert werden, § 10 Abs. 1 S. 1 Hs. 2 ErbbauRG.[326] Neben dem **Gebot der Erstrangigkeit**, das bei Eintragung des Erbbaurechts Beachtung finden muss, statuiert die Norm ein **Rangänderungsverbot**,[327] das

324 *Rapp*, ZfIR 2017, 89, 95.

325 Spiegelberger/Schallmoser/*Rapp*, Rn 5.18; *Rapp*, MittBayNot 2014, 412; *Nagel/Bohlsen*, ErbbauZ 2022, 62.

326 *Dieckmann*, ErbbauZ 2021, 136, 143; MüKo/*Weiß*, § 10 Rn 1.

327 *Räfle*, § 1 Rn 6; *Böhringer*, BWNotZ 2020, 376, 385; *Dieckmann*, BWNotZ 2021, 350, 354; *Dieckmann*, ErbbauZ 2021, 136, 143.

spätere rechtsgeschäftliche Änderungen ausschließt.[328] Also ein rangmäßiges Doppelgebot, gerichtet auf den Zeitpunkt der Erbbaurechtseintragung und den sich hieran anschließenden Zeitraum, dauernd bis zum Ende des Erbbaurechts, ein Ewigkeitsgebot. Einer nachträglichen Rangänderung ist damit der Boden entzogen.[329]

Im Gebot der Erstrangigkeit „die wichtigste Grundlage für die **Beleihbarkeit** des Erbbaurechts“[330] zu erkennen, wird dem Inhalt und der Zielrichtung des § 10 ErbbauRG gerecht. Gesichert wird der fortdauernde Bestand des Erbbaurechts, beginnend mit Eintragung und dauernd bis zum Ende des Erbbaurechts. Dass das Erbbaurecht in der Zwangsversteigerung erlischt, ist ausgeschlossen.[331] Eine ähnliche gesetzliche Regelung stellt § 1 Abs. 4 S. 1 ErbbauRG dar, das Verbot, ein Erbbaurecht unter einer auflösenden Bedingung zu bestellen. Nicht anders stellt sich ein Erbbaurecht dar, das nicht die erste Rangstelle einnimmt. Darüber hinaus dient die Regelung dem Schutz der Realberechtigten, die bereits vor der Erbbaurechtsbestellung am Grundstück eingetragen waren und denen mit der Erbbaurechtsbestellung das Gebäude als Haftungsgegenstand entzogen wird,[332] vgl. § 12 Abs. 1 S. 2 ErbbauRG. Dies kann nur mit ihrer Zustimmung geschehen,[333] hier gekleidet in die Gestalt des Rangrücktritts, den die vorrangigen Berechtigten erklären müssen, § 10 Abs. 1 S. 1 ErbbauRG.

In der Praxis kommt der **Ermittlung der Rangsituation am zu belastenden Grundstück** besondere Bedeutung zu. Während Flurstücke ohne Bestandsgeschichte keine Probleme bereiten, ist Vorsicht geboten bei solchen Flurstücken, die in der Vergangenheit häufig Veränderungen unterzogen waren, manifest im Bestandsverzeichnis des Grundstücks, Spalten 1–4, überdies in den Spalten 5 und 6 („*Bestand und Zuschreibungen*“) sowie den Spalten 7 und 8 („*Abschreibungen*“). Vor allem die fatale und stets unzulässige Praxis einiger Grundbuchämter, die Belastungsspalten (Sp. 2, laufende Nummer der betroffenen Grundstücke im Bestandsverzeichnis) nach Änderungen im Bestandsverzeichnis nicht zu aktualisieren, zeitigt unliebsame Ergebnisse. Die **Bestandsgeschichte** des zu belastenden Grundstücks sollte daher stets recherchiert werden. 39

Die Empfehlung geht dahin, die Rangsituation des zu belastenden Grundstücks einer eigenen **Recherche** zu unterziehen. Dies gilt sowohl für das beurkundende Notariat als auch für das Grundbuchamt, das über den Antrag befindet. Das Gebot der Erstrangigkeit bedeutet, dass dem Erbbaurecht im Rang kein Recht vorgehen oder gleichstehen darf.[334]

328 Vgl. *Dieckmann*, BWNotZ 2021, 350, 354.

329 *Krause*, ZAP Fach 7, 359, 363; *Mönig*, ErbbauZ 2020, 5, 6.

330 *Glaß/Scheidt*, a.a.O.; ähnlich Lemke/*Czub*, § 10 Rn 1 („*sichere Grundlage für die Beleihbarkeit des Erbbaurechts*“); MüKo/*Weiß*, § 10 Rn 1.

331 *Krause*, ZAP Fach 7, 359, 363; *Mönig*, ErbbauZ 2020, 5, 6.

332 *Mönig*, ErbbauZ 2020, 5, 6.

333 *Mönig*, ErbbauZ 2020, 5, 6.

334 Wie hier auch *Nagel/Bohlsen*, ErbbauZ 2022, 62; *Dieckmann*, ErbbauZ 2021, 136, 137.

Die Bestellung **mehrerer gleichrangiger Erbbaurechte am selben Grundstück** scheidet aus.[335]

40 In **§ 10 Abs. 1 S. 2** und **Abs. 2 ErbbauRG** lässt der Gesetzgeber bereits **Ausnahmen** erkennen. Zum einen stehen Rechte, die zur Erhaltung der Wirksamkeit gegenüber dem öffentlichen Glauben des Grundbuchs der Eintragung nicht bedürfen, dem rangmäßigen Doppelgebot nicht entgegen. Gemeint sind die Überbau- und die Notwegerenten,[336] die im Rang ohnehin allen Rechten vorgehen,[337] sowie altrechtliche Dienstbarkeiten,[338] gesetzliche Vorkaufsrechte[339] und öffentliche Lasten[340] – allesamt Rechte bzw. Vorrechte, die von der Eintragung sogar ausgeschlossen sind[341] und deren Rang sich nicht aus dem Grundbuch ergibt. Das Erbbaurecht bleibt dann bestehen, § 25 ErbbauRG. Nicht gemeint sind dagegen Verfügungsbeschränkungen,[342] die im Zusammenhang mit dem Verbot auflösender Bedingungen betrachtet werden müssen, § 1 Abs. 4 S. 1 ErbbauRG,[343] vgl. Rdn 31 (Nacherbenvermerk). Damit entfällt die Notwendigkeit, über den Inhalt des Grundbuchs hinausreichende Vorrechte in die Rangrecherche einzubeziehen. Zum Sanierungsvermerk vgl. Rdn 142.

41 Zum anderen enthält § 10 Abs. 2 ErbbauRG einen **landesrechtlichen Vorbehalt**. Die Landesregierungen sehen sich ermächtigt, durch Rechtsverordnung zu bestimmen, dass bei der Bestellung des Erbbaurechts von dem Erfordernis der ersten Rangstelle abgesehen werden kann, sofern dies für die **vorgehenden Berechtigten** und den **Bestand des Erbbaurechts unschädlich** ist. Der Vorbehalt bezieht sich nur auf das Erstrangigkeitsgebot bei Eintragung, erfasst daneben nicht das Rangänderungsverbot, weshalb abweichendes Landesrecht nicht geschaffen werden kann. Der landesrechtliche Vorbehalt sieht die Erteilung eines **Unschädlichkeitszeugnisses** vor. Bei der Bestellung eines Erbbaurechts kann von dem Erfordernis der ersten Rangstelle abgewichen werden, sofern durch ein Unschädlichkeitszeugnis festgestellt wird, dass die Abweichung für die vorgehenden Berechtigten und für den Bestand des Erbbaurechts unschädlich ist.[344] Derzeit kennen die

335 *Räfle*, § 10 Rn 3; *Krause*, ZAP Fach 7, 359, 363; Ingenstau/Hustedt/*Bardenhewer*, § 10 Rn 11; Staudinger/*Rapp*, § 1 Rn 24; **a.A.** *Böttcher*, Rn 118, ohne Begründung: mehrere Erbbaurechte im Gleichrang seien zulässig.

336 Ingenstau/Hustedt/*Bardenhewer*, § 10 Rn 15; *Mönig*, ErbbauZ 2020, 5, 6.

337 *Glaß/Scheidt*, § 10 Anm. I 2; *Nagel/Bohlsen*, ErbbauZ 2022, 62, 64.

338 BayObLG, Beschl. v. 5.5.1982, Az. BReg. 2 Z 22/82 = Rpfleger 1982, 339; die altrechtlichen Dienstbarkeiten bedürfen nicht der Eintragung, vgl. Art. 187 Abs. 1 S. 1 EGBGB; in Bayern besteht für altrechtliche Grunddienstbarkeiten kein Eintragungszwang, vgl. BayObLGZ 1969, 284, 291; *Krause*, ZAP Fach 7, 359, 363. Ebenso *Nagel/Bohlsen*, ErbbauZ 2022, 62, 64.

339 *Nagel/Bohlsen*, ErbbauZ 2022, 62, 64.

340 *Räfle*, § 10 Rn 7; *Glaß/Scheidt*, § 10 Anm. I 2; Ingenstau/Hustedt/*Bardenhewer*, § 10 Rn 16.

341 So bereits *Glaß/Scheid*, § 10 Anm. I 2.

342 *Glaß/Scheidt*, a.a.O.

343 Insoweit ohne Erörterung *Mönig*, ErbbauZ 2020, 5, 6.

344 Vgl. beispielsweise § 24 BbgAGBGB, die Regelung für Brandenburg.

Bundesländer Baden-Württemberg,[345] Berlin,[346] Brandenburg,[347] Hamburg,[348] Hessen,[349] Nordrhein-Westfalen[350] und Sachsen[351] eine entsprechende Regelung.[352] Das Unschädlichkeitszeugnis wird nur auf **Antrag** erteilt[353] und wird erst mit **Rechtskraft** wirksam.[354] Eine besondere **Form** muss der Antrag nicht wahren, regelmäßig muss allerdings **dargelegt** werden,[355] warum die Rangrücktrittserklärung nicht oder nur unter unverhältnismäßigen Schwierigkeiten zu erlangen ist. Die weiteren Ermittlungen führt das Grundbuchamt von Amts wegen fort, im Rahmen des allgemeinen Amtsermittlungsgrundsatzes, § 26 FamFG.[356] Ersetzt wird nicht nur die Rangrücktrittsbewilligung des vorrangig Berechtigten, sondern auch die Vorlage des Grundpfandrechtsbriefs des vorrangigen Rechtes.

Die **baden-württembergische Regelung** sieht als Anwendungsbereich vor, dass nur hinsichtlich einer vorrangig eingetragenen Dienstbarkeit, eines Nießbrauchs, eines Vorkaufsrechts, einer Reallast oder einer eingetragenen altrechtlichen Belastung vom Erfordernis der ersten Rangstelle abgesehen werden kann, im Übrigen nicht, vgl. § 1 **42**

345 Verordnung der Landesregierung über den Rang von Erbbaurechten (ErbBRVO) vom 17.1.1994, GBl 1994, 49. Vgl. auch *Nagel/Bohlsen*, ErbbauZ 2022, 62, 65; BeckOK GBO-Hügel/*Otto*, 53. Edition, Stand 3.6.2024, Sonderbereich Erbbaurecht, Rn 33.1; *Böhringer*, BWNotZ 2020, 376, 379 ff.; MüKo/*Weiß*, § 10 Rn 9; OLG Karlsruhe, Beschl. v. 30.6.2023, Az. 14 W 38/23 (Wx) = ErbbauZ 2023, 141.

346 *Nagel/Bohlsen*, ErbbauZ 2022, 62, 65, vgl. § 5 des Unschädlichkeitszeugnisgesetzes für Berlin, so *Reichel*, ErbbauZ 2023, 147; MüKo/*Weiß*, § 10 Rn 9.

347 *Nagel/Bohlsen*, ErbbauZ 2022, 62, 65; ebenso BeckOK GBO-Hügel/*Otto*, 53. Edition, Stand 3.6.2024, Sonderbereich Erbbaurecht, Rn 33.1, Hinweis auf Art. 24 BbgAGBGB; MüKo/*Weiß*, § 10 Rn 9.

348 § 42a Abs. 1 HmbAGBGB, vgl. *Mönig*, ErbbauZ 2020, 5, 7. Die Hamburger Regelung lautet: Bei der Bestellung des Erbbaurechts kann von den Erfordernissen der ersten Rangstelle abgewichen werden, wenn auf Antrag des Eigentümers durch Beschluss des Amtsgerichts, von welchem das Grundbuch geführt wird, festgestellt ist, dass diese Abweichung für die vorgehenden Berechtigten und den Bestand des Erbbaurechts unschädlich ist; vgl. auch *Nagel/Bohlsen*, ErbbauZ 2022, 62, 65; *Böhringer*, BWNotZ 2020, 376, 380; MüKo/*Weiß*, § 10 Rn 9.

349 *Nagel/Bohlsen*, ErbbauZ 2022, 62, 65; keine Aussage hierzu im BeckOK GBO-Hügel/*Otto*, 53. Edition, Stand 3.6.2024, Sonderbereich Erbbaurecht, Rn 33.1; MüKo/*Weiß*, § 10 Rn 9.

350 § 104 JustG NRW, vgl. BeckOGK/*Toussaint*, Stand 1.3.2024, § 10 Rn 22 ErbbauRG.

351 Vgl. § 50 SächsJG: Bei der Bestellung eines Erbbaurechts kann von dem Erfordernis der ersten Rangstelle abgewichen werden, wenn durch ein Unschädlichkeitszeugnis festgestellt wird, dass die Abweichung für die vorgehenden Berechtigten und den Bestand des Erbbaurechts unschädlich ist; vgl. auch *Nagel/Bohlsen*, ErbbauZ 2022, 62, 65; BeckOK GBO-Hügel/*Otto*, 53. Edition, Stand 3.6.2024, Sonderbereich Erbbaurecht, Rn 33.1; *Böhringer*, BWNotZ 2020, 376, 380; MüKo/*Weiß*, § 10 Rn 9.

352 Vgl. *Krause*, ZAP Fach 7, 359, 363; *Winkler/Schlögel*, § 2 Rn 116; zum Landesrecht vgl. bereits *Glaß/Scheidt*, § 10 Anm. III 1; die anderen Bundesländer kennen entweder keine solche Regelung oder sind bereits dazu übergegangen, alte Regelungen aufzuheben, beispielsweise Niedersachsen, Saarland, Schleswig-Holstein, Bayern mit VO v. 1.12.1981, GVBl. 1981, 504; vgl. auch *Mönig*, ErbbauZ 2020, 5, 7.

353 Die funktionelle Zuständigkeit liegt beim Rechtspfleger des Grundbuchamtes, vgl. *Böhringer*, BWNotZ 2020, 376, 380, 385.

354 Vgl. *Böhringer*, BWNotZ 2020, 376, 386.

355 So die Regelung für Baden-Württemberg, vgl. *Böhringer*, BWNotZ 2020, 376, 380.

356 *Böhringer*, BWNotZ 2020, 376, 381, 386.

ErbBRVO. Der Antrag ist zulässig, sofern die Rangrücktrittserklärung **nicht oder nur unter unverhältnismäßigen Schwierigkeiten** zu erlangen ist, § 2 Abs. 2 ErbBRVO. Die Notwendigkeit der Anhörung bedeutet für das Grundbuchamt einen beträchtlichen Aufwand, § 3 Abs. 1 ErbBRVO, weil er mit vielen Rückfragen und Einwendungen der Betroffenen verbunden ist. In der Praxis hilft die Ausnahmebestimmung regelmäßig nicht weiter, weil eine **Unschädlichkeit i.S.v. § 1 ErbBRVO nicht festgestellt werden kann**,[357] was sich die notarielle Praxis vor Augen führen muss. Grund ist die **restriktive Auslegung** des Begriffs durch die obergerichtliche Rechtsprechung,[358] wonach eine „Schädlichkeit" bereits dann vorliegt, wenn das Nebeneinander von vorrangigem Recht und Erbbaurecht „zu mehr als lediglich geringfügigen wirtschaftlichen Nachteilen führen würde".[359] Jeder Nachteil, der durch ein bestimmtes Ereignis eintritt, bedeutet bereits „Schädlichkeit", bedeutet nachteilige Auswirkungen tatsächlicher oder wirtschaftlicher Art, die das zu bestellende Erbbaurecht auf die Ausübungsbefugnisse des vorrangigen Rechts haben kann.[360] Für die „Schädlichkeit" spricht bereits, dass ein etwaiger Reparaturaufwand größer werden kann.[361] Jegliche wirtschaftliche Beeinträchtigung des vorrangigen Rechts reicht aus, jedwede Überschneidung in den Ausübungsbereich von zu bestellendem Erbbaurecht und vorrangig eingetragenem Recht, um von einer „Schädlichkeit" auszugehen und eine „Unschädlichkeit" zu negieren. Vor diesem Hintergrund wird einem Antrag auf Erteilung eines Unschädlichkeitszeugnisses **häufig kein Erfolg** beschieden sein. Zu konstatieren ist, dass die Bestimmungen über das Unschädlichkeitszeugnis keinen Ausweg offerieren. In der Praxis wird dennoch häufig dieser Weg beschritten, um nichts unversucht zu lassen, was der Eintragung des Erbbaurechts den Weg ebnen könnte.

43 **Weitere Ausnahmen vom Erfordernis der ersten Rangstelle** bildeten Rechtsprechung und Literatur heraus, um besonderen Konstellationen Rechnung zu tragen und dem Telos der Norm gerecht zu werden. Erwähnt werden muss in diesem Zusammenhang ein **subjektiv-dingliches Vorkaufsrecht mit Vorrang für den jeweiligen Erbbauberechtigten**,[362] das sich als unschädlich erweist und keinen beachtenswerten Verstoß gegen das rangmäßige Doppelgebot des § 10 ErbbauRG impliziert. Grund ist die Bestandteilseigenschaft eines solchen Vorkaufsrechts, das am Rang des Erbbaurechts partizipiert.[363]

357 Paradigma insoweit OLG Karlsruhe, Beschl. v. 30.6.2023, Az. 14 W 38/23 (Wx) = BeckRS 2023, 15710 = ErbbauZ 2023, 141.

358 OLG Karlsruhe, Beschl. v. 30.6.2023, Az. 14 W 38/23 (Wx) = BeckRS 2023, 15710 = ErbbauZ 2023, 141.

359 OLG Karlsruhe, Beschl. v. 30.6.2023, Az. 14 W 38/23 (Wx) = BeckRS 2023, 15710 = ErbbauZ 2023, 141.

360 OLG Karlsruhe, Beschl. v. 30.6.2023, Az. 14 W 38/23 (Wx) = BeckRS 2023, 15710 = ErbbauZ 2023, 141.

361 OLG Karlsruhe, Beschl. v. 30.6.2023, Az. 14 W 38/23 (Wx) = BeckRS 2023, 15710 = ErbbauZ 2023, 141.

362 BGH NJW 1954, 1443; *Krause*, ZAP Fach 7, 359, 363; Ingenstau/Hustedt/*Bardenhewer*, § 10 Rn 28; *Mönig*, ErbbauZ 2020, 5, 6; BeckOK GBO-Hügel/*Otto*, 53. Edition, Stand 3.6.2024, Sonderbereich Erbbaurecht, Rn 32; MüKo/*Weiß*, § 10 Rn 5.

363 Ingenstau/Hustedt/*Bardenhewer*, § 10 Rn 28, vgl. §§ 96, 93 BGB; MüKo/*Weiß*, § 10 Rn 5.

Nichts anderes gilt für ein **subjektiv-persönliches, allerdings unübertragbares Vorkaufsrecht für den Erbbauberechtigten,**[364] das dem Erstrangigkeitsgebot des § 10 Abs. 1 ErbbauRG nicht entgegensteht.[365]

Eine Ausnahme gilt auch für **ein zu Unrecht gelöschtes Erbbaurecht**, das nach gutgläubigem Erwerb der Rangstelle durch ein anderes Recht mit einem abweichenden Rang eingetragen werden kann. Die Begründung hierfür ist darin zu sehen, dass § 10 Abs. 1 S. 1 ErbbauRG eine kraft Gesetzes eintretende Rangverschiebung nicht außer Kraft setzt.[366]

Als unschädlich erweist sich ferner eine vorrangige **Grunddienstbarkeit** am Grundstück, eingetragen für den Erbbauberechtigten, womit sich der Kreis der Ausnahmen schließt.

Eine andere Betrachtungsweise ist bereits für eine **subjektiv-dingliche Reallast** geboten, 44
die am Grundstück für den Erbbauberechtigten eingetragen ist, weil es sich hierbei um ein Verwertungsrecht handelt, mit dem die Zwangsversteigerung des Erbbaurechts ins Werk gesetzt werden kann.[367]

Abgestellt wird auf den Zeitpunkt der Realisierung des Erbbaurechts, demnach auf **den Zeitpunkt der Eintragung des Erbbaurechts im Grundbuch**, nicht auf den Zeitpunkt der Einigung.[368]

Ebenso wenig gilt das Erstrangigkeitsgebot für eine **Vormerkung**, die zur **Sicherung des Anspruchs auf Einräumung eines Erbbaurechts** eingetragen werden soll.[369] Eine entsprechende Vormerkung muss nicht bereits den ersten Rang am zu belastenden Grundstück einnehmen.[370] In der Folge sieht sich das Notariat nicht bereits bei Antragsstellung *– Antrag auf Eintragung einer Vormerkung zur Sicherung des Anspruchs auf Einräumung eines Erbbaurechts –*, gehalten, Rangrücktrittserklärungen vorzulegen. Wichtig ist in diesem Zusammenhang, dass die **Begründungsvormerkung** nur eingetragen werden kann,

364 Ingenstau/Hustedt/*Bardenhewer*, § 10 Rn 29; MüKo/*Weiß*, § 10 Rn 5; **a.A.** BeckOK GBO-Hügel/*Otto*, 53. Edition, Stand 3.6.2024, Sonderbereich Erbbaurecht, Rn 32, ein vorrangiges persönliches Vorkaufsrecht sei schädlich. Sollte das Grundbuchamt dieser Auffassung folgen, geht die Empfehlung dahin, eine obergerichtliche Klärung herbeizuführen.

365 Ingenstau/Hustedt/*Bardenhewer*, § 10 Rn 29; MüKo/*Weiß*, § 10 Rn 5; **a.A.** BeckOK GBO-Hügel/*Otto*, 53. Edition, Stand 3.6.2024, Sonderbereich Erbbaurecht, Rn 32.

366 Erman/*Grziwotz*, § 10 Rn 1; BGH MDR 1969, 128; *Böttcher*, Rn 134. Wie hier auch *Nagel/Bohlsen*, ErbbauZ 2022, 62, 65; Staudinger/*Rapp*, § 11 Rn 29; MüKo/*Weiß*, § 10 Rn 7.

367 Ebenso *Böttcher*, Rn 142.

368 Ingenstau/Hustedt/*Bardenhewer*, § 10 Rn 3, 12; Erman/*Grziwotz*, § 10 Rn 1.

369 Vgl. OLG Hamm, Beschl. v. 12.3.2014, Az. I-15 W 354/13 = FGPrax 2014, 196 (zwei Vormerkungen sind erforderlich, wenn zum einen ein Anspruch auf Übertragung einer Teilfläche, zum anderen ein Anspruch auf Begründung eines Erbbaurechts an einer weiteren Teilfläche desselben Grundstücks gesichert werden soll); vgl. auch BeckOK GBO-Hügel/*Otto*, 53. Edition, Stand 3.6.2024, Sonderbereich Erbbaurecht, Rn 35.

370 *Räfle*, § 10 Rn 4; *Krause*, ZAP Fach 7, 359, 363; Ingenstau/Hustedt/*Bardenhewer*, § 10 Rn 10; *Mönig*, ErbbauZ 2020, 5, 6; BeckOK GBO-Hügel/*Otto*, 53. Edition, Stand 3.6.2024, Sonderbereich Erbbaurecht, Rn 35.

soweit **Inhalt des Erbbaurechts** keine unzulässigen Vereinbarungen sind.[371] Vorgemerkt werden kann nur, was auch endgültig eingetragen werden kann.[372] Bei Eintragung der Vormerkung prüft das Grundbuchamt bereits den **Inhalt des Erbbaurechts**, was in der Praxis häufig keine Beachtung findet. Gelegentlich prüfen Grundbuchämter im Rahmen der Erbbaurechtsvormerkung auch den **Inhalt der Rechte**, die später am Erbbaurecht eingetragen werden sollen, etwa den Inhalt der Erbbauzinsreallast. Diese Rechte zählen allerdings **nicht** zum **Inhalt** des Erbbaurechts,[373] weshalb sich eine Prüfung im Rahmen der Begründungsvormerkung verbietet. Anderslautende Zwischenverfügungen können mit Beschwerde angegriffen werden. Die Begründungsvormerkung wird halbspaltig[374] in das Grundstücksgrundbuch eingetragen, §§ 19 Abs. 1, 12 Abs. 1 lit. b GBV:[375]

Amtsgericht München **Grundbuch von** Max-Vorstadt **Blatt** 1969 **Zweite Abteilung**

Lfd. Nummer der Eintragungen	Lfd. Nummer der betroffenen Grundstücke im Bestandsverzeichnis	Lasten und Beschränkungen
1	2	3
5	1	Vormerkung zur Sicherung des Anspruchs auf Eintragung eines Erbbaurechts an einer Teilfläche von 543 qm auf die Dauer von 75 Jahren ab Eintragung für Real Estate GmbH, München, HRB 10000, Amtsgericht München; gemäß Bewilligungen vom 9.2.2024 und 6.11.2024 – UVZ-Nr. 303 und 1300/ jeweils Notarius, München; eingetragen am 12.11.2024. Lausmann

371 BayObLG, Beschl. v. 9.9.1999, Az. 2Z BR 127/99 = BayObLGZ 1999, 252, 253.

372 BayObLG, Beschl. v. 9.9.1999, Az. 2Z BR 127/99 = BayObLGZ 1999, 252, 253; BayObLGZ 1986, 54, 56.

373 Vgl. auch OLG Nürnberg, Urt. v. 12.3.2024, Az. 3 U 1856/23 = BeckRS 2024, 8034.

374 In der Praxis wird die halbspaltige Eintragungsweise teilweise ignoriert und über die ganze Spalte eingetragen, was die Umschreibung unnötig kompliziert und im Widerspruch zur gesetzlichen Regelung steht. Fassungsbeschwerde wird insoweit regelmäßig nicht erhoben, da es Aufgabe des Grundbuchamtes ist, die ranggerechte Umschreibung sicherzustellen.

375 Vgl. OLG Hamm, Beschl. v. 12.3.2014, Az. 15 W 354/13, hier zur Sonderkonstellation, dass Ansprüche auf Eigentumsübergang und auf Begründung eines Erbbaurechts nicht Gegenstand einer einheitlichen Vormerkung sein können; es sind separate Vormerkungen einzutragen.

Strittig ist, wie ein Erbbaurecht zu behandeln ist, welches nicht die erste Rangstelle einnimmt. **Eine Ansicht**[376] geht von einem **inhaltlich unzulässigen Erbbaurecht** aus, einem „nichtigen Scheinerbbaurecht“,[377] dessen **Löschung von Amts wegen** vorgenommen werden müsse, § 53 Abs. 1 S. 2 GBO, ggf.[378] gefolgt von der Bearbeitung des noch nicht erledigten Antrags auf Eintragung des Erbbaurechts.[379] Eine „Reparatur“ durch Nachreichung zwischenzeitlich eingeholter Rangrücktrittserklärung komme wegen der Schwere des Verstoßes nicht in Betracht,[380] das Erstrangigkeitsgebot konstituiere „ein materiellrechtliches Erfordernis des Erbbaurechts“.[381] 45

Die **abweichende Meinung**[382] stellt die partikulare Betrachtungsweise in den Vordergrund und geht lediglich von der „Unwirksamkeit der auf eine nachrangige Bestellung zielenden Eintragung“[383] aus, im Übrigen bestehe Wirksamkeit. Diese Ansicht beruft sich darauf, „dass der Gesetzgeber in vielerlei Hinsicht selbst Ausnahmen vom Erstrangverbot vorsieht“,[384] und präferiert die Eintragung eines **Amtswiderspruchs**, was seitens der betroffenen Beteiligten ins Feld geführt werden muss, um in den Genuss der „milderen“ Sanktion zu kommen und die Streitfrage obergerichtlich klären zu lassen. Nach dieser Ansicht ist das Erbbaurecht nicht von Amts wegen zu löschen. Der Gesetzgeber habe den starren Erstrang bereits aufgeweicht, es könne daher nicht von der Unwirksamkeit des nicht erstrangig eingetragenen Erbbaurechts ausgegangen werden.[385] Zur grundbuchamtlichen Bereitschaft zur „Reparatur“ könnte auch der Hinweis beitragen, dass ein Fehler des Grundbuchamtes vorliegt. Das Grundbuchamt hätte das Erbbaurecht nur an erster Rangstelle eintragen dürfen.

376 *Glaß/Scheidt*, § 1 Anm. I 7, das Recht sei unwirksam, weil gegen das Wesen des Erbbaurechts verstoßen wurde; Ingenstau/Hustedt/*Bardenhewer*, § 10 Rn 35; *Böttcher*, Rn 144; *Räfle*, § 10 Rn 9; für inhaltliche Unzulässigkeit auch BayObLG, Beschl. v. 5.5.1982, Az. BReg. 2 Z 22/82 = Rpfleger 1982, 339; Erman/*Grziwotz*, § 10 Rn 1; *Mönig*, ErbbauZ 2020, 5, 7; Staudinger/*Rapp*, § 10 Rn 5; *Böhringer*, BWNotZ 2020, 376, 386; MüKo/*Weiß*, § 10 Rn 10; *Dieckmann*, ErbbauZ 2021, 136, 145.

377 *Dieckmann*, ErbbauZ 2021, 136, 145.

378 Sofern die anderen Eintragungsvoraussetzungen noch vorliegen, beispielsweise die Identität der Beteiligten, Erbbaurechtsgeber und -nehmer lt. Vertrag auf der einen und eingetragene Berechtigte, Grundstückseigentümer und Erbbaurechtsinhaber, auf der anderen Seite.

379 *Krause*, ZAP Fach 7, 359, 362.

380 Ingenstau/Hustedt/*Bardenhewer*, § 10 Rn 4; *Böhringer*, BWNotZ 2020, 376, 386.

381 *Glaß/Scheidt*, § 10 Anm. I 1.

382 BeckOK GBO-Hügel/*Otto*, 53. Edition, Stand 3.6.2024, Sonderbereich Erbbaurecht, Rn 34.

383 Lemke/*Czub*, a.a.O; *Nagel/Bohlsen*, ErbbauZ 2022, 62, 65; BeckOK GBO-Hügel/*Otto*, 53. Edition, Stand 3.6.2024, Sonderbereich Erbbaurecht, Rn 33.1.

384 *Nagel/Bohlsen*, ErbbauZ 2022, 62, 64.

385 *Nagel/Bohlsen*, ErbbauZ 2022, 62, 64.

B. Vertraglicher Inhalt, §§ 2, 5–8 ErbbauRG

I. Einleitung

46 Ein weiteres wesentliches Manko des altrechtlichen Erbbaurechts lag in der nur schuldrechtlichen Natur der weiteren Bestimmungen begründet, die über den gesetzlichen Inhalt hinausgingen.[386] Wirkungen entfalteten solche Bestimmungen nur im originären Verhältnis zwischen Grundstückseigentümer und Erbbauberechtigten, nicht auch gegenüber einem Erwerber des Erbbaurechts oder Grundstücks. Eine Ausnahme galt nur für den Fall einer expliziten Übernahme der Verpflichtungen durch den Erwerber.[387] Zur Akzeptanz des Rechtsinstituts trug eine solche Situation nicht bei.[388]

Abhilfe schaffen insoweit die Regelungen der §§ 2, 5 bis 8 ErbbauRG, die mit dinglicher Wirkung ausgestattet sind und gegenüber jedem Erwerber des Erbbaurechts oder des Grundstücks wirken.[389] Entsprechende Vereinbarungen zählen zum Inhalt des Erbbaurechts. Nach § 2 ErbbauRG „*gehören*" diese Vereinbarungen ebenso zum Inhalt des Erbbaurechts wie der gesetzliche Inhalt nach § 1 ErbbauRG. Die vertraglichen Bestimmungen nach § 2 ErbbauRG treten neben den gesetzlichen Inhalt nach § 1 ErbbauRG.[390] Dennoch besteht kein Automatismus[391] dahingehend, dass solche Vereinbarungen zum Inhalt des Erbbaurechts erklären werden müssen. Vielmehr ist es in das Belieben der Beteiligten gestellt, dem gesetzlichen Inhalt des Erbbaurechts nach § 1 ErbbauRG weitere vertragliche Bestimmungen zur Seite zu stellen, die dem gegenseitigen Interessenausgleich dienen. Vereinbarungen nach § 2 ErbbauRG bedürfen keiner weiteren Übernahme durch den Erwerber.[392]

Mit Hilfe der **Verweisung gemäß § 13a BeurkG** können auch Vereinbarungen anderer Urkunden zum Inhalt des Erbbaurechts werden.[393] Einer entsprechenden Inkorporation steht nicht entgegen, dass die in der Referenzurkunde enthaltenen Anträge in einem anderen Eintragungsverfahren zurückgewiesen wurden.[394] Inhaltliche Fragen bleiben insoweit außer Betracht und sind nicht Gegenstand des Verfahrens, gerichtet auf Eintragung des Erbbaurechts. Erforderlich ist hingegen, dass die Referenzurkunde nach den Formvorschriften der §§ 6 ff. BeurkG errichtet worden ist.[395] Einer Verweisung steht schließlich nicht entgegen,

386 Vgl. hierzu *Glaß/Scheidt*, § 2 Anm. II 2; *Räfle*, § 2 Rn 1.
387 *Glaß/Scheidt*, a.a.O.
388 „Keine genügende Sicherheit für die Durchführung der Vereinbarungen", so *Glaß/Scheidt*, § 2 Anm. II 2 a; dies sei umso misslicher, als die Vertragsteile „auf lange Zeit – in der Regel auf einige Menschenalter – aneinandergekettet" seien, so der martialische Vergleich in der historischen Literatur.
389 *Glaß/Scheidt*, a.a.O.; *Räfle*, § 2 Rn 2; BGH NJW 1954, 1443, 1444.
390 OLG München, Beschl. v. 19.1.2015, Az. 34 Wx 283/12 = JurionRS 2015, 12110.
391 Vgl. bereits *Glaß/Scheidt*, a.a.O.; Ingenstau/Hustedt/*Hustedt*, § 2 Rn 7.
392 Ingenstau/Hustedt/*Hustedt*, § 2 Rn 2.
393 OLG Braunschweig, Beschl. v. 15.7.2019, Az. 1 W 12/19 = FGPrax 2019, 231.
394 OLG Braunschweig a.a.O.
395 OLG Braunschweig a.a.O.

dass die Beteiligten der Referenz- und der Erbbaurechtsurkunde verschieden sind.[396] Denn Gegenstand der Verweisung ist lediglich der Text der Bezugsurkunde.

Außergerichtliche Konfliktbearbeitung[397] versprechen die allgemeinen **Schlichtungsklauseln**, die eine Vermittlung durch den **Schlichtungs- und Schiedsgerichtshof Deutscher Notare (SGH)** vorsehen.[398] Damit steht eine neutrale Institution bereit, die auf Antrag tätig werden kann, um den Konflikt zu lösen.[399] In den folgenden Beispielen finden sich die **Musterklauseln**[400] für notarielle Verträge wieder, die auf eine Schlichtung durch den SGH verweisen.

Den **Beteiligten** obliegt es, im Erbbaurechtsvertrag **klarzustellen**, welche Regelungen **dinglich** oder welche nur **schuldrechtlich** gelten sollen. Dies ist nicht Aufgabe des Grundbuchamtes.[401] Die **Empfehlung** geht dahin, im Erbbaurechtsvertrag eine klare und unmissverständliche Abgrenzung dinglicher und schuldrechtlicher Regelungen vorzunehmen und dies explizit im Erbbaurechtsvertrag festzuhalten.[402] Schuldrechtliche Regelungen des Erbbaurechtsvertrages kann und darf das Grundbuchamt nicht prüfen.[403]

II. Vertragliche Bestimmungen über die Errichtung, Instandhaltung und Verwendung des Bauwerks, § 2 Nr. 1 ErbbauRG

Weil bereits die Legaldefinition des Erbbaurechts in § 1 Abs. 1 ErbbauRG an das Recht anknüpft, auf oder unter der Oberfläche des Grundstücks ein Bauwerk zu haben, richtet sich der Fokus auf die weitere inhaltliche Ausgestaltung des Bauwerks.[404] Nach § 2 Nr. 1 ErbbauRG können Vereinbarungen über die Errichtung, die Instandhaltung und die Verwendung des **Bauwerks** zum vertragsmäßigen Inhalt des Erbbaurechts getroffen werden. **47**

1. Errichtung des Bauwerks

Die Gefahr eines *gegenstandslosen* Rechts, eines Erbbaurechts ohne Bauwerk, dürfte in Zeiten knappen Wohnraums nicht besonders ausgeprägt sein. Dennoch liegt es im ele- **48**

396 OLG Braunschweig a.a.O.
397 *Schmitz-Vornmoor*, notar 2019, 188.
398 Zu den einzelnen Klauseln *Schmitz-Vornmoor*, notar 2019, 188.
399 Zum Prozedere *Schmitz-Vornmoor*, notar 2019, 188, 190.
400 *Schmitz-Vornmoor*, notar 2019, 188, 191 ff., unterschieden wird zwischen nicht bindenden, erweiterten und rechtsverbindlichen Schlichtungsklauseln.
401 Lemke/*Czub*, § 2 Rn 3.
402 Wie hier *Schneider/Grau*, BWNotZ 2021, 366, Trennung durch verschiedene Abschnitte.
403 Ein grundbuchamtliches Prüfungsrecht besteht nicht, Staudinger/*Rapp*, § 14 Rn 12.
404 *Räfle*, § 2 Rn 7.

mentaren Interesse[405] des Grundstückseigentümers und des Erbbauberechtigten, Vereinbarungen über die **Errichtung des Bauwerks** zu treffen. Schließlich konkretisieren sich darin die Primärvorstellungen der Beteiligten, die sie dazu brachten, den Erbbaurechtsvertrag abzuschließen.[406]

Dementsprechend wird dem Erbbauberechtigten regelmäßig die **Pflicht** auferlegt, das **Bauwerk zu errichten**.[407] Es können Vereinbarungen

- über die Größe[408] und die Art[409] des Bauwerks getroffen werden, etwa über die Anzahl der zulässigen Stockwerke,[410] die Anzahl der Zimmer[411] und Etagen[412]
- die Typisierung des Bauwerks (Einfamilienhaus[413] oder Mehrfamilienhaus; Stein- oder Holzbauten[414])
- die Verwendung nachhaltiger Baustoffe[415]
- die Ausführung des Bauwerks,[416] etwa die Versiegelung oder Nichtversiegelung des Bodens,[417] die Begrünung der Fassade, die Aufbereitung von Regenwasser, der Einsatz ökologischer Baustoffe, die energetische Qualität des Bauwerks,[418] der Einsatz von Recyclingbeton,[419] die Klimaneutralität des Bauwerks, der Einsatz von LED-Leuchtkörpern, das barrierefreie Bauen[420]

405 *Winkler*, NJW 1992, 2514, 2519; ähnlich bereits *Glaß/Scheidt*, a.a.O. (wesentliches Element des Erbbaurechts).

406 Ingenstau/Hustedt/*Hustedt*, § 2 Nr. 2, sprechen insoweit von einer *Festigung* der Vertragsbeziehungen zwischen dem Grundstückseigentümer und dem Erbbauberechtigten.

407 Vgl. BGH, Urt. v. 19.1.2024, Az. V ZR 191/22 = ErbbauZ 2024, 48, 50 = BeckRS 2024, 408; *Grziwotz*, ErbbauZ 2022, 126, 128, 132; *Glaß/Scheidt*, § 2 Anm. II 2; im Erbbaurecht alten Typs konnte eine Bauverpflichtung nicht vereinbart werden; vgl. BGH, Urt. v. 28.9.1984, Az. V ZR 135/83 = NJW 1985, 1464; Staudinger/*Rapp*, § 2 Rn 12; LG Heidelberg, Urt. v. 22.1.2004, Az. 3 O 254/03 = NVwZ-RR 2004, 554; zur Bauverpflichtung vgl. auch Bamberger/Roth/*Maaß*, § 1 Rn 7.

408 So bereits *Glaß/Scheidt*, a.a.O.; *Räfle*, § 2 Rn 8.

409 Staudinger/*Rapp*, § 2 Rn 12.

410 Staudinger/*Rapp*, § 2 Rn 12; MüKo/*Weiß*, § 2 Rn 10; Nagel/*Swars*, § 2 Rn 33, 36.

411 *Glaß/Scheidt*, a.a.O.; Ingenstau/Hustedt/*Hustedt*, § 2 Rn 18; *Winkler/Schlögel*, § 4 Rn 42.

412 *Winkler/Schlögel*, § 4 Rn 42.

413 In der wohnungspolitischen Praxis stellen sich einige Kommunen gegen den Bau von Einfamilienhaussiedlungen, begründet wird dies mit dem Raumverbrauch und dem knappen Raumangebot, vgl. *Nagel/Merk/Schirmer*, ErbbauZ 2023, 162, 164.

414 *Krusenotto/Pätzold*, ErbbauZ 2024, 9, 14.

415 *Krusenotto/Pätzold*, ErbbauZ 2024, 9, 14; Nagel/*Swars*, § 2 Rn 33, 36.

416 *Grziwotz*, ErbbauZ 2022, 126, 128, 132: Verwendung einer Baufibel; zu den Maßgaben der Bauausführung vgl. auch Ingenstau/Hustedt/*Hustedt*, § 2 Rn 17; Nagel/*Swars*, § 2 Rn 33, 36.

417 *Novy-Huy*, ErbbauZ 2021, 102, 103.

418 *Grziwotz*, ErbbauZ 2022, 126, 128; Nagel/*Swars*, § 2 Rn 33, 36.

419 *Krusenotto/Pätzold*, ErbbauZ 2024, 9, 14.

420 *Grziwotz*, ErbbauZ 2022, 126, 128.

- ferner eine Zweckvereinbarung des Inhalts, das Wohnhaus nach Maßgabe des im Zeitpunkt der Erbbaurechtsbestellung gültigen Bebauungsplans zu errichten.[421]

Die Details können einzeln im Text aufgeführt werden, alternativ durch eine Bezugnahme auf die Baubeschreibung oder den Bauplan zum Gegenstand der Verpflichtung gemacht werden.[422]

Gleiches gilt für die angestrebte Klimaneutralität des Bauwerks. Die **Klima- bzw. Reduktionsziele einer bestimmten Umweltinitiative** können einzeln im Text aufgeführt oder durch Bezugnahme auf die der Erbbaurechtsbestellungsurkunde beigefügte Klimazielbeschreibung einer bestimmten Umweltinitiative zum Gegenstand der Verpflichtung gemacht werden. In der Praxis werden die Beteiligten regelmäßig darauf dringen, die Klima- und Reduktionsziele einzeln aufzulisten, um dem Thema das Gewicht zu verleihen, das sie ihm beimessen. Dem Bestimmtheitsgrundsatz kommen solche Überlegungen entgegen, weshalb ihnen im Raum der notariellen Beurkundung Raum gegeben werden kann, mag auch die Bezugnahme auf eine beigefügte Beschreibung den Anforderungen genügen. Zum üblichen Vertragsstandard zählen **Fristen**, innerhalb welcher das Bauwerk fertigzustellen ist.[423] Eine Bauwerkserrichtungsfrist von vier Jahren ist dabei nicht unangemessen.[424]

Die gegenläufige Pflicht, das Bauwerk wieder abzureißen, kann nach der **h.M.** nicht zum Inhalt des Erbbaurechts erklärt werden.[425] Die Regelung in § 2 Nr. 1 ErbbauRG liefert dafür keine Handhabe, zumal sich eine solche Verpflichtung im diametralen Gegensatz zur positiven Berechtigung des Erbbauberechtigten befindet, auf oder unter der Oberfläche des Grundstücks ein Bauwerk zu haben, § 1 Abs. 1 ErbbauRG. Die Regelung in § 2 Nr. 1 ErbbauRG erwähnt die „Verwendung" des Bauwerks, was den Fortbestand des Bauwerks impliziert.[426] Einer **Abrissverpflichtung** steht ferner § 34 ErbbauRG entgegen. Danach ist der Erbbauberechtigte nicht berechtigt, beim Heimfall oder beim Erlöschen des Erbbaurechts das Bauwerk wegzunehmen. Aus dem Ausschluss des Wegnahmerechts ergibt sich, dass auch eine Abrissverpflichtung nicht dinglich vereinbart werden kann.[427] In der Konsequenz kann eine Abrissverpflichtung **nur schuldrechtlicher Inhalt** des Erb- 49

421 BGH, Urt. v. 28.9.1984, Az. V ZR 135/83 = NJW 1985, 1464.

422 *Winkler/Schlögel,* § 4 Rn 42.

423 BGH, Urt. v. 16.6.1972, Az. V ZR 93/70 = NJW 1972, 1464; BGH, Urt. v. 19.1.2024, Az. V ZR 191/22 = ErbbauZ 2024, 48, 50 = BeckRS 2024, 408; *Räfle*, a.a.O.; LG Heidelberg, Urt. v. 22.1.2004, Az. 3 O 254/03 = NVwZ-RR 2004, 554; MüKo/*Weiß*, § 2 Rn 9.

424 BGH, Urt. v. 19.1.2024, Az. V ZR 191/22 = ErbbauZ 2024, 48, 50 = BeckRS 2024, 408.

425 LG Wuppertal, Beschl. v. 28.2.2006, Az. 6 T 110/06 = BeckRS 2007, 02844; LG Düsseldorf MittRhNotK 1987, 129; Ingenstau/Hustedt/*Hustedt*, § 2 Rn 21; *Schmenger*, BWNotZ 2006, 73, 86; Bamberger/Roth/*Maaß*, § 2 Rn 4; MüKo/*Weiß*, § 2 Rn 11.

426 LG Wuppertal, a.a.O. Vgl. hierzu auch Ingenstau/Hustedt/*Hustedt*, § 2 Rn 21; *Schmenger*, BWNotZ 2006, 73, 86; Bamberger/Roth/*Maaß*, § 2 Rn 4; MüKo/*Weiß*, § 2 Rn 11.

427 LG Wuppertal, a.a.O.; *Schmenger*, a.a.O; *Schneider/Grau*, BWNotZ 2021, 366.

baurechts sein.[428] In **Teilen der Literatur**[429] stößt diese Ansicht auf **Ablehnung**, danach könne auch eine Abrissverpflichtung dinglicher Inhalt des Erbbaurechts werden, da § 34 ErbbauRG abdingbar sei.[430] Sollten die Vertragsbeteiligten auf der dinglichen Ausgestaltung bestehen, wird eine obergerichtliche Klärung notwendig. Die Beteiligten sind auf die Rechtsunsicherheit hinzuweisen.

Ohne **Sanktionskatalog** bliebe die Verpflichtung wirkungslos, weshalb im Rahmen des § 2 Nr. 1 ErbbauRG Regelungen darüber üblich sind, wie sich Verstöße gegen die Bauerrichtungspflicht auswirken.[431] Anwendungsfälle sind beispielsweise ein verzögerter Baubeginn oder ein nicht fristgerechter Abschluss der Bebauungsarbeiten. Die Empfehlung geht dahin, bei Verstoß gegen die Bebauungspflicht einen Heimfallanspruch vorzusehen,[432] § 2 Nr. 4 ErbbauRG, weil elementarste Interessen der Beteiligten tangiert sind. Üblich und zulässig sind weiterhin Vertragsstrafen.

50 Ältere Erbbaurechtsverträge sahen überdies die Verpflichtung vor, das Bauwerk nach bestimmten Plänen herzustellen, bzw. die Verpflichtung des Erbbauberechtigten, die **Baupläne dem Grundstückseigentümer vorzulegen**.[433] Neuere Verträge sehen solche Bestimmungen nicht bzw. kaum mehr vor, da sie mit einer nicht unerheblichen Unsicherheit einhergehen, die sich zu Lasten des Erbbauberechtigten auswirkt. Etwaige Finanzierungsgläubiger sehen sich in gleicher Weise ungern einem vabanque-Spiel ausgesetzt, mag auch die Eintragung des Erbbaurechts bereits vor der Genehmigung des Grundstückseigentümers zulässig sein.[434]

Als unzulässig erweist sich hingegen die **Bindung an einen bestimmten Architekten**,[435] vgl. Art. 10 § 3 MRVG.[436]

51 **Bauliche Veränderungen** eines bereits errichteten Bauwerks betreffen ebenfalls die Errichtung des Bauwerks,[437] sodass der Raum für entsprechende Vereinbarungen eröffnet

428 LG Düsseldorf MittRhNotK 1987, 129; *Schmenger*, BWNotZ 2006, 73, 86.

429 Vgl. Nagel/*Swars*, § 2 Rn 41.

430 Nagel/*Swars*, § 2 Rn 41.

431 Vgl. BGH, Urt. v. 19.1.2024, Az. V ZR 191/22 = ErbbauZ 2024, 48, 50 = BeckRS 2024, 408; *Winkler*, NJW 1992, 2514, 2519.

432 Ingenstau/Hustedt/*Hustedt*, § 2 Rn 16; BGH, Urt. v. 16.6.1972, Az. V ZR 93/70 = NJW 1972, 1464; LG Heidelberg, Urt. v. 22.1.2004, Az. 3 O 254/03 = NVwZ-RR 2004, 554; ebenso *Nagel/Merk/Schirmer*, ErbbauZ 2023, 162, 165.

433 Vgl. *Glaß/Scheidt*, § 2 Anm. II 2.

434 *Glaß/Scheidt*, a.a.O.

435 BGH NJW 1982, 2190 – 2192 = JurionRS 1982, 12682= Art. 10 § 3 des Gesetzes zur Verbesserung des Mietrechts und zur Begrenzung des Mietanstiegs sowie zur Regelung von Ingenieur- und Architektenleistungen (MRVG); *Räfle*, § 2 Rn 8; Ingenstau/Hustedt/*Hustedt*, § 2 Rn 20; *Böttcher*, Rn 154; gegen Zulässigkeit auch Nagel/*Swars*, § 2 Rn 34.

436 MRVG = Gesetz zur Verbesserung des Mietrechts und zur Begrenzung des Mietanstiegs sowie zur Regelung von Ingenieur- und Architektenleistungen.

437 So bereits *Glaß/Scheidt*, § 2 Anm. II 2 b; Ingenstau/Hustedt/*Hustedt*, § 2 Rn 19.

ist, beispielsweise für die Verpflichtung, zur baulichen Veränderung des Bauwerks die **Zustimmung des Grundstückseigentümers** einzuholen.[438] In gleicher Weise können der Abbruch[439] oder die weitere Errichtung von Bauwerken an die vorherige Zustimmung des Grundstückseigentümers geknüpft werden.[440]

Ohne Infrastruktur lässt sich ein Bauwerk nicht realisieren, weshalb im Regelungsrahmen des § 2 Nr. 1 ErbbauRG Bestimmungen über die **Erschließung** des Erbbaugrundstücks zu treffen sind.[441] Die Errichtung eines Bauwerks impliziert die Errichtung notwendiger Erschließungsanlagen.[442] Da es dem Erbbauberechtigten obliegt, das Bauwerk zu errichten, wird ihm regelmäßig die Pflicht auferlegt, die notwendigen Erschließungsmaßnahmen zu treffen.[443]

Formulierungsbeispiel: Errichtung eines Bauwerks; bauliche Veränderungen 52

Der Erbbauberechtigte verpflichtet sich, das Bauwerk auf eigene Kosten unter Beachtung aller öffentlich-rechtlichen Vorschriften und unter Verwendung guter und dauerhafter Baustoffe zu errichten. Der Erbbauberechtigte verpflichtet sich, das Bauwerk bis zum ... bezugsfertig zu errichten. Dabei sind die allgemein anerkannten Regeln der Baukunst und die einschlägigen DIN-Vorschriften zu beachten. Während der Bauphase ist der Grundstückseigentümer berechtigt, die Baustelle nach vorheriger Anmeldung auf eigene Gefahr in Augenschein zu nehmen. Der Baugenehmigungsantrag bedarf der Zustimmung des Grundstückseigentümers. Nach Baugenehmigung sind dem Grundstückseigentümer die der Bauausführung zugrunde liegenden Baupläne mit Baubeschreibung und Baugenehmigung jeweils in Kopie zu übergeben. Der Grundstückseigentümer kann die Übertragung des Erbbaurechts auf sich oder einen von ihm benannten Dritten auf Kosten des Erbbauberechtigten als Heimfall verlangen, sofern der Erbbauberechtigte gegen die Bebauungsverpflichtung verstößt. Statt den Heimfall geltend zu machen, kann der Grundstückseigentümer nach vorheriger Abmahnung die Zahlung einer Vertragsstrafe verlangen. Die Vertragsstrafe beläuft sich auf ... % der Erbbauzinsen, bezogen auf die Dauer des Vertragsverstoßes. Eine

438 *Räfle*, § 2 Rn 8; Bamberger/Roth/*Maaß*, § 2 Rn 5; OLG Saarbrücken, Beschl. v. 12.2.2020, Az. 5 W 83/19 = FGPrax 2020, 171 = BeckRS 2020, 3169 = notar 2021, 26 mit Anmerkung *Ott*.

439 OLG Saarbrücken, Beschl. v. 12.2.2020, Az. 5 W 83/19 = FGPrax 2020, 171 = BeckRS 2020, 3169 = notar 2021, 26 mit Anmerkung *Ott*.

440 Vgl. *Winkler/Schlögel*, § 4 Rn 43; die Zustimmung ist nach den Grundsätzen von Treu und Glauben zu erteilen, BGH WM 1986, 1093.

441 Erschließung als „Teil und Voraussetzung einer Bebauung", vgl. *Winkler/Schlögel*, § 4 Rn 46; Bamberger/Roth/*Maaß*, § 2 Rn 5; Staudinger/*Rapp*, § 2 Rn 12.

442 *Räfle*, § 2 Rn 8; Staudinger/*Rapp*, § 2 Rn 12, Vornahme und Unterhaltung der Erschließungsanlagen als Teil der Baumaßnahmen.

443 *Winkler/Schlögel*, § 4 Rn 46; Bamberger/Roth/*Maaß*, § 2 Rn 5.

Vertragsstrafe soll jedoch nicht verlangt werden, sofern den Erbbauberechtigten kein Verschulden trifft.

Alternativ:

Der Erbbauberechtigte verpflichtet sich, im Rahmen der Errichtung des Bauwerks und im Rahmen baulicher Veränderungen des Bauwerks umweltfreundliche, ressourcenschonende und gesundheitsfördernde Materialien zu verwenden. Soweit möglich, soll die Beschaffung der Materialien regional erfolgen, um durch kürzere Transportwege klimaschädliche Treibhausgasemissionen einzusparen. Den Regionalitätsradius bestimmen die Beteiligten wie folgt: Der Erbbauberechtigte verpflichtet sich, bei der Auswahl der Baumaterialien auf die Recycelbarkeit, die Langlebigkeit und die Möglichkeit zur Erneuerung zu achten. Klimaschädliche Materialien sind zu vermeiden, möglichst hohe ökologische Standards sind einzuhalten, soweit dies wirtschaftlich zumutbar ist. Zu den geforderten Standards zählen Umweltsiegel, UN-Leitprinzipien für Wirtschaft und Menschenrechte und die OECD-Leitsätze für multinationale Unternehmen.

2. Instandhaltung des Bauwerks

53 Die Regelung in § 2 Nr. 1 ErbbauRG eröffnet die Möglichkeit, Vereinbarungen über die **Instandhaltung des *Bauwerks***[444] zum Inhalt des Erbbaurechts zu erklären, womit vor allem die Interessen des Grundstückseigentümers und der Gläubiger von Verwertungsrechten am Erbbaurecht Berücksichtigung finden.[445] Der Grundstückseigentümer verfolgt mit den Regelungen zur Instandhaltung des Bauwerks einerseits sein primäres Vergabeinteresse, das den Ausschlag zur Bestellung des Erbbaurechts gab, andererseits sein Interesse am Erhalt des Bauwerks.[446] Erlischt das Erbbaurecht, geht das Bauwerk in das Eigentum des Grundstückseigentümers über, § 12 Abs. 3 ErbbauRG. Es liegt im Interesse des Grundstückseigentümers, das Bauwerk nicht im abgewirtschafteten, sondern in gutem Allgemeinzustand zu erhalten.[447] Ebenso liegt es im Interesse der Gläubiger von Verwertungsrechten, die am Erbbaurecht eingetragen sind, den Wert des Belastungsobjekts nicht im Sinkflug zu sehen. Die Instandhaltungspflicht stärkt die Beleihungsfähigkeit des Erbbaurechts und leistet einen Beitrag zur positiven Entwicklung von Baugebieten, da der Entstehung problematischer Wohngegenden bzw. abstürzender Wirtschaftszonen ent-

444 Nicht dagegen als dinglicher Inhalt des Erbbaurechtsvertrages möglich: die Instandhaltungspflicht des Erbbauberechtigten hinsichtlich des Grundstücks, vgl. auch *Schneider/Grau*, BWNotZ 2021, 366. Insoweit kann nur eine schuldrechtliche Vereinbarung getroffen werden, Grund ist der Wortlaut des § 2 Nr. 1 ErbbauRG.

445 Von „weittragender wirtschaftlicher Bedeutung“ spricht bereits die historische Literatur, vgl. *Glaß/Scheidt*, § 2 Anm. II 2 b bb.

446 Vgl. bereits *Glaß/Scheidt*, § 2 Anm. II 2.

447 *Glaß/Scheidt*, a.a.O.

gegengewirkt wird.[448] Schließlich kann auch dem Erbbauberechtigten im Hinblick auf § 27 ErbbauRG ein Eigeninteresse an der Instandhaltung nicht abgesprochen werden.[449] Erlischt das Erbbaurecht durch Zeitablauf, erhält der Erbbauberechtigte für das Bauwerk eine Entschädigung, deren Höhe vertraglich geregelt werden kann, § 27 Abs. 1 ErbbauRG.[450] Mit der Verpflichtung zur Instandhaltung wird ein Dauerschuldverhältnis[451] gegenüber dem Grundstückseigentümer begründet, woraus sich Ansprüche auf Mängelbeseitigung ergeben können,[452] die der Verjährung unterliegen.[453] Zur **Abwendungsbefugnis** vgl. § 12 Rdn 35, sie kann durch **Individualvertrag** ganz oder teilweise abbedungen werden, jedoch nicht durch Allgemeine Geschäftsbedingungen.[454] Eine formularmäßige Abbedingung hält dem gesetzlichen Leitbild des § 27 Abs. 3 ErbbauRG nicht stand.

Ihren Ausdruck findet die Instandhaltungspflicht des Bauwerks in Vereinbarungen über die regelmäßige Renovierung des Bauwerks, die „Beseitigung von Mängeln jeder Art“,[455] etwa Brand- und sonstiger Schäden,[456] die Tragung laufender und außergewöhnlicher Unterhaltungs- und Instandsetzungskosten[457] sowie die Notwendigkeit von Erneuerungen.[458]

Ob die Instandhaltungspflicht dinglich durch ein **Besichtigungsrecht** des Grundstückseigentümers verstärkt werden kann, wird größtenteils bejaht,[459] sodass keine Notwendigkeit besteht, eine Grunddienstbarkeit zu bestellen. Das Besichtigungsrecht ergibt sich aus den Regelungen über die Instandhaltung des Erbbaurechts.[460]

448 Die historische Literatur erwähnt in diesem Kontext das englische Erbbaurecht, „*wo die aufgrund der building lease errichteten Gebäude häufig gegen Ende der lease immer mehr verfallen und zur Entstehung der berüchtigten slums führen*“, so *Glaß/Scheidt* a.a.O.; zur Instandhaltungspflicht als Regelung, die den Verfall von Bauwerken verhindern soll, vgl. auch Lemke/*Czub*, § 2 Rn 10.

449 Vgl. bereits *Glaß/Scheidt*, § 2 Anm. II 2 b bb; ebenso Staudinger/*Rapp*, § 2 Rn 13, Instandhaltungspflicht als „mittelbarer Anreiz für den Erbbauberechtigten“.

450 Vgl. beispielsweise das Erbbaurechtsmodell der Stadt Freiburg im Breisgau, Ein- und Zweifamilienhäuser, der Erbbauberechtigte erhält 90 Prozent des Verkehrswertes, also deutlich mehr als den gesetzlichen Wert von 2/3 des Verkehrswertes des Bauwerks.

451 Vgl. OLG Schleswig, Urt. v. 25.1.2024, Az. 2 U 38/22 = ErbbauZ 2024, 118.

452 OLG Schleswig, Urt. v. 25.1.2024, Az. 2 U 38/22 = ErbbauZ 2024, 118, 123.

453 OLG Schleswig, Urt. v. 25.1.2024, Az. 2 U 38/22 = ErbbauZ 2024, 118.

454 BGH, Urt. v. 23.11.2018, Az. V ZR 33/18 = ZfIR 2019, 489 = DNotI-Report 2019, 94 = NJW 2019, 9 = MDR 2019, 606 = ErbbauZ 2023, 176.

455 *Glaß/Scheidt*, a.a.O.

456 *Räfle*, § 2 Rn 9.

457 *Winkler*, NJW 1992, 2514, 2519; Ingenstau/Hustedt/*Hustedt*, § 2 Rn 25.

458 *Glaß/Scheidt*, a.a.O., *Räfle*, § 2 Rn 9.

459 LG Regensburg, Beschl. v. 4.3.1991, Az. 5 T 18/91 = Rpfleger 1991, 363 = LSK 1992, 090056; LG Lüneburg MDR 1955, 36; LG Braunschweig, Beschl. v. 14.9.1983, Az. 8 T 477/83 = ZevKR 30, 234; Bamberger/Roth/*Maaß*, § 2 Rn 6; *Winkler*, NJW 1992, 2514, 2519;kritisch Spiegelberger/Schallmoser/*Rapp*, Rn 5.32, der aber die Notwendigkeit verneint, schließlich könne der Grundstückseigentümer eine Besichtigung auch ohne besondere Abrede vornehmen; **a.A.** *Räfle*, § 2 Rn 11, der für die Bestellung einer Grunddienstbarkeit plädiert.

460 So nun auch Ingenstau/Hustedt/*Hustedt*, § 2 Rn 26, unter Aufgabe der bis zur 8. Auflage vertretenen Gegenmeinung.

54 *Formulierungsbeispiel: Besichtigungsrecht*

Der Grundstückseigentümer ist berechtigt, das Erbbaugrundstück und die Bauwerke zu jeder angemessenen Tageszeit selbst oder durch Beauftragte besichtigen und auf ihren baulichen Zustand und ihre vertragsgemäße Verwendung zu prüfen.

Alternativ:

Der Grundstückseigentümer ist berechtigt, das Erbbaugrundstück und das Bauwerk jährlich nach vorheriger Terminsbestimmung zu jeder angemessenen Tageszeit selbst oder durch Beauftragte zu besichtigen und auf ihren baulichen Zustand und die vertragsgemäße Verwendung zu prüfen bzw. prüfen zu lassen. Scheitert eine vorherige Terminsbestimmung, kann der Grundstückseigentümer das Erbbaugrundstück und die Bauwerke zur angemessenen Tageszeit nach schriftlicher Vorankündigung von vierzehn Tagen besichtigen bzw. besichtigen lassen.

Alternativ:

Der Grundstückseigentümer ist jährlich nach vorheriger Absprache berechtigt, das Erbbaugrundstück und die Bauwerke zu besichtigten oder durch Beauftragte besichtigen und auf ihren baulichen Zustand und ihre vertragsgemäße Verwendung prüfen zu lassen. Ergeben sich berechtigte Beanstandungen, ist der Grundstückseigentümer so lange zu mehrfacher Besichtigung berechtigt, bis der Mangel behoben ist oder die Mängel bzw. die vertragswidrige Verwendung behoben sind.

55 *Formulierungsbeispiel: Instandhaltung des Bauwerks*

Der Erbbauberechtigte ist verpflichtet, die von ihm errichteten bzw. bei Vertragsabschluss bereits vorhandenen Bauwerke einschließlich Außenanlagen und besonderer Betriebseinrichtung in gutem und zweckentsprechendem Zustand zu halten und die erforderlichen Reparaturen und Erneuerungen unverzüglich auf eigene Kosten vorzunehmen. Der Grundstückseigentümer ist berechtigt, das Erbbaugrundstück und die Bauwerke zu jeder angemessenen Tageszeit selbst zu besichtigen oder durch Beauftragte besichtigen zu lassen, um den baulichen Zustand und die vertragsgemäße Verwendung des Bauwerks zu überprüfen. Bei Beanstandungen steht dem Grundstückseigentümer das Besichtigungsrecht so lange zu, bis die Mängel behoben bzw. die vertragsgemäße Verwendung des Bauwerks wiederhergestellt ist. Falls der Erbbauberechtigte der Instandhaltungspflicht trotz Aufforderung innerhalb angemessener Frist nicht oder nur ungenügend nachkommt, ist der Grundstückseigentümer berechtigt, die Arbeiten auf Kosten des Erbbauberechtigten vornehmen zu lassen.

3. Verwendung des Bauwerks

In den Vereinbarungen über die Verwendung des Bauwerks kristallisieren sich die **Zielvorstellungen**[461] des Grundstückseigentümers, seien sie wirtschaftlicher, sozialer, ökologischer[462] oder ideeller Natur.[463] Der Grundstückseigentümer sieht sich in die Lage versetzt, seinen Kontrolleinfluss[464] auf das Bauwerk zu sichern und die Bauwerksverwendung in die gewünschten Bahnen zu lenken, dem Erbbaurecht demnach seinen Stempel aufzudrücken. Die Rechtsprechung[465] sieht in der Verwendungsbestimmung den „zentrale(n) Zweck für die Bestellung des Erbbaurechts". Um die Verwendungshoheit über das Bauwerk zu sichern, empfiehlt es sich, die **Änderung des Verwendungszwecks** an die **vorherige Zustimmung des Grundstückseigentümers** zu knüpfen.[466] 56

Getroffen werden können **Verwendungsvereinbarungen mit sozialen Zielvorstellungen**,[467] etwa:

- die Vergabe nur an kinderreiche Familien[468]
- die Nutzung nur durch Sportvereine oder zu lediglich karitativen Zwecken[469]
- die Vermietung nur zu einem bestimmten Mietpreis (Mietpreisbindung),[470] etwa nur für Haushalte mit mittlerem Einkommen, welches eine bestimmte Einkommensgrenze der staatlichen Wohnbauförderung nicht überschreitet,[471] oder an Familien mit Kindern[472]
- die generelle Verpflichtung zur Vermietung, die mit dem Ausschluss der Eigennutzung einhergeht[473]
- das Verbot gewerblicher Nutzung[474]

461 *Räfle*, § 2 Rn 12; *Winkler*, NJW 1992, 2514, 2519; MüKo/*Weiß*, § 2 Rn 17.
462 Zur Regelungsmöglichkeit des Bauwerksenergieverbrauchs vgl. Nagel/*Swars*, § 2 Rn 33, 36.
463 Vgl. auch *Wolffskeel v. Reichenberg*, MittBayNot 2021, 219, 220; Nagel/*Swars*, § 2 Rn 62.
464 *Glaß/Scheidt*, § 2 Anm. II 2 b cc.
465 OLG Schleswig, Urt. v. 5.6.2014, Az. 2 U 2/14 = BeckRS 2014, 12046 = NJOZ 2014, 1299.
466 OLG Saarbrücken, Beschl. v. 12.2.2020, Az. 5 W 83/19 = notar 2021, 26 = FGPrax 2020, 171; zustimmend auch *Wolffskeel v. Reichenberg*, MittBayNot 2021, 219.
467 OLG Schleswig, Urt. v. 5.6.2014, Az. 2 U 2/14 = BeckRS 2014, 12046 = NJOZ 2014, 1299; MüKo/*Weiß*, § 2 Rn 17; Nagel/*Swars*, § 2 Rn 51.
468 Staudinger/*Rapp*, § 2 Rn 14.
469 Ingenstau/Hustedt/*Hustedt*, § 2 Rn 31.
470 *Glaß/Scheidt*, § 2 Anm. II 2 b cc, auch nach 100 Jahren noch aktuell, die Mietpreisbindung: „Bestimmungen über die Festsetzung der Mietpreise und eine Verpflichtung, die Mietpreise in gewissen Grenzen zu halten"; vgl. *Winkler*, NJW 1992, 2514, 2519; *Räfle*, § 2 Rn 12; Bamberger/Roth/*Maaß*, § 2 Rn 7; *Grziwotz*, ErbbauZ 2022, 126, 131, 132.
471 *Grziwotz*, ErbbauZ 2022, 126, 132.
472 *Grziwotz*, ErbbauZ 2022, 126, 131, 132, dabei können auch alleinerziehende Personen oder Schwangerschaften Berücksichtigung finden.
473 *Grziwotz*, ErbbauZ 2022, 126, 131.
474 Bamberger/Roth/*Maaß*, § 2 Rn 7.

- einen begrenzten oder dauerhaften Vermietungsausschluss für das Bauwerk des Erbbaurechts,[475] beispielsweise im Rahmen von Einheimischenmodellen[476]
- die Deckung des Wohnbedarfs von Bevölkerungsgruppen mit besonderen Wohnversorgungsproblemen[477]
- die Deckung des Wohnbedarfs der ortsansässigen Bevölkerung[478]
- oder nur an bestimmte Personenkreise.[479]

57 Mit umfasst ist eine Nutzungsbeschränkung des Inhalts, dass das Bauwerk durch den Erbbauberechtigten als **Hauptwohnsitz** zu nutzen ist.[480] Dem Erbbauberechtigte wird damit untersagt, das Bauwerk anders als zum Wohnen für sich und seine Angehörigen zu verwenden, was als dinglicher Inhalt i.S.v. § 2 Nr. 1 ErbbauRG vereinbart werden kann.[481] Nichts anderes gilt für eine Verwendungsvereinbarung, das Bauwerk als Wohnhaus nach Maßgabe des im Bestellungszeitpunkt gültigen Bebauungsplans zu errichten.[482]

Denkbar sind überdies Vereinbarungen, die den Erbbauberechtigten dazu zwingen, Abreden in die **Mietverträge** aufzunehmen, die er mit Mietern des Erbbaurechts schließt.[483]

Ob eine **Zustimmungspflicht** des Grundstückseigentümers zur **Vermietung** und **Verpachtung** des Bauwerks zum dinglichen Inhalt des Erbbaurechts erklärt werden kann, ist **umstritten**. Überwiegend wird dies mit dem Hinweis auf den Wortlaut und den Sinn des § 2 Nr. 1 ErbbauRG verneint[484] und lediglich eine schuldrechtliche Wirkung zugestanden.[485] Der Begriff „Verwendung des Bauwerks" deute bereits darauf hin, dass nur die tatsächliche Nutzungsart des Bauwerks betroffen sein soll.[486] Das Zustimmungserfordernis zur Vermietung wird als wichtige „flankierende schuldrechtliche Vereinbarung"[487] erachtet. Eine andere Meinung[488] verweist auf den Normzweck des § 2

475 *Swars*, ErbbauZ 2023, 98, 103.
476 *Swars*, ErbbauZ 2023, 98.
477 Vgl. § 11 Abs. 1 Nr. 2 BauGB; *Schlögel*, ZfIR 2016, 175, 178.
478 Vgl. § 11 Abs. 1 Nr. 2 BauGB.
479 *Glaß/Scheidt*, § 2 Anm. II 2 b cc; *Räfle*, § 2 Rn 12.
480 OLG Schleswig, a.a.O.; Bamberger/Roth/*Maaß*, § 2 Rn 7.
481 OLG Schleswig, a.a.O.
482 BGH, Urt. v. 28.9.1984, Az. V ZR 135/83 = NJW 1985, 1464; dann kann auch eine Bebauung nach einem späteren Bebauungsplan zulässig sein, sofern der spätere Plan keine wesentlich andere Bebauung vorschreibt.
483 *Glaß/Scheidt*, a.a.O.; nicht aber eine generelle Zustimmungspflicht zum Abschluss von Mietverträgen, die nicht mehr von § 2 ErbbauRG gedeckt ist, Ingenstau/Hustedt/*Hustedt*, § 2 Rn 30.
484 BayObLG, Beschl. v. 25.10.2001, Az. 2Z BR 131/01 = NJW-RR 2002, 885; Spiegelberger/Schallmoser/*Rapp*, Rn 5.36; Ingenstau/Hustedt/*Hustedt*, § 2 Rn 30; DNotI-Report 2002, 45; *Schneider/Grau*, BWNotZ 2021, 366; Bamberger/Roth/*Maaß*, § 2 Rn 8; MüKo/*Weiß*, § 2 Rn 17; Nagel/*Swars*, § 2 Rn 58.
485 BayObLG a.a.O.; Staudinger/*Rapp*, § 2 Rn 14.
486 BayObLG a.a.O.; Bamberger/Roth/*Maaß*, § 2 Rn 8; Nagel/*Swars*, § 2 Rn 58.
487 OLG Schleswig, Urt. v. 5.6.2014, Az. 2 U 2/14 = NJOZ 2014, 1299, 1301.
488 LG Braunschweig, Beschl. v. 14.9.1983, Az. 8 T 477/83 = ZevKR 30, 234; *Böttcher*, Rn 166; ähnlich *Grziwotz*, ErbbauZ 2022, 126, 133, alternativ als Vereinbarung mit nur schuldrechtlicher Wirkung.

ErbbauRG, mit dem der soziale Zweck des Erbbaurechts gesichert werden soll, und hält eine Verdinglichung für zulässig.

In dieselbe Richtung zielen **Vereinbarungen über die Nutzungsart**[489] **des Bauwerks**, etwa: 58

- die Zulässigkeit einer Bauwerksnutzung nur zu **Wohnzwecken**
- oder die Zulässigkeit einer Nutzung zu ausschließlich **gewerblichen Zwecken**.

Getroffen werden können **Verwendungsvereinbarungen mit ökologischen Nachhaltigkeitszielen bzw. mit klimapolitischen Zielvorstellungen**,[490] etwa:

- die **energieoptimierte Bauwerksnutzung**, um den Energieverbrauch des Bauwerks zu reduzieren. Dabei können Regelungen zur **Installation intelligenter Messsysteme** vereinbart werden, etwa die Installation sog. Smart Meter, die zur Digitalisierung der Verbrauchsdaten beitragen. Im Rahmen der energieoptimierten Nutzung des Bauwerks bewegt sich auch eine Verpflichtung des Erbbauberechtigten, stets die **höchste energetische Energieeffizienzklasse** zu berücksichtigen, besonders energiesparende Leuchtmittel zu verwenden, entsprechende Elektrogeräte anzuschaffen und die Empfehlungen gängiger Umweltsiegel zu befolgen (Blauer Engel, EU-Ecolabel, EU-Energielabel). Zur Seite gestellt werden können Nutzungsbeschränkungen, die den **Energiebezug aus ausschließlich regenerativen Energiequellen** vorsehen, alternativ nur zu einem bestimmten Prozentsatz, sofern dies wirtschaftlich vertretbar ist. Welche Energiequellen in Betracht kommen, wird durch eine Aufzählung i.S.d. EEG (Erneuerbare-Energien-Gesetz) dargelegt, also Wasserkraft, solare Strahlungsenergie, Windkraft, Geothermie, Biomasse sowie weitere Energiequellen, die von einschlägigen Gesetzen als erneuerbar anerkannt werden.[491]
- die **wasserverbrauchsoptimierte Bauwerksnutzung**, etwa in Gestalt einer Verpflichtung, wassersparende Geräte und Armaturen einzusetzen, wassersparende Vorrichtungen zu verwenden oder eine bauwerksbezogene Wassermanagementstrategie zu befolgen, um den Trinkwasserverbrauch zu reduzieren bzw. die Nutzung alternativer Wasserquellen zu forcieren.[492]
- die **abfall- und recyclingoptimierte Bauwerksnutzung**, die mit einem bauwerksbezogenen Abfall- und Recyclingmanagement einhergeht, um den Abfallverbrauch zu reduzieren und die Recyclingquote zu optimieren. Dies kann auf Sanierungs- und Umbaumaßnahmen erstreckt werden, wobei sich der Erbbauberechtigte ver-

489 Staudinger/*Rapp*, § 2 Rn 14.

490 Vgl. hierzu *Hedemann*, Green Leases, S. 167 ff. Zur Regelung des Bauwerkenergieverbrauchs vgl. auch Nagel/*Swars*, § 2 Rn 33.

491 Vgl. *Hedemann*, Green Leases, S. 167–169.

492 *Hedemann*, Green Leases, S. 169 ff.

pflichtet, den Umfang nichtwiederverwendbarer Materialien zu reduzieren. Der im Bauwerk anfallende Abfall ist zu trennen und getrennt zu entsorgen.[493]

- die **Verwendung umweltfreundlicher, ressourcenschonender, gesundheitsfördernder Materialien im Rahmen baulicher Veränderungen**, die bestimmten Beschaffungs- und Gebäudevorgaben unterworfen werden können, die in der Erbbaurechtsbestellungsurkunde näher definiert und dargelegt werden.
- die **Verwendung des Bauwerks im Sinne einer in der Erbbaurechtsbestellungsurkunde definierten Biodiversitätsstrategie**, um dem regionalen Rückgang der Artenvielfalt zu begegnen. Im Rahmen einer solchen bauwerksbezogenen Biodiversitätsstrategie bewegen sich Vereinbarungen über die Anlage von Streuobstwiesen, die Anbringung von Nistkästen, die Errichtung von Gewächshäusern, die Begrünung der Fassade, die Errichtung eines Grün- oder eines Sumpfdaches mit hydrologischen Pflanzen, der Schutz heimischer Tierarten, die Zurückdrängung invasiver Pflanzenarten oder die Ansiedlung von Bienenvölkern.[494]
- die **Verwendung des Bauwerks im Sinne einer in der Erbbaurechtsbestellungsurkunde definierten Mobilitätsstrategie**, mit der die Elektromobilität des Bauwerks ausgebaut werden soll, um die Treibhausgasemissionen zu reduzieren und die Klimaneutralität des Verkehrssektors zu forcieren. Teil dieser bauwerksbezogenen Mobilitätsstrategie kann die Verpflichtung des Erbbauberechtigten sein, für die verstärkte Fahrradnutzung zu sorgen, Fahrradstellplätze zu errichten, Fahrrad- oder Carsharing-Möglichkeiten anzubieten, den Ausbau der Ladeinfrastruktur im Bauwerk zu unterstützen und die entsprechenden Energiekapazitäten im Bauwerk sicherzustellen.[495]
- eine **gesundheits- und wohlbefindensorientierte Bauwerksnutzung**, in deren Rahmen der Erbbauberechtigte sich verpflichtet, die Verwendung gesundheitsschädlicher Bestandteile zu unterlassen, etwa die Verwendung von Produkten mit toxischen Inhaltsstoffen (Phthalate, Formaldehyd, Biozide, Holzschutzmittel) oder die Verwendung von Weichmachern, stattdessen sind naturbelassene Materialien zum Einsatz zu bringen. Zur gesundheitsorientierten Bauwerksnutzung zählt die Vermeidung von Asbest oder von künstlichen Mineralfasern. Darüber hinaus kann sich der Erbbauberechtigte verpflichten, gesundheitsschädigende Störfaktoren zu vermeiden, etwa Schall, Straßenlärm, Staub-, Licht- oder Geruchsbelästigungen. Die Verwendungsvereinbarung kann auch den Ausschluss bestimmter Gewerbearten vorsehen.[496] Gerade

493 *Hedemann*, Green Leases, S. 171 ff.
494 *Hedemann*, Green Leases, S. 173.
495 *Hedemann*, Green Leases, S. 173 ff.
496 Lärmende oder „unsittliche“ Geschäfte; zum Verbot von Gastwirtschaften vgl. bereits *Glaß/Scheidt*, § 2 Anm. II 2 b cc.

Gewerbebetriebsbeschränkungen[497] schützen den Grundstückseigentümer davor, sich mit einer unliebsamen Nutzung konfrontiert zu sehen, die der städtebaulichen Entwicklung abträglich ist.[498]

Bei kirchlichen Erbbaurechtsausgebern findet sich in den Erbbaurechtsverträgen häufig die Regelung, dass im Rahmen der Bauwerksverwendung **kirchenfeindliche Aktivitäten**[499] zu unterlassen sind, was innerhalb des Rahmens des § 2 Nr. 1 ErbbauRG vereinbart werden kann.

Als zulässig erweist sich auch eine vertragliche Vereinbarung, die es dem Erbbauberech- 59
tigten untersagt, das Bauwerk anders als zum **Wohnen für sich und seine Angehörigen zu verwenden.**[500] Eine entsprechende Regelung bewegt sich im Rahmen des § 2 Nr. 1 ErbbauRG und kann mit dinglicher Wirkung ausgestaltet werden.[501]

Um die Verwendungshoheit über das Gebäude zu sichern, empfiehlt es sich, die **Änderung des vereinbarten Verwendungszwecks** an die **Zustimmung** des Grundstückseigentümers zu knüpfen.[502] Dann können bauliche Veränderungen[503] nur mit Einverständnis des Grundstückseigentümers realisiert werden. Zur Möglichkeit einer Klimaschutzklausel für bauliche Veränderungen vgl. Rdn 52. In der Rechtsprechung begegnet es keinen rechtlichen Bedenken, die **Zustimmungspflicht zu baulichen Veränderungen** zum dinglichen Inhalt des Erbbaurechts zu erklären.[504] Gleiches gilt für die Zustimmungspflicht zum Abbruch bestehender Gebäude,[505] auch diese kann dinglicher Inhalt des Erbbaurechts werden. Weiteren Nachdruck erhält die Zustimmungspflicht durch die Koppelung mit den Heimfall-

497 Zur Zulässigkeit von Gewerbebetriebsbeschränkungen vgl. *Räfle*, § 2 Rn 13.

498 OLG Schleswig, Urt. v. 5.6.2014, Az. 2 U 2/14 = BeckRS 2014, 12046, zur Einhaltung der Verwendungsbestimmung.

499 Vgl. OLG Braunschweig Rpfleger 1975, 399; Ingenstau/Hustedt/*Hustedt*, § 2 Rn 31; Staudinger/*Rapp*, § 2 Rn 21d; Nagel/*Swars*, § 2 Rn 50.

500 OLG Schleswig, Urt. v. 5.6.2014, Az. 2 U 2/14 = BeckRS 2014, 12046 = NJOZ 2014, 1299.

501 OLG Schleswig a.a.O.

502 Zur Zulässigkeit der Zustimmungspflicht s. BGH NJW 1984, 2213; *Räfle* a.a.O.; Ingenstau/Hustedt/*Hustedt*, § 2 Rn 37; OLG Saarbrücken, Beschl. v. 12.2.2020, Az. 5 W 83/19= BeckRS 2020, 3169 = FGPrax 2020, 171 = notar 2021, 26 mit Anmerkung *Ott*; zustimmend auch *Wolffskeel v. Reichenberg*, MittBayNot 2021, 219.

503 Vgl. zuletzt OLG Saarbrücken a.a.O.; Spiegelberger/Schallmoser/*Rapp*, Rn 5.33; ebenso bereits BayObLG, Beschl. v. 25.10.2001, Az. 2Z BR 131/01 = NJW-RR 2002, 885, 886; *Wolffskeel v. Reichenberg*, MittBayNot 2021, 219.

504 BayObLG, Beschl. v. 25.10.2001, Az. 2Z BR 131/01 = NJW-RR 2002, 885, 886; BayObLG, Beschl. v. 11.12.1986, Az. BReg. 3 Z 113/86 = NJW-RR 1987, 459, 460; OLG Saarbrücken, Beschl. v. 8.1.2020, Az. 5 W 83/19 = BeckRS 2020, 3169 = FGPrax 2020, 171 = notar 2021, 26 mit Anmerkung *Ott; Wolffskeel v. Reichenberg*, MittBayNot 2021, 219.

505 BayObLG, Beschl. v. 25.10.2001, Az. 2 Z BR 131/01 = NJW-RR 2002, 885, 886; eine Bezugnahme auf die Eintragungsbewilligung reicht aus, eine unmittelbare Eintragung ist nicht erforderlich.

regelungen, § 2 Nr. 4 ErbbauRG. So ist es zulässig, einen Verstoß gegen die Zustimmungspflicht mit einem Heimfallanspruch zu sanktionieren.[506]

Vereinbart werden können **Verwendungsbeschränkungen regelmäßig für die gesamte Dauer des Erbbaurechts**, was nicht als Verstoß gegen das Gebot angemessener Vertragsgestaltung gewertet werden kann,[507] mag auch der Zeitraum von 30 Jahren überschritten sein. **Temporäre Verwendungsbeschränkungen** kämen auch in Betracht,[508] also Beschränkungen nur für einen bestimmten Zeitraum des Erbbaurechts, in der Praxis werden sie jedoch nicht oder kaum gewählt, da sie unzureichend Schutz bieten. Während in städtebaulichen Verträgen Nutzungs- und Verfügungsbeschränkungen mit einer 30 Jahre übersteigenden Bindung als unverhältnismäßig angesehen werden,[509] sieht der **BGH**[510] Erbbaurechtsverträge in einem anderen Licht. Eine Verwendungsbeschränkung, die sich über die gesamte Dauer des Erbbaurechts erstreckt, steht nicht in einem unangemessenen Verhältnis zum Wert, den der Grundstückseigentümer erbringt, sondern dient der **legitimen Sicherung** des § 2 Nr. 1 ErbbauRG.[511] Eine Befristung liefe dem Zweck des Erbbaurechts zuwider[512] und würde den Grundstückseigentümer schutzlos stellen. Der Grundstückseigentümer muss jedoch in der Lage sein, seine Ziele über die gesamte Erbbaurechtsdauer hinweg zu verfolgen, nicht nur für einen Zeitraum, der weniger als ein Fünftel der regelmäßigen Erbbaurechtsdauer von 99 Jahren umfasst. Anderenfalls wären Erbbaurechte mit einer kürzeren Dauer die Folge, begleitet von stetig wiederkehrenden Verlängerungsvereinbarungen. Eine Verwendungsbeschränkung über die gesamte Dauer des Erbbaurechts hält auch einer Wirksamkeitskontrolle nach AGB stand.

60 *Formulierungsbeispiel Verwendung des Bauwerks*

Das Bauwerk ist ausschließlich zu Wohnzwecken zu nutzen. Die Ausübung eines Gewerbes jedweder Art ist nicht zulässig. Etwaige Ausnahmen bedürfen der vorherigen schriftlichen Zustimmung des Grundstückseigentümers.

Alternativ:

Der Erbbauberechtigte darf das Bauwerk nur zum Wohnen für sich und seine Angehörigen verwenden. Ausnahmen bedürfen der vorherigen schriftlichen Zustimmung des Grundstückseigentümers.

506 BGH Rpfleger 1984, 352; *Räfle*, § 2 Rn 14; Ingenstau/Hustedt/*Hustedt*, § 2 Rn 38; OLG Schleswig, Urt. v. 5.6.2014, Az. 2 U 2/14 = BeckRS 2014, 12046.

507 BGH, Urt. v. 26.6.2015, Az. V ZR 144/14 = DNotZ 2015, 761. Vgl. auch *Meusel*, ErbbauZ 2020, 12, 15; Staudinger/*Rapp*, § 2 Rn 14a.

508 Vgl. Nagel/*Swars*, § 2 Rn 52.

509 BGH NJW 2011, 515; BGH NJW-RR 2011, 1582; 20 Jahre können noch angemessen sein, BGH DNotZ 2011, 121.

510 BGH DNotZ 2015, 761, 764; *Böttcher*, ZNotP 2016, 42.

511 BGH a.a.O.; *Meusel*, ErbbauZ 2020, 12, 15.

512 BGH a.a.O.

Alternativ:

Der Erbbauberechtigte darf ein Werkstatt-, Büro- und Lagergebäude errichten, wie sie zur Durchführung von Instandsetzungen in der Kfz-Branche üblich sind.[513]

Alternativ:

Der Erbbauberechtigte ist berechtigt und verpflichtet, ein oder mehrere zu gewerblichen Zwecken dienende Gebäude mit Nebenanlagen (Tiefgarage, Garagen, Zufahrtswege, Stellplätze) zu errichten und dort zu belassen. Im Erdgeschoss der Bauwerke sind Einzelhandelsbetriebe aus dem … segment zulässig, in den Obergeschossen Büros und Notariate, in den Untergeschossen Kfz-Stellplätze und Lagerflächen und Technikräume. Eine Nutzungsänderung bedarf der vorherigen schriftlichen Zustimmung des Grundstückseigentümers.

Alternativ:

Der Erbbauberechtigte ist verpflichtet, das Bauwerk unter Ausschluss jeder anderen Verwendung wie folgt zu verwenden: Wohngebäude für den Erbbauberechtigten und die evtl. in seinem Haushalt lebenden Familienangehörigen und/oder Lebenspartner/in zu Dauerwohnzwecken (räumlicher Schwerpunkt der gesamten Lebensverhältnisse = Hauptwohnsitz im Sinne des Landesmeldegesetzes). Der Grundstückseigentümer bezweckt mit der Vergabe des Erbbaurechts die Deckung des Wohnbedarfs der ortsansässigen Bevölkerung, insbesondere von Bevölkerungsgruppen mit besonderen Wohnraumversorgungsproblemen. Dem Erbbauberechtigten ist bekannt, dass der Eigentümer ihm das Erbbaurecht nur zu dem vorstehenden Verwendungszweck einräumt. Er ist verpflichtet, das Bauwerk nur für diesen Zweck zu nutzen und diese Nutzung auf Verlangen jederzeit nachzuweisen.[514]

Alternativ:

Der Erbbauberechtigte ist berechtigt und verpflichtet, auf dem Erbbaugrundstück Hallen und Silos für die Lagerung, Behandlung und den Umschlag von Waren aller Art - mit den benötigten Büro-, Sozial- und Hallenflächen samt Außenanlagen zu errichten und betreiben.[515]

Alternativ:

Der Erbbauberechtigt ist berechtigt und verpflichtet, auf dem Erbbaugrundstück zum Zweck des eigenen oder fremden Geschäftsbetriebs Lager- und Verkaufshallen und Werkstätten mit üblichen Nebenanlagen zu errichten.[516]

513 BGH, Urt. v. 16.6.1972, Az. V ZR 93/70 = NJW 1972, 1464.

514 So die Fallkonstellation lt. OLG Schleswig, Urt. v. 5.6.2014, Az. 2 U 2/14 = NJOZ 2014, 1299.

515 OLG Nürnberg, Beschl. v. 20.9.2013, Az. 15 W 1465/13 = FGPrax 2014, 16.

516 OLG München, Beschl. v. 19.1.2015, Az. 34 Wx 283/12 = JurionRS 2015, 12110.

Alternativ:

...Gebäude aller Art, die ausschließlich dem Zweck der Errichtung und des Betriebes eines Innovations- und Gründerzentrums für Biotechnologie dienen....

III. Vertragliche Bestimmungen über die Versicherung des Bauwerks und seinen Wiederaufbau im Falle der Zerstörung, § 2 Nr. 2 ErbbauRG

1. Versicherung des Bauwerks

61 Regelungen über die **Versicherung des Bauwerks** liegen im beiderseitigen Interesse des Grundstückseigentümers und Erbbauberechtigten.[517] Nach § 2 Nr. 2 ErbbauRG gehören entsprechende Vereinbarungen zum dinglichen Inhalt des Erbbaurechts. Vorgesehen werden kann nicht nur die **Pflicht**[518] **des Erbbauberechtigten**, das Bauwerk zu versichern, beispielsweise gegen Feuer-, Sturm-, Heizöl-, Wasserschäden und Glasbruch, und die Versicherung während der ganzen Laufzeit des Erbbaurechts aufrechtzuerhalten, sondern auch eine Bestimmung darüber, wem die **Versicherungskosten** zur Last fallen. Die Bestimmung in § 2 Nr. 2 ErbbauRG bezieht sich auf **Sachversicherungen**, nicht Personenversicherungen.[519] Üblicherweise trägt der Erbbauberechtigte die Versicherungskosten, weil ein Bauwerk betroffen ist, dessen Nutzung allein ihm obliegt.[520] Dies entspricht dem Regelungsgehalt des § 23 ErbbauRG, der von der üblichen Konstellation ausgeht, dass Versicherer und Grundstückseigentümer nicht identisch sind.[521]

62 Nicht ausgeschlossen ist damit eine **abweichende Regelung**, die die Prämienzahlung dem Grundstückseigentümer zuweist, möglicherweise auch nur partiell.[522] In der Praxis tritt eine solche Vertragsgestaltung kaum in Erscheinung.

Falls der Erbbauberechtigte gegen die Versicherungsverpflichtung verstößt, ist der Grundstückseigentümer im Erbbaurechtsvertrag zu ermächtigen, selbst für die Versicherung auf Kosten des Erbbauberechtigten zu sorgen.

Große Bedeutung kommt überdies einer Vereinbarung zu, die den Erbbauberechtigten verpflichtet, eine **Haftpflichtversicherung** abzuschließen. Strittig ist, ob eine solche Verpflichtung im Rahmen des § 2 Nr. 2 ErbbauRG vereinbart werden kann,[523] was die

517 *Glaß/Scheidt*, § 2 Anm. II 2 cc; *Räfle*, § 2 Rn 16.

518 Vgl. bereits *Glaß/Scheidt*, a.a.O., Zweckmäßigkeit einer Bestimmung, wonach der Erbbauberechtigte das Bauwerk zu versichern hat; s.a. *Winkler*, NJW 1992, 2514, 2519.

519 Vgl. zu den Versicherungen mit Gebäudebezug auch Bamberger/Roth/*Maaß*, § 2 Rn 9.

520 Ingenstau/Hustedt/*Hustedt*, § 2 Rn 40.

521 *Räfle*, § 2 Rn 17; Ingenstau/Hustedt/*Hustedt*, § 2 Rn 41.

522 Bamberger/Roth/*Maaß*, § 2 Rn 9.

523 Dafür: *Winkler*, NJW 1992, 2514, 2519; dagegen: Bamberger/Roth/*Maaß*, § 2 Rn 9; *Räfle*, § 2 Rn 17.

überwiegende Meinung verneint, weil es sich nicht um eine Versicherung des Bauwerks, nicht um eine Sachversicherung, sondern um eine Versicherung des Erbbauberechtigten handelt.[524] In der Folge nimmt die Vertragspraxis häufig Abstand davon, eine Haftpflichtversicherungspflicht zum dinglichen Inhalt des Erbbaurechts zu erklären. Unbenommen bleibt die Möglichkeit einer **schuldrechtlichen Vereinbarung**.[525] Schuldrechtliche Regelungen des Erbbaurechtsvertrages kann und darf das Grundbuchamt nicht prüfen.[526]

Daneben besteht Gestaltungsraum über den näheren **Inhalt des Versicherungsvertrags**, 63
etwa über:

- Versicherung nach Neuwert oder Zeitwert[527]
- den Nutznießer des Entschädigungsanspruchs gegen den Versicherer[528]
- oder die Verwendung der Versicherungssumme.

Zulässigerweise kann der Erbbaurechtsvertrag eine **Nachversicherungspflicht** auf Verlangen des Grundstückseigentümers vorsehen, sofern dieser eine Erhöhung der Versicherung für erforderlich erachtet.[529]

Im Rahmen der vertraglichen Bestimmungen über die Versicherung des Bauwerks kann weiterhin eine **Nachweispflicht** des Erbbauberechtigten statuiert werden.[530] Der Erbbauberechtigte steht dann in der Pflicht, dem Grundstückseigentümer den Nachweis über die erfolgte Zahlung der Versicherungsprämien zu erbringen. Der Grundstückseigentümer kann auch den Nachweis darüber verlangen, dass die Versicherungen noch bestehen.

> *Formulierungsbeispiel Versicherung des Bauwerks* 64
>
> Der Erbbauberechtigte ist verpflichtet, die auf dem Erbbaugrundstück befindlichen Bauwerke zum frühestmöglichen Zeitpunkt mit dem vollen Wert gegen Brand-, Sturm-, evtl. Heizöl-, Leitungswasser- sowie Elementarschäden in Form einer Neuwertversicherung auf eigene Kosten zu versichern und versichert zu halten. Der Erbbauberechtigte verpflichtet sich dazu, die Versicherungsprämien pünktlich und vollständig zu bezahlen. Falls der Grundstückseigentümer eine Erhöhung der Versicherung für erforderlich erachtet, ist der Erbbauberechtigte zur Nachversicherung verpflichtet. Darüber hinaus ist der Erbbauberechtigte schuldrechtlich verpflichtet,

524 Bamberger/Roth/*Maaß*, a.a.O.; *Schneider/Grau*, BWNotZ 2021, 366; Nagel/*Swars*, § 2 Rn 68; Ingenstau/Hustedt/*Hustedt*, § 2 Rn 42: nur Versicherungen gegen Sachschäden zulässig, nicht Haftpflichtversicherungen. **A.A.** *Böttcher*, Rn 182.

525 Für schuldrechtliche Ausgestaltung vgl. auch Nagel/*Swars*, § 2 Rn 68.

526 Ein grundbuchamtliches Prüfungsrecht besteht nicht, vgl. auch Staudinger/*Rapp*, § 14 Rn 12.

527 Bamberger/Roth/*Maaß*, § 2 Rn 9; Nagel/*Swars*, § 2 Rn 65.

528 Ebenso Bamberger/Roth/*Maaß*, § 2 Rn 9.

529 *Glaß/Scheidt*, a.a.O.

530 *Winkler*, NJW 1992, 2514, 2519.

eine Gebäude- bzw. Grundbesitzerhaftpflicht einschließlich Gewässerversicherung mit ausreichender Deckungssumme abzuschließen.

Die Versicherungen sind während der ganzen Laufzeit des Erbbaurechts aufrecht zu erhalten.

Auf Verlangen des Grundstückseigentümers ist diesem der Nachweis zu erbringen, dass die Versicherungen abgeschlossen wurden und unverändert bestehen. Gleiches gilt für eine Nachversicherung, die der Grundstückseigentümer für erforderlich erachtet.

Kommt der Erbbauberechtigte trotz schriftlicher Mahnung der oben beschriebenen Versicherungspflicht nicht oder nur ungenügend nach, ist der Grundstückseigentümer berechtigt, selbst für die Versicherungen auf Kosten des Erbbauberechtigten zu sorgen.

Bei Eintritt des Versicherungsfalles ist der Erbbauberechtigte verpflichtet, die Bauwerke innerhalb von … Jahren in vorherigen Umfang wiederaufzubauen. Dabei sind die Versicherungs- sowie sonstigen Entschädigungsleistungen in vollem Umfang zur Wiederherstellung der Bauwerke zu verwenden.

Der Erbbauberechtigte ist auch dann zum Wiederaufbau verpflichtet, sollten die Zerstörungen nicht durch Versicherungs- oder Ersatzleistungen gedeckt sein. Eine Ausnahme gilt nur für den Fall, dass der Wiederaufbau unzumutbar wäre.

Sollte der Erbbauberechtigte im Rahmen der Wiederherstellung der Bauwerke von den ursprünglichen Bauplänen abweichen wollen, benötigt er die vorherige schriftliche Zustimmung des Grundstückseigentümers.

Falls ein Wiederaufbau nicht erfolgen kann oder Einigkeit zwischen Grundstückseigentümer und Erbbauberechtigtem darüber besteht, dass der Wiederaufbau derzeit nicht erfolgen soll, sind die Versicherungs- oder sonstigen Ersatzleistungen zur Beseitigung der Gebäudereste und zur Tilgung der auf dem Erbbaurecht ruhenden Belastungen zu verwenden.

2. Wiederaufbau des Bauwerks im Falle der Zerstörung, § 2 Nr. 2 ErbbauRG

65 Es liegt in der Logik der zulässigen und üblichen Vereinbarungen über die Errichtung, Instandhaltung, Verwendung und Versicherung des Bauwerks, auch eine Vereinbarung über ein worst-case-Szenario vorzusehen, für den Fall der **Zerstörung des Bauwerks**. Entsprechende Vereinbarungen gehören zum vertragsmäßigen, dinglichen Inhalt des Erbbaurechts, § 2 Nr. 2 ErbbauRG.[531] Beiderlei Interessen sind tangiert, die Interessen

531 Vgl. bereits *Glaß/Scheidt*, § 2 II 2 b; so nun auch Nagel/*Swars*, § 2 Rn 71.

des Grundstückseigentümers und des Erbbauberechtigten. Deshalb kann es ratsam sein, eine explizite und detaillierte[532] Regelung über den **Wiederaufbau** vorzusehen, zumal ein Erbbaurecht ohne Bauwerk keinen Sinn ergibt.[533] Die Beteiligten können aber auch davon Abstand nehmen, Regelungen über den Wiederaufbau aufzunehmen.[534] Dass Regelungen über den Wiederaufbau zwingend zu treffen sind, sieht das ErbbauRG nicht vor. Eine gesetzliche Pflicht zum Wiederaufbau ist nicht gegeben.[535] Inhaltliche Vorgaben liefert die gesetzliche Regelung nicht,[536] weshalb es in das Belieben der Beteiligten gestellt ist, eine vereinbarte **Wiederaufbauverpflichtung** näher auszugestalten. Wodurch das Bauwerk zerstört wurde, ist ohne Relevanz, ebenso die Frage, durch wessen Schuld das Bauwerk zerstört wurde.[537] Gleiches gilt für die wirtschaftlichen Verhältnisse des Erbbauberechtigten.[538]

Der nähere Inhalt kann dahingehend lauten, dass der Erbbauberechtigte verpflichtet ist, nach Eintritt des Versicherungsfalls das Bauwerk im bisherigen Umfang wiederaufzubauen, und zwar binnen einer bestimmten Frist.

Im Bereich der **Wiederaufbaubestimmungen** können diejenigen Bestimmungen ge- **66**
spiegelt werden, die über die Errichtung des Bauwerks Eingang in den Erbbaurechtsvertrag gefunden haben. In der Praxis fehlen gelegentlich ausführliche Bestimmungen hierzu, offensichtlich vor dem Erwartungshintergrund der Beteiligten, die eine Zerstörung des Bauwerks für unwahrscheinlich halten. Geregelt wird dann lediglich eine Wiederaufbaupflicht, nicht aber auch eine Frist, binnen welcher der Wiederaufbau zu realisieren ist. Welche Sanktionen ausgelöst werden, sofern gegen die Wiederaufbauerrichtungspflicht verstoßen wird, indem der Erbbauberechtigte den Wiederaufbau gänzlich unterlässt, nur verzögert den Wiederaufbau beginnt oder den Wiederaufbau nicht fristgerecht zu Ende bringt, lässt sich solchen Verträgen in gleicher Weise nicht bzw. nicht unmittelbar entnehmen, allenfalls durch Blick auf die Heimfallvorschriften[539] oder die Vertragsstrafen. Eine solche Vertragsgestaltung verwundert umso mehr, als elementare Interessen der Beteiligten berührt sind.

Sofern die Beteiligten eine Regelung über den Wiederaufbau wünschen, gilt es, das ganze **67**
Wiederaufbauspektrum abzudecken, also eine **Wiederaufbaufrist** vorzugeben, die **Ver-**

532 Nagel/*Swars*, § 2 Rn 70.
533 Keine Wiederaufbaupflicht, sofern eine solche Vereinbarung nicht getroffen wurde, Spiegelberger/Schallmoser/*Rapp*, Rn 5.37.
534 Ebenso Nagel/*Swars*, § 2 Rn 70.
535 Nagel/*Swars*, § 2 Rn 71.
536 *Räfle*, § 2 Rn 18.
537 *Räfle*, a.a.O.; Staudinger/*Rapp*, § 2 Rn 16, unabhängig vom Verschulden des Erbbauberechtigten.
538 Staudinger/*Rapp*, § 2 Rn 16.
539 Ingenstau/Hustedt/*Hustedt*, § 2 Rn 16; BGH, Urt. v. 16.6.1972, Az. V ZR 93/70 = NJW 1972, 1464; LG Heidelberg, Urt. v. 22.1.2004, Az. 3 O 254/03 = NVwZ-RR 2004, 554.

wendung der Versicherungsmittel zum Wiederaufbau vorzuschreiben,[540] die Abweichung von den ursprünglich genehmigten Plänen zu regeln und sich über etwaige Ausnahmen von der Wiederaufbauverpflichtung zu äußern.

Nicht anders als im Falle der Bauerrichtung, kann die Wiederaufbauverpflichtung keine Bindung an einen bestimmten **Architekten** vorgeben,[541] Art. 10 § 3 MRVG. Das Augenmerk ist weiterhin darauf zu richten, in welchem Umfang das Bauwerk wieder aufgebaut werden soll und ob bauliche Abweichungen der Zustimmung des Grundstückseigentümers bedürfen.[542]

68 *Formulierungsbeispiel Wiederaufbau des Bauwerks*

Bei Eintritt des Versicherungsfalles ist der Erbbauberechtigte zum Wiederaufbau der Bauwerke im vorherigen Umfang verpflichtet, und zwar binnen einer Frist von … Jahren. Hierfür sind die Versicherungs- und sonstigen Entschädigungsleistungen in vollem Umfang zu verwenden. Falls der Erbbauberechtigte von den ursprünglichen Plänen abweichen möchte, ist er verpflichtet, vorher die schriftliche Zustimmung des Grundstückseigentümers einzuholen. Der Grundstückseigentümer kann die Übertragung des Erbbaurechts auf sich oder auf einen von ihm benannten Dritten auf Kosten des Erbbauberechtigten verlangen, sollte der Erbbauberechtigte seiner Wiederaufbauverpflichtung trotz Abmahnung nicht oder nur unzureichend nachkommen. Gleiches gilt für die nicht fristgerechte Wiederherstellung der Bauwerke. Der Grundstückseigentümer ist berechtigt, eine Vertragsstrafe zu verlangen, sollte der Erbbauberechtigte gegen seine Wiederaufbauverpflichtung verstoßen. Die Vertragsstrafe beläuft sich auf … % des Erbbauzinses samt Anpassung, bezogen auf die Dauer des Verstoßes. Durch die Zahlung der Vertragsstrafe wird der Erbbauberechtigte nicht von seiner Wiederaufbauverpflichtung befreit. Bei vollständigen Zerstörungen, die nicht durch Versicherungs- oder sonstige Entschädigungsleistungen gedeckt sind, ist der Erbbauberechtigte zum Wiederaufbau nur verpflichtet, sofern er die Nicht- oder Unterversicherung zu vertreten hat. Falls ein Wiederaufbau nicht erfolgen kann oder Einigkeit zwischen Grundstückseigentümer und Erbbauberechtigtem darüber besteht, dass der Wiederaufbau derzeit nicht erfolgen soll, sind die Versicherungs- oder sonstigen Ersatzleistungen zur Beseitigung der Gebäudereste und zur Tilgung der auf dem Erbbaurecht ruhenden Belastungen zu verwenden.

Alternativ:

Der Erbbauberechtigte ist zur Wiederherstellung der Bauwerke im bisherigen Umfang verpflichtet, sollten diese ganz oder teilweise zerstört werden. Die Bauwerke sind un-

540 Ebenso Staudinger/*Rapp*, § 2 Rn 16, Verwendung der Mittel zum Wiederaufbau.

541 BGH NJW 1983, 227; *Räfle*, § 2 Rn 8; Ingenstau/Hustedt/*Hustedt*, § 2 Rn 20.

542 Vgl. hierzu die Kommentierung zur originären Bauerrichtungspflicht, s. *Räfle*, § 2 Rn 8; OLG Saarbrücken, Beschl. v. 12.2.2020, Az. 5 W 83/19 = BeckRS 2020, 3169.

verzüglich und auf Kosten des Erbbauberechtigten wiederaufzubauen und fertigzustellen. Der Grundstückseigentümer ist berechtigt, eine Vertragsstrafe zu verlangen, sollte der Erbbauberechtigte gegen seine Wiederaufbauverpflichtung verstoßen. Die Vertragsstrafe beläuft sich auf … % des Erbbauzinses samt Anpassung, bezogen auf die Dauer des Verstoßes. Durch die Zahlung der Vertragsstrafe wird der Erbbauberechtigte nicht von seiner Wiederaufbauverpflichtung befreit. Zum Wiederaufbau sind alle Versicherungs- oder sonstigen Entschädigungsleistungen in vollem Umfang zu verwenden. Falls der Erbbauberechtigte von den ursprünglichen Plänen abweichen möchte, ist er verpflichtet, vorher die schriftliche Zustimmung des Grundstückseigentümers einzuholen. Falls ein Wiederaufbau nicht erfolgen kann oder Einigkeit zwischen Grundstückseigentümer und Erbbauberechtigtem darüber besteht, dass der Wiederaufbau derzeit nicht erfolgen soll, sind die Versicherungs- oder sonstigen Ersatzleistungen zur Beseitigung der Gebäudereste und zur Tilgung der auf dem Erbbaurecht ruhenden Belastungen zu verwenden.

Alternativ:

Eine Wiederaufbaupflicht wird nicht vereinbart, keinerseits besteht eine Pflicht zum Wiederaufbau des zerstörten Bauwerks.

IV. Vertragliche Bestimmungen über die Tragung der öffentlichen und privatrechtlichen Lasten und Abgaben, § 2 Nr. 3 ErbbauRG

Von besonderer wirtschaftlicher Tragweite ist die Frage nach der **Tragung der öffentlichen und privatrechtlichen Lasten und Abgaben**, insbesondere vor dem Hintergrund der Laufzeit des Erbbaurechts. Die Regelung in § 2 Nr. 3 ErbbauRG offeriert den Beteiligten die Möglichkeit, dingliche Vereinbarungen hierüber zu schaffen und zum Inhalt des Erbbaurechts zu erklären. Den Vereinbarungen kommt allerdings nur Bedeutung im Innenverhältnis zwischen Grundstückseigentümer und Erbbauberechtigtem zu, nicht auch im Verhältnis zu Dritten, sodass sich diese hierauf nicht berufen und direkte Ansprüche ableiten können.[543] Die Schaffung einer umfassenden Drittebene ist damit ausgeschlossen, etwa eine dingliche Haftung des Erbbaurechts für Rückstände des Erbbauberechtigten. Zulässig bleibt nur eine dingliche Binnenregelung.[544] Eine Einschränkung erfährt diese Ansicht lediglich durch die zulässige Vereinbarung, dass der **rechtsgeschäftliche** Erbbaurechtserwerber für die **Rückstände seines Vorgängers** haften soll.[545] Für den **Ersteher** in der 69

543 So bereits *Glaß/Scheidt*, § 2 Anm. II 2 b; ebenso *Räfle*, § 2 Rn 20; Ingenstau/Hustedt/*Hustedt*, § 2 Rn 47.

544 *Räfle*, § 2 Rn 20: „dingliche Vereinbarung im Innenverhältnis".

545 Analogie zur Hausgeldhaftung bei Wohnungseigentum, vgl. *Böttcher*, Rn 189.

Zwangsversteigerung kann dies nicht vereinbart werden, vgl. § 56 S. 2 ZVG.[546] Insoweit gilt: der Ersteher trägt erst ab Zuschlag die Lasten.[547]

In der Regel werden alle auf dem Erbbaurecht und dem Grundstück lastenden öffentlichen und privatrechtlichen Abgaben und Lasten, seien sie einmalig oder wiederkehrend, dem **Erbbauberechtigten** auferlegt,[548] da ihm die Nutzung von Grundstück und Gebäude obliegt. Ausgenommen werden Grundpfandrechte am Erbbaugrundstück, für die der Grundstückseigentümer aufkommen muss.

70 Der Gestaltungsraum umfasst zum einen die **öffentlichen Abgaben**. Darunter fallen Geldleistungen aller Art, die kraft öffentlichen Rechts abgeführt werden müssen.[549] Zu den **öffentlichen Lasten** zählen Leistungen, „die auf dem Grundstück ruhen oder (die) aus dem Grundstück zu entrichten sind; entscheidend ist die dingliche Haftung des Grundstücks".[550] Hierzu zählen die Grundsteuer[551] für das Erbbaurecht und das Erbbaugrundstück und alle sonstigen Grundstücksabgaben, die das Kommunalabgabenrecht jeweils vorsieht.

Damit ist zugleich eine Aussage darüber getroffen, dass die Übernahme der **Verkehrssicherungspflicht** nicht zum dinglichen Inhalt des Erbbaurechts erklärt werden kann, weil diese sich als **schuldrechtliche** Verpflichtung einer Person präsentiert,[552] als rein persönliche Verbindlichkeit,[553] nicht aber als öffentliche Abgabe oder Last. Regelmäßig übernimmt der **Erbbauberechtigte** schuldrechtlich[554] die Verpflichtung, für die Verkehrssicherungspflicht ab Besitzübergang zu sorgen, und zwar für Bauwerk und Erbbaugrundstück.

71 Dagegen ruht der **Erschließungsbetrag** als öffentliche Last auf dem Erbbaurecht, § 134 Abs. 2 BauGB, sodass der Regelungsbereich des § 2 Nr. 3 ErbbauRG eröffnet ist. Regelungsbedarf besteht nicht nur hinsichtlich der grundsätzlichen Frage, wer für die Erschließung aufkommen muss (regelmäßig der Erbbauberechtigte), sondern auch hinsichtlich des Lastentragungszeitpunkts. Gelegentlich schenken Erbbaurechtsverträge dieser Fra-

546 Zur Nichtigkeit (§ 134 BGB) einer solchen Regelung vgl. BGH, Beschl. v. 22.1.1987, Az. V ZB 3/86 = NJW 1987, 1638.

547 BGH, Beschl. v. 22.1.1987, Az. V ZB 3/86 = NJW 1987, 1638.

548 *Reichel*, ZfIR 2023, 315, 326.

549 BayObLG, Beschl. v. 9.9.1999, Az. 2Z BR 127/99 = NJW-RR 2000, 162; *Winkler*, NJW 1992, 2514, 2519, Bestimmung nach öffentlichem Recht.

550 BayObLG, a.a.O.; ebenso OLG München, Beschl. v. 19.1.2015, Az. 34 Wx 283/12 = BeckRS 2015, 02413.

551 Spiegelberger/Schallmoser/*Rapp*, Rn 5.38; Bamberger/Roth/*Maaß*, § 2 Rn 11.

552 BayObLG, a.a.O.; Staudinger/*Rapp*, § 2 Rn 17a; *Schmenger*, BWNotZ 2006, 73, 87; Ingenstau/Hustedt/*Hustedt*, § 2 Rn 46; Spiegelberger/Schallmoser/*Rapp*, Rn 5.39; Beck'sches Notarhandbuch/*Wolffskeel v. Reichenberg*, § 4 Rn 67; Bamberger/Roth/*Maaß*, § 2 Rn 11; *Schneider/Grau*, BWNotZ 2021, 366, 367; Nagel/*Swars*, § 2 Rn 76; MüKo/*Weiß*, § 2 Rn 20.

553 Spiegelberger/Schallmoser/*Rapp*, Rn 5.39; Bamberger/Roth/*Maaß*, § 2 Rn 11.

554 Zur nur schuldrechtlichen Regelung vgl. auch Nagel/*Swars*, § 2 Rn 76.

gestellung kaum Bedeutung, was fatale Auswirkungen zeitigen kann. Denn der Erschließungsbeitrag kann von der Gemeinde noch Jahre später geltend gemacht werden.[555] Die Empfehlung geht daher dahin, eine entsprechende Regelung aufzunehmen, um Missverständnisse oder Prozesse zu vermeiden. Im Raum stehen mehrere Zeitpunkte:

- der Zeitpunkt der Zustellung des Erschließungskostenbescheids
- der Erlasszeitpunkt des Bescheids
- oder der Zeitpunkt der Errichtung der Erschließungsanlagen in der Natur.[556]

Moderne Vertragsgestaltungen stellen salomonisch auf den Erlasszeitpunkt des Erschließungsbescheids ab (sog. „**Bescheidslösung**") und sehen den Grundstückseigentümer verpflichtet, alle bis zum Beurkundungstermin ergangenen Beiträge zu bezahlen, während der Erbbauberechtigte alle Erschließungskosten und Anliegerbeträge übernimmt, die per Bescheid am Tag nach der Beurkundung ergehen.

Der Gestaltungsraum umfasst zum anderen die **privatrechtlichen Lasten und Abgaben**, die sich begrifflich an die Regelung in § 1047 BGB[557] anlehnen. Umfasst sind die aus Reallasten resultierenden Lasten, daneben die Zinslasten von Grundpfandrechten, nicht aber auch deren Tilgungsbeträge.[558]

Formulierungsbeispiel Tragung der öffentlichen und privatrechtlichen Lasten und 72
Abgaben

Beginnend mit dem Besitzübergang, trägt der Erbbauberechtigte für die gesamte Dauer des Erbbaurechts alle einmaligen und wiederkehrenden öffentlichen Lasten, Steuern und Abgaben des Erbbaurechts und des Erbbaugrundstücks. Zu den öffentlichen Abgaben zählen Geldleistungen aller Art, die kraft Gesetzes abgeführt werden müssen. Zu den öffentlichen Lasten zählen alle Leistungen, die kraft Gesetzes auf dem Grundstück ruhen, beispielsweise die Grundsteuer.

In gleicher Weise (ab Besitzübergang bis zur Beendigung des Erbbaurechts) trägt der Erbbauberechtigte auch alle privatrechtlichen Lasten des Erbbaurechts und des Erbbaugrundstücks. Soweit Erschließungsbeträge betroffen sind, trägt der Grundstückseigentümer alle bis zur Beurkundung des Erbbaurechts ergangenen Beträge. Der Erbbauberechtigte übernimmt alle Erschließungskosten und Anliegerbeträge, die als Bescheid nach dem Tag der Beurkundung ergehen.

Falls der Grundstückseigentümer bereits Leistungen erbracht hat, muss der Erbbauberechtigte diese unverzüglich erstatten. Ausgenommen von der Lastentragungspflicht

555 *Winkler*, NJW 1992, 2514, 2519.
556 *Winkler*, a.a.O.
557 Spiegelberger/Schallmoser/*Rapp*, Rn 5.39.
558 *Räfle*, § 2 Rn 21; *Winkler*, a.a.O.; Ingenstau/Hustedt/*Hustedt*, § 2 Rn 46.

sind Grundpfandrechte, die am Erbbaugrundstück bestellt werden. Diese trägt der Grundstückseigentümer allein.

Der Erbbauberechtigte ist verpflichtet, für die Erfüllung behördlicher Auflagen Sorge zu tragen.

Schuldrechtlich übernimmt der Erbbauberechtigte die Verpflichtung, für die Verkehrssicherungspflicht ab Besitzübergang zu sorgen. Diese Pflicht bezieht sich auf das Bauwerk und das Erbbaugrundstück.

Der rechtsgeschäftliche Erwerber des Erbbaurechts haftet für die Rückstände seines Vorgängers.

V. Vertragliche Heimfallbestimmungen, § 2 Nr. 4 ErbbauRG

73 Ferner können Bestimmungen über den Heimfall getroffen werden. Nach § 2 Nr. 4 ErbbauRG[559] kann die Verpflichtung des Erbbauberechtigten, das Erbbaurecht beim Eintritt bestimmter Voraussetzungen auf den Grundstückseigentümer zu übertragen,[560] vertragsmäßiger Inhalt des Erbbaurechts werden. Der Grundstückseigentümer kann auch verlangen, dass das Erbbaurecht auf einen von ihm benannten[561] **Dritten** übertragen wird, § 3 ErbbauRG.[562] Eine unzulässige Trennung vom Grundstückseigentum tritt dadurch nicht ein, ebenso wenig eine Veränderung des subjektiv-dinglichen[563] Charakters des Heimfallanspruchs, der zu den wesentlichen Bestandteilen des Grundstücks zu zählen ist, § 93 BGB.[564] Dem Grundstückseigentümer steht es frei, einen entstandenen Heimfallanspruch auszuüben bzw. durchzusetzen.[565] Eine Verpflichtung zur Durchsetzung des

559 Legaldefinition des Heimfalls in § 2 Nr. 4 ErbbauRG. Zur Regelung des Heimfalls bei Neuabschluss eines Erbbaurechtsvertrages vgl. *Nagel*, ErbbauZ 2020, 2; DNotI-Report 2024, 65, 66.

560 Demnach kein automatischer Übergang auf den Grundstückseigentümer, der Anspruch muss vielmehr geltend gemacht und erfüllt werden, vgl. auch BayObLG, Teilbeschl. v. 13.12.2023, Az. 101 Sch 112/22 = BeckRS 2023, 41264; Spiegelberger/Schallmoser/*Rapp*, Rn 5.41; *Rapp*, ZfIR 2017, 89, 91; *Nagel*, ErbbauZ 2020, 2; *Dieckmann*, BWNotZ 2021, 350, 355; *Dieckmann*, ErbbauZ 2021, 168, 169; nicht richtig daher *Drasdo*, ZfIR 2021, 316: „Erlöschen des Erbbaurechts durch Zeitablauf und der sich daran anschließende Heimfall an den Grundstückseigentümer". Durch Zeitablauf ist das Erbbaurecht erloschen, weshalb es nicht mehr Gegenstand des Heimfalls sein kann. Der Heimfall bewirkt auch keinen automatischen Rückfall an den Grundstückseigentümer; ebenso *Dieckmann*, BWNotZ 2021, 350, 355; FG Berlin-Brandenburg, Urt. v. 18.11.2020, Az. 3 K 3132/19 = ErbbauZ 2021, 54; nicht richtig insoweit auch der becklink 2029587, der von einem automatischen Rückfall ausgeht („Erbbaurecht fällt zurück an Stadt").

561 Einseitige, empfangsbedürftige Willenserklärung, vgl. Staudinger/*Rapp*, § 3 Rn 1.

562 Ingenstau/Hustedt/*Hustedt*, § 2 Rn 59; ebenso *Dieckmann*, BWNotZ 2021, 350, 354.

563 Staudinger/*Rapp*, § 2 Rn 20h, deshalb kann der Heimfallanspruch auch nicht gepfändet werden.

564 *Dieckmann*, BWNotZ 2021, 350, 354; BeckOK-Hügel/*Otto*, 53. Edition, Stand 3.6.2024, Sonderbereich Erbbaurecht, Rn 104.

565 OLG Jena, Urt. v. 25.1.2006, Az. 2 U 746/05 = BeckRS 2006, 07328; zum Wahlrecht vgl. *Nagel*, ErbbauZ 2020, 2.

Heimfallanspruchs besteht nicht,[566] allerdings kann der Verzicht mit wirtschaftlich negativen Konsequenzen verbunden sein, die auch die Kreditpraxis berühren.[567] Erfüllt wird der Heimfallanspruch durch **Rückübertragung**[568] des Erbbaurechts (**Einigung**)[569] und **Eintragung** im Grundbuch,[570] was **grunderwerbsteuerbar** ist.[571] Eine Grundbuchunrichtigkeit tritt durch den Heimfall nicht ein,[572] weshalb der Weg des § 22 GBO nicht beschritten werden kann. In der Praxis tritt der Heimfall sehr selten ein, wobei Zahlungsverzug beim Erbbauzins Hauptauslösungsgrund ist.[573]

Die Heimfallregelung ist an die Stelle der verhängnisvollen Bestimmungen der **altrechtlichen Erbbaurechte** getreten, die eine Vielzahl von Beendigungsgründen vorsahen, beispielsweise im Falle nicht rechtzeitiger Entrichtung des Erbbauzinses.[574] Die Erfahrung zeigt, dass entsprechende Implosionsbestimmungen der Akzeptanz und Beleihungsfähigkeit des Erbbaurechts abträglich sind. Durch **auflösende Bedingungen** kann das Erbbaurecht nicht mehr beschränkt werden, § 1 Abs. 4 S. 1 ErbauRG. Das Heimfallrecht schafft hierzu einen Ausgleich.[575] Subjektiv-dingliche Rechte, die mit dem Erbbaurecht verbunden sind, § 96 BGB, bleiben im Heimfall bestehen.[576] Im Zuge der Ausübung[577] des Heimfallanspruchs tritt ein Erlöschen nicht ein, vielmehr bleibt das Erbbaurecht bestehen, belastet mit allen **Grundpfandrechten**, **Reallasten**, **Dauerwohn**- und **-nutzungs-**

566 Staudinger/*Rapp*, § 2 Rn 19.

567 Staudinger/*Rapp*, § 2 Rn 19b („zusätzliche Kreditsicherheit“ des Eigentümers, der sich gegenüber seiner Bank zur Ausübung eines entstandenen Heimfallanspruchs verpflichtet hat).

568 BayObLG, Teilbeschl. v. 13.12.2023, Az. 101 Sch 112/22 = BeckRS 2023, 41264; ebenso *Kost*, ErbbauZ 2024, 34, 36, Heimfall als „Exit aus dem Erbbaurecht“.

569 Zur Einigung und Eintragung vgl. *Ruff*, ZKF 2010, 245, 251; Staudinger/*Rapp*, § 2 Rn 23; MüKo/*Weiß*, § 2 Rn 32.

570 Nicht richtig daher *Drasdo*, ZfIR 2021, 316: „Erlöschen des Erbbaurechts durch Zeitablauf und der sich daran anschließende Heimfall an den Grundstückseigentümer“; der Zeitablauf löst keinen Heimfall aus, da nur ein noch bestehendes Erbbaurecht rückübertragen werden kann. Zur Rückübertragung und zum Fortbestand des Erbbaurechts vgl. auch *Reichel*, ZfIR 2023, 315, 321; *Dieckmann*, BWNotZ 2021, 350, 355; *Nagel*, ErbbauZ 2020, 2; FG Berlin-Brandenburg, Urt. v. 18.11.2020, Az. 3 K 3132/19 = ErbbauZ 2021, 54; nicht richtig der becklink 2029587 (automatischer Rückfall, „Erbbaurecht fällt zurück an Stadt“).

571 *Lahmann*, ErbbauZ 2022, 9, 12; *Dieckmann*, BWNotZ 2021, 350, 355; FG Berlin-Brandenburg, Urt. v. 18.11.2020, Az. 3 K 3132/19 = ErbbauZ 2021, 54; MüKo/*Weiß*, § 2 Rn 32; unzutreffend daher becklink 2029587, kein automatischer Rückfall („Erbbaurecht fällt zurück an Stadt“).

572 Ebenso Bamberger/Roth/*Maaß*, § 2 Rn 18.

573 Vgl. die Umfrage des Deutschen Erbbaurechtsverbandes vom April 2022, ErbbauZ 2022, 90: 58,3 Prozent der Beteiligten gaben an, dass der Heimfall die letzten 20 Jahre nicht eingetreten ist, bei 41,7 Prozent der Beteiligten ist der Heimfall in den letzten 20 Jahren weniger als 10-mal eingetreten.

574 Vgl. oben die Darstellung unter § 2 sowie *Pesl*, S. 83/84.

575 OLG Hamm, Beschl. v. 9.8.1985, Az. 15 W 277/85 = NJW-RR 1986, 693.

576 Wie hier Erman/*Grziwotz*, § 33 Rn 2 ErbbauRG.

577 Kein automatischer Rückfall an den Grundstückseigentümer, dieser muss die Übertragung des Erbbaurechts verlangen, vgl. BGH NJW 1966, 730; OLG Karlsruhe, Urt. v. 31.5.2000, Az. 19 U 232/98 = NJW-RR 2002, 413; *Glaß/Scheidt*, § 2 Anm. II 2 b; *Nagel*, ErbbauZ 2020, 2.

rechten, die auf dem Erbbaurecht eingetragen sind, § 33 Abs. 1 S. 1 ErbbauRG.[578] Beim Heimfall bleiben die Hypotheken, Grundschulden, Rentenschulden und Reallasten bestehen, soweit sie nicht dem Erbbauberechtigten zustehen, § 33 Abs. 1 S. 1 ErbbauRG.[579] Haftet der Erbbauberechtigte zugleich persönlich, tritt mit der Erfüllung des Heimfalls durch Umschreibung des Erbbaurechts zugleich eine **gesetzliche Schuldübernahme** des Grundstückseigentümers ein, § 33 Abs. 2 S. 1 ErbbauRG.[580] Zur Risikominimierung[581] ist die Vereinbarung einer **Belastungszustimmung nach § 5 Abs. 2 ErbbauRG** das Mittel der Wahl und den Beteiligten zu empfehlen,[582] **sekundiert von einer schuldrechtlichen Regelung** im Erbbaurechtsvertrag i.S.v. § 7 Abs. 2 ErbbauRG,[583] wonach die Zustimmung nur erteilt wird, sofern sich der Gläubiger vorher unwiderruflich verpflichtet, beim Heimfall Zug um Zug gegen Bezahlung der Heimfallentschädigung die Grundschuld löschen zu lassen und auf alle Beträge aus der gesetzlichen Schuldübernahme zu verzichten, die über die Heimfallentschädigung hinausgehen.[584] Weitere Sicherungsmaßnahmen sind insoweit die Vereinbarung einer **Löschungs- und einer Rückgewährsvormerkung**,[585] die im Rahmen der Grundpfandrechtsbestellung zum Zuge kommen.

Andere auf dem Erbbaurecht lastenden **Rechte erlöschen** dagegen,[586] vgl. § 33 Abs. 1 S. 3 ErbbauRG. Betroffen sind auch existenznotwendige Dienstbarkeiten am Erbbaurecht, was die Frage nach sich zieht, wie eine weitere Sicherung realisiert werden kann.[587] Die **Neueintragung solcher Dienstbarkeiten** kann durch Eintragung einer **Vormerkung** am Erbbaurecht gesichert werden, und zwar zugunsten **des jeweiligen Eigentümers des herrschenden Grundstücks**.[588] Gesichert wird der bedingte und künftige Anspruch auf inhaltsgleiche Neubestellung des Rechts für den Fall, dass das Recht im Heimfall erlischt.[589] Im Heimfall bleibt die Vormerkung bestehen, erlischt nicht, vgl. § 33

578 Ingenstau/Hustedt/*Hustedt*, § 2 Rn 52; Spiegelberger/Schallmoser/*Rapp*, Rn 5.49; *Dieckmann*, BWNotZ 2021, 350, 355; *Nagel*, ErbbauZ 2020, 2, 3.

579 *Dieckmann*, BWNotZ 2021, 350, 355; DNotI-Report 2024, 65; *Rapp*, ZfIR 2017, 89, 91.

580 *Dieckmann*, BWNotZ 2021, 350, 352; die Regelung ist nicht dispositiv, *Dieckmann*, BWNotZ 2021, 350, 359, 364; DNotI-Report 2024, 65, 66.

581 *Dieckmann*, BWNotZ 2021, 350, 358.

582 In diese Richtung auch DNotI-Report 2024, 65, 66.

583 DNotI-Report 2024, 65, 67; *Winkler/Schlögel*, § 5 Rn 149c.

584 DNotI-Report 2024, 65, 67.

585 DNotI-Report 2024, 65, 67.

586 Auch ein Nießbrauch, ein Vorkaufsrecht oder ein Untererbbaurecht erlöschen im Heimfall; zum Erlöschen vgl. *Dieckmann*, BWNotZ 2021, 350, 355.

587 *Rapp*, ZfIR 2017, 89; *Nagel/Bohlsen*, ErbbauZ 2022, 62, 63.

588 *Rapp*, ZfIR 2017, 89, 93.

589 *Rapp*, ZfIR 2017, 89, 93.

Abs. 1 S. 3 ErbbauRG,[590] da insoweit dispositives Recht vorliegt.[591] Die Empfehlung geht dahin, der Vormerkung eine **Beschränkung des Heimfallanspruchs** zur Seite zu stellen,[592] da sich die Rechtsprechung der Vormerkungslösung noch nicht angenommen hat. Ob die Vormerkungslösung höchstrichterliche Bestätigung findet, ist noch nicht abschließend geklärt. Die Beschränkung des Heimfallanspruchs komplettiert den Schutz des Dienstbarkeitsberechtigten. Formulierungsbeispiel in Anlehnung an *Kessler*.[593]

> *Formulierungsbeispiel Beschränkung des Heimfallanspruchs*
>
> Der Anspruch auf Übertragung des Erbbaurechts ist dahingehend beschränkt, dass in Abweichung von § 33 Abs. 1 ErbbauRG das Recht … bei Ausübung des Heimfalls bestehen bleibt.

Die Notwendigkeit einer **weiteren Sicherung für den Heimfall** stellt sich dagegen nicht, **74**
sofern existenznotwendige Dienstbarkeiten **inhalts- und ranggleich am Erbbaurecht und am Grundstück** eingetragen werden. Der Gleichlauf der Dienstbarkeiten verhindert, dass eine Lücke im Bereich der Infrastrukturbereich zur Entstehung gelangen kann. Eine Alternative besteht darin, bei allen Rechten, die im Heimfall bestehen bleiben, einen **Rangvorbehalt**[594] eintragen zu lassen, bedingt durch das Erlöschen der Dienstbarkeiten im Heimfall und gerichtet auf Neueintragung entsprechender Dienstbarkeiten. Nach Übertragung[595] durch den heimfallverpflichteten Erbbauberechtigten an den heimfallberechtigten Grundstückseigentümer entsteht ein **Eigentümererbbaurecht**, § 889 BGB.[596] Bis zur Übertragung stehen dem Grundstückseigentümer die Erbbauzinszahlungen zu. Dem Erbbauberechtigten ist eine **angemessene Vergütung** (Heimfallvergütung) zu gewähren, § 32 ErbbauRG, sofern diese nicht im Erbbaurechtsvertrag ausgeschlossen ist.[597] Die Heimfallvergütung ist die Entschädigung für den Rechtsverlust, den der Erb-

590 *Winkler/Schlögel*, § 5 Rn 120.

591 Zur Abänderung vgl. *Kesseler*, ZfIR 2014, 414, 417.

592 *Kesseler*, ZfIR 2014, 414; *Rapp*, MittBayNot 2014, 412, 415; *Winkler/Schlögel*, § 4 Rn 120; *Rapp*, ZfIR 2017, 89, 93; *Böttcher*, ZNotP 2015, 42, identisch *Böttcher*, Rn 123.

593 *Kessler*, ZfIR 2014, 414, 418.

594 *Winkler/Schlögel*, § 4 Rn 120.

595 Also kein automatischer Rückfall oder Übergang kraft Gesetzes, sondern eine Verpflichtung zur Übertragung auf den Grundstückseigentümer; erforderlich sind Einigung und Eintragung, § 873 BGB, eine Grundbuchberichtigung ist nicht gegeben; vgl. auch Ingenstau/Hustedt/*Hustedt*, § 2 Rn 52; OLG Hamm, Beschl. v. 9.8.1985, Az. 15 W 277/85 = NJW-RR 1986, 693; *Winkler*, NJW 1992, 2514, 2520; *Böttcher*, Rn 200; *Lahmann*, ErbbauZ 2022, 9, 12; nicht verständlich insofern der becklink 2029587, der von einem Rückfall spricht („Moschee zu langsam gebaut: Erbbaurecht fällt zurück an Stadt.").

596 Vgl. bereits *Räfle*, § 2 Rn 22; ebenso *Dieckmann*, BWNotZ 2021, 350, 355; Staudinger/*Rapp*, § 2 Rn 24; *Nagel*, ErbbauZ 2020, 2; nicht richtig daher *Drasdo*, ZfIR 2021, 316, automatischer Rückfall nach Erlöschen (!) des Erbbaurechts.

597 BGH, Urt. v. 19.1.2024, Az. V ZR 191/22 = ErbbauZ 2024, 48, 51 = BeckRS 2024, 408; *Winkler*, NJW 1992, 2514, 2520; DNotI-Report 2012, 197; *Nagel*, ErbbauZ 2020, 2; *Dieckmann*, BWNotZ 2021, 350, 355.

bauberechtigte durch die Rückübertragung erleidet.[598] Die **Heimfallvergütung** kann **individualvertraglich ausgeschlossen** werden.[599] Ob ein solcher vergütungsloser Ausschluss auch in AGB gegenüber einem Verbraucher vereinbart werden kann, war strittig.[600] Im Raum stand, ob hierin eine unzulässige Vertragsstrafe i.S.v. § 309 Nr. 6 BGB zu sehen ist. Nach Ansicht des **BGH**[601] ist ein **individualvertraglicher Vergütungsausschluss** nur für den Fall unzulässig, dass das Erbbaurecht zur Befriedigung des Wohnbedürfnisses minderbemittelter Bevölkerungskreise bestellt ist. In **anderen Fällen ist es dagegen möglich**, die Vergütung für den Heimfall **vollständig auszuschließen**.[602] Der BGH sieht im entschädigungslosen Heimfall „ein dem Erbbauberechtigten zumutbares Ergebnis seines eigenen Handelns",[603] etwa bei Verletzung der Bauverpflichtung.[604] Der Ausschluss der Heimfallvergütung führt dann dazu, dass die **Geltendmachung** einer strengen **Ausübungskontrolle** im Hinblick auf die **Verhältnismäßigkeit** unterliegt.[605] Die Verhältnismäßigkeit ist gewahrt, sofern der Erbbauberechtigte für seinen Verstoß nicht übermäßig sanktioniert wird, insbesondere darf sich der vergütungslose Heimfall nicht als unangemessene Vertragsstrafe darstellen.[606] Erst im Rahmen dieser späteren Ausübungskontrolle ist zu prüfen, ob die Schwere des Vertragsverstoßes und der vergütungslose Heimfall zueinander in einem angemessenen Verhältnis stehen,[607] nicht dagegen bereits im Rahmen der Vereinbarung der Heimfallregelung. Geprüft wird **nicht bereits bei Vereinbarung, sondern erst bei Ausübung des Heimfalls**. Daher kann der Ausschluss der Heimfallvergütung auch **nicht als Eintragungshindernis** in Erscheinung treten.[608] Sofern das Grundbuchamt dennoch mit Zurückweisung oder ohnehin unzulässiger Zwischenverfügung reagiert, ist dies mit Beschwerde anzugreifen.

Darüber hinaus können im Erbbaurechtsvertrag Vereinbarungen über die **Höhe** des Vergütungsanspruches und die **Art der Zahlung** getroffen werden.[609] Dabei gilt es, die gesetzliche Schranke in § 32 Abs. 2 ErbbauRG zu beachten, sofern das Erbbaurecht zur „Befriedigung minderbemittelter Bevölkerungskreise" bestellt worden ist.[610] Maß-

598 BGH, Urt. v. 19.1.2024, Az. V ZR 191/22 = ErbbauZ 2024, 48, 51 = BeckRS 2024, 408.
599 BGH, Urt. v. 19.1.2024, Az. V ZR 191/22 = ErbbauZ 2024, 48, 51.
600 Zum Sachstand vgl. BGH, Urt. v. 19.1.2024, Az. V ZR 191/22 = ErbbauZ 2024, 48, 51.
601 BGH, Urt. v. 19.1.2024, Az. V ZR 191/22 = ErbbauZ 2024, 48, 51 = ZfIR 2024, 152 mit Anm. *Grziwotz*.
602 BGH, Urt. v. 19.1.2024, Az. V ZR 191/22 = ErbbauZ 2024, 48, 51 = ZfIR 2024, 152 mit Anm. *Grziwotz*.
603 BGH, Urt. v. 19.1.2024, Az. V ZR 191/22 = ErbbauZ 2024, 48, 52; vgl. auch *Nagel*, ErbbauZ 2022, 181.
604 Vgl. auch *Nagel/Merk/Schirmer*, ErbbauZ 2023, 162, 165.
605 BGH, Urt. v. 19.1.2024, Az. V ZR 191/22 = ErbbauZ 2024, 48, 52.
606 BGH, Urt. v. 19.1.2024, Az. V ZR 191/22 = ErbbauZ 2024, 48, 53.
607 BGH, Urt. v. 19.1.2024, Az. V ZR 191/22 = ErbbauZ 2024, 48, 53; unverhältnismäßig wäre ein Verstoß gegen eine Nebenpflicht, etwa die Instandhaltungspflicht, wenn Investitionen in Millionenhöhe gegenüberstehen.
608 Wie hier auch BeckOK-Hügel/*Otto*, 53. Edition, Stand 3.6.2024, Sonderbereich Erbbaurecht, Rn 106.2.
609 *Nagel*, ErbbauZ 2020, 2; DNotI-Report 2012, 197; *Kost*, ErbbauZ 2024, 34, 36.
610 *Dieckmann*, BWNotZ 2021, 350, 355; *Nagel*, ErbbauZ 2020, 2. Ob diese Voraussetzung erfüllt ist, ist zu ermitteln, in der Praxis ist dies häufig nicht der Fall; vgl. die Schilderung bei *Kost*, ErbbauZ 2024, 34, 36.

gebend für die Bemessung der Vergütung ist der Zeitpunkt der Erfüllung des Heimfallanspruchs, demnach der Zeitpunkt der Grundbucheintragung. Die Übertragung ist **grunderwerbsteuerbar**,[611] sodass zum grundbuchamtlichen Vollzug die Unbedenklichkeitsbescheinigung des Finanzamtes vorzulegen ist. In der Praxis tritt der Heimfall selten ein.[612]

Die Einschätzung, der Heimfall sei ein *stumpfes Schwert* und entfalte kein echtes Sanktionsszenario, trifft nicht zu. Eine solche Einschätzung verkennt den „starken Druck“,[613] die Schärfe[614] und Schwere,[615] die von der Heimfallregelung ausgeht, die einzig und allein dem Schutz des Grundstückseigentümers dient.[616] **Starker Druck** deshalb, weil zum einen die Vereinbarungen bereits dinglicher Inhalt sind, zum anderen der Verstoß hiergegen mit der Heimfallsanktion belegt ist. Erzielt wird „eine Art doppelte(r) Wirkung“,[617] ein subtiler und weitreichender Flankenschutz, der die Umlauffähigkeit des Erbbaurechts unbeeinträchtigt lässt. Protegiert wird der Verwendungszweck des Bauwerks.[618] 75

Hinzu kommt ein weiterer Verstärkungseffekt. **Heimfallrechte** verstoßen auch dann nicht gegen das Gebot angemessener Vertragsgestaltung, wenn sie für die **gesamte Dauer des Erbbaurechts** vereinbart werden, damit regelmäßig **länger als für einen Zeitraum von 30 Jahren.**[619] Heimfallrechte sind anders zu bewerten als Nutzungsbeschränkungen städtebaulicher Verträge, bei denen die höchstrichterliche Rechtsprechung[620] eine Nutzungsbeschränkung, die länger als 30 Jahre ausfällt, als unverhältnismäßig einstuft. Die unterschiedliche Bewertung ist auf den Zweck des Erbbaurechts zurückzuführen, eine Befristung würde konträr zum Erbbaurechtszweck verlaufen, der nach einer Sicherung über die gesamte Dauer des Erbbaurechts verlangt.[621] Eine Einschränkung würde zu wiederholten Verlängerungs- und Erneuerungsoptionen nötigen.[622] Dabei sind Grund-

611 *Lahmann*, ErbbauZ 2022, 9, 12.

612 Umfrage des Deutschen Erbbaurechtsverbandes vom April 2022, ErbbauZ 2022, 90: 58,3 Prozent der Beteiligten gaben an, dass der Heimfall die letzten 20 Jahre nicht eingetreten ist, bei 41,7 Prozent der Beteiligten weniger als 10-mal. Hauptauslösungsgrund ist Zahlungsverzug beim Erbbauzins.

613 *Glaß/Scheidt*, § 2 Anm. II Pkt. 2 b.

614 OLG Hamm, Beschl. v. 27.10.2014, Az. 22 U 122/13 = BeckRS 2014, 22170: „scharfe Heimfalldrohung“.

615 *Räfle*, § 2 Rn 39 („folgenschwerer Heimfall“).

616 OLG Hamm, Beschl. v. 9.8.1985, Az. 15 W 277/85 = NJW-RR 1986, 693.

617 *Schmenger*, BWNotZ 2006, 73, 87.

618 Vgl. auch *Nagel/Merk/Schirmer*, ErbbauZ 2023, 162, 164.

619 BGH, Beschl. v. 26.6.2015, Az. V ZR 144/14 = DNotZ 2015, 761; *Nagel/Merk/Schirmer*, ErbbauZ 2023, 162, 165.

620 BGH, Urt. v. 29.10.2010, Az. V ZR 48/10 = NJW 2011, 515; BGH, Urt. v. 20.5.2011, Az. V ZR 76/10 = NJW-RR 2011, 1582.

621 BGH, Beschl. v. 26.6.2015, Az. V ZR 144/14 = DNotZ 2015, 761, 764.

622 BGH, Beschl. v. 26.6.2015, Az. V ZR 144/14 = DNotZ 2015, 761, 765.

stückseigentümer und Erbbauberechtigter nicht an einen vorgegebenen Katalog von Heimfallgründen gebunden, sondern können grundsätzlich **jedes**[623] **Ereignis** als heimfallauslösend vereinbaren. Allerdings muss ein **rechtlicher oder wirtschaftlicher Zusammenhang mit dem Erbbaurecht** bestehen.[624] Das ErbbauRG regelt nicht, unter welchen Umständen der Heimfallanspruch ausgelöst werden kann.[625] Es gilt **Vertragsfreiheit**, begrenzt lediglich durch die gesetzesimmanenten Schranken der §§ 6 Abs. 2, 9 Abs. 4 ErbbauRG[626] und §§ 134, 138, 242 BGB.[627] Zugrunde gelegt werden können Vertragsverletzungen, ein vertragswidriges Verhalten des Erbbauberechtigten,[628] daneben aber auch andere Gründe.[629] Dass nur Vertragsverletzungen den Heimfall auslösen können, lässt sich dem Erbbaurechtsgesetz nicht entnehmen.[630] Insoweit gilt ein modifizierter Bestimmtheitsgrundsatz.[631] Die **Abwägung** kann aber ergeben, dass **Heimfallregelungen überflüssig bzw. abträglich** sind und die investorenfreundliche bzw. verbraucherfreundliche Ausgestaltung des Erbbaurechts es gebietet, **wenige oder rudimentäre Heimfallregelungen** im Erbbaurechtsvertrag vorzusehen.[632] Eine Kaskade von Heimfallgründen kann auf mögliche Investoren abschreckend wirken,[633] ebenso die Aussicht auf Zahlung einer Entschädigung oder das Bestehenbleiben von Grundpfandrechten.[634] Insbesondere vor dem Hintergrund bestehenbleibender Grundpfandrechte kann die Zwangsversteigerung des Erbbaurechts einen Königsweg offerieren, der dem Heimfallrecht versagt ist.[635] Überdies sind phänotypisch Grundstückseigentümer zu berücksichtigen, denen die Realisierung einer Bebauungspflicht weniger wichtig ist als die Zahlung

623 BGH, Urt. v. 11.7.2003, Az. V ZR 56/02 = NJW-RR 2003, 1524; BGH, Urt. v. 20.10.2023, Az. V ZR 205/22 = DNotZ 2024, 180, 181; *Schmidt-Räntsch*, ZfIR 2014, 269, 274; *Schmenger*, BWNotZ 2006, 73, 87; zur Vertragsfreiheit vgl. auch *Meyer*, NZI 2007, 487, 489; *Reichel*, ZfIR 2023, 315, 321; *Wolffskeel v. Reichenberg*, MittBayNot 2021, 219, 220.

624 OLG Hamm, Beschl. v. 9.8.1985, Az. 15 W 277/85 = NJW-RR 1986, 693; Staudinger/*Rapp*, § 2 Rn 21a und 21b; *Winkler*, NJW 1992, 2514, 2520; MüKo/*Weiß*, § 2 Rn 28; Nagel/*Swars*, § 2 Rn 89.

625 OLG Hamm, Beschl. v. 9.8.1985, Az. 15 W 277/85 = NJW-RR 1986, 693.

626 OLG Schleswig, Urt. v. 5.6.2014, Az. 2 U 2/14 = NJOZ 2014, 1299, 1303; *Räfle*, § 2 Rn 27; OLG Karlsruhe, Urt. v. 31.5.2000, Az. 19 U 232/98 = NJW-RR 2002, 413; *Winkler*, NJW 1992, 2514, 2520; *Reichel*, ZfIR 2023, 315, 321.

627 *Räfle*, § 2 Rn 23; *Winkler*, NJW 1992, 2514, 2520, Verbot gesetzes- oder sittenwidriger Vereinbarungen; ebenso *Reichel*, ZfIR 2023, 315, 321.

628 *Dieckmann*, BWNotZ 2021, 350, 354.

629 OLG Karlsruhe, a.a.O.

630 OLG Karlsruhe, a.a.O.

631 Ingenstau/Hustedt/*Hustedt*, § 2 Rn 62 („sehr großzügig"); zum Bestimmtheitsgrundsatz vgl. auch *Schmidt-Räntsch*, ZfIR 2014, 269, 274.

632 Vgl. hierzu *Nagel*, ErbbauZ 2020, 2, 3: „je mehr Heimfallgründe…umso unattraktiver".

633 *Nagel*, ErbbauZ 2020, 2, 3, 4.

634 *Nagel*, ErbbauZ 2020, 2, 3.

635 Zur Interessenwahrung in der Zwangsversteigerung, in der die Grundpfandrechte erlöschen, vgl. *Nagel*, ErbbauZ 2020, 2, 3.

des Erbbauzinses.[636] Vertragsstrafen stehen solchen Überlegungen näher als Heimfallregelungen.[637] Im Raum steht auch ein **gänzlicher Verzicht auf Heimfallregelungen**.[638] Dies gilt in gleicher Weise,[639] um einem evtl. Haftungsrisiko nach § 33 Abs. 2 S. 1 ErbbauRG zu entgehen, einer Schuldübernahme durch den Eigentümer. In der Praxis größerer Stiftungen wird bereits **vollständig auf Heimfallregelungen verzichtet**[640] oder mit der **erheblichen Reduzierung**[641] **der Heimfallgründe** gearbeitet, um das **Erbbaurecht attraktiver und beleihungsfähiger** zu gestalten. Mit dem Verzicht auf den Heimfall gibt der Grundstückseigentümer jedoch eine wirkmächtige Steuerungs- und Sanktionierungsmöglichkeit aus der Hand, um auf Vertragsverletzungen zu reagieren.[642] In der **Praxis größerer Stiftungen** wird ein **Mittelweg**[643] empfohlen, der darin besteht, **nur wenige, aber gewichtige Verstöße mit dem Heimfall zu ahnden**,[644] beispielsweise den Verstoß gegen die Bebauungs- oder die Nutzungsverpflichtung oder (bei kirchlichen Rechtsträgern) den Verstoß gegen die kirchliche Loyalitätspflicht.[645]

Auf ein **Verschulden** des Erbbauberechtigten oder etwaigen **Verzug** kommt es grundsätzlich nicht an.[646] Der Erbbaurechtsvertrag kann allerdings vorsehen, dass nur Verzug oder Verschulden den Heimfall auslöst.[647] Die Implementierung einer entsprechenden Regelung kann sich aus der Sicht der Vertragspraxis empfehlen, um einen Konflikt mit dem Übermaßverbot[648] zu vermeiden. Eine nicht fristgerechte Bauwerkserrichtung, die auf eine unverschuldet späte Erteilung der Baugenehmigung zurückzuführen ist, löst dann keinen Heimfall aus.[649] 76

In der Vertragspraxis wird der Heimfallanspruch häufig mit dem **Pflichtenkatalog** verkoppelt, der den Erbbauberechtigten trifft. Verstößt der Erbbauberechtigte gegen die Bauerrichtungs-,[650] die Instandhaltungs-, die Wiederaufbau- oder die Lastentragungsverpflichtung, und zwar trotz Abmahnung, ist der Erbbauberechtigte verpflichtet, das Erb-

636 *Nagel*, ErbbauZ 2020, 2, 3.
637 *Nagel*, ErbbauZ 2020, 2, 3.
638 *Nagel*, ErbbauZ 2020, 2, 4; *Dieckmann*, BWNotZ 2021, 350, 359.
639 *Dieckmann*, BWNotZ 2021, 350, 359, unter Verweis auf die Bestellungspraxis der Klosterkammer Hannover.
640 Vgl. die Schilderung von *Kost*, ErbbauZ 2024, 34, 36.
641 *Kost*, ErbbauZ 2024, 34, 36.
642 Zum Heimfallrecht als „Funktionsäquivalent zum außerordentlichen Kündigungsrecht" vgl. *Dieckmann*, BWNotZ 2021, 350, 359.
643 Zum Mittelweg vgl. *Kost*, ErbbauZ 2024, 34, 36.
644 *Kost*, ErbbauZ 2024, 34, 36.
645 Zur evangelischen Loyalitätsklausel und zum Verstoß als Heimfallgrund vgl. *Kost*, ErbbauZ 2024, 34, 37.
646 Ingenstau/Hustedt/*Hustedt*, § 2 Rn 76; Bamberger/Roth/*Maaß*, § 2 Rn 16; Staudinger/*Rapp*, § 2 Rn 21a.
647 *Winkler*, NJW 1992, 2514, 2520.
648 Zum Übermaßverbot vgl. *Räfle*, § 2 Rn 30.
649 *Winkler*, NJW 1992, 2514, 2520.
650 *Nagel/Merk/Schirmer*, ErbbauZ 2023, 162, 165.

baurecht auf den Grundstückseigentümer oder einen Dritten zu übertragen. Auf diese Art und Weise können alle Entwicklungen sanktioniert werden, die den Bestellungszweck unterlaufen und „die rechtliche oder wirtschaftliche Sicherheit des Erbbaurechts gefährden".[651]

Der **BGH**[652] erachtet sogar die Verwendung **unbestimmter Rechtsbegriffe** für wirksam, um die Heimfallvoraussetzungen zu beschreiben, obgleich § 2 Nr. 4 ErbbauRG vom Eintritt „bestimmter Voraussetzungen" spricht. Ein Auslösemechanismus, dessen Konstruktion alle Eventualitäten auflistet, bleibt den Vertragsbeteiligten erspart. Es reicht aus, den Heimfallgrund in hinreichend[653] bestimmter Art und Weise zu umschreiben. Ein unbestimmter Rechtsbegriff ist beispielsweise in der Formulierung des *„stets guten Zustands"*[654] zu erblicken. Der Bestimmtheitsgrundsatz steht der Verwendung unbestimmter Rechtsbegriff zur Umschreibung der Heimfallvoraussetzungen nicht entgegen.[655]

77 **Zulässig** sind die folgenden Klauseln:

- „Der Grundstückseigentümer kann das Heimfallrecht auch dann geltend machen, sofern das Grundstück dadurch für ihn günstiger genutzt oder verwertet werden kann";[656] ob sich ein wirtschaftlich besseres Ergebnis erzielen lässt, kann u.U. mit Hilfe eines Sachverständigen eruiert werden.[657]
- Nutzung des Erbbaugrundstücks in „aus gesundheitlichen oder sittlichen Gründen zu beanstandender Weise."[658]
- „Sofern die Fortsetzung des Erbbaurechtsverhältnisses aus einem in der Person des Erbbauberechtigten liegenden Grund eine unbillige Härte bedeuten würde."[659]
- Sofern ein „wichtiger Grund gegeben ist, der in der Person des Erbbauberechtigten liegt, der die Fortsetzung des Erbbaurechts für den Grundstückseigentümer unzumutbar macht."[660]
- Sofern dringende städtebauliche Gründe bestehen, die eine kurzfristige Reaktion auf den Bodenbedarf erfordern.[661]

651 *Glaß/Scheidt*, § 2 Anm. II Pkt. 2 b.
652 BGH a.a.O.; BGH, Urt. v. 20.10.2023, Az. V ZR 205/22 = DNotZ 2024, 180, 181; Staudinger/*Rapp*, § 2 Rn 21.
653 *Räfle*, § 2 Rn 24; BGH, Urt. v. 20.10.2023, Az. V ZR 205/22 = DNotZ 2024, 180, 181.
654 BGH, Urt. v. 20.10.2023, Az. V ZR 205/22 = DNotZ 2024, 180, 181.
655 BGH, Urt. v. 20.10.2023, Az. V ZR 205/22 = DNotZ 2024, 180, 181.
656 BGH a.a.O.; *Schmidt-Räntsch*, ZfIR 2014, 269, 274.
657 *Schmidt-Räntsch*, ZfIR 2014, 269, 274.
658 BGH WM 1984, 1514, 1516; *Räfle*, § 2 Rn 24.
659 LG Oldenburg Rpfleger 1979, 383, 384.
660 LG Düsseldorf MittRhNotK 1989, 218, 219; MüKo/*Weiß*, § 2 Rn 29; zum „wichtigen Grund" vgl. auch LG Oldenburg Rpfleger 1979, 383; *Räfle*, § 2 Rn 24; Bamberger/Roth/*Maaß*, § 2 Rn 16.
661 *Nagel/Merk/Schirmer*, ErbbauZ 2023, 162, 165.

- Sofern der Erbbauberechtigte „die Bestimmungen dieses (Erbbaurechts) Vertrages nicht erfüllt oder ihnen zuwiderhandelt."[662] Hierzu zählt auch der Fall, dass der Erbbauberechtigte seiner Pflicht zur Lasten- und Kostentragung (§ 2 Nr. 2 ErbbauRG) nicht nachkommt.
- Der Erbbauberechtigte verstößt gegen eine beliebige Verpflichtung des Erbbaurechtsvertrags,[663] beispielsweise die Bauerrichtungspflicht,[664] die Instandhaltungspflicht,[665] die Bauwerkverwendungspflicht,[666] eine Mietobergrenzenpflicht[667] oder die Wiederaufbaupflicht.[668]
- Vereinbarung eines Heimfallanspruchs für den Fall des Todes des Erbbauberechtigten[669] oder des Grundstückseigentümers.[670]
- Vereinbarung eines Heimfallanspruchs für den Fall, dass der Erbbauberechtigte seine Rechtsfähigkeit verliert.
- Wesentliche Gebäudeveränderungen bzw. Abriss ohne notwendige Zustimmung des Grundstückseigentümers,[671] sofern die Gebäudeveränderungen nicht zumutbar sind und sich im üblichen Rahmen halten.
- Vereinbarung eines Heimfallanspruchs für den Fall einer Aufteilung des Erbbaurechts in Wohnungs- und Teilerbbaurechte.[672]

662 BGH, Urt. v. 30.4.1986, Az. V ZR 80/85 = NJW-RR 1986, 1269; BGH, Urt. v. 20.10.2023, Az. V ZR 205/22 = DNotZ 2024, 180.

663 Siehe BGH NJW 1984, 2213, 2214; *Schmenger*, BWNotZ 2006, 73, 87; *Räfle*, § 2 Rn 24; *Wolffskeel v. Reichenberg*, MittBayNot 2021, 219, 220; MüKo/*Weiß*, § 2 Rn 29.

664 BGH, Urt. v. 28.9.1984, Az. V ZR 135/83 = NJW 1985, 1464; BGH, Urt. v. 19.1.2024, Az. V ZR 191/22 = ErbbauZ 2024, 48, 50 = BeckRS 2024, 408; *Nagel*, ErbbauZ 2020, 2, 3; *Räfle*, § 2 Rn 25; *Dieckmann*, BWNotZ 2021, 350, 354, 355; *Wolffskeel v. Reichenberg*, MittBayNot 2021, 219, 220; Ingenstau/Hustedt/*Hustedt*, § 2 Rn 65. Vgl. auch *Kost*, ErbbauZ 2024, 34, 36; *Nagel/Merk/Schirmer*, ErbbauZ 2023, 162, 165; *Grziwotz*, ErbbauZ 2022, 126, 133; MüKo/*Weiß*, § 2 Rn 29.

665 *Wolffskeel v. Reichenberg*, MittBayNot 2021, 219, 220; BGH, Urt. v. 20.10.2023, Az. V ZR 205/22 = DNotZ 2024, 180, 181.

666 Ingenstau/Hustedt/*Hustedt*, § 2 Rn 66; *Kost*, ErbbauZ 2024, 34, 36; *Grziwotz*, ErbbauZ 2022, 126, 133.

667 *Nagel*, ErbbauZ 2020, 2, 3; *Nagel/Merk/Schirmer*, ErbbauZ 2023, 162, 165.

668 Staudinger/*Rapp*, § 2 Rn 21.

669 OLG Hamm, Beschl. v. 2.2.1965, Az. 15 W 286/64 = OLGZ 1965, 72; OLG Karlsruhe, Urt. v. 31.5.2000, Az. 19 U 232/98 = NJW-RR 2002, 413; siehe bereits *Glaß/Scheidt*, § 2 Anm. II Pkt. 2 b; *Räfle*, § 2 Rn 26; Ingenstau/Hustedt/*Hustedt*, § 2 Rn 67; *Winkler*, NJW 1992, 2514, 2520; Bamberger/Roth/*Maaß*, § 2 Rn 15.

670 OLG Karlsruhe a.a.O.; *Räfle*, a.a.O.; *Winkler* a.a.O.

671 BGH, Urt. v. 30.4.1986, Az. V ZR 80/85 = NJW-RR 1986, 1269; *Räfle*, § 2 Rn 24; bei Ausübung gilt der Grundsatz von Treu und Glauben, zu berücksichtigen ist, ob die Gebäudeveränderungen für den Grundstückseigentümer nicht zumutbar sind, „inbes. wenn sie sich unter Berücksichtigung der Zweckbestimmung des Gebäudes im Rahmen des … Üblichen und Normalen halten und berücksichtigenswerte Interessen des Grundstückseigentümers nicht entgegenstehen", BGH a.a.O., 1270; vgl. auch BayObLG MittBayNot 1992, 45 = Rpfleger 1991, 303. Zur zulässigen Vereinbarung einer Zustimmungspflicht für den ganzen oder teilweisen Abriss vgl. OLG Saarbrücken, Beschl. v. 12.2.2020, Az. 5 W 83/19 = BeckRS 2020, 3169.

672 *Grziwotz*, ErbbauZ 2022, 126, 133.

- Zerstörung oder grobe Vernachlässigung des Bauwerks.[673]
- Nutzungsänderung des Bauwerks ohne Zustimmung des Grundstückseigentümers.
- Erbbauzinszahlungsverzug des Erbbauberechtigten, mindestens allerdings in Höhe zweier Jahresbeiträge, § 9 Abs. 4 ErbbauRG,[674] wobei die absolute Höhe entscheidet, die aufgelaufene Summe, nicht der Zeitraum.[675]
- Über das Vermögen des Erbbauberechtigten wird das Insolvenzverfahren eröffnet[676] oder mangels Masse abgelehnt.[677] Unter Berücksichtigung der BGH-Rspr.[678] empfiehlt sich ein Hinweis darauf, dass die Anfechtung (§§ 133 Abs. 1, 146 Abs. 2 InsO) dieser Regelung droht, sollte keine Vergütung gezahlt oder ein Missverhältnis zwischen Leistung und Gegenleistung im Insolvenzverfahren festgestellt werden. Der Heimfall mag entstehen, ist aber u.U. insolvenzrechtlich nicht durchsetzbar.[679] Ob der Heimfall in der Insolvenz des Erbbauberechtigten angefochten wird, lässt sich allerdings kaum prognostizieren, weil eine Einzelfallbetrachtung[680] erfolgen muss. Ausgeschlossen ist dagegen die Anfechtung, sofern der Erbbaurechtsvertrag länger als 10 Jahre vor dem Eröffnungsantrag abgeschlossen wurde, § 133 Abs. 1 S. 1 InsO.
- Insolvenzantragstellung über das Vermögen des Erbbauberechtigten.[681]
- Zahlungsunfähigkeit oder Überschuldung des Erbbauberechtigten.[682]
- Die Anordnung der Zwangsversteigerung oder Zwangsverwaltung des Erbbaurechts,[683] bei Zwangsmaßnahmen, die vom Grundstückseigentümer wegen rückständiger Erbbauzinsen betrieben werden, jedoch unter Berücksichtigung der gesetzlichen Schranke in § 9 Abs. 4 ErbbauRG[684] (Erbbauzinsrückstand in Höhe zweier Jahresbeträge); die derzeitige Vertragsgestaltung geht hierauf noch nicht ein und nimmt den Heimfallgrund auf, ohne ihn in der gebotenen Weise einzuschränken, was zu Ur-

673 *Räfle*, § 2 Rn 25.

674 Ebenso *Dieckmann*, BWNotZ 2021, 350, 354; *Grziwotz*, ErbbauZ 2022, 126, 133.

675 Bamberger/Roth/Hau/Poseck/*Maaß*, § 9 Rn 21; *Nagel*, ErbbauZ 2020, 2, 3.

676 *Meyer*, NZI 2007, 487, 489; Spiegelberger/Schallmoser/*Rapp*, Rn 5.46, kein Verstoß gegen § 138 BGB bzw. § 119 InsO; *Reichel*, ZfIR 2023, 315, 322; *Dieckmann*, BWNotZ 2021, 350, 354; *Becker*, InsbürO 2023, 142; MüKo/*Weiß*, § 2 Rn 29.

677 Vgl. *Schmidt-Räntsch*, ZfIR 2014, 269, 275; OLG Jena, Urt. v. 25.1.2006, Az. 2 U 746/05 = BeckRS 2006, 07328; *Meyer*, a.a.O.

678 BGH, Urt. v. 19.4.2007, Az. IX ZR 59/06 = NJW 2007, 2325; Bamberger/Roth/*Maaß*, § 2 Rn 15.1.

679 Bamberger/Roth/*Maaß*, § 2 Rn 15.1.

680 Ingenstau/Hustedt/*Hustedt*, § 2 Rn 70.

681 *Meyer*, NZI 2007, 487, 489, 490.

682 Kein Widerspruch zu § 9 Abs. 4 ErbbauRG, vgl. OLG Karlsruhe, Urt. v. 31.5.2000, Az. 19 U 232/98 = NJW-RR 2002, 413; *Meyer*, NZI 2007, 487, 489; *Grziwotz*, ErbbauZ 2022, 126, 133.

683 *Räfle*, a.a.O.; *Dieckmann*, BWNotZ 2021, 350, 354; *Grziwotz*, ErbbauZ 2022, 126, 133; Spiegelberger/Schallmoser/*Rapp*, Rn 5.46, kein Verstoß gegen § 138 BGB bzw. § 119 InsO; *Schmidt-Räntsch*, ZfIR 2014, 269, 274.

684 So OLG Hamm, Beschl. v. 27.10.2014, Az. 22 U 122/13 = BeckRS 2014, 22170 = NJOZ 2015, 164; andernfalls wird die Regelung des § 9 Abs. 4 ErbbauRG umgangen.

teilen führen kann, an deren Ende die grundstürzende Erkenntnis steht, der Grundstückseigentümer sei überhaupt nicht heimfallberechtigt gewesen.[685] Daher empfiehlt sich der Hinweis auf den Vorbehalt des § 9 Abs. 4 ErbbauRG.

- Der Erbbauberechtigte gibt die Eidesstattliche Versicherung ab.[686]
- Der Erwerber des Erbbaurechts tritt nicht in alle schuldrechtlichen Verpflichtungen des Erbbaurechtsvertrags ein.[687]
- Dringender Eigenbedarf des Grundstückseigentümers[688] oder seiner Erben.
- Kirchenfeindliches Verhalten des Erbbauberechtigten.[689]
- Heimfallanspruch für den Fall des Verstoßes gegen die Verpflichtung, Grundstück und Bauwerk nicht zu Handlungen und Zwecken zu verwenden, die geeignet sind, das Ansehen der evangelischen Kirche (alternativ: der christlichen Kirchen) herabzusetzen.[690]
- Heimfallanspruch für den Fall der Belastung des Erbbaurechts mit Rechten, die nicht in § 5 Abs. 2 ErbbauRG genannt sind[691] (etwa Nießbrauch, Dienstbarkeiten, Vorkaufsrechte).
- Schließlich die bloße Möglichkeit, ein wirtschaftlich besseres Ergebnis erzielen zu können.[692]

Die entsprechenden Heimfallregelungen müssen noch in einen weiteren Kontext eingeordnet werden.

Heimfallbestimmungen 78

Der Grundstückseigentümer kann die Übertragung des Erbbaurechts auf sich oder auf einen von ihm benannten Dritten auf Kosten des Erbbauberechtigten als Heimfall verlangen, sofern

- das Grundstück dadurch für den Grundstückseigentümer günstiger genutzt oder verwertet werden kann

685 So im entschiedenen Fall des OLG Hamm a.a.O.

686 *Schmenger*, BWNotZ 2006, 73, 87.

687 *Schmenger*, a.a.O.

688 *Räfle* a.a.O.; Bamberger/Roth/*Maaß*, § 2 Rn 15,

689 Vgl. Ingenstau/Hustedt/*Hustedt*, § 2 Rn 73; Staudinger/*Rapp*, § 2 Rn 21; *Räfle*, § 2 Rn 28; *Winkler*, NJW 1992, 2514, 2520; *Böttcher*, Rn 206; *Böttcher*, ZNotP 2021, 49, 50; BeckOK-Hügel/*Otto*, 53. Edition, Stand 3.6.2024, Sonderbereich Erbbaurecht, Rn 103.1; zur kirchlichen Loyalitätspflicht vgl. *Kost*, ErbbauZ 2024, 34, 36.

690 Sog. evangelische Loyalitätsklausel; zur Vereinbarung eines Heimfallgrundes vgl. *Kost*, ErbbauZ 2024, 34, 37.

691 OLG Hamm, Beschl. v. 9.8.1985, Az. 15 W 277/85 = NJW-RR 1986, 693; eine direkte Anwendung des § 6 Abs. 2 ErbbauRG scheidet aus, ebenso eine analoge Anwendung, vgl. OLG Hamm a.a.O., da der Schutzzweck der Norm nicht berührt ist; ebenso Staudinger/*Rapp*, § 2 Rn 21.

692 BGH Rpfleger 2003, 569; *Schmidt-Räntsch*, ZfIR 2014, 269, 274.

- das Erbbaugrundstück in einer aus gesundheitlichen oder sittlichen Gründen zu beanstandenden Weise genutzt wird
- die Fortsetzung des Erbbaurechtsverhältnisses aus einem in der Person des Erbbauberechtigten liegenden Grund eine unbillige Härte bedeuten würde
- ein wichtiger Grund gegeben ist, der in der Person des Erbbauberechtigten liegt, der die Fortsetzung des Erbbaurechts für den Grundstückseigentümer unzumutbar macht
- der Erbbauberechtigte die Bestimmungen dieses Erbbaurechtsvertrages nicht erfüllt oder ihnen zuwiderhandelt[693]
- der Erbbauberechtigte gegen eine beliebige Verpflichtung des Erbbaurechtsvertrags verstößt, beispielsweise die Bauerrichtungspflicht, die Instandhaltungspflicht,[694] die Bauwerkverwendungspflicht oder die Wiederaufbaupflicht
- der Erbbauberechtigte oder der Grundstückseigentümer verstirbt
- wesentliche Gebäudeveränderungen oder der Abriss[695] ohne notwendige Zustimmung des Grundstückseigentümers vorgenommen werden, sofern die Gebäudeveränderungen nicht zumutbar sind und sich im üblichen Rahmen halten
- das aufgrund des Erbbaurechts errichtete Bauwerk zerstört oder grob vernachlässigt wird
- am Bauwerk des Erbbaurechts ohne Zustimmung des Grundstückseigentümers Nutzungsänderungen vorgenommen werden
- Erbbauzinszahlungsverzug des Erbbauberechtigten besteht, mindestens allerdings in Höhe zweier Jahresbeiträge, § 9 Abs. 4 ErbbauRG
- über das Vermögen des Erbbauberechtigten das Insolvenzverfahren eröffnet oder mangels Masse abgelehnt wird; sollte jedoch keine Vergütung gezahlt werden oder ein Missverhältnis zwischen Leistung und Gegenleistung im Insolvenzverfahren festgestellt werden, droht allerdings die Anfechtung dieser Regelung, §§ 133 Abs. 1, 146 Abs. 2 InsO
- über das Vermögen des Erbbauberechtigten der Antrag auf Insolvenzeröffnung gestellt wird
- Zahlungsunfähigkeit oder Überschuldung des Erbbauberechtigten besteht
- die Zwangsversteigerung oder die Zwangsverwaltung des Erbbaurechts angeordnet wird; bei Zwangsmaßnahmen, die vom Grundstückseigentümer wegen rückständiger Erbbauzinsen betrieben werden, ist jedoch ein Erbbauzinsrückstand in Höhe zweier Jahresbeträge erforderlich, § 9 Abs. 4 ErbbauRG
- der Erbbauberechtigte die Eidesstattliche Versicherung abgibt

693 BGH, Urt. v. 20.10.2023, Az. V ZR 205/22 = DNotZ 2024, 180.
694 BGH, Urt. v. 20.10.2023, Az. V ZR 205/22 = DNotZ 2024, 180.
695 Zur Vereinbarung einer Zustimmungspflicht für den vollständigen bzw. teilweisen Abriss vgl. OLG Saarbrücken, Beschl. v. 12.2.2020, Az. 5 W 83/19 = BeckRS 2020, 3169.

- der Erwerber des Erbbaurechts nicht in alle schuldrechtlichen Verpflichtungen des Erbbaurechtsvertrags eintritt
- dringender Eigenbedarf des Grundstückseigentümers oder seiner Erben gegeben ist
- kirchenfeindliches Verhalten des Erbbauberechtigten festzustellen ist
- das Erbbaurecht mit Rechten belastet wird, die nicht in § 5 Abs. 2 ErbbauRG genannt sind (etwa Nießbrauch, Dienstbarkeiten, Vorkaufsrechte)
- der Erbbauberechtigte gegen die vertraglich vereinbarten Belegungs- und Mietpreisbeschränkungen für den erwähnten Personenkreis missachtet, nachdem der Erbbauberechtigte ordnungsgemäß gemahnt und ihm eine Nachfrist gesetzt wurde
- ein Gericht rechtskräftig feststellt, dass dieser Erbbaurechtsvertrag unter Verstoß gegen die Bestimmungen des Vergaberechts geschlossen wurde und die Anpassung dieses Vertrages unmöglich oder für eine der Parteien unzumutbar wäre.

Steht das Erbbaurecht mehreren Berechtigten zu, reicht es aus, dass nur hinsichtlich eines Erbbauberechtigten ein Heimfallgrund besteht.

Nur Verzug oder Verschulden des Erbbauberechtigten soll den Heimfall auslösen.

Der Heimfallanspruch verjährt in sechs Monaten von dem Zeitpunkt an, in dem der Grundstückseigentümer von dem Vorhandensein der Voraussetzungen Kenntnis erlangt hat, anderenfalls in zwei Jahren.

Der Grundstückseigentümer kann die Zahlung einer Vertragsstrafe nach § 2 Nr. 5 ErbbauRG verlangen, sofern einer der oben beschriebenen Heimfallgründe vorliegt. Die Vertragsstrafe beläuft sich auf ... % des Erbbauzinses einschließlich Erbbauzinsanpassung, bezogen auf die Dauer des Verstoßes. Die Zahlung der Vertragsstrafe befreit den Erbbauberechtigten nicht von der Erfüllung seiner Verpflichtungen.

Der Grundstückseigentümer ist verpflichtet, an den Erbbauberechtigten eine Entschädigung zu bezahlen, sofern der Grundstückseigentümer von seinem Heimfallanspruch Gebrauch macht. Dies gilt aber nur für Bauwerke, die der Grundstückseigentümer genehmigt hat. Für Bauwerke oder Bauwerksteile, die der Erbbauberechtigte ohne Zustimmung des Grundstückseigentümers errichtet hat, ist keine Entschädigung zu zahlen. Die Entschädigung beläuft sich auf ... % des Verkehrswertes der Bauwerke im Zeitpunkt des Heimfalls. Die Entschädigung ist ... Monate nach Übertragung des Erbbaurechts, bei mangelnder Einigung frühestens nach Vorliegen der Schätzung zur Zahlung fällig und bis dahin unverzinslich. Die Entschädigung mindert sich um rückständige Erbbauzinsen. Übernimmt der Grundstückseigentümer gem. § 33 Abs. 2 ErbbauRG Schulden und Lasten, sind diese auf die Entschädigung anzurechnen. Ggf. ist der Erbbauberechtigte verpflichtet, überschießende Beträge dem Grundstückseigentümer zu erstatten, sollten die Schulden und Lasten höher als die Entschädigung sein.

Falls keine Einigkeit über den Verkehrswert besteht, ist der Verkehrswert durch zwei vereidigte Sachverständige zu ermitteln, wovon einen der Grundstückseigentümer und einen der Erbbauberechtigte benennt. Die Gutachterkosten tragen Grundstückseigentümer und Erbbauberechtigter zu je ½. Die Vergütung für das Bauwerk ist innerhalb von … Wochen ab Beurkundung der Erbbaurechtsübertragung zu bezahlen.

Alternativ:

Können sich die Vertragsteile über die Höhe der Entschädigung nicht binnen … nach Ausübung des Heimfallanspruchs einigen, ist der Wert des Bauwerks durch einen vom Präsidenten bzw. Direktor des Amtsgerichts benannten gerichtlich vereidigten Sachverständigen zu schätzen. Diese Schätzung ist für die Vertragsteile verbindlich. Die Kosten des Gutachtens trägt nur der Erbbauberechtigte.

Alternativ:

Können sich die Vertragsteile über die Höhe der Entschädigung nicht binnen … nach Ausübung des Heimfallanspruchs einigen, ist der Wert des Bauwerks durch einen vereidigten Sachverständigen zu ermitteln, den der Präsident der örtlich zuständigen Industrie- und Handelskammer bestellt. Die Kosten des Gutachtens trägt …

79 **Unzulässig** sind die folgenden Klauseln:

- Heimfallanspruch für den Fall der Veräußerung oder Belastung des Erbbaurechts ohne Zustimmung des Grundstückseigentümers, vgl. § 6 Abs. 2 ErbbauRG[696]
- vorbehaltsloser Erbbauzinszahlungsverzug, vgl. bereits § 9 Abs. 4 ErbbauRG, wonach der Rückstand mindestens zwei Jahresbeträge betragen muss[697]
- Heimfallanspruch für den Fall, dass ein Pachtvertrag über ein anderes Grundstück beendet wird, denn hier liegt kein Zusammenhang mit dem Erbbaurecht vor;[698] Gleiches gilt für die Beendigung eines anderen Vertragsverhältnisses, das in keinerlei Zusammenhang mit dem Erbbaurecht steht
- ob ein Heimfallanspruch für den Fall, dass der Erbbauberechtigte nicht mehr einer bestimmten Religionsgemeinschaft angehört[699] bzw. seinen Kirchenaustritt erklärt,[700] unzulässig ist,[701] wird in der **neueren Literatur**[702] angezweifelt. Grund soll der

696 BayObLG MittBayNot 1992, 45 = Rpfleger 1991, 303; Ingenstau/Hustedt/*Hustedt*, § 2 Rn 74; MüKo/*Weiß*, § 2 Rn 30.

697 Staudinger/*Rapp*, § 2 Rn 21.

698 OLG Hamm, Beschl. v. 9.8.1985, Az. 15 W 277/85 = NJW-RR 1986, 693; *Räfle*, § 2 Rn 28, kein schutzwürdiger Bezug zum Erbbaurechtsverhältnis.

699 Verstoß gegen die guten Sitten, da das Grundrecht der Religionsfreiheit eingeschränkt wird, so die h.M., vgl. Ingenstau/Hustedt/*Hustedt*, § 2 Rn 73; *Winkler*, NJW 1992, 2514, 2520; *Böttcher*, Rn 206; *Böttcher*, ZNotP 2021, 49, 50; BeckOK-Hügel/*Otto*, 53. Edition, Stand 3.6.2024, Sonderbereich Erbbaurecht, Rn 103.1; MüKo/*Weiß*, § 2 Rn 30; Bamberger/Roth/*Maaß*, § 2 Rn 17.

700 *Böttcher*, Rn 206; Bamberger/Roth/*Maaß*, § 2 Rn 17; *Böttcher*, ZNotP 2021, 49, 50; **a.A.** Lemke/*Czub*, § 2 Rn 21, zulässig, sofern die Kirche die Erbbaurechte ausschließlich an Mitglieder vergibt.

701 Vgl. zur Unzulässigkeit die oben aufgeführten Entscheidungen.

702 Nagel/*Swars*, § 2 Rn 103.

„Aspekt der vergünstigten Erbbaurechtsvergabe an Mitglieder“ sein,[703] der einen entsprechenden Heimfall rechtfertigen soll. Damit liegt der Fokus nicht mehr auf der Religionszugehörigkeit, sondern auf dem wirtschaftlichen Nachteil, den der Grundstückseigentümer erleidet. Sollte der Grundstückseigentümer auf dieser Klausel bestehen, ist auf die Rechtsunsicherheit hinzuweisen. Ggf. wird eine obergerichtliche Klärung erforderlich

- ein frei ausübbarer Heimfallanspruch, der an keinerlei Ausübungskriterien gebunden ist;[704] ein jederzeit nach Belieben des Grundstückseigentümers ausübbares Heimfallrecht scheitert daran, dass ein Verstoß gegen § 2 Nr. 4 ErbbauRG vorliegt.[705]

Ob der Heimfallanspruch durch eine **Vormerkung** gesichert werden kann, ist strittig.[706] **80**
Überwiegend klammert die aktuelle Vertragspraxis diesen Aspekt aus und begnügt sich mit der vertraglichen Verdinglichung, die § 2 Nr. 4 ErbbauRG gewährt.[707] Nach **Ausübung des Heimfallanspruchs** steht jedoch dem Grundstückseigentümer der Anspruch nach §§ 283, 285 BGB zu, der durch Eintragung einer Vormerkung am Erbbaurecht gesichert werden sollte, um den Erwerber eines Erbbaurechts zu signalisieren, dass ein Erwerb bevorsteht.[708]

Besondere Bedeutung kommt in diesem Zusammenhang der neueren **höchstrichterlichen Rechtsprechung**[709] zur **Geltendmachung** des Heimfallanspruchs gegenüber einem **Erwerber** oder **Ersteher** des Erbbaurechts zu. Die früher **h.M.** ging davon aus, dass dem Heimfallrecht als Inhalt des Erbbaurechts auch insoweit dingliche, allumfassende Wirkung zukommt. Dies bedeutete, dass der Anspruch des jeweiligen Grundstückseigentümers gegenüber dem jeweiligen Erbbauberechtigten durchgesetzt werden konnte, induziert durch einen Heimfallgrund. Nach dieser Folgekonzeption konnte der Heimfallanspruch auch gegenüber einem Erbbauberechtigten geltend gemacht werden, wenn die das Heimfallrecht begründenden Tatbestände von einem Rechtsvorgänger herrührten.[710] Diese Ansicht verglich die dingliche Wirkung des Heimfallrechts mit dem Schutz einer Vormerkung (§ 883 BGB), weshalb beispielsweise die Verletzung von Zahlungsverpflichtungen, begangen durch den Rechtsvorgänger, den ehemaligen Berechtig-

703 Nagel/*Swars*, § 2 Rn 103.

704 Spiegelberger/Schallmoser/*Rapp*, Rn 5.44.

705 *Schmidt-Räntsch*, ZfIR 2014, 269, 274; Spiegelberger/Schallmoser/*Rapp*, Rn 5.44.

706 Streitstand vgl. Bamberger/Roth/*Maaß*, § 2 Rn 14.

707 Siehe Ingenstau/Hustedt/*Hustedt*, § 2 Rn 82; zum Streitstand vgl. auch BeckOK-Hügel/*Otto*, 53. Edition, Stand 3.6.2024, Sonderbereich Erbbaurecht, Rn 104.1.

708 Bamberger/Roth/*Maaß*, § 2 Rn 14; *Böttcher*, Rn 199; vor Entstehung des Heimfallanspruchs keine Vormerkung; zur Eintragung einer Vormerkung nach Ausübung des Heimfalls vgl. auch Staudinger/*Rapp*, § 2 Rn 20.

709 BGH, Urt. v. 6.11.2015, Az. V ZR 165/14 = ZfIR 2016, 324 mit Anm. *Grziwotz* = notar 2016, 265 mit Anm. *Maaß* = MittBayNot 2017, 52 mit Anm. *Krauß* = NZM 2016, 837 = NZM 2016, 837 = DNotZ 2016, 448; *Rimmelspacher*, WuB 2016, 460; *Winkler/Schlögel*, § 4 Rn 92.

710 *Rahn*, BWNotZ 1961, 53; *Weichhaus*, Rpfleger 1979, 329; *Brehmer*, Rpfleger 1983, 477.

ten des Erbbaurechts, auch gegenüber dem Rechtsnachfolger, den aktuellen Berechtigten des Erbbaurechts, ausgeübt werden konnte. Dabei zählte auch der Erwerber in der Zwangsversteigerung zu den betroffenen Rechtsnachfolgern im Erbbaurecht.[711] Der **BGH**[712] konnte sich dieser Ansicht nicht anschließen. Nach Ansicht des BGH kommt einem Heimfallanspruch **insoweit keine dingliche Wirkung** zu. Sind die Heimfallvoraussetzungen bei einem früheren Erbbauberechtigten eingetreten, kann der Heimfall **nicht gegen den Erwerber des Erbbaurechts geltend gemacht** werden.[713] Die Ausübung kann nur gegenüber demjenigen Erbbauberechtigten erfolgen, der die Heimfallvoraussetzungen selbst gesetzt und selbst ausgelöst hat. Sofern mit der Übertragung des Erbbaurechts die bisherigen Pflichtverletzungen des Rechtsvorgängers ein Ende finden, setzt sich der Heimfallanspruch nicht fort.[714] Gegenüber einem Erwerber oder Ersteher kann dann der Heimfallanspruch nicht geltend gemacht werden.[715] Allerdings kann der Heimfallanspruch neu entstehen, sollte der Erwerber bzw. Ersteher die Pflichtverletzung fortsetzen und damit einen neuen Heimfallanspruch auslösen.[716] Gegen den Verlust seines Heimfallanspruchs kann sich der Grundstückseigentümer durch Eintragung einer **Vormerkung** absichern, etwa aufgrund einer einstweiligen Verfügung.[717] Eine weitere Schutzmöglichkeit resultiert aus der Vereinbarung einer **Veräußerungsbeschränkung** nach § 5 ErbbauRG, die im Zuge der geschilderten Heimfallrechtsprechung in das Zentrum gestalterischer Überlegungen rückt.

Die **Verjährung des Heimfallanspruchs** ist in § 4 ErbbauRG geregelt.[718] Der Anspruch verjährt in sechs Monaten von dem Zeitpunkt an, in dem der Grundstückseigentümer von dem Vorhandensein der Voraussetzungen Kenntnis erlangt hat,[719] anderenfalls in zwei Jahren.[720] Die **Verjährung des Heimfallanspruchs** beginnt **jedoch nicht zu laufen, solange die Pflichtverletzung durch den Erbbauberechtigten andauert**.[721] Eine Pflicht-

711 OLG Oldenburg DNotZ 1988, 591; *Weichhaus*, Rpfleger 1979, 329.

712 BGH, Urt. v. 6.11.2015, Az. V ZR 165/14 = ZfIR 2016, 324 mit Anm. *Grziwotz* = notar 2016, 265 mit Anm. *Maaß* = MittBayNot 2017, 52 mit Anm. *Krauß* = NZM 2016, 837 = NZM 2016, 837 = DNotZ 2016, 448; Staudinger/*Rapp*, § 2 Rn 20; *Nagel*, ErbbauZ 2020, 2; *Rimmelspacher*, WuB 2016, 460.

713 BGH a.a.O.; Bamberger/Roth/*Maaß*, § 2 Rn 19.

714 So bereits *Lemke/Czub*, § 2 Rn 19.

715 Ebenso *Winkler/Schlögel*, § 4 Rn 92; *Böttcher*, Rn 214.

716 *Winkler/Schlögel*, § 4 Rn 93; Bamberger/Roth/*Maaß*, § 2 Rn 19.

717 *Winkler/Schlögel*, § 4 Rn 93; Bamberger/Roth/*Maaß*, § 2 Rn 19.

718 Zur Verjährung vgl. insbesondere BGH, Urt. v. 20.10.2023, Az. V ZR 205/22 = DNotZ 2024, 180, 183.

719 Der Verjährungsbeginn stellt also nicht auf die Entstehung des Heimfallanspruchs, sondern auf die Kenntnis des Eigentümers vom Eintritt der Heimfallvoraussetzungen ab, vgl. BGH, Urt. v. 20.10.2023, Az. V ZR 205/22 = DNotZ 2024, 180, 183.

720 Zur Verjährung des Vergütungsanspruchs vgl. hingegen § 195 BGB, insoweit gilt die regelmäßige Verjährungsfrist von drei Jahren, vgl. BGH NJW 2010, 224; zur Verjährung des Heimfallanspruchs vgl. nun BGH, Urt. v. 20.10.2023, Az. V ZR 205/22 = DNotZ 2024, 180.

721 BGH, Urt. v. 20.10.2023, Az. V ZR 205/22 = DNotZ 2024, 180.

verletzung kann auch darin liegen, dass der Erbbauberechtigte gegen die vereinbarte Pflicht zur Erhaltung und Instandsetzung des Bauwerks verstößt.[722] Die Pflichtverletzung findet nicht bereits dadurch ein Ende, dass der „nicht mehr gute“ Zustand des Bauwerks eingetreten ist, die Pflichtverletzung ist dann nicht bereits abgeschlossen.[723] Im Falle einer **fortdauernden Vertragswidrigkeit**[724] verdient der Erbbauberechtigte keinen Schutz. Der **BGH**[725] unterscheidet zwischen abgeschlossenen oder fortdauernden Handlungen. Falls die Vertragsverletzung auf **wiederholten Handlungen** beruht, löst **jeder neue Verstoß einen neuen Heimfallanspruch** und damit eine **neue Verjährungsfrist** aus.[726] Falls die Vertragswidrigkeit **andauert**, etwa eine vertragswidrige Nutzung,[727] kann die **Verjährung des Heimfallanspruchs nicht eintreten**, solange der Verstoß andauert.[728]

VI. Vertragliche Bestimmungen über die Verpflichtung des Erbbauberechtigten zur Zahlung von Vertragsstrafen, § 2 Nr. 5 ErbbauRG

Die Regelung in § 2 Nr. 5 ErbbauRG fügt mit der Möglichkeit, den Erbbauberechtigten vertraglich zur **Zahlung von Vertragsstrafen** zu verpflichten, ein weiteres Disziplinierungsmittel[729] hinzu, allerdings nicht in der Manier einer ultima ratio,[730] wie sie die Heimfallregelung darstellt, sondern in Gestalt einer **milderen Sanktionsform**.[731] Damit soll ein „gewisse(r) Zwang auf den Erbbauberechtigten zur Durchführung der Vertragsbestimmungen (ausgeübt)“[732] werden. Die Vertragsstrafenregelung soll den Bereich **geringfügiger Vertragsverletzungen**[733] abdecken, bei denen ein Griff zur ultima ratio, dem Heimfall, unverhältnismäßig wäre. Entsprechende Regelungen tragen zur Vertragstreue und Verhältnismäßigkeit bei. Es ist deshalb kein Grund ersichtlich, warum hierauf in den Erbbaurechtsbestellungsverträgen verzichtet werden sollte. Die Milde der Vertragsstrafensanktion kann allerdings einer abweichenden Regelung weichen, sodass es nicht ausgeschlossen ist, **auch wesentliche Vertragsverletzungen mit** 81

722 BGH, Urt. v. 20.10.2023, Az. V ZR 205/22 = DNotZ 2024, 180, 185.
723 BGH, Urt. v. 20.10.2023, Az. V ZR 205/22 = DNotZ 2024, 180, 185.
724 BGH, Urt. v. 20.10.2023, Az. V ZR 205/22 = DNotZ 2024, 180, 186.
725 BGH, Urt. v. 20.10.2023, Az. V ZR 205/22 = DNotZ 2024, 180, 184.
726 BGH, Urt. v. 20.10.2023, Az. V ZR 205/22 = DNotZ 2024, 180, 184.
727 BGH, Urt. v. 20.10.2023, Az. V ZR 205/22 = DNotZ 2024, 180, 185.
728 BGH, Urt. v. 20.10.2023, Az. V ZR 205/22 = DNotZ 2024, 180, 184; Nagel/*Nagel*, § 4 Rn 15.
729 *Räfle*, § 2 Rn 39, die Regelung soll zur Vertragstreue anhalten.
730 Ähnlich Nagel/*Swars*, § 2 Rn 84, Ausübung des Heimfalls als „das letzte Mittel“.
731 *Winkler*, NJW 1992, 2514, 2521; Staudinger/*Rapp*, § 2 Rn 29; Bamberger/Roth/*Maaß*, § 2 Rn 20.
732 *Glaß/Scheidt*, § 2 Anm. II Pkt. 2 b (= S. 43).
733 *Räfle*, § 2 Rn 39 *Winkler*, NJW 1992, 2514, 2521; Staudinger/*Rapp*, § 2 Rn 29.

Vertragsstrafen zu sanktionieren, beispielsweise den Verstoß gegen eine Bauwerkserrichtungsverpflichtung.[734]

Die Bestimmung in § 2 Nr. 5 ErbbauRG liefert allerdings keine Handhabe dafür, eine Vertragsstrafe zulasten des *Grundstückseigentümers* dinglich zu vereinbaren.[735] Die Regelung spricht lediglich von Vertragsstrafen, die dem *Erbbauberechtigten* auferlegt werden können. Eine abweichende Regelung kann nur schuldrechtliche Wirkung entfalten.[736] In der Vertragspraxis lassen sich Grundstückseigentümer kaum auf entsprechende Vereinbarungen ein.

82 Der Erbbaurechtsvertrag kann anstelle der Geltendmachung des **Heimfallanspruchs** die Zahlung einer Vertragsstrafe vorsehen, um der konkreten Konstellation gerecht zu werden und einen Konflikt mit dem Übermaßverbot zu vermeiden. Festzuhalten ist, dass die Vertragsstrafe den Erbbauberechtigten nicht von der Erfüllung seiner **Primärpflicht** befreit und die weitere Geltendmachung des Heimfallanspruchs nicht tangiert. Der Grundstückseigentümer sieht sich unverändert in die Lage versetzt, den Heimfall geltend zu machen. Dem Grundstückseigentümer steht ein Wahlrecht zwischen Heimfall und Vertragsstrafe zu, §§ 340, 341 BGB analog.[737] Beides verlangen kann der Grundstückseigentümer nicht,[738] da er mit der Geltendmachung der einen Sanktion auf die andere verzichtet.[739]

83 Es gilt **Vertragsfreiheit**, lediglich begrenzt durch das Verbot gesetzes- und sittenwidriger Vereinbarungen, §§ 134, 138 BGB.[740] In der Folge kann die Strafsanktion auch für die Verletzung solcher Verpflichtungen vorgesehen sein, die nicht zum Inhalt des Erbbaurechts zählen.[741] Eine weitere Begrenzung folgt aus dem Wortlaut der Norm, die auf **Zahlung** gerichtet ist, auf Entrichtung von Geld. Daher kann eine nicht auf Geldzahlung gerichtete Vertragsstrafe nicht Eingang in den Erbbaurechtsvertrag finden.[742]

In welcher Höhe die Vertragsstrafe ausfällt, ist in das Belieben der Vertragsparteien gestellt. Üblich ist die Vereinbarung eines sog. **Strafzinses**, eines erhöhten Erbbauzinses, der vor allem für die unpünktliche Zahlung von Erbbauzinsen vereinbart wird.[743] Dann erhöht sich der Erbbauzins um einen bestimmten Prozentsatz, der im Erbbaurechtsvertrag

734 BGH, Urt. v. 19.1.2024, Az. V ZR 191/22 = ErbbauZ 2024, 48, 50 = BeckRS 2024, 408.

735 Ebenso *Räfle*, § 2 Rn 39; Ingenstau/Hustedt/*Hustedt*, § 2 Rn 95.

736 Ingenstau/Hustedt/*Hustedt*, § 2 Rn 95.

737 *Räfle*, § 2 Rn 39; Ingenstau/Hustedt/*Hustedt*, § 2 Rn 88; *Böttcher*, Rn 248.

738 **A.A.** Lemke/*Czub*, § 2 Rn 29, kumulative Geltendmachung sei möglich.

739 Ingenstau/Hustedt/*Hustedt*, § 2 Rn 88.

740 *Winkler*, NJW 1992, 2514, 2521; so nun auch *Reichel*, ZfIR 2023, 315, 324.

741 Staudinger/*Rapp*, § 2 Rn 29; *Räfle*, § 2 Rn 41.

742 *Winkler*, a.a.O.; Ingenstau/Hustedt/*Hustedt*, § 2 Rn 88; Staudinger/*Rapp*, § 2 Rn 29; *Reichel*, ZfIR 2023, 315, 324; **a.A.** *Räfle*, § 2 Rn 40, der hierin eine „sprachliche Ungenauigkeit des Gesetzgebers" erkennen und das Strafrepertoire der freien Vereinbarung anheimstellen möchte.

743 Ein Verstoß gegen das Verbot von Zinseszinsen liegt insoweit nicht vor, da der Strafzins als erhöhter Erbbauzins konzipiert ist, nicht als Zinseszins.

festgelegt ist.[744] Verzugszinsen können **dinglich** nicht vereinbart werden, da dies § 289 S. 1 BGB ausschließt.[745] Über § 9 Abs. 1 ErbbauRG gelangen für den dinglichen Erbbauzins die Reallastvorschriften zur Anwendung, darunter auch § 1107 BGB, wonach auf die einzelnen Leistungen die Bestimmungen für Hypothekenzinsen entsprechend anwendbar sind, darunter § 289 S. 1 BGB.[746] Der dingliche Erbbauzins unterliegt demnach dem Zinseszinsverbot des § 289 S. 1 BGB,[747] der nur schuldrechtlich vereinbarte Erbbauzins dagegen nicht.[748]

Persönlich haftender Strafschuldner ist nur der verantwortliche Erbbauberechtigte, nicht ein späterer Erbbaurechtserwerber.[749] Eine dingliche Wirkung wird durch die vertragliche Vereinbarung nicht begründet, den Erwerber trifft keine dingliche oder persönliche Haftung für Pflichtverletzungen des früheren Erbbauberechtigten.[750] Schuldner der **Vertragsstrafe** kann daher „stets nur derjenige Erbbauberechtigte (sein), der die strafbewehrte Verpflichtung verletzt".[751] Anderenfalls sähe sich der Erwerber des Erbbaurechts einem unkalkulierbaren Risiko ausgesetzt. Falls die Beteiligten dennoch an einer Sicherung des Strafversprechens interessiert sind, kommt die Bestellung eines Grundpfandrechts in Betracht. Die Praxis[752] kennt insoweit die Bestellung einer **vertragsstrafensichernden Sicherungshypothek bis zum Höchstbetrag**, eingetragen im Erbbaugrundbuch, und zwar persönlich für den bezeichneten Grundstückseigentümer. Mit der Übertragung des Grundstücks geht auch die Sicherungshypothek auf den neuen Eigentümer über,[753] was im Wege der Grundbuchberichtigung vermerkt werden kann, entweder aufgrund eines Unrichtigkeitsnachweises oder aufgrund einer Berichtigungsbewilligung.[754] 84

744 Vgl. bereits *Räfle*, § 2 Rn 41.

745 LG Arnsberg, Beschl. v. 7.9.1954, Az. 5 T 143/54 = NJW 1955, 425; Ingenstau/Hustedt/*Hustedt*, § 2 Rn 90; Bamberger/Roth/Hau/ Poseck/*Maaß*, § 9 Rn 20; *Böttcher*, Rn 409.

746 BGH, Urt. v. 24.1.1993, Az. V ZR 267/90 = NJW-RR 1992, 591, 592.

747 BGH, Urt. v. 24.1.1993, Az. V ZR 267/90 = NJW-RR 1992, 591, 592.

748 § 9 Abs. 1 ErbbauRG gilt dann nicht, vgl. BGH, Urt. v. 24.1.1993, Az. V ZR 267/90 = NJW-RR 1992, 591, 592.

749 BGH, Urt. v. 24.11.1989, Az. V ZR 16/88 = DNotZ 1991, 391; *Winkler*, NJW 1992, 2514, 2521; Staudinger/*Rapp*, a.a.O.; Ingenstau/Hustedt/*Hustedt*, § 2 Rn 86; unklar *Böttcher*, Rn 149 und 250, der den Unterschied zum Heimfall betont und damit die Rspr. des BGH zu den fehlenden dinglichen Wirkungen des Heimfallanspruchs nicht berücksichtigt, vgl. BGH notar 2016, 265 = MittBayNot 2017, 52 m. Anm. *Krauß*; zur Haftung des verantwortlichen Erbbauberechtigten vgl. auch *Reichel*, ZfIR 2023, 315, 324.

750 BGH a.a.O.

751 BGH a.a.O., 392.

752 DNotI-Report 2021, 1.

753 DNotI-Report 2021, 1, 4.

754 DNotI-Report 2021, 1, 4.

Die **Verjährung** der Vertragsstrafen ist in § 4 ErbbauRG geregelt. Der Anspruch verjährt in sechs Monaten von dem Zeitpunkt an, in dem der Grundstückseigentümer von dem Vorhandensein der Voraussetzungen Kenntnis erlangt hat, anderenfalls in zwei Jahren.

85 *Formulierungsbeispiel Zahlung von Vertragsstrafen*

Liegt einer der Heimfallgründe vor, kann der Grundstückseigentümer anstelle der Geltendmachung des Heimfallanspruchs vom Erbbauberechtigten die Zahlung einer Geldstrafe gem. § 2 Nr. 5 ErbbauRG verlangen, es sei denn, den Erbbauberechtigten trifft kein Verschulden. Die Vertragsstrafe beträgt 50 Prozent des Erbbauzinses einschließlich Anpassungen, und zwar bezogen auf die Dauer des Verstoßes. Die Vertragsstrafe ist unmittelbar nach Eintritt eines Heimfallgrundes und Geltendmachung durch den Grundstückseigentümer fällig. Klargestellt wird, dass der Erbbauberechtigte durch die Zahlung der Vertragsstrafe nicht von der Erfüllung seiner Verpflichtungen befreit wird. Falls der Vertragsverstoß anhält, ist der Grundstückseigentümer berechtigt, den Heimfallanspruch geltend zu machen. Die Verjährung des Heimfallanspruchs gilt als gehemmt, solange die Zahlung der Vertragsstrafe geltend gemacht wird. Daneben wird das Recht des Grundstückseigentümers nicht tangiert, den Verzugsschaden zu verlangen, sofern der Erbbauberechtigte mit der Zahlung des Erbbauzinses in Verzug gerät. Für die Dauer des Verzugs kann der Grundstückseigentümer die Zahlung einer Vertragsstrafe von 8 vom Hundert über dem jeweiligen Basiszinssatz verlangen.

VII. Vertragliche Bestimmungen über die Einräumung eines Vorrechts für den Erbbauberechtigten auf Erneuerung des Erbbaurechts nach Zeitablauf, § 2 Nr. 6 ErbbauRG

86 Im Zusammenhang mit dem **Vorrecht des Erbbauberechtigten auf Erneuerung des Erbbaurechts nach dessen Zeitablauf**, das Gegenstand der Regelung in § 2 Nr. 6 ErbbauRG ist, erwähnen die Motive das „Interesse einer fortdauernden ordnungsgemäßen Instandhaltung des Bauwerks“.[755] Gemeint ist das Interesse des Erbbauberechtigten an seinem Bauwerk, nachdem das Erbbaurecht abgelaufen ist. Die Vereinbarung eines Vorrechts soll dem Erbbauberechtigten die Option auf Erneuerung des Erbbaurechts verschaffen, sobald das Grundstückseigentümer einem Dritten ein neues Erbbaurecht am alten Grundstück einräumt,[756] § 31 Abs. 1 S. 1 ErbbauRG. Kraft Erneuerungsvorrechts tritt dann der „alte“ Erbbauberechtigte in den neuen Erbbaurechtsvertrag ein, § 31 Abs. 3

755 Siehe *Glaß/Scheidt*, § 2 Anm II 2 b cc (= S. 44).
756 *Räfle*, § 2 Rn 42; *Winkler*, NJW 1992, 2514, 2521.

ErbbauRG,[757] was den Schluss nahe legt, das Erneuerungsvorrecht ähnle einem Vorkaufsrecht.[758] Verstärkt wird dieser Eindruck durch die Regelung in § 31 Abs. 4 S. 1 ErbbauRG, wonach Dritten gegenüber das Erneuerungsvorrecht die Wirkung einer Vormerkung aufweist, die gleichrangig mit der Entschädigungsforderung im Grundstücksgrundbuch einzutragen ist, sofern das Erbbaurecht vor Ablauf der Dreijahresfrist gelöscht werden soll, § 31 Abs. 4 S. 3 ErbbauRG. Falls das dem Dritten bestellte Erbbaurecht einem anderen wirtschaftlichen Zweck zu dienen bestimmt ist, ist die Ausübung des Erneuerungsrechts allerdings **ausgeschlossen**, § 31 Abs. 1 S. 2 ErbbauRG.

In der **Vertragspraxis** nimmt das Erneuerungsvorrecht kaum Raum ein, bedingt durch 87
die **Umgehungsmöglichkeiten**, die das ErbbauRG offeriert.[759] Denn das Erneuerungsvorrecht erlischt drei Jahre nach Ablauf der Zeit, für die das Erbbaurecht bestellt war, § 31 Abs. 2 ErbbauRG, und es kann nicht ausgeübt werden, sofern das neue Erbbaurecht eine andere wirtschaftliche Zielsetzung verfolgt, § 31 Abs. 1 S. 2 ErbbauRG. Erwähnungen finden diese Regelungen in der Vertragspraxis nicht. Die praktische Marginalrelevanz[760] lässt sich überdies mit dem Verhalten der Beteiligten gegen Ende der Erbbaurechtsdauer erklären. Häufig kommt es vor Zeitablauf zu einer Laufzeitverlängerung, zu einer Verlängerung der Dauer, für die das Erbbaurecht bestellt ist, weshalb keine Notwendigkeit besteht, den Fokus auf das Erneuerungsvorrecht zu richten. Zwei Interessen korrespondieren miteinander, das Interesse an einer Laufzeitverlängerung mit dem Interesse an einer Erneuerung des Erbbaurechts. Nicht selten indiziert das Desinteresse, das Erbbaurecht zu *verlängern*, den Willen, an einer *Erneuerung* nicht interessiert zu sein.

Formulierungsbeispiel Vorrecht auf Erneuerung des Erbbaurechts 88

Der Grundstückseigentümer räumt dem Erbbauberechtigten ein Vorrecht auf Erneuerung des Erbbaurechts nach dessen Ablauf ein, §§ 2 Nr. 6, 31 ErbbauRG. Der Erbbauberechtigte kann das Vorrecht ausüben, sobald der Grundstückseigentümer nach Zeitablauf mit einem Dritten einen Vertrag über die Bestellung eines neuen Erbbaurechts am Erbbaugrundstück abgeschlossen hat. Die Ausübung des Vorrechts ist ausgeschlossen, sofern das für den Dritten bestellte Erbbaurecht einem anderen wirtschaftlichen Zweck dient. Die Ausübung ist auch dann ausgeschlossen, sollte der Erbbauberechtigte gegen Bestimmungen des Erbbaurechtsvertrages verstoßen haben.

757 Die Regelungen zum Vorkaufsrecht gelangen zur Anwendung, sodass der Grundstückseigentümer dem früheren Erbbauberechtigten den Vertragsabschluss mitteilen muss, verbunden mit einer zweimonatigen Ausübungsfrist.

758 *Winkler*, a.a.O.; Bamberger/Roth/*Maaß*, § 2 Rn 22; *Räfle*, § 2 Rn 42.

759 Ingenstau/Hustedt/*Hustedt*, § 2 Rn 97, es liegt einzig und allein „in der Hand des Grundstückseigentümers…, ob das Erneuerungsrecht zum Zuge kommt“.

760 „Praktisch bedeutungslos“, vgl. Ingenstau/Hustedt/*Hustedt*, § 2 Rn 98.

Das Vorrecht erlischt drei Jahre nach Ablauf der Zeit, für die das Erbbaurecht bestellt war, § 31 Abs. 2 ErbbauRG.

Alternativ:

Ein Vorrecht für den Berechtigten auf Erneuerung des Erbbaurechts nach Ablauf der vereinbarten Zeit wird nicht vereinbart.

VIII. Vertragliche Bestimmungen über die Verpflichtung des Grundstückseigentümers, das Grundstück an den jeweiligen Erbbauberechtigten zu verkaufen, § 2 Nr. 7 ErbbauRG

89 Die historische Verankerung ist im sog. „**Halberstädter Erbbaurecht**"[761] zu suchen, in den Erbbaurechtsverträgen der Stadt Halberstadt, die standardmäßig eine Verpflichtung des Grundstückseigentümers enthielten, das Grundstück an den jeweiligen Erbbauberechtigten zu verkaufen, was die Matrix für die Regelung in § 2 Nr. 7 ErbbauRG lieferte. Die Verpflichtung trifft allein den **Grundstückseigentümer**[762] und verpflichtet den Berechtigten nicht. Die Kaufverpflichtung des Erbbauberechtigten (sog. **Kaufzwangklausel**) kann folglich nicht Inhalt des Erbbaurechts sein, sondern nur schuldrechtliche Bedeutung entfalten.[763] Dem Erbbauberechtigten steht es frei, sein einseitiges Gestaltungsrecht durch Erklärung gegenüber dem Grundstückseigentümer auszuüben.[764] Die Regelung in § 2 Nr. 7 ErbbauRG charakterisiert das Ankaufsrecht subjektiv-dinglich, als eine dem jeweiligen Erbbauberechtigten zugeordnete Ankaufsberechtigung, weshalb sich der Erbbauberechtigte außer Stande sieht, das Ankaufsrecht selbstständig und allein zu übertragen.[765] Die Ankaufsberechtigung darf nicht mit einem Vorkaufsrecht verwechselt werden.[766]

90 Vertragliche Bestimmungen i.S.v. § 2 Nr. 7 ErbbauRG können sich nur auf Vereinbarungen **während der Dauer des Erbbaurechts** beziehen.[767] In den Regelungsbereich fallen ausschließlich Vereinbarungen, die während der Dauer des Erbbaurechts gelten sollen, die also an die Existenz des Erbbaurechts anknüpfen. Als Beleg hierfür dient ein Blick auf § 27 ErbbauRG, eine Bestimmung, die den Regelungsspielraum erloschener Erbbaurechte beschreibt. Erwähnung finden dort nur Entschädigungsbestimmungen bzw. der

761 Vgl. *Glaß/Scheidt*, § 2 Anm. II 2 b (= S. 44).
762 OLG München, Beschl. v. 19.1.2015, Az. 34 Wx 283/12 = BeckRS 2015, 02413.
763 OLG München a.a.O.; *Räfle*, § 2 Rn 48; Staudinger/*Rapp*, § 2 Rn 36.
764 *Winkler*, NJW 1992, 2514, 2521.
765 *Räfle*, § 2 Rn 47.
766 Vgl. auch *Götting*, ErbbauZ 2022, 34.
767 OLG Hamm, Beschl. v. 22.11.1973, Az. 15 W 138/73 = NJW 1974, 863; *Winkler*, a.a.O.; *Räfle*; § 2 Rn 43; Ingenstau/Hustedt/*Hustedt*, § 2 Rn 101; *Reichel*, ZfIR 2023, 315, 325.

Ausschluss einer Entschädigung, nicht auch eine Ankaufsverpflichtung des Grundstückseigentümers, nach Erlöschen des Erbbaurechts das Grundstück an den Erbbauberechtigten zu verkaufen.[768] Erlischt das Erbbaurecht, erlischt auch das Ankaufsrecht i.S.v. § 2 Nr. 7 ErbbauRG. Zur Abwendungsbefugnis vgl. § 12 Rdn 3.

Soweit ersichtlich, finden vertragliche Bestimmungen i.S.v. § 2 Nr. 7 ErbbauRG in der Vertragspraxis **kaum Anklang**. Grund ist zum einen die Überlegung des Grundstückseigentümers, sich nicht über Gebühr einschränken zu wollen. Grund ist zum anderen die wirtschaftliche Situation des Erbbauberechtigten, der sich außerstande sieht, das Grundstück zu kaufen. Die Alternative, sich wechselseitig am Grundstück und Erbbaurecht selbstständige Vorkaufsrechte einzuräumen, dominiert die derzeitige Praxis.[769]

Die Regelungsmaterie in § 2 Nr. 7 ErbbauRG ließe auch Bestimmungen über die **nähere** 91
Ausgestaltung der Verkaufsverpflichtung zu, die Ankaufskonditionen, etwa über Bedingungen oder Befristungen des Anspruchs,[770] über den Kaufpreis,[771] die Kosten und über andere Aspekte des Kaufs.

Nach h.M.[772] kommt auch bereits **vor**[773] **Ausübung** des Rechts die Eintragung einer **Vormerkung** in Betracht,[774] da ein aufschiebend bedingter Auflassungsanspruch vorliegt, der bereits mit Eintragung des Erbbaurechts gesichert werden kann.[775] Entsprechend fällt in der Vertragspraxis die Empfehlung aus.[776] Ist eine Vormerkung nicht gewünscht, reicht zur Verdinglichung einer vertraglichen Bestimmung i.S.v. § 2 Nr. 7 ErbbauRG die Bezugnahme auf den Erbbaurechtsvertrag aus, § 14 Abs. 1 S. 3 ErbbauRG.[777]

768 OLG Hamm a.a.O.

769 Zur selbstständigen Einräumung von Vorkaufsrechten vgl. bereits *Räfle*, § 2 Rn 45.

770 *Räfle*, § 2 Rn 44.

771 Auch die Höhe des Kaufpreises kann bereits festgelegt werden; die Kaufpreishöhe kann aber auch erst später vereinbart werden, Ingenstau/Hustedt/*Hustedt*, § 2 Rn 100. Der Kaufpreis sollte bestimmbar sein, was die Formulierung als „angemessen" ausschließt, vgl. *Böttcher*, Rn 261.

772 OLG Hamm, Beschl. v. 7.2.2022, Az. 22 U 155/21 = ErbbauZ 2023, 182, 184; **a.A.** Staudinger/*Rapp*, § 2 Rn 32b: vor Ausübung keine Sicherungsmöglichkeit.

773 Unstrittig dagegen, dass nach Ausübung des Ankaufsrechts eine Vormerkung eingetragen werden kann, Ingenstau/Hustedt/*Hustedt*, § 2 Rn 109.

774 Ingenstau/Hustedt/*Hustedt*, § 2 Rn 109; *Räfle*, § 2 Rn 46; *Böttcher*, Rn 269; OLG Hamm, Beschl. v. 7.2.2022, Az. 22 U 155/21 = ErbbauZ 2023, 182, 184; **a.A.** Staudinger/*Rapp*, § 2 Rn 32 (bloße Anwartschaft, „nicht den Charakter eines vormerkungsfähigen Anspruchs").

775 *Räfle*, § 2 Rn 46.

776 Ingenstau/Hustedt/*Hustedt*, § 2 Rn 109.

777 OLG Hamm, Beschl. v. 7.2.2022, Az. 22 U 155/21 = ErbbauZ 2023, 182, 184.

IX. Zustimmungsvorbehalte für die Veräußerung oder Belastung des Erbbaurechts nach §§ 5–8 ErbbauRG

1. Historie

92 Wie unter § 2 Rdn 10 dargestellt, sahen die **altrechtlichen Regelungen**[778] keine Möglichkeit vor, die Veräußerung oder Belastung des Erbbaurechts dinglich an die Zustimmung des Grundstückseigentümers zu binden. Entsprechende Regelungen konnten nur mit schuldrechtlicher Wirkung begründet werden, verbunden mit der Verpflichtung zur Leistung von Schadensersatz.[779]

2. Zustimmungsvorbehalt des Grundstückseigentümers zur Veräußerung und Belastung des Erbbaurechts

93 Die Offerte zur Regelungsdichte, die § 2 ErbbauRG enthält, zeigt bereits an, dass das **ErbbauRG** einen anderen Weg geht. Als dinglicher Inhalt des Erbbaurechts kann vereinbart werden, so § 5 Abs. 1 ErbbauRG, dass der Erbbauberechtigte zur **Veräußerung** des Erbbaurechts der **Zustimmung des Grundstückseigentümers** bedarf. Im Zuge der BGH-Rspr.[780] zur Wirkung von Heimfallregelungen kommt der Vereinbarung einer Veräußerungsbeschränkung nunmehr **noch größere Bedeutung** zu. Eine Regelung kann den Grundstückseigentümer davor bewahren, seinen Heimfallanspruch zu verlieren, bedingt durch die Übertragung des Erbbaurechts auf einen Erwerber, der die Pflichtenstörung nicht fortsetzt. Vgl. oben Rdn 80. Unter Umständen kann der Grundstückseigentümer auch die **Zustimmung verweigern**, etwa dann, sollte der rechtsgeschäftliche Erwerber des Erbbaurechts nicht in alle schuldrechtlichen Verpflichtungen des Erbbaurechtsvertrages eintreten[781] oder der Ersteher in der Zwangsversteigerung nicht bereit sein, die schuldrechtliche Erbbauzinsvereinbarung zu übernehmen.[782] Die **Erzielung eines wertgesicherten Erbbauzinses** ist als Zweck i.S.v. § 7 Abs. 1 S. 1 ErbbauRG zu sehen, wobei es nicht auf die dingliche Sicherung des Wertanpassungsanspruchs ankommt,[783] vielmehr

778 *Glaß/Scheidt*, § 5 Anm. I („Neuerung gegenüber dem unter Herrschaft des Bürgerlichen Gesetzbuchs geltenden Rechtszustand").

779 *Glaß/Scheidt*, a.a.O.

780 BGH, Urt. v. 6.11.2017, Az. V ZR 165/14 = ZfIR 2016, 324 mit Anm. *Grziwotz* = notar 2016, 265 mit Anm. *Maaß* = MittBayNot 2017, 52 mit Anm. *Krauß* = NZM 2016, 837 = NZM 2016, 837 = DNotZ 2016, 448; *Rimmelspacher*, WuB 2016, 460.

781 BGH, Beschl. v. 13.7.2017, Az. V ZB 186/15 = ZfIR 2017, 739 = NJW-RR 2017 = ErbbauZ 2024, 18, 1358.

782 BGH a.a.O.; **a.A.** *Winkler/Schlögel*, § 4 Rn 207, der Eigentümer dürfe insoweit nicht die Zustimmung verweigern.

783 BGH a.a.O.; mit der entgeltlichen Bestellung eines Erbbaurechts verfolgt der Grundstückseigentümer erkennbar den Zweck, so der BGH a.a.O., eine angemessene Rendite zu erzielen, die nicht gefährdet werden darf.

eine schuldrechtliche Verpflichtung ausreicht. Ist im Falle einer Zwangsversteigerung des Erbbaurechts der Meistbietende nicht bereit, die **schuldrechtliche Anpassungsverpflichtung zu übernehmen**, ist der Grundstückseigentümer berechtigt, seine Zustimmung zu verweigern.[784]

Der Erbbaurechtsvertrag kann vorsehen, dass die **Zustimmung verweigert** werden kann (**Zustimmungsverweigerungsrecht**), wenn der **Kaufpreis den Verkehrswert des Gebäudes erheblich übersteigt**.[785] Zulässigerweise kann damit das Erbbaurecht *„für sozial schwächere Schichten zugänglich"*[786] gemacht werden. Das OLG München[787] sieht in einem solchen Zustimmungsverweigerungsrecht keine unangemessene Benachteiligung des Erbbauberechtigten und auch keine unzulässige oder unverhältnismäßige Einschränkung der Veräußerlichkeit des Erbbaurechts, sondern einen **Schutz des Grundstückseigentümers vor spekulativer Ausnutzung des Erbbaurechts**.[788] Die Klausel hält einer Kontrolle nach § 307 BGB stand.[789] Wesensgemäß gelten diese Bestimmungen bis zum Zeitablauf des Erbbaurechts.[790] Überdies kann ein entsprechender **Zustimmungsvorbehalt** installiert werden, sollte das Erbbaurecht mit einer Hypothek, Grundschuld, Rentenschuld oder Reallast **belastet** werden, § 5 Abs. 2 S. 1 ErbbauRG. Dann kann auch eine **Inhaltsänderung** einer Hypothek, Grundschuld, Rentenschuld oder Reallast nur mit Zustimmung des Grundstückseigentümers erfolgen, § 5 Abs. 2 S. 2 ErbbauRG.

Der **Verwaltungsaufwand**, der mit der Zustimmungspflicht einhergeht, kann beträchtlich **94**
sein,[791] regelmäßig wird jedoch der Aufwand durch den **Steuerungsgehalt** und die **Sicherungsfunktion** des Zustimmungsvorbehaltes mehr als aufgewogen. Auf die rechtlichen und wirtschaftlichen Vorteile eines Zustimmungsvorbehaltes sollte der Grundstückseigentümer nicht verzichten.[792] Bei institutionellen Ausgebern von Erbbaurechten wird die **Güterabwägung**[793] regelmäßig zugunsten des Zustimmungsvorbehaltes ausfallen.

784 BGH a.a.O.; OLG Celle Rpfleger 1983, 270; OLG Düsseldorf FGPrax 2016, 43.

785 OLG München, Beschl. v. 18.11.2020, Az. 34 Wx 315/19 = BeckRS 2020, 31520 = ErbbauZ 2021, 47 mit Anm. *Mönig*; *Wolffskeel v. Reichenberg*, MittBayNot 2021, 219, 221; BeckOK-Hügel/*Otto*, 53. Edition, Stand 3.6.2024, Sonderbereich Erbbaurecht, Rn 113.2.

786 OLG München, Beschl. v. 18.11.2020, Az. 34 Wx 315/19 = BeckRS 2020, 31520.

787 OLG München, Beschl. v. 18.11.2020, Az. 34 Wx 315/19 = BeckRS 2020, 31520; vgl. auch *Wolffskeel v. Reichenberg*, MittBayNot 2021, 219, 221; BeckOK-Hügel/*Otto*, 53. Edition, Stand 3.6.2024, Sonderbereich Erbbaurecht, Rn 113.2.

788 OLG München, Beschl. v. 18.11.2020, Az. 34 Wx 315/19 = BeckRS 2020, 31520.

789 OLG München, Beschl. v. 18.11.2020, Az. 34 Wx 315/19 = BeckRS 2020, 31520.

790 OLG München, Beschl. v. 18.11.2020, Az. 34 Wx 315/19 = BeckRS 2020, 31520; *Wolffskeel v. Reichenberg*, MittBayNot 2021, 219, 221.

791 Vgl. *Kost*, ErbbauZ 2024, 34, 35, dort auch zu den Praxisdiskussion darüber, ob auf den Zustimmungsvorbehalt auch verzichtet werden kann.

792 In diese Richtung *Kost*, ErbbauZ 2024, 34, 36, die auf die Vorteile „im Krisenfall eines Erbbaurechts" hinweist.

793 Zur Güterabwägung vgl. *Kost*, ErbbauZ 2024, 34, 36.

Der **zustimmende Grundstückseigentümer** muss **im Grundstücksgrundbuch voreingetragen** sein, zwingend **erforderlich** ist dies jedoch **nicht**, zumal keine Eintragung im Grundstücksgrundbuch erfolgt, sondern im Erbbaugrundbuch. Eine grundbuchamtliche Zwischenverfügung, in der die fehlende Voreintragung des zustimmenden Grundstückseigentümers im Grundstücksgrundbuch moniert wird, kann erfolgreich mit Beschwerde angefochten werden.

Ist der zustimmende Grundstückseigentümer allerdings **eine nicht im Gesellschaftsregister eingetragene Gesellschaft bürgerlichen Rechts (GbR)**, besteht eine Voreintragungsobliegenheit der Gesellschaft nach Art. 229 § 21 Abs. 1 EGBGB analog.[794] Die analoge Anwendung des Voreintragungserfordernisses ist geboten, um die Vertragsgestaltung rechtssicher auszugestalten,[795] bedingt durch den Wegfall des § 899a BGB. Zu vermeiden ist, dass die Zustimmung unwirksam ist.[796] Für den Vollzug der Zustimmungserklärung ist es daher erforderlich, dass sich der **zustimmende Grundstückseigentümer im Gesellschaftsregister und danach im Wege der Berichtigung im Grundstücksgrundbuch eintragen lässt.**[797] Für den grundbuchamtlichen Vollzug sind ein Antrag, die Berichtigungsbewilligungen aller im Grundstücksgrundbuch eingetragenen Gesellschafter und die Zustimmung der Gesellschaft erforderlich, Art. 229 § 21 Abs. 3 S. 1 und S. 2 EGBGB.

95 Die Zustimmung zur Veräußerung impliziert keine Zustimmung zur **Belastung**, die mit der **Veräußerung** einhergeht.[798] Es liegen verschiedene Konstellationen vor, in denen der Grundstückseigentümer unterschiedlich agieren kann. So kann der Eigentümer der Veräußerung zustimmen, die Belastung jedoch ablehnen (sog. **gespaltene Zustimmung**).[799] Eine abweichende Zustimmungsautomatik lässt die Regelung nicht zu. In der Vertragspraxis trifft den **Notar** die Pflicht, im Rahmen eines Erbbaurechtskaufs über die Möglichkeit einer gespaltenen Zustimmung hinzuweisen.[800] Sekundiert wird dies regelmäßig durch Regelungen, mit denen einer gespaltenen Eigentümerzustimmung entgegengewirkt werden soll. Dabei dürfte die Vorabeinholung beider Zustimmungen regelmäßig bereits deshalb ausscheiden, weil beide Vorgänge zeitlich auseinanderfallen. Abhilfe schaffen kann ein Rücktrittsrecht des Käufers für den Fall, dass der Eigentümer die Zustimmung zur Belastung verweigert. Abhilfe schaffen aber auch kann eine Wirksamkeitsverknüpfung von Kaufvertrag und Eigentümerzustimmung zur Belastung. Dann hängt

794 DNotI-Report 2024, 105.
795 So auch die Empfehlung im DNotI-Report 2024, 105.
796 DNotI-Report 2024, 105, 109.
797 DNotI-Report 2024, 105, 109.
798 *Schmidt-Räntsch*, ZfIR 2014, 269, 276.
799 *Schmidt-Räntsch*, a.a.O.
800 BGH, Urt. v. 2.6.2005, Az. III ZR 306/04 = DNotZ 2005, 847.

die Wirksamkeit des Erbbaurechtskaufs davon ab, dass der Eigentümer die Zustimmung zur Belastung erteilt.

3. Inhaltliche Ausgestaltung des Veräußerungs- und Belastungsvorbehaltes

Abgedeckt sind die Veräußerung, spezielle Belastungsformen (Grundpfandrechte, Reallasten) sowie die inhaltliche Änderung dieser spezifizierten Belastungsformen, ein weites Feld, das den **Aktionsradius** des Erbbauberechtigten erheblich einschränkt und u.U. die Finanzierung bzw. Refinanzierung erschwert.[801] Der Rechtsübergang darf erst eingetragen werden, sobald dem Grundbuchamt die Zustimmung des Grundstückseigentümers oder der rechtskräftige[802] Ersetzungsbeschluss (§ 7 Abs. 3 ErbbauRG) nachgewiesen wird, § 15 ErbbauRG, und zwar in der Form des § 29 GBO.[803] Die Zustimmung kann der Grundstückseigentümer auch **vorab** erklären,[804] häufig im Erbbaurechtsvertrag, um bestimmte Konstellationen zu privilegieren. Der Erwerber kann den **Schwebezustand** nach § 6 ErbbauRG dadurch beenden,[805] dass er den Veräußerer (nicht dagegen: den Grundstückseigentümer[806]) **zur Erholung der Zustimmung auffordert,** §§ 108 Abs. 2, 177 Abs. 2, 1366 Abs. 3 BGB analog, und zwar binnen einer Frist von zwei Wochen.[807] Zur Voreintragung einer GbR im Gesellschaftsregister und im Grundbuch vgl. oben Rdn 94. 96

Die Veräußerung des Erbbaurechts ist unwirksam, solange der Grundstückseigentümer nicht die notwendige Zustimmung erteilt hat, § 6 Abs. 1 ErbbauRG. Zu konstatieren ist keine Nichtigkeit, sondern ein Zustand der **absoluten schwebenden Unwirksamkeit**[808] der Verfügung, und zwar mit Wirkung gegenüber Dritten. Diese Rechtsfolge gilt auch für das **schuldrechtliche Kausalgeschäft**, wie ein Blick auf § 6 Abs. 1 ErbbauRG belegt. Sogar der Vertrag, durch den sich der Erbbauberechtigte zu einer solchen Verfügung verpflichtet, ist schwebend unwirksam, solange der Grundstückseigentümer die erforderliche Zustimmung nicht erteilt hat. Die schwebende Unwirksamkeit 97

801 *Pitz*, ErbbauZ 2021, 100, 101.

802 Zur Rechtskraft vgl. § 40 Abs. 2 S. 1 FamFG, der Beschluss wird erst mit Rechtskraft wirksam; zum Rechtsmittel gegen den Ersetzungsbeschluss vgl. § 7 Abs. 3 S. 2 ErbbauRG, die Beschwerdefrist beträgt zwei Wochen, ebenso *Böttcher*, ZNotP 2015, 42, 43; zum Anspruch auf Zustimmung vgl. *Wolffskeel v. Reichenberg*, MittBayNot 2021, 219, 221.

803 OLG Hamm, Beschl. v. 21.1.1985, Az. 15 W 18/85 = OLGZ 1985, 159.

804 *Räfle*, § 5 Rn 5; *Grziwotz*, ErbbauZ 2022, 126, 133.

805 *Wolffskeel v. Reichenberg*, MittBayNot 2021, 219, 222, 223; *Wolffskeel v. Reichenberg*, ErbbauZ 2020, 130.

806 *Wolffskeel v. Reichenberg*, MittBayNot 2021, 219, 223.

807 *Wolffskeel v. Reichenberg*, MittBayNot 2021, 219, 223.

808 OLG Hamm, Beschl. v. 21.1.1985, Az. 15 W 18/85 = OLGZ 1985, 159; *Räfle*, § 5 Rn 2; *Becker*, InsbürO 2023, 142, 143.

der Verfügung hindert die Beteiligten allerdings nicht daran, bereits vor der Zustimmung eine **Vormerkung** zur Sicherung des Kaufpreisanspruches eintragen zu lassen. Ein vormerkungsfähiger, künftiger Anspruch ist bereits gegeben.[809] Vgl. im Übrigen Rdn 44, bei Eintragung der Begründungsvormerkung prüft das Grundbuchamt bereits den Inhalt des Erbbaurechts.

98 In **weiterer Hinsicht** kann die Verfügungsfreiheit des Erbbauberechtigten nicht beschränkt werden, § 137 S. 1 BGB, etwa durch einen Vorbehalt, der die **Zustimmung anderer Personen** vorsieht.[810] Die Zustimmungsbefugnis an einen Dritten zu delegieren, scheidet damit als Vertragselement aus.[811] Die Zustimmungspflicht ist auch nicht an einen bestimmten, sondern an den **jeweiligen Grundstückseigentümer** gebunden, was sich entsprechend auf die Formulierung der Zustimmungspflicht im Erbbaurechtsvertrag auswirkt.

Unterschieden wird zwischen der vorherigen und der nachträglichen Zustimmung.[812] Dabei lässt die Regelung **keine vertragliche Beschränkung auf die vorherige Zustimmung** zu.[813] Kirchliche Erbbaurechtsverträge oder andere Musterverträge[814] sehen dies gelegentlich anders und eine Einschränkung auf die vorherige Zustimmung vor, was nicht geteilt werden kann. Auch ein Schutzbedürfnis besteht dafür nicht, da die Veräußerung ohne Zustimmung schwebend unwirksam ist, § 6 ErbbauRG.[815]

99 Ebenso wenig kann ein **Ausschluss der Zustimmung für bestimmte Fälle im Voraus** zum dinglichen Inhalt des Erbbaurechts erklärt werden, da das Gesetz eine solche dingliche Vereinbarung nicht bereithält.[816] Eine entsprechende Regelung kann nur mit schuldrechtlicher Wirkung getroffen werden.

Ferner kann sich der Grundstückseigentümer nicht auf einen **Heimfallanspruch** berufen,[817] der an einen Verstoß gegen die Zustimmungspflicht nach § 5 ErbbauRG anknüpft.

809 Staudinger/*Rapp*, § 7 Rn 16, 34.

810 Staudinger/*Rapp*, § 2 Rn 1.

811 *Räfle*, § 5 Rn 9.

812 Vgl. bereits *Glaß/Scheidt*, § 5 Anm. IV a.

813 Staudinger/*Rapp*, § 7 Rn 31; *Wolffskeel v. Reichenberg*, MittBayNot 2021, 219, 220; OLG Schleswig, Urt. v. 17.9.2020, Az. 2 U 10/19 = BeckRS 2020, 24507; BeckOK-Hügel/*Otto*, 53. Edition, Stand 3.6.2024, Sonderbereich Erbbaurecht, Rn 111; **a.A.** Beck'sches Formularbuch Immobilienrecht/*Frense*, Erbbaurechtsvertrag, Grundstückstruktur, dort § 5, vorherige Zustimmung. Dieser Auffassung kann jedoch nicht gefolgt werden.

814 Vgl. Vertragsformulare PREMIUM/*Frense*, Stand 1.3.2024, Ziffer 6.8.1.2, Bestellung eines Erbbaurechts, dort unter § 6 Einschränkung auf vorherige Zustimmung; ebenso Beck'sches Formularbuch Immobilienrecht/*Frense*, Erbbaurechtsvertrag, Grundstückstruktur, dort § 5, vorherige Zustimmung.

815 Vgl. auch *Wolffskeel v. Reichenberg*, MittBayNot 2021, 219, 220.

816 BayObLG, Beschl. v. 9.9.1999, Az. 2Z BR 127/99 = NJW-RR 2000, 162; ebenso OLG Düsseldorf, Beschl. v. 20.6.2013, Az. I-3 Wx 85/12 = JurionRS 2013, 39385; *Krause*, ZAP Fach 7, 339, 346.

817 Eine freiwillige Erfüllung durch den Erbbauberechtigten ist aber nicht ausgeschlossen, worauf der Gesetzeswortlaut bereits hinweist; der Grundstückseigentümer kann sich hierauf nicht berufen, der Erbbauberechtigte aber freiwillig erfüllen.

Maßgeblich ist die Regelung in § 6 Abs. 2 ErbbauRG,[818] die eine Geltendmachung durch den Grundstückseigentümer ausschließt.

Wirksamkeit entfaltet der Zustimmungsvorbehalt erst mit **Grundbucheintragung**, nicht bereits vor diesem Zeitpunkt. Im Erbbaugrundbuch ist die Zustimmungspflicht **unmittelbar** und **ausdrücklich** einzutragen, § 56 Abs. 2 GBV.[819]

4. Interessenlage

Der Griff zur Verfügungsbeschränkung nach § 5 ErbbauRG liegt nahe, um die Einflusssphäre des **Grundstückseigentümers** auszudehnen. Das Steuerungsinteresse bzw. Schutzinteresse[820] des Grundstückseigentümers ist evident: es soll Einfluss auf die Person des Erbbauberechtigten[821] genommen und damit die wirtschaftliche bzw. soziale Ausrichtung des Erbbaurechts gesichert werden.[822] Schließlich gilt es, im Rahmen eines Erbbaurechts eine Vielzahl von langjährigen[823] Verpflichtungen und Abreden zu erfüllen, weshalb die Person des Erbbauberechtigten von zentraler Bedeutung ist.[824] Der Zustimmungsvorbehalt dient der Durchsetzung derjenigen Eigentümerinteressen, die im Erbbaurechtsvertrag niedergelegt sind.[825] Der Schutz geht sogar so weit, dass sich der Grundstückseigentümer in die Lage versetzt sieht, „einen Erwerber zu einer Übernahme der wesentlichen im Erbbaurechtsvertrag verankerten schuldrechtlichen Verpflichtungen zu zwingen“.[826] Darüber hinaus soll der Spekulation mit Erbbaurechten entgegengewirkt[827] und Vorsorge für den Heimfall getroffen werden, wobei die dinglichen Belastungen bestehen bleiben, § 33 Abs. 1 ErbbauRG.[828] Der Regelungszweck einer Zustimmungspflicht liegt im Schutz des Grundstückseigentümers vor einer „übermäßigen Belastung des Erbbaurechts“.[829] Die Vereinbarung einer Zustimmungspflicht i.S.v. § 5 ErbbauRG 100

818 BayObLG MittBayNot 1992, 45 = Rpfleger 1991, 303.

819 LG Itzehoe NZM 2001, 256, materiell-rechtlich genügt Bezugnahme auf die Eintragungsbewilligung, lediglich die GBVfg sieht eine unmittelbare Eintragung vor; vgl. auch *Wolffskeel v. Reichenberg*, MittBayNot 2021, 219, 224.

820 BGH, Beschl. v. 13.7.2017, Az. V ZB 186/15 = ErbbauZ 2024, 18, 21.

821 Wie hier auch *Mayer*, ErbbauZ 2024, 74.

822 Vgl. bereits *Glaß/Scheidt*, § 5 Anm. II; vgl. OLG München, Beschl. v. 18.11.2020, Az. 34 Wx 315/19 = BeckRS 2020, 31520, dort mit Vertragsklausel zur Zustimmungsverweigerung für den Fall, dass der Kaufpreis den Verkehrswert des Gebäudes erheblich übersteigt.

823 *Winkler*, NJW 1992, 2514, 2521 (Dauerrechtsbeziehung).

824 Zum vitalen Interesse an der Person des Erbbauberechtigten vgl. *Mayer*, ErbbauZ 2024, 74; OLG München, Beschl. v. 18.11.2020, Az. 34 Wx 315/19 = BeckRS 2020, 31520.

825 BGH, Beschl. v. 13.7.2017, Az. V ZB 186/15 = ErbbauZ 2024, 18, 21.

826 BGH, Beschl. v. 13.7.2017, Az. V ZB 186/15 = ErbbauZ 2024, 18, 21.

827 *Glaß/Scheidt*, a.a.O.; *Winkler*, NJW 1992, 2514, 2521.

828 Siehe bereits *Glaß/Scheidt*, a.a.O.

829 OLG München, Beschl. v. 31.7.2008, Az. 33 Wx 145/07 = NJW-RR 2009, 374.

dient einzig und allein den schutzwürdigen **Interessen des Grundstückseigentümers**[830] und dominiert die Vertragspraxis. Soweit ersichtlich, treten Erbbaurechtsverträge ohne Zustimmungspflicht kaum in Erscheinung. Dass die Beteiligten sich mit der schuldrechtlichen Wirkung der Zustimmungspflicht begnügen,[831] was vereinbart werden könnte, da Vertragsfreiheit besteht, geht an den realen Interessen der Beteiligten vorbei und kommt in der Vertragspraxis nicht vor. Zur zulässigen Vertragsklausel der Zustimmungsverweigerung für den Fall, dass der Kaufpreis den Verkehrswert des Gebäudes erheblich übersteigt, vgl. Rdn 93.[832]

5. Zustimmungsvorbehalt für die Veräußerung des Erbbaurechts, § 5 Abs. 1 ErbbauRG

101 Nach der Konzeption des § 5 Abs. 1 ErbbauRG beschränkt sich der Gestaltungsraum auf die **Veräußerung** des Erbbaurechts, was allerdings für die Vertragspraxis nicht die Notwendigkeit zur Auffächerung des Veräußerungsbegriffs impliziert. Vielmehr reicht es aus, die Veräußerung des Erbbaurechts unter Zustimmungsvorbehalt zu stellen. Der Hinweis, dass auch die Veräußerung eines realen oder ideellen Teils des Erbbaurechts von der Zustimmungspflicht erfasst ist, dient nicht der Erweiterung, sondern der Klarstellung. Auch ohne entsprechenden Hinweis läge eine zustimmungspflichtige Veräußerung vor, denn **Veräußerung** ist stets die **vollständige** oder **teilweise Übertragung des Erbbaurechts durch Rechtsgeschäft unter Lebenden auf einen anderen Rechtsträger**.[833] Ob die Veräußerung entgeltlich oder unentgeltlich ausgestaltet ist, spielt keine Rolle.[834]

102 Bei der Vereinbarung einer Zustimmungspflicht stellt sich die Frage nach der **Ausprägung** bzw. der inhaltlichen Reichweite. Eine **generelle Zustimmungspflicht** erfasst alle **rechtsgeschäftlichen** Veräußerungsformen des Erbbaurechts, ohne Rücksicht auf die Person des Erwerbers. Eine **modifizierte Zustimmungspflicht** kann bestimmte rechtsgeschäftliche Veräußerungsfälle von der Zustimmungspflicht ausnehmen, etwa die Veräußerung an den Ehegatten, den Lebenspartner oder die Abkömmlinge des Erbbauberechtigten.[835] Von der Zustimmungspflicht ausgenommen werden kann auch die

830 BGH, Beschl. v. 13.7.2017, Az. V ZB 186/15 = ErbbauZ 2024, 18, 21; *Räfle*, § 5 Rn 1; Staudinger/*Rapp*, § 7 Rn 1.

831 Zur Beschränkung auf eine nur schuldrechtliche Wirkung vgl. bereits *Glaß/Scheidt*, § 5 Anm. I.

832 OLG München, Beschl. v. 18.11.2020, Az. 34 Wx 315/19 = BeckRS 2020, 31520.

833 KG, Beschl. v. 26.4.2012, Az. 1 W 96/12 = BeckRS 2012, 11300 = Rpfleger 2012, 525; OLG Düsseldorf, Beschl. v. 20.6.2014, Az. I-3 Wx 85/12 = JurionRS 2013, 39385.

834 *Krause*, ZAP Fach 7, 339, 346.

835 OLG Hamm, Beschl. v. 10.10.2012, Az. I-15 W 410/11 = RNotZ 2013, 134 = JurionRS 2012, 27951.

Veräußerung des Erbbaurechts durch den Insolvenzverwalter.[836] Welche Ausprägung gewählt wird, hängt maßgeblich vom Verwendungszweck des Bauwerks ab, von den wirtschaftlichen, sozialen bzw. ideellen Zielvorstellungen[837] des Grundstückseigentümers. Was als Verwendungsvereinbarung Eingang in den Erbbaurechtsvertrag gefunden hat, etwa die Vergabe nur an kinderreiche Familien, die Nutzung nur durch Sportvereine oder zu lediglich karitativen Zwecken,[838] die Vermietung nur zu einem bestimmten Mietpreis (Mietpreisbindung)[839] oder nur an bestimmte Personenkreise,[840] die Nutzung des Bauwerks nur für den Erbbauberechtigten und seine Angehörigen,[841] all dies liefert die Antwort auf die Frage, wie weit der Zustimmungsvorbehalt zu fassen ist, in genereller oder in modifizierter Form, jede Veräußerung oder spezielle Veräußerungen nicht. Zur Voreintragung einer GbR im Gesellschaftsregister und im Grundbuch vgl. oben Rdn 94.

Nicht selten sehen Vertragsgestaltungen eine **Erleichterung**, eine **Fiktion** vor.[842] Die **Zustimmung gilt als erteilt**, falls sie nicht binnen eines bestimmten Zeitraums unter Angabe von Gründen durch den Grundstückseigentümer verweigert wird.[843] Grundbuchamtliche Bedenken hiergegen sind nicht begründet, da der Grundstückseigentümer auch vorab seine Zustimmung erklären kann. Die Zustimmungspflicht liegt einzig und allein in seinem Interesse, worauf verzichtet werden kann. Dem Grundstückseigentümer steht es frei, die Zustimmung aktiv zu verweigern. Die Regelung dient der Erleichterung und lässt die Frage unberührt, wie der Nachweis in der Form des § 29 GBO zu führen ist. Schwierigkeiten in der Nachweisführung berechtigten jedoch nicht dazu, der Regelung den Eingang in die Vertragsgestaltung zu verwehren. Das Grundbuchrecht kennt auch an anderen Stellen Bedingungen, deren Eintritt sich nicht ohne weiteres in Urkundsform nachweisen lässt und die trotzdem vereinbart werden können. **103**

Beispiele für Veräußerungsfälle muss der Erbbaurechtsvertrag nicht liefern. Die nachfolgende Katalogisierung dient lediglich der Erläuterung der Norm, die im Rahmen der Übertragung des Erbbaurechts (siehe unten § 5 Rdn 12) zur Anwendung gelangt. **104**

836 *Becker*, InsbürO 2023, 142, 143.
837 *Räfle*, § 2 Rn 12; *Winkler*, NJW 1992, 2514, 2519.
838 Ingenstau/Hustedt/*Hustedt*, § 2 Rn 32.
839 *Glaß/Scheidt*, § 2 Anm. II 2 b cc, auch nach 100 Jahren noch aktuell, die Mietpreisbindung: „Bestimmungen über die Festsetzung der Mietpreise und eine Verpflichtung, die Mietpreise in gewissen Grenzen zu halten"; vgl. *Winkler*, NJW 1992, 2514, 2519; *Räfle*, § 2 Rn 12.
840 *Glaß/Scheidt*, § 2 Anm. II 2 b cc; *Räfle*, § 2 Rn 12.
841 OLG Schleswig a.a.O.
842 Siehe Muster *Winkler/Schlögel*, § 11 Rn 1.
843 Vgl. Muster *Winkler/Schlögel*, a.a.O.

Veräußerungen i.S.v. § 5 Abs. 1 ErbbauRG sind:

- rechtsgeschäftliche[844] Übertragungen des Erbbaurechts unter Lebenden auf einen neuen Rechtsträger,[845] auch durch den Insolvenzverwalter[846] oder durch eine Erbengemeinschaft, die über das zum Nachlass gehörende Erbbaurecht verfügt[847]
- Veräußerungen im Wege der vorweggenommenen Erbfolge[848]
- Veräußerungen im Wege der Schenkung[849]
- Veräußerung im Wege der Einbringung[850]
- Erbauseinandersetzungen,[851] Erbschaftskauf,[852] Vermächtniserfüllungen und die Erfüllung von Teilungsanordnungen[853]
- die Zwangsversteigerung eines Erbbaurechts.[854]

105 **Keine Veräußerung** i.S.v. § 5 Abs. 1 ErbbauRG sind dagegen:

- eine Erbanteilsübertragung,[855] da insoweit eine Verfügung über den gesamthänderischen Anteil vorliegt, nicht aber eine Verfügung i.S.v. § 5 Abs. 1 ErbbauRG; dies gilt auch bei der Verfügung sämtlicher Miterben[856] über sämtliche Anteile der Erbengemeinschaft
- der Erbfall[857]

844 BayObLG, Beschl. v. 15.1.1997, Az. 3Z BR 153–96 = NJW-RR 1998, 161; *Schmidt-Räntsch*, ZfIR 2014, 269, 276; ebenso für den Verkauf eines Erbbaurechts durch einen Alleinerben, *Mayer*, ErbbauZ 2024, 74, 78.

845 BayObLG a.a.O.; OLG Düsseldorf, Beschl. v. 20.6.2013, Az. I-3 Wx 85/12 = JurionRS 2013, 39385; Staudinger/*Rapp*, § 7 Rn 2; *Räfle*, § 5 Rn 5; *Winkler*, NJW 1992, 2514, 2522.

846 *Meyer*, NZI 2007, 487, 488; Bamberger/Roth/*Maaß*, § 8 Rn 6; *Becker*, InsbürO 2023, 142, 143.

847 *Mayer*, ErbbauZ 2024, 74, 75.

848 OLG Hamm, Beschl. v. 25.11.2011, Az. I-15 W 440/11 = RNotZ 2012, 172; *Schmidt-Räntsch*, ZfIR 2014, 269, 276; *Krause*, ZAP Fach 7, 339, 346.

849 *Krause*, ZAP Fach 7, 339, 346.

850 BeckOK-Hügel/*Otto*, 53. Edition, Stand 3.6.2024, Sonderbereich Erbbaurecht, Rn 112.

851 Nicht dagegen die bloße Umwandlung von gesamthänderischem Eigentum der Miterben in Miteigentum, da kein neuer Rechtsträger in Erscheinung tritt, die Eigentümer bleiben unverändert, vgl. BeckOK-Hügel/*Otto*, 53. Edition, Stand 3.6.2024, Sonderbereich Erbbaurecht, Rn 112.

852 *Mayer*, ErbbauZ 2024, 74, 78.

853 *Winkler*, NJW 1992, 2514, 2522; *Krause*, ZAP Fach 7, 339, 346.

854 Vgl. § 8 ErbbauRG, *Räfle*, § 5 Rn 5; *Winkler*, NJW 1992, 2514, 2522; KG, Beschl. v. 21.2.1984, Az. 1 W 5129/83 = OLGZ 1984, 171; die Zustimmung muss erst zur Zuschlagsentscheidung vorliegen; Ingenstau/Hustedt/*Hustedt*, § 5 Rn 3 und Rn 15; Staudinger/*Rapp*, § 8 Rn 11; vgl. auch BGH, Beschl. v. 13.7.2017, Az. V ZB 186/15 = ErbbauZ 2024, 18, 21, Zustimmungsverweigerung für den Fall, dass der Meistbietende die schuldrechtliche Wertanpassungsverpflichtung nicht übernehmen möchte.

855 Ingenstau/Hustedt/*Hustedt*, § 5 Rn 12; Staudinger/*Rapp*, §§ 5–7, Rn 2a; *Räfle*, § 5 Rn 5; Bamberger/Roth/*Maaß*, § 5 Rn 4; *Krause*, ZAP Fach 7, 339, 346; *Mayer*, ErbbauZ 2024, 74, 76.

856 *Mayer*, ErbbauZ 2024, 74, 76,

857 Staudinger/*Rapp*, § 7 Rn 26, kein rechtsgeschäftlicher Übergang unter Lebenden.

- die Übertragung eines BGB-Gesellschaftsanteils am Erbbaurecht;[858] nach der Reform des Personengesellschaftsrechts (1.1.2024, MoPeG) spielt diese Variante jedoch keine Rolle mehr, da Änderungen im Gesellschafterbestand nicht mehr im Grundbuch eingetragen, sondern zum Anlass genommen werden, die im Gesellschaftsregister eingetragene GbR (eGbR) im Grundbuch einzutragen
- Umwandlungsvorgänge nach dem UmwG[859]
- die Vereinbarung einer Gütergemeinschaft
- die Rückauflassung nach § 143 Abs. 1 InsO nach Anfechtung wegen vorsätzlicher Gläubigerbenachteiligung, da hierdurch schutzwürdige Interessen des Grundstückseigentümers nicht betroffen werden[860]
- die Vorratsteilung nach §§ 30, 8 WEG[861]
- Teilung des Erbbaurechts nach § 3 WEG[862]
- die Bestellung eines Untererbbaurechts[863]
- die Bestellung eines Vorkaufsrechts am Erbbaurecht[864]
- die Einräumung eines Ankaufs- oder Wiederkaufsrechts am Erbbaurecht.

Häufig begnügen sich Erbbaurechtsverträge mit der Implementierung der Veräußerungsbeschränkung, ohne die **Perspektiven** aufzuzeigen, die sich aus § 7 ErbbauRG ergeben. So kann die Zustimmung versagt werden, sofern ein entsprechender Grund vorliegt, § 7 ErbbauRG, zugleich kann u.U. ein Anspruch auf Erteilung der Zustimmung bestehen. Falls die Zustimmung des Grundstückseigentümers ohne ausreichenden Grund verweigert wird, kann sie auf **Antrag** des Erbbauberechtigten durch das Amtsgericht **ersetzt werden**, § 7 Abs. 3 ErbbauRG.[865] Zuständig ist das Amtsgericht, in dessen Bezirk das Grundstück belegen ist, § 7 Abs. 3 S. 1 ErbbauRG. Das Amtsgericht entscheidet durch **begründeten Beschluss**, wogegen binnen einer Frist von zwei Wochen **Beschwerde** zum Oberlandesgericht eingelegt werden kann, § 7 Abs. 3 S. 2 ErbbauRG, § 63 Abs. 2 **106**

858 *Krause*, ZAP Fach 7, 339, 346; BeckOK-Hügel/*Otto*, 53. Edition, Stand 3.6.2024, Sonderbereich Erbbaurecht, Rn 112.

859 Folge ist eine partielle Gesamtrechtsnachfolge, die nicht unter Zustimmungsvorbehalt gestellt werden kann, Staudinger/*Rapp*, § 7 Rn 26.

860 KG, Beschl. v. 26.4.2012, Az. 1 W 96/12 = BeckRS 2012, 11300 = Rpfleger 2012, 525; Ingenstau/Hustedt/*Hustedt*, § 5 Rn 15.

861 Ingenstau/Hustedt/*Hustedt*, § 5 Rn 13; Bamberger/Roth/*Maaß*, § 5 Rn 4; Staudinger/*Rapp*, §§ 5–7, Rn 2a; *Grziwotz*, ErbbauZ 2022, 126, 131.

862 *Grziwotz*, ErbbauZ 2022, 126, 131; *Winkler*, NJW 1992, 2514, 2522; *Krause*, ZAP Fach 7, 339, 346; LG Augsburg MittBayNot 1979, 68, danach sei keine Zustimmung erforderlich; **a.A.** Staudinger/*Rapp*, a.a.O., danach liegt eine zustimmungspflichtige Änderung des Eigentums vor.

863 *Räfle*, § 5 Rn 5; Bamberger/Roth/*Maaß*, § 5 Rn 4; Ingenstau/Hustedt/*Hustedt*, § 5 Rn 14.

864 Staudinger/*Rapp*, a.a.O.; Bamberger/Roth/*Maaß*, § 5 Rn 4.

865 Zur Ersetzung vgl. beispielsweise BayObLG, Beschl. v. 11.12.1986, Az. BReg. 3 Z 113/86 = NJW-RR 1987, 459, 460; OLG München, Beschl. v. 18.11.2020, Az. 34 Wx 315/19 = BeckRS 2020, 31520.

Nr. 2 FamFG.[866] Dies kann Eingang in die Vertragsgestaltung finden, um den Veräußerungsvorbehalt in den richtigen gesetzlichen Kontext einzubetten.

Ob die **Zustimmung zur Veräußerung** bzw. **Belastung** des Erbbaurechts **nach Wirksamwerden des schuldrechtlichen Kausalgeschäfts** noch **widerrufen** werden kann, war strittig,[867] ist zwischenzeitlich jedoch durch einen **höchstrichterlichen Beschluss**[868] geklärt. Danach kann die erteilte Zustimmung **nicht mehr widerrufen werden, nachdem das schuldrechtliche Kausalgeschäft wirksam geworden ist**.[869] Die erteilte Zustimmung erweist sich dann als **unwiderruflich**, was nicht nur mit dem Wortlaut des § 6 Abs. 1 ErbbauRG begründet wird, sondern auch mit dem erstrebten **Gleichlauf** von schuldrechtlichem Kausalgeschäft und dinglichem Vollzugsgeschäft.[870] Hinzuzufügen ist, dass sich im Gefolge dieser Rspr. auch ein Gleichklang mit § 12 Abs. 1 WEG einstellt.[871] Ein identisches Ergebnis zeigt sich im Wege der Analogie zu § 875 Abs. 2 bzw. § 876 S. 3 BGB.[872] Der **Wechsel des Grundstückseigentümers nach Wirksamwerden des schuldrechtlichen Kausalgeschäfts** wirkt sich nicht mehr aus, und die erteilte Zustimmung kann **nicht mehr widerrufen** werden.[873] Dies betrifft besonders die Grundbuchpraxis. Die Zustimmungsbefugnis steht dem jeweiligen Grundstückseigentümer zu. Bislang beanstandete die **Grundbuchpraxis** Zustimmungserklärungen, die noch vom *vorherigen* Grundstückseigentümer herrührten, und zwar unter Hinweis auf die Zustimmungsbefugnis, die dem aktuellen Grundstückseigentümer zustehe. Die obergerichtliche Rspr.[874] teilte dieses Ergebnis und hielt die Zustimmungserklärung für wirkungslos. Dieser Auffassung kann nicht mehr gefolgt werden. Wegen des höchstrichterlich[875] postulierten **Gleichlaufs von schuldrechtlicher Bindung und dinglichem Rechtsgeschäft** kann das **Grundbuchamt** der Zustimmung nicht die Wirksamkeit versagen, sondern muss die wirksam erteilte Zustimmungserklärung akzeptieren. Wirksam wird die Zustim-

866 OLG München, Beschl. v. 18.11.2020, Az. 34 Wx 315/19 = BeckRS 2020, 31520; zum Anspruch auf Zustimmung vgl. *Wolffskeel v. Reichenberg*, MittBayNot 2021, 219, 221.

867 Zur früher h.M. vgl. OLG Köln MittRhNotK 1996, 275; *Wolffskeel v. Reichenberg*, MittBayNot 2021, 219, 222.

868 BGH, Beschl. v. 29.6.2017, Az. V ZB 144/16 = ZfIR 2017, 782 mit Anm. *Heinemann* = DNotI-Report 2017, 150 = NJW-Spezial 2017, 739; Staudinger/*Rapp*, §§ 5–7, Rn 1d; *Rapp*, DNotZ 2018, 413; *Böttcher*, ZNotP 2018, 1; *Böttcher*, Rn 317; *Wolffskeel v. Reichenberg*, MittBayNot 2021, 219, 222; OLG München, Beschl. v. 15.6.2020, Az. 34 Wx 131/20 = DNotZ 2021, 341 = RNotZ 2020, 507 = BeckRS 2020, 12590.

869 BGH a.a.O.

870 BGH a.a.O.

871 *Schöner/Stöber*, Rn 2904a.

872 *Heinemann* in seiner Anmerkung zur BGH- Entscheidung a.a.O., s. ZfIR 2017, 782, 785.

873 BGH a.a.O.; vgl. auch *Wolffskeel v. Reichenberg*, MittBayNot 2021, 219, 222.

874 OLG Düsseldorf MittRhNotK 1996, 276; OLG Köln Rpfleger 1996, 106; OLG Celle RNotZ 2005, 542 mit abl. Anmerkung *Kesseler*.

875 BGH, Beschl. v. 29.6.2017, Az. V ZB 144/16 = ZfIR 2017, 782 mit Anm. *Heinemann* = DNotI-Report 2017, 150 = NJW-Spezial 2017, 739.

mung bereits mit Zugang bei einem Beteiligten bzw. mit Zugang bei dem beurkundenden Notariat. Eine abweichende Zwischenverfügung des Grundbuchamtes kann mit Beschwerde angefochten werden.

Formulierungsbeispiel: Hinweis bei Zustimmungsvorbehalt für die Veräußerung des Erbbaurechts 107

Die Veräußerung des Erbbaurechts darf erst eingetragen werden, sobald dem Grundbuchamt die Zustimmung des Grundstückseigentümers oder der rechtskräftige Ersetzungsbeschluss nachgewiesen wird, und zwar in der Form einer öffentlichen oder öffentlich beglaubigten Urkunde. Die Veräußerung des Erbbaurechts ist unwirksam, solange der Grundstückseigentümer nicht die notwendige Zustimmung erteilt hat. Die Zustimmung kann versagt werden, sofern ein entsprechender Grund vorliegt, möglicherweise besteht jedoch ein Anspruch auf Erteilung der Zustimmung. Falls die Zustimmung des Grundstückseigentümers ohne ausreichenden Grund verweigert wird, kann sie auf Antrag des Erbbauberechtigten durch das Amtsgericht ersetzt werden.

Die Zustimmung zur Veräußerung enthält keine Zustimmung zur Belastung, die mit der Veräußerung einhergeht. Die Belastungszustimmung enthält auch keine Zustimmung zum Zuschlag in der Zwangsversteigerung. Hierfür ist eine eigene Zustimmung des Grundstückseigentümers einzuholen.

Kosten, die im Rahmen der Zustimmung anfallen (beispielsweise Beglaubigungskosten), trägt der Erbbauberechtigte.

Abgebildet werden muss dagegen nicht, bei wem die **sachliche Zuständigkeit** zur Ertei- 108
lung der Veräußerungszustimmung liegt, etwa im Falle eines Erbbaurechts, das durch eine Gemeinde vergeben wurde.[876] Die **bayerische** Gemeindeordnung räumte dem 1. Bürgermeister nur ein eingeschränktes Vertretungsrecht ein, nicht aber entsprechende Vertretungsmacht. Eine laufende Angelegenheit i.S.v. Art. 37 Abs. 1 Nr. 1 BayGO lag nicht vor, weshalb sich der 1. Bürgermeister nicht in der Lage sah, die Veräußerungszustimmung zu erteilen.[877] Dies änderte die Rechtsprechung des BGH,[878] die einem bayerischen ersten Bürgermeister allumfassende Vertretungsmacht im Außenverhältnis einräumte. Zwischenzeitlich ist das **bayerische Gemeinderecht** wieder zum alten Zustand zurückgekehrt, zum **eingeschränkten Vertretungsrecht des ersten Bürgermeisters**.

Abschließend empfiehlt sich eine erbbaurechtsvertragliche Klarstellung über die **Kosten-** 109
tragung einer **Zustimmungserklärung**[879] Im Fokus stehen die Kosten, die im Rahmen einer Unterschriftsbeglaubigung anfallen können. Während die *Zustimmungspflicht* ein-

876 BayObLG, Beschl. v. 15.1.1997, Az. 3Z BR 153–96 = NJW-RR 1998, 161.
877 BayObLG a.a.O.
878 BGH, Urt. v. 1.6.2017, Az. VII ZR 49/16 = NJW-RR 2017, 917.
879 Staudinger/*Rapp*, § 7 Rn 11.

zig und allein im Interesse des Grundstückseigentümers liegt, liegt die *Zustimmungserteilung* selbst nur im Interesse des veranlassenden Erbbauberechtigten. Die Klarstellung geht dahin, anfallende Beglaubigungskosten dem **Erbbauberechtigten** zuzuweisen.[880]

110 *Formulierungsbeispiel: Zustimmungsvorbehalt für die Veräußerung*

Zur Veräußerung des Erbbaurechts oder eines realen oder ideellen Teils hiervon sowie von Wohnungs- und Teilerbbaurecht bedarf der Erbbauberechtigte der schriftlichen Zustimmung des Grundstückseigentümers. Dies gilt auch für eine Veräußerung im Wege der Zwangsversteigerung, wozu auch eine Zwangsversteigerung zum Zwecke der Auseinandersetzung der Gemeinschaft zählt.

Voraussetzung für die Zustimmung zur Veräußerung ist, dass der Erwerber in sämtliche Verpflichtungen aus dem Erbbaurechtsvertrag (einschließlich der Nachträge) und aus dem Erbbaurechtsverhältnis im Übrigen in notarieller Form eintritt und sich dabei gegenüber dem Grundstückseigentümer wegen des Erbbauzinses der sofortigen Zwangsvollstreckung unterwirft. Die Zustimmung gilt als erteilt, falls sie nicht binnen eines bestimmten Zeitraums unter Angabe von Gründen durch den Grundstückseigentümer verweigert wird. Die Zustimmung enthält keinen Verzicht auf Ansprüche des Grundstückseigentümers gegen den Erbbauberechtigten aus dem Erbbaurechtsverhältnis, die im Zeitpunkt der Veräußerung dem Grunde nach bereits entstanden sind. Ausgenommen den Erwerb durch Zwangsversteigerung, haften dann der Erbbauberechtigte und der Erwerber gegenüber dem Grundstückseigentümer als Gesamtschuldner.

Die Veräußerung des Erbbaurechts darf erst eingetragen werden, sobald dem Grundbuchamt die Zustimmung des Grundstückseigentümers oder der rechtskräftige Ersetzungsbeschluss nachgewiesen wird, und zwar in der Form einer öffentlichen oder öffentlich beglaubigten Urkunde. Die Veräußerung des Erbbaurechts ist unwirksam, solange der Grundstückseigentümer nicht die notwendige Zustimmung erteilt hat. Die Zustimmung kann versagt werden, sofern ein entsprechender Grund vorliegt, möglicherweise besteht jedoch ein Anspruch auf Erteilung der Zustimmung. Falls die Zustimmung des Grundstückseigentümers ohne ausreichenden Grund verweigert wird, kann sie auf Antrag des Erbbauberechtigten durch das Amtsgericht ersetzt werden.

Die Zustimmung zur Veräußerung enthält keine Zustimmung zur Belastung, die mit der Veräußerung einhergeht.

Kosten, die im Rahmen der Zustimmung anfallen (beispielsweise Beglaubigungskosten), trägt der Erbbauberechtigte.

880 Staudinger/*Rapp*, § 7 Rn 11.

6. Zustimmungsvorbehalt für die Belastung des Erbbaurechts, § 5 Abs. 2 S. 1 ErbbauRG

Eine weitere Möglichkeit, die Einflusssphäre des Grundstückseigentümers auszudehnen **111**
und für den Schutz vor einer „übermäßigen Belastung des Erbbaurechts“[881] und damit für eine Risikoreduzierung[882] im Heimfall zu sorgen, bietet die **Belastungsbeschränkung** nach § 5 Abs. 2 S. 1 ErbbauRG, **ein Zustimmungsvorbehalt für spezielle Erbbaurechtsbelastungen**. Die Beschränkung hält das Erbbaurecht in geordneten wirtschaftlichen Bahnen und bereitet einem künftigen Heimfall den Boden, § 33 Abs. 1 ErbbauRG.[883] Als dinglicher Inhalt des Erbbaurechts kann vereinbart werden, dass der Erbbauberechtigte zur Belastung des Erbbaurechts mit einer Hypothek, Grund- oder Rentenschuld bzw. Reallast der Zustimmung des Grundstückseigentümers bedarf, § 5 Abs. 2 S. 1 ErbbauRG.

Unterschieden wird zwischen der **vorherigen** und der **nachträglichen Zustimmung**,[884] **112**
beide Zustimmungsformen hält das Gesetz bereit. Eine vertragliche Beschränkung auf die **vorherige Zustimmung** schränkt die Freizügigkeit und die wirtschaftliche Freiheit des Erbbauberechtigten[885] unzulässigerweise ein und kann nicht zum dinglichen Inhalt des Erbbaurechts erklärt werden.[886] Im Kontrast hierzu stehen Formulierungen,[887] die immer noch als Standardinhalt von Erbbaurechten kursieren:

> *Zur Belastung des Erbbaurechts mit einer Hypothek, Grund- oder Rentenschuld, Reallast oder einem Dauerwohn- und -nutzungsrecht nach dem WEG bedarf der Erbbauberechtigte der vorherigen* schriftlichen Zustimmung des Grundstückseigentümers....

Um den gesetzlichen Bestimmungen Genüge zu leisten, **empfiehlt** sich eine **neutrale Belastungsvorbehaltslösung**:

> *Zur Belastung des Erbbaurechts mit einer Hypothek, Grund- oder Rentenschuld, Reallast oder einem Dauerwohn- und -nutzungsrecht nach dem WEG bedarf der Erbbauberechtigte der schriftlichen Zustimmung des Grundstückseigentümers.*

881 OLG München, Beschl. v. 31.7.2008, Az. 33 Wx 145/07 = NJW-RR 2009, 374.
882 *Dieckmann*, BWNotZ 2021, 350, 358; *Kost*, ErbbauZ 2024, 34, 36.
883 Im Hinblick auf die dinglichen Belastungen, die bei Ausübung des Heimfalls bestehen bleiben; vgl. auch *Glaß/Scheidt*, a.a.O.; vgl. zur Intention auch *Räfle*, § 5 Rn 6; LG Regensburg MittBayNot 2008, 55; *Neumann*, ZfBR 2020, 211, 212.
884 Vgl. bereits *Glaß/Scheidt*, § 5 Anm. IV a.
885 *Schmenger*, BWNotZ 2006, 73, 90.
886 *Schmenger*, a.a.O. unter Hinweis auf OLG Zweibrücken, Beschl. v. 21.4.2004, Az. 3 W 223/03 = DNotZ 2004, 934.
887 Beck'sches Formularbuch Immobilienrecht/*Frense*, Erbbaurechtsvertrag, Grundstückstruktur, dort § 6, vorherige Zustimmung. Dieser Auffassung kann jedoch nicht gefolgt werden.

113 Einen **Ausschluss der Zustimmung für bestimmte Fälle im Voraus**[888] sieht die Regelung nicht vor, weshalb eine abweichende Vereinbarung nur mit schuldrechtlicher Wirkung vereinbart werden kann.[889] Das Gesetz offeriert nicht die Möglichkeit einer abweichenden dinglichen Vereinbarung,[890] die Regelung in § 7 ErbbauRG ist abschließender Natur.[891]

In dieselbe Richtung zielen unzulässige **inhaltliche Belastungsvorgaben**, die vom Anwendungsbereich der Zustimmungspflicht nach § 5 Abs. 2 ErbbauRG nicht gedeckt sind,[892] etwa die Belastung nur zugunsten bestimmter Gläubiger oder zu definierten Zwecken.[893] Entsprechende Vereinbarungen können nur mit schuldrechtlicher Wirkung gefasst werden.[894]

114 Erwähnung finden nur die **Hypothek**, die **Grundschuld**, die **Rentenschuld** und die **Reallast**, nicht dagegen das **Dauerwohn-** bzw. **-nutzungsrecht**, zu dessen Charakteristika die Regelung in § 42 Abs. 2 WEG zählt. Danach bleibt das Dauerwohn- bzw. -nutzungsrecht (DWR bzw. DNR) beim Heimfall bestehen, erlischt nicht und setzt sich am Eigentümererbbaurecht fort. Dies legt den Schluss nahe, den Belastungsvorbehalt um das DWR bzw. DNR zu erweitern.[895] Eine Regelungslücke[896] liegt vor, zwischenzeitlich seit Jahrzehnten, die in der Vertragspraxis geschlossen werden muss. Dabei ist der Regelungskatalog in § 5 Abs. 2 ErbbauRG nicht als Votum gegen die Aufnahme des DWR bzw. DNR zu verstehen, da das ErbbauRG aus dem Jahr 1919, das WEG dagegen aus dem Jahr 1951 stammt. Das Rechtsinstitut DWR bzw. DNR war dem Erbbaurechtsgesetzgeber nicht bekannt, hätte jedoch zweifelsohne Eingang in die gesetzliche Regelung gefunden. So heißt es in der historischen Literatur:

888 Beispiel: Die Zustimmung wird nur für Belastungen erteilt, die im Rang nach den Rechten des Grundstückseigentümers eingetragen werden und die spätestens drei Jahre vor Ablauf des Erbbaurechts amortisiert werden, vgl. *Schmenger*, BWNotZ 2006, 73, 88, 89.

889 BayObLG, Beschl. v. 9.9.1999, Az. 2Z BR 127/99 = NJW-RR 2000, 162; OLG Düsseldorf, Beschl. v. 20.6.2013, Az. I-3 Wx 85/12 = JurionRS 2013, 39385.

890 BayObLG, Beschl. v. 9.9.1999, Az. 2Z BR 127/99 = NJW-RR 2000, 162; OLG Düsseldorf, Beschl. v. 20.6.2013, Az. I-3 Wx 85/12 = JurionRS 2013, 39385; *Schmenger*, BWNotZ 2006, 73, 88, 89.

891 Bamberger/Roth/*Maaß*, § 5 Rn 2.

892 Ingenstau/Hustedt/*Hustedt*, § 5 Rn 18.

893 BayObLG, Beschl. v. 11.9.1959, Az. BReg. 2 Z 117/59 = DNotZ 1960, 104: Grundpfandrechte nur in Form von Tilgungsschulden.

894 BayObLG a.a.O.; Ingenstau/Hustedt/*Hustedt*, § 5 Rn 18.

895 *Räfle*, § 5 Rn 6; *Winkler*, NJW 1992, 2514, 2522; Ingenstau/Hustedt/*Hustedt*, § 5 Rn 16 und 25; *Krause*, ZAP Fach 7, 339, 346; *Schmenger*, BWNotZ 2006, 73, 85, 86; BeckOK-Hügel/*Otto*, 53. Edition, Stand 3.6.2024, Sonderbereich Erbbaurecht, Rn 113.

896 OLG Stuttgart NJW 1952, 979.

Die Möglichkeit, eine Belastung des Erbbaurechts von seiner Zustimmung abhängig zu machen, ist für den Grundstückseigentümer deshalb von Wichtigkeit, weil nach § 33 der Verordnung bei einem etwaigen Heimfalle die auf dem Erbbaurechte lastenden Hypotheken, Grund- oder Rentenschulden und Reallasten bestehen bleiben...[897]

Soweit ersichtlich, zählt die inhaltliche Erweiterung um das DWR bzw. DNR zwischenzeitlich zum Standard der erbbaurechtsvertraglichen Gestaltungspraxis.

Programmatisch schließt dies die **Möglichkeit aus**, den **Belastungsvorbehalt** mit ding- **115**
licher Wirkung um **weitere Rechte** zu erweitern,[898] die mit dem Heimfall erlöschen, etwa Dienstbarkeiten, Nießbrauchsrechte, Vorkaufsrechte, Untererbbaurechte und Widersprüche,[899] ebenso Vormerkungen zur Sicherung von Ansprüchen auf Einräumung dinglicher Rechte jeglicher Art.[900] Einen Ausweg bietet das Heimfallrecht. Vereinbart werden kann ein Heimfallanspruch für den Fall der Belastung des Erbbaurechts mit Rechten, die nicht in § 5 Abs. 2 ErbbauRG genannt sind,[901] etwa Nießbrauch, Dienstbarkeiten oder Vorkaufsrechte. Ein weiterer Ausweg besteht darin, der Erweiterung nur schuldrechtliche Wirkung beizumessen.[902]

Einer ***Beschränkung*** des **Belastungsvorbehaltes** steht § 5 Abs. 2 ErbbauRG nicht entgegen, sodass der Erbbaurechtsvertrag Konstellationen benennen kann, in denen eine Zustimmung des Grundstückseigentümers nicht erforderlich ist, etwa zur Eintragung von Grundpfandrechten, die für bestimmte Darlehen[903] und von bestimmten Gläubigern vergeben werden. Eine entsprechende Vereinbarung kann als dinglicher Inhalt Eingang in den Erbbaurechtsvertrag finden.[904]

Nicht selten findet sich in den Erbbaurechtsverträgen bereits eine **Vorabzustimmung für** **116**
bestimmte Belastungsfälle,[905] eine **road map** für Belastungen, gegen die keine wirtschaftlichen Bedenken des Grundstückseigentümers bestehen. In solchen Fällen stimmt der Grundstückseigentümer bereits im Erbbaurechtsvertrag Belastungen mit Grundschulden oder Hypotheken zu, sofern sie binnen eines genau bestimmten Zeitraums in be-

897 *Glaß/Scheidt*, § 5 Anm. I (= S. 53).

898 *Räfle*, § 5 Rn 7; Ingenstau/Hustedt/*Hustedt*, § 5 Rn 16.

899 Ingenstau/Hustedt/*Bardenhewer*, § 33 Rn 7–8.

900 § 5 Abs. 2 ErbbauRG ist dann nicht anwendbar, vgl. *Räfle*, § 5 Rn 7; Vormerkungen können ohne Zustimmung des Grundstückseigentümers eingetragen werden; vgl. auch BeckOK-Hügel/*Otto*, 53. Edition, Stand 3.6.2024, Sonderbereich Erbbaurecht, Rn 113, Eintragung der Vormerkung bereits vor Zustimmung.

901 OLG Hamm, Beschl. v. 9.8.1985, Az. 15 W 277/85 = NJW-RR 1986, 693; eine direkte Anwendung des § 6 Abs. 2 ErbbauRG scheidet aus, ebenso eine analoge Anwendung, vgl. OLG Hamm a.a.O., da der Schutzzweck der Norm nicht berührt ist; so bereits *Glaß/Scheidt*, § 5 Anm. III; ebenso Staudinger/*Rapp*, § 2 Rn 21.

902 *Räfle*, § 5 Rn 7; Ingenstau/Hustedt/*Hustedt*, § 5 Rn 29.

903 *Schmenger*, BWNotZ 2006, 73, 89.

904 *Schmenger*, a.a.O.

905 Zur Zulässigkeit LG Regensburg MittBayNot 2008, 55; LG Bochum Rpfleger 1990, 453; *Schmenger*, BWNotZ 2006, 73, 89.

stimmter Art und Weise bestellt werden, nämlich im Rang nach dem Erbbauzins und dem Vorkaufsrecht des Grundstückseigentümers am Erbbaurecht, überdies nur für bestimmte Gläubiger und mit der Maßgabe, eine Rückgewährs- und Löschungsvormerkung für den Grundstückseigentümer zu bestellen, was die wirtschaftliche Interessenlage des Grundstückseigentümers exakt nachzeichnet. Diese Maßgaben gelten für die gesamte und die teilweise Belastung des Erbbaurechts. Hält sich der Erbbauberechtigte an die *road map*, sollte dies im Rahmen der Urkunde, mit der die Belastung erfolgt, thematisiert werden, um grundbuchamtlichen Missverständnissen den Boden zu entziehen. Schließlich sieht sich das Grundbuchamt nicht gehalten, von Amts wegen in anderen Urkunden nach der Zustimmung zu suchen. Die Eintragungsunterlagen beizubringen, ist Aufgabe der Beteiligten, nicht des Grundbuchamtes. Maßgeblich ist der das gesamte Grundbuchverfahren beherrschende Beibringungsgrundsatz. Zur Kryptologie zu greifen oder Stillschweigen über die bereits im Erbbaurechtsvertrag erteilte Zustimmung zu bewahren, bringt die Gefahr einer verzögerten Grundbucheintragung mit sich (überflüssige Zwischenverfügung).

117 Klärungsbedarf besteht im Hinblick auf die **Perspektiven**, die sich aus § 7 ErbbauRG ergeben, der Möglichkeit, die Belastungszustimmung zu versagen, sofern eine entsprechende Konstellation gegeben ist. Auf Antrag des Erbbauberechtigten kann die Zustimmung des Grundstückseigentümers durch das Amtsgericht **ersetzt** werden, § 7 Abs. 3 ErbbauRG,[906] was in erläuternder Weise Eingang in den Erbbaurechtsvertrag finden kann. Dies gilt umso mehr, als die Notarin bzw. der Notar sich mit der Pflicht konfrontiert sieht, auf die Möglichkeit einer sog. **gespaltenen Zustimmung** hinzuweisen. Dem Grundstückseigentümer steht es frei, der Veräußerung des Erbbaurechts zuzustimmen, der Belastung jedoch die Gefolgschaft zu verweigern, sofern belastungsbezogene Interessen entgegenstehen. Beide Felder werden von unterschiedlichen Eigentümerinteressen beherrscht und sehen sich eingebunden in verschiedene Kontextsituationen (hier Veräußerung, dort Belastung, häufig im Rahmen der Finanzierung). In der logischen Konsequenz kann die Antwort auf das Zustimmungserfordernis verschieden ausfallen, worauf bereits im Rahmen der Erbbaurechts*kauf*vertragsurkunde eingegangen werden kann, im Rahmen der Erbbaurechts*belastungs*urkunde jedenfalls hingewiesen werden muss. Zu etwaigen Ausweichmöglichkeiten (Rücktrittsrecht, Bedingungsverknüpfung) vgl. die obigen Ausführungen zu Rdn 95.

Im Hinblick darauf empfiehlt sich die Aufnahme eines **klarstellenden Vermerks** im Erbbaurechtsvertrag, wonach die Zustimmung zur Belastung nicht auch eine Zustimmung

906 Zur Ersetzung einer Zustimmung vgl. OLG München, Beschl. v. 6.4.2018, Az. 34 Wx 19/17 = ErbbauZ 2021, 177.

zum Zuschlag in der Zwangsversteigerung enthält. Hierzu ist eine eigenständige Zustimmung des Grundstückseigentümers zu erholen.[907]

Ob die **Zustimmung** zur Belastung des Erbbaurechts durch den Grundstückseigentümer eine **Verfügung über das Grundstück** i.S.v. § 1850 Nr. 1 BGB darstellt, ist strittig. Nach der einen Ansicht bedarf der gesetzliche Vertreter des Grundstückseigentümers keiner familien- oder betreuungsgerichtlichen Genehmigung.[908] Die andere Ansicht[909] bejaht hingegen die Genehmigungsbedürftigkeit, was häufig von der Grundbuchpraxis geteilt wird. Um die Eintragung auf eine zweifelsfreie Grundlage zu stellen und das Verfahren zu beschleunigen, geht die Empfehlung dahin, die **familien- bzw. betreuungsgerichtliche Genehmigung** bzw. das **Negativattest einzuholen** und dem Grundbuchamt zum Vollzug vorzulegen.

Zur Notwendigkeit der **Voreintragung einer zustimmenden GbR im Gesellschaftsregister und im Grundbuch** vgl. Rdn 94.

Formulierungsbeispiel: Zustimmungsvorbehalt für die Belastung 118

Zur Belastung des Erbbaurechts mit einer Hypothek, Grund- oder Rentenschuld, einer Reallast oder einem Dauerwohn- und Dauernutzungsrecht bedarf der Erbbauberechtigte der schriftlichen Zustimmung des Grundstückseigentümers. Dies gilt auch für jede Änderung des Inhalts der genannten Belastungen, sofern die Änderung eine weitere Belastung des Erbbaurechts enthält.

Die Belastung des Erbbaurechts mit den erwähnten Rechten darf erst eingetragen werden, sobald dem Grundbuchamt die Zustimmung des Grundstückseigentümers oder der rechtskräftige Ersetzungsbeschluss nachgewiesen wird, und zwar in der Form einer öffentlichen oder öffentlich beglaubigten Urkunde. Die Belastung des Erbbaurechts ist unwirksam, solange der Grundstückseigentümer nicht die notwendige Zustimmung erteilt hat. Die Zustimmung kann versagt werden, sofern ein entsprechender Grund vorliegt, § 7 ErbbauRG, möglicherweise besteht jedoch ein Anspruch auf Erteilung der Zustimmung. Falls die Zustimmung des Grundstückseigentümers ohne ausreichenden Grund verweigert wird, kann sie auf Antrag des Erbbauberechtigten durch das Amtsgericht ersetzt werden.

Die Zustimmung zur Veräußerung enthält keine Zustimmung zur Belastung, die mit der Veräußerung einhergeht. Die Belastungszustimmung enthält auch keine Zustim-

907 BGH NJW 1960, 2093; Staudinger/*Rapp*, § 8 Rn 10a; vgl. zur Verweigerung auch BGH, Beschl. v. 13.7.2017, Az. V ZB 186/15 = ErbbauZ 2024, 18.

908 LG Frankfurt Rpfleger 1974, 109 = BWNotZ 1974, 18 = MittBayNot 1974, 80; BGB-RGRK/*Räfle* § 5 Rn 10; Staudinger/*Rapp*, §§ 5–7 Rn 14; BeckOK-Hügel/*Otto*, 53. Edition, Stand 3.6.2024, Sonderbereich Erbbaurecht, Rn 116.

909 OLG Hamm Rpfleger 1967, 415; Erman/*Grziwotz*, § 5 Rn 4; *Böttcher*, Rn 319.

mung zum Zuschlag in der Zwangsversteigerung. Hierfür ist eine eigene Zustimmung des Grundstückseigentümers einzuholen.

Schuldrechtlich gilt die Belastungsbeschränkung auch für alle anderen Belastungen des Erbbaurechts mit dinglichen Rechten, die in der Zweiten Abteilung des Grundbuchs eingetragen werden.

Kosten, die im Rahmen der Zustimmung anfallen (beispielsweise Beglaubigungskosten), trägt der Erbbauberechtigte.

Wird das Erbbaurecht mit einem Grundpfandrecht belastet, verpflichtet sich bereits heute der Erbbauberechtigte gegenüber dem Grundstückseigentümer dazu, dieses Grundpfandrecht löschen zu lassen, wenn und soweit es sich mit dem Erbbaurecht in einer Person vereinigt. Zur Sicherung dieses Löschungsanspruchs ist bei Bestellung des Grundpfandrechts eine Löschungsvormerkung für den jeweiligen Grundstückseigentümer auf Kosten des Erbbauberechtigte einzutragen (§ 1179 Ziffer 2 BGB).

Wird das Erbbaurecht mit einer Grundschuld belastet, tritt der Erbbauberechtigte bereits heute seine Ansprüche auf Rückübertragung oder Löschung dieser Grundschuld an den Grundstückseigentümer ab. Zur Sicherung dieses abgetretenen Anspruchs auf Rückübertragung bzw. Löschung einer solchen Grundschuld ist für den Grundstückseigentümer eine Vormerkung bei Eintragung der Grundschuld im Grundbuch einzutragen (§ 883 Abs. 1 BGB).

Der Grundstückseigentümer stimmt bereits jetzt Belastungen des Erbbaurechts mit Hypotheken und Grundschulden zu, sofern

- sie innerhalb von … Jahren nach Abschluss des Erbbaurechtsvertrages bewilligt und beantragt werden
- sie Rang nach der Erbbauzinsreallast und dem dinglichen Vorkaufsrecht des Grundstückseigentümers erhalten
- sie zugunsten von Anstalten und Körperschaften des öffentlichen Rechts, Kreditinstituten und Versicherungsgesellschaften mit dem Sitz innerhalb der EU erfolgen
- zugleich mit den Belastungen die oben beschriebenen Vormerkungen (Löschungsvormerkung gem. § 1179 Ziffer 2 BGB und Rückgewährsvormerkung gem. § 883 Abs. 1 BGB) zugunsten des Grundstückseigentümers eingetragen werden.

119 Eine anfängliche oder spätere **Personenidentität** zwischen Erbbauberechtigtem und Grundstückseigentümer lässt eine Vereinbarung nach § 5 Abs. 2 ErbbauRG nicht in Wegfall geraten.[910] Zumeist schweigen die Erbbaurechtsverträge hierzu, obgleich von gefes-

910 OLG Hamm, Beschl. v. 21.1.1985, Az. 15 W 18/85 = OLGZ 1985, 159 = Rpfleger 1985, 233; OLG Frankfurt, Beschl. v. 7.9.2004, Az. 20 W 251/04 = OLGR Frankfurt 2005, 73.

tigter OLG-Rechtsprechung auszugehen ist. In der Folge ist auch für die **Zwangsvollstreckung in ein Eigentümererbbaurecht die Zustimmung des Grundstückseigentümers** vorzulegen, sofern ein Belastungsvorbehalt besteht.[911]

Wichtig ist in diesem Zusammenhang die **Folgemechanik** einer vereinbarten Belastungsbeschränkung, greifbar in **§ 15 ErbbauRG**, wonach die Belastung erst eingetragen werden kann, sobald dem Grundbuchamt die Zustimmung des Grundstückseigentümers idF des § 29 GBO nachgewiesen ist.[912] Bis zur Erteilung der Zustimmung besteht **schwebende Unwirksamkeit**, allerdings mit absoluter Wirkung gegenüber jedermann.[913] Ein Verstoß macht das Grundbuch unrichtig, wobei der Grundbuchberichtigungsanspruch nur dem Erbbauberechtigten zusteht, nicht dem Grundstückseigentümer.[914]

Zur weiteren Folgemechanik zählt die Regelung in **§ 8 ErbbauRG**, die eine Erweiterung 120
um **Zwangsvollstreckungsmaßnahmen** mit sich bringt. Danach sind Verfügungen, die im Wege der Zwangsvollstreckung oder der Arrestvollziehung oder durch den Insolvenzverwalter[915] erfolgen, insoweit unwirksam, als sie die Rechte des Grundstückseigentümers aus einer Belastungsbeschränkung vereiteln oder beeinträchtigen würden. Die gesetzgeberische Intention geht dahin, eine Umgehung der Belastungsbeschränkung zu verhindern.[916] Das Schweigen der Erbbaurechtsverträge scheint dem rechtspolitischen Bewusstsein geschuldet, einer missbräuchlichen Zustimmungsversagung nicht Tür und Tor zu öffnen.[917] Die Hauptanwendungsfälle liegen in der Belastung des Erbbaurechts mit einer Zwangshypothek[918]- bzw. einer **Arresthypothek**.[919]

Belastungsfälle, die der Zustimmungspflicht nach § 5 Abs. 2 S. 1 ErbbauRG unterliegen, muss der Erbbaurechtsvertrag nicht definieren. Die weitere Übersicht dient der Erläuterung der Norm.

911 OLG Hamm, Beschl. v. 21.1.1985, Az. 15 W 18/85 = OLGZ 1985, 159 = Rpfleger 1985, 233.

912 OLG Frankfurt a.a.O.

913 OLG Hamm, Beschl. v. 10.5.2011, Az. 15 Wx 536/10 = NJW-RR 2011, 1652, 1654; OLG Hamm, Beschl. v. 21.1.1985, Az. 15 W 18/85 = OLGZ 1985, 159, 160 = Rpfleger 1985, 233.

914 OLG Hamm a.a.O.

915 Wie hier auch *Becker*, InsbürO 2023, 142, 143.

916 Vgl. *Glaß/Scheidt*, § 8 Anm. I: „Der Dritte hätte dann die Möglichkeit, sich auf dem Wege der Zwangsvollstreckung …eine Hypothek an demselben zu verschaffen und auf diese Weise das Erfordernis der Zustimmung des Grundstückseigentümers zu umgehen. Um dies zu vermeiden, wurde die jetzige Bestimmung des § 8 aufgenommen.“; ebenso *Räfle*, a.a.O., § 8 Rn 1; *Neumann*, ZfBR 2020, 211, 213.

917 Lemke/*Czub* halten § 8 ErbbauRG für „problematisch“, da sie auch die „Abwehr berechtigter Vollstreckungen“ zur Folge haben kann.

918 Zur Zustimmung für eine Belastung des Erbbaurechts mit einer Zwangshypothek vgl. OLG München, Beschl. v. 6.4.2018, Az. 34 Wx 19/17 = ErbbauZ 2021, 177.

919 Zur Zwangsvollstreckung vgl. *Neumann*, ZfBR 2020, 211, 213.

121 **Belastungen** des Erbbaurechts i.S.v. § 5 Abs. 2 S. 1 ErbbauRG sind:

- die Belastung mit Grundpfandrechten, also Hypotheken, Grundschulden und Rentenschulden; diese Rechte bleiben beim Heimfall bestehen, § 33 Abs. 1 ErbbauRG
- nach Ansicht des OLG Düsseldorf[920] auch die Pfandentlassung eines einzelnen Wohnungserbbaurechts, weil dies mit einer Erhöhung der wertmäßigen Einzelbelastung verbunden sei. Teile der Grundbuchpraxis folgen dieser Ansicht nicht, zumal die Mithaftentlassung keinen Belastungsfall i.S.v. § 5 Abs. 2 S. 1 ErbbauRG darstellt, da keine weitere Belastung zur Eintragung gelangt. Im Übrigen liegt auch keine Belastungsänderung i.S.v. § 5 Abs. 2 S. 2 ErbbauRG vor, da die Freigabe keine weitere Belastung des Erbbaurechts enthält; schließlich lässt sich anführen, dass die Zustimmung zur Belastung auch die Zustimmung zur Mithaftentlassung impliziert, sodass eine grundbuchamtliche Beanstandung mit Beschwerde angegriffen werden kann
- die Belastung mit einer Bauhandwerkersicherungshypothek nach § 650e BGB;[921] zur zustimmungsfreien[922] Eintragung einer Vormerkung vgl. dagegen die Ausführungen unten Rdn 122
- die Belastung mit einer Sicherungshypothek nach § 1287 S. 2 BGB[923]
- in der Folge auch bereits die Verpfändung oder Pfändung des Anspruchs auf Einräumung eines Erbbaurechts, da das spätere Pfandrecht kraft Gesetzes entsteht, § 1287 S. 2 BGB,[924] §§ 5, 8 ErbbauRG analog. Der Schutzzweck[925] des Zustimmungserfordernisses ist damit tangiert. Entsteht das Erbbaurecht nur mit der Belastungsbeschränkung, kann durch die Verpfändung des insoweit inhaltlich beschränkten Anspruchs auf Erbbaurechtsbestellung ohne Eigentümerzustimmung auch keine Sicherungshypothek entstehen.[926] In der Grundbuchpraxis wird dies häufig nicht beachtet, was für erhebliche Verzögerungen sorgt. Das Grundbuchamt beanstandet die fehlende Eigentümerzustimmung mit einer Zwischenverfügung[927]
- die Belastung mit einer Sicherungshypothek nach § 848 Abs. 2 S. 2 ZPO[928]
- die Belastung mit einer Reallast, zumal diese beim Heimfall bestehen bleibt, § 33 Abs. 1 ErbbauRG; eine Ausnahme gilt lediglich für die weitere Reallast, mit der

920 OLG Düsseldorf MittRhNotK 1995, 62; Ingenstau/Hustedt/*Hustedt*, § 5 Rn 17; Staudinger/*Rapp*, § 5–7 Rn 6, Folge sei eine „verstärkte Belastung der verbleibenden Erbbaurechte", was wie eine Zusatzbelastung wirke. Dieser Auffassung kann nicht gefolgt werden.

921 Schutzzweck des § 5 ErbbauRG ist berührt, vgl. *Räfle*, § 5 Rn 6; *Neumann*, ZfBR 2020, 211, 213; Ingenstau/Hustedt/*Hustedt*, § 5 Rn 30; Bamberger/Roth/*Maaß*, § 5 Rn 6.

922 Vgl. auch *Neumann*, ZfBR 2020, 211, 215.

923 Staudinger/*Rapp*, § 8 Rn 6; Ingenstau/Hustedt/*Hustedt*, § 5 Rn 30.

924 Bamberger/Roth/*Maaß*, § 5 Rn 6.1.

925 Staudinger/*Rapp*, § 5–7 Rn 9.

926 *Furtner*, NJW 1966, 187; Staudinger/*Rapp*, § 5 Rn 9; unklar *Böttcher*, Rn 302, nur ein „Teil" der Literatur.

927 *Schöner/Stöber*, Rn 1777.

928 Staudinger/*Rapp*, § 8 Rn 4.

ein erhöhter Erbbauzins für den Grundstückseigentümer gesichert werden soll, insoweit ist keine Zustimmung erforderlich[929]

- die Belastung mit einer Zwangshypothek, §§ 8, 5 Abs. 2 S. 1 ErbbauRG, auch im Falle eines Eigentümererbbaurechts[930] und auch bei Vollstreckung von Zahlungsansprüchen, für die das Erbbaurecht bereits aus einer Erbbauzinsreallast haftet[931]
- die Belastung mit einem Dauerwohn- bzw. -nutzungsrecht, da insoweit eine Regelungslücke[932] besteht (vgl. obige Ausführungen Rdn 114)
- die Vereinbarung einer Liegenbelassung, getroffen zwischen dem Ersteher und dem Gläubiger.

Keine Belastungen des Erbbaurechts i.S.v. § 5 Abs. 2 S. 1 ErbbauRG sind dagegen: 122

- die Belastung mit Vorkaufsrechten
- die Belastung mit Nießbrauchsrechten oder Dienstbarkeiten,[933] zumal diese Rechte mit dem Heimfall erlöschen;[934] zum Ausweg über das Heimfallrecht vgl. obige Anmerkungen
- die Eintragung einer Sicherungshypothek nach § 128 ZVG;[935] sofern die Zustimmung des Grundstückseigentümers zur Zwangsversteigerung vorliegt, kann die Eintragung ohne weitere Zustimmung des Grundstückseigentümers erfolgen
- die Eintragung einer Vormerkung auf Einräumung einer Bauhandwerkersicherungshypothek[936]
- die weitere Reallast, mit der ein erhöhter Erbbauzins für den Grundstückseigentümer gesichert werden soll, insoweit ist keine Zustimmung erforderlich[937]
- ferner die Eintragung einer Vormerkung für ein Grundpfandrecht oder eine Reallast, da diese Sicherungsform von § 5 Abs. 2 ErbbauRG nicht umfasst ist.[938] Die Zustim-

929 LG Münster, Beschl. v. 2.12.1993, Az. 5 T 990/93 = LSK 1994, 270341 = Rpfleger 1994, 207.

930 OLG Hamm, Beschl. v. 21.1.1985, Az. 15 W 18/85 = OLGZ 1985, 159; OLG Frankfurt, Beschl. v. 7.9.2004, Az. 20 W 251/04 = OLGR Frankfurt 2005, 73; **a.A.** für die Eintragung einer Zwangshypothek, die der Grundstückseigentümer selbst veranlasst: Gutachten des DNotI, Abruf-Nr. 132690.

931 OLG Hamm a.a.O., 162.

932 *Räfle*, § 5 Rn 6; OLG Stuttgart NJW 1952, 979.

933 Staudinger/*Rapp*, § 7 Rn 8.

934 Ingenstau/Hustedt/*Bardenhewer*, § 33 Rn 7–8.

935 Ebenso Staudinger/*Rapp*, § 8 Rn 11a.

936 OLG Köln, Beschl. v. 6.3.1967, Az. 2 Wx 208/66 = NJW 1968, 505 = LSK 1967, 937528; OLG Hamburg, Beschl. v. 2.11.2017, Az. 10 W 14/17 = BeckRS 2017, 144139; *Räfle*, § 5 Rn 7; *Krause*, ZAP Fach 7, 339, 347. Begründung: zum einen § 883 Abs. 1 S 2 BGB, zum anderen der Wortlaut des § 5 Abs. 2 ErbbauRG, der Vormerkungen nicht erwähnt; ebenso *Neumann*, ZfBR 2020, 211, 215, die Vormerkung werde in § 5 Abs. 2 ErbbauRG nicht genannt; für Eintragung der Vormerkung ohne Zustimmung auch BeckOK-Hügel/*Otto*, 53. Edition, Stand 3.6.2024, Sonderbereich Erbbaurecht, Rn 113.

937 LG Münster, Beschl. v. 2.12.1993, Az. 5 T 990/93 = LSK 1994, 270341 = Rpfleger 1994, 207; LG Regensburg, Beschl. v. 18.4.2007, Az. 5 T 61/07 = BeckRS 2009, 6980.

938 OLG Hamburg BeckRS 2017, 144139 = NJW-Spezial 2018, 206; *Neumann*, ZfBR 2020, 211, 215.

mung ist erst zur Eintragung des Rechts erforderlich, die Vormerkung kann auch ohne Zustimmung des Grundstückseigentümers eingetragen werden.[939] Eine anderslautende Zwischenverfügung des Grundbuchamtes kann mit Beschwerde angefochten werden.

Zu einer empfehlenswerten erbbaurechtsvertraglichen Klarstellung über die **Kostentragung** einer **Zustimmungserklärung**[940] vgl. die obigen Ausführungen Rdn 109; die Kosten trägt regelmäßig der Erbbauberechtigte.

7. Zustimmungsvorbehalt für die Inhaltsänderung einer Belastung, § 5 Abs. 2 S. 2 ErbbauRG

123 Besonders kontextverhaftet zeigt sich die Regelung in § 5 Abs. 2 S. 2 ErbbauRG. Sofern der dingliche Belastungsvorbehalt Eingang in die Erbbaurechtsvertragsgestaltung gefunden hat, kann auch eine **Änderung des Inhalts einer Hypothek, Grund- oder Rentenschuld, Reallast oder eines Dauerwohn- und -nutzungsrechts**, die eine **weitere Belastung** des Erbbaurechts enthält, nicht ohne die Zustimmung des Grundstückseigentümers erfolgen. Wie die motivnahe Literatur[941] betont, ist die Änderung bereits unmittelbar ein Belastungsfall i.S.v. § 5 Abs. 2 S. 1 ErbbauRG, und *„nur zur größeren Deutlichkeit ist das Erfordernis der Zustimmung in diesem Falle noch besonders hervorgehoben worden"*.[942] Auch ohne einen solchen Hinweis läge ein Zustimmungserfordernis vor, ausgelöst durch die Belastung des Erbbaurechts. Von einer autonomen Regelung mit eigenständigem Gehalt kann daher nicht gesprochen werden, sondern nur von einer Bestimmung mit Erläuterungs- und Hinweischarakter. Die Praxisformulierungen begnügen sich mit der Wiedergabe des Gesetzestextes. Die Katalogisierung der zustimmungspflichtigen Inhaltsänderungen dient der Erläuterung der Norm.

124 **Zustimmungspflichtige Inhaltsänderungen** sind:

- eine Erhöhung der Nebenleistungen,[943] des Zinssatzes oder des Grundpfandrechtskapitals[944]
- eine Erschwerung der Kündigungsmöglichkeiten[945]
- eine Erschwerung der Fälligkeitsbedingungen.[946]

939 OLG Hamburg a.a.O.
940 Staudinger/*Rapp*, § 7 Rn 11.
941 *Glaß/Scheidt*, § 5 Anm. III = S. 53.
942 *Glaß/Scheidt*, a.a.O.
943 *Räfle*, § 5 Rn 8.
944 Bamberger/Roth/*Maaß*, § 5 Rn 7.
945 Staudinger/*Rapp*, a.a.O.
946 *Räfle*, § 5 Rn 8.

Nicht zustimmungspflichtige Inhaltsänderungen sind: 125

- die Abtretung eines Grundpfandrechts, weil sich damit der Inhalt des Rechts nicht ändert,[947] ebenso wenig bei einer Teilabtretung, da hierin keine weitere Belastung zu erkennen ist
- die nachträgliche Unterwerfung unter die Zwangsvollstreckung,[948] da hierin lediglich eine Prozesserklärung, nicht aber eine weitere Belastung des Erbbaurechts zu erkennen ist (strittig)
- die Neuvalutierung einer Sicherungsgrundschuld
- die Kapitalsenkung
- die Umwandlung einer Hypothek in eine Grundschuld[949] (strittig)
- die Umwandlung einer Grundschuld in eine Hypothek[950] (strittig)
- die Verringerung der Zinsen.[951]

Zu einer empfehlenswerten erbbaurechtsvertraglichen Klarstellung über die **Kostentragung** einer **Zustimmungserklärung**[952] vgl. die obigen Ausführungen; die Kosten trägt regelmäßig der Erbbauberechtigte.

C. Bestellung eines Erbbaurechts: Grundgeschäft

Das Verpflichtungsgeschäft bedarf der **notariellen Beurkundung**, § 11 Abs. 2 ErbbauRG i.V.m. § 311b Abs. 1 BGB.[953] Dem Formzwang unterliegt bereits die Verpflichtung, ein Erbbaurecht zu bestellen, § 11 Abs. 2 ErbbauRG.[954] Der Formzwang bezieht seine Rechtfertigung aus dem Aufklärungsbedarf, der mit der Bestellung eines Erbbaurechts einhergeht. Welche gesetzlichen Inhaltsbestimmungen beachten werden müssen und welche vertraglichen Bestimmungen getroffen werden können, ist unter Rdn 1–45 und Rdn 46 ff. dieses Kapitels erörtert. Die Vielzahl und Komplexität der Bestimmungen, die 126

947 KG JFG 16, 208; *Räfle*, § 5 Rn 8; *Krause*, ZAP Fach 7, 339, 347.

948 Bamberger/Roth/*Maaß*, § 5 Rn 7; Staudinger/*Rapp*, § 7 Rn 6; **a.A.** *Räfle*, § 5 Rn 8, wegen „weitreichende(r) Konsequenzen", darin liege eine Inhaltsänderung; ebenso *Böttcher*, Rn 314; BeckOK-Hügel/*Otto*, 53. Edition, Stand 3.6.2024, Sonderbereich Erbbaurecht, Rn 114.

949 *Räfle*, § 5 Rn 8; Staudinger/*Rapp*, § 7 Rn 6; BeckOK-Hügel/*Otto*, 53. Edition, Stand 3.6.2024, Sonderbereich Erbbaurecht, Rn 114; **a.A.** MüKo/*Heinemann* a.a.O., § 5 Rn 11, dies sei eine zustimmungspflichtige Inhaltsänderung, da sich die Verwertbarkeit erweitere; es entstehe eine „andere Rechtsform".

950 Staudinger/*Rapp* a.a.O.

951 *Krause*, ZAP Fach 7, 339, 347.

952 Staudinger/*Rapp*, § 7 Rn 11.

953 Siehe bereits *Glaß/Scheidt*, § 11 Anm. II 1 d = S. 91; *Räfle*, § 11 Rn 30; Ingenstau/Hustedt/*Bardenhewer*, § 11 Rn 31; Beck'sches Notarhandbuch/*Wolffskeel v. Reichenberg*, § 4 Rn 57; *Wiesner/Stephan*, ErbbauZ 2020, 164, 167; *Böttcher*, Rn 377; *Dieckmann*, ErbbauZ 2021, 168, 170, dort auch zur Bestellung eines Eigentümererbbaurechts durch eine Behörde, und zwar in Form einer gesiegelten und unterschriebenen Eigenurkunde der Behörde.

954 Ingenstau/Hustedt/*Bardenhewer*, a.a.O.

Vertragsgegenstand sind, rufen die Beurkundung auf den Plan, der eine umfassende „Warn-, Schutz- und Beweisfunktion“[955] beigemessen wird.

Dabei bezieht sich der Formzwang umfassend auf das **ganze Vertragswerk**, auf alle Vereinbarungen, die die Beteiligten treffen,[956] darunter auch die Nebenabreden. Zur Eintragung eines Erbbaurechts mittels **Verweisung**[957] auf eine andere notarielle Urkunde vgl. Rdn 46.

Es ist nicht Aufgabe des **Grundbuchamtes**, bewussten **Formverstößen** durch nachfolgende Eintragung zur Heilung zu verhelfen.[958] Anderenfalls droht die Ausnahmeregelung in § 11 Abs. 2 ErbbauRG i.V.m. § 311b Abs. 1 S. 2 BGB zur Regel zu werden.

D. Bestellung eines Erbbaurechts: dingliche Begründung

127 Die Begründung eines Erbbaurechts erfordert **Einigung** und **Eintragung an erster Rangstelle**, § 11 Abs. 2 ErbbauRG i.V.m. § 873 Abs. 1 BGB.[959]

Umstritten ist, ob eine besondere **Form** zu beachten ist bzw. ob lediglich die Bestimmung in § 29 Abs. 1 S. 1 GBO eine Grenze setzt.[960] Die **überwiegende Meinung** in der Literatur rekurriert darauf, dass das dingliche Erfüllungsgeschäft nicht der notariellen Form bedarf.[961] Danach reiche eine notariell beglaubigte Erklärung zur Eintragung aus. Die **abweichende Meinung** betont die Geschäftseinheit von schuldrechtlicher Verpflichtung und dinglicher Erklärung, weshalb das Grundbuchamt nur aufgrund eines notariell beurkundeten Vertrages eintragen könne. Es bestehe ein „Verknüpfungs- bzw. Geschäftseinheitswille“.[962] Dass die Beteiligten wenig Sinn für solche Glasperlenspiele entwickeln, ist verständlich. Die Praxis löst dieses Problem überwiegend durch die sicherste Form, also durch die **notarielle Beurkundung**, und zwar unter Hinweis auf den materiell-rechtlichen Vorteil, der aus § 873 Abs. 2 BGB entspringt. Im Zuge der notariellen Beurkundung kommt es zu einer Vorverlegung der Bindung der Beteiligten an die Einigung, was für den Erbbaurechtserwerber von entscheidender Bedeutung sein kann.

Zur Eintragung eines Erbbaurechts mittels **Verweisung**[963] auf eine andere notarielle Urkunde vgl. Rdn 46.

955 *Räfle*, § 11 Rn 30.
956 *Räfle*, § 11 Rn 31; Ingenstau/Hustedt/*Bardenhewer*, § 11 Rn 34.
957 OLG Braunschweig, Beschl. v. 15.7.2019, Az. 1 W 12/19 = FGPrax 2019, 231.
958 LG Osnabrück, Beschl. v. 26.9.1984, Az. 2 T 80/84 = DNotZ 1985, 710.
959 Vgl. bereits *Glaß/Scheidt*, § 11 Anm. II 1 d = S. 91; *Räfle*, § 11 Rn 4.
960 *Glaß/Scheidt*, 93.
961 *Böttcher*, Rn 379, § 925 und § 925a BGB gelten nicht, deshalb könne nicht der Nachweis des formwirksam abgeschlossenen Vertrages verlangt werden; vgl. auch Bamberger/Roth/*Maaß*, § 11 Rn 2, sowie *Räfle*, § 11 Rn 4; Ingenstau/Hustedt/*Bardenhewer*, § 11 Rn 44. Gegen die Anwendung von § 925 BGB auch Staudinger/*Rapp*, § 11 Rn 19; *Wiesner/Stephan*, ErbbauZ 2020, 164, 167.
962 *Winkler/Schlögel*, § 5 Rn 18.
963 OLG Braunschweig, Beschl. v. 15.7.2019, Az. 1 W 12/19 = FGPrax 2019, 231.

Bewusst entschied sich der Erbbaurechtsgesetzgeber für eine Abkehr von der Begründung dinglicher Rechte und ließ **§ 20 GBO** unverändert.[964] Die Eintragung des Erbbaurechts darf daher nur dann erfolgen, sofern die erforderliche **Einigung** des Erbbauberechtigten und des Grundstückseigentümers erklärt und dem Grundbuchamt in der Form des § 29 GBO nachgewiesen ist. 128

Für das Erbbaurecht wird von Amts wegen ein **Erbbaugrundbuch** angelegt, § 14 Abs. 1 S. 1 ErbbauRG, und zwar gleichzeitig mit Eintragung des Erbbaurechts im Grundstücksgrundbuch, dort Zweite Abteilung.[965] Zu den Grundbucheintragungen vgl. unten Rdn 150–160. Das Erbbaurecht entsteht auch dann, sollte **versehentlich** die **Anlegung des Erbbaugrundbuchs unterbleiben,**[966] denn das Erbbaurecht gelangt mit Einigung und Eintragung im Grundstücksgrundbuch zur Entstehung. Auf die Eintragung im Erbbaugrundbuch kommt es nicht an.[967] Dies ist auch der Grund dafür, warum eine ***fehlerbehaftete*** **Eintragung des Erbbaurechts im** ***Erbbaugrundbuch***, begleitet von einer ***fehlerfreien*** **Eintragung des Erbbaurechts im** ***Grundstücksgrundbuch***, auf die Entstehung des Erbbaurechts sich nicht auswirkt. Auch in einer solchen Konstellation ist das Erbbaurecht **entstanden**.

Die **Empfehlung** geht dahin, **die Eintragungsbekanntmachung auch im Hinblick auf die Anlegung des Erbbaugrundbuchs zu überprüfen**. In der Grundbuchpraxis sind bereits Fälle aufgetreten, in denen die Anlegung eines Erbbaugrundbuchs unterblieben ist, was das beurkundende Notariat beanstanden muss.

E. Checkliste im Einzelnen/Unterlagen für den Vollzug im Grundbuch

Um die **Erbbaurechtsbegründung** im Grundbuch vollziehen zu können, müssen die **formellen Erfordernisse** der folgenden Checkliste erfüllt sein:[968] 129

- **Antrag** des Grundstückseigentümers oder des Erbbauberechtigten, § 13 Abs. 1 GBO
- **Einigung** des Grundstückseigentümers und des Erbbauberechtigten, § 20 GBO, nachgewiesen in notariell beurkundeter Form, § 29 Abs. 1 S. 1 GBO
- **Bewilligung** des Grundstückseigentümers, §§ 19, 29 GBO
- **Voreintragung** des Grundstückseigentümers, § 39 Abs. 1 GBO

964 *Glaß/Scheidt* a.a.O., es gilt unverändert das materielle Konsensprinzip, Ingenstau/Hustedt/*Bardenhewer*, § 11 Rn 45.

965 *Glaß/Scheidt*, 93.

966 Ebenso Ingenstau/Hustedt/*Bardenhewer*, § 14 Rn 8.

967 Ingenstau/Hustedt/*Bardenhewer*, § 14 Rn 8; Meikel/*Schneider*, Vorbemerkungen zu den §§ 54–60, Rn 5.

968 *Schöner/Stöber*, Rn 1679; fragmentarisch *Böttcher,* Rn 401, ohne weitere Genehmigungserfordernisse nach Baugesetzbuch, Gemeinderecht, Kirchenrecht, Familien- und Betreuungsrecht.

- bei mehreren Erbbauberechtigten ist das **Anteilsverhältnis** anzugeben, § 47 GBO; für eine Gesellschaft bürgerlichen Rechts kann das Erbbaurecht nur eingetragen werden, sofern die Gesellschaft im Gesellschaftsregister eingetragen ist, § 47 Abs. 2 GBO[969]
- dem Grundbuchamt ist eine **Unbedenklichkeitsbescheinigung** (UB) des Finanzamtes vorzulegen, § 22 GrEStG
- dem Grundbuchamt ist die Genehmigung der Gemeinde vorzulegen, sofern im Grundstücksgrundbuch ein **Sanierungsvermerk** eingetragen ist; nach § 144 Abs. 2 Nr. 1 BauGB ist zur Bestellung eines Erbbaurechts die Genehmigung der Gemeinde erforderlich.
- Genehmigungsbedürftig ist auch die Bestellung eines Erbbaurechts in einem Umlegungsgebiet. Nach § 51 Abs. 1 Nr. 1 BauGB ist zur Verfügung über ein Grundstück die **Genehmigung der Umlegungsstelle** vorzulegen. Vgl. Rdn 142.
- wird das Erbbaurecht an einem **Gemeindegrundstück** bestellt, ist dem Grundbuchamt eine **Nichtunterwertüberlassungserklärung** vorzulegen, alternativ die Genehmigung der Erbbaurechtsbestellung durch die Rechtsaufsichtsbehörde.[970] Das Nichtunterwertverbot, das im kommunalen Haushaltsrecht zu beachten ist, zeigt sich hier in Gestalt des Verbots, dass das Grundstück in Erbbaurechtsform nicht unter Wert überlassen werden darf.[971] Ausnahmen sind möglich und im Kommunalrecht enthalten. Dies kann Eingang in die Erklärung der Gemeinde finden und ist vom Grundbuchamt nicht weiter inhaltlich zu überprüfen. Vgl. zur Nichtunterwertproblematik auch Rdn 142.
- Eine **Vorkaufsrechtsbescheinigung** der Gemeinde ist **nicht erforderlich**, da ein Kauf nicht vorliegt, sondern die Begründung eines Erbbaurechts, das ohnehin von der Vorkaufsrechtsbescheinigung ausgenommen ist, vgl. § 24 Abs. 2 BauGB. Vgl. Rdn 142.
- bei Beteiligung eines **Minderjährigen** oder **Betreuten** ist ggf. eine **rechtskräftige familien- bzw. betreuungsgerichtliche Genehmigung** vorzulegen, §§ 1643 Abs. 1, 1850 BGB.
- bei Bestellung eines Erbbaurechts *für* eine Kommune ist die **Genehmigung der Kommunalaufsichtsbehörde** erforderlich, sofern eine Verpflichtung zur Zahlung

969 Vgl. Heidel/Hirte/*Wilsch*, Neues PersGesR, § 5 Rn 113.

970 Ebenso Staudinger/*Rapp*, § 11 Rn 24b; zur Verlängerung eines Erbbaurechts und der Notwendigkeit einer Nichtunterwerterklärung vgl. OLG Rostock, Beschl. v. 24.1.2022, Az. 3 W 53/20, zitiert nach juris; zum kommunalen Haushaltsrecht und dem Verbot der Unterwertüberlassung vgl. auch *Merk/Schirmer*, ErbbauZ 2022, 94, 95; *Grziwotz*, ErbbauZ 2022, 126, 133; *Bittl*, ErbbauZ 2024, 98.

971 *Merk/Schirmer*, ErbbauZ 2022, 94, 95. Eine Unterwertüberlassung liegt vor, sofern der vereinbarte Erbbauzins unter dem ortsüblichem Erbbauzins liegt. Ist dies der Fall, ist zu prüfen, ob eine zulässige Ausnahme vom Verbot der Unterwertüberlassung vorliegt, vgl. *Merk/Schirmer*, ErbbauZ 2022, 94, 95; *Bittl*, ErbbauZ 2024, 98.

eines Erbbauzinses begründet wird. Die höchstrichterliche Rechtsprechung[972] sieht hierin ein kreditähnliches Rechtsgeschäft, vgl. Rdn 142, Genehmigung nach Gemeinderecht. Dem Grundbuchamt ist die Genehmigung bzw. das entsprechende Negativattest vorzulegen, vgl. Rdn 142.

F. Erbbauzinsreallast; wechselseitige Vorkaufsrechte

I. Subjektiv-dingliche Erbbauzinsreallast, § 9 ErbbauRG

Die **Vereinbarung einer Erbbauzinsreallast** ist eng mit der **Ausrichtung** des Erbbaurechts verknüpft,[973] obgleich der Erbbauzins **nicht zum Inhalt des Erbbaurechts** zählt, sondern eine **Belastung des Erbbaurechts** darstellt.[974] Die Praxis kennt Fälle, in denen der Erbbauzins deutlich unter der üblichen Verzinsung liegt, etwa bei Sportplätzen oder Kindergärten, die im Erbbaurecht vergeben werden.[975] Da ein sozialpolitisches Anliegen verfolgt wird, kommt in diesen Konstellationen dem Erbbauzins nur eine symbolische Bedeutung zu.[976] Die Stiftungspraxis[977] kennt überdies **Erbbauzinsen**, die **gestaffelt** zu entrichten sind, angepasst an die Darlehensgestaltung des Erbbaurechtsnehmers.[978] Die Staffelung steht im Belieben der Beteiligten, möglich ist beispielsweise eine Staffelung nach Dreijahresblöcken („…2024 bis Ende 2026: x- Euro, 2027 bis Ende 2029: y- Euro“) oder nach Jahrzehnten,[979] beginnend mit einem verringerten Erbbauzins, fortschreitend mit einem höheren Erbbauzins. Der Praxis der Einheimischenmodelle sind **schuldrechtliche Erbbauzinsreduzierungen** nicht fremd, etwa Modelle, die an die Anzahl der Kinder anknüpfen.[980] In dieselbe Richtung gehen **schuldrechtliche Erbbauzinsregelungen**, die einen **Sozialbonus** für Familien mit Kindern, mit Pflegebedürftigen oder mit Schwerbehinderten vorsehen. Möglich ist auch ein genereller **Familienbonus** bzw. 130

972 BGH, Beschl. v. 18.11.2016, Az. V ZR 266/14 = ZfIR 2016, 407 mit Anm. *Becker* = DNotZ 2016, 375; *Amann*, DNotZ 2017, 328.

973 Vgl. zu den Gegenleistungen auch allgemein *Meusel*, ErbbauZ 2020, 12.

974 OLG Nürnberg, Urt. v. 12.3.2024, Az. 3 U 1856/23 = BeckRS 2024, 8034; Bamberger/Roth/Hau/Poseck/*Maaß*, § 9 Rn 2; *Schneider/Grau*, BWNotZ 2021, 366; *Reichel*, ZfIR 2023, 315, 319; *Wiesner/Stephan*, ErbbauZ 2020, 164, 168.

975 Vgl. beispielsweise die Erbbauzinssätze des Berliner Senats: 1,8 Prozent bei sozialen, kulturellen und sportlichen Nutzungen, für Gewerbe 2,7 Prozent, für Eigenheime und Eigentumswohnungen dagegen 4 Prozent, vgl. ErbbauZ 2021, 128; zu den Erbbauzinssätzen der Stadt Freiburg im Breisgau vgl. ErbbauZ 2022, 91. In Hamburg liegt der reguläre Erbbauzinssatz für Wohnbauten derzeit bei 1,3 Prozent, vgl. ErbbauZ 2024, 63.

976 *Schöner/Stöber*, Rn 1796; *Novy-Huy*, ErbbauZ 2021, 102, 103.

977 *Novy-Huy*, ErbbauZ 2021, 102, 103.

978 Zu Erbbauzinsstaffelungen vgl. *Swars*, ErbbauZ 2023, 98, 104.

979 So das Beispiel bei *Novy-Huy*, ErbbauZ 2021, 102, 103.

980 *Swars*, ErbbauZ 2023, 98, 103.

ein **Seniorenbonus**, um einen Ausgleich für familiäre Konstellationen vorzusehen oder den Eintritt in das Senioren- oder Renteneintrittsalter sozialverträglich zu gestalten.[981]

Das Erbbaurecht kann **ohne jegliche Gegenleistung**[982] oder gegen Lieferung von Naturalleistungen bestellt werden,[983] ebenso nur gegen Zahlung einer **Einzelleistung**.[984] Im Falle einer Einzelleistung bzw. einer einmaligen Ablösung des Erbbauzinses ist den Beteiligten die Bestellung einer Erbbauzinsreallast verwehrt, da die Erbbauzinsreallast wiederkehrende Leistungen voraussetzt, § 9 Abs. 1 ErbbauRG.

In den überwiegenden Fällen[985] erfolgt eine Anbindung an die allgemeine wirtschaftliche Entwicklung, an den **Verbraucherpreisindex des Statistischen Bundesamtes** (VPI),[986] bedingt auch durch aufsichtsrechtliche Bestimmungen der Gemeinden und kirchlichen Rechtsträger, denen eine Veräußerung bzw. ein veräußerungsähnliches Rechtsgeschäft unter Wert verwehrt ist.[987] Zur Anknüpfung an den VPI vgl. Rdn 134. In den Fällen **des preisgedämpften Mietwohnungsbaus** widerspricht eine Koppelung an den Verbraucherpreisindex der Intention des Erbbaurechts,[988] weshalb in diesen Fällen das **alte Sicherungsmodell** vorgeschlagen[989] wird, ein Leistungsvorbehalt mit einer revolvierenden Vormerkung zur Sicherung künftiger Erbbauzinsreallasten. Ein mit der Bestellung des Erbbaurechts verfolgter **Zweck** kann schließlich in der **Erzielung eines wertgesicherten Erbbauzinses** bestehen.[990] Die **Höhe des Erbbauzinses** nimmt wesentlichen

981 Vgl. beispielsweise das Erbbaurechtsmodell für Ein- und Zweifamilienhäuser der Stadt Freiburg im Breisgau: Sozialbonus für Familien mit Kindern, Pflegebedürftigen oder Schwerbehinderten; Familienbonus mit der Möglichkeit einer dauerhaften Absenkung des Regelerbbauzinses von 3 Prozent auf 2,75 Prozent; Seniorenbonus mit der Möglichkeit der Absenkung des Regelerbbauzinses um 0,5 Prozent p.a.

982 *Räfle*, § 9 Rn 1.

983 *Schöner/Stöber*, Rn 1808; Ingenstau/Hustedt/*Hustedt*, § 9 Rn 2, 5; *Räfle*, § 9 Rn 5; Staudinger/*Rapp*, § 9 Rn 1.

984 Eine „einmalige Ablösung" des Erbbauzinses durch Einmalzahlung sieht beispielsweise die Erbbaurechtspraxis der Stadt Freiburg im Breisgau vor, und zwar bei Abschluss des Erbbaurechtsvertrages, womit das Erbbaurecht mehr Planungssicherheit und mehr finanzielle Attraktivität gewinnen soll. In der Praxis kann der Ablösebetrag auf maximal 100 Prozent des Grundstückswertes gedeckelt werden. Zur einmaligen Ablöse vgl. auch Staudinger/*Rapp*, § 9 Rn 1.

985 Nach einer Studie des Deutschen Erbbaurechtsverbandes aus dem Jahr 2020 richten sich 88 Prozent der Erbbaurechtsverträge nach dem Verbraucherpreisindex, vgl. Pressemitteilung des Deutschen Erbbaurechtsverbandes vom 24.11.2022.

986 *Schrader/Ondrusch*, ErbbauZ 2020, 9, 10; *Reichel*, ZfIR 2023, 315, 319; vgl. www.destatis.de, Pressemitteilungen, beispielsweise DNotZ 2024, 403, Verbraucherpreisindex für Deutschland auf Basis 2020 = 100; vgl. auch die oben bereits erwähnte Studie des Deutschen Erbbaurechtsverbandes aus dem Jahr 2020, wonach sich 88 Prozent der Erbbaurechtsverträge nach dem Verbraucherpreisindex richten, vgl. Pressemitteilung vom 24.11.2022. Der Verbraucherpreisindex wird regelmäßig veröffentlicht, vgl. beispielsweise DNotZ 2024, 484.

987 *Krusenotto/Pätzold*, ErbbauZ 2024, 9, 13.

988 *Grziwotz*, ErbbauZ 2022, 126, 133.

989 *Grziwotz*, ErbbauZ 2022, 126, 133.

990 BGH, Beschl. v. 13.7.2017, Az. V ZB 186/15 = WuB 2018, 7 mit Anm. *Rimmelspacher*.

Einfluss auf die Beleihbarkeit des Erbbaurechts[991] und bestimmt den Umfang des Verwertungsrechts, das dem Grundstückseigentümer die Zwangsvollstreckung ermöglicht. Die Errechnung des Erbbauzinsbetrages bleibt den Beteiligten vorbehalten,[992] häufig wird der Erbbauzinsbetrag unter Berücksichtigung der Grundstücksfläche, des Bodenwertes und des Erbbauzinssatzes berechnet. Die Wertsicherung des Erbbauzinses zählt zu den Standardvereinbarungen, um der wirtschaftlichen Inflation zu begegnen und Einnahmeverluste zu vermeiden.

Ob ein **umsatzabhängiger Erbbauzins** vereinbart werden kann, also ein Erbbauzins, der die Zahlung einer Umsatzbeteiligung vorsieht, ohne Mindest- oder Höchstbetrag, war Gegenstand einer Anfrage an das Deutsche Notarinstitut (DNotI). Das DNotI-Gutachten[993] **verneinte** dies, weil die **höchstmögliche Belastung für Dritte nicht erkennbar sei**. Einem umsatzabhängigem Erbbauzins fehle die hinreichende Bestimmtheit, diese Form der Koppelung könne deshalb **nicht dinglicher Inhalt** der Erbbauzinsreallast sein.[994] Demnach können der Anspruch auf Anpassung des Erbbauzinses nur durch eine Vormerkung nach § 883 BGB gesichert werden.[995] Eine obergerichtliche Klärung steht noch aus, dennoch kennt die Grundbuchpraxis bereits Fälle, in denen umsatzorientierte Erbbauzinsreallasten bereits Eingang in das Grundbuch fanden. Soweit ersichtlich, führt die **abweichende Meinung** ins Feld, dass die Bestimmbarkeit gegeben sei. Die Faktoren, die den Haftungsumfang definieren, könnten auch, so die abweichende Ansicht, außerhalb des Grundbuchs liegen. Ggf. könne die Klärung mit Urteil erfolgen.

Einigkeit besteht dagegen darüber, dass eine Vereinbarung der Wohnungserbbauberechtigten untereinander eingetragen werden kann, wonach die Wohnungserbbauberechtigten verpflichtet sind, den **Verwalter** mit der Einziehung **und Ablieferung des Erbbauzinses** an den Grundstückseigentümer zu beauftragen.[996] Darin liegt keine vertragliche Regelung des Verwalters zum Grundstückseigentümer, sondern eine eintragungsfähige Vereinbarung.[997] Eine entsprechende Vereinbarung liegt im Interesse aller Wohnungs- und Teilerbbauberechtigten, um den Heimfall wegen eines Erbbauzinsrückstandes zu vermeiden.[998]

991 *Freckmann*, ErbbauZ 2021, 98, 99.

992 Zur Vertragsfreiheit vgl. OLG Nürnberg, Urt. v. 12.3.2024, Az. 3 U 1856/23 = BeckRS 2024, 8034.

993 Gutachten des DNotI vom 1.9.2016, Abruf-Nr. 146463.

994 Gutachten des DNotI vom 1.9.2016, Abruf-Nr. 146463; „*dazu müsste vielmehr die Umsatzentwicklung des Unternehmens offengelegt werden, die – anders als bestimmte Wertindizes – nicht allgemein zugänglich ist*“; *Schöner/Stöber*, Rn 1817.

995 Gutachten des DNotI vom 1.9.2016, Abruf- Nr. 146463.

996 OLG München, Beschl. v. 23.7.2015, Az. 34 Wx 139/15 = NJW-RR 2016, 263.

997 OLG München a.a.O.

998 OLG München a.a.O.

131 Die **Marginalisierung** des Erbbauzinses als Rekognitionsgebühr gehört der Vergangenheit an (vgl. hierzu § 9 Rdn 2), prägend ist nunmehr die Kontextualisierung des Erbbauzinses, eine Verbindung mit der Zielsetzung des Erbbaurechts.[999] Das ist auch der Grund dafür, warum der Zahlungsverzug beim Erbbauzins in der Praxis den Hauptauslösungsgrund für die Ausübung des **Heimfalls** bildet.[1000]

Dabei lässt die gesetzliche Regelung in § 9 ErbbauRG den Beteiligten weitgehende **Gestaltungsfreiheit**, was die Höhe,[1001] den näheren Inhalt[1002] und den Rang des Erbbauzinses anbelangt. Die Ausgestaltung unterliegt der Vertragsfreiheit.[1003] Zwingendes Recht ergibt sich aus § 9 Abs. 2 ErbbauRG. Danach kann die Erbbauzinsreallast nur als **subjektiv-dingliches Recht** bestellt werden, nur als reallastartiges Recht, das **dem jeweiligen Eigentümer des Erbbaugrundstücks** eingeräumt ist,[1004] nicht einem anderen Grundstückseigentümer.[1005] Eine Abkoppelung vom Grundstück, das mit dem Erbbaurecht belastet ist, kommt nicht in Betracht, auch nicht teilweise, etwa in Gestalt einer Erbbauzinsreallast, die nur bestimmten Miteigentümern des Erbbaugrundstücks eingeräumt wird.[1006] Zu keinem Zeitpunkt darf die Erbbauzinsreallast die Eigenschaft als wesentlicher Bestandteil des Erbbaugrundstückes verlieren.[1007] Es besteht ein Trennungsverbot,[1008] weshalb der Erbbauzins auch nicht separat übertragen oder abgetreten werden kann, beispielsweise an eine finanzierende Bank oder einen Gläubiger des Grundstückseigentümers.

999 Zur wirtschaftlichen „Erdung" des Bodens vgl. auch § 9 des Buches; zum Bedeutungsgewinn des Erbbauzinses vgl. *Räfle* a.a.O., § 9 Rn 2.

1000 Umfrage des Deutschen Erbbaurechtsverbandes vom April 2022, vgl. ErbbauZ 2022, 90.

1001 Vgl. Ingenstau/Hustedt/*Hustedt*, § 9 Rn 32, freie Parteivereinbarung. Dass der Erbbauzins angemessen sein muss, ist nicht vorgeschrieben, vgl. Ingenstau/Hustedt/*Hustedt*, § 9 Rn 33, 35, deshalb ist auch keine zwingende Ausrichtung an der Ertragssituation des Erbbaurechts geboten. Historisch ist eine Verzinsung zwischen 3 bis 6 Prozent des Bodenwertes zu konstatieren, vgl. *Schrader/Ondrusch*, ErbbauZ 2020, 9. Eine aktuelle Studie des Deutschen Erbbaurechtsverbandes vom März 2023 (Studie Erbbaurecht 2023, dort S. 12) ergab bei Erbbaurechten zu Wohnnutzung einen durchschnittlichen Erbbauzins in Höhe von 2,7 Prozent, bei Erbbaurechten zu gewerblichen Zwecken 4,4 Prozent; vgl. auch *Nagel/Merk/Schirmer*, ErbbauZ 2023, 162; zum gemeinwohlorientierten Einsatz eines Erbbaurechts vgl. *Nagel/Merk/Schirmer*, ErbbauZ 2023, 162.

1002 Beispielsweise die jährliche, halbjährliche, vierteljährliche oder monatliche Zahlung des Erbbauzinses, vgl. auch *Nagel/Merk/Schirmer*, ErbbauZ 2023, 162.

1003 OLG Nürnberg, Urt. v. 12.3.2024, Az. 3 U 1856/23 = BeckRS 2024, 8034.

1004 BayObLG, Beschl. v. 11.7.1990, Az. BReg. 2 Z 42/90 = BayObLGZ 1990, 212; *Schmenger*, BWNotZ 2006, 73, 74; *Schöner/Stöber*, Rn 1767; Ingenstau/Hustedt/*Hustedt*, § 9 Rn 17; *Räfle*, § 9 Rn 3; *Reichel*, ZfIR 2023, 315, 319.

1005 *Räfle*, § 9 Rn 21; Bamberger/Roth/Hau/Poseck/*Maaß*, § 9 Rn 5; Staudinger/*Rapp*, § 9 Rn 10.

1006 BayObLG a.a.O., 212, 214, 215; Staudinger/*Rapp*, § 9 Rn 14; Bamberger/Roth/Hau/Poseck/*Maaß*, § 9 Rn 4.

1007 BayObLG a.a.O.; Bamberger/Roth/Hau/Poseck/*Maaß*, § 9 Rn 4.

1008 *Räfle*, § 9 Rn 21.

Zwingendes Recht folgt ferner aus § 9 Abs. 4 ErbbauRG. **Zahlungsverzug** des Erbbauberechtigten begründet nur dann einen Heimfallanspruch, sofern sich der Erbbauzinsrückstand auf mindestens zwei Jahresbeträge beläuft.[1009] Maßgeblich ist die **Gesamtsumme** des Erbbauzinsrückstands, nicht der verstrichene Zeitraum. 132

Schließlich müssen die **Leistungen**, die durch die Erbbauzinsreallast gesichert werden, **wiederkehrend, nicht nur einmalig** zu entrichten sein, § 9 Abs. 1 ErbbauRG i.V.m. § 1105 Abs. 1 S. 1 BGB.[1010] Dem Erfordernis der Wiederkehr ist Genüge getan, sofern sich die Leistungen wiederholen, gleichgültig, ob es sich um eine regel- oder unregelmäßige Wiederkehr oder eine Leistungswiederholung in gleicher oder variierender Höhe handelt.[1011] Dem Merkmal der wiederkehrenden Leistungen lässt sich auch die Vermutung entnehmen, dass ein dinglicher Erbbauzins gewollt ist.[1012] Leistungen, die vor der Grundbucheintragung des Erbbauzinses liegen, können zu einer einzigen Leistung zusammengefasst werden, zum einem festen Teilbetrag, gekoppelt mit wiederkehrenden Leistungen für die Dauer des Erbbaurechts.[1013] Die Leistung wird dann erst fällig.[1014] Ein fester Teilbetrag allein kann nicht Gegenstand der Erbbauzinsreallast sein, da das Recht auf **wiederkehrende Leistungen** ausgerichtet sein muss, § 9 Abs. 1 S. 1 ErbbauRG.

Auch die **Zusammenfassung mehrerer Erbbauzinsreallasten** desselben Berechtigten zu einer **einheitlichen Reallast** ist im Wege der Inhaltsänderung der einzelnen Rechte zulässig.[1015] Eingetragen wird die Zusammenfassung aufgrund eines Antrags des Grundstückseigentümers oder des Erbbauberechtigten, gefolgt von der Bewilligung des Grundstückseigentümers (= Gläubiger der Erbbauzinsreallast) sowie der Bewilligung des Erbbauberechtigten, beides in öffentlich beglaubigter Form, §§ 29, 19 GBO.

In der **nachträglichen Herabsetzung eines bereits eingetragenen Erbbauzinses** ist eine Inhaltsänderung des Erbbauzinses zu sehen, der die Realberechtigten am Erbbaugrundstück zustimmen müssen, §§ 877, 876 BGB, da die Herabsetzung ihr Haftungsobjekt berührt.

Ausgeschlossen ist eine Bestellung als **subjektiv-persönliches Recht**, wie es die Regelung in § 1105 Abs. 1 BGB grundsätzlich vorsieht.[1016] Nach einer Meinung soll eine 133

1009 Staudinger/*Rapp*, § 2 Rn 21; zum Zahlungsverzug als Hauptauslösungsgrund für den Heimfall vgl. die Umfrage des Deutschen Erbbaurechtsverbandes vom April 2022, ErbbauZ 2022, 90.

1010 Ingenstau/Hustedt/*Hustedt*, § 9 Rn 7.

1011 *Räfle*, § 9 Rn 5.

1012 OLG Nürnberg, Urt. v. 12.3.2024, Az. 3 U 1856/23 = BeckRS 2024, 8034.

1013 BGH, Beschl. v. 13.11.1974, Az. V ZB 11/74 = Rpfleger 1975, 56; vgl. auch *Becker*, InsbürO 2023, 142, fester Teilbetrag als pauschale Abfindung, hinzu kommen die weiteren wiederkehrenden Leistungen.

1014 BGH, Beschl. v. 13.11.1974, Az. V ZB 11/74 = Rpfleger 1975, 56; dass die Fälligkeit erst mit Grundbucheintragung eintritt, ist unmittelbar in die Eintragung aufzunehmen.

1015 BayObLG, Beschl. v. 21.5.1996, 2 Z BR 50/96 = Rpfleger 1996, 445 = MittBayNot 1996, 370 = DNotZ 1997, 144.

1016 Vgl. *Winkler/Schlögel*, § 6 Rn 19.

dennoch eingetragene Reallast nicht von Amts wegen gelöscht, sondern im Wege eines **Klarstellungsvermerks** richtig gefasst werden.[1017] Aufgrund der gesetzlichen Regelung in § 9 Abs. 2 ErbbauRG sei die subjektiv-dingliche Natur der Erbbauzinsreallast offenbar.[1018] Eine andere Meinung befürwortet eine **Amtslöschung** wegen inhaltlicher Unzulässigkeit, § 53 Abs. 1 S. 2 GBO.[1019] Welcher Meinung der Vorzug gegeben wird, ist ggf. vorab beim zuständigen Grundbuchamt zu ermitteln. Nicht selten wird in der Grundbuchpraxis die Amtslöschung befürwortet, weniger invasiv fällt der Klarstellungsvermerk aus. Bei richtiger Würdigung hätte die subjektiv- persönliche Eintragung nicht erfolgen dürfen, was dem Grundbuchamt zum Nachteil gerecht und die Entscheidung beeinflussen sollte.

134 Zulässig, in der Praxis jedoch unüblich ist die Hinzufügung von **Bedingungen** und **Befristungen**. Das ErbbauRG sieht für Erbbauzinsreallast kein entsprechendes Verbot vor.[1020] Die Regelung in § 1 Abs. 4 ErbbauRG gilt für das Erbbaurecht, nicht für die Erbbauzinsreallast. Die Reallast zählt nicht zum Inhalt des Erbbaurechts,[1021] sondern stellt ein eigenständiges Recht dar. Eine Bedingung oder Befristung muss **unmittelbar** im Grundbuch eingetragen werden, § 56 Abs. 2 GBV.[1022] Eine Bedingung oder Befristung wird nur dann zum Inhalt des Grundbuchs, sofern die Bedingung oder Befristung **unmittelbar eingetragen** wird.[1023] **Die Empfehlung geht dahin, dies im Rahmen der Überprüfung der Eintragungsmitteilungen zu eruieren**. Ggf. ist das Grundbuchamt darauf hinzuweisen, dass noch die Bedingung oder Befristung unmittelbar im Grundbuch einzutragen ist. Zulässig und ausreichend bestimmbar ist beispielsweise eine Bestimmung, die die Entrichtung des Erbbauzinses „an den auf den Zeitpunkt der Fertigstellung folgenden Monatsersten" knüpft, „spätestens vom…an".

1017 So die Empfehlung *Schmenger*, BWNotZ 2006, 73, 74; Bamberger/Roth/Hau/Poseck/*Maaß*, § 9 Rn 5. Eine Umdeutung ist möglich.

1018 Bamberger/Roth/Hau/Poseck/*Maaß*, § 9 Rn 5.G

1019 Ingenstau/Hustedt/*Hustedt*, § 9 Rn 20, allerdings mit unklarer Begründung auf ein nicht existierendes Prüfungsrecht des Grundbuchamtes; *Schöner/Stöber*, Rn 1799, soweit keine Umdeutung möglich ist; ebenso *Räfle*, § 9 Rn 21, Löschung als inhaltlich unzulässig, Umdeutung in einen zulässigen Antrag ist in Erwägung zu ziehen; *Erman/Grziwotz,* § 9 Rn 3, Löschung wegen inhaltlicher Unzulässigkeit; *Böttcher*, Rn 415.

1020 *Schmenger*, BWNotZ 2006, 73; *Schöner/Stöber*, Rn 1801, zulässig sind aufschiebende oder auflösende Bedingungen, ebenso Befristungen; Ingenstau/Hustedt/*Hustedt*, § 9 Rn 23; *Räfle*, § 9 Rn 11; Bamberger/Roth/Hau/Poseck/*Maaß,* § 9 Rn 4.

1021 KG in OLGZ 1984, 171, Erbbauzins ist nicht Inhalt des Erbbaurechts; ebenso bereits *Glaß/Scheidt*, § 9 Anm. II. 1 = S. 67; *Schmenger*, BWNotZ 2006, 73; Ingenstau/Hustedt/*Hustedt*, § 9 Rn 2. Vgl. nun auch OLG Nürnberg, Urt. v. 12.3.2024, Az. 3 U 1856/23 = BeckRS 2024, 8034.

1022 *Schöner/Stöber*, Rn 1801; BGH FGPrax 2021, 1.

1023 BGH FGPrax 2021, 1.

Als eigenständiges Verwertungsrecht nimmt die Erbbauzinsreallast den **Rang** ein, der dem Recht beigegeben wird, häufig die erste Rangstelle, wenngleich das ErbbauRG hierzu keine Regelung enthält.[1024] Die **Empfehlung**[1025] geht dahin, die Erbbauzinsreallast an **erster Rangstelle zu bestellen**, um ein Erlöschen zu verhindern.[1026] Die allgemeinen Reallastvorschriften finden Anwendung, § 9 Abs. 1 S. 1 ErbbauRG.[1027] Das Erstrangigkeitsgebot, enthalten in § 10 Abs. 1 S. 1 ErbbauRG, beschränkt sich auf die Eintragung des Erbbaurechts.[1028] Für die Erbbauzinsreallast gilt dieses Gebot nicht, weshalb auch nachträgliche Rangänderungen der Erbbauzinsreallast nicht ausgeschlossen sind.[1029] Im Gefolge dieser Bestimmungen befindet sich § 1105 Abs. 1 S. 2 BGB, sodass **Wertsicherungsklauseln** Inhalt einer Erbbauzinsreallast sein können[1030] (vgl. auch § 9 Rdn 4–6). Leistungsvorbehalte sind jedoch nicht möglich.[1031] In der Praxis[1032] dominiert die **Anbindung an den Verbraucherpreisindex (VPI) des Statistischen Bundesamtes**, demnach die automatische[1033] Anpassung des Erbbauzinses an die Entwicklung des **VPI**. Sinn und Zweck des VPI ist es, die durchschnittliche Preisentwicklung aller Waren und Dienstleistungen zu messen, die von privaten Haushalten gekauft werden.[1034] Turnusgemäß ändert sich der VPI alle fünf Jahre. Seit Januar 2023 liegt ein **neues Basisjahr** vor, das **Basisjahr 2020**.[1035] Das Statistische Bundesamt empfiehlt Wertsicherungsklauseln auf der Basis des VPI. Für den preisgedämpften Mietwohnungsbau empfiehlt sich die

1024 *Schöner/Stöber*, Rn 1804 insoweit keine gesetzlichen Erfordernisse gegeben; zur beliebigen Rangstelle der Erbbauzinsreallast vgl. *Böttcher*, Rn 408; *Nagel*, ErbbauZ 2020, 2, 4.

1025 Zum Rang *Nagel*, ErbbauZ 2020, 2, 4.

1026 Gefahr droht in der Zwangsversteigerung des Erbbaurechts, *Freckmann*, ErbbauZ 2021, 98, 99.

1027 BGH, Urt. v. 24.1.1992, Az. V ZR 267/90 = NJW-RR 1992, 591, 592; *Schmenger*, BWNotZ 2006, 74.

1028 *Räfle*, § 9 Rn 9.

1029 Ebenso Staudinger/*Rapp*, § 9 Rn 15.

1030 *Schmenger*, 76; Ingenstau/Hustedt/*Hustedt*, § 9 Rn 49 und 50; vgl. bereits BayObLG, Beschl. v. 18.7.1996, Az. 2 Z BR 73/96 = MittBayNot 1996, 372. Zur Neuregelung des Erbbauzinses vgl. *Mohrbutter/Mohrbutter*, ZIP 1995, 806; *v. Oefele*, DNotZ 1995, 643; *Wilke*, DNotZ 1995, 654; *Klar*, BWNotZ 1995, 142; *Klawikowski*, Rpfleger 1995, 145; *Reichel*, ZfIR 2023, 315, 319; *Hustedt/Hustedt*, ErbbauZ 2023, 167; OLG Nürnberg, Urt. v. 12.3.2024, Az. 3 U 1856/23 = BeckRS 2024, 8034; zur Wertsicherung vgl. auch OLG Naumburg, Beschl. v. 11.1.2021, Az. 12 Wx 72/20 = ErbbauZ 2023, 148.

1031 BGH NJW 1995, 2780; Bamberger/Roth/Hau/Poseck/*Maaß*, § 9 Rn 14.

1032 Nach einer Studie des Deutschen Erbbaurechtsverbandes aus dem Jahr 2020 richten sich 88 Prozent der Erbbaurechtsverträge nach dem Verbraucherpreisindex, vgl. Pressemitteilung vom 24.11.2022; zur wertgesicherten Erbbauzinsreallast vgl. OLG Naumburg, Beschl. v. 11.2.2021, Az. 12 Wx 72/20 = ErbbauZ 2023, 148.

1033 *Reichel*, ZfIR 2023, 315, 319.

1034 Vgl. die Website des Statistischen Bundesamtes (www.destatis.de), Stichwort VPI. Für die Berechnung bildet das Statistische Bundesamt Warenkörbe, die sämtliche Waren und Dienstleistungen berücksichtigen, die von privaten Hauhalten gekauft werden.

1035 Vgl. beispielsweise die Veröffentlichung auf der Website von www.destatis.de, Verbraucherpreisindex für Deutschland im April 2024, Verbraucherpreisindex für Deutschland auf Basis 2020 = 100, vgl. DNotZ 2024, 403.

Koppelung an den VPI dagegen nicht,[1036] vgl. Rdn 130. Wird der gewählte **Index nicht mehr ermittelt**, ist die Lücke durch eine ergänzende Vertragsauslegung zu schließen[1037] und der Index heranzuziehen, der dem weggefallenen Index am nächsten kommt.[1038] Eine **Genehmigung nach § 8 PreisklG** ist seit dem 14.9.2007 nicht mehr erforderlich, § 9 Abs. 2 PreisklG, dem Grundbuchamt steht nach der h.M. kein Prüfungsrecht zu,[1039] da eine Unwirksamkeit der Preisklausel ohnehin erst nach rechtskräftiger Feststellung eintreten kann.[1040]

Im Falle einer wirksam vereinbarten **Wertsicherung** ist die **Eintragung einer neuen Erbbauzinsreallast unnötig** und **unzulässig**,[1041] in der Praxis kann lediglich die **Klarstellung des aktuell geschuldeten Erbbauzinses** verlangt werden,[1042] was jedoch selten geschieht und keinerlei Zustimmungen Dritter verlangt, da die Erbbauzinsreallast sich nicht ändert.[1043] Grund hierfür ist, dass den Beteiligten die Höhe bereits bekannt ist und keiner weiteren Klarstellung bedarf.

Zur **nachträglich vereinbarten Wertsicherung** vgl. § 9 Rdn 4 ff.

Zur **Erbbauzinszahlungsverpflichtung** einer Gemeinde vgl. Rdn 142, darin liegt ein **kreditähnliches Rechtsgeschäft**, wofür die Gemeinde die kommunalaufsichtsrechtliche Genehmigung einholen muss.[1044] Zur Vorlage einer entsprechenden Genehmigung bzw. eines entsprechenden Negativattestes vgl. Rdn 142.

135 Üblicherweise wird die Erbbauzinsreallast **versteigerungsfest** ausgestaltet, § 9 Abs. 3 S. 1 Nr. 1 ErbbauRG.[1045] In Abweichung von § 52 Abs. 1 ZVG bleibt dann die Erbbauzinsreallast mit dem Hauptanspruch bestehen, sofern die Zwangsversteigerung von dem Personenkreis betrieben wird, der in § 9 Abs. 3 S. 1 Nr. 1 ErbbauRG näher beschrieben ist.[1046] Gemeint sind der Grundstückseigentümer, der aus der Erbbauzinsreallast die Zwangsversteigerung betreibt, bzw. ein dinglich Berechtigter, der dem Erbbauzins vorgeht oder gleichsteht, sowie der Inhaber eines Anspruchs nach § 10 Abs. 1 Nr. 2 ZVG. Die Ausgestaltung als versteigerungsfestes Recht bedeutet, dass das Recht nicht erlischt,

1036 *Grziwotz*, ErbbauZ 2022, 126, 133, insoweit Leistungsvorbehalt mit Vormerkung das Mittel der Wahl.

1037 OLG Nürnberg, Urt. v. 12.3.2024, Az. 3 U 1856/23 = BeckRS 2024, 8034.

1038 OLG Nürnberg, Urt. v. 12.3.2024, Az. 3 U 1856/23 = BeckRS 2024, 8034.

1039 Bamberger/Roth/Hau/Poseck/*Maaß*, § 9 Rn 7; eine Unwirksamkeit der Preisklausel ist vom Grundbuchamt nicht zu prüfen.

1040 Zur schwebenden Wirksamkeit vgl. *Reul*, NotBZ 2008, 453.

1041 OLG Naumburg, Beschl. v. 11.1.2021, Az. 12 Wx 72/20 = ErbbauZ 2023, 148.

1042 OLG Naumburg, Beschl. v. 11.1.2021, Az. 12 Wx 72/20 = ErbbauZ 2023, 148.

1043 Zur Identität der Erbbauzinsreallast vgl. OLG Naumburg, Beschl. v. 11.1.2021, Az. 12 Wx 72/20 = ErbbauZ 2023, 148.

1044 *Wilsch*, ErbbauZ 2020, 170.

1045 *Schöner/Stöber*, Rn 1806a; *Schmenger*, BWNotZ 2006, 76; *Nagel*, ErbbauZ 2020, 2, 4; *Freckmann*, ErbbauZ 2021, 98, 99; *Reichel*, ZfIR 2023, 315, 320.

1046 Vgl. *Winkler/Schlögel*, § 6 Rn 53; *Reichel*, ZfIR 2023, 315, 320.

sondern bestehen bleibt, unabhängig davon, an welcher Rangstelle die Erbbauzinsreallast platziert ist. Damit ist der Fortbestand der Erbbauzinsreallast nach Zwangsversteigerung des Erbbaurechts gesichert.

Die Anwendbarkeit der allgemeinen Reallastregelungen impliziert, dass **Verzugszinsen** auf den Erbbauzins nur mit **schuldrechtlicher Wirkung** vereinbart werden können, § 9 Abs. 1 ErbbauRG i.V.m. §§ 1107, 289 BGB.[1047] Eine Regelung, die den Erbbauberechtigten bei nicht rechtzeitiger Zahlung des Erbbauzinses dazu verpflichtet, **Verzugszinsen** zu zahlen, kann nur **schuldrechtlicher**[1048] Regelungsgegenstand der Erbbauzinsreallast sein,[1049] was explizit hervorzuheben ist, um grundbuchamtlichen Beanstandungen zu entgehen.[1050] **Verzugszinsen** können **dinglich** nicht vereinbart werden, da dies § 289 S. 1 BGB ausschließt.[1051] Über § 9 Abs. 1 ErbbauRG gelangen für den dinglichen Erbbauzins die Reallastvorschriften zur Anwendung, darunter auch § 1107 BGB, wonach auf die einzelnen Leistungen die Bestimmungen für Hypothekenzinsen entsprechend anwendbar sind, § 289 S. 1 BGB.[1052] Der dingliche Erbbauzins unterliegt dem Zinseszinsverbot des § 289 S. 1 BGB,[1053] der nur schuldrechtlich vereinbarte Erbbauzins dagegen nicht.[1054] Zulässig ist dagegen die Vereinbarung von **Strafzinsen**, die im Verzugsfalle zu zahlen sind, und zwar als **Vertragsstrafe i.S.v. § 2 Nr. 5 ErbbauRG.**[1055] Zur nachträglich vereinbarten Versteigerungsfestigkeit vgl. § 9 Rdn 8 ff.

Da die Reallast in den §§ 794 Nr. 5, 800 ZPO keine Erwähnung findet, kann sich der Erbbauberechtigte hinsichtlich der Erbbauzinspflicht lediglich **persönlich der Zwangsvollstreckung unterwerfen,**[1056] nicht dinglich mit Wirkung gegen den jeweiligen Erbbauberechtigten.[1057] **136**

1047 BGH, Urt. v. 27.10.1969, Az. III ZR 135/66; BGH, Urt. v. 24.1.1992, Az. V ZR 267/90 = NJW-RR 1992, 591, 592; OLG Stuttgart, Beschl. v. 2.7.1958, Az. 8 W 129/58 = NJW 1958, 2019; *Schmenger*, BWNotZ 2006, 74; Ingenstau/Hustedt/*Hustedt*, § 9 Rn 120; *Räfle*, § 9 Rn 7.

1048 *Schmenger*, BWNotZ 2006, 74, schuldrechtliche Vereinbarung von Verzugszinsen möglich; vgl. BGH, Urt. 24.1.1992, Az. V ZR 267/90 = NJW-RR 1992, 591, 592.

1049 BGH, Urt. v. 24.1.1992, Az. V ZR 267/90 = NJW-RR 1992, 591, 592; *Schmenger*, BWNotZ 2006, 74.

1050 So auch die Empfehlung bei *Schmenger*, BWNotZ 2006, 74.

1051 BGH, Urt. v. 24.1.1992, Az. V ZR 267/90 = NJW-RR 1992, 591, 592; LG Arnsberg, Beschl. v. 7.9.1954, Az. 5 T 143/54 = NJW 1955, 425; Ingenstau/Hustedt/*Hustedt*, § 2 Rn 90; Bamberger/Roth/Hau/Poseck/*Maaß*, § 9 Rn 20; *Böttcher*, Rn 409.

1052 BGH, Urt. v. 24.1.1993, Az. V ZR 267/90 = NJW-RR 1992, 591, 592.

1053 BGH, Urt. v. 24.1.1993, Az. V ZR 267/90 = NJW-RR 1992, 591, 592.

1054 § 9 Abs. 1 ErbbauRG gilt dann nicht, BGH, Urt. v. 24.1.1993, Az. V ZR 267/90 = NJW-RR 1992, 591, 592.

1055 OLG Stuttgart, Beschl. v. 2.7.1958, Az. 8 W 129/58 = NJW 1958, 2019.

1056 *Räfle*, § 9 Rn 12; Spiegelberger/Schallmoser/*Rapp*, Rn 5.54.

1057 *Räfle,* a.a.O; Spiegelberger/Schallmoser/*Rapp*, Rn 5.57.

Wegen der **Höhe** und der **Fälligkeit**[1058] des Erbbauzinses kann auf die Eintragungsbewilligung **Bezug** genommen werden, § 874 BGB.[1059] Fälligkeitsbestimmungen zählen auch zum Inhalt der Erbbauzinsreallast.[1060] Häufig findet überdies der **derzeit zu zahlende, wertgesicherte Betrag** Eingang in die Grundbucheintragung, um den Informationsgehalt des Grundbuchs zu erhöhen und dem Rechtsverkehr die Recherche zu erleichtern. Gleiches gilt für die **Umsatzsteuer**, die zusätzlich zum Erbbauzins („Erbbauzins i.H.v. … Euro zuzüglich der jeweils gültigen Umsatzsteuer") zu zahlen ist. Eine Eintragung durch Bezugnahme wäre möglich, die Grundbuchpraxis votiert jedoch regelmäßig für eine **unmittelbare Eintragung**, um den Aussagegehalt der Eintragung zu erhöhen. Eine Eintragung des zu zahlenden Erbbauzinsbetrages ohne die mitvereinbarte Umsatzsteuer ergäbe überdies ein unzutreffendes Bild.

Zur **Grundbucheintragung** vgl. Muster unter Rdn 156.

Bei der **Eintragung** und der **Kontrolle der Eintragungsbekanntmachung** ist darauf zu achten, ob ein **jährlicher** oder **monatlicher Erbbauzins** zur Eintragung gelangen soll. In der Praxis ist der Jahreserbbauzins die Regel, nicht ausgeschlossen ist jedoch die Vereinbarung eines monatlichen Erbbauzinses, der durch eine Reallast gesichert werden soll. Die **Empfehlung** geht dahin, die **Eintragungsbekanntmachung** auch hinsichtlich des Erbbauzinses (Betrag; Modus jährlich/monatlich; subjektiv- dinglich) einer **Überprüfung** zu unterziehen.

II. Subjektiv-dingliche Vorkaufsrechte, wechselseitig

137 Die engen wirtschaftlichen Beziehungen, die zwischen dem Grundstückseigentümer und dem Erbbauberechtigten geknüpft sind, legen es nahe, einen weiteren Schritt zu gehen und an die Bestellung **wechselseitiger Vorkaufsrechte** zu denken.[1061] Soweit ersichtlich, zählen Vorkaufsrechte zwischenzeitlich zum **Kanon**, der im Rahmen einer Erbbaurechtsbestellung eingehalten wird.[1062] Dennoch gehören Vorkaufsrechte **nicht zum Inhalt des Erbbaurechts**,[1063] sondern müssen als eigenständige dingliche Rechte bestellt werden. Die Standardisierung äußert sich wie folgt:

1058 Fälligkeitsbestimmungen und Eintragung durch Bezugnahme vgl. Bamberger/Roth/Hau/Poseck/*Maaß*, § 9 Rn 3.

1059 *Winkler/Schlögel*, § 6 Rn 29.

1060 Bamberger/Roth/Hau/Poseck/*Maaß*, § 9 Rn 3.

1061 Zu den Vorkaufsrechten im Erbbaurechtsvertrag vgl. auch *Götting*, ErbbauZ 2022, 34; *Dieckmann*, ErbbauZ 2020, 173.

1062 In anderen Vertragsgestaltungen ist dies eher unüblich, *Götting*, ErbbauZ 2022, 34, 35; zur wechselseitigen Bestellung vgl. auch *Dieckmann*, ErbbauZ 2020, 173.

1063 *Schneider/Grau*, BWNotZ 2021, 366.

- der Grundstückseigentümer räumt dem jeweiligen Erbbauberechtigten **am Erbbaugrundstück** ein Vorkaufsrecht **für alle Verkaufsfälle** ein
- umgekehrt räumt auch der jeweilige Erbbauberechtigte dem jeweiligen Grundstückseigentümer **am Erbbaurecht** ein Vorkaufsrecht **für alle Verkaufsfälle** ein.

Ein Bedeutungswandel tritt nicht ein, sobald sich der Grundstückseigentümer oder der 138
Erbbauberechtigte ändert, was der Grund dafür ist, warum zu **subjektiv-dinglichen Vorkaufsrechten** optiert wird, § 1094 Abs. 2 BGB, und zwar für **alle Verkaufsfälle**. Der Vorteil liegt darin, dass das Vorkaufsrecht auch dann bestehen bleibt, sollte es bei späteren Verkäufen nicht ausgeübt werden.[1064]

Als grundstücksgleiches Recht kann das Erbbaurecht Belastungsgegenstand[1065] und kann umgekehrt der Erbbaurechtsinhaber Berechtigter[1066] eines subjektiv-dinglichen Vorkaufsrechts sein. Die Frage nach einem **Anteilsverhältnis** i.S.v. § 47 Abs. 1 GBO stellt sich beim subjektiv-dinglichen Vorkaufsrecht nicht, mag auch das herrschende Grundstück mehreren Berechtigten zustehen. Anteilsverhältnis ist dann zwingend das Anteilsverhältnis, das am herrschenden Grundstück besteht.[1067]

Im Rahmen der Vorkaufsrechtsbestellung kann nicht bereits ein **Kaufpreis** vereinbart werden, da § 1098 Abs. 1 BGB auf die Regelungen in §§ 463 ff. BGB verweist. Zu zahlen ist der Kaufpreis, der mit dem Dritten vereinbart wird,[1068] also die später vereinbarte Gegenleistung.

Ausgeübt werden können die Vorkaufsrechte nur beim **Kauf**, nicht bei Schenkung, 139
Tausch, Einbringung oder Erbanteilsübertragung.[1069]

Üblicherweise wird der **Höchstbetrag des Wertersatzes** festgelegt, § 882 BGB, da die Vorkaufsrechte am Grundstück und am Erbbaurecht nicht den ersten Rang einnehmen und deshalb Gefahr laufen, im Zwangsversteigerungsfalle zu erlöschen.[1070]

Weil sich die Beteiligten zum Abschluss eines Kaufvertrages verpflichten, bedarf die Vorkaufsrechtseinräumung der **notariellen Beurkundung**, § 311b Abs. 1 S. 1 BGB.[1071] Für den vorkaufsberechtigten Grundstückseigentümer bietet die Ausübung[1072] des Vor-

1064 *Schöner/Stöber*, Rn 1433; zur üblichen Bestellung subjektiv-dinglicher Vorkaufsrechte vgl. auch *Götting*, ErbbauZ 2022, 34, 35.
1065 *Schöner/Stöber*, Rn 1400.
1066 *Schöner/Stöber*, Rn 1401.
1067 *Demharter*, § 47 Rn 4.
1068 *Schöner/Stöber*, Rn 1422, 1442.
1069 *Schöner/Stöber*, Rn 1411; zur Ausübung von Vorkaufsrechten und der Vorteilsprüfung durch den vorkaufsberechtigten Grundstückseigentümer vgl. *Kollmann*, ErbbauZ 2021, 68.
1070 *Schöner/Stöber*, Rn 1408.
1071 Wie hier auch *Götting*, ErbbauZ 2022, 34, 35.
1072 *Kollmann*, ErbbauZ 2021, 68, 69.

kaufsrechts am Erbbaurecht die Möglichkeit zur Neuvergabe mit besseren Konditionen, womit beträchtliche „Wertschöpfungspotenziale“[1073] verbunden sind.

Zur **Grundbucheintragung** vgl. Muster Rdn 156.

Eine **Umwandlung** eines subjektiv-dinglichen Vorkaufsrechts in ein subjektiv-persönliches Vorkaufsrecht ist **nicht möglich**, erforderlich sind die Aufhebung und die Neubestellung.[1074] Der Weg der Inhaltsänderung ist den Beteiligten insoweit verschlossen.

G. Genehmigungserfordernisse

I. Unbedenklichkeitsbescheinigung des Finanzamtes

140 Die Begründung eines Eigentümererbbaurechts ausgenommen,[1075] ist zur Bestellung eines Erbbaurechts die **Unbedenklichkeitsbescheinigung** (UB) des Finanzamtes vorzulegen.[1076] Der grunderwerbsteuerliche Vorgang ergibt sich aus §§ 1, 2 Abs. 2 Ziffer 2 GrEStG, das Grundbuchamt nimmt die Eintragung erst nach Vorlage der UB vor,[1077] § 22 GrEStG. Die Begründung eines Erbbaurechts ist steuerrechtlich wie eine Übereignung zu behandeln,[1078] da die Erbbauberechtigung einem Grundstück gleichsteht. Das Finanzamt bescheinigt, dass gegen die Eintragung keine steuerlichen Bedenken bestehen.[1079] Ob das Grundstück bebaut ist, spielt keine Rolle.[1080]

II. Genehmigung nach Kirchenrecht

141 Um ein Erbbaurecht an einem Kirchengrundstück wirksam bestellen zu können, benötigen kirchliche Rechtsträger die Genehmigung ihrer **Kirchenaufsichtsbehörde**.[1081] So sieht beispielsweise das katholische Kirchenrecht, der Codex Iuris Canonici (CIC),

1073 *Kollmann*, ErbbauZ 2021, 68, 69.

1074 OLG München, Beschl. v. 22.2.2024, Az. 34 Wx 2/24 e = FGPrax 2024, 61 = ZfIR 2024, 334 (Verstoß gegen numerus clausus des Sachenrechts).

1075 *Schöner/Stöber*, Rn 1794a; *Lahmann*, ErbbauZ 2022, 9, 11; *Dieckmann*, ErbbauZ 2021, 136, 144. Für die Eintragung eines Eigentümererbbaurechts ist keine UB erforderlich, ebenso *Dieckmann*, ErbbauZ 2021, 168, 171.

1076 *Lahmann*, ErbbauZ 2022, 9, 11; Staudinger/*Rapp*, § 11 Rn 24b; *Räfle*, § 1 Rn 118 ff., Rn 88; Ingenstau/Hustedt/*Bardenhewer*, § 11 Rn 92; ebenso die gleich lautenden Erlasse zur Beurteilung von Erbbaurechtsverträgen vom 16.9.2015, BStBl I S. 827 = BeckVerw 320230...; zur Bemessung der Grunderwerbsteuer vgl. *Nagel/Merk/Schirmer*, ErbbauZ 2023, 162, 163.

1077 *Schöner/Stöber*, a.a.O.

1078 BFH, Urt. v. 28.11.1967, Az. II R 37/66 = NJW 1968, 1543 = JurionRS 1967, 10365.

1079 *Schöner/Stöber*, Rn 148.

1080 *Lahmann*, ErbbauZ 2022, 9, 11.

1081 *Schöner/Stöber*, Rn 4085.

eine Genehmigungspflicht für veräußerungsähnliche Rechtsgeschäfte vor, c. 1295 CIC.[1082] In den Partikularnormen der Dt. Bischofskonferenz ist überdies festgelegt, dass zu veräußerungsähnlichen Rechtsgeschäfte, die die Obergrenze von 5 Millionen EUR überschreiten, zusätzlich zur Genehmigung des Diözesanbischofs die Genehmigung des Apostolischen Stuhls erforderlich ist. Die Grundbuchpraxis kennt Fälle, in denen diese Genehmigungserfordernisse keine Beachtung fanden. Die Mängelbehebung nahm nicht wenig Zeit in Anspruch, weshalb es ratsam erscheint, den Grundstückseigentümer besonders auf diese Genehmigungsvorbehalte hinzuweisen, ggf. mit der Empfehlung, in Zweifelsfällen das Negativattest der Aufsichtsbehörde in grundbuchmäßiger Form (Siegel und Unterschrift) zu erholen.

III. Genehmigung nach Gemeinderecht und Baugesetzbuch

Ob zur Begründung eines Erbbaurechts *zugunsten* einer Kommune die **Genehmigung der Kommunalaufsichtsbehörde** vorzulegen ist, ist zwischenzeitlich höchstrichterlich[1083] geklärt. Nach Ansicht des BGH bedarf ein Erbbaurechtsvertrag als **kreditähnliches Rechtsgeschäft** der **Genehmigung** der **Kommunalaufsichtsbehörde**, wenn er eine Verpflichtung begründet, einen Erbbauzins zu zahlen.[1084] Wirtschaftlich sieht der BGH[1085] in der Zahlung eines Erbbauzinses eine **Kreditaufnahme** durch die Kommune. Dabei spielt es keine Rolle, ob die Pflicht zur Zahlung des Erbbauzinses dinglich gesichert wird (Eintragung einer Erbbauzinsreallast) oder nur schuldrechtlich vereinbart ist.[1086] Entscheidend ist, dass die Gegenleistung auch in die **kommenden Haushaltsjahre** verlagert wird.[1087] Die geordnete Haushaltswirtschaft der Gemeinden und die Erhaltung ihrer Leistungsfähigkeit zeichnen verantwortlich dafür, dass entsprechende Rechtsgeschäfte der Kommunen einem Genehmigungsvorbehalt unterworfen sind.[1088] Die „wesentlichen Merkmale eines kreditähnlichen Rechtsgeschäfts“[1089] sieht der BGH erfüllt. Ohne Genehmigung der Kommunalaufsichtsbehörde ist der Erbbaurechtsvertrag **unwirksam**.[1090] In seiner Entscheidung differenzierte der BGH[1091] nicht danach, wie lange der Erbbauzins 142

1082 *Schöner/Stöber*, a.a.O.

1083 BGH, Urt. v. 22.1.2016, Az. V ZR 27/14 = NZM 2016, 856 = ZfIR 2016, 407 mit Anm. *Becker* = DNotZ 2016, 375; *Amann*, DNotZ 2017, 328; *Sauren*, Rpfleger 2019, 368, 373; Spiegelberger/Schallmoser/*Rapp*, Rn 5.54; *Böttcher,* Rn 382: *Wilsch*, ErbbauZ 2020, 170.

1084 BGH a.a.O.; *Sauren* a.a.O.; Staudinger/*Rapp*, § 11 Rn 24b; Spiegelberger/Schallmoser/*Rapp*, Rn 5.54.

1085 BGH a.a.O.

1086 So explizit BGH a.a.O.; *Wilsch*, ErbbauZ 2020, 170.

1087 BGH a.a.O.; *Wilsch*, ErbbauZ 2020, 170.

1088 BGH a.a.O.; ebenso bereits OLG Dresden, OLG- NL 2001, 268, 270.

1089 BGH a.a.O.

1090 BHG a.a.O.; *Wilsch*, ErbbauZ 2020, 170.

1091 BGH a.a.O.

zu entrichten ist. Eine Grenze von 30 Jahren, wie sie Teile der Literatur[1092] postulieren, kann der Entscheidung nicht entnommen werden. Ohne Genehmigung der Kommunalaufsichtsbehörde ist der Erbbaurechtsvertrag unwirksam. Im entschiedenen Fall bejahte der BGH allerdings nach dem Ablauf von 30 Jahren die Ersitzung des Erbbaurechts, § 900 Abs. 2 BGB.[1093]

Dagegen liegt **kein kreditähnliches Rechtsgeschäft** vor, sollte nur die **einmalige Zahlung als Gegenleistung** vereinbart sein.[1094] Die Gegenleistung wird dann nicht in die kommenden Haushaltsjahre verlagert.[1095]

Ob die Kreditaufnahme der Genehmigung der Kommunalaufsichtsbehörde bedarf, ist in den jeweiligen Gemeindeordnungen der **Bundesländer** wie folgt geregelt:[1096]

- **Baden-Württemberg**: Die Begründung einer Zahlungspflicht, die wirtschaftlich einer Kreditaufnahme gleichkommt, bedarf der Genehmigung der Rechtsaufsichtsbehörde, vgl. § 87 Abs. 5 S. 1 BadWürttGO; allerdings sieht die VwV-Freigrenzen-Verwaltungsvorschrift vom 1.12.2014 (GABl 2014, 914) vor, dass spezielle Rechtsgeschäfte als allgemein genehmigt gelten, sofern sie spezielle Erfordernisse erfüllen, vgl. Pkt. 1 Ziffer 1 der Verordnung, also die Begründung von Zahlungspflichten, die bestimmte Wertgrenzen nicht übersteigen, abhängig von der Einwohnerzahl. Die Regelung in Pkt. C Ziffer 2 der Verwaltungsvorschrift sieht vor, dass bei allgemein genehmigten Rechtsgeschäften auf Wunsch schriftlich unter Hinweis auf die relevante Bestimmung erklärt werden kann, dass das Rechtsgeschäft als allgemein genehmigt gilt. Die Empfehlung geht dahin, eine solche Erklärung bzw. ein Negativattest anzufordern, um den grundbuchamtlichen Vollzug zu beschleunigen.
- **Bayern**: Der Abschluss von Rechtsgeschäften, die der Kreditaufnahme wirtschaftlich gleichkommen, bedarf der Genehmigung, vgl. Art. 72 Abs. 1 BayGO. Die Genehmigung ist dem Grundbuchamt vorzulegen.
- **Brandenburg**: Die Begründung einer Zahlungsverpflichtung, die wirtschaftlich einer Kreditverpflichtung gleichkommt, bedarf der Genehmigung der Kommunalaufsichtsbehörde, vgl. § 74 Abs. 5 S. 1 der Kommunalverfassung des Landes Brandenburg. Die Kommunalaufsicht kann die Genehmigung allgemein erteilen für Zah-

1092 *Amann*, DNotZ 2017, 328, 342: langfristige Zahlungsverpflichtungen sollen nur Zahlungsverpflichtungen sein, die über 30 Jahre hinaus gelten. Nach Ansicht von *Amann* sollen kürzere Zahlungsverpflichtungen genehmigungsfrei bleiben. *Amann* weist aber auch auf die abweichende Ansicht des BGH hin. Soweit ersichtlich, nimmt die grundbuchamtliche Praxis eine entsprechende Abgrenzung nicht vor, sondern verlangt die Genehmigung der Kommunalaufsichtsbehörde.

1093 **A.A.** *Amann*, DNotZ 2017, 328, 337: die Ersitzungsfrist sei an die Versagung der Genehmigung geknüpft; vgl. auch Grüneberg/*Herrler*, § 986 Rn 4; *Böttcher*, Rn 389.

1094 BGH a.a.O.

1095 BGH a.a.O.

1096 *Wilsch*, ErbbauZ 2020, 170, 171.

lungsverpflichtungen, die für den Haushalt der Gemeinde keine besondere Belastung darstellen oder für die standardisierte Verträge verwendet werden, vgl. § 74 Abs. 5 S. 2 der Kommunalverfassung des Landes Brandenburg. Die Empfehlung geht dahin, eine solche Erklärung bzw. ein Negativattest anzufordern, um den grundbuchamtlichen Vollzug zu beschleunigen und auf eine zweifelsfreie Grundlage zu stellen.

- **Hessen**: Die Begründung einer Zahlungspflicht, die wirtschaftlich einer Kreditverpflichtung gleichkommt, bedarf der Genehmigung der Aufsichtsbehörde, vgl. § 103 Abs. 7 S. 1 Hessische Gemeindeordnung (HGO). Die Genehmigung ist dem Grundbuchamt vorzulegen.
- **Mecklenburg-Vorpommern**: Die Begründung einer Zahlungsverpflichtung, die wirtschaftlich einer Kreditaufnahme gleichkommt, bedarf der Genehmigung der Rechtsaufsichtsbehörde (Einzelgenehmigung), vgl. § 52 Abs. 5 S. 1 der Kommunalverfassung für das Land Mecklenburg-Vorpommern. In § 2 der GenehmFVO-M-V (GVOBl. M-V 2008, 442) ist eine bedingte Genehmigungsfreiheit vorgesehen, die das Notariat bzw. das Grundbuchamt nicht feststellen können (Genehmigungsfreiheit in Abhängigkeit von Beträgen), sodass die Empfehlung dahin geht, die Genehmigung bzw. das Negativattest anzufordern und dem Grundbuchamt vorzulegen.
- **Niedersachsen**: Die Begründung einer Zahlungsverpflichtung, die wirtschaftlich einer Kreditverpflichtung gleichkommt, bedarf der Genehmigung der Kommunalaufsichtsbehörde, vgl. § 120 Abs. 6 S. 1 des Niedersächsischen Kommunalverfassungsgesetzes (NKomVG).[1097] Die Genehmigung ist dem Grundbuchamt vorzulegen.
- **Nordrhein-Westfalen**: Keine Genehmigung der Kommunalaufsichtsbehörde erforderlich, es besteht lediglich eine Anzeigepflicht, vgl. § 86 Abs. 4 S. 1 GO NRW[1098] sowie Pkt. 4.2 des RdErl. d. Ministeriums für Inneres und Kommunales vom 16.12.2014, Az. 34–48.05.01/02-8/14. Eine Genehmigung muss nicht angefordert werden, ebenso wenig ein Negativattest. Gegenüber dem Grundbuchamt empfiehlt sich der Hinweis auf die Rechtslage.
- **Rheinland-Pfalz**: Die Begründung einer Zahlungspflicht, die wirtschaftlich einer Kreditaufnahme gleichkommt, bedarf der Genehmigung der Aufsichtsbehörde, vgl. § 103 Abs. 5 S. 1 der GemO Rheinland-Pfalz. Die Genehmigung ist dem Grundbuchamt vorzulegen.
- **Saarland**: Die Begründung einer Zahlungsverpflichtung, die wirtschaftlich einer Kreditverpflichtung gleichkommt, bedarf der Genehmigung der Kommunalaufsichtsbehörde, vgl. § 92 Abs. 5 S. 1 KSVG. Eine Ausnahme hierzu sieht die § 2 Abs. 1 der Freistellungsverordnung (GemRGV SL) vom 28.9.2001 (Amtsblatt 2001,

1097 Inhaltsgleich mit dem früheren § 92 Abs. 6 NdsGO, vgl. BGH, Urt. v. 22.1.2016, Az. V ZR 27/14 = NZM 2016, 856.

1098 Vgl. den Wortlaut des § 86 Abs. 4 S. 1 GO NRW sowie *Gern/Brüning*, Deutsches Kommunalrecht, 4. A., 2019, Rn 1251.

1942, Gliederungs-Nr. 2020-1–2) vor, Wertgrenzen in Relation zur Einwohnerzahl (bis 10.000 Einwohner: 20.000 EUR; über 10.000 bis 20.000 Einwohner: 40.000 EUR; über 20.000 bis 40.000 Einwohner: 60.000 EUR; über 40.000 bis 100.000 Einwohner: 125.000 EUR; über 100.000 Einwohner: 250.000 EUR). Entsprechende Rechtsgeschäfte bedürfen nicht der Genehmigung, vielmehr besteht nur eine Anzeigepflicht gegenüber der Kommunalaufsichtsbehörde, vgl. § 2 Abs. 2 der Freistellungsverordnung. Die Empfehlung geht dahin, die Genehmigung bzw. das Negativattest anzufordern und dem Grundbuchamt vorzulegen.

- **Sachsen**: Die Begründung einer Zahlungspflicht, die wirtschaftlich einer Kreditaufnahme gleichkommt, bedarf der Genehmigung der Rechtsaufsichtsbehörde, vgl. § 82 Abs. 5 S. 1 SächsGemO. Die Genehmigung ist dem Grundbuchamt vorzulegen.
- **Sachsen-Anhalt**: Die Begründung einer Zahlungspflicht, die wirtschaftlich einer Kreditaufnahme gleichkommt, bedarf der Genehmigung der Kommunalaufsichtsbehörde, vgl. § 108 Abs. 6 S. 1 KVG LSA. Die Genehmigung ist dem Grundbuchamt vorzulegen.
- **Schleswig-Holstein**: Die Begründung einer Zahlungsverpflichtung, die wirtschaftlich einer Kreditverpflichtung gleichkommt, bedarf der Genehmigung der Kommunalaufsichtsbehörde, vgl. § 95g der Gemeindeordnung für Schleswig-Holstein; die Landesverordnung über die Genehmigungsfreiheit von Rechtsgeschäften kommunaler Körperschaften vom 14.9.2016 (Gliederungs-Nr. 2020-3-34) sieht hierfür keine Ausnahme vor. Die Empfehlung geht dahin, eine solche Erklärung (Genehmigung bzw. Negativattest) anzufordern, um den grundbuchamtlichen Vollzug zu beschleunigen.
- **Thüringen**: Der Abschluss von Rechtsgeschäften, die der Kreditaufnahme wirtschaftlich gleichkommen, ist genehmigungspflichtig, vgl. § 64 Abs. 1 der Thüringer Gemeinde- und Landkreisordnung (ThürKO); allerdings kann das für das Kommunalrecht zuständige Ministerium durch Rechtsverordnung spezielle Rechtsgeschäfte von der Genehmigung freistellen, etwa Rechtsgeschäfte, die die Gemeinden zur Erfüllung bestimmter Aufgaben eingehen oder die ihrer Natur nach regelmäßig wiederkehren, vgl. § 64 Abs. 5 Nr. 1 und 3 ThürKO. Die Empfehlung geht dahin, die Genehmigung bzw. das Negativattest anzufordern und dem Grundbuchamt vorzulegen.

Unstrittig ist hingegen die umgekehrte Situation, die **Bestellung eines Erbbaurechts *durch* die Gemeinde**, die die Praxis dominiert. Dem Grundbuchamt ist nachzuweisen, dass die Bestellung des **Erbbaurechts am Gemeindegrundstück keine Veräußerung unter Wert** darstellt,[1099] was durch die Vorlage einer Nichtunterwerterklärung der Ge-

1099 Ebenso Staudinger/*Rapp*, § 11 Rn 24b; *Ruff*, ZKF 2010, 245, 248; zur Verlängerung eines Erbbaurechts und der Notwendigkeit einer Nichtunterwerterklärung vgl. OLG Rostock, Beschl. v. 24.1.2022, Az. 3 W 53/20, zitiert nach juris.

meinde oder durch eine Genehmigung der Rechtsaufsichtsbehörde[1100] erfolgen kann. Das Verbot der Nichtunterwertveräußerung erfasst das **Verpflichtungs- und das Verfügungsgeschäft**,[1101] ein Verstoß führt zur **Nichtigkeit**[1102] des Geschäfts, § 134 BGB. Eine Bestellung ohne Erbbauzinsreallast[1103] oder ohne angemessene Erbbauzinsreallast kann einen Verstoß gegen das Nichtunterwertverbot implizieren. In den einzelnen Landesgesetzen ist geregelt, in welchen Konstellationen Ausnahmen greifen und eine Abweichung zulässig ist,[1104] etwa im Falle der Erfüllung von Gemeindeaufgaben, der Erfüllung besonderer öffentlicher Zwecke (sozialverträglicher Wohnungsbau als städtebauliches Ziel[1105]) oder aufgrund eines besonderen öffentlichen Interesses.[1106]

Zur Bestellung eines Erbbaurechts ist ferner die **Sanierungsgenehmigung** der Gemeinde vorzulegen, sofern im Grundstücksgrundbuch ein Sanierungsvermerk eingetragen ist. Das Genehmigungserfordernis ergibt sich aus § 144 Abs. 2 Nr. 1 BauGB. Dem Erfordernis der ersten Rangstelle (§ 10 ErbbauRG) steht der Sanierungsvermerk am Grundstück nicht entgegen, da es sich nicht um ein Recht handelt.

Genehmigungsbedürftig ist auch die Bestellung eines Erbbaurechts in einem **Umlegungsgebiet**. Nach § 51 Abs. 1 Nr. 1 BauGB ist zur Verfügung über ein Grundstück die **Genehmigung der Umlegungsstelle** vorzulegen.

Eine **Vorkaufsrechtsbescheinigung** der Gemeinde ist **nicht erforderlich**, da ein Kauf nicht vorliegt, sondern die Begründung eines Erbbaurechts, das ohnehin von der Vorkaufsrechtsbescheinigung ausgenommen ist, vgl. § 24 Abs. 2 BauGB. Vgl. Rdn 147.

IV. Genehmigung des Familien- bzw. Betreuungsgerichts

Zur **Belastung des Grundstücks eines minderjährigen Kindes** mit einem Erbbaurecht 143
benötigen die Eltern die Genehmigung des Familiengerichts. Eine entsprechende Genehmigungspflicht ergibt sich aus §§ 1643 Abs. 1, 1850 Nr. 1 BGB.[1107] Gleiches gilt für die Erbbaurechtsbestellung durch einen Betreuer, § 1850 Nr. 1 BGB, oder einen Pfleger,[1108] §§ 1915, 1850 Nr. 1 BGB.[1109]

1100 *Bittl*, ErbbauZ 2024, 98, 101.
1101 *Bittl*, ErbbauZ 2024, 98, 99.
1102 *Bittl*, ErbbauZ 2024, 98, 99, 101.
1103 *Bittl*, ErbbauZ 2024, 98, 105.
1104 *Bittl*, ErbbauZ 2024, 98, 100.
1105 *Bittl*, ErbbauZ 2024, 98, 100.
1106 *Bittl*, ErbbauZ 2024, 98, 100.
1107 *Schöner/Stöber*, Rn 1718 und 3690; *Räfle*, § 1 Rn 88; *Böttcher*, Rn 380.
1108 Auch Nachlasspfleger, vgl. §§ 1960 ff. BGB.
1109 *Schöner/Stöber*, Rn 3710.

Eine Genehmigungspflicht besteht auch für den Fall des **Erbbaurechtserwerbs durch ein Kind**. Maßgeblich ist §§ 1643 Abs. 1, 1850 Nr. 6 BGB, da der Vertrag auf den entgeltlichen Erwerb eines grundstücksgleichen Rechts gerichtet ist.[1110] Bereits die Zahlung des Erbbauzinses als Gegenleistung rechtfertigt die Annahme eines entgeltlichen Erwerbs. Der Genehmigungstatbestand betrifft das Verpflichtungsgeschäft, welches das Grundbuchamt nicht zu prüfen hat. Das Notariat muss die Genehmigung einholen, aber nicht dem Grundbuchamt mitvorlegen.

Die **Belastung** bzw. **Veräußerung des Erbbaurechts eines Kindes** stellt eine genehmigungspflichtige Verfügung über das Erbbaurecht dar, §§ 1643 Abs. 1, 1850 Nr. 1 BGB.[1111] Gleiches gilt für die Belastung bzw. Veräußerung durch einen Betreuer oder Pfleger,[1112] §§ 1850 Nr. 1, 1915 BGB.[1113]

144 Um das Genehmigungsverfahren zu initiieren, ist eine **Anregung** erforderlich,[1114] kein Antrag. Der Genehmigungsbeschluss kann nur den Eltern bzw. dem Betreuer oder dem Pfleger erteilt werden und wird erst mit **Rechtskraft** wirksam, § 40 Abs. 2 S. 1 FamFG.[1115] Auf Antrag erteilt das Familien- bzw. Betreuungsgericht ein **Rechtskraftzeugnis**, § 46 S. 1 FamFG.[1116] Gegenüber dem anderen Vertragsteil wird die nachträglich erteilte Genehmigung nur wirksam, wenn sie ihm durch die Eltern bzw. dem Vormund bzw. Betreuer oder Pfleger mitgeteilt wird, §§ 1856 Abs. 1 S. 2, 1644 Abs. 3 S. 1, 1915 BGB.[1117]

Die Praxis arbeitet üblicherweise mit einer **Doppelvollmacht**, die dem Notar zur Entgegennahme, Mitteilung und zur weiteren Entgegennahme der familien- bzw. betreuungsgerichtlichen Genehmigung erteilt wird:[1118]

145 *Formulierungsbeispiel: Doppelvollmacht*

Der gesetzliche Vertreter beantragt die Erteilung der zur Wirksamkeit des Vertrages erforderlichen Genehmigung des Familien- bzw. Betreuungsgerichts. Der gesetzliche Vertreter bevollmächtigt den Notar, seinen Vertreter und seinen Amtsnachfolger, die Genehmigung für ihn in Empfang zu nehmen und sie dem Vertragsgegner mitzuteilen.

1110 OLG Brandenburg, Beschl. v. 22.7.2002, Az. 10 UF 183/01 = BeckRS 2003, 06687; *Böttcher/Spanl*, RpflJB 1990, 193, 206, 207.
1111 *Schöner/Stöber*, Rn 3684; *Böttcher/Spanl*, RpflJB 1990, 193, 203.
1112 Auch Nachlasspfleger, vgl. §§ 1960 ff. BGB.
1113 *Schöner/Stöber*, Rn 3710.
1114 Das Verfahren ist als Amtsverfahren ausgestaltet, *Schöner/Stöber*, Rn 3729.
1115 *Schöner/Stöber*, Rn 3731.
1116 *Litzenburger*, RNotZ 2010, 32, 33; **a.A.** *Sonnenfeld*, NotBZ 2009, 295, 298, danach impliziere der „Genehmigungsantrag“ bereits den Antrag auf Erteilung des Rechtskraftzeugnisses, vgl. auch *Schöner/Stöber*, Rn 3730 c.
1117 *Schöner/Stöber*, Rn 3731, 3738.
1118 Siehe Muster bei *Schöner/Stöber*, Rn 3739.

Dieser bevollmächtigt den Notar zur Empfangnahme der erwähnten Mitteilung des gesetzlichen Vertreters. Darüber hinaus ist der Notar ermächtigt, die Bestellung eines Ergänzungspflegers bzw. Verfahrensbeistandes zum Zwecke der Bekanntgabe des Beschlusses zu beantragen, das Rechtskraftzeugnis zu erholen, einen Rechtsmittelverzicht zu erklären und die Beteiligten in Rechtsmittelverfahren zu vertreten. Von der Doppelvollmacht kann erst nach Eintritt der Rechtskraft der Genehmigung Gebrauch gemacht werden, und zwar in Form einer Eigenurkunde des Notars. Die Genehmigung wird erst mit Rechtskraft wirksam, § 40 Abs. 2 S. 1 FamFG. Der Notar kann und wird die Rechtskraft der Genehmigung nicht überprüfen. Der Notar hat ausdrücklich darauf hingewiesen, dass er ohne vorherige schriftliche anderweitige Anweisung des gesetzlichen Vertreters ohne weiteres von der vorstehend erteilten Vollmacht zur Mitteilung der Genehmigung an den anderen Vertragsteil Gebrauch machen wird.

V. Genehmigung nach dem GrdstVG

Die Bestellung eines Erbbaurechts an einem land- und forstwirtschaftlichen Grundstück **146**
bzw. an Moor- und Ödland unterliegt **nicht** der Genehmigungspflicht nach § 2 GrdstVG. Die Bestellung eines Erbbaurechts ist im Gesetz nicht ausdrücklich erwähnt,[1119] weder in § 2 Abs. 1 GrdstVG, der Beschreibung genehmigungspflichtiger Veräußerungsvorgänge, noch in § 2 Abs. 2 GrdstVG, den veräußerungsähnlichen Vorgängen.[1120] Die Aufzählung präsentiert sich als abschließend, alle weiteren Verfügungen sind genehmigungsfrei.[1121]

VI. Keine Vorkaufsrechtsbescheinigung nach § 24 BauGB

Die Erholung einer gemeindlichen **Vorkaufsrechtsbescheinigung** scheidet aus, zumal **147**
das Vorkaufsrecht nur beim Kauf von Grundstücken besteht, § 24 Abs. 1 S. 1 BauGB i.V.m. § 433 BGB, nicht aber bei der Bestellung eines Erbbaurechts. Es besteht **kein Vorkaufsrechtsfall**.

Dies gilt auch für den Kauf von Erbbaurechten.[1122] Seit der Novellierung des Baugesetzbuches im Jahr 1987 steht der Gemeinde beim Kauf eines Erbbaurechts kein Vorkaufsrecht mehr zu. Ein Negativattest muss dem Grundbuchamt nicht vorgelegt werden.

1119 OLG Hamm, Beschl. v. 15.2.1966, Az. 15 W 200/65 = OLGZ 1966, 367, 368; LG Düsseldorf MittBayNot 1971, 368.

1120 Ingenstau/Hustedt/*Bardenhewer*, § 11 Rn 97.

1121 OLG Hamm a.a.O., 369, 370; LG Düsseldorf a.a.O.; *Schöner/Stöber*, Rn 3942; **a.A.** LG Aurich, Beschl. v. 24.11.1964, Az. 3 T 191/64 = NJW 1965, 543; danach „umfasst der Veräußerungsbegriff des § 2 GrdstVG, wenn schon die Nießbrauchsbestellung genehmigungspflichtig ist, auch die Erbbaurechtsbestellung, die eine viel stärkere Rechtsposition gibt als die Nießbrauchsbestellung“; die Praxis folgt dieser Analogie nicht.

1122 *Schöner/Stöber*, Rn 4109.

H. Muster Erbbaurechtsvertrag und Gesamterbbaurechtsvertrag

148 ▼

Muster 4.1: Formulierungsvorschlag Erbbaurechtsvertrag

„UVZ-Nr. /

BESTELLUNG EINES ERBBAURECHTS

Heute, den

– 20 –

sind vor mir,

,

Notar/Notarin in , in den Geschäftsräumen des Notariats in der , erschienen:

1.

– nachfolgend „Grundstückseigentümer“ genannt –,

2.

– nachfolgend „Erbbauberechtigter“ genannt –,

jeweils ausgewiesen durch gültigen amtlichen Lichtbildausweis.

Die anwesenden Beteiligten erklärten, dass kein Vertragsteil in Ausübung einer gewerblichen oder selbstständigen beruflichen Tätigkeit handelt.

Die Notarin/der Notar verwies auf die Vorschriften des Geldwäschegesetzes und auf die hieraus resultierenden Pflichten.

Die Erschienenen erklärten, nicht auf Veranlassung Dritter oder als Treuhänder für Dritte, sondern auf eigene Rechnung und im eigenen Namen zu handeln.

Die Erschienenen erklärten ferner, weder eine politisch exponierte Person („PeP“) zu sein noch in den letzten 12 Monaten gewesen zu sein. Sie erklärten, auch nicht Familienmitglied, naher Angehöriger oder nahestehende Person einer solchen politisch exponierten Person zu sein.

Die Erschienenen verneinten die Frage des Notars/der Notarin nach einer Vorbefassung i.S.v. § 3 Abs. 1 S. 1 Nr. 7 BeurkG und baten um Beurkundung folgender Vereinbarungen:

I. Grundbuch- und Sachstand

1. Vorbemerkung: Erbbaugrundstück, Eigentümer

Im **Grundstücksgrundbuch** des Amtsgerichts für die Gemarkung Blatt ist folgender Grundbesitz eingetragen:

Flurstück , straße , Gebäude- und Freifläche, zu qm

Eigentümer:

2. Belastungen

Der vorstehend genannte Grundbesitz ist wie folgt belastet:

Belastungen der Zweiten Abteilung des Grundbuchs:

lfd. Nr. 1:

lfd. Nr. 2:

Belastungen der Dritten Abteilung des Grundbuchs:

lfd. Nr. 1:

lfd. Nr. 2:

lfd. Nr. 3:

Das Grundbuch wurde am eingesehen.

3. Sachstand

Grundstückseigentümer und Erbbauberechtigter vereinbaren in diesem Vertrag ein Erbbaurecht zwecks . Der Grundbesitz ist noch nicht bebaut, bauliche Anlagen wurden nicht errichtet. Der Grundstückseigentümer übernimmt keine Garantien, soweit die Bebaubarkeit der Grundstücke betroffen ist.

II. Bestellung eines Erbbaurechts

1. Erbbaurechtsbestellung

Der Beteiligte zu 1,

– „Grundstückseigentümer“–,

bestellt hiermit zugunsten des

Beteiligten zu 2,

– „Erbbauberechtigter“ –,

- bei mehreren Mitberechtigten zu je Anteil –
- bei ausländischem Güterstand mehrerer Mitberechtigter: im Güterstand der nach dem Recht des Staates
- bei mehreren Mitberechtigten in Gütergemeinschaft-
- für die im Gesellschaftsregister eingetragene Gesellschaft bürgerlichen Rechts (eGbR)

an dem in Abschnitt I. 1 näher bezeichneten Grundstück ein

Erbbaurecht

nach Maßgabe des in dieser Urkunde niedergelegten Inhalts und nach Maßgabe des Erbbaurechtsgesetzes (ErbbauRG).

Das Erbbaurecht ist das veräußerliche und vererbliche Recht, auf oder unter der Oberfläche des Grundstücks ein oder mehrere Bauwerke nach Maßgabe dieses Erbbaurechtsvertrages zu haben. Errichtung, Nutzung und Umfang des Bauwerks ergeben sich aus des Vertrages.

Alternativ: Erbbaurecht mit Ausübungsbeschränkung auf reale Teilfläche:

Die tatsächliche Ausübung des Erbbaurechts beschränkt sich auf eine Teilfläche von qm, wie sie im beigefügten Lageplan (Anlage 1) rot schraffiert gekennzeichnet ist. Auf den beigefügten Lageplan wird verwiesen; dieser wurde zur Durchsicht vorgelegt und genehmigt. Das Erbbaurecht erstreckt sich auch auf die nicht bebauten Teile des Erbbaugrundstücks innerhalb des festgelegten Ausübungsbereichs, wobei das Bauwerk wirtschaftlich die Hauptsache bleibt. Die unbebaute Fläche des Ausübungsbereichs darf wie folgt genutzt werden: . Rein schuldrechtlich wird festgehalten, dass eine Vermessung oder Vermarkung der Teilfläche derzeit ausdrücklich nicht erfolgen soll. Sollte das Erbbaugrundstück geteilt werden, verpflichten sich die Vertragsteile, das Erbbaurecht auf die Ausübungsfläche zu beschränken und den Rest freizugeben. Soweit dem Grundstückseigentümer Rechte und Ansprüche zustehen, ist Berechtigter lediglich der Eigentümer der Ausübungsfläche. Soweit dem Erbbauberechtigten Rechte und Ansprüche zustehen, ist Berechtigter lediglich der Erbbauberechtigte an der Ausübungsfläche.

Alternativ: Erbbaurecht mit Ausübungsbeschränkung auf reale Teilfläche

Die Ausübung des Erbbaurechts ist eingeschränkt auf eine Grundstücksteilfläche von ca. qm, die im anliegenden Plan (Anlage) rot schraffiert gekennzeichnet ist (Ausübungsbereich). Auf den Plan, der einen wesentlichen Bestandteil dieser Urkunde bildet, wird verwiesen. Der Plan ist maßgeblich für den Ausübungsbereich des Erbbaurechts, auf den Plan wird daher verwiesen. Der Plan wurde zur Durchsicht vorgelegt und von den Beteiligten genehmigt. Im Zweifel kann der Grundstückseigentümer den

Ausübungsbereich nach § 315 BGB bestimmen, also nach billigem Ermessen. Das Erbbaurecht erstreckt sich auch auf den nicht zur Errichtung des Bauwerks erforderlichen Teil der beschriebenen Grundstücksteilfläche, wobei dieser Teil nur im Rahmen der vorgegebenen Nutzung als genutzt werden darf. Festgestellt wird, dass die restliche, vom Erbbaurecht nicht erfasste Fläche weiterhin vom Grundstückseigentümer genutzt wird.

Alternativ: Erbbaurecht mit Ausübungsbeschränkung auf reale Teilfläche

Die Ausübung des Erbbaurechts ist eingeschränkt auf eine Grundstücksteilfläche von ca. qm, die in der beigefügten Planskizze, die Anlage , rot schraffiert gekennzeichnet ist. Auf die Planskizze wird verwiesen, sie wurde zur Durchsicht vorgelegt, von den Beteiligten genehmigt und eigenhändig unterschrieben. Dies Grundstücksteilfläche von ca. qm wird im Folgenden auch „Erbbaugrundstück" bezeichnet. Das Erbbaurecht erstreckt sich auch auf den nicht zur Errichtung des vorbezeichneten Bauwerks erforderlichen Teil des Erbbaugrundstücks, wobei dieser Teil nur im Rahmen der Bauwerksnutzung verwendet werden darf. Mit ausschließlich schuldrechtlicher Wirkung gilt, dass eine Vermessung der Teilfläche derzeit nicht erfolgen soll. Sollte eine Teilung erfolgen und die Ausübungsfläche als rechtlich selbstständiges Grundstück vorgetragen wird, verpflichten sich die Vertragsteile zur Vertragsanpassung. Dabei ist das Erbbaurecht auf die Ausübungsfläche einzuschränken, die Restfläche ist freizugeben. Rechte und Ansprüche, die dem Grundstückseigentümer zustehen, werden dem Eigentümer der Ausübungsfläche zugeordnet. Rechte und Ansprüche, die dem Erbbauberechtigten zustehen, werden dem Erbbauberechtigten an der Ausübungsfläche zugeordnet.

2. Beginn, Dauer

Das Erbbaurecht beginnt mit der Eintragung im Grundbuch und endet am , in Worten . Nach Beendigung des Erbbaurechts gehen die Bauwerke und baulichen Anlagen in das Eigentum des Grundstückseigentümers über. Vollzugskosten trägt .

Alternativ:

Das Erbbaurecht wird auf die Dauer von – in Worten: – Jahren bestellt, gerechnet ab dem Tag der Eintragung des Erbbaurechts im Grundbuch. Nach Beendigung des Erbbaurechts gehen die Bauwerke und baulichen Anlagen in das Eigentum des Grundstückseigentümers über. Vollzugskosten trägt .

3. Schuldrechtlicher Beginn

Schuldrechtlich beginnt bzw. begann das Erbbaurecht bereits mit dem Tag des Besitzübergangs.

III. Vertragsmäßiger dinglicher Inhalt

1. Vereinbarung

Als vertragsmäßiger dinglicher Inhalt des Erbbaurechts werden die folgenden Bestimmungen vereinbart.

2. Bauwerk, Zweck und Nebenflächen

Das Erbbaurecht wird im Rahmen der bei Vertragsabschluss zulässigen Bebauung für die Errichtung von Bauwerken bestellt, die im Abschnitt näher bestimmt sind. Die Lage und die Geschosszahl der Bauwerke ergeben sich aus dem anliegenden Plan, der Bestandteil dieser Urkunde ist. Das Erbbaurecht wird zu Wohnzwecken bestellt. Das Erbbaurecht erstreckt sich auch auf den für die Bauwerke nicht erforderlichen Teil des Grundstücks, wobei dieser Teil nur für Anlagen verwendet werden darf, die dem Zweck der Bauwerke dienen, etwa als Hof-, Weg-, Stellplatz oder Gartenfläche. Wirtschaftlich bleibt das Bauwerk die Hauptsache.

Alternativ:

Der Erbbauberechtigte ist berechtigt und verpflichtet, das Bauwerk im Rahmen einer energieoptimierten Nutzung zu verwenden, um den Energieverbrauch des Bauwerks zu reduzieren. Sofern wirtschaftlich zumutbar, verpflichtet sich der Erbbauberechtigte, im Rahmen der Bauwerksnutzung die höchste energetische Energieeffizienzklasse zu berücksichtigen, besonders energiesparende Leuchtmittel (insbesondere LED-Lampen) und entsprechende Elektrogeräte zu verwenden sowie die Empfehlungen gängiger Umweltsiegel zu befolgen (Blauer Engel, EU-Ecolabel, EU-Energielabel). Die zur Nutzung des Bauwerks erforderliche Energie ist zu Prozent aus regenerativen Energiequellen zu beziehen. Nach dem Erneuerbare-Energien-Gesetz (EEG) sind dies Wasserkraft, solare Strahlungsenergie, Windkraft, Geothermie, Biomasse sowie weitere Energiequellen, die von einschlägigen Gesetzen als erneuerbar anerkannt werden.

Alternativ:

Der Erbbauberechtigte ist berechtigt und verpflichtet, auf dem Erbbaugrundstück ein Mehrfamilienhaus mit einer Bruttogeschossfläche von qm zu errichten. Dabei ist das Bauwerk unter Berücksichtigung der Klimaziele der Umweltinitiative zu erstellen, die sich aus der anliegenden Beschreibung ergeben, auf die Bezug genommen wird und die einen Bestandteil dieser Urkunde bildet.

Alternativ:

Der Erbbauberechtigte ist berechtigt und verpflichtet, auf dem Erbbaugrundstück ein zu errichten. Dabei verpflichtet sich der Erbbauberechtigte zur wasserverbrauchsoptimierten Bauwerksnutzung. Der Erbbauberechtigte verpflichtet sich, ausschließlich wassersparende Geräte und Armaturen einzusetzen, wassersparende Vorrichtungen jeglicher Art zu verwenden und wassermindernde Maßnahmen vorzunehmen, um den Trinkwasserverbrauch zu reduzieren bzw. die Nutzung alternativer Wasserquellen zu forcieren, soweit dies ökonomisch zumutbar ist.

Alternativ:

Der Erbbauberechtigte ist berechtigt und verpflichtet, auf dem Erbbaugrundstück ein zu errichten. Dabei verpflichtet sich der Erbbauberechtigte zur abfall- und recyclingoptimierten Bauwerksnutzung, die mit einem entsprechenden, bauwerksbezogenen Abfall- und Recyclingmanagement einhergeht. Ziel ist es, den Anfall von Abfall zu vermeiden, den Abfallverbrauch zu reduzieren und die Recyclingquote zu erhöhen. Der im Bauwerk anfallende Abfall ist zu trennen und getrennt zu entsorgen. Die Grundsätze des Abfall- und Recycling- Managements ergeben sich aus der beigefügten Beschreibung, auf die Bezug genommen wird und die einen Bestandteil dieser Urkunde bildet. Diese Verpflichtung erstreckt sich auch auf Sanierungs-, Ausbau- und Umbaumaßnahmen. Der Erbbauberechtigte verpflichtet sich dazu, den Umfang nicht wiederverwendbarer Materialien zu reduzieren.

Alternativ:

Der Erbbauberechtigte ist berechtigt und verpflichtet, auf dem Erbbaugrundstück ein zu errichten. Dabei verpflichtet sich der Erbbauberechtigte zur Verwendung des Bauwerks im Sinne einer Biodiversitätsstrategie, deren Grundsätze sich aus der beigefügten Beschreibung ergeben, auf die Bezug genommen wird und die einen Bestandteil dieser Urkunde bildet. Ziel dieser bauwerksbezogenen Biodiversitätsstrategie ist es, dem Rückgang der Artenvielfalt zu begegnen und die biologische Vielfalt des Erbbaugrundstücks zu erhalten. Der Erbbauberechtigte verpflichtet sich, Handlungen zu vermeiden, die nachweislich negative Auswirkungen auf das Ökosystem haben können. Um die biologische Vielfalt im Rahmen der Bauwerksnutzung zu fördern, sollen die Maßnahmen ergriffen werden, deren Grundsätze sich aus der beigefügten Beschreibung ergeben, auf die Bezug genommen wird und die einen Bestandteil dieser Urkunde bildet. Hierzu zählen die Vermeidung invasiver Pflanzenarten, die Errichtung einer Streuobstwiese, die Anbringung von Nistkästen, die Errichtung von Gewächshäusern, die Begründung der Fassade, der Schutz heimischer Tierarten und die Ansiedlung von Bienenvölkern.

Alternativ:

Der Erbbauberechtigte ist berechtigt und verpflichtet, auf dem Erbbaugrundstück ein zu errichten. Dabei verpflichtet sich der Erbbauberechtigte zur Verwendung des Bauwerks im Sinne einer nachhaltigen Mobilitätsstrategie, mit der die Elektromobilität des Bauwerks ausgebaut werden soll, um die Treibhausgasemissionen zu reduzieren und die Klimaneutralität des Verkehrssektors zu forcieren. Die Grundsätze dieser bauwerksbezogenen Mobilitätsstrategie ergeben sich aus der beigefügten Beschreibung, auf die Bezug genommen wird und die einen Bestandteil dieser Urkunde bildet. Bezogen auf das Bauwerk des Erbbaurechts, verpflichtet sich der Erbbauberechtigte dazu, für die verstärkte Fahrradnutzung zu sorgen, Fahrradstellplätze zu errichten, Fahrrad- oder Carsharing-Möglichkeiten anzubieten, den Ausbau der Ladeinfrastruktur im Bauwerk zu unterstützen und die entsprechenden Energiekapazitäten im Bauwerk sicherzustellen.

Alternativ:

Der Erbbauberechtigte ist berechtigt und verpflichtet, auf dem Erbbaugrundstück ein zu errichten. Dabei verpflichtet sich der Erbbauberechtigte zur Verwendung des Bauwerks im Sinne einer Strategie, die sich an der Gesundheit und am Wohlbefinden orientiert. Die Grundsätze dieser bauwerksbezogenen Gesundheits- und Wohlbefindensorientierung ergeben sich aus der beigefügten Beschreibung, auf die Bezug genommen wird und die einen Bestandteil dieser Urkunde bildet. Der Erbbauberechtigte verpflichtet sich, bauwerksbezogen die Verwendung gesundheitsschädlicher Bestandteile zu unterlassen, etwa die Verwendung von Produkten mit toxischen Inhaltsstoffen (Phthalate, Formaldehyd, Biozide, Holzschutzmittel) oder die Verwendung von Weichmachern, stattdessen sind möglichst naturbelassene Materialien zum Einsatz zu bringen. Zur gesundheitsorientierten Bauwerksnutzung zählt die Vermeidung von Asbest oder von künstlichen Mineralfasern. Im Rahmen der Bauwerksnutzung verpflichtet sich der Erbbauberechtigte dazu, gesundheitsschädigende Störfaktoren zu vermeiden, etwa Schall, Straßenlärm, Staub-, Licht- oder Geruchsbelästigungen. Im Außenbereich sind möglichst allergiefreundliche Pflanzen zu verwenden.

Alternativ:

Der Erbbauberechtigte ist berechtigt und verpflichtet, auf dem Erbbaugrundstück ein Einfamilienhaus mit einer Bruttogeschossfläche von qm zu errichten. Dabei ist das Bauwerk unter Verwendung guter und dauerhafter Baustoffe und unter Beachtung allgemein anerkannter Regeln der Baukunst und der Bauvorschriften zu erstellen. Das Erbbaurecht erstreckt sich auch auf den für das Bauwerk nicht erforderlichen Teil des Grundstücks (§ 1 Abs. 2 ErbbauRG).

Alternativ:

Der Erbbauberechtigte ist berechtigt und verpflichtet, auf dem Grundstück ein oder mehrere zu gewerblichen Zwecken dienende Bauwerke mit Nebenanlagen zu errichten und dort zu belassen, und zwar mit folgender Maßgabe: . Die Nutzungen müssen jeweils baurechtlich zulässig sein. Das Erbbaurecht erstreckt sich auch auf den für die Bauwerke nicht erforderlichen Teil des Grundstücks, wobei dieser Teil nur für Anlagen verwendet werden darf, die dem Zweck der Bauwerke dienen, etwa als Hof-, Weg-, Stellplatz oder Gartenfläche oder als Installationsort für Wärmepumpen. Wirtschaftlich bleibt das Bauwerk die Hauptsache.

Alternativ:

Der Erbbauberechtigte ist berechtigt und verpflichtet, innerhalb von Jahren auf eigene Kosten ein Bauwerk nach Maßgabe der baurechtlichen Vorschriften zu erstellen. Das Bauwerk dient ausschließlich zu Wohnzwecken, eine andere Verwendungsart ist unzulässig, insbesondere eine gewerbliche Nutzung des Bauwerks. Das Erbbaurecht erstreckt sich auch auf den für das Bauwerk nicht erforderlichen Teil des Grundstücks (§ 1 Abs. 2 ErbbauRG), wobei dieser Teil nur für Anlagen verwendet werden darf, die dem Zweck der Bauwerke dienen, etwa als Hof-, Weg-, Stellplatz oder Gartenfläche oder als Installationsort für Wärmepumpen. Wirtschaftlich bleibt das Bauwerk die Hauptsache.

Alternativ:

Der Erbbauberechtigte ist berechtigt und verpflichtet, auf dem Erbbaugrundstück eine Mietwohnanlage mit Mietwohnungen einschließlich ober- und unterirdischer Kfz-Stellplätze auf seine Kosten zu errichten und zu unterhalten. Die Bebauung ist bereits im Namen und auf Kosten des Erbbauberechtigten erfolgt. Seit dem sind die Bauwerke bezugsfertig. Das Erbbaurecht erstreckt sich auch auf die für die Bauwerke nicht erforderlichen Teile des Erbbaugrundstücks, die der Erbbauberechtigte beispielsweise als Hofraum, Wegeflächen, Stellplatzflächen, Wärmepumpenflächen oder als Grünanlage nutzen darf.

Alternativ:

Der Erbbauberechtigte ist berechtigt und verpflichtet, auf dem Erbbaugrundstück ein Bauwerk nach den folgenden Maßgaben zu errichten und zu haben: .

Alternativ:

Das Bauwerk ist ausschließlich zu Wohnzwecken zu nutzen. Die Ausübung eines Gewerbes jedweder Art ist nicht zulässig. Das Erbbaurecht erstreckt sich auch auf den für die Bauwerke nicht erforderlichen Teil des Grundstücks, wobei dieser Teil nur für Anlagen verwendet werden darf, die dem Zweck der Bauwerke dienen, etwa als Hof-, Weg-, Stellplatz oder Gartenfläche oder als Installationsort für Wärmepumpen. Wirtschaftlich bleibt das Bauwerk die Hauptsache.

Alternativ:

Der Erbbauberechtigte darf das Bauwerk nur zum Wohnen für sich und seine Angehörigen verwenden. Das Erbbaurecht erstreckt sich auch auf den für die Bauwerke nicht erforderlichen Teil des Grundstücks, wobei dieser Teil nur für Anlagen verwendet werden darf, die dem Zweck der Bauwerke dienen, etwa als Hof-, Weg-, Stellplatz oder Gartenfläche oder als Installationsort für Wärmepumpen. Wirtschaftlich bleibt das Bauwerk die Hauptsache.

Alternativ:

Der Erbbauberechtigte darf auf dem Erbbaugrundstück ein Werkstatt-, Büro- und Lagergebäude errichten, wie sie zur Durchführung von Instandsetzungen in der Kfz-Branche üblich sind. Das Erbbaurecht erstreckt sich auch auf den für die Bauwerke nicht erforderlichen Teil des Grundstücks, wobei dieser Teil nur für Anlagen verwendet werden darf, die dem Zweck der Bauwerke dienen, etwa als Hof-, Weg-, Stellplatz oder Gartenfläche oder als Installationsort für Wärmepumpen. Wirtschaftlich bleibt das Bauwerk die Hauptsache.

Alternativ:

Der Erbbauberechtigte ist berechtigt und verpflichtet, auf dem Erbbaugrundstück ein oder mehrere zu gewerblichen Zwecken dienende Gebäude mit Nebenanlagen (Tiefgarage, Garagen, Zufahrtswege, Stellplätze) zu errichten und dort zu belassen. Im Erdgeschoss der Bauwerke sind Einzelhandelsbetriebe aus dem ________ segment zulässig, in den Obergeschossen Büros und Notariate, in den Untergeschossen Kfz-Stellplätze und Lagerflächen und Technikräume. Das Erbbaurecht erstreckt sich auch auf den für die Bauwerke nicht erforderlichen Teil des Grundstücks, wobei dieser Teil nur für Anlagen verwendet werden darf, die dem Zweck der Bauwerke dienen, etwa als Hof-, Weg-, Stellplatz oder Gartenfläche oder als Installationsort für Wärmepumpen. Wirtschaftlich bleibt das Bauwerk die Hauptsache.

Alternativ:

Der Erbbauberechtigte ist berechtigt und verpflichtet, das Bauwerk unter Ausschluss jeder anderen Verwendung wie folgt zu verwenden: Wohngebäude für den Erbbauberechtigten und die evtl. in seinem Haushalt lebenden Familienangehörigen und/oder Lebenspartner/in zu Dauerwohnzwecken (räumlicher Schwerpunkt der gesamten Lebensverhältnisse = Hauptwohnsitz im Sinne des Landesmeldegesetzes). Der Grundstückseigentümer bezweckt mit der Vergabe des Erbbaurechts die Deckung des Wohnbedarfs der ortsansässigen Bevölkerung, insbesondere von Bevölkerungsgruppen mit besonderen Wohnraumversorgungsproblemen. Dem Erbbauberechtigten ist bekannt, dass der Eigentümer ihm das Erbbaurecht nur zu dem vorstehenden Verwendungszweck einräumt. Er ist verpflichtet, das Bauwerk nur für diesen Zweck zu nutzen und diese Nutzung auf Verlangen jederzeit nachzuweisen. Das Erbbaurecht erstreckt sich auch auf den für das Bauwerk nicht erforderlichen Teil des Grundstücks, wobei dieser Teil nur für Anlagen verwendet werden darf, die dem Zweck der Bauwerke dienen, etwa als Hof-, Weg-, Stellplatz oder Gartenfläche oder als Installationsort für Wärmepumpen. Wirtschaftlich bleibt das Bauwerk die Hauptsache.

Alternativ:

Der Erbbauberechtigte ist berechtigt und verpflichtet, auf dem Erbbaugrundstück Hallen und Silos für die Lagerung, Behandlung und den Umschlag von Waren aller Art mit den benötigten Büro-, Sozial- und Hallenflächen samt Außenanlagen zu errichten und betreiben.

Alternativ:

Der Erbbauberechtigt ist berechtigt und verpflichtet, auf dem Erbbaugrundstück zum Zweck des eigenen oder fremden Geschäftsbetriebs Lager- und Verkaufshallen und Werkstätten mit üblichen Nebenanlagen zu errichten.

Alternativ:

Der Erbbauberechtigte ist berechtigt und verpflichtet, auf dem Erbbaugrundstück Gebäude aller Art zu errichten, die ausschließlich dem Zweck der Errichtung und des Betriebes eines Innovations- und Gründerzentrums für Biotechnologie dienen.

Alternativ:

Der Erbbauberechtigte ist berechtigt und verpflichtet, auf eigene Kosten auf und unter dem genannten Erbbaugrundstück, Bauwerke im Sinne des Erbbaurechtsgesetzes zu errichten, wie sie in der Anlage näher beschrieben sind, zu haben und betreiben zu lassen, und zwar im Rahmen eines innovativen Altenhilfeprojekts für ca. pflegebedürftige Menschen. Die Bauwerke werden zu folgenden Zwecken genutzt: vollstationäre Pflegeplätze, Betreutes Wohnen, Tagespflege, Kurzzeitpflege, Nachtpflege sowie Tiefgaragenstellplatzanlage. Soweit Bestimmungen dieses Vertrages nicht unmittelbar vom Erbbauberechtigten, sondern vom Betreiber erfüllt werden können, verpflichtet sich der Erbbauberechtigte, diese Verpflichtungen dem Betreiber aufzuerlegen.

3. Änderung des Verwendungszwecks

Das Erbbaugrundstück und die hierauf errichteten Bauwerke dürfen nur zu dem Zweck genutzt werden, der in obigem Absatz 2 genannt ist. Zur Änderung des Verwendungszwecks ist die vorherige schriftliche Zustimmung des Grundstückseigentümers erforderlich, die von einer angemessenen Erhöhung des Erbbauzinses abhängig gemacht werden kann.

Alternativ:

Ohne vorherige schriftliche Zustimmung des Grundstückseigentümers darf das Erbbaugrundstück nicht zu vertragsfremden Zwecken genutzt werden.

Alternativ:

Eine Änderung des vereinbarten Verwendungszwecks bedarf der vorherigen schriftlichen Zustimmung des Grundstückseigentümers.

4. Bauverpflichtung

Der Erbbauberechtigte verpflichtet sich, das Bauwerk auf eigene Kosten unter Beachtung aller öffentlich-rechtlichen Vorschriften und unter Verwendung guter und dauerhafter Baustoffe zu errichten. Der Erbbauberechtigte verpflichtet sich, das Bauwerk bis zum bezugsfertig zu errichten. Dabei sind die allgemein anerkannten Regeln der Baukunst und die einschlägigen DIN-Vorschriften zu beachten.

Während der Bauphase ist der Grundstückseigentümer berechtigt, die Baustelle nach vorheriger Anmeldung auf eigene Gefahr in Augenschein zu nehmen.

Der Baugenehmigungsantrag bedarf der Zustimmung des Grundstückseigentümers. Nach Baugenehmigung sind dem Grundstückseigentümer die der Bauausführung zugrunde zulegenden Baupläne mit Baubeschreibung und Baugenehmigung jeweils in Kopie zu übergeben.

Der Grundstückseigentümer kann die Übertragung des Erbbaurechts auf sich oder einen von ihm benannten Dritten auf Kosten des Erbbauberechtigten als Heimfall verlangen, sofern der Erbbauberechtigte gegen die Bebauungsverpflichtung verstößt. Statt den Heimfall geltend zu machen, kann der Grundstückseigentümer nach vorheriger Abmahnung die Zahlung einer Vertragsstrafe verlangen. Die Vertragsstrafe beläuft sich auf % der Erbbauzinsen, bezogen auf die Dauer des Vertragsverstoßes. Eine Vertragsstrafe soll jedoch nicht verlangt werden, sofern den Erbbauberechtigten kein Verschulden trifft.

Alternativ:

Der Erbbauberechtigte ist berechtigt und verpflichtet, das in Ziffer III. 2 genannte Bauwerk innerhalb von Jahren nach Abschluss dieses Vertrages bezugsfertig zu errichten. Dabei ist das Bauwerk unter Verwendung guter und dauerhafter Baustoffe und unter Beachtung allgemein anerkannter Regeln der Baukunst und der Bauvorschriften zu erstellen. Die der Bauausführung zugrunde liegenden Baupläne samt Baubeschreibung sind dem Grundstückseigentümer in Ausfertigung zu übergeben.

Alternativ:

Der Erbbauberechtigte ist berechtigt und verpflichtet, auf dem Erbbaugrundstück auf seine Kosten ein oder mehrere zu gewerblichen Zwecken dienende Gebäude mit Nebenanlagen (insbesondere Tiefgarage, Zufahrtswege, Stellplätze) zu errichten und dort zu belassen, und zwar mit folgender Maßgabe: Die vorgenannten Nutzungen müssen jedoch jeweils baurechtlich zulässig sein. Zahl und Umfang der Gebäude richten sich nach dem Bebauungsplan Nr. .

Alternativ:

Der Erbbauberechtigte ist berechtigt und verpflichtet, auf dem Erbbaugrundstück ein Einfamilienhaus mit einer Bruttogeschossfläche von qm zu errichten. Dabei ist das Bauwerk unter Verwendung guter und dauerhafter Baustoffe und unter Beachtung allgemein anerkannter Regeln der Baukunst und der Bauvorschriften zu erstellen.

Alternativ:

Der Erbbauberechtigte ist berechtigt und verpflichtet, auf dem Erbbaugrundstück ein Einfamilienhaus mit einer Bruttogeschossfläche von qm zu errichten. Dabei ist das Bauwerk unter Verwendung umweltfreundlicher, ressourcenschonender und gesundheitsfördernder Materialien zu errichten. Soweit dies ökonomisch zumutbar ist, sind die zur Errichtung des Bauwerks erforderlichen Materialien nach möglichst hohen ökologischen Standards und möglichst regional zu beschaffen. Dabei sind die Langlebigkeit der Materialien und deren Wiederverwendbarkeit zu berücksichtigen, soweit dies ökonomisch zumutbar ist.

Alternativ:

Der Erbbauberechtigte ist berechtigt und verpflichtet, binnen Monaten nach einen Bauantrag auszuarbeiten, diesen bei der Baugenehmigungsbehörde einzureichen und die Bauwerke binnen Jahren nach Vorlage der bestandskräftigen Baugenehmigung fertig zu stellen, sodass sich zu diesem Zeitpunkt die baulichen Anlagen und das Baugrundstück in dem Zustand befinden, der den öffentlich-rechtlichen Vorschriften entspricht. Das Bauvorhaben ist bis zum fertig zu stellen. Falls sich die Erstellung des Bauvorhabens aus Gründen verzögert, die der Erbbauberechtigte nicht zu vertreten hat, verlängern sich die vorstehenden Fristen entsprechend. Der Erbbauberechtigte hat die Bauwerke unter Verwendung guter Baustoffe nach den Regeln der Technik und der Baukunst, ferner nach den Vorschriften der gesetzlichen Unfallversicherung sowie unter Einhaltung aller baurechtlichen Vorschriften sorgfältig und dauerhaft ausführen zu lassen. Der Grundstückseigentümer darf die ordnungsgemäße Bauausführung laufend überwachen bzw. durch beauftragte Dritte überwachen lassen.

5. Instandhaltungsverpflichtung

Der Erbbauberechtigte ist verpflichtet, die von ihm errichteten bzw. bei Vertragsabschluss bereits vorhandenen Bauwerke einschließlich Außenanlagen und besonderer Betriebseinrichtung stets in gutem und zweckentsprechendem Zustand zu erhalten und die erforderlichen Reparaturen und Erneuerungen unverzüglich auf eigene Kosten vorzunehmen. Der Grundstückseigentümer ist berechtigt, das Erbbaugrundstück und die Bauwerke zu jeder angemessenen Tageszeit selbst zu besichtigen oder durch Beauftragte besichtigen zu lassen, um den baulichen Zustand und die vertragsgemäße Verwendung des Bauwerks zu überprüfen. Bei Beanstandungen steht dem Grundstückseigentümer das Besichtigungsrecht so lange zu, bis die Mängel behoben bzw. die vertragsgemäße Verwendung des Bauwerks wiederhergestellt ist. Falls der Erbbauberechtigte der Instandhaltungspflicht trotz Aufforderung innerhalb angemessener Frist nicht oder nur ungenügend nachkommt, ist der Grundstückseigentümer berechtigt, die Arbeiten auf Kosten des Erbbauberechtigten vornehmen zu lassen.

Alternativ:

Der Erbbauberechtigte hat die Bauwerke und die vom Erbbaurecht erfassten Anlagen sowie Betriebseinrichtungen auf eigene Kosten dauernd in gutem Zustand zu erhalten. Hierzu hat der Erbbauberechtigte alle erforderlichen Instandsetzungen und Erneuerungen auf eigene Kosten unverzüglich vorzunehmen. Falls der Erbbauberechtigte diesen Verpflichtungen trotz schriftlicher Aufforderung innerhalb einer angemessenen Frist nicht oder nur unvollständig nachkommt, ist der Grundstückseigentümer berechtigt, die Arbeiten auf Kosten des Erbbauberechtigten vornehmen zu lassen.

Alternativ:

Der Erbbauberechtigte ist verpflichtet, die Bauwerke nach den Regeln einer ordnungsgemäßen Bewirtschaftung stets in ordentlichem Zustand zu erhalten und die erforderlichen Instandhaltungs- und Instandsetzungsmaßnahmen sowie Erneuerungen rechtzeitig vorzunehmen. Kommt er dieser Verpflichtung trotz Mahnung innerhalb einer angemessenen Frist, die der Grundstückseigentümer bestimmt, nicht nach, ist der Grundstückseigentümer berechtigt, die erforderlichen Maßnahmen auf Kosten des Erbbauberechtigten durchführen zu lassen.

Alternativ:

Der Erbbauberechtigte ist verpflichtet, das Bauwerk des Erbbaurechts und das mit dem Erbbaurecht belastete Grundstück stets in einem ordnungsgemäßen Zustand zu erhalten. Hierzu hat der Erbbauberechtigte alle erforderlichen Instandsetzungen und Erneuerungen auf eigene Kosten unverzüglich vorzunehmen. Falls der Erbbauberechtigte diesen Verpflichtungen trotz schriftlicher Aufforderung innerhalb einer angemessenen Frist nicht oder nur unvollständig nachkommt, ist der Grundstückseigentümer berechtigt, die Arbeiten auf Kosten des Erbbauberechtigten vornehmen zu lassen.

6. Besichtigungsrecht

Der Grundstückseigentümer ist berechtigt, das Erbbaugrundstück und die Bauwerke zu jeder angemessenen Tageszeit selbst oder durch Beauftragte zu besichtigen und auf ihren baulichen Zustand und ihre vertragsgemäße Verwendung zu prüfen.

Alternativ:

Der Grundstückseigentümer ist berechtigt, das Erbbaugrundstück und das Bauwerk jährlich nach vorheriger Terminsbestimmung zu jeder angemessenen Tageszeit selbst oder durch Beauftragte zu besichtigen und auf ihren baulichen Zustand und die vertragsgemäße Verwendung zu prüfen bzw. prüfen zu lassen. Scheitert eine vorherige Terminsbestimmung, kann der Grundstückseigentümer das Erbbaugrundstück und die Bauwerke zur angemessenen Tageszeit nach schriftlicher Vorankündigung von vierzehn Tagen besichtigen bzw. besichtigen lassen.

Alternativ:

Der Grundstückseigentümer ist jährlich nach vorheriger Absprache berechtigt, das Erbbaugrundstück und die Bauwerke zu besichtigten oder durch Beauftragte besichtigen und auf ihren baulichen Zustand und ihre vertragsgemäße Verwendung prüfen zu lassen. Ergeben sich berechtigte Beanstandungen, ist der Grundstückseigentümer so lange zu mehrfacher Besichtigung berechtigt, bis der Mangel behoben ist oder die Mängel behoben sind bzw. die vertragswidrige Verwendung beendet wurde.

Alternativ:

Der Grundstückseigentümer ist berechtigt, das Erbbaugrundstück und die Bauwerke samt Nebenanlagen zu betreten und zu besichtigen bzw. durch Beauftragte zu betreten und zu besichtigen lassen, um den Bauzustand und die vertragsgemäße Verwendung der Bauwerke zu überprüfen. Sofern nicht Gefahr in Verzug ist, wird der Grundstückseigentümer das Betretungsrecht nur nach vorheriger Absprache und unter angemessener Rücksichtnahme auf die Belange des Erbbauberechtigten wahrnehmen.

7. Versicherungsverpflichtung

Der Erbbauberechtigte ist verpflichtet, die auf dem Erbbaugrundstück befindlichen Bauwerke samt Zubehör und Nebenanlagen zum frühestmöglichen Zeitpunkt mit dem vollen Wert gegen Brand-, Sturm-, evtl. Heizöl-, Leitungswasser- sowie Elementarschäden in Form einer Neuwertversicherung auf eigene Kosten zu versichern und versichert zu halten. Der Erbbauberechtigte verpflichtet sich dazu, die Versicherungsprämien pünktlich und vollständig zu bezahlen. Falls der Grundstückseigentümer eine Erhöhung der Versicherung für erforderlich erachtet, ist der Erbbauberechtigte zur Nachversicherung verpflichtet. Darüber hinaus ist der Erbbauberechtigte schuldrechtlich verpflichtet, eine Gebäude- bzw. Grundbesitzerhaftpflicht einschließlich Gewässerversicherung mit ausreichender Deckungssumme abzuschließen.

Die Versicherungen sind während der ganzen Laufzeit des Erbbaurechts aufrecht zu erhalten.

Auf Verlangen des Grundstückseigentümers ist diesem der Nachweis zu erbringen, dass die Versicherungen abgeschlossen wurden und unverändert bestehen. Gleiches gilt für eine Nachversicherung, die der Grundstückseigentümer für erforderlich erachtet.

Kommt der Erbbauberechtigte trotz schriftlicher Mahnung der oben beschriebenen Versicherungspflicht nicht oder nur ungenügend nach, ist der Grundstückseigentümer berechtigt, selbst für die Versicherungen auf Kosten des Erbbauberechtigten zu sorgen.

Die Versicherungs- sowie sonstigen Entschädigungsleistungen sind in vollem Umfang zur Wiederherstellung der Bauwerke zu verwenden.

Der Erbbauberechtigte ist auch dann zum Wiederaufbau verpflichtet, sollten die Zerstörungen nicht durch Versicherungs- oder Ersatzleistungen gedeckt sein. Eine Ausnahme gilt nur für den Fall, dass der Wiederaufbau unzumutbar wäre.

Sollte der Erbbauberechtigte im Rahmen der Wiederherstellung der Bauwerke von den ursprünglichen Bauplänen abweichen wollen, benötigt er die vorherige schriftliche Zustimmung des Grundstückseigentümers.

Falls ein Wiederaufbau nicht erfolgen kann oder Einigkeit zwischen Grundstückseigentümer und Erbbauberechtigtem darüber besteht, dass der Wiederaufbau derzeit nicht erfolgen soll, sind die Versicherungs- oder sonstigen Ersatzleistungen zur Beseitigung der Gebäudereste und zur Tilgung der auf dem Erbbaurecht ruhenden Belastungen zu verwenden.

Alternativ:

Während der Laufzeit des Erbbaurechts ist der Erbbauberechtigte verpflichtet, die auf dem Grundstück jeweils errichteten Bauwerke samt Zubehör und Nebenanlagen zum jeweils vollen Wiederherstellungswert (einschließlich der im Schadensfall anfallenden zusätzlichen Kosten, beispielsweise Kosten der Entsorgung) gegen Brand- und Gebäudeleitungswasserschaden sowie gegen Sturmschäden versichern zu lassen und dauernd versichert zu halten. Hierüber ist dem Grundstückseigentümer ein ausreichender Nachweis zu erbringen.

Der Erbbauberechtigte ist verpflichtet, alle werterhöhenden Baumaßnahmen dem Versicherer unverzüglich schriftlich zu melden und dem Grundstückseigentümer die daraufhin erfolgte Änderung der Versicherung nachzuweisen.

Falls der Erbbauberechtigte den vorstehenden Verpflichtungen trotz Mahnung nicht unverzüglich nachkommt, ist der Grundstückseigentümer berechtigt, jedoch nicht verpflichtet, auf Kosten des Erbbauberechtigten für die Versicherung zu sorgen.

Sofern Bauwerke auf dem Erbbaugrundstück ganz oder teilweise zerstört werden, ist der Erbbauberechtigte verpflichtet, den Schadensfall unverzüglich dem Grundstückseigentümer anzuzeigen.

Alternativ:

Der Erbbauberechtigte ist verpflichtet, das auf dem Erbbaugrundstück errichtete Bauwerk zum vollen Wiederherstellungswert gegen Brand- und Leitungswasserschaden zu versichern und versichert zu halten. Gleiches gilt für das Zubehör und die Nebenanlagen. Falls dies der Grundstückseigentümer verlangt, hat der Erbbauberechtigte hierüber Nachweise vorzulegen. Kommt der Erbbauberechtigte seiner Versicherungspflicht nicht nach, kann der Grundstückseigentümer auf Kosten des Erbbauberechtigten die Versicherung selbst vornehmen. Sofern Bauwerke auf dem Erbbaugrundstück ganz oder teilweise zerstört werden, ist der Erbbauberechtigte verpflichtet, den Schadensfall unverzüglich dem Grundstückseigentümer anzuzeigen.

Alternativ:

Der Erbbauberechtigte ist verpflichtet, während der Laufzeit des Erbbaurechts die auf dem Grundstück errichteten Bauwerke samt Zubehör und Nebenanlagen zum jeweils vollen Wiederherstellungswert einschließlich der im Schadensfalle zusätzlichen Kosten (beispielsweise der Entsorgung) gegen Brand- und Gebäudeleitungswasserschäden sowie gegen Sturmschäden versichern zu lassen und dauernd versichert zu halten. Nachweise hierüber sind dem Grundstückseigentümer vorzulegen. Kommt der Erbbauberechtigte vorstehenden Verpflichtungen trotz Mahnung nicht unverzüglich nach, so ist der Grundstückseigentümer berechtigt, aber nicht verpflichtet, auf Kosten des Erbbauberechtigten für die Versicherung zu sorgen.

Alternativ:

Der Erbbauberechtigte ist verpflichtet, die auf dem Grundstück errichteten Bauwerke auf eigene Kosten gegen Elementarschäden zu versichern und dauernd versichert zu halten, und zwar zum frühestmöglichen Zeitpunkt. Die Versicherung ist in Form einer gleitenden Neuwertversicherung abschließen. Auf Verlangen sind dem Grundstückseigentümer Nachweise über das Bestehen der Versicherung vorzulegen. Kommt der Erbbauberechtigte der Versicherungsverpflichtung trotz Mahnung nicht unverzüglich nach, ist der Grundstückseigentümer berechtigt, aber nicht verpflichtet, auf Kosten des Erbbauberechtigten für die Versicherung zu sorgen.

Alternativ:

Der Erbbauberechtigte ist verpflichtet, die auf dem Grundstück errichteten Bauwerke auf eigene Kosten mit einer Wohngebäudeversicherung zu versichern und dauernd versichert zu halten. Die Versicherung muss die Risiken abdecken, die sich aus Brand-, Wasser-, Hagel-, Blitz- und Sturmschäden ergeben können, und in Form einer Neuwertversicherung bei einem Versicherer abzuschließen, der der europäischen Versicherungsaufsicht unterliegt. Die entsprechende Versicherung ist zum frühestmöglichen Zeitpunkt abzuschließen und während der gesamten Erbbaurechtsdauer aufrechtzuerhalten. Auf Verlangen sind dem Grundstückseigentümer Nachweise über das Bestehen der Versicherung vorzulegen. Kommt der Erbbauberechtigte der Versicherungsverpflichtung trotz Mahnung nicht unverzüglich nach, ist der Grundstückseigentümer berechtigt, aber nicht verpflichtet, auf Kosten des Erbbauberechtigten für die Versicherung zu sorgen.

8. Wiederaufbau

Bei Eintritt des Versicherungsfalles ist der Erbbauberechtigte zum Wiederaufbau der Bauwerke im vorherigen Umfang verpflichtet, und zwar binnen einer Frist von ______ Jahren.

Hierfür sind die Versicherungs- und sonstigen Entschädigungsleistungen in vollem Umfang zu verwenden.

Falls der Erbbauberechtigte von den ursprünglichen Plänen abweichen möchte, ist er verpflichtet, vorher die schriftliche Zustimmung des Grundstückseigentümers einzuholen.

Der Grundstückseigentümer kann die Übertragung des Erbbaurechts auf sich oder auf einen von ihm benannten Dritten auf Kosten des Erbbauberechtigten verlangen, sollte der Erbbauberechtigte seiner Wiederaufbauverpflichtung trotz Abmahnung nicht oder nur unzureichend nachkommen. Gleiches gilt für die nicht fristgerechte Wiederherstellung der Bauwerke.

Der Grundstückseigentümer ist berechtigt, eine Vertragsstrafe zu verlangen, sollte der Erbbauberechtigte gegen seine Wiederaufbauverpflichtung verstoßen. Die Vertragsstrafe beläuft sich auf ______ % des Erbbauzinses samt Anpassung, bezogen auf die Dauer des Verstoßes. Durch die Zahlung der Vertragsstrafe wird der Erbbauberechtigte nicht von seiner Wiederaufbauverpflichtung befreit.

Bei vollständigen Zerstörungen, die nicht durch Versicherungs- oder sonstige Entschädigungsleistungen gedeckt sind, ist der Erbbauberechtigte zum Wiederaufbau nur verpflichtet, sofern er die Nicht- oder Unterversicherung zu vertreten hat.

Falls ein Wiederaufbau nicht erfolgen kann oder Einigkeit zwischen Grundstückseigentümer und Erbbauberechtigtem darüber besteht, dass der Wiederaufbau derzeit nicht erfolgen soll, sind die Versicherungs- oder sonstigen Ersatzleistungen zur Beseitigung der Gebäudereste und zur Tilgung der auf dem Erbbaurecht ruhenden Belastungen zu verwenden.

Alternativ:

Der Erbbauberechtigte ist zur Wiederherstellung der Bauwerke im bisherigen Umfang verpflichtet, sollten diese ganz oder teilweise zerstört werden. Die Bauwerke sind unverzüglich und auf Kosten des Erbbauberechtigten wiederaufzubauen und fertigzustellen.

Der Grundstückseigentümer ist berechtigt, eine Vertragsstrafe zu verlangen, sollte der Erbbauberechtigte gegen seine Wiederaufbauverpflichtung verstoßen. Die Vertragsstrafe beläuft sich auf ______ % des Erbbauzinses samt Anpassung, bezogen auf die Dauer des Verstoßes. Durch die Zahlung der Vertragsstrafe wird der Erbbauberechtigte nicht von seiner Wiederaufbauverpflichtung befreit.

Zum Wiederaufbau sind alle Versicherungs- oder sonstigen Entschädigungsleistungen in vollem Umfang zu verwenden.

Falls der Erbbauberechtigte von den ursprünglichen Plänen abweichen möchte, ist er verpflichtet, vorher die schriftliche Zustimmung des Grundstückseigentümers einzuholen.

Falls ein Wiederaufbau nicht erfolgen kann oder Einigkeit zwischen Grundstückseigentümer und Erbbauberechtigtem darüber besteht, dass der Wiederaufbau derzeit nicht erfolgen soll, sind die Versicherungs- oder sonstigen Ersatzleistungen zur Beseitigung der Gebäudereste und zur Tilgung der auf dem Erbbaurecht ruhenden Belastungen zu verwenden.

Alternativ:

Bauwerke, die dem Erbbaurecht unterliegen und durch Brand oder in anderer Weise ganz oder teilweise zerstört werden, sind durch den Erbbauberechtigten im vorherigen Umfang wiederherzustellen. Hierfür sind die Versicherungs- oder sonstigen Entschädigungsleistungen in vollem Umfang heranzuziehen.

Alternativ:

Bauwerke, die dem Erbbaurecht unterliegen und durch Brand oder in anderer Weise ganz oder teilweise zerstört werden, sind durch den Erbbauberechtigten im vorherigen Umfang wiederherzustellen. Hierfür sind die Versicherungs- oder sonstigen Entschädigungsleistungen in vollem Umfang heranzuziehen. Für die Dauer der Wiederherstellung wird der Erbbauzins nicht geschuldet, der Erbbauzins ist erst nach Wiederherstellung erneut zu zahlen. Mit der Abnahme des Bauwerks durch den Erbbauberechtigten oder der Wiederaufnahme der Nutzung gilt das Bauwerk als wiederhergestellt, sodass der Erbbauzins wieder zu zahlen ist.

9. Lastentragung

Beginnend mit dem Besitzübergang, trägt der Erbbauberechtigte für die gesamte Dauer des Erbbaurechts alle einmaligen und wiederkehrenden öffentlichen Lasten, Steuern und Abgaben des Erbbaurechts und des Erbbaugrundstücks. Zu den öffentlichen Abgaben zählen Geldleistungen aller Art, die kraft Gesetzes abgeführt werden müssen. Zu den öffentlichen Lasten zählen alle Leistungen, die kraft Gesetzes auf dem Grundstück ruhen, beispielsweise die Grundsteuer.

In gleicher Weise (ab Besitzübergang bis zur Beendigung des Erbbaurechts) trägt der Erbbauberechtigte auch alle privatrechtlichen Lasten des Erbbaurechts und des Erbbaugrundstücks. Soweit Erschließungsbeträge betroffen sind, trägt der Grundstückseigentümer alle bis zur Beurkundung des Erbbaurechts ergangenen Beträge. Der Erbbauberechtigte übernimmt alle Erschließungskosten und Anliegerbeträge, die als Bescheid nach dem Tag der Beurkundung ergehen.

Falls der Grundstückseigentümer bereits Leistungen erbracht hat, muss der Erbbauberechtigte diese unverzüglich erstatten. Ausgenommen von der Lastentragungspflicht sind Grundpfandrechte, die am Erbbaugrundstück bestellt werden. Diese trägt der Grundstückseigentümer allein.

Der Erbbauberechtigte ist verpflichtet, für die Erfüllung behördlicher Auflagen Sorge zu tragen.

Schuldrechtlich übernimmt der Erbbauberechtigte die Verpflichtung, für die Verkehrssicherungspflicht ab Besitzübergang zu sorgen. Diese Pflicht bezieht sich auf das Bauwerk und das Erbbaugrundstück.

Der rechtsgeschäftliche Erwerber des Erbbaurechts haftet für die Rückstände seines Vorgängers.

Alternativ:

Das Grundstück wird dem Erbbauberechtigten am übergeben. Von diesem Zeitpunkt an gehen Gefahr und Nutzungen, die dem Erbbauberechtigten zustehen, auf den Erbbauberechtigten über.

Der Erbbauberechtigte hat alle auf das Grundstück und das Erbbaurecht entfallenden öffentlichen und privatrechtlichen Abgaben und Lasten zu tragen, einschließlich der Grundsteuer und aller weiteren Verpflichtungen, die den Grundstückseigentümer als solchen treffen. Hierzu zählen auch alle mit der Erschließung des Grundstücks zusammenhängenden Aufwendungen, insbesondere Erschließungskosten und -beiträge, Ausgleichsbeträge, Nachfolgelasten, Planungskosten und Beträge nach dem Kommunalabgabengesetz. Sollte der Grundstückseigentümer bereits Leistungen erbracht haben, ist der Erbbauberechtigte verpflichtet, diese Leistungen zu erstatten. Sollten solche Aufwendungen dem Eigentümer in Rechnung gestellt, aber noch nicht bezahlt sein, verpflichtet sich der Erbbauberechtigte dazu, den Grundstückseigentümer freizustellen. Etwaige Grundpfandrechte, die am Erbbaugrundstück bestehen oder bestellt werden, trägt der Grundstückseigentümer allein.

Alternativ:

Die Besitzübergabe erfolgte bereits am .

Ab diesem Zeitpunkt gehen Nutzungen und Gefahren auf den Erbbauberechtigten über. Ab diesem Zeitpunkt hat der Erbbauberechtigte alle laufenden öffentlichen und privatrechtlichen Lasten und Abgaben des Grundstücks und des Erbbaurechts zu tragen.

Sämtliche Erschließungs- und Aufschließungskosten nach §§ 127, 128 BauGB für die erstmalige Erschließung des Erbbaugrundstücks treffen den Erbbauberechtigten. Alle künftigen Erschließungs- und Aufschließungskosten für Maßnahmen, die während der Dauer des Erbbaurechts durchgeführt werden, treffen den Erbbauberechtigten.

Alternativ:

Der Erbbauberechtigte übernimmt mit dem Übergang von Besitz, Nutzen und Lasten alle einmaligen und wiederkehrenden öffentlichen und privatrechtlichen Lasten und Abgaben für das Grundstück und für das Erbbaurecht, insbesondere die Grundsteuer, die auf das Grundstück und das Erbbaurecht entfallenden Herstellungs- und Benutzungskosten, die Kosten für Versorgungseinrichtungen (Wasser, Strom, Gas, Entwässerung, Müllabfuhr u.a.), die Straßenreinigungsgebühren, die Sondernutzungsgebühren nach dem Straßen- und Wegerecht sowie alle sonstigen öffentlich- und privatrechtlichen Lasten und Abgaben, die durch die Bestellung des Erbbaurechts sowie die Errichtung und Nutzung von Bauwerken und Anlagen auf dem Erbbaugrundstück verursacht werden.

Alternativ:

Ab Besitzübergang trägt der Erbbauberechtigte alle einmaligen und wiederkehrenden öffentlichen Lasten und Abgaben des Erbbaugrundstücks und des Erbbaurechts, etwa die Grund- und Gebäudesteuern sowie die Kanal-, Straßenreinigungs-, Müllabfuhr- und Kaminkehrerkosten.

Ferner trägt der Erbbauberechtigte alle privatrechtlichen Lasten des Erbbaugrundstücks und des Erbbaurechts. Ausgenommen hiervon sind alle gegenwärtigen und künftigen Belastungen des Grundstücks, die einzig und allein der Grundstückseigentümer zu tragen hat.

Der Erbbauberechtigte hat auch alle mit der Erschließung nach dem Baugesetzbuch und dem Kommunalabgabengesetz zusammenhängenden Kosten für das Grundstück und das Erbbaurecht zu tragen.

Alternativ:

Ab Besitzübergabe trägt der Erbbauberechtigte die öffentlichen und privatrechtlichen Abgaben und Lasten, die den Grundstückseigentümer als solchen treffen, insbesondere Erschließungsbeiträge und Gebühren für Straßenreinigung und den Anschluss und die Benutzung von Versorgungsanlagen.

10. Heimfall und Vertragsstrafe; Entschädigung bei Heimfall

Der Grundstückseigentümer kann die Übertragung des Erbbaurechts auf sich oder auf einen von ihm benannten Dritten auf Kosten des Erbbauberechtigten als Heimfall verlangen, sofern

- das Erbbaurecht vor Bauerrichtung veräußert wird
- der Erbbauberechtigte den kapitalisierten Erbbauzins gemäß   nicht bis zum   gezahlt hat
- das Grundstück dadurch für den Grundstückseigentümer günstiger genutzt oder verwertet werden kann
- das Erbbaugrundstück in einer Weise genutzt wird, die aus gesundheitlichen oder sittlichen Gründen zu beanstanden ist

- die Fortsetzung des Erbbaurechtsverhältnisses aus einem in der Person des Erbbauberechtigten liegenden Grund eine unbillige Härte bedeuten würde
- ein wichtiger Grund gegeben ist, der in der Person des Erbbauberechtigten liegt, der die Fortsetzung des Erbbaurechts für den Grundstückseigentümer unzumutbar macht
- der Erbbauberechtigte die Bestimmungen dieses Erbbaurechtsvertrages nicht erfüllt oder ihnen zuwiderhandelt
- der Erbbauberechtigte gegen eine beliebige Verpflichtung des Erbbaurechtsvertrags verstößt, beispielsweise die Bauerrichtungspflicht, die Instandhaltungspflicht, die Lastentragungspflicht, die Bauwerkverwendungspflicht, die Versicherungspflicht oder die Wiederaufbaupflicht
- der Erbbauberechtigte oder der Grundstückseigentümer verstirbt
- wesentliche Gebäudeveränderungen oder der Abriss ohne notwendige Zustimmung des Grundstückseigentümers vorgenommen werden, sofern die Gebäudeveränderungen nicht zumutbar sind und sich im üblichen Rahmen halten
- das aufgrund des Erbbaurechts errichtete Bauwerk zerstört oder grob vernachlässigt wird
- am Bauwerk des Erbbaurechts ohne Zustimmung des Grundstückseigentümers Nutzungsänderungen vorgenommen werden
- der Erbbauberechtigte das Erbbaurecht und die damit verbundenen Nutzungen ganz oder teilweise ohne schriftliche Zustimmung des Grundstückseigentümers an Dritte überlässt
- Erbbauzinszahlungsverzug des Erbbauberechtigten besteht, mindestens allerdings in Höhe zweier Jahresbeiträge (§ 9 Abs. 4 ErbbauRG)
- über das Vermögen des Erbbauberechtigten das Insolvenzverfahren eröffnet oder mangels Masse abgelehnt wird; sollte jedoch keine Vergütung gezahlt werden oder ein Missverhältnis zwischen Leistung und Gegenleistung im Insolvenzverfahren festgestellt werden, droht die Anfechtung dieser Regelung (§§ 133 Abs. 1, 146 Abs. 2 InsO)
- über das Vermögen des Erbbauberechtigten der Antrag auf Insolvenzeröffnung gestellt wird
- Zahlungsunfähigkeit oder Überschuldung des Erbbauberechtigten besteht
- die Zwangsversteigerung oder die Zwangsverwaltung des Erbbaurechts angeordnet wird; bei Zwangsmaßnahmen, die vom Grundstückseigentümer wegen rückständi-

ger Erbbauzinsen betrieben werden, ist jedoch ein Erbbauzinsrückstand in Höhe zweier Jahresbeträge erforderlich (§ 9 Abs. 4 ErbbauRG)

- der Erbbauberechtigte die Eidesstattliche Versicherung abgibt
- der Erwerber (auch im Falle der Zwangsversteigerung) des Erbbaurechts nicht in alle schuldrechtlichen Verpflichtungen des Erbbaurechtsvertrags eintritt
- dringender Eigenbedarf des Grundstückseigentümers oder seiner Erben gegeben ist
- kirchenfeindliches Verhalten des Erbbauberechtigten festzustellen ist
- das Erbbaurecht mit Rechten belastet wird, die nicht in § 5 Abs. 2 ErbbauRG genannt sind (etwa Nießbrauch, Dienstbarkeiten, Vorkaufsrechte)
- der Erbbauberechtigte die vertraglich vereinbarten Belegungs- und Mietpreisbeschränkungen für den erwähnten Personenkreis missachtet, nachdem der Erbbauberechtigte ordnungsgemäß gemahnt und ihm eine Nachfrist gesetzt wurde
- ein Gericht rechtskräftig feststellt, dass dieser Erbbaurechtsvertrag unter Verstoß gegen die Bestimmungen des Vergaberechts geschlossen wurde und die Anpassung dieses Vertrages unmöglich oder für eine der Parteien unzumutbar wäre.

Steht das Erbbaurecht mehreren Berechtigten zu, reicht es aus, dass nur hinsichtlich eines Erbbauberechtigten ein Heimfallgrund besteht.

Nur Verzug oder Verschulden des Erbbauberechtigten soll den Heimfall auslösen.

Der Heimfallanspruch verjährt in sechs Monaten von dem Zeitpunkt an, in dem der Grundstückseigentümer von dem Vorhandensein der Voraussetzungen Kenntnis erlangt hat, anderenfalls in zwei Jahren.

Der Grundstückseigentümer kann die Zahlung einer Vertragsstrafe nach § 2 Nr. 5 ErbbauRG verlangen, sofern einer der oben beschriebenen Heimfallgründe vorliegt. Die Vertragsstrafe beläuft sich auf   % des Erbbauzinses einschließlich Erbbauzinsanpassung, bezogen auf die Dauer des Verstoßes. Die Zahlung der Vertragsstrafe befreit den Erbbauberechtigten nicht von der Erfüllung seiner Verpflichtungen.

Der Grundstückseigentümer ist verpflichtet, an den Erbbauberechtigten eine Entschädigung zu bezahlen, sofern der Grundstückseigentümer von seinem Heimfallanspruch Gebrauch macht. Dies gilt aber nur für Bauwerke, die der Erbbauberechtigte genehmigt hat. Für Bauwerke oder Bauwerksteile, die der Erbbauberechtigte ohne Zustimmung des Grundstückseigentümers errichtet hat, ist keine Entschädigung zu zahlen. Die Entschädigung beläuft sich auf   % des Verkehrswertes der Bauwerke im Zeitpunkt des Heimfalls. Die Entschädigung ist   Monate nach Übertragung des Erbbaurechts, bei mangelnder Einigung frühestens nach Vorliegen der Schätzung zur Zahlung fällig und bis dahin unverzinslich. Die Entschädigung mindert sich um rückständige Erbbauzinsen.

Übernimmt der Grundstückseigentümer gem. § 33 Abs. 2 ErbbauRG Schulden und Lasten, sind diese auf die Entschädigung anzurechnen. Ggf. ist der Erbbauberechtigte verpflichtet, überschießende Beträge dem Grundstückseigentümer zu erstatten, sollten die Schulden und Lasten höher sein als die Entschädigung.

Falls keine Einigkeit über den Verkehrswert besteht, ist der Verkehrswert durch zwei vereidigte Sachverständige zu ermitteln, wovon einen der Grundstückseigentümer und einen der Erbbauberechtigte benennt. Die Gutachterkosten tragen Grundstückseigentümer und Erbbauberechtigter zu je ½. Die Vergütung für das Bauwerk ist innerhalb von ____ Wochen ab Beurkundung der Erbbaurechtsübertragung zu bezahlen.

Alternativ:

Liegt einer der Heimfallgründe vor, kann der Grundstückseigentümer anstelle der Geltendmachung des Heimfallanspruchs vom Erbbauberechtigten die Zahlung einer Geldstrafe gem. § 2 Nr. 5 ErbbauRG verlangen, es sei denn, den Erbbauberechtigten trifft kein Verschulden. Die Vertragsstrafe beträgt 50 Prozent des Erbbauzinses einschließlich Anpassungen, und zwar bezogen auf die Dauer des Verstoßes. Die Vertragsstrafe ist unmittelbar nach Eintritt eines Heimfallgrundes und Geltendmachung durch den Grundstückseigentümer fällig. Klargestellt wird, dass der Erbbauberechtigte durch die Zahlung der Vertragsstrafe nicht von der Erfüllung seiner Verpflichtungen befreit wird. Falls der Vertragsverstoß anhält, ist der Grundstückseigentümer berechtigt, den Heimfallanspruch geltend zu machen. Die Verjährung des Heimfallanspruchs gilt als gehemmt, solange die Zahlung der Vertragsstrafe geltend gemacht wird. Daneben wird das Recht des Grundstückseigentümers nicht tangiert, den Verzugsschaden zu verlangen, sofern der Erbbauberechtigte mit der Zahlung des Erbbauzinses in Verzug gerät. Für die Dauer des Verzugs kann der Grundstückseigentümer die Zahlung einer Vertragsstrafe von 8 vom Hundert über dem jeweiligen Basiszinssatz verlangen.

Alternativ:

Sofern der Grundstückseigentümer von seinem Heimfallanspruch Gebrauch macht, ist für das Erbbaurecht, das nicht zur Befriedigung der Wohnraumbedürfnisse minderbemittelter Bevölkerungskreise bestellt wurde, keinerlei Vergütung an den Erbbauberechtigten zu zahlen.

Sollte im Einzelfall der Vergütungsausschluss unter Berücksichtigung aller für die vertraglichen Rechtsbeziehungen der Parteien bedeutsamen Gesichtspunkte grob unbillig oder gesetzlich ausgeschlossen sein, wird der Grundstückseigentümer für das Bauwerk eine Vergütung zahlen. Die Vergütung bei Heimfall beträgt zwei Drittel des zum Zeitpunkt der Rückübertragung des Erbbaurechts zu ermittelndem Verkehrswert des Bauwerks, im Zeitpunkt der Rückübertragung höchstens jedoch zwei Drittel des Wertes des Erbbaurechts zu diesem Zeitpunkt.

Die Vergütung ist ____ Monate nach Rückübertragung des Erbbaurechts fällig.

Die Vergütung mindert sich um Beträge, die erforderlich sind, um solche Belastungen des Erbbaurechts abzulösen, die der Grundstückseigentümer übernehmen muss.

Falls über die Höhe der Vergütung keine Einigung erzielt wird, ist die Höhe der Vergütung durch den zuständigen Gutachterausschuss bindend für beide Vertragsteile zu ermitteln. Die gutachterlichen Kosten trägt der Erbbauberechtigte.

Der Grundstückseigentümer ist berechtigt, die zum Zeitpunkt der Erbbaurechtsübertragung bestehenden Effektivschuldreste einschließlich Zinsen und Nebenleistungen auf Forderungen, die dinglich am Erbbaurecht bestehen, einschließlich der hieraus entstehenden Löschungskosten in Anrechnung auf die Entschädigung abzulösen. Der Erbbauberechtigte ermächtigt den Grundstückseigentümer zur Abgabe aller hierfür erforderlichen Erklärungen gegenüber dem Grundpfandrechtsgläubiger. Die bei Ausübung des Heimfalls entstehenden Nebenkosten trägt der Erbbauberechtigte, einschließlich einer etwa anfallenden Grunderwerbsteuer.

Alternativ:

Kommt der Erbbauberechtigte einer Verpflichtung, wie sie unten aufgezählt sind, nicht oder nicht fristgerecht nach, und hat er dies zu vertreten, kann der Grundstückseigentümer für jede Pflichtverletzung, soweit er den Heimfall nicht verlangt, folgende Vertragsstrafen verlangen:

- Verstoß gegen die Bauwerkerstellungsverpflichtung: monatlich EUR
- Verstoß gegen die Verpflichtung, die Zustimmung zu Baumaßnahmen einzuholen: EUR
- Verstoß gegen die Bewirtschaftungspflicht: EUR
- Verstoß gegen die Zweckbestimmung des Bauwerks: EUR
- Verstoß gegen die Versicherungspflicht: EUR
- Verstoß gegen Nachweis- und Mitteilungspflichten: EUR
- Verstoß gegen die Wiederaufbaupflicht: EUR
- Verstoß gegen die Belastungszustimmung: EUR
- Verstoß gegen die Zustimmungspflicht bei Neuvalutierung: EUR
- Verstoß gegen : EUR.
- Die Vertragsstrafe wird erst unter folgenden Umständen fällig:
- ergebnislose vorherige schriftliche Erinnerung
- Fristsetzung sowie erfolglose und angemessene Nachfristsetzung.

Die Vertragsstrafe wird als monatlicher Strafzins so lange erhoben, bis das vertragswidrige Verhalten eingestellt ist, längstens jedoch auf die Dauer von Jahren.

Jeder angefangene Monat zählt voll.

Sämtliche Vertragsstrafen können unabhängig voneinander und gleichzeitig erhoben werden.

Die Gesamtsumme der Vertragsstrafen nach diesem Vertrag darf jedoch einen Betrag in Höhe von des kapitalisierten Erbbauzinses nicht übersteigen.

Unberührt bleibt der Anspruch des Grundstückseigentümers auf Einhaltung der vertraglichen Verpflichtungen.

11. Vorrecht auf Erneuerung des Erbbaurechts

Der Grundstückseigentümer räumt dem Erbbauberechtigten ein Vorrecht auf Erneuerung des Erbbaurechts nach dessen Ablauf ein, §§ 2 Nr. 6, 31 ErbbauRG. Der Erbbauberechtigte kann das Vorrecht ausüben, sobald der Grundstückseigentümer nach Zeitablauf mit einem Dritten einen Vertrag über die Bestellung eines neuen Erbbaurechts am Erbbaugrundstück abgeschlossen hat. Die Ausübung des Vorrechts ist ausgeschlossen, sofern das für den Dritten bestellte Erbbaurecht einem anderen wirtschaftlichen Zweck dient. Die Ausübung ist auch dann ausgeschlossen, sollte der Erbbauberechtigte gegen Bestimmungen des Erbbaurechtsvertrages verstoßen haben. Das Vorrecht erlischt drei Jahre nach Ablauf der Zeit, für die das Erbbaurecht bestellt war (§ 31 Abs. 2 ErbbauRG).

Alternativ:

Der Erbbauberechtigte hat ein Vorrecht auf Erneuerung des Erbbaurechts nach dessen Ablauf.

Alternativ:

Der Grundstückseigentümer räumt dem Erbbauberechtigten das Vorrecht auf Erneuerung des Erbbaurechts nach Ablauf des Erbbaurechts ein. Der Erbbauberechtigte kann demnach sein Vorrecht ausüben, wenn der Grundstückseigentümer nach Zeitablauf mit einem Dritten einen Vertrag über die Bestellung eines neuen Erbbaurechts an dem Vertragsgrundstück geschlossen hat, sofern es mit dem gleichen wirtschaftlichen Zweck wie im heutigen Vertrag abgeschlossen wurde. Das Vorrecht erlischt drei Jahre nach Ablauf der Zeit, für die das heutige Erbbaurecht bestellt war.

Alternativ:

Ein Vorrecht für den Berechtigten auf Erneuerung des Erbbaurechts nach Ablauf der vereinbarten Zeit wird nicht vereinbart.

12. Entschädigung bei Zeitablauf

Nach Ablauf des Erbbaurechts hat der Grundstückseigentümer dem Erbbauberechtigten eine Entschädigung in Höhe von 2/3 des Verkehrswertes, den die Gebäude und Anlagen zum Zeitpunkt des Erlöschens des Erbbaurechts aufweisen, zu vergüten.

Keine Entschädigung ist jedoch für Bauwerke oder Bauwerksteile zu zahlen, die ohne Zustimmung des Grundstückseigentümers errichtet wurden.

Sofern sich die Vertragsteile binnen eines Monats nach Ablauf des Erbbaurechts über die Höhe der zu zahlenden Entschädigung nicht einigen können, ist der Wert der Bauwerke und Anlagen durch einen gerichtlich vereidigten Sachverständigen zu schätzen, den benennt. Diese Schätzung ist für alle Vertragsteile verbindlich.

Die Kosten des Schätzgutachtens tragen der Grundstückseigentümer und der Erbbauberechtigte je zur Hälfte.

Die Entschädigung ist sofort nach Einigung bzw. nach Erstellung des Schätzgutachtens zur Zahlung fällig, bis dahin jedoch unverzinslich.

Falls der Grundstückseigentümer Lasten nach § 33 ErbbauRG übernimmt, sind diese auf die zu zahlende Vergütung anzurechnen.

Alternativ:

Erlischt das Erbbaurecht durch Zeitablauf, hat der Grundstückseigentümer dem Erbbauberechtigten keine Entschädigung für die Bauwerke zu leisten. Sofern jedoch aufgrund gesetzlicher Bestimmungen trotzdem bei Zeitablauf eine Vergütung zu zahlen sein sollte, ist nur der Verkehrswert der Bauwerke des Erbbaurechts zu zahlen, die in das Eigentum des Grundstückseigentümers übergehen. Falls der Grundstückseigentümer Lasten nach § 33 ErbbauRG übernimmt, sind diese auf die zu zahlende Vergütung anzurechnen.

13. Zustimmungsvorbehalt zur Belastung des Erbbaurechts

Zur Belastung des Erbbaurechts mit einer Hypothek, Grund- oder Rentenschuld, Reallast oder einem Dauerwohn- und -nutzungsrecht nach dem WEG bedarf der Erbbauberechtigte der schriftlichen Zustimmung des Grundstückseigentümers.

Alternativ:

Der Erbbauberechtigte bedarf der schriftlichen Zustimmung des Grundstückseigentümers zur Belastung des Erbbaurechts mit einer Hypothek, Grundschuld, Rentenschuld, Reallast oder einem Dauerwohn- oder Dauernutzungsrecht. Dies gilt auch für jede Änderung des Inhalts der erwähnten Belastungen, sofern die Änderung eine weitere Belastung des Erbbaurechts enthält.

Die Belastung des Erbbaurechts mit den erwähnten Rechten darf erst eingetragen werden, sobald dem Grundbuchamt die Zustimmung des Grundstückseigentümers oder der rechtskräftige Ersetzungsbeschluss nachgewiesen wird, und zwar in der Form einer öffentlichen oder öffentlich beglaubigten Urkunde. Die Belastung des Erbbaurechts ist unwirksam, solange der Grundstückseigentümer nicht die notwendige Zustimmung erteilt hat. Die Zustimmung kann versagt werden, sofern ein entsprechender Grund vorliegt, jedoch besteht möglicherweise ein Anspruch auf Erteilung der Zustimmung. Falls die Zustimmung des Grundstückseigentümers ohne ausreichenden Grund verweigert wird, kann sie auf Antrag des Erbbauberechtigten durch das Amtsgericht ersetzt werden (§ 7 Abs. 3 ErbbauRG).

Die Zustimmung zur Veräußerung enthält keine Zustimmung zur Belastung, die mit der Veräußerung einhergeht. Die Belastungszustimmung enthält auch keine Zustimmung zum Zuschlag in der Zwangsversteigerung. Hierfür ist eine eigene Zustimmung des Grundstückseigentümers einzuholen.

Schuldrechtlich gilt die Belastungsbeschränkung auch für alle anderen Belastungen des Erbbaurechts mit dinglichen Rechten, die in der Zweiten Abteilung des Grundbuchs eingetragen werden.

Kosten, die im Rahmen der Zustimmung anfallen (beispielsweise Beglaubigungskosten), trägt der Erbbauberechtigte.

Alternativ:

Zur Belastung des Erbbaurechts mit einer Hypothek, Grund- oder Rentenschuld, einer Reallast oder einem Dauerwohn- und Dauernutzungsrecht bedarf der Erbbauberechtigte der schriftlichen Zustimmung des Grundstückseigentümers. Dies gilt auch für jede Änderung des Inhalts der genannten Belastungen, sofern die Änderung eine weitere Belastung des Erbbaurechts enthält.

Die Belastung des Erbbaurechts mit den erwähnten Rechten darf erst eingetragen werden, sobald dem Grundbuchamt die Zustimmung des Grundstückseigentümers oder der rechtskräftige Ersetzungsbeschluss nachgewiesen wird, und zwar in der Form einer öffentlichen oder öffentlich beglaubigten Urkunde. Die Belastung des Erbbaurechts ist unwirksam, solange der Grundstückseigentümer nicht die notwendige Zustimmung erteilt hat. Die Zustimmung kann versagt werden, sofern ein entsprechender Grund vorliegt, möglicherweise besteht jedoch ein Anspruch auf Erteilung der Zustimmung. Falls die Zustimmung des Grundstückseigentümers ohne ausreichenden Grund verweigert wird, kann sie auf Antrag des Erbbauberechtigten durch das Amtsgericht ersetzt werden.

Die Zustimmung zur Veräußerung enthält keine Zustimmung zur Belastung, die mit der Veräußerung einhergeht. Die Belastungszustimmung enthält auch keine Zustimmung zum Zuschlag in der Zwangsversteigerung. Hierfür ist eine eigene Zustimmung des Grundstückseigentümers einzuholen.

Schuldrechtlich gilt die Belastungsbeschränkung auch für alle anderen Belastungen des Erbbaurechts mit dinglichen Rechten, die in der Zweiten Abteilung des Grundbuchs eingetragen werden.

Kosten, die im Rahmen der Zustimmung anfallen (beispielsweise Beglaubigungskosten), trägt der Erbbauberechtigte.

Wird das Erbbaurecht mit einem Grundpfandrecht belastet, verpflichtet sich bereits heute der Erbbauberechtigte gegenüber dem Grundstückseigentümer dazu, das Grundpfandrecht löschen zu lassen, wenn und soweit es sich mit dem Erbbaurecht in einer Person vereinigt. Zur Sicherung dieses Löschungsanspruchs ist bei Bestellung des Grundpfandrechts eine Löschungsvormerkung für den jeweiligen Grundstückseigentümer auf Kosten des Erbbauberechtigte einzutragen (§ 1179 Ziffer 2 BGB).

Wird das Erbbaurecht mit einer Grundschuld belastet, tritt der Erbbauberechtigte bereits heute seine Ansprüche auf Rückübertragung oder Löschung dieser Grundschuld an den Grundstückseigentümer ab. Zur Sicherung dieses abgetretenen Anspruchs auf Rückübertragung bzw. Löschung einer solchen Grundschuld ist für den Grundstückseigentümer eine Vormerkung bei Eintragung der Grundschuld im Grundbuch einzutragen (§ 883 Abs. 1 BGB).

Der Grundstückseigentümer stimmt bereits jetzt Belastungen des Erbbaurechts mit Hypotheken und Grundschulden zu, sofern

- sie innerhalb von Jahren nach Abschluss des Erbbaurechtsvertrages bewilligt und beantragt werden
- sie Rang nach der Erbbauzinsreallast und dem dinglichen Vorkaufsrecht des Grundstückseigentümers erhalten
- sie zugunsten von Anstalten und Körperschaften des öffentlichen Rechts, Kreditinstituten und Versicherungsgesellschaften mit dem Sitz innerhalb der EU erfolgen
- zugleich mit den Belastungen die oben beschriebenen Vormerkungen (Löschungsvormerkung gem. § 1179 Ziffer 2 BGB und Rückgewährsvormerkung gem. § 883 Abs. 1 BGB) zugunsten des Grundstückseigentümers eingetragen werden.

14. Zustimmungsvorbehalt zur Veräußerung des Erbbaurechts

Zur Veräußerung des Erbbaurechts bedarf der Erbbauberechtigte der schriftlichen Zustimmung des Grundstückseigentümers. Die Zustimmung gilt als erteilt, falls sie nicht binnen eines bestimmten Zeitraums unter Angabe von Gründen durch den Grundstückseigentümer verweigert wird.

Die Veräußerung des Erbbaurechts darf erst eingetragen werden, sobald dem Grundbuchamt die Zustimmung des Grundstückseigentümers oder der rechtskräftige Ersetzungsbeschluss nachgewiesen wird, und zwar in der Form einer öffentlichen oder öffentlich beglaubigten Urkunde. Die Veräußerung des Erbbaurechts ist unwirksam, solange der Grundstückseigentümer nicht die notwendige Zustimmung erteilt hat. Die Zustimmung kann versagt werden, sofern ein entsprechender Grund vorliegt, möglicherweise besteht jedoch ein Anspruch auf Erteilung der Zustimmung. Falls die Zustimmung des Grundstückseigentümers ohne ausreichenden Grund verweigert wird, kann sie auf Antrag des Erbbauberechtigten durch das Amtsgericht ersetzt werden.

Die Zustimmung zur Veräußerung enthält keine Zustimmung zur Belastung, die mit der Veräußerung einhergeht.

Kosten, die im Rahmen der Zustimmung anfallen (beispielsweise Beglaubigungskosten), trägt der Erbbauberechtigte.

Alternativ:

Zur Veräußerung des Erbbaurechts oder eines realen oder ideellen Teils hiervon sowie von Wohnungs- und Teilerbbaurecht bedarf der Erbbauberechtigte der schriftlichen Zustimmung des Grundstückseigentümers. Dies gilt auch für eine Veräußerung im Wege der Zwangsversteigerung, ebenso für eine Zwangsversteigerung zum Zwecke der Auseinandersetzung der Gemeinschaft.

Voraussetzung für die Zustimmung zur Veräußerung ist, dass der Erwerber in sämtliche Verpflichtungen aus dem Erbbaurechtsvertrag (einschließlich der Nachträge) und aus dem Erbbaurechtsverhältnis im Übrigen in notarieller Form eintritt und sich dabei gegenüber dem Grundstückseigentümer wegen des Erbbauzinses der sofortigen Zwangsvollstreckung unterwirft. Die Zustimmung gilt als erteilt, falls sie nicht binnen unter Angabe von Gründen durch den Grundstückseigentümer verweigert wird. Die Zustimmung enthält keinen Verzicht auf Ansprüche des Grundstückseigentümers gegen den Erbbauberechtigten aus dem Erbbaurechtsverhältnis, die im Zeitpunkt der Veräußerung dem Grunde nach bereits entstanden sind. Ausgenommen den Erwerb durch Zwangsversteigerung, haften dann der Erbbauberechtigte und der Erwerber gegenüber dem Grundstückseigentümer als Gesamtschuldner.

Die Veräußerung des Erbbaurechts darf erst eingetragen werden, sobald dem Grundbuchamt die Zustimmung des Grundstückseigentümers oder der rechtskräftige Ersetzungsbeschluss nachgewiesen wird, und zwar in der Form einer öffentlichen oder öffentlich beglaubigten Urkunde. Die Veräußerung des Erbbaurechts ist unwirksam, solange der Grundstückseigentümer nicht die notwendige Zustimmung erteilt hat. Die Zustimmung kann versagt werden, sofern ein entsprechender Grund vorliegt, möglicherweise besteht jedoch ein Anspruch auf Erteilung der Zustimmung. Falls die Zustimmung des Grundstückseigentümers ohne ausreichenden Grund verweigert wird, kann sie auf Antrag des Erbbauberechtigten durch das Amtsgericht ersetzt werden.

Die Zustimmung zur Veräußerung enthält keine Zustimmung zur Belastung, die mit der Veräußerung einhergeht.

Kosten, die im Rahmen der Zustimmung anfallen (beispielsweise Beglaubigungskosten), trägt der Erbbauberechtigte.

Alternativ:

Zur Veräußerung des Erbbaurechts oder eines realen oder ideellen Teils hiervon sowie von Wohnungs- und Teilerbbaurecht bedarf der Erbbauberechtigte der schriftlichen Zustimmung des Grundstückseigentümers. Dies gilt in gleicher Weise für eine Veräußerung im Wege der Zwangsversteigerung, wozu auch eine Zwangsversteigerung zum Zwecke der Auseinandersetzung der Gemeinschaft zählt.

Die erstmalige Veräußerung des Erbbaurechts oder von Teilen hiervon oder von Wohnungs- und Teilerbbaurechten bedarf jedoch keiner schriftlichen Zustimmung des Grundstückseigentümers, sofern . Unabhängig davon, ist jeder Veräußerungsvertrag dem Grundstückseigentümer zur Kenntnis zu bringen.

Voraussetzung für die Zustimmung zur Veräußerung ist, dass der Erwerber in sämtliche Verpflichtungen aus dem Erbbaurechtsvertrag (einschließlich der Nachträge) und aus dem Erbbaurechtsverhältnis im Übrigen in notarieller Form eintritt und sich dabei gegenüber dem Grundstückseigentümer wegen des Erbbauzinses der sofortigen Zwangsvollstreckung unterwirft. Die Zustimmung gilt als erteilt, falls sie nicht binnen unter Angabe von Gründen durch den Grundstückseigentümer verweigert wird. Die Zustimmung enthält keinen Verzicht auf Ansprüche des Grundstückseigentümers gegen den Erbbauberechtigten aus dem Erbbaurechtsverhältnis, die im Zeitpunkt der Veräußerung dem Grunde nach bereits entstanden sind. Ausgenommen den Erwerb durch Zwangsversteigerung, haften dann der Erbbauberechtigte und der Erwerber gegenüber dem Grundstückseigentümer als Gesamtschuldner.

Die Veräußerung des Erbbaurechts darf erst eingetragen werden, sobald dem Grundbuchamt die Zustimmung des Grundstückseigentümers oder der rechtskräftige Ersetzungsbeschluss nachgewiesen wird, und zwar in der Form einer öffentlichen oder öffentlich beglaubigten Urkunde. Die Veräußerung des Erbbaurechts ist unwirksam, solange der Grundstückseigentümer nicht die notwendige Zustimmung erteilt hat. Die Zustimmung kann versagt werden, sofern ein entsprechender Grund vorliegt, möglicherweise besteht jedoch ein Anspruch auf Erteilung der Zustimmung. Falls die Zustimmung des Grundstückseigentümers ohne ausreichenden Grund verweigert wird, kann sie auf Antrag des Erbbauberechtigten durch das Amtsgericht ersetzt werden.

Die Zustimmung zur Veräußerung enthält keine Zustimmung zur Belastung, die mit der Veräußerung einhergeht.

Kosten, die im Rahmen der Zustimmung anfallen (beispielsweise Beglaubigungskosten), trägt der Erbbauberechtigte.

Alternativ:

Zur Veräußerung des Erbbaurechts oder eines realen oder ideellen Teils hiervon bedarf der Erbbauberechtigte der schriftlichen Zustimmung des Grundstückseigentümers, es sei denn, es handelt sich um eine Veräußerung an Angehörige i.S.v. § 15 Abgabenordnung (AO) in der jeweils geltenden Fassung oder um eine Zwangsversteigerung aus einem Grundpfandrecht, dem der Grundstückseigentümer zugestimmt hat.

IV. Erbbauzins

1. Höhe und Fälligkeit

Der Erbbauberechtigte hat für die Dauer des Erbbaurechts an den jeweiligen Grundstückseigentümer jährlich einen Erbbauzins in Höhe von

____ EUR – in Worten: ____ EUR –

zu zahlen, beginnend mit dem Tag der Eintragung des Erbbaurechts im Grundbuch.

Der Erbbauzins ist am ____ eines jeden Jahres im Voraus zur Zahlung fällig. Für die Zahlung des Erbbauzinses hat der Erbbauberechtigte dem Grundstückseigentümer eine Einzugsermächtigung zu erteilen. Evtl. Rücküberweisungskosten trägt der Erbbauberechtigte.

2. Wertsicherung und Versteigerungsfestigkeit

Sollte sich der vom Statistischen Bundesamt festgestellte Verbraucherpreisindex für Deutschland (VPI) gegenüber dem für den Monat ____ festgesetzten Index (Basis ____ = 100) um mehr als ____ % nach oben oder unten verändern, verändert sich jeweils auch der jährliche Erbbauzins automatisch, ohne dass es eines gesonderten Anpassungsverlangens bedarf, im gleichen prozentualen Verhältnis, und zwar vom Beginn des Jahres an, welches auf das Jahr folgt, in dem die Veränderung um mehr als ____ % eingetreten ist.

Bei einer Umbasierung des Verbraucherpreisindex erfolgt die Anpassung auf der neuen Berechnungsgrundlage.

Änderungen sind zu berücksichtigen, wenn sie insgesamt nach oben oder unten mehr als ____ % erreichen.

Die erste Anpassung darf frühestens zum ____ erfolgen.

Sofern aufgrund der Wertsicherungsklausel eine Anpassung des jährlichen Erbbauzinses durchgeführt ist, wird die Klausel gemäß den vorstehenden Bestimmungen erneut anwendbar.

Der jährliche Erbbauzins ist dann wiederum anzupassen, sobald sich der Preisindex gegenüber dem für die letzte Anpassung maßgeblichen Preisindex erneut um mehr als % nach oben oder nach unten verändert hat, und zwar ebenfalls vom Beginn des Folgejahres nach der Indexänderung an.

Eine Anpassung soll allerdings nur dann möglich sein, soweit diese im Rahmen der Bestimmung nach § 9a ErbbauRG zulässig ist. Über die Bestimmung des § 9a ErbbauRG hat der Notar die Beteiligten belehrt.

Ferner wird vereinbart, dass die Erbbauzinsreallast abweichend von § 52 Abs. 1 ZVG mit ihrem Hauptanspruch bestehen bleiben soll, sofern der Grundstückseigentümer aus der Erbbauzinsreallast oder der Inhaber eines im Rang vorgehenden oder gleichstehenden dinglichen Rechts die Zwangsversteigerung in das Erbbaurecht betreibt (§ 9 Abs. 3 S. 1 Nr. 1 ErbbauRG). Die Versteigerungsfestigkeit des Erbbauzinses ist dinglicher Inhalt der Erbbauzinsreallast.

3. Unterwerfung unter die sofortige Zwangsvollstreckung

Der Erbbauberechtigte unterwirft sich wegen der in dieser Urkunde eingegangenen Verpflichtung zur Zahlung des Erbbauzinses der sofortigen Zwangsvollstreckung aus dieser Urkunde in sein gesamtes Vermögen.

Eine vollstreckbare Ausfertigung ist ohne Nachweis der die Fälligkeit begründenden Tatsachen zu erteilen. Eine Beweislastumkehr ist damit nicht verbunden.

Bei Neufestsetzung des Erbbauzinses im Zuge der oben genannten Wertsicherungsklausel hat auf Verlangen des Grundstückseigentümers eine erneute Zwangsvollstreckungsunterwerfung des Erbbauberechtigten wegen des Erhöhungsbetrages zu erfolgen, und zwar in einer Nachtragsurkunde. Der Erbbauberechtigte verpflichtet sich, im Falle einer Erhöhung erneut und auf eigene Kosten der sofortigen Zwangsvollstreckung zu unterwerfen. Eine vollstreckbare Ausfertigung ist wiederum ohne Nachweis der die Fälligkeit begründenden Tatsachen zu erteilen. Auch damit ist keine Beweislastumkehr verbunden.

4. Bestellung einer Erbbauzinsreallast

Der Erbbauberechtigte bestellt für die Dauer des Erbbaurechts zugunsten des jeweiligen Eigentümers des Erbbaugrundstücks eine Erbbauzinsreallast in der vorstehend vereinbarten, wertgesicherten und versteigerungsfesten Form. Der Erbbauberechtigte bewilligt und beide Vertragsteile beantragen die Eintragung dieser Reallast im Erbbaugrundbuch.

Alternativ:

1. Allgemeines

Die Beteiligten sind sich einig, dass der Erbbauzins auf der Grundlage der Lebenshaltungskosten vereinbart ist und wertgesichert sein soll.

Mehrere Erbbauberechtigte haften für alle Verpflichtungen, die aus dem Erbbaurechtsvertrag und der Anpassung des Erbbauzinses resultieren, als Gesamtschuldner.

Für die Zahlung des Erbbauzinses hat der Erbbauberechtigte dem Grundstückseigentümer eine Einzugsermächtigung zu erteilen. Evtl. Rücküberweisungskosten trägt der Erbbauberechtigte.

2. Der Erbbauzins ist wertgesichert

Ändert sich der vom Statistischen Bundesamt in Wiesbaden für das Basisjahr 2020 (derzeitige Basis 2020 = 100 Punkte) ermittelte Verbraucherpreisindex für Deutschland (VPI) oder der an seine Stelle tretende Index nach drei Jahren um mehr als 5 % (in Worten: fünf Prozent) nach oben oder unten, so erhöht oder ermäßigt sich der Erbbauzins in demselben Verhältnis, ohne dass es eines gesonderten Anpassungsverlangens bedarf. Die Änderung gilt jeweils vom Beginn des Kalenderjahres an, in dem die Veränderung geltend gemacht wird. Dabei orientiert sich die Berechnung der Differenz an der durchschnittlichen Veränderung des Verbraucherpreisindexes für Deutschland (VPI) im Vergleich zum Zeitpunkt der letzten Anpassung des Erbbauzinses. Die automatische Anpassung des Erbbauzinses ist dinglicher Inhalt der Erbbauzinsreallast. Eine Änderung kann erst ___ Jahre nach der letzten Änderung verlangt werden. Die Regelung in § 9a ErbbauRG bleibt unberührt.

3. Der Erbbauzins ist versteigerungsfest

Ferner soll die Erbbauzinsreallast abweichend von § 52 Abs. 1 ZVG mit ihrem Hauptanspruch bestehen bleiben, sofern der Grundstückseigentümer aus der Erbbauzinsreallast oder der Inhaber eines im Rang vorgehenden oder gleichstehenden dinglichen Rechts die Zwangsversteigerung in das Erbbaurecht betreibt, § 9 Abs. 3 S. 1 Nr. 1 ErbbauRG. Die Versteigerungsfestigkeit des Erbbauzinses ist dinglicher Inhalt der Erbbauzinsreallast.

4. Unterwerfung unter die sofortige Zwangsvollstreckung

Der Erbbauberechtigte unterwirft sich wegen der Erbbauzinsreallast und wegen der einzelnen wertgesicherten Erbbauzinsraten der sofortigen Zwangsvollstreckung aus dieser Urkunde in sein gesamtes Vermögen. Eine vollstreckbare Ausfertigung ist auch ohne Nachweis der Fälligkeit zu erteilen, womit keine Umkehr der Beweislast verbunden sein soll. Der Grundstückseigentümer ist berechtigt, sich jederzeit eine vollstreckbare Ausfertigung erteilen zu lassen. Eine Beweislastumkehr ist damit nicht verbunden.

5. Bewilligung und Antrag; Eintragung im Grundbuch

Zur Sicherung des vorstehend vereinbarten, wertgesicherten und versteigerungsfesten Erbbauzinses wird zugunsten des jeweiligen Eigentümers des Erbbaugrundstücks eine Erbbauzinsreallast bewilligt und zur Eintragung beantragt.

Alternativ:

1. Höhe und Fälligkeit

Der jährliche Erbbauzins beträgt   EUR (in Worten: EUR).

Der Jahreserbbauzins ist am 1. Januar eines jeden Kalenderjahres im Voraus fällig und ohne Aufforderung bei Fälligkeit an den Grundstückseigentümer oder an die von ihm zur Entgegennahme ermächtigte Person oder Stelle unter Angabe der Grundstücksbezeichnung und des Zeitabschnitts, für den gezahlt wird, zu entrichten. Aus besonderem Grund und jederzeit widerruflich kann dem Erbbauberechtigten eine Teilzahlung in monatlichen, viertel- oder halbjährlichen Raten gewährt werden. Bis zur Eintragung des Erbbaurechts im Grundbuch ist der vereinbarte Erbbauzins als Nutzungsentgelt in gleicher Höhe zu zahlen.

Vom Tage der Übergabe des Erbbaugrundstücks bis zum darauffolgenden 31. Dezember hat der Erbbauberechtigte den anteiligen Jahreserbbauzins in einem einmaligen Betrag in Höhe von   EUR bis zum 1. des Monats, der dem Tag der Übergabe folgt, zu zahlen.

Der Erbbauberechtigte ermächtigt den Grundstückseigentümer, den Erbbauzins in der jeweiligen Höhe im Wege des Lastschrifteinzugsverfahrens zu erheben. Der Grundstückseigentümer wird dem Erbbauberechtigten rechtzeitig eine Mitteilung über den Beginn des Lastschrifteinzugsverfahrens zugehen lassen.

2. Erbbauzinsreallast; Versteigerungsfestigkeit; Wertsicherung

Der Erbbauberechtigte ist verpflichtet, den Erbbauzins durch Eintragung einer Reallast an   Rangstelle des Erbbaugrundbuchs zugunsten des jeweiligen Grundstückseigentümers dinglich zu sichern. Als Inhalt der Reallast wird das Bestehenbleiben des Erbbauzinses nach § 9 Abs. 3 S. 1 Ziffer 1 ErbbauRG vereinbart. In Abweichung von § 52 Abs. 1 ZVG bleibt die Erbbauzinsreallast mit ihrem Hauptanspruch bestehen, sofern der Grundstückseigentümer aus der Erbbauzinsreallast oder der Inhaber eines im Rang vorgehenden oder gleichstehenden dinglichen Rechts die Zwangsversteigerung in das Erbbaurecht betreibt, § 9 Abs. 3 S. 1 Nr. 1 ErbbauRG.

Die Vertragsteile sind sich gemäß § 9 Abs. 1 ErbbauRG, § 1105 Abs. 1 S. 2 BGB darüber einig, dass der Erbbauzins auf der Grundlage der Lebenshaltungskosten vereinbart ist und wertgesichert sein soll. Ändert sich der vom Statistischen Bundesamt in Wiesbaden für das Basisjahr 2020 = 100 ermittelte Verbraucherpreisindex für Deutschland oder der an seine Stelle tretende Index nach 3 Jahren von heute an bzw. nach 3 Jahren vom zurückliegenden letzten Anpassungsdatum an gegenüber dem Indexstand vom Monat des Vertragsschlusses bzw. vom Monat der letzten Anpassung, so erhöht oder ermäßigt sich der Erbbauzins bzw. der Erbbauzins gemäß der letzten Anpassung in demselben Verhältnis, ohne dass es eines gesonderten Anpassungsverlangens bedarf. Diese Vereinbarung ist als Inhalt der Erbbauzinsreallast in das Grundbuch einzutragen.

3. Unterwerfung unter die sofortige Zwangsvollstreckung

Der Erbbauberechtigte unterwirft sich wegen der Erbbauzinsreallast und wegen der einzelnen wertgesicherten Erbbauzinsraten der sofortigen Zwangsvollstreckung aus dieser Urkunde in sein gesamtes Vermögen. Eine vollstreckbare Ausfertigung ist auch ohne Nachweis der Fälligkeit zu erteilen, womit keine Umkehr der Beweislast verbunden sein soll. Der Grundstückseigentümer ist berechtigt, sich jederzeit eine vollstreckbare Ausfertigung erteilen zu lassen.

4. Bewilligung und Antrag; Eintragung im Grundbuch

Zur Sicherung des vorstehend vereinbarten, wertgesicherten und versteigerungsfesten Erbbauzinses wird zugunsten des jeweiligen Eigentümers des Erbbaugrundstücks eine Erbbauzinsreallast bewilligt und zur Eintragung beantragt.

Alternativ (preisgedämpfter Wohnungsbau mit Leistungsvorbehalt):

1. Höhe und Fälligkeit

Der Erbbauberechtigte hat auf die Dauer des Erbbaurechts dem jeweiligen Grundstückseigentümer pro Quadratmeter Wohnfläche einen monatlichen Erbbauzins in Höhe von EUR (in Worten: EUR) zu zahlen.

Die Beteiligten verpflichten sich, die Höhe der monatlichen Erbbauzinsbeträge in angemessener Höhe neu zu vereinbaren, sofern sie der Verbraucherpreisindex für Deutschland (VPI) gegenüber dem Zeitpunkt geändert hat.

Der Erbbauzins ist am jeweiligen Monatsersten im Voraus fällig und ohne Aufforderung bei Fälligkeit an den Grundstückseigentümer oder an die von ihm zur Entgegennahme ermächtigte Person oder Stelle unter Angabe der Grundstücksbezeichnung und des Zeitabschnitts, für den gezahlt wird, zu entrichten. Aus besonderem Grund und jederzeit widerruflich kann dem Erbbauberechtigten eine Teilzahlung in monatlichen, viertel- oder halbjährlichen Raten gewährt werden.

Der Erbbauberechtigte ermächtigt den Grundstückseigentümer, den Erbbauzins in der jeweiligen Höhe im Wege des Lastschrifteinzugsverfahrens zu erheben. Der Grundstückseigentümer wird dem Erbbauberechtigten rechtzeitig eine Mitteilung über den Beginn des Lastschrifteinzugsverfahrens zugehen lassen. Evtl. Rücküberweisungskosten trägt der Erbbauberechtigte.

2. Erbbauzinsreallast; Versteigerungsfestigkeit

Der Erbbauberechtigte ist verpflichtet, den Erbbauzins durch Eintragung einer Erbbauzinsreallast an … Rangstelle des Erbbaugrundbuchs zugunsten des jeweiligen Grundstückseigentümers dinglich zu sichern. Als Inhalt der Erbbauzinsreallast wird das Bestehenbleiben des Erbbauzinses nach § 9 Abs. 3 S. 1 Ziffer 1 ErbbauRG vereinbart. Abweichend von § 52 Abs. 1 ZVG bleibt demnach die Erbbauzinsreallast mit ihrem Hauptanspruch bestehen, sofern der Grundstückseigentümer aus der Erbbauzinsreallast oder der Inhaber eines im Rang vorgehenden oder gleichstehenden dinglichen Rechts die Zwangsversteigerung in das Erbbaurecht betreibt, § 9 Abs. 3 S. 1 Nr. 1 ErbbauRG. Diese Vereinbarung ist als Inhalt der Erbbauzinsreallast in das Grundbuch einzutragen.

3. Unterwerfung unter die sofortige Zwangsvollstreckung

Der Erbbauberechtigte unterwirft sich wegen der Erbbauzinsreallast und der einzelnen Erbbauzinsraten der sofortigen Zwangsvollstreckung aus dieser Urkunde in sein gesamtes Vermögen. Eine vollstreckbare Ausfertigung ist auch ohne Nachweis der Fälligkeit zu erteilen, womit keine Umkehr der Beweislast verbunden sein soll. Der Grundstückseigentümer ist berechtigt, sich jederzeit eine vollstreckbare Ausfertigung erteilen zu lassen.

4. Bewilligung und Antrag; Eintragung im Grundbuch

Zur Sicherung des vorstehend vereinbarten, versteigerungsfesten Erbbauzinses wird zugunsten des jeweiligen Eigentümers des Erbbaugrundstücks eine Erbbauzinsreallast bewilligt und zur Eintragung beantragt.

V. Gegenseitige Vorkaufsrechte

1. Vorkaufsrecht am Erbbaugrundstück

Der Grundstückseigentümer bestellt dem jeweiligen Erbbauberechtigten ein dingliches Vorkaufsrecht für jeden Fall des Verkaufs des Erbbaugrundstücks. Die Eintragung dieses Vorkaufsrechts wird bewilligt und beantragt, und zwar im Rang nach dem Erbbaurecht.

2. Vorkaufsrecht am Erbbaurecht

Der Erbbauberechtigte bestellt dem jeweiligen Grundstückseigentümer ein dingliches Vorkaufsrecht am Erbbaurecht, und zwar für jeden Fall des Verkaufs des Erbbaurechts oder eines Teils davon. Die Eintragung dieses Vorkaufsrechts wird bewilligt und beantragt, und zwar im Rang nach der Erbbauzinsreallast.

Alternativ bei Eintragung eines Erbbaurechts mit Ausübungsbeschränkung auf reale Teilfläche:

1. Vorkaufsrecht am Erbbaugrundstück

Der Grundstückseigentümer räumt dem jeweiligen Erbbauberechtigten am Erbbaugrundstück ein Vorkaufsrecht für alle Verkaufsfälle gemäß § 1094 BGB auf die Dauer des Erbbaurechts ein. Das Vorkaufsrecht ist auf die Ausübungsfläche des Erbbaurechts beschränkt.

Für das Vorkaufsrecht gelten die gesetzlichen Bestimmungen. Die Vertragsteile sind sich über die Entstehung des Vorkaufsrechts als dingliche Last einig.

Der Grundstückseigentümer bewilligt und beide Vertragsteile beantragen die Eintragung dieses Vorkaufsrechts am Erbbaugrundstück im Grundbuch, und zwar im Rang nach dem Erbbaurecht.

2. Vorkaufsrecht am Erbbaurecht

Der Erbbauberechtigte räumt seinerseits dem jeweiligen Eigentümer des Erbbaugrundstücks am Erbbaurecht ein Vorkaufsrecht für alle Verkaufsfälle gemäß § 1094 BGB ein.

Für das Vorkaufsrecht gelten die gesetzlichen Bestimmungen. Die Vertragsteile sind sich über die Entstehung des Vorkaufsrechts als dingliche Last einig.

Der Erbbauberechtigte bewilligt und beide Vertragsteile beantragen die Eintragung dieses Vorkaufsrechts am Erbbaurecht im Grundbuch, und zwar im Rang nach der Erbbauzinsreallast.

Alternativ mit Einschränkungen des Vorkaufsrechts:

1. Gegenseitige Vorkaufsrechte

Der Grundstückseigentümer räumt dem jeweiligen Erbbauberechtigten am Erbbaugrundstück, der Erbbauberechtigte dem jeweiligen Grundstückseigentümer am Erbbaurecht das dingliche Vorkaufsrecht für alle Verkaufsfälle ein.

Für die Vorkaufsrechte gelten die gesetzlichen Bestimmungen, allerdings mit den folgenden Einschränkungen.

2. Einschränkungen der Vorkaufsrechte

Das Vorkaufsrecht des Grundstückseigentümers wird dinglich dahingehend eingeschränkt, dass es in folgenden Fällen nicht gilt und nicht ausgeübt werden kann:

- Übertragung an Miterbbauberechtigte oder Ehegatten oder Verwandte in gerader Linie des jeweiligen Erbbauberechtigten, soweit der Erbbauberechtigte keine Gesellschaft ist

- Übertragung auf eine andere Personen- oder Kapitalgesellschaft, deren Anteilsinhaber mehrheitlich aus Gesellschaftern des heutigen Erbbauberechtigten oder deren Ehegatten, Geschwistern oder Verwandten in gerader Linie bestehen.

Das Vorkaufsrecht des Erbbauberechtigten wird dinglich dahingehend eingeschränkt, dass es in folgenden Fällen nicht gilt und nicht ausgeübt werden kann:

- Übertragung des Erbbaugrundstücks an Miteigentümer, Ehegatten, Geschwister oder Verwandte in gerader Linie zu einem der Gesellschafter bzw. des jeweiligen Grundstückseigentümers, sofern dieser keine Gesellschaft ist
- Übertragung des Erbbaugrundstücks auf eine (andere) Personen- oder Kapitalgesellschaft, deren Anteilsinhaber mehrheitlich aus Gesellschaftern des heutigen Grundstückseigentümers oder deren Ehegatten, Geschwistern oder Verwandten in gerader Linie bestehen.

VI. Grundbucherklärungen

Die Vertragsteile sind sich über die Entstehung des Erbbaurechts mit dem in ____ niedergelegten Inhalt einig.

Die Vertragsteile bewilligen und beantragen:

1. die Eintragung des Erbbaurechts am Erbbaugrundstück
2. die Eintragung der wertgesicherten und versteigerungsfesten Erbbauzinsreallast für den jeweiligen Eigentümer des Erbbaugrundstücks, und zwar an erster Rangstelle im Erbbaugrundbuch
3. die Eintragung der Vorkaufsrechte für den Grundstückseigentümer und für den Erbbauberechtigten; das Vorkaufsrecht für den Grundstückseigentümer erhält zweite Rangstelle im Erbbaugrundbuch, das Vorkaufsrecht für den Erbbauberechtigten ist im Rang nach dem Erbbaurecht einzutragen.

Der Notar wird beauftragt und bevollmächtigt, etwaige Rangrücktrittserklärungen zu erholen.

Der Notar wird ermächtigt, die Beteiligten im Grundbuchverfahren umfassend zu vertreten. Dies umfasst auch die Abgabe ergänzender und berichtigender Grundbucherklärungen.

Alternativ:

Die Vertragsteile sind über die Bestellung der nachfolgenden Rechte einig und bewilligen, der Erbbauberechtigte beantragt:

1. in das Grundstücksgrundbuch einzutragen:
   - das Erbbaurecht gemäß den Bestimmungen dieses Vertrages an erster Rangstelle

- das Vorkaufsrecht für den Erbbauberechtigten im Rang nach dem Erbbaurecht
- den Rangrücktritt aller Erklärungen, die erforderlich sind, um dem Erbbaurecht die erste Rangstelle zu verschaffen

2. in das neu angelegte Erbbaugrundbuch einzutragen:

- das Erbbaurecht mit dem vereinbarten dinglichen Inhalt dieses Vertrages
- die wertgesicherte und versteigerungsfeste Erbbauzinsreallast für den jeweiligen Grundstückseigentümer, und zwar an ______ Rangstelle
- das Vorkaufsrecht für den jeweiligen Grundstückseigentümer, und zwar im Rang nach der Erbbauzinsreallast.

Der Notar wird beauftragt und bevollmächtigt, etwaige Rangrücktrittserklärungen zu erholen.

Der Notar wird ermächtigt, die Beteiligten im Grundbuchverfahren umfassend zu vertreten. Dies umfasst auch die Abgabe ergänzender und berichtigender Grundbucherklärungen.

Der Erbbauberechtigte beantragt, dem Grundstückseigentümer zwei amtliche Ausdrucke des Erbbaugrundbuchs zu erteilen.

VII. Haftung; Verschaffung der ersten Rangstelle

Der Grundstückseigentümer schuldet den ungehinderten Besitzübergang, die Entstehung des Erbbaurechts und die Freiheit des Erbbaugrundstücks von Miet- und Pachtverhältnissen sowie anderen vertraglichen Bindungen.

Der Grundstückseigentümer haftet über Zusicherungen hinaus, die in dieser Urkunde niedergelegt sind, nicht für Mängelfreiheit. Ausgeschlossen sind Ansprüche und Rechte des Erbbauberechtigten wegen eines Sachmangels, insbesondere im Hinblick auf das Flächenmaß, die Bodenbeschaffenheit und die Verwertbarkeit. Der Grundstückseigentümer versichert, dass ihm verborgene Mängel nicht bekannt sind. Der Grundstückseigentümer übernimmt keine Garantie für die Beschaffenheit.

Ab Besitzübergang treffen alle Haftungen den Erbbauberechtigten, insbesondere für Schäden, die während der Bauphase auftreten oder die durch das Vorhandensein oder die Unterhaltung der Bauwerke resultieren. Dies gilt auch für Schäden an benachbarten Grundstücken.

Das Erbbaurecht kann nur zur ausschließlich ersten Rangstelle bestellt werden, § 10 Abs. 1 S. 1 ErbbauRG. Die Rangstelle muss permanent gehalten und kann auch nach Eintragung des Erbbaurechts im Grundbuch nicht nachträglich geändert werden, § 10 Abs. 1 S. 1 Hs. 2 ErbbauRG. Der Grundstückseigentümer haftet für die Verschaffung der ersten Rangstelle und verpflichtet sich zur Beschaffung aller erforderlichen Unterlagen (Rangrücktrittserklärungen, ggf. weitere Identitätsnachweise), und zwar auf eigene Kosten. Falls die erste Rangstelle nicht verschafft werden kann, können beide Vertragsteile ihren Rücktritt erklären. Die hierbei anfallenden Kosten (Notariat, Grundbuchamt) trägt der Grundstückseigentümer. Die Geltendmachung weiterer Rechte ist dann ausgeschlossen, insbesondere findet keine Erstattung gezahlter Erbbauzinsbeträge oder die Zahlung von Schadensersatz statt.

Alternativ:

Für Sachmängel haftet der Grundstückseigentümer nicht, etwa für die Bodenbeschaffenheit, das Flächenmaß oder die Nutzbarkeit des Erbbaugrundstücks. Der Grundstückseigentümer garantiert lediglich, dass das Erbbaugrundstück ein Baugrundstück ist, dessen Bebaubarkeit von den Festsetzungen der gemeindlichen Bauleitplanung bestimmt wird. Eine weitere Garantie übernimmt der Grundstückseigentümer nicht. Es obliegt dem Erbbauberechtigten, die Genehmigung der Baubehörde einzuholen. Schließlich garantiert der Grundstückseigentümer, dass Abtretungen für Belange des öffentlichen Bedarfs nicht zu leisten sind.

Der Grundstückseigentümer haftet für die Verschaffung der ersten Rangstelle und verpflichtet sich zur Beschaffung aller erforderlichen Unterlagen (Rangrücktrittserklärungen, ggf. weitere Identitätsnachweise), und zwar auf eigene Kosten. Falls die erste Rangstelle nicht verschafft werden kann, können beide Vertragsteile ihren Rücktritt erklären. Die hierbei anfallenden Kosten (Notariat, Grundbuchamt) trägt der Grundstückseigentümer. Die Geltendmachung weiterer Rechte ist dann ausgeschlossen, insbesondere findet keine Erstattung gezahlter Erbbauzinsbeträge oder die Zahlung von Schadensersatz statt.

Alternativ:

Der Grundstückseigentümer haftet dafür, dass das Erbbaurecht die erste Rangstelle erhält. Die Haftung beschränkt sich allerdings auf alle möglichen und zumutbaren Schritte, die erforderlich sind, um die erste Rangstelle zu erreichen. Beide Vertragsteile sind zum Rücktritt von den schuldrechtlichen Bestimmungen dieses Vertrages berechtigt, sollte die erste Rangstelle nicht zu beschaffen sein. Dann ist die Geltendmachung weiterer Rechte ausgeschlossen. Die Rückabwicklungskosten fallen dem Grundstückseigentümer zur Last, er trägt auch sämtliche Kosten, die im Notariat und Grundbuchamt angefallen sind.

Soweit Sachmängel betroffen sind, übernimmt der Grundstückseigentümer keine Haftung für die Bebaubarkeit des Erbbaugrundstücks. Der Umfang der Bebaubarkeit hängt von den baurechtlichen Maßgaben und den Festsetzungen der städtischen Bauleitplanung ab. Der Grundstückseigentümer übernimmt keine Garantie dafür, dass das Grundstück zur Errichtung der Bauwerke geeignet ist, die der Erbbauberechtigte errichten möchte. Der Grundstückseigentümer übernimmt auch keine Garantie dafür, dass die notwendigen baurechtlichen Genehmigungen erteilt werden.

Darüber hinaus haftet der Grundstückseigentümer auch nicht für die Bodenbeschaffenheit und das angegebene Flächenmaß.

Der Grundstückseigentümer hat den Erbbauberechtigten auf die frühere Nutzung des Erbbaugrundstücks hingewiesen. Dem Grundstückseigentümer ist nicht bekannt, dass Altlasten bzw. Kontaminationen bestehen. Ein etwaiger Ausgleichsanspruch nach § 24 Abs. 2 BBodSchG wird abbedungen.

VIII. Haftung als Gesamtschuldner

Mehrere Erbbauberechtigte haften für alle Verpflichtungen, die aus diesem Vertrag resultieren, als Gesamtschuldner. Tatsachen, die gegenüber einem der Erbbauberechtigen Ansprüche begründen, muss der andere Erbbauberechtigte gegen sich geltend lassen. Dabei ist jeder Erbbauberechtigte befugt, den anderen Erbbauberechtigten bei der Abgabe und der Entgegennahme von Erklärungen gegenüber dem Grundstückseigentümer zu vertreten.

IX. Übernahme von Verpflichtungen durch Rechtsnachfolger; Weitergabeverpflichtung; Mitteilungspflicht

Die Vertragsparteien verpflichten sich, ihren Rechtsnachfolgern die Übernahme sämtlicher schuldrechtlicher Verpflichtungen und Bestimmungen, die aus dem Erbbaurechtsverhältnis resultieren, und deren Weitergabe an weitere Rechtsnachfolger aufzuerlegen, sodass jeder weitere Rechtsnachfolger in gleicher Weise verpflichtet wird.

Der Erbbauberechtigte ist verpflichtet, dem Grundstückseigentümer seine aktuelle Anschrift und seine Bankdaten unverzüglich mitzuteilen. Diese Verpflichtung gilt auch für andere Korrespondenzadressen, beispielsweise E-Mail-Adressen. Bei Verstoß gegen diese Verpflichtung haftet der Erbbauberechtigte auf Schadensersatz.

Darüber hinaus ist der Erbbauberechtigte verpflichtet, dem Grundstückseigentümer eine etwaige Zwangsvollstreckungsmaßnahme, die gegen das Erbbaurecht ergriffen wird, unverzüglich mitzuteilen. Dies gilt auch für die Eröffnung des Insolvenzverfahrens über das Vermögen des Erbbauberechtigten und für eine Ablehnung des Insolvenzverfahrens mangels Masse.

Alternativ:

Alle Verpflichtungen dieses Vertrages, die nicht zum Inhalt des Erbbaurechts und auch nicht zum Inhalt der einzutragenden dinglichen Rechte zählen, sind von jedem Vertragsteil etwaigen Rechtsnachfolgern mit Weitergabeverpflichtung aufzuerlegen.

Alternativ:

Jeder Vertragsteil ist verpflichtet, Verpflichtungen, die nicht bereits kraft Gesetzes übergehen, seinem Rechtsnachfolger mit Weitergabeverpflichtung aufzuerlegen. Falls ein Rechtsnachfolger nicht alle Bestimmungen dieses Vertrages übernimmt, ist der Grundstückseigentümer berechtigt, seine Zustimmung zur Übertragung des Erbbaurechts zu verweigern.

X. Teilunwirksamkeit; salvatorische Klausel; Schlichtungsklausel

Die Unwirksamkeit einzelner Bestimmungen dieses Vertrages berührt den übrigen Vertragsinhalt nicht. An die Stelle unwirksamer Bestimmungen dieses Vertrages treten die gesetzlichen Bestimmungen. Die Vertragsteile verpflichten sich, eine unwirksame Bestimmung durch eine wirksame Bestimmung zu ersetzen, sodass der beabsichtigte Zweck erreicht werden kann. Dies gilt auch für etwaige Vertragslücken.

Sollte es zwischen dem Grundstückseigentümer und dem Erbbauberechtigten zu Konflikten kommen, werden sie miteinander verhandeln und eine einvernehmliche Lösung anstreben. Der Notar/die Notarin hat darauf hingewiesen, dass der Schlichtungs- und Schiedsgerichtshof deutscher Notare (SGH) ein Schlichtungsverfahren zur Verfügung stellt, wenn die direkten Verhandlungen zu keinem Ergebnis führen (Informationen und Kontaktdaten zum SGH unter www.dnotv.de). Die Beteiligten stellen klar, dass diese Absichtserklärungen der Einleitung eines Gerichtsverfahrens nicht entgegenstehen.

Alternativ:

Sollte es zwischen dem Grundstückseigentümer und dem Erbbauberechtigten zu Konflikten kommen, werden sie miteinander verhandeln und eine einvernehmliche und in die Zukunft gerichtete Lösung anstreben. Der Notar/die Notarin hat darauf hingewiesen, dass der Schlichtungs- und Schiedsgerichtshof deutscher Notare (SGH) ein Schlichtungsverfahren zur Verfügung stellt, wenn die direkten Verhandlungen zu keinem Ergebnis führen (Informationen und Kontaktdaten zum SGH unter www.dnotv.de). Unter der Leitung eines erfahrenen und unabhängigen Schlichters kann dort der Konflikt selbstbestimmt weiterbearbeitet werden. Eine Klage betrachten die Beteiligten als letztes Mittel. Die rechtlichen Berater der Beteiligten sollen die Beteiligten vorrangig bei den vorgenannten Verhandlungslösungen unterstützen. Die Beteiligten stellen klar, dass diese Absichtserklärungen der Einleitung eines Gerichtsverfahrens nicht entgegenstehen.

Alternativ:

Sollte es zwischen dem Grundstückseigentümer und dem Erbbauberechtigten zu Konflikten kommen, verpflichten sich die Beteiligten, alle oder im Zusammenhang mit diesem

Vertrag entstehenden Streitigkeiten möglichst durch direkte Verhandlungen beizulegen. Die rechtlichen Berater der Beteiligten sollen diese dabei unterstützen. Gelingt dies nicht, verpflichten sich der Grundstückseigentümer und der Erbbauberechtigte, eine Schlichtung vor dem Schlichtungs- und Schiedsgerichtshof deutscher Notare (SGH) durchzuführen (Informationen und Kontaktdaten unter www.dnotv.de). Die Schlichtung beginnt mit dem Antrag auf Durchführung einer Schlichtung gegenüber dem SGH. Die Schlichtung endet auch ohne abschließende Einigung, wenn der Antrag zurückgewiesen wird oder der Schlichter das Scheitern der Schlichtung feststellt. Während der laufenden Schlichtung ist die Verjährung der streitgegenständlichen Ansprüche gehemmt. Die Klageerhebung ist erst nach der Beendigung der Schlichtung zulässig. Verfahren des einstweiligen Rechtsschutzes sowie selbständige Beweisverfahren bleiben auch während der Schlichtung zulässig. Gleiches gilt für Verfahren zur Wahrung einer gesetzlichen Ausschlussfrist. Insoweit verpflichten sich der Grundstückseigentümer und der Erbbauberechtigte, während der laufenden Schlichtung das Ruhen des gerichtlichen Verfahrens zu beantragen.

Alternativ (mit Force Majeure Klausel):

Sofern eine Bestimmung dieses Vertrages nicht wirksam sein sollte oder der Vertrag eine Lücke enthalten, lässt dies die Wirksamkeit der übrigen Bestimmungen unberührt. Die Vertragsteile verpflichten sich dazu, in diesem Fall eine Bestimmung zu wählen, die dem am nächsten kommt, was die Vertragsteile bei Kenntnis der Unwirksamkeit bzw. der Lücke vereinbart hätten.

Im Falle höherer Gewalt sind die vertraglichen Pflichten für die Dauer und in dem Umfang ausgesetzt, der durch das Ereignis erzwungen wird, das von außen eingetreten ist und außerhalb des Einflussbereichs der Vertragsparteien liegt. Fälle höherer Gewalt (force majeure) sind insbesondere schwerwiegende Beeinträchtigungen des Gesundheitssektors, beispielsweise Pandemien, Epidemien, Seuchen, behördliche Anordnungen, von den Vertragsparteien nicht verschuldete Betriebsstörungen, daneben Naturkatastrophen, beispielsweise Sturm und Hochwasser, ferner Arbeitskämpfe, Streiks, Unruhen, kriegerische Auseinandersetzungen und Akte terroristischer Gewalt. Die jeweils betroffene Vertragspartei verpflichtet sich dazu, unverzüglich den Eintritt und den Wegfall höherer Gewalt anzuzeigen. Die Vertragsteile werden sich bemühen, die Auswirkungen höherer Gewalt zu beschränken. Gegebenenfalls ist der Vertrag anzupassen, um dem ursprünglichen Zweck wieder nahe zu kommen.

Sollte es zwischen dem Grundstückseigentümer und dem Erbbauberechtigten zu Konflikten kommen, werden sie miteinander verhandeln und eine einvernehmliche Lösung anstreben. Der Notar/die Notarin hat darauf hingewiesen, dass der Schlichtungs- und Schiedsgerichtshof deutscher Notare (SGH) ein Schlichtungsverfahren zur Verfügung stellt, wenn die direkten Verhandlungen zu keinem Ergebnis führen (Informationen und Kontaktdaten zum SGH unter www.dnotv.de). Die Beteiligten stellen klar, dass diese Absichtserklärungen der Einleitung eines Gerichtsverfahrens nicht entgegenstehen.

Alternativ:

Sollte es zwischen dem Grundstückseigentümer und dem Erbbauberechtigten zu Konflikten kommen, werden sie miteinander verhandeln und eine einvernehmliche und in die Zukunft gerichtete Lösung anstreben. Der Notar/die Notarin hat darauf hingewiesen, dass der Schlichtungs- und Schiedsgerichtshof deutscher Notare (SGH) ein Schlichtungsverfahren zur Verfügung stellt, wenn die direkten Verhandlungen zu keinem Ergebnis führen (Informationen und Kontaktdaten zum SGH unter www.dnotv.de). Unter der Leitung eines erfahrenen und unabhängigen Schlichters kann dort der Konflikt selbstbestimmt weiterbearbeitet werden. Eine Klage betrachten die Beteiligten als letztes Mittel. Die rechtlichen Berater der Beteiligten sollen die Beteiligten vorrangig bei den vorgenannten Verhandlungslösungen unterstützen. Die Beteiligten stellen klar, dass diese Absichtserklärungen der Einleitung eines Gerichtsverfahrens nicht entgegenstehen.

Alternativ:

Sollte es zwischen dem Grundstückseigentümer und dem Erbbauberechtigten zu Konflikten kommen, verpflichten sich die Beteiligten, alle oder im Zusammenhang mit diesem Vertrag entstehenden Streitigkeiten möglichst durch direkte Verhandlungen beizulegen. Die rechtlichen Berater der Beteiligten sollen diese dabei unterstützen. Gelingt dies nicht, verpflichten sich der Grundstückseigentümer und der Erbbauberechtigte, eine Schlichtung vor dem Schlichtungs- und Schiedsgerichtshof deutscher Notare (SGH) durchzuführen (Informationen und Kontaktdaten unter www.dnotv.de). Die Schlichtung beginnt mit dem Antrag auf Durchführung einer Schlichtung gegenüber dem SGH. Die Schlichtung endet auch ohne abschließende Einigung, wenn der Antrag zurückgewiesen wird oder der Schlichter das Scheitern der Schlichtung feststellt. Während der laufenden Schlichtung ist die Verjährung der streitgegenständlichen Ansprüche gehemmt. Die Klageerhebung ist erst nach der Beendigung der Schlichtung zulässig. Verfahren des einstweiligen Rechtsschutzes sowie selbständige Beweisverfahren bleiben auch während der Schlichtung zulässig. Gleiches gilt für Verfahren zur Wahrung einer gesetzlichen Ausschlussfrist. Insoweit verpflichten sich der Grundstückseigentümer und der Erbbauberechtigte, während der laufenden Schlichtung das Ruhen des gerichtlichen Verfahrens zu beantragen.

Alternativ:

Sollte eine Bestimmung dieser Urkunde unwirksam sein oder werden, bleiben die übrigen Bestimmungen wirksam. In diesem Fall ist die unwirksame Bestimmung durch eine wirksame Bestimmung zu ersetzen, die der unwirksamen Bestimmung wirtschaftlich entspricht. Dies soll auch für etwaige Vertragslücken gelten.

Sollte es zwischen dem Grundstückseigentümer und dem Erbbauberechtigten zu Konflikten kommen, werden sie miteinander verhandeln und eine einvernehmliche Lösung anstreben. Der Notar/die Notarin hat darauf hingewiesen, dass der Schlichtungs- und Schiedsgerichtshof deutscher Notare (SGH) ein Schlichtungsverfahren zur Verfügung stellt, wenn die direkten Verhandlungen zu keinem Ergebnis führen (Informationen und Kontaktdaten zum SGH unter www.dnotv.de). Die Beteiligten stellen klar, dass diese Absichtserklärungen der Einleitung eines Gerichtsverfahrens nicht entgegenstehen.

Alternativ:

Sollte es zwischen dem Grundstückseigentümer und dem Erbbauberechtigten zu Konflikten kommen, werden sie miteinander verhandeln und eine einvernehmliche und in die Zukunft gerichtete Lösung anstreben. Der Notar/die Notarin hat darauf hingewiesen, dass der Schlichtungs- und Schiedsgerichtshof deutscher Notare (SGH) ein Schlichtungsverfahren zur Verfügung stellt, wenn die direkten Verhandlungen zu keinem Ergebnis führen (Informationen und Kontaktdaten zum SGH unter www.dnotv.de). Unter der Leitung eines erfahrenen und unabhängigen Schlichters kann dort der Konflikt selbstbestimmt weiterbearbeitet werden. Eine Klage betrachten die Beteiligten als letztes Mittel. Die rechtlichen Berater der Beteiligten sollen die Beteiligten vorrangig bei den vorgenannten Verhandlungslösungen unterstützen. Die Beteiligten stellen klar, dass diese Absichtserklärungen der Einleitung eines Gerichtsverfahrens nicht entgegenstehen.

Alternativ:

Sollte es zwischen dem Grundstückseigentümer und dem Erbbauberechtigten zu Konflikten kommen, verpflichten sich die Beteiligten, alle oder im Zusammenhang mit diesem Vertrag entstehenden Streitigkeiten möglichst durch direkte Verhandlungen beizulegen. Die rechtlichen Berater der Beteiligten sollen diese dabei unterstützen. Gelingt dies nicht, verpflichten sich der Grundstückseigentümer und der Erbbauberechtigte, eine Schlichtung vor dem Schlichtungs- und Schiedsgerichtshof deutscher Notare (SGH) durchzuführen (Informationen und Kontaktdaten unter www.dnotv.de). Die Schlichtung beginnt mit dem Antrag auf Durchführung einer Schlichtung gegenüber dem SGH. Die Schlichtung endet auch ohne abschließende Einigung, wenn der Antrag zurückgewiesen wird oder der Schlichter das Scheitern der Schlichtung feststellt. Während der laufenden Schlichtung ist die Verjährung der streitgegenständlichen Ansprüche gehemmt. Die Klageerhebung ist erst nach der Beendigung der Schlichtung zulässig. Verfahren des einstweiligen Rechtsschutzes sowie selbständige Beweisverfahren bleiben auch während der Schlichtung zulässig. Gleiches gilt für Verfahren zur Wahrung einer gesetzlichen Ausschlussfrist. Insoweit verpflichten sich der Grundstückseigentümer und der Erbbauberechtigte, während der laufenden Schlichtung das Ruhen des gerichtlichen Verfahrens zu beantragen.

XI. Unbedenklichkeitsbescheinigung des Finanzamtes

Die Erschienenen wurden darauf hingewiesen, dass die Erbbaurechtseintragung im Grundbuch erst dann erfolgen kann, sobald die Unbedenklichkeitsbescheinigung des Finanzamtes vorliegt. Die Unbedenklichkeitsbescheinigung wird erst nach Begleichung der Grunderwerbsteuer erteilt. Die Grunderwerbsteuer trägt der Erbbauberechtigte.

XII. Notarermächtigung; Genehmigungen, Vollzug

Der Notar/die Notarin , deren Vertreter und Nachfolger im Amt werden jeweils beauftragt und bevollmächtigt, etwaige Zustimmungserklärungen und Genehmigungen unter Fertigung eines Entwurfs einzuholen. Die Genehmigungen und Erklärungen sollen mit dem Eingang im Notariat wirksam sein.

Darüber hinaus wird der Notar/die Notarin , deren Vertreter und Nachfolger im Amt ermächtigt, den Vollzug dieser Urkunde zu betreiben und Anträge getrennt oder eingeschränkt zu stellen (Teilvollzug). Die Ermächtigung umfasst auch die Rücknahme der Erklärungen und die Abgabe aller verfahrensrechtlichen Erklärungen, die zur Durchführung dieser Urkunde erforderlich sind.

Die Vollzugsmitteilungen sind für alle Beteiligten an den Notar zu übersenden.

Alternativ:

Der Notar/die Notarin , deren Vertreter und Nachfolger im Amt werden jeweils umfassend beauftragt und bevollmächtigt, für den Vollzug dieser Urkunde zu sorgen, insbesondere die Beteiligten im Grundbuchverfahren uneingeschränkt zu vertreten und alle Zustimmungs-, Genehmigungs-, Rangrücktritts- sowie Lastenfreistellungserklärungen einzuholen und entgegenzunehmen. Der Notar/die Notarin , deren Vertreter und Nachfolger im Amt sind berechtigt, den Teilvollzug zu beantragen, also einzelne Bestimmungen von der Eintragung des Erbbaurechts auszunehmen.

Zugleich erteilt der Erbbauberechtigte dem Grundstückseigentümer unter Befreiung von den Beschränkungen des § 181 BGB Vollmacht, alle Erklärungen abzugeben und entgegenzunehmen, die erforderlich und zweckdienlich sind, um Zwischenverfügungen oder ähnliche Beschlüsse des Grundbuchamtes zu erfüllen und die Eintragung des Erbbaurechts herbeizuführen.

Alternativ:

Der Notar/die Notarin , deren Vertreter und Nachfolger im Amt werden jeweils beauftragt und bevollmächtigt, die Beteiligten im Grundbuchverfahren umfassend zu vertreten. Der Notar/die Notarin , deren Vertreter und Nachfolger im Amt ist ermächtigt, Erbbaurechtsbestimmungen, die nicht Inhalt des Erbbaurechts sein können, zu bezeichnen und von der Eintragung auszunehmen. Entsprechende Bestimmungen sollen jedoch als schuldrechtliche Vereinbarungen weitergelten und ihre Gültigkeit behalten. Genehmigungen sollen mit Eingang im Notariat als mitgeteilt gelten und rechtswirksam sein.

XIII. Hinweise und Feststellungen

Die Vertragsteile wurden auf Folgendes hingewiesen:

- alle Vereinbarungen, die in dieser Urkunde enthalten sind, müssen richtig und vollständig sein
- das Erbbaurecht kann nur an ausschließlich erster Rangstelle eingetragen werden
- am Vertragsgegenstand können Rückstände an öffentlichen Lasten bestehen
- die Vertragsteile haften für die Grunderwerbsteuer und die Kosten
- Alle Beteiligten erklären sich mit der Speicherung und Bearbeitung ihrer Daten durch das Notariat uneingeschränkt einverstanden und stimmen der Speicherung und Bearbeitung ausdrücklich zu; die Belehrung über die Informationspflichten bei Erhebung personenbezogener Daten ist durch den Notar erfolgt.
- Alle Beteiligten erklären, ausschließlich auf eigene Rechnung zu handeln und auch selbst wirtschaftlicher Berechtigter zu sein. Keiner der Beteiligten handelt für fremde Rechnung. Die Belehrung durch den Notar über die Angabepflichten nach dem Geldwäschegesetz ist erfolgt.
- Darüber hinaus hat der Notar auf das für Immobiliengeschäfte bestehende Barzahlungsverbot hingewiesen.

XIV. Ausfertigungen, Abschriften

Eine *Ausfertigung* dieser Urkunde erhalten:

- der Grundstückseigentümer
- der Erbbauberechtigte
- das Grundbuchamt

Eine *beglaubigte Abschrift* dieser Urkunde erhalten:

- das Finanzamt, Grunderwerbsteuerstelle
- der Gutachterausschuss
- der Erbbauberechtigte für seinen Finanzierungsgläubiger
- die dinglich Berechtigten, deren Rangrücktritts-, Zustimmungs- oder Löschungserklärung erforderlich ist.

XV. Notar- und Gerichtskosten; Grunderwerbsteuer

Die Kosten für die Beurkundung und den Vollzug im Grundbuch trägt der Erbbauberechtigte, ebenso die Grunderwerbsteuer. Gleiches gilt für etwaige Kosten, die im Rahmen eines Heimfalls oder im Rahmen der Löschung des Erbbaurechts anfallen.

Kosten, die im Rahmen der Erstrangbeschaffung des Erbbaurechts anfallen, trägt der Grundstückseigentümer.

Alternativ:

Sämtliche Kosten, die mit dieser Beurkundung verbunden sind, trägt der Erbbauberechtigte. Hierzu zählen auch die Kosten für die Einholung von Genehmigungen, die Kosten des grundbuchamtlichen Vollzugs, die Grunderwerbsteuer, ebenso die Kosten des Heimfalls, der Löschung des Erbbaurechts. Der Erbbauberechtigte trägt auch die Grunderwerbsteuer, die im Rahmen dieses Vertrages anfällt.

Kosten der Lastenfreistellung und Kosten der Rangbeschaffung des Erbbaurechts trägt jedoch der Grundstückseigentümer.

Vorgelesen vom Notar,

von den Beteiligten genehmigt

und eigenhändig unterschrieben:

(Unterschriften der Beteiligten)

(Unterschrift und Siegel des Notars)“

▲

▼ 149

Muster 4.2: Formulierungsvorschlag Gesamterbbaurechtsvertrag

„UVZ-Nr. /

BESTELLUNG EINES GESAMTERBBAURECHTS

Heute, den

– 20 –

sind vor mir,

,

Notar/Notarin in …, in den Geschäftsräumen des Notariats in der …, erschienen:

1. …

– nachfolgend „Grundstückseigentümer" genannt –,

2. …

– nachfolgend „Erbbauberechtigter" genannt –,

jeweils ausgewiesen durch gültigen amtlichen Lichtbildausweis.

Die anwesenden Beteiligten erklärten, dass kein Vertragsteil in Ausübung einer gewerblichen oder selbstständigen beruflichen Tätigkeit handelt.

Der Notar verwies auf die Vorschriften des Geldwäschegesetzes und auf die hieraus resultierenden Pflichten.

Die Erschienenen erklärten, nicht auf Veranlassung Dritter oder als Treuhänder für Dritte, sondern auf eigene Rechnung und im eigenen Namen zu handeln.

Die Erschienenen erklärten ferner, weder eine politisch exponierte Person („PeP") zu sein noch in den letzten 12 Monaten gewesen zu sein. Sie erklärten, auch nicht Familienmitglied, naher Angehöriger oder nahestehende Person einer solchen politisch exponierten Person zu sein.

Die Erschienenen verneinten die Frage des Notars/der Notarin nach einer Vorbefassung i.S.v. § 3 Abs. 1 S. 1 Nr. 7 BeurkG und baten um Beurkundung folgender Vereinbarungen:

I. Grundbuch- und Sachstand

1. Vorbemerkung: Erbbaugrundstücke, Eigentümer

Im **Grundstücksgrundbuch** des Amtsgerichts … für die Gemarkung … Blatt … ist folgender Grundbesitz eingetragen:

Flurstück …, … straße …, Gebäude- und Freifläche, zu … qm

Flurstück …, … straße …, Gebäude- und Freifläche, zu … qm

Flurstück …, … straße …, Gebäude- und Freifläche, zu … qm

Flurstück …, … straße …, Gebäude- und Freifläche, zu … qm

Eigentümer:

…

…

2. Belastungen

Der vorstehend genannte Grundbesitz ist wie folgt belastet:

Belastungen der Zweiten Abteilung des Grundbuchs:

lfd. Nr. 1:

lfd. Nr. 2:

Belastungen der Dritten Abteilung des Grundbuchs:

lfd. Nr. 1:

lfd. Nr. 2:

lfd. Nr. :

Das Grundbuch wurde am eingesehen.

3. Sachstand

Grundstückseigentümer und Erbbauberechtigter vereinbaren in diesem Vertrag ein Gesamterbbaurecht zwecks . Der Grundbesitz ist noch nicht bebaut, bauliche Anlagen wurden nicht errichtet. Der/die Grundstückseigentümer übernehmen keine Garantien, soweit die Bebaubarkeit der Grundstücke betroffen ist.

II. Bestellung eines Gesamterbbaurechts

1. Gesamterbbaurechtsbestellung

Der Beteiligte zu 1,

– „Grundstückseigentümer“–,

bestellt hiermit zugunsten des

Beteiligten zu 2,

- „Erbbauberechtigter“ –,
- bei mehreren Mitberechtigten zu je Anteil
- bei ausländischem Güterstand mehrerer Mitberechtigter: im Güterstand der nach dem Recht des Staates
- bei mehreren Mitberechtigten in Gütergemeinschaft
- für die im Gesellschaftsregister eingetragene Gesellschaft bürgerlichen Rechts (eGbR)

an den in Abschnitt I. 1 näher bezeichneten Grundstücken ein

Gesamterbbaurecht

nach Maßgabe des in dieser Urkunde niedergelegten Inhalts und nach Maßgabe des Erbbaurechtsgesetzes (ErbbauRG).

Das Gesamterbbaurecht ist das veräußerliche und vererbliche Recht, auf oder unter der Oberfläche mehrerer Grundstücke ein oder mehrere Bauwerke nach Maßgabe dieses Gesamterbbaurechtsvertrages zu haben. Errichtung, Nutzung und Umfang des Bauwerks ergeben sich aus ... des Vertrages.

Alternativ: Gesamterbbaurecht mit Ausübungsbeschränkung auf reale Teilflächen

Die Ausübung des Gesamterbbaurechts ist eingeschränkt auf die Grundstücksteilflächen von ca. ... qm, die in der beigefügten Planskizze, die Anlage ..., rot schraffiert gekennzeichnet sind. Auf die Planskizze wird verwiesen, sie wurde zur Durchsicht vorgelegt, von den Beteiligten genehmigt und eigenhändig unterschrieben. Die Grundstücksteilflächen von ca. ... qm werden im Folgenden auch als „Erbbaugrundstücke" bezeichnet. Das Gesamterbbaurecht erstreckt sich auch auf den nicht zur Errichtung des vorbezeichneten Bauwerks erforderlichen Teil der Erbbaugrundstücke, wobei dieser Teil nur im Rahmen der Bauwerksnutzung verwendet werden darf. Mit ausschließlich schuldrechtlicher Wirkung gilt, dass eine Vermessung der Teilflächen derzeit nicht erfolgen soll. Sollte eine Teilung erfolgen und sollten die Ausübungsflächen als rechtlich selbstständige Grundstücke vorgetragen werden, verpflichten sich die Vertragsteile zur Vertragsanpassung. Dabei ist das Gesamterbbaurecht auf die Ausübungsflächen einzuschränken, die Restflächen sind freizugeben. Rechte und Ansprüche, die dem Grundstückseigentümer/den Grundstückseigentümern zustehen, werden dem Eigentümer/den Eigentümern der Ausübungsflächen zugeordnet. Rechte und Ansprüche, die dem Gesamterbbauberechtigten zustehen, werden dem Gesamterbbauberechtigten an den Ausübungsflächen zugeordnet.

2. Beginn, Dauer

Das Gesamterbbaurecht beginnt mit der Eintragung im Grundbuch und endet am ..., in Worten .... Nach Beendigung des Gesamterbbaurechts gehen die Bauwerke und baulichen Anlagen in das Eigentum der Grundstückseigentümer/des Grundstückseigentümers über. Vollzugskosten trägt ....

Alternativ:

Das Gesamterbbaurecht wird auf die Dauer von ... – in Worten: ... – Jahren bestellt. Nach Beendigung des Gesamterbbaurechts gehen die Bauwerke und baulichen Anlagen in das Eigentum des Grundstückseigentümers über. Vollzugskosten trägt ....

3. Gesamterbbaurechts- Präambel; Ausübung der Grundstückseigentümerbefugnisse

Das Gesamterbbaurecht wird als einheitliches Recht an mehreren Grundstücken bestellt, was es erforderlich macht, die Ausübungsbefugnisse der beteiligten Grundstücke näher zu regeln:

a) die Rechte, die sich aus diesem Gesamterbbaurechtsvertrag ergeben, stehen den Eigentümern der Erbbaurechtsgrundstücke grundsätzlich gemeinschaftlich zu

b) bei getrennten Leistungen, die der Erbbauberechtigte erbringen muss, beispielsweise die Tragung der Grundsteuer oder sonstiger öffentlicher Lasten des jeweiligen Grundstücks, kann der jeweilige Grundstückseigentümer das Recht auch getrennt verlangen, bezogen auf sein Grundstück. Insoweit besteht Einzelgläubigerschaft.

c) Teilbare Leistungen kann ein einzelner Grundstückseigentümer nicht insgesamt bzw. zu Gänze verlangen, vielmehr kann ein einzelner Grundstückseigentümer nur die Leistung verlangen, die teilweise auf ihn entfällt. Insoweit besteht Mitgläubigerschaft. Eine teilbare Leistung liegt vor, sofern die Leistung ohne Wertminderung und ohne Beeinträchtigung des Leistungszwecks in Teilleistungen zerlegt werden kann.

d) Unteilbare Leistungen können die Grundstückseigentümer nur an alle Grundstückseigentümer gemeinschaftlich verlangen, vgl. § 432 Abs. 1 BGB. Die Leistung an einen einzelnen Gläubiger befreit den Schuldner grundsätzlich nicht. Auch insoweit besteht Mitgläubigerschaft.

e) Tritt der Heimfall ein, kann der Grundstückseigentümer die Übertragung des Gesamterbbaurechts auf sich oder auf einen von ihm benannten Dritten auf Kosten des Gesamterbbauberechtigten verlangen. Das Heimfallrecht kann nur einheitlich und nur insgesamt ausgeübt werden. Das Berechtigungsverhältnis der Grundstückseigentümer richtet sich insoweit nach §§ 472, 1098 BGB analog. Übt einer der beteiligten Grundstückseigentümer sein Recht nicht aus, sind die übrigen berechtigt, das Heimfallrecht im Ganzen auszuüben. In diesem Fall tritt eine Anwachsung des Heimfallrechts ein. Bei Ausübung des Heimfalls steht das Gesamterbbaurecht den Grundstückseigentümern in folgendem Anteilsverhältnis zu: . Für die Ausübung des Heimfalls hat der Grundstückseigentümer an den Gesamterbbauberechtigten eine Entschädigung zu bezahlen. Im Innenverhältnis sind die Grundstückseigentümer verpflichtet, die Entschädigung für den Heimfall wie folgt zu bezahlen: . Zur Verwaltung und Auflösung der Gemeinschaft, die infolge des Heimfalls entsteht, vereinbaren die Beteiligten Folgendes: . Zur Lastentragung, die infolge des Heimfalls entsteht, vereinbaren die Beteiligten Folgendes: . Zur Realisierung der Bebauungspflicht vereinbaren die Beteiligten Folgendes: .

f) Die Erbbauzinsen können optional durch eine einheitliche, gemeinschaftliche Reallast für alle Grundstückseigentümer gem. § 428 BGB oder durch verschiedene Reallasten für die einzelnen Grundstückseigentümer gesichert werden, im Gleich- oder Vor- und Nachrang mit- bzw. untereinander. Für das hier bestellte Gesamterbbaurecht wird folgende Erbbauzinsoption gewählt: . Der durch eine einheitliche, gemeinschaftliche Reallast gesicherte Erbbauzins wird im Innenverhältnis wie folgt aufgeteilt: .

g) Bei Beendigung des Gesamterbbaurechts durch Zeitablauf oder rechtsgeschäftliche Aufhebung werden die Bestandteile des Erbbaurechts Bestandteile der Erbbaugrundstücke, § 12 Abs. 3 ErbbauRG. Das Bauwerk des Gesamterbbaurechts wird Bestandteil der Erbbaugrundstücke, das Eigentum des Bauwerks geht kraft Gesetzes auf die Grundstückseigentümer über. Derzeit ist die Eigentumslage am Bauwerk nicht abschließend geklärt. Im Raum stehen eine vertikale Teilung des Bauwerks entlang der Grundstücksgrenzen, soweit dadurch wirtschaftlich sinnvolle Einheiten entstehen, sowie die Entstehung von Miteigentum nach §§ 741 ff. BGB oder eine Rechtslage, die dem rechtmäßigen Überbau gleicht.

Für die hier zu entscheidende Konstellation wählen die Grundstückseigentümer die folgende Option: . Sollte diese Konstellation zum gegebenen Zeitpunkt nicht durchführbar sein, verpflichten sich die Beteiligten, ein rechtlich und wirtschaftlich gleichwertiges Ergebnis herbeizuführen.

Schuldrechtlich verpflichten sich die Grundstückseigentümer

– zur Aufteilung des Bauwerks in Wohnungs- und Teileigentum

Alternativ:

– zur Bestellung von Grunddienstbarkeiten zur Nichtausübung des Überbaurechts

Alternativ:

– zur Realisierung einheitlicher Rechtsverhältnisse an den Bauwerken, die zu Bestandteilen der Erbbaugrundstücke geworden sind, § 12 Abs. 3 ErbbauRG

4. Schuldrechtlicher Beginn

Schuldrechtlich beginnt bzw. begann das Gesamterbbaurecht bereits mit dem Tag des Besitzübergangs.

III. Vertragsmäßiger dinglicher Inhalt

1. Vereinbarung

Als vertragsmäßiger dinglicher Inhalt des Gesamterbbaurechts werden die folgenden Bestimmungen vereinbart.

2. Bauwerk, Zweck und Nebenflächen

Das Gesamterbbaurecht wird im Rahmen der bei Vertragsabschluss zulässigen Bebauung für die Errichtung von Bauwerken bestellt, die im Abschnitt näher bestimmt sind. Die Lage und die Geschosszahl der Bauwerke ergeben sich aus dem anliegenden Plan, der Bestandteil dieser Urkunde ist. Das Gesamterbbaurecht wird zu Wohnzwecken bestellt. Das Gesamterbbaurecht erstreckt sich auch auf den für die Bauwerke nicht erforderlichen Teil der Grundstücke, wobei dieser Teil nur für Anlagen verwendet werden darf, die dem Zweck der Bauwerke dienen, etwa als Hof-, Weg-, Stellplatz oder Gartenfläche oder als Installationsort für Wärmepumpen. Wirtschaftlich bleiben die Bauwerke die Hauptsache.

Alternativ:

Der Erbbauberechtigte ist berechtigt und verpflichtet, auf den Grundstücken ein oder mehrere zu gewerblichen Zwecken dienende Bauwerke mit Nebenanlagen zu errichten und dort zu belassen, und zwar mit folgender Maßgabe: …. Die Nutzungen müssen jeweils baurechtlich zulässig sein. Das Gesamterbbaurecht erstreckt sich auch auf den für die Bauwerke nicht erforderlichen Teil der Grundstücke, wobei dieser Teil nur für Anlagen verwendet werden darf, die dem Zweck der Bauwerke dienen, etwa als Hof-, Weg-, Stellplatz oder Gartenfläche oder als Installationsort für Wärmepumpen. Wirtschaftlich bleiben die Bauwerke die Hauptsache.

Alternativ:

Der Erbbauberechtigte ist berechtigt und verpflichtet, innerhalb von … Jahren auf eigene Kosten ein Bauwerk nach Maßgabe der baurechtlichen Vorschriften zu erstellen. Das Bauwerk dient ausschließlich zu Wohnzwecken, eine andere Verwendungsart ist unzulässig, insbesondere eine gewerbliche Nutzung des Bauwerks. Das Gesamterbbaurecht erstreckt sich auch auf den für das Bauwerk nicht erforderlichen Teil der Grundstücke, wobei dieser Teil nur für Anlagen verwendet werden darf, die dem Zweck der Bauwerke dienen, etwa als Hof-, Weg-, Stellplatz oder Gartenfläche oder als Installationsort für Wärmepumpen. Wirtschaftlich bleibt das Bauwerk die Hauptsache.

Alternativ:

Der Erbbauberechtigte ist berechtigt und verpflichtet, auf den Erbbaugrundstücken eine Mietwohnanlage mit … Mietwohnungen einschließlich … ober- und unterirdischer Kfz-Stellplätze auf seine Kosten zu errichten und zu unterhalten. Die Bebauung ist bereits im Namen und auf Kosten des Erbbauberechtigten erfolgt. Seit dem … sind die Bauwerke bezugsfertig. Das Gesamterbbaurecht erstreckt sich auch auf die für die Bauwerke nicht erforderlichen Teile der Erbbaugrundstücke, die der Erbbauberechtigte beispielsweise als Hofraum, Wegeflächen, Stellplatzflächen oder als Grünanlage nutzen darf.

Alternativ:

Der Erbbauberechtigte ist berechtigt und verpflichtet, folgendes Bauwerk auf den Grundstücken nach den folgenden Maßgaben zu errichten und zu haben: ….

Alternativ:

Das Bauwerk ist ausschließlich zu Wohnzwecken zu nutzen. Die Ausübung eines Gewerbes jedweder Art ist nicht zulässig. Das Gesamterbbaurecht erstreckt sich auch auf den für die Bauwerke nicht erforderlichen Teil der Grundstücke, wobei dieser Teil nur für Anlagen verwendet werden darf, die dem Zweck der Bauwerke dienen, etwa als Hof-, Weg-, Stellplatz oder Gartenfläche oder als Installationsort für Wärmepumpen. Wirtschaftlich bleibt das Bauwerk die Hauptsache.

Alternativ:

Der Erbbauberechtigte ist berechtigt und verpflichtet, ein oder mehrere zu gewerblichen Zwecken dienende Gebäude mit Nebenanlagen (Tiefgarage, Garagen, Zufahrtswege, Stellplätze) zu errichten und dort zu belassen. Im Erdgeschoss der Bauwerke sind Einzelhandelsbetriebe aus dem segment zulässig, in den Obergeschossen Büros, in den Untergeschossen Kfz-Stellplätze und Lagerflächen und Technikräume. Das Gesamterbbaurecht erstreckt sich auch auf den für die Bauwerke nicht erforderlichen Teil des Grundstücks, wobei dieser Teil nur für Anlagen verwendet werden darf, die dem Zweck der Bauwerke dienen, etwa als Hof-, Weg-, Stellplatz oder Gartenfläche oder als Installationsort für Wärmepumpen. Wirtschaftlich bleiben die Bauwerke die Hauptsache.

Alternativ:

Der Erbbauberechtigte ist berechtigt und verpflichtet, auf den Erbbaugrundstücken Hallen und Silos für die Lagerung, Behandlung und den Umschlag von Waren aller Art mit den benötigten Büro-, Sozial- und Hallenflächen samt Außenanlagen zu errichten und betreiben.

Alternativ:

Der Erbbauberechtigte ist berechtigt und verpflichtet, auf den Erbbaugrundstücken zum Zweck des eigenen oder fremden Geschäftsbetriebs Lager- und Verkaufshallen und Werkstätten mit üblichen Nebenanlagen zu errichten.

Alternativ:

Der Erbbauberechtigte ist berechtigt und verpflichtet, auf eigene Kosten auf und unter den genannten Erbbaugrundstücken Bauwerke im Sinne des Erbbaurechtsgesetzes zu errichten, wie sie in der Anlage näher beschrieben sind, zu haben und betreiben zu lassen, und zwar im Rahmen eines innovativen Altenhilfeprojekts für ca. pflegebedürftige Menschen. Die Bauwerke werden zu folgenden Zwecken genutzt: vollstationäre Pflegeplätze, Betreutes Wohnen, Tagespflege, Kurzzeitpflege, Nachtpflege sowie Tiefgaragenstellplatzanlage. Soweit Bestimmungen dieses Vertrages nicht unmittelbar vom Erbbauberechtigten, sondern vom Betreiber erfüllt werden können, verpflichtet sich der Erbbauberechtigte, diese Verpflichtungen dem Betreiber aufzuerlegen.

Alternativ:

Der Erbbauberechtigte ist berechtigt und verpflichtet, das Bauwerk im Rahmen einer energieoptimierten Nutzung zu verwenden, um den Energieverbrauch des Bauwerks zu reduzieren. Sofern wirtschaftlich zumutbar, verpflichtet sich der Erbbauberechtigte, im Rahmen der Bauwerksnutzung die höchste energetische Energieeffizienzklasse zu berücksichtigen, besonders energiesparende Leuchtmittel (insbesondere LED-Lampen) und entsprechende Elektrogeräte zu verwenden sowie die Empfehlungen gängiger Umweltsiegel zu befolgen (Blauer Engel, EU-Ecolabel, EU-Energielabel). Die zur Nutzung des Bauwerks erforderliche Energie ist zu … Prozent aus regenerativen Energiequellen zu beziehen. Nach dem Erneuerbare-Energien-Gesetz (EEG) sind dies Wasserkraft, solare Strahlungsenergie, Windkraft, Geothermie, Biomasse sowie weitere Energiequellen, die von einschlägigen Gesetzen als erneuerbar anerkannt werden.

Alternativ:

Der Erbbauberechtigte ist berechtigt und verpflichtet, auf den Erbbaugrundstücken ein Mehrfamilienhaus mit einer Bruttogeschossfläche von … qm zu errichten. Dabei ist das Bauwerk unter Berücksichtigung der Klimaziele der Umweltinitiative … zu erstellen, die sich aus der anliegenden Beschreibung ergeben, auf die Bezug genommen wird und die einen Bestandteil dieser Urkunde bildet.

Alternativ:

Der Erbbauberechtigte ist berechtigt und verpflichtet, auf den Erbbaugrundstücken ein … mit einer Bruttogeschossfläche von … qm zu errichten. Dabei verpflichtet sich der Erbbauberechtigte zur wasserverbrauchsoptimierten Bauwerksnutzung. Der Erbbauberechtigte verpflichtet sich, ausschließlich wassersparende Geräte und Armaturen einzusetzen, wassersparende Vorrichtungen jeglicher Art zu verwenden und wassermindernde Maßnahmen vorzunehmen, um den Trinkwasserverbrauch zu reduzieren bzw. die Nutzung alternativer Wasserquellen zu forcieren, soweit dies ökonomisch zumutbar ist.

Alternativ:

Der Erbbauberechtigte ist berechtigt und verpflichtet, auf den Erbbaugrundstücken ein … zu errichten. Dabei verpflichtet sich der Erbbauberechtigte zur abfall- und recyclingoptimierten Bauwerksnutzung, die mit einem entsprechenden, bauwerksbezogenen Abfall- und Recyclingmanagement einhergeht, um den Anfall von Abfall zu vermeiden, den Abfallverbrauch zu reduzieren und die Recyclingquote zu erhöhen. Der im Bauwerk anfallende Abfall ist zu trennen und getrennt zu entsorgen. Die Grundsätze des Abfall- und Recycling- Managements ergeben sich aus der beigefügten Beschreibung, auf die Bezug genommen wird und die einen Bestandteil dieser Urkunde bildet. Diese Verpflichtung erstreckt sich auch auf Sanierungs-, Ausbau- und Umbaumaßnahmen.

Der Erbbauberechtigte verpflichtet sich dazu, den Umfang nicht wiederverwendbarer Materialien zu reduzieren.

Alternativ:

Der Erbbauberechtigte ist berechtigt und verpflichtet, auf den Erbbaugrundstücken ein zu errichten. Dabei verpflichtet sich der Erbbauberechtigte zur Verwendung des Bauwerks im Sinne einer Biodiversitätsstrategie, deren Grundsätze sich aus der beigefügten Beschreibung ergeben, auf die Bezug genommen wird und die einen Bestandteil dieser Urkunde bildet. Ziel dieser bauwerksbezogenen Biodiversitätsstrategie ist es, dem Rückgang der Artenvielfalt zu begegnen und die biologische Vielfalt des Erbbaugrundstücks zu erhalten. Der Erbbauberechtigte verpflichtet sich, Handlungen zu vermeiden, die nachweislich negative Auswirkungen auf das Ökosystem haben können. Um die biologische Vielfalt im Rahmen der Bauwerksnutzung zu fördern, sollen die Maßnahmen ergriffen werden, deren Grundsätze sich aus der beigefügten Beschreibung ergeben, auf die Bezug genommen wird und die einen Bestandteil dieser Urkunde bildet. Hierzu zählen die Vermeidung invasiver Pflanzenarten, die Errichtung einer Streuobstwiese, die Anbringung von Nistkästen, die Errichtung von Gewächshäusern, die Begründung der Fassade, der Schutz heimischer Tierarten und die Ansiedlung von Bienenvölkern.

Alternativ:

Der Erbbauberechtigte ist berechtigt und verpflichtet, auf den Erbbaugrundstücken ein zu errichten. Dabei verpflichtet sich der Erbbauberechtigte zur Verwendung des Bauwerks im Sinne einer nachhaltigen Mobilitätsstrategie, mit der die Elektromobilität des Bauwerks ausgebaut werden soll, um die Treibhausgasemissionen zu reduzieren und die Klimaneutralität des Verkehrssektors zu forcieren. Die Grundsätze dieser bauwerksbezogenen Mobilitätsstrategie ergeben sich aus der beigefügten Beschreibung, auf die Bezug genommen wird und die einen Bestandteil dieser Urkunde bildet. Bezogen auf das Bauwerk des Gesamterbbaurechts, verpflichtet sich der Erbbauberechtigte dazu, für die verstärkte Fahrradnutzung zu sorgen, Fahrradstellplätze zu errichten, Fahrrad- oder Carsharing- Möglichkeiten anzubieten, den Ausbau der Ladeinfrastruktur im Bauwerk zu unterstützen und die entsprechenden Energiekapazitäten im Bauwerk sicherzustellen.

Alternativ:

Der Erbbauberechtigte ist berechtigt und verpflichtet, auf den Erbbaugrundstücken ein zu errichten. Dabei verpflichtet sich der Erbbauberechtigte zur Verwendung des Bauwerks im Sinne einer Strategie, die sich an der Gesundheit und am Wohlbefinden orientiert. Die Grundsätze dieser bauwerksbezogenen Gesundheits- und Wohlbefindensorientierung ergeben sich aus der beigefügten Beschreibung, auf die Bezug genommen wird und die einen Bestandteil dieser Urkunde bildet. Der Erbbauberechtigte verpflichtet sich, bauwerksbezogen die Verwendung gesundheitsschädlicher Bestandteile zu unterlassen, etwa die Verwendung von Produkten mit toxischen Inhaltsstoffen (Phthalate, Formaldehyd, Biozide, Holzschutzmittel) oder die Verwendung von Weichmachern, stattdessen sind möglichst naturbelassene Materialien zum Einsatz zu bringen. Zur gesundheitsorientierten Bauwerksnutzung zählt die Vermeidung von Asbest oder von künstlichen Mineralfasern. Im Rahmen der Bauwerksnutzung verpflichtet sich der Erbbauberechtigte dazu, gesundheitsschädigende Störfaktoren zu vermeiden, etwa Schall, Straßenlärm, Staub-, Licht- oder Geruchsbelästigungen. Im Außenbereich sind möglichst allergiefreundliche Pflanzen zu verwenden.

3. Änderung des Verwendungszwecks

Die Erbbaugrundstücke und die hierauf errichteten Bauwerke dürfen nur zu dem Zweck genutzt werden, der in obigem Absatz 2 genannt ist. Zur Änderung des Verwendungszwecks ist die vorherige schriftliche Zustimmung der Grundstückseigentümer erforderlich, die von einer angemessenen Erhöhung des Erbbauzinses abhängig gemacht werden kann.

Alternativ:

Ohne vorherige schriftliche Zustimmung der Grundstückseigentümer dürfen die Erbbaugrundstücke nicht zu vertragsfremden Zwecken genutzt werden.

Alternativ:

Eine Änderung des vereinbarten Verwendungszwecks bedarf der vorherigen schriftlichen Zustimmung der Grundstückseigentümer.

4. Bauverpflichtung

Der Erbbauberechtigte verpflichtet sich, das Bauwerk auf eigene Kosten unter Beachtung aller öffentlich-rechtlichen Vorschriften und unter Verwendung guter und dauerhafter Baustoffe zu errichten. Der Erbbauberechtigte verpflichtet sich, das Bauwerk bis zum bezugsfertig zu errichten. Dabei sind die allgemein anerkannten Regeln der Baukunst und die einschlägigen DIN-Vorschriften zu beachten.

Während der Bauphase ist der Grundstückseigentümer berechtigt, die Baustelle nach vorheriger Anmeldung auf eigene Gefahr in Augenschein zu nehmen.

Der Baugenehmigungsantrag bedarf der Zustimmung des Grundstückseigentümers. Nach Baugenehmigung sind dem Grundstückseigentümer die der Bauausführung zugrunde zulegenden Baupläne mit Baubeschreibung und Baugenehmigung jeweils in Kopie zu übergeben.

Der Grundstückseigentümer kann die Übertragung des Gesamterbbaurechts auf sich oder einen von ihm benannten Dritten auf Kosten des Erbbauberechtigten als Heimfall verlangen, sofern der Erbbauberechtigte gegen die Bebauungsverpflichtung verstößt.

Statt den Heimfall geltend zu machen, kann der Grundstückseigentümer nach vorheriger Abmahnung die Zahlung einer Vertragsstrafe verlangen. Die Vertragsstrafe beläuft sich auf ___ % der Erbbauzinsen, bezogen auf die Dauer des Vertragsverstoßes. Eine Vertragsstrafe soll jedoch nicht verlangt werden, sofern den Erbbauberechtigten kein Verschulden trifft.

Alternativ:

Der Erbbauberechtigte ist berechtigt und verpflichtet, das in Ziffer III. 2 genannte Bauwerk innerhalb von ___ Jahren nach Abschluss dieses Vertrages bezugsfertig zu errichten. Dabei ist das Bauwerk unter Verwendung guter und dauerhafter Baustoffe und unter Beachtung allgemein anerkannter Regeln der Baukunst und der Bauvorschriften zu erstellen. Die der Bauausführung zugrunde liegenden Baupläne samt Baubeschreibung sind dem Grundstückseigentümer in Ausfertigung zu übergeben.

Alternativ:

Der Erbbauberechtigte ist berechtigt und verpflichtet, auf den Erbbaugrundstücken auf seine Kosten ein oder mehrere zu gewerblichen Zwecken dienende Gebäude mit Nebenanlagen (insbesondere Tiefgarage, Zufahrtswege, Stellplätze) zu errichten und dort zu belassen, und zwar mit folgender Maßgabe: ___ Die vorgenannten Nutzungen müssen jedoch jeweils baurechtlich zulässig sein. Zahl und Umfang der Gebäude richten sich nach dem Bebauungsplan Nr. ___.

Alternativ:

Der Erbbauberechtigte ist berechtigt und verpflichtet, binnen ___ Monaten nach ___ einen Bauantrag auszuarbeiten, diesen bei der Baugenehmigungsbehörde einzureichen und die Bauwerke binnen ___ Jahren nach Vorlage der bestandskräftigen Baugenehmigung fertig zu stellen, sodass sich zu diesem Zeitpunkt die baulichen Anlagen und das Baugrundstück in dem Zustand befinden, der den öffentlich-rechtlichen Vorschriften entspricht. Das Bauvorhaben ist bis zum ___ fertigzustellen. Falls sich die Erstellung des Bauvorhabens aus Gründen verzögert, die der Erbbauberechtigte nicht zu vertreten hat, verlängern sich die vorstehenden Fristen entsprechend. Der Erbbauberechtigte hat die Bauwerke unter Verwendung guter Baustoffe nach den Regeln der Technik und der Baukunst, ferner nach den Vorschriften der gesetzlichen Unfallversicherung sowie unter Einhaltung aller baurechtlichen Vorschriften sorgfältig und dauerhaft ausführen zu lassen. Der Grundstückseigentümer darf die ordnungsgemäße Bauausführung laufend überwachen bzw. durch beauftragte Dritte überwachen lassen.

5. Instandhaltungsverpflichtung

Der Erbbauberechtigte ist verpflichtet, die von ihm errichteten bzw. bei Vertragsabschluss bereits vorhandenen Bauwerke einschließlich Außenanlagen und besonderer

Betriebseinrichtung in gutem und zweckentsprechendem Zustand zu halten und die erforderlichen Reparaturen und Erneuerungen unverzüglich auf eigene Kosten vorzunehmen. Der Grundstückseigentümer/die Grundstückseigentümer ist/sind berechtigt, die Erbbaugrundstücke und die Bauwerke zu jeder angemessenen Tageszeit selbst zu besichtigen oder durch Beauftragte besichtigen zu lassen, um den baulichen Zustand und die vertragsgemäße Verwendung des Bauwerks zu überprüfen. Bei Beanstandungen steht dem Grundstückseigentümer/den Grundstückseigentümern das Besichtigungsrecht so lange zu, bis die Mängel behoben sind bzw. die vertragsgemäße Verwendung des Bauwerks wiederhergestellt ist. Falls der Erbbauberechtigte der Instandhaltungspflicht trotz Aufforderung innerhalb angemessener Frist nicht oder nur ungenügend nachkommt, ist der Grundstückseigentümer berechtigt, die Arbeiten auf Kosten des Erbbauberechtigten vornehmen zu lassen.

Alternativ:

Der Erbbauberechtigte hat die Bauwerke und die vom Gesamterbbaurecht erfassten Anlagen sowie Betriebseinrichtungen auf eigene Kosten dauernd in gutem Zustand zu erhalten. Hierzu hat der Erbbauberechtigte alle erforderlichen Instandsetzungen und Erneuerungen auf eigene Kosten unverzüglich vorzunehmen. Falls der Erbbauberechtigte diesen Verpflichtungen trotz schriftlicher Aufforderung innerhalb einer angemessenen Frist nicht oder nur unvollständig nachkommt, ist der Grundstückseigentümer berechtigt, die Arbeiten auf Kosten des Erbbauberechtigten vornehmen zu lassen.

Alternativ:

Der Erbbauberechtigte ist verpflichtet, die Bauwerke nach den Regeln einer ordnungsgemäßen Bewirtschaftung stets in ordentlichem Zustand zu erhalten und die erforderlichen Instandhaltungs- und Instandsetzungsmaßnahmen sowie Erneuerungen rechtzeitig vorzunehmen. Kommt er dieser Verpflichtung trotz Mahnung innerhalb einer angemessenen Frist, die der Grundstückseigentümer bestimmt, nicht nach, so ist der Grundstückseigentümer berechtigt, die erforderlichen Maßnahmen auf Kosten des Erbbauberechtigten durchführen zu lassen.

6. Besichtigungsrecht

Der Grundstückseigentümer/die Grundstückseigentümer ist/sind berechtigt, die Erbbaugrundstücke und die Bauwerke zu jeder angemessenen Tageszeit selbst oder durch Beauftragte zu besichtigen und auf ihren baulichen Zustand und ihre vertragsgemäße Verwendung zu prüfen.

Alternativ:

Der Grundstückseigentümer ist berechtigt, die Erbbaugrundstücke und das Bauwerk jährlich nach vorheriger Terminsbestimmung zu jeder angemessenen Tageszeit selbst oder durch Beauftragte zu besichtigen und auf ihren baulichen Zustand und die vertragsgemäße Verwendung zu überprüfen bzw. überprüfen zu lassen. Scheitert eine vorherige Terminsbestimmung, kann der Grundstückseigentümer die Erbbaugrundstücke und die Bauwerke zur angemessenen Tageszeit nach schriftlicher Vorankündigung von vierzehn Tagen besichtigen bzw. besichtigen lassen.

Alternativ:

Der Grundstückseigentümer ist jährlich nach vorheriger Absprache berechtigt, die Erbbaugrundstücke und die Bauwerke zu besichtigten oder durch Beauftragte besichtigen und auf ihren baulichen Zustand und ihre vertragsgemäße Verwendung prüfen zu lassen. Ergeben sich berechtigte Beanstandungen, ist der Grundstückseigentümer so lange zu mehrfacher Besichtigung berechtigt, bis der Mangel behoben ist oder die Mängel behoben sind bzw. die vertragswidrige Verwendung beendet wurde.

Alternativ:

Der Grundstückseigentümer ist berechtigt, die Erbbaugrundstücke und die Bauwerke samt Nebenanlagen zu betreten und zu besichtigen bzw. durch Beauftragte zu betreten und zu besichtigen lassen, um den Bauzustand und die vertragsgemäße Verwendung der Bauwerke zu überprüfen bzw. überprüfen zu lassen. Sofern nicht Gefahr in Verzug ist, wird der Grundstückseigentümer das Betretungsrecht nur nach vorheriger Absprache und unter angemessener Rücksichtnahme auf die Belange des Erbbauberechtigten wahrnehmen.

7. Versicherungsverpflichtung

Der Erbbauberechtigte ist verpflichtet, die auf den Erbbaugrundstücken befindlichen Bauwerke zum frühestmöglichen Zeitpunkt mit dem vollen Wert gegen Brand-, Sturm-, evtl. Heizöl-, Leitungswasser- sowie Elementarschäden in Form einer Neuwertversicherung auf eigene Kosten zu versichern und versichert zu halten. Der Erbbauberechtigte verpflichtet sich dazu, die Versicherungsprämien pünktlich und vollständig zu bezahlen. Falls der Grundstückseigentümer eine Erhöhung der Versicherung für erforderlich erachtet, ist der Erbbauberechtigte zur Nachversicherung verpflichtet. Darüber hinaus ist der Erbbauberechtigte schuldrechtlich verpflichtet, eine Gebäude- bzw. Grundbesitzerhaftpflicht einschließlich Gewässerversicherung mit ausreichender Deckungssumme abzuschließen.

Die Versicherungen sind während der ganzen Laufzeit des Gesamterbbaurechts aufrechtzuerhalten.

Auf Verlangen des Grundstückseigentümers ist diesem der Nachweis zu erbringen, dass die Versicherungen abgeschlossen wurden und unverändert bestehen. Gleiches gilt für eine Nachversicherung, die der Grundstückseigentümer für erforderlich erachtet.

Kommt der Erbbauberechtigte trotz schriftlicher Mahnung der oben beschriebenen Versicherungspflicht nicht oder nur ungenügend nach, ist der Grundstückseigentümer berechtigt, selbst für die Versicherungen auf Kosten des Erbbauberechtigten zu sorgen.

Die Versicherungs- sowie sonstigen Entschädigungsleistungen sind in vollem Umfang zur Wiederherstellung der Bauwerke zu verwenden.

Der Erbbauberechtigte ist auch dann zum Wiederaufbau verpflichtet, sollten die Zerstörungen nicht durch Versicherungs- oder Ersatzleistungen gedeckt sein. Eine Ausnahme gilt nur für den Fall, dass der Wiederaufbau unzumutbar wäre.

Sollte der Erbbauberechtigte im Rahmen der Wiederherstellung der Bauwerke von den ursprünglichen Bauplänen abweichen wollen, benötigt er die vorherige schriftliche Zustimmung des Grundstückseigentümers.

Falls ein Wiederaufbau nicht erfolgen kann oder Einigkeit zwischen Grundstückseigentümer und Erbbauberechtigtem darüber besteht, dass der Wiederaufbau derzeit nicht erfolgen soll, sind die Versicherungs- oder sonstigen Ersatzleistungen zur Beseitigung der Gebäudereste und zur Tilgung der auf dem Erbbaurecht ruhenden Belastungen zu verwenden.

Alternativ:

Während der Laufzeit des Gesamterbbaurechts ist der Erbbauberechtigte verpflichtet, die auf dem Grundstück jeweils errichteten Bauwerke zum jeweils vollen Wiederherstellungswert (einschließlich der im Schadensfall anfallenden zusätzlichen Kosten, beispielsweise Kosten der Entsorgung) gegen Brand- und Gebäudeleitungswasserschaden sowie gegen Sturmschäden versichern zu lassen und dauernd versichert zu halten. Hierüber ist dem Grundstückseigentümer ein ausreichender Nachweis zu erbringen.

Der Erbbauberechtigte ist verpflichtet, alle werterhöhenden Baumaßnahmen dem Versicherer unverzüglich schriftlich zu melden und dem Grundstückseigentümer die daraufhin erfolgte Änderung der Versicherung nachzuweisen.

Falls der Erbbauberechtigte den vorstehenden Verpflichtungen trotz Mahnung nicht unverzüglich nachkommt, ist der Grundstückseigentümer berechtigt, jedoch nicht verpflichtet, auf Kosten des Erbbauberechtigten für die Versicherung zu sorgen.

Sofern Bauwerke auf den Erbbaugrundstücken ganz oder teilweise zerstört werden, ist der Erbbauberechtigte verpflichtet, den Schadensfall unverzüglich dem Grundstückseigentümer anzuzeigen.

Alternativ:

Der Erbbauberechtigte ist verpflichtet, das auf den Erbbaugrundstücken errichtete Bauwerk zum vollen Wiederherstellungswert gegen Brand- und Leitungswasserschaden zu versichern und versichert zu halten. Falls der Grundstückseigentümer dies verlangt, hat der Erbbauberechtigte hierüber Nachweise vorzulegen. Kommt der Erbbauberechtigte seiner Versicherungspflicht nicht nach, kann der Grundstückseigentümer auf Kosten des Erbbauberechtigten die Versicherung selbst vornehmen. Sofern Bauwerke auf den Erbbaugrundstücken ganz oder teilweise zerstört werden, ist der Erbbauberechtigte verpflichtet, den Schadensfall unverzüglich dem Grundstückseigentümer anzuzeigen.

Alternativ:

Der Erbbauberechtigte ist verpflichtet, während der Laufzeit des Gesamterbbaurechts die auf den Grundstücken errichteten Bauwerke zum jeweils vollen Wiederherstellungswert einschließlich der im Schadensfalle zusätzlichen Kosten (beispielsweise der Entsorgung) gegen Brand- und Gebäudeleitungswasserschäden sowie gegen Sturmschäden versichern zu lassen und dauernd versichert zu halten. Nachweise hierüber sind dem Grundstückseigentümer vorzulegen. Kommt der Erbbauberechtigte vorstehenden Verpflichtungen trotz Mahnung nicht unverzüglich nach, ist der Grundstückseigentümer berechtigt, aber nicht verpflichtet, auf Kosten des Erbbauberechtigten für die Versicherung zu sorgen.

8. Wiederaufbau

Bei Eintritt des Versicherungsfalles ist der Erbbauberechtigte zum Wiederaufbau der Bauwerke im vorherigen Umfang verpflichtet, und zwar binnen einer Frist von ______ Jahren.

Hierfür sind die Versicherungs- und sonstigen Entschädigungsleistungen in vollem Umfang zu verwenden.

Falls der Erbbauberechtigte von den ursprünglichen Plänen abweichen möchte, ist er verpflichtet, vorher die schriftliche Zustimmung des Grundstückseigentümers/der Grundstückseigentümer einzuholen.

Der/die Grundstückseigentümer kann/können die Übertragung des Gesamterbbaurechts auf sich oder auf einen von ihm benannten Dritten auf Kosten des Erbbauberechtigten verlangen, sollte der Erbbauberechtigte seiner Wiederaufbauverpflichtung trotz Abmahnung nicht oder nur unzureichend nachkommen. Gleiches gilt für die nicht fristgerechte Wiederherstellung der Bauwerke.

Der/die Grundstückseigentümer ist/sind berechtigt, eine Vertragsstrafe zu verlangen, sollte der Erbbauberechtigte gegen seine Wiederaufbauverpflichtung verstoßen. Die Vertragsstrafe beläuft sich auf ______ % des Erbbauzinses samt Anpassung, bezogen auf die Dauer des Verstoßes. Durch die Zahlung der Vertragsstrafe wird der Erbbauberechtigte nicht von seiner Wiederaufbauverpflichtung befreit.

Bei vollständigen Zerstörungen, die nicht durch Versicherungs- oder sonstige Entschädigungsleistungen gedeckt sind, ist der Erbbauberechtigte zum Wiederaufbau nur verpflichtet, sofern er die Nicht- oder Unterversicherung zu vertreten hat.

Falls ein Wiederaufbau nicht erfolgen kann oder Einigkeit zwischen Grundstückseigentümer und Erbbauberechtigtem darüber besteht, dass der Wiederaufbau derzeit nicht erfolgen soll, sind die Versicherungs- oder sonstigen Ersatzleistungen zur Beseitigung der Gebäudereste und zur Tilgung der auf dem Erbbaurecht ruhenden Belastungen zu verwenden.

Alternativ:

Der Erbbauberechtigte ist zur Wiederherstellung der Bauwerke im bisherigen Umfang verpflichtet, sollten diese ganz oder teilweise zerstört werden. Die Bauwerke sind unverzüglich und auf Kosten des Erbbauberechtigten wiederaufzubauen und fertigzustellen.

Der/die Grundstückseigentümer ist/sind berechtigt, eine Vertragsstrafe zu verlangen, sollte der Erbbauberechtigte gegen seine Wiederaufbauverpflichtung verstoßen. Die Vertragsstrafe beläuft sich auf % des Erbbauzinses samt Anpassung, bezogen auf die Dauer des Verstoßes. Durch die Zahlung der Vertragsstrafe wird der Erbbauberechtigte nicht von seiner Wiederaufbauverpflichtung befreit.

Zum Wiederaufbau sind alle Versicherungs- oder sonstigen Entschädigungsleistungen in vollem Umfang zu verwenden.

Falls der Erbbauberechtigte von den ursprünglichen Plänen abweichen möchte, ist er verpflichtet, vorher die schriftliche Zustimmung des Grundstückseigentümers/der Grundstückseigentümer einzuholen.

Falls ein Wiederaufbau nicht erfolgen kann oder Einigkeit zwischen dem Grundstückseigentümer/den Grundstückseigentümern und dem Erbbauberechtigtem darüber besteht, dass der Wiederaufbau derzeit nicht erfolgen soll, sind die Versicherungs- oder sonstigen Ersatzleistungen zur Beseitigung der Gebäudereste und zur Tilgung der auf dem Gesamterbbaurecht ruhenden Belastungen zu verwenden.

Alternativ:

Bauwerke, die dem Gesamterbbaurecht unterliegen und durch Brand oder in anderer Weise ganz oder teilweise zerstört werden, sind durch den Erbbauberechtigten im vorherigen Umfang wiederherzustellen. Hierfür sind die Versicherungs- oder sonstigen Entschädigungsleistungen in vollem Umfang heranzuziehen.

9. Lastentragung

Beginnend mit dem Besitzübergang, trägt der Erbbauberechtigte für die gesamte Dauer des Gesamterbbaurechts alle einmaligen und wiederkehrenden öffentlichen Lasten,

Steuern und Abgaben des Gesamterbbaurechts und der Erbbaugrundstücke. Zu den öffentlichen Abgaben zählen Geldleistungen aller Art, die kraft Gesetzes abgeführt werden müssen. Zu den öffentlichen Lasten zählen alle Leistungen, die kraft Gesetzes auf den Grundstücken ruhen, beispielsweise die Grundsteuer.

In gleicher Weise (ab Besitzübergang bis zur Beendigung des Erbbaurechts) trägt der Erbbauberechtigte auch alle privatrechtlichen Lasten des Gesamterbbaurechts und der Erbbaugrundstücke. Soweit Erschließungsbeträge betroffen sind, trägt der Grundstückseigentümer alle bis zur Beurkundung des Gesamterbbaurechts ergangenen Beträge. Der Erbbauberechtigte übernimmt alle Erschließungskosten und Anliegerbeträge, die als Bescheid nach dem Tag der Beurkundung ergehen.

Falls der Grundstückseigentümer bereits Leistungen erbracht hat, muss der Erbbauberechtigte diese unverzüglich erstatten. Ausgenommen von der Lastentragungspflicht sind Grundpfandrechte, die an den Erbbaugrundstücken bestellt werden. Diese trägt der Grundstückseigentümer allein.

Der Erbbauberechtigte ist verpflichtet, für die Erfüllung behördlicher Auflagen Sorge zu tragen.

Schuldrechtlich übernimmt der Erbbauberechtigte die Verpflichtung, für die Verkehrssicherungspflicht ab Besitzübergang zu sorgen. Diese Pflicht bezieht sich auf das Bauwerk und die Erbbaugrundstücke.

Der rechtsgeschäftliche Erwerber des Gesamterbbaurechts haftet für die Rückstände seines Vorgängers.

Alternativ:

Die Erbbaugrundstücke werden dem Erbbauberechtigten am ______ übergeben. Von diesem Zeitpunkt an gehen Gefahr und Nutzungen, die dem Erbbauberechtigten zustehen, auf den Erbbauberechtigten über.

Der Erbbauberechtigte hat alle auf die Grundstücke und das Gesamterbbaurecht entfallenden öffentlichen und privatrechtlichen Abgaben und Lasten zu tragen, einschließlich der Grundsteuer und aller weiteren Verpflichtungen, die den Grundstückseigentümer als solchen treffen. Hierzu zählen auch alle mit der Erschließung der Grundstücke zusammenhängenden Aufwendungen, insbesondere Erschließungskosten und -beiträge, Ausgleichsbeträge, Nachfolgelasten, Planungskosten und Beträge nach dem Kommunalabgabengesetz. Sollte der Grundstückseigentümer bereits Leistungen erbracht haben, ist der Erbbauberechtigte verpflichtet, diese Leistungen zu erstatten. Sollten solche Aufwendungen dem Eigentümer in Rechnung gestellt, aber noch nicht bezahlt sein, verpflichtet sich der Erbbauberechtigte dazu, den Grundstückseigentümer freizustellen. Etwaige Grundpfandrechte, die an den Erbbaugrundstücken bestehen oder bestellt werden, trägt der Grundstückseigentümer allein.

Alternativ:

Die Besitzübergabe erfolgte bereits am .

Ab diesem Zeitpunkt gehen Nutzungen und Gefahren auf den Erbbauberechtigten über. Ab diesem Zeitpunkt hat der Erbbauberechtigte alle laufenden öffentlichen und privatrechtlichen Lasten und Abgaben des Grundstücks und des Gesamterbbaurechts zu tragen.

Sämtliche Erschließungs- und Aufschließungskosten nach §§ 127, 128 BauGB für die erstmalige Erschließung des Erbbaugrundstücks treffen den Erbbauberechtigten. Alle künftigen Erschließungs- und Aufschließungskosten für Maßnahmen, die während der Dauer des Gesamterbbaurechts durchgeführt werden, treffen den Erbbauberechtigten.

Alternativ:

Der Erbbauberechtigte übernimmt mit dem Übergang von Besitz, Nutzen und Lasten alle einmaligen und laufenden öffentlichen und privatrechtlichen Lasten und Abgaben für die Erbbaugrundstücke und für das Gesamterbbaurecht, insbesondere die Grundsteuer, die auf die Grundstücke und das Gesamterbbaurecht entfallenden Herstellungs- und Benutzungskosten, die Kosten für Versorgungseinrichtungen (Wasser, Strom, Gas, Entwässerung, Müllabfuhr u.a.), die Straßenreinigungsgebühren, die Sondernutzungsgebühren nach dem Straßen- und Wegerecht sowie alle sonstigen öffentlich- und privatrechtlichen Lasten und Abgaben, die durch die Bestellung des Gesamterbbaurechts sowie die Errichtung und Nutzung von Bauwerken und Anlagen auf den Erbbaugrundstücken verursacht werden.

Alternativ:

Ab Besitzübergang trägt der Erbbauberechtigte alle einmaligen und wiederkehrenden öffentlichen Lasten und Abgaben der Erbbaugrundstücke und des Gesamterbbaurechts, etwa die Grund- und Gebäudesteuern sowie die Kanal-, Straßenreinigungs-, Müllabfuhr- und Kaminkehrerkosten.

Ferner trägt der Erbbauberechtigte alle privatrechtlichen Lasten der Erbbaugrundstücke und des Gesamterbbaurechts. Ausgenommen hiervon sind alle gegenwärtigen und künftigen Belastungen der Grundstücke, die einzig und allein der Grundstückseigentümer zu tragen hat.

Der Erbbauberechtigte hat auch alle mit der Erschließung nach dem Baugesetzbuch und dem Kommunalabgabengesetz zusammenhängenden Kosten für die Grundstücke und das Gesamterbbaurecht zu tragen.

Alternativ:

Ab Besitzübergabe trägt der Erbbauberechtigte die öffentlichen und privatrechtlichen Abgaben und Lasten, die den Grundstückseigentümer als solchen treffen, insbesondere

Erschließungsbeiträge und Gebühren für Straßenreinigung und den Anschluss und die Benutzung von Versorgungsanlagen.

10. Heimfall und Vertragsstrafe; Entschädigung bei Heimfall

Der Grundstückseigentümer kann die Übertragung des Gesamterbbaurechts auf sich oder auf einen von ihm benannten Dritten auf Kosten des Erbbauberechtigten als Heimfall verlangen, sofern

- das Gesamterbbaurecht vor Bauerrichtung veräußert wird
- der Erbbauberechtigte den kapitalisierten Erbbauzins gemäß nicht bis zum gezahlt hat
- die Erbbaugrundstücke dadurch für den Grundstückseigentümer günstiger genutzt oder verwertet werden kann
- die Erbbaugrundstücke in einer aus gesundheitlichen oder sittlichen Gründen zu beanstandenden Weise genutzt werden
- die Fortsetzung des Erbbaurechtsverhältnisses aus einem in der Person des Erbbauberechtigten liegenden Grund eine unbillige Härte bedeuten würde
- ein wichtiger Grund gegeben ist, der in der Person des Erbbauberechtigten liegt, der die Fortsetzung des Gesamterbbaurechts für den Grundstückseigentümer unzumutbar macht
- der Erbbauberechtigte die Bestimmungen dieses Gesamterbbaurechtsvertrages nicht erfüllt oder ihnen zuwiderhandelt
- der Erbbauberechtigte gegen eine beliebige Verpflichtung des Gesamterbbaurechtsvertrags verstößt, beispielsweise die Bauerrichtungspflicht, die Instandhaltungspflicht, die Lastentragungspflicht, die Bauwerkverwendungspflicht, die Versicherungspflicht oder die Wiederaufbaupflicht
- der Erbbauberechtigte oder der Grundstückseigentümer verstirbt
- wesentliche Gebäudeveränderungen oder der Abriss ohne notwendige Zustimmung des Grundstückseigentümers vorgenommen werden, sofern die Gebäudeveränderungen nicht zumutbar sind und sich im üblichen Rahmen halten
- das aufgrund des Gesamterbbaurechts errichtete Bauwerk zerstört oder grob vernachlässigt wird
- am Bauwerk des Gesamterbbaurechts ohne Zustimmung des Grundstückseigentümers Nutzungsänderungen vorgenommen werden

- der Erbbauberechtigte das Gesamterbbaurecht und die damit verbundenen Nutzungen ganz oder teilweise ohne schriftliche Zustimmung des Grundstückseigentümers an Dritte überlässt
- Erbbauzinszahlungsverzug des Erbbauberechtigten besteht, mindestens allerdings in Höhe zweier Jahresbeiträge, § 9 Abs. 4 ErbbauRG
- über das Vermögen des Erbbauberechtigten das Insolvenzverfahren eröffnet oder mangels Masse abgelehnt wird; sollte jedoch keine Vergütung gezahlt werden oder ein Missverhältnis zwischen Leistung und Gegenleistung im Insolvenzverfahren festgestellt werden, droht die Anfechtung dieser Regelung, §§ 133 Abs. 1, 146 Abs. 2 InsO
- über das Vermögen des Erbbauberechtigten der Antrag auf Insolvenzeröffnung gestellt wird
- Zahlungsunfähigkeit oder Überschuldung des Erbbauberechtigten besteht
- die Zwangsversteigerung oder die Zwangsverwaltung des Gesamterbbaurechts angeordnet wird; bei Zwangsmaßnahmen, die vom Grundstückseigentümer wegen rückständiger Erbbauzinsen betrieben werden, ist jedoch ein Erbbauzinsrückstand in Höhe zweier Jahresbeträge erforderlich, § 9 Abs. 4 ErbbauRG
- der Erbbauberechtigte die Eidesstattliche Versicherung abgibt
- der Erwerber (auch im Falle der Zwangsversteigerung) des Gesamterbbaurechts nicht in alle schuldrechtlichen Verpflichtungen des Gesamterbbaurechtsvertrags eintritt
- dringender Eigenbedarf des Grundstückseigentümers oder seiner Erben gegeben ist
- kirchenfeindliches Verhalten des Erbbauberechtigten festzustellen ist
- das Gesamterbbaurecht mit Rechten belastet wird, die nicht in § 5 Abs. 2 ErbbauRG genannt sind (etwa Nießbrauch, Dienstbarkeiten, Vorkaufsrechte)
- der Erbbauberechtigte die vertraglich vereinbarten Belegungs- und Mietpreisbeschränkungen für den erwähnten Personenkreis missachtet, nachdem der Erbbauberechtigte ordnungsgemäß gemahnt und ihm eine Nachfrist gesetzt wurde
- ein Gericht rechtskräftig feststellt, dass dieser Gesamterbbaurechtsvertrag unter Verstoß gegen die Bestimmungen des Vergaberechts geschlossen wurde und die Anpassung dieses Vertrages unmöglich oder für eine der Parteien unzumutbar wäre.

Steht das Gesamterbbaurecht mehreren Berechtigten zu, reicht es aus, dass nur hinsichtlich eines Erbbauberechtigten ein Heimfallgrund besteht.

Im Übrigen wird auf die obige Gesamterbbaurechts-Präambel verwiesen.

Nur Verzug oder Verschulden des Erbbauberechtigten soll den Heimfall auslösen.

Der Heimfallanspruch verjährt in sechs Monaten von dem Zeitpunkt an, in dem der Grundstückseigentümer von dem Vorhandensein der Voraussetzungen Kenntnis erlangt hat, anderenfalls in zwei Jahren.

Der Grundstückseigentümer kann die Zahlung einer Vertragsstrafe nach § 2 Nr. 5 ErbbauRG verlangen, sofern einer der oben beschriebenen Heimfallgründe vorliegt. Die Vertragsstrafe beläuft sich auf ___ % des Erbbauzinses einschließlich Erbbauzinsanpassung, bezogen auf die Dauer des Verstoßes. Die Zahlung der Vertragsstrafe befreit den Erbbauberechtigten nicht von der Erfüllung seiner Verpflichtungen.

Der Grundstückseigentümer ist verpflichtet, an den Erbbauberechtigten eine Entschädigung zu bezahlen, sofern der Grundstückseigentümer von seinem Heimfallanspruch Gebrauch macht. Dies gilt aber nur für Bauwerke, die der Grundstückseigentümer genehmigt hat. Für Bauwerke oder Bauwerksteile, die der Erbbauberechtigte ohne Zustimmung des Grundstückseigentümers errichtet hat, ist keine Entschädigung zu zahlen. Die Entschädigung beläuft sich auf ___ % des Verkehrswertes der Bauwerke im Zeitpunkt des Heimfalls. Die Entschädigung ist ___ Monate nach Übertragung des Gesamterbbaurechts, bei mangelnder Einigung frühestens nach Vorliegen der Schätzung zur Zahlung fällig und bis dahin unverzinslich. Die Entschädigung mindert sich um rückständige Erbbauzinsen. Übernimmt der Grundstückseigentümer gem. § 33 Abs. 2 ErbbauRG Schulden und Lasten, sind diese auf die Entschädigung anzurechnen. Ggf. ist der Erbbauberechtigte verpflichtet, überschießende Beträge dem Grundstückseigentümer zu erstatten, sollten die Schulden und Lasten höher sein als die Entschädigung.

Falls keine Einigkeit über den Verkehrswert besteht, ist der Verkehrswert durch zwei vereidigte Sachverständige zu ermitteln, wovon einen der Grundstückseigentümer und einen der Erbbauberechtigte benennt. Die Gutachterkosten tragen Grundstückseigentümer und Erbbauberechtigter zu je ½. Die Vergütung für das Bauwerk ist innerhalb von ___ Wochen ab Beurkundung der Gesamterbbaurechtsübertragung zu bezahlen.

Alternativ:

Liegt einer der Heimfallgründe vor, kann der Grundstückseigentümer anstelle der Geltendmachung des Heimfallanspruchs vom Erbbauberechtigten die Zahlung einer Geldstrafe gem. § 2 Nr. 5 ErbbauRG verlangen, es sei denn, den Erbbauberechtigten trifft kein Verschulden. Die Vertragsstrafe beträgt 50 Prozent des Erbbauzinses einschließlich Anpassungen, und zwar bezogen auf die Dauer des Verstoßes. Die Vertragsstrafe ist unmittelbar nach Eintritt eines Heimfallgrundes und Geltendmachung durch den Grundstückseigentümer fällig. Klargestellt wird, dass der Erbbauberechtigte durch die Zahlung der Vertragsstrafe nicht von der Erfüllung seiner Verpflichtungen befreit wird. Falls der Vertragsverstoß anhält, ist der Grundstückseigentümer berechtigt, den Heimfallanspruch geltend zu machen. Die Verjährung des Heimfallanspruchs gilt als gehemmt, solange die Zahlung der Vertragsstrafe geltend gemacht wird. Daneben wird das Recht des Grundstückseigentümers nicht tangiert, den Verzugsschaden zu verlangen, sofern der Erbbauberechtigte mit der Zahlung des Erbbauzinses in Verzug gerät. Für die Dauer des Verzugs kann der Grundstückseigentümer die Zahlung einer Vertragsstrafe von 8 vom Hundert über dem jeweiligen Basiszinssatz verlangen. Im Übrigen wird auf die obige Gesamterbbaurechts-Präambel verwiesen.

Alternativ:

Sofern der Grundstückseigentümer von seinem Heimfallanspruch Gebrauch macht, ist für das Gesamterbbaurecht keinerlei Vergütung an den Erbbauberechtigten zu zahlen. Im Übrigen wird auf die obige Gesamterbbaurechts-Präambel verwiesen.

Sollte im Einzelfall der Vergütungsausschluss unter Berücksichtigung aller für die vertraglichen Rechtsbeziehungen der Parteien bedeutsamen Gesichtspunkte grob unbillig oder gesetzlich ausgeschlossen sein, wird der Grundstückseigentümer für das Bauwerk eine Vergütung zahlen. Die Vergütung bei Heimfall beträgt zwei Drittel des zum Zeitpunkt der Rückübertragung des Erbbaurechts zu ermittelndem Verkehrswert des Bauwerks, im Zeitpunkt der Rückübertragung höchstens jedoch zwei Drittel des Wertes des Gesamterbbaurechts zu diesem Zeitpunkt.

Die Vergütung ist ___ Monate nach Rückübertragung des Gesamterbbaurechts fällig.

Die Vergütung mindert sich um Beträge, die erforderlich sind, um solche Belastungen des Gesamterbbaurechts abzulösen, die der Grundstückseigentümer übernehmen muss.

Falls über die Höhe der Vergütung keine Einigung erzielt wird, ist die Höhe der Vergütung durch den zuständigen Gutachterausschuss bindend für beide Vertragsteile zu ermitteln. Die gutachterlichen Kosten trägt der Erbbauberechtigte.

Der Grundstückseigentümer ist berechtigt, die zum Zeitpunkt der Gesamterbbaurechtsübertragung bestehenden Effektivschuldreste einschließlich Zinsen und Nebenleistungen auf Forderungen, die dinglich am Gesamterbbaurecht bestehen, einschließlich der hieraus entstehenden Löschungskosten in Anrechnung auf die Entschädigung abzulösen. Der Erbbauberechtigte ermächtigt den Grundstückseigentümer zur Abgabe aller hierfür erforderlichen Erklärungen gegenüber dem Grundpfandrechtsgläubiger. Die bei Ausübung des Heimfalls entstehenden Nebenkosten trägt der Erbbauberechtigte, einschließlich einer etwa anfallenden Grunderwerbsteuer.

Alternativ:

Kommt der Erbbauberechtigte einer Verpflichtung, wie sie unten aufgezählt sind, nicht oder nicht fristgerecht nach, und hat er dies zu vertreten, kann der Grundstückseigentümer für jede Pflichtverletzung, soweit er den Heimfall nicht verlangt, folgende Vertragsstrafen verlangen:

- Verstoß gegen die Bauwerkerstellungsverpflichtung: monatlich EUR
- Verstoß gegen die Verpflichtung, die Zustimmung zu Baumaßnahmen einzuholen: EUR
- Verstoß gegen die Bewirtschaftungspflicht: EUR
- Verstoß gegen die Zweckbestimmung des Bauwerks: EUR
- Verstoß gegen die Versicherungspflicht: EUR
- Verstoß gegen Nachweis- und Mitteilungspflichten: EUR
- Verstoß gegen die Wiederaufbaupflicht: EUR
- Verstoß gegen die Belastungszustimmung: EUR
- Verstoß gegen die Zustimmungspflicht bei Neuvalutierung: EUR
- Verstoß gegen : EUR.
- Die Vertragsstrafe wird erst unter folgenden Umständen fällig:
- ergebnislose vorherige schriftliche Erinnerung
- Fristsetzung sowie erfolglose und angemessene Nachfristsetzung.

Die Vertragsstrafe wird als monatlicher Strafzins so lange erhoben, bis das vertragswidrige Verhalten eingestellt ist, längstens jedoch auf die Dauer von Jahren.

Jeder angefangene Monat zählt voll.

Sämtliche Vertragsstrafen können unabhängig voneinander und gleichzeitig erhoben werden.

Die Gesamtsumme der Vertragsstrafen nach diesem Vertrag darf jedoch einen Betrag in Höhe von des kapitalisierten Erbbauzinses nicht übersteigen.

Unberührt bleibt der Anspruch des Grundstückseigentümers auf Einhaltung der vertraglichen Verpflichtungen.

Im Übrigen wird auf die obige Gesamterbbaurechts-Präambel verwiesen.

11. Vorrecht auf Erneuerung des Gesamterbbaurechts

Der Grundstückseigentümer räumt dem Erbbauberechtigten ein Vorrecht auf Erneuerung des Gesamterbbaurechts nach dessen Ablauf ein, §§ 2 Nr. 6, 31 ErbbauRG. Der Erbbauberechtigte kann das Vorrecht ausüben, sobald der Grundstückseigentümer nach Zeitablauf mit einem Dritten einen Vertrag über die Bestellung eines neuen Erbbaurechts am Erbbaugrundstück abgeschlossen hat. Die Ausübung des Vorrechts ist ausgeschlossen, sofern das für den Dritten bestellte Erbbaurecht einem anderen wirtschaftlichen Zweck dient. Die Ausübung ist auch dann ausgeschlossen, sollte der Erbbauberechtigte gegen Bestimmungen des Erbbaurechtsvertrages verstoßen haben. Das Vorrecht erlischt drei Jahre nach Ablauf der Zeit, für die das Erbbaurecht bestellt war, § 31 Abs. 2 ErbbauRG.

Alternativ:

Der Erbbauberechtigte hat ein Vorrecht auf Erneuerung des Gesamterbbaurechts nach dessen Ablauf, § 31 ErbbauRG.

Alternativ:

Der Grundstückseigentümer räumt dem Erbbauberechtigten das Vorrecht auf Erneuerung des Gesamterbbaurechts nach Ablauf des Gesamterbbaurechts ein. Der Erbbauberechtigte kann demnach sein Vorrecht ausüben, wenn der Grundstückseigentümer nach Zeitablauf mit einem Dritten einen Vertrag über die Bestellung eines neuen Erbbaurechts an dem Vertragsgrundstück geschlossen hat, sofern es mit dem gleichen wirtschaftlichen Zweck wie im heutigen Vertrag abgeschlossen wurde. Das Vorrecht erlischt drei Jahre nach Ablauf der Zeit, für die das heutige Gesamterbbaurecht bestellt war.

Alternativ:

Ein Vorrecht für den Berechtigten auf Erneuerung des Gesamterbbaurechts nach Ablauf der vereinbarten Zeit wird nicht vereinbart.

12. Entschädigung bei Zeitablauf

Nach vertragsgemäßem Ablauf des Gesamterbbaurechts hat der Eigentümer dem Erbbauberechtigten eine Entschädigung in Höhe von $2/3$ des Verkehrswertes, den die Gebäude und Anlagen zum Zeitpunkt des Erlöschens des Gesamterbbaurechts aufweisen, zu vergüten.

Keine Entschädigung ist jedoch für Bauwerke oder Bauwerksteile zu zahlen, die ohne Zustimmung des Grundstückseigentümers errichtet wurden.

Sofern sich die Vertragsteile binnen eines Monats nach vertragsgemäßem Ablauf des Gesamterbbaurechts über die Höhe der zu zahlenden Entschädigung nicht einigen können, ist der Wert der Bauwerke und Anlagen durch einen gerichtlich vereidigten Sachverständigen zu schätzen, den ____ benennt. Diese Schätzung ist für alle Vertragsteile verbindlich.

Die Kosten des Schätzgutachtens tragen der Grundstückseigentümer und der Erbbauberechtigte je zur Hälfte.

Die Entschädigung ist sofort nach Einigung bzw. nach Erstellung des Schätzgutachtens zur Zahlung fällig, bis dahin jedoch unverzinslich.

Im Übrigen wird auf die obige Gesamterbbaurechts-Präambel verwiesen.

Alternativ:

Erlischt das Gesamterbbaurecht durch Zeitablauf, hat der Grundstückseigentümer dem Erbbauberechtigten keine Entschädigung für die Bauwerke zu leisten. Sofern jedoch aufgrund gesetzlicher Bestimmungen trotzdem bei Zeitablauf eine Vergütung zu zahlen sein sollte, ist nur der Verkehrswert der Bauwerke des Gesamterbbaurechts zu zahlen, die in das Eigentum des Grundstückseigentümers übergehen. Im Übrigen wird auf die obige Gesamterbbaurechts-Präambel verwiesen.

13. Belastung des Gesamterbbaurechts

Zur Belastung des Gesamterbbaurechts mit einer Hypothek, Grund- oder Rentenschuld, Reallast oder einem Dauerwohn- und -nutzungsrecht nach dem WEG bedarf der Erbbauberechtigte der schriftlichen Zustimmung der Eigentümer aller erbbaurechtsbelasteten Grundstücke.

Alternativ:

Der Erbbauberechtigte bedarf der schriftlichen Zustimmung der Eigentümer aller erbbaurechtsbelasteten Grundstücke zur Belastung des Gesamterbbaurechts mit einer Hypothek, Grundschuld, Rentenschuld, Reallast oder einem Dauerwohn- oder Dauernutzungsrecht. Dies gilt auch für jede Änderung des Inhalts der erwähnten Belastungen, sofern die Änderung eine weitere Belastung des Gesamterbbaurechts enthält.

Die Belastung des Gesamterbbaurechts mit den erwähnten Rechten darf erst eingetragen werden, sobald dem Grundbuchamt die Zustimmung des Grundstückseigentümers oder der rechtskräftige Ersetzungsbeschluss nachgewiesen wird, und zwar in der Form einer öffentlichen oder öffentlich beglaubigten Urkunde. Die Belastung des Gesamterbbaurechts ist unwirksam, solange der Grundstückseigentümer nicht die notwendige Zustimmung erteilt hat. Die Zustimmung kann versagt werden, sofern ein entsprechender Grund vorliegt, jedoch besteht möglicherweise ein Anspruch auf Erteilung der Zustimmung. Falls die Zustimmung des Grundstückseigentümers ohne ausreichenden Grund verweigert wird, kann sie auf Antrag des Erbbauberechtigten durch das Amtsgericht ersetzt werden.

Die Zustimmung zur Veräußerung enthält keine Zustimmung zur Belastung, die mit der Veräußerung einhergeht. Die Belastungszustimmung enthält auch keine Zustimmung zum Zuschlag in der Zwangsversteigerung. Hierfür ist eine eigene Zustimmung des Grundstückseigentümers einzuholen.

Schuldrechtlich gilt die Belastungsbeschränkung auch für alle anderen Belastungen des Gesamterbbaurechts mit dinglichen Rechten, die in der Zweiten Abteilung des Grundbuchs eingetragen werden.

Kosten, die im Rahmen der Zustimmung anfallen (beispielsweise Beglaubigungskosten), trägt der Erbbauberechtigte.

Alternativ:

Zur Belastung des Gesamterbbaurechts mit einer Hypothek, Grund- oder Rentenschuld, einer Reallast oder einem Dauerwohn- und Dauernutzungsrecht bedarf der Erbbauberechtigte der schriftlichen Zustimmung der Eigentümer aller erbbaurechtsbelasteten Grundstücke. Dies gilt auch für jede Änderung des Inhalts der genannten Belastungen, sofern die Änderung eine weitere Belastung des Gesamterbbaurechts enthält.

Die Belastung des Gesamterbbaurechts mit den erwähnten Rechten darf erst eingetragen werden, sobald dem Grundbuchamt die Zustimmung der Eigentümer aller erbbaurechtsbelasteten Grundstücke oder der rechtskräftige Ersetzungsbeschluss nachgewiesen wird, und zwar in der Form einer öffentlichen oder öffentlich beglaubigten Urkunde. Die Belastung des Gesamterbbaurechts ist unwirksam, solange die Eigentümer aller erbbaurechtsbelasteten Grundstücke nicht die notwendige Zustimmung erteilt haben. Die Zustimmung kann versagt werden, sofern ein entsprechender Grund vorliegt, möglicherweise besteht jedoch ein Anspruch auf Erteilung der Zustimmung. Falls die Zustimmung der Eigentümer aller erbbaurechtsbelasteten Grundstücke ohne ausreichenden Grund verweigert wird, kann sie auf Antrag des Erbbauberechtigten durch das Amtsgericht ersetzt werden.

Die Zustimmung zur Veräußerung enthält keine Zustimmung zur Belastung, die mit der Veräußerung einhergeht. Die Belastungszustimmung enthält auch keine Zustimmung zum Zuschlag in der Zwangsversteigerung. Hierfür ist eine eigene Zustimmung des Grundstückseigentümers einzuholen.

Schuldrechtlich gilt die Belastungsbeschränkung auch für alle anderen Belastungen des Gesamterbbaurechts mit dinglichen Rechten, die in der Zweiten Abteilung des Grundbuchs eingetragen werden.

Kosten, die im Rahmen der Zustimmung anfallen (beispielsweise Beglaubigungskosten), trägt der Erbbauberechtigte.

Wird das Gesamterbbaurecht mit einem Grundpfandrecht belastet, verpflichtet sich bereits heute der Erbbauberechtigte gegenüber dem Eigentümer aller erbbaurechtsbelasteten Grundstücke dazu, dieses Grundpfandrecht löschen zu lassen, wenn und soweit es sich mit dem Gesamterbbaurecht in einer Person vereinigt. Zur Sicherung dieses Löschungsanspruchs ist bei Bestellung des Grundpfandrechts eine Löschungsvormerkung für die jeweiligen Grundstückseigentümer auf Kosten des Erbbauberechtigten einzutragen (§ 1179 Ziffer 2 BGB), und zwar im Berechtigungsverhältnis nach § 428 BGB.

Wird das Gesamterbbaurecht mit einer Grundschuld belastet, tritt der Erbbauberechtigte bereits heute seine Ansprüche auf Rückübertragung oder Löschung dieser Grundschuld an die Grundstückseigentümer ab. Zur Sicherung dieses abgetretenen Anspruchs auf Rückübertragung bzw. Löschung einer solchen Grundschuld ist für die Grundstückseigentümer eine Vormerkung bei Eintragung der Grundschuld im Grundbuch einzutragen (§ 883 Abs. 1 BGB), und zwar im Berechtigungsverhältnis nach § 428 BGB.

Die Grundstückseigentümer stimmen bereits jetzt Belastungen des Gesamterbbaurechts mit Hypotheken und Grundschulden zu, sofern

- sie innerhalb von Jahren nach Abschluss des Gesamterbbaurechtsvertrages bewilligt und beantragt werden
- sie Rang nach der Erbbauzinsreallast und dem dinglichen Vorkaufsrecht der Grundstückseigentümer erhalten
- sie zugunsten von Anstalten und Körperschaften des öffentlichen Rechts, Kreditinstituten und Versicherungsgesellschaften mit dem Sitz innerhalb der EU erfolgen
- zugleich mit den Belastungen die oben beschriebenen Vormerkungen (Löschungsvormerkung gem. § 1179 Ziffer 2 BGB und Rückgewährsvormerkung gem. § 883 Abs. 1 BGB) zugunsten der Grundstückseigentümer eingetragen werden.

14. Veräußerung des Gesamterbbaurechts

Zur Veräußerung des Gesamterbbaurechts benötigt der Erbbauberechtigte die schriftliche Zustimmung der Eigentümer aller erbbaurechtsbelasteten Grundstücke. Die Zustimmung gilt als erteilt, falls sie nicht binnen eines bestimmten Zeitraums unter Angabe von Gründen durch die Grundstückseigentümer verweigert wird.

Die Veräußerung des Gesamterbbaurechts darf erst eingetragen werden, sobald dem Grundbuchamt die Zustimmung der Eigentümer aller erbbaurechtsbelasteten Grundstücke oder der rechtskräftige Ersetzungsbeschluss nachgewiesen wird, und zwar in der Form einer öffentlichen oder öffentlich beglaubigten Urkunde. Die Veräußerung des Gesamterbbaurechts ist unwirksam, solange der Eigentümer aller erbbaurechtsbelasteten Grundstücke nicht die notwendige Zustimmung erteilt hat. Die Zustimmung kann versagt werden, sofern ein entsprechender Grund vorliegt, möglicherweise besteht jedoch ein Anspruch auf Erteilung der Zustimmung. Falls die Zustimmung der Eigentümer aller erbbaurechtsbelasteten Grundstücke ohne ausreichenden Grund verweigert wird, kann sie auf Antrag des Erbbauberechtigten durch das Amtsgericht ersetzt werden.

Die Zustimmung zur Veräußerung enthält keine Zustimmung zur Belastung, die mit der Veräußerung einhergeht.

Kosten, die im Rahmen der Zustimmung anfallen (beispielsweise Beglaubigungskosten), trägt der Erbbauberechtigte.

Alternativ:

Zur Veräußerung des Gesamterbbaurechts oder eines realen oder ideellen Teils hiervon sowie von Wohnungs- und Teilerbbaurecht bedarf der Erbbauberechtigte der schriftlichen Zustimmung aller Grundstückseigentümer. Dies gilt ferner für eine Veräußerung im Wege der Zwangsversteigerung, wozu auch eine Zwangsversteigerung zum Zwecke der Auseinandersetzung der Gemeinschaft zählt.

Voraussetzung für die Zustimmung zur Veräußerung ist, dass der Erwerber in sämtliche Verpflichtungen aus dem Gesamterbbaurechtsvertrag (einschließlich der Nachträge) und aus dem Erbbaurechtsverhältnis im Übrigen in notarieller Form eintritt und sich dabei gegenüber dem Grundstückseigentümer wegen des Erbbauzinses der sofortigen Zwangsvollstreckung unterwirft. Die Zustimmung gilt als erteilt, falls sie nicht binnen unter Angabe von Gründen durch den Grundstückseigentümer verweigert wird. Die Zustimmung enthält keinen Verzicht auf Ansprüche des Grundstückseigentümers gegen den Erbbauberechtigten aus dem Gesamterbbaurechtsverhältnis, die im Zeitpunkt der Veräußerung dem Grunde nach bereits entstanden sind. Ausgenommen den Erwerb durch Zwangsversteigerung, haften dann der Erbbauberechtigte und der Erwerber gegenüber den Grundstückseigentümern als Gesamtschuldner.

Die Veräußerung des Gesamterbbaurechts darf erst eingetragen werden, sobald dem Grundbuchamt die Zustimmung des Grundstückseigentümers oder der rechtskräftige Ersetzungsbeschluss nachgewiesen wird, und zwar in der Form einer öffentlichen oder öffentlich beglaubigten Urkunde. Die Veräußerung des Gesamterbbaurechts ist unwirksam, solange der Grundstückseigentümer nicht die notwendige Zustimmung erteilt hat. Die Zustimmung kann versagt werden, sofern ein entsprechender Grund vorliegt, möglicherweise besteht jedoch ein Anspruch auf Erteilung der Zustimmung. Falls die Zustimmung des Grundstückseigentümers ohne ausreichenden Grund verweigert wird, kann sie auf Antrag des Erbbauberechtigten durch das Amtsgericht ersetzt werden.

Die Zustimmung zur Veräußerung enthält keine Zustimmung zur Belastung, die mit der Veräußerung einhergeht.

Kosten, die im Rahmen der Zustimmung anfallen (beispielsweise Beglaubigungskosten), trägt der Erbbauberechtigte.

Alternativ:

Zur Veräußerung des Gesamterbbaurechts oder eines realen oder ideellen Teils hiervon sowie von Wohnungs- und Teilerbbaurecht bedarf der Erbbauberechtigte der schriftlichen Zustimmung des Eigentümers aller erbbaurechtsbelasteten Grundstücke. Dies gilt in gleicher Weise für eine Veräußerung im Wege der Zwangsversteigerung, wozu auch eine Zwangsversteigerung zum Zwecke der Auseinandersetzung der Gemeinschaft zählt.

Die erstmalige Veräußerung des Gesamterbbaurechts oder von Teilen hiervon oder von Wohnungs- und Teilerbbaurechten bedarf jedoch keiner schriftlichen Zustimmung der Grundstückseigentümer/des Grundstückseigentümers, sofern . Unabhängig davon, ist jeder Veräußerungsvertrag dem Grundstückseigentümer zur Kenntnis zu bringen.

Voraussetzung für die Zustimmung zur Veräußerung ist, dass der Erwerber in sämtliche Verpflichtungen aus dem Gesamterbbaurechtsvertrag (einschließlich der Nachträge) und aus dem Erbbaurechtsverhältnis im Übrigen in notarieller Form eintritt und sich dabei gegenüber dem Grundstückseigentümer wegen des Erbbauzinses der sofortigen Zwangsvollstreckung unterwirft. Die Zustimmung gilt als erteilt, falls sie nicht binnen unter Angabe von Gründen durch den Grundstückseigentümer verweigert wird. Die Zustimmung enthält keinen Verzicht auf Ansprüche des Grundstückseigentümers gegen den Erbbauberechtigten aus dem Gesamterbbaurechtsverhältnis, die im Zeitpunkt der Veräußerung dem Grunde nach bereits entstanden sind. Ausgenommen den Erwerb durch Zwangsversteigerung, haften dann der Erbbauberechtigte und der Erwerber gegenüber den Grundstückseigentümern als Gesamtschuldner.

Die Veräußerung des Gesamterbbaurechts darf erst eingetragen werden, sobald dem Grundbuchamt die Zustimmung des Grundstückseigentümers oder der rechtskräftige Ersetzungsbeschluss nachgewiesen wird, und zwar in der Form einer öffentlichen oder öffentlich beglaubigten Urkunde. Die Veräußerung des Erbbaurechts ist unwirksam, solange der Grundstückseigentümer nicht die notwendige Zustimmung erteilt hat. Die Zustimmung kann versagt werden, sofern ein entsprechender Grund vorliegt, möglicherweise besteht jedoch ein Anspruch auf Erteilung der Zustimmung. Falls die Zustimmung des Grundstückseigentümers ohne ausreichenden Grund verweigert wird, kann sie auf Antrag des Erbbauberechtigten durch das Amtsgericht ersetzt werden.

Die Zustimmung zur Veräußerung enthält keine Zustimmung zur Belastung, die mit der Veräußerung einhergeht.

Kosten, die im Rahmen der Zustimmung anfallen (beispielsweise Beglaubigungskosten), trägt der Erbbauberechtigte.

IV. Erbbauzins

1. Höhe und Fälligkeit

Der Erbbauberechtigte hat an den Grundstückseigentümer jährlich einen Erbbauzins in Höhe von

EUR – in Worten: EUR –

zu zahlen.

Der Erbbauzins ist am eines jeden Jahres im Voraus zur Zahlung fällig.

2. Wertsicherung und Versteigerungsfestigkeit

Sollte sich der vom Statistischen Bundesamt festgestellte Verbraucherpreisindex für Deutschland gegenüber dem für den Monat … festgesetzten Index (Basis … = 100) um mehr als … % nach oben oder unten verändern, verändert sich jeweils auch der jährliche Erbbauzins automatisch, ohne dass es eines gesonderten Anpassungsverlangens bedarf, im gleichen prozentualen Verhältnis, und zwar vom Beginn des Jahres an, welches auf das Jahr folgt, in dem die Veränderung um mehr als … % eingetreten ist.

Bei einer Umbasierung des Verbraucherpreisindex erfolgt die Anpassung auf der neuen Berechnungsgrundlage.

Änderungen sind zu berücksichtigen, wenn sie insgesamt nach oben oder unten mehr als … % erreichen.

Die erste Anpassung darf frühestens zum … erfolgen.

Sofern aufgrund der Wertsicherungsklausel eine Anpassung des jährlichen Erbbauzinses durchgeführt ist, wird die Klausel gemäß den vorstehenden Bestimmungen erneut anwendbar.

Der jährliche Erbbauzins ist dann wiederum anzupassen, sobald sich der Preisindex gegenüber dem für die letzte Anpassung maßgeblichen Preisindex erneut um mehr als … % nach oben oder nach unten verändert hat, und zwar ebenfalls vom Beginn des Folgejahres nach der Indexänderung an.

Eine Anpassung soll allerdings nur dann möglich sein, soweit diese im Rahmen der Bestimmung nach § 9a ErbbauRG zulässig ist. Über die Bestimmung des § 9a ErbbauRG hat der Notar die Beteiligten belehrt.

Ferner wird vereinbart, dass die Erbbauzinsreallast abweichend von § 52 Abs. 1 ZVG mit ihrem Hauptanspruch bestehen bleiben soll, sofern der Grundstückseigentümer aus der Reallast oder der Inhaber eines im Rang vorgehenden oder gleichstehenden dinglichen Rechts die Zwangsversteigerung in das Erbbaurecht betreibt, § 9 Abs. 3 S. 1 Nr. 1 ErbbauRG. Die Versteigerungsfestigkeit des Erbbauzinses ist dinglicher Inhalt der Erbbauzinsreallast.

3. Unterwerfung unter die sofortige Zwangsvollstreckung

Der Erbbauberechtigte unterwirft sich wegen der in dieser Urkunde eingegangenen Verpflichtung zur Zahlung des Erbbauzinses der sofortigen Zwangsvollstreckung aus dieser Urkunde in sein gesamtes Vermögen.

Eine vollstreckbare Ausfertigung ist ohne Nachweis der die Fälligkeit begründenden Tatsachen zu erteilen. Eine Beweislastumkehr ist damit nicht verbunden.

Bei Neufestsetzung des Erbbauzinses (siehe obige Wertsicherungsklausel) hat auf Verlangen des Grundstückseigentümers eine erneute Zwangsvollstreckungsunterwerfung des Erbbauberechtigten wegen des Erhöhungsbetrages zu erfolgen, und zwar in einer Nachtragsurkunde. Der Erbbauberechtigte verpflichtet sich, im Falle einer Erhöhung erneut und auf eigene Kosten der sofortigen Zwangsvollstreckung zu unterwerfen. Eine vollstreckbare Ausfertigung ist wiederum ohne Nachweis der die Fälligkeit begründenden Tatsachen zu erteilen.

4. Bestellung einer Erbbauzinsreallast

Der Erbbauberechtigte bestellt zugunsten der jeweiligen Eigentümer der Erbbaugrundstücke eine Erbbauzinsreallast in der vorstehend vereinbarten, wertgesicherten und versteigerungsfesten Form. Der Erbbauberechtigte bewilligt und beide Vertragsteile beantragen die Eintragung dieser Reallast im Erbbaugrundbuch, und zwar für die jeweiligen Grundstückseigentümer als Berechtigte nach § 428 BGB.

Alternativ:

1. Allgemeines

Die Beteiligten sind sich einig, dass der Erbbauzins auf der Grundlage der Lebenshaltungskosten vereinbart ist und wertgesichert sein soll.

Mehrere Erbbauberechtigte haften für alle Verpflichtungen, die aus dem Gesamterbbaurechtsvertrag und der Anpassung des Erbbauzinses resultieren, als Gesamtschuldner.

2. Der Erbbauzins ist wertgesichert

Ändert sich der vom Statistischen Bundesamt in Wiesbaden für das Basisjahr 2020 (derzeitige Basis 2020 = 100 Punkte) ermittelte Verbraucherpreisindex für Deutschland (VPI) oder der an seine Stelle tretende Index nach drei Jahren um mehr als 5 % (in Worten: fünf Prozent) nach oben oder unten, so erhöht oder ermäßigt sich der Erbbauzins in demselben Verhältnis, ohne dass es eines gesonderten Anpassungsverlangens bedarf. Die Änderung gilt jeweils vom Beginn des Kalenderjahres an, in dem die Veränderung geltend gemacht wird. Dabei orientiert sich die Berechnung der Differenz an der durchschnittlichen Veränderung des Verbraucherpreisindexes (VPI) im Vergleich zum Zeitpunkt der letzten Anpassung des Erbbauzinses. Die automatische Anpassung des Erbbauzinses ist dinglicher Inhalt der Erbbauzinsreallast. Eine Änderung kann erst ___ Jahre nach der letzten Änderung verlangt werden. Die Regelung in § 9a ErbbauRG bleibt unberührt.

3. Der Erbbauzins ist versteigerungsfest

Ferner soll die Erbbauzinsreallast abweichend von § 52 Abs. 1 ZVG mit ihrem Hauptanspruch bestehen bleiben, sofern der Grundstückseigentümer aus der Erbbauzinsreallast oder der Inhaber eines im Rang vorgehenden oder gleichstehenden dinglichen Rechts die Zwangsversteigerung in das Erbbaurecht betreibt, § 9 Abs. 3 S. 1 Nr. 1

ErbbauRG. Die Versteigerungsfestigkeit des Erbbauzinses ist dinglicher Inhalt der Erbbauzinsreallast.

4. Unterwerfung unter die sofortige Zwangsvollstreckung

Der Erbbauberechtigte unterwirft sich wegen der Erbbauzinsreallast und wegen der einzelnen wertgesicherten Erbbauzinsraten der sofortigen Zwangsvollstreckung aus dieser Urkunde in sein gesamtes Vermögen. Eine vollstreckbare Ausfertigung ist auch ohne Nachweis der Fälligkeit zu erteilen, womit keine Umkehr der Beweislast verbunden sein soll. Der Grundstückseigentümer ist berechtigt, sich jederzeit eine vollstreckbare Ausfertigung erteilen zu lassen.

5. Bewilligung und Antrag; Eintragung im Grundbuch

Zur Sicherung des vorstehend vereinbarten, wertgesicherten und versteigerungsfesten Erbbauzinses wird zugunsten der jeweiligen Eigentümer der Erbbaugrundstücke eine Erbbauzinsreallast im Berechtigungsverhältnis nach § 428 BGB bewilligt und zur Eintragung beantragt.

Alternativ:

1. Höhe und Fälligkeit

Der jährliche Erbbauzins beträgt EUR (in Worten: EUR).

Der Jahreserbbauzins ist am 1. Januar eines jeden Kalenderjahres im Voraus fällig und ohne Aufforderung bei Fälligkeit an den Grundstückseigentümer oder an die von ihm zur Entgegennahme ermächtigte Person oder Stelle unter Angabe der Grundstücksbezeichnung und des Zeitabschnitts, für den gezahlt wird, zu entrichten. Aus besonderem Grund und jederzeit widerruflich kann dem Erbbauberechtigten Teilzahlung in monatlichen, viertel- oder halbjährlichen Raten gewährt werden. Bis zur Eintragung des Gesamterbbaurechts im Grundbuch ist der vereinbarte Erbbauzins als Nutzungsentgelt in gleicher Höhe zu zahlen.

Vom Tage der Übergabe der Erbbaugrundstücke bis zum darauffolgenden 31. Dezember hat der Erbbauberechtigte den anteiligen Jahreserbbauzins in einem einmaligen Betrag in Höhe von EUR bis zum 1. des Monats, der dem Tag der Übergabe folgt, zu zahlen.

Der Erbbauberechtigte ermächtigt den Grundstückseigentümer, den Erbbauzins in der jeweiligen Höhe im Wege des Lastschrifteinzugsverfahrens zu erheben. Der Grundstückseigentümer wird dem Erbbauberechtigten rechtzeitig eine Mitteilung über den Beginn des Lastschrifteinzugsverfahrens zukommen lassen.

2. Erbbauzinsreallast; Versteigerungsfestigkeit; Wertsicherung

Der Erbbauberechtigte ist verpflichtet, den Erbbauzins durch Eintragung einer Reallast an Rangstelle des Erbbaugrundbuchs zugunsten des jeweiligen Grundstückseigentümers dinglich zu sichern. Als Inhalt der Reallast wird das Bestehenbleiben des Erbbauzinses nach § 9 Abs. 3 Ziffer 1 ErbbauRG vereinbart.

Die Vertragsteile sind sich gemäß § 9 Abs. 1 ErbbauRG, § 1105 Abs. 1 S. 2 BGB darüber einig, dass der Erbbauzins auf der Grundlage der Lebenshaltungskosten vereinbart ist und wertgesichert sein soll. Ändert sich der vom Statistischen Bundesamt in Wiesbaden für das Basisjahr 2020 = 100 ermittelte Verbraucherpreisindex für Deutschland oder der an seine Stelle tretende Index nach 3 Jahren von heute an bzw. nach 3 Jahren vom zurückliegenden letzten Anpassungsdatum an gegenüber dem Indexstand vom Monat des Vertragsschlusses bzw. vom Monat der letzten Anpassung, so erhöht oder ermäßigt sich der Erbbauzins bzw. der Erbbauzins gemäß der letzten Anpassung in demselben Verhältnis, ohne dass es eines gesonderten Anpassungsverlangens bedarf. Diese Vereinbarung ist als Inhalt der Erbbauzinsreallast in das Grundbuch einzutragen.

3. Unterwerfung unter die sofortige Zwangsvollstreckung

Der Erbbauberechtigte unterwirft sich wegen der Erbbauzinsreallast und wegen der einzelnen wertgesicherten Erbbauzinsraten der sofortigen Zwangsvollstreckung aus dieser Urkunde in sein gesamtes Vermögen. Eine vollstreckbare Ausfertigung ist auch ohne Nachweis der Fälligkeit zu erteilen, womit keine Umkehr der Beweislast verbunden sein soll. Der Grundstückseigentümer ist berechtigt, sich jederzeit eine vollstreckbare Ausfertigung erteilen zu lassen.

4. Bewilligung und Antrag; Eintragung im Grundbuch

Zur Sicherung des vorstehend vereinbarten, wertgesicherten und versteigerungsfesten Erbbauzinses wird zugunsten der jeweiligen Eigentümer der Erbbaugrundstücke eine Erbbauzinsreallast im Berechtigungsverhältnis nach § 428 BGB bewilligt und zur Eintragung beantragt.

V. Gegenseitige Vorkaufsrechte

1. Vorkaufsrechte an den Erbbaugrundstücken

Jeder einzelne Grundstückseigentümer bestellt jeweils dem jeweiligen Gesamterbbauberechtigten ein dingliches Vorkaufsrecht für jeden Fall des Verkaufs des jeweiligen Erbbaugrundstücks. Die Eintragung dieser Vorkaufsrechte wird bewilligt und beantragt, und zwar im Rang nach dem Gesamterbbaurecht.

2. Vorkaufsrecht am Gesamterbbaurecht

Der Erbbauberechtigte bestellt den jeweiligen Grundstückseigentümern ein einheitliches dingliches Vorkaufsrecht am Gesamterbbaurecht, und zwar für jeden Fall des Verkaufs des Gesamterbbaurechts oder eines Teils davon. Die Eintragung dieses Vorkaufsrechts wird bewilligt und beantragt, und zwar im Rang nach der Erbbauzinsreallast. Mehrere Berechtigte des Vorkaufsrechts können das Vorkaufsrecht nur im Ganzen ausüben, § 472 S. 1 BGB. Übt einer von ihnen sein Recht nicht aus, sind die übrigen berechtigt, das Vorkaufsrecht im Ganzen auszuüben, § 472 S. 2 BGB.

Alternativ bei Eintragung eines Gesamterbbaurechts mit Ausübungsbeschränkung auf reale Teilfläche:

1. Vorkaufsrecht an den Erbbaugrundstücken

Jeder einzelne Grundstückseigentümer räumt dem jeweiligen Gesamterbbauberechtigten am jeweiligen Erbbaugrundstück ein Vorkaufsrecht für alle Verkaufsfälle gemäß § 1094 BGB auf die Dauer des Gesamterbbaurechts ein. Das jeweilige Vorkaufsrecht ist auf die Ausübungsfläche des Gesamterbbaurechts beschränkt.

Für jedes Vorkaufsrecht gelten die gesetzlichen Bestimmungen. Die Vertragsteile sind sich über die Entstehung dieser Vorkaufsrechte als dingliche Last einig.

Jeder Grundstückseigentümer bewilligt und beide Vertragsteile beantragen die Eintragung dieser Vorkaufsrechte an den Erbbaugrundstücken im Grundbuch, und zwar im Rang nach dem Gesamterbbaurecht.

2. Vorkaufsrecht am Gesamterbbaurecht

Der Erbbauberechtigte räumt seinerseits den jeweiligen Eigentümern der Erbbaugrundstücke am Gesamterbbaurecht ein einheitliches Vorkaufsrecht für alle Verkaufsfälle gemäß § 1094 BGB ein.

Für das Vorkaufsrecht gelten die gesetzlichen Bestimmungen. Die Vertragsteile sind sich über die Entstehung des Vorkaufsrechts als dingliche Last einig.

Der Erbbauberechtigte bewilligt und beide Vertragsteile beantragen die Eintragung dieses Vorkaufsrechts am Gesamterbbaurecht im Grundbuch, und zwar im Rang nach der Erbbauzinsreallast. Mehrere Berechtigte des Vorkaufsrechts können das Vorkaufsrecht nur im Ganzen ausüben, § 472 S. 1 BGB. Übt einer von ihnen sein Recht nicht aus, sind die übrigen berechtigt, das Vorkaufsrecht im Ganzen auszuüben, § 472 S. 2 BGB.

Alternativ mit Einschränkungen des Vorkaufsrechts:

1. Gegenseitige Vorkaufsrechte

Der jeweilige Grundstückseigentümer räumt dem jeweiligen Erbbauberechtigten am jeweiligen Erbbaugrundstück, der jeweilige Gesamterbbauberechtigte räumt den jeweiligen Grundstückseigentümern am Gesamterbbaurecht das dingliche Vorkaufsrecht für alle Verkaufsfälle ein.

Für die Vorkaufsrechte gelten die gesetzlichen Bestimmungen, allerdings mit den folgenden Einschränkungen.

2. Einschränkungen der Vorkaufsrechte

Das einheitliche Vorkaufsrecht der jeweiligen Grundstückseigentümer wird dinglich dahingehend eingeschränkt, dass es in folgenden Fällen nicht gilt und nicht ausgeübt werden kann:

- Übertragung des Gesamterbbaurechts an Miterbbauberechtigte oder Ehegatten oder Verwandte in gerader Linie des jeweiligen Erbbauberechtigten, soweit der Erbbauberechtigte keine Gesellschaft ist
- Übertragung des Gesamterbbaurechts auf eine andere Personen- oder Kapitalgesellschaft, deren Anteilsinhaber mehrheitlich aus Gesellschaftern des heutigen Erbbauberechtigten oder deren Ehegatten, Geschwistern oder Verwandten in gerader Linie bestehen.

Das jeweilige Vorkaufsrecht des jeweiligen Erbbauberechtigten wird dinglich dahingehend eingeschränkt, dass es in folgenden Fällen nicht gilt und nicht ausgeübt werden kann:

- Übertragung des Erbbaugrundstücks an Miteigentümer, Ehegatten, Geschwister oder Verwandte in gerader Linie zu einem der Gesellschafter bzw. des jeweiligen Grundstückseigentümers, sofern dieser keine Gesellschaft ist
- Übertragung des Erbbaugrundstücks auf eine (andere) Personen- oder Kapitalgesellschaft, deren Anteilsinhaber mehrheitlich aus Gesellschaftern des heutigen Grundstückseigentümers oder deren Ehegatten, Geschwistern oder Verwandten in gerader Linie bestehen.

VI. Grundbucherklärungen

Die Vertragsteile sind sich über die Entstehung des Gesamterbbaurechts mit dem in niedergelegten Inhalt einig.

Die Vertragsteile bewilligen und beantragen:

1. die Eintragung des Gesamterbbaurechts an den Erbbaugrundstücken
2. die Eintragung der wertgesicherten und versteigerungsfesten Erbbauzinsreallast für den jeweiligen Eigentümer des Erbbaugrundstücks, und zwar an erster Rangstelle im Erbbaugrundbuch und im Berechtigungsverhältnis nach § 428 BGB
3. die Eintragung der Vorkaufsrechte für den Grundstückseigentümer und für den Erbbauberechtigten; das Vorkaufsrecht für den Grundstückseigentümer erhält zweite Rangstelle im Erbbaugrundbuch, das Vorkaufsrecht für den Erbbauberechtigten ist im Rang nach dem Gesamterbbaurecht einzutragen.

Der Notar wird beauftragt und bevollmächtigt, etwaige Rangrücktrittserklärungen zu erholen.

Der Notar wird ermächtigt, die Beteiligten im Grundbuchverfahren umfassend zu vertreten. Dies umfasst auch die Abgabe ergänzender und berichtigender Grundbucherklärungen.

Alternativ:

Die Vertragsteile sind über die Bestellung der nachfolgenden Rechte einig und bewilligen, der Erbbauberechtigte beantragt:

1. in das Grundstücksgrundbuch einzutragen:
   - das Gesamterbbaurecht gemäß den Bestimmungen dieses Vertrages an erster Rangstelle
   - das Vorkaufsrecht für den Erbbauberechtigten im Rang nach dem Gesamterbbaurecht
   - den Rangrücktritt aller Erklärungen, die erforderlich sind, um dem Gesamterbbaurecht die erste Rangstelle zu verschaffen
2. in das neu angelegte Gesamterbbaugrundbuch einzutragen:
   - das Gesamterbbaurecht mit dem vereinbarten dinglichen Inhalt dieses Vertrages
   - die wertgesicherte und versteigerungsfeste Erbbauzinsreallast für den jeweiligen Grundstückseigentümer, und zwar an Rangstelle und im Berechtigungsverhältnis nach § 428 BGB
   - das Vorkaufsrecht für die jeweiligen Grundstückseigentümer, und zwar im Rang nach der Erbbauzinsreallast.

Der Notar wird beauftragt und bevollmächtigt, etwaige Rangrücktrittserklärungen zu erholen.

Der Notar wird ermächtigt, die Beteiligten im Grundbuchverfahren umfassend zu vertreten. Dies umfasst auch die Abgabe ergänzender und berichtigender Grundbucherklärungen.

Der Erbbauberechtigte beantragt, den Grundstückseigentümern zwei amtliche Ausdrucke des Erbbaugrundbuchs zu erteilen.

VII. Haftung; Verschaffung der ersten Rangstelle

Die Grundstückseigentümer schulden den ungehinderten Besitzübergang, die Entstehung des Gesamterbbaurechts und die Freiheit des jeweiligen Erbbaugrundstücks von Miet- und Pachtverhältnissen sowie anderen vertraglichen Bindungen.

Die Grundstückseigentümer haften über Zusicherungen hinaus, die in dieser Urkunde niedergelegt sind, nicht für Mängelfreiheit. Ausgeschlossen sind Ansprüche und Rechte des Erbbauberechtigten wegen eines Sachmangels, insbesondere im Hinblick auf das Flächenmaß, die Bodenbeschaffenheit und die Verwertbarkeit. Die Grundstückseigentümer versichern, dass ihnen verborgene Mängel nicht bekannt sind. Die Grundstückseigentümer übernehmen keine Garantie für die Beschaffenheit.

Ab Besitzübergang treffen alle Haftungen den Erbbauberechtigten, insbesondere für Schäden, die während der Bauphase auftreten oder die durch das Vorhandensein oder die Unterhaltung der Bauwerke resultieren. Dies gilt auch für Schäden an benachbarten Grundstücken.

Das Gesamterbbaurecht kann nur zur ausschließlich ersten Rangstelle bestellt werden, § 10 Abs. 1 S. 1 ErbbauRG. Die Rangstelle muss permanent gehalten und kann auch nach Eintragung des Gesamterbbaurechts im Grundbuch nicht nachträglich geändert werden. Die Grundstückseigentümer haften für die Verschaffung der ersten Rangstelle und verpflichten sich zur Beschaffung aller erforderlichen Unterlagen (Rangrücktrittserklärungen, ggf. weitere Identitätsnachweise), und zwar auf eigene Kosten. Falls die erste Rangstelle nicht verschafft werden kann, können beide Vertragsteile ihren Rücktritt erklären. Die hierbei anfallenden Kosten (Notariat, Grundbuchamt) tragen die Grundstückseigentümer. Die Geltendmachung weiterer Rechte ist dann ausgeschlossen, insbesondere findet keine Erstattung gezahlter Erbbauzinsbeträge oder die Zahlung von Schadensersatz statt.

Alternativ:

Für Sachmängel haftet die Grundstückseigentümer nicht, etwa für die Bodenbeschaffenheit, das Flächenmaß oder die Nutzbarkeit der Erbbaugrundstücke. Die Grundstückseigentümer garantieren lediglich, dass die Erbbaugrundstücke Baugrundstücke sind, deren Bebaubarkeit von den Festsetzungen der gemeindlichen Bauleitplanung bestimmt wird. Eine weitere Garantie übernehmen die Grundstückseigentümer nicht. Es obliegt dem Erbbauberechtigten, die Genehmigung der Baubehörde einzuholen. Schließlich garantieren die Grundstückseigentümer, dass Abtretungen für Belange des öffentlichen Bedarfs nicht zu leisten sind.

Die Grundstückseigentümer haften für die Verschaffung der ersten Rangstelle und verpflichten sich zur Beschaffung aller erforderlichen Unterlagen (Rangrücktrittserklärungen, ggf. weitere Identitätsnachweise), und zwar auf eigene Kosten. Falls die erste Rangstelle nicht verschafft werden kann, können beide Vertragsteile ihren Rücktritt erklären. Die hierbei anfallenden Kosten (Notariat, Grundbuchamt) tragen die Grundstückseigentümer. Die Geltendmachung weiterer Rechte ist dann ausgeschlossen, insbesondere findet keine Erstattung gezahlter Erbbauzinsbeträge oder die Zahlung von Schadensersatz statt.

Alternativ:

Die Grundstückseigentümer haften dafür, dass das Gesamterbbaurecht die erste Rangstelle erhält. Die Haftung beschränkt sich allerdings auf alle möglichen und zumutbaren Schritte, die erforderlich sind, um die erste Rangstelle zu erreichen. Beide Vertragsteile sind zum Rücktritt von den schuldrechtlichen Bestimmungen dieses Vertrages berechtigt, sollte die erste Rangstelle nicht zu beschaffen sein. Dann ist die Geltendmachung weiterer Rechte ausgeschlossen. Die Rückabwicklungskosten fallen den Grundstückseigentümern zur Last, sie tragen auch sämtliche Kosten, die im Notariat und Grundbuchamt angefallen sind.

Soweit Sachmängel betroffen sind, übernehmen die Grundstückseigentümer keine Haftung für die Bebaubarkeit der Erbbaugrundstücke. Der Umfang der Bebaubarkeit hängt von den baurechtlichen Maßgaben und den Festsetzungen der städtischen Bauleitplanung ab. Die Grundstückseigentümer übernehmen keine Garantie dafür, dass die Grundstücke zur Errichtung der Bauwerke geeignet sind, die der Erbbauberechtigte errichten möchte. Die Grundstückseigentümer übernehmen auch keine Garantie dafür, dass die notwendigen baurechtlichen Genehmigungen erteilt werden.

Darüber hinaus haften die Grundstückseigentümer auch nicht für die Bodenbeschaffenheit und das angegebene Flächenmaß.

Die Grundstückseigentümer haben den Erbbauberechtigten auf die frühere Nutzung der Erbbaugrundstücke hingewiesen. Den Grundstückseigentümern ist nicht bekannt, dass Altlasten bzw. Kontaminationen bestehen. Ein etwaiger Ausgleichsanspruch nach § 24 Abs. 2 BBodSchG wird abbedungen.

VIII. Haftung als Gesamtschuldner

Mehrere Erbbauberechtigte haften für alle Verpflichtungen, die aus diesem Vertrag resultieren, als Gesamtschuldner. Tatsachen, die gegenüber einem der Erbbauberechtigen Ansprüche begründen, muss der andere Erbbauberechtigte gegen sich geltend lassen. Dabei ist jeder Erbbauberechtigte befugt, den anderen Erbbauberechtigten bei der Abgabe und der Entgegennahme von Erklärungen gegenüber dem Grundstückseigentümer zu vertreten.

IX. Übernahme von Verpflichtungen durch Rechtsnachfolger; Weitergabeverpflichtung; Mitteilungspflicht

Die Vertragsparteien verpflichten sich, ihren Rechtsnachfolgern die Übernahme sämtlicher schuldrechtlicher Verpflichtungen und Bestimmungen, die aus dem Gesamterbbaurechtsverhältnis resultieren, und deren Weitergabe an weitere Rechtsnachfolger aufzuerlegen, sodass jeder weitere Rechtsnachfolger in gleicher Weise verpflichtet wird.

Der Erbbauberechtigte ist verpflichtet, den Grundstückseigentümern seine aktuelle Anschrift und seine Bankdaten unverzüglich mitzuteilen. Diese Verpflichtung gilt auch für andere Korrespondenzadressen, beispielsweise E-Mail-Adressen. Bei Verstoß gegen diese Verpflichtung haftet der Erbbauberechtigte auf Schadensersatz.

Darüber hinaus ist der Erbbauberechtigte verpflichtet, den Grundstückseigentümern eine etwaige Zwangsvollstreckungsmaßnahme, die gegen das Gesamterbbaurecht ergriffen wird, unverzüglich mitzuteilen. Dies gilt auch für die Eröffnung des Insolvenzverfahrens über das Vermögen des Erbbauberechtigten und für eine Ablehnung des Insolvenzverfahrens mangels Masse.

Alternativ:

Alle Verpflichtungen dieses Vertrages, die nicht zum Inhalt des Gesamterbbaurechts und auch nicht zum Inhalt der einzutragenden dinglichen Rechte zählen, sind von jedem Vertragsteil etwaigen Rechtsnachfolgern mit Weitergabeverpflichtung aufzuerlegen.

Alternativ:

Jeder Vertragsteil ist verpflichtet, Verpflichtungen, die nicht bereits kraft Gesetzes übergehen, seinem Rechtsnachfolger mit Weitergabeverpflichtung aufzuerlegen. Falls ein Rechtsnachfolger nicht alle Bestimmungen dieses Vertrages übernimmt, sind die Grundstückseigentümer berechtigt, ihre Zustimmung zur Übertragung des Gesamterbbaurechts zu verweigern.

X. Teilunwirksamkeit; salvatorische Klausel; Schlichtungsklausel

Die Unwirksamkeit einzelner Bestimmungen dieses Vertrages berührt den übrigen Vertragsinhalt nicht. An die Stelle unwirksamer Bestimmungen dieses Vertrages treten die gesetzlichen Bestimmungen. Die Vertragsteile verpflichten sich, eine unwirksame Bestimmung durch eine wirksame Bestimmung zu ersetzen, sodass der beabsichtigte Zweck erreicht werden kann.

Sollte es zwischen den Grundstückseigentümern und dem Erbbauberechtigten zu Konflikten kommen, werden sie miteinander verhandeln und eine einvernehmliche Lösung anstreben. Der Notar/die Notarin hat darauf hingewiesen, dass der Schlichtungs- und Schiedsgerichtshof deutscher Notare (SGH) ein Schlichtungsverfahren zur Verfügung stellt, wenn die direkten Verhandlungen zu keinem Ergebnis führen (Informationen und Kontaktdaten zum SGH unter www.dnotv.de). Die Beteiligten stellen klar, dass diese Absichtserklärungen der Einleitung eines Gerichtsverfahrens nicht entgegenstehen.

Alternativ:

Sollte es zwischen den Grundstückseigentümern und dem Erbbauberechtigten zu Konflikten kommen, werden sie miteinander verhandeln und eine einvernehmliche und in die Zukunft gerichtete Lösung anstreben. Der Notar/die Notarin hat darauf hingewiesen, dass der Schlichtungs- und Schiedsgerichtshof deutscher Notare (SGH) ein Schlichtungsverfahren zur Verfügung stellt, wenn die direkten Verhandlungen zu keinem Ergebnis führen (Informationen und Kontaktdaten zum SGH unter www.dnotv.de). Unter der Leitung eines erfahrenen und unabhängigen Schlichters kann dort der Konflikt selbstbestimmt weiterbearbeitet werden. Eine Klage betrachten die Beteiligten als letztes Mittel. Die rechtlichen Berater der Beteiligten sollen die Beteiligten vorrangig bei den vorgenannten Verhandlungslösungen unterstützen. Die Beteiligten stellen klar, dass diese Absichtserklärungen der Einleitung eines Gerichtsverfahrens nicht entgegenstehen.

Alternativ:

Sollte es zwischen den Grundstückseigentümern und dem Erbbauberechtigten zu Konflikten kommen, verpflichten sich die Beteiligten, alle oder im Zusammenhang mit diesem Vertrag entstehenden Streitigkeiten möglichst durch direkte Verhandlungen beizulegen. Die rechtlichen Berater der Beteiligten sollen diese dabei unterstützen. Gelingt dies nicht, verpflichten sich die Grundstückseigentümer und der Erbbauberechtigte, eine Schlichtung vor dem Schlichtungs- und Schiedsgerichtshof deutscher Notare (SGH) durchzuführen (Informationen und Kontaktdaten unter www.dnotv.de). Die Schlichtung beginnt mit dem Antrag auf Durchführung einer Schlichtung gegenüber dem SGH. Die Schlichtung endet auch ohne abschließende Einigung, wenn der Antrag zurückgewiesen wird oder der Schlichter das Scheitern der Schlichtung feststellt. Während der laufenden Schlichtung ist die Verjährung der streitgegenständlichen Ansprüche gehemmt. Die Klageerhebung ist erst nach der Beendigung der Schlichtung zulässig. Verfahren des einstweiligen Rechtsschutzes sowie selbständige Beweisverfahren bleiben auch während der Schlichtung zulässig. Gleiches gilt für Verfahren zur Wahrung einer gesetzlichen Ausschlussfrist. Insoweit verpflichten sich die Grundstückseigentümer und der Erbbauberechtigte, während der laufenden Schlichtung das Ruhen des gerichtlichen Verfahrens zu beantragen.

Alternativ (mit Force Majeure Klausel):

Sofern eine Bestimmung dieses Vertrages nicht wirksam sein sollte oder der Vertrag eine Lücke enthalten, lässt dies die Wirksamkeit der übrigen Bestimmungen unberührt. Die Vertragsteile verpflichten sich dazu, in diesem Fall eine Bestimmung zu wählen, die dem am nächsten kommt, was die Vertragsteile bei Kenntnis der Unwirksamkeit bzw. der Lücke vereinbart hätten.

Im Falle höherer Gewalt sind die vertraglichen Pflichten für die Dauer und in dem Umfang ausgesetzt, der durch das Ereignis erzwungen wird, das von außen eingetreten ist und außerhalb des Einflussbereichs der Vertragsparteien liegt. Fälle höherer Gewalt (force majeure) sind insbesondere schwerwiegende Beeinträchtigungen des Gesundheitssektors, beispielsweise Pandemien, Epidemien, Seuchen, behördliche Anordnungen, von den Vertragsparteien nicht verschuldete Betriebsstörungen, daneben Naturkatastrophen, beispielsweise Sturm und Hochwasser, ferner Arbeitskämpfe, Streiks, Unruhen, kriegerische Auseinandersetzungen und Akte terroristischer Gewalt. Die jeweils betroffene Vertragspartei verpflichtet sich dazu, unverzüglich den Eintritt und den Wegfall höherer Gewalt anzuzeigen. Die Vertragsteile werden sich bemühen, die Auswirkungen höherer Gewalt zu beschränken. Gegebenenfalls ist der Vertrag anzupassen, um dem ursprünglichen Zweck wieder nahe zu kommen.

Sollte es zwischen den Grundstückseigentümern und dem Erbbauberechtigten zu Konflikten kommen, werden sie miteinander verhandeln und eine einvernehmliche Lösung anstreben. Der Notar/die Notarin hat darauf hingewiesen, dass der Schlichtungs- und Schiedsgerichtshof deutscher Notare (SGH) ein Schlichtungsverfahren zur Verfügung stellt, wenn die direkten Verhandlungen zu keinem Ergebnis führen (Informationen und Kontaktdaten zum SGH unter www.dnotv.de). Die Beteiligten stellen klar, dass diese Absichtserklärungen der Einleitung eines Gerichtsverfahrens nicht entgegenstehen.

Alternativ:

Sollte es zwischen den Grundstückseigentümern und dem Erbbauberechtigten zu Konflikten kommen, werden sie miteinander verhandeln und eine einvernehmliche und in die Zukunft gerichtete Lösung anstreben. Der Notar/die Notarin hat darauf hingewiesen, dass der Schlichtungs- und Schiedsgerichtshof deutscher Notare (SGH) ein Schlichtungsverfahren zur Verfügung stellt, wenn die direkten Verhandlungen zu keinem Ergebnis führen (Informationen und Kontaktdaten zum SGH unter www.dnotv.de). Unter der Leitung eines erfahrenen und unabhängigen Schlichters kann dort der Konflikt selbstbestimmt weiterbearbeitet werden. Eine Klage betrachten die Beteiligten als letztes Mittel. Die rechtlichen Berater der Beteiligten sollen die Beteiligten vorrangig bei den vorgenannten Verhandlungslösungen unterstützen. Die Beteiligten stellen klar, dass diese Absichtserklärungen der Einleitung eines Gerichtsverfahrens nicht entgegenstehen.

Alternativ:

Sollte es zwischen den Grundstückseigentümern und dem Erbbauberechtigten zu Konflikten kommen, verpflichten sich die Beteiligten, alle oder im Zusammenhang mit diesem Vertrag entstehenden Streitigkeiten möglichst durch direkte Verhandlungen beizulegen. Die rechtlichen Berater der Beteiligten sollen diese dabei unterstützen. Gelingt dies nicht, verpflichten sich die Grundstückseigentümer und der Erbbauberechtigte, eine Schlichtung vor dem Schlichtungs- und Schiedsgerichtshof deutscher Notare (SGH) durchzuführen (Informationen und Kontaktdaten unter www.dnotv.de). Die Schlichtung beginnt mit dem Antrag auf Durchführung einer Schlichtung gegenüber dem SGH. Die Schlichtung endet auch ohne abschließende Einigung, wenn der Antrag zurückgewiesen wird oder der Schlichter das Scheitern der Schlichtung feststellt. Während der laufenden Schlichtung ist die Verjährung der streitgegenständlichen Ansprüche gehemmt. Die Klageerhebung ist erst nach der Beendigung der Schlichtung zulässig. Verfahren des einstweiligen Rechtsschutzes sowie selbständige Beweisverfahren bleiben auch während der Schlichtung zulässig. Gleiches gilt für Verfahren zur Wahrung einer gesetzlichen Ausschlussfrist. Insoweit verpflichten sich die Grundstückseigentümer und der Erbbauberechtigte, während der laufenden Schlichtung das Ruhen des gerichtlichen Verfahrens zu beantragen.

Alternativ:

Sollte eine Bestimmung dieser Urkunde unwirksam sein oder werden, bleiben die übrigen Bestimmungen wirksam. In diesem Fall ist die unwirksame Bestimmung durch eine wirksame Bestimmung zu ersetzen, die der unwirksamen Bestimmung wirtschaftlich entspricht. Dies soll auch für etwaige Vertragslücken gelten.

Sollte es zwischen den Grundstückseigentümern und dem Erbbauberechtigten zu Konflikten kommen, werden sie miteinander verhandeln und eine einvernehmliche Lösung anstreben. Der Notar/die Notarin hat darauf hingewiesen, dass der Schlichtungs- und Schiedsgerichtshof deutscher Notare (SGH) ein Schlichtungsverfahren zur Verfügung stellt, wenn die direkten Verhandlungen zu keinem Ergebnis führen (Informationen und Kontaktdaten zum SGH unter www.dnotv.de). Die Beteiligten stellen klar, dass diese Absichtserklärungen der Einleitung eines Gerichtsverfahrens nicht entgegenstehen.

Alternativ:

Sollte es zwischen den Grundstückseigentümern und dem Erbbauberechtigten zu Konflikten kommen, werden sie miteinander verhandeln und eine einvernehmliche und in die Zukunft gerichtete Lösung anstreben. Der Notar/die Notarin hat darauf hingewiesen, dass der Schlichtungs- und Schiedsgerichtshof deutscher Notare (SGH) ein Schlichtungsverfahren zur Verfügung stellt, wenn die direkten Verhandlungen zu keinem Ergebnis führen (Informationen und Kontaktdaten zum SGH unter www.dnotv.de). Unter der Leitung eines erfahrenen und unabhängigen Schlichters kann dort der Konflikt selbstbestimmt weiterbearbeitet werden. Eine Klage betrachten die Beteiligten als letztes Mittel. Die rechtlichen Berater der Beteiligten sollen die Beteiligten vorrangig bei den vorgenannten Verhandlungslösungen unterstützen. Die Beteiligten stellen klar, dass diese Absichtserklärungen der Einleitung eines Gerichtsverfahrens nicht entgegenstehen.

Alternativ:

Sollte es zwischen den Grundstückseigentümern und dem Erbbauberechtigten zu Konflikten kommen, verpflichten sich die Beteiligten, alle oder im Zusammenhang mit diesem Vertrag entstehenden Streitigkeiten möglichst durch direkte Verhandlungen beizulegen. Die rechtlichen Berater der Beteiligten sollen diese dabei unterstützen. Gelingt dies nicht, verpflichten sich die Grundstückseigentümer und der Erbbauberechtigte, eine Schlichtung vor dem Schlichtungs- und Schiedsgerichtshof deutscher Notare (SGH) durchzuführen (Informationen und Kontaktdaten unter www.dnotv.de). Die Schlichtung beginnt mit dem Antrag auf Durchführung einer Schlichtung gegenüber dem SGH. Die Schlichtung endet auch ohne abschließende Einigung, wenn der Antrag zurückgewiesen wird oder der Schlichter das Scheitern der Schlichtung feststellt. Während der laufenden Schlichtung ist die Verjährung der streitgegenständlichen Ansprüche gehemmt. Die Klageerhebung ist erst nach der Beendigung der Schlichtung zulässig. Verfahren des einstweiligen Rechtsschutzes sowie selbständige Beweisverfahren bleiben auch während der Schlichtung zulässig. Gleiches gilt für Verfahren zur Wahrung einer gesetzlichen Ausschlussfrist. Insoweit verpflichten sich die Grundstückseigentümer und der Erbbauberechtigte, während der laufenden Schlichtung das Ruhen des gerichtlichen Verfahrens zu beantragen.

XI. Unbedenklichkeitsbescheinigung des Finanzamtes

Die Erschienenen wurden darauf hingewiesen, dass die Gesamterbbaurechtseintragung im Grundbuch erst dann erfolgen kann, sobald die Unbedenklichkeitsbescheinigung des Finanzamtes vorliegt. Die Unbedenklichkeitsbescheinigung wird erst nach Begleichung der Grunderwerbsteuer erteilt. Die Grunderwerbsteuer trägt der Erbbauberechtigte.

XII. Notarermächtigung; Genehmigungen, Vollzug

Der Notar/die Notarin , deren Vertreter und Nachfolger im Amt werden jeweils beauftragt und bevollmächtigt, etwaige Zustimmungserklärungen und Genehmigungen unter Fertigung eines Entwurfs einzuholen. Die Genehmigungen und Erklärungen sollen mit dem Eingang im Notariat wirksam sein.

Darüber hinaus wird der Notar/die Notarin , deren Vertreter und Nachfolger im Amt ermächtigt, den Vollzug dieser Urkunde zu betreiben und Anträge getrennt oder eingeschränkt zu stellen (Teilvollzug). Die Ermächtigung umfasst auch die Rücknahme der Erklärungen und die Abgabe aller verfahrensrechtlichen Erklärungen, die zur Durchführung dieser Urkunde erforderlich sind. Falls das Gesamterbbaurecht nicht sofort an allen Grundstücken eingetragen werden kann, ist der Notar/die Notarin berechtigt, die Anträge aus dieser Urkunde getrennt und eingeschränkt zu stellen. Teilvollzug ist möglich, das Gesamterbbaurecht kann vorerst auch nur an den Erbbaugrundstücken eingetragen werden, bei denen der Vollzug möglich ist. Die Einigung ist auch für diesen Fall des sukzessiven Vollzugs erklärt. Allerdings sollen in diesem Fall die Belastungen am Gesamterbbaurecht nur zugunsten dieser Erbbaugrundstücke eingetragen werden, was bewilligt und beantragt wird. Nach Teilvollzug wird das Gesamterbbaurecht auf die Erbbaugrundstücke ausgedehnt, bei denen ein Vollzug noch nicht möglich war. Der Vollzug aller Erklärungen, die im Rahmen der Erstreckung erforderlich sind, wird bewilligt und beantragt. Der Notar/die Notarin, deren Vertreter oder Nachfolger im Amt sind ermächtigt, auch insoweit den Vollzug der Rechtsausdehnung zu betreiben und den Restvollzug zu bewirken. Ggf. werden Ergänzungen erforderlich, die lediglich dazu dienen, den Rechtszustand herbeizuführen, der der Verwirklichung des Gesamterbbaurechts entspricht.

Die Vollzugsmitteilungen sind für alle Beteiligten an den Notar zu übersenden.

Alternativ:

Der Notar/die Notarin , deren Vertreter und Nachfolger im Amt werden jeweils umfassend beauftragt und bevollmächtigt, für den Vollzug dieser Urkunde zu sorgen, insbesondere die Beteiligten im Grundbuchverfahren uneingeschränkt zu vertreten und alle Zustimmungs-, Genehmigungs-, Rangrücktritts- sowie Lastenfreistellungserklärungen einzuholen und entgegenzunehmen. Der Notar/die Notarin , deren Vertreter und Nachfolger im Amt sind berechtigt, den Teilvollzug zu beantragen, also einzelne Bestimmungen von der Eintragung des Gesamterbbaurechts auszunehmen.

Darüber hinaus wird der Notar/die Notarin , deren Vertreter und Nachfolger im Amt ermächtigt, den Vollzug dieser Urkunde zu betreiben und Anträge getrennt oder eingeschränkt zu stellen (Teilvollzug). Die Ermächtigung umfasst auch die Rücknahme der Erklärungen und die Abgabe aller verfahrensrechtlichen Erklärungen, die zur Durchführung dieser Urkunde erforderlich sind. Falls das Gesamterbbaurecht nicht sofort an allen Erbbaugrundstücken eingetragen werden kann, ist der Notar/die Notarin berechtigt, die Anträge aus dieser Urkunde getrennt und eingeschränkt zu stellen. Teilvollzug ist möglich, das Gesamterbbaurecht kann vorerst auch nur an den Erbbaugrundstücken eingetragen werden, bei denen der Vollzug möglich ist. Die Einigung ist auch für diesen Fall des sukzessiven Vollzugs erklärt. Allerdings sollen in diesem Fall die Belastungen am Gesamterbbaurecht nur zugunsten dieser Erbbaugrundstücke eingetragen werden, was bewilligt und beantragt wird. Nach Teilvollzug wird das Gesamterbbaurecht auf die Erbbaugrundstücke ausgedehnt, bei denen ein Vollzug noch nicht möglich war. Der Vollzug aller Erklärungen, die im Rahmen der Erstreckung erforderlich sind, wird bewilligt und beantragt. Der Notar/die Notarin, deren Vertreter oder Nachfolger im Amt sind ermächtigt, auch insoweit den Vollzug der Rechtsausdehnung zu betreiben und den Restvollzug zu bewirken. Ggf. werden Ergänzungen erforderlich, die lediglich dazu dienen, den Rechtszustand herbeizuführen, der der Verwirklichung des Gesamterbbaurechts entspricht.

Zugleich erteilt der Erbbauberechtigte den Grundstückseigentümern unter Befreiung von den Beschränkungen des § 181 BGB Vollmacht, alle Erklärungen abzugeben und entgegenzunehmen, die erforderlich und zweckdienlich sind, um Zwischenverfügungen oder ähnliche Beschlüsse des Grundbuchamtes zu erfüllen und die Eintragung des Gesamterbbaurechts herbeizuführen.

Alternativ:

Der Notar/die Notarin , deren Vertreter und Nachfolger im Amt werden jeweils beauftragt und bevollmächtigt, die Beteiligten im Grundbuchverfahren umfassend zu vertreten. Der Notar/die Notarin , deren Vertreter und Nachfolger im Amt ist ermächtigt, Erbbaurechtsbestimmungen, die nicht Inhalt des Gesamterbbaurechts sein können, zu bezeichnen und von der Eintragung auszunehmen. Entsprechende Bestimmungen sollen jedoch als schuldrechtliche Vereinbarungen weitergelten und ihre Gültigkeit behalten. Genehmigungen sollen mit Eingang im Notariat als mitgeteilt gelten und rechtswirksam sein. Darüber hinaus wird der Notar/die Notarin , deren Vertreter und Nachfolger im Amt ermächtigt, den Vollzug dieser Urkunde zu betreiben und Anträge getrennt oder eingeschränkt zu stellen (Teilvollzug). Die Ermächtigung umfasst auch die Rücknahme der Erklärungen und die Abgabe aller verfahrensrechtlichen Erklärungen, die zur Durchführung dieser Urkunde erforderlich sind. Falls das Gesamterbbaurecht nicht sofort an allen Erbbaugrundstücken eingetragen werden kann, ist der Notar/die Notarin berechtigt, die Anträge aus dieser Urkunde getrennt und eingeschränkt zu stellen. Teilvollzug ist möglich, das Gesamterbbaurecht kann vorerst auch nur an den Erbbaugrundstücken eingetragen werden, bei denen der Vollzug möglich ist. Die Einigung ist auch für diesen Fall des sukzessiven Vollzugs erklärt. Allerdings sollen in diesem Fall die Belastungen am Gesamterbbaurecht nur zugunsten dieser Erbbaugrundstücke eingetragen werden, was bewilligt und beantragt wird. Nach Teilvollzug wird das Gesamterbbaurecht auf die Erbbaugrundstücke ausgedehnt, bei denen ein Vollzug noch nicht möglich war. Der Vollzug aller Erklärungen, die im Rahmen der Erstreckung erforderlich sind, wird bewilligt und beantragt. Der Notar/die Notarin, deren Vertreter oder Nachfolger im Amt sind ermächtigt, auch insoweit den Vollzug der Rechtsausdehnung zu betreiben und den Restvollzug zu bewirken. Ggf. werden Ergänzungen erforderlich, die lediglich dazu dienen, den Rechtszustand herbeizuführen, der der Verwirklichung des Gesamterbbaurechts entspricht.

XIII. Hinweise und Feststellungen

Die Vertragsteile wurden auf Folgendes hingewiesen:

- alle Vereinbarungen, die in dieser Urkunde enthalten sind, müssen richtig und vollständig sein
- das Gesamterbbaurecht kann nur an ausschließlich erster Rangstelle eingetragen werden
- am Vertragsgegenstand können Rückstände an öffentlichen Lasten bestehen
- die Vertragsteile haften für die Grunderwerbsteuer und die Kosten.
- Alle Beteiligten erklären sich mit der Speicherung und Bearbeitung ihrer Daten durch das Notariat uneingeschränkt einverstanden und stimmen der Speicherung und Bearbeitung ausdrücklich zu. Die Belehrung über die Informationspflichten bei Erhebung personenbezogener Daten ist durch den Notar erfolgt.
- Alle Beteiligten erklären, ausschließlich auf eigene Rechnung zu handeln und auch selbst wirtschaftlicher Berechtigter zu sein. Keiner der Beteiligten handelt für fremde Rechnung. Die Belehrung durch den Notar über die Angabepflichten nach dem Geldwäschegesetz ist erfolgt. Darüber hinaus hat der Notar auf das für Immobiliengeschäfte bestehende Barzahlungsverbot hingewiesen.

XIV. Ausfertigungen, Abschriften

Eine *Ausfertigung* dieser Urkunde erhalten:

- die Grundstückseigentümer

- der Erbbauberechtigte
- das Grundbuchamt

Eine *beglaubigte Abschrift* dieser Urkunde erhalten:

- das Finanzamt, Grunderwerbsteuerstelle
- der Gutachterausschuss
- der Erbbauberechtigte für seinen Finanzierungsgläubiger
- die dinglich Berechtigten, deren Rangrücktritts-, Zustimmungs- oder Löschungserklärung erforderlich ist.

XV. Notar- und Gerichtskosten; Grunderwerbsteuer

Die Kosten für die Beurkundung und den Vollzug im Grundbuch trägt der Erbbauberechtigte, ebenso die Grunderwerbsteuer.

Kosten, die im Rahmen der Erstrangbeschaffung des Gesamterbbaurechts anfallen, tragen die Grundstückseigentümer.

Alternativ:

Sämtliche Kosten, die mit dieser Beurkundung verbunden sind, trägt der Erbbauberechtigte. Hierzu zählen auch die Kosten für die Einholung von Genehmigungen, die Kosten des grundbuchamtlichen Vollzugs, die Grunderwerbsteuer, ebenso die Kosten des Heimfalls und der Löschung des Erbbaurechts. Der Erbbauberechtigte trägt auch die Grunderwerbsteuer, die im Rahmen dieses Vertrages anfällt.

Kosten der Lastenfreistellung und Kosten der Rangbeschaffung des Gesamterbbaurechts trägt jedoch der Grundstückseigentümer.

Vorgelesen vom Notar,

von den Beteiligten genehmigt

und eigenhändig unterschrieben:

(Unterschriften der Beteiligten)

(Unterschrift und Siegel des Notars)“

▲

I. Eintragung im Grundbuch

150 Für das Erbbaurecht bzw. Gesamterbbaurecht[1123] wird von Amts wegen ein besonderes Grundbuchblatt angelegt, ein **Erbbaugrundbuch bzw. Gesamterbbaugrundbuch**, § 14 Abs. 1 S. 1 ErbbauRG.[1124] Nach § 24 Abs. 1 GBV hat das Grundbuchamt die **Bestellungsurkunde** zwingend zur **Grundakte des Gesamterbbaugrundbuchs** zu nehmen, nicht zur Grundakte eines der belasteten Erbbaugrundstücke, was teilweise in der grundbuchamtlichen Praxis nicht beachtet wird. Das Grundbuchamt ist jedoch gehalten, auch diesen Aspekt des öffentlich-rechtlichen Verwahrungsverhältnisses zu beachten und die Bestellungsurkunde in der Grundakte des Gesamterbbaugrundbuchs bereitzuhalten, § 24 Abs. 1 GBV. In der Grundakte des belasteten Grundstücks ist lediglich eine Verweisung auf die Grundakte des Gesamterbbaugrundbuchs anzubringen.

Im **Gesamterbbaugrundbuch** werden die **Grundstückseigentümer** und **jeder spätere Erwerber des Erbbaugrundstücks** vermerkt, § 14 Abs. 1 S. 2 ErbbauRG, und zwar im Bestandsverzeichnis.

Umgekehrt wird auch die Eintragung eines **neuen Erbbauberechtigten** im **Grundstücksgrundbuch** vermerkt, Zweite Abteilung, Veränderungsspalte, wobei es keine Rolle spielt, ob es sich um einen rechtsgeschäftlichen Erwerber oder einen Erben handelt, da die Vermerkpflicht uneingeschränkt für alle neuen Erbbauberechtigten gilt, § 14 Abs. 3 S. 2 ErbbauRG. Lediglich bei Wohnungs- und Teilerbbauberechtigten kann der Vermerk durch die Bezugnahme auf die Wohnungs- und Teilerbbaugrundbücher ersetzt werden, § 14 Abs. 3 S. 3 ErbbauRG, in allen übrigen Erbbaurechtsvarianten dagegen nicht.[1125]

Die Regelungen über das Erbbaugrundbuch finden sich in den §§ 54–60 GBV, das Muster eines Erbbaugrundbuchs in der Anlage 9 zu § 58 GBV.[1126] Das Erbbaurecht bzw. das Gesamterbbaurecht entsteht auch dann, sollte **versehentlich** die **Anlegung des Erbbaugrundbuchs bzw. des Gesamterbbaugrundbuchs nicht erfolgt** sein.[1127] Das Recht entsteht mit Eintragung des Erbbaurechts bzw. Gesamterbbaurechts im Grundstücksgrundbuch.[1128]

1123 Auch für das Gesamterbbaurecht wird nur ein Erbbaugrundbuch geführt, Meikel/*Schneider*, Vorbemerkungen zu den §§ 54 bis 60 GBV, Rn 19; Bamberger/Roth/*Maaß*, § 1 Rn 27.

1124 *Wilsch*, ErbbauZ 2024, 2, 8.

1125 Nicht mehr aktuell die Darstellung des § 14 ErbbauRG in Staudinger/*Rapp*, dort fehlt zum einen § 14 Abs. 4 ErbbauRG vollständig, zum anderen ist dort die Einschränkung der Bezugnahmeoption – nur noch für Wohnungs- und Teilerbbaugrundbücher – noch nicht nachvollzogen.

1126 Vgl. den Verweis in § 58 GBV auf die Anlage 9.

1127 Ingenstau/Hustedt/*Bardenhewer*, § 14 Rn 8.

1128 Staudinger/*Rapp*, § 14 Rn 2, Entstehung mit Eintragung im Grundstücksgrundbuch.

Die **Aufschrift** des Gesamterbbaugrundbuchs enthält das Amtsgericht, die Gemarkung, die Blattnummer und den Klammerzusatz „***Erbbaugrundbuch***“, § 55 Abs. 2 GBV. Eine besondere Kennzeichnung als „Gesamterbbaugrundbuch“ ist zwar nicht vorgesehen, insoweit würde die Bezeichnung als „Erbbaugrundbuch“ ausreichen. In der Eintragungspraxis findet sich jedoch auch häufig die Bezeichnung als „***Gesamterbbaugrundbuch***“, um der Besonderheit Ausdruck zu verleihen:[1129]

Eintragungsbeispiel Erbbaurecht

Amtsgericht München
Grundbuch
von
Max-Vorstadt
Blatt 1969
(Erbbaugrundbuch)

Eintragungsbeispiel Gesamterbbaurecht

Amtsgericht München
Grundbuch
von
Max-Vorstadt
Blatt 1969
(Gesamterbbaugrundbuch)

Im **Bestandsverzeichnis** sind die Bezeichnung „Gesamterbbaurecht“,[1130] die belasteten Grundstücke, der Inhalt des Gesamterbbaurechts sowie die Eigentümer der belasteten Grundstücke einzutragen, § 56 Abs. 1 GBV. **151**

Nicht miteinzutragen ist das **Anteilsverhältnis mehrerer Grundstückseigentümer**, da die Regelung in § 14 Abs. 1 S. 2 ErbbauRG lediglich vom *Grundstückseigentümer* spricht und ein Anteilsverhältnis nur bei dinglichen Rechten mitanzugeben ist, nicht dagegen bei Hinweisvermerken.[1131]

Mit dem Vermerk „Gesamterbbaurecht an den Grundstücken…“ wird die **Gesamtbelastungssituation** adäquat abgebildet.[1132] Dabei sind die belasteten Grundstücke nicht durch eine Aufzählungsweise zu bezeichnen, die den irrigen Eindruck von Einzelerbbaurechten

1129 *Wilsch*, ErbbauZ 2024, 2, 8.
1130 *Wilsch*, ErbbauZ 2024, 2, 8.
1131 *Wilsch*, ErbbauZ 2024, 2, 8.
1132 *Wilsch*, ErbbauZ 2024, 2, 8.

erwecken könnte (also nicht: „Gesamterbbaurecht an den Grundstücken a) XY-Dorf Blatt…BVNr…Flurstück…; b) XY-Dorf Blatt…BVNr…Flurstück…; c) XY-Dorf Blatt…BVNr…Flurstück…").

Beschränkungen des Gesamterbbaurechts durch **Bedingungen**, **Befristungen** oder **Zustimmungsvorbehalte** i.S.v. § 5 ErbbauRG sind **ausdrücklich** einzutragen, § 56 Abs. 2 GBV, also **unmittelbar**,[1133] nicht mittelbar durch Bezugnahme nach § 874 BGB. Das Ende des Gesamterbbaurechts muss aus dem Grundbuch ersichtlich sein.[1134]

Während das OLG München[1135] in Übereinstimmung mit dem BGH die Wirksamkeit eines **Optionsrechts** auf Verlängerung des Erbbaurechts nicht anzweifelt, halten andere Meinungen[1136] die Regelung für nicht eintragungsfähig. Das Gesetz sehe ein solches Optionsrecht nicht vor. Ob vor dem Hintergrund der aktuellen Rechtsprechung des OLG München weiterer obergerichtlicher Klärungsbedarf besteht, wird die lokale Grundbuchpraxis zeigen. Bejaht das Grundbuchamt die Eintragungsfähigkeit eines Optionsrechts auf Verlängerung (vgl. oben Rdn 33), stellt sich die Frage, ob und wie das Optionsrecht besonders im Grundbuch zu verlautbaren ist. Die Antwort knüpft an die Ausgestaltung als **aufschiebende Bedingung** an, das Optionsrecht ist **unmittelbar** im Grundbuch einzutragen,[1137] etwa

- mit dem Vermerk „mit aufschiebend bedingter Verlängerungsoption"
- oder der Wiederholung des gesamten Optionstextes
- oder mit dem Vermerk „eingetragen in Abt. II Nr. 1 bis zum 31.12.2098 (im Falle der Ausübung des Optionsrechts nach §…der Urkunde bis 31.12.2113)", einzutragen im Anschluss an den Vermerk über die Laufzeit des Erbbaurechts.

Ein Verstoß gegen das Erfordernis einer unmittelbaren Grundbucheintragung führt dazu, dass die Bedingung entfällt. Die Bedingung wird nicht wirksam, und das Gesamterbbaurecht erlischt zum angegebenen Zeitpunkt.

1133 Wie hier auch Staudinger/*Rapp*, § 5–7, Rn 1f.

1134 Staudinger/*Rapp*, § 14 Rn 7.

1135 OLG München, Beschl. v. 30.8.2018, Az. 34 Wx 67/18 = NJOZ 2018, 1782, 1783: Verlängerung der Laufzeit stehe unter einer zulässigen aufschiebenden Bedingung. Dies muss im Eintragungsvermerk selbst zum Ausdruck gebracht werden, nicht durch Bezugnahme.

1136 Vgl. *Winkler/Schlögel*, § 2 Rn 143; ebenso das Gutachten des Deutschen Notarinstituts, Abruf- Nr. 152591, letzte Aktualisierung 13.2.2017, Optionsrecht auf Verlängerung des Erbbaurechts.

1137 Ebenso nun Staudinger/*Rapp*, § 14 Rn 6.

Eintragungsbeispiel **Erbbaugrundbuch**, Bestandsverzeichnis: 152

Amtsgericht München **Grundbuch von** Max-Vorstadt **Blatt** 1969 **Bestandsverzeichnis**

		Bezeichnung der Grundstücke und der mit dem Eigentum verbundenen Rechte				Größe		
Lfd. Nr. d. Grundstücke	Bisherige lfd. Nummer d. Grundstücke	Gemarkung Flurstück			Wirtschaftsart und Lage	ha	a	qm
		a/b			c			
1	2	3				4		
1	-	*Erbbaurecht am Grundstück Max-Vorstadt Blatt 205 Bestandsverzeichnis Nr. 1* *456 Kreittmayrstraße 5, Gebäude- und Freifläche* *eingetragen Abt. II Nr. 1, bis zum 31.12.2099; die Zustimmung des Grundstückseigentümers ist erforderlich zur:* *– Veräußerung des Erbbaurechts* *– Belastung des Erbbaurechts mit Grundpfandrechten, Reallasten, Dauerwohn- und -nutzungsrechten* *– nebst deren Inhaltsänderung als weitere Belastung;* *Grundstückseigentümer: Walter Krull, 24.12.1968.* *Wegen des Inhalts des Erbbaurechts wird auf die Bewilligungen vom 9.2.2024 und 4.3.2024 – UVZ-Nr. 303 und 570/jeweils Notarius, Weimar, Bezug genommen;* *angelegt am 6.4.2024.* *Lausmann*					77	77

153 Eintragungsbeispiel **Gesamterbbaugrundbuch**, Bestandsverzeichnis:[1138]

Amtsgericht München **Grundbuch von** Max-Vorstadt **Blatt** 1969 **Bestandsverzeichnis**

		Bezeichnung der Grundstücke und der mit dem Eigentum verbundenen Rechte				Größe		
Lfd. Nr. d. Grundstücke	Bisherige lfd. Nummer d. Grundstücke	Gemarkung Flurstück			Wirtschaftsart und Lage	ha	a	qm
		a/b			c			
1	2	3				4		
1	-	*Gesamterbbaurecht an den Grundstücken Max-Vorstadt Blatt 205 Bestandsverzeichnis-Nummern 1, 2*						
		456			*Kreittmayrstraße 5, Gebäude- und Freifläche*		77	77
		457			*Kreittmayrstraße, 7, Gebäude- und Freifläche*		22	22
		eingetragen Abt. II Nr. 1, bis zum 31.12.2099; die Zustimmung des Grundstückseigentümers ist erforderlich zur: – Veräußerung des Gesamterbbaurechts – Belastung des Gesamterbbaurechts mit Grundpfandrechten, Reallasten, Dauerwohn- und -nutzungsrechten – nebst deren Inhaltsänderung als weitere Belastung; Grundstückseigentümer: Walter Krull, 24.12.1968. Wegen des Inhalts des Gesamterbbaurechts wird auf die Bewilligungen vom 9.2.2024 und 4.3.2024 – UVZ-Nr. 303 und 570/jeweils Notarius, Weimar, Bezug genommen; angelegt am 6.4.2024. Lausmann						

1138 *Wilsch*, ErbbauZ 2024, 2, 8.

Die **Erste Abteilung** des Gesamterbbaugrundbuchs[1139] dient zur Eintragung des Erbbauberechtigten, § 57 Abs. 1 GBV:[1140] 154

Amtsgericht München **Grundbuch von** Max-Vorstadt **Blatt** 1969 **Erste Abteilung**

Laufende Nummer der Eintragungen	Eigentümer	Laufende Nummer der Grundstücke im Bestandsverzeichnis	Grundlage der Eintragung
1	2	3	4
1	Seefelder Verlags GmbH München Amtsgericht München, HRB 50210	1	Bei Bestellung des Erbbaurechts in Blatt 205 Abt. II Nr. 1 eingetragen und hier vermerkt am 6.4.2024. Lausmann

Die **Zweite Abteilung** weist die Lasten und Beschränkungen aus und folgt den allgemeinen Bestimmungen, § 57 Abs. 2 GBV. Die **Höhe des Erbbauzinses** einer Erbbauzinsreallast muss nicht unmittelbar, sondern kann auch durch Bezugnahme eingetragen werden, § 874 BGB. Die Grundbuchpraxis **präferiert** jedoch die **unmittelbare Eintragung**, um die Aussagekraft des Grundbuchs zu erhöhen.[1141] Dem Rechtsverkehr werden auf diese Art und Weise wichtige Informationen an die Hand gegeben. **Deklaratorisch** könnte die **aktuelle Höhe des Erbbauzinses** auch nachgetragen werden.[1142] Das Unmittelbarkeitsvotum gilt ferner für eine **Wertsicherung** der Erbbauzinsreallast, die durch ein Schlagwort zum Ausdruck gebracht und im Übrigen durch Bezugnahme zum Inhalt des Rechts gemacht wird. Etwas anderes gilt für **Bedingungen** oder **Befristungen** der Erbbauzinsreallast, die nicht durch Bezugnahme eingetragen werden können, sondern explizit in der Eintragung Erwähnung finden müssen. Die Grundbuchpraxis kennt allerdings keine bedingten oder befristeten Erbbauzinsreallasten, zu wichtig ist den Grundstückseigentümern die Erbbauzinsreallast als Gegenleistung, sodass völlig zu Recht Risiken gescheut werden. Grundstückseigentümer werden sich auch kaum mit dem potenziellen Erlöschen der Erbbauzinsreallast einverstanden erklären können. 155

Bei der **Eintragung** ist darauf zu achten, ob ein **jährlicher** oder **monatlicher Erbbauzins** vereinbart ist. In der Praxis ist der Jahreserbbauzins die Regel, nicht ausgeschlossen ist jedoch die Vereinbarung eines monatlichen Erbbauzinses, der durch eine Reallast ge-

1139 *Wilsch*, ErbbauZ 2024, 2, 8.

1140 Vgl. auch das Eintragungsbeispiel für die erste Abteilung in der Anlage 9 zu § 58 GBV; in der Eintragungspraxis wird für die Spalte 4 auch folgender Text gewählt: „*Einigung vom…; eingetragen am… Unterschrift*".

1141 In diese Richtung auch *Freckmann*, ErbbauZ 2021, 98, 100; Staudinger/*Rapp*, § 9 Rn 24b.

1142 Vgl. Staudinger/*Rapp*, § 9 Rn 24b (Streitvermeidung durch Nachtragung der aktuellen Erbbauzinshöhe).

sichert werden soll. Dies ist bei der Eintragung zu berücksichtigen, ebenso bei der Kontrolle der Eintragungsbekanntmachung.

Bei einem Gesamterbbaurecht kann für die einzelnen jeweiligen Grundstückseigentümer (vgl. § 9 Abs. 2 S. 2 ErbbauRG) **jeweils ein besonderer Erbbauzins**[1143] vereinbart werden (vgl. auch das folgende Muster 4.2, Gesamterbbaurechtsvertrag, optionale Bestellung einer einheitlichen Reallast oder als Mehrzahl von Einzelrechten[1144]). Möglich ist die Ausgestaltung als gemeinschaftliches Recht, dann zwingend mit einem Gemeinschaftsverhältnis, § 47 Abs. 1 GBO,[1145] optional als Einzelrecht in Einzelgläubigerschaft, und zwar im Gleichrang miteinander oder in Vor- und Nachrang zueinander (vgl. auch Muster 4.2 Rdn 149).

156 Eintragungsbeispiel, **Erbbaugrundbuch**, Zweite Abteilung:

Amtsgericht München **Grundbuch von** Max-Vorstadt **Blatt** 1969 **Zweite Abteilung**

Laufende Nummer der Eintragungen	Laufende Nummer der betroffenen Grundstücke im Bestandsverzeichnis	Lasten und Beschränkungen
1	2	3
1	1	Erbbauzins in Höhe von derzeit fünfundneunzigtausend EUR jährlich – wertgesichert – für den jeweiligen Eigentümer des Flurstücks 456 (Bestandsverzeichnis Nr. 1 in Blatt 205); das Bestehenbleiben des Hauptanspruchs in der Zwangsversteigerung wurde vereinbart; gemäß Bewilligungen vom 9.2.2024 und 4.3.2024 – UVZ-Nr. 303 und 570/jeweils Notarius, Weimar; eingetragen am 6.4.2024. Lausmann
2	1	Vorkaufsrecht für alle Verkaufsfälle für den jeweiligen Eigentümer des Flurstücks 456 (Bestandsverzeichnis Nr. 1 in Blatt 205); gemäß Bewilligungen vom 9.2.2024 und 4.3.2024 – UVZ-Nr. 303 und 570/jeweils Notarius, Weimar; eingetragen am 6.4.2024. Lausmann
3	1	Beschränkte persönliche Dienstbarkeit (Geh- und Leitungsrecht) für Landeshauptstadt München; gemäß Bewilligungen vom 9.2.2024 und 4.3.2024 – UVZ-Nr. 303 und 570/jeweils Notarius, Weimar; eingetragen am 6.4.2024. Lausmann

1143 *Wilsch*, ErbbauZ 2024, 2, 8.
1144 *Wilsch*, ErbbauZ 2024, 2, 8.
1145 Gemeinschaftsverhältnis § 428 oder § 432 BGB ist üblich.

Eintragungsbeispiel **Gesamterbbaugrundbuch**, Zweite Abteilung, **verschiedene Erbbauzinsreallasten** mit Gleichrang:[1146] 157

Amtsgericht München **Grundbuch von** Max-Vorstadt **Blatt** 1969 **Zweite Abteilung**

Laufende Nummer der Eintragungen	Laufende Nummer der betroffenen Grundstücke im Bestandsverzeichnis	Lasten und Beschränkungen
1	2	3
1	1	Erbbauzins in Höhe von derzeit fünfundneunzigtausend EUR jährlich – wertgesichert – für den jeweiligen Eigentümer des Flurstücks 456 (Bestandsverzeichnis Nr. 1 in Blatt 205); das Bestehenbleiben des Hauptanspruchs in der Zwangsversteigerung wurde vereinbart; gemäß Bewilligungen vom 9.2.2024 und 4.3.2024 – UVZ-Nr. 303 und 570/jeweils Notarius, Weimar; Gleichrang mit Abt. II Nr. 2; eingetragen am 6.4.2024. Lausmann
2	1	Erbbauzins in Höhe von derzeit zwölftausend EUR jährlich – wertgesichert – für den jeweiligen Eigentümer des Flurstücks 457 (Bestandsverzeichnis Nr. 2 in Blatt 205); das Bestehenbleiben des Hauptanspruchs in der Zwangsversteigerung wurde vereinbart; gemäß Bewilligungen vom 9.2.2024 und 4.3.2024 – UVZ-Nr. 303 und 570/jeweils Notarius, Weimar; Gleichrang mit Abt. II Nr. 1; eingetragen am 6.4.2024. Lausmann
3	1	Vorkaufsrecht für alle Verkaufsfälle für die jeweiligen Eigentümer der Flurstücke 456 und 457 (Bestandsverzeichnis Nr. 1 und 2 in Blatt 205); gemäß Bewilligungen vom 9.2.2024 und 4.3.2024 – UVZ-Nr. 303 und 570/jeweils Notarius, Weimar; eingetragen am 6.4.2024. Lausmann

In der **Dritten Abteilung** werden Grundschulden, Hypotheken, Rentenschulden sowie die Vormerkungen und Widersprüche eingetragen, die sich auf diese Rechte beziehen, § 11 Abs. 1 GBV. 158

1146 *Wilsch*, ErbbauZ 2024, 2, 8.

Eintragungsbeispiel **Erbbaugrundbuch**, Dritte Abteilung:

Amtsgericht München **Grundbuch von** Max-Vorstadt **Blatt** 1969 **Dritte Abteilung**

Laufende Nummer der Eintragungen	Laufende Nummer der belasteten Grundstücke im Bestandsverzeichnis	Betrag	Hypotheken, Grundschulden, Rentenschulden
1	2	3	4
1	1	2.000.000 EUR	Grundschuld ohne Brief zu zwei Millionen EUR; für Sparkasse Silbertal, Silbertal; 18 Prozent jährlich; vollstreckbar nach § 800 ZPO; gemäß Bewilligung vom 19.3.2024 – UVZ-Nr. 1944/Notarius, München; eingetragen am 6.4.2024. Lausmann

Amtsgericht München **Grundbuch von** Max-Vorstadt **Blatt** 1969 **Dritte Abteilung**

Veränderungen		
Laufende Nummer der Spalte 1	Betrag	
5	6	7
1	2.000.000 EUR	Rückgewährsvormerkung (Rückübertragung bzw. Verzicht bzw. Löschung) für den jeweiligen Eigentümer des Flurstücks 456 (Bestandsverzeichnis Nr. 1 in Blatt 205); gemäß Bewilligung vom 19.3.2024 – UVZ-Nr. 1944/Notarius, München; eingetragen am 6.4.2024. Lausmann
1	2.000.000 EUR	Löschungsvormerkung gemäß § 1179 Ziffer 2 BGB für den jeweiligen Eigentümer des Flurstücks 456 (Bestandsverzeichnis Nr. 1 in Blatt 205); gemäß Bewilligung vom 19.3.2024 – UVZ-Nr. 1944/Notarius, München; eingetragen am 6.4.2024. Lausmann

Eintragungsbeispiel **Gesamterbbaugrundbuch, Dritte Abteilung**: 159
die Abweichung liegt darin, dass für die **Rückgewährs-** und **Löschungsvormerkung** jeweils ein **Gemeinschaftsverhältnis** i.S.v. § 47 Abs. 1 GBO angegeben werden muss,[1147] da ein gemeinschaftliches Recht vorliegt, ein Recht für mehrere Berechtigte.

Amtsgericht München **Grundbuch von** Max-Vorstadt **Blatt** 1969 **Dritte Abteilung**

Veränderungen		
Laufende Nummer der Spalte 1	Betrag	
5	6	7
1	2.000.000 EUR	Rückgewährsvormerkung (Rückübertragung bzw. Verzicht bzw. Löschung) für die jeweiligen Eigentümer der Flurstücke 456 und 457 (Bestandsverzeichnis Nr. 1 und 2, Blatt 205) als Gesamtberechtigte nach § 428 BGB; gemäß Bewilligung vom 19.3.2024 – UVZ-Nr. 1944/Notarius, München; eingetragen am 6.4.2024. Lausmann
1	2.000.000 EUR	Löschungsvormerkung gemäß § 1179 Ziffer 2 BGB für die jeweiligen Eigentümer der Flurstücke 456 und 457 (Bestandsverzeichnis Nr. 1 und 2, Blatt 205) als Gesamtberechtigte nach § 428 BGB; gemäß Bewilligung vom 19.3.2024 – UVZ-Nr. 1944/Notarius, München; eingetragen am 6.4.2024. Lausmann

Bei der Eintragung im **Grundstücksgrundbuch** ist zur näheren Bezeichnung des Inhalts des Erbbaurechts bzw. des Gesamterbbaurechts auf das Erbbaugrundbuch bzw. Gesamterbbaugrundbuch Bezug zu nehmen, § 14 Abs. 2 ErbbauRG. Die Eintragung im Grundstücksgrundbuch lautet wie folgt: 160

1147 OLG Naumburg, Beschl. v. 21.2.2018, Az. 12 Wx 55/17 = NJOZ 2018, 1784.

Eintragungsbeispiel **Grundstücksgrundbuch**, Eintragung eines **Erbbaurechts**:

Amtsgericht München **Grundbuch von** Max-Vorstadt **Blatt** 205 **Zweite Abteilung**

Laufende Nummer der Eintragungen	Laufende Nummer der betroffenen Grundstücke im Bestandsverzeichnis	Lasten und Beschränkungen
1	2	3
1	1	Erbbaurecht bis zum 3.12.2099 für Seefelder Verlags GmbH, München, Amtsgericht München, HRB 50210; gemäß Bewilligungen vom 9.2.2024 und 4.3.2024 – UVZ-Nr. 303 und 570/jeweils Notarius, Weimar; mit Bezug auf die Nr. 1 des Bestandsverzeichnisses des Erbbaugrundbuchs von Max-Vorstadt Blatt 1969 eingetragen am 6.4.2024. Lausmann
2	1	Vorkaufsrecht für alle Verkaufsfälle für den jeweiligen Berechtigten des in Max-Vorstadt Blatt 1969 unter der Bestandsverzeichnis Nr. 1 vorgetragenen Erbbaurechts; gemäß Bewilligungen vom 9.2.2024 und 4.3.2024 – UVZ-Nr. 303 und 570/jeweils Notarius, Weimar; eingetragen am 6.4.2024. Lausmann

Eintragungsbeispiel **Grundstücksgrundbuch**, Eintragung[1148] eines **Gesamterbbaurechts**: 161

Amtsgericht München **Grundbuch von** Max-Vorstadt **Blatt** 205 **Zweite Abteilung**

Laufende Nummer der Eintragungen	Laufende Nummer der betroffenen Grundstücke im Bestandsverzeichnis	Lasten und Beschränkungen
1	2	3
1	1,2	Gesamterbbaurecht bis zum 31.12.2099 für Seefelder Verlags GmbH, München, Amtsgericht München, HRB 50210; gemäß Bewilligungen vom 9.2.2024 und 4.3.2024 – UVZ-Nr. 303 und 570/jeweils Notarius, Weimar; mit Bezug auf die Nr. 1 des Bestandsverzeichnisses des Erbbaugrundbuchs von Max-Vorstadt Blatt 1969 eingetragen am 6.4.2024. Lausmann
2	1	Vorkaufsrecht für alle Verkaufsfälle für den jeweiligen Berechtigten des unter der Bestandsverzeichnis Nr. 1 in Blatt 1969 vorgetragenen Gesamterbbaurechts; gemäß Bewilligungen vom 9.2.2024 und 4.3.2024 – UVZ-Nr. 303 und 570/jeweils Notarius, Weimar; eingetragen am 6.4.2024. Lausmann
3	2	Vorkaufsrecht für alle Verkaufsfälle für den jeweiligen Berechtigten des in Blatt 1969 vorgetragenen Gesamterbbaurechts (dort Bestandsverzeichnis Nr. 1); gemäß Bewilligungen vom 9.2.2024 und 4.3.2024 – UVZ-Nr. 303 und 570/jeweils Notarius, Weimar; eingetragen am 6.4.2024. Lausmann

1148 Falls weitere, in anderen Grundbuchblättern vorgetragene Grundstücke belastet sind, empfiehlt es sich, auch auf diese Grundstücke zu verweisen, um den Umfang des Gesamterbbaurechts angemessen zum Ausdruck zu bringen. Beispiel: „*Gesamterbbaurecht bis zum 31.12.2099 für…; mitbelastet sind die Grundstücke BVNr…Gemarkung…, Blatt…, BVNr…*“; vgl. *Wilsch*, ErbbauZ 2024, 2, 9. Ein Mithaftvermerk „*Gesamthaft* Blätter…“ wird der dogmatischen Natur des Gesamterbbaurechts nicht gerecht, da kein Verwertungsrecht vorliegt, keine Haftungssituation, vgl. *Wilsch*, ErbbauZ 2024, 2, 8.

J. Kosten des Notariats und des Grundbuchamtes

I. Kosten des Notariats

162 Im Falle der vertraglichen Bestellung eines **Gesamterbbaurechts** fällt eine **2,0 Gebühr** an, Nr. 21100 KV GNotKG, mindestens ein Betrag i.H.v. 120 EUR,[1149] im Falle der einseitigen Bestellung durch den Grundstückseigentümer[1150] (Eigentümergesamterbbaurecht) dagegen eine **1,0 Gebühr**, Nr. 21200 KV GNotKG,[1151] mindestens ein Betrag i.H.v. 60 EUR.[1152] Der **Geschäftswert** richtet sich nach den §§ 97, 43, 52, 49 Abs. 2 GNotKG, gegenüberzustellen sind:[1153]

- der nach § 52 GNotKG vereinbarte Erbbauzins, §§ 43 S. 1, 52 GNotKG, also der Jahreserbbauzins multipliziert mit der Dauer des Rechts, höchstens jedoch mit dem Faktor 20, vgl. § 52 Abs. 2 S. 1 und 2 GNotKG, wobei die auf die ersten 20 Jahre entfallenden Beträge maßgeblich sind. Preisklauseln bleiben unberücksichtigt, § 52 Abs. 7 GNotKG.[1154] Hinzu kommen weitere Leistungen, die der Erbbauberechtigte erbringt, beispielsweise Einmalzahlungen oder Erstattungsbeträge. Werden daneben Grunddienstbarkeiten am Gesamterbbaurecht für die jeweiligen Eigentümer der Erbbaugrundstücke bestellt, liegt darin eine weitere Leistung des Erbbauberechtigten, deren Wert dem Erbbauzins hinzuzurechnen ist (also Erbbauzins plus Dienstbarkeiten).
- 80 Prozent der bebauten Grundstücke, § 49 Abs. 2 GNotKG. Noch nicht errichtete Bauwerke bleiben unberücksichtigt,[1155] ebenso wenig lediglich geplante Bauwerke,[1156] berücksichtigt werden lediglich bereits errichtete Gebäude.[1157]

Maßgeblich ist der **höhere** Wert, § 43 S. 2 GNotKG.[1158]

163 Wird der Notar damit beauftragt, den **Vollzug** zu betreiben (beispielsweise die Genehmigung eines vollmachtlos Vertretenen[1159] oder Einholung einer Rangrücktrittserklärung), fällt hierfür eine **0,5 Gebühr** an, Nr. 22110 KV GNotKG[1160] (bzw. eine 0,3 Gebühr,

1149 *Dieckmann*, ErbbauZ 2021, 168, 172; *Leipziger Kostenspiegel*, Rn 5.2, 5.7, 5.24 und 5.44.
1150 Eigentümererbbaurecht; zur generellen Zulässigkeit eines Eigentümererbbaurechts vgl. *Dieckmann*, ErbbauZ 2021, 168, 169; zu den Beurkundungskosten eines Eigentümererbbaurechts vgl. *Leipziger Kostenspiegel*, Rn 5.2, 5.47.
1151 Strittig, die abweichende Meinung plädiert für eine 0,5 Gebühr nach der Nr. 21201 Nr. 4 KV GNotKG, vgl. die Darstellung des Meinungsstandes bei *Dieckmann*, ErbbauZ 2021, 168, 172.
1152 *Leipziger Kostenspiegel*, Rn 5.2 und 5.7.
1153 *Heinze*, NotBZ 2015, 161, 170; *Nagel/Merk/Schirmer*, ErbbauZ 2023, 162, 163; *Leipziger Kostenspiegel*, Rn 5.8 ff.
1154 Ingenstau/Hustedt/*Hustedt*, Anhang II Rn 8; *Leipziger Kostenspiegel*, Rn 5.9.
1155 *Dieckmann*, ErbbauZ 2021, 168, 172; *Leipziger Kostenspiegel*, Rn 5.25.
1156 *Leipziger Kostenspiegel*, Rn 5.25.
1157 Ingenstau/Hustedt/*Hustedt*, Anhang II Rn 6.
1158 *Leipziger Kostenspiegel*, Rn 5.2, 5.25.
1159 Ebenso *Meusel*, ErbbauZ 2021, 34.
1160 *Leipziger Kostenspiegel*, Rn 5.15.

Nr. 22111 KV GNotKG, sofern die Gebühr für das zugrunde liegende Beurkundungsverfahren weniger als 2,0 beträgt, also bei Bestellung eines Eigentümergesamterbbaurechts[1161]). Der Wert dieser Gebühr richtet sich nach dem Wert des Beurkundungsverfahrens,[1162] § 112 GNotKG.

Darüber hinaus kann im Rahmen der Gesamterbbaurechtsbestellung u.U. eine **Treuhandgebühr** nach der Nr. 22201 KV GNotKG[1163] oder eine **Betreuungsgebühr** nach der Nr. 22200 Nr. 3 KV GNotKG anfallen.[1164]

Üblicherweise räumen sich der Grundstückseigentümer und der Erbbauberechtigte wechselseitige **Vorkaufsrechte** ein, wobei kostenrechtlich das Vorkaufsrecht am Grundstück als Inhalt des Erbbaurechts angesehen und unbewertet bleibt,[1165] das **Vorkaufsrecht am Erbbaurecht** dagegen als **eigener Beurkundungsgegenstand** i.S.v. § 86 Abs. 2 GNotKG betrachtet wird.[1166] Es liegen verschiedene Beurkundungsgegenstände (Erbbaurecht; Vorkaufsrecht am Erbbaurecht) vor, deren Werte zu addieren[1167] sind, § 35 Abs. 1 GNotKG (Wert Erbbaurecht plus Wert Vorkaufsrecht), es sei denn,[1168] die Erhebung der höchsten Gebühr aus dem zusammengerechnetem Wert ist höher als die Erhebung der Einzelgebühren aus dem jeweiligen Wert. Dann werden gesonderte Gebühren erhoben, § 94 Abs. 1 GNotKG. Dabei ist der Wert des Vorkaufsrechts nach § 51 Abs. 1 S. 2 GNotKG mit dem hälftigen Wert zu bemessen. Strittig ist, ob der **Wert der künftigen Bebauung** mitzuberücksichtigen ist, vgl. Rdn 164. Verschiedene Beurkundungsgegenstände i.S.v. § 86 Abs. 2 GNotKG sind auch im Falle der **Bestellung** eines Erbbaurechts und der **Erstreckung von Grundpfandrechten** (Gebühr Nr. 21200 KV GNotKG) auf das Erbbaurecht gegeben.

II. Kosten des Grundbuchamtes

Für die Eintragung des **Gesamterbbaurechts** fällt eine volle Gebühr an, Nr. 14121 KV **164**
GNotKG, ebenfalls berechnet nach den §§ 43, 52, 49 Abs. 2 GNotKG (vgl. Rdn 162). In Bayern[1169] und Bremen kommt die **Katasterfortführungsgebühr** hinzu. Eine Eigentumsumschreibungsgebühr nach der Nr. 14110 KV GNotKG fällt nicht an, obgleich

1161 Ingenstau/Hustedt/*Hustedt,* Anhang II Rn 3; *Leipziger Kostenspiegel*, Rn 5.15.
1162 *Leipziger Kostenspiegel*, Rn 5.15, 5.26.
1163 *Leipziger Kostenspiegel*, Rn 5.16.
1164 Ingenstau/Hustedt/*Hustedt,* Anhang II Rn 4 und 5; *Leipziger Kostenspiegel*, Rn 5.16.
1165 *Leipziger Kostenspiegel*, Rn 5.45.
1166 Vgl. auch *Meusel*, ErbbauZ 2021, 34; *Leipziger Kostenspiegel*, Rn 5.13.
1167 *Leipziger Kostenspiegel*, Rn 5.45.
1168 *Leipziger Kostenspiegel*, Rn 5.41.
1169 Art. 1 KatFortGebG, 30 Prozent der Erbbaurechtseintragungsgebühr.

dies zuweilen in der Kostenpraxis vertreten wird, was erfolgreich mit Erinnerung angefochten werden kann.

Die Eintragung der **Erbbauzinsreallast** löst eine volle Gebühr aus, Nr. 14121 KV GNotKG, errechnet nach § 52 GNotKG (vgl. oben Rdn 162, Kosten des Notariats, Kapitalisierung des Jahreserbbauzinses mit der Laufzeit des Erbbaurechts, höchstens jedoch 20 Jahre).

Mit einer vollen Eintragungsgebühr nach der Nr. 14121 KV GNotKG ist auch die Eintragung eines **Vorkaufsrechts am Gesamterbbaurecht** belegt, zu errechnen aus dem halben Wert der Sache, §§ 51 Abs. 1 S. 2, 49 Abs. 2 GNotKG. Für Eintragungen im Grundbuch werden die Gebühren für jede Eintragung gesondert erhoben, § 55 Abs. 2 GNotKG, sodass auch die Gebühr für die Eintragung des Vorkaufsrechts in Rechnung zu stellen ist.[1170] Die Eintragung des Vorkaufsrechts erweist sich insofern nicht als Inhalt des Gesamterbbaurechts, sondern als eigene Eintragung, § 55 Abs. 2 GNotKG. Für den Erbbauberechtigten ist das ihm eingeräumte Vorkaufsrecht auch kein Nachteil, der wertmindernd ins Feld geführt werden könnte.[1171] Ob das **künftige Bauwerk** zu berücksichtigen ist, ist **strittig**. Das **OLG München**[1172] verneint dies grundsätzlich, ebenso das OLG Hamm,[1173] demnach dürfe ein noch nicht errichtetes Bauwerk keine Berücksichtigung finden. Allerdings ließ das OLG München eine Abweichung zu, und zwar nach § 51 Abs. 3 GNotKG, um ein unbilliges Einzelfallergebnis zu vermeiden.[1174] Im entschiedenen Fall hielt das OLG München die Bebauung für „*immens*" und votierte deshalb dafür, die künftige Bebauung im konkreten Einzelfall zu berücksichtigen und in die Geschäftswertermittlung einzubeziehen. Diese Differenzierung überzeugt nicht,[1175] da die **Bebauung wesensgemäß zum Erbbaurecht** zählt. Darüber hinaus hielt das OLG München eine Berücksichtigung der voraussichtlichen Baukosten geboten, sofern die voraussichtlichen Baukosten den Grundstückswert deutlich übersteigen oder der Gesamterbbaurechtsvertrag eine Verpflichtung zur Errichtung des Bauwerks vorsieht,[1176] was regelmäßig der Fall ist.[1177] Eine Nichtberücksichtigung dieses Bewertungsumstandes hätte ein unbilliges

1170 OLG München, Beschl. v. 29.4.2024, Az. 11 W 554/24e = ErbbauZ 2024, 125.

1171 OLG München, Beschl. v. 29.4.2024, Az. 11 W 554/24e = ErbbauZ 2024, 125, 126.

1172 OLG München, Beschl. v. 31.10.2018, Az. 34 Wx 448/17 Kost = ZfIR 2019, 92 mit ablehnender Anmerkung *Wilsch*; zum Beschluss vgl. auch *Meusel*, ErbbauZ 2021, 34; mit Beschl. v. 2.12.2020, Az. 34 Wx 447/20 = NJOZ 2021, 810, bestätigte das OLG München die eigene Rechtsprechung und nutzte nicht die Möglichkeit zur Korrektur.

1173 OLG Hamm, Beschl. v. 24.9.2021, Az. 15 W 306/20, zitiert nach juris; das OLG Hamm lässt auch nicht die Abweichung nach § 51 Abs. 3 GNotKG zu, die das OLG München eingefügt hat, um ein unbilliges Ergebnis zu vermeiden.

1174 OLG München, Beschl. v. 31.10.2018, Az. 34 Wx 448/17 Kost = ZfIR 2019, 92.

1175 *Wilsch*, ZfIR 2019, 96 ff.; ebenso *Meusel*, ErbbauZ 2021, 34; *Leipziger Kostenspiegel*, Rn 5.45.

1176 OLG München, Beschl. v. 2.12.2020, Az. 34 Wx 447/20 = NJOZ 2021, 810; ebenso LG Münster, BeckRS 2020, 20294.

1177 Wie hier auch *Meusel*, ErbbauZ 2021, 34 („praktisch die Regel").

Ergebnis zur Folge. Im Rahmen der Bewertung des Vorkaufsrechts am Erbbaurecht erfährt die Regelung in § 49 Abs. 2 GNotKG durch § 51 Abs. 1 GNotKG eine **Modifikation**, eine gesetzliche Überformung.[1178] Die abweichende Meinung berücksichtigt bei der Bewertung des Vorkaufsrechts am Gesamterbbaurecht **stets** die **künftige Bebauung**,[1179] was die Notwendigkeit impliziert, die voraussichtlichen Baukosten in Erfahrung zu bringen. Um Rückfragen zu vermeiden, geht die Empfehlung an die notarielle Praxis dahin, bereits mit dem Vorlageschreiben die **voraussichtlichen Baukosten mitzuteilen**. Sofern die voraussichtlichen Baukosten trotz Nachfrage nicht mitgeteilt werden, können die Baukosten geschätzt werden, beispielsweise anhand der Gesamtbruttogrundfläche.

Eine volle Eintragungsgebühr nach der Nr. 14121 KV GNotKG ist überdies für die Eintragung des **Vorkaufsrechts am Grundstück** in Rechnung zu stellen, hier aus dem halben Grundstückswert ohne Bauwerk, § 51 Abs. 1 S. 2 GNotKG. In einer Entscheidung zieht das OLG München[1180] den Wert des Gesamterbbaurechts vom Grundstückswert ab, um das Vorkaufsrecht am Grundstück bewerten zu können. Diese Ansicht kann nicht geteilt werden.[1181] Dabei findet keine Berücksichtigung, dass sich aus der Sicht des vorkaufsberechtigten Erbbauberechtigten das Gesamterbbaurecht nicht als einseitige Belastung darstellt, die er nicht ablösen kann.[1182] Das Gegenteil trifft zu. Das Gesamterbbaurecht kann nicht als wertmindernder Faktor in Abzug gebracht werden.[1183] In einer neueren Entscheidung teilt das OLG München nunmehr diese Ansicht.[1184] Maßgeblich ist der halbe Grundstückswert ohne Bauwerk.[1185]

Die Grundbuchpraxis kennt schließlich noch **Rangänderungsgebühren** nach der Nr. 14130 KV GNotKG (Gebührensatz 0,5), die im Rahmen der Gesamterbbaurechtsbestellung anfallen. Hintergrund ist die Regelung in § 10 Abs. 1 S. 1 ErbbauRG, wonach das Gesamterbbaurecht nur zur ausschließlich ersten Rangstelle bestellt werden kann (vgl. oben § 4 Rdn 36–43). Für jedes zurücktretende Recht fällt eine 0,5 Gebühr an, Nr. 14130 Anmerkung 2 KV GNotKG, und zwar berechnet nach dem geringeren Wert, der sich aus dem Wertvergleich zwischen vor- und zurücktretendem Recht ergibt, § 45 Abs. 1 GNotKG.

1178 *Wilsch*, ZfIR 2019, 96, 97.
1179 *Wilsch*, ZfIR 2019, 96, 97.
1180 OLG München, Beschl. v. 31.10.2018, Az. 34 Wx 448/17 Kost = ZfIR 2019, 92 mit ablehnender Anmerkung *Wilsch*.
1181 *Wilsch*, ZfIR 2019, 96 ff.
1182 *Wilsch*, ZfIR 2019, 96, 98.
1183 *Wilsch*, ZfIR 2019, 96, 98.
1184 OLG München, Beschl. v. 29.4.2024, Az. 11 W 554/24e = ErbbauZ 2024, 125, 126.
1185 *Wilsch*, ZfIR 2019, 96, 98; **a.A.** OLG München, Beschl. v. 31.10.2018, Az. 34 Wx 448/17 Kost = ZfIR 2019, 92.

Die Eintragung einer **Vormerkung auf Eintragung künftiger Erbbauzinsreallasten** schlägt mit einer halben Gebühr nach der Nr. 14150 KV GNotKG zu Buche, berechnet aus 20 Prozent des kapitalisierten Erbbauzinses. Betroffen sind die Fälle des **alten Sicherungsmodells**,[1186] ein Leistungsvorbehalt mit einer revolvierenden Vormerkung zur Sicherung künftiger Erbbauzinsreallasten.

1186 *Grziwotz*, ErbbauZ 2022, 126, 133.

§ 5 Übertragung eines Erbbaurechts (Kaufvertrag, Überlassung)

A. Allgemeines

1 Dem Erbbauberechtigten steht das veräußerliche Recht zu, auf oder unter der Oberfläche des Grundstücks ein Bauwerk zu haben, § 1 Abs. 1 ErbbauRG. Eine **Übertragung des Erbbaurechts**, die unter einer Bedingung oder Zeitbestimmung erfolgt, ist unwirksam, § 11 Abs. 1 S. 2 ErbbauRG. Damit ist kraft Gesetzes ausgeschlossen, dass das Erbbaurecht im Zuge der Veräußerung erlischt. Wie oben geschildert (§ 4 Rdn 101–110), kann allerdings vereinbart werden, dass der Erbbauberechtigte zur Veräußerung des Erbbaurechts der Zustimmung des Grundstückseigentümers bedarf. Die engen wirtschaftlichen Beziehungen und ideellen Verflechtungen bringen es allerdings mit sich, dass Erbbaurechte nicht im üblichen Maß am Marktgeschehen teilnehmen. Teilweise stellt sich das Marktsegment dermaßen nischenhaft dar, dass die empirische Basis zu gering ist, um über das Preisniveau reflektieren zu können.

2 In der Vertragspraxis sind häufig **Überlassungsverträge** anzutreffen, mit denen Erbbaurechte im Wege der vorweggenommenen Erbfolge übertragen werden. Zum entsprechenden Muster vgl. den folgenden Gliederungspunkt E, Rdn 15.

Anzutreffend sind ferner **Kaufverträge**, etwa im Bereich der gewerblichen Erbbaurechte und der Wohnungs- und Teilerbbaurechte. Seltener in Erscheinung treten Tauschvorgänge oder Übertragungen im Zuge der Geltendmachung eines Heimfallanspruches. Der Heimfall tritt selten ein.[1]

B. Grundgeschäft

3 Übertragen wird das Erbbaurecht grundsätzlich wie ein Grundstück.[2] Das Verpflichtungsgeschäft bedarf der **notariellen Beurkundung**,[3] § 11 Abs. 2 ErbbauRG i.V.m. § 311b Abs. 1 BGB.

Der notariellen Beurkundung geht ein **wesentlich erhöhter Aufklärungsbedarf** voraus. Hinzu kommt obergerichtliche Rechtsprechung,[4] die den Notar in der Pflicht sieht, beim Verkauf eines Erbbaurechts den Erbbaurechtsvertrag hinzuzuziehen und über dessen In-

1 Vgl. auch ErbbauZ 2022, 90, Umfrage des Deutschen Erbbaurechtsverbandes vom April 2022.

2 Vgl. bereits *Glaß/Scheidt*, § 1 Anm. VII (= S. 27).

3 S. bereits *Glaß/Scheidt*, § 11 Anm. II 2 b (= S. 96); *Räfle*, § 11 Rn 25; Ingenstau/Hustedt/*Bardenhewer*, § 11 Rn 64; *Böttcher*, Rn 621.

4 OLG Hamm, Beschl. v. 4.2.2022, Az. 11 U 124/18 = BWNotZ 2022, 412 = ErbbauZ 2022, 114. In der Literatur ist diese Rechtsprechung bereits auf Ablehnung gestoßen, vgl. Herrler/Hertel/Kesseler, Aktuelles Immobilienrecht 2023, Pkt. F 1, Anmerkung *Hertel*.

halt zu belehren, was jedoch bereits auf Ablehnung gestoßen ist.[5] Das ist die Frage, ob der Notar über den Inhalt des verkauften Erbbaurechts belehren muss. Dem wird entgegengehalten, eine Sachverhaltsaufklärung sei keine Sachverhaltsermittlung, und die Notarin bzw. der Notar habe nicht über den Kaufgegenstand zu belehren.[6] Die Empfehlung geht dahin, den **Erbbaurechtsvertrag anzufordern**, sei es von den Beteiligten, sei es vom Grundbuchamt, um den Aufklärungspflichten Rechnung zu tragen und den Erwerber umfassend zu informieren. Eine nicht unbedeutende Rolle spielen dabei die bereits im Grundbuch vollzogenen Änderungsverträge, die in gleicher Weise heranzuziehen und in die Sachverhaltsermittlung einzubeziehen sind. Der erhöhte Aufklärungsbedarf zeigt sich auch darin, dass zwei Grundbücher abzurufen und zu überprüfen sind, das Erbbaugrundbuch und das Grundstücksgrundbuch.

4 Von großer Bedeutung ist der Zustimmungsvorbehalt nach § 5 ErbbauRG, der die Veräußerung oder Belastung des Erbbaurechts von der **Zustimmung des Grundstückseigentümers** abhängig macht, was im Rahmen der Vertragsgestaltung besondere Berücksichtigung finden muss, regelmäßig als Kaufpreisfälligkeitsvoraussetzung sowie als besonderer Rücktrittsgrund, sollte die Zustimmung verweigert werden.

Hinweis im Übertragungsvertrag auf Zustimmungsvorbehalt

Nach dem Erbbaurechtsvertrag ist zur Veräußerung des Erbbaurechts die Zustimmung des Grundstückseigentümers erforderlich. Solange die Zustimmung nicht vorliegt, ist der Vertrag schwebend unwirksam. Der Rechtsübergang darf erst eingetragen werden, sobald dem Grundbuchamt die Zustimmung des Grundstückseigentümers oder der rechtskräftige Ersetzungsbeschluss nachgewiesen wird. Die Zustimmungserklärung muss durch öffentliche oder öffentlich beglaubigte Urkunden nachgewiesen werden. Falls die Zustimmung ohne ausreichenden Grund verweigert wird, kann sie auf Antrag des Erbbauberechtigten durch das Amtsgericht ersetzt werden.[7]

5 Daneben trifft den Notar die Pflicht, auf die Gefahr einer **gespaltenen Zustimmung** hinzuweisen[8] und Vorkehrungen für den *worst case* zu treffen, die Verweigerung der Zustimmung. In Frage kommt ein besonderes Rücktrittsrecht des Käufers, falls der Grundstückseigentümer die Belastungszustimmung nicht abgibt. In Frage kommt aber auch eine Wirksamkeitsverknüpfung von Kaufvertrag und Belastungszustimmung (vgl. § 4 Rdn 92 ff.). Vgl. auch Rdn 8 zu verschiedenen Zustimmungen zur Veräußerung und zur Belastung.

5 Herrler/Hertel/Kesseler, Aktuelles Immobilienrecht 2023, Pkt. F 1, Anmerkung *Hertel*.

6 Herrler/Hertel/Kesseler, Aktuelles Immobilienrecht 2023, Pkt. F 1, Anmerkung *Hertel*.

7 Zum Gesetzeszweck vgl. auch *Maaß*, NotBZ 2018, 95: Schutz des Erbbauberechtigten vor willkürlicher Zustimmungsverweigerung.

8 BGH DNotZ 2005, 847.

Schließlich gilt es, ein **Vorkaufsrecht** des Grundstückseigentümers am Erbbaurecht zu berücksichtigen. Dabei ist in Erfahrung zu bringen, ob der Grundstückseigentümer von seinem Vorkaufsrecht Gebrauch machen möchte. Ggf. ist in die Urkunde aufzunehmen, dass der Grundstückseigentümer erklärt hat, von seinem Vorkaufsrecht für diesen Verkaufsfall keinen Gebrauch zu machen. Alternativ kann in die Urkunde aufgenommen werden, dass die Frist für die Ausübung des Vorkaufsrechts abgelaufen ist. Sollte der Grundstückseigentümer von seinem Vorkaufsrecht Gebrauch machen, kann ein besonderes Rücktrittsrecht vereinbart werden.

C. Dingliche Übertragung und Grundbuchvollzug

Die Bestimmung in § 11 Abs. 1 S. 1 ErbbauRG sieht die Anwendung des allgemeinen Grundstücksrechts vor, nimmt jedoch die Anwendung des § 925 BGB ausdrücklich aus, was eine formlose Einigung bedeuten würde.[9] Die Übertragung folgt der „Übertragung sonstiger dinglicher Rechte an Grundstücken“[10] und erfordert **Einigung** und **Eintragung**, § 873 BGB.[11] Dass dennoch nicht die bloße Eintragungsbewilligung des Erbbauberechtigten ausreicht, um die Eintragung herbeizuführen, ist auf § 20 GBO zurückzuführen. Die Eintragung der Übertragung darf nur erfolgen, sofern die dingliche Einigung idF des § 29 GBO nachgewiesen wird.[12] Eine andere Ansicht erstreckt den Formzwang auch auf die dingliche Übertragung.[13] 6

Die dingliche Einigung unterliegt einem **Bedingungs-** und **Befristungsverbot**. Eine Übertragung, die unter einer Bedingung oder Befristung erfolgt, ist unwirksam, § 11 Abs. 1 S. 2 ErbbauRG. Erfasst sind alle Formen von Bedingungen und Befristungen, seien sie aufschiebender oder auflösender Natur.[14] Damit ist ausgeschlossen, dass das Erbbaurecht im Zuge der Veräußerung erlischt (vgl. oben Rdn 1). Das Verbot gilt nur für die dingliche Einigung,[15] nicht für das schuldrechtliche Verpflichtungsgeschäft,[16] das mit Bedingungen versehen werden kann, etwa für den Fall, dass der Kaufpreis nicht oder nicht rechtzeitig gezahlt wird.[17] Ebenso wenig liegt eine unzulässige Bedingung vor, 7

9 Ingenstau/Hustedt/*Bardenhewer*, § 11 Rn 66.
10 *Glaß/Scheidt*, § 11 An. II 2 d (= S. 96/97); ähnlich Ingenstau/Hustedt/*Bardenhewer*, § 11 Rn 65, Übertragung einer Grundstücksbelastung.
11 KG, Beschl. v. 9.1.1979, Az. 1 W 2042/78 = OLGZ 1979, 139, 141; *Räfle*, § 11 Rn 25.
12 *Glaß/Scheidt*, a.a.O.; KG, a.a.O.
13 Siehe *Winkler/Schlögel,* § 5 Rn 90.
14 Vgl. Ingenstau/Hustedt/*Bardenhewer*, § 11 Rn 68.
15 Eine bedingte Einigung ist nichtig, eine dennoch erfolgte Eintragung macht das Grundbuch unrichtig, vgl. Ingenstau/Hustedt/ *Bardenhewer*, § 11 Rn 68.
16 *Glaß/Scheidt*, § 11 Anm. II 2 d = S. 98; Ingenstau/Hustedt/*Bardenhewer*, § 11 Rn 68 und 70.
17 Ingenstau/Hustedt/*Bardenhewer*, a.a.O.

sofern lediglich auf die Zustimmung zur Veräußerung abgestellt wird. Insoweit liegt nur eine Rechtsbedingung vor.[18]

8 Zur dinglichen Übertragung ist weiterhin die Einholung der **Zustimmung des Grundstückseigentümers** notwendig, sofern dies der Erbbaurechtsvertrag vorsieht, § 5 Abs. 1 ErbbauRG.[19] Der Rechtsübergang darf erst eingetragen werden, sobald dem Grundbuchamt die Zustimmung des Grundstückseigentümers in der Form des § 29 GBO durch öffentlich oder öffentlich beglaubigte Urkunden nachgewiesen wird, § 15 ErbbauRG.[20] Ist der zustimmende Grundstückseigentümer **eine nicht im Gesellschaftsregister eingetragene Gesellschaft bürgerlichen Rechts (GbR)**, besteht eine Voreintragungsobliegenheit der Gesellschaft nach Art. 229 § 21 Abs. 1 EGBGB analog.[21] Das Eigentumsrecht wird zwar nicht unmittelbar berührt, die analoge Anwendung des Voreintragungserfordernisses ist jedoch geboten, um die Vertragsgestaltung rechtssicher auszugestalten.[22] Grund ist der Wegfall des § 899a BGB, unwirksame Zustimmungen sind zu vermeiden.[23] Für den Vollzug der Zustimmungserklärung ist es daher erforderlich, dass sich der **zustimmende Grundstückseigentümer im Gesellschaftsregister und danach im Wege der Berichtigung im Grundstücksgrundbuch eintragen lässt**.[24] Neben der Zustimmungserklärung kommt auch ein **rechtskräftiger Ersetzungsbeschluss** nach § 7 Abs. 3 ErbbauRG[25] (vgl. zur gerichtlichen Zustimmungsersetzung auch § 8 Rdn 21[26]) in Betracht. Grund ist, dass eine ohne ausreichenden Grund verweigerte Zustimmung auf Antrag des Erbbauberechtigten durch das Amtsgericht ersetzt werden kann, § 7 Abs. 3 S. 1 ErbbauRG. Gegen die Entscheidung des Amtsgerichts ist die Beschwerde statthaft, § 58 FamFG, die von den Grundstückseigentümern eingelegt werden kann. Über die Beschwerde entscheidet das OLG, vgl. § 119 Abs. 1 Nr. 1 lit. b GVG.[27] Einzuhalten ist eine Beschwerdefrist von zwei Wochen, § 7 Abs. 3 S. 2 ErbbauRG i.V.m. § 63 Abs. 2 Nr. 2 FamFG.[28] Dass der Grundstückseigentümer von seinem **Vorkaufsrecht** Gebrauch gemacht hat, steht einer **ge-**

18 Ingenstau/Hustedt/*Bardenhewer*, § 11 Rn 72.
19 *Räfle*, a.a.O.
20 Vgl. *Räfle*, § 5 Rn 10.
21 Vgl. DNotI-Report 2024, 105.
22 So auch die Empfehlung im DNotI-Report 2024, 105.
23 DNotI-Report 2024, 105, 109.
24 DNotI-Report 2024, 105, 109.
25 Zur Rechtsbehelfsbelehrung, zur Beschwerde, zur Beschwerdefrist von 2 Wochen und zum Geschäftswert nach § 60 Abs. 1 GNotKG vgl. OLG München, Beschl. v. 11.5.2017, Az. 34 Wx 85/17. Entscheidend ist der volle Wert des zugrunde liegenden Rechtsgeschäfts, nicht mehr ein Teilwert. Unrichtig insoweit *Winkler/Schlögel*, § 9 Rn 24, die immer noch einen Teilwert i.H.v. 15 Prozent ansetzen wollen und damit überholtes Kostenrecht bemühen. Nach § 60 Abs. 1 GNotKG ist der volle Wert des Rechtsgeschäfts maßgeblich.
26 Zu den Gerichtskosten vgl. Nr. 15212 Nr. 6 KV GNotKG, das Gericht setzt eine 0,5 Verfahrensgebühr an, Tabelle A (nicht B!), Geschäftswert nach § 60 Abs. 1 GNotKG.
27 OLG München, Beschl. v. 11.5.2017, Az. 34 Wx 85/17.
28 Zu einer verspätet eingelegten Beschwerde vgl. OLG München, Beschl. v. 11.5.2017, Az. 34 Wx 85/17.

richtlichen Zustimmungsersetzung nicht entgegen, da insoweit verschiedene Willenserklärungen unterschiedlichen Inhalts vorliegen und jeweils unterschiedliche Rechtsfolgen verknüpft sind.[29] Dabei ist die Regelung in § 15 ErbbauRG nicht kumulativ zu verstehen, was der Gesetzestext nahe legt („Rechtsübergang *und* die Belastung"), sondern richtigerweise alternativ („Rechtsübergang *oder* die Belastung").[30] Die Eigenständigkeit der zustimmungspflichtigen Vorgänge zeigt sich bereits in § 5 ErbbauRG: die Veräußerung ist in § 5 Abs. 1 ErbbauRG, die Belastung in § 5 Abs. 2 ErbbauRG geregelt. Jeder einzelne Vorgang löst die Zustimmungspflicht aus, und die **Zustimmung zur Veräußerung impliziert nicht auch die Zustimmung zur Belastung**.[31] Verschiedene Zustimmungspflichten liegen vor, die in der Urkunde Berücksichtigung finden müssen, vor allem im Rahmen der Fälligkeitsbestimmungen, daneben aber auch im Rahmen der vertraglichen Rücktrittsrechte.[32] Die Empfehlung geht dahin, die Fälligkeit des Kaufpreises nicht nur an die Zustimmung zur Veräußerung, sondern auch an die Zustimmung zur Belastung zu koppeln.[33] Vgl. auch oben Rdn 5. Der Kaufpreis wird u.a. fällig, sobald die Zustimmung des Grundstückseigentümers zum Erbbaurechtskaufvertrag *und* zur Finanzierungsgrundschuld des Erwerbers in grundbuchmäßiger Form vorliegen, samt aufsichtsrechtlicher Genehmigung, sofern eine solche in die Sphäre des Grundstückseigentümers (kirchlicher Rechtsträger) fällt. Zur **Voreintragungsobliegenheit** einer zustimmenden, noch nicht im Gesellschaftsregister und noch nicht im Grundbuch eingetragenen **Gesellschaft bürgerlichen Rechts** vgl. oben. Unter Umständen kann der Grundstückseigentümer die Zustimmung zur Veräußerung verweigern, § 7 Abs. 1 ErbbauRG. Der Erwerber muss in der Lage sein, den wirtschaftlichen und rechtlichen Verpflichtungen des Erbbaurechts nachzukommen, darunter auch die Pflicht zur Erbbauzinszahlung. Ein Grund, die Zustimmung zu verweigern, kann nicht bereits darin gesehen werden, dass der Erwerber seinen Wohnsitz bzw. Sitz im Ausland hat, insbesondere im EU-Ausland.[34]

Die Übertragung ist unwirksam, solange der Grundstückseigentümer nicht die erforder- **9**
liche Zustimmung erteilt hat, § 6 Abs. 1 ErbbauRG. Zu konstatieren ist eine **absolute** und **schwebende Unwirksamkeit**[35] der Verfügung, überdies mit Wirkung gegenüber Dritten. Dennoch kann bereits vor Zustimmungserteilung eine **Vormerkung** zur Sicherung des Kaufpreisanspruches eingetragen werden.[36] Ein vormerkungsfähiger, künftiger Anspruch wird allgemein bejaht.[37]

29 OLG Düsseldorf, Beschl. v. 13.2.2019, Az. 3 Wx 137/18.
30 *Glaß/Scheidt*, § 15 = S. 130.
31 Ebenso *Schreinert*, notar 2019, 363, 370.
32 Wie hier *Schreinert*, notar 2019, 363, 370.
33 Vgl. auch *Schreinert*, notar 2019, 363, 370.
34 Erwerber mit Wohnsitz in Spanien, vgl. DNotI-Report 2015, 1, 3 ff.
35 OLG Hamm, Beschl. v. 21.1.1985, Az. 15 W 18/85 = OLGZ 1985, 159; *Räfle*, § 5 Rn 2.
36 Ingenstau/Hustedt/*Bardenhewer*, § 15 Rn 6.
37 Ingenstau/Hustedt/*Bardenhewer*, a.a.O.

Trägt das Grundbuchamt die Übertragung ohne Zustimmung ein, wird das Grundbuch unrichtig, was die Notwendigkeit nach sich zieht, von Amts wegen einen Widerspruch nach § 53 Abs. 1 GBO einzutragen.[38]

Die Bestimmung in § 56 Abs. 2 GBV. verpflichtet die Grundbuchämter zwar dazu, **Verfügungsbeschränkungen** nach § 5 ErbbauRG **ausdrücklich** und **unmittelbar einzutragen**. Soweit ersichtlich, folgt die Eintragungspraxis weitgehend diesem Gebot, was auf die normierten Eintragungstexte zurückzuführen ist. **Materiell-rechtlich** entfaltet die Zustimmungspflicht jedoch bereits dann dingliche Wirkungen, sollte die Eintragung nur mittelbar erfolgt sein, also durch Bezugnahme auf die Eintragungsbewilligung.[39] Überdies können die Vertragsbeteiligten bei Begründung des Erbbaurechts darin übereingekommen sein, die Zustimmungspflicht nur mit **schuldrechtlicher Wirkung** zu begründen,[40] was ihnen die Vertragsfreiheit gestattet, in der Praxis allerdings kaum in Erscheinung tritt.

10 In der Konsequenz sieht sich das **Notariat** gehalten, den Inhalt der entsprechenden Passagen des Erbbaurechtsvertrages zu eruieren, um ein **Zustimmungserfordernis** rechtzeitig in die Beurkundungspraxis einfließen zu lassen. Schließlich kann die Zustimmung des Grundstückseigentümers bereits im Erbbaurechtsvertrag erklärt sein, weil eine Konstellation vorliegt, die die Vertragsbeteiligten privilegieren wollten.[41]

Ob die **Zustimmung zur Veräußerung des Erbbaurechts** nach Wirksamwerden des schuldrechtlichen Kausalgeschäfts noch **widerrufen** werden kann, war strittig,[42] ist zwischenzeitlich jedoch durch einen Beschluss des **BGH**[43] geklärt. Danach kann die erteilte Zustimmung zur Veräußerung des Erbbaurechts nicht mehr widerrufen werden, nachdem das **schuldrechtliche Kausalgeschäft wirksam geworden** ist.[44] Die Wirksamkeit tritt mit Zugang beim Empfänger (bisheriger oder neuer Erbbauberechtigter, § 182 BGB) oder dessen Empfangsvertreter ein, das ist hier der beurkundende Notar (vgl. den Passus in der Urkunde: „alle Genehmigungen werden wirksam mit ihrem Zugang beim Notar").[45] Die erteilte Zustimmung ist dann unwiderruflich, was der BGH nicht nur mit dem Wortlaut des § 6 Abs. 1 ErbbauRG begründet, sondern auch mit dem erstrebten Gleichlauf von

38 *Glaß/Scheidt*, a.a.O.

39 Ingenstau/Hustedt/*Bardenhewer*, § 14 Rn 13.

40 Vgl. Ingenstau/Hustedt/*Hustedt*, § 5 Rn 6; die Praxis dominiert jedoch der Zustimmungsvorbehalt mit dinglicher Wirkung.

41 Zur möglichen Vorabzustimmung vgl. *Räfle*, § 5 Rn 5.

42 Vgl. zur früheren Rechtslage OLG Köln MittRhNotK 1996, 275; OLG Celle RNotZ 2005, 542 mit ablehnender Anmerkung *Kesseler*.

43 BGH, Beschl. v. 29.6.2017, Az. V ZB 144/16 = DNotI-Report 2017, 150 = ZfIR 2017, 782 mit Anmerkung *Heinemann* = NJW-Spezial 2017, 739; *Rapp*, DNotZ 2018, 413; *Schreinert*, notar 2019, 363, 369; *Böttcher*, ZNotP 2018, 1.

44 BGH, a.a.O.

45 *Schreinert*, notar 2019, 363, 369.

schuldrechtlichem Kausalgeschäft und dinglichem Vollzugsgeschäft,[46] § 6 ErbbauRG. Damit besteht auch Gleichklang mit der Regelung nach § 12 Abs. 1 WEG. Gestützt werden kann dieses Ergebnis überdies auf eine Analogie zu § 875 Abs. 2 BGB bzw. § 876 S. 3 BGB.[47] Nach der Rechtsprechung des BGH **wirkt sich ein Wechsel des Grundstückseigentümers nach Wirksamwerden des schuldrechtlichen Kausalgeschäfts nicht mehr aus**. Die erteilte Zustimmung bleibt wirksam und muss vom Grundbuchamt akzeptiert werden. Es genügt der Zugang der Zustimmung bei einem Beteiligten bzw. bei dem beurkundenden Notar. Ein Wechsel des Grundstückseigentümers (auch eines Miteigentümers) vor Eingang des Antrags auf Umschreibung des Erbbaurechts wirkt sich nicht aus, die Zustimmung bleibt wirksam.

Erfasst von einem Zustimmungserfordernis nach § 5 Abs. 1 ErbbauRG sind **alle Veräußerungen des Erbbaurechts**, eines **realen** oder **ideellen Teils** hiervon (vgl. oben § 4 Rdn 92 ff.), und zwar stets unter der Prämisse, dass ein Rechtsgeschäft unter Lebenden vorliegt.[48] Ohne Belang ist hierbei, ob die Veräußerung entgeltlich oder unentgeltlich erfolgt.[49] Wie unter § 4 Rdn 102 bereits dargestellt, können bestimmte Veräußerungsfälle von der Zustimmungspflicht ausgenommen sein,[50] etwa die Veräußerung an den Ehegatten, den Lebenspartner oder die Abkömmlinge des Erbbauberechtigten.[51] An dieser Stelle sei der Erläuterungskatalog des § 5 Abs. 1 ErbbauRG wiedergegeben (vgl. oben § 4 Rdn 104), um der Praxis die Arbeit zu erleichtern. Der Katalog gibt Antwort auf die Frage, ob der Veräußerungsbegriff des § 5 Abs. 1 ErbbauRG erfüllt ist. 11

Veräußerungen i.S.v. § 5 Abs. 1 ErbbauRG sind: 12

- rechtsgeschäftliche[52] Übertragungen des Erbbaurechts unter Lebenden auf einen neuen Rechtsträger,[53] auch durch den Insolvenzverwalter[54] oder durch eine Erbengemeinschaft, die über das zum Nachlass gehörende Erbbaurecht verfügt[55]
- Veräußerungen im Wege der vorweggenommenen Erbfolge[56]

46 BGH, a.a.O.

47 Vgl. *Heinemann* in seiner Anmerkung zur BGH-Entscheidung ZfIR 2017, 782, 785.

48 KG, Beschl. v. 26.4.2012, Az. 1 W 96/12 = BeckRS 2012, 11300 = Rpfleger 2012, 525; OLG Düsseldorf, Beschl. v. 20.6.2014, Az. I-3 Wx 85/12 = JurionRS 2013, 39385.

49 Vgl. *Krause*, ZAP Fach 7, 339, 346.

50 Ingenstau/Hustedt/*Hustedt*, § 5 Rn 10.

51 Siehe OLG Hamm, Beschl. v. 10.10.2012, Az. I-15 W 410/11 = RNotZ 2013, 134 = JurionRS 2012, 27951; *Räfle*, § 5 Rn 5.

52 BayObLG, Beschl. v. 15.1.1997, Az. 3Z BR 153–96 = NJW-RR 1998, 161; *Schmidt-Räntsch*, ZfIR 2014, 269, 276; ebenso für den Verkauf eines Erbbaurechts durch einen Alleinerben, *Mayer*, ErbbauZ 2024, 74, 78.

53 BayObLG a.a.O.; OLG Düsseldorf, Beschl. v. 20.6.2013, Az. I-3 Wx 85/12 = JurionRS 2013, 39385; Staudinger/*Rapp*, § 7 Rn 2; *Räfle*, § 5 Rn 5; *Winkler*, NJW 1992, 2514, 2522.

54 *Meyer*, NZI 2007, 487, 488; Bamberger/Roth/*Maaß*, § 8 Rn 6; *Becker*, InsbürO 2023, 142, 143.

55 *Mayer*, ErbbauZ 2024, 74, 75.

56 OLG Hamm, Beschl. v. 25.11.2011, Az. I-15 W 440/11 = RNotZ 2012, 172; *Schmidt-Räntsch*, ZfIR 2014, 269, 276; *Krause*, ZAP Fach 7, 339, 346.

- Veräußerungen im Wege der Schenkung[57]
- Veräußerung im Wege der Einbringung[58]
- Erbauseinandersetzungen,[59] Erbschaftskauf,[60] Vermächtniserfüllungen und die Erfüllung von Teilungsanordnungen[61]
- die Zwangsversteigerung eines Erbbaurechts.[62]

Keine Veräußerung i.S.v. § 5 Abs. 1 ErbbauRG sind dagegen:

- eine Erbanteilsübertragung,[63] da insoweit eine Verfügung über den gesamthänderischen Anteil vorliegt, nicht aber eine Verfügung i.S.v. § 5 Abs. 1 ErbbauRG; dies gilt auch bei der Verfügung sämtlicher Miterben[64] über sämtliche Anteile der Erbengemeinschaft
- der Erbfall[65]
- die Übertragung eines BGB-Gesellschaftsanteils am Erbbaurecht;[66] nach der Reform des Personengesellschaftsrechts spielt diese Variante jedoch keine Rolle mehr, da Änderungen im Gesellschafterbestand nicht mehr im Grundbuch eingetragen, sondern zum Anlass genommen werden, die im Gesellschaftsregister eingetragene GbR (eGbR) im Grundbuch einzutragen
- Umwandlungsvorgänge nach dem UmwG[67]
- die Vereinbarung einer Gütergemeinschaft
- die Rückauflassung nach § 143 Abs. 1 InsO nach Anfechtung wegen vorsätzlicher Gläubigerbenachteiligung, da hierdurch schutzwürdige Interessen des Grundstückseigentümers nicht betroffen werden[68]

57 *Krause*, ZAP Fach 7, 339, 346.

58 BeckOK Hügel/*Otto*, 53. Edition, Stand 3.6.2024, Sonderbereich Erbbaurecht, Rn 112.

59 Nicht dagegen die bloße Umwandlung von gesamthänderischem Eigentum der Miterben in Miteigentum, da kein neuer Rechtsträger in Erscheinung tritt, die Eigentümer bleiben unverändert, vgl. BeckOK Hügel/*Otto*, 53. Edition, Stand 3.6.2024, Sonderbereich Erbbaurecht, Rn 112.

60 *Mayer*, ErbbauZ 2024, 74, 78.

61 *Winkler*, NJW 1992, 2514, 2522; *Krause*, ZAP Fach 7, 339, 346.

62 Vgl. § 8 ErbbauRG, *Räfle*, § 5 Rn 5; *Winkler*, NJW 1992, 2514, 2522; KG, Beschl. v. 21.2.1984, Az. 1 W 5129/83 = OLGZ 1984, 171; die Zustimmung muss erst zur Zuschlagsentscheidung vorliegen; Ingenstau/Hustedt/*Hustedt*, § 5 Rn 3 und Rn 15; vgl. auch BGH, Beschl. v. 13.7.2017, Az. V ZB 186/15 = ErbbauZ 2024, 18, 21, Zustimmungsverweigerung für den Fall, dass der Meistbietende die schuldrechtliche Wertanpassungsverpflichtung nicht übernehmen möchte.

63 Ingenstau/Hustedt/*Hustedt*, § 5 Rn 12; Staudinger/*Rapp*, a.a.O.; *Räfle*, § 5 Rn 5; Bamberger/Roth/*Maaß*, § 5 Rn 4; *Krause*, ZAP Fach 7, 339, 346; *Mayer*, ErbbauZ 2024, 74, 76.

64 *Mayer*, ErbbauZ 2024, 74, 76,

65 Vgl. Staudinger/*Rapp*, § 7 Rn 26, kein rechtsgeschäftlicher Übergang unter Lebenden.

66 *Krause*, ZAP Fach 7, 339, 346; BeckOK Hügel/*Otto*, 53. Edition, Stand 3.6.2024, Sonderbereich Erbbaurecht, Rn 112.

67 Folge ist eine partielle Gesamtrechtsnachfolge, die nicht unter Zustimmungsvorbehalt gestellt werden kann; vgl. auch Staudinger/*Rapp*, § 7 Rn 26.

68 KG, Beschl. v. 26.4.2012, Az. 1 W 96/12 = BeckRS 2012, 11300 = Rpfleger 2012, 525; Ingenstau/Hustedt/*Hustedt*, § 5 Rn 15.

- die Vorratsteilung nach §§ 30, 8 WEG[69]
- Teilung des Erbbaurechts nach § 3 WEG[70]
- die Bestellung eines Untererbbaurechts[71]
- die Bestellung eines Vorkaufsrechts am Erbbaurecht[72]
- die Einräumung eines Ankaufs- oder Wiederkaufsrechts am Erbbaurecht.

D. Checkliste im Einzelnen/Unterlagen für den Vollzug im Grundbuch

Um einen Erbbaurechtskauf im Grundbuch vollziehen zu können, müssen die **formellen Erfordernisse** der folgenden **Checkliste** erfüllt sein: 13

- Antrag des Erbbauberechtigten oder des Erwerbers, § 13 Abs. 1 GBO
- Einigung des Erbbauberechtigten und des Erwerbers, § 20 GBO, nachgewiesen in notariell beurkundeter[73] Form, § 29 Abs. 1 S. 1 GBO
- Bewilligung des bisherigen Erbbauberechtigten, §§ 19, 29 GBO[74]
- Voreintragung des Erbbauberechtigten, § 39 Abs. 1 GBO
- Veräußerungszustimmung des Grundstückseigentümers in öffentlich beglaubigter Form, § 29 Abs. 1 S. 1 GBO,[75] sofern dies als Inhalt des Erbbaurechts vereinbart ist, § 5 Abs. 1 ErbbauRG; ob auch ein Zugangsnachweis (Zugang der Zustimmung an den bisherigen oder künftigen Erbbauberechtigten) mitvorgelegt werden muss, ist strittig.[76] Durch eine entsprechende Notarermächtigung (vgl. Pkt. XII des Musters in Rdn 14 und 15) kann dem Problem begegnet werden, die Zustimmung wird dann mit Zugang im Notariat wirksam. Anstelle einer Zustimmungserklärung kann auch ein rechtskräftiger Ersetzungsbeschluss eingereicht werden, § 7 Abs. 3 ErbbauRG. Ist der zustimmende Grundstückseigentümer **eine nicht** im Gesellschaftsregister eingetragene Gesellschaft bürgerlichen Rechts (GbR), besteht eine Voreintragungsobliegenheit der Gesellschaft nach Art. 229 § 21 Abs. 1 EGBGB analog,[77]

69 Ingenstau/Hustedt/*Hustedt*, § 5 Rn 13; Bamberger/Roth/*Maaß*, § 5 Rn 4; vgl. auch *Grziwotz*, ErbbauZ 2022, 126, 131.

70 *Grziwotz*, ErbbauZ 2022, 126, 131; *Winkler*, NJW 1992, 2514, 2522; *Krause*, ZAP Fach 7, 339, 346; LG Augsburg MittBayNot 1979, 68, danach sei keine Zustimmung erforderlich; **a.A.** Staudinger/*Rapp*, a.a.O., danach liegt eine zustimmungspflichtige Änderung des Eigentums vor.

71 *Räfle*, § 5 Rn 5; Bamberger/Roth/*Maaß*, § 5 Rn 4; Ingenstau/Hustedt/*Hustedt*, § 5 Rn 14.

72 Staudinger/*Rapp*, a.a.O.; Bamberger/Roth/*Maaß*, § 5 Rn 4.

73 **A.A.** *Böttcher*, Rn 630: öffentlich beglaubigte Form.

74 Vgl. *Winkler/Schlögel*, § 5 Rn 93; u.U. ist diese jedoch in der Einigung enthalten.

75 Vgl. Ingenstau/Hustedt/*Bardenhewer*, § 11 Rn 66.

76 Gegen Zugangsnachweis *Winkler/Schlögel*, § 5 Rn 95.

77 Vgl. DNotI-Report 2024, 105.

bedingt durch den Wegfall des § 899a BGB.[78] Für den Vollzug der Zustimmungserklärung ist es daher erforderlich, dass sich der zustimmende Grundstückseigentümer im Gesellschaftsregister und danach im Wege der Berichtigung im Grundstücksgrundbuch eintragen lässt.[79] Vgl. Rdn 8.

- eine Unbedenklichkeitsbescheinigung (UB) des Finanzamtes ist dem Grundbuchamt vorzulegen, § 22 GrEStG[80]
- eine Vorkaufsrechtsbescheinigung der Gemeinde ist nicht erforderlich, da beim Kauf von Erbbaurechten der Gemeinde ein Vorkaufsrecht nicht zusteht, § 24 Abs. 2 BauGB[81]
- eine rechtskräftige familien- bzw. betreuungsgerichtliche Genehmigung, falls ein Minderjähriger oder ein Betreuter das Erbbaurecht entgeltlich erwerben möchte, §§ 1643 Abs. 1, 1850 Nr. 6 BGB[82]
- bei Schenkung eines Erbbaurechts durch die Großeltern bzw. Eltern an die minderjährige Enkelin bzw. das minderjährige Kind ist Pflegerbestellung erforderlich, da die Eltern nicht vertreten können, §§ 1629 Abs. 2 S. 1, 1824 BGB. Die Zuwendung ist nicht lediglich rechtlich vorteilhaft i.S.v. § 107 BGB, vielmehr wird der Minderjährige mit Vollzug mit einer Vielzahl von Verpflichtungen belastet.[83] Der Pfleger benötigt wiederum eine familiengerichtliche Genehmigung.[84]

E. Muster Erbbaurechtskaufvertrag; Muster Erbbaurechtsüberlassungsvertrag; Muster Zustimmung des Grundstückseigentümers

14 ▼

5.1

Muster 5.1: Formulierungsvorschlag Erbbaurechtskaufvertrag

„UVZ-Nr./

ERBBAURECHTSKAUFVERTRAG

Heute, den

– 20 –

78 DNotI-Report 2024, 105, 109.

79 DNotI-Report 2024, 105, 109.

80 Zur Grunderwerbsteuer beim Kauf des Erbbaurechts durch den Grundstückseigentümer vgl. *Lahmann*, ErbbauZ 2022, 9, 11; *Behrens*, BB 2015, 1890.

81 Wie hier *Winkler/Schlögel*, § 5 Rn 98; keine Erörterung hingegen bei *Böttcher*, Rn 634.

82 Vgl. *Böttcher/Spanl*, RpflJB 1990, 193, 206.

83 *Schöner/Stöber*, Rn 3608.

84 *Schöner/Stöber*, Rn 3610i.

sind vor mir,

,

Notar/Notarin in , in den Geschäftsräumen des Notariats in der , erschienen:

1.

– nachstehend „Erbbauberechtigter“ und „Verkäufer“ genannt –,

ausgewiesen durch gültigen amtlichen Lichtbildausweis.

2.

– nachstehend „Käufer“ genannt –,

ausgewiesen durch gültigen amtlichen Lichtbildausweis.

Die anwesenden Beteiligten erklärten, dass kein Vertragsteil in Ausübung einer gewerblichen oder selbstständigen beruflichen Tätigkeit handelt.

Der Notar verwies auf die Vorschriften des Geldwäschegesetzes und auf die hieraus resultierenden Pflichten.

Die Erschienenen erklärten, nicht auf Veranlassung Dritter oder als Treuhänder für Dritte, sondern auf eigene Rechnung und im eigenen Namen zu handeln.

Die Erschienenen erklärten ferner, weder eine politisch exponierte Person („PeP“) zu sein noch in den letzten 12 Monaten gewesen zu sein. Sie erklärten, auch nicht Familienmitglied, naher Angehöriger oder nahestehende Person einer solchen politisch exponierten Person zu sein.

Der Erwerber versichert, dass die zur Kaufpreiszahlung verwendeten Mittel ausschließlich aus legalen Quellen stammen.

Die Erschienenen verneinten die Frage des Notars/der Notarin nach einer Vorbefassung i.S.v. § 3 Abs. 1 S. 1 Nr. 7 BeurkG und baten um die notarielle Beurkundung folgender Vereinbarungen:

I. Grundbuchstand

1. Erbbaurecht

Im **Erbbaugrundbuch** des Amtsgerichts für die Gemarkung Blatt ist das Erbbaurecht an dem im Grundbuch von Blatt unter BVNr. verzeichneten Grundstück der Gemarkung Flurstück , straße , Gebäude- und Freifläche, zu qm, eingetragen Abt. II Nr. , und zwar bis zum

Das Erbbaurecht wurde am im Grundbuch eingetragen.

Laut Erbbaugrundbuch ist die Zustimmung des Eigentümers erforderlich zur Veräußerung und Belastung des Erbbaurechts mit Grundpfandrechten, Reallasten, Dauerwohn- und -nutzungsrechten nebst deren Inhaltsänderung als weitere Belastung. Als Grundstückseigentümer ist vermerkt.

Als Erbbauberechtigter ist eingetragen.

Das vorstehend genannte Erbbaurecht ist wie folgt belastet:

Abteilung II:

lfd. Nr. 1:

lfd. Nr. 2:

Abteilung III:

lfd. Nr. 1:

Das Erbbaugrundbuch wurde am eingesehen.

2. Erbbaurechtsvertrag und Nachträge

Dem vorstehend genannten Erbbaurecht liegt folgender Erbbaurechtsvertrag zugrunde:

- Urkunde vom , URNr. bzw. UVZ-Nr. , Notar .

Nachträge hierzu sind:

- Urkunde vom , URNr. bzw. UVZ-Nr. , Notar .
- Urkunde vom , URNr. bzw. UVZ-Nr. , Notar .

Die Erschienenen verweisen nach § 13a BeurkG auf die oben genannten Urkunden, die ihnen bereits vorliegen. Die Erschienenen erklären, dass sie die Vorurkunden vollständig kennen und dass auf erneutes Verlesen der Vorurkunden verzichtet wird. In gleicher Weise verzichten die Erschienenen auf Vorlage zur Durchsicht und auf Beifügung zur gegenwärtigen Urkunde. Auf die Bedeutung der Verweisung wurden die Erschienenen hingewiesen.

Alternativ:

Nachträge zum genannten Erbbaurechtsvertrag existieren nicht.

II. Veräußerung des Erbbaurechts

Der Verkäufer verkauft das unter Ziffer I. 1 erwähnte Erbbaurecht mit allen damit verbundenen Rechten und Bestandteilen (§ 97 BGB) an den Käufer zur

- alleinigen Berechtigung
- zur Mitberechtigung zu gleichen Teilen
- zur Mitberechtigung von und .

(**Alternative** auswählen).

Bewegliche Inventargegenstände oder Mobiliar sind nicht mitverkauft. Der Vertragsgegenstand ist von den im Eigentum des Veräußerers stehenden Gegenständen bereits geräumt.

Alternativ:

Mitveräußert und im Kaufpreis enthalten sind .

III. Erbbaurechtsübertragungsvormerkung; Einigung über den Übergang des Erbbaurechts

1. Erbbaurechtsübertragungsvormerkung

Zur Sicherung des Anspruchs des Käufers auf Übertragung des in Ziffer I. 1 erwähnten Erbbaurechts bewilligt der Verkäufer und beantragt der Käufer, am Vertragsobjekt eine Erbbaurechtsübertragungsvormerkung gemäß § 883 BGB zugunsten des Käufers einzutragen, und zwar im angegebenen Erwerbsverhältnis und an nächstoffener Rangstelle.

Der Käufer bewilligt und beantragt die Löschung der Vormerkung bei Umschreibung des Erbbaurechts, vorausgesetzt, dass keine neuen Eintragungen ohne seine Zustimmung erfolgt sind.

Der Anspruch des Käufers auf Übertragung des Erbbaurechts ist nur mit Zustimmung des Verkäufers abtretbar.

Alternativ:

Zur Sicherung des Anspruchs des Käufers auf Übertragung des in Ziffer I. 1 erwähnten Erbbaurechts bewilligt der Verkäufer, am Vertragsobjekt eine Erbbaurechtsübertragungsvormerkung gemäß § 883 BGB zugunsten des Käufers einzutragen, und zwar im angegebenen Erwerbsverhältnis und an nächstoffener Rangstelle. Derzeit wünscht der Käufer die Eintragung der Vormerkung nicht. Der Käufer kann jederzeit den Antrag auf Eintragung der Erbbaurechtsübertragungsvormerkung stellen.

Im Falle der Eintragung einer Vormerkung bewilligt und beantragt der Käufer die Löschung der Vormerkung bei Umschreibung des Erbbaurechts, vorausgesetzt, dass keine neuen Eintragungen ohne seine Zustimmung erfolgt sind.

Der Anspruch des Käufers auf Übertragung des Erbbaurechts ist nur mit Zustimmung des Verkäufers abtretbar.

2. Einigung über den Übergang des Erbbaurechts

Die Vertragspartner sich darüber einig, dass das in Ziffer I.1 erwähnte Erbbaurecht auf den Käufer im vorstehend angegebenen Berechtigungsverhältnis übergeht.

Der Verkäufer bewilligt und der Käufer beantragt die Eintragung des Rechtsübergangs in das angegebene Erbbaugrundbuch.

Die Vertragsparteien weisen den Notar an, den Antrag erst dann beim Grundbuchamt zu stellen, sobald ihm der Verkäufer schriftlich oder per PDF bzw. andere geeignete Datei die Zahlung des Kaufpreises (ohne eventuelle Zinsen) bestätigt hat oder dem Notar ein sonstiger Zahlungsnachweis (beispielsweise Bankbestätigung oder Quittung) vorliegt, der ihm nach eigenem Ermessen als geeignet erscheint.

Alternativ:

Die Vertragspartner sind sich darüber einig, dass das in Ziffer I.1 erwähnte Erbbaurecht auf den Käufer im vorstehend angegebenen Berechtigungsverhältnis übergeht.

Die Eintragung wird derzeit noch nicht bewilligt und beantragt. Die Vertragsparteien bevollmächtigen unwiderruflich und über den Tod hinaus den beurkundenden Notar, seinen Vertreter oder Nachfolger im Amt, die Eintragung in Form einer Eigenurkunde zu bewilligen und zu beantragen. Die Vertragsparteien weisen den Notar an, die Eigenurkunde erst dann zu veranlassen, sobald ihm der Verkäufer schriftlich die Zahlung des Kaufpreises (ohne eventuelle Zinsen) bestätigt hat oder dem Notar ein sonstiger Zahlungsnachweis vorliegt, der ihm nach eigenem Ermessen als geeignet erscheint.

IV. Kaufpreis; Fälligkeit; Verwendung; Unterwerfung unter die sofortige Zwangsvollstreckung; Vorkaufsrecht des Eigentümers

1. Kaufpreis

Der Kaufpreis beträgt EUR

(in Worten: EUR).

2. Fälligkeit des Kaufpreises

a) Voraussetzungen

Der Kaufpreis wird unter folgenden Voraussetzungen fällig:

aa) die Erbbaurechtsübertragungsvormerkung ist im Grundbuch rangrichtig eingetragen; der Vormerkung dürfen nur die vorstehend genannten Belastungen und solche Belastungen im Rang vorgehen, denen der Erwerber zugestimmt hat;

bb) die Zustimmung des Grundstückseigentümers zu diesem Erbbaurechtskaufvertrag und zur Finanzierungsgrundschuld des Erwerbers liegen in grundbuchmäßiger und auflagenfreier Form vor, samt aufsichtsrechtlicher Genehmigungen. Nach dem Erbbaurechtsvertrag ist zur Veräußerung des Erbbaurechts die Zustimmung des Grundstückseigentümers erforderlich. Solange die Zustimmung nicht vorliegt, ist der Vertrag schwebend unwirksam. Der Rechtsübergang darf erst eingetragen werden, sobald dem Grundbuchamt die Zustimmung des Grundstückseigentümers oder der rechtskräftige Ersetzungsbeschluss nachgewiesen wird. Die Zustimmungserklärung muss durch öffentliche oder öffentlich beglaubigte Urkunden nachgewiesen werden. Falls die Zustimmung ohne ausreichenden Grund verweigert wird, kann sie auf Antrag des Erbbauberechtigten durch das Amtsgericht ersetzt werden. Der Notar hat in diesem Zusammenhang auf die Gefahr der sog. gespaltenen Zustimmung hingewiesen, dass es also möglich ist, dass der Grundstückseigentümer der Veräußerung zustimmt, der konkreten Belastung mit einem Grundpfandrecht dagegen nicht. Falls der Grundstückseigentümer der Belastung nicht zustimmt, steht dem Käufer ein besonderes Rücktrittsrecht zu. Sofern die Zustimmung durch gerichtlichen Beschluss ersetzt wird, ist der rechtskräftige Ersetzungsbeschluss vorzulegen;

cc) eine schriftliche und auflagenfreie Verzichtserklärung des Grundstückseigentümers hinsichtlich der Nichtausübung des Vorkaufsrechts liegt vor (einschließlich einer etwa erforderlichen Genehmigung der Aufsichtsbehörde); alternativ kann der beurkundende Notar feststellen, dass die Ausübungsfrist des Vorkaufsrechts verstrichen und das Vorkaufsrecht nicht ausgeübt worden ist;

dd) alle zur Lastenfreistellung erforderlichen Gläubigererklärungen und sonstigen Unterlagen liegen dem beurkundenden Notar in grundbuchtauglicher Form auflagenfrei oder unter der Auflage vor, dass hierüber gegen Zahlung von Ablösebeträgen, die insgesamt den Kaufpreis nicht übersteigen, verfügt werden kann. Der Notar ist bevollmächtigt, die Lastenfreistellungsunterlagen anzufordern, entgegenzunehmen und zu verwenden.

b) Bestätigung des Notars; keine Barzahlung des Kaufpreises

Der Notar wird damit beauftragt, den Beteiligten schriftlich (an Käufer per Einwurf-Einschreiben) mitzuteilen, dass die Fälligkeitsvoraussetzungen vorliegen.

Der Käufer schuldet die Zahlung des Kaufpreises binnen Tagen nach Zugang dieser Bestätigung. Bis zum Fälligkeitstermin ist der Kaufpreis nicht zu verzinsen.

Der Käufer kommt auch ohne Mahnung in Verzug, sollte der Kaufpreis nicht binnen der Frist von Tagen nach Zugang der Bestätigung des Notars bezahlt werden. Der Käufer ist dann verpflichtet, die gesetzlichen Verzugszinsen zu bezahlen.

Der Notar hat darauf hingewiesen, dass der Kaufpreis nicht durch Barzahlung beglichen werden kann. Die Zahlung des Kaufpreises mit Bargeld hat keine Erfüllungswirkung. Die Beteiligten sind verpflichtet, dem Notar in schlüssiger Form nachzuweisen, dass der Kaufpreis mit zulässigen Mitteln geleistet wurde, etwa durch Überweisung. Der Notar hat darauf hingewiesen, dass fehlende Nachweise den Vollzug verzögern und zu einer Meldung an die Zentralstelle für Finanztransaktionsuntersuchungen führen können.

Alternativ:

Der Käufer kommt auch ohne Mahnung in Verzug, sollte der Kaufpreis nicht binnen der Frist von Tagen nach Zugang der Bestätigung des Notars bezahlt werden. Der Käufer ist dann verpflichtet, den offenen Kaufpreis mit Prozent jährlich zu verzinsen. Der Verkäufer behält sich vor, einen höheren Verzugsschaden geltend zu machen. Der Käufer behält sich vor, einen geringeren Verzugsschaden nachzuweisen.

Der Notar hat darauf hingewiesen, dass der Kaufpreis nicht durch Barzahlung beglichen werden kann. Die Zahlung des Kaufpreises mit Bargeld hat keine Erfüllungswirkung. Die Beteiligten sind verpflichtet, dem Notar in schlüssiger Form nachzuweisen, dass der Kaufpreis mit zulässigen Mitteln geleistet wurde, etwa durch Überweisung. Der Notar hat darauf hingewiesen, dass fehlende Nachweise den Vollzug verzögern und zu einer Meldung an die Zentralstelle für Finanztransaktionsuntersuchungen führen können.

c) Verwendung des Kaufpreises sowie Konto des Veräußerers

Der Kaufpreis ist zur Lastenfreistellung zu verwenden, soweit die Freistellungserklärungen unter entsprechenden Auflagen erteilt werden. Insoweit kann der Kaufpreis nur durch Erfüllung der Auflagen, nicht aber durch Leistung an den Veräußerer oder an einen Dritten bezahlt werden. Der Kaufpreis ist insoweit zweckgebunden. Der Notar weist darauf hin, dass bei Ablösung langfristiger Verbindlichkeiten eine Vorfälligkeitsentschädigung anfallen kann, die zu Lasten des Verkäufers geht.

Der Restkaufpreis ist auf folgendes Konto des Verkäufers zu überweisen:

Kontoinhaber:

Bankinstitut:

IBAN:

BIC:

Ab Kaufpreiszahlung überträgt der Verkäufer alle Eigentümerrechte und Rückübertragungsansprüche, die sich auf die Grundpfandrechte am Erbbaurecht beziehen, auf den Käufer und bewilligt die Umschreibung im Grundbuch.

3. Unterwerfung unter die sofortige Zwangsvollstreckung

Der Käufer unterwirft sich – mehrere als Gesamtschuldner – wegen der hier eingegangenen Zahlungspflichten und der Verzugszinsen der sofortigen Zwangsvollstreckung aus dieser Urkunde in sein gesamtes Vermögen. Eine vollstreckbare Ausfertigung kann ohne weiteres erteilt werden, sobald der Notar bestätigt hat, dass die Fälligkeitsvoraussetzungen gegeben sind. Eine Beweislastumkehr ist hiermit nicht verbunden.

4. Ausübung des Eigentümervorkaufsrechts und Rücktritt vom Vertrag

Der Notar wies auf das eingetragene Vorkaufsrecht und auf die Bedingungen, Wirkungen und Folgen einer Vorkaufsrechtsausübung hin. Sollte der Grundstückseigentümer sein Vorkaufsrecht am Erbbaurecht ausüben, kommt der Kaufvertrag zwischen dem Vorkaufsrechtsberechtigten und dem Verkäufer zustande, und zwar zu den vereinbarten Konditionen, insbesondere zum selben Kaufpreis. Sofern keine abweichende Frist vereinbart wurde, beläuft sich die gesetzliche Frist für die Ausübung des Vorkaufsrechts auf zwei Monate ab Mitteilung des Kaufvertrages. Die Ausübung erfolgt gegenüber dem Verkäufer, eine besondere Form für die Ausübung ist nicht vorgesehen und kann daher formfrei erfolgen. Der beurkundende Notar wird beauftragt und bevollmächtigt, den Vorkaufsberechtigten durch Übersendung einer Ausfertigung dieser Kaufvertragsurkunde zu unterrichten. Dabei soll um Übersendung einer privatschriftlichen Verzichtserklärung gebeten werden. Der Notar wird zugleich damit beauftragt, diese Verzichtserklärung für alle Beteiligten entgegenzunehmen.

Sollte das Vorkaufsrecht ausgeübt werden, vereinbaren die Beteiligten, dass sie zum Rücktritt vom Vertrag berechtigt sind. Ein etwaiger Rücktritt ist durch Übergabe einer entsprechenden Erklärung oder durch eingeschriebenen Brief an den anderen Vertragspartner zu erklären. Eine Kopie dieser Erklärung ist dem beurkundenden Notar zu übersenden. Bei Rücktritt besteht kein Anspruch auf Schadensersatz. Schadensersatzansprüche des Käufers werden insoweit ausgeschlossen. Für den Fall des Rücktritts verpflichtet sich der Käufer, seine Erbbaurechtsvormerkung und seine Finanzierungsgrundschulden löschen zu lassen, allerdings nur Zug um Zug um Erstattung seiner bereits entstandenen Kosten bei Notariat und Grundbuchamt.

V. Kaufpreisfinanzierung; Vollmacht

Als derzeitiger Erbbauberechtigter verpflichtet sich der Verkäufer, bei der Bestellung von Grundpfandrechten samt Zinsen und Nebenleistungen samt dinglicher Vollstreckungsunterwerfung nach § 800 ZPO mitzuwirken, die zur Finanzierung des Kaufpreises erforderlich sind. Diese Mitwirkungspflicht besteht jedoch nicht uneingeschränkt, sondern nur mit der Maßgabe, dass in der Bestellungsurkunde auf die folgenden Vereinbarungen hingewiesen wird:

1. Sicherungsabrede

Die Bank darf die Grundschuld nur insoweit als Sicherheit verwerten oder behalten, als sie tatsächlich Zahlungen mit Tilgungswirkung auf die Kaufpreisschuld des Käufers geleistet hat. Alle weiteren Zweckbestimmungserklärungen, Sicherungs- und Verwertungsvereinbarungen innerhalb oder außerhalb dieser Urkunde gelten erst, nachdem der Kaufpreis vollständig bezahlt ist, in jedem Fall ab Umschreibung des Erbbaurechts auf den Käufer. Ab diesem Zeitpunkt gelten sie für und gegen den Erwerber als neuen Sicherungsgeber. Im Falle der Rückgewährung der Grundschuld kann nur die Löschung verlangt werden, nicht Abtretung oder Verzicht.

2. Zahlungsanweisung

Die Bank wird angewiesen, das Darlehen in Anrechnung auf den Kaufpreis und bis zu dessen Höhe gemäß der notariellen Fälligkeitsmitteilung nur unmittelbar an lastenfreistellende Gläubiger des Verkäufers in Höhe der für die Lastenfreistellung verlangten Beträge auszubezahlen. Der Rest ist an den Verkäufer auszubezahlen. Der beurkundende Notar wird damit beauftragt, der Bank die Sicherungsabrede und die Zahlungsanweisung durch Übersendung einer Kaufvertragsabschrift mitzuteilen.

3. Persönliche Zahlungspflichten, Kosten

Der Verkäufer übernimmt keinerlei persönliche Zahlungspflichten. Der Käufer übernimmt alle persönlichen Zahlungsverpflichtungen und verpflichtet sich, den Verkäufer von allen Kosten und sonstigen Folgen der Grundschuldbestellung und Grundschuldeintragung freizustellen. Mehrere Personen auf der Käuferseite schulden als Gesamtschuldner. Sie bestellen sich gegenseitig als Zustellungs- und Erklärungsvertreter für alle Erklärungen, die für diesen Vertrag und seine Abwicklung erforderlich werden.

4. Bestehenbleiben nach Umschreibung des Erbbaurechts

Nach Umschreibung des Erbbaurechts auf den Käufer bleibt die Finanzierungsgrundschuld bestehen. Mit Wirkung ab vollständiger Kaufpreiszahlung, jedenfalls ab Umschreibung des Erbbaurechts auf den Käufer, werden alle Ansprüche aus der Grundschuld, insbesondere Löschungs- und Rückgewährsansprüche, an den Käufer abgetreten. Entsprechende Grundbucheintragungen werden bewilligt.

Der Verkäufer erteilt dem Käufer – bei mehreren jedem einzeln – unter Befreiung von den Beschränkungen des § 181 BGB

Vollmacht,

ihn bei allen vorstehenden Rechtshandlungen zu vertreten, insbesondere alle zum Vollzug im Grundbuch erforderlichen Erklärungen abzugeben. Dazu zählt nicht nur die Bestellung einer nach § 800 ZPO vollstreckbaren Grundschuld samt Zinsen und Nebenleistungen, sondern auch die Bewilligung von Rückgewährs- und Löschungsvormerkungen an der Grundschuld zugunsten des Eigentümers des mit dem Erbbaurecht belasteten Grundstücks.

Dabei ist in der Grundschuldbestellungsurkunde auf die Vereinbarungen Bezug zu nehmen, die oben aufgeführt sind.

Die Vollmacht darf nur vor dem beurkundenden Notar oder dessen amtlichen Vertreter ausgeübt werden.

VI. Besitzübergang

Der Besitz ist dem Käufer erst mit vollständiger Kaufpreiszahlung zu übergeben. Bis zum Besitzübergang hat der Verkäufer den Kaufgegenstand ordnungsgemäß zu unterhalten und alle Versicherungen aufrechtzuerhalten. Ab Besitzübergang geht die Verkehrssicherungspflicht auf den Käufer über. Lasten und Kosten trägt der Käufer bereits ab Fälligkeit des Kaufpreises.

Etwaige Gebäudeversicherungen gehen kraft Gesetzes auf den Käufer über. Dem Käufer steht jedoch das Recht zu, solche Versicherungen innerhalb eines Monats nach Umschreibung des Erbbaurechts im Grundbuch zu kündigen. Prämien trägt der Käufer ab Fälligkeit des Kaufpreises. Der Käufer wird die Besitzübergabe dem Versicherer anzeigen.

Das Vertragsobjekt ist nicht vermietet oder verpachtet. Erschließungskosten sind bereits bezahlt.

Alternativ:

Besitz, Nutzungen und Lasten sind mit Wirkung ab dem ______ auf den Käufer übergegangen.

VII. Mängelhaftung

1. Rechtsmängel

Der Verkäufer haftet nicht für Freiheit von altrechtlichen Dienstbarkeiten und übernommenen Abstandsflächen. Der Verkäufer erklärt jedoch, dass ihm solche Rechte nicht bekannt sind. Ebenso wenig sind dem Verkäufer Eintragungen im Baulastenverzeichnis oder baurechtswidrige Zustände bekannt.

Der Verkäufer haftet für ungehinderten Besitzübergang. Das Erbbaurecht soll belastungsfrei auf den Käufer übergehen, soweit die Belastung in dieser Urkunde nicht ausdrücklich übernommen wird.

Allen zur Lastenfreistellung erforderlichen Erklärungen stimmen die Vertragsteile zu und beantragen den Vollzug im Grundbuch.

Alternativ:

Der Verkäufer haftet für den lastenfreien Übergang des Erbbaurechts auf den Käufer. Der Löschung nicht übernommener Lasten wird zugestimmt, der Verkäufer beantragt die Löschung. Die Kosten der Lastenfreistellung trägt der Verkäufer.

Der Käufer übernimmt zur weiteren Duldung und Erfüllung die folgenden Belastungen, und zwar mit allen Verpflichtungen, wie sie in den Eintragungsbewilligungen festgehalten sind:

- die in der Zweiten Abteilung des Erbbaugrundbuchs eingetragenen Belastungen, vgl. Ziffer I.1 dieser Urkunde
- sowie sein Finanzierungsgrundpfandrecht. Andere Grundpfandrechte sind zu löschen.

2. Sachmängel

Der Käufer übernimmt das Vertragsobjekt im derzeitigen Zustand, wie er dem Käufer bekannt ist. Ansprüche und Rechte des Käufers wegen eines Sachmangels des Gebäudes oder des Grundstücks sind ausgeschlossen. Der Haftungsausschluss gilt jedoch nicht bei Vorsatz oder Arglist des Verkäufers. Der Verkäufer haftet für Mängel, die er vorsätzlich oder arglistig verschweigt.

Der Verkäufer haftet nicht für die Verwendbarkeit des Vertragsobjekts für die Zwecke des Käufers. Ebenso wenig haftet der Verkäufer für die im Grundbuch eingetragene Grundstücksgröße.

Der Verkäufer erklärt jedoch, dass ihm wesentliche Sachmängel, etwa die Verwendung gesundheitsschädlicher Baustoffe, Altlasten oder schädliche Bodenveränderungen, nicht bekannt sind.

VIII. Eintritt in das Erbbaurechtsverhältnis

Der Inhalt des Erbbaurechtsvertrages und der Nachträge hierzu, wie sie in der Ziffer I 2 dieser Urkunde erwähnt sind, ist dem Käufer bekannt.

Ab dem heutigen Tag tritt der Käufer dinglich und schuldrechtlich in den Erbbaurechtsvertrag und die hierzu errichteten Nachträge ein. Der Käufer übernimmt ab dem heutigen Tag alle Rechte und Pflichten aus dem bestehenden Erbbaurechtsverhältnis, auch soweit diese nicht kraft Gesetzes auf den Käufer übergehen. Der Käufer übernimmt insbesondere die Verpflichtung zur Zahlung des jährlichen Erbbauzinses und stellt den Verkäufer ab Besitzübergang von der Erbbauzinszahlung frei, vorausgesetzt, der Grundstückseigentümer stimmt der Erbbaurechtsveräußerung zu. Rückständige Erbbauzinsen übernimmt der Käufer nicht.

Bei einer Weiterveräußerung verpflichtet sich der Käufer, auch die rein schuldrechtlichen Verpflichtungen des Erbbaurechtsverhältnisses an den Erwerber weiterzugeben und auch diesen an die Weitergabeverpflichtung zu binden. Dies gilt insbesondere für die Abgabe einer Vollstreckungsunterwerfung hinsichtlich des zu zahlenden Erbbauzinses.

Gegenüber dem Grundstückseigentümer unterwirft sich der Käufer als künftiger Erbbauberechtigter wegen seiner Verpflichtung zur Zahlung des Erbbauzinses in Höhe von derzeit ______ EUR der sofortigen Zwangsvollstreckung aus dieser Urkunde in sein gesamtes Vermögen.

Der Käufer verpflichtet sich, wegen künftiger Erhöhungsbeträge sich ebenfalls der sofortigen Zwangsvollstreckung in sein gesamtes Vermögen zu unterwerfen.

Der Notar wird ermächtigt, dem Grundstückseigentümer jederzeit auf Antrag eine vollstreckbare Ausfertigung dieser Urkunde zu erteilen, ohne dass es hierzu eines Nachweises der Fälligkeit bedarf. Eine Umkehr der Beweislast ist damit nicht verbunden.

IX. Zustimmung des Grundstückseigentümers

Die Beteiligten wurden darauf hingewiesen, dass zur Rechtswirksamkeit dieses Vertrages die Zustimmung des Grundstückseigentümers erforderlich ist. Die Veräußerung des Erbbaurechts ist unwirksam, solange der Grundstückseigentümer nicht die notwendige Zustimmung erteilt hat. Der Notar wird beauftragt und bevollmächtigt, die Zustimmung und etwaige aufsichtsrechtliche Genehmigungen einzuholen und im Namen der Beteiligten entgegenzunehmen.

X. Unbedenklichkeitsbescheinigung des Finanzamtes

Die Erschienenen wurden darauf hingewiesen, dass der Erbbaurechtskauf der Grunderwerbsteuer unterliegt und deshalb eine Unbedenklichkeitsbescheinigung des Finanzamtes eingeholt werden muss.

Die Umschreibung des Erbbaurechts im Grundbuch kann erst erfolgen, sobald die Unbedenklichkeitsbescheinigung vorliegt. Die Grunderwerbsteuer trägt der Käufer. Die Unbedenklichkeitsbescheinigung wird erst nach Begleichung der Grunderwerbsteuer erteilt.

XI. Weitere Hinweise und Feststellungen; Schlichtungsklausel

Die Vertragsparteien wurden auf Folgendes hingewiesen:

- alle Vereinbarungen müssen richtig und vollständig beurkundet sein, da anderenfalls der Kaufvertrag unwirksam sein kann
- die Berechtigung am Erbbaurecht geht nicht bereits mit Vertragsabschluss über, sondern erst mit Umschreibung des Erbbaurechts auf den Käufer
- die Umschreibung des Erbbaurechts auf den Käufer kann erst erfolgen, sobald alle Genehmigungen und Bescheinigungen dem Notar vorliegen und die Kaufpreiszahlung erfolgt ist

- der Kaufpreis kann nicht durch Barzahlung beglichen werden, die Zahlung des Kaufpreises mit Bargeld hat keine Erfüllungswirkung. Auf das Barzahlungsverbot wurde hingewiesen
- die Umschreibung des Erbbaurechts auf den Käufer kann insbesondere erst dann erfolgen, sobald die Unbedenklichkeitsbescheinigung des Finanzamtes vorliegt; das Finanzamt erteilt diese Bescheinigung erst nach Begleichung der Grunderwerbsteuer durch den Käufer
- eine Vorkaufsrechtsbescheinigung der Gemeinde ist nicht erforderlich, da kein gemeindliches Vorkaufsrecht besteht
- für die Grunderwerbsteuer und die Kosten, die im Rahmen der Beurkundung und des Vollzugs dieses Vertrages im Grundbuch anfallen, haften die Beteiligten als Gesamtschuldner
- der Grundbesitz haftet für rückständige öffentliche Lasten und Abgaben
- der Notar übernahm keine steuerliche Beratung; es ist Sache der Vertragsparteien, sich über die weiteren steuerlichen Auswirkungen zu unterrichten
- alle Beteiligten erklären sich mit der elektronischen Speicherung und automatisierten Bearbeitung ihrer persönlichen Daten durch das Notariat uneingeschränkt einverstanden und stimmen der Speicherung und Bearbeitung ausdrücklich zu; die Belehrung über die Informationspflichten bei Erhebung personenbezogener Daten ist durch den Notar erfolgt
- Die anwesenden Beteiligten erklärten, dass kein Vertragsteil in Ausübung einer gewerblichen oder selbstständigen beruflichen Tätigkeit handelt
- Sollte es zwischen dem Grundstückseigentümer und dem Erbbauberechtigten zu Konflikten kommen, werden sie miteinander verhandeln und eine einvernehmliche Lösung anstreben. Der Notar/die Notarin hat darauf hingewiesen, dass der Schlichtungs- und Schiedsgerichtshof deutscher Notare (SGH) ein Schlichtungsverfahren zur Verfügung stellt, wenn die direkten Verhandlungen zu keinem Ergebnis führen (Informationen und Kontaktdaten zum SGH unter www.dnotv.de). Die Beteiligten stellen klar, dass diese Absichtserklärungen der Einleitung eines Gerichtsverfahrens nicht entgegenstehen.

Alternativ:

- Sollte es zwischen dem Grundstückseigentümer und dem Erbbauberechtigten zu Konflikten kommen, werden sie miteinander verhandeln und eine einvernehmliche und in die Zukunft gerichtete Lösung anstreben. Der Notar/die Notarin hat darauf hingewiesen, dass der Schlichtungs- und Schiedsgerichtshof deutscher Notare (SGH) ein Schlichtungsverfahren zur Verfügung stellt, wenn die direkten Verhandlungen zu keinem Ergebnis führen (Informationen und Kontaktdaten zum SGH unter www.dnotv.de). Unter der Leitung eines erfahrenen und unabhängigen Schlichters kann dort der Konflikt selbstbestimmt weiterbearbeitet werden. Eine Klage betrachten die Beteiligten als letztes Mittel. Die rechtlichen Berater der Beteiligten sollen die Beteiligten vorrangig bei den vorgenannten Verhandlungslösungen unterstützen. Die Beteiligten stellen klar, dass diese Absichtserklärungen der Einleitung eines Gerichtsverfahrens nicht entgegenstehen.

Alternativ:

- Sollte es zwischen dem Grundstückseigentümer und dem Erbbauberechtigten zu Konflikten kommen, verpflichten sich die Beteiligten, alle oder im Zusammenhang mit diesem Vertrag entstehenden Streitigkeiten möglichst durch direkte Verhandlungen beizulegen. Die rechtlichen Berater der Beteiligten sollen diese dabei unterstützen. Gelingt dies nicht, verpflichten sich der Grundstückseigentümer und der Erbbauberechtigte, eine Schlichtung vor dem Schlichtungs- und Schiedsgerichtshof deutscher Notare (SGH) durchzuführen (Informationen und Kontaktdaten unter www.dnotv.de). Die Schlichtung beginnt mit dem Antrag auf Durchführung einer Schlichtung gegenüber dem SGH. Die Schlichtung endet auch ohne abschließende Einigung, wenn der Antrag zurückgewiesen wird oder der Schlichter das Scheitern der Schlichtung feststellt. Während der laufenden Schlichtung ist die Verjährung der streitgegenständlichen Ansprüche gehemmt. Die Klageerhebung ist erst nach der Beendigung der Schlichtung zulässig. Verfahren des einstweiligen Rechtsschutzes sowie selbständige Beweisverfahren bleiben auch während der Schlichtung zulässig. Gleiches gilt für Verfahren zur Wahrung einer gesetzlichen Ausschlussfrist. Insoweit verpflichten sich der Grundstückseigentümer und der Erbbauberechtigte, während der laufenden Schlichtung das Ruhen des gerichtlichen Verfahrens zu beantragen.

XII. Notarermächtigung; Genehmigungen, Vollzug

Der Notar/die Notarin , deren Vertreter und Nachfolger im Amt werden jeweils beauftragt und bevollmächtigt, etwaige Zustimmungserklärungen und Genehmigungen unter Fertigung eines Entwurfs einzuholen. Alle Genehmigungen und Erklärungen sollen mit dem Eingang im Notariat wirksam sein. Dies gilt nicht für Genehmigungen, die nicht oder nur unter Bedingungen oder Auflagen erteilt werden.

Darüber hinaus wird der Notar/die Notarin , deren Vertreter und Nachfolger im Amt ermächtigt, den Vollzug dieser Urkunde zu betreiben und Anträge getrennt oder eingeschränkt zu stellen (Teilvollzug). Die Ermächtigung umfasst auch die Rücknahme der Erklärungen und die Abgabe aller verfahrensrechtlichen Erklärungen, die zur Durchführung dieser Urkunde erforderlich sind. Im Grundbuchverfahren darf der Notar/die Notarin die Beteiligten uneingeschränkt vertreten.

Die Ermächtigung umfasst dagegen nicht die gerichtliche Ersetzung der Eigentümerzustimmung, die ggf. der Käufer zu beantragen hat.

Die Vollzugsmitteilungen sind für alle Beteiligten an den Notar zu übersenden.

XIII. Ausfertigungen, Abschriften

Eine *Ausfertigung* dieser Urkunde erhalten:

- der Erbbauberechtigte
- der Käufer
- das Grundbuchamt

Eine *einfache Abschrift* dieser Urkunde erhalten:

- das Finanzamt, Grunderwerbsteuerstelle
- der Gutachterausschuss.

Eine *vollstreckbare Ausfertigung* dieser Urkunde erhält:

- der Grundstückseigentümer.

XIV. Notar- und Gerichtskosten

Lastenfreistellungskosten, die bei den lastenfreistellenden Gläubigern, dem beurkundenden Notariat und beim Grundbuchamt anfallen, trägt der Verkäufer.

Die übrigen Kosten für die Beurkundung, die Genehmigungen, die Nichtausübung des Vorkaufsrechts, die Katasterfortführung sowie den Vollzug im Grundbuch trägt der Käufer.

Vorgelesen vom Notar,

von den Beteiligten genehmigt

und eigenhändig unterschrieben:

(Unterschriften der Beteiligten)

(Unterschrift und Siegel des Notars)“

▲

▼ 15

Muster 5.2: Formulierungsvorschlag Erbbaurechtsüberlassungsvertrag

„UVZ-Nr./

ERBBAURECHTSÜBERLASSUNGSVERTRAG

Heute, den

– 20 –

sind vor mir,

,

Notar/Notarin in , in den Geschäftsräumen des Notariats in der , erschienen:

1.

– nachstehend „Erbbauberechtigter“ und „Übergeber“ genannt –,

ausgewiesen durch gültigen amtlichen Lichtbildausweis.

2.

– nachstehend „Erwerber“ genannt –,

ausgewiesen durch gültigen amtlichen Lichtbildausweis.

Die anwesenden Beteiligten erklärten, dass kein Vertragsteil in Ausübung einer gewerblichen oder selbstständigen beruflichen Tätigkeit handelt.

Der Notar verwies auf die Vorschriften des Geldwäschegesetzes und auf die hieraus resultierenden Pflichten.

Die Erschienenen erklärten, nicht auf Veranlassung Dritter oder als Treuhänder für Dritte, sondern auf eigene Rechnung und im eigenen Namen zu handeln.

Die anwesenden Beteiligten erklärten, auf eigene Rechnung zu handeln und weder eine politisch exponierte Person („PeP“) zu sein noch in den letzten 12 Monaten gewesen zu sein. Sie erklärten, auch nicht Familienmitglied, naher Angehöriger oder nahestehende Person einer solchen politisch exponierten Person zu sein.

Die Erschienenen verneinten die Frage des Notars/der Notarin nach einer Vorbefassung i.S.v. § 3 Abs. 1 S. 1 Nr. 7 BeurkG und baten um die notarielle Beurkundung folgender Vereinbarungen:

I. Grundbuchstand

1. Erbbaurecht

Im **Erbbaugrundbuch** des Amtsgerichts ___ für die Gemarkung ___ Blatt ___ ist das Erbbaurecht an dem im Grundbuch von ___ Blatt ___ unter BVNr. ___ verzeichneten Grundstück der Gemarkung Flurstück ___, ___ straße ___, Gebäude- und Freifläche, zu ___ qm,

eingetragen Abt. II Nr. ___, und zwar bis zum ___.

Das Erbbaurecht wurde am ___ im Grundbuch eingetragen.

Laut Erbbaugrundbuch ist die Zustimmung des Eigentümers erforderlich zur Veräußerung und Belastung des Erbbaurechts mit Grundpfandrechten, Reallasten, Dauerwohn- und -nutzungsrechten nebst deren Inhaltsänderung als weitere Belastung. Als Grundstückseigentümer ist ___ vermerkt.

Als Erbbauberechtigter ist ___ eingetragen.

Das vorstehend genannte Erbbaurecht ist wie folgt belastet:

Abteilung II:

lfd. Nr. 1: ___

lfd. Nr. 2: ___

Abteilung III:

lfd. Nr. 1: ___

Das Grundbuch wurde am ___ eingesehen.

2. Erbbaurechtsvertrag und Nachträge

Dem vorstehend genannten Erbbaurecht liegt folgender Erbbaurechtsvertrag zugrunde:

- Urkunde vom ___, URNr. bzw. UVZ-Nr. ___, Notar ___.

Nachträge hierzu sind:

- Urkunde vom ___, URNr. bzw. UVZ-Nr. ___, Notar ___.
- Urkunde vom ___, URNr. bzw. UVZ-Nr. ___, Notar ___.

Die Erschienenen verweisen nach § 13a BeurkG auf die oben genannten Urkunden, die ihnen bereits vorliegen. Die Erschienenen erklären, dass sie die Vorurkunden vollständig kennen und dass auf erneutes Verlesen der Vorurkunden verzichtet wird. In gleicher Weise verzichten die Erschienenen auf Vorlage zur Durchsicht und auf Beifügung zur gegenwärtigen Urkunde. Auf die Bedeutung der Verweisung wurden die Erschienenen hingewiesen.

II. Übertragung des Erbbaurechts

Der Übergeber überträgt das unter Ziffer I. 1 erwähnte Erbbaurecht mit allen damit verbundenen Rechten und Bestandteilen (§ 97 BGB) an den Erwerber zur

- alleinigen Berechtigung
- zur Mitberechtigung zu gleichen Teilen
- zur Mitberechtigung von ___ und ___.

(**Alternative** auswählen).

Der Erwerber nimmt diese Übertragung an.

Bewegliche Inventargegenstände oder Mobiliar sind nicht mitübertragen.

III. Erbbaurechtsübertragungsvormerkung; Einigung über den Übergang des Erbbaurechts

1. Erbbaurechtsübertragungsvormerkung

Der Notar/die Notarin hat die Beteiligten darüber belehrt, dass zur Sicherung des Anspruchs des Erwerbers auf Übertragung des in Ziffer I. 1 erwähnten Erbbaurechts am Vertragsobjekt eine Erbbaurechtsübertragungsvormerkung gemäß § 883 BGB zugunsten des Erwerbers eingetragen werden kann. Der Erwerber verzichtet ausdrücklich auf Eintragung einer solchen Erbbaurechtsübertragungsvormerkung.

Alternativ:

Zur Sicherung des Anspruchs des Erwerbers auf Übertragung des in Ziffer I. 1 erwähnten Erbbaurechts bewilligt der Übergeber und beantragt der Erwerber, am Vertragsobjekt eine Erbbaurechtsübertragungsvormerkung gemäß § 883 BGB zugunsten des Erwerbers einzutragen, und zwar im angegebenen Erwerbsverhältnis und an nächstoffener Rangstelle.

Der Erwerber bewilligt und beantragt die Löschung der Vormerkung bei Umschreibung des Erbbaurechts, vorausgesetzt, dass keine neuen Eintragungen ohne seine Zustimmung erfolgt sind.

2. Einigung über den Übergang des Erbbaurechts

Die Vertragspartner sind sich darüber einig, dass das in Ziffer I.1 erwähnte Erbbaurecht auf den Erwerber im vorstehend angegebenen Berechtigungsverhältnis übergeht.

Der Übergeber bewilligt und der Erwerber beantragt die Eintragung des Rechtsübergangs in das angegebene Erbbaugrundbuch.

Alternativ:

Die Vertragspartner sind sich darüber einig, dass das in Ziffer I.1 erwähnte Erbbaurecht auf den Erwerber im vorstehend angegebenen Berechtigungsverhältnis übergeht.

Die Eintragung wird derzeit noch nicht bewilligt und beantragt. Die Vertragsparteien bevollmächtigen unwiderruflich und über den Tod hinaus den beurkundenden Notar, seinen Vertreter oder Nachfolger im Amt, die Eintragung in Form einer Eigenurkunde zu bewilligen und zu beantragen. Die Vertragsparteien weisen den Notar an, die Eigenurkunde erst dann zu veranlassen, sobald … .

IV. Rechtsgrund; Vorkaufsrecht des Eigentümers; vorbehaltene Rechte

1. Rechtsgrund

Die Überlassung erfolgt unentgeltlich im Wege der vorweggenommenen Erbfolge. Die Verzichts- und Anrechnungsvereinbarungen sind auflösend bedingt auf die Rückübertragung des Erbbaurechts. Der Notar/die Notarin hat die Beteiligten über das gesetzliche Erb- und Pflichtteilsrecht und die Möglichkeiten eines Erb- und/oder Pflichtteilsverzichts belehrt. Auch die Bestimmungen über die Anrechnung und Ausgleichung wurden mit den Beteiligten besprochen.

Alternativ:

Der Erwerber hat sich den Wert der heutigen Zuwendung auf seine möglichen Pflichtteilsansprüche bzw. Pflichtteilsergänzungsansprüche und Ausgleichspflichtteile am Nachlass des Übergebers anrechnen zu lassen, und zwar zum heutigen Verkehrswert des Erbbaurechts.

Alternativ:

Der Erwerber hat sich den Wert der heutigen Zuwendung nicht auf seine Pflichtteilsansprüche am Nachlass des Übergebers anrechnen zu lassen. Im Erbfall ist der Erwerb nicht zur Ausgleichung zu bringen, eine Anrechnung auf den Erb- und Pflichtteil soll nicht stattfinden.

Alternativ:

Der Wert der Zuwendung ist beim Ableben des Übergebers unter den Abkömmlingen nicht auszugleichen.

Alternativ:

Jeder pflichtteilsberechtigte Erwerber hat sich den Wert seiner heutigen Zuwendung auf seine möglichen Pflichtteilsansprüche bzw. Pflichtteilsergänzungsansprüche und Ausgleichspflichtteile am Nachlass des Übergebers anrechnen zu lassen, und zwar zum heutigen Verkehrswert des Erbbaurechts. Die Beteiligten beziffern den Wert der Zuwendung mit … .

Alternativ:

Der Erwerber hat sich den Wert der heutigen Zuwendung auf seine möglichen Pflichtteilsansprüche bzw. Pflichtteilsergänzungsansprüche und Ausgleichspflichtteile am Nachlass jedes Übergebers anrechnen zu lassen, und zwar zum hälftigen heutigen Verkehrswert des Erbbaurechts. Die Beteiligten beziffern den Wert der Zuwendung mit .

Alternativ:

Der Erwerber verzichtet, auch mit Wirkung für seine Abkömmlinge, auf seine Pflichtteilsansprüche bzw. Pflichtteilsergänzungsansprüche und Ausgleichspflichtteile am Nachlass des Übergebers. Der Pflichtteilsverzicht ist allerdings beschränkt auf die Höhe des heutigen Verkehrswertes des Erbbaurechts. Die Beteiligten wurden über die Bedeutung des Pflichtteilsverzichts belehrt, ebenso darüber, dass für eine Änderung der Erbfolge eine gesonderte Verfügung von Todes wegen erforderlich ist.

Alternativ:

Der Erwerber hat sich den Wert der heutigen Zuwendung auf seine möglichen Pflichtteilsansprüche bzw. Pflichtteilsergänzungsansprüche und Ausgleichspflichtteile am Nachlass des Übergebers anrechnen zu lassen. Die Anrechnung erfolgt zum heutigen Verkehrswert des Erbbaurechts.

2. Vorkaufsrecht des Grundstückseigentümers

Der Notar wies auf das eingetragene Vorkaufsrecht für den Grundstückseigentümer und auf die Bedingungen, Wirkungen und Folgen einer Vorkaufsrechtsausübung hin. Das Vorkaufsrecht kann nur dann ausgeübt werden, wenn ein Verkaufsfall eingetreten ist, also ein wirksamer Kaufvertrag über das Belastungsobjekt abgeschlossen wird. Mit dem vorstehenden Vertrag wird kein Verkaufsfall ausgelöst, ein Kaufvertrag liegt nicht vor.

V. Vorbehaltene Rechte

1. Nießbrauch

Der Übergeber behält sich ab Besitzübergang den lebenslangen, unentgeltlichen und unvererblichen Nießbrauch an dem in Ziffer I.1 erwähnten Erbbaurecht vor,

Alternativ:

mehrere als Gesamtberechtigte nach § 428 BGB.

Alternativ:

Der Übergeber behält sich ab Besitzübergang den lebenslangen und unentgeltlichen Nießbrauch mit einer Quote von vor (Quotennießbrauch).

Alternativ:

Die Überlassung der Ausübung des Nießbrauchs (§ 1059 S. 2 BGB) ist ausgeschlossen.

Der Nießbraucher ist berechtigt, alle Nutzungen des übergebenen Erbbaurechts zu ziehen. Der Nießbraucher erwirbt alle während des Nießbrauchs gezogenen Nutzungen, beispielsweise Miet- und Pachterträge, die das Erbbaurecht erbringt. Der Erbbauberechtigte hat die Nutzungsentziehung zu dulden. Der Nießbraucher ist zum Besitz des Erbbaurechts berechtigt, also zur Vermietung bzw. Verpachtung.

Alternativ:

Soweit die Kosten und Lasten betroffen sind, gelten die gesetzlichen Bestimmungen. In der Folge hat der Nießbrauchsberechtigte die regelmäßig wiederkehrenden Lasten zu tragen, beispielsweise die Grundsteuer, die Gebühren für Müllabfuhr, Wasser, Abwasser, Kaminkehrer, daneben auch die Zinsen und die planmäßige Tilgung eingetragener Grundpfandrechte.

Der Nießbraucher hat auch die Kosten für die gewöhnliche Unterhaltung des übergebenen Erbbaurechts zu tragen.

Alternativ:

Sämtliche Kosten und Lasten trägt der Erwerber als neuer Erbbauberechtigter.

Alternativ:

Der Nießbraucher trägt alle öffentlichen und privatrechtlichen Lasten und Kosten, darunter auch die Kosten, die gesetzlich den Erbbauberechtigten treffen. Der Nießbraucher ist jedoch nicht verpflichtet, ein zerstörtes Bauwerk wiederherzustellen.

Alternativ:

Der Nießbraucher trägt auch die außerordentlichen öffentlichen Lasten, die auf den Stammwert der Sache gelegt anzusehen sind. Darüber hinaus trägt der Nießbraucher die Tilgung bestehender Verbindlichkeiten. Der Nießbraucher ist verpflichtet, die gewöhnlichen und außergewöhnlichen Ausbesserungen und Unterhaltungsmaßnahmen auf eigene Kosten zu tragen. Verwendungsansprüche und Wegnahmerechte stehen dem Nießbraucher in diesem Zusammenhang nicht zu. Der Erbbauberechtigte kann keine Sicherheitsleistung verlangen.

Alternativ:

Abweichend von den gesetzlichen Bestimmungen, hat der Nießbraucher alle Unterhaltungsmaßnahmen vorzunehmen und alle Lasten zu tragen, einschließlich der außerordentlichen Lasten, die als auf den Stammwert der Sache gelegt anzusehen sind.

Alternativ:

Dem Nießbraucher wird die Pflicht zur Unterhaltung und Lastentragung vollumfänglich erlassen. Kosten und Lasten des Erbbaurechts trägt der Nießbraucher nicht.

Alternativ:

Der Nießbraucher schuldet nur die Sorgfalt, die er in eigenen Angelegenheiten anzuwenden pflegt. Sollte diese Vereinbarung nicht dinglicher Inhalt werden können, wird sie nur schuldrechtlich vereinbart.

Die Beteiligten sind sich über die Entstehung dieses Nießbrauchs einig.

Die Beteiligten bewilligen und beantragen die Eintragung dieses Nießbrauchs im Grundbuch mit dem Vermerk, dass zur Löschung der Nachweis des Todes des Berechtigten genügen soll. Die Eintragung soll an nächstoffener Rangstelle erfolgen, im Übrigen im Gleichrang mit der Rückübertragungsvormerkung gemäß folgender Ziffer 2.

Zu Bewertungszwecken geben die Beteiligten den Jahreswert des Nießbrauchs mit EUR an.

Alternativ:

Rein schuldrechtlich wird vereinbart, dass .

2. Rückübertragung und Vormerkung

Alternativ:

Der Erwerber verpflichtet sich, das überlassene Erbbaurecht zu Lebzeiten des Übergebers nicht ohne vorherige Zustimmung des Übergebers zu veräußern oder zu belasten.

Der Übergeber ist berechtigt, ganz oder teilweise die Rückübertragung des übertragenen Erbbaurechtes gemäß Ziffer I.1 zu verlangen, sofern eine der folgenden Konstellationen eintritt:

- der Erwerber verstirbt vor dem Übergeber
- Veräußerung oder Belastung des übertragenen Erbbaurechts ohne vorherige Zustimmung des Übergebers; der Veräußerung sind Fälle gleichgestellt, in denen der Erwerber auf andere Weise seine Berechtigung am Erbbaurecht verliert
- über das Vermögen des Erwerbers wird das Insolvenzverfahren beantragt oder eröffnet oder mangels Masse abgelehnt
- Dritte betreiben die Zwangsvollstreckung in das übertragene Erbbaurecht, und die Zwangsvollstreckungsmaßnamen werden nicht innerhalb von sechs Wochen wieder aufgehoben

- es tritt eine wesentliche Verschlechterung in den Vermögensverhältnissen des Erwerbers ein
- der Erwerber vereinbart mit seinem Ehegatten nicht dauerhaft den Güterstand der Gütertrennung oder den Güterstand der modifizierten Zugewinngemeinschaft mit dem Inhalt, dass das übertragene Erbbaurecht im Falle der Scheidung in keiner Weise dem Zugewinnausgleich unterliegt; dies gilt auch, sollte der Erwerber eine Partnerschaft nach dem Lebenspartnerschaftsgesetz eingehen
- der Erwerber vereinbart Gütergemeinschaft und erklärt das übertragene Erbbaurecht nicht zum Vorbehaltsgut
- der Erwerber vereinbar mit seinem Ehegatten nicht dauerhaft einen Pflichtteilsverzichtsvertrag mit dem Inhalt, dass das übertragene Erbbaurecht in keiner Weise dem Pflichtteilsrecht des Ehegatten überliegt; dies gilt auch, sollte der Erwerber eine Partnerschaft nach dem Lebenspartnerschaftsvertrag eingehen
- es liegt eine Konstellation vor, die dem Übergeber das Recht verleiht, den Pflichtteil zu entziehen
- für die Überlassung fällt Schenkungssteuer an, die über einen Betrag in Höhe von hinausgeht
- der Erwerber wird unter Betreuung gestellt, und zwar mit dem Wirkungskreis der Vermögenssorge; weitere Voraussetzung ist, dass die Betreuung nicht binnen sechs Wochen wieder aufgehoben
- für den Erwerber wird ein Betreuer bestellt, und die Betreuung dauert länger als ein Jahr an, unabhängig vom Wirkungskreis der Betreuung
- der Erwerber erweist sich als grob undankbar im Sinne von § 530 BGB
- der Erwerber wird geschäftsunfähig
- die Ehe des Erwerbers wird geschieden
- der Erwerber wird Mitglied einer im Sektenbericht der Bundesregierung aufgeführten Sekte oder einer unter Beobachtung des Verfassungsschutzes stehenden Vereinigung
- der Erwerber bricht seine Berufsausbildung oder ein Studium ab
- der Erwerber verfällt der Alkohol-, Drogen- oder Spielsucht
- der Erwerber wird zu einer Freiheitsstrafe verurteilt
- der Erwerber erfüllt wesentliche Verpflichtungen nicht, die aus diesem Überlassungsvertrag resultieren; der Geltendmachung muss jedoch eine vergebliche Abmahnung vorausgegangen sein

- der Erwerber erfüllt die in Abschnitt dieses Überlassungsvertrags enthaltene Verpflichtung trotz zweimaliger Abmahnung nicht.

Tritt eine der vorgenannten Voraussetzungen ein, ist der Erwerber verpflichtet, das überlassene Erbbaurecht auf den Übergeber zu übertragen, sofern der Übergeber die Rückübertragung höchstpersönlich geltend macht. Die Rückübertragung kann jedoch nur innerhalb einer Frist von durch eingeschriebenen Brief geltend gemacht werden, nachdem der Übergeber Kenntnis von dem Umstand erlangt hat, der ihn zur Geltendmachung des Rückübertragungsanspruchs berechtigt. Ansprüche aus einem geltend gemachten Rückforderungsrecht sind übertragbar und vererblich. Alle aufgrund dieses Vertrags erbrachten Leistungen sind dann nach den gesetzlichen Vorschriften über das vertragliche Rücktrittsrecht zurückzugewähren.

Alle Kosten, die im Rahmen der Rückübertragung anfallen, trägt der heutige Erwerber, der zur Rückübertragung verpflichtet ist. Der Rückübertragungsanspruch ist nicht übertragbar und auch nicht vererblich, sofern er nicht schriftlich geltend gemacht worden ist. Das Erbbaurecht ist unentgeltlich und ohne Belastungen zu übertragen. Ausgenommen sind die Belastungen, die heute zugunsten des Übergebers bestellt werden.

Zur Sicherung des bedingten Anspruchs auf Rückübertragung des Erbbaurechts bewilligen und beantragen die Beteiligten die Eintragung einer Vormerkung (Rückübertragung) gemäß § 883 BGB für den Übergeber im Grundbuch.

Alternativ:

Zur Sicherung des bedingten Anspruchs auf Rückübertragung des Erbbaurechts bewilligen und beantragen die Beteiligten die Eintragung einer Vormerkung (Rückübertragung) gemäß § 883 BGB für die Übergeber im Grundbuch,

- mehrere als Gesamtberechtigte nach § 428 BGB, bedingt für den Längerlebenden allein
- mehrere als Berechtigte zu je 1/2
- mehrere in Gütergemeinschaft, bedingt für den Längerlebenden allein
- mehrere als Berechtigte nach §§ 461, 472 BGB

Die Eintragung soll an nächstoffener Rangstelle erfolgen, im Übrigen im Gleichrang mit dem Nießbrauchsrecht gemäß obiger Ziffer 1.

Alternativ:

Der Erwerber erteilt dem Übergeber unter Befreiung von den Beschränkungen des § 181 BGB Vollmacht und über seinen Tod hinaus Vollmacht, das Erbbaurecht an den Übergeber zurückzuübertragen. Der Übergeber ist bevollmächtigt, alle Erklärungen abzugeben, die zur Rückübertragung erforderlich sind, beispielsweise die Einigung und weitere Bewilligungen und Anträge, die zum Vollzug der Rückübertragung erforderlich sind. Die

Ausübung dieser Vollmacht setzt die Vorlage einer auf den Erwerber lautenden Sterbeurkunde voraus.

VI. Besitzübergang, Nutzungen, Lasten, Gefahr, Haftung, Vermietung, Verpachtung

Der Besitz, die Nutzungen, die Lasten, die Gefahr und die Haftung für das übertragene Erbbaurecht gehen mit Ablauf des heutigen Tages auf den Erwerber über. Dies gilt auch für die Verkehrssicherungspflicht des übertragenen Erbbaurechts.

Etwaige Gebäudeversicherungen gehen kraft Gesetzes auf den Erwerber über. Dem Erwerber steht jedoch das Recht zu, solche Versicherungen innerhalb eines Monats nach Umschreibung des Erbbaurechts im Grundbuch zu kündigen. Prämien trägt der Erwerber ab Besitzübergang, also mit Ablauf des heutigen Tages.

Das Erbbaurecht ist nicht vermietet oder verpachtet. Erschließungskosten sind bereits bezahlt.

Alternativ:

Besitz, Nutzungen und Lasten sind mit Wirkung ab dem ________ auf den Erwerber übergegangen.

VII. Mängelhaftung (Rechts- und Sachmängel)

1. Rechtsmängel

Der Übergeber haftet nicht für Freiheit von altrechtlichen Dienstbarkeiten und übernommenen Abstandsflächen. Der Übergeber erklärt, dass ihm solche Rechte nicht bekannt sind. Ebenso wenig sind dem Übergeber Eintragungen im Baulastenverzeichnis oder baurechtswidrige Zustände bekannt.

Der Übergeber haftet für ungehinderten Besitzübergang. Das Erbbaurecht soll belastungsfrei auf den Erwerber übergehen, soweit Belastungen in dieser Urkunde nicht ausdrücklich übernommen werden.

Der Notar ist bevollmächtigt, die Lastenfreistellungsunterlagen anzufordern, entgegenzunehmen und zu verwenden.

Allen zur Lastenfreistellung erforderlichen Erklärungen stimmen die Vertragsteile zu und beantragen den Vollzug im Grundbuch.

Der Erwerber übernimmt zur weiteren Duldung und Erfüllung die folgenden Belastungen, und zwar mit allen Verpflichtungen, wie sie in den Eintragungsbewilligungen festgehalten sind:

- die in der Zweiten Abteilung des Erbbaugrundbuchs eingetragenen Belastungen, vgl. Ziffer I.1 dieser Urkunde
-
- Grundpfandrechte sind zu löschen.

2. Sachmängel

Der Erwerber übernimmt das Vertragsobjekt im heutigen Zustand, wie er dem Erwerber bekannt ist. Ansprüche und Rechte des Erwerbers wegen eines Sachmangels des Gebäudes oder des Grundstücks sind ausgeschlossen.

Der Übergeber haftet nicht für die Verwendbarkeit des Vertragsobjekts für die Zwecke des Erwerbers. Ebenso wenig haftet der Übergeber für die im Grundbuch eingetragene Grundstücksgröße.

Der Übergeber erklärt, dass ihm wesentliche Sachmängel, etwa die Verwendung gesundheitsschädlicher Baustoffe, Altlasten oder schädliche Bodenveränderungen, nicht bekannt sind.

VIII. Eintritt in das Erbbaurechtsverhältnis

Der Inhalt des Erbbaurechtsvertrages und der Nachträge hierzu, wie sie in der Ziffer I 2 dieser Urkunde erwähnt sind, ist dem Erwerber bekannt.

Ab dem heutigen Tag tritt der Erwerber dinglich und schuldrechtlich in den Erbbaurechtsvertrag und die hierzu errichteten Nachträge ein. Der Erwerber übernimmt ab dem heutigen Tag alle Rechte und Pflichten aus dem bestehenden Erbbaurechtsverhältnis, auch soweit diese nicht kraft Gesetzes auf den Erwerber übergehen. Der Erwerber übernimmt insbesondere die Verpflichtung zur Zahlung des jährlichen Erbbauzinses und stellt den Übergeber ab Besitzübergang von der Erbbauzinszahlung frei, vorausgesetzt, der Grundstückseigentümer stimmt der Erbbaurechtsveräußerung zu. Rückständige Erbbauzinsen übernimmt der Erwerber nicht.

Bei einer Weiterveräußerung verpflichtet sich der Erwerber, auch die rein schuldrechtlichen Verpflichtungen des Erbbaurechtsverhältnisses an den späteren Erwerber weiterzugeben und auch diesen an die Weitergabeverpflichtung zu binden. Dies gilt insbesondere für die Abgabe einer Vollstreckungsunterwerfung hinsichtlich des zu zahlenden Erbbauzinses.

Gegenüber dem Grundstückseigentümer unterwirft sich der Erwerber als künftiger Erbbauberechtigter wegen seiner Verpflichtung zur Zahlung des Erbbauzinses in Höhe von derzeit   EUR der sofortigen Zwangsvollstreckung aus dieser Urkunde in sein gesamtes Vermögen.

Der Erwerber verpflichtet sich, wegen künftiger Erhöhungsbeträge sich ebenfalls der sofortigen Zwangsvollstreckung in sein gesamtes Vermögen zu unterwerfen.

Der Notar wird ermächtigt, dem Grundstückseigentümer jederzeit auf Antrag eine vollstreckbare Ausfertigung dieser Urkunde zu erteilen, ohne dass es hierzu eines Nachweises der Fälligkeit bedarf. Eine Umkehr der Beweislast ist damit nicht verbunden.

IX. Zustimmung des Grundstückseigentümers

Die Beteiligten wurden darauf hingewiesen, dass zur Rechtswirksamkeit dieses Vertrages die Zustimmung des Grundstückseigentümers erforderlich ist.

Nach dem Erbbaurechtsvertrag ist zur Veräußerung des Erbbaurechts die Zustimmung des Grundstückseigentümers erforderlich. Solange die Zustimmung nicht vorliegt, ist der Vertrag schwebend unwirksam. Der Rechtsübergang darf erst eingetragen werden, sobald dem Grundbuchamt die Zustimmung des Grundstückseigentümers oder der rechtskräftige Ersetzungsbeschluss nachgewiesen wird. Die Zustimmungserklärung muss durch öffentliche oder öffentlich beglaubigte Urkunden nachgewiesen werden. Falls die Zustimmung ohne ausreichenden Grund verweigert wird, kann sie auf Antrag des Erbbauberechtigten durch das Amtsgericht ersetzt werden. Sofern die Zustimmung durch gerichtlichen Beschluss ersetzt wird, ist der rechtskräftige Ersetzungsbeschluss vorzulegen.

Der Notar wird beauftragt, die Zustimmung und etwaige aufsichtsrechtliche Genehmigungen hierzu einzuholen.

X. Unbedenklichkeitsbescheinigung des Finanzamtes

Die Erschienenen wurden darauf hingewiesen, dass der Überlassungsvertrag nicht der Grunderwerbsteuer unterliegt, weil ___. Eine Unbedenklichkeitsbescheinigung des Finanzamtes muss daher nicht eingeholt werden.

Alternativ:

Die Erschienenen wurden darauf hingewiesen, dass der Überlassungsvertrag der Grunderwerbsteuer unterliegt und deshalb eine Unbedenklichkeitsbescheinigung des Finanzamtes eingeholt werden muss.

Die Umschreibung des Erbbaurechts im Grundbuch kann erst erfolgen, sobald die Unbedenklichkeitsbescheinigung vorliegt. Die Grunderwerbsteuer trägt der Erwerber. Die Unbedenklichkeitsbescheinigung wird erst nach Begleichung der Grunderwerbsteuer erteilt.

XI. Weitere Hinweise und Feststellungen; Schlichtungsklausel

Die Vertragsparteien wurden auf Folgendes hingewiesen:

- alle Vereinbarungen müssen richtig und vollständig beurkundet sein, da anderenfalls der Überlassungsvertrag unwirksam sein kann
- die Berechtigung am Erbbaurecht geht nicht bereits mit Vertragsabschluss über, sondern erst mit Umschreibung des Erbbaurechts auf den Erwerber
- die Umschreibung des Erbbaurechts auf den Erwerber kann erst erfolgen, sobald alle Genehmigungen und Bescheinigungen dem Notar vorliegen
- alle Beteiligten erklären sich mit der elektronischen Speicherung und automatisierten Bearbeitung ihrer persönlichen Daten durch das Notariat uneingeschränkt einverstanden und stimmen der Speicherung und Bearbeitung ausdrücklich zu; die Belehrung über die Informationspflichten bei Erhebung personenbezogener Daten ist durch den Notar erfolgt.
- Sollte es zwischen dem Grundstückseigentümer und dem Erbbauberechtigten zu Konflikten kommen, werden sie miteinander verhandeln und eine einvernehmliche Lösung anstreben. Der Notar/die Notarin hat darauf hingewiesen, dass der Schlichtungs- und Schiedsgerichtshof deutscher Notare (SGH) ein Schlichtungsverfahren zur Verfügung stellt, wenn die direkten Verhandlungen zu keinem Ergebnis führen (Informationen und Kontaktdaten zum SGH unter www.dnotv.de). Die Beteiligten stellen klar, dass diese Absichtserklärungen der Einleitung eines Gerichtsverfahrens nicht entgegenstehen.

Alternativ:

- Sollte es zwischen dem Grundstückseigentümer und dem Erbbauberechtigten zu Konflikten kommen, werden sie miteinander verhandeln und eine einvernehmliche und in die Zukunft gerichtete Lösung anstreben. Der Notar/die Notarin hat darauf hingewiesen, dass der Schlichtungs- und Schiedsgerichtshof deutscher Notare (SGH) ein Schlichtungsverfahren zur Verfügung stellt, wenn die direkten Verhandlungen zu keinem Ergebnis führen (Informationen und Kontaktdaten zum SGH unter www.dnotv.de). Unter der Leitung eines erfahrenen und unabhängigen Schlichters kann dort der Konflikt selbstbestimmt weiterbearbeitet werden. Eine Klage betrachten die Beteiligten als letztes Mittel. Die rechtlichen Berater der Beteiligten sollen die Beteiligten vorrangig bei den vorgenannten Verhandlungslösungen unterstützen. Die Beteiligten stellen klar, dass diese Absichtserklärungen der Einleitung eines Gerichtsverfahrens nicht entgegenstehen.

Alternativ:

- Sollte es zwischen dem Grundstückseigentümer und dem Erbbauberechtigten zu Konflikten kommen, verpflichten sich die Beteiligten, alle oder im Zusammenhang mit diesem Vertrag entstehenden Streitigkeiten möglichst durch direkte Verhandlungen beizulegen. Die rechtlichen Berater der Beteiligten sollen diese dabei unterstützen. Gelingt dies nicht, verpflichten sich der Grundstückseigentümer und der Erbbauberechtigte, eine Schlichtung vor dem Schlichtungs- und Schiedsgerichtshof deutscher Notare (SGH) durchzuführen (Informationen und Kontaktdaten unter www.dnotv.de). Die Schlichtung beginnt mit dem Antrag auf Durchführung einer Schlichtung gegenüber dem SGH. Die Schlichtung endet auch ohne abschließende Einigung, wenn der Antrag zurückgewiesen wird oder der Schlichter das Scheitern der Schlichtung feststellt. Während der laufenden Schlichtung ist die Verjährung der streitgegenständlichen Ansprüche gehemmt. Die Klageerhebung ist erst nach der Beendigung der Schlichtung zulässig. Verfahren des einstweiligen Rechtsschutzes sowie selbständige Beweisverfahren bleiben auch während der Schlichtung zulässig. Gleiches gilt für Verfahren zur Wahrung einer gesetzlichen Ausschlussfrist. Insoweit verpflichten sich der Grundstückseigentümer und der Erbbauberechtigte, während der laufenden Schlichtung das Ruhen des gerichtlichen Verfahrens zu beantragen.

Optional:

- die Umschreibung des Erbbaurechts auf den Erwerber kann insbesondere erst dann erfolgen, sobald die Unbedenklichkeitsbescheinigung des Finanzamtes vorliegt; das Finanzamt erteilt diese Bescheinigung erst nach Begleichung der Grunderwerbsteuer durch den Erwerber
- eine Vorkaufsrechtsbescheinigung der Gemeinde ist nicht erforderlich, da kein gemeindliches Vorkaufsrecht besteht
- für die Grunderwerbsteuer und die Kosten, die im Rahmen der Beurkundung und des Vollzugs dieses Vertrages im Grundbuch anfallen, haften die Beteiligten als Gesamtschuldner
- der Grundbesitz haftet für rückständige öffentliche Lasten und Abgaben
- der Notar übernahm keine steuerliche Beratung; es ist Sache der Vertragsparteien, sich über die weiteren steuerlichen Auswirkungen zu unterrichten.

XII. Notarermächtigung; Genehmigungen, Vollzug

Der Notar/die Notarin ______, deren Vertreter und Nachfolger im Amt werden jeweils beauftragt und bevollmächtigt, etwaige Zustimmungserklärungen und Genehmigungen unter Fertigung eines Entwurfs einzuholen. Alle Genehmigungen und Erklärungen sollen mit dem Eingang im Notariat wirksam sein. Dies gilt nicht für Genehmigungen, die nicht oder nur unter Bedingungen oder Auflagen erteilt werden.

Darüber hinaus wird der Notar/die Notarin ______, deren Vertreter und Nachfolger im Amt ermächtigt, den Vollzug dieser Urkunde zu betreiben und Anträge getrennt oder eingeschränkt zu stellen (Teilvollzug). Die Ermächtigung umfasst auch die Rücknahme der Erklärungen und die Abgabe aller verfahrensrechtlichen Erklärungen, die zur Durchführung dieser Urkunde erforderlich sind. Im Grundbuchverfahren darf der Notar/die Notarin die Beteiligten uneingeschränkt vertreten.

Die Ermächtigung umfasst dagegen nicht die gerichtliche Ersetzung der Eigentümerzustimmung nach § 7 Abs. 3 ErbbauRG, die ggf. der Erwerber zu beantragen hat.

Die Vollzugsmitteilungen sind für alle Beteiligten an den Notar zu übersenden.

XIII. Ausfertigungen, Abschriften

Eine *Ausfertigung* dieser Urkunde erhalten:

- der Erbbauberechtigte (Übergeber)
- der Erwerber
- das Grundbuchamt

Eine *einfache Abschrift* dieser Urkunde erhalten:

- das Finanzamt, Grunderwerbsteuerstelle
- der Gutachterausschuss
- der Grundstückseigentümer

XIV. Notar- und Gerichtskosten

Lastenfreistellungskosten, die bei den lastenfreistellenden Gläubigern, dem beurkundenden Notariat und beim Grundbuchamt anfallen, trägt der Übergeber.

Die übrigen Kosten für die Beurkundung, die Genehmigungen, die Nichtausübung des Vorkaufsrechts, die Katasterfortführung sowie den Vollzug im Grundbuch trägt der Erwerber.

Vorgelesen vom Notar,

von den Beteiligten genehmigt

und eigenhändig unterschrieben:

(Unterschriften der Beteiligten)

(Unterschrift und Siegel des Notars)“

▲

16 ▼

5.3

Muster 5.3: Formulierungsvorschlag Zustimmung des Grundstückseigentümers

UVZ-Nr. ___

ZUSTIMMUNG UND VORKAUFSRECHTSVERZICHT
DES GRUNDSTÜCKSEIGENTÜMERS

1. Grundstück und Erbbaurecht

Grundstück: Gemarkung ___ Flurstück ___ Grundbuch Blatt ___

Grundstückseigentümer: ___

Erbbaurecht: Gemarkung ___, Erbbaugrundbuch Blatt ___

Erbbauberechtigter: ___

2. Zustimmung des Grundstückseigentümers zur Veräußerung

Der in Ziffer 1 genannte Grundstückseigentümer erteilt hiermit seine Zustimmung zur Veräußerung des in Ziffer 1 erwähnten Erbbaurechts gemäß Urkunde des Notars ___ in ___ vom ___ gemäß UVZ-Nr. ___ an ___.

3. Verzicht des Grundstückseigentümers auf Ausübung des Vorkaufsrechts

Soweit für die Veräußerung ein Vorkaufsrecht für den Grundstückseigentümer besteht, wird vorliegend auf die Ausübung des Vorkaufsrechts verzichtet.

4. Kostentragung

Kosten trägt der Erbbauberechtigte.

___, den ___

▲

F. Eintragung im Grundbuch

17 Primär betrifft die Eintragung eines neuen Erbbauberechtigten den Funktionsbereich des **Erbbaugrundbuchs**, dessen erste Abteilung dazu dient, den Erbbauberechtigten zu bezeichnen, vgl. § 57 Abs. 1 GBV. In der Folge ist der neue Erbbauberechtigter in der ersten Abteilung des Erbbaugrundbuchs einzutragen. Die für den Übergeber vorbehaltenen Versorgungsrechte[85] werden ebenfalls im Erbbaugrundbuch eingetragen, dort in der zweiten Abteilung. Eine Übertragungsvormerkung zugunsten des Käufers wird in der zweiten Abteilung des Erbbaugrundbuchs eingetragen, wobei die Eintragungspraxis darauf abstellt,

85 Die Eintragung erfolgt ohne weitere Besonderheiten in der zweiten Abteilung des Erbbaugrundbuchs und ist deshalb nicht Gegenstand der Eintragungsmuster.

dass es sich nicht um eine „Auflassungsvormerkung", sondern um eine „Erbbaurechtsübertragungsvormerkung" handelt. Eine Bezeichnung als „Auflassungsvormerkung" wäre allerdings unschädlich.

Sekundär sieht sich auch das **Grundstücksgrundbuch** tangiert, § 14 Abs. 3 S. 2 ErbbauRG. Danach ist die Eintragung eines neuen Erbbauberechtigten unverzüglich auf dem Blatt des Grundstücks zu vermerken. Dem Vermerk kommt nur deklaratorische Wirkung zu, in der Praxis fehlt nicht selten dieser Vermerk, was das beurkundende Notariat aufgreifen und zur Grundbuchergänzung anregen sollte. Lediglich bei Wohnungs- und Teilerbbauberechtigten wird der Vermerk durch die Bezugnahme auf die Wohnungs- und Teilerbbaugrundbücher ersetzt, § 14 Abs. 3 S. 3 ErbbauRG.[86]

Die Eintragung im **Erbbaugrundbuch** lautet wie folgt (daneben ist der bisherige Erbbauberechtigte zu röten, §§ 54, 16 GBV): 18

Amtsgericht München **Grundbuch von** Max-Vorstadt **Blatt** 8629 **Erste Abteilung**

Laufende Nummer der Eintragungen	Eigentümer	Laufende Nummer der Grundstücke im Bestandsverzeichnis	Grundlage der Eintragung
1	2	3	4
2	Georg Schmidt, geb. 25.8.1967	1	Einigung vom 2.6.2024; eingetragen am 6.10.2024. Lausmann

Die Folgeeintragung im **Grundstücksgrundbuch**, dort Veränderungsspalte der zweiten Abteilung, Veränderung des Erbbaurechts,[87] lautet wie folgt (der bisherige Erbbauberechtigte ist zu röten, §§ 54, 17 Abs. 3 S. 1 GBV): 19

Amtsgericht München **Grundbuch von** Max-Vorstadt **Blatt** 205 **Zweite Abteilung**

Veränderungen		Löschungen	
Laufende Nummer d. Spalte 1		Laufende Nummer d. Spalte 1	
4	5	6	7
1	Das Erbbaurecht ist übertragen auf Georg Schmidt, geb. 25.8.1967; eingetragen am 6.10.2024. Lausmann		

86 Unzutreffend *Böttcher*, Rn 625, der die Bezugnahme nicht auf Wohnungs- und Teilerbbaugrundbücher beschränkt, sondern für alle Erbbaurechte öffnen möchte.

87 Muster hierzu vgl. Anlage 2a zu § 31 GBV, dort Zweite Abteilung, Veränderungsspalte.

G. Kosten des Notariats und des Grundbuchamtes

I. Kosten des Notariats

20 Für das **Beurkundungsverfahren** fällt eine 2,0 Gebühr nach der Nr. 21100 KV GNotKG an, Tabelle B, mindestens ein Betrag i.H.v. 120 EUR.[88] Dies gilt auch für die Beurkundung eines Überlassungsvertrags.[89] Ein Überlassungs- und ein Verzichtsvertrag auf die Pflichtteilsergänzung betreffen verschiedene Beurkundungsgegenstände, § 86 Abs. 2 GNotKG.

Der **Geschäftswert** des **Kaufvertrags** richtet sich nach §§ 97 Abs. 1, 47 S. 1, 49 GNotKG, heranzuziehen ist der Kaufpreis, es sei denn, der sich nach § 49 GNotKG ergebende Wert übersteigt den Kaufpreis. In diesem Fall ist der Wert nach § 49 GNotKG maßgeblich, § 47 S. 3 GNotKG.[90] Die Übernahme des Erbbauzinses fällt nicht ins Gewicht,[91] es sei denn, der Erwerber übernimmt schuldbefreiend rückständige Erbbauzinsen.[92] In gleicher Weise wirkt sich die Übernahme eines Vorkaufsrechts, das am Erbbaurecht lastet, nicht aus und wird deshalb nicht zusätzlich bewertet.[93]

Im Falle einer **reinen Schenkung** (Schenkung ohne Gegenleistungen) ist der Verkehrswert des Erbbaurechts zu ermitteln, vgl. §§ 97 Abs. 1, 46 Abs. 1 GNotKG,[94] und unter Berücksichtigung besonderer Bewertungsvorschriften zu modifizieren. Der Wert des übertragenen Erbbaurechts beträgt **80 Prozent der Summe aus den Werten des belasteten Grundstücks und darauf errichteter Bauwerke**, § 49 Abs. 2 GNotKG.[95]

21 Bei Verträgen, die den **Austausch von Leistungen** zum Gegenstand haben, beispielsweise Überlassungsverträge, die neben der Übertragung der Immobilie auch vorbehaltene Rechte vorsehen, etwa einen Nießbrauch und ein Veräußerungs- und Belastungsverbot für den Übergeber, bestimmt sich der Geschäftswert nach dem **höheren Leistungsversprechen eines der Vertragspartner**, § 97 Abs. 3 GNotKG.[96] Berücksichtigung finden dabei:

- der Wert des übertragenen Erbbaurechts nach § 49 Abs. 2 GNotKG: 80 Prozent des bebauten Grundstücks
- der Wert des Nießbrauchs nach § 52 Abs. 4, ggf. auch Abs. 5 GNotKG[97]

88 Vgl. auch *Winkler/Schlögel*, § 9 Rn 25; *Leipziger Kostenspiegel*, Rn 5.99 und 5.105; Ingenstau/Hustedt/*Hustedt*, Anhang II, Rn 9.

89 Ingenstau/Hustedt/*Hustedt*, Anhang II, Rn 14.

90 Vgl. OLG Celle ZNotP 2015, 118 m.Anm. *Tiedtke* = MittBayNot 2015, 517 m.Anm. *Strauß* = NotBZ 2015, 150.

91 Vgl. *Winkler/Schlögel*, § 9 Rn 22; *Leipziger Kostenspiegel*, Rn 5.112.

92 *Streifzug*, Rn 856.

93 *Leipziger Kostenspiegel*, Rn 5.106; *Streifzug*, Rn 855.

94 Zur Verkehrswertermittlung durch das Notariat vgl. *Streifzug*, Rn 2959 und 2960.

95 Ebenso Ingenstau/Hustedt/*Hustedt*, Anhang II, Rn 15.

96 Vgl. *Streifzug*, Rn 2956.

97 *Streifzug*, Rn 3015 und 3021.

- sowie der Wert des Veräußerungs- und Belastungsverbots nach § 50 Nr. 1 GNotKG (10 Prozent des Erbbaurechtswertes nach § 49 Abs. 2 GNotKG).[98]

Der **Vergleich der Leistungsversprechen** von Übergeber und Erwerber erfolgt auch bei einer Überlassung mit Pflichtteilsverzicht durch den Erwerber. Auf der Seite des Erwerbers wird der Wert des **Pflichtteilsverzichts** wie ein entsprechender Bruchteilswert am Nachlass des Erblassers behandelt, § 102 Abs. 4 S. 2 GNotKG.[99] Verbindlichkeiten des Erblassers werden allerdings nur bis zur Hälfte des Aktivvermögens berücksichtigt, § 102 Abs. 4 S. 1, Abs. 1 S. 2 GNotKG.[100] Verschiedene Beurkundungsgegenstände liegen vor, sofern auch ein Verzicht auf die Pflichtteilsergänzung beurkundet wird.[101] Falls eine **Abstandszahlung** im Raum steht, ist der Wert des Pflichtteilsverzichts mit dem Wert der Abschlagszahlung zu vergleichen und der höhere Wert zu berücksichtigen, § 97 Abs. 3 GNotKG.[102]

Derselbe Beurkundungsgegenstand i.S.v. § 109 Abs. 1 GNotKG liegt vor, falls der Grundstückseigentümer im **Kauf- oder Überlassungsvertrag** seine **Zustimmung erteilt** und auf die Ausübung seines Vorkaufsrechts verzichtet.[103] Die Erklärung ist nicht gesondert zu bewerten.[104]

Eine **separat erklärte und eigenständig beglaubigte Eigentümerzustimmung** löst eine 0,2 Gebühr nach der Nr. 25100 KV GNotKG aus, mindestens 20, höchstens 70 EUR,[105] es sei denn,[106] der Notar hat einen kostenpflichtigen Entwurf gefertigt, Vorbemerkung 2.4.1 Abs. 2 KV GNotKG. Dann löst die Beglaubigung keine weitere Gebühr aus,[107] anzusetzen ist vielmehr für die **Fertigung eines Entwurfs** eine 1,0 Gebühr nach den Nr. 24101, 21200 KV GNotKG.[108] Der Geschäftswert für die Beglaubigung und den Entwurf der Zustimmungserklärung bestimmt sich nach § 98 Abs. 1 GNotKG (= halber Wert des Veräußerungsvertrages, maximal 1 Mio. EUR[109]).

Weiterhin fällt für die **Einholung der Eigentümerzustimmung** eine **0,5 Vollzugsgebühr** nach der Nr. 22110 KV GNotKG an,[110] Tabelle B, deren Geschäftswert sich ebenfalls nach dem Kaufpreis bzw. dem Wert des Erbbaurechts nach § 49 Abs. 2 GNotKG 22

98 *Streifzug*, Rn 3029.
99 *Leipziger Kostenspiegel*, Rn 3.187.
100 *Leipziger Kostenspiegel*, Rn 3.56.
101 *Leipziger Kostenspiegel*, Rn 3.178.
102 *Leipziger Kostenspiegel*, Rn 3.187 und 3.77.
103 *Streifzug*, Rn 858.
104 Siehe *Winkler/Schlögel*, § 9 Rn 24.
105 *Streifzug*, Rn 859.
106 *Streifzug*, Rn 859.
107 *Streifzug*, Rn 861.
108 *Streifzug*, Rn 861.
109 Vgl. auch *Winkler/Schlögel*, § 9 Rn 28.
110 *Tiedtke*, ZNotP 2015, 118, 120; *Leipziger Kostenspiegel*, Rn 5.99 und 5.105.

bemisst, § 112 S. 1 GNotKG.[111] Ggf. reduziert sich die Vollzugsgebühr auf eine 0,3 Gebühr, falls die Gebühr weniger als 2,0 beträgt, so die Nr. 22111 KV GNotKG. In diesem Fall entsteht für die Fertigung des Entwurfs keine Entwurfsgebühr, Vorbem. 2.2 Abs. 2 GNotKG. Die Gebühr fällt nur einmal an, § 93 Abs. 1 S. 1 GNotKG, was immer dann zu berücksichtigen ist, falls mehrere Erklärungen erholt werden müssen.[112] Beim Kauf eines Erbbaurechts ist dies zum einen die Einholung der Eigentümerzustimmung, zum anderen die Einholung der Erklärung, die auf die Nichtausübung des Vorkaufsrechts am Erbbaurecht gerichtet ist. Daneben entsteht die Gebühr für die Beglaubigung der Unterschrift, der Wert bemisst sich nach § 98 Abs. 1 GNotKG, wobei mitverkauftes Inventar nicht berücksichtigt wird.[113] Anzusetzen ist der halbe Wert des Kaufvertrags, maximal jedoch 1 Mio. EUR.[114] Sofern der Grundstückseigentümer zugleich auf ein ihm eingeräumtes Vorkaufsrecht verzichtet, bestimmt sich der Wert dieser Nichtausübungserklärung nach 10 Prozent des Werts des Kaufvertrags.[115]

II. Kosten des Grundbuchamtes

23 Der übliche Verfahrensablauf sieht die Eintragung einer **Vormerkung** zur Sicherung des Übertragungsanspruchs vor, wofür eine 0,5 Eintragungsgebühr zu erheben ist, Nr. 14150 KV GNotKG, Tabelle B, wiederum bemessen nach dem Kaufpreis, § 47 S. 1 GNotKG.

Etwaige **Finanzierungsgrundpfandrechte** generieren eigene Eintragungsgebühren. Zu differenzieren ist danach, ob eine Buchgrundschuld (1,0 Eintragungsgebühr nach Nr. 14121 KV GNotKG, Tabelle B) oder eine Briefgrundschuld (1,3 Eintragungsgebühr nach Nr. 14120 KV GNotKG, Tabelle B) zur Eintragung kommen soll. In beiden Fällen richtet sich der Wert nach § 53 Abs. 1 S. 1 GNotKG, anzusetzen ist der Nennbetrag des Rechts. Gebührenpflichtig sind auch die Eintragung der **Rückgewährsvormerkung nach § 883 BGB** und der **Löschungsvormerkung nach § 1179 Abs. 2, 1163 BGB**, die üblicherweise für den jeweiligen Eigentümer des Erbbaugrundstücks bestellt werden, um dessen Sicherungsinteressen zu wahren, etwa im Falle der Zwangsversteigerung[116] oder des Heimfalls des Erbbaurechts, § 33 Abs. 1 ErbbauRG. Für die Eintragung der Rückgewährsvormerkung ist eine 0,5 Eintragungsgebühr anzusetzen, Nr. 14150 KV GNotKG, Tabelle B. Ebenso fällt für die Eintragung einer Löschungsvormerkung, die als Veränderung des Rechts gilt, eine 0,5 Gebühr an, Nr. 14130 Abs. 1

111 *Streifzug*, Rn 859; Ingenstau/Hustedt/*Hustedt*, Anhang II, Rn 10.
112 Vgl. Ingenstau/Hustedt/*Hustedt*, Anhang II, Rn 10.
113 *Tiedtke*, ZNotP 2015, 118, 120.
114 OLG Celle, Beschl. v. 27.1.2015, Az. 2 W 20/15 = ZNotP 2015, 118.
115 OLG Celle, a.a.O.
116 Zur Belastung vgl. auch Ingenstau/Hustedt/*Hustedt*, Anhang II, Rn 16 ff.

S. 1 V GNotKG,[117] Tabelle B. Eine Gebührenbefreiung nach der Nr. 14130 Abs. 1 S. 2 KV GNotKG kommt nicht in Betracht, da die Vormerkungen nicht zugleich mit einem *begünstigen* Recht, sondern für den jeweiligen Eigentümer des Erbbaugrundstücks eingetragen werden. Die Eintragung der Vormerkungen ist mit dem Nennbetrag der zu löschenden Grundschuld zu bewerten,[118] nicht bloß mit einem Teilwert[119] i.H.v. 25 bis 30 Prozent des Grundpfandrechts. Die Rechtsprechung[120] hält einen Abschlag für nicht gerechtfertigt, da den Vormerkungen immanent ist, dass sie einen bedingten Anspruch sichern. Der Bedingungseintritt erscheint insoweit „nicht unwahrscheinlicher als beispielsweise die Zahlung des Kaufpreises bei der Auflassungsvormerkung".[121]

Die erste Anmerkung zur Vorbemerkung 1.4 KV GNotKG erklärt die für Grundstücke geltenden Vorschriften entsprechend anwendbar, sodass die **Eintragung eines neuen Erbbauberechtigten** mit einer vollen Gebühr zu Buche schlägt, Nr. 14110 KV GNotKG, Tabelle B. Maßgeblich ist der Kaufpreis, § 47 S. 1 GNotKG. Ob die Eintragung aufgrund eines Kauf- oder eines Überlassungsvertrags erfolgt, spielt kostenrechtlich keine Rolle. In beiden Fällen ist für die Umschreibung des Erbbaurechts eine volle Gebühr nach der Nr. 14110 KV GNotKG in Ansatz zu bringen. **24**

Maßgeblich ist der Verkehrswert des Erbbaurechts, vgl. § 46 Abs. 1 GNotKG,[122] der unter Berücksichtigung des § 49 Abs. 2 GNotKG zu modifizieren ist. Der Wert des übertragenen Erbbaurechts beträgt **80 Prozent der Summe aus den Werten des belasteten Grundstücks und darauf errichteter Bauwerke**, § 49 Abs. 2 GNotKG. Ein Vergleich der Leistungsversprechen findet im grundbuchamtlichen Kostenverfahren nicht statt, die in § 97 Abs. 3 GNotKG enthaltene Regelung gilt nur für Notarkosten, nicht auch für grundbuchamtliche Kosten. In der Folge stellt das Grundbuchamt nicht die Leistungen der Vertragspartner gegenüber, sondern orientiert sich einzig und allein am Verkehrswert

117 Unzutreffend insofern *v. Oefele/Winkler*, 5. Aufl., Rn 9.33, wonach für die beiden Vormerkungen nur eine Gebühr anfallen soll; in der Neuauflage (6. Aufl.) wird dies nicht mehr vertreten, vielmehr wird nunmehr auch von mehreren Gebühren ausgegangen, vgl. *Winkler/Schlögel*, § 9 Rn 33.

118 Unveränderlich gültig, da das GNotKG den bisherigen KostO-Regelungsgehalt adaptierte: BayObLG, Beschl. v. 11.6.1997, Az. 3 Z BR 27/97 = Rpfleger 1997, 540.

119 So aber noch *v. Oefele/Winkler*, 5. Aufl., Rn 9.33, danach sollte nur ein „Wertanteil von 25–30 % den Geschäftswert bilde(n)"; in Übereinstimmung mit der hier dargelegten Auffassung wird dies in der Neuauflage nicht mehr vertreten, maßgeblich sei „der Nominalwert des Grundpfandrechtes ohne Abschlag", vgl. *Winkler/Schlögel*, § 9 Rn 33.

120 BayObLG, a.a.O., Wert des Rechts, dessen Löschung gesichert werden soll; so auch die historische Literatur, vgl. *Jonas/Melsheimer/Hornig/Stemmler*, RKostO, 4. Aufl., § 21 Anm. IV = S. 272; ferner LG München I, Beschl. v. 14.7.2006, Az. 13 T 9010/06; ebenso LG München I, Beschl. v. 9.7.2008, Az. 13 T 10549/09; vgl. nun auch *Winkler/Schlögel*, § 9 Rn 33.

121 LG München I, a.a.O.

122 Zur Verkehrswertermittlung vgl. *Streifzug*, Rn 2959 und 2960; dies gilt nicht nur für das Notariat, sondern auch für das Grundbuchamt.

des Erbbaurechts, §§ 46 Abs. 1, 49 Abs. 2 GNotKG (Kaufpreis, der dem Verkehrswert entspricht, bzw. bei Überlassung 80 Prozent des bebauten Grundstücks).

25 Hinzu kommt in Bayern und Bremen eine **Katasterfortführungsgebühr**.[123]

Die spätere **Löschung der Vormerkung** löst eine Festgebühr i.H.v. 25 EUR aus, Nr. 14152 KV GNotKG.[124]

Für die Eintragung eines Nießbrauchs (oder eines Wohnungsrechts oder einer Reallast) fällt im Eintragungsverfahren eine volle Gebühr nach der Nr. 14121 KV GNotKG an.

Die Eintragung einer Rückauflassungsvormerkung ist mit einer 0,5 Gebühr belegt, vgl. Nr. 14150 KV GNotKG, wobei als Geschäftswert der hälftige Wert der Sache heranzuziehen ist.[125]

Bei den **Lastenfreistellungskosten**, die im Rahmen der Übertragung des Erbbaurechts anfallen, ist zwischen Löschungen in der Zweiten und Dritten Abteilung des Erbbaugrundbuchs zu unterscheiden. Während die Löschung von Rechten in der Zweiten Abteilung nur noch Festgebühren i.H.v. 25 EUR zur Folge hat, Nr. 14143 KV GNotKG (pro Recht 25 EUR), bemisst sich die Löschung von Grundpfandrechten nach der Nr. 14140 KV GNotKG (0,5 Gebühr pro Grundpfandrecht, Wert ist der Nennbetrag des Rechts, § 53 Abs. 1 S. 1 GNotKG, Tabelle B).

III. Exkurs: Geschäftswert der Übertragung eines erbbaurechtsbelasteten Grundstücks

26 **Wertermittlung für ein erbbaurechtsbelastetes Grundstück**

(BayObLG JurBüro 1981, 412 unter Berücksichtigung der ImmoWertV 2021, der ImmoWertA und des aktuellen Münchner Liegenschaftszinsniveaus[126])

Grundbuchstelle (Gemarkung, Blatt):

1. Allgemeine Angaben

Fläche (qm):

Restlaufzeit des Erbbaurechts:

Gegenwärtiger **Erbbauzins** jährlich:

123 *Landesrecht* unverändert gültig, auch nach Inkrafttreten des GNotKG.

124 Die Nr. 14152 KV GNotKG ist lex specialis, nicht richtig deshalb Vertragsformulare PREMIUM, Bearb. *Frense*, Stand 1.3.2024, Ziffer 6.1.4.1, Erbbaurechtskaufvertrag, Rn 25: Nr. 14143 KV GNotKG.

125 Zum Sachstand vgl. Korintenberg/*Wilsch*, Nr. 14150 Rn 8b; *Wilsch*, ZfIR 2015, 389; OLG München FGPrax 2015, 230; OLG Hamm NJOZ 2016, 1291; OLG Celle NJOZ 2019, 201; **a.A.** nur noch OLG Köln NJOZ 2016, 1293: voller Wert der Sache.

126 Ohne aktuelles Erbbauzinsniveau dagegen *Streifzug*, Rn 862 ff.

Regionale Erbbauzinssätze:

- für Ein- und kleine Mehrfamilienhausgrundstücke: 1,5 Prozent
- für Geschosswohnbaugrundstücke: 1,5 Prozent
- für Gewerbegrundstücke: 4 Prozent
- für Gewerbegrundstücke- höherwertiges Gewerbe. 2,6 Prozent
- für Gewerbegrundstücke- Kerngebiet: 3,5 Prozent

(Quelle: Der Immobilienmarkt in München, Jahresbericht für 2023, herausgegeben vom Gutachterausschuss für Grundstückswerte im Bereich der Landeshauptstadt München, Juni 2024, Tabellen s. S. 24 des Jahresberichts; die für die Region üblichen Erbbauzinssätze sind anstelle der Liegenschaftszinssätze zugrunde zu legen; jeweils Mittelwert)

Barwertfaktor (= früher Anlage 1 zu § 20 S. 2 ImmoWertV, seit dem 1.1.2022 gilt § 34 Abs. 2 ImmoWertV 2021, nunmehr ohne Anlage; zur Anwendung gelangt nunmehr der Anhang B der ImmoWertA, dort Barwertfaktoren für Kapitalisierung)

Bei einer Restlaufzeit von

und einem regionalen Liegenschaftszins von

ergibt sich ein Barwertfaktor (Anhang B der ImmoWertA) von .

Aktueller Bodenrichtwert:

2. Berechnung des Wertes des erbbaurechtsbelasteten Grundstücks

Bodenrichtwert	EUR/qm	X		qm	=
Minus 25 Prozent Sicherheitsabschlag					=
Ergibt Bodenwert des unbelasteten Grundstücks					=
Daraus	% regional erzielbarer Liegenschaftszins				=
Minus aktuell jährlichen Erbbauzins					=
Ergibt einen **Differenzwert** i.H.v.					=
Diesen Wert mit Barwertfaktor	multiplizieren	X			
Ergibt **Minderertrag** i.H.v.					=
Sodann **Bodenwert des unbelasteten Grundstücks** (siehe oben)					=
Minus **Minderertrag** (siehe oben)					=
Ergibt Wert des Erbbaugrundstückes					=
Mindestens 20 %, höchstens jedoch 80 % des Bodenwertes (siehe oben)					=
	20 % =		80 % =		

§ 6 Änderungen des Inhalts des Erbbaurechts (ohne Verlängerung)

A. Allgemeines

I. Praktische Relevanz

Die regelmäßig langen[1] Laufzeiten eines Erbbaurechts legen die Vermutung nahe, das Erbbaurecht werde von einer Vielzahl von **Veränderungswünschen** begleitet und sei Gegenstand mannigfacher Veränderungsbestrebungen, induziert durch die Detailliertheit der erbbaurechtsvertraglichen Regelungen, die sich nicht mehr mit aktuellen Bedürfnissen und Gegebenheiten in Einklang bringen lassen. Dennoch treten **Inhaltsänderungen** des Erbbaurechts in der Praxis eher selten in Erscheinung, wenngleich die Regelung in § 20 GBO Inhaltsänderungen eines Erbbaurechts ausdrücklich erwähnt.[2] Teilweise zeigt sich der Inhalt eines Erbbaurechts ohnehin nicht disponibel. Sinnbildhaft wirkt in diesem Zusammenhang das Ewigkeitsgebot des § 10 Abs. 1 S. 1 Hs. 2 ErbbauRG, das **Rangänderungsverbot**, das bis zum Ende des Erbbaurechts gilt.[3] Auslegungsschwierigkeiten, wie sie in der historischen Literatur Erwähnung finden,[4] geben selten Anlass zu inhaltlichen Modifikationen. Initialisierendes Moment sind häufiger Expansionsbestrebungen des Erbbauberechtigten. Das Erbbaurecht in der Gänze aufzuheben, damit es einem Erbbaurecht neuen Inhalts Platz macht, deckt sich nicht mit der allgemeinen sachenrechtlichen Programmatik, die als mildere Form die Inhaltsänderung kennt,[5] § 877 BGB. Der **Anspruch auf Inhaltsänderung** des Erbbaurechts kann auch durch die Eintragung einer **Vormerkung** gesichert werden. Aus Sicherheitsgründen geht die Empfehlung dahin, die Inhaltsänderung stets in **beiden Grundbüchern** vorzunehmen, im Erbbaugrundbuch und im Grundstücksgrundbuch, vgl. auch Rdn 16 ff. Auf diese Weise (parallele Eintragungen) wird eine Informationsasymmetrie zwischen Erbbau- und Grundstücksgrundbuch vermieden. 1

Als Hauptanwendungsfall der Inhaltsänderung lässt sich die **Verlängerung**[6] des Erbbaurechts benennen, die in einem eigenen Kapitel (siehe § 7) erörtert wird.

1 Bei *Glaß/Scheidt* (§ 11 Anm. II 7 = S. 106) ist anschaulich davon die Rede, dass Erbbaurechtsverträge für „mehrere Menschenalter abgeschlossen (werden)".

2 Vgl. *Räfle*, § 1 Rn 107.

3 Vgl. Ingenstau/Hustedt/*Bardenhewer*, § 11 Rn 62: als Inhaltsänderung inhaltlich unzulässig; *Räfle*, § 11 Rn 16.

4 *Glaß/Scheidt*, § 11 Anm. II 7 = S. 106.

5 *Glaß/Scheidt*, a.a.O.

6 Vgl. BayObLG, Beschl. v. 22.12.1959, Az. BReg. 2 Z 192/59 = NJW 1960, 1155: die Verlängerung des Erbbaurechts ist als Inhaltsänderung zu behandeln.

2 In einem eigenen Kapitel wird auch die **Teilung des Erbbaurechts behandelt** (siehe § 10), die eine ältere Auffassung[7] als Inhaltsänderung des Rechts qualifizierte, zumal „sich doch der Gegenstand des Rechts“[8] ändere. Nach **Ansicht** des BGH[9] liegt eine Teilaufhebung des Erbbaurechts vor,[10] jede Teilung bringt eine reale Einschränkung auf ein bestimmtes Grundstück mit sich, was nicht konform geht mit der Konzeption der inhaltlichen Änderung des Erbbaurechts.

In gleicher Weise bedeutet die **Änderung des Erbbauzinses** keine inhaltliche Änderung des Erbbaurechts, da die Zahlung keinen Bestandteil des Erbbaurechts bildet.[11] Die Zahlung ist eigenständig durch die Eintragung einer Erbbauzinsreallast gesichert, also durch die Belastung des Erbbaurechts.[12]

Die Praxis kennt zu Wohnzwecken bestellte Erbbaurechte, die bis zur Beendigung ohne jegliche Änderung auskommen. Änderungsbedarf zeigt sich gelegentlich bei Erbbaurechten, die gewerblichen Zwecken dienen. Dann muss der Inhalt des bestehenden Erbbaurechts geändert werden.

II. Änderungsrahmen – Anwendungsbereich der Inhaltsänderung

3 Der **Änderungsrahmen** ist weit gezogen ist;[13] erfasst ist

> *„jede Änderung der Befugnisse im Rahmen des bestehenden – noch nicht erloschenen Erbbaurechts…, gleichgültig, ob sie in einer Erweiterung, Beschränkung oder sonstigen Ausgestaltung besteht“.*[14]

4 Gemeint sind Änderungen der Bebauungs- und Nutzungsbefugnis, Neufassungen, Änderungen von Heimfall- und Entschädigungsregelungen,[15] Verkürzungen der Laufzeit,[16] Änderungen der Versicherungspflicht,[17] aber auch die teilweise Aufhebung oder Neu-

7 OLG Neustadt, Beschl. v. 29.1.1960, Az. 3 W 129/59 = NJW 1960, 1157; LG Bochum NJW 1969, 1673.

8 OLG Neustadt a.a.O.

9 BGH, Urt. v. 21.12.1973, Az. V ZR 202, 71 = NJW 1974, 498.

10 BGH a.a.O.

11 So bereits *Glaß/Scheidt*, § 9 Anm. II 1 = S. 67; BGH DNotZ 1986, 472; *Böttcher*, Rn 640. Der Erbbauzins ist nicht Inhalt, sondern Belastung des Erbbaurechts, vgl. zuletzt OLG Nürnberg, Urt. v. 12.3.2024, Az. 3 U 1856/23 = BeckRS 2024, 8034.

12 Ebenso OLG Nürnberg, Urt. v. 12.3.2024, Az. 3 U 1856/23 = BeckRS 2024, 8034.

13 Vgl. *Räfle*, § 1 Rn 108; *Ott*, notar 2014, 265, 266; Ingenstau/Hustedt/*Bardenhewer*, § 11 Rn 54.

14 OLG München, Beschl. v. 10.4.2013, Az. 34 Wx 36/13 = NotBZ 2013, 323 = Rpfleger 2013, 506 = JurionRS 2013, 37536; *Ott*, notar 2014, 265 f.; *Böttcher*, ZNotP 2014, 47, 50; vgl. auch *Winkler/Schlögel*, § 5 Rn 150; zu Inhaltsänderungen vgl. ferner BayObLG, Beschl. v. 22.12.1959, Az. BReg. 2 Z 192/59 = NJW 1960, 1155.

15 Zur Inhaltsänderung vgl. DNotI-Report 24/2012.

16 Die Verkürzung der Laufzeit ist grunderwerbsteuerbar, vgl. *Lahmann*, ErbbauZ 2022, 9, 11, 13, die Laufzeitverkürzung wirkt wie eine Teilaufhebung und verschafft dem Eigentümer mehr Nutzungsbefugnisse.

17 *Böttcher*, Rn 636.

bestellung des **bestehenden Erbbaurechts.**[18] Gleiches gilt für die Erstreckung[19] auf eine weitere Fläche (vgl. Muster Rdn 13), den nachträglichen Ausschluss des Entschädigungsanspruchs nach §§ 27, 28 ErbbauRG[20] und die nachträgliche Vereinbarung oder Aufhebung einer Verfügungsbeschränkung nach § 5 ErbbauRG.[21] Im Falle der Erstreckung auf eine weitere Fläche entsteht ein Gesamterbbaurecht,[22] und zwar im Wege der Inhaltsänderung.[23] Eine nachträgliche Erstreckung ist möglich, sofern dem Erbbauberechtigten die Möglichkeit eingeräumt wird, auf der belasteten Fläche ein Bauwerk zu haben oder sie als Nebenland zu nutzen, bei dem das bereits errichtete Erbbaurechtsgebäude die wirtschaftliche Hauptsache bleibt.[24]

Der weit gezogene Änderungsrahmen zeichnet verantwortlich dafür, dass auch im Falle einer vollständigen Neufassung des Erbbaurechtsvertrages nicht von einer Aufhebung und Neubestellung auszugehen ist.[25] Die in Teilen der Grundbuchpraxis vertretene Gegenauffassung kann erfolgreich mit Beschwerde angegriffen werden.

Als Änderungsbeispiel ist ferner die Umwandlung eines altrechtlichen Erbbaurechts in ein Erbbaurecht neuen Typs zu nennen.[26]

Praxisrelevanz können die Änderung des Ausübungsbereichs[27] und der nachträgliche Ausschluss des Entschädigungsanspruchs reklamieren, der sich bei Zeitablauf des Erbbaurechts oder der Ausübung des Heimfalls ergibt.[28] Prämisse bleibt, dass das Erbbaurecht **noch nicht erloschen** ist.[29]

B. Grundgeschäft und notarielle Beurkundung

Ob das schuldrechtliche Grundgeschäft der **notariellen Beurkundung** bedarf, soll sich danach richten, ob der **Rechtsumfang** des Erbbaurechts erweitert wird.[30] Daneben soll die Unterscheidung zwischen **wesentlichen Inhaltsänderungen**, die zur Änderung 5

18 OLG München a.a.O.; *Winkler/Schlögel*, § 5 Rn 151.

19 Vgl. BayObLG, Beschl. v. 26.4.1984, Az. BReg 2 Z 33 = DNotZ 1985, 375 = MittBayNot 1984, 132; LG Düsseldorf MittBayNot 1971, 368; LG Siegen Rpfleger 1961, 402.

20 DNotI-Report 2012, 197 f.

21 *Schöner/Stöber*, Rn 1782; *Schmenger*, BWNotZ 2006, 73, 89 f.

22 *Wilsch*, ErbbauZ 2024, 2, 9.

23 BayObLG, Beschl. v. 26.4.1984, Az. BReg 2 Z 33 = DNotZ 1985, 375 = MittBayNot 1984, 132; LG Düsseldorf MittBayNot 1971, 368; LG Siegen Rpfleger 1961, 402.

24 BayObLG, Beschl. v. 26.4.1984, Az. BReg 2 Z 33 = DNotZ 1985, 375 = MittBayNot 1984, 132.

25 Vgl. OLG München Rpfleger 2013, 506; Ingenstau/Hustedt/*Bardenhewer*, § 11 Rn 54; *Böttcher*, Rn 637.

26 Vgl. oben § 2, die Ausführungen zum altrechtlichen Erbbaurecht; vgl. LG Frankfurt DNotZ 1956, 488.

27 Vgl. *Ott*, notar 2014, 265 samt Mustern.

28 DNotI-Report 2012, 197 f.

29 OLG München a.a.O.

30 Ingenstau/Hustedt/*Bardenhewer*, § 11 Rn 55.

der Rechtsidentität[31] des Erbbaurechts führen und deshalb der Beurkundung bedürfen, und **unwesentlichen Inhaltsänderungen**, die ohne die Beurkundungsform auskommen, eine Rolle spielen.[32] Zu differenzieren sei, ob die Änderung einer Neubestellung oder Aufhebung gleichkommt.

6 Eine solche Differenzierung stellt die Praxis vor **unlösbare Probleme**, eine entsprechende Grenzziehung ist nicht möglich[33] und überdies mit einem erheblichen Unsicherheitsmoment behaftet. Bei einer noch Jahrzehnte währenden Laufzeit des Erbbaurechts kann jeder Änderung wesentliche Bedeutung zugesprochen werden. Umgekehrt kann auch die Wesentlichkeit einer Änderung leerer Tand sein, sollte das Erbbaurecht kurz vor dem Zeitablauf stehen. In der Praxis lässt sich allenfalls eine Aussage darüber treffen, ob die Änderung einer teilweisen Aufhebung des Erbbaurechts gleichkommt und deshalb der notariellen Beurkundung bedarf, § 11 Abs. 2 ErbbauRG i.V.m. § 311b BGB.[34] Orakeln lässt sich dagegen nur über eine mögliche Neubestellung des Erbbaurechts, die mit einer Änderung verbunden ist. Eine Unterscheidung zwingt die Rechtspraxis zu Prognosen und Projektionen, die sich nachträglich als falsch erweisen und keinen Bestand vor der obergerichtlichen Rechtsprechung haben können. Zu den formbedürftigen Inhaltsänderungen sollen beispielsweise die Erweiterung der erbbaurechtlichen Bebauungsbefugnis, die Erstreckung auf Nebenflächen[35] oder die Modifikation eines Heimfallgrundes[36] zählen. Der sicherste Weg besteht darin, **jede inhaltliche Änderung des Erbbaurechts notariell beurkunden zu lassen**.[37] Der Weg zum Orakel in Delphi muss dann nicht mehr beschritten werden. Es leuchtet auch nicht ein, vor dem Hintergrund der Erbbaurechtslaufzeit aus der Formbedürftigkeit der Inhaltsänderung ein Glücksspiel zu machen, das bei Streitigkeiten zwischen Grundstückseigentümer und Erbbauberechtigten sofort zum Thema gemacht wird, wie die Erfahrung zeigt. Die Bedeutung des Rechtsgeschäfts und der damit einhergehende Beratungsbedarf rechtfertigen es, bei jeder Inhaltsänderung den Weg der notariellen Beurkundung zu beschreiten.

C. Dingliche Veränderung

7 Die Inhaltsänderung des noch bestehenden Erbbaurechts erfordert **Einigung** und **Eintragung**, §§ 877, 873 BGB, § 11 Abs. 2 ErbbauRG, wobei die Einigung in der Form des § 29

31 Zum Streitstand vgl. *Winkler/Schlögel*, § 5 Rn 153–154.

32 Siehe die Darstellung bei Ingenstau/Hustedt/*Bardenhewer*, § 11 Rn 54.

33 Vgl. *Ott*, notar 2014, 265, 267.

34 Beck'sches Notarhandbuch/*Wolffskeel v. Reichenberg*, § 4 Rn 185.

35 Bamberger/Roth/*Maaß*, § 11 Rn 13.

36 Vgl. *Böttcher*, Rn 636.

37 Ebenso *Ott*, notar 2014, 265, 267, 269; *Schöner/Stöber*, Rn 1857; Ingenstau/Hustedt/*Bardenhewer*, § 11 Rn 55; *Schmenger*, BWNotZ 2006, 73, 90; *Böttcher*, Rn 639 und 641; **a.A.** *Räfle*, § 11 Rn 16.

Abs. 1 GBO nachzuweisen ist.[38] Die Regelung in **§ 20 GBO** hält ausdrücklich fest, dass im Falle einer Änderung des Erbbaurechtsinhalts die Eintragung nur erfolgen darf, wenn die erforderliche **Einigung** des Erbbauberechtigten und des anderen Teils (hier: des Grundstückseigentümers) erklärt ist.[39]

Daneben ist die **Zustimmung Drittberechtigter** erforderlich (siehe Rdn 8–10).

Zur **Eintragung** vgl. Rdn 15–19; Eintragungsorte sind das Bestandsverzeichnis des Erbbaugrundbuchs und die Zweite Abteilung des Grundstücksgrundbuchs, dort Veränderungsspalte, als Veränderung des Erbbaurechts.[40]

D. Zustimmung Drittberechtigter

Die Doppelnatur des Erbbaurechts – *beschränktes dingliches Recht am Grundstück, zu-* 8
gleich grundstücksgleiches Recht –, wirkt sich darauf aus, ob und welche Drittberechtigte der Inhaltsänderung zustimmen müssen. Gemäß § 877 BGB findet auf die Inhaltsänderung auch § 876 BGB Anwendung mit der Folge, dass zur Inhaltsänderung die **Zustimmung Drittberechtigter** einzuholen ist.[41] Im Fokus stehen **zwei Gruppen von Berechtigten**:[42]

- zum einen die dinglich Berechtigten am Erbbaurecht selbst[43]
- zum anderen die dinglich Berechtigten, die im Grundstücksgrundbuch im Rang nach dem Erbbaurecht eingetragen sind.[44]

Dabei löst nicht jede Inhaltsänderung die **Zustimmungsnotwendigkeit** aus. Die Zustimmung eines dinglich Berechtigten ist nur dann erforderlich, sofern seine Rechts-

38 BayObLG, Beschl. v. 22.12.1959, Az. BReg. 2 Z 192/59 = NJW 1960, 1155; Beck'sches Notarhandbuch/*Wolffskeel v. Reichenberg*, § 4 Rn 183; Staudinger/*Rapp*, § 11 Rn 27; Ingenstau/Hustedt/*Bardenhewer*, § 11 Rn 59; *Dieckmann*, ErbbauZ 2021, 168, 169, Inhaltsänderung eines Eigentümererbbaurechts.

39 Zur Einigung und Eintragung vgl. auch Beck'sches Notarhandbuch/*Wolffskeel v. Reichenberg*, § 4 Rn 183.

40 Vgl. *Räfle*, § 11 Rn 16; BayObLG, Beschl. v. 22.12.1959, Az. BReg. 2 Z 192/59 = NJW 1960, 1155.

41 BayObLG, Beschl. v. 22.12.1959, Az. BReg. 2 Z 192/59 = NJW 1960, 1155; zur Zustimmungsbedürftigkeit vgl. auch DNotI-Report 2012, 198.

42 *Schöner/Stöber*, Rn 1858.

43 *Glaß/Scheidt*, § 11 Anm. II 7 = S. 106.

44 Sofern im Grundstücksgrundbuch mehrere Grundstücke vorgetragen sind, ist die relevante Belastungssituation zu ermitteln. Die eigene „due diligence", die das Notariat vornimmt, wird dabei ins Kalkül ziehen müssen, dass die Belastungsspalten – die zweite Spalte der Zweiten und Dritten Abteilung des Grundbuchs –, häufig nicht aktualisiert worden sind. Grund ist ein falsches Grundbuchverständnis, das die Notwendigkeiten und Möglichkeiten des Datenbankgrundbuchs über Jahrzehnte hinweg ignorierte. Falls die Rechte an unterschiedlichen Grundstücken lasten, kommt den Rechten kein Rangverhältnis zu. Danach bemisst sich die Antwort auf die Frage, ob dinglich Berechtigte, die im Grundstücksgrundbuch vorgetragen sind, der Inhaltsänderung zustimmen müssen. Vgl. i.Ü. bereits *Glaß/Scheidt*, § 11 Anm. II 7 = S. 106.

position durch die Inhaltsänderung **verschlechtert** wird.[45] Prämisse bleibt, dass sein Recht durch die Eintragung betroffen wird, § 19 GBO.[46] Erforderlich ist eine **differenzierende Gesamtschau**, eine Betrachtung des Doppelbereichs, der sich aus den Belastungen des Erbbaurechts und den nachrangigen Belastungen des Grundstücks zusammensetzt.

9 Die **Erweiterung der Befugnisse des Erbbauberechtigten**, beispielsweise die Laufzeitverlängerung[47] des Erbbaurechts, die Erweiterung der Nutzfläche oder die Vereinbarung einer weiteren Bebauungsbefugnis, wirkt sich nur positiv auf die dinglich Berechtigten am Erbbaurecht aus,[48] negativ dagegen auf die dinglich Berechtigten, die im Grundstücksgrundbuch im Rang nach dem Erbbaurecht eingetragen sind.[49] Eine entsprechende Inhaltsänderung beeinträchtigt nicht die Berechtigten, die im Erbbaugrundbuch, wohl aber die Berechtigten, die im Grundstücksgrundbuch im Rang nach dem Erbbaurecht eingetragen sind.

Die **Einschränkung der Befugnisse des Erbbauberechtigten**, beispielsweise eine Einschränkung des Ausübungsbereichs, ein nachträglicher Ausschluss des Entschädigungsanspruchs, eine Laufzeitverkürzung[50] oder die nachträgliche Einführung einer Verfügungsbeschränkung nach § 5 ErbbauRG,[51] beeinträchtigt dagegen nur die die dinglich Berechtigten, die im Erbbaugrundbuch eingetragen sind,[52] nicht dagegen die dinglich Berechtigten, die im Grundstücksgrundbuch im Rang nach dem Erbbaurecht eingetragen sind.[53]

Lässt sich **zweifelsfrei eine Beeinträchtigung nicht ausschließen**, ist die Zustimmung sämtlicher dinglich Berechtigter einzuholen, die in Frage kommen können.[54] In der Praxis tritt eine solche Konstellation eher selten in Erscheinung.

45 BayObLG, Beschl. v. 22.12.1959, Az. BReg. 2 Z 192/59 = NJW 1960, 1155 f.; BayObLG, Beschl. v. 30.8.1989, Az. BReg. 2 Z 95/89 = MittBayNot 1989, 315, 316, 317; OLG Frankfurt, Beschl. v. 27.5.2003, Az. 20 W 462/02 = BeckRS 2003, 8811; *Schmenger*, BWNotZ 2006, 73, 90; DNotI-Report 2012, 197 f.; Ingenstau/Hustedt/*Bardenhewer*, § 11 Rn 60.

46 BayObLG a.a.O.

47 Siehe *Winkler/Schlögel*, § 5 Rn 157; *Böttcher*, Rn 644, 645; *Dieckmann*, ErbbauZ 2021, 168, 169.

48 Insofern keine Zustimmung der dinglich Berechtigten am Erbbaurecht erforderlich; Ingenstau/Hustedt/*Bardenhewer*, § 11 Rn 60; *Ott*, notar 2014, 265, 267.

49 BayObLG, Beschl. v. 22.12.1959, Az. BReg. 2 Z 192/59 = NJW 1960, 1155, 1157; Ingenstau/Hustedt/*Bardenhewer*, § 11 Rn 60; *Ott*, notar 2014, 265, 267; *Böttcher*, Rn 645; *Dieckmann*, ErbbauZ 2021, 168, 169.

50 Siehe *Winkler/Schlögel*, § 5 Rn 157; *Böttcher*, Rn 643.

51 *Schöner/Stöber*, Rn 1782; Ingenstau/Hustedt/*Hustedt*, § 5 Rn 7; *Schmenger*, BWNotZ 2006, 73, 90.

52 *Schöner/Stöber*, Rn 1858; zur nachträglichen Vereinbarung einer Verfügungsbeschränkung nach § 5 ErbbauRG vgl. *Schöner/Stöber*, Rn 1782, sowie *Schmenger*, BWNotZ 2006, 90.

53 *Ott*, notar 2014, 265, 268; zur nachträglichen Vereinbarung einer Verfügungsbeschränkung nach § 5 ErbbauRG siehe *Schöner/Stöber*, Rn 1782.

54 *Schöner/Stöber*, Rn 1858.

Sonderfall ist die **nachträgliche Aufhebung oder Einschränkung einer Verfügungsbeschränkung nach § 5 ErbbauRG**, die weder die dinglich Berechtigten am Erbbaurecht noch die dinglich Berechtigten am Grundstück berührt.[55] Damit erübrigen sich die Zustimmungen dinglich Berechtigter. Ihre Rechtsstellung wird durch die Aufhebung der Verfügungsbeschränkung nicht berührt. Die Verfügungsbeschränkung dient einzig und allein dem Schutz des Grundstückseigentümers.[56] 10

Um im Grundbuchverfahren Verwendung zu finden (Beweismittelbeschränkung), muss die Zustimmung die **Form des § 29 Abs. 1 S. 1 GBO** aufweisen, demnach als öffentliche oder öffentlich beglaubigte Urkunde vorliegen.[57]

E. Checkliste im Einzelnen/Unterlagen für den Grundbuchvollzug

Um die **Erbbaurechtsänderung** im Grundbuch vollziehen zu können, müssen die formellen Erfordernisse der folgenden Checkliste erfüllt sein:[58] 11

- Antrag des Erbbauberechtigten oder des Grundstückseigentümers, § 13 Abs. 1 GBO, einfache Schriftform reicht aus
- Einigung des Grundstückseigentümers und des Erbbauberechtigten, § 20 GBO, nachgewiesen in notariell beurkundeter Form, § 29 Abs. 1 S. 1 GBO
- zusätzlich Bewilligung durch den Betroffenen, §§ 19, 29 GBO
- die Voreintragung des Erbbauberechtigten und des Grundstückseigentümers ist jeweils gegeben, § 39 Abs. 1 GBO
- Zustimmung dinglich Berechtigter am Grundstück, die im Rang nach dem Erbbaurecht eingetragen sind und deren Rechtsposition durch die Inhaltsänderung verschlechtert wird; die Zustimmung muss mindestens in öffentlich beglaubigter Form vorliegen, §§ 19, 29 Abs. 1 S. 1 GBO; falls es sich um ein Briefgrundpfandrecht handelt, ist der Grundpfandrechtsbrief mitvorzulegen, § 41 GBO
- Zustimmung dinglich Berechtigter am Erbbaurecht, deren Rechtsposition durch die Inhaltsänderung verschlechtert wird; die Zustimmung muss mindestens in öffentlich beglaubigter Form vorliegen, §§ 19, 29 Abs. 1 S. 1 GBO; falls es sich um ein Briefgrundpfandrecht handelt, ist der Grundpfandrechtsbrief mitvorzulegen, § 41 GBO

55 *Schöner/Stöber*, Rn 1782; *Schmenger*, BWNotZ 2006, 73, 90; BayObLG, Beschl. v. 30.8.1989, Az. BReg. 2 Z 95/89 = MittBayNot 1989, 315.
56 BayObLG, Beschl. v. 30.8.1989, Az. BReg. 2 Z 95/89 = MittBayNot 1989, 315, 317.
57 Siehe auch *Ott*, a.a.O.
58 *Schöner/Stöber*, Rn 1857–1859; *Schmenger*, BWNotZ 2006, 73, 90; *Böttcher*, ZNotP 2014, 47, 50.

- u.U. die schriftliche Genehmigung der Umlegungsstelle, sofern das Erbbaurecht im Umlegungsgebiet liegt, § 51 Abs. 1 Nr. 1 BauGB; genehmigt wird die Verfügung über das Grundstück bzw. das grundstücksgleiche Recht am Grundstück[59]
- u.U. die schriftliche Genehmigung der Sanierungsstelle, sofern das Erbbaurecht im Sanierungsgebiet liegt, § 144 BauGB. Soweit die Inhaltsänderung des Erbbaurechts betroffen ist, kann eine Genehmigungspflicht nach § 144 Abs. 1 Nr. 1 i.V.m. § 14 Abs. 1 BauGB im Raum stehen, eine Nutzungsänderung von baulichen Anlagen bzw. eine erhebliche oder wesentlich wertsteigernde Veränderung von baulichen Anlagen.[60] Dies gilt jedoch nicht, sofern die Gemeinde als Vertragsteil oder als Eigentümer beteiligt ist, weil in dieser Konstellation Genehmigungsfreiheit besteht, vgl. § 144 Abs. 4 Nr. 1 BauGB. Soweit dagegen die Erstreckung eines Erbbaurechts betroffen ist, folgt die Genehmigungspflicht aus § 144 Abs. 2 Nr. 1 BauGB, mit der Erstreckung wird das Erbbaurecht an einer weiteren Fläche bestellt. Dies bleibt allerdings genehmigungsfrei, falls die Gemeinde als Vertragsteil oder Eigentümer beteiligt ist, § 144 Abs. 4 Nr. 1 BauGB.
- u.U. die schriftliche Genehmigung der Kommunalaufsicht, falls die Änderung eines Erbbaurechts der Gemeinde mit einer Neubestellung von Erbbauzinsreallasten einhergeht; dann liegt ein kreditähnliches Rechtsgeschäft vor, so der Transfer der höchstrichterlichen Rechtsprechung[61] zur Bestellung eines Erbbaurechts für die Gemeinde, die sich auch im Rahmen der Änderung eines Erbbaurechts der Gemeinde auswirken muss
- eine Genehmigung nach dem Grundstücksverkehrsgesetz (GrdstVG) ist dagegen zur Inhaltsänderung des Erbbaurechts nicht erforderlich[62]
- ein minderjähriger oder betreuter Grundstückseigentümer oder Miteigentümer benötigt zur Änderung des Erbbaurechts eine familien- bzw. betreuungsgerichtliche Genehmigung nach § 1850 Nr. 1 BGB (Betreuter) bzw. §§ 1643 Abs. 1, 1850 Nr. 1 BGB (Minderjähriger),[63] da eine Verfügung über das Grundstück des Minderjährigen bzw. des Betreuten vorliegt, die eine familien- bzw. betreuungsgerichtliche Genehmigungspflicht auslöst.[64] Dies gilt auch für die „umgekehrte" Konstellation, für den Betreuten bzw. Minderjährigen auf der Erbbauberechtigtenseite. Insoweit liegt eine Verfügung über das Erbbaurecht vor, wozu eine familien- bzw. betreuungs-

59 *Schöner/Stöber*, Rn 3861; *Ott*, notar 2014, 265, 268.

60 Von solchen Nutzungsänderungen bzw. erheblichen bzw. wesentlich wertsteigernden Veränderungen können unerwünschte Wirkungen ausgehen, die die Sanierung nach § 144 BauGB gefährden, vgl. EZBK/*Krautzberger*, BauGB, § 144 Rn 23.

61 BGH, Urt. v. 22.1.2016, Az. V ZR 27/14 = DNotZ 2016, 375 = NZM 2016, 856.

62 LG Düsseldorf MittBayNot 1971, 368.

63 *Wilsch*, ErbbauZ 2021, 9, 13 ff.

64 *Wilsch*, ErbbauZ 2021, 9, 13 ff.

gerichtliche Genehmigung erforderlich ist, § 1850 Nr. 1 BGB (Betreuter) bzw. §§ 1643 Abs. 1, 1850 Nr. 1 BGB.

- ob zur Inhaltsänderung auch eine Unbedenklichkeitsbescheinigung (UB) des Finanzamtes vorzulegen ist, wird maßgeblich davon abhängen, ob die Änderung im Umfang einer Neubegründung entspricht;[65] dies dürfte lediglich für die Erstreckung des Erbbaurechts bzw. die Erweiterung des Ausübungsbereichs in Betracht kommen, auch eine Verkürzung der Laufzeit des Erbbaurechts wird für grunderwerbsteuerbar erachtet.[66] Ob andere Änderungen eine UB erfordern, ist im Einzelfall zu prüfen.

F. Muster: Inhaltsänderung eines Erbbaurechts; Erstreckung eines Erbbaurechts

▼ 12

Muster 6.1: Formulierungsvorschlag Inhaltsänderung eines Erbbaurechts

„UVZ-Nr. /

Änderung des Erbbaurechts

Heute, den

– 20 –

sind vor mir,

,

Notar/Notarin in , in den Geschäftsräumen des Notariats in der , erschienen:

1.

– nachstehend „Erbbauberechtigter“ genannt –,

2.

– nachstehend „Grundstückseigentümer“ genannt –,

je ausgewiesen durch gültigen amtlichen Lichtbildausweis.

65 Vgl. hierzu die generellen Erörterungen bei *Winkler/Schlögel*, § 10 Rn 54; allerdings ohne explizite Erörterung der Problematik, ob im Falle einer Inhaltsänderung auch eine UB vorzulegen ist; ebenso keine Erörterung bei *Ott*, notar 2014, 265, 268, oder bei *Böttcher*, Rn 649–654.

66 *Lahmann*, ErbbauZ 2022, 9, 11, 13, die Laufzeitverkürzung wirkt wie eine Teilaufhebung und verschafft dem Eigentümer mehr Nutzungsbefugnisse, § 1 Abs. 1 GrEStG analog.

Die anwesenden Beteiligten erklärten, dass kein Vertragsteil in Ausübung einer gewerblichen oder selbstständigen beruflichen Tätigkeit handelt.

Der Notar verwies auf die Vorschriften des Geldwäschegesetzes und auf die hieraus resultierenden Pflichten.

Die Erschienenen erklärten, nicht auf Veranlassung Dritter oder als Treuhänder für Dritte, sondern auf eigene Rechnung und im eigenen Namen zu handeln.

Die Erschienenen erklärten ferner, weder eine politisch exponierte Person („PeP") zu sein noch in den letzten 12 Monaten gewesen zu sein. Sie erklärten, auch nicht Familienmitglied, naher Angehöriger oder nahestehende Person einer solchen politisch exponierten Person zu sein.

Die Erschienenen verneinten die Frage des Notars/der Notarin nach einer Vorbefassung i.S.v. § 3 Abs. 1 S. 1 Nr. 7 BeurkG und baten um Beurkundung folgender Vereinbarungen:

I. Grundbuchstand und Erbbaurechtsvertrag

1. Erbbaurecht

Im **Erbbaugrundbuch** des Amtsgerichts … für die Gemarkung … Blatt … ist das Erbbaurecht an dem im Grundbuch von … Blatt … unter BVNr. … verzeichneten Grundstück der Gemarkung Flurstück …, … straße …, Gebäude- und Freifläche, zu … qm,

eingetragen, und zwar bis zum ….

Erbbauberechtigter: …

Das vorstehend genannte Erbbaurecht ist wie folgt belastet:

Abteilung II:

lfd. Nr. 1: …

lfd. Nr. 2: …

Abteilung III:

lfd. Nr. 1: …

Das Grundbuch wurde am … eingesehen.

2. Erbbaugrundstück

Im **Grundstücksgrundbuch** des Amtsgerichts … für die Gemarkung … Blatt … ist folgender Grundbesitz eingetragen:

Flurstück …, … straße …, Gebäude- und Freifläche, zu … qm

Eigentümer:

Der vorstehend genannte Grundbesitz ist wie folgt belastet:

Abteilung II:

lfd. Nr. 1:

lfd. Nr. 2:

Abteilung III:

lfd. Nr. 1:

Das Grundbuch wurde am eingesehen.

3. Erbbaurechtsvertrag

Dem vorstehend genannten Erbbaurecht liegt folgender Erbbaurechtsvertrag zugrunde:

– Urkunde vom , URNr. bzw. UVZ-Nr. , Notar .

Nachtrag hierzu:

– Urkunde vom , URNr. bzw. UVZ-Nr. , Notar .

Die Erschienenen verweisen auf die oben genannten Urkunden, die ihnen bereits vorliegen. Die Erschienenen erklären, dass sie die Vorurkunden vollständig kennen und dass auf erneutes Verlesen der Vorurkunden verzichtet wird. In gleicher Weise verzichten die Erschienenen auf erneute Vorlage der Vorurkunden und auf deren Beifügung zur gegenwärtigen Urkunde. Auf die Bedeutung der Verweisung wurden die Erschienenen hingewiesen.

Das Erbbaurecht wurde am im Grundbuch eingetragen.

II. Inhaltsänderungen des Erbbaurechts

1. Inhaltliche Änderungen

Die Erschienenen ändern hiermit den Inhalt des vorgenannten Erbbaurechts wie folgt ab:

- *aufgehoben* werden die Bestimmungen gemäß der Urkunde des Notars vom , URNr. bzw. UVZ-Nr. , Abschnitt

Stattdessen gilt künftig Folgendes:

- *geändert* wird die Regelung gemäß der Urkunde des Notars vom , URNr. bzw. UVZ-Nr. . Stattdessen gilt künftig Folgendes:

- …
- … geändert wird die Regelung gemäß … der Urkunde des Notars … vom …, URNr. bzw. UVZ-Nr. …. Stattdessen gilt künftig Folgendes:
- …
- die tatsächliche Ausübung des Erbbaurechts beschränkt sich nunmehr auf die Grundstücksfläche, die im anliegenden Lageplan (= Anlage 1) mit … Farbe gekennzeichnet ist.

Das Erbbaurecht erstreckt sich auch auf die nicht bebauten Teile des Erbbaugrundstücks innerhalb des Ausübungsbereichs. Wirtschaftlich bleibt das Bauwerk die Hauptsache, § 1 Abs. 2 ErbbauRG.

Die unbebaute Fläche darf wie folgt genutzt werden: ….

2. Zustimmungen dinglich Berechtigter

Der Notar/Die Notarin hat darüber belehrt, dass zur Inhaltsänderung des Erbbaurechts die Zustimmung dinglich Berechtigter erforderlich sein kann. Das können zum einen dinglich Berechtigte sein, die am Erbbaugrundstück im Rang nach dem Erbbaurecht eingetragen sind und deren Rechtsposition durch die Inhaltsänderung verschlechtert wird. Das können zum anderen dinglich Berechtigte sein, die auf dem Erbbaurecht lasten, sofern deren Rechtsposition durch die Inhaltsänderung verschlechtert wird.

Zustimmungserklärungen müssen mindestens in öffentlich beglaubigter Form vorliegen. Bei Briefgrundpfandrechten ist der Grundpfandrechtsbrief mitvorzulegen.

3. Inhaltlicher Fortbestand im Übrigen

Im Übrigen gelten alle Bestimmungen der Vorurkunde fort. Dies gilt sowohl für den dinglichen als auch für den schuldrechtlichen Inhalt des Erbbaurechts, nunmehr allerdings bezogen auf das Erbbaurecht nach erfolgter Inhaltsänderung.

4. Verzicht auf Eintragung einer Vormerkung

Der Erbbauberechtigte und der Grundstückseigentümer wurden darauf hingewiesen, dass der Anspruch auf Inhaltsänderung des Erbbaurechts auch vorläufig durch eine Vormerkung gesichert werden kann. Auf die Eintragung einer solchen Vormerkung wird allerdings verzichtet.

III. Grundbucherklärungen

Der Erbbauberechtigte und der Grundstückseigentümer sind sich über die Inhaltsänderung des Erbbaurechts gemäß Ziffer II einig.

Der Erbbauberechtigte und der Grundstückseigentümer bewilligen und beantragen die Eintragung der Inhaltsänderung gemäß Ziffer II. Die Eintragung ist im Erbbaugrundbuch und im Grundstücksgrundbuch vorzunehmen.

IV. Notarermächtigung; Genehmigungen, Vollzug

Der Notar/die Notarin , deren Vertreter und Nachfolger im Amt werden jeweils beauftragt und bevollmächtigt, etwaige Zustimmungserklärungen und Genehmigungen unter Fertigung eines Entwurfs einzuholen. Die Genehmigungen und Erklärungen sollen mit dem Eingang im Notariat wirksam sein.

Darüber hinaus wird der Notar/die Notarin , deren Vertreter und Nachfolger im Amt ermächtigt, den Vollzug dieser Urkunde zu betreiben und Anträge getrennt oder eingeschränkt zu stellen (Teilvollzug). Die Ermächtigung umfasst auch die Rücknahme der Erklärungen und die Abgabe aller verfahrensrechtlichen Erklärungen, die zur Durchführung dieser Urkunde erforderlich sind.

Die Vollzugsmitteilungen sind für alle Beteiligten an den Notar zu übersenden.

V. Weitere Hinweise und Feststellungen; Schlichtungsklausel

Die Inhaltsänderung des Erbbaurechts wird nicht bereits mit Vertragsabschluss wirksam, sondern erst mit Eintragung im Grundbuch.

Alle Beteiligten erklären sich mit der Speicherung und Bearbeitung ihrer Daten durch das Notariat uneingeschränkt einverstanden und stimmen der Speicherung und Bearbeitung ausdrücklich zu. Die Belehrung durch den Notar über die Informationspflichten bei Erhebung personenbezogener Daten ist erfolgt.

Alle Beteiligten erklären, ausschließlich für eigene Rechnung zu handeln und auch selbst wirtschaftlicher Berechtigter zu sein. Keiner der Beteiligten handelt für fremde Rechnung. Die Belehrung durch den Notar über die Angabepflichten nach dem Geldwäschegesetz ist erfolgt.

Sollte es zwischen dem Grundstückseigentümer und dem Erbbauberechtigten zu Konflikten kommen, werden sie miteinander verhandeln und eine einvernehmliche Lösung anstreben. Der Notar/die Notarin hat darauf hingewiesen, dass der Schlichtungs- und Schiedsgerichtshof deutscher Notare (SGH) ein Schlichtungsverfahren zur Verfügung stellt, wenn die direkten Verhandlungen zu keinem Ergebnis führen (Informationen und Kontaktdaten zum SGH unter www.dnotv.de). Die Beteiligten stellen klar, dass diese Absichtserklärungen der Einleitung eines Gerichtsverfahrens nicht entgegenstehen.

Alternativ:

Sollte es zwischen dem Grundstückseigentümer und dem Erbbauberechtigten zu Konflikten kommen, werden sie miteinander verhandeln und eine einvernehmliche und in die Zukunft gerichtete Lösung anstreben. Der Notar/die Notarin hat darauf hingewiesen, dass der Schlichtungs- und Schiedsgerichtshof deutscher Notare (SGH) ein Schlichtungsverfahren zur Verfügung stellt, wenn die direkten Verhandlungen zu keinem Ergebnis führen (Informationen und Kontaktdaten zum SGH unter www.dnotv.de). Unter der Leitung eines erfahrenen und unabhängigen Schlichters kann dort der Konflikt selbstbestimmt weiterbearbeitet werden. Eine Klage betrachten die Beteiligten als letztes Mittel. Die rechtlichen Berater der Beteiligten sollen die Beteiligten vorrangig bei den vorgenannten Verhandlungslösungen unterstützen. Die Beteiligten stellen klar, dass diese Absichtserklärungen der Einleitung eines Gerichtsverfahrens nicht entgegenstehen.

Alternativ:

Sollte es zwischen dem Grundstückseigentümer und dem Erbbauberechtigten zu Konflikten kommen, verpflichten sich die Beteiligten, alle oder im Zusammenhang mit diesem Vertrag entstehenden Streitigkeiten möglichst durch direkte Verhandlungen beizulegen. Die rechtlichen Berater der Beteiligten sollen diese dabei unterstützen. Gelingt dies nicht, verpflichten sich der Grundstückseigentümer und der Erbbauberechtigte, eine Schlichtung vor dem Schlichtungs- und Schiedsgerichtshof deutscher Notare (SGH) durchzuführen (Informationen und Kontaktdaten unter www.dnotv.de). Die Schlichtung beginnt mit dem Antrag auf Durchführung einer Schlichtung gegenüber dem SGH. Die Schlichtung endet auch ohne abschließende Einigung, wenn der Antrag zurückgewiesen wird oder der Schlichter das Scheitern der Schlichtung feststellt. Während der laufenden Schlichtung ist die Verjährung der streitgegenständlichen Ansprüche gehemmt. Die Klageerhebung ist erst nach der Beendigung der Schlichtung zulässig. Verfahren des einstweiligen Rechtsschutzes sowie selbständige Beweisverfahren bleiben auch während der Schlichtung zulässig. Gleiches gilt für Verfahren zur Wahrung einer gesetzlichen Ausschlussfrist. Insoweit verpflichten sich der Grundstückseigentümer und der Erbbauberechtigte, während der laufenden Schlichtung das Ruhen des gerichtlichen Verfahrens zu beantragen.

VI. Ausfertigungen, Abschriften

Eine *Ausfertigung* dieser Urkunde erhalten:

- der Grundstückseigentümer
- der Erbbauberechtigte

- das Grundbuchamt
-

Eine *beglaubigte Abschrift* dieser Urkunde erhalten:

-
- die dinglich Berechtigten, deren Zustimmung erforderlich ist.

VII. Notar- und Gerichtskosten

Die Kosten für die Beurkundung und den Vollzug im Grundbuch trägt der Erbbauberechtigte. Der Erbbauberechtigte trägt auch die Kosten, die für die Erteilung von Zustimmungserklärungen dinglich Berechtigter entstehen.

Vorgelesen vom Notar,

von den Beteiligten genehmigt

und eigenhändig unterschrieben:

(Unterschriften der Beteiligten)

(Unterschrift und Siegel des Notars)"

▲

▼ 13

Muster 6.2: Formulierungsvorschlag: Erstreckung des Erbbaurechts auf eine weitere Fläche 6.2

„UVZ-Nr. /

Erstreckung des Erbbaurechts auf eine weitere Fläche

Heute, den

– 20 –

sind vor mir,

,

Notar/Notarin in , in den Geschäftsräumen des Notariats in der , erschienen:

1.

– nachstehend „Erbbauberechtigter" genannt –,

2.

– nachstehend „Grundstückseigentümer" genannt –,

jeweils ausgewiesen durch gültigen amtlichen Lichtbildausweis.

Die anwesenden Beteiligten erklärten, dass kein Vertragsteil in Ausübung einer gewerblichen oder selbstständigen beruflichen Tätigkeit handelt.

Der Notar verwies auf die Vorschriften des Geldwäschegesetzes und auf die hieraus resultierenden Pflichten.

Die Erschienenen erklärten, nicht auf Veranlassung Dritter oder als Treuhänder für Dritte, sondern auf eigene Rechnung und im eigenen Namen zu handeln.

Die Erschienenen erklärten ferner, weder eine politisch exponierte Person („PeP") zu sein noch in den letzten 12 Monaten gewesen zu sein. Sie erklärten, auch nicht Familienmitglied, naher Angehöriger oder nahestehende Person einer solchen politisch exponierten Person zu sein.

Die Erschienenen verneinten die Frage des Notars/der Notarin nach einer Vorbefassung i.S.v. § 3 Abs. 1 S. 1 Nr. 7 BeurkG und baten um Beurkundung folgender Vereinbarungen:

I. Grundbuchstand und Sachverhalt

1. Grundstück

Im **Grundbuch** des Amtsgerichts für die Gemarkung Blatt ist folgender Grundbesitz eingetragen:

Flurstück , straße , Gebäude- und Freifläche, zu qm

Eigentümer:

Der vorstehend genannte Grundbesitz ist wie folgt belastet:

Abteilung II:

lfd. Nr. 1:

lfd. Nr. 2:

Abteilung III:

lfd. Nr. 1:

Das Grundbuch wurde am eingesehen.

2. Erbbaurecht

Im **Erbbaugrundbuch** des Amtsgerichts … für die Gemarkung … Blatt … ist das Erbbaurecht an dem im Grundbuch von … Blatt … unter BVNr. … verzeichneten Grundstück der Gemarkung Flurstück …, … straße …, Gebäude- und Freifläche, zu … qm,

eingetragen, und zwar bis zum ….

Erbbauberechtigter: …

Das vorstehend genannte Erbbaurecht ist wie folgt belastet:

Abteilung II:

lfd. Nr. 1: …

lfd. Nr. 2: …

Abteilung III:

lfd. Nr. 1: …

Das Grundbuch wurde am … eingesehen.

3. Erbbaurechtsvertrag

Dem vorstehend genannten Erbbaurecht liegt folgender Erbbaurechtsvertrag zugrunde:

- Urkunde vom …, URNr. bzw. UVZ-Nr. …, Notar ….

  Nachtrag hierzu:

- Urkunde vom …, URNr. bzw. UVZ-Nr. …, Notar ….

Die Erschienenen verweisen auf die oben genannten Urkunden, die ihnen bereits vorliegen. Die Erschienenen erklären, dass sie die Vorurkunden vollständig kennen und dass auf erneutes Verlesen der Vorurkunden verzichtet wird. In gleicher Weise verzichten die Erschienenen auf erneute Vorlage der Vorurkunden und auf deren Beifügung zur gegenwärtigen Urkunde. Auf die Bedeutung der Verweisung wurden die Erschienenen hingewiesen.

Das Erbbaurecht wurde am … im Grundbuch eingetragen.

II. Erstreckung des Erbbaurechts auf eine weitere Fläche

Der Grundstückseigentümer räumt dem Erbbauberechtigten das dingliche Erbbaurecht an dem oben beschriebenen Flurstück … mit dem Inhalt der oben beschriebenen Erbbaurechtsbestellungsurkunden ein. Zu diesem Zweck wird das oben beschriebene Erbbaurecht auf das Flurstück … erstreckt.

Das Erbbaurecht erstreckt sich auch auf die nicht bebauten Teile des Erbbaugrundstücks innerhalb des Ausübungsbereichs. Wirtschaftlich bleibt das Bauwerk die Hauptsache, § 1 Abs. 2 ErbbauRG.

Die unbebaute Fläche darf wie folgt genutzt werden: .

Alle Bestimmungen der Vorurkunde gelten fort. Dies gilt sowohl für den dinglichen als auch für den schuldrechtlichen Inhalt des Erbbaurechts, nunmehr allerdings bezogen auf das Erbbaurecht in seinem erweiterten Umfang.

III. Grundbucherklärungen

Der Erbbauberechtigte und der Grundstückseigentümer sind sich über die Erstreckung des Erbbaurechts gemäß Ziffer II einig.

Der Erbbauberechtigte und der Grundstückseigentümer bewilligen und beantragen die Eintragung der Erstreckung gemäß Ziffer II. Die Eintragung ist im Erbbaugrundbuch und im Grundstücksgrundbuch vorzunehmen.

IV. Haftung; Verschaffung der ersten Rangstelle

Der Grundstückseigentümer schuldet den ungehinderten Besitzübergang, die Entstehung des Erbbaurechts und die Freiheit des Erbbaugrundstücks von Miet- und Pachtverhältnissen sowie anderen vertraglichen Bindungen.

Der Grundstückseigentümer haftet über Zusicherungen hinaus, die in dieser Urkunde niedergelegt sind, nicht für Mängelfreiheit. Ausgeschlossen sind Ansprüche und Rechte des Erbbauberechtigten wegen eines Sachmangels, insbesondere im Hinblick auf das Flächenmaß, die Bodenbeschaffenheit und die Verwertbarkeit. Der Grundstückseigentümer versichert, dass ihm verborgene Mängel nicht bekannt sind. Der Grundstückseigentümer übernimmt keine Garantie für die Beschaffenheit.

Ab Besitzübergang treffen alle Haftungen den Erbbauberechtigten.

Das Erbbaurecht kann nur zur ausschließlich ersten Rangstelle bestellt werden, § 10 Abs. 1 S. 1 ErbbauRG. Die Rangstelle muss permanent gehalten und kann auch nach Eintragung des Erbbaurechts im Grundbuch nicht nachträglich geändert werden, § 10 Abs. 1 S. 1 Hs. 2 ErbbauRG. Der Grundstückseigentümer haftet für die Verschaffung der ersten Rangstelle und verpflichtet sich zur Beschaffung aller erforderlichen Unterlagen (Rangrücktrittserklärungen, ggf. weitere Identitätsnachweise), und zwar auf eigene Kosten. Falls die erste Rangstelle nicht verschafft werden kann, können beide Vertragsteile ihren Rücktritt erklären. Die hierbei anfallenden Kosten (Notariat, Grundbuchamt) trägt der Grundstückseigentümer. Die Geltendmachung weiterer Rechte ist dann ausgeschlossen, insbesondere findet keine Erstattung gezahlter Erbbauzinsbeträge oder die Zahlung von Schadensersatz statt.

Alternativ:

Für Sachmängel haftet der Grundstückseigentümer nicht, etwa für die Bodenbeschaffenheit, das Flächenmaß oder die Nutzbarkeit des Erbbaugrundstücks. Der Grundstückseigentümer haftet für die Verschaffung der ersten Rangstelle und verpflichtet sich zur Beschaffung aller erforderlichen Unterlagen (Rangrücktrittserklärungen, ggf. weitere Identitätsnachweise), und zwar auf eigene Kosten. Falls die erste Rangstelle nicht verschafft werden kann, können beide Vertragsteile ihren Rücktritt erklären. Die hierbei anfallenden Kosten (Notariat, Grundbuchamt) trägt der Grundstückseigentümer. Die Geltendmachung weiterer Rechte ist dann ausgeschlossen, insbesondere findet keine Erstattung gezahlter Erbbauzinsbeträge oder die Zahlung von Schadensersatz statt.

Alternativ:

Der Grundstückseigentümer haftet dafür, dass das Erbbaurecht die erste Rangstelle erhält. Die Haftung beschränkt sich allerdings auf alle möglichen und zumutbaren Schritte, die erforderlich sind, um die erste Rangstelle zu erreichen. Beide Vertragsteile sind zum Rücktritt berechtigt, sollte die erste Rangstelle nicht zu beschaffen sein. Dann ist die Geltendmachung weiterer Rechte ausgeschlossen. Die Rückabwicklungskosten fallen dem Grundstückseigentümer zur Last, er trägt auch sämtliche Kosten, die im Notariat und Grundbuchamt angefallen sind.

Soweit Sachmängel betroffen sind, übernimmt der Grundstückseigentümer keine Haftung für die Bebaubarkeit des Erbbaugrundstücks. Der Umfang der Bebaubarkeit hängt von den baurechtlichen Maßgaben und den Festsetzungen der städtischen Bauleitplanung ab. Der Grundstückseigentümer übernimmt keine Garantie dafür, dass das Grundstück zur Errichtung der Bauwerke geeignet ist, die der Erbbauberechtigte errichten möchte. Der Grundstückseigentümer übernimmt auch keine Garantie dafür, dass die notwendigen baurechtlichen Genehmigungen erteilt werden.

Darüber hinaus haftet der Grundstückseigentümer auch nicht für die Bodenbeschaffenheit und das angegebene Flächenmaß.

Der Grundstückseigentümer hat den Erbbauberechtigten auf die frühere Nutzung des Erbbaugrundstücks hingewiesen. Dem Grundstückseigentümer ist nicht bekannt, dass Altlasten bzw. Kontaminationen bestehen. Ein etwaiger Ausgleichsanspruch nach § 24 Abs. 2 BBodSchG wird abbedungen.

V. Unbedenklichkeitsbescheinigung des Finanzamtes

Die Erschienenen wurden darauf hingewiesen, dass die Erbbaurechtserstreckung im Grundbuch erst dann erfolgen kann, sobald die Unbedenklichkeitsbescheinigung des Finanzamtes vorliegt. Die Unbedenklichkeitsbescheinigung wird erst nach Begleichung der Grunderwerbsteuer erteilt. Die Grunderwerbsteuer trägt der Erbbauberechtigte.

VI. Notarermächtigung; Genehmigungen, Vollzug

Der Notar/die Notarin , deren Vertreter und Nachfolger im Amt werden jeweils beauftragt und bevollmächtigt, etwaige Zustimmungserklärungen und Genehmigungen unter Fertigung eines Entwurfs einzuholen. Die Genehmigungen und Erklärungen sollen mit dem Eingang im Notariat wirksam sein.

Darüber hinaus wird der Notar/die Notarin , deren Vertreter und Nachfolger im Amt ermächtigt, den Vollzug dieser Urkunde zu betreiben und Anträge getrennt oder eingeschränkt zu stellen (Teilvollzug). Die Ermächtigung umfasst auch die Rücknahme der Erklärungen und die Abgabe aller verfahrensrechtlichen Erklärungen, die zur Durchführung dieser Urkunde erforderlich sind.

Die Vollzugsmitteilungen sind für alle Beteiligten an den Notar zu übersenden.

Alternativ:

Der Notar/die Notarin , deren Vertreter und Nachfolger im Amt werden jeweils umfassend beauftragt und bevollmächtigt, für den Vollzug dieser Urkunde zu sorgen, insbesondere die Beteiligten im Grundbuchverfahren uneingeschränkt zu vertreten und alle Zustimmungs-, Genehmigungs-, Rangrücktritts- sowie Lastenfreistellungserklärungen einzuholen und entgegenzunehmen. Der Notar/die Notarin , deren Vertreter und Nachfolger im Amt sind berechtigt, den Teilvollzug zu beantragen, also einzelne Bestimmungen von der Eintragung des Erbbaurechts auszunehmen.

Zugleich erteilt der Erbbauberechtigte dem Grundstückseigentümer unter Befreiung von den Beschränkungen des § 181 BGB Vollmacht, alle Erklärungen abzugeben und entgegenzunehmen, die erforderlich und zweckdienlich sind, um Zwischenverfügungen oder ähnliche Beschlüsse des Grundbuchamtes zu erfüllen und die Eintragung des Erbbaurechts herbeizuführen.

Alternativ:

Der Notar/die Notarin , deren Vertreter und Nachfolger im Amt werden jeweils beauftragt und bevollmächtigt, die Beteiligten im Grundbuchverfahren umfassend zu vertreten. Der Notar/die Notarin , deren Vertreter und Nachfolger im Amt ist ermächtigt, Erbbaurechtsbestimmungen, die nicht Inhalt des Erbbaurechts sein können, zu bezeichnen und von der Eintragung auszunehmen. Entsprechende Bestimmungen sollen jedoch als schuldrechtliche Vereinbarungen weitergelten und ihre Gültigkeit behalten. Genehmigungen sollen mit Eingang im Notariat als mitgeteilt gelten und rechtswirksam sein.

VII. Weitere Hinweise und Feststellungen; Schlichtungsklausel

Die Vertragsteile wurden auf Folgendes hingewiesen:

- alle Vereinbarungen, die in dieser Urkunde enthalten sind, müssen richtig und vollständig sein
- das Erbbaurecht kann nur an ausschließlich erster Rangstelle eingetragen werden, also auch nur an erster Rangstelle an der erstreckten Fläche
- am Vertragsgegenstand können Rückstände an öffentlichen Lasten bestehen
- die Vertragsteile haften für die Grunderwerbsteuer und die Kosten.

Die Erstreckung des Erbbaurechts wird nicht bereits mit Vertragsabschluss wirksam, sondern erst mit Eintragung im Grundbuch.

Alle Beteiligten erklären sich mit der Speicherung und Bearbeitung ihrer Daten durch das Notariat uneingeschränkt einverstanden und stimmen der Speicherung und Bearbeitung ausdrücklich zu. Die Belehrung durch den Notar über die Informationspflichten bei Erhebung personenbezogener Daten ist erfolgt.

Alle Beteiligten erklären, ausschließlich für eigene Rechnung zu handeln und auch selbst wirtschaftlicher Berechtigter zu sein. Keiner der Beteiligten handelt für fremde Rechnung. Die Belehrung durch den Notar über die Angabepflichten nach dem Geldwäschegesetz ist erfolgt.

Sollte es zwischen dem Grundstückseigentümer und dem Erbbauberechtigten zu Konflikten kommen, werden sie miteinander verhandeln und eine einvernehmliche Lösung anstreben. Der Notar/die Notarin hat darauf hingewiesen, dass der Schlichtungs- und Schiedsgerichtshof deutscher Notare (SGH) ein Schlichtungsverfahren zur Verfügung stellt, wenn die direkten Verhandlungen zu keinem Ergebnis führen (Informationen und Kontaktdaten zum SGH unter www.dnotv.de). Die Beteiligten stellen klar, dass diese Absichtserklärungen der Einleitung eines Gerichtsverfahrens nicht entgegenstehen.

Alternativ:

Sollte es zwischen dem Grundstückseigentümer und dem Erbbauberechtigten zu Konflikten kommen, werden sie miteinander verhandeln und eine einvernehmliche und in die Zukunft gerichtete Lösung anstreben. Der Notar/die Notarin hat darauf hingewiesen, dass der Schlichtungs- und Schiedsgerichtshof deutscher Notare (SGH) ein Schlichtungsverfahren zur Verfügung stellt, wenn die direkten Verhandlungen zu keinem Ergebnis führen (Informationen und Kontaktdaten zum SGH unter www.dnotv.de). Unter der Leitung eines erfahrenen und unabhängigen Schlichters kann dort der Konflikt selbstbestimmt weiterbearbeitet werden. Eine Klage betrachten die Beteiligten als letztes Mittel. Die rechtlichen Berater der Beteiligten sollen die Beteiligten vorrangig bei den vorgenannten Verhandlungslösungen unterstützen. Die Beteiligten stellen klar, dass diese Absichtserklärungen der Einleitung eines Gerichtsverfahrens nicht entgegenstehen.

Alternativ:

Sollte es zwischen dem Grundstückseigentümer und dem Erbbauberechtigten zu Konflikten kommen, verpflichten sich die Beteiligten, alle oder im Zusammenhang mit diesem Vertrag entstehenden Streitigkeiten möglichst durch direkte Verhandlungen beizulegen. Die rechtlichen Berater der Beteiligten sollen diese dabei unterstützen. Gelingt dies nicht, verpflichten sich der Grundstückseigentümer und der Erbbauberechtigte, eine Schlichtung vor dem Schlichtungs- und Schiedsgerichtshof deutscher Notare (SGH) durchzuführen (Informationen und Kontaktdaten unter www.dnotv.de). Die Schlichtung beginnt mit dem Antrag auf Durchführung einer Schlichtung gegenüber dem SGH. Die Schlichtung endet auch ohne abschließende Einigung, wenn der Antrag zurückgewiesen wird oder der Schlichter das Scheitern der Schlichtung feststellt. Während der laufenden Schlichtung ist die Verjährung der streitgegenständlichen Ansprüche gehemmt. Die Klageerhebung ist erst nach der Beendigung der Schlichtung zulässig. Verfahren des einstweiligen Rechtsschutzes sowie selbständige Beweisverfahren bleiben auch während der Schlichtung zulässig. Gleiches gilt für Verfahren zur Wahrung einer gesetzlichen Ausschlussfrist. Insoweit verpflichten sich der Grundstückseigentümer und der Erbbauberechtigte, während der laufenden Schlichtung das Ruhen des gerichtlichen Verfahrens zu beantragen.

VIII. Ausfertigungen, Abschriften

Eine *Ausfertigung* dieser Urkunde erhalten:

- der Grundstückseigentümer
- der Erbbauberechtigte
- das Grundbuchamt
-

Eine *beglaubigte Abschrift* dieser Urkunde erhalten:

-
- die dinglich Berechtigten, deren Rangrücktrittserklärung erforderlich ist.

IX. Notar- und Gerichtskosten

Die Kosten für die Beurkundung und den Vollzug im Grundbuch trägt der Erbbauberechtigte. Die Kosten für den Rangrücktritt dinglich Berechtigter trägt der Grundstückseigentümer.

Vorgelesen vom Notar,

von den Beteiligten genehmigt

und eigenhändig unterschrieben:

…

(Unterschriften der Beteiligten)

…

(Unterschrift und Siegel des Notars)“

▲

▼ 14

Muster 6.3: Formulierungsvorschlag Zustimmung zur Inhaltsänderung des Erbbaurechts 6.3

Zustimmungserklärung zur Inhaltsänderung des Erbbaurechts

1. Dinglich Berechtigter; Erbbaugrundbuch

Gemarkung …, Grundbuch Blatt …

Dinglich Berechtigter: …

Erbbaurecht: Gemarkung …, Erbbaugrundbuch Blatt …

2. Zustimmung zur Inhaltsänderung des Erbbaurechts

Der in Ziffer 1 genannte dinglich Berechtigte erteilt hiermit seine Zustimmung zur Inhaltsänderung des in Ziffer 1 erwähnten Erbbaurechts gemäß Urkunde des Notars … in … vom …, URNr. bzw. UVZ-Nr. ….

3. Kostentragung

Kosten trägt der Erbbauberechtigte.

…, den …

▲

G. Eintragung im Grundbuch

15 **Eintragungsort** einer Erbbaurechtsänderung ist zum einen das Bestandsverzeichnis des Erbbaugrundbuchs, § 56 Abs. 1 lit. d und a GBV, zum anderen die Zweite Abteilung des Grundstücksgrundbuchs, dort Veränderungsspalte, § 10 Abs. 5 GBV.[67] Zum **Eintragungszeitpunkt** muss das **Erbbaurecht noch bestehen**, darf durch Zeitablauf noch nicht

67 Vgl. *Räfle*, § 11 Rn 16; BayObLG, Beschl. v. 22.12.1959, Az. BReg. 2 Z 192/59 = NJW 1960, 1155.

erloschen sein. Falls durch die Erstreckung nachträglich ein **Gesamterbbaurecht** entsteht, ist dies in den Grundbüchern zum Ausdruck zu bringen, § 48 Abs. 1 S. 1 GBO,[68] allerdings nicht durch einen „Pfandbesitz"- oder „Pfanderweiterungs"-Vermerk, da diese Terminologie den Verwertungsrechten vorbehalten und für Gesamterbbaurechte als Nutzungsrechte verfehlt ist.[69]

Die Elementardiskussion über die Form des Grundgeschäfts (vgl. Rdn 6) findet seine Fortsetzung in der Elementardiskussion über den **Eintragungsort der Inhaltsänderung**. Teilweise wird darüber gerätselt, in welchen Grundbüchern- Erbbau- oder Grundstücksgrundbuch, das ist hier die Frage-, die Eintragung zwingend und in welchen sie nur deklaratorisch erfolgen muss.[70] Dabei werden unterschiedliche Funktionsbereiche der Grundbücher ins Spiel gebracht. Die Grundbuchpraxis ist schlecht damit beraten, sich auf ein solches Roulettespiel einzulassen. Aus Sicherheitsgründen geht die Empfehlung dahin, die Inhaltsänderung **stets in beiden Grundbüchern** vorzunehmen, im Erbbaugrundbuch und im Grundstücksgrundbuch. Parallele Eintragungen lassen eine Informationsasymmetrie zwischen beiden Grundbüchern erst gar nicht zur Entstehung gelangen, was der Einsichtspraxis entgegenkommt, insbesondere der Vollstreckungspraxis.

16 Die Eintragung im **Erbbaugrundbuch**, Bestandsverzeichnis, könnte wie folgt lauten:

Amtsgericht München **Grundbuch von** Max-Vorstadt **Blatt** 1969 **Bestandsverzeichnis**

		Bezeichnung der Grundstücke und der mit dem Eigentum verbundenen Rechte				Größe		
Lfd. Nr. d. Grundstücke	Bisherige lfd. Nummer d. Grundstücke	Gemarkung Flurstück			Wirtschaftsart und Lage	ha	a	qm
		a/b			c			
1	2	3				4		
2	–	Der Inhalt des Erbbaurechts ist hinsichtlich der Heimfallregelungen geändert; gemäß Bewilligung vom 5.1.2024 – UVZ-Nr. 10/Notarius, München; eingetragen am 12.1.2024. Lausmann						

68 *Wilsch*, ErbbauZ 2024, 2, 9.

69 *Wilsch*, ErbbauZ 2024, 2, 9.

70 Darstellung des Meinungsstandes bei *Schöner/Stöber*, Rn 1725–1728, 1859; zu den Eintragungsorten äußern sich auch *Winkler/Schlögel*, § 5 Rn 159, und *Böttcher*, Rn 646–648.

Im Falle einer **Erweiterung des Ausübungsbereichs** könnte die Eintragung im **Erbbau-** 17
grundbuch wie folgt lauten:

Amtsgericht München **Grundbuch von** Max-Vorstadt **Blatt** 1969 **Bestandsverzeichnis**

		Bezeichnung der Grundstücke und der mit dem Eigentum verbundenen Rechte				Größe		
Lfd. Nr. d. Grundstücke	Bisherige lfd. Nummer d. Grundstücke	Gemarkung Flurstück			Wirtschaftsart und Lage	ha	a	qm
		a/b			c			
1	2	3				4		
2	–	Nach Erweiterung des Ausübungsbereichs lastet das Erbbaurecht nunmehr am ganzen Flurstück 530/6 gemäß Fortführungsnachweis 678; gemäß Bewilligung vom 5.1.2024 – UVZ-Nr. 10/Notarius, München; eingetragen am 12.1.2024. Lausmann						

Und im **Grundstücksgrundbuch**: 18

Amtsgericht München **Grundbuch von** Max-Vorstadt **Blatt** 205 **Zweite Abteilung**

Veränderungen		Löschungen	
Laufende Nummer der Spalte 1		Laufende Nummer der Spalte 1	
4	5	6	7
1	Der Inhalt des Erbbaurechts ist hinsichtlich der Heimfallregelungen geändert; gemäß Bewilligung vom 5.1.2024 – UVZ-Nr. 10/Notarius, München –; eingetragen am 12.1.2024. Lausmann		

19 Die **Erweiterung des Ausübungsbereichs** im **Grundstücksgrundbuch**:

Amtsgericht München **Grundbuch von** Max-Vorstadt **Blatt** 205 **Zweite Abteilung**

Veränderungen		Löschungen	
Laufende Nummer der Spalte 1		Laufende Nummer der Spalte 1	
4	5	6	7
1	Nach Erweiterung des Ausübungsbereichs lastet das Erbbaurecht nunmehr am ganzen Flurstück 530/6 gemäß Fortführungsnachweis 678; gemäß Bewilligung vom 5.1.2024 – UVZ-Nr. 10/Notarius, München –; eingetragen am 12.1.2024. Lausmann		

H. Kosten des Notariats und des Grundbuchamtes

I. Kosten des Notariats

20 In Rechnung zu stellen ist eine **2,0 Beurkundungsgebühr** nach der Nr. 21100 KV GNotKG,[71] mindestens ein Betrag i.H.v. 120 EUR. Derselbe Beurkundungsgegenstand ist betroffen, sofern das Erbbaurecht auf eine weitere Fläche erstreckt wird und im Zuge dessen die Belastungen des Erbbaurechts ausgedehnt bzw. modifiziert (Erbbauzins) werden, 109 Abs. 1 S. 2 GNotKG.[72]

Der **Geschäftswert** richtet sich nach § 97 Abs. 1 GNotKG.[73] Dabei darf der Wert des von der Veränderung betroffenen Rechtsverhältnisses nicht überschritten werden, § 97 Abs. 2 GNotKG, demnach der Wert der Erbbaurechtsbestellung nach § 43 GNotKG. Maßgeblich ist aber nur ein Teilwert[74] des Erbbaurechts, § 36 Abs. 1 GNotKG, wobei die Regelung in § 49 Abs. 2 GNotKG die Bezugsgröße liefert (80 Prozent des bebauten Grundstücks, woraus der Teilwert zu berechnen ist). Der Wert der Änderungen ist nach billigem Ermessen zu bestimmen.[75]

71 Ingenstau/Hustedt/*Hustedt*, Anhang II, Rn 20; *Leipziger Kostenspiegel*, Rn 5.3.
72 *Leipziger Kostenspiegel*, Rn 5.76.
73 Ingenstau/Hustedt/*Hustedt*, Anhang II, Rn 21.
74 Vgl. *Heinze*, NotBZ 2015, 161, 171; *Leipziger Kostenspiegel*, Rn 5.3, Teilwert nach billigem Ermessen.
75 *Leipziger Kostenspiegel*, Rn 5.3; Ingenstau/Hustedt/*Hustedt*, Anhang II, Rn 21; *Heinze*, NotBZ 2015, 161, 171: § 43 GNotKG ist nicht anwendbar, da das Erbbaurecht bereits begründet ist, daher Wertbestimmung der Änderung nach § 36 GNotKG.

Beispiel:

- 80 Prozent des bebauten Grundstücks = 800.000 EUR;
- Änderungswert: 30 Prozent hieraus = 240.000 EUR

Vollzugstätigkeiten (vgl. Vorbemerkung 2.2.1.1 KV GNotKG) lösen eine **0,5 Vollzugsgebühr** nach der Nr. 22110 KV GNotKG aus, es sei denn, es liegt ein Eigentümererbbaurecht vor (dann 0,3 Vollzugsgebühr nach der Nr. 22111 KV GNotKG).[76]

II. Kosten des Grundbuchamtes

Für die Eintragung einer Inhaltsänderung des Erbbaurechts fällt eine **0,5 Gebühr** an, 21
Nr. 14130 KV GNotKG, denn das Erbbaurecht findet im Kanon der Vorbemerkung 1.4.1.2 KV GNotKG Erwähnung. Beide Eintragungen sind damit abgedeckt, die Eintragung im Grundstücksgrundbuch und im Erbbaugrundbuch. Die Ausdehnung des Ausübungsbereichs rechtfertigt kein anderes Ergebnis und löst insbesondere keine volle Gebühr nach der Nr. 14121 KV GNotKG aus. Dass die Ausdehnung kostenrechtlich nicht als Neubestellung zu Buche schlägt, hängt mit dem weit gezogenen Änderungsrahmen zusammen[77] (vgl. Rdn 3–4). **Mehrere gleichzeitig beantragte Veränderungen** des Erbbaurechts (beispielsweise Laufzeitverlängerung, Vereinbarungen zur Zustimmungsverweigerung, Änderung des Gebäudeerrichtungsrechts) lösen nur eine 0,5 Veränderungsgebühr aus dem zusammengerechneten Wert der Veränderungen aus, vgl. Vorbemerkung 1.4 Abs. 3 KV GNotKG i.V.m. § 69 Abs. 2 S. 1 GNotKG. Nicht selten wird dies in der Grundbuchkostenpraxis nicht beachtet und mit mehreren Veränderungsgebühren in Ansatz gebracht, was mit Erinnerung anzugreifen ist.

Teile der gerichtlichen Kostenpraxis tendieren dahin, den **Wert** nach § 49 Abs. 2 GNotKG zu bemessen (zum Sachstand vgl. § 7 Rdn 23). Danach sei für die Änderung ein Wert i.H.v. 80 Prozent des bebauten Erbbaugrundstücks anzusetzen. Dieser Meinung kann nicht gefolgt werden, da nicht das Erbbaurecht zu bewerten ist, sondern eine Veränderung. Richtigerweise ist nur ein **Teilwert** anzusetzen, § 36 Abs. 1 GNotKG, und zwar ein Teilwert i.H.v. 10 bis 50 Prozent des Erbbaurechtswertes nach § 49 Abs. 2 GNotKG[78] (vgl. auch § 7 Rdn 23). Insofern besteht ein Gleichklang mit dem Wert, den das Notariat der Änderung zugrunde legt (vgl. Rdn 20).

76 Ingenstau/Hustedt/*Hustedt*, Anhang II, Rn 20.
77 Vgl. *Ott*, notar 2014, 265 f.
78 Vgl. *Heinze*, NotBZ 2015, 161, 171.

§ 7 Verlängerung eines Erbbaurechts

A. Allgemeines

In seiner 1910 veröffentlichten Abhandlung[1] erwähnt *Pesl* **Prachthotels in London**, deren großzügige und luxuriöse Bauweise den Ausschlag dafür gab, die Lease-Dauer mit 999 Jahren zu veranschlagen. Daneben finden *„Leaseverhältnisse auf (die Dauer von) 10.000 und 20.000 Jahre (Erwähnung), die wir wohl als ewige Verträge bezeichnen können*“.[2] Wie sehr solche Zeiträume an die Ewigkeit rühren, zeigt ein Blick auf die Menschheitsgeschichte, die nur für 200.000 Jahre fossil abgesichert ist. 1

Fälle mit einer Erbbaurechtsdauer von mehreren Jahrhunderten oder gar Jahrtausenden kennt die **deutsche Erbbaurechtspraxis** nicht,[3] sie kämen allenfalls im Denkmalsbereich in Betracht. Ebenso selten sind ewige Erbbaurechte anzutreffen,[4] allenfalls für die Bundesländer oder Kommunen, wobei die Eintragung im Grundbuch als „Erbbaurecht auf ewige Zeit“ lautet. Bereits im alten Erbbaurecht belief sich die übliche Erbbaurechtsdauer auf **99 Jahre**, bei gewerblichen Objekten nur 40 bis 50 Jahre. Als Bemessungsgrundlage dienten **gewohnheitsrechtliche Überlegungen**, die Bemessung erfolgte im alten Recht *„nach alter Gewohnheit*“.[5] 2

Grund dafür, diese Bemessungsgrundlage zu belächeln, besteht nicht, da auch die **aktuelle Praxis** nicht ohne Referenz an das tradierte Verständnis auskommt. Eine für Einfamilienhäuser ausgegebene Laufzeit von 99 Jahren findet im aktuellen Wertermittlungsrecht keine Stütze mehr, weil zwischenzeitlich kürzere Nutzungsperioden prognostiziert werden, regelmäßig nur noch 80 Jahre. Dennoch ist die psychologische Wirkung einer generationenübergreifenden Dauer von 99 Jahren ungebrochen, und auch die Beleihungspraxis präferiert längere Laufzeiten. Bezogen auf den Wohnungsmarkt, kennt die Erbbaupraxis Laufzeiten zwischen 60 und 99 Jahren.[6] Nach einer aktuellen Studie des Deutschen Erbbaurechtsverbandes[7] sollen bis zum Jahr 2050 49 Prozent der Erbbaurechtsverträge auslaufen, was der Verlängerungsthematik weiteres Gewicht verleiht. 3

1 *Pesl*, S. 52.
2 *Pesl*, S. 52/53.
3 So auch im alten Recht, vgl. *Glaß/Scheidt*, § 1 Anm. V = S. 21: „…Erbbaurechte für ‚ewige‘ Zeiten zulässig. Praktisch dürften sie jedoch kaum jemals vorkommen, es werden vielmehr stets betagte Erbbaurechte bestellt werden.“ In der aktuellen Praxis werden ewige Erbbaurechte selten bestellt, allenfalls für Bundesländer oder Kommunen. Die Eintragung im Grundbuch lautet dann „Erbbaurecht auf ewige Zeit für den Freistaat Bayern…“.
4 Zur Möglichkeit ewiger Erbbaurechte vgl. auch DNotI-Gutachten Abruf-Nr. 185211, letzte Aktualisierung 15.12.2021.
5 *Pesl*, S. 52.
6 Vgl. *Krusenotto/Pätzold*, ErbbauZ 2024, 9, 12.
7 Studie Erbbaurecht 2023.

B. Praktische Relevanz; Verlängerungsklausel; Widerspruch gegen die Verlängerung eines Erbbaurechts

4 Bei einer fast einhundertjährigen Geschichte des Erbbaurechtsgesetzes und Laufzeiten von 99 Jahren wird die **große praktische Relevanz** einer evtl. **Verlängerung** ersichtlich. Erste Verlängerungswellen sind bereits durch die Praxis gelaufen, beispielsweise durch Münchner Erbbaurechtsgebiete, die sich über mehrere Gemarkungen erstreckten. Erfahrungen, die hierbei gewonnen werden konnten, zeigen, dass der **zeitlichen Komponente** besonderes Gewicht beizumessen ist. Eine mögliche Verlängerung sollte bereits **mehrere Jahre oder Jahrzehnte**[8] **vor Ablauf** in Angriff genommen werden, nicht erst im letzten Halbjahr, das Erlöschen des Erbbaurechts unmittelbar vor Augen. Eine **rechtzeitige Erörterung** ist nicht nur im Interesse des Erbbauberechtigten, dessen Erbbaurecht durch die Laufzeitverlängerung eine bessere Bewertung durch die Bankenpraxis erfährt,[9] sondern auch im Interesse des Grundstückseigentümers, der evtl. Entschädigungsleistungen erbringen muss. Eine Vielzahl abgelaufener Erbbaurechte belastet den Grundstückseigentümer nicht unerheblich, bei größeren Erbbaurechtsgebieten können Entschädigungen im dreistelligen Millionenbereich[10] im Raum stehen. Eine rechtzeitige Erörterung eröffnet überdies mehr Spielräume und garantiert ein Klima höherer Rationalität.[11] Wie es um die lokale Erteilung von **Unbedenklichkeitsbescheinigungen** (UB) des Finanzamtes jeweils bestellt ist, dürfte dem Notariat hinlänglich bekannt sein. Wie noch zu zeigen sein wird, ist die Verlängerung eines Erbbaurechts grunderwerbsteuerpflichtig.[12] Die Erteilungsdauer einer UB ist in die Planung ebenso einzubeziehen wie die Einholung von **Zustimmungen dinglich Berechtigter**. Weiteres Augenmerk ist darauf zu verwenden, ob es dem **Grundbuchamt** noch möglich sein wird, die Dauer vor Ablauf in die Grundbücher einzutragen, anderenfalls – Zeitablauf nach Antragseingang –, eine Verlängerung nicht mehr realisiert werden kann. Die Verlängerung eines Erbbaurechts setzt **Einigung** und

8 Nicht selten gehen Stiftungen bereits 30 Jahre vor Zeitablauf daran, die Verlängerungsfrage zu thematisieren, vgl. *Strugalla*, ErbbauZ 2022, 46, 47, Beispiel Stiftung Schönau; ebenso *Kost*, ErbbauZ 2024, 34, 37, die Gespräche über die Verlängerung des Erbbaurechts sollen „mindestens 20 – 30 Jahre vor Ablauf eines Erbbaurechts" angestoßen werden, um eine sinnvolle Strategie zu entwickeln. Zum Zeitmoment einer „rechtzeitigen" Verlängerung vgl. auch *Schneider*, ErbbauZ 2024, 66, 71.

9 *Krusenotto/Pätzold*, ErbbauZ 2024, 9, 12.

10 Vgl. die Praxisschilderung von *Strugalla*, ErbbauZ 2022, 46, 47.

11 Dagegen wird eine Erörterung kurz vor Ablauf des Erbbaurechts häufig mehr von einer „hohen Emotionalität" geprägt sein, vgl. *Kost*, ErbbauZ 2024, 34, 37. Zum richtigen Zeitpunkt vgl. auch *Wolffskeel v. Reichenberg*, MittBayNot 2021, 219, 224.

12 BFH, Urt. v. 18.8.1993, Az. II R 10/90 = NJW 1994, 544 = MittBayNot 1994, 173; zum Zeitfaktor „UB" vgl. nun auch *Wolffskeel v. Reichenberg*, MittBayNot 2021, 219, 224; **a.A.** *Drasdo*, ZfIR 2021, 316; keine UB erforderlich, dieser Auffassung wird jedoch in der Praxis nicht gefolgt.

Eintragung vor Zeitablauf voraus, § 873 BGB,[13] sie tritt nur bei rechtzeitiger Verwirklichung des Doppeltatbestandes ein.

Der **Anspruch auf Verlängerung des Erbbaurechts** kann auch durch eine **Vormerkung** gesichert werden.[14] Insoweit liegt ein Anspruch auf inhaltliche Abänderung des Erbbaurechtes vor, wobei in der Praxis **strittig** ist, ob die Vormerkung nur **mit der Rangstelle des Erbbaurechts** vorgemerkt werden kann, demnach nur an erster oder auch an nächstoffener Rangstelle. Die Praxis verfährt uneinheitlich, obergerichtliche Rechtsprechung liegt hierzu noch nicht vor, sodass eine erhebliche Rechtsunsicherheit besteht. Was für das Erbbaurecht gelte, müsse auch für das verlängerte Erbbaurecht gelten, das sei hier die erste Rangstelle. Umgekehrt wird ins Feld geführt, dass § 10 ErbbauRG für die Vormerkung, die sich auf die Begründung des Erbbaurechts bezieht, noch nicht gelte, weshalb auch die Verlängerungsvormerkung nicht mehr verlangt werde könne. Der **sicherste Weg** besteht darin, die Verlängerungsvormerkung an der ersten Rangstelle zu platzieren. Entsprechende Rangrücktritte sind dem Grundbuchamt mitvorzulegen.

Ein eingetragenes, noch nicht erloschenes Erbbaurecht kann noch inhaltlich abgeändert 5
werden, zur Grundbucheintragung bedarf es nicht der Aufhebung des bestehenden Erbbaurechts mit anschließender Neubestellung.[15] Die Empfehlung geht dahin, für kritische Verlängerungsfälle, die kurz vor Zeitablauf beurkundet werden, als **Option** die **Neubestellung** des Erbbaurechts in die Urkunde aufzunehmen.

Hinfällig wird eine sog. **Verlängerungsklausel**, wonach sich das Erbbaurecht u.U. um 6
einen bestimmten Zeitraum automatisch verlängert,[16] falls der Grundstückseigentümer nach Ablauf des ursprünglichen Beendigungszeitpunktes das Grundstück nicht anderweitig verwertet oder verwendet. Entweder entfällt die Klausel ersatzlos, oder sie taucht in zeitlich modifizierter Form neu auf, worüber die Beteiligten Einigkeit herstellen müssen (Einigung Grundstückseigentümer und Erbbauberechtigter erforderlich).

Die Beteiligten müssen die automatische Verlängerung des Erbbaurechts nicht hinnehmen, sondern können auch, sofern sie das Ende des Erbbaurechts herbeiführen wollen, der **Verlängerung des Erbbaurechts** gegenüber dem Grundbuchamt **widersprechen** (Widerspruch gegen die Verlängerung eines Erbbaurechts; zur grunderwerbsteuerlichen Einordnung vgl. Rdn 14). Das Grundbuchamt wird hierauf mit einem entsprechenden Bestätigungsschreiben reagieren und den Widerspruch zur Grundakte nehmen.

13 *Grauel*, ZNotP 1998, 456, 457; *Wolffskeel v. Reichenberg*, MittBayNot 2021, 219, 224.

14 Staudinger/*Rapp*, § 27 Rn 15, Eintragung im Grundstücksgrundbuch; ebenso Beck'sches Notarhandbuch/*Wolffskeel v. Reichenberg*, § 4 Rn 87; vgl. auch DNotI, Dokumentennummer 11279, letzte Aktualisierung 7.11.2002, dort auch zur Eintragung im Grundstücksgrundbuch, das für die Änderungen konstitutiv ist.

15 OLG München, Beschl. v. 10.4.2013, Az. 34 Wx 36/13 = BeckRS 2013, 09792 = FGPrax 2013, 155.

16 Zur Wirksamkeit einer solchen Klausel, gerichtet auf sukzessive Verlängerung des Erbbaurechts, vgl. BGH NJW 1969, 2043, dies entspricht einer zulässigen aufschiebenden Bedingung.

7 ▼

Muster 7.1: Formulierungsvorschlag Widerspruch gegen die Verlängerung eines Erbbaurechts

WIDERSPRUCH GEGEN DIE VERLÄNGERUNG EINES ERBBAURECHTS

Im **Grundbuch** des Amtsgerichts ___ für die Gemarkung ___ Blatt ___ ist in Abteilung II unter der lfd. Nummer ___ ein Erbbaurecht an der Parzelle Flurstück ___ für ___ eingetragen.

Das Erbbaugrundbuch hierzu wird unter der Blattnummer ___ geführt.

Gemäß ___ des Erbbaurechtsvertrages vom ___, URNr. bzw. UVZ-Nr. ___ des Notars ___, endet das Erbbaurecht am ___. Das Erbbaurecht soll sich automatisch um weitere ___ Jahre verlängern, wenn nicht der Erbbauberechtigte dieser automatischen Verlängerung mindestens ___ vor Ablauf der zunächst geltenden Laufzeit widerspricht, also bis spätestens ___. Mit Wirkung für und gegen den Grundstückseigentümer und den Erbbauberechtigten reicht es aus, dass der Widerspruch innerhalb der Frist dem Grundbuchamt des Erbbaugrundstücks in öffentlich beglaubigter Form zugeht.

In Ausübung dieses Rechts widerspricht hiermit ___ gegenüber dem Grundbuchamt des Erbbaugrundstücks der automatischen Verlängerung des Erbbaurechts. In der Folge endet das Erbbaurecht mit Ablauf des ___.

Mit Ablauf des ___ wird die Löschung des Erbbaurechts bewilligt und beantragt.

Notar ___ wird ermächtigt, diesen Widerspruch dem Grundbuchamt vorzulegen.

___, den ___

UVZ-Nr. ___

Ich beglaubige hiermit die Echtheit der vorstehenden, vor mir vollzogenen Unterschrift von ___.

___, den ___

(Siegel und Unterschrift Notar)

▲

C. Weitere Klärung der Rechtsnatur

Frühzeitig[17] erfolgte eine Thematisierung der **Erbbaurechtsverlängerung** in § 27 Abs. 3 ErbbauRG, im Rahmen der Abwendung der Entschädigungspflicht, die den Grundstückseigentümer nach § 27 Abs. 1 und Abs. 2 ErbbauRG trifft.[18] Als Wesensmerkmal lässt sich der Regelung entnehmen, dass eine Verlängerung des Erbbaurechts nur *„vor dessen Ablauf"* in Betracht kommt.[19] Das Erbbaurecht muss noch bestehen, darf **noch nicht erloschen** sein.[20] Die Grundbuchpraxis kennt jedoch Fälle, in denen **trotz Zeitablaufs** noch die **Erbbaurechtsverlängerung eingetragen** wurde, geschuldet der Überlegung, es käme lediglich auf die rechtzeitige Antragstellung an, was nicht geteilt werden kann. Dass die Antragstellung noch vor Ablauf des Erbbaurechts erfolgt ist, genügt nicht,[21] vielmehr muss die **Eintragung noch vor Zeitablauf erfolgen**. Eine Eintragung nach Zeitablauf kann keine Wirkung mehr entfalten.[22] Eine Neubestellung ist darin auch nicht zu sehen. Die trotz Zeitablaufs vorgenommene Eintragung ist als **inhaltlich unzulässige Eintragung** von Amts wegen zu löschen, § 53 Abs. 1 S. 2 GBO,[23] weil die Eintragung keinen materiellen Inhalt entfalten kann bzw. einen offenen Widerspruch zum Restinhalt enthält. Das mit der Beurkundung weiterer Rechte am Erbbaurecht betraute Notariat ist gehalten, die offensichtliche Unwirksamkeit einer solchen Eintragung bereits im Vorfeld gegenüber dem betroffenen Grundbuchamt geltend zu machen, damit das Grundbuchamt die notwendigen Maßnahmen in die Wege leiten und die Beteiligten entsprechend informieren kann. Notwendig wird eine Neubestellung des Erbbaurechts. 8

Dass das Erbbaurecht noch Bestand haben muss, weist zugleich den Weg zur Abgrenzung gegenüber der Neubestellung eines Erbbaurechts und definiert die Erbbaurechtsverlängerung als **Inhaltsänderung** im Sinne von § 876 BGB.[24] Darunter ist *„jede Änderung der Befugnisse des Berechtigten im Rahmen des bereits bestehenden Rechts (zu verstehen), gleichviel ob sie eine Erweiterung oder eine Einschränkung oder eine sonstige andere Ausgestal-*

17 Siehe *Glaß/Scheidt*, § 27 Anm. II 3 = S. 161.

18 *König*, MittRhNotK 1989, 261.

19 Vgl. *Glaß/Scheidt*, a.a.O.: „…Verlängerung des Erbbaurechts vor dessen Ablauf…"; *Räfle*, § 27 Rn 15; *Wilsch*, ErbbauZ 2021, 9, 10; *Wolffskeel v. Reichenberg*, MittBayNot 2021, 219, 224.

20 *Wilsch*, ErbbauZ 2021, 9, 10.

21 *Wilsch*, ErbbauZ 2021, 9, 10.

22 Ingenstau/Hustedt/*Bardenhewer*, § 27 Rn 29: nach Beendigung ist Verlängerung nicht mehr möglich, es kommt nur noch die Neubestellung in Betracht; vgl. auch *Winkler/Schlögel*, § 5 Rn 228, Vollzug nur vor dem Erlöschen des Erbbaurechts möglich.

23 *Wilsch*, ErbbauZ 2021, 9, 10.

24 BayObLG, Beschl. v. 22.12.1959, Az. BReg. 2 Z 192/59 = NJW 1960, 1155; OLG Frankfurt a.M., Beschl. v. 27.5.2003, Az. 20 W 462/02 = NJOZ 2003, 3226, 3228 = BeckRS 2003, 08811; Staudinger/*Rapp*, § 27 Rn 15 ErbbauRG; Ingenstau/Hustedt/*Bardenhewer*, § 11 Rn 60; *Grauel*, ZNotP 1998, 456; Bamberger/Roth/*Maaß*, § 11 Rn 13; *Wilsch*, ErbbauZ 2021, 9, 10; *Schneider*, ErbbauZ 2024, 66, 67; *Wolffskeel v. Reichenberg*, MittBayNot 2023, 220, 221.

tung des Rechts enthält".[25] Ein neues Erbbaurecht soll nicht begründet, vielmehr ein noch bestehendes Erbbaurecht einer erheblichen Inhaltsmodifikation unterzogen werden, einer Erweiterung um eine weitere Zeitdauer.[26] Dies gilt auch für ein bestehendes **Erbbaurecht, das in Wohnungs- und Teilerbbaurechte** aufgeteilt ist.[27] Erforderlich sind **Einigung** und **Eintragung,**[28] §§ 11 Abs. 1 S. 1 ErbbauRG i.V.m. §§ 877, 873 BGB.

9 Dass der **Bestimmtheitsgrundsatz** auch insoweit Geltung beanspruchen kann, steht außer Frage.[29] Eine Laufzeitverlängerung, die auf die voraussichtliche Restnutzungsdauer des Bauwerks abstellt, genügt den Erfordernissen des Bestimmtheitsgrundsatzes nicht. Die Verlängerungszeit muss **kalendermäßig bestimmt** werden,[30] und aus dem Grundbuch muss völlig unzweifelhaft hervorgehen, wie lange das Erbbaurecht noch besteht.

Die Praxis kennt überdies Erbbaurechtsverlängerungen, die von einer **aufschiebenden Bedingung** abhängig gemacht werden. Die Verlängerung des Erbbaurechts steht dann beispielsweise unter der aufschiebenden Bedingung, dass eine Baugenehmigung vorliegt. Zugleich verpflichten sich die Vertragsteile dazu, das Notariat unverzüglich schriftlich über den Eintritt der aufschiebenden Bedingung in Kenntnis zu setzen. Die Aufnahme einer entsprechenden aufschiebenden Bedingung ist zulässig, da § 1 Abs. 4 ErbbauRG lediglich auflösende Bedingungen ausschließt.[31]

D. Grundgeschäft: notarielle Beurkundung

10 Ob das schuldrechtliche Grundgeschäft **formbedürftig** ist, ist zu bejahen, da die Änderung mit einer wesentlichen Erweiterung[32] einhergeht, mit einer Extension des Erbbaurechts in die Zukunft. Hinzu kommt der weitere Änderungshintergrund, der sich in der Praxis regelmäßig öffnet, sobald Grundstückseigentümer und Erbbauberechtigter die Laufzeitverlängerung umsetzen wollen[33] und dabei auf weitere Punkte des Erbbaurechtsvertrages stoßen, die einer Modifikation bedürfen.[34] Hinsichtlich des Verlängerungszeitraumes kommt die Änderung einer Neubestellung gleich und muss daher **notariell beurkundet** werden, § 11 Abs. 2 ErbbauRG i.V.m. § 311b BGB.[35] Die abweichende Ansicht,

25 BayObLG a.a.O.; *Böttcher*, Rn 637.
26 BayObLG a.a.O.
27 Zur Verlängerung eines Erbbaurechts, das in Wohnungs- und Teilerbbaurechte aufgeteilt ist, vgl. *Schneider*, ErbbauZ 2024, 66.
28 *Wilsch*, ErbbauZ 2021, 9, 10.
29 *König*, MittRhNotK 1989, 261, 262.
30 *König*, a.a.O.
31 Ingenstau/Hustedt/*Hustedt*, § 1 Rn 113.
32 S. a. Ingenstau/Hustedt/*Bardenhewer*, § 11 Rn 54.
33 *Grauel*, ZNotP 1998, 456, 457.
34 *König*, MittRhNotK 1989, 261, 264.
35 Ingenstau/Hustedt/*Bardenhewer*, § 11 Rn 54; *Böttcher*, Rn 638, 639.

die eine Formbedürftigkeit lediglich bejaht, sofern sich die Rechtslage eines der Vertragsbeteiligten *verschlechtert*, überzeugt nicht und ist mit einem erheblichen Unsicherheitsmoment behaftet. Die Empfehlung geht dahin, die Verlängerung stets notariell beurkunden zu lassen.[36]

E. Dingliche Veränderung

11 Die Verlängerung der Erbbaurechtslaufzeit erfordert **Einigung** und **Eintragung**, §§ 877, 873 BGB, 11 Abs. 2 ErbbauRG,[37] wobei die Einigung in der Form des § 29 Abs. 1 GBO nachzuweisen ist.[38]

Im Falle einer Änderung des Erbbaurechtsinhalts darf die Eintragung nur erfolgen, sofern die erforderliche **Einigung des Berechtigten** (hier: **Erbbauberechtigten**) und des anderen Teils (hier: **Grundstückseigentümer**) erklärt ist, so explizit § 20 GBO.[39] Ist das Erbbaurecht in Wohnungs- und Teilerbbaurecht aufgeteilt, ist die **Einigung sämtlicher**[40] **Wohnungs- und Teilerbbauberechtigten** und des **Grundstückseigentümers** über die Verlängerung erforderlich.[41] Einer Verlängerung nur hinsichtlich einzelner Wohnungs- bzw. Teilerbbaurechtseinheiten ist nicht möglich, da das Erbbaurecht nur einen einheitlichen Inhalt haben kann und § 1 Abs. 3 ErbbauRG einer solchen Verlängerung entgegensteht.

Die Grundbuchpraxis kennt Fälle, in denen die Erbbaurechtsverlängerung *lediglich bewilligt* und *beantragt* wird, ohne die Einigung zu erklären. Auch in der Formularpraxis ist dies zuweilen anzutreffen.[42] Die einseitige Bewilligung reicht jedoch nicht aus.[43] Derartige Fälle laufen Gefahr, sofort zurückgewiesen zu werden, da die Nachholung einer Einigung nicht mit Zwischenverfügung aufgegeben werden kann.[44] Regelmäßig ergeht in

36 *König*, a.a.O.

37 Ingenstau/Hustedt/*Bardenhewer*, § 11 Rn 59; Staudinger/*Rapp*, § 27 Rn 15; *Böttcher*, Rn 642; *Wilsch*, ErbbauZ 2021, 9, 10; *Schneider*, ErbbauZ 2024, 66, 67.

38 BayObLG, Beschl. v. 22.12.1959, Az. BReg. 2 Z 192/59 = NJW 1960, 1155; Ingenstau/Hustedt/*Bardenhewer*, § 11 Rn 59. Unvollständig Beck'sches Formularbuch Immobilienrecht/*Frense*, Verlängerung eines Erbbaurechts, dort wird die Verlängerung des Erbbaurechts nur bewilligt und beantragt, eine Einigung fehlt, vgl. dort Ziffer II Nr. 3 des Formulars.

39 Ingenstau/Hustedt/*Bardenhewer*, § 27 Rn 31; *Schneider*, ErbbauZ 2024, 66, 67.

40 Wirken nicht alle Wohnungs- und Teilerbbauberechtigte mit, kann die Verlängerung nicht zustandekommen, vgl. *Schneider*, ErbbauZ 2024, 66, 69.

41 *Schneider*, ErbbauZ 2024, 66, 67.

42 Vgl. Beck'sches Formularbuch Immobilienrecht/*Frense*, Muster „Verlängerung eines Erbbaurechts", dort unter Ziffer II 3 des Musters nur Bewilligung und Antrag, keine Einigung. Das Grundbuchamt wird dies beanstanden.

43 Ebenso Staudinger/*Rapp*, § 27 Rn 15; *Schneider*, ErbbauZ 2024, 66, 67; **a.A.** Beck'sches Formularbuch Immobilienrecht/*Frense*, Verlängerung eines Erbbaurechts, dort nur Bewilligung, was jedoch nicht geteilt werden kann.

44 Vgl. die Darstellung bei *Schöner/Stöber*, Rn 442a.

der Praxis eine nicht rangwahrende Verfügung, die ihren Grund in der gerichtlichen Aufklärungspflicht findet und in der das Vollzugshindernis dargestellt wird.

Eintragungsorte der Erbbaurechtsverlängerung sind das Bestandsverzeichnis des Erbbaugrundbuchs und die Zweite Abteilung des Grundstücksgrundbuchs, dort Veränderungsspalte, als Veränderung des Erbbaurechts.

F. Zustimmungen dinglich Berechtigter

12 Nach § 877 BGB findet auf die Inhaltsänderung § 876 BGB Anwendung, weshalb zur Inhaltsänderung die **Zustimmung Drittberechtigter** einzuholen ist.[45] Dies wirft die Frage auf, welche Drittberechtigte gemeint sein können. In Frage kommen zwei Gruppen von Berechtigten:[46]

- die dinglich Berechtigten am Erbbaurecht bzw. am Erbbaurecht, das in Wohnungs- und Teilerbbaurechte aufgeteilt ist[47]
- die dinglich Berechtigten, die im Grundstücksgrundbuch im Rang nach dem Erbbaurecht eingetragen sind.

Nicht jede Inhaltsänderung löst die Zustimmungsnotwendigkeit aus, sondern nur eine solche Änderung, die die Rechtsposition eines dinglich Berechtigten verschlechtert.[48] Im formellen Recht ist auf § 19 GBO zu verweisen, eine Regelung, die ein Betroffenheitsmerkmal statuiert. Wie vom BayObLG festgestellt, sind „*auch Inhaltsänderungen denkbar, die das belastende Recht des Dritten gar nicht beeinträchtigen, weil sie die Befugnisse des Hauptberechtigten sogar erweitern*“.[49] Erforderlich ist eine **differenzierende Gesamtschau**, eine individualisierende Betrachtung der einzelnen Belastungen.[50]

13 Die Erweiterung der zeitlichen Befugnisse des Erbbauberechtigten in Form einer Laufzeitverlängerung wirkt sich positiv auf die **dinglich Berechtigten am Erbbaurecht** aus, sodass deren Zustimmung zur Laufzeitverlängerung **nicht** erforderlich ist.[51] Gleiches

45 BayObLG a.a.O.; OLG Frankfurt, Beschl. v. 27.5.2003, Az. 20 W 462/02 = NJOZ 2003, 3226; *Wilsch*, ErbbauZ 2021, 9, 11.

46 Bamberger/Roth/*Maaß*, § 11 Rn 13 und 14.

47 Zur Verlängerung von Wohnungs- und Teilerbbaurechten vgl. *Schneider*, ErbbauZ 2024, 66.

48 BayObLG a.a.O., 1156; OLG Frankfurt a.M., Beschl. v. 27.5.2003, Az. 20 W 462/02 = NJOZ 2003, 3226, 3228; Ingenstau/Hustedt/*Bardenhewer*, § 11 Rn 60; Staudinger/*Rapp*, § 27 Rn 15; Bamberger/Roth/*Maaß*, § 11 Rn 14.

49 BayObLG a.a.O., 1156.

50 *Wilsch*, ErbbauZ 2021, 9, 11.

51 OLG Frankfurt a.a.O., 3228; Bamberger/Roth/*Maaß*, § 11 Rn 14; *Grauel*, ZNotP 1998, 456, 458; Ingenstau/Hustedt/*Bardenhewer*, § 11 Rn 61; *Böttcher*, Rn 228.

gilt für ein **Erbbaurecht, das in Wohnungs- und Teilerbbaurechte aufgeteilt** ist, auch deren dinglich Berechtigte werden nicht betroffen,[52] sodass diese Gläubiger der Verlängerung des Erbbaurechts, das in Wohnungs- und Teilerbbaurechte aufgeteilt ist, nicht zustimmen müssen.[53]

Negativ wirkt sich dagegen die Laufzeitverlängerung auf die dinglich Berechtigten aus, die im **Grundstücksgrundbuch** im Rang nach dem Erbbaurecht eingetragen sind.[54] Eine entsprechende Inhaltsänderung beeinträchtigt die Berechtigten, die im Grundstücksgrundbuch im Rang nach dem Erbbaurecht eingetragen sind.[55] Gemeint sind dingliche Rechte aller Art, nicht nur Grundpfandrechte. Auch **nachrangig eingetragene Dienstbarkeitsberechtigte** können betroffen sein, weil durch die Laufzeitverlängerung des Erbbaurechts die Wirkungsrelevanz der Dienstbarkeiten erst später eintreten kann, beispielsweise bei Geh- und Fahrtrechten, die infolge der Erbbaurechtsverlängerung erst später die vom Erbbaurecht betroffene Grundstücksfläche nutzen können.[56] Die Erbbaurechtsverlängerung kommt insoweit einer Neubestellung gleich.[57] Falls die Zustimmung verweigert wird, kann die Laufzeitverlängerung nicht zustande kommen.[58]

Um im Grundbuchverfahren Verwendung zu finden (Beweismittelbeschränkung), müssen alle notwendigen Zustimmungen dem Grundbuchamt in der Form des § 29 Abs. 1 S. 1 GBO präsentiert werden, demnach als **öffentliche** oder **öffentlich beglaubigte Urkunden**.

G. Unbedenklichkeitsbescheinigung (UB) und Genehmigungserfordernisse

Der Bundesfinanzhof stellt die Laufzeitverlängerung einer Neubestellung gleich und hält eine *„sinngemäß(e) entsprechende Anwendung des § 1 Abs. 1 GrEStG“* für geboten.[59] **14**

52 *Schneider*, ErbbauZ 2024, 66, 67.
53 *Schneider*, ErbbauZ 2024, 66, 67.
54 BayObLG a.a.O., 1157; OLG Frankfurt a.a.O.; Bamberger/Roth/*Maaß*, § 11 Rn 14; *Grauel*, a.a.O.; Ingenstau/Hustedt/*Bardenhewer*, a.a.O.; *Wilsch*, ErbbauZ 2021, 9, 11; *Böttcher*, Rn 645. Gleiches gilt für ein Erbbaurecht, das in Wohnungs- und Teilerbbaurechte aufgeteilt ist, vgl. *Schneider*, ErbbauZ 2024, 66, 67.
55 BayObLG a.a.O., 1156, 1157; *Grauel*, a.a.O; *Wilsch*, ErbbauZ 2021, 9, 11.
56 OLG Frankfurt a.a.O.
57 Staudinger/*Rapp*, § 27 Rn 15.
58 BayObLG a.a.O., 1157.
59 BFH, Urt. v. 18.8.1993, Az. II R 10/90 = DStR 1993, 1479 = MittBayNot 1994, 173 = NJW 1994, 544. Ebenso FG Düsseldorf, Urt. v. 30.11.2023, Az. 11 K 2195/21 GE = BeckRS 2023, 36043; *Meusel*, ErbbauZ 2021, 34, 35; *Wilsch*, ErbbauZ 2021, 9, 11; *Lahmann*, ErbbauZ 2022, 9, 13; *Schneider*, ErbbauZ 2024, 66, 69; **a.A.** *Drasdo*, ZfIR 2021, 316, Verlängerung sei nicht grunderwerbsteuerpflichtig, Grund sei die Regelung in § 39 ErbbauRG. Diese Regelung ist jedoch im Falle einer Verlängerung nicht einschlägig, vgl. BFH, a.a.O.; ebenso Nagel/*Nagel*, § 39 Rn 3, 6, unter Rn 7 jedoch wiederum einschränkend, dass dies fraglich sei, sofern die Verlängerung nicht mit einer inhaltlichen Änderung einhergeht.

Bezogen auf den Zeitraum der Laufzeitverlängerung, liegt eine neue grundstücksgleiche Belastung des Grundstücks vor,[60] die der **Grunderwerbsteuer** unterliegt.[61] Die Bundesnotarkammer wies bereits mit Schreiben vom 7.3.1994 auf die Anzeigepflicht (§ 18 GrEStG) des Vorgangs hin.[62] Anzufordern ist eine **Unbedenklichkeitsbescheinigung** (UB) des Finanzamtes. Gelegentlich wird die UB dem Grundbuchamt nicht vorgelegt, was regelmäßig eine Zwischenverfügung zur Folge hat. Die **Praxisempfehlung** geht dahin, die **Unbedenklichkeitsbescheinigung stets anzufordern und dem Grundbuchamt vorzulegen**, unabhängig von neueren Literaturmeinungen,[63] die die Grunderwerbsteuerpflicht in Abrede stellen. Die Finanzgerichtsbarkeit[64] geht unverändert von einer Steuerpflicht aus. Die Grunderwerbsteuerpflicht entsteht bereits mit Abschluss des Verlängerungsvertrages,[65] wobei die Vereinbarung, dass der Erbbauberechtigte die Verlängerung durch einen Widerspruch (zum Widerspruch vgl. Rdn 7) verhindern kann, nicht als aufschiebende Bedingung i.S.v. § 14 Nr. 1 GrEStG zu werten ist.[66] Grunderwerbsteuerliche Bemessungsgrundlage ist der kapitalisierte Erbbauzins für die Verlängerungszeit,[67] und zwar ohne Abzinsung.[68] **Grunderwerbsteuerpflichtig** wäre auch eine **Verkürzung der Laufzeit**, weil der Grundstückseigentümer wieder Nutzungsbefugnisse erhält.[69]

15 Eine Besonderheit gilt für die **Verlängerung alter Erbbaurechte gem. § 112 SachenRBerG**, die nicht grunderwerbsteuerpflichtig ist. Die Begründung hierfür ist darin zu sehen, dass die Verlängerung lediglich dazu dient, den alten Rechtszustand wiederherzustellen.

60 BFH a.a.O.; ebenso *Winkler/Schlögel*, § 10 Rn 54; *Grauel*, ZNotP 1998, 456, 459; FG Düsseldorf, Urt. v. 30.11.2023, Az. 11 K 2195/21 GE = BeckRS 2023, 36043; *Meusel*, ErbbauZ 2021, 34, 35; *Lahmann*, ErbbauZ 2022, 9, 123; **a.A.** *Drasdo*, ZfIR 2021, 316; Nagel/*Nagel*, § 39 Rn 7.

61 Ebenso Ingenstau/Hustedt/*Glade*, Anhang I, Rn 131; FG Düsseldorf, Urt. v. 30.11.2023, Az. 11 K 2195/21 GE = BeckRS 2023, 36043; *Wilsch*, ErbbauZ 2021, 9, 11; *Lahmann*, ErbbauZ 2022, 9, 13; *Wolffskeel v. Reichenberg*, MittBayNot 2023, 220, 221; *Schneider*, ErbbauZ 2024, 66, 69; **a.A.** *Drasdo*, ZfIR 2021, 316, Verlängerung sei nicht grunderwerbsteuerpflichtig, Grund sei die Regelung in § 39 ErbbauRG.

62 Vgl. Anmerkung der MittBayNot-Schriftleitung zum BFH-Urteil in MittBayNot a.a.O. Zum Erfordernis einer UB vgl. *Wilsch*, ErbbauZ 2021, 9, 11.

63 *Drasdo*, ZfIR 2021, 316; Nagel/*Nagel*, § 39 Rn 7; die ins Feld geführte Regelung in § 39 ErbbauRG ist jedoch nicht anwendbar, vgl. *Wilsch*, ErbbauZ 2021, 9, 11.

64 BFH, Urt. v. 18.8.1993, Az. II R 10/90 = DStR 1993, 1479 = MittBayNot 1994, 173 = NJW 1994, 544 = ZAP EN-Nr. 1030/1993; BFH, Beschl. v. 23.4.2020, Az. II B 80/19, zitiert nach juris; FG Düsseldorf, Urt. v. 30.11.2023, Az. 11 K 2195/21 GE = BeckRS 2023, 36043; ebenso *Meusel*, ErbbauZ 2021, 34, 35; *Wilsch*, ErbbauZ 2021, 9, 11; *Wolffskeel v. Reichenberg*, MittBayNot 2023, 220, 221; *Schneider*, ErbbauZ 2024, 66, 69.

65 FG Düsseldorf, Urt. v. 30.11.2023, Az. 11 K 2195/21 GE = BeckRS 2023, 36043.

66 FG Düsseldorf, Urt. v. 30.11.2023, Az. 11 K 2195/21 GE = BeckRS 2023, 36043, dem Erbbauberechtigten steht es frei, die Verlängerung zu beenden.

67 Zuletzt BFH, Beschl. v. 23.4.2020, Az. II B 80/19, zitiert nach juris; FG Düsseldorf, Urt. v. 30.11.2023, Az. 11 K 2195/21 GE = BeckRS 2023, 36043.

68 BFH, Beschl. v. 23.4.2020, Az. II B 80/19, zitiert nach juris; FG Düsseldorf, Urt. v. 30.11.2023, Az. 11 K 2195/21 GE = BeckRS 2023, 36043.

69 *Lahmann*, ErbbauZ 2022, 9, 13.

Eine weitere Besonderheit ergibt sich aus dem Transfer der Rechtsprechung des **BGH**[70] zur Begründung eines **Erbbaurechts *zugunsten* einer Kommune**, wozu **die Genehmigung der Kommunalaufsichtsbehörde** einzuholen ist.[71] Der Transfer der BGH-Rechtsprechung[72] erscheint zwingend,[73] wenngleich derzeit zu konstatieren ist, dass die BGH-Rechtsprechung noch nicht in der Praxis angekommen ist. Soweit ersichtlich, werden nicht selten kommunale Erbbaurechte verlängert, begleitet von der Eintragung neuer Erbbauzinsreallasten, ohne der neuen BGH-Rechtsprechung Rechnung zu tragen. Nach Ansicht des BGH bedarf ein Erbbaurechtsvertrag – *im Transfer auch eine Erbbaurechtsverlängerung mit neuer Erbbauzinsregelung* –, als **kreditähnliches Rechtsgeschäft** der Genehmigung der Kommunalaufsichtsbehörde, wenn der Vertrag eine Verpflichtung begründet, einen **Erbbauzins** zu zahlen.[74] Wirtschaftlich sieht der BGH in der Zahlung eines Erbbauzinses eine Kreditaufnahme durch die Kommune.[75] Gleichgültig ist, ob die Pflicht zur Zahlung des Erbbauzinses dinglich gesichert wird (Eintragung einer Erbbauzinsreallast) oder nur schuldrechtlich vereinbart ist. Entscheidend ist, dass die Gegenleistung auch in die **kommenden Haushaltsjahre** verlagert wird. Dabei differenzierte der BGH nicht danach, wie lange der Erbbauzins zu entrichten ist. Eine Grenze von 30 Jahren, wie von *Amann*[76] in die Diskussion eingeführt, kann der BGH-Entscheidung derzeit nicht entnommen werden. Ohne Genehmigung der Kommunalaufsichtsbehörde ist daher nicht nur ein entsprechender Begründungsvertrag (Erbbaurecht für die Kommune) unwirksam, sondern auch die Verlängerung eines kommunalen Erbbaurechts.[77] Dem Grundbuchamt ist die Genehmigung vorzulegen, alternativ ein Negativattest.[78] Die alte Erbbauzinsreallast ist nicht wirksam bestellt und kann auch nicht nachträglich geheilt werden.[79] Damit ist die Neubestellung einer Erb-

70 BGH NZM 2016, 856 = ZfIR 2016, 407 mit Anm. *Becker* = DNotZ 2016, 375 = LMK 2018, 402634 mit Anm. *Giesen*; vgl. hierzu auch *Amann*, DNotZ 2017, 328; *Wilsch*, ErbbauZ 2020, 170, 171.

71 *Wilsch*, ErbbauZ 2021, 9, 12.

72 BGH a.a.O.; zum Transfer der Rechtsprechung vgl. *Wilsch*, ErbbauZ 2020, 170, 171; *Wilsch*, ErbbauZ 2021, 9, 12.

73 Zwingend auch deshalb, weil der BGH in seiner Entscheidung einen Altfall aufgriff, der Erbbaurechtsvertrag wurde bereits 1974 geschlossen. Der BGH stellt auf zwei Kriterien ab: führt das Rechtsgeschäft zu dem gleichen Ergebnis wie die Aufnahme eines Kredits? Wird die Zahlung auf eine spätere Zeit hinausgeschoben? Auf den Rechtsgrund der Verpflichtung kommt es dem BGH nicht an, sodass auch die Verlängerungsproblematik tangiert ist; vgl. *Wilsch*, ErbbauZ 2020, 170, 171; *Wilsch*, ErbbauZ 2021, 9, 12.

74 Zur BGH-Rechtsprechung vgl. *Wilsch*, ErbbauZ 2020, 170; *Wilsch*, ErbbauZ 2021, 9, 12.

75 BGH a.a.O.; *Amann*, DNotZ 2017, 328, 329; *Wilsch*, ErbbauZ 2020, 170, 171; *Wilsch*, ErbbauZ 2021, 9, 12.

76 *Amann*, DNotZ 2017, 328, 342, sicht langfristige Zahlungsverpflichtungen nur in Zahlungsverpflichtungen, die über 30 Jahre hinaus gelten; kürzere Zahlungspflichten sollten, so *Amann*, genehmigungsfrei bleiben, wobei *Amann* selbst darauf hinweist, dass der BGH hierauf in seiner Entscheidung noch nicht eingegangen ist, so dass diese Ansicht derzeit höchstrichterlich noch nicht bestätigt ist.

77 *Wilsch*, ErbbauZ 2021, 9, 12.

78 *Wilsch*, ErbbauZ 2021, 9, 12.

79 **A.A.** *Amann*, DNotZ 2017, 328, 338: Erbbauzinsreallast sei nicht unwirksam, sondern infolge einer möglichen Ersitzung des Erbbaurechts „zusammen mit dieser gemäß § 185 Abs. 2 S. 1 Fall 2 BGB wirksam geworden".

bauzinsreallast indiziert, um die Situation eines erbbauzinslosen Erbbaurechts[80] wieder abzuwenden. Dagegen liegt kein kreditähnliches Rechtsgeschäft vor, sollte nur eine **einmalige Zahlung** als Gegenleistung vereinbart sein.[81] Die Gegenleistung wird dann nicht in die kommenden Haushaltsjahre verlagert,[82] sodass nicht mehr von einem kreditähnlichen Rechtsgeschäft gesprochen werden kann. Ebenso wenig liegt ein genehmigungspflichtiges, kreditähnliches Rechtsgeschäft vor, sofern das Erbbaurecht zugunsten der Gemeinde **unentgeltlich** bestellt ist.[83] Zum **kommunal-aufsichtsrechtlichen Genehmigungserfordernis** vgl. § 4 Rdn 142.

16 Für die Verlängerung eines Erbbaurechts an einem Gemeindegrundstück ist eine **Nichtunterwerterklärung** der Gemeinde erforderlich,[84] alternativ die Genehmigung der Rechtsaufsichtsbehörde. Die Verlängerung kommt einer Teil-Neubestellung[85] für den weiteren Zeitraum gleich, was die Erklärung bzw. Genehmigung erforderlich macht. Ferner ist zur Verlängerung des Erbbaurechts eine **Sanierungsgenehmigung** einzuholen, da die Laufzeitverlängerung unter § 144 Abs. 1 Nr. 2 BauGB fällt.[86] Die Laufzeitverlängerung ist unter die sanierungsrechtliche Genehmigungspflicht schuldrechtlicher Gebrauchs- und Nutzungsverhältnisse einzuordnen.[87] Hinzu kommt die Genehmigungspflicht nach § 144 Abs. 2 Nr. 1 BauGB, die Genehmigungspflicht für die Bestellung eines Erbbaurechts, das ist hier die Bestellung für den künftigen Zeitraum.[88]

Im **Umlegungsgebiet** resultiert die Genehmigungspflicht aus § 51 Abs. 1 S. 1 Nr. 1 BauGB, aus der Verfügung über das Erbbaugrundstück und über das grundstücksgleiche Recht.[89]

Ein **minderjähriger oder betreuter Grundstückseigentümer oder Miteigentümer** benötigt zur Verlängerung des Erbbaurechts eine **familien- bzw. betreuungsgerichtliche Genehmigung** nach § 1850 Nr. 1 BGB (Betreuter) bzw. §§ 1643 Abs. 1, 1850 Nr. 1 BGB (Minderjähriger).[90] Die Verlängerung des Erbbaurechts entspricht einer Neubelastung des Erbbaurechts für die Zukunft, sodass eine Verfügung über das Grundstück des Minderjährigen bzw. des Betreuten vorliegt, die eine familien- bzw. betreuungsgerichtliche Genehmigungspflicht auslöst.[91] Dies gilt auch für die „umgekehrte" Konstellation,

80 Vgl. Ziffer 33 der BGH-Entscheidung a.a.O.
81 BGH a.a.O.; *Böttcher*, ZNotP 2017, 42.
82 BGH a.a.O.; *Wilsch*, ErbbauZ 2020, 170.
83 BGH a.a.O.
84 OLG Rostock, Beschl. v. 24.1.2022, Az. 3 W 53/20 = ErbbauZ 2022, 70.
85 OLG Rostock, Beschl. v. 24.1.2022, Az. 3 W 53/20 = ErbbauZ 2022, 70.
86 *Wilsch*, ErbbauZ 2021, 9, 12.
87 *Wilsch*, ErbbauZ 2021, 9, 12.
88 *Wilsch*, ErbbauZ 2021, 9, 12.
89 *Wilsch*, ErbbauZ 2021, 9, 12, 13.
90 *Wilsch*, ErbbauZ 2021, 9, 13 ff.
91 *Wilsch*, ErbbauZ 2021, 9, 13 ff.

für den **Betreuten bzw. Minderjährigen auf der Erbbauberechtigtenseite**. Insoweit liegt eine Verfügung über das Erbbaurecht vor, wozu eine familien- bzw. betreuungsgerichtliche Genehmigung erforderlich ist, § 1850 Nr. 1 BGB (Betreuter) bzw. §§ 1643 Abs. 1, 1850 Nr. 1 BGB (Minderjähriger). Hinzu kommt eine Genehmigungspflicht nach § 1850 Nr. 6 BGB, eine Genehmigungspflicht für den entgeltlichen Erwerb eines grundstücksgleichen Rechts, wobei in der Begleichung des Erbbauzinses das Entgelt zu sehen ist. Das Grundbuchamt prüft die Genehmigungspflicht des Kausalgeschäfts nach § 1850 Nr. 6 BGB nicht. Unter Umständen ist auch eine **Genehmigung nach der Erhaltungssatzungsregelung** in § 172 BauGB erforderlich, sofern die Verlängerung des Erbbaurechts mit einem Rückbau, einer Änderung oder einer Nutzungsänderung baulicher Anlagen einhergeht.[92] Dann ist die Genehmigung einzuholen, § 172 Abs. 1 S. 1 BauGB.[93]

H. Checkliste im Einzelnen/Unterlagen für den Vollzug im Grundbuch

Um die **Erbbaurechtverlängerung** im Grundbuch vollziehen zu können, müssen die **formellen Erfordernisse** der folgenden **Checkliste** erfüllt sein: 17

- Antrag des Erbbauberechtigten oder des Grundstückseigentümers, § 13 Abs. 1 GBO, einfache Schriftform reicht aus
- Einigung des Grundstückseigentümers und des Erbbauberechtigten, § 20 GBO,[94] nachgewiesen in notariell beurkundeter Form, § 29 Abs. 1 S. 1 GBO, sowie Bewilligung des Grundstückseigentümers
- die Voreintragung des Erbbauberechtigten und des Grundstückseigentümers ist jeweils gegeben, § 39 Abs. 1 GBO; handelt es sich um eine BGB-Gesellschaft, ist die Gesellschaft vorab im Gesellschaftsregister und dann im Grundbuch einzutragen, Art. 229 § 21 Abs. 1, Abs. 3 EGBGB, wobei Berichtigungsbewilligungen aller eingetragenen Gesellschafter notwendig werden, gefolgt von der Zustimmung der Gesellschaft, § 22 Abs. 2 GBO
- Zustimmung dinglich Berechtigter am Grundstück, die im Rang nach dem Erbbaurecht eingetragen sind; die Zustimmung muss mindestens in öffentlich beglaubigter Form vorliegen, §§ 19, 29 Abs. 1 S. 1 GBO; ggf. kommen weitere Zustimmungs-

92 *Wilsch*, ErbbauZ 2021, 9, 12, 13.
93 *Wilsch*, ErbbauZ 2021, 9, 13.
94 Unvollständig Beck'sches Formularbuch Immobilienrecht/*Frense*, Muster „Verlängerung eines Erbbaurechts", dort unter Ziffer II 3 des Musters nur Bewilligung und Antrag, keine Einigung. Die Einigung ist jedoch erforderlich, vgl. § 20 GBO.

erfordernisse hinzu, sofern neben der Inhaltsänderung des Erbbaurechts auch die Erbbauzinsreallast angepasst werden soll (vgl. folgendes Muster Rdn 18)

- eine Unbedenklichkeitsbescheinigung (UB) des Finanzamtes ist dem Grundbuchamt vorzulegen[95]
- eine Nichtunterwerterklärung der Gemeinde, alternativ die Genehmigung der Rechtsaufsichtsbehörde, falls an einem Gemeindegrundstück ein Erbbaurecht verlängert wird[96]
- eine Sanierungsgenehmigung der Gemeinde ist einzuholen, falls das Erbbaurecht im förmlich festgelegten Sanierungsgebiet liegt,[97] §§ 144, 145 Abs. 1 S. 1 BauGB
- eine Genehmigung der Umlegungsstelle der Gemeinde ist erforderlich, sofern das zu verlängernde Erbbaurecht Teil des Umlegungsgebietes ist,[98] § 51 Abs. 1 S. 1 Nr. 1 BauGB
- falls das Erbbaurecht im Gebiet einer Erhaltungssatzung liegt, ist zur Verlängerung des Erbbaurechts u.U. eine Genehmigung erforderlich,[99] sodass die Genehmigung bzw. ein Negativattest anzufordern ist, § 172 Abs. 1 S. 1 BauGB
- bei Beteiligung eines Minderjährigen oder Betreuten ist eine familien- bzw. betreuungsgerichtliche Genehmigung erforderlich, § 1850 Nr. 1 BGB bzw. §§ 1643 Abs. 1, 1850 Nr. 1 BGB
- falls ein Erbbaurecht der Gemeinde verlängert wird und Erbbauzins auch in den kommenden Haushaltsjahren zu zahlen ist, ist die Genehmigung der Kommunalaufsichtsbehörde vorzulegen.[100]

95 *Wilsch*, ErbbauZ 2021, 9, 11, 12.

96 OLG Rostock, Beschl. v. 24.1.2022, Az. 3 W 53/20 = ErbbauZ 2022, 70; die Verlängerung kommt einer Teil-Neubestellung für den zusätzlichen Zeitraum gleich; ebenso *Wolffskeel v. Reichenberg*, MittBayNot 2023, 220, 221.

97 *Wilsch*, ErbbauZ 2021, 9, 12.

98 *Wilsch*, ErbbauZ 2021, 9, 12, 13.

99 *Wilsch*, ErbbauZ 2021, 9, 13.

100 *Wilsch*, ErbbauZ 2020, 170, 171, die BGH- Rechtsprechung zur kommunalaufsichtsrechtlichen Genehmigungspflicht ist auch auf die Verlängerung des Erbbaurechts mit neuer Erbbauzinsvereinbarung zulasten der Gemeinde anzuwenden; vgl. *Wilsch*, ErbbauZ 2021, 9, 12.

I. Muster: Verlängerung des Erbbaurechts sowie Neuregelung der Erbbauzinsreallast

▼ 18

Muster 7.2: Formulierungsvorschlag Verlängerung eines Erbbaurechts 7.2

„UVZ-Nr. /

VERLÄNGERUNG DES ERBBAURECHTS

SOWIE NEUREGELUNG DER ERBBAUZINSREALLAST

Heute, den

– 20 –

sind vor mir,

,

Notar/Notarin in , in den Geschäftsräumen des Notariats in der , erschienen:

1.

– nachstehend „Grundstückseigentümer“ genannt –,

ausgewiesen durch gültigen amtlichen Lichtbildausweis.

2.

– nachstehend „Erbbauberechtigter“ genannt –,

ausgewiesen durch gültigen amtlichen Lichtbildausweis.

Die anwesenden Beteiligten erklärten, dass kein Vertragsteil in Ausübung einer gewerblichen oder selbstständigen beruflichen Tätigkeit handelt.

Der Notar verwies auf die Vorschriften des Geldwäschegesetzes und auf die hieraus resultierenden Pflichten.

Die Erschienenen erklärten, nicht auf Veranlassung Dritter oder als Treuhänder für Dritte, sondern auf eigene Rechnung und im eigenen Namen zu handeln.

Die Erschienenen erklärten ferner, weder eine politisch exponierte Person („PeP“) zu sein noch in den letzten 12 Monaten gewesen zu sein. Sie erklärten, auch nicht Familienmitglied, naher Angehöriger oder nahestehende Person einer solchen politisch exponierten Person zu sein.

Die Beteiligten verneinten die Frage des Notars/der Notarin nach einer Vorbefassung i.S.v. § 3 Abs. 1 Satz 1 Nr. 7 BeurkG und baten um Beurkundung folgender Vereinbarungen:

I. Grundbuchstand und Vorurkunde

1. Grundstücksgrundbuch

Im **Grundstücksgrundbuch** des Amtsgerichts für die Gemarkung Blatt ist folgender Grundbesitz eingetragen:

Flurstück , straße , Gebäude- und Freifläche, zu qm

Eigentümer:

Der vorstehend genannte Grundbesitz ist wie folgt belastet:

Abteilung II:

lfd. Nr. 1:

lfd. Nr. 2:

Abteilung III:

lfd. Nr. 1:

Das Grundbuch wurde am eingesehen.

2. Erbbaugrundbuch

Im **Erbbaugrundbuch** des Amtsgerichts für die Gemarkung Blatt ist das Erbbaurecht an dem im Grundbuch von Blatt unter BVNr. verzeichneten Grundstück der Gemarkung Flurstück , straße , Gebäude- und Freifläche, zu qm,

eingetragen Abt. II Nr., und zwar bis zum .

Laut Erbbaugrundbuch ist die Zustimmung des Eigentümers erforderlich zur Veräußerung und Belastung des Erbbaurechts mit Grundpfandrechten, Reallasten, Dauerwohn- und -nutzungsrechten nebst deren Inhaltsänderung als weitere Belastung. Als Grundstückseigentümer ist vermerkt.

Erbbauberechtigter:

Das vorstehend genannte Erbbaurecht ist wie folgt belastet:

Abteilung II:

lfd. Nr. 1:

lfd. Nr. 2:

Abteilung III:

lfd. Nr. 1: ___

Das Grundbuch wurde am ___ eingesehen.

3. Erbbaurechtsvertrag

Dem vorstehend genannten Erbbaurecht liegt folgender Erbbaurechtsvertrag zugrunde:

– Urkunde vom ___, URNr. bzw. UVZ-Nr. ___, Notar ___.

Nachträge hierzu sind:

– Urkunde vom ___, URNr. bwz. UVZ-Nr. ___, Notar ___.

Die Beteiligten verweisen auf die oben genannten Urkunden, die den Beteiligten vorliegen. Im Folgenden werden diese Urkunden „Vorurkunden“ genannt. Die Beteiligten erklären, dass sie inhaltlich die Vorurkunden vollständig kennen und dass auf erneutes Verlesen der Vorurkunden verzichtet wird. In gleicher Weise verzichten die Beteiligten auf erneute Vorlage der Vorurkunden und auf deren Beifügung zur gegenwärtigen Urkunde. Mit der vorliegenden Urkunde soll das Erbbaurecht verlängert, der Erbbaurechtsvertrag neu gefasst und ein neuer Erbbauzins festgelegt werden.

II. Verlängerung des Erbbaurechts

Der Grundstückseigentümer und der Erbbauberechtigte ändern hiermit den Inhalt des vorgenannten Erbbaurechts gemäß Vorurkunden wie folgt:

Gemäß § ___ des Erbbaurechtsvertrages vom ___ endet das Erbbaurecht durch Zeitablauf am ___.

Die Dauer des Erbbaurechts wird bis zum ___ verlängert.

In der Folge lautet § ___ des Erbbaurechtsvertrages vom ___ nunmehr wie folgt:

§ ___

Dauer des Erbbaurechts

Das Erbbaurecht beginnt am ___ *und endet durch Zeitablauf am* ___. Einer gesonderten Kündigung bedarf es nicht.

III. Weitere Änderungen

1. Neufassung des Erbbaurechtsvertrags

Ab dem ___ werden auch alle übrigen schuldrechtlichen und dinglichen Bestimmungen des Erbbaurechtsvertrages neu geregelt. Ab dem ___ gelten nur noch die Bestimmungen der heutigen Urkunde, sie treten an die Stelle der bisherigen Bestimmungen, die in den Vorurkunden enthalten sind. Der neue Inhalt des Erbbaurechts im Einzelnen: .

2. Neuer Erbbauzins

Die Höhe des Erbbauzinses wird neu festgelegt. Der Erbbauzins beträgt ab dem jährlich

EUR (in Worten: EUR).

3. Wertsicherung des Erbbauzinses; Versteigerungssicherheit

Die Anpassung des Erbbauzinses wird wie folgt geändert. Die Vertragsteile vereinbaren, dass die automatische Anpassung des Erbbauzinses dinglicher Inhalt der Erbbauzinsreallast sein soll. Der Erbbauzins soll wertbeständig und Bezugsgröße der Anpassungen soll der vom Statistischen Bundesamt in Wiesbaden festgestellte Verbraucherpreisindex für Deutschland sein (derzeitige Basis 2020 = 100 Punkte). Ändert sich der vom Statistischen Bundesamt in Wiesbaden für das Basisjahr 2020 ermittelte Verbraucherpreisindex für Deutschland (VPI) oder der an seine Stelle tretende Index nach drei Jahren um mehr als % (in Worten: Prozent) nach oben oder unten, so erhöht oder ermäßigt sich der Erbbauzins in demselben Verhältnis, ohne dass es eines gesonderten Anpassungsverlangens bedarf. Die Änderung gilt jeweils vom Beginn des Kalenderjahres an, in dem die Veränderung geltend gemacht wird. Dabei orientiert sich die Berechnung der Differenz an der durchschnittlichen Veränderung des Verbraucherpreisindexes (VPI) im Vergleich zum Zeitpunkt der letzten Anpassung des Erbbauzinses. Eine Änderung kann erst drei Jahre nach der letzten Änderung verlangt werden. Die Regelung in § 9a ErbbauRG bleibt unberührt. Die Inhaltsänderung hat den Rang der Erbbauzinsreallast zu erhalten, die Eintragung an vorerst nächstoffener Rangstelle ist jedoch zulässig. Sollte die Wertsicherungsvereinbarung unwirksam sein, verpflichten sich die Vertragsteile dazu, eine Wertsicherung zu vereinbaren, die dem wirtschaftlich Gewollten entspricht.

Der Notar/die Notarin weist darauf hin, dass zu der vorstehend genannten Änderung die Zustimmung der im Erbbaugrundbuch eingetragenen dinglich Berechtigten erforderlich ist, die der Erbbauzinsreallast im Rang gleichstehen oder nachgehen, §§ 877, 876 BGB. Das sind:

Ferner wird vereinbart, dass die Erbbauzinsreallast abweichend von § 52 Abs. 1 ZVG mit ihrem Hauptanspruch bestehen bleiben soll, sofern der Grundstückseigentümer aus der Reallast oder der Inhaber eines im Rang vorgehenden oder gleichstehenden dinglichen Rechts die Zwangsversteigerung in das Erbbaurecht betreibt, § 9 Abs. 3 S. 1 Nr. 1 ErbbauRG. Die Versteigerungsfestigkeit des Erbbauzinses soll dinglicher Inhalt der Erbbauzinsreallast sein.

Der Notar/die Notarin weist darauf hin, dass zu der vorstehend genannten Änderung die Zustimmung der im Erbbaugrundbuch eingetragenen dinglichen Verwertungsrechte erforderlich ist, die der Erbbauzinsreallast im Rang vorgehen oder gleichstehen, § 9 Abs. 3 S. 2 ErbbauRG. Das sind:

Die Zustimmungen sind dem Grundbuchamt in öffentlich beglaubigter Form vorzulegen.

IV. Änderungsstichtag

Schuldrechtlich gelten die Bestimmungen der heutigen Urkunde mit Wirkung ab dem . Bis dahin gelten die Bestimmungen der Vorurkunde.

Die dinglichen Erklärungen sind sofort gültig und werden durch den obigen Änderungsstichtag nicht berührt.

V. Einigung und Grundbucherklärungen

Der Grundstückseigentümer und der Erbbauberechtigte sind sich über die vorstehenden Änderungen einig und bewilligen und beantragen

- die Eintragung der Erbbaurechtsverlängerung gemäß Ziffer II in das Grundstücks- und Erbbaugrundbuch
- die Eintragung der weiteren Änderungen gemäß Ziffer III in das Grundstücks- und Erbbaugrundbuch
- unter Vorlage der Zustimmungen der eingetragenen dinglichen Berechtigten die Inhaltsänderung des Erbbauzinses gemäß Ziffer III in das Erbbaugrundbuch
- alle Löschungs- und Rangänderungserklärungen, die im Rahmen dieser Urkunde vorgelegt werden.

Der Grundstückseigentümer stimmt den obigen Änderungen ausdrücklich auch als Berechtigter von Rechten zu, die im Erbbaugrundbuch eingetragen sind.

In gleicher Weise stimmt der Erbbauberechtigte als Berechtigter dinglicher Rechte zu, die am Erbbaugrundstück im Rang nach dem Erbbaurecht eingetragen sind. Der Erbbauberechtigte stimmt auch insoweit der Laufzeitverlängerung des Erbbaurechts zu.

VI. Alternative: Neubestellung des Erbbaurechts

Falls die Verlängerung des Erbbaurechts nicht bis zum Ablauf des Erbbaurechts eingetragen werden kann, wird das Erbbaurecht wie folgt neu bestellt:

Der Grundstückseigentümer und der Erbbauberechtigte sind sich über die Neubestellung einig, bewilligen und beantragen:

- die Löschung des abgelaufenen Erbbaurechts; das Erbbaugrundbuch ist zu schließen
- ebenso die Löschung aller Rechte, die für den Erbbauberechtigten am Grundstück eingetragen sind
- ferner die Löschung aller Rechte, die im Erbbaugrundbuch für den Grundstückseigentümer eingetragen sind (insbesondere Erbbauzins und Vorkaufsrecht)
- die Löschung der Entschädigungsforderung gem. §§ 27, 28 ErbbauRG sowie der Rechte gem. § 29 ErbbauRG
- die Eintragung des neuen Erbbaurechts, und zwar an erster Rangstelle und gemäß den oben festgelegten inhaltlichen Bestimmungen; ein neues Erbbaugrundbuch ist anzulegen
- den Rangrücktritt und die Löschung aller Rechte, um dem neu bestellten Erbbaurecht die erste Rangstelle zu verschaffen
- die Eintragung der neuen Erbbauzinsreallast mit dem Vermerk, dass die Reallast wertgesichert und versteigerungsfest ist.

VII. Unbedenklichkeitsbescheinigung des Finanzamtes

Die Beteiligten wurden darauf hingewiesen, dass die Laufzeitverlängerung des Erbbaurechts der Grunderwerbsteuer unterliegt und eine Unbedenklichkeitsbescheinigung des Finanzamtes erforderlich ist. Die Eintragung im Grundbuch kann erst erfolgen, sobald die Unbedenklichkeitsbescheinigung vorliegt. Die Grunderwerbsteuer trägt der Erbbauberechtigte. Die Unbedenklichkeitsbescheinigung wird erst nach Begleichung der Grunderwerbsteuer erteilt.

Auch die Neubestellung eines Erbbaurechts ist grunderwerbsteuerpflichtig.

VIII. Notarermächtigung; Genehmigungen, Vollzug, Wirksamkeit; Schlichtungsklausel

Der Notar/die Notarin , deren Vertreter und Nachfolger im Amt werden jeweils beauftragt und bevollmächtigt, die Zustimmungserklärungen und Genehmigungen unter Fertigung eines Entwurfs einzuholen. Die Genehmigungen und Erklärungen sollen mit dem Eingang im Notariat wirksam sein.

Darüber hinaus wird der Notar/die Notarin , deren Vertreter und Nachfolger im Amt ermächtigt, den Vollzug dieser Urkunde zu betreiben und Anträge getrennt oder eingeschränkt zu stellen (Teilvollzug). Die Ermächtigung umfasst auch die Rücknahme der

Erklärungen und die Abgabe aller verfahrensrechtlichen Erklärungen, die zur Durchführung dieser Urkunde erforderlich sind.

Die Vollzugsmitteilungen sind für alle Beteiligten an den Notar zu übersenden.

Alle Beteiligten erklären sich mit der Speicherung und Bearbeitung ihrer Daten durch das Notariat uneingeschränkt einverstanden und stimmen der Speicherung und Bearbeitung ausdrücklich zu. Die Belehrung durch den Notar über die Informationspflichten bei Erhebung personenbezogener Daten ist erfolgt.

Alle Beteiligten erklären, ausschließlich für eigene Rechnung zu handeln und auch selbst wirtschaftlicher Berechtigter zu sein. Keiner der Beteiligten handelt für fremde Rechnung. Die Belehrung durch den Notar über die Angabepflichten nach dem Geldwäschegesetz ist erfolgt.

Die Unwirksamkeit oder mangelnde Durchführbarkeit einzelner Vertragsbestimmungen soll die Wirksamkeit des Vertrags im Übrigen nicht berühren. Die Vertragsteile verpflichten sich bereits jetzt dazu, eine Ersatzregelung zu treffen, um den verfolgten Zweck zu erreichen. Sollte eine Vereinbarung dinglich nicht möglich sein, soll sie schuldrechtlich gelten.

Sollte es zwischen dem Grundstückseigentümer und dem Erbbauberechtigten zu Konflikten kommen, werden sie miteinander verhandeln und eine einvernehmliche Lösung anstreben. Der Notar/die Notarin hat darauf hingewiesen, dass der Schlichtungs- und Schiedsgerichtshof deutscher Notare (SGH) ein Schlichtungsverfahren zur Verfügung stellt, wenn die direkten Verhandlungen zu keinem Ergebnis führen (Informationen und Kontaktdaten zum SGH unter www.dnotv.de). Die Beteiligten stellen klar, dass diese Absichtserklärungen der Einleitung eines Gerichtsverfahrens nicht entgegenstehen.

Alternativ:

Sollte es zwischen dem Grundstückseigentümer und dem Erbbauberechtigten zu Konflikten kommen, werden sie miteinander verhandeln und eine einvernehmliche und in die Zukunft gerichtete Lösung anstreben. Der Notar/die Notarin hat darauf hingewiesen, dass der Schlichtungs- und Schiedsgerichtshof deutscher Notare (SGH) ein Schlichtungsverfahren zur Verfügung stellt, wenn die direkten Verhandlungen zu keinem Ergebnis führen (Informationen und Kontaktdaten zum SGH unter www.dnotv.de). Unter der Leitung eines erfahrenen und unabhängigen Schlichters kann dort der Konflikt selbstbestimmt weiterbearbeitet werden. Eine Klage betrachten die Beteiligten als letztes Mittel. Die rechtlichen Berater der Beteiligten sollen die Beteiligten vorrangig bei den vorgenannten Verhandlungslösungen unterstützen. Die Beteiligten stellen klar, dass diese Absichtserklärungen der Einleitung eines Gerichtsverfahrens nicht entgegenstehen.

Alternativ:

Sollte es zwischen dem Grundstückseigentümer und dem Erbbauberechtigten zu Konflikten kommen, verpflichten sich die Beteiligten, alle oder im Zusammenhang mit diesem Vertrag entstehenden Streitigkeiten möglichst durch direkte Verhandlungen beizulegen. Die rechtlichen Berater der Beteiligten sollen diese dabei unterstützen. Gelingt dies nicht, verpflichten sich der Grundstückseigentümer und der Erbbauberechtigte, eine Schlichtung vor dem Schlichtungs- und Schiedsgerichtshof deutscher Notare (SGH) durchzuführen (Informationen und Kontaktdaten unter www.dnotv.de). Die Schlichtung beginnt mit dem Antrag auf Durchführung einer Schlichtung gegenüber dem SGH. Die Schlichtung endet auch ohne abschließende Einigung, wenn der Antrag zurückgewiesen wird oder der Schlichter das Scheitern der Schlichtung feststellt. Während der laufenden Schlichtung ist die Verjährung der streitgegenständlichen Ansprüche gehemmt. Die Klageerhebung ist erst nach der Beendigung der Schlichtung zulässig. Verfahren des einstweiligen Rechtsschutzes sowie selbständige Beweisverfahren bleiben auch während der Schlichtung zulässig. Gleiches gilt für Verfahren zur Wahrung einer gesetzlichen Ausschlussfrist. Insoweit verpflichten sich der Grundstückseigentümer und der Erbbauberechtigte, während der laufenden Schlichtung das Ruhen des gerichtlichen Verfahrens zu beantragen.

IX. Ausfertigungen, Abschriften

Eine *Ausfertigung* dieser Urkunde erhalten:

- der Grundstückseigentümer
- der Erbbauberechtigte
- das Grundbuchamt

Eine *beglaubigte Abschrift* dieser Urkunde erhalten:

- das Finanzamt, Grunderwerbsteuerstelle
- die dinglich Berechtigten, deren Zustimmung erforderlich ist.

X. Notar- und Gerichtskosten

Die Kosten für die Beurkundung und den Vollzug im Grundbuch trägt der Erbbauberechtigte.

Vorgelesen vom Notar,

von den Beteiligten genehmigt

und eigenhändig unterschrieben:

(Unterschriften der Beteiligten)

(Unterschrift und Siegel des Notars)“

▲

Vorhergehendes Muster vgl. auch *Grauel*.[101]

101 Weitere Muster vgl. auch *Grauel*, ZNotP 1998, 456, 457; *Winkler/Schlögel*, § 11 Ziffer 23 = S. 598 ff.

J. Eintragung der Verlängerung des Erbbaurechts in den Grundbüchern

Eintragungsorte sind das Erbbaugrundbuch, dort im Bestandsverzeichnis, und das Grundstücksgrundbuch, dort Zweite Abteilung, Veränderungsspalte. 19

Die Eintragung im **Erbbaugrundbuch**:

Amtsgericht München **Grundbuch von** Max-Vorstadt **Blatt** 1969 **Bestandsverzeichnis**

		Bezeichnung der Grundstücke und der mit dem Eigentum verbundenen Rechte				Größe		
Lfd. Nr. d. Grundstücke	Bisherige lfd. Nummer d. Grundstücke	Gemarkung Flurstück			Wirtschaftsart und Lage	ha	a	qm
		a/b			c			
1	2	3				4		
1	–	*Erbbaurecht an Grundstück Blatt 205 BVNr. 1* *456*			*Kreittmayrstraße 5,* *Gebäude- und Freifläche*		77	77
		eingetragen Abt. II Nr. 1, bis zum 31.12.2099; *die Zustimmung des Grundstückseigentümers ist erforderlich zur:* *– Veräußerung* *– Belastung mit Grundpfandrechten, Reallasten, Dauerwohn- und -nutzungsrechten* *– nebst deren Inhaltsänderung als weitere Belastung;* *Grundstückseigentümer: Josef Huber, 24.12.1968;* *gemäß Bewilligungen vom 9.2.2015 und 4.3.2015 – URNr. 303 und 570/jeweils Notarius, Weimar;* *angelegt am 5.4.2015.* *Lausmann*						
2	–	*Das Erbbaurecht ist verlängert bis zum 31.12.2121;* *gemäß Einigung vom 14.8.2024 – UVZ-Nr. 1177/Notarius, München; eingetragen am 25.8.2024.* *Lausmann*						

Im Erbbaugrundbuch werden ferner etwaige Veränderungen des **Erbbauzinses** eingetragen (nachträgliche Wertsicherung, Versteigerungsfestigkeit), und zwar in der Veränderungsspalte der Zweiten Abteilung. Der bislang eingetragene Endzeitpunkt ist zu röten.

20 Die Eintragung im **Grundstücksgrundbuch**, Zweite Abteilung, Veränderungsspalte, Eintragung beim Erbbaurecht (zugleich ist der bislang eingetragene Endzeitpunkt in der Hauptspalte zu röten):

Amtsgericht München **Grundbuch von** Max-Vorstadt **Blatt** 205 **Zweite Abteilung**

Veränderungen		Löschungen	
Laufende. Nummer d. Spalte 1		Laufende Nummer d. Spalte 1	
4	5	6	7
1	Das Erbbaurecht ist verlängert bis zum 31.12.2121; gemäß Einigung vom 14.8.2024 – UVZ-Nr. 1177/Notarius, München; eingetragen am 25.8.2024. Lausmann		

K. Kosten des Notariats und des Grundbuchamtes

I. Kosten des Notariats

21 Für das Beurkundungsverfahren ist eine 2,0 Gebühr nach der Nr. 21100 KV GNotKG in Ansatz zu bringen,[102] mindestens ein Betrag i.H.v. 120 EUR. Der Geschäftswert ist nach den §§ 97 Abs. 1, 52 Abs. 2 S. 1, 2 GNotKG zu bemessen. Eine Reduzierung auf eine 1,0 Gebühr sieht das GNotKG nicht mehr vor,[103] zugleich darf der Wert des von der Veränderung betroffenen Rechtsverhältnisses nicht überschritten werden, § 97 Abs. 2 GNotKG. Regelmäßig fällt auch eine 0,5 Vollzugsgebühr nach der Nr. 22110 KV GNotKG an,[104] deren Wert sich nach dem Wert des Beurkundungsverfahrens orientiert, § 112 GNotKG.

22 Falls gleichzeitig eine Erhöhung des Erbbauzinses beurkundet wird, werden die Werte der Verfahrensgegenstände (Verlängerung des Erbbaurechts; Erhöhung des Erbbauzin-

102 Vgl. *Fackelmann*, Notarkosten nach dem neuen GNotKG, § 3 Rn 604; vgl. auch *Leipziger Kostenspiegel*, Rn 5.69, 5.70; *Wilsch*, ErbbauZ 2021, 9, 14.

103 *Fackelmann*, a.a.O., so die alte Regelung in § 42 KostO.

104 *Wilsch*, ErbbauZ 2021, 9, 14.

ses) zusammengerechnet, § 35 Abs. 1 GNotKG.[105] Ein Gesamtgeschäftswert ist zu bilden, bestehend aus:

- der Verlängerung des Erbbaurechts; die Kostenliteratur greift zur analogen Anwendung des § 43 Abs. 1 GNotKG,[106] sodass der höhere Wert anzusetzen ist, der aus dem Vergleich zwischen dem Erbbaurecht (80 Prozent des Grundstückswertes samt Bebauung, § 49 Abs. 2 GNotKG) und dem kapitalisierten Erbbauzins (§ 52 Abs. 2 GNotKG, maximal 20-facher Jahresbetrag) hervorgeht;[107]
- sowie der Erhöhung des Erbbauzinses; insoweit ist eine Kapitalisierung des Erhöhungsbetrages nach § 52 Abs. 2 GNotKG vorzunehmen, begrenzt auf den 20-fachen Maximalbetrag, § 52 Abs. 2 S. 2 GNotKG;
- mehrere Veränderungen dürfen jedoch in der Summe den Wert des Rechtsverhältnisses nicht überschreiten, das ist hier der Wert der Erbbaurechtsbestellung nach § 43 GNotKG.

II. Kosten des Grundbuchamtes

Die Eintragung der **Erbbaurechtsveränderung** (Laufzeitverlängerung) löst eine 0,5 Gebühr aus, Nr. 14130 KV GNotKG,[108] zumal das Erbbaurecht in der Vorbemerkung 1.4.1.2 KV GNotKG aufgelistet ist. Mehrere Veränderungen eines Rechts liegen nicht vor,[109] sondern nur eine Veränderung des Erbbaurechts. Dass das Erbbaurecht im Erbbaugrundbuch und im Grundstücksgrundbuch vorgetragen ist, bedeutet nicht, dass sich das Erbbaurecht in mehrfacher Hinsicht ändert.[110] Es liegt nur ein Recht vor, ein Erbbaurecht. In der gerichtlichen Praxis wird häufig die Meinung vertreten, der Wert der Erbbaurechtsveränderung bemesse sich nach § 49 Abs. 2 GNotKG und sei mit 80 Prozent des bebauten Erbbaugrundstücks anzusetzen. Eine **Teilwertbildung** komme nicht in Betracht, es sei der volle Wert nach § 49 Abs. 2 GNotKG anzusetzen, das System der „Wertabschläge“ sei antiquiert[111] und durch die Neuregelung in § 49 Abs. 2 GNotKG überholt.[112] Dies verkennt jedoch den Bewertungsgegenstand, der der Gebühr nach der Nr. 14130 KV GNotKG zugrunde liegt. Zu bewerten ist nicht ein neu bestelltes, übertragenes oder übergegangenes Erbbaurecht, sondern die Veränderung eines bestehenden Rechts. Die Rege- 23

105 *Leipziger Kostenspiegel*, Rn 5.69 und 5.70.

106 **A.A.** *Leipziger Kostenspiegel*, Rn 5.70: Wertvergleich nach § 43 GNotKG sei nicht vorzunehmen.

107 *Fackelmann*, a.a.O.

108 *Wilsch*, ErbbauZ 2021, 9, 14.

109 **A.A.** Beck'sches Formularbuch Immobilienrecht/*Frense*, Muster „Verlängerung eines Erbbaurechts“, Pkt. 5 der Anmerkungen; dieser Auffassung kann jedoch nicht gefolgt werden.

110 So aber Beck'sches Formularbuch Immobilienrecht/*Frense*, Muster „Verlängerung eines Erbbaurechts“, Pkt. 5 der Anmerkungen.

111 Antiquiert, weil dies das alte Kostenrecht, die Kostenordnung, vorsah.

112 Zum Meinungsstand vgl. *Wilsch*, ErbbauZ 2021, 9, 14.

lung in § 49 Abs. 2 GNotKG spricht vom Wert des Erbbaurechts, nicht vom Wert einer inhaltlichen Veränderung des Erbbaurechts. Daher liefert die Regelung in § 49 Abs. 2 GNotKG lediglich die Bezugsgröße für den Geschäftswert, der nach § 36 Abs. 1 GNotKG mit einem Teilwert zu bemessen ist. Maßgeblich ist ein **Teilwert von 10 bis 50 Prozent des Erbbaurechtswertes gem. § 49 Abs. 2 GNotKG.**[113] Nur die Teilwertbildung führt zu angemessenen Ergebnissen.[114] Nicht richtig ist es hingegen, die Verlängerung des Erbbaurechts bzw. jede weitere Inhaltsänderung des Erbbaurechts an der Höhe des Erbbauzinses auszurichten, § 52 Abs. 2 GNotKG.[115] Nach der Begründung des Erbbaurechts spielt der **Erbbauzins keine Wertanknüpfungsrolle** mehr, vgl. § 49 Abs. 2 GNotKG. Das Erbbaurecht ist auch kein erbbauzinsgleiches, sondern ein grundstücksgleiches Recht, weshalb es wie Grundbesitz bewertet wird und § 52 GNotKG nicht zur Anwendung gelangt.[116] Geht der Verlängerungszeitraum über den Höchstfaktor 20 des § 52 GNotKG hinaus, kann der Änderungswert auch nicht mehr adäquat abgebildet werden,[117] was in gleicher Weise gegen die Anwendung des § 52 GNotKG spricht.

24 Daneben fällt für die Eintragung einer **weiteren Erbbauzinsreallast**, mit der die Erhöhung abgedeckt wird, eine 1,0 Eintragungsgebühr nach der Nr. 14121 KV GNotKG an. Die Bewertung richtet sich nach § 52 GNotKG, maßgeblich ist der auf die Dauer des Rechts entfallende Wert, begrenzt durch einen 20-fachen Jahresbetrag, § 52 Abs. 2 S. 1 und 2 GNotKG.

25 Die **Veränderung einer Erbbauzinsreallast** – Wertsicherung und Versteigerungsfestigkeit – löst eine 0,5 Veränderungsgebühr nach der Nr. 14130 KV GNotKG aus. Dabei darf der Wert des veränderten Rechts nicht überschritten werden, § 69 Abs. 2 S. 2 GNotKG. Der Wert mehrerer Veränderungen ist zusammenzurechnen, für die nachträgliche Eintragung der Wertsicherung erscheinen 20 Prozent des Erbbauzinses angemessen, für die Eintragung der Versteigerungsfestigkeit 20 Prozent des Erbbauzinses.

113 So für die Teilung eines bestehenden Erbbaurechts auch Korintenberg/*Tiedtke*, GNotKG, § 49 Rn 23, dort allerdings mit einem Teilwertspektrum von 10 bis 30 Prozent des Erbbaurechtswertes.

114 Auch der *Leipziger Kostenspiegel*, Rn 5.67, bemisst die Veränderung nach § 36 Abs. 1 GNotKG, hier Teilung des Erbbaurechts, die mit einem Teilwert vom Wert des Erbbaurechts (80 %iger Grundstückswert einschließlich Bebauung) angesetzt wird.

115 So aber OLG Frankfurt a.M., Beschl. v. 22.11.2021, Az. 20 W 162/21 = ErbbauZ 2022, 53 mit Anm. *Wilsch*; vgl. auch *Wilsch*, ErbbauZ 2021, 9, 14.

116 *Wilsch*, ErbbauZ 2022, 54, 55.

117 *Wilsch*, ErbbauZ 2022, 54, 55.

§ 8 Belastung eines Erbbaurechts

A. Allgemeines und Historisches

1 Das Erbbaurechtsgesetz gibt an verschiedenen Stellen Auskunft darüber, ob ein Erbbaurecht **belastet** werden kann, beispielsweise in § 5 Abs. 2 ErbbauRG (Zustimmungsvorbehalt bei Belastung des Erbbaurechts mit Grundpfandrechten und Reallasten), in den §§ 6, 7 ErbbauRG (fehlende Zustimmung, Ersetzung der Eigentümerzustimmung) oder in § 9 ErbbauRG (Erbbauzins als Belastung des Erbbaurechts). Basisbildend wirkt die Rechtsnatur des Erbbaurechts, der **grundstücksgleiche Charakter** des Erbbaurechts,[1] sodass das Erbbaurecht grundsätzlich mit allen **dinglichen Rechten** belastet werden kann, die auf einem Grundstück eingetragen werden können. Die Vorschriften, die sich auf Grundstücke beziehen, finden entsprechende Anwendung, § 11 Abs. 1 S. 1 ErbbauRG. Die Eintragung erfolgt im Erbbaugrundbuch, nicht im Grundstücksgrundbuch. Es kommt nur auf den Funktionsbereich des Erbbaugrundbuchs an, § 14 Abs. 3 S. 1 ErbbauRG.[2]

2 Dieses Erbbaurechtsverständnis klingt vertraut, zumal es die aktuelle Beratungs- und Beleihungspraxis reflektiert. Welche **Hindernisse** es in der Geschichte zu überwinden galt, manifestiert sich in einem kaum mehr beachteten Normenbereich. Gemeint sind die §§ 18–20 ErbbauRG, die der Frage nachgehen, ob und unter welchen Umständen eine Hypothek an einem Erbbaurecht als mündelsichere Anlageform gewertet werden kann. Ihre Existenz verdanken die §§ 18–20 ErbbauRG den Beleihungsschwierigkeiten, die regelmäßig bei einer Erbbaurechtsbelastung zu Tage traten, verursacht durch die damalige Ausgestaltung des § 12 Hypothekenbankgesetzes. Den Auslöser bildete der Umstand,

> *dass keine Möglichkeit vorhanden war, die mündelmäßige Sicherheit der Anlage von Kapitalien auf Erbbaurechte(n) festzustellen. Durch diesen Mangel war es auch mehr oder weniger fast allen deutschen Kreditanstalten unmöglich gemacht, Erbbaurechte in größerem Umfange zu beleihen .... Die Frage der wirtschaftlichen Sicherheit, die ein Erbbaurecht bieten konnte, war überhaupt stark umstritten. Insbesondere war es zweifelhaft, ob das regelmäßig zeitig begrenzte Erbbaurecht von Hypothekenbanken beliehen werden konnte; denn mit Rücksicht auf die Bestimmung des § 12 des Hypothekenbankgesetzes müssen die zu beleihenden Berechtigungen einen dauernden Ertrag abwerfen.*[3]

1 Vgl. bereits *Glaß/Scheidt*, § 11 Anm. II Nr. 5 = S. 100.

2 Vgl. bereits *Glaß/Scheidt*, § 2 Anm. II 4 = S. 127; s.a. OLG Hamm, Beschl. v. 18.7.1969, Az. 15 W 229/69 = NJW 1969, 2052.

3 *Glaß/Scheidt*, § 18 Anm. I = S. 132.

B. Grundgeschäft

3 Belastet wird das Erbbaurecht wie ein **Grundstück**, § 11 Abs. 1 ErbbauRG.[4] Der grundstücksgleiche Charakter des Rechts öffnet das Erbbaurecht für die Belastung mit allen dinglichen Rechten, die der numerus clausus vorsieht. Das Verpflichtungsgeschäft bedarf **keiner besonderen Form**, es kann daher **formfrei** abgeschlossen werden.[5] Ausnahmen bestehen für die Bestellung eines Untererbbaurechts und die Bestellung einer nach § 800 ZPO vollstreckbaren Grundschuld. Beide Belastungen erfordern jeweils Urkundsform.[6] Zum Untererbbaurecht vgl. § 14 des Buches.

C. Dingliche Belastung

4 Die Regelung in § 11 Abs. 1 S. 1 ErbbauRG verweist auf die allgemeinen Grundstücksvorschriften, weshalb die Belastung erst mit Vollendung des Doppeltatbestandes von **Einigung** und **Eintragung** zur Entstehung gelangt, § 873 BGB.

Sofern dies der Erbbaurechtsvertrag vorsieht, ist ein **Zustimmungsvorbehalt** nach § 5 Abs. 2 S. 1 ErbbauRG zu beachten. Dann bedarf der Erbbauberechtigte zur Belastung seines Erbbaurechts mit Grundpfandrechten der **Zustimmung des Grundstückseigentümers**. Die Belastung darf erst eingetragen werden, sobald dem Grundbuchamt die Zustimmung des Grundstückseigentümers in der Form des § 29 GBO nachgewiesen wird, § 15 ErbbauRG.[7] Ist der zustimmende Grundstückseigentümer **eine nicht im Gesellschaftsregister eingetragene Gesellschaft bürgerlichen Rechts (GbR)**, besteht eine Voreintragungsobliegenheit der Gesellschaft nach Art. 229 § 21 Abs. 1 EGBGB analog.[8] Das Eigentumsrecht wird zwar nicht unmittelbar berührt, die analoge Anwendung des Voreintragungserfordernisses ist jedoch geboten, um die Vertragsgestaltung rechtssicher auszugestalten.[9] Grund ist der Wegfall des § 899a BGB, unwirksame Zustimmungen sind zu vermeiden.[10] Für den Vollzug der Zustimmungserklärung ist es daher erforderlich, dass sich der **zustimmende Grundstückseigentümer im Gesellschaftsregister und danach im Wege der Berichtigung im Grundstücksgrundbuch eintragen lässt**.[11] Vgl. auch § 5 Rdn 8.

4 Vgl. auch *Räfle*, § 11 Rn 22; *Glaß/Scheidt*, § 11 Anm. II Nr. 5 = S. 100 ff.
5 *Räfle*, § 11 Rn 22.
6 Vgl. *Winkler/Schlögel*, § 5 Rn 144.
7 Vgl. OLG Hamm, Beschl. v. 10.5.2011, Az. 15 Wx 536/10 = NJW-RR 2011, 1652, 1654.
8 DNotI-Report 2024, 105.
9 Vgl. auch die Empfehlung im DNotI-Report 2024, 105.
10 DNotI-Report 2024, 105, 109.
11 DNotI-Report 2024, 105, 109.

Alternativ kann ein **rechtskräftiger Ersetzungsbeschluss** nach § 7 Abs. 3 ErbbauRG vorgelegt werden (zum Verfahren vgl. folgende Rdn 21–29). Möglicherweise liegt im Erbbaurechtsvertrag bereits eine Vorabzustimmung vor, was in der Praxis ermittelt werden muss (zur Vorabzustimmung Rdn 16 und Rdn 17). Solange der Grundstückseigentümer der Belastung nicht zugestimmt hat oder seine Zustimmung nicht rechtskräftig ersetzt ist, ist die Verfügung schwebend unwirksam, § 6 Abs. 1 ErbbauRG.[12]

Bei der Zustimmungserklärung ist insbesondere darauf zu achten, dass der gesamte Umfang des bestellten Rechts umfasst ist. Denn die obergerichtliche Rechtsprechung[13] lässt eine weite Auslegung der Zustimmungserklärung nicht zu. Nach obergerichtlicher[14] Lesart lässt sich einer Erklärung, in der lediglich der Belastung des Erbbaurechts mit einer Grundschuld in Höhe eines bestimmten Betrages zugestimmt wird, nicht auch die Zustimmung zur Vereinbarung von Grundschuldzinsen entnehmen.[15] Zwar steht die übliche Bankenpraxis einer solchen Lesart entgegen, dennoch geht die Praxisempfehlung dahin, kein unnötiges Risiko einzugehen. Im Zustimmungsentwurf sind **Zinsen** und **Nebenleistungen** gesondert zu erwähnen. 5

Nach § 56 Abs. 2 GBV ist der Zustimmungsvorbehalt **ausdrücklich** und **unmittelbar** einzutragen, nicht durch Bezugnahme nach § 874 BGB. 6

D. Besonderheit: Belastung mit einem Nutzungsrecht

I. Zulässigkeitsprämisse: Nutzungsrecht bewegt sich im Rahmen der Erbbaurechtsnutzung

Für andere Belastungen des Erbbaurechts, beispielsweise **Nutzungsdienstbarkeiten**, galt diese gesetzliche Hürde nicht. Insoweit wirkte und wirkt beschränkend ein anderer Aspekt, der mit dem grundstücksgleichen Charakter des Erbbaurechts zusammenhängt. 7

Den Ausschlag gibt die **Doppelnatur**[16] des Erbbaurechts. Das Erbbaurecht ist zwar einem Grundstück gleichgestellt, bleibt jedoch beschränktes dingliches Recht an einem Grundstück.[17] Auch als **primus inter pares unter den dinglichen Nutzungs-** 8

12 Vgl. OLG Hamm a.a.O.
13 OLG Hamm, a.a.O.
14 OLG Hamm, a.a.O.
15 OLG Hamm, a.a.O.
16 *Räfle*, § 1 Rn 2.
17 *Räfle*, § 1 Rn 1.

rechten[18] erreicht das Erbbaurecht nicht die Nutzungsbefugnisse, die ein Grundstück gewährt, § 903 S. 1 BGB. Insbesondere kann mit dem Erbbaurecht nicht nach Belieben, sondern nur innerhalb der **definierten Nutzungshemisphäre** verfahren werden. Nutzungsrechte, die am Erbbaurecht bestellt werden, können nicht über die Befugnisse hinausgehen, die dem Erbbaurecht beigemessen sind.[19] Der Rahmen, der mit dem Erbbaurechtsvertrag gezogen ist, darf nicht überschritten werden, was in der Grundbuchpraxis zuweilen ignoriert bzw. überhaupt nicht in Betracht gezogen wird. Die Belastung des Erbbaurechts mit einem Nutzungsrecht steht unter der immanenten **Zulässigkeitsprämisse**, dass sich die Dienstbarkeitsnutzung im Rahmen der Erbbaurechtsnutzung bewegt. Abzugleichen ist, ob sich das Nutzungsrecht auf das Bauwerk (§ 1 Abs. 1 ErbbauRG) bzw. auf den erstreckten Grundstücksteil (§ 1 Abs. 2 ErbbauRG) erstreckt und auch im Übrigen konform mit den inhaltlichen Nutzungsmaßgaben des Erbbaurechtsvertrages geht.

9 In der **notariellen Praxis** wird diese Zulässigkeitsprämisse nur im Rahmen der Entwurfsfertigung zu prüfen sein, bei Unterschriftsbeglaubigung ohne Fertigung eines Entwurfs dagegen nicht. Uneingeschränkt trifft sie aber das Grundbuchamt, das über den Antrag zu befinden hat. Eine Dienstbarkeit, die über den Nutzungsrahmen des zu belastenden Erbbaurechts hinausgeht, kann nicht eingetragen werden.[20] Es droht die Zurückweisung des Antrags.

10 Eine Ausnahme bilden **Infrastrukturdienstbarkeiten**, zu deren Bestellung der Erbbauberechtigte stets berechtigt ist, anderenfalls kann die Bebauungsbefugnis überhaupt nicht realisiert werden.[21] Die Belastung mit solchen Dienstbarkeiten stellt sich dann als Teil der Errichtung des Bauwerks dar, wozu der Erbbauberechtigte kraft Gesetzes ermächtigt ist, § 1 Abs. 1 ErbbauRG.

18 *Rapp* bezeichnet das Erbbaurecht als „intensivste Belastung eines Grundstücks, die einem Grundstückseigentum auf Zeit nahekommt“, vgl. *Rapp*, Die Wirkungen des Heimfalles und der Beendigung des Erbbaurechtes-Bewährungsprobe für den Erbbaurechtsvertrag, abgedr. in: Hager (Hrsg.), Die Beendigung des Erbbaurechts, 2015, Baden-Baden, S. 9.

19 *Glaß/Scheidt*, § 11 Anm. II 5 b = S. 101; Staudinger/*Rapp*, § 11 Rn 9; *Winkler/Schlögel*, § 5 Rn 109; Freckmann/Frings/Grziwotz/*Freckmann*, Rn 354.

20 Ingenstau/Hustedt/*Bardenhewer*, § 11 Rn 9.

21 KG, Beschl. v. 16.4.1991, Az. 1 W 7518/88 = DNotZ 1992, 312 (dort Stromversorgung).

II. Muster

▼ 11

Muster 8.1: Formulierungsvorschlag Dienstbarkeitsbestellung am Erbbaurecht
„UVZ-Nr. / ,

BESTELLUNG EINER DIENSTBARKEIT AM ERBBAURECHT

I. Vorbemerkung

ist Berechtigter des folgenden Erbbaurechts:

Erbbaurecht an Flurstück , straße , Gebäude- und Freifläche, zu qm, vorgetragen im **Erbbaugrundbuch** des Amtsgerichts für die Gemarkung , Blatt .

Als Grundstückseigentümer ist vermerkt.

II. Beschränkte persönliche Dienstbarkeit ( )

als Berechtigter des folgenden Erbbaurechts bewilligt und beantragt, an dem vorgenannten Erbbaurecht folgende beschränkte persönliche Dienstbarkeit für einzutragen:

Der nähere Ausübungsbereich ergibt sich aus dem Plan, der als Anlage beigefügt ist.

Die Dienstbarkeit bewegt sich im Rahmen der Befugnisse, die dem Erbbauberechtigten im Erbbaurechtsvertrag eingeräumt wurden, § 1 Abs. 1, Abs. 2 ErbbauRG. Die Dienstbarkeit geht auch im Übrigen konform mit den Nutzungsmaßgaben des Erbbaurechtsvertrages. Der bauliche Zustand des Gebäudes darf nicht beeinträchtigt, die behördlichen Vorschriften müssen beachtet werden.

Zur Unterhaltung, Instandsetzung und Verkehrssicherung der durch Dienstbarkeit gesicherten Anlage ist der Dienstbarkeitsberechtigte verpflichtet.

Die Ausübung der Dienstbarkeit erfolgt ohne Entgelt.

Die vorstehend bestellte Dienstbarkeit soll nächstoffene Rangstelle erhalten.

III. Vollzugsvollmacht

Der Notar/die Notarin , deren Vertreter und Nachfolger im Amt werden jeweils beauftragt und bevollmächtigt, den Vollzug dieser Urkunde zu betreiben und Anträge getrennt oder eingeschränkt zu stellen (Teilvollzug), auch über § 15 GBO hinaus. Die Ermächtigung umfasst auch die Rücknahme der Erklärungen und die Abgabe aller verfahrensrechtlichen Erklärungen, die zur Durchführung dieser Urkunde erforderlich sind. Im Grundbuchverfahren darf der Notar/die Notarin die Beteiligten uneingeschränkt vertreten.

IV. Notar- und Gerichtskosten

Der Besteller trägt sämtliche Kosten dieser Urkunde und für ihren Vollzug im Grundbuch.

Für Gebührenzwecke wird der Wert der Dienstbarkeit mit EUR angegeben.

V. Abschriften

Beglaubigte *Abschriften* dieser Urkunde erhalten:

■

■

, den

– Unterschrift des Erbbauberechtigten –

UVZ-Nr. /

Ich beglaubige die Echtheit der vorstehenden, heute vor mir anerkannten Unterschrift von

, den

– Siegel und Unterschrift Notar –

▲

E. Belastung mit anderen Rechten und Beschränkungen der Zweiten Abteilung

12 Daneben kann das Erbbaurecht auch mit einem Nießbrauch, einer Reallast, einem Vorkaufsrecht, einer Vormerkung, einer Regelung nach § 1010 BGB,[22] einem Widerspruch, einer Verfügungsbeschränkung, einem Dauerwohn- und -nutzungsrecht[23] so-

22 Prämisse: das Erbbaurecht steht mehreren Mitberechtigten in Bruchteilsberechtigung zu.
23 Vgl. auch *Reul*, in: Festschrift 25 Jahre Deutsches Notarinstitut, S. 217, 220.

wie einem Erbbaurecht[24] belastet werden. Die Nutzungshemisphäre des Erbbaurechts berühren diese Rechte nicht, lediglich das Untererbbaurecht kann nur innerhalb des Rahmens des Obererbbaurechtes bestellt werden.[25] Zum Untererbbaurecht vgl. § 14 dieses Buches. Zur Eintragung einer weiteren Erbbauzinsreallast für den Grundstückseigentümer ist eine Zustimmung des Grundstückseigentümers jedoch nicht erforderlich.[26]

F. Belastung mit einem Grundpfandrecht

I. Allgemeines

Beleihungsschwierigkeiten, die aus gesetzlichen Regelungen resultieren (vgl. Rdn 2), kennt die aktuelle Belastungspraxis nicht mehr. Das Erbbaurecht kann mit **Grundschulden, Hypotheken** und **Rentenschulden** belastet werden.[27] Dabei erfassen die Belastungen des Erbbaurechts nicht auch das Erbbaugrundstück.[28] Im Vordergrund stehen unverändert die Belastungsszenarien, die sich im Zusammenhang mit den Heimfallregelungen ergeben. Grund ist die Regelung in § 33 Abs. 1 S. 1 ErbbauRG, wonach beim **Heimfall** des Erbbaurechts die Hypotheken, Grund- und Rentenschulden sowie Reallasten bestehen bleiben, soweit sie nicht dem Erbbauberechtigten zustehen. Im Raum steht eine gesetzliche Schuldübernahme durch den Grundstückseigentümer, § 33 Abs. 2 ErbbauRG, die vertraglich nicht ausgeschlossen werden kann.[29] 13

Dem Schutz des Grundstückseigentümers dienen auch die **Löschungs-** und **Rückgewährsvormerkung**, die regelmäßig im Rahmen einer Erbbaurechtsbelastung gewählt werden, um eine erneute Valutierung zu verhindern.[30] Gesichert wird der Anspruch auf Rückgewähr durch Abtretung, Löschung oder Verzicht. Auf diese Art und Weise entgeht der Grundstückseigentümer der Gefahr einer revolvierenden Belastung mit Rechten, die im Heimfall bestehen bleiben. Häufig kennt die Erbbaurechtspraxis daher Erbbaurechtsbelastungen, die mit Löschungs- und Rückgewährsvormerkungen einhergehen. Regelmäßig macht der Grundstückseigentümer seine Belastungszustimmung davon abhängig, 14

24 Sog. Untererbbaurecht, § 6a GBO; vgl. auch Ingenstau/Hustedt/*Bardenhewer*, § 11 Rn 19. Zum Untererbbaurecht vgl. § 14 dieses Buches.

25 Ingenstau/Hustedt/*Bardenhewer*, § 11 Rn 19.

26 *Reul*, in: Festschrift 25 Jahre Deutsches Notarinstitut, S. 217, 218, teleologische Reduktion des § 5 Abs. 2 ErbbauRG, der Schutzzweck der Norm ist nicht berührt, da der Grundstückseigentümer nicht vor einer weiteren Belastung geschützt werden muss; LG Bochum Rpfleger 1990, 453.

27 Ingenstau/Hustedt/*Bardenhewer*, § 18 Rn 2.

28 OLG Hamm, Beschl. v. 18.7.1969, Az. 15 W 229/69 = NJW 1969, 2052.

29 Ingenstau/Hustedt/*Bardenhewer*, § 33 Rn 17; vgl. zum Kontext auch *Reul*, in: Festschrift 25 Jahre Deutsches Notarinstitut, S. 217, 218.

30 Siehe *Winkler/Schlögel*, § 5 Rn 149 b.

dass zu seinen Gunsten Löschungs- und eine Rückgewährsvormerkungen bestellt werden.[31] Die Löschung kann dann nicht mehr ohne Zustimmung des Grundstückseigentümers erfolgen, zur Löschung ist die Zustimmung des Vormerkungsberechtigten erforderlich.[32] Die Begründung hierfür liegt in der Betroffenheit des Vormerkungsberechtigten, der seinen Rückgewährsanspruch auch in Gestalt der Abtretung geltend machen könnte, was jedoch den Fortbestand des Rechts voraussetzt.[33]

II. Belastungsvorbehalt nach § 5 ErbbauRG

15 Schutz bietet der **Belastungsvorbehalt** nach § 5 Abs. 2 S. 1 ErbbauRG.[34] Als Inhalt des Erbbaurechts kann vereinbart werden, dass der Erbbauberechtigte zur Belastung des Erbbaurechts mit Grundpfandrechten[35] oder Reallasten der **Zustimmung des Grundstückseigentümers** bedarf. Vgl. auch § 4 Rdn 111 ff. Zu den Belastungen[36] i.S.v. § 5 Abs. 2 S. 1 ErbbauRG vgl. § 4 Rdn 121 ff. In der Praxis wird häufig übersehen, dass auch für die **Verpfändung** des Anspruchs auf Einräumung eines Erbbaurechts eine Belastungszustimmung erforderlich ist,[37] vgl. § 4 Rdn 121. Für **Vormerkungen** ist eine Belastungszustimmung dagegen noch nicht erforderlich.[38] Die Zustimmung zur Veräußerung impliziert keine Zustimmung zur Belastung,[39] vgl. § 4 Rdn 95. Deshalb kann der Grundstückseigentümer der Veräußerung zustimmen und die Belastung ablehnen (zur **gespaltenen Zustimmung**[40] vgl. § 4 Rdn 95). Den Notar trifft insoweit die Verpflichtung, im Rahmen des Erbbaurechtskaufs auf die Möglichkeit einer gespaltenen Zustimmung hinzuweisen (vgl. § 4 Rdn 95). Zur **Voreintragungsobliegenheit** einer noch nicht im Gesellschaftsregister eingetragenen Gesellschaft bürgerlichen Rechts vgl. Rdn 4 sowie § 5 Rdn 8. Es besteht

31 Vgl. auch *Winkler/Schlögel*, § 5 Rn 149 b.

32 Vgl. DNotI-Report 2017, 187 ff., darin wird allerdings eine Einschränkung vorgenommen, dass nur der Berechtigte der Rückgewährsvormerkung zustimmen muss, nicht auch der Berechtigte einer Löschungsvormerkung, der von der Löschung nicht betroffen ist. Vgl. zum Zustimmungserfordernis eines Vormerkungsberechtigten auch BayObLG Rpfleger 1987, 156; KG JFG 9, 218, 219.

33 DNotI-Report 2017, 187 ff.; BayObLG Rpfleger 1987, 156; KG JFG 9, 218, 219.

34 Ingenstau/Hustedt/*Bardenhewer*, § 18 Rn 2; *Reul*, in: Festschrift 25 Jahre Deutsches Notarinstitut, S. 217 ff.

35 Die Zustimmungspflicht gilt auch für Zwangssicherungs- und Bauhandwerkersicherungshypotheken, vgl. *Neumann*, ZfBR 2020, 211, 213; *Schreinert*, notar 2019, 363, 371; *Reul*, in: Festschrift 25 Jahre Deutsches Notarinstitut, S. 217, 219. Vgl. auch KG FGPrax 2018, 99, allerdings kann die vom KG vorgenommene Auslegung – die Bestätigung nach § 322 Abs. 3 S. 2 AO, dass die gesetzlichen Voraussetzungen der Vollstreckung vorliegen, umfasse auch die Zustimmung des Grundstückseigentümers –, nicht geteilt werden. Vom Erklärungsinhalt ist dies nicht umfasst.

36 Vgl. *Reul*, in: Festschrift 25 Jahre Deutsches Notarinstitut, S. 217, 221.

37 Ebenso *Reul*, in: Festschrift 25 Jahre Deutsches Notarinstitut, S. 217, 219.

38 Vgl. *Neumann*, ZfBR 2020, 211, 215; *Reul*, in: Festschrift 25 Jahre Deutsches Notarinstitut, S. 217, 221.

39 *Schmidt-Räntsch*, ZfIR 2014, 269, 276; *Krauß*, notar 2019, 303.

40 BGH DNotZ 2005, 847.

eine Voreintragungsobliegenheit der Gesellschaft nach Art. 229 § 21 Abs. 1 EGBGB analog.[41] Das Eigentumsrecht wird zwar nicht unmittelbar berührt, die analoge Anwendung des Voreintragungserfordernisses ist jedoch geboten, um die Vertragsgestaltung rechtssicher auszugestalten.[42] Zur Wirksamkeit der Zustimmung vgl. auch § 5 Rdn 10. Die Zustimmung kann nicht mehr **widerrufen** werden, nachdem die schuldrechtliche Vereinbarung über die Belastung bereits wirksam geworden ist.[43] Dies entspricht dem vom BGH postulierten Gleichlauf von schuldrechtlichem Kausalgeschäft und dinglichem Vollzugsgeschäft, § 6 ErbbauRG. Ein evtl. Wechsel des Grundstückseigentümers wirkt sich dann nicht mehr aus, auf die Erfüllung kommt es nicht mehr an, vgl. auch § 5 Rdn 10. Steht der Grundstückseigentümer unter Betreuung oder ist er noch minderjährig, ist strittig,[44] ob die **Genehmigung** des gesetzlichen Vertreters der **betreuungs- bzw. familiengerichtlichen Genehmigung** bedarf. Die **Empfehlung** geht dahin, die Genehmigung bzw. ein gerichtliches Negativattest einzuholen, um die Eintragung auf eine völlig zweifelsfreie Eintragungsgrundlage zu stellen und unnötige Verfahrensverzögerungen zu vermeiden. Ähnliche Überlegungen zeichnen sich verantwortlich dafür, explizit in die Zustimmungserklärung auch **Zinsen** und **Nebenleistungen** mitaufzunehmen, da die grundbuchamtliche Auslegungspraxis unterschiedlich ausfällt. Nicht selten schließen sich Grundbuchämter der obergerichtlichen Auffassung[45] an, wonach eine wohlwollende Auslegung – *die Belastungszustimmung erfasst konkludent auch Zinsen und Nebenleistungen* –, nicht greifen kann. In der Folge drohen grundbuchamtliche Zwischenverfügungen und unnötige Verfahrensverzögerungen. Steht das Grundstück im gesamthänderischen Eigentum **mehrerer Erben**, ist die Zustimmung aller Erben einzuholen, § 2040 Abs. 1 BGB.[46]

Bedeutsam ist in der Praxis, dass im Erbbaurechtsvertrag bereits eine unter mehreren Prä- **16**
missen erteilte **Vorabzustimmung** enthalten sein kann. Diese **road map** ist einzuhalten, will der Erbbauberechtigte in den Genuss der Vorabzustimmung gelangen. Hält sich der Erbbauberechtigte hieran, ist in der Belastungsurkunde ausdrücklich darauf einzugehen, dass die Maßgaben der im Erbbaurechtsvertrag enthaltenen Vorabzustimmung erfüllt sind.

41 Vgl. DNotI-Report 2024, 105.

42 DNotI-Report 2024, 105.

43 BGH, Beschl. v. 29.6.2017, Az. V ZB 144/16 = DNotI-Report 2017, 150 = NJW-Spezial 2017, 739; vgl. auch *Rapp*, DNotZ 2018, 413; *Schreinert*, notar 2019, 363, 369; *Reul*, in: Festschrift 25 Jahre Deutsches Notarinstitut, S. 217, 225.

44 Vgl. Freckmann/Frings/Grziwotz/*Freckmann*, Rn 274. Die Diskussion dreht sich darum, ob in der Zustimmung eine Verfügung zu erkennen ist. Gegen Zustimmungspflicht *Freckmann*, a.a.O. sowie Ingenstau/Hustedt/*Hustedt*, § 6 Rn 18; für Zustimmungspflicht Erman/*Grziwotz*, § 5 Rn 4. Ohne Empfehlung hingegen *Reul*, in: Festschrift 25 Jahre Deutsches Notarinstitut, S. 217, 226.

45 OLG Hamm NJW-RR 2011, 1652; vgl. auch *Winkler/Schlögel*, § 4 Rn 220, die eine andere Meinung vertreten und die obergerichtliche Rechtsprechung für „realitätsfremd" erachten; vgl. zum Kontext auch *Reul*, in: Festschrift 25 Jahre Deutsches Notarinstitut, S. 217, 218.

46 *Reul*, in: Festschrift 25 Jahre Deutsches Notarinstitut, S. 217, 226.

Auf diese Art und Weise wird eine überflüssige, auf Beibringung der Eigentümerzustimmung gerichtete Zwischenverfügung des Grundbuchamtes vermieden. Der Beibringungsgrundsatz sieht die Beteiligten in der Pflicht, die Zustimmung beizubringen bzw. auf die bereits erteilte Vorabzustimmung zu verweisen. Das Grundbuchbuchamt ist dagegen nicht gehalten, Grundakten von Amts wegen nach Zustimmungen zu durchsuchen.

III. Road map der möglichen Vorabzustimmung im Erbbaurechtsvertrag

17 Die **Vorabzustimmung**, enthalten im Erbbaurechtsvertrag, kann wie folgt formuliert sein:

▼

8.2

Muster 8.2: Formulierungsvorschlag Vorabzustimmung im Erbbaurechtsvertrag

Die Zustimmung wird nur für Grundpfandrechte erteilt, die den Rechten des Grundstückseigentümers (Erbbauzinsreallast, Vorkaufsrecht) im Rang nachgehen und die spätestens drei Jahre vor Ablauf des Erbbaurechts amortisiert und gelöscht werden.

Der Erbbauberechtigte verpflichtet sich gegenüber dem Grundstückseigentümer, dieses Grundpfandrecht löschen zu lassen, wenn und soweit es sich mit dem Erbbaurecht in einer Person vereinigt. Zur Sicherung dieses Löschungsanspruchs ist bei Bestellung des Grundpfandrechts eine Löschungsvormerkung für den jeweiligen Grundstückseigentümer auf Kosten des Erbbauberechtigten einzutragen (§ 1179 Ziff. 2 BGB).

Falls das Erbbaurecht mit einer Grundschuld belastet wird, tritt der Erbbauberechtigte heute schon an den Grundstückseigentümer seine Ansprüche auf Rückübertragung oder Löschung dieser Grundschuld ab. Zur Sicherung dieses abgetretenen Anspruchs auf Rückübertragung bzw. Löschung einer solchen Grundschuld ist für den jeweiligen Grundstückseigentümer eine Vormerkung im Grundbuch bei Eintragung der Grundschuld einzutragen, § 883 Abs. 1 BGB.

Der Grundstückseigentümer stimmt bereits jetzt Belastungen des Erbbaurechts mit Hypotheken und Grundschulden samt Zinsen und Nebenleistungen zu, wenn

- sie innerhalb von ___ Jahren ab Besitzübergang bewilligt und beantragt werden
- sie Rang nach den Rechten des Grundstückseigentümers erhalten (also Rang nach der Erbbauzinsreallast und dem Vorkaufsrecht)
- sie zugunsten von Anstalten und Körperschaften des öffentlichen Rechts, Kreditinstituten und Versicherungsgesellschaften mit EU-Sitz erhalten
- zugleich mit den Belastungen die oben erwähnte Löschungs- und die Rückgewährsvormerkung zugunsten des Grundstückseigentümers eingetragen werden.

▲

IV. Muster: Finanzierungsgrundschuldbestellung am Erbbaurecht; Eigentümerzustimmung zur Belastung des Erbbaurechts mit Grundpfandrechten

1. Bestellung einer Finanzierungsgrundschuld am Erbbaurecht

▼ 18

Muster 8.3: Formulierungsvorschlag Grundschuldbestellung am Erbbaurecht

„UVZ-Nr. / Zur bankinternen Bearbeitung Nr.

BESTELLUNG EINER GRUNDSCHULD AM ERBBAURECHT

Heute, den

– 20 –

ist vor mir,

,

Notar/Notarin in , in den Geschäftsräumen des Notariats in der , erschienen:

1.

– nachstehend „Käufer, künftiger Erbbauberechtigter und Schuldner" genannt –,

ausgewiesen durch gültigen amtlichen Lichtbildausweis,

handelnd nicht nur im eigenen Namen, sondern auch aufgrund Vollmacht aus der Urkunde vom , URNr. bzw. UVZ-Nr. (nachstehend als „Kaufvertrag" bezeichnet), die in Urschrift vorliegt und dem beurkundenden Notar gegenüber nicht widerrufen wurde, für

2.

– nachstehend „Verkäufer, Erbbauberechtigter" genannt –.

Der Erschienene verneinte die Frage des Notars/der Notarin nach einer Vorbefassung i.S.v. § 3 Abs. 1 S. 1 Nr. 7 BeurkG und bat um Beurkundung folgender Buchgrundschuld:

I. Grundschuldbestellung

Der Erbbauberechtigte bestellt hiermit unwiderruflich an dem in Ziffer V bezeichneten Erbbaurecht für die

, Sitz

– nachstehend Bank bzw. Gläubigerin genannt –

eine Grundschuld ohne Brief im Betrage von … EUR

– in Worten … EUR –.

Die Grundschuld ist von … ab mit jährlich … (… vom Hundert) zu verzinsen. Die Zinsen sind je am Ende eines Kalenderjahres nachträglich zu entrichten, spätestens jedoch im Verteilungstermin.

Ferner wird eine einmalige Nebenleistung von … des Grundschuldbetrages geschuldet.

Die Fälligkeit des Grundschuldkapitals bestimmt sich nach § 1193 Abs. 1 BGB. Die einmalige Nebenleistung wird zusammen mit dem Grundschuldkapital fällig.

Die Grundschuld soll die in Ziffer VI. angegebene Rangstelle erhalten. Ist diese Rangstelle nicht sofort erreichbar, so soll die Eintragung vorläufig an nächstoffener Rangstelle erfolgen.

Ist die Grundschuld zunächst nicht bei allen Mithaftstellen eingetragen, soll sie bereits mit der Eintragung auf einer Mithaftstelle als Einzelgrundschuld entstehen. Ist die Grundschuld auf mehreren, aber nicht allen Mithaftstellen eingetragen, so entsteht sie insoweit als Gesamtgrundschuld, als sie eingetragen ist.

II. Dingliche Zwangsvollstreckungsunterwerfung

Der Verkäufer als derzeitiger Erbbauberechtigter und der Käufer als künftiger Erbbauberechtigte unterwerfen sich wegen aller Ansprüche an Kapital, Zinsen und Nebenleistung, die der Gläubigerin aus der Grundschuld zustehen, der sofortigen Zwangsvollstreckung in das mit der Grundschuld belastete Erbbaurecht, und zwar in der Weise, dass die Zwangsvollstreckung aus dieser Urkunde gegen den jeweiligen Inhaber des Erbbaurechts zulässig sein soll.

III. Eintragungsbewilligung und Eintragungsantrag

Es wird bewilligt und beantragt,

die vollstreckbare Grundschuld für die Bank gemäß Ziffer I. und Ziffer II. dieser Urkunde in das Grundbuch einzutragen.

Ferner wird beantragt,

alle Rangänderungs- und Löschungserklärungen einzutragen, die erforderlich sind, um der Grundschuld den angegebenen Rang – siehe Ziffer VI. – zu verschaffen. Der beurkundende Notar wird ermächtigt, diese Urkunde zum getrennten Vollzug einzelner Anträge beim Grundbuchamt einzureichen.

Es wird beantragt,

der Bank nach Eintragung der Grundschuld einen … Ausdruck des Grundbuchs zu übersenden. Kosten trägt der Besteller.

IV. Abstraktes Schuldversprechen und persönliche Zwangsvollstreckungsunterwerfung

…

– der Käufer, künftiger Erbbauberechtigter und Schuldner" –, übernimmt die persönliche Haftung für die Zahlung eines Geldbetrages in Höhe des Grundschuldbetrages samt Zinsen von … (… vom Hundert jährlich).

Der Verkäufer übernimmt dagegen keine persönliche Zahlungsverpflichtung. Die Darlehensvaluta ist gemäß den Bestimmungen des Kaufvertrages auszuzahlen.

Der Schuldner unterwirft sich insoweit der sofortigen Zwangsvollstreckung aus dieser Urkunde in sein gesamtes Vermögen. Dies gilt auch schon vor Eintragung der Grundschuld im Grundbuch und vor der Vollstreckung in das belastete Erbbaurecht.

Der Notar hat auf die persönliche Schuldverpflichtung hingewiesen, die über die Grundschuldsicherheit hinausgeht, und über die daraus folgende Haftung des Schuldners mit seinem ganzen Vermögen belehrt.

V. Beschreibung des belasteten Grundbesitzes

Der Pfandbesitz beschreibt sich wie folgt:

Erbbaugrundbuch des Amtsgerichts … für die Gemarkung … Blatt …,

Erbbaurecht an dem im Grundbuch von … Blatt … unter BVNr. … verzeichneten Grundstück der Gemarkung Flurstück …, … straße …, Gebäude- und Freifläche, zu … qm.

VI. Rangbestimmung

Das vorstehend genannte Erbbaurecht ist wie folgt belastet:

Abteilung II:

lfd. Nr. 1: …

lfd. Nr. 2: …

Abteilung III:

lfd. Nr. 1: …

Die Grundschuld erhält folgenden Rang:

Ist diese Rangstelle nicht sofort erreichbar, so soll die Eintragung vorläufig an nächstoffener Rangstelle erfolgen.

Der Käufer des Pfandobjekts tritt mit seiner im Grundbuch bereits eingetragenen bzw. zur Eintragung kommenden Erbbaurechtsübertragungsvormerkung im Rang hinter das vorbestellte Grundpfandrecht in Haupt- und Nebensache zurück und bewilligt und beantragt die Eintragung des Rangrücktritts im Grundbuch.

VII. Löschungs- und Rückgewährsvormerkungen

1. Bestellung einer Löschungsvormerkung

Der Schuldner verpflichtet sich gegenüber dem Grundstückseigentümer, vorstehende Grundschuld am Erbbaurecht löschen zu lassen, wenn und soweit sie sich mit dem Erbbaurecht in einer Person vereinigt.

Zur Sicherung dieses Löschungsanspruchs wird die Eintragung einer Löschungsvormerkung für den jeweiligen Grundstückseigentümer bewilligt und beantragt.

2. Bestellung einer Rückgewährsvormerkung

Der Schuldner tritt bereits heute seine Ansprüche auf Rückübertragung bzw. Löschung obiger Grundschuld an den Grundstückseigentümer ab.

Zur Sicherung dieses abgetretenen Anspruchs auf Rückübertragung bzw. Löschung obiger Grundschuld wird hiermit für den jeweiligen Grundstückseigentümer die Eintragung einer Vormerkung im Grundbuch bewilligt und beantragt.

VIII. Verjährung von Rückgewährsansprüchen

Die Bestellung der Grundschuld und die Abgabe des persönlichen Schuldbekenntnisses erfolgen mit der Maßgabe, dass Ansprüche gegen den Gläubiger auf Rückgewähr der jeweiligen Sicherheit in jeder Form in 30 Jahren ab dem gesetzlichen Verjährungsbeginn verjähren. Auf den Zugang der Annahme dieses Angebots wird verzichtet.

IX. Grundpfandrechtsbestellung zur Kaufpreisfinanzierung

Als derzeitiger Erbbauberechtigter verpflichtete sich der Verkäufer, bei der Bestellung von Grundpfandrechten samt Zinsen und Nebenleistungen samt dinglicher Vollstreckungsunterwerfung nach § 800 ZPO mitzuwirken, die zur Finanzierung des Kaufpreises erforderlich sind. Auf die Kaufvertragsurkunde wird Bezug genommen. Diese Mitwirkungspflicht besteht jedoch nicht uneingeschränkt, sondern nur mit der Maßgabe, dass in der Grundschuldurkunde auf die folgenden Vereinbarungen hingewiesen wird, was hiermit geschieht:

1. Sicherungsabrede

Die Bank darf die Grundschuld nur insoweit als Sicherheit verwerten oder behalten, als sie tatsächlich Zahlungen mit Tilgungswirkung auf die Kaufpreisschuld des Käufers geleistet hat. Alle weiteren Zweckbestimmungserklärungen, Sicherungs- und Verwertungsvereinbarungen innerhalb oder außerhalb dieser Urkunde gelten erst, nachdem der Kaufpreis vollständig bezahlt ist, in jedem Fall ab Umschreibung des Erbbaurechts auf den Käufer. Ab diesem Zeitpunkt gelten sie für und gegen den Erwerber als neuen Sicherungsgeber. Im Falle der Rückgewährung der Grundschuld kann nur die Löschung verlangt werden, nicht Abtretung oder Verzicht.

2. Zahlungsanweisung

Die Bank wird angewiesen, das Darlehen in Anrechnung auf den Kaufpreis und bis zu dessen Höhe gemäß der notariellen Fälligkeitsmitteilung nur unmittelbar an lastenfreistellende Gläubiger des Verkäufers in Höhe der für die Lastenfreistellung verlangten Beträge auszubezahlen. Der Rest ist an den Verkäufer auszubezahlen. Der beurkundende Notar ist beauftragt, der Bank die Sicherungsabrede und die Zahlungsanweisung durch Übersendung einer Kaufvertragsabschrift mitzuteilen.

3. Persönliche Zahlungspflichten, Kosten

Der Käufer übernimmt alle persönlichen Zahlungsverpflichtungen und verpflichtet sich, den Verkäufer von allen Kosten und sonstigen Folgen der Grundschuldbestellung und Grundschuldeintragung freizustellen. Mehrere Personen auf der Käuferseite schulden als Gesamtschuldner. Sie bestellen sich gegenseitig als Zustellungs- und Erklärungsvertreter für alle Erklärungen, die für diesen Vertrag und seine Abwicklung erforderlich werden.

4. Bestehenbleiben nach Umschreibung des Erbbaurechts

Nach Umschreibung des Erbbaurechts auf den Käufer bleibt die Finanzierungsgrundschuld bestehen. Mit Wirkung ab vollständiger Kaufpreiszahlung, jedenfalls ab Umschreibung des Erbbaurechts auf den Käufer, werden alle Ansprüche aus der Grundschuld, insbesondere Löschungs- und Rückgewähransprüche, an den Käufer abgetreten. Entsprechende Grundbucheintragungen werden bewilligt.

X. Schlussbestimmungen

1. Zustellungsbevollmächtigte

Für Zustellungen nach dem Zwangsversteigerungsgesetz soll jeder einzelne Erbbauberechtigte für alle anderen zustellungsbevollmächtigt sein.

2. Umwandlung Buchrecht in Briefrecht sowie Briefrecht in Buchrecht

Der Erbbauberechtigte ist mit der späteren Umwandlung in eine Briefgrundschuld und mit einem Verzicht auf die Rechte nach § 1160 BGB einverstanden. Gleiches gilt für eine spätere Umwandlung eines Briefrechts in ein Buchrecht. Unter Befreiung von den Beschränkungen des § 181 BGB bevollmächtigt der Erbbauberechtigte die jeweilige Gläubigerin, jederzeit die Eintragung der Umwandlung in das Grundbuch zu bewilligen und zu beantragen sowie sich den Grundpfandrechtsbrief vom Grundbuchamt aushändigen zu lassen.

3. Nachweisverzicht; Kostentragung

Der künftige Erbbauberechtigte verzichtet auf den Nachweis seiner Eintragung als Erbbauberechtigter bei der Erteilung einer vollstreckbaren Ausfertigung dieser Urkunde. Der Nachweisverzicht gilt auch für den Nachweis der Kündigung und die Einhaltung der Sechs-Monats-Frist. Eine vollstreckbare Ausfertigung dieser Urkunde ist der Gläubigerin hinsichtlich sämtlicher Zwangsvollstreckungsunterwerfungen, die in dieser Urkunde enthalten sind, ohne Nachweis der Kündigung und ohne Einhaltung der Sechs-Monats-Frist zu erteilen.

Der Schuldner trägt alle Kosten dieser Urkunde und ihres Vollzugs im Grundbuch.

4. Unwirksamkeit von Bestimmungen

Sollten einzelne Bestimmungen dieser Urkunde unwirksam sein bzw. nicht durchgeführt werden, so bleiben die übrigen Bestimmungen wirksam. Sollten einzelne Bestimmungen unwirksam sein, gelten ergänzend die gesetzlichen Bestimmungen.

5. Bevollmächtigung des Notars

Der Notar/die Notarin , deren Vertreter und Nachfolger im Amt werden jeweils beauftragt und bevollmächtigt, etwaige Zustimmungserklärungen und Genehmigungen unter Fertigung eines Entwurfs einzuholen. Darüber hinaus wird der Notar/die Notarin , deren Vertreter und Nachfolger im Amt ermächtigt, den Vollzug dieser Urkunde zu betreiben und Anträge getrennt oder eingeschränkt zu stellen (Teilvollzug). Die Ermächtigung umfasst auch die Rücknahme der Erklärungen und die Abgabe aller verfahrensrechtlichen Erklärungen, die zur Durchführung dieser Urkunde erforderlich sind. Im Grundbuchverfahren darf der Notar/die Notarin die Beteiligten uneingeschränkt vertreten. Die Ermächtigung umfasst dagegen nicht die gerichtliche Ersetzung der Eigentümerzustimmung nach § 7 Abs. 3 ErbbauRG, die ggf. der Käufer zu beantragen hat.

XI. Zustimmung des Grundstückseigentümers

Laut Erbbaugrundbuch ist die Zustimmung des Eigentümers erforderlich zur Veräußerung und Belastung des Erbbaurechts mit Grundpfandrechten, Reallasten, Dauerwohn-

und -nutzungsrechten nebst deren Inhaltsänderung als weitere Belastung. Als Grundstückseigentümer ist vermerkt.

Die Beteiligten wurden darauf hingewiesen, dass zur Rechtswirksamkeit dieses Vertrages die Zustimmung des Grundstückseigentümers erforderlich ist. Die Belastung des Erbbaurechts ist unwirksam, solange der Grundstückseigentümer nicht die notwendige Zustimmung erteilt hat.

Alternativ:

Zur Belastung des Pfandbesitzes ist die Zustimmung des Grundstückseigentümers erforderlich.

Der Grundstückseigentümer hat in der Urkunde vom Notar bereits Belastungen mit Grundschulden unter Voraussetzungen zugestimmt, die bereits gegeben oder vorstehend erfüllt sind.

Alternativ:

Der Notar wird beauftragt, die Zustimmung und etwaige aufsichtsrechtliche Genehmigungen hierzu einzuholen. Alle Genehmigungen und Erklärungen sollen mit dem Eingang im Notariat wirksam sein. Dies gilt nicht für Genehmigungen, die nicht oder nur unter Bedingungen oder Auflagen erteilt werden.

XII. Notarermächtigung; Genehmigungen, Vollzug

Der Notar/die Notarin , deren Vertreter und Nachfolger im Amt werden jeweils beauftragt und bevollmächtigt, etwaige Zustimmungserklärungen und Genehmigungen unter Fertigung eines Entwurfs einzuholen. Darüber hinaus wird der Notar/die Notarin , deren Vertreter und Nachfolger im Amt ermächtigt, den Vollzug dieser Urkunde zu betreiben und Anträge getrennt oder eingeschränkt zu stellen (Teilvollzug). Die Ermächtigung umfasst auch die Rücknahme der Erklärungen und die Abgabe aller verfahrensrechtlichen Erklärungen, die zur Durchführung dieser Urkunde erforderlich sind. Im Grundbuchverfahren darf der Notar/die Notarin die Beteiligten uneingeschränkt vertreten.

Die Vollzugsmitteilungen sind für alle Beteiligten an den Notar zu übersenden.

Alle Beteiligten erklären sich mit der Speicherung und Bearbeitung ihrer Daten durch das Notariat ausdrücklich einverstanden und stimmen der Speicherung und Bearbeitung ausdrücklich zu. Die Belehrung über die Informationspflichten bei Erhebung personenbezogener Daten ist erfolgt.

Alle Beteiligten erklären, ausschließlich für eigene Rechnung zu handeln. Die Belehrung durch den Notar über die Angabepflichten nach dem Geldwäschegesetz ist erfolgt.

XIII. Ausfertigungen, Abschriften

Eine *Ausfertigung* dieser Urkunde erhalten:

- der Gläubiger, spätestens nach Vollzug dieser Urkunde überdies eine vollstreckbare Ausfertigung
- das Grundbuchamt.

Eine *einfache Abschrift* dieser Urkunde erhalten:

- der Darlehensnehmer
- Auf den Nachweis der Tatsachen, die das Entstehen und die Fälligkeit der Grundschuld und der Nebenleistungen bedingen, wird verzichtet.

XIV. Notar- und Gerichtskosten

Der Besteller trägt sämtliche Kosten dieser Urkunde und für ihren Vollzug im Grundbuch.

Vorgelesen vom Notar,

von den Beteiligten genehmigt

und eigenhändig unterschrieben:

(Unterschriften der Beteiligten)

(Unterschrift und Siegel des Notars)

▲

2. Eigentümerzustimmung zur Belastung des Erbbaurechts mit Grundpfandrechten

19 ▼

Muster 8.4: Formulierungsvorschlag Zustimmung des Grundstückseigentümers zur Belastung des Erbbaurechts mit Grundpfandrechten (ohne Rangrücktritt)

ZUSTIMMUNG DES GRUNDSTÜCKSEIGENTÜMERS
ZUR BELASTUNG DES ERBBAURECHTS

1. Erbbaurecht und Grundstück

Im Erbbaugrundbuch der Gemarkung , Blatt , ist ein Erbbaurecht eingetragen.

Erbbauberechtigter ist:

Im Grundbuch der Gemarkung …, Blatt …, ist als Grundstückseigentümer eingetragen:

…

2. Belastung des Erbbaurechts

Mit Urkunde des Notars … in … vom …, UVZ-Nr. …, hat der Erbbauberechtigte eine Grundschuld in Höhe von … EUR – in Worten: … – nebst … Zinsen und Nebenleistungen bestellt.

Als dinglicher Inhalt des Erbbaurechts ist vereinbart, dass der Erbbauberechtigte zur Belastung des Erbbaurechts mit Grundpfandrechten der Zustimmung des Grundstückseigentümers bedarf, § 5 Abs. 2 S. 1 ErbbauRG.

3. Zustimmung des Grundstückseigentümers zur Belastung

Der Grundstückseigentümer erteilt hiermit seine Zustimmung zur vorstehend beschriebenen Belastung des Erbbaurechts.

Zur Sicherung des Löschungsanspruchs und des abgetretenen Anspruchs auf Rückübertragung oder Löschung sind für den jeweiligen Grundstückseigentümer eine Löschungsvormerkung nach § 1179 Ziff. 2 und eine Rückgewährsvormerkung nach § 883 Abs. 1 BGB gleichzeitig mit der Belastung einzutragen.

4. Kostentragung

Kosten trägt der Erbbauberechtigte.

…, den …

▲

Die Einschränkung, dass gleichzeitig eine Löschungs- und eine Rückgewährsvormerkung einzutragen sind, stellt keinen Vorbehalt nach § 16 Abs. 1 GBO dar, sondern eine **Rechtsbedingung**, die das Grundbuchamt innerhalb des Verfahrens feststellen kann, § 16 Abs. 2 GBO.

20 ▼

Muster 8.5: Formulierungsvorschlag Zustimmung des Grundstückseigentümers zur Belastung des Erbbaurechts mit Grundpfandrechten (mit Rangrücktritt)

ZUSTIMMUNG DES GRUNDSTÜCKSEIGENTÜMERS ZUR BELASTUNG DES ERBBAURECHTS SOWIE RANGRÜCKTRITT

1. Erbbaurecht und Grundstück

Im Erbbaugrundbuch der Gemarkung , Blatt , ist ein Erbbaurecht eingetragen.

Erbbauberechtigter ist:

Im Grundbuch der Gemarkung , Blatt , ist als Grundstückseigentümer eingetragen:

2. Belastung des Erbbaurechts

Mit Urkunde des Notars in vom , UVZ-Nr. , hat der Erbbauberechtigte eine Grundschuld in Höhe von EUR – in Worten: – nebst Zinsen und Nebenleistungen bestellt.

Als dinglicher Inhalt des Erbbaurechts ist vereinbart, dass der Erbbauberechtigte zur Belastung des Erbbaurechts mit Grundpfandrechten der Zustimmung des Grundstückseigentümers bedarf, § 5 Abs. 2 S. 1 ErbbauRG.

3. Zustimmung des Grundstückseigentümers zur Belastung sowie Rangrücktritt

Der Grundstückseigentümer erteilt hiermit seine Zustimmung zur vorstehend beschriebenen Belastung des Erbbaurechts.

Zur Sicherung des Löschungsanspruchs und des abgetretenen Anspruchs auf Rückübertragung oder Löschung sind für den jeweiligen Grundstückseigentümer eine Löschungsvormerkung nach § 1179 Ziff. 2 und eine Rückgewährsvormerkung nach § 883 Abs. 1 BGB gleichzeitig mit der Belastung einzutragen.

Zugleich tritt der Grundstückseigentümer mit seinem Vorkaufsrecht am Erbbaurecht im Rang hinter das Grundpfandrecht zurück und bewilligt den Vollzug dieser Änderung im Erbbaugrundbuch. Dabei steht die Eintragung dieses Rangrücktritts unter dem Vorbehalt, dass gleichzeitig bei dem Grundpfandrecht eine Rückgewährsvormerkung sowie eine Löschungsvormerkung gemäß § 1179 Ziff. 2 BGB für den jeweiligen Eigentümer des Erbbaugrundstücks eingetragen werden.

Weiterhin tritt der Grundstückseigentümer mit folgenden Rechten hinter das Grundpfandrecht zurück und bewilligt den Vollzug im Erbbaugrundbuch:

4. Kostentragung

Kosten trägt der Erbbauberechtigte.

, den

▲

G. Exkurs: Die Ersetzung der Eigentümerzustimmung in der Praxis, § 7 Abs. 3 ErbbauRG

I. Allgemeines

Sofern die Belastung mit Grundpfandrechten bzw. Reallasten mit den Regeln einer **ordnungsgemäßen Wirtschaft** vereinbar ist und der **Bestellungszweck** nicht wesentlich beeinträchtigt oder gefährdet wird, kann der Erbbauberechtigte vom Grundstückseigentümer die Zustimmungserteilung verlangen, § 7 Abs. 2 ErbbauRG.[47] Ein Anspruch auf Zustimmung besteht dagegen nicht, sofern die Belastung zur Sicherung deliktischer Schadensersatzansprüche gegen den Erbbauberechtigten dienen soll.[48] Der **Zustimmungsanspruch** kann im Erbbaurechtsvertrag **nicht ausgeschlossen** oder mit **Bedingungen** oder **Auflagen** versehen werden.[49] In der Rechtsprechung[50] finden sich Postulate dahingehend, dass Belastungen **60 bis 70 Prozent des Verkehrswertes** des Erbbaurechts nicht überschreiten dürfen.[51] Gegen[52] feste Beleihungssätze wird vorgebracht, dass das Bausparkassengesetz eine Beleihungswert bis zu 80 Prozent zulässt und nicht zwangsläufig die Bahnen ordnungsgemäßen Wirtschaftens verlassen werden, sofern eine über 70 Prozent hinausreichende Beleihung erfolgt.[53] Das Erbbaurechtsgesetz kennt keine Obergrenzen für die Beleihung des Erbbaurechts. Unzulässig ist hingegen eine Verknüpfung dahingehend, dass das Darlehen den Wert des *Grundstücks* erhöhen soll.[54] 21

47 Vgl. OLG München, Beschl. v. 31.7.2008, Az. 33 Wx 145/07 = BeckRS 2008, 19836; *Schreinert*, notar 2019, 363, 370.

48 OLG München, a.a.O.

49 OLG Hamm, Beschl. v. 3.11.2005, Az. 15 W 337/05 = DNotZ 2006, 206.

50 BayObLG, Beschl. v. 19.10.1988, Az. BReg. 1a Z 24/88 = DNotZ 1989, 368, 370 *Neumann*, ZfBR 2020, 211, 214; *Schreinert*, notar 2019, 363, 370, 371.

51 Vgl. zur Thematik Freckmann/Frings/Grziwotz/*Freckmann*, Rn 306 ff.

52 Zu den Beleihungsgrenzen vgl. *Reul*, in: Festschrift 25 Jahre Deutsches Notarinstitut, S. 217, 231.

53 Freckmann/Frings/Grziwotz/*Freckmann*, Rn 307.

54 *Schreinert*, notar 2019, 363, 371; OLG Hamm DNotZ 1968, 426.

22 Verweigert der Grundstückseigentümer die Zustimmung ohne ausreichenden Grund, kann die Zustimmung **gerichtlich ersetzt** werden. Einschlägig ist das in § 7 Abs. 3 ErbbauRG geregelte Ersetzungsverfahren, das auch dann beschritten werden kann, sollte der Grundstückseigentümer die Erteilung in öffentlich beglaubigter Form (§ 29 GBO) verweigern oder nicht bereit sein, die Zustimmung bedingungsfrei[55] oder ohne Kostenübernahme[56] zu erteilen. Das **gerichtliche Ersetzungsverfahren** kommt ferner bei einer Zustimmung in Betracht, die ohne kirchen- bzw. stiftungsaufsichtsrechtliche Genehmigung erteilt wurde. Im Rahmen des Verfahrens nach § 7 Abs. 3 ErbbauRG kann überdies ein aufsichtsrechtliches Genehmigungserfordernis ersetzt werden. Zu den gerichtlichen Kosten[57] vgl. Rdn 47. Die Zustimmungsersetzung kann allerdings nur für ein **hinreichend konkretisiertes Recht** verlangt werden, nicht auch für eine Grundschuld, die nach der Sicherungsabrede jederzeit neu valutiert werden kann.[58] Eine entsprechende Belastung kann der Grundstückseigentümer ablehnen,[59] weil sich dies mit den Regeln einer ordnungsgemäßen Wirtschaft nicht vereinbaren lässt und die berechtigten Interessen des Grundstückseigentümers gefährdet sind.[60] Notwendig ist, dass dem Erbbauberechtigten ein der Belastung entsprechender **Gegenwert** zufließt, *„sei es in Bezug auf das Bauwerk oder hinsichtlich des Aufbaus, der Sicherung oder Erhaltung der wirtschaftlichen Existenz des Erbbauberechtigten“*.[61] Die Rechtsprechung[62] teilt diese Ansicht, der Belastung des Erbbaurechts muss ein wirtschaftlicher Zufluss gegenüberstehen, etwa in Form der Errichtung oder Instandhaltung des Erbbaurechtsbauwerks. Nicht notwendigerweise muss dies unmittelbar geschehen, wie der Rekurs auf den Aufbau oder die Erhaltung der wirtschaftlichen Existenz des Erbbauberechtigten zeigt.[63] Ausreichend ist in diesem Kontext, dass sich die Belastung zum Nutzen des Erbbauberechtigten auswirkt.[64] Gemeint ist *„ein die Belastung kompensierender wirtschaftlicher Zufluss beim Erbbauberechtigten“*.[65]

23 Der Gesetzgeber sah im gerichtlichen Ersetzungsverfahren die Möglichkeit angelegt, zu *„eine(r) rasch und möglichst einfach herbeizuführende(n) Entscheidung“*[66] zu gelangen.

55 Vgl. Staudinger/*Rapp*, § 7 Rn 25.
56 Grundstückseigentümer verlangt die Übernahme von Beglaubigungskosten.
57 0,5 Verfahrensgebühr, Nr. 15212 Nr. 6 KV GNotKG, *Tabelle A*, nicht Tabelle B, überdies voller Wert der Belastung, nicht bloß ein Teilwert.
58 OLG Hamm, Beschl. v. 13.10.1994, Az. 15 W 201/94 = NJW-RR 1995, 399 = FGPrax 1995, 12; *Schreinert*, notar 2019, 363, 372: das Erbbaurecht darf nicht für unbegrenzte Schuldzwecke zur Verfügung gestellt werden.
59 OLG Hamm a.a.O.
60 OLG Hamm a.a.O.
61 OLG Hamm a.a.O; vgl. auch *Neumann*, ZfBR 2020, 211, 213; *Schreinert*, notar 2019, 363, 370.
62 OLG München, Beschl. v. 6.4.2018, Az. 34 Wx 19/17 = ZErb 2018, 145.
63 OLG München, Beschl. v. 6.4.2018, Az. 34 Wx 19/17 = ZErb 2018, 145, 147.
64 OLG München, Beschl. v. 6.4.2018, Az. 34 Wx 19/17 = ZErb 2018, 145, 147; BayObLG DNotZ 1982, 368.
65 OLG München, Beschl. v. 6.4.2018, Az. 34 Wx 19/17 = ZErb 2018, 145, 147. Vgl. auch *Reul*, in: Festschrift 25 Jahre Deutsches Notarinstitut, S. 217, 230 ff.
66 *Glaß/Scheidt*, § 7 Anm. III 2 = S. 61.

Die Regelung offeriert ein „*beschleunigtes Verfahren zur Durchführung eines dem Erbbauberechtigten zustehenden gesetzlichen oder vertraglichen Anspruchs auf Zustimmung*".[67] Damit erübrigt sich der Weg einer Klage nach § 894 ZPO.[68]

II. Örtliche und sachliche Zuständigkeit

Die **ausschließliche gerichtliche Zuständigkeit** liegt beim **Amtsgericht**, in dessen Be- 24
zirk das Grundstück belegen ist, § 7 Abs. 3 S. 1 ErbbauRG. Ersetzt werden können nur zwei Formen der Eigentümerzustimmung:

- die als Inhalt des Erbbaurechts vereinbarte Zustimmung des Grundstückseigentümers zur **Veräußerung** des Erbbaurechts, §§ 5 Abs. 1, 7 Abs. 1, Abs. 3 ErbbauRG
- die als Inhalt des Erbbaurechts vereinbarte Zustimmung des Grundstückseigentümers zur **Belastung** des Erbbaurechts mit Grundpfandrechten und Reallasten, ggf. Dauerwohn- und -nutzungsrechten, sowie zur Änderung solcher Belastungen, die eine weitere Belastung des Erbbaurechts enthält, §§ 5 Abs. 2, 7 Abs. 2, Abs. 3 ErbbauRG.

Für andere Belastungsformen gilt die Zustimmungsersetzung nach § 7 Abs. 3 ErbbauRG nicht.[69] Das zugrunde liegende Grundgeschäft muss im Übrigen wirksam sein.[70]

Die funktionelle Zuständigkeit liegt beim **Richter**, nicht beim Grundbuchrechtspfleger.[71] 25

III. Antragsrecht

Die Regelung in § 7 Abs. 3 ErbbauRG gesteht lediglich dem **Erbbauberechtigten** das 26
Recht zu, einen **Antrag** auf gerichtliche Zustimmungsersetzung zu stellen,[72] nicht dagegen dem Käufer oder dem künftigen Berechtigten des Rechts, das eingetragen werden soll.[73] Dies gilt es zu berücksichtigen, sofern sich das Notariat mit einer Zustimmungsverweigerung konfrontiert sieht. Nach **Pfändung** und Überweisung liegt die Antragsberechtigung auch bei einem Gläubiger,[74] bei Insolvenz des Erbbauberechtigten beim **Insolvenzverwalter**,[75] was häufig allerdings nicht opportun sein dürfte, insbesondere vor

67 *Glaß/Scheidt*, § 7 Anm. III 2 = S. 61; Streitsache der freiwilligen Gerichtsbarkeit; so bereits *Räfle*, § 7 Rn 15, unter Hinweis auf BayObLG Rpfleger 1974, 357.

68 Vgl. *Räfle*, § 7 Rn 12.

69 Ingenstau/Hustedt/*Hustedt*, § 7 Rn 25, beispielsweise die Eigentümerzustimmung zur Teilung des Erbbaurechts.

70 Vgl. *Räfle*, § 7 Rn 13.

71 Keine Zuweisung an den Rechtspfleger im RPflG.

72 Vgl. auch OLG München, Beschl. v. 6.4.2018, Az. 34 Wx 19/17 = ZErb 2018, 145, 147.

73 *Räfle*, § 7 Rn 15; *Schreinert*, notar 2019, 363, 370.

74 OLG Rostock, Beschl. v. 24.5.2018, Az. 3 W 146/17 = Rpfleger 2018, 611, 612 = NJOZ 2019, 766.

75 *Räfle*, § 7 Rn 15; OLG München, Beschl. v. 6.4.2018, Az. 34 Wx 19/17 = ZErb 2018, 145, 147.

dem Hintergrund einer Heimfallregelung nach § 2 Nr. 4 ErbbauRG, die an die Insolvenz bzw. bereits an die Insolvenzantragstellung geknüpft ist. Der Gläubiger kann die Zustimmung aber nicht mehr verlangen, sofern der erbbauberechtigte Schuldner zwischenzeitlich sein Erbbaurecht wirksam auf einen Dritten übertragen hat.[76] Mit dem Wechsel ist der Anspruch auf Zustimmung gegenstandslos geworden, ein Rechtsschutzbedürfnis kann nicht mehr konstatiert werden, zumal sich die Pfändung ausschließlich gegen den Schuldner richtet, nicht gegen das Erbbaurecht selbst.[77]

IV. Verfahren

27 Das gerichtliche Ersetzungsverfahren zählt zu den **Verfahren der freiwilligen Gerichtsbarkeit** mit der Folge, dass das **FamFG** zur Anwendung gelangt. Von Amts wegen ermittelt das Gericht die entscheidungserheblichen Tatsachen, § 26 FamFG,[78] wobei als Beteiligte der Grundstückseigentümer und der Erbbauberechtigte einzubeziehen sind. Die Beteiligten trifft eine Mitwirkungspflicht, § 27 Abs. 1 FamFG, der durch die Angabe aller Tatsachen und Beweismittel nachgekommen werden kann. Die **Beweislast** liegt beim Erbbauberechtigten. Die rasche und umfassende Erfüllung dieser Mitwirkungspflicht ist nicht nur durch § 28 Abs. 1 S. 1 FamFG geboten, sondern liegt auch im wirtschaftlichen Eigeninteresse des Erbbauberechtigten, der ohne Zustimmungsersetzung nicht weiter agieren kann, vgl. § 15 ErbbauRG. Nach pflichtgemäßem Ermessen kann das Gericht das persönliche Erscheinen der Beteiligten anordnen, § 33 FamFG, etwa im Rahmen eines nicht öffentlichen[79] Termins. Die gerichtliche Praxis kennt Termine, in denen die Möglichkeit eines Vergleichs ausgelotet werden soll.

V. Entscheidung durch Beschluss

28 Die gerichtliche Entscheidung ergeht in Form eines **Beschlusses,**[80] der erst mit **Rechtskraft** wirksam wird, § 7 Abs. 3 S. 2 ErbbauRG i.V.m. § 40 Abs. 2 S. 2, Abs. 3 S. 1 ErbbauRG.[81] Dem Beschluss ist eine Rechtsbehelfsbelehrung[82] beigefügt, zur Beschwerdefrist vgl. Rdn 29. Das Rechtskraftzeugnis i.S.v. § 46 FamFG erteilt der Urkundsbeamte der Ge-

76 OLG Rostock, Beschl. v. 24.5.2018, Az. 3 W 146/17 = Rpfleger 2018, 611, 612 = NJOZ 2019, 766.

77 OLG Rostock, Beschl. v. 24.5.2018, Az. 3 W 146/17 = Rpfleger 2018, 611, 612 = NJOZ 2019, 766.

78 Untersuchungsgrundsatz, vgl. auch *Räfle*, § 7 Rn 17.

79 Vgl. § 170 Abs. 1 S. 1 GVG, Anhörungen in Angelegenheiten der freiwilligen Gerichtsbarkeit sind grundsätzlich nicht öffentlich.

80 Muster vgl. AG Rosenheim, Beschl. v. 3.7.2012, Az. 10 C 1103/11 = BeckRS 2015, 04020.

81 So auch bereits die Rechtslage nach FGG, vgl. *Räfle*, § 7 Rn 16; *Schreinert*, notar 2019, 363, 371.

82 Vgl. OLG München, Beschl. v. 11.5.2017, Az 34 Wx 85/17.

schäftsstelle. Gegenüber dem Grundbuchamt ist der Nachweis der Zustimmungsersetzung durch Vorlage eines rechtskräftigen Ersetzungsbeschlusses zu führen, §§ 7 Abs. 3, 15 ErbbauRG, § 46 FamFG.[83] Die Zustimmung kann auch unter einer aufschiebenden Bedingung erteilt werden, beispielsweise durch Aushändigung einer selbstschuldnerischen Bürgschaft als Sicherheit für die Zahlung des Erbbauzinses.[84] Für das Grundbuchverfahren bedeutet dies, dass auch der Bedingungseintritt durch öffentliche Urkunde nachgewiesen werden muss, § 29 Abs. 1 S. 2 GBO. Dies kann durch eine notariell beglaubigte Erklärung der relevanten Personen (Bank und Begünstigter) geschehen.

VI. Beschwerde gegen die gerichtliche Entscheidung

Gegen die Entscheidung des Amtsgerichts ist die **sofortige Beschwerde** zum Oberlandesgericht[85] statthaft, § 58 FamFG,[86] die von den Grundstückseigentümern innerhalb der verkürzten Beschwerdefrist von **zwei Wochen** beim **Amtsgericht**[87] einzulegen ist, § 63 Abs. 2 Nr. 2 FamFG.[88] Die Frist beginnt mit der schriftlichen Bekanntgabe des Beschlusses an die Beteiligten.[89] Die Praxis kennt Fälle, in denen die Beschwerde nicht bei dem entscheidenden Amtsgericht und nicht binnen der Zweiwochenfrist eingegangen ist.[90] Beide Aspekte müssen in der notariellen Praxis Berücksichtigung finden, sollte das Notariat involviert sein. Anderenfalls wird das Rechtsmittel als unzulässig verworfen.[91] Dass der Grundstückseigentümer von seinem Vorkaufsrecht Gebrauch gemacht hat, steht der gerichtlichen Zustimmungsersetzung nicht entgegen, weil unterschiedliche Willenserklärungen unterschiedlichen Inhalts vorliegen.[92] 29

83 Vgl. auch Ingenstau/Hustedt/*Bardenhewer*, § 15 Rn 8.

84 So beispielsweise die Konstellation des Beschlusses des AG Rosenheim vom 3.7.2012, Az. 10 C 1103/11 = BeckRS 2015, 04020.

85 Vgl. § 119 Abs. 1 Nr. 1 lit. b GVG. Vgl. auch OLG München, Beschl. v. 11.5.2017, Az. 34 Wx 85/17.

86 OLG München, Beschl. v. 19.1.2015, Az. 34 Wx 283/12 = BeckRS 2015, 02413; OLG München, Beschl. v. 11.5.2017, Az. 34 Wx 85/17.

87 OLG Hamm, Beschl. v. 24.7.2013, Az. 15 W 199/12 = BeckRS 2013, 14633; OLG Frankfurt a.M., Beschl. v. 23.5.2013, Az. 20 W 96/13 = BeckRS 2013, 19359.

88 OLG Köln, Beschl. v. 25.2.2014, Az. 2 Wx 38/14 = BeckRS 2014, 17539; OLG Hamm, a.a.O.

89 OLG München, Beschl. v. 11.5.2017, Az. 34 Wx 85/17, Fristbeginn unter Berücksichtigung von § 16 Abs. 2 FamFG.

90 OLG Frankfurt a.M., a.a.O.; OLG München, Beschl. v. 11.5.2017, Az. 34 Wx 85/17.

91 OLG München a.a.O., das Rechtsmittel ist nicht binnen der gesetzlichen Frist beim zuständigen Gericht eingegangen.

92 OLG Düsseldorf, Beschl. v. 13.2.2019, Az. 3 Wx 137/18, zitiert nach juris; *Schöner/Stöber,* a.a.O., Rn 1787.

H. Erfordernisse im Einzelnen (Checkliste)

30 Um die **Erbbaurechtsbelastung** im Grundbuch vollziehen zu können, müssen die **formellen Erfordernisse** der folgenden Checkliste erfüllt sein:

- **Antrag** des Erbbauberechtigten oder des Berechtigten des Rechts, das eingetragen werden soll, § 13 GBO
- **Bewilligung** des Erbbauberechtigten in öffentlich beglaubigter Form, §§ 19, 29 GBO, bei Bestellung eines nach § 800 ZPO vollstreckbaren Grundpfandrechts und bei Bestellung eines Untererbbaurechts sogar in notariell beurkundeter Form
- **Voreintragung** des Erbbauberechtigten, § 39 Abs. 1 GBO
- Sofern der Erbbaurechtsvertrag einen Zustimmungsvorbehalt nach § 5 Abs. 2 S. 1 ErbbauRG vorsieht, ist zur Belastung des Erbbaurechts mit Grundpfandrechten die **Zustimmung des Grundstückseigentümers** in öffentlich beglaubigter Form vorzulegen, alternativ ein rechtskräftiger Ersetzungsbeschluss. Steht der Grundstückseigentümer unter Betreuung oder ist er noch minderjährig, geht die Empfehlung dahin, die Genehmigung bzw. ein gerichtliches Negativattest einzuholen, um die Eintragung auf eine völlig zweifelsfreie Eintragungsgrundlage zu stellen (vgl. oben Rdn 15). Steht das Grundstück im gesamthänderischen Eigentum mehrerer Erben, ist die Zustimmung aller Erben einzuholen, § 2040 Abs. 1 BGB. Ist der zustimmende Grundstückseigentümer eine nicht im Gesellschaftsregister eingetragene Gesellschaft bürgerlichen Rechts (GbR), besteht eine Voreintragungsobliegenheit der Gesellschaft nach Art. 229 § 21 Abs. 1 EGBGB analog.[93] Für den Vollzug der Zustimmungserklärung ist es erforderlich, dass sich der zustimmende Grundstückseigentümer im Gesellschaftsregister und danach im Wege der Berichtigung im Grundstücksgrundbuch eintragen lässt.[94]

93 Vgl. DNotI-Report 2024, 105.
94 DNotI-Report 2024, 105, 109.

I. Eintragung im Grundbuch

I. Eintragung eines Nutzungsrechts

Amtsgericht München **Grundbuch von** Max-Vorstadt **Blatt** 1969 **Zweite Abteilung** 31

Lfd. Nummer der Eintragungen	Lfd. Nummer der betroffenen Grundstücke im Bestandsverzeichnis	Lasten und Beschränkungen
1	2	3
3	1	Beschränkte persönliche Dienstbarkeit (Fernwärme-Übergabestationsmitbenutzungsrecht) für die jeweiligen Eigentümer von Flurstück 432/2 und 432/9 (BVNr. 1 und 2 in Blatt 1949) als Gesamtberechtigte gemäß § 428 BGB; gemäß Bewilligung vom 27.8.2024 – UVZ-Nr. 1989/Notarius, München –; eingetragen am 31.8.2024. Lausmann

II. Eintragung eines Grundpfandrechts

Amtsgericht München **Grundbuch von** Max-Vorstadt **Blatt** 1969 **Dritte Abteilung** 32

Lfd. Nummer der Eintragungen	Lfd. Nr. der belasteten Grundstücke im Bestandsverzeichnis	Betrag	Hypotheken, Grundschulden, Rentenschulden
1	2	3	4
1	1	2.000.000 EUR	Grundschuld ohne Brief zu zwei Millionen EUR; für Sparkasse Silbertal, Silbertal; 18 Prozent jährlich; vollstreckbar nach § 800 ZPO; gemäß Bewilligung vom 28.8.2024 – UVZ-Nr. 1944/Notarius, München –; eingetragen am 31.8.2024. Lausmann

33 **Amtsgericht** München **Grundbuch von** Max-Vorstadt **Blatt** 1969 **Dritte Abteilung**

Veränderungen			Löschungen	
Lfd. Nummer d. Spalte 1	Betrag		Lfd. Nummer d. Spalte 1	
5	6	7	8	9
1	2.000.000 EUR	Rückgewährsvormerkung (Rückübertragung bzw. Verzicht bzw. Löschung) für den jeweiligen Eigentümer des Erbbaugrundstücks Flst. 358/2; gemäß Bewilligung vom 28.8.2024 – UVZ-Nr. 1944/ Notarius, München; eingetragen am 31.8.2024. Lausmann		
1	2.000.000 EUR	Löschungsvormerkung gemäß § 1179 Ziff. 2 BGB für den jeweiligen Eigentümer des Erbbaugrundstücks Flst. 358/2; gemäß Bewilligung vom 28.8.2024 – UVZ-Nr. 1944/ Notarius, München; eingetragen am 31.8.2024. Lausmann		

J. Kosten des Notariats und des Grundbuchamtes

I. Kosten des Notariats

34 Bei der Bestellung einer **Grundschuld** wird danach differenziert, ob der Darlehensvertrag mitbeurkundet wird.[95]

35 Den Regelfall bildet die Bestellung einer nach **§ 800 ZPO vollstreckbaren Grundschuld ohne Darlehensvertrag**, wofür eine 1,0 Gebühr nach der Nr. 21200 KV GNotKG anzusetzen ist, Tabelle B, mindestens jedoch 60 EUR.[96] Maßgeblich ist der Grundschuldnenn-

95 Allgemein zur Belastung eines Erbbaurechts vgl. *Streifzug*, Rn 835 ff.
96 Vgl. *Streifzug*, Rn 836.

betrag, §§ 97, 53 GNotKG.[97] Die Einholung etwaiger Genehmigungserklärungen oder Rangrücktrittserklärungen ist mit einer 0,3 Vollzugsgebühr aus dem Nennbetrag des Grundpfandrechts zu bewerten, Nr. 22111 KV GNotKG, § 112 GNotKG,[98] Tabelle B. Der mitbeurkundete Rangrücktritt der Auflassungsvormerkung wird nicht gesondert bewertet, § 109 Abs. 1 Nr. 3 GNotKG, ebenso nicht eine in der Grundschuldurkunde mitbeurkundete Zustimmungserklärung,[99] zumal diese denselben Beurkundungsgegenstand betrifft, § 109 Abs. 1 S. 2 GNotKG.

Anderenfalls – Bestellung einer nach **§ 800 ZPO vollstreckbaren Grundschuld mit Darlehensvertrag** –, ist eine 2,0 Gebühr nach der Nr. 21100 KV GNotKG in Rechnung zu stellen,[100] Tabelle B. Als Geschäftswert ist der Darlehensnennbetrag zugrunde zu legen, §§ 97, 109 GNotKG.[101] 36

Falls der Notar einen **Entwurf für eine Grundschuld ohne Zwangsvollstreckungsunterwerfung** fertigt und die Unterschrift **beglaubigt**, ist eine 0,5 Gebühr aus dem Nennbetrag des Grundpfandrechts in Rechnung zu stellen, Nr. 24102, 21201 Nr. 4 KV GNotKG, §§ 92 Abs. 2, 119 Abs. 1, 53 Abs. 1 GNotKG,[102] Tabelle B, mindestens jedoch 30 EUR, wenn sich der Inhalt auf die reine Eintragungsbewilligung beschränkt. Falls die Grundschuldbestellungsurkunde darüber hinausgehende Erklärungen enthält, die das obligatorische Schuldverhältnis betreffen (beispielsweise die Einschränkung der Sicherungsabrede bei Finanzierungsgrundschulden), entsteht eine 1,0 Gebühr aus dem Nennbetrag, Nr. 24101, 21200 KV GNotKG, §§ 92 Abs. 2, 119 Abs. 1, 53 Abs. 1 GNotKG, Tabelle B, mindestens 60 EUR. 37

Die Alternative besteht darin, dass dem Notar ein **bereits gefertigter und ausgefüllter Entwurf** vorgelegt wird und der Notar lediglich mit der **Beglaubigung** und dem **Vollzug** des Grundpfandrechts betraut werden soll. Dann setzt der Notar für die Beglaubigung eine 0,2 Gebühr (Nr. 25100 KV GNotKG) und für die Vollzugstätigkeit nach der Vorbem. 2.2.1.1 Abs. 1 Nr. 1 – 11 KV GNotKG eine 0,5 Gebühr (Nr. 22121 KV GNotKG) aus dem Nennbetrag des zu bestellenden Grundpfandrechts an,[103] je Tabelle B. Die Fertigung beglaubigter Abschriften kostet 10 EUR pro Abschrift, Nr. 25102 KV GNotKG.[104]

Die Belastung des Erbbaurechts mit **anderen dinglichen Rechten**, beispielsweise Dienstbarkeiten, erfordert zumeist nur eine Beglaubigung mit oder ohne Entwurfsfertigung. 38

97 *Streifzug*, Rn 836; Ingenstau/Hustedt/*Hustedt*, Anhang II Rn 17.
98 *Streifzug*, Rn 836; Ingenstau/Hustedt/*Hustedt*, Anhang II, Rn 16.
99 Ingenstau/Hustedt/*Hustedt*, Anhang II, Rn 16; *Winkler/Schlögel*, § 9 Rn 31.
100 *Streifzug*, Rn 2088 und 2064.
101 Zur Belastung eines Erbbaurechts vgl. allgemein *Winkler/Schlögel*, § 9 Rn 31.
102 *Streifzug*, Rn 2077; *Winkler/Schlögel*, § 9 Rn 32.
103 Zur Entwurfsfertigung allgemein vgl. *Streifzug*, Rn 2077 ff.
104 Die Gebühr ist zu erheben, vgl. Nr. 25102 Abs. 2 KV GNotKG.

Fertigt der die Unterschrift beglaubigende Notar einen **Entwurf**, fällt hierfür eine 0,5 Entwurfsgebühr an, Nr. 24102 KV GNotKG, Tabelle B, § 92 Abs. 2 GNotKG,[105] deren Geschäftswert sich nach § 119 GNotKG nach den für die Beurkundung maßgeblichen Vorschriften richtet,[106] bei Nutzungs- und Leistungsrechten demzufolge nach § 52 GNotKG.[107] Die Unterschriftsbeglaubigung löst keine weitere Gebühr aus, Vorbemerkung 2.4.1 Abs. 2 KV GNotKG.

Für eine Beglaubigung **ohne Entwurfsfertigung** ist dagegen eine 0,2 Gebühr nach der Nr. 25100 KV GNotKG anzusetzen, Tabelle B, mindestens aber 20 EUR, höchstens jedoch 70 EUR.[108]

II. Kosten des Grundbuchamtes

39 Für die Eintragung einer **Vormerkung** zur Sicherung des Übertragungsanspruchs ist eine 0,5 Eintragungsgebühr zu erheben, Nr. 14150 KV GNotKG, Tabelle B, bemessen nach dem Kaufpreis, § 47 S. 1 GNotKG.

40 Die Eintragung einer **Buchgrundschuld** löst eine 1,0 Eintragungsgebühr nach Nr. 14121 KV GNotKG, Tabelle B, aus, die Eintragung einer **Briefgrundschuld** dagegen eine 1,3 Eintragungsgebühr nach Nr. 14120 KV GNotKG, Tabelle B. Anzusetzen ist der Nennbetrag des Rechts, § 53 Abs. 1 S. 1 GNotKG.[109] Dass eine dingliche Zwangsvollstreckungsunterwerfung eingetragen wird, wirkt sich auf den grundbuchamtlichen Geschäftswert nicht aus.

41 Gebührenpflichtig sind überdies die Eintragung der **Rückgewährsvormerkung nach § 883 BGB** und die Eintragung einer **Löschungsvormerkung nach § 1179 Abs. 2, 1163 BGB**, jeweils bestellt für den jeweiligen Eigentümer des Erbbaugrundstücks. Es sind zwei Gebühren in Rechnung zu stellen, zum einen, für die Eintragung der Rückgewährsvormerkung, eine 0,5 Eintragungsgebühr nach der Nr. 14150 KV GNotKG, Tabelle B, zum anderen, für die Eintragung der Löschungsvormerkung, die als Veränderung des Rechts gilt, eine 0,5 Gebühr, Nr. 14130 Abs. 1 S. 1 V GNotKG,[110] Tabelle B. Die Gebührenbefreiung nach der Nr. 14130 Abs. 1 S. 2 KV GNotKG kommt nicht zur Geltung, weil die Vormerkungen für den jeweiligen Eigentümer des Erbbaugrundstücks eingetragen werden, nicht aber zugleich mit dem *begünstigen* Recht. Den Geschäftswert bildet

105 *Winkler/Schlögel*, § 9 Rn 32.
106 Zur vollständigen Entwurfsfertigung vgl. allgemein *Streifzug*, Rn 2077 ff.
107 Vgl. zu den Bewertungsvorschriften *Winkler/Schlögel*, § 9 Rn 30.
108 *Leipziger Kostenspiegel*, Rn 7.5.
109 Vgl. Korintenberg/*Schwarz*, § 53 Rn 3.
110 Unzutreffend insofern *Winkler*, 5. Aufl., Rn 9.33, wonach für die beiden Vormerkungen nur eine Gebühr anfallen soll. In der Neuauflage, *Winkler/Schlögel*, 6. Aufl., § 9 Rn 33, ist dies revidiert, zwei Gebühren sind in Ansatz zu bringen.

jeweils der volle Nennbetrag des zu löschenden bzw. zurückzugewährenden Grundpfandrechts,[111] nicht bloß ein Teilwert[112] i.H.v. 25 bis 30 Prozent des Grundpfandrechts. Die Rechtsprechung hält Abschläge für nicht gerechtfertigt,[113] schließlich sichern solche Vormerkungen stets einen bedingten Anspruch. Der Bedingungseintritt erscheint „nicht unwahrscheinlicher als beispielsweise die Zahlung des Kaufpreises bei der Auflassungsvormerkung".[114]

Rangrücktritte, die der Grundstückseigentümer erklärt, etwa im Hinblick auf sein Vorkaufsrecht am Erbbaurecht, selten auch im Hinblick auf seine Erbbauzinsreallast, schlagen mit einer 0,5 Veränderungsgebühr nach der Nr. 14130 KV GNotKG zu Buche, Tabelle B. Dabei wird für jedes zurücktretende Recht eine 0,5 Gebühr erhoben, und zwar nach dem geringeren Wert, der aus dem Vergleich zwischen dem vor- und dem zurücktretenden Recht hervorgeht, § 45 Abs. 1 GNotKG. 42

Die **Eintragung sonstiger Rechte**, etwa die Eintragung einer Dienstbarkeit, eines Dauerwohn- und -nutzungsrechts, eines Vorkaufsrechts, einer Reallast oder eines ähnlichen Rechts, belegt die Nr. 14121 KV GNotKG mit einer vollen Gebühr, Tabelle B. 43

Der Wert eines **Nutzungs- und Leistungsrechts** ist nach § 52 GNotKG zu bilden, ausschlaggebend ist der Wert, den das Recht für den Berechtigten oder für das herrschende Grundstück hat. Abhängig von der Ausgestaltung auf bestimmte Zeit, auf unbeschränkte oder unbestimmte Dauer, kommen die Kapitalisierungsbestimmungen in § 52 Abs. 2 oder Abs. 3 GNotKG zur Anwendung. 44

Der Wert eines **Vorkaufsrechts** richtet sich dagegen nach § 51 Abs. 1 S. 2 GNotKG und ist mit dem hälftigen Wert der belasteten Immobilie zu veranschlagen. 45

Ohne Wertvorschrift realisiert sich die Eintragung einer **Miteigentümerregelung** nach § 1010 BGB, da hierfür Festgebühren zu erheben sind. Für jeden belasteten Miteigentumsanteil ist eine Festgebühr i.H.v. 50 EUR zu erheben, Nr. 14160 Nr. 4 KV GNotKG. 46

Für das gerichtliche Verfahren nach § 7 Abs. 3 ErbbauRG, gerichtet auf **Ersetzung der Zustimmung des Grundstückseigentümers**, fällt eine 0,5 Verfahrensgebühr nach der Nr. 15212 Nr. 6 KV GNotKG an. Wichtig ist in diesem Zusammenhang, dass die Gebühr nicht nach der Tabelle B, sondern nach der **Tabelle A** erhoben wird. Die Grundbuchpraxis kennt Vorschusserhebungen, in denen die Verfahrensgebühr nach der Tabelle B erhoben 47

111 Unveränderlich gültig, da das GNotKG den bisherigen KostO-Regelungsgehalt übernahm: BayObLG, Beschl. v. 11.6.1997, Az. 3 Z BR 27/97 = Rpfleger 1997, 540.

112 So aber *v. Oefele/Winkler*, 5. Aufl., Rn 9.33, danach soll nur ein „Wertanteil von 25–30 % den Geschäftswert bilde(n)". In der Neuauflage, *Winkler/Schlögel*, 6. Aufl., § 9 Rn 33, wird diese Auffassung nicht mehr vertreten, der Nominalwert ist anzusetzen, und zwar ohne Abschlag.

113 BayObLG, a.a.O., Wert des Rechts, dessen Löschung gesichert werden soll; so auch die historische Literatur, vgl. *Jonas/Melsheimer/Hornig/Stemmler*, RKostO, 4. A., § 21 Anm. IV = S. 272; ferner LG München I, Beschl. v. 14.7.2006, Az. 13 T 9010/06; ebenso LG München I, Beschl. v. 9.7.2008, Az. 13 T 10549/09.

114 LG München I, a.a.O.

wird, was mit Erinnerung anzugreifen ist. Soweit der **Geschäftswert** betroffen ist, ist § 60 Abs. 1 GNotKG einschlägig. Der Geschäftswert ist der Wert des zugrunde liegenden Geschäfts. Soll beispielsweise die Zustimmung zu einer Belastung des Erbbaurechts mit einem Grundpfandrecht ersetzt werden, § 5 Abs. 2 ErbbauRG, ist der **volle Wert** des Grundpfandrechts in Ansatz zu bringen, § 53 Abs. 1 S. 1 GNotKG. Ein Teilwert ist nicht anzusetzen. Die Kostenpraxis kennt insoweit Verfahren, in denen immer noch nach altem Recht bewertet und nur ein Teilwert i.H.v. 15 Prozent der begehrten Belastung herangezogen wird.[115] Seit dem Inkrafttreten des GNotKG gilt diese Teilwertbildung jedoch nicht mehr, vielmehr ist der volle Wert anzusetzen, § 60 Abs. 1 GNotKG.[116]

115 Zum alten Kostenrecht vgl. Korintenberg/*Hellstab*, KostO, 18. A., 2010, § 121 Rn 26. Zum überholten Kostenrecht vgl. auch OLG München, Beschl. v. 11.5.2017, Az. 34 Wx 85/17; BayObLG FGPrax 1999, 89; OLG Köln FGPrax 2014, 139. Im GNotKG ist nunmehr klargestellt, dass der volle Wert des zugrunde liegenden Geschäfts maßgeblich ist.

116 OLG München, Beschl. v. 11.5.2017, Az. 34 Wx 85/17.

§ 9 Anpassung des Erbbauzinses an Wertsicherung und Versteigerungsfestigkeit, § 9 ErbbauRG

A. Allgemeines

Lange Zeit schien es im alten Erbbaurecht, als bilde der Erbbauzins die **Achillesferse** erbbaurechtsvertraglicher Gestaltungen. Eine besondere Kontextverhaftung – der Erbbauzins als Gegenleistung für die Überlassung des Bodens –, konnte nicht festgestellt werden. Stattdessen soufflierte die historische Literatur beständig, im Erbbauzins sei kein wesentliches Erfordernis des Erbbaurechts zu erkennen.[1] Der Erbbauzins sei insbesondere nicht Inhalt des Erbbaurechts, sondern nur eine Belastung des Erbbaurechts,[2] mehr Randnote als Gegenstand essenzieller Überlegungen. Es sei „*ganz gleichgültig für das Bestehen des Erbbaurechts, ob ein Zins gezahlt wird oder nicht.*"[3] Zur **Marginalisierung** gesellte sich im alten BGB-Erbbaurecht die **Dämonisierung eines veränderlichen Erbbauzinses**: 1

> *In einigen wenigen Verträgen ist der Zins nicht unveränderlich, sondern er erhöht sich in gewissen Perioden. Solche Veränderung des Zinses ist gesetzlich zulässig, aber wirtschaftlich höchst unpraktisch und verwerflich; es werden sich auch wohl sehr selten Personen finden, die sich auf solche Bedingungen einlassen.*[4]

Deshalb kursierten altrechtliche Erbbaurechte, bei denen der Erbbauzins 70 bis 100 Jahre unveränderlich blieb.[5] 2

Historisch lässt sich die Marginalisierung des Erbbauzinses nur durch einen Rekurs auf die ursprüngliche Konzeption der *superficies* erklären. Dort stellte der Erbbauzins keine Gegenleistung für die Überlassung des Bodens dar, sondern hatte die Bedeutung einer sog. **Rekognitionsgebühr**. Mit der Zahlung des Erbbauzinses bestätigte der Erbbauberechtigte immer und immer wieder, dass das Grundstück nicht dem Erbbauberechtigten, sondern einem anderen gehört. Die Erbbauzinszahlung kam einem *monetären Memento* gleich, einer Anerkennungsgebühr,[6] die vor allem dem Rechtsfrieden diente.

Seit der Einführung von Grundbüchern, in denen die Eigentumsverhältnisse dargestellt sind, ist der Erbbauzins seiner Funktion als Anerkennungszahlung enthoben. Für den Grundstückseigentümer, der mit der Erbbaurechtsvergabe keine öffentliche Aufgabe

1 *Glaß/Scheidt*, § 9 Anm. I, S. 66.
2 *Glaß/Scheidt*, § 9 Anm. II 1, S. 67.
3 *Pesl*, S. 76.
4 *Pesl*, S. 81.
5 *Pesl*, S. 67.
6 Ebenso *Räfle*, § 9 Rn 2.

wahrnehmen möchte, erweist sich ein erbbauzinsloses Erbbaurecht als echtes *Horrorszenario*, das es zu verhindern gilt.[7]

3 Die Überwindung wirtschaftlicher Selbstvergessenheit drückt sich im aktuellen Verständnis des Erbbauzinses als **marktgerechte Gegenleistung** für die Überlassung des Grundbesitzes aus. Also eine *wirtschaftliche Erdung des Bodens*, eine Kontextualisierung des Erbbauzinses, der in einen unmittelbaren Zusammenhang mit der Bestellung des Erbbaurechts gestellt wird. Eine echte Gegenleistung, die des dinglichen Schutzes bedarf und zukunftsoffen Schritt halten muss mit der allgemeinen wirtschaftlichen Entwicklung. Deshalb offerieren § 9 Abs. 1 und Abs. 3 ErbbauRG zwei Möglichkeiten, den Erbbauzins besonders abzusichern:

- die nachträgliche Wertsicherung
- und die nachträgliche „Versteigerungsfestigkeit“.

Im Fokus des Änderungsinteresses stehen Erbbauzinsreallasten alten Typs, die noch ohne automatische Anpassungsmöglichkeit und ohne Versteigerungsfestigkeit eingetragen sind, demnach die vor dem 10.6.1998[8] vereinbarten Erbbauzinsreallasten.

B. Anpassung an Wertsicherung; Versteigerungsfestigkeit

I. Nachträgliche Wertsicherung

4 Nach § 9 Abs. 1 S. 1 ErbbauRG finden die **Reallastvorschriften** entsprechende Anwendung, darunter auch § 1105 Abs. 1 S. 2 BGB, wonach preisrechtliche zulässige **Wertsicherungsklauseln** den Inhalt einer Reallast bilden können. Dann passen sich die zu entrichtenden Leistungen automatisch an die veränderten Verhältnisse an, sofern Art und Umfang der Belastung bestimmt werden können. In der Praxis bildet der Verbraucherpreisindex (VPI) häufig[9] den Maßstab, an dem sich die Änderungen orientieren sollen. Die Absicherung durch eine **Gleitklausel** bringt erhebliche Vorteile mit sich, weil sich die Änderung automatisch vollzieht, ohne weiteres Zutun der Beteiligten, ohne zusätzliche Vereinbarung und nachträgliche Eintragung hierüber.

7 Vgl. auch *Rapp*, Die versteigerungsfeste Erbbauzinsreallast, in: Festschrift für Günter Brambring, 2011, S. 306; so bereits die BT-Drucks 12/5992, S. 194, die Regelung in § 9 Abs. 3 ErbbauRG soll das Risiko ausschließen, dass der Erbbauzins mit Zuschlag erlischt.

8 Am 10.6.1998 traten die Änderungen in Kraft, die in Art. 11a Abs. 1 EuroEG enthalten sind, die Änderungen zu § 9 ErbbauRG und § 1105 Abs. 1 BGB.

9 Nach einer Studie des Deutschen Erbbaurechtsverbandes aus dem Jahr 2020 richten sich 88 Prozent der Erbbaurechtsverträge nach dem Verbraucherpreisindex, vgl. Pressemitteilung des Deutschen Erbbaurechtsverbandes vom 24.11.2022.

Die **nachträgliche Wertsicherung** des Erbbauzinses ändert dessen Inhalt in einer Art und Weise ab, die auch gleich- und nachrangige Berechtigte betrifft.[10] Es tritt eine Verschlechterung ihrer Position ein, sodass zur nachträglichen Wertsicherung die **Zustimmung gleich- und nachrangiger dinglich Berechtigter** einzuholen ist,[11] §§ 877, 876 BGB.[12] Die Verschlechterung ihrer Position ist darin zu sehen, dass sich mit der nachträglichen Wertsicherung der Umfang der Erbbauzinsreallast erweitert. Die Zustimmungen sind dem Grundbuchamt in öffentlich beglaubigter Form vorzulegen, § 29 Abs. 1 S. 1 GBO.[13] 5

Uneinigkeit bestand darüber, ob dies auch dann gilt, sofern im Gleichrang mit der Erbbauzinsreallast, die geändert werden soll, eine sog. Erhöhungsvormerkung im Erbbaugrundbuch eingetragen ist, die im Zuge der Erbbauzinsanpassung gelöscht werden soll. Unter diesen Umständen verneinte **eine Meinung**[14] eine Zustimmungspflicht gleich- und nachrangiger Berechtigter, da die Anpassung keine Umfangserweiterung mit sich bringe.

Eine **andere obergerichtliche Meinung**[15] bejahte auch in dieser Konstellation die Zustimmungspflicht gleich- und nachrangiger Berechtigter und stellte auf die rechtlichen Modalitäten ab, die durch die nachträgliche Wertsicherung eine Änderung erfahren.[16] Danach bestand 6

> *ein rechtlich erheblicher Unterschied zwischen der bislang zwischen den Beteiligten schuldrechtlich vereinbarten Anpassungsmöglichkeit mit dinglicher Sicherung durch eine Vormerkung und der nunmehr vereinbarten dinglichen Gleitklausel.*[17]

Das OLG Braunschweig ließ die Rechtsbeschwerde zu, sodass der **BGH**[18] am 9.6.2016 entscheiden konnte. Nach Ansicht des BGH[19] müssen die Inhaber gleich- oder nachrangiger dinglicher Rechte am Erbbaurecht **nicht zustimmen, wenn sich aus der neuen wertgesicherten Erbbauzinsreallast kein höherer Erbbauzins als derjenige aus der bisherigen Reallast und dem durch eine Vormerkung gesicherten Anspruch** 7

10 Zur Inhaltsänderung nach §§ 877, 876 BGB vgl. auch *Eichel*, RNotZ 2001, 535, 538; *Kluge*, MittRhNotK 2000, 409, 425; *Wilke*, DNotZ 1995, 654, 662.

11 OLG Braunschweig, Beschl. v. 23.3.2015, Az. 1 W 69/14 = BeckRS 2015, 12360; *Schmenger*, BWNotZ 2006, 73, 77; *Mohrbutter/Mohrbutter*, ZIP 1995, 806, 810; Bamberger/Roth/Hau/Poseck/*Maaß*, § 9 Rn 15; *Böttcher*, Rn 462.

12 *Eichel*, RNotZ 2001, 535, 538; *Kluge*, MittRhNotK 2000, 409, 425; *Wilke*, DNotZ 1995, 654, 662.

13 Vgl. *Winkler/Schlögel*, § 6 Rn 84.

14 So beispielsweise *Böttcher*, Rn 366.

15 OLG Braunschweig, Beschluss v. 23.3.2015, Az. 1 W 69/14 = BeckRS 2015, 12360.

16 OLG Braunschweig, a.a.O.

17 OLG Braunschweig, a.a.O.

18 BGH, Beschl. v. 9.6.2016, Az. V ZB 61/15 = FGPrax 2016, 246 m. Anm. *Wilsch* = DNotZ 2017, 68 = ZNotP 2016, 283= NJW 2017, 728= NotBZ 2017, 98 m. Anm. *Grziwotz*.

19 BGH a.a.O.

auf Anpassung des Erbbauzinses ergeben kann.[20] Maßgeblich ist, ob *„nach der Änderung ... höhere Ansprüche auf Einzelleistungen (§ 1107 BGB) entstehen können"*.[21] Der Umfang der Vormerkung und der Reallast sind zu **vergleichen**, beide Wertsicherungen, wobei allein die Wertsicherungsautomatik der Anpassung noch keine Beeinträchtigung impliziert.[22] Sofern sich aus der Reallast kein die Vormerkung übersteigender Anspruch ergibt,[23] müssen die gleich- und nachrangigen Berechtigten der Änderung nicht zustimmen.[24] Umgekehrt sind die Zustimmungen erforderlich, sofern keine Kongruenz besteht und die beantragte Rechtsänderung über eine bloß technische Änderung der Wertsicherung hinausgeht, sodass nach der Änderung höhere Ansprüche auf Einzelleistungen (§ 1107 BGB) entstehen können, als es in der alten Vormerkungskonstellation möglich war.[25] In der Konstellation des BGH- Beschlusses bildete der Preisindex der ursprünglichen Vereinbarung lediglich den Maßstab für die Angemessenheit der Änderung des Erbbauzinses, einen vagen, noch nicht fixen Orientierungspunkt. Eine günstigere Regelung konnte durch die Erbbaurechtsausgeberin zugelassen und somit der Erbbauzins *„nicht oder jedenfalls nicht in vollem Umfang nach dem vereinbarten Index"*[26] angepasst werden. Dieser **Altregelung** (Verhandlungsspielraum, Leistungsvorbehalt, Ergebnis noch nicht in Stein gemeißelt) stand die **Neuregelung** einer automatischen, in Stein gemeißelten Anpassung gegenüber, womit die Notwendigkeit einer Zustimmung nachrangiger Berechtigter bejaht werden musste. Im Zuge dieser Entscheidung sieht sich die Praxis nicht nur gezwungen, den Inhalt der alten Anpassungsvereinbarung durch Einsichtnahme in die relevante Eintragungsbewilligung zu **recherchieren**, sondern auch einer **Wertung** zu unterziehen, die überdies der grundbuchamtlichen Überprüfung standhalten muss. Die **Empfehlung** geht dahin, das Recherche- und Wertungsergebnis in der Änderungsurkunde darzustellen, um die Überlegungen transparent zu gestalten. Bei etwaigen **Zweifeln** sind die **Zustimmungserklärungen einzuholen**, um das Eintragungsverfahren auf eine sichere Grundlage zu stellen. Dem BGH-Beschluss ist schließlich zu entnehmen, dass zusätzlich zur wertgesicherten Erbbauzinsreallast nicht auch noch eine Vormerkung zur Sicherung der Erhöhungsbeträge eingetragen werden kann.[27]

Im Falle einer wirksam vereinbarten **Wertsicherung** ist die **Eintragung einer neuen Erbbauzinsreallast unnötig** und **unzulässig**,[28] verlangt werden kann lediglich die **Klar-**

20 BGH a.a.O.; vgl. bereits BayObLGZ 1959, 520, 529.
21 BGH a.a.O.
22 BGH a.a.O.
23 Vgl. nunmehr auch Bamberger/Roth/Hau/Poseck/*Maaß*, § 9 Rn 15.
24 Vgl. auch *Erman/Grziwotz*, § 9 Rn 20; *Böttcher*, Rn 464 und 467.
25 BGH a.a.O.
26 BGH a.a.O.
27 BGH a.a.O.
28 Vgl. OLG Naumburg, Beschl. v. 12.1.2021, Az. 12 Wx 72/20, zitiert nach juris.

stellung des aktuell geschuldeten Erbbauzinses.[29] In der Grundbuchpraxis sind solche Klarstellungen selten, Zustimmungen Dritter sind für die Klarstellung nicht erforderlich, da sich die Erbbauzinsreallast nicht verändert.[30] Insoweit liegt nur eine deklaratorische Nachtragung vor, aber keine inhaltliche Änderung der Erbbauzinsreallast.[31] Vgl. § 4 Rdn 134.

II. Nachträgliche Versteigerungsfestigkeit, § 9 Abs. 3 S. 1 Nr. 1 ErbbauRG

Die Regelungsmaterie in § 9 Abs. 3 S. 1 Nr. 1 ErbbauRG sieht als **Option** das Bestehen- 8
bleiben der Erbbauzinsreallast vor.[32] Die Versteigerungsfestigkeit[33] der Erbbauzinsreallast zählt nicht bereits automatisch zum standardisierten Inhalt des Rechts, erfordert vielmehr eine ausdrückliche Aufnahme in den Inhalt des Rechts,[34] sei es **originär**, bei Bestellung der Erbbauzinsreallast, oder nachträglich, im Rahmen der **Inhaltsänderung** einer bereits bestehenden Erbbauzinsreallast. Der Regelung muss eine ausdrückliche Vereinbarung zugrunde liegen. Es ist auch möglich, die Erbbauzinsreallast **nur gegenüber bestimmten Rechten** versteigerungsfest auszugestalten.[35] In der Praxis tritt die partielle Versteigerungsfestigkeit allerdings kaum in Erscheinung.

Sinn und Zweck der Versteigerungsfestigkeit ist es, das erwähnte erbbauzinslose[36] Horrorszenario eines jeden Grundstückseigentümers abzuwenden, ein Erbbaurecht, dem keine Gegenleistung mehr gegenübersteht.[37] Aus Bankensicht stellt die fehlende Versteigerungsfestigkeit einen kritischen Punkt[38] dar, der Einfluss auf die Bewertung des Erbbaurechts nimmt.

Die Beteiligten können als Inhalt des Erbbauzinses vereinbaren, dass die Erbbauzinsreal- 9
last abweichend von § 52 Abs. 1 ZVG mit dem Hauptanspruch bestehen bleibt.[39] Die Erbbauzinsreallast erfährt damit eine versteigerungsfeste Ausgestaltung. Prämisse ist, dass

29 OLG Naumburg, Beschl. v. 12.1.2021, Az. 12 Wx 72/20, zitiert nach juris.
30 Zur Identität der Erbbauzinsreallast vgl. OLG Naumburg, Beschl. v. 12.1.2021, Az. 12 Wx 72/20, zitiert nach juris.
31 Ebenso Staudinger/*Rapp*, § 9 Rn 24b.
32 Zur Option vgl. auch *Winkler/Schlögel*, § 6 Rn 55: „Wahl zwischen einer Erbbauzinsreallast alten Rechts und einer Reallast mit dem Inhalt des § 9 Abs. 3 ErbbauRG"; ebenso *Schmenger*, BWNotZ 2006, 73, 76.
33 Die Regelung beruht auf einem Vorschlag von *Winkler*, DNotZ 1970, 390.
34 *Schmenger*, BWNotZ 2006, 73, 76.
35 *Schöner/Stöber* a.a.O., Rn 1806c; Bamberger/Roth/Hau/Poseck/*Maaß*, § 9 Rn 16.1.
36 BT-Drucks 12/5992, S. 194.
37 Vgl. *Rapp*, S. 306.
38 Vgl. *Pitz*, ErbbauZ 2021, 100, 101.
39 Der Erbbauzins kann demnach in Gestalt des „herkömmlichen" oder des versteigerungsfesten Erbbauzinses vereinbart werden, *Rapp*, S. 310.

die Zwangsversteigerung von folgenden Berechtigten betrieben wird, vgl. § 9 Abs. 3 S. 1 Nr. 1 ErbbauRG:

- vom Grundstückseigentümer selbst aus der Erbbauzinsreallast
- von einem dinglich Berechtigten, der dem Erbbauzins im Rang vorgeht oder gleichsteht, beispielsweise von einem Grundpfandrechtsgläubiger
- von einem Inhaber der in § 10 Abs. 1 Nr. 2 ZVG genannten Ansprüche auf Zahlung der Beiträge zu den Lasten und Kosten des Wohnungserbbaurechts.

10 Die Ausgestaltung als versteigerungsfeste Reallast führt dazu, dass ein Erlöschen des Rechts nicht mehr eintritt. Die Erbbauzinsreallast **bleibt bestehen**, erlischt nicht, unabhängig davon, welche Rangstelle die Erbbauzinsreallast einnimmt.[40] Die Regelung garantiert den Fortbestand der Reallast auch nach Zuschlagserteilung, schafft also eine Abweichung vom üblichen Rangsystem.[41]

Dabei trifft das Erbbaurechtsgesetz selbst eine Aussage darüber, wie die **fakultative Umstellung von alten Reallasten auf versteigerungsfeste Reallasten** zu realisieren ist. Einschlägig ist die Regelung in § 9 Abs. 3 S. 2 ErbbauRG. Um Wirksamkeit zu erlangen, erfordert die Vereinbarung die **Zustimmung aller dinglich Berechtigten, die der Erbbauzinsreallast im Rang vorgehen oder im Rang gleichstehen, § 9 Abs. 3 S. 2.**[42] Der potentielle Nachteil, der aus der nachträglichen Versteigerungsfestigkeit der Erbbauzinsreallast resultiert, reicht aus, um von einer Betroffenheit der vor- und gleichrangigen dinglich Berechtigten auszugehen.[43] Denn die vor- und gleichrangigen Berechtigten könnten infolge der Änderungsvereinbarung nachträglich ausfallen.[44] In der Praxis ist die Erbbauzinsreallast allerdings häufig an erster Rangstelle eingetragen, weshalb keine Notwendigkeit besteht, Zustimmungen einzuholen. Evtl. Zustimmungen sind dem Grundbuchamt in öffentlich beglaubigter Form vorzulegen, § 29 Abs. 1 S. 1 GBO.

11 Der Gesetzeswortlaut geht zwar von einer Zustimmung *aller* vor- und gleichrangigen dinglich Berechtigten aus, im Hinblick auf die nähere Natur des Rechts ist jedoch eine **teleologische Reduktion** geboten.[45] Nicht zustimmen müssen die Rechte der Zweiten Abteilung des Erbbaugrundbuchs, die **keine Verwertungsrechte** sind.[46] Eine Betroffenheit liegt dann nicht vor, beispielsweise bei Dienstbarkeiten ohne Unter-

40 Vgl. *Rapp*, S. 311.

41 *Rapp*, S. 312; Bamberger/Roth/Hau/Poseck/*Maaß*, § 9 Rn 15.

42 *Rapp*, S. 316; Ingenstau/Hustedt/*Hustedt*, § 9 Rn 140; *Schmenger*, BWNotZ 2006, 73, 77; *Freckmann*, ErbbauZ 2021, 98, 100; Staudinger/*Rapp*, § 9 Rn 31; Bamberger/Roth/Hau/Poseck/*Maaß*, § 9 Rn 18; *Erman/Grziwotz*, § 9 Rn 20 ErbbauRG; unklar *Böttcher*, Rn 468, Schilderung im Rahmen der nachträglichen Wertsicherung; vgl. auch Winkler/*Schlögel*, § 6 Rn 284.

43 *Rapp*, a.a.O.

44 Vgl. *Winkler/Schlögel*, § 6 Rn 284.

45 *Rapp*, a.a.O.

46 *Rapp*, a.a.O.

haltspflicht oder bei Vorkaufsrechten. Diese Rechte fallen in das geringste Gebot und werden vom Erwerber übernommen.[47]

Nicht zustimmen müssen auch die Berechtigten, deren Rechte im **Rang nach der Erbbauzinsreallast** eingetragen sind.[48] Einem etwaigen Zustimmungserfordernis steht der unmissverständliche Gesetzeswortlaut entgegen, der nur die vor- und gleichrangigen Berechtigten tangiert sieht, § 9 Abs. 3 S. 2 ErbbauRG. Die Zustimmungspflicht nachrangiger Berechtigter beschränkt sich auf die nachträgliche Wertsicherung[49] des Erbbauzinses. Das **Kammergericht** konnte sich dieser Ansicht anschließen.[50] Die Versteigerungsfestigkeit gem. § 9 Abs. 3 S. 1 Nr. 1 ErbbauRG bedarf keiner Bewilligung des Inhabers eines Rechts, das der Erbbauzinsreallast im Rang nachgeht.[51] Dabei muss die versteigerungsfeste Ausgestaltung nicht mit der Vereinbarung eines Rangvorbehaltes nach § 9 Abs. 3 S. 1 Nr. 2 ErbbauRG einhergehen.[52] In der Folge kann die versteigerungsfeste Option auch ohne Rangvorbehalt ins Werk gesetzt werden.[53] Einer Erweiterung ist die Regelung in § 9 Abs. 3 S. 2 ErbbauRG nicht zugänglich, und es ist auch nicht ersichtlich, warum die Koppelung von Versteigungsfestigkeit und Rangvorbehalt erforderlich sein sollte.[54] Konsequenterweise kann die abweichende Meinung,[55] die für die Zustimmungsbedürftigkeit nachrangiger Gläubiger plädiert, nicht überzeugen. Worin die Betroffenheit der nachrangigen Berechtigten liegen soll, ist nicht ersichtlich. Gegen die abweichende Meinung steht im Übrigen das Votum, das § 59 Abs. 3 ZVG aufstellt.[56] Soll das Fortbestehen eines Rechts bestimmt werden, das nach § 52 ZVG erlöschen würde, bedarf dies nicht der Zustimmung eines nachstehenden Beteiligten, § 59 Abs. 3 ZVG. Was im Zwangsversteigerungsverfahren gilt, kann auch Geltung im Grundbuchverfahren in Anspruch nehmen.[57]

Eher selten anzutreffen ist in der Praxis ein **Erbbauzins**, der auf dem **Blatt des herrschenden Grundstücks vermerkt** ist. Die Regelung in § 9 Abs. 1 S. 1 GBO gibt dem Grundstückseigentümer und jedem, dessen Zustimmung nach § 876 S. 2 BGB zur Aufhebung des Rechts erforderlich ist, die Handhabe dafür, die subjektiv-dingliche Erbbauzinsreallast auf dem Blatt des herrschenden Grundstücks vermerken zu lassen.[58] Der 12

47 *Rapp*, a.a.O.

48 *Rapp*, S. 317; Staudinger/*Rapp*, § 9 Rn 31a; *Freckmann*, ErbbauZ 2021, 98, 100; *Schöner/Stöber*, Rn 1806b; *Schmenger*, BWNotZ 2006, 73, 77; Bamberger/Roth/Hau/Poseck/*Maaß*, § 9 Rn 18; *Winkler/Schlögel*, § 6 Rn 287; *Mohrbutter/Mohrbutter*, ZIP 1995, 806, 810; **a.A.** *Eichel* MittRhNotK 1995, 193, 199.

49 Vgl. hierzu OLG Braunschweig, Beschl. v. 23.3.2015, Az. 1 W 69/14 = BeckRS 2015, 12360.

50 KG Rpfleger 2018, 437 = NJOZ 2019, 59; ebenso nun *Böttcher*, ZNotP 2019, 137, 139; *Böttcher*, Rn 590.

51 KG a.a.O.

52 KG a.a.O.

53 KG a.a.O.; *Böttcher* a.a.O.

54 KG a.a.O.; *Böttcher* a.a.O.

55 *Schlögel*, MittBayNot 2018, 448.

56 Herrler/Hertel/*Kesseler*, Aktuelles Immobilienrecht 2019, 2019, S. 216.

57 **A.A.** *Schlögel*, MittBayNot 2018, 446, 448.

58 Hügel/*Wilsch*, § 9 Rn 2.

Herrschvermerk führt zu einer beträchtlichen Ausweitung der Zustimmungserfordernisse. In der Folge müssen der Inhaltsänderung des Erbbauzinses auch die dinglich Berechtigten am herrschenden Erbbaugrundstück zustimmen, §§ 9, 21 GBO. Vorzulegen sind dann die Mitbewilligungen der mittelbar Berechtigten, das sind die Berechtigten von Grundpfandrechten, Reallasten, Nießbrauchsrechten, Vorkaufsrechten und Vormerkungen, die auf dem herrschenden Erbbaugrundstück eingetragen sind.[59]

Den Beteiligten ist der Weg verwehrt, die Zustimmung nach § 7 Abs. 3 ErbbauRG **ersetzen** zu lassen.[60] Grund hierfür ist, dass der Anwendungsbereich des Ersetzungsverfahrens nicht eröffnet ist.

Zur **Zusammenfassung mehrerer im Rang aufeinander folgenden Erbbauzinsreallasten** zugunsten desselben Berechtigten zu einer einheitlichen Reallast vgl. § 4 Rdn 132.

C. Grundgeschäft

13 Eine Pflicht, die nachträglichen Anpassungen **notariell beurkunden** zu lassen, besteht nicht, da Einigung und Eintragung genügen, §§ 877, 873 BGB. Da nicht das Erbbaurecht, sondern eine Belastung des Erbbaurechts geändert wird, die Erbbauzinsreallast, reicht die öffentliche Beglaubigung der Erklärungen aus, um den allgemeinen Formerfordernissen des Grundbuchverfahrens zu entsprechen, § 29 Abs. 1 S. 1 GBO. Dennoch wählt die Praxis häufig die Form der **notariellen Beurkundung**, was **praktischen Überlegungen** geschuldet ist. Falls der Notar den Entwurf fertigt, fällt die Beurkundung kostenmäßig nicht ins Gewicht. Darüber hinaus soll die notarielle Beurkundung die weitere Erteilung von Ausfertigungen bzw. beglaubigten Abschriften erleichtern.

D. Checkliste im Einzelnen/Unterlagen für den Vollzug im Grundbuch

14 Um die Anpassungen der Erbbauzinsreallast an § 9 ErbbauRG vollziehen zu können, müssen die **formellen Erfordernisse** der folgenden **Checkliste** erfüllt sein:

- Antrag des Erbbauberechtigten oder Grundstückseigentümers, § 13 Abs. 1 GBO
- Bewilligung des Grundstückseigentümers, aus Zweckmäßigkeitserwägungen in notariell-beurkundeter Form
- Bewilligung des Erbbauberechtigten, aus Zweckmäßigkeitserwägungen in notariell-beurkundeter Form

59 Zur Zustimmungsberechtigung nach § 876 S. 2 BGB vgl. Hügel/*Wilsch*, § 9 Rn 14 ff.
60 *Rapp*, a.a.O.

- Voreintragung von Grundstückseigentümer und Erbbauberechtigtem, § 39 Abs. 1 GBO
- Zustimmung dinglich Berechtigter, die im Rang der Erbbauzinsreallast gleichstehen oder im Rang nachgehen (= Zustimmung zur nachträglichen Wertsicherung des Erbbauzinses)
- Zustimmung dinglich Berechtigter, die der Erbbauzinsreallast im Rang vorgehen oder im Rang gleichstehen, § 9 Abs. 3 S. 2 ErbbauRG (= Zustimmung zur nachträglichen Versteigerungsfestigkeit des Erbbauzinses); zustimmen müssen jedoch nur Verwertungsrechte (Grundpfandrechte, Reallasten)
- falls der Erbbauzins auf dem herrschenden Erbbaugrundstück vermerkt ist, auch die Zustimmung dinglich Berechtigter am Grundstück, §§ 9, 21 GBO

E. Muster einer Urkunde

▼ 15

Muster 9.1: Formulierungsvorschlag Anpassung Erbbauzins

„UVZ-Nr./

ANPASSUNG DER ERBBAUZINSREALLAST AN § 9 ERBBAURG

(UMSTELLUNG DER ERBBAUZINSREALLAST AUF WERTSICHERUNG UND VERSTEIGERUNGSFESTIGKEIT)

Heute, den

– 20 –

sind vor mir,

,

Notar/Notarin in , in den Geschäftsräumen des Notariats in der , erschienen:

1.

– nachstehend „Grundstückseigentümer“ genannt –,

ausgewiesen durch gültigen amtlichen Lichtbildausweis

2.

– nachstehend „Erbbauberechtigter“ genannt –,

ausgewiesen durch gültigen amtlichen Lichtbildausweis

Die anwesenden Beteiligten erklärten, dass kein Vertragsteil in Ausübung einer gewerblichen oder selbstständigen beruflichen Tätigkeit handelt.

Der Notar verwies auf die Vorschriften des Geldwäschegesetzes und auf die hieraus resultierenden Pflichten.

Die Erschienenen erklärten, nicht auf Veranlassung Dritter oder als Treuhänder für Dritte, sondern auf eigene Rechnung und im eigenen Namen zu handeln.

Die Erschienenen erklärten ferner, weder eine politisch exponierte Person („PeP") zu sein noch in den letzten 12 Monaten gewesen zu sein. Sie erklärten, auch nicht Familienmitglied, naher Angehöriger oder nahestehende Person einer solchen politisch exponierten Person zu sein.

Die Beteiligten verneinten die Frage des Notars/der Notarin nach einer Vorbefassung i.S.v. § 3 Abs. 1 S. 1 Nr. 7 BeurkG und baten um Beurkundung folgender Vereinbarungen:

I. Grundbuchstand

1. Erbbaugrundbuch

Im **Erbbaugrundbuch** des Amtsgerichts für die Gemarkung Blatt ist das Erbbaurecht an dem im Grundbuch von Blatt unter BVNr. verzeichneten Grundstück der Gemarkung Flurstück , straße , Gebäude- und Freifläche, zu qm,

eingetragen Abt. II Nr. , und zwar bis zum .

Laut Erbbaugrundbuch ist die Zustimmung des Eigentümers erforderlich

- zur Veräußerung des Erbbaurechts
- zur Belastung des Erbbaurechts mit Grundpfandrechten, Reallasten, Dauerwohn- und -nutzungsrechten
- nebst deren Inhaltsänderung als weitere Belastung.

Grundstückseigentümer: vgl. folgende Ziffer 2.

Erbbauberechtigter:

Das vorstehend genannte Erbbaurecht ist wie folgt belastet:

Abteilung II:

lfd. Nr. 1:

lfd. Nr. 2:

Abteilung III:

lfd. Nr. 1:

Das Grundbuch wurde am eingesehen.

2. Grundstücksgrundbuch

Im **Grundstücksgrundbuch** des Amtsgerichts für die Gemarkung Blatt ist folgender Grundbesitz eingetragen:

Flurstück , straße , Gebäude- und Freifläche, zu qm

Eigentümer:

Der vorstehend genannte Grundbesitz ist wie folgt belastet:

Abteilung II:

lfd. Nr. 1:

lfd. Nr. 2:

Abteilung III:

lfd. Nr. 1:

Das Grundbuch wurde am eingesehen.

II. Anpassung des Erbbauzinses an § 9 ErbbauRG; Umstellung der Erbbauzinsreallast auf Wertsicherung und versteigerungsfeste Ausgestaltung

1. Umstellung der Erbbauzinsreallast auf Wertsicherung

Im Erbbaurechtsvertrag ist die Zahlung eines Erbbauzinses vereinbart. Die Beteiligten verweisen auf den Erbbaurechtsvertrag und alle Nachträge. Die Beteiligten erklären, dass die Urkunden den Beteiligten vorliegen und inhaltlich bekannt sind. Daher wird auf ein erneutes Verlesen und auf eine Beifügung dieser Urkunden verzichtet.

Die Beteiligten sind sich einig, dass der Erbbauzins nunmehr auf der Grundlage der Lebenshaltungskosten vereinbart und wertgesichert sein soll. Ändert sich der vom Statistischen Bundesamt in Wiesbaden für das Basisjahr 2020 (derzeitige Basis 2020 = 100 Punkte) ermittelte Verbraucherpreisindex für Deutschland (VPI) oder der an seine Stelle tretende Index nach Jahren um mehr als % (in Worten: Prozent) nach oben oder unten, so erhöht oder ermäßigt sich der Erbbauzins in demselben Verhältnis, ohne dass es eines gesonderten Anpassungsverlangens bedarf. Die Änderung gilt jeweils vom Beginn des Kalenderjahres an, in dem die Veränderung geltend gemacht wird. Dabei orientiert sich die Berechnung der Differenz an der durchschnittlichen Veränderung des Verbraucherpreisindexes (VPI) im Vergleich zum Zeitpunkt der letzten Anpassung des

Erbbauzinses. Die automatische Anpassung des Erbbauzinses soll dinglicher Inhalt der Erbbauzinsreallast sein. Eine Änderung kann erst drei Jahre nach der letzten Änderung verlangt werden. Die Regelung in § 9a ErbbauRG bleibt unberührt.

Die Inhaltsänderung hat den Rang der Erbbauzinsreallast zu erhalten, die Eintragung an vorerst nächstoffener Rangstelle ist jedoch zulässig.

Der Notar/die Notarin weist darauf hin, dass zu der vorstehend genannten Änderung die Zustimmung der im Erbbaugrundbuch eingetragenen dinglich Berechtigten erforderlich ist, die der Erbbauzinsreallast im Rang gleichstehen oder nachgehen, §§ 877, 876 BGB. Das sind:

.

Die Zustimmungen sind dem Grundbuchamt in öffentlich beglaubigter Form vorzulegen.

Alternativ:

Der Notar/die Notarin weist darauf hin, dass zu der vorstehend genannten Änderung die Zustimmung der im Erbbaugrundbuch eingetragenen dinglich Berechtigten, die der Erbbauzinsreallast im Rang gleichstehen oder nachgehen, nicht erforderlich ist, da sich aus der neuen wertgesicherten Erbbauzinsreallast kein höherer Erbbauzins als derjenige aus der bisherigen Reallast und dem durch eine Vormerkung gesicherten Anspruch auf Anpassung des Erbbauzinses ergibt. Der Vergleich von Vormerkung und Reallast wurde gezogen, die Reallast übersteigt nicht den Anspruch, der der Vormerkung zugrunde liegt. Höhere Ansprüche auf Einzelleistungen im Sinne von § 1107 BGB können nicht entstehen.

2. Umstellung der Erbbauzinsreallast auf versteigerungsfeste Ausgestaltung

Ferner wird vereinbart, dass die Erbbauzinsreallast abweichend von § 52 Abs. 1 ZVG mit ihrem Hauptanspruch bestehen bleiben soll, sofern der Grundstückseigentümer aus der Erbbauzinsreallast oder der Inhaber eines im Rang vorgehenden oder gleichstehenden dinglichen Rechts oder die Wohnungseigentümergemeinschaft als Inhaber der in § 10 Abs. 1 Nr. 2 ZVG genannten Ansprüche auf Zahlung der Beträge zu den Lasten und Kosten des Wohnungserbbaurechts die Zwangsversteigerung in das Erbbaurecht betreibt, § 9 Abs. 3 S. 1 Nr. 1 ErbbauRG. Die Versteigerungsfestigkeit des Erbbauzinses soll dinglicher Inhalt der Erbbauzinsreallast sein.

Der Notar/die Notarin weist darauf hin, dass zu der vorstehend genannten Änderung die Zustimmung der im Erbbaugrundbuch eingetragenen Verwertungsrechte erforderlich ist, die der Erbbauzinsreallast im Rang vorgehen oder gleichstehen, § 9 Abs. 3 S. 2 ErbbauRG. Das sind:

Die Zustimmungen sind dem Grundbuchamt in öffentlich beglaubigter Form vorzulegen.

3. Löschung der Erhöhungsvormerkung

Aufgrund der in Ziffer 1 enthaltenen Wertsicherungsvereinbarung soll die in Abteilung II unter der lfd. Nr. eingetragene Erhöhungsvormerkung gelöscht werden, und zwar Zug um Zug mit Eintragung der Inhaltsänderung des Erbbauzinses.

III. Haftung; Zwangsvollstreckungsunterwerfung

Mehrere Erbbauberechtigte haften für alle Verpflichtungen, die aus dem Erbbaurechtsvertrag und der vorliegenden Anpassung des Erbbauzinses resultieren, als Gesamtschuldner.

Die Erbbauberechtigten unterwerfen sich wegen der umgestellten Erbbauzinsreallast und der einzelnen wertgesicherten Erbbauzinsraten der sofortigen Zwangsvollstreckung aus dieser Urkunde in ihr gesamtes Vermögen. Eine vollstreckbare Ausfertigung ist auch ohne Nachweis der Fälligkeit zu erteilen, womit keine Umkehr der Beweislast verbunden sein soll. Der Grundstückseigentümer ist berechtigt, sich jederzeit eine vollstreckbare Ausfertigung erteilen zu lassen.

IV. Grundbucherklärungen

Der Grundstückseigentümer und der Erbbauberechtigte bewilligen und beantragen

- die Inhaltsänderungen der Erbbauzinsreallast gemäß Ziffer II
- Zug um Zug mit Eintragung der Inhaltsänderungen die Löschung der Erhöhungsvormerkung gemäß Ziffer II
- sowie alle Löschungs- und Rangänderungserklärungen, die im Rahmen dieser Urkunde vorgelegt werden.

Der Grundstückseigentümer stimmt den obigen Änderungen ausdrücklich auch als Berechtigter von Rechten zu, die im Erbbaugrundbuch eingetragen sind.

V. Notarermächtigung; Genehmigungen, Vollzug; weitere Feststellungen; Schlichtungsklausel

Der Notar/die Notarin , deren Vertreter und Nachfolger im Amt werden jeweils beauftragt und bevollmächtigt, die Zustimmungserklärungen und Genehmigungen unter Fertigung eines Entwurfs einzuholen. Die Genehmigungen und Erklärungen sollen mit dem Eingang im Notariat unmittelbar wirksam werden.

Darüber hinaus wird der Notar/die Notarin , deren Vertreter und Nachfolger im Amt ermächtigt, den Vollzug dieser Urkunde zu betreiben.

Die Ermächtigung umfasst auch die Rücknahme der Erklärungen und die Abgabe aller verfahrensrechtlichen Erklärungen, die zur Durchführung dieser Urkunde erforderlich sind.

Teilvollzug ist jedoch nicht zulässig. Die Antragsteller bestimmen, dass die eine Eintragung nicht ohne die andere Eintragung erfolgen soll, § 16 Abs. 2 GBO.

Die Vollzugsmitteilungen sind für alle Beteiligten an den Notar zu übersenden.

Die Beteiligten erklären sich mit der Speicherung und Bearbeitung ihrer Daten durch das Notariat uneingeschränkt einverstanden und stimmen der Speicherung und Bearbeitung ausdrücklich zu. Die notarielle Belehrung über die Informationspflichten bei Erhebung personenbezogener Daten ist erfolgt.

Alle Beteiligten erklären, ausschließlich für eigene Rechnung zu handeln und auch selbst wirtschaftlicher Berechtigter zu sein. Keiner der Beteiligten handelt für fremde Rechnung. Die notarielle Belehrung über die Angabepflichten nach dem Geldwäschegesetz ist erfolgt.

Sollte es zwischen dem Grundstückseigentümer und dem Erbbauberechtigten zu Konflikten kommen, werden sie miteinander verhandeln und eine einvernehmliche Lösung anstreben. Der Notar/die Notarin hat darauf hingewiesen, dass der Schlichtungs- und Schiedsgerichtshof deutscher Notare (SGH) ein Schlichtungsverfahren zur Verfügung stellt, wenn die direkten Verhandlungen zu keinem Ergebnis führen (Informationen und Kontaktdaten zum SGH unter www.dnotv.de). Die Beteiligten stellen klar, dass diese Absichtserklärungen der Einleitung eines Gerichtsverfahrens nicht entgegenstehen.

Alternativ:

Sollte es zwischen dem Grundstückseigentümer und dem Erbbauberechtigten zu Konflikten kommen, werden sie miteinander verhandeln und eine einvernehmliche und in die Zukunft gerichtete Lösung anstreben. Der Notar/die Notarin hat darauf hingewiesen, dass der Schlichtungs- und Schiedsgerichtshof deutscher Notare (SGH) ein Schlichtungsverfahren zur Verfügung stellt, wenn die direkten Verhandlungen zu keinem Ergebnis führen (Informationen und Kontaktdaten zum SGH unter www.dnotv.de). Unter der Leitung eines erfahrenen und unabhängigen Schlichters kann dort der Konflikt selbstbestimmt weiterbearbeitet werden. Eine Klage betrachten die Beteiligten als letztes Mittel. Die rechtlichen Berater der Beteiligten sollen die Beteiligten vorrangig bei den vorgenannten Verhandlungslösungen unterstützen. Die Beteiligten stellen klar, dass diese Absichtserklärungen der Einleitung eines Gerichtsverfahrens nicht entgegenstehen.

Alternativ:

Sollte es zwischen dem Grundstückseigentümer und dem Erbbauberechtigten zu Konflikten kommen, verpflichten sich die Beteiligten, alle oder im Zusammenhang mit diesem Vertrag entstehenden Streitigkeiten möglichst durch direkte Verhandlungen beizulegen. Die rechtlichen Berater der Beteiligten sollen diese dabei unterstützen. Gelingt dies nicht, verpflichten sich der Grundstückseigentümer und der Erbbauberechtigte, eine Schlichtung vor dem Schlichtungs- und Schiedsgerichtshof deutscher Notare (SGH) durchzuführen (Informationen und Kontaktdaten unter www.dnotv.de). Die Schlichtung beginnt mit dem

Antrag auf Durchführung einer Schlichtung gegenüber dem SGH. Die Schlichtung endet auch ohne abschließende Einigung, wenn der Antrag zurückgewiesen wird oder der Schlichter das Scheitern der Schlichtung feststellt. Während der laufenden Schlichtung ist die Verjährung der streitgegenständlichen Ansprüche gehemmt. Die Klageerhebung ist erst nach der Beendigung der Schlichtung zulässig. Verfahren des einstweiligen Rechtsschutzes sowie selbständige Beweisverfahren bleiben auch während der Schlichtung zulässig. Gleiches gilt für Verfahren zur Wahrung einer gesetzlichen Ausschlussfrist. Insoweit verpflichten sich der Grundstückseigentümer und der Erbbauberechtigte, während der laufenden Schlichtung das Ruhen des gerichtlichen Verfahrens zu beantragen.

VI. Ausfertigungen, Abschriften

Eine *Ausfertigung* dieser Urkunde erhalten:

- der Grundstückseigentümer
- der Erbbauberechtigte
- das Grundbuchamt.

Eine *beglaubigte Abschrift* dieser Urkunde erhalten:

- die dinglich Berechtigten, deren Zustimmung erforderlich ist.

VII. Notar- und Gundbuchkosten

Die Kosten für die Beurkundung und den Vollzug im Grundbuch trägt der Erbbauberechtigte. Gleiches gilt für die Kosten etwaiger Zustimmungserklärungen, die erholt werden müssen.

Vorgelesen vom Notar,

von den Beteiligten genehmigt

und eigenhändig unterschrieben:

(Unterschriften der Beteiligten)

(Unterschrift und Siegel des Notars)“

▲

Vorangehendes Muster siehe u.a. auch *Schmenger*.[61]

61 Muster in Anlehnung an *Schmenger*, BWNotZ 2006, 73, 78.

F. Eintragung im Grundbuch

16 Eine vereinbarte Versteigerungsfestigkeit des Erbbauzinses könnte im Grundbuch durch bloße Bezugnahme i.S.v. § 874 BGB eingetragen werden.[62] Die Grundbuchpraxis nimmt jedoch einen **ausdrücklichen und unmittelbaren Vermerk bei der Erbbauzinsreallast** vor, um der Tragweite und der elementaren Bedeutung der Regelung gerecht zu werden.[63] Gleiches gilt für die nachträglich vereinbarte Wertsicherung des Erbbauzinses. Eingetragen wird die Veränderung der Erbbauzinsreallast in der **Veränderungsspalte** der Zweiten Abteilung, dort die Spalten 4 und 5, vgl. auch § 10 Abs. 5 GBV:[64]

Amtsgericht München **Grundbuch von** Max-Vorstadt **Blatt** 1969 **Zweite Abteilung**

Veränderungen		Löschungen	
Laufende Nummer d. Spalte 1		Laufende Nummer d. Spalte 1	
4	5	6	7
1	Der Inhalt der Erbbauzinsreallast ist geändert: ■ als Inhalt ist das Bestehenbleiben des Hauptanspruchs in der Zwangsversteigerung vereinbart, § 9 Absatz 3 S. 1 Nr. 1 ErbbauRG; ■ der Erbbauzins ist nunmehr wertgesichert; gemäß Bewilligung vom 24.9.2024 – UVZ-Nr. 2501/Notarius, München; eingetragen am 30.9.2024. Lausmann		

62 Ebenso Bamberger/Roth/Hau/Poseck/*Maaß*, § 9 Rn 16.

63 Ingenstau/Hustedt/*Hustedt*, § 9 Rn 140; *Schöner/Stöber*, Rn 1806a; Bamberger/Roth/Hau/Poseck/*Maaß*, § 9 Rn 16. Ebenso nun auch *Reichel*, ZfIR 2023, 315, 321.

64 Eintragungsbeispiele vgl. *Schöner/Stöber*, Rn 1806 b bis e; der alternative Eintragungsentwurf lautet: *„Der Erbbauzins unterliegt § 9 Abs. 3 ErbbauRG"*, vgl. *Winkler/Schlögel*, § 6 Rn 55; dieser Vermerk erscheint jedoch zu kryptisch und findet in der Eintragungspraxis auch keine Verwendung.

G. Kosten des Notariats und des Grundbuchamtes

I. Kosten des Notariats

Für die Beurkundung fällt eine **2,0** Gebühr an, **Nr. 21100 KV GNotKG**, mindestens ein Betrag i.H.v. 120 EUR,[65] daneben für die weiteren Vollzugstätigkeiten (etwa Einholung der Zustimmungen der dinglich Berechtigten) eine 0,5 Betreuungsgebühr nach der Nr. 22110 KV GNotKG. 17

Der **Geschäftswert** richtet sich nach § 36 Abs. 1 GNotKG und ist nach billigem Ermessen zu bestimmen:[66]

- nachträgliche Eintragung der Wertsicherung: 20 Prozent[67] des nach § 52 GNotKG kapitalisierten Erbbauzinses, vgl. § 36 Abs. 1 GNotKG
- nachträgliche Eintragung der Versteigerungsfestigkeit: 20 Prozent[68] des nach § 52 GNotKG kapitalisierten Erbbauzinses, vgl. § 36 Abs. 1 GNotKG.

II. Kosten des Grundbuchamtes

Da gleichzeitig mehrere Veränderungen der Erbbbauzinsreallast eingetragen werden, wird die Gebühr nur **einmal** erhoben, sofern die Anträge am selben Tag bei Gericht eingegangen sind, Vorbemerkung 1.4 Abs. 5 KV GNotKG. Anzusetzen ist eine **0,5 Gebühr** nach der Nr. 14130 KV GNotKG, Tabelle B.[69] 18

Geschäftswert ist der **zusammengerechnete Wert der Veränderungen**, § 69 Abs. 2 S. 1 GNotKG, wobei der Wert des veränderten Rechts nicht überschritten werden darf, § 69 Abs. 2 S. 2 GNotKG. Der Wert der einzelnen Veränderungen kann wie folgt veranschlagt werden:

- nachträgliche Eintragung der Wertsicherung: 20 Prozent[70] des nach § 52 GNotKG kapitalisierten Erbbauzinses, vgl. § 36 Abs. 1 GNotKG; die Regelung in § 52 Abs. 7

65 Vgl. *Streifzug*, Rn 846.
66 Vgl. *Streifzug*, Rn 846.
67 Ebenso *Streifzug*, Rn 847.
68 Vgl. *Streifzug*, Rn 846 und 847, danach ist die Vereinbarung einer Wertsicherungsklausel als weiterer Beurkundungsgegenstand gesondert zu bewerten.
69 Nicht aber eine 1,0 Gebühr nach der Nr. 14121 KV GNotKG, so aber Beck'sches Formularbuch Immobilienrecht/*Frense*, Kapitel 9, Musterformular 6, Anmerkungen Ziffer 12. Auch die Tabelle A ist nicht einschlägig, so aber Beck'sches Formularbuch Immobilienrecht/*Frense*, a.a.O.
70 Vgl. obige Darstellung zu den Geschäftswerten des Notariats, Rdn 17.

GNotKG kommt nicht zur Anwendung, da die Veränderung eines Rechts zu bewerten ist, nicht die Eintragung eines Leistungs- oder Nutzungsrechts

- nachträgliche Eintragung der Versteigerungsfestigkeit: 20 Prozent[71] des nach § 52 GNotKG kapitalisierten Erbbauzinses, vgl. § 36 Abs. 1 GNotKG.

Die **Löschung** der für den Grundstückseigentümer eingetragenen **Erhöhungsvormerkung** löst eine Festgebühr i.H.v. 25 EUR aus, Nr. 14152 KV GNotKG.

71 So auch *Streifzug*, Rn 846.

§ 10 Teilung eines Erbbaurechts

A. Allgemeines

Das **ältere Verständnis** von der Teilung eines Erbbaurechts ging davon aus, das Erbbaurecht könne ideell, „*andererseits aber auch reell*"[1] geteilt werden. Eine **ideelle Teilung** des Erbbaurechts sah diese Auffassung darin, das Erbbaurecht *mit einem anderen zu teilen*, beispielsweise einem Ehegatten oder Lebenspartner. Diese Klassifizierung ist zu verwerfen, da in der Mitberechtigung keine Teilung des Erbbaurechts zu erkennen ist. Das Erbbaurecht besteht unverändert als ein grundstücksgleiches Recht fort, steht als einheitliches Recht mehreren Berechtigten gemeinsam zu, sei es in Bruchteils- oder in Gesamthandsgemeinschaft. Begründet werden kann das Gemeinschaftsverhältnis bereits bei Bestellung des Erbbaurechts, danach durch Übertragung eines Mitberechtigungsanteils, schließlich durch Gesamtrechtsnachfolge. 1

B. Erfordernisse im Einzelnen

I. Weitere Klärung der Rechtsnatur

Die Sicht auf die Teilung des Erbbaurechts verengt sich damit notwendigerweise auf die **reelle Teilung** des Erbbaurechts, die „*tatsächliche Teilung des Gebrauchs- und Nutzungsrechts*",[2] womit die weitere Natur der Erbbaurechtsteilung allerdings unbeantwortet bleibt. 2

Der Klärung dieser Frage kommt große Bedeutung zu, insbesondere im Hinblick auf die Beteiligung des Grundstückseigentümers. Eine **ältere Auffassung**[3] erkannte in der Teilung des Erbbaurechts eine **Inhaltsänderung des Rechts**, ändere „sich doch der Gegenstand des Rechts".[4] Dass die Teilung eines Erbbaurechts in mehrere Teilrechte zugleich eine „*Aufhebung des alten Rechts im erörterten Sinne mit sich bringt*",[5] fand zwar Erwähnung, aber keine weitere Thematisierung. Dieses Einfallstor nutzte die **aktuelle Ansicht**, die auf die Rspr. des BGH zurückgeht,[6] angelehnt an § 26 ErbbauRG. Die Situation nach Teilung des Erbbaurechts vor Augen, erkannte der BGH im Gefolge der Teilung eine **Teilaufhebung des Rechts**: 3

> *Nach vollzogener Teilung erstrecken sich die einzelnen Teilrechte nicht mehr auf die ursprüngliche Grundfläche, sondern jeweils nur noch auf einen räumlich geringeren*

1 *Glaß/Scheidt*, § 11 Anm. II 6 c = S. 105.
2 *Glaß/Scheidt*, a.a.O.
3 OLG Neustadt, Beschl. v. 29.1.1960, Az. 3 W 129/59 = NJW 1960, 1157.
4 OLG Neustadt a.a.O.
5 OLG Neustadt a.a.O., 1158.
6 BGH, Urt. v. 21.12.1973, Az. V ZR 202, 71 = NJW 1974, 498.

Teil...Diese bei der Aufteilung eines Erbbaurechts sich notwendig ergebende Beschränkung der entstehenden Teilrechte auf einen realen Teil der Grundfläche hat jeweils die Aufhebung des bisherigen Erbbaurechts bezüglich jedes einzelnen, mit einem neuen Erbbaurecht belasteten Grundstücks insoweit zur Folge...[7]

4 Danach impliziert jede **Teilung** eine **Teilaufhebung** des Erbbaurechts,[8] bringt jede Teilung eine Beschränkung mit sich, eine reale Beschränkung auf ein bestimmtes Grundstück,[9] daneben eine inhaltliche Beschränkung auf einen bestimmten Rechtsinhalt, etwa eine bestimmte Bebauungsbefugnis. In der Folge ist das **schuldrechtliche Grundgeschäft formbedürftig**, § 11 Abs. 2 ErbbauRG i.V.m. § 311b BGB.[10] Eine gesonderte Enthaftungserklärung erübrigt sich, weil bereits in der Teilung eine solche Enthaftungserklärung zu erblicken ist.[11] Solange jedoch in der Grundbuchpraxis und der Literatur[12] eine abweichende Meinung vertreten und die Notwendigkeit einer ausdrücklichen Enthaftungserklärung gefordert wird, geht die Empfehlung dahin, eine eigenständige Regelung aufzunehmen, diese allerdings unter die Prämisse zu stellen, dass diese Erklärung für erforderlich erachtet wird.[13]

Formulierungsbeispiel Enthaftungserklärung bei Teilung des Erbbaurechts

(bewilligt und beantragt) – soweit erforderlich – die Entlassung jedes der Grundstücke ... aus der Haftung für das ursprüngliche Erbbaurecht, soweit dies nach Teilung nicht mehr auf dem einzelnen Grundstück lastet.[14]

II. Mitwirkung des Grundstückseigentümers

5 Wegen der Teilaufhebung ist der Anwendungsbereich des § 26 ErbbauRG eröffnet und die Notwendigkeit der **Eigentümermitwirkung** gegeben.[15] In der Praxis besteht eine Mitwirkungspflicht auch deshalb, weil regelmäßig der Erbbauzins verteilt und das Vorkaufsrecht

7 BGH a.a.O.

8 Vgl. *Räfle*, § 1 Rn 108; Bamberger/Roth/*Maaß*, § 11 Rn 16; *Schöner/Stöber*, Rn 1851; *Heckscher*, RNotZ 2016, 246; DNotI-Report 1995, 189, 190; Ingenstau/Hustedt/*Bardenhewer*, § 11 Rn 106.

9 Ingenstau/Hustedt/*Bardenhewer*, § 11 Rn 106.

10 *Winkler/Schlögel*, § 5 Rn 168, Gleichwertigkeit von Teilaufhebung und Bestellung.

11 *Schöner/Stöber*, Rn 1852; *Räfle*, § 1 Rn 16, in der Teilungserklärung ist die Enthaftungserklärung enthalten; Ingenstau/Hustedt/*Bardenhewer*, § 11 Rn 112; *Winkler/Schlögel*, § 5 Rn 166; *Böttcher*, Rn 674. **A.A.** Staudinger/*Rapp*, § 11 Rn 16b: Enthaftungserklärung notwendig, da die Teilung eine Teilaufhebung sei.

12 Vgl. Fundstelle oben = Fußnote 11.

13 So das Muster bei *Grauel*, ZNotP 1997, 21, 23.

14 Muster von *Grauel*, a.a.O.

15 Ingenstau/Hustedt/*Bardenhewer*, § 11 Rn 107; *Räfle*, § 1 Rn 16; *Winkler/Schlögel*, § 5 Rn 166; DNotI-Report 1995, 189, 190; die Rspr. verneint einen Anspruch gegen den Grundstückseigentümer, gerichtet auf Abgabe der zur Erbbaurechtsteilung erforderlichen Erklärungen, vgl. OLG Hamm, Urt. v. 3.11.1983, Az. 5 U 19/83 = MDR 1984, 402; ebenso *Winkler/Schlögel*, § 5 Rn 166. Im Zweifel ist der Grundstückseigentümer zur Erbbaurechtsteilung nicht verpflichtet, vgl. Staudinger/*Rapp*, § 11 Rn 16a.

des Grundstückseigentümers eingeschränkt wird.[16] Eine Mitwirkungspflicht resultiert überdies daraus, dass das Grundstück geteilt werden muss.[17] Mehrere gleichrangige Erbbaurechte an einem Grundstück können nicht bestehen, § 10 Abs. 1 ErbbauRG.[18] In der Praxis erscheinen regelmäßig Erbbauberechtigter und Grundstückseigentümer gemeinsam zum Termin. Dass der Eigentümer mitwirken muss, steht häufig außer Frage. Die Notwendigkeit einer besonderen Belehrung darüber, dass die Zustimmung des Grundstückseigentümers zur Teilung des Erbbaurechts nicht durch das Gericht der freiwilligen Gerichtsbarkeit nach § 7 Abs. 3 ErbbauRG, sondern nur durch Urteil des Prozessgerichts ersetzt werden kann,[19] zeigt sich regelmäßig nicht. Die Zustimmungsersetzung nach § 7 ErbbauRG bezieht sich nur auf die Veräußerung und die Belastung, nicht auch auf die Teilung des Erbbaurechts.[20] Falls der Grundstückseigentümer unter Betreuung steht, ist die Genehmigung des Betreuungsgerichts einzuholen, § 1850 Nr. 1 BGB.[21]

III. Zulässigkeitsprüfung; Prämissen der Erbbaurechtsteilung

Die Teilung eines Erbbaurechts ist nur unter bestimmten Voraussetzungen zulässig.[22] Generell[23] von der Teilbar- oder Unteilbarkeit des Erbbaurechts auszugehen, wird dem Wesen der Teilung nicht gerecht,[24] zu konstatieren ist allenfalls eine individuelle Unteilbarkeit, die jedoch durch eine **gleichzeitige Inhaltsänderung**, durch die Schaffung eines teilbaren Erbbaurechts überwunden werden kann.[25] Vorzunehmen ist eine am konkreten Inhalt[26] des Erbbaurechts orientierte **Zulässigkeitsprüfung**, zu überwinden sind die **Zulässigkeitsschranken**, die das Erbbaurechtsgesetz errichtet und die mit dem belasteten Grundstück verbunden sind. Im Rahmen dieser Zulässigkeitsprüfung wird eine „***Gesamt-*** 6

16 Vgl. *Grauel*, ZNotP 1997, 21, der zu Recht die sofortige Hinzuziehung des Grundstückseigentümers empfiehlt.

17 OLG Düsseldorf, Beschl. v. 21.1.2016, Az. I-3 Wx 287/15 = ErbbauZ 2023, 121, 123; Ingenstau/Hustedt/*Bardenhewer*, § 11 Rn 110; MüKo/*Weiß*, § 1 Rn 48.

18 OLG Düsseldorf, Beschl. v. 21.1.2016, Az. I-3 Wx 287/15 = ErbbauZ 2023, 121, 123; MüKo/*Weiß*, § 1 Rn 48.

19 LG Bochum NJW 1969, 1673; *Räfle*, § 11 Rn 17, Zustimmung des Grundstückseigentümers nicht nach § 7 ErbbauRG erzwingbar; *Schöner/Stöber*, Rn 1850; *Böttcher*, Rn 665; Ingenstau/Hustedt/*Bardenhewer*, § 11 Rn 114.

20 Ebenso Ingenstau/Hustedt/*Bardenhewer*, § 11 Rn 113, auch keine analoge Anwendung geboten; *Schöner/Stöber*, a.a.O.; Staudinger/*Rapp*, § 11 Rn 16a.

21 So *Räfle*, § 1 Rn 17.

22 Zur Zulässigkeitsprüfung vgl. bereits *Glaß/Scheidt*, § 11 Anm. II 6 c = S. 105; Ingenstau/Hustedt/*Bardenhewer*, § 11 Rn 105 ff.; *Heckscher*, RNotZ 2016, 246; *Böttcher*, Rn 657; OLG Düsseldorf, Beschl. v. 21.1.2016, Az. I-3 Wx 287/15 = ErbbauZ 2023, 121, 123.

23 Vgl. Ingenstau/Hustedt/*Bardenhewer*, § 11 Rn 109; *Winkler/Schlögel*, § 5 Rn 163.

24 Wie hier auch MüKo/*Weiß*, § 1 Rn 48.

25 Vgl. OLG Düsseldorf, Beschl. v. 21.1.2016, Az. I-3 Wx 287/15 = ErbbauZ 2023, 121, 123; *Heckscher*, RNotZ 2016, 245; ähnlich Ingenstau/Hustedt/*Bardenhewer*, § 11 Rn 109.

26 Ingenstau/Hustedt/*Bardenhewer*, § 11 Rn 108.

***betrachtung** des tatsächlichen und rechtlichen Zusammenhangs aller hier in Rede stehenden und von den Beteiligten vereinbarten Regelungen*" erforderlich.[27] Bei etwaigen Teilbarkeitszweifeln geht die Empfehlung dahin, eine inhaltliche Klarstellung der Teilbarkeit vorzunehmen. Die Vorfragen zur Zulässigkeit einer Erbbaurechtsteilung lauten:

- Kann das Erbbaurecht überhaupt geteilt werden?[28]
- Lässt die konkrete Beschaffenheit des Erbbaurechts die Teilung zu? Ist der vereinbarte Rechtsinhalt teilbar?[29]

7 Dies bedeutet jedoch nicht, dass im Erbbaurechtsvertrag bereits ein die Teilung gestattender Passus enthalten sein muss. Dingliche Wirkung käme einer solchen Regelung nicht zu, sie könnte insbesondere nicht zum vertragsmäßigen Inhalt nach § 2 ErbbauRG erklärt werden.[30] Eine Zulässigkeitsbeschränkung ergibt sich hieraus nicht, auch der Anwendungsbereich des § 5 ErbbauRG ist nicht eröffnet.[31]

Eine **gesetzliche Schranke** folgt aus § 1 Abs. 1 ErbbauRG. Die Regelung in § 1 Abs. 1 ErbbauRG konstituiert das Erbbaurecht als Befugnis, auf oder unter der Oberfläche des Grundstücks **ein Bauwerk** zu haben. Nach der Teilung muss jedes Erbbaurecht die entsprechende Bauwerksbefugnis aufweisen,[32] der Erbbaurechtsvertrag muss die Befugnis zur Errichtung mehrerer Bauwerke enthalten. Anderenfalls – lt. Erbbaurechtsvertrag beschränkt sich die Bauwerksbefugnis auf ein einzelnes Bauwerk, ggf. auf einen einheitlichen Gebäudekomplex – besteht eine Unteilbarkeit des Erbbaurechts,[33] die Teilung kann nicht ins Werk gesetzt werden. Ein bauwerkloses Erb*bau*recht sieht das Gesetz nicht vor. Eine Ausnahme gilt nur dann, sofern gleichzeitig mit der Teilung eine inhaltliche Modifikation bzw. Klarstellung der Bebauungsbefugnis vorgenommen und jedem Erbbaurecht eine Bebauungsbefugnis zugeordnet wird.[34]

27 OLG Düsseldorf, Beschl. v. 21.1.2016, Az. I-3 Wx 287/15 = RNotZ 2016, 243, 244 m. Anm. *Heckscher* = NJW-RR 2016, 720; bestätigt durch OLG Düsseldorf, Beschl. v. 21.1.2016, Az. I-3 Wx 287/15 = ErbbauZ 2023, 121, 123; ebenso Ingenstau/Hustedt/*Bardenhewer*, § 11 Rn 109; MüKo/*Weiß*, § 1 Rn 48.

28 Ingenstau/Hustedt/*Bardenhewer*, § 11 Rn 107 und 108; *Winkler/Schlögel*, § 5 Rn 163; *Schöner/Stöber*, Rn 1849. Zur Prüfung der Teilbarkeit des Erbbaurechts vgl. auch OLG Düsseldorf, Beschl. v. 21.1.2016, Az. I-3 Wx 287/15 = ErbbauZ 2023, 121, 123.

29 Ebenso OLG Hamm, Urt. v. 3.11.1983, Az. 5 U 19/83 = MDR 1984, 402; OLG Düsseldorf, Beschl. v. 21.1.2016, Az. I-3 Wx 287/15 = ErbbauZ 2023, 121, 123; MüKo/*Weiß*, § 1 Rn 48.

30 *Räfle*, § 1 Rn 16.

31 *Schöner/Stöber*, Rn 1850.

32 *Glaß/Scheidt*, a.a.O.; Ingenstau/Hustedt/*Bardenhewer*, a.a.O.; *Schöner/Stöber*, Rn 1849; DNotI-Report 1995, 189, 190; Staudinger/*Rapp*, § 11 Rn 16; OLG Düsseldorf, Beschl. v. 21.1.2016, Az. I-3 Wx 287/15 = RNotZ 2016, 243, 245 m. Anm. *Heckscher* = NJW-RR 2016, 720 = ErbbauZ 2023, 121, 123; OLG Hamm, Urt. v. 3.11.1983, Az. 5 U 19/83 = MDR 1984, 402; *Böttcher*, Rn 659.

33 So bereits *Glaß/Scheidt*, a.a.O.; *Räfle*, § 1 Rn 15 und § 11 Rn 17.

34 Vgl. OLG Düsseldorf, Beschl. v. 21.1.2016, Az. I-3 Wx 287/15 = RNotZ 2016, 243, 244 m. Anm. *Heckscher* = NJW-RR 2016, 720 = ErbbauZ 2023, 121.

Eine **weitere gesetzliche Schranke** gibt die Regelung in **§ 1 Abs. 3 ErbbauRG** vor, die Unzulässigkeit eines Erbbaurechts, das sich auf einen Teil des Gebäudes beschränkt, insbesondere auf ein Stockwerk.[35] Die Teilung des Erbbaurechts ist nicht zulässig, sofern infolge der Teilung die Gebäude rechtlich durchschnitten werden sollen.[36] 8

Ergänzt wird das Tableau der **Zulässigkeitsschranken** durch die **Notwendigkeit der Grundstücksteilung**. Die Teilung des Erbbaurechts kann nur Hand in Hand mit der Teilung des Grundstücks gehen,[37] da anderenfalls ein Konflikt mit dem Erstrangigkeitsgebot des § 10 Abs. 1 S. 1 ErbbauRG droht.[38] Die Regelung schließt die Konstellation aus, dass mehrere Erbbaurechte gleichrangig am selben Grundstück lasten.[39] Die Grundbuchpraxis kennt dennoch Fälle, in denen die „*Realteilung eines Erbbaurechts vor Vermessung des Grundstücks*“[40] in Gang gesetzt werden soll, was nicht zum Erfolg führen kann und vom Grundbuchamt beanstandet werden muss, da mehrere Erbbaurechte nicht gleichrangig am selben Grundstück lasten können, § 10 Abs. 1 S. 1 ErbbauRG.[41] Das Vermessungsergebnis ist abzuwarten, die Erbbaurechtsteilung kann erst auf der Grundlage des Fortführungsnachweises weiterverfolgt werden. Auch die nachträgliche Aufhebung der Vereinigung oder Bestandteilszuschreibung stellt eine Grundstücksteilung dar.[42] Die Grundstücksteilung kann nur der Grundstückseigentümer erklären, und zwar ohne Zustimmung des Erbbauberechtigten, dessen Rechte durch die Grundstücksteilung nicht geschmälert werden.[43]

IV. Zustimmung dinglich Berechtigter am Erbbaurecht

Zu den Ableitungen, die sich aus der BGH-Rspr.[44] zur Teilung des Erbbaurechts ergeben, zählt die Frage, ob **dinglich Berechtigte am Erbbaurecht** der Teilung des Erbbaurechts zustimmen müssen. Die Antwort hierauf stützt sich auf die „*Beschränkung der entstehenden Teilrechte auf einen realen Teil der Grundfläche*“,[45] die im Zuge der Erbbaurechts- 9

35 *Glaß/Scheidt*, a.a.O.; ebenso MüKo/*Weiß*, § 1 Rn 49.

36 *Winkler/Schlögel*, § 5 Rn 164; MüKo/*Weiß*, § 1 Rn 49.

37 Vgl. Ingenstau/Hustedt/*Bardenhewer*, § 11 Rn 110; *Schöner/Stöber*, Rn 1853; *Räfle*, § 1 Rn 16; OLG Düsseldorf, Beschl. v. 21.1.2016, Az. I-3 Wx 287/15 = RNotZ 2016, 243, 245 m. Anm. *Heckscher* = NJW-RR 2016, 720 = ErbbauZ 2023, 121; MüKo/*Weiß*, § 1 Rn 48.

38 OLG Düsseldorf a.a.O.; Ingenstau/Hustedt/*Bardenhewer*, § 11 Rn 110; Staudinger/*Rapp*, § 11 Rn 16; *Winkler/Schlögel*, § 5 Rn 161; **a.A.** *Knothe*, § 11 Ziffer III 1 = S. 181: entgegen der h.M. zulässig, eine Gefährdung sei nicht gegeben.

39 OLG Düsseldorf, Beschl. v. 21.1.2016, Az. I-3 Wx 287/15 = ErbbauZ 2023, 121, 123; Staudinger/*Rapp*, § 11 Rn 16.

40 Grund ist das Muster bei *Winkler/Schlögel*, § 11 Nr. 7.

41 OLG Düsseldorf, Beschl. v. 21.1.2016, Az. I-3 Wx 287/15 = ErbbauZ 2023, 121, 123.

42 *Räfle*, § 1 Rn 16.

43 DNotI-Report 1995, 189.

44 BGH, Urt. v. 21.12.1973, Az. V ZR 202, 71 = NJW 1974, 498.

45 BGH a.a.O.

teilung eintritt, auf die Teilaufhebung des Erbbaurechts, die die Teilung des Erbbaurechts charakterisiert.[46] Dies impliziert die Notwendigkeit der Zustimmung dinglich Berechtigter am Erbbaurecht, soweit es sich um Verwertungsrechte[47] handelt (Grundpfandrechts- und Reallastgläubiger). Maßgeblich ist die Regelung in § 876 S. 1 BGB,[48] zur Aufhebung des Erbbaurechts ist die Zustimmung der dinglich Berechtigten am Erbbaurecht erforderlich.[49] Eine Beeinträchtigung ihrer Rechtsposition liegt darin, dass nunmehr Einzelerbbaurechte vorliegen, deren Verwertungschancen im Ungewissen liegen.[50] Zu konstatieren ist eine signifikante Änderung des Belastungsgegenstandes.[51] Mit einer bloßen Grundstücksteilung, die sich auf die Verwertungsrechte nicht auswirkt, lässt sich die Erbbaurechtsteilung nicht vergleichen.

V. Zustimmung dinglich Berechtigter am Grundstück

10 Anders stellt sich die Lage der **dinglich Berechtigten am Grundstück** dar. Eine Beeinträchtigung der dinglich Berechtigten am Grundstück ist nicht erkennbar,[52] da die Erbbaurechtsteilung die Rechtsposition der dinglich Berechtigten am Grundstück nicht tangiert. Eine obergerichtliche Klärung dieser Frage steht allerdings noch aus, und Teile der Erbbaurechtsliteratur[53] bejahen die Notwendigkeit der Zustimmung dinglich Berechtigter am Grundstück, weil die Interessen der Gläubiger tangiert sein können. Die **Empfehlung** geht dahin, die Zustimmungen der Gläubiger von Verwertungsrechten einzuholen, vorbehaltlich einer abweichenden und bekannten Rechtsansicht des zuständigen Grundbuchamtes. Die Alternative, die obergerichtliche Klärung, scheitert häufig am zeitlichen Moment, das den Beteiligten zur Verfügung steht. Häufig bildet die Erbbaurechtsteilung das Präludium zur Aufteilung in Wohnungs- und Teilerbbaurechte (vgl. § 13 des Buches), gefolgt von der Veräußerung und der Belastung der neu gebildeten Raumerbbaurechtseinheiten. Erhebliche Verzögerungen sieht eine solche Planung nicht vor, ebenso wenig zeigen sich die Beteiligten an einer obergerichtlichen Klärung interessiert.

46 *Räfle*, § 1 Rn 108; Bamberger/Roth/*Maaß*, § 11 Rn 16; *Schöner/Stöber*, Rn 1851.

47 Siehe *Böttcher*, Rn 672; Ingenstau/Hustedt/*Bardenhewer*, § 11 Rn 112; Staudinger/*Rapp*, § 11 Rn 16b; *Winkler/Schlögel*, § 5 Rn 171; MüKo/*Weiß*, § 1 Rn 52.

48 *Räfle*, § 1 Rn 17 und § 11 Rn 17; DNotI-Report 1995, 189, 190.

49 So bereits die Entscheidung des OLG Neustadt, Beschl. v. 29.1.1960, Az. 3 W 129/59 = NJW 1960, 1157; DNotI-Report a.a.O.; *Schöner/Stöber*, Rn 1851; *Böttcher*, Rn 672; Ingenstau/Hustedt/*Bardenhewer*, § 11 Rn 112.

50 DNotI-Report a.a.O.; OLG Neustadt a.a.O.; MüKo/*Weiß*, § 1 Rn 52.

51 Vgl. bereits die Entscheidung des OLG Neustadt a.a.O.

52 *Räfle*, § 11 Rn 17 und § 1 Rn 16; *Schöner/Stöber*, Rn 1851; *Böttcher*, Rn 672; MüKo/*Weiß*, § 1 Rn 52; Staudinger/*Rapp*, § 11 Rn 16b; **a.A.** Ingenstau/Hustedt/*Bardenhewer*, § 11 Rn 112: Zustimmung erforderlich.

53 Ingenstau/Hustedt/*Bardenhewer*, § 11 Rn 112; Staudinger/*Rapp*, § 11 Rn 16b; *Winkler/Schlögel*, § 5 Rn 172: durch die Teilung könnten die wirtschaftlichen Interessen der Realgläubiger am Grundstück berührt werden.

VI. Unbedenklichkeitsbescheinigung (UB) des Finanzamtes; Teilungsgenehmigung der Gemeinde

Ob die **Teilung eines Erbbaurechts** eine Grunderwerbssteuer auslöst, findet sich bislang in der Literatur noch nicht erörtert. Da die Teilung eines Erbbaurechts eine Teilaufhebung darstellt, scheint es naheliegend, die insoweit geltenden Besteuerungsmaßstäbe heranzuziehen. Während die gänzliche Aufhebung eines Erbbaurechts (siehe § 12 Rdn 1 ff.), das nicht dem Eigentümer zusteht, grunderwerbsteuerpflichtig ist,[54] weil der Grundstückseigentümer das Eigentum am Gebäude erwirbt, § 12 Abs. 3 ErbbauRG, lässt sich im Bereich der Erbbaurechtsteilung **kein entsprechender Eigentumstransfer** feststellen. Das Eigentum an den Gebäuden steht unverändert dem Erbbauberechtigten zu, nicht dagegen dem Grundstückseigentümer, und auch der Erbbauberechtigte kann nicht in Anspruch nehmen, nach Teilung über mehr Befugnisse zu verfügen. Die inhaltlichen Befugnisse des Erbbaurechts verteilen sich nunmehr auf zwei Erbbaurechte, es kommt zu einer „Aufrechterhaltung der bisherigen dinglichen Belastung…an den neuen selbstständigen Teilflächen".[55] Die Teilung allein bedeutet keine Übertragung, auch keine Neubestellung, sondern Verfügung über ein bereits bestehendes Recht. Schließlich kann die Teilung eines Erbbaurechts nicht anders als ein Erbbaurecht am eigenen Grundstück behandelt werden, dessen Bestellung ebenfalls **keine Grunderwerbsteuer** auslöst.[56] 11

Eine **Teilungsgenehmigung** der Gemeinde ist zur **Grundstücksteilung** grundsätzlich nicht erforderlich,[57] es sei denn, das Grundstück liegt im Umlegungsgebiet,[58] im Sanierungsgebiet,[59] im städtebaulichen Entwicklungsbereich[60] oder unterliegt der Enteignung.[61]

VII. Checkliste im Einzelnen/Unterlagen für den Vollzug im Grundbuch

Um die Erbbaurechtsteilung im Grundbuch vollziehen zu können, müssen die **formellen Erfordernisse** der folgenden **Checkliste** erfüllt sein: 12

54 Vgl. Ingenstau/Hustedt/*Glade*, Anh. I Rn 126.
55 *Räfle*, § 1 Rn 15.
56 Ingenstau/Hustedt/*Glade*, Anh. I Rn 116.
57 Unvollständig insoweit *Böttcher*, Rn 675, keine Darstellung der städtebaulichen Ausnahmen.
58 § 51 Abs. 1 S. 1 Nr. 1 BauGB.
59 § 144 Abs. 2 Nr. 5 BauGB.
60 § 169 Abs. 1 Nr. 3 BauGB.
61 § 109 Abs. 1 BauGB.

1. Zulässigkeitsprüfung

13 Zulässigkeitsprüfung orientiert am Inhalt des Erbbaurechtsvertrages und an der Beschaffenheit des Grundstücks:

- Kann das Erbbaurecht überhaupt geteilt werden? Dürfen mehrere Bauwerke errichtet werden?[62]
- Lässt die konkrete Beschaffenheit des Erbbaurechts die Teilung zu?
- Weist nach Teilung jedes Teilrecht ein Bauwerk bzw. eine Bauwerksbefugnis auf, § 1 Abs. 1 ErbbauRG?[63]
- Beschränken sich nach der Teilung die Erbbaurechte nicht auf einen Teil des Gebäudes, insbesondere ein Stockwerk, § 1 Abs. 3 ErbbauRG?[64]
- Kann das belastete Grundstück geteilt werden?[65]

2. Teilung des Grundstücks

14
- Antrag des Grundstückseigentümers, § 13 Abs. 1 GBO, einfache Schriftform reicht aus,
- Teilungsbewilligung des Grundstückseigentümers erforderlich, mindestens öffentlich beglaubigte Form, §§ 19, 29 Abs. 1 S. 1 GBO[66]
- Voreintragung des Grundstückseigentümers, § 39 Abs. 1 GBO
- bei Bildung einer neuen Flurstücksnummer ist ein Fortführungsnachweis (FN) des Vermessungsamtes vorzulegen, § 2 Abs. 3 GBO; häufig ist die Zerlegung bereits im Grundbuch eingetragen, vollzogen durch den Urkundsbeamten der Geschäftsstelle des Grundbuchamtes, § 12c Abs. 2 Nr. 2 GBO, weshalb kein weiterer FN vorgelegt werden muss
- eine Teilungsgenehmigung der Gemeinde ist grundsätzlich nicht erforderlich, es sei denn, das Grundstück liegt im Umlegungsgebiet,[67] im Sanierungsgebiet,[68] im städtebaulichen Entwicklungsbereich[69] oder unterliegt der Enteignung.[70]

62 OLG Düsseldorf, Beschl. v. 21.1.2016, Az. I-3 Wx 287/15 = ErbbauZ 2023, 121, 123: „Haben eines selbstständigen Bauwerks".
63 OLG Düsseldorf, Beschl. v. 21.1.2016, Az. I-3 Wx 287/15 = ErbbauZ 2023, 121, 123.
64 OLG Düsseldorf, Beschl. v. 21.1.2016, Az. I-3 Wx 287/15 = ErbbauZ 2023, 121, 123, Teilbarkeit des Bauwerks in der Natur.
65 Zur notwendigen Grundstücksteilung vgl. OLG Düsseldorf, Beschl. v. 21.1.2016, Az. I-3 Wx 287/15 = ErbbauZ 2023, 121, 123.
66 Mehrere gleichrangige Erbbaurechte an demselben Grundstück sind nicht möglich, § 10 Abs. 1 ErbbauRG, vgl. OLG Düsseldorf, Beschl. v. 21.1.2016, Az. I-3 Wx 287/15 = ErbbauZ 2023, 121, 123.
67 § 51 Abs. 1 S. 1 Nr. 1 BauGB.
68 § 144 Abs. 2 Nr. 5 BauGB.
69 § 169 Abs. 1 Nr. 3 BauGB.
70 § 109 Abs. 1 BauGB.

3. Teilung des Erbbaurechts

- Antrag des Erbbauberechtigten, § 13 Abs. 1 GBO, einfache Schriftform reicht aus 15
- Teilungsbewilligung des Erbbauberechtigten, mindestens in öffentlich beglaubigter Form, §§ 19, 29 Abs. 1 S. 1 GBO; daneben eine gesonderte Enthaftungserklärung,[71] erklärt unter der Prämisse, dass diese das Grundbuchamt für erforderlich erachtet
- Voreintragung des Erbbauberechtigten, § 39 Abs. 1 GBO
- Zustimmung des Grundstückseigentümers, § 26 ErbbauRG,[72] mindestens in öffentlich beglaubigter Form, §§ 19, 29 Abs. 1 S. 1 GBO; bei Verteilung des Erbbauzinses und Verteilung des Vorkaufsrechts, das am Erbbaurecht zugunsten des Grundstückseigentümers eingeräumt wurde, sind auch insoweit Bewilligungen des Grundstückseigentümers erforderlich
- Zustimmung dinglich Berechtigter am Erbbaurecht, soweit es sich um Verwertungsrechte handelt (Grundpfandrechts- und Reallastgläubiger); die Zustimmung muss mindestens in öffentlich beglaubigter Form vorliegen, §§ 19, 29 Abs. 1 S. 1 GBO
- Zustimmung dinglich Berechtigter am Grundstück, soweit es sich um Verwertungsrechte handelt; die Zustimmung muss mindestens in öffentlich beglaubigter Form vorliegen, §§ 19, 29 Abs. 1 S. 1 GBO
- eine Unbedenklichkeitsbescheinigung (UB) ist nicht erforderlich, mangels Eigentumstransfers.

C. Muster (Urkundsentwurf)

▼ 16

Muster 10.1: Formulierungsvorschlag Teilung eines Erbbaurechts 10.1

„UVZ-Nr. /

TEILUNG EINES ERBBAURECHTS

Heute, den

– 20 –

sind vor mir,

,

71 Gegen die Notwendigkeit einer gesonderten Enthaftungserklärung, da diese bereits in der Teilungserklärung des Erbbauberechtigten liege: Ingenstau/Hustedt/*Bardenhewer*, § 11 Rn 113; *Böttcher*, Rn 674; MüKo/*Weiß*, § 1 Rn 50.

72 Vgl. bereits die Entscheidung des OLG Neustadt a.a.O.; Ingenstau/Hustedt/*Bardenhewer*, § 11 Rn 107.

Notar/Notarin in , in den Geschäftsräumen des Notariats in der , erschienen:

1.

– nachstehend „Grundstückseigentümer" genannt –,

ausgewiesen durch gültigen amtlichen Lichtbildausweis

2.

– nachstehend „Erbbauberechtigter" genannt –,

ausgewiesen durch gültigen amtlichen Lichtbildausweis

Die anwesenden Beteiligten erklärten, dass kein Vertragsteil in Ausübung einer gewerblichen oder selbstständigen beruflichen Tätigkeit handelt.

Der Notar verwies auf die Vorschriften des Geldwäschegesetzes und auf die hieraus resultierenden Pflichten.

Die Erschienenen erklärten, nicht auf Veranlassung Dritter oder als Treuhänder für Dritte, sondern auf eigene Rechnung und im eigenen Namen zu handeln.

Die Erschienenen erklärten ferner, weder eine politisch exponierte Person („PeP") zu sein noch in den letzten 12 Monaten gewesen zu sein. Sie erklärten, auch nicht Familienmitglied, naher Angehöriger oder nahestehende Person einer solchen politisch exponierten Person zu sein.

Die Beteiligten verneinten die Frage des Notars/der Notarin nach einer Vorbefassung i.S.v. § 3 Abs. 1 Satz 1 Nr. 7 BeurkG und baten um Beurkundung des folgenden Nachtrags:

I. Grundbuchstand und Vorurkunde

1. Erbbaugrundbuch (Gemarkung Blatt)

Im **Erbbaugrundbuch** des Amtsgerichts für die Gemarkung Blatt

ist das Erbbaurecht an dem im Grundbuch von Blatt unter BVNr. verzeichneten Grundstück der Gemarkung Flurstück , straße , Gebäude- und Freifläche, zu qm,

eingetragen Abt. II Nr. , und zwar bis zum .

Wegen des im Erbbaugrundbuch vermerkten Grundstückseigentümers wird auf die folgende Darstellung verwiesen.

Erbbauberechtigter:

Das vorstehend genannte Erbbaurecht ist wie folgt belastet:

Abteilung II des Erbbaugrundbuchs:

lfd. Nr. 1:

lfd. Nr. 2:

Abteilung III des Grundstücksgrundbuchs:

lfd. Nr. 1:

Das Grundbuch wurde am eingesehen.

2. Grundstücksgrundbuch (Gemarkung Blatt)

Im **Grundstücksgrundbuch** des Amtsgerichts für die Gemarkung Blatt

ist folgender Grundbesitz eingetragen:

Flurstück , straße , Gebäude- und Freifläche, zu qm

Eigentümer:

Der vorstehend genannte Grundbesitz ist wie folgt belastet:

Abteilung II des Grundstücksgrundbuchs:

lfd. Nr. 1:

lfd. Nr. 2:

Abteilung III des Grundstücksgrundbuchs:

lfd. Nr. 1:

Das Grundbuch wurde am eingesehen.

3. Erbbaurechtsvertrag

Dem vorstehend genannten Erbbaurecht liegt folgender Erbbaurechtsvertrag zugrunde:

– Urkunde vom , URNr. bzw. UVZ-Nr. , Notar

Nachträge hierzu sind:

– Urkunde vom , URNr. bzw. UVZ-Nr. , Notar

Die Beteiligten verweisen auf die oben genannten Urkunden, die den Beteiligten vorliegen. Im Folgenden werden diese Urkunden „Vorurkunden" genannt. Die Beteiligten erklären, dass sie inhaltlich die Vorurkunden vollständig kennen und dass auf erneutes Verlesen der Vorurkunden verzichtet wird. In gleicher Weise verzichten die Beteiligten auf erneute Vorlage der Vorurkunden und auf deren Beifügung zur gegenwärtigen Urkunde.

II. Teilung des Erbbaugrundstücks

Die Beteiligten verweisen auf den Fortführungsnachweis Nr. … des Vermessungsamtes … für die Gemarkung …. Danach wird das Erbbaugrundstück wie folgt geteilt:

- Flurstücksnummer …, zu … qm
- Flurstücksnummer …, zu … qm.

III. Teilung des Erbbaurechts

1. Zulässigkeit der Erbbaurechtsteilung

Die Befugnis zur Errichtung mehrerer Bauwerke ist im Erbbaurechtsvertrag vom …, URNr. bzw. UVZ-Nr. …, Notar …, unter … enthalten. Danach erfolgte die Erbbaurechtsbestellung zu dem Zweck, auf dem Grundstück … Bauwerke zu errichten. Unter Ziffer … des Erbbaurechtsvertrages ist bereits die Verpflichtung der Beteiligten enthalten, an der Teilung des Erbbaurechts mitzuwirken. Die Beteiligten stellen fest, dass jedes Erbbaurecht nach Teilung eine entsprechende Bauwerksbefugnis aufweist. Die Teilung des Erbbaurechts entspricht damit den gesetzlichen Erfordernissen nach § 1 Abs. 1 ErbbauRG.

Darüber hinaus stellen die Beteiligten fest, dass sich nach Teilung die Erbbaurechte nicht auf einen Teil des Gebäudes beschränken. Auf dem Flurstück … sollen … Erbbaurechtswohnungen und eine Tiefgarage mit … Kfz-Einzelstellplätzen errichtet werden (1. Bauabschnitt). Auf dem Flurstück … sollen … Erbbaurechtswohnungen und eine Tiefgarage mit … Kfz-Einzelstellplätzen gebaut werden (2. Bauabschnitt). Der Umfang des dritten Bauabschnitts auf Flurstück … steht noch nicht fest. Grundstücksgrenzen verlaufen durch keines der Gebäude, die aufgrund des Erbbaurechts errichtet werden können. Die Teilung des Erbbaurechts entspricht somit den gesetzlichen Erfordernissen nach § 1 Abs. 3 ErbbauRG.

2. Teilung des Erbbaurechts

Mit Vollzug der unter Ziffer II enthaltenen Grundstücksteilung sollen an den Grundstücken … jeweils eigenständige Einzelerbbaurechte entstehen, für die die Bestimmungen der Vorurkunden und die Bestimmungen dieser Urkunde gelten.

Zu diesem Zweck vereinbaren der Grundstückseigentümer und der Erbbauberechtigte die Teilung des Erbbaurechts.

An den Flurstücken soll je ein selbstständiges Erbbaurecht bestehen:

- Erbbaurecht an Flurstück
- Erbbaurecht an Flurstück
- Erbbaurecht an Flurstück .

Insgesamt werden Erbbaurechte gebildet, wobei der vertragliche Inhalt des Erbbaurechts unverändert bleibt.

Im Übrigen bleibt es bei den Bestimmungen der Vorurkunden.

IV. Verteilung des Erbbauzinses; Einschränkung der Vorkaufsrechte

1. Verteilung des Erbbauzinses

Der jährliche Erbbauzins beläuft sich auf EUR und wird wie folgt auf die einzelnen Erbbaurechte verteilt:

- Erbbaurecht an Flurstück (1. Bauabschnitt):
- jährlicher Erbbauzins i.H.v. EUR (in Worten: EUR).
- die monatliche Rate beträgt EUR (in Worten: EUR).
- Erbbaurecht an Flurstück (2. Bauabschnitt):
- jährlicher Erbbauzins i.H.v. EUR (in Worten: EUR).
- die monatliche Rate beträgt EUR (in Worten: EUR).
- Erbbaurecht an Flurstück (3. Bauabschnitt):
- jährlicher Erbbauzins i.H.v. EUR (in Worten: EUR).
- die monatliche Rate beträgt EUR (in Worten: EUR).

Im Übrigen bleibt es auch nach der Verteilung des Erbbauzinses bei den Bestimmungen der Vorurkunden.

2. Einschränkung der Vorkaufsrechte

Die an den **Erbbaugrundstücken** lastenden Vorkaufsrechte zugunsten des jeweiligen Erbbauberechtigten werden wie folgt eingeschränkt:

- das Vorkaufsrecht an dem Erbbaugrundstück Flurstück steht nunmehr nur noch dem jeweiligen Erbbauberechtigten an diesem Grundstück zu (1. Bauabschnitt)

- das Vorkaufsrecht an dem Erbbaugrundstück Flurstück steht nunmehr nur noch dem jeweiligen Erbbauberechtigten an diesem Grundstück zu (2. Bauabschnitt)
- das Vorkaufsrecht an dem Erbbaugrundstück Flurstück steht nunmehr nur noch dem jeweiligen Erbbauberechtigten an diesem Grundstück zu (3. Bauabschnitt).

Die an den **Erbbaurechten** lastenden Vorkaufsrechte zugunsten des jeweiligen Grundstückseigentümers werden wie folgt eingeschränkt:

- das Vorkaufsrecht an dem Erbbaurecht an Flurstück steht nunmehr nur noch dem jeweiligen Eigentümer dieses Flurstücks zu
- das Vorkaufsrecht an dem Erbbaurecht an Flurstück steht nunmehr nur noch dem jeweiligen Eigentümer dieses Flurstücks zu
- das Vorkaufsrecht an dem Erbbaurecht an Flurstück steht nunmehr nur noch dem jeweiligen Eigentümer dieses Flurstücks zu.

V. Zustimmung dinglich Berechtigter

Zur Teilung des Erbbaurechts ist die Zustimmung der dinglich Berechtigten am Erbbaurecht erforderlich, soweit es sich um Verwertungsrechte handelt (Grundpfandrechts- und Reallastgläubiger). Soweit die Zustimmungen nicht bereits in dieser Urkunde erklärt sind, sind sie durch das beurkundende Notariat einzuholen.

Um den Vollzug der Urkunde zu erleichtern, sind auch die Zustimmungen der dinglich Berechtigten am Grundstück einzuholen, soweit sie nicht bereits in dieser Urkunde erklärt sind.

VI. Einigung und Grundbucherklärungen

Der Grundstückseigentümer und der Erbbauberechtigte sind sich über die vorstehenden Änderungen einig und bewilligen und beantragen

- den Vollzug der oben beschriebenen Teilung des Erbbaugrundstücks gemäß Ziffer II; jedes Flurstück ist im Grundbuch als selbstständiges Grundstück zu buchen; der Grundstückseigentümer stimmt der Teilung ausdrücklich zu, § 26 ErbbauRG
- den Vollzug der oben beschriebenen Teilung des Erbbaurechts gem. Ziffer III
- soweit erforderlich – die Entlassung jedes der Grundstücke aus der Haftung für das ursprüngliche Erbbaurecht, soweit dies nach Teilung nicht mehr auf dem einzelnen Grundstück lastet
- die Verteilung des Erbbauzinses und die Einschränkung der Vorkaufsrechte gem. Ziffer IV
- alle Löschungs- und Rangänderungserklärungen, die im Rahmen dieser Urkunde vorgelegt werden.

Der Grundstückseigentümer stimmt den obigen Änderungen ausdrücklich auch als Berechtigter von Rechten zu, die im Erbbaugrundbuch eingetragen sind.

In gleicher Weise stimmt der Erbbauberechtigte als Berechtigter dinglicher Rechte zu, die am Erbbaugrundstück im Rang nach dem Erbbaurecht eingetragen sind.

VII. Unbedenklichkeitsbescheinigung des Finanzamtes; Teilungsgenehmigung der Gemeinde; Schlichtungsklausel

Zur Teilung des Erbbaurechts ist keine Unbedenklichkeitsbescheinigung des Finanzamtes erforderlich, ebenso wenig eine Teilungsgenehmigung der Gemeinde. Das Grundstück liegt nicht im Umlegungsgebiet, Sanierungsgebiet, städtebaulichen Entwicklungsbereich und unterliegt auch nicht der Enteignung.

Sollte es zwischen dem Grundstückseigentümer und dem Erbbauberechtigten zu Konflikten kommen, werden sie miteinander verhandeln und eine einvernehmliche Lösung anstreben. Der Notar/die Notarin hat darauf hingewiesen, dass der Schlichtungs- und Schiedsgerichtshof deutscher Notare (SGH) ein Schlichtungsverfahren zur Verfügung stellt, wenn die direkten Verhandlungen zu keinem Ergebnis führen (Informationen und Kontaktdaten zum SGH unter www.dnotv.de). Die Beteiligten stellen klar, dass diese Absichtserklärungen der Einleitung eines Gerichtsverfahrens nicht entgegenstehen.

Alternativ:

Sollte es zwischen dem Grundstückseigentümer und dem Erbbauberechtigten zu Konflikten kommen, werden sie miteinander verhandeln und eine einvernehmliche und in die Zukunft gerichtete Lösung anstreben. Der Notar/die Notarin hat darauf hingewiesen, dass der Schlichtungs- und Schiedsgerichtshof deutscher Notare (SGH) ein Schlichtungsverfahren zur Verfügung stellt, wenn die direkten Verhandlungen zu keinem Ergebnis führen (Informationen und Kontaktdaten zum SGH unter www.dnotv.de). Unter der Leitung eines erfahrenen und unabhängigen Schlichters kann dort der Konflikt selbstbestimmt weiterbearbeitet werden. Eine Klage betrachten die Beteiligten als letztes Mittel. Die rechtlichen Berater der Beteiligten sollen die Beteiligten vorrangig bei den vorgenannten Verhandlungslösungen unterstützen. Die Beteiligten stellen klar, dass diese Absichtserklärungen der Einleitung eines Gerichtsverfahrens nicht entgegenstehen.

Alternativ:

Sollte es zwischen dem Grundstückseigentümer und dem Erbbauberechtigten zu Konflikten kommen, verpflichten sich die Beteiligten, alle oder im Zusammenhang mit diesem Vertrag entstehenden Streitigkeiten möglichst durch direkte Verhandlungen beizulegen. Die rechtlichen Berater der Beteiligten sollen diese dabei unterstützen. Gelingt dies nicht, verpflichten sich der Grundstückseigentümer und der Erbbauberechtigte, eine Schlichtung vor dem Schlichtungs- und Schiedsgerichtshof deutscher Notare (SGH) durchzuführen (Informationen und Kontaktdaten unter www.dnotv.de). Die Schlichtung beginnt mit dem Antrag auf Durchführung einer Schlichtung gegenüber dem SGH. Die Schlichtung endet auch ohne abschließende Einigung, wenn der Antrag zurückgewiesen wird oder der Schlichter das Scheitern der Schlichtung feststellt. Während der laufenden Schlichtung ist die Verjährung der streitgegenständlichen Ansprüche gehemmt. Die Klageerhebung ist erst nach der Beendigung der Schlichtung zulässig. Verfahren des einstweiligen Rechtsschutzes sowie selbständige Beweisverfahren bleiben auch während der Schlichtung zulässig. Gleiches gilt für Verfahren zur Wahrung einer gesetzlichen Ausschlussfrist. Insoweit verpflichten sich der Grundstückseigentümer und der Erbbauberechtigte, während der laufenden Schlichtung das Ruhen des gerichtlichen Verfahrens zu beantragen.

VIII. Notarermächtigung; Genehmigungen, Vollzug; weitere Feststellungen

Der Notar/die Notarin ______, deren Vertreter und Nachfolger im Amt werden jeweils beauftragt und bevollmächtigt, die Zustimmungserklärungen und Genehmigungen unter Fertigung eines Entwurfs einzuholen. Die Genehmigungen und Erklärungen sollen mit dem Eingang im Notariat wirksam sein.

Darüber hinaus wird der Notar/die Notarin ______, deren Vertreter und Nachfolger im Amt ermächtigt, den Vollzug dieser Urkunde zu betreiben und Anträge getrennt oder eingeschränkt zu stellen (Teilvollzug). Die Ermächtigung umfasst auch die Rücknahme der Erklärungen und die Abgabe aller verfahrensrechtlichen Erklärungen, die zur Durchführung dieser Urkunde erforderlich sind.

Alle Beteiligten erklären sich mit der Speicherung und Bearbeitung ihrer Daten durch das Notariat uneingeschränkt einverstanden und stimmen der Speicherung und Bearbeitung ausdrücklich zu. Die notarielle Belehrung über die Informationspflichten bei Erhebung personenbezogener Daten ist erfolgt.

Alle Beteiligten erklären, ausschließlich für eigene Rechnung zu handeln und auch selbst wirtschaftlicher Berechtigter zu sein. Keiner der Beteiligten handelt für fremde Rechnung. Die notarielle Belehrung über die Angabepflichten nach dem Geldwäschegesetz ist erfolgt.

Die Vollzugsmitteilungen sind für alle Beteiligten an den Notar zu übersenden.

IX. Ausfertigungen, Abschriften

Eine **Ausfertigung** dieser Urkunde erhalten:

- der Grundstückseigentümer
- der Erbbauberechtigte
- das Grundbuchamt.

Eine **beglaubigte Abschrift** dieser Urkunde erhalten:

- das Finanzamt, Grunderwerbsteuerstelle
- die dinglich Berechtigten, deren Zustimmung erforderlich ist.

X. Notar- und Gerichtskosten; Belehrungen

Die Kosten für die Beurkundung und den Vollzug im Grundbuch trägt der Erbbauberechtigte.

Die Beteiligten wurden auf die Haftung sämtlicher Beteiligter für die Kosten hingewiesen. Darüber hinaus wurden die Beteiligten auf die Voraussetzungen der Teilung des Erbbaurechts und der Teilung des Grundstücks hingewiesen, insbesondere die Notwendigkeit einer Vermessung.

Vorgelesen vom Notar,

von den Beteiligten genehmigt

und eigenhändig unterschrieben:

(Unterschriften der Beteiligten)

(Unterschrift und Siegel des Notars)“

▲

Zu vorstehendem Muster siehe *Grauel* und andere.[73]

D. Eintragung im Grundbuch (Grundstücks- und Erbbaugrundbuch; Anlegung neuer Erbbaugrundbücher)

Die Teilung eines Erbbaurechts löst eine Vielzahl von **Eintragungen** aus, vorzunehmen 17
im Grundstücks- und im Erbbaugrundbuch. Daneben ist für jedes aus der Teilung hervorgegangene Erbbaurecht ein eigenes Erbbaugrundbuch anzulegen, § 14 Abs. 1 S. 1 ErbbauRG.[74] Die in der Grundbuchpraxis zuweilen anzutreffende Kennzeichnung im Bestandsverzeichnis als „*Geteiltes Erbbaurecht*“ erscheint nicht empfehlenswert, da sie die Einsichtspraxis verwirrt zurücklässt. Verwirrt deshalb, weil der Vermerk auf eine weitere Teilung schließen lässt, auf eine folgende Eintragung. Richtigerweise ist aber die Teilung bereits erfolgt, was im neu angelegten Erbbaugrundbuch durch einen entsprechenden

73 Muster s.a. *Grauel*, ZNotP 1997, 21, 22.
74 *Schöner/Stöber*, Rn 1854; ebenso Staudinger/*Rapp*, § 11 Rn 16b.

Übertragungsvermerk zum Ausdruck gebracht werden kann. Ebenso wenig kann von einem „*geteilten Erbbauzins*“ gesprochen werden, die Verteilung ist bereits erfolgt.

18 Im **Grundstücksgrundbuch** wird im Bestandsverzeichnis die Teilung des Grundstücks (vgl. §§ 6 Abs. 2, 13 GBV) eingetragen, daneben in der Veränderungsspalte der Zweiten Abteilung die Teilung des Erbbaurechts und ggf. die Einschränkung des Vorkaufsrechts, das am Grundstück zugunsten des ursprünglichen Erbbauberechtigten eingetragen ist.

I. Die Eintragungen im Grundstücksgrundbuch im Einzelnen

19 **Amtsgericht** München **Grundbuch von** Max-Vorstadt **Blatt** 9456 **Bestandsverzeichnis**

		Bezeichnung der Grundstücke und der mit dem Eigentum verbundenen Rechte				Größe		
Lfd. Nr. d. Grundstücke	Bisherige lfd. Nummer d. Grundstücke	Gemarkung (Vermessungsbezirk)	Karte Flur Flurstück	Liegenschaftsbuch	Wirtschaftsart und Lage	ha	a	qm
		a	b	c/d	e			
1	2	3				4		
14	2+Z		490/2		Pfitznerstraße 9, Gebäude- und Freifläche		63	62
15	Rv3		492/4		Pfitznerstraße 11, Gebäude- und Freifläche		93	01
16	Tv3		492/9		Pfitznerstraße 13, Gebäude- und Freifläche		2	68

Amtsgericht München **Grundbuch von** Max-Vorstadt **Blatt** 9456 **Bestandsverzeichnis**

Bestand und Zuschreibungen		Abschreibungen	
Zur lfd. Nr. d. Grundstücke		Zur lfd. Nr. d. Grundstücke	
5	6	7	8
2,3, 14–16	FN 1050 und 1070: BVNr. 3 geteilt, Fläche von 3595 qm (aus BVNr. 3) mit BVNr. 2 vereinigt; Restfläche von BVNr. 3 nochmals geteilt, Flurstück 492/9 neu gebildet; BVNr. 2 nach Vereinigung neu unter BVNr. 14 vorgetragen; Rest von BVNr. 3 unter BVNr. 15 vorgetragen; neu gebildetes Flurstück 492/9 unter BVNr. 16 vorgetragen; eingetragen am 15.4.2024. Konetschke		

20

Amtsgericht München **Grundbuch von** Max-Vorstadt **Blatt** 9456 **Zweite Abteilung**

Veränderungen		Löschungen	
Laufende Nummer d. Spalte 1		Laufende Nummer d. Spalte 1	
4	5	6	7
11	Das Gesamterbbaurecht wurde in drei Einzelerbbaurechte geteilt: ■ das Erbbaurecht an Flurstück 492/4 (BVNr. 15), weiterhin vorgetragen im Erbbaugrundbuch Bl. 10319; ■ das Erbbaurecht an Flurstück 490/2 (BVNr. 14), nun vorgetragen im Erbbaugrundbuch Bl. 10980; ■ das Erbbaurecht an Flurstück 492 (BVNr. 4), nun vorgetragen im Erbbaugrundbuch Bl. 10981;		

	§ 12 Ziffer 1 der Erbbaurechtsbestellungsurkunde wurde klargestellt (Heimfall); gemäß Bewilligungen vom 7.5.2023, 21.11.2023 – UVZ-Nr. 1380, 4291/je Notarius, Dachau; eingetragen am 15.4.2024. Konetschke		
12	Nach Teilung und Bildung von Einzelerbbaurechten ist Berechtigter des Vorkaufsrechts nun nur noch der jeweilige Erbbauberechtigte von BVNr. 1 in Bl. 10980; gemäß Bewilligungen vom 7.5.2023, 21.11.2023 – UVZ-Nr. 1380, 4291/je Notarius, Dachau; eingetragen am 15.4.2024. Konetschke		
13	Nach Teilung und Bildung von Einzelerbbaurechten ist Berechtigter des Vorkaufsrechts nun nur noch der jeweilige Erbbauberechtigte von BVNr. 1 in Bl. 10319; gemäß Bewilligungen vom 7.5.2023, 21.11.2023 – UVZ-Nr. 1380, 4291/je Notarius, Dachau; eingetragen am 15.4.2024. Konetschke		
14	Nach Teilung und Bildung von Einzelerbbaurechten ist Berechtigter des Vorkaufsrechts nun nur noch der jeweilige Erbbauberechtigte von BVNr. 1 in Bl. 10981; gemäß Bewilligungen vom 7.5.2023, 21.11.2023 – UVZ-Nr. 1380, 4291/je Notarius, Dachau; eingetragen am 15.4.2024. Konetschke		

II. Die Eintragungen im „alten" Erbbaugrundbuch

21

Amtsgericht München **Grundbuch von** Max-Vorstadt **Blatt** 10319 **Bestandsverzeichnis**

Bestand und Zuschreibungen		Abschreibungen	
Zur lfd. Nr. d. Grundstücke		Zur lfd. Nr. d. Grundstücke	
5	6	7	8
1	Das Erbbaurecht wurde in drei Einzelerbbaurechte geteilt: ■ in das Einzelerbbaurecht an Flurstück 492/4 (BVNr. 15 in Bl. 9456), welches weiterhin hier unter BVNr. 1 vorgetragen bleibt ■ in das Einzelerbbaurecht an Flurstück 490/2 (BVNr. 14 in Bl. 9456), nun vorgetragen in Bl. 10980 ■ in das Einzelerbbaurecht an Flurstück 492 (BVNr. 4 in Bl. 9456), nun vorgetragen in Bl. 10981; § 12 Ziffer 1 der Erbbaurechtsbestellungsurkunde wurde klargestellt (Heimfall); gemäß Bewilligungen vom 7.5.2023, 21.11.2023 – UVZ-Nr. 1380, 4291/ je Notarius, Dachau; eingetragen am 15.4.2024. Konetschke	1	Teilung des Erbbaurechts: ■ Einzelerbbaurecht an Flurstück 490/2 übertragen nach Bl. 10980; ■ Einzelerbbaurecht an Flurstück 492 übertragen nach Bl. 10981; ■ der hier verbliebene Rest ist nun das Einzelerbbaurecht an Flurstück 492/4 und bleibt unter BVNr. 1 vorgetragen; eingetragen am 15.4.2024. Konetschke

22 **Amtsgericht** München **Grundbuch von** Max-Vorstadt **Blatt** 10319 **Zweite Abteilung**

Veränderungen		Löschungen	
Laufende Nummer d. Spalte 1		Laufende Nummer d. Spalte 1	
4	5	6	7
1	Nach Teilung des Erbbaurechts in drei Einzelerbbaurechte und Verteilung des Erbbauzinses lastet hier nur noch eine wertgesicherte Reallast für den jeweiligen Eigentümer von BVNr. 15 in Bl. 9456 in Höhe von derzeit 142.057,92 EUR jährlich; gemäß Bewilligungen vom 7.5.2023, 21.11.2023 – UVZ-Nr. 1380, 4291/je Notarius, Dachau; eingetragen am 15.4.2024. Konetschke		
2	Nach Teilung des Erbbaurechts und Freigabe lastet die Vormerkung nun nur noch am Einzelerbbaurecht an Flurstück 492, eingetragen im Erbbaugrundbuch Bl. 10981; die übrigen Erbbaurechte wurden freigegeben; eingetragen am 15.4.2024. Konetschke		
3	Nach Teilung des Erbbaurechts und Teilung der Grundstücke ist Berechtigter des hier vorgetragenen Vorkaufsrechts nun nur noch der jeweilige Eigentümer von BVNr. 15 in Bl. 9456; eingetragen am 15.4.2024. Konetschke		

III. Die Anlegung neuer Erbbaugrundbücher

Hinweis: Aufschrift 23

„**Amtsgericht** München
Grundbuch
von
Max-Vorstadt
Blatt 10980
(Erbbaugrundbuch)"

Amtsgericht München **Grundbuch von** Max-Vorstadt **Blatt** 10980 **Bestandsverzeichnis** 24

		Bezeichnung der Grundstücke und der mit dem Eigentum verbundenen Rechte		Größe		
Lfd. Nr. d. Grundstücke	Bisherige lfd. Nummer d. Grundstücke	Gemarkung Flurstück	Wirtschaftsart und Lage	ha	a	qm
		a/b	c			
1	2	3		4		
1	–	*Erbbaurecht an Grundstück Blatt 9456 BVNr. 14*				
		490/2	*Pfitznerstraße 9, Gebäude- und Freifläche*		*63*	*62*
		eingetragen Abt. II Nr. 11; das Erbbaurecht endet mit Ablauf des 31.12.2076. *Zur Belastung des Erbbaurechts mit einer Hypothek, Grund- oder Rentenschuld, Reallast oder einem Dauerwohn- und -nutzungsrecht bedarf der Erbbauberechtigte der Zustimmung des Grundstückseigentümers.* *Dies gilt auch für jede Änderung des Inhalts der genannten Belastungen, sofern die Änderung eine weitere Belastung des Erbbaurechts darstellt.* *Zur Veräußerung des Erbbaurechts oder eines Teiles hiervon sowie von Wohnungs- und Teilerbbaurechten – auch im Wege der Zwangsversteigerung –, bedarf der Erbbauberechtigte der Zustimmung des Grundstückseigentümers.* *Dies gilt auch für das Zwangsversteigerungsverfahren zur Auseinandersetzung der Gemeinschaft.*				

		Die erstmalige Veräußerung des Erbbaurechts oder eines Teiles hiervon oder von Wohnungs- und Teilerbbaurechten bedarf jedoch keiner Zustimmung des Grundstückseigentümers. *Grundstückseigentümer:* *St. Benno Franz Xaver Eder Stiftung der Erzdiözese München und Freising, kirchliche Stiftung des öffentlichen Rechts, München. Gemäß Bewilligung vom 10.10.2012, URNr. 2622/Notarius, sowie Nachtrag vom 7.5.2023, 21.11.2023 – UVZ-Nr. 1380, 4291/je Notarius, Dachau (Teilung des Erbbaurechts, Klarstellung zum Heimfall) –;* *angelegt am 26.9.2013 und nach Teilung des Erbbaurechts aus Bl. 10319 übertragen am 15.4.2024.* *Konetschke*			

25 **Amtsgericht** München **Grundbuch von** Max-Vorstadt **Blatt** 10980 **Erste Abteilung**

Laufende Nummer der Eintragungen	Eigentümer	Laufende Nummer der Grundstücke im Bestandsverzeichnis	Grundlage der Eintragung
1	2	3	4
1	Bavaria Wohnungsbau Aktiengesellschaft, München, Amtsgericht München, HRB 50210	1	Bei Bestellung des Erbbaurechts in Bl. 9456 in Abt. II Nr. 11 eingetragen, in Bl. 10319 vermerkt am 26.9.2013 und hierher im Erbbaurecht übertragen am 15.4.2024. Konetschke

Amtsgericht München **Grundbuch von** Max-Vorstadt **Blatt** 10980 **Zweite Abteilung**

Lfd. Nummer der Eintragungen	Lfd. Nummer der betroffenen Grundstücke im Bestandsverzeichnis	Lasten und Beschränkungen
1	2	3
1	1	Wertgesicherte Erbbauzinsreallast (jährlicher Erbbauzins in Höhe von derzeit fünfundneunzigtausend EUR) für den jeweiligen Eigentümer des mit dem Erbbaurecht belasteten Grundstückes 490/2 (BVNr. 14 in Blatt 9456); das Bestehenbleiben des Hauptanspruchs in der Zwangsversteigerung ist vereinbart, § 9 Abs. 3 S. 1 Nr. 1 ErbbauRG; gemäß Bewilligung vom 10.10.2012, URNr. 2622/Notarius; eingetragen am 26.9.2013 und nach Teilung des Erbbaurechts und Verteilung des Erbbauzinses gemäß Nachtrag vom 7.5.2023, 21.11.2023 – UVZ-Nr. 1380, 4291/je Notarius, Dachau –; aus Bl. 10319 hierher übertragen am 15.4.2024. Konetschke
2	1	Vorkaufsrecht für den jeweiligen Eigentümer des mit dem Erbbaurecht belasteten Grundstückes 490/2 (BVNr. 14 in Blatt 9456); gemäß Bewilligung vom 10.10.2012, URNr. 2622/Notarius; eingetragen am 26.9.2013 und nach Teilung des Erbbaurechts gemäß Nachtrag vom 7.5.2023, 21.11.2023 – UVZ-Nr. 1380, 4291/je Notarius, Dachau –; aus Bl. 10319 hierher übertragen am 15.4.2024. Konetschke

Amtsgericht München **Grundbuch von** Max-Vorstadt **Blatt** 10980 **Dritte Abteilung**

Lfd. Nummer der Eintragungen	Lfd. Nr. der belasteten Grundstücke im Bestandsverzeichnis	Betrag	Hypotheken, Grundschulden, Rentenschulden
1	2	3	4
1	1	2.000.000 EUR	Grundschuld ohne Brief zu zwei Millionen EUR; für Sparkasse Silbertal, Silbertal; 16 Prozent jährlich; hinsichtlich eines letztzuzahlenden Teilbetrages in Höhe von einer Million EUR (1.000.000 EUR) samt Zinsen in Höhe von 16 % vollstreckbar nach § 800 ZPO; gemäß Bewilligung vom 8.11.2013 – URNr. 1944/ Notarius, München –; eingetragen am 15.11.2013 und nach Teilung des Erbbaurechts aus Bl. 10319 hierher übertragen am 15.4.2024. Gesamthaft: Bl. 10319, 10980, 10981 Konetschke

Amtsgericht München **Grundbuch von** Max-Vorstadt **Blatt** 10980 **Dritte Abteilung**

Veränderungen			Löschungen	
Lfd. Nummer d. Spalte 1	Betrag		Lfd. Nummer d. Spalte 1	
5	6	7	8	9
1	2.000.000 EUR	Rückgewährsvormerkung (Rückübertragung bzw. Löschung) für den jeweiligen Eigentümer des Erbbaugrundstücks (Flst. 490/2); gemäß Bewilligung vom 8.11.2013 – URNr. 1944/Notarius, München –; eingetragen am 15.11.2013 und nach Teilung des Erbbaurechts aus Bl. 10319 hierher übertragen am 15.4.2024. Konetschke		

1	2.000.000 EUR	Löschungsvormerkung gemäß § 1179 Nr. 2 BGB für den jeweiligen Eigentümer des Erbbaugrundstücks (Flst. 490/2); gemäß Bewilligung vom 8.11.2013 – URNr. 1944/Notarius, München –; eingetragen am 15.11.2013 und nach Teilung des Erbbaurechts aus Bl. 10319 hierher übertragen am 15.4.2024. Konetschke		

Es folgen **weitere Eintragungen** im ebenfalls neu angelegten **Erbbaugrundbuch Bl. 10981** (Aufschrift, BV, Abteilung I, II und III wie oben, vom Abdruck wurde abgesehen).

E. Kosten des Notariats und des Grundbuchamtes

I. Kosten des Notariats

1. Gebühr

Es fällt eine 2,0 Gebühr nach der Nr. 21100 KV GNotKG an, mindestens ein Betrag i.H.v. 120 EUR, da die Teilung des Erbbaurechts eine Veränderung eines bestehenden Rechtsverhältnisses darstellt.[75] Falls lediglich die sachenrechtlichen Erklärungen beurkundet werden, kann nur eine 1,0 Gebühr nach der Nr. 21200 KV GNotKG in Ansatz gebracht werden,[76] bei Beurkundung lediglich der grundbuchmäßigen Erklärungen sogar nur eine 0,5 Gebühr[77] nach der Nr. 21201 Nr. 4 KV GNotKG. Hinzu kommen etwaige Vollzugsgebühren nach der Nr. 22110 (0,5 Gebühr) bzw. nach der Nr. 22111 (0,3 Gebühr).[78] **26**

2. Geschäftswert

Richtigerweise ist nicht der volle Wert des Erbbaurechts nach § 49 Abs. 2 GNotKG maßgeblich (80-prozentiger Wert des bebauten Erbbaugrundstücks), sondern nur ein **Teil-** **27**

75 Vgl. *Winkler/Schlögel*, § 9 Rn 19; Ingenstau/Hustedt/*Hustedt*, Anhang II Rn 20; *Streifzug*, Rn 828; *Leipziger Kostenspiegel*, Rn 5.66, 5.67.

76 *Leipziger Kostenspiegel*, Rn 5.67.

77 *Leipziger Kostenspiegel*, Rn 5.67.

78 Ingenstau/Hustedt/*Hustedt*, Anhang II Rn 20; *Streifzug*, Rn 820.

wert (20 bis 30 Prozent) hiervon, der nach § 36 Abs. 1 GNotKG zu bestimmen ist.[79] Hinzu kommt als weitere Veränderung die Verteilung des Erbbauzinses, die in kapitalisierter Form zu Buche schlägt, § 52 Abs. 2 GNotKG (Erbbauzins x Zeitdauer, maximal Faktor 20; Preisklauseln werden nicht berücksichtigt, § 52 Abs. 7 GNotKG).[80] Unberücksichtigt bleiben die Teilung des Erbbaugrundstücks und die Einschränkung der Vorkaufsrechte, § 109 Abs. 1 GNotKG.[81]

28 Also:

- Wert für die Teilung des Erbbaurechts: 20 bis 30 Prozent des nach § 49 Abs. 2 GNotKG bestimmten Erbbaurechts (80 Prozent des bebauten Erbbaugrundstücks)
- plus Wert des verteilten Erbbauzinses (Erbbauzins x Zeitdauer, maximal Faktor 20; Preisklauseln werden nicht berücksichtigt, § 52 Abs. 7 GNotKG).
  = Gesamtgeschäftswert[82] i.H.v. …

Dabei darf der Wert des von der Veränderung betroffenen Erbbaurechtsverhältnisses nicht überschritten werden, § 97 Abs. 2 GNotKG.[83]

II. Kosten des Grundbuchamtes

29 Für die einzelnen Eintragungen (Teilung Grundstück, Teilung Erbbaurecht, Verteilung Erbbauzins und Einschränkung der Vorkaufsrechte) fallen folgende **Eintragungsgebühren** an:

- Teilung des Grundstücks: Festgebühr i.H.v. 50 EUR, Nr. 14160 Nr. 2 KV GNotKG
- Teilung des Erbbaurechts: ob eine Festgebühr i.H.v. 50 EUR oder eine 0,5 Veränderungsgebühr nach der Nr. 14130 KV GNotKG anfällt, ist strittig. Die Ansicht, die eine Veränderungsgebühr nach der Nr. 14130 KV GNotKG propagiert,[84] berücksichtigt jedoch nicht, dass das Erbbaurecht kostenrechtlich wie ein Grundstück zu behandeln ist, Vorbemerkung 1.4 Absatz 1 KV GNotKG. Richtigerweise ist für die Teilung des Erbbaurechts nur eine Festgebühr i.H.v. 50 EUR anzusetzen, Nr. 14160 Nr. 2 KV GNotKG.

79 *Winkler/Schlögel*, § 9 Rn 17; Ingenstau/Hustedt/*Hustedt*, Anhang II Rn 21 (20 bis 30 Prozent des Referenzwertes); für einen Teilwert auch *Streifzug*, Rn 828 und 830, 20 bis 30 Prozent. Für 20 Prozent votiert der *Leipziger Kostenspiegel*, Rn 5.67.

80 *Winkler/Schlögel* a.a.O.

81 *Streifzug*, Rn 830.

82 *Leipziger Kostenspiegel*, Rn 5.67, Addition nach § 86 Abs. 2.

83 Vgl. auch *Streifzug*, Rn 829.

84 *Waldenberger*, in: Handbuch der freiwilligen Gerichtsbarkeit in Baden-Württemberg, Sonderergänzungslieferung 2/2013, Pkt. 8.2.16 Ziffer 11.

- Verteilung des Erbbauzinses: die Eintragung der Verteilung löst eine 0,5 Gebühr aus, Nr. 14130 KV GNotKG, und zwar aus dem vollen Wert des verteilten Erbbauzinses.[85] Daneben fällt nicht noch eine Löschungsgebühr an.
- Einschränkung der Vorkaufsrechte: welche Eintragungsgebühren generiert werden, ist noch nicht abschließend erörtert, einschlägig scheint eher die Gebührenfolge nach der Nr. 14143 KV GNotKG zu sein. Danach fällt pro Vorkaufsrecht eine Festgebühr i.H.v. 25 EUR an, demnach bei Einschränkung des Vorkaufsrechts am Grundstück und des Vorkaufsrechts am Erbbaurecht zwei Festgebühren à 25 EUR.

85 So auch *Streifzug*, Rn 830.

§ 11 Vereinigung bzw. Bestandteilszuschreibung von Erbbaurechten

A. Allgemeines

Aus der Charakterisierung als grundstücksgleiches Recht ergibt sich die Zulässigkeit der **Vereinigung** bzw. **Bestandteilszuschreibung von Erbbaurechten**. Dies zählte bereits unmittelbar nach Inkrafttreten der Erbbaurechtsverordnung[1] zum Bereich gesicherter Erkenntnisse: 1

> *Gemäß § 890 BGB i.V.m. § 11 d. V. kann ein Erbbaurecht auch mit einem anderen Erbbaurecht vereinigt oder ihm als Bestandteil zugeschrieben werden, und zwar ohne Rücksicht darauf, ob die Erbbaurechte an verschiedenen Grundstücken oder an ein und demselben Grundstücke bestehen ....*[2]

Die Zulässigkeit der **Zuschreibung des mit dem Erbbaurecht belasteten Grundstücks zum Erbbaurecht** unterliegt hingegen Zweifeln. Das ist die Frage danach, ob das belastete Grundstück Bestandteil des Erbbaurechts werden kann, das auf dem Grundstück lastet. Hierüber besteht **Rechtsunsicherheit**,[3] eine **höchstrichterliche Entscheidung** steht aus,[4] erscheint jedoch wünschenswert. Teile der Literatur[5] und das **OLG Jena**[6] halten eine Bestandteilszuschreibung für zulässig und verweisen dabei auf den Wortlaut des Gesetzes, die allgemeine Anwendbarkeit der Grundstücksvorschriften (vgl. § 11 Abs. 1 ErbbauRG i.V.m. § 890 Abs. 2 BGB) und das praktische Bedürfnis.[7] Das Erfordernis einer dauerhaften Verbindung lasse sich dem Gesetz nicht entnehmen, Voraussetzung einer Bestandteilszuschreibung sei „*nicht die Schaffung einer dauernden Rechtseinheit*".[8] Das Eigentum am Grundstück trete hinter das Erbbaurecht zurück, das „*nicht seinen selbst-* 2

1 *Glaß/Scheidt*, § 11 Anm. II 4 = S. 100.

2 *Glaß/Scheidt*; zur Vereinigung bzw. Bestandteilszuschreibung von Erbbaurechten vgl. auch BayNotZ 1922, 173 sowie Ingenstau/Hustedt/*Bardenhewer*, § 11 Rn 24. Mit „§ 11 d.V." des Zitats ist § 11 ErbbauRG gemeint.

3 Vgl. die Einordnung in RNotZ 2018, 177 sowie im DNotI-Report 2018, 12.

4 Keine Rechtsbeschwerde eingelegt.

5 *Kehrer*, BWNotZ 1954, 86 und BWNotZ 1957, 52, 61; *Schulte*, BWNotZ 1960, 137; Staudinger/*Rapp*, § 11 Rn 14; *Räfle*, § 11 Rn 21 (dort allerdings ohne Begründung); *Böhringer*, ZfIR 2012, 11, 16; Ingenstau/Hustedt/*Bardenhewer*, § 11 Rn 27.

6 OLG Jena, Beschl. v. 6.11.2017, Az. 3 W 344/17 = RNotZ 2018, 177 = MDR 2018, 22. Vgl. auch DNotI-Report 2018, 12.

7 Zur Buchung im Grundbuch vgl. DNotI-Report 2006, 111, 112: das Grundstück wird in das Erbbaugrundbuch ausgebucht, zugleich wird das Erbbaurecht als Belastung der zweiten Abteilung übernommen. Sodann wird die Bestandteilszuschreibung im Erbbaugrundbuch vorgenommen, das Grundstück wird Bestandteil des Erbbaurechts.

8 OLG Jena a.a.O., RNotZ 2018, 177, 179.

ständigen Charakter"[9] verliere, sondern als dominierende Hauptsache bestehen bleibe.[10] Andere Teile der Literatur,[11] das **Kammergericht**[12] und das **OLG Hamm**[13] sprechen sich gegen eine solche Zuschreibung aus. Ins Feld geführt werden unüberbrückbare Wesensunterschiede zwischen einem Grundstück und einem dinglichen Recht an einem Grundstück sowie dogmatische Bedenken, resultierend aus der Zweckwidrigkeit der Konstruktion.[14] Als Belastungsort des Erbbaurechts könne das Grundstück nicht auch nichtwesentlicher Bestandteil des Erbbaurechts sein. Folge sei ein unzulässiges subjektiv-dingliches Erbbaurecht,[15] das sich außerhalb des numerus clausus des Sachenrechts bewege.[16] Ein echtes praktisches Bedürfnis bestehe nicht, ebenso wenig eine auf Dauer angelegte Rechtseinheit. Denn das Erbbaurecht sei befristet, das Grundstück dagegen nicht,[17] das Grundstück folge § 925 BGB, das Erbbaurecht dagegen nicht,[18] die Übertragung des Erbbaurechts könne u.U. von der Zustimmung des Grundstückseigentümers abhängig sein, § 5 Abs. 1 ErbbauRG, die Übertragung des Grundstücks dagegen nicht. Nach dieser Ansicht „*braucht (das Erbbaurecht) begrifflich ein Grundstück, auf dem es lastet und in dessen Grundbuchabteilung II es eingetragen ist*".[19] Die **Praxisempfehlung** geht dahin, eine höchstrichterliche Klärung herbeizuführen, wobei die Beteiligten auf die bestehende Rechtsunsicherheit hinzuweisen sind.

3 Das **Konkordanzproblem**, das sich im Zuge der Vereinigung bzw. Bestandteilszuschreibung von **Erbbaurechten** zeigen kann, thematisierte die motivnahe Literatur noch nicht, was allein der praktischen Relevanz einer Vereinigung bzw. Bestandteilszuschreibung von Erbbaurechten geschuldet war. Ein abweichendes Votum lässt sich der historischen Literatur nicht entnehmen. Die Regelung in § 10 Abs. 1 S. 1 ErbbauRG schließt die Bestellung gleich- oder vorrangiger Erbbaurechte aus, das Erbbaurecht kann nur zur ausschließlich ersten Rangstelle bestellt werden.[20]

9 OLG Jena a.a.O., 179.

10 Zur Buchung im Grundbuch vgl. DNotI-Report 2006, 111, 112.

11 *Schöner/Stöber*, Rn 1845; Grüneberg/*Herrler*, § 890 Rn 2; Ingenstau/Hustedt/*Bardenhewer*, § 11 Rn 27; *Demharter*, § 6 Rn 6; Meikel/*Schneider*, Vorbemerkungen zu den §§ 54 bis 60 GBV Rn 10; *Böttcher*, ZNotP 2019, 137; *Böttcher*, Rn 685.

12 KG DNotZ 2011, 283.

13 OLG Hamm, Beschl. v. 30.1.2019, Az. 15 W 320/18 = ZfIR 2019, 443 m. Anm. *Giesen* = FGPrax 2019, 107.

14 OLG Hamm a.a.O., 444.

15 Vgl. auch *Winkler/Schlögel*, § 5 Rn 180.

16 OLG Hamm a.a.O., 445.

17 OLG Hamm a.a.O., 444; zur Schaffung einer dauerhaften Rechtseinheit vgl. auch *Winkler/Schlögel*, § 5 Rn 179.

18 Vgl. MüKo/*Weiß*, § 11 Rn 41: Übertragung und Änderung beider Elemente (Erbbaurecht und Grundstück) folge verschiedenen Vorschriften, von einer Rechtseinheit könne deshalb nicht die Rede sein. Ebenso *Winkler/Schlögel*, § 5 Rn 179, Vereinigung verschiedenartiger Elemente.

19 OLG Hamm a.a.O., 444.

20 Vgl. obige Ausführungen sowie Ingenstau/Hustedt/*Bardenhewer*, § 10 Rn 11.

Als **Konkordanzproblem** lässt sich das Hauptproblem einer Vereinigung bzw. Bestandteilszuschreibung von Erbbaurechten deshalb bezeichnen, weil die Erbbaurechte, die miteinander vereinigt oder als Bestandteil zugeschrieben werden sollen, regelmäßig einen unterschiedlichen Inhalt aufweisen. Die Vereinigung bzw. Bestandteilszuschreibung von Erbbaurechten setzt voraus, dass die Rechte den **gleichen Inhalt** haben.[21] Eine inhaltliche Abweichung kann sich bereits darin zeigen, dass die Erbbaurechte über **unterschiedliche Laufzeiten** verfügen.[22] Weitere inhaltliche Differenzen können im Bereich der **Bebauungsbefugnis**,[23] der **Heimfallgründe** und der **Verfügungs- bzw. Belastungsbeschränkung** zutage treten.[24]

Lösen lässt sich das Konkordanzproblem nur durch die **inhaltliche Angleichung** der Erbbaurechte, durch eine **Inhaltsänderung** nach §§ 877, 873 BGB,[25] die eine **Einigung** zwischen **Grundstückseigentümer** und **Erbbauberechtigten** erforderlich macht. Die Praxisempfehlung geht dahin, rechtzeitig den bzw. die Grundstückseigentümer zu beteiligen. Dass aus der Nivellierung des Erbbaurechtsinhaltes die Notwendigkeit einer **Unbedenklichkeitsbescheinigung** (UB) des Finanzamtes folgen kann, beispielsweise im Falle der teilweisen Verlängerung der Laufzeiten, wird in der Praxis häufig nicht beachtet. 4

Daneben folgt die Mitwirkung des Grundstückseigentümers u.U. aus § 5 Abs. 2 ErbbauRG, der Notwendigkeit der Eigentümerzustimmung zu Belastungen des Erbbaurechts, die im Zuge einer **Verwirrungsbereinigung** erforderlich werden, §§ 5 Abs. 1, 6 Abs. 1 GBO. Die Vereinigung oder Bestandteilszuschreibung darf nur erfolgen, sofern hiervon keine Verwirrung zu besorgen ist, §§ 5 Abs. 1, 6 Abs. 1 GBO. Ggf. werden Pfanderstreckungen und Rangregulierungen erforderlich.

Als Folge der Vereinigung bzw. Bestandteilszuschreibung, die **nicht** mit einer gleichzeitigen Verbindung der Grundstücke einhergeht,[26] entsteht ein **einheitliches Gesamterbbaurecht**,[27] und zwar mit *„absolut einheitlichem Rechtsinhalt“*.[28] Dass die Erbbaurechte nur *im Wesentlichen* übereinstimmen,[29] reicht nicht aus. Als uneinheitliches Rechtsgebilde kann das Gesamterbbaurecht nicht begründet werden, da die Gefahr rechtlicher 5

21 BayObLG, Beschl. v. 2.11.1995, Az. 2Z BR 58/95 = BayObLGZ 1995, 379, 382.

22 BayObLG a.a.O.

23 Darf ein Bauwerk oder dürfen mehrere Bauwerke errichtet werden?

24 Vgl. auch *Winkler/Schlögel*, § 5 Rn 181.

25 Vgl. BayObLG a.a.O., 382; Ingenstau/Hustedt/*Bardenhewer*, § 11 Rn 26. Für Inhaltsänderung auch *Winkler/Schlögel*, § 5 Rn 181.

26 *Winkler/Schlögel*, § 5 Rn 181.

27 Vgl. Ingenstau/Hustedt/*Bardenhewer*, § 11 Rn 25; zur Zulässigkeit eines Gesamterbbaurechts vgl. § 6a GBO; zur nachträglichen Entstehung eines Gesamterbbaurechts vgl. auch *Winkler/Schlögel*, § 5 Rn 182; Nagel/*Götting*, § 11 Rn 162.

28 Bamberger/Roth/*Maaß*, § 1 Rn 31; ebenso *Winkler/Schlögel*, § 5 Rn 181.

29 So aber *Räfle*, § 1 Rn 13, in seiner Anmerkung zum Gesamterbbaurecht; auch Nagel/*Götting*, § 11 Rn 162 („im Wesentlichen“); ebenso Beck'sches Notar-Handbuch/*Wolffskeel v. Reichenberg*, § 4 Rn 182 („im Wesentlichen gleichen Inhalt“). Für „einheitlichen Rechtsinhalt“ dagegen *Winkler/Schlögel*, § 5 Rn 181.

Verwicklungen droht. Ein Gesamterbbaurecht ist mehr als die Summe einzelner Teilerbbaurechte.[30] Nachträglich kann keine andere Situation eintreten, weshalb der Rechtsinhalt vereinheitlicht werden muss.

6 Als Folge der **Vereinigung bzw. Bestandteilszuschreibung von Erbbaurechten**, die von einer **Vereinigung bzw. Bestandteilszuschreibung der Erbbaugrundstücke** begleitet wird, entsteht ein **einheitliches Erbbaurecht** an einem vereinigten bzw. bestandteilszugeschriebenen Grundstück. In der Praxis scheint diese Variante eher gewählt zu werden, die gleichzeitige Vereinigung von Grundstücken und Erbbaurechten. Ziel ist es, Planungsfehler zu korrigieren, etwa zu klein dimensionierte Erbbaurechte. Die Vereinigung der Erbbaurechte soll ein wirtschaftlich attraktiveres Erbbaurecht schaffen und dem Markt zuführen. Damit einher geht die Vereinigung der Erbbaugrundstücke. Den Ausgangspunkt bilden regelmäßig Erbbaurechte, die ursprünglich für Dritte bestellt waren, nunmehr jedoch dem Grundstückseigentümer zustehen (Eigentümererbbaurechte).

7 **Erbbauzinsreallasten** werden **nicht tangiert**, da sie nicht zum Inhalt des Erbbaurechts zählen, sondern eigenständige Belastungen des Erbbaurechts darstellen. Ein Konkordanzproblem bereiten die Erbbauzinsreallasten nicht.[31] Aus Vereinfachungsgründen wird ein Teil der Erbbauzinsreallasten gelöscht und die verbliebene Erbbauzinsreallast erheblich modifiziert.

B. Grundgeschäft

8 Das Konkordanzproblem, das bei der Vereinigung von Erbbaurechten in Erscheinung treten kann, liefert zugleich die Begründung dafür, warum das Verpflichtungsgeschäft der **notariellen Beurkundung** bedarf, § 11 Abs. 2 ErbbauRG i.V.m. § 311b Abs. 1 BGB. Die Angleichung der Erbbaurechte erfolgt im Wege der Inhaltsänderung nach §§ 877, 873 BGB,[32] erforderlich ist eine Einigung zwischen Grundstückseigentümer und dem Erbbauberechtigten. Der Vergleich mit dem Bestellungsvorgang, der auch der notariellen Beurkundung bedarf, drängt sich auf,[33] zumal die Modifikation ähnlich weit reichend ist. Im Wege der Erbbaurechtsvereinigung wird zwar kein neues, jedoch ein „neuartiges" Erbbaurecht geschaffen, das nach inhaltlicher Nivellierung zumindest teilweise vom Bestellungsvorgang abweicht. Die Rechtsidentität ist nicht mehr gewahrt, richtigerweise kann von einer **teilweisen Neubestellung** ausgegangen werden.[34] Die Bedeutung des Verpflichtungsgeschäfts gebietet es, die Beteiligten besonders zu schützen, was nur im

30 Siehe *Winkler/Schlögel*, § 3 Rn 44.
31 Siehe *Winkler/Schlögel*, § 5 Rn 5.182.
32 BayObLG, Beschl. v. 2.11.1995, Az. 2 Z BR 58/95 = BeckRS 1995, 09580.
33 Vgl. Ingenstau/Hustedt/*Bardenhewer*, § 11 Rn 55.
34 Zur Inhaltsänderung des Erbbaurechts vgl. *Winkler/Schlögel*, § 5 Rn 182 i.V.m. Rn 176.

Rahmen der Beratungsebene geschehen kann, die der notariellen Beurkundung beigemessen ist.[35] Es besteht ein erheblicher Informations- und Aufklärungsbedarf.

C. Checkliste im Einzelnen/Unterlagen für den Vollzug im Grundbuch

Um die Vereinigung bzw. Bestandteilszuschreibung von Erbbaurechten im Grundbuch vollziehen zu können, müssen die folgenden **formellen Erfordernisse** erfüllt sein, vgl. folgende **Checkliste**: 9

I. Konkordanzprüfung

- Weisen die Erbbaurechte den gleichen Inhalt auf? 10
- Sind die Laufzeiten einheitlich?
- Inhaltliche Abweichungen in der Bebauungsbefugnis, den Heimfallgründen oder der Verfügungs- bzw. Belastungsbeschränkungen?

Falls die Konkordanzprüfung Abweichungen ergibt, ist eine Inhaltsänderung erforderlich, wozu Grundstückseigentümer und Erbbauberechtigte mitwirken müssen.

Die Eintragung darf nur erfolgen, sofern die erforderliche Einigung des Erbbauberechtigten und des Grundstückseigentümers erklärt ist und dem Grundbuchamt vorgelegt wird, § 20 GBO, und zwar in der Form des § 29 Abs. 1 S. 1 GBO. Das zugrunde liegende schuldrechtliche Geschäft bedarf der notariellen Beurkundung, § 311b BGB.[36] Vgl. auch Rdn 8.

Vorzulegen ist auch eine Unbedenklichkeitsbescheinigung (UB) des Finanzamtes, sofern die Inhaltsänderung einer teilweisen Neubestellung gleichkommt, etwa im Falle der teilweisen Verlängerung der Laufzeiten (vgl. hierzu § 7, Verlängerung eines Erbbaurechts).

II. Vereinigung bzw. Bestandteilszuschreibung von Erbbaurechten

- Vereinigungs- bzw. Bestandteilszuschreibungsantrag des Erbbauberechtigten, § 13 GBO, wobei einfache Schriftform ausreicht 11
- Vereinigungs- bzw. Bestandteilszuschreibungsbewilligung[37] des Erbbauberechtigten, mindestens in öffentlich beglaubigter Form, §§ 19, 29 Abs. 1 S. 1 GBO[38]

35 Ingenstau/Hustedt/*Bardenhewer*, a.a.O.

36 Siehe *Winkler/Schlögel*, § 3 Rn 57.

37 **A.A.** Nagel/*Götting*, § 11 Rn 164, Bewilligung wird nicht erwähnt, nur Antrag, was jedoch nicht geteilt werden kann.

38 Vgl. auch BeckOK GBO-Hügel/*Kral*, 53. Edition, Stand 3.6.2024, § 6 Rn 26.

- Voreintragung des Erbbauberechtigten, § 39 Abs. 1 GBO
- eine weitere Zustimmung des Grundstückseigentümers ist zur Vereinigung bzw. Bestandteilszuschreibung nicht erforderlich,[39] da seine Rechte nicht betroffen sind
- die Vereinigung oder Bestandteilszuschreibung darf nur dann erfolgen, sofern hiervon keine Verwirrung zu besorgen ist, §§ 5 Abs. 1, 6 Abs. 1 GBO; um die Verwirrung zu beheben, sind ggf. Rangregulierungserklärungen der dinglich Berechtigten an den Erbbaurechten erforderlich, erklärt in öffentlich beglaubigter Form, §§ 19, 29 Abs. 1 S. 1 GBO
- die Zustimmung dinglich Berechtigter am Grundstück ist nicht erforderlich, da deren Rechte nicht betroffen sind
- ferner ist bei der Vereinigung bzw. Bestandteilszuschreibung notwendig, dass die Erbbaurechte nebeneinander und im gleichen Grundbuch- und Vermessungsamtsbezirk liegen, §§ 6a, 5 Abs. 2 S. 1 GBO; der Nachweis ist durch Vorlage einer beglaubigten Karte des Vermessungsamtes zu führen, alternativ durch Bezugnahme auf das amtliche Verzeichnis, da die Grundbuchämter zwischenzeitlich online auf das amtliche Verzeichnis zugreifen können[40]
- zur Vereinigung bzw. Bestandteilszuschreibung ist keine Unbedenklichkeitsbescheinigung (UB) des Finanzamts vorzulegen (insoweit kein Grunderwerbsteuertatbestand gegeben); die Notwendigkeit einer UB kann jedoch aus einem anderen Grund folgen, vgl. Pkt. 1 im Rahmen der Konkordanzprüfung, siehe Rdn 4.

III. Gleichzeitige Vereinigung bzw. Bestandteilszuschreibung von Grundstücken

12

- Vereinigungs- bzw. Bestandteilszuschreibungsantrag des Grundstückseigentümers, § 13 GBO, wobei einfache Schriftform ausreicht
- Vereinigungs- bzw. Bestandteilszuschreibungsbewilligung des Grundstückseigentümers, mindestens in öffentlich beglaubigter Form, §§ 19, 29 Abs. 1 S. 1 GBO
- Voreintragung des Grundstückseigentümers, § 39 Abs. 1 GBO
- die Vereinigung oder Bestandteilszuschreibung darf nur dann erfolgen, sofern hiervon keine Verwirrung zu besorgen ist, §§ 5 Abs. 1, 6 Abs. 1 GBO; um die Verwirrung zu beheben, sind ggf. Rangregulierungserklärungen der dinglich Berechtigten an den Grundstücken erforderlich, erklärt in öffentlich beglaubigter Form, §§ 19, 29 Abs. 1 S. 1 GBO
- die Zustimmung dinglich Berechtigter am Erbbaurecht ist nicht erforderlich, da deren Rechte nicht betroffen sind

39 Wie hier auch Nagel/*Götting*, § 11 Rn 162.

40 Vgl. *Schöner/Stöber*, Rn 625a.

- ferner ist notwendig, dass die Grundstücke nebeneinander und im gleichen Grundbuch- und Vermessungsamtsbezirk liegen, §§ 6 Abs. 2, 5 Abs. 2 S. 1 GBO;[41] der Nachweis ist durch Vorlage einer beglaubigten Karte des Vermessungsamtes zu führen,[42] alternativ durch Bezugnahme auf das amtliche Verzeichnis, da die Grundbuchämter zwischenzeitlich online auf das amtliche Verzeichnis zugreifen können[43]
- eine Unbedenklichkeitsbescheinigung (UB) des Finanzamts ist nicht erforderlich (kein Grunderwerbsteuertatbestand gegeben); die Notwendigkeit einer UB kann jedoch aus einem anderen Grund folgen, im Rahmen der Konkordanzprüfung.

D. Muster: Vereinigung von Erbbaurechten

▼ 13

Muster 11.1: Formulierungsvorschlag Vereinigung von Erbbaurechten

„UVZ-Nr./

VEREINIGUNG VON ERBBAURECHTEN UND GRUNDSTÜCKEN;

ÄNDERUNG DES ERBBAURECHTS

Heute, den

– 20 –

sind vor mir,

,

Notar/Notarin in , in den Geschäftsräumen des Notariats in der , erschienen:

1.

– nachstehend „Grundstückseigentümer“ und „Erbbauberechtigter“ genannt –,

ausgewiesen durch gültigen amtlichen Lichtbildausweis

Der anwesende Beteiligte erklärt, dass er nicht in Ausübung einer gewerblichen oder selbstständigen beruflichen Tätigkeit handelt.

Der Notar verwies auf die Vorschriften des Geldwäschegesetzes und auf die hieraus resultierenden Pflichten.

41 Siehe *Winkler/Schlögel*, § 3 Rn 41.
42 Siehe *Winkler/Schlögel* a.a.O.
43 Vgl. *Schöner/Stöber*, Rn 625a.

Der Erschienene erklärt, nicht auf Veranlassung Dritter oder als Treuhänder für Dritte, sondern auf eigene Rechnung und im eigenen Namen zu handeln.

Der Erschienene erklärte ferner, weder eine politisch exponierte Person („PeP") zu sein noch in den letzten 12 Monaten gewesen zu sein. Er erklärte, auch nicht Familienmitglied, naher Angehöriger oder nahestehende Person einer solchen politisch exponierten Person zu sein.

Der Erschienene verneinte die Frage des Notars/der Notarin nach einer Vorbefassung i.S.v. § 3 Abs. 1 S. 1 Nr. 7 BeurkG und bat um Beurkundung folgender Vereinbarungen:

I. Grundbuchstand und Erbbaurechtsverträge samt Nachträgen

1. Erbbaugrundstücke

Im **Grundstücksgrundbuch** des Amtsgerichts ___ für die Gemarkung ___ Blatt ___ ist folgender Grundbesitz eingetragen:

Flurstück ___, ___ straße ___, Gebäude- und Freifläche, zu ___ qm

Flurstück ___, ___ straße ___, Gebäude- und Freifläche, zu ___ qm

Eigentümer: ___

Der vorstehend genannte Grundbesitz ist wie folgt belastet:

Abteilung II:

lfd. Nr. 1: ___

lfd. Nr. 2: ___

Abteilung III:

lfd. Nr. 1: ___

Das Grundbuch wurde am ___ eingesehen.

2. Erbbaurechte

Im **Erbbaugrundbuch** des Amtsgerichts ___ für die Gemarkung ___ Blatt ___ ist das Erbbaurecht an dem im Grundbuch von ___ Blatt ___ unter BVNr. ___ verzeichneten Grundstück der Gemarkung Flurstück ___, ___ straße ___, Gebäude- und Freifläche, zu ___ qm,

eingetragen Abt. II Nr., und zwar bis zum ___.

Laut Erbbaugrundbuch ist die Zustimmung des Eigentümers erforderlich zur Veräußerung und Belastung des Erbbaurechts mit Grundpfandrechten, Reallasten, Dauerwohn-

und -nutzungsrechten nebst deren Inhaltsänderung als weitere Belastung. Als Grundstückseigentümer ist vermerkt.

Erbbauberechtigter:

Das vorstehend genannte Erbbaurecht ist wie folgt belastet:

Abteilung II:

lfd. Nr. 1:

lfd. Nr. 2:

Abteilung III:

lfd. Nr. 1:

Das Grundbuch wurde am eingesehen.

Im weiteren **Erbbaugrundbuch** des Amtsgerichts für die Gemarkung Blatt ist das Erbbaurecht an dem im Grundbuch von Blatt unter BVNr. verzeichneten Grundstück der Gemarkung Flurstück , straße , Gebäude- und Freifläche, zu qm,

eingetragen Abt. II Nr., und zwar bis zum .

Laut Erbbaugrundbuch ist die Zustimmung des Eigentümers erforderlich zur Veräußerung und Belastung des Erbbaurechts mit Grundpfandrechten, Reallasten, Dauerwohn- und -nutzungsrechten nebst deren Inhaltsänderung als weitere Belastung. Als Grundstückseigentümer ist vermerkt.

Erbbauberechtigter:

Das vorstehend genannte Erbbaurecht ist wie folgt belastet:

Abteilung II:

lfd. Nr. 1:

lfd. Nr. 2:

Abteilung III:

lfd. Nr. 1:

Das Grundbuch wurde am eingesehen.

3. Erbbaurechtsverträge und Nachträge

Den vorstehend genannten Erbbaurechten liegen folgende Erbbaurechtsverträge zugrunde:

- Urkunde vom , URNr. bzw. UVZ-Nr. , Notar .
- Urkunde vom , URNr. bzw. UVZ-Nr. , Notar .

Nachträge hierzu sind:

- Urkunde vom , URNr. bzw. UVZ-Nr. , Notar .
- Urkunde vom , URNr. bzw. UVZ-Nr. , Notar .

Der Erschienene verweist auf die oben genannten Urkunden, die ihm bereits vorliegen. Der Erschienene erklärt, dass er die Vorurkunden vollständig kennt und dass auf erneutes Verlesen der Vorurkunden verzichtet wird. In gleicher Weise verzichtet der Erschienene auf erneute Vorlage der Vorurkunden und auf deren Beifügung zur gegenwärtigen Urkunde. Auf die Bedeutung der Verweisung wurde der Erschienene hingewiesen.

Die Erbbaurechte wurden am und am im Grundbuch eingetragen.

Sämtliche Erbbaurechte waren ursprünglich für einen Dritten bestellt und eingetragen. Seit dem stehen die Erbbaurechte zu, sodass seither Eigentümererbbaurechte vorliegen.

II. Bebauung, Bebaubarkeit und Sachstand

Die vorgenannten Grundstücke sind aus dem beigefügten Lageplan ersichtlich. Der Plan lag dem Beteiligten zur Durchsicht vor und wird vom Erschienenen genehmigt.

Eine Baugenehmigung der liegt vor (Az.). Der Erschienene erklärt, dass mit dem Bauvorhaben nicht begonnen wurde und die Baugenehmigung abgelaufen ist.

Der Grundstückseigentümer übernimmt keine Garantien, soweit die Bebaubarkeit der Grundstücke betroffen ist.

Der Grundbesitz ist noch nicht bebaut, bauliche Anlagen wurden nicht errichtet.

Ziel der vorliegenden Urkunde ist es:

- die Erbbaurechte miteinander zu vereinigen
- parallel hierzu die Erbbaugrundstücke miteinander zu vereinigen
- den Inhalt des Erbbaurechts entsprechend anzupassen
- die Erbbauzinsreallasten zusammenzufassen und zu ändern

- die Vorkaufsrechte an den Grundstücken zusammenzufassen und zu ändern
- zugleich soll am Erbbaurecht ein neues Vorkaufsrecht bestellt werden.

III. Vereinigungen (Erbbaurechte, Grundstücke)

Der Erschienene vereinigt die Erbbaurechte an den genannten Flurstücken zu einem Erbbaurecht und bewilligt und beantragt die Eintragung dieser Erbbaurechtsvereinigung im Grundbuch.

Zugleich vereinigt der Erschienene die genannten Flurstücke zu einem Grundstück im Rechtssinn und bewilligt und beantragt die Eintragung dieser Grundstücksvereinigung im Grundbuch.

Die Erbbaurechte bzw. Grundstücke grenzen unmittelbar aneinander und liegen im gleichen Grundbuch- und Vermessungsamtsbezirk, § 5 Abs. 2 S. 1 GBO. Die Lage der Grundstücke bzw. Erbbaurechte zueinander wird durch die Vorlage der beigefügten beglaubigten Karte des Vermessungsamtes nachgewiesen.

Alternativ:

Die Erbbaurechte bzw. Grundstücke grenzen unmittelbar aneinander und liegen im gleichen Grundbuch- und Vermessungsamtsbezirk, § 5 Abs. 2 S. 1 GBO. Die Lage der Grundstücke bzw. Erbbaurechte zueinander wird durch Bezugnahme auf das amtliche Verzeichnis nachgewiesen. Das Grundbuchamt kann online auf das amtliche Verzeichnis zugreifen.

IV. Inhaltsänderungen des Erbbaurechts

1. Inhaltliche Änderungen bzw. Ergänzungen

Der Erschienene ändert hiermit den Inhalt des vorgenannten Erbbaurechts gemäß Vorurkunden wie folgt ab:

- aufgehoben werden die Bestimmungen gemäß der Urkunde des Notars vom , URNr. bzw. UVZ-Nr. , Abschnitt
- Stattdessen gilt künftig Folgendes:
-
- geändert wird die Regelung gemäß der Urkunde des Notars vom , URNr. bzw. UVZ-Nr. . Stattdessen gilt künftig Folgendes:
-

- geändert wird die Regelung gemäß ___ der Urkunde des Notars ___ vom ___, URNr. bzw. UVZ-Nr. ___. Stattdessen gilt künftig Folgendes:
- ___

Im Übrigen gelten alle Bestimmungen der Vorurkunden. Dies gilt sowohl für den dinglichen als auch für den schuldrechtlichen Inhalt des Erbbaurechts, nunmehr allerdings bezogen auf das Erbbaurecht und Grundstück nach erfolgter Vereinigung.

2. Grundbucherklärungen

Der Erschienene bewilligt und beantragt die Eintragung der Inhaltsänderung gemäß Ziffer 1 im Grundbuch.

V. Änderungen des Erbbauzinses

1. Änderungen

Derzeit beläuft sich die Summe der Erbbauzinsen für die ___ Erbbaurechte auf jährlich ___ EUR.

Der Erbbauzins wird nunmehr erhöht und beträgt für das aus der Vereinigung hervorgehende Erbbaurecht jährlich ___ EUR (in Worten: ___ EUR).

Die Erhöhung ist bei der Erbbauzinsreallast am derzeitigen Erbbaurecht am Flurstück ___

zu vollziehen, ebenso die nachfolgenden weiteren Änderungen.

Die Wertsicherungsvereinbarung wird dahingehend geändert, dass Ausgangslage der Indexstand zum heutigen Tag ist. Eine erstmalige Anpassung kommt also erst nach Ablauf von drei Jahren ab heute in Betracht.

Berechtigter des Erbbauzinses ist künftig der jeweilige Eigentümer des vereinigten Grundstücks Flurstücke ___.

Der somit erhöhte und geänderte Erbbauzins wird auf die anderen Erbbaurechte an den Flurstücken ___ erstreckt. In der Folge erfasst der Erbbauzins das ganze Erbbaurecht nach Vereinigung. Der Erbbauzins soll erste Rangstelle erhalten. Allen der Rangbeschaffung dienenden Erklärungen wird zugestimmt.

Die übrigen Erbbauzinsreallasten sind zu löschen.

2. Grundbucherklärungen

Der Erschienene bewilligt und beantragt im Grundbuch einzutragen:

- die Erhöhung der Erbbauzinsreallast gemäß Ziffer 1
- die Pfanderstreckung der Erbbauzinsreallast gemäß Ziffer 1

- die weiteren Änderungen der Erbbauzinsreallast gemäß Ziffer 1
- die Löschung der übrigen Erbbauzinsreallasten
- alle Rangerklärungen, die dazu dienen, dem Erbbauzins am vereinigten Erbbaurecht ersten Rang zu verschaffen.

VI. Vorkaufsrecht am Erbbaurecht

Da das ursprünglich bestellte Vorkaufsrecht mit Übertragung des Erbbaurechts auf den Grundstückseigentümer gelöscht wurde, soll für den Grundstückseigentümer am vereinigten Erbbaurecht ein neues Vorkaufsrecht bestellt werden.

Berechtigter ist der jeweilige Eigentümer des vereinigten Grundstücks .

Die Eintragung dieses Vorkaufsrechts wird bewilligt und beantragt.

Dabei soll das Vorkaufsrecht Rang nach dem Erbbauzins erhalten. Allen der Rangbeschaffung erforderlichen Erklärungen wird zugestimmt, der Vollzug wird beantragt.

VII. Vorkaufsrechte am Grundstück

Derzeit ist an jedem Erbbaugrundstück ein Vorkaufsrecht für den jeweiligen Erbbauberechtigten eingetragen.

Nach Vereinigung soll nur noch ein Vorkaufsrecht am vereinigten Grundstück bestehen.

Das Vorkaufsrecht an Flurstück wird auf die anderen Flurstücke erstreckt. In der Folge erfasst das Vorkaufsrecht das ganze vereinigte Grundstück. Berechtigter des Vorkaufsrechts ist der jeweilige Berechtigte des vereinigten Erbbaurechts.

Die übrigen Vorkaufsrechte sind zu löschen.

Die entsprechenden Änderungen und Löschungen werden bewilligt und beantragt.

Das Vorkaufsrecht soll Rang nach dem Erbbaurecht erhalten, also zweite Rangstelle. Allen der Rangbeschaffung dienlichen Erklärungen wird zugestimmt, der Vollzug wird beantragt.

VIII. Unbedenklichkeitsbescheinigung des Finanzamtes; weitere Hinweise und Feststellungen; Schlichtungsklausel

Der Erschienene wurde darauf hingewiesen, dass eine Inhaltsänderung des Erbbaurechts, die einer teilweisen Neubestellung gleichkommt, der Grunderwerbsteuer unterliegen und deshalb eine Unbedenklichkeitsbescheinigung des Finanzamtes erforderlich sein kann. Dies gilt insbesondere für eine teilweise Verlängerung der Laufzeiten.

Die Eintragung im Grundbuch kann erst erfolgen, sobald die Unbedenklichkeitsbescheinigung vorliegt. Die Grunderwerbsteuer trägt der Erbbauberechtigte. Die Unbedenklichkeitsbescheinigung wird erst nach Begleichung der Grunderwerbsteuer erteilt.

Der Erschienene erklärt sich mit der Speicherung und Bearbeitung seiner Daten durch das Notariat uneingeschränkt einverstanden und stimmt der Speicherung und Bearbeitung ausdrücklich zu. Die notarielle Belehrung über die Informationspflichten bei Erhebung personenbezogener Daten ist erfolgt.

Der Erschienene erklärt, ausschließlich für eigene Rechnung zu handeln und auch selbst wirtschaftlicher Berechtigter zu sein. Er handelt nicht für fremde Rechnung. Die Belehrung durch den Notar über die Angabepflichten nach dem Geldwäschegesetz ist erfolgt.

Sollte es zwischen dem Grundstückseigentümer und dem Erbbauberechtigten zu Konflikten kommen, werden sie miteinander verhandeln und eine einvernehmliche Lösung anstreben. Der Notar/die Notarin   hat darauf hingewiesen, dass der Schlichtungs- und Schiedsgerichtshof deutscher Notare (SGH) ein Schlichtungsverfahren zur Verfügung stellt, wenn die direkten Verhandlungen zu keinem Ergebnis führen (Informationen und Kontaktdaten zum SGH unter www.dnotv.de). Die Beteiligten stellen klar, dass diese Absichtserklärungen der Einleitung eines Gerichtsverfahrens nicht entgegenstehen.

Alternativ:

Sollte es zwischen dem Grundstückseigentümer und dem Erbbauberechtigten zu Konflikten kommen, werden sie miteinander verhandeln und eine einvernehmliche und in die Zukunft gerichtete Lösung anstreben. Der Notar/die Notarin   hat darauf hingewiesen, dass der Schlichtungs- und Schiedsgerichtshof deutscher Notare (SGH) ein Schlichtungsverfahren zur Verfügung stellt, wenn die direkten Verhandlungen zu keinem Ergebnis führen (Informationen und Kontaktdaten zum SGH unter www.dnotv.de). Unter der Leitung eines erfahrenen und unabhängigen Schlichters kann dort der Konflikt selbstbestimmt weiterbearbeitet werden. Eine Klage betrachten die Beteiligten als letztes Mittel. Die rechtlichen Berater der Beteiligten sollen die Beteiligten vorrangig bei den vorgenannten Verhandlungslösungen unterstützen. Die Beteiligten stellen klar, dass diese Absichtserklärungen der Einleitung eines Gerichtsverfahrens nicht entgegenstehen.

Alternativ:

Sollte es zwischen dem Grundstückseigentümer und dem Erbbauberechtigten zu Konflikten kommen, verpflichten sich die Beteiligten, alle oder im Zusammenhang mit diesem Vertrag entstehenden Streitigkeiten möglichst durch direkte Verhandlungen beizulegen. Die rechtlichen Berater der Beteiligten sollen diese dabei unterstützen. Gelingt dies nicht, verpflichten sich der Grundstückseigentümer und der Erbbauberechtigte, eine Schlichtung vor dem Schlichtungs- und Schiedsgerichtshof deutscher Notare (SGH) durchzuführen (Informationen und Kontaktdaten unter www.dnotv.de). Die Schlichtung beginnt mit dem Antrag auf Durchführung einer Schlichtung gegenüber dem SGH. Die Schlichtung endet auch ohne abschließende Einigung, wenn der Antrag zurückgewiesen wird oder der Schlichter das Scheitern der Schlichtung feststellt. Während der laufenden Schlichtung ist die Verjährung der streitgegenständlichen Ansprüche gehemmt. Die Klageerhebung ist erst nach der Beendigung der Schlichtung zulässig. Verfahren des einstweiligen Rechtsschutzes sowie selbständige Beweisverfahren bleiben auch während der Schlichtung zulässig. Gleiches gilt für Verfahren zur Wahrung einer gesetzlichen Ausschlussfrist. Insoweit verpflichten sich der Grundstückseigentümer und der Erbbauberechtigte, während der laufenden Schlichtung das Ruhen des gerichtlichen Verfahrens zu beantragen.

IX. Notarermächtigung; Genehmigungen, Vollzug

Der Notar/die Notarin , deren Vertreter und Nachfolger im Amt werden jeweils beauftragt und bevollmächtigt, etwaige Zustimmungserklärungen und Genehmigungen unter Fertigung eines Entwurfs einzuholen. Die Genehmigungen und Erklärungen sollen mit dem Eingang im Notariat wirksam sein.

Darüber hinaus wird der Notar/die Notarin , deren Vertreter und Nachfolger im Amt ermächtigt, den Vollzug dieser Urkunde zu betreiben und Anträge getrennt oder eingeschränkt zu stellen (Teilvollzug). Die Ermächtigung umfasst auch die Rücknahme der Erklärungen und die Abgabe aller verfahrensrechtlichen Erklärungen, die zur Durchführung dieser Urkunde erforderlich sind.

Die Vollzugsmitteilungen sind für alle Beteiligten an den Notar zu übersenden.

X. Ausfertigungen, Abschriften

Eine *Ausfertigung* dieser Urkunde erhalten:

- der Grundstückseigentümer
- der Erbbauberechtigte
- das Grundbuchamt.

Eine *beglaubigte Abschrift* dieser Urkunde erhalten:

- das Finanzamt, Grunderwerbsteuerstelle
- die dinglich Berechtigten, deren Zustimmung erforderlich ist.

XI. Notar- und Gerichtskosten

Die Kosten für die Beurkundung und den Vollzug im Grundbuch trägt der Erbbauberechtigte.

Vorgelesen vom Notar,

von den Beteiligten genehmigt

und eigenhändig unterschrieben:

(Unterschriften der Beteiligten)

(Unterschrift und Siegel des Notars)“

▲

E. Eintragungen im Grundbuch

14 Die **Eintragungsweise** ist in den §§ 13, 6 GBV geregelt. Weil eigene Erbbaugrundbücher existieren, vgl. § 54 GBV, müssen die Vereinigungsvorgänge jeweils parallel gebucht werden, sowohl in den beteiligten Grundstücksgrundbüchern als auch in den betroffenen Erbbaugrundbüchern. Besonderheiten ergeben sich daraus, dass die zu vereinigenden Erbbaurechte stets und die zu vereinigenden Grundstücke u.U. auf mehreren Blättern gebucht sind. Der **Neuvortrag** aller zu vereinigenden Erbbaurechte könnte in einem der Erbbaugrundbücher erfolgen, ebenso der Neuvortrag der zu vereinigenden Grundstücke in einem der Grundbücher, vgl. § 13 Abs. 1 GBV. Im Folgenden soll jedoch ein anderer Weg gegangen und die Vereinigung der Erbbaurechte in einem **neu angelegten Erbbaugrundbuch** und die Vereinigung der Grundstücke in einem **neu angelegten Grundstücksgrundbuch** vollzogen werden.[44]

15 ▼

Muster 11.2: Formulierungsvorschlag Neu angelegtes Erbbaugrundbuch

Die Aufschrift lautet wie folgt:

„Amtsgericht München

Grundbuch von

Max-Vorstadt Blatt 8629

(Erbbaugrundbuch)“.

44 Zur Zulässigkeit dieser Eintragungsweise vgl. § 13 Abs. 1 GBV sowie *Schöner/Stöber*, Rn 642.

Es folgen das Bestandsverzeichnis und die drei Abteilungen:

Amtsgericht München **Grundbuch von** Max-Vorstadt **Blatt** 8629 **Bestandsverzeichnis**

		Bezeichnung der Grundstücke und der mit dem Eigentum verbundenen Rechte		Größe		
Lfd. Nr. d. Grundstücke	Bisherige lfd. Nummer d. Grundstücke	Gemarkung Flurstück	Wirtschaftsart und Lage	ha	a	qm
		a/b	c			
1	2	3		4		
1	–	Vereinigtes Erbbaurecht am vereinigten Grundstück Blatt 8628 BVNr. 1				
		942/18	Kreittmayrstraße 5, Gebäude- und Freifläche			31
		942/19	Kreittmayrstraße 7, Gebäude- und Freifläche		3	71
		942/20	Kreittmayrstraße 9, Gebäude- und Freifläche		1	90
		942/21	Kreittmayrstraße 11, Gebäude- und Freifläche		3	19
		eingetragen Abt. II Nr. 1, bis zum 31.12.2099; die Zustimmung des Grundstückseigentümers ist erforderlich zur: ■ Veräußerung ■ Belastung mit Grundpfandrechten, Reallasten, Dauerwohn- und -nutzungsrechten nebst deren Inhaltsänderung als weitere Belastung; Grundstückseigentümer: Josef Huber, 24.12.1968.				

		Wegen des weiteren Inhalts des Erbbaurechts wird auf die Bewilligungen vom 9.2.2015 und 4.3.2015 – URNr. 397 und 570/jeweils Notarius, München; Bezug genommen. Die am 6.4.2015 angelegten Erbbaurechte wurden aus den Blättern 8207 bis 8210 hierher übertragen und vereinigt; zugleich wurde der Inhalt geändert gemäß Bewilligung vom 2.10.2024, UVZ-Nr. 1400/Notarius, München; eingetragen am 6.10.2024. Konetschke			

Amtsgericht München **Grundbuch von** Max-Vorstadt **Blatt** 8629 **Erste Abteilung**

Laufende Nummer der Eintragungen	Eigentümer	Laufende Nummer der Grundstücke im Bestandsverzeichnis	Grundlage der Eintragung
1	2	3	4
1	Max Mustermann, geb. 25.8.1967	1	Nach Vereinigung der Erbbaurechte in der Berechtigung hierher übertragen am 6.10.2024. Konetschke

Amtsgericht München **Grundbuch von** Max-Vorstadt **Blatt** 8629 **Zweite Abteilung**

Lfd. Nummer der Eintragungen	Lfd. Nummer der betroffenen Grundstücke im Bestandsverzeichnis	Lasten und Beschränkungen
1	2	3
1	1	Erbbauzins in Höhe von fünfundneunzigtausend EUR jährlich – wertgesichert – für den jeweiligen Eigentümer des mit dem Erbbaurecht belasteten vereinigten Grundstückes BVNr. 1 in Blatt 8628; das Bestehenbleiben des Hauptanspruchs in der Zwangsversteigerung wurde vereinbart; gemäß Bewilligungen vom 9.2.2015 und 4.3.2015, 2.10.2020 – URNr. 397 und 570, 1400/jeweils Notarius, München; eingetragen am 6.4.2015 und hierher nach Inhaltsänderung und Pfanderstreckung übertragen am 6.10.2024. Konetschke
2	1	Vorkaufsrecht für alle Verkaufsfälle für den jeweiligen Eigentümer des mit dem Erbbaurecht belasteten Grundstücks BVNr. 1 in Blatt 8628; gemäß Bewilligungen vom 9.2.2015 und 4.3.2015, 2.10.2020 – URNr. 397 und 570, 1400/jeweils Notarius, München; eingetragen am 6.10.2024. Konetschke

▲

Die **„alten" Erbbaugrundbücher** (hier Blätter 8207 bis 8210) werden wegen Übertragung des Bestandes auf ein neues Blatt geschlossen, und zwar durch Vermerke in der jeweiligen Aufschrift und in den Spalten 7 und 8 des jeweiligen Bestandsverzeichnisses, §§ 54, 13 Abs. 3, 6 Abs. 7 GBV: 16

■ Vermerk auf der Aufschrift:

„*Wegen Übertragung des Bestandes nach Blatt 8629 geschlossen am 6.10.2024. Konetschke*"

- Vermerke in den Spalte 7, 8 des Bestandsverzeichnisses:

„*1 Wegen Übertragung des Bestandes nach Blatt 8629 geschlossen am 6.10.2024. Konetschke*“.

In gleicher Weise ist das „**alte**“ **Grundstücksgrundbuch** (hier Blatt 8206) zu schließen:

- Vermerk auf der Aufschrift:

„*Wegen Übertragung des Bestandes nach Blatt 8628 geschlossen am 6.10.2024. Konetschke*“

- Vermerke in den Spalte 7, 8 des Bestandsverzeichnisses:

„*1 Wegen Übertragung des Bestandes nach Blatt 8628 geschlossen am 6.10.2024. Konetschke*“.

17 ▼

Muster 11.3: Formulierungsvorschlag Neu angelegtes Grundstücksgrundbuch

11.3 Die Aufschrift lautet wie folgt:

„Amtsgericht München

Grundbuch von

Max-Vorstadt Blatt 8628“

Es folgen das Bestandsverzeichnis und die drei Abteilungen:

Amtsgericht München **Grundbuch von** Max-Vorstadt **Blatt** 8628 **Bestandsverzeichnis**

		Bezeichnung der Grundstücke und der mit dem Eigentum verbundenen Rechte		Größe		
Lfd. Nr. d. Grundstücke	Bisherige lfd. Nummer d. Grundstücke	Gemarkung Flurstück	Wirtschaftsart und Lage	ha	a	qm
		a/b	c			
1	2	3		4		
1	–	942/18	Kreittmayrstraße 5, Gebäude- und Freifläche			31
		942/19	Kreittmayrstraße 7, Gebäude- und Freifläche		3	71
		942/20	Kreittmayrstraße 9, Gebäude- und Freifläche		1	90
		942/21	Kreittmayrstraße 11, Gebäude- und Freifläche		3	19

Amtsgericht München **Grundbuch von** Max-Vorstadt **Blatt** 8628 **Bestandsverzeichnis**

Bestand und Zuschreibungen		Abschreibungen	
Zur lfd. Nr. d. Grundstücke		Zur lfd. Nr. d. Grundstücke	
5	6	7	8
1	Unter gleichzeitiger Vereinigung übertragen von Blatt 8206; eingetragen am 6.10.2024. Konetschke		

Amtsgericht München **Grundbuch von** Max-Vorstadt **Blatt** 8628 **Erste Abteilung**

Laufende Nummer der Eintragungen	Eigentümer	Laufende Nummer der Grundstücke im Bestandsverzeichnis	Grundlage der Eintragung
1	2	3	4
1	Josef Huber, geb. 24.12.1968	1	Im Eigentum hierher übertragen am 6.10.2024. Konetschke

Amtsgericht München **Grundbuch von** Max-Vorstadt **Blatt** 8628 **Zweite Abteilung**

Lfd. Nummer der Eintragungen	Lfd. Nummer der betroffenen Grundstücke im Bestandsverzeichnis	Lasten und Beschränkungen
1	2	3
1	1	Erbbaurecht bis zum 31.12.2099 für Max Mustermann, geb. 25.8.1967, unter Bezugnahme auf Nr. 1 des Bestandsverzeichnisses des Erbbaugrundbuchs von Max-Vorstadt Blatt 8629; gemäß Bewilligungen vom 9.2.2015 und 4.3.2015 – URNr. 397 und 570/jeweils Notarius, München; die am 6.4.2015 angelegten Erbbaurechte wurden aus den Blättern 8207 bis 8210 hierher übertragen und vereinigt; zugleich wurde der Inhalt geändert gemäß Bewilligung vom

		2.10.2024, UVZ-Nr. 1400/Notarius, München; übertragen am 6.10.2024. Konetschke
2	1 1	Vorkaufsrecht für aller Verkaufsfälle für den jeweiligen Berechtigten des in Blatt 8629 vorgetragenen vereinigten Erbbaurechts; gemäß Bewilligungen vom 9.2.2015 und 4.3.2015 – URNr. 397 und 570/jeweils Notarius, München; eingetragen am 6.4.2015 und hierher nach Erstreckung übertragen am 6.10.2024. Konetschke

▲

F. Kosten des Notariats und des Grundbuchamtes

I. Kosten des Notariats

1. Gebühren und Geschäftswerte, bezogen auf die Ziffern III–V des Musters Rdn 13

18
- Ziffer III (Vereinigung Erbbaurechte und Erbbaugrundstücke): jeweils 0,5 Gebühr nach der Nr. 21201 KV GNotKG, je aus Teilwert i.H.v. 10 Prozent, § 36 Abs. 1 GNotKG; es liegen verschiedene Beurkundungsgegenstände vor, § 86 Abs. 2 GNotKG
- Ziffer IV (Inhaltsänderung des Erbbaurechts): ebenfalls Teilwert maßgeblich, orientiert am Umfang der Veränderungen, § 36 Abs. 1 GNotKG
- Ziffer V (Änderung des Erbbauzinses): 1,0 Gebühr, Nr. 21200 KV GNotKG; die Änderung des Erbbauzinses ist als weiterer Beurkundungsgegenstand zu berücksichtigen; die Löschung der bisherigen Erbbauzinsreallasten ist mit dem Geschäftswert der Erstreckung des Erbbauzinses abgegolten; Wert hier: voller Erhöhungsbetrag, s. Erstreckung, sowie Teilwert nach § 36 Abs. 1 GNotKG für die Änderung der bestehenden Wertsicherungsvereinbarung.

2. Gebühren und Geschäftswerte, bezogen auf die Ziffern VI–VII des Musters Rdn 13

19
- Ziffer VI (Vorkaufsrecht am Erbbaurecht): 0,5 Gebühr nach der Nr. 21201 KV GNotKG; halber Wert des Erbbaurechts, § 51 Abs. 1 S. 2 GNotKG
- Ziffer VII (Vorkaufsrechte am Grundstück): 0,5 Gebühr nach der Nr. 21201 KV GNotKG, halber Wert des betroffenen Teils des Erbbaugrundstücks nach § 51 Abs. 1 S. 2 GNotKG.

II. Kosten des Grundbuchamtes

Für die Eintragung der **Vereinigung** bzw. **Bestandteilszuschreibung** von Erbbaurechten im Grundbuch fällt eine Festgebühr i.H.v. 50 EUR an, Nr. 14160 Nr. 3 KV GNotKG i.V.m. Vorbemerkung 1.4 Abs. 1 KV GNotKG. 20

Daneben ist für die Eintragung der Vereinigung bzw. Bestandteilszuschreibung der Grundstücke eine eigene Festgebühr i.H.v. 50 EUR anzusetzen, Nr. 14160 Nr. 3 KV GNotKG.

Die Eintragung der **Erbbaurechtsveränderung** löst eine 0,5 Gebühr aus, Nr. 14130 KV GNotKG, Vorbemerkung 1.4.1.2 KV GNotKG. Abzulehnen ist die in der gerichtlichen Praxis anzutreffende Meinung, wonach sich der Wert der Erbbaurechtsveränderung ausschließlich nach § 49 Abs. 2 GNotKG bemesse und mit 80 Prozent des bebauten Erbbaugrundstücks anzusetzen sei. Einzutragen ist die Veränderung eines bestehenden Rechts, die Regelung in § 49 Abs. 2 GNotKG liefert lediglich die Bezugsgröße für den Geschäftswert, der nach § 36 Abs. 1 GNotKG mit einem Teilwert zu bemessen ist. Maßgeblich ist ein Teilwert von 10 bis 50 Prozent des Erbbaurechtswertes gem. § 49 Abs. 2 GNotKG.[45] Den vollen Wert nach § 49 Abs. 2 GNotKG anzusetzen, erscheint nicht angemessen.[46] 21

Die **Änderungen der Erbbauzinsreallast** sind mit einer 0,5 Gebühr nach der Nr. 14130 KV GNotKG zu berücksichtigen. Der Geschäftswert bestimmt sich wiederum nach § 36 Abs. 1 GNotKG. Soweit ersichtlich, wird in der gerichtlichen Praxis ein Spektrum von 50 bis sogar 100 Prozent des nach § 52 GNotKG kapitalisierten Erbbauzinses vertreten. Der volle Wert soll maßgeblich sein, da der Erbbauzins eine Vielzahl weitreichender Änderungen durchläuft (Erhöhung; Änderung Wertsicherung; Einschränkung des Berechtigten). 22

Die **Erstreckung der Erbbauzinsreallast** auf die hinzugekommenen Erbbaurechtsteile bedeutet eine 0,5 Gebühr nach der Nr. 14123 KV GNotKG. Mit den oben beschriebenen Änderungen der Erbbauzinsreallast ist die Erstreckung nicht bereits abgegolten, da die Erstreckung eigenständig geregelt ist, vgl. Nr. 14123 KV GNotKG. Der Geschäftswert richtet sich nach § 44 Abs. 1 GNotKG. Es ist ein Wertvergleich zwischen dem Wert der Erbbauzinsreallast und dem Wert des einbezogenen Erbbaurechts anzustellen, maßgeblich ist der geringere Wert.

Für die Löschung der übrigen Erbbauzinsreallasten fällt pro Reallast eine Festgebühr i.H.v. 25 EUR an, Nr. 14143 KV GNotKG.

45 So für die Teilung eines bestehenden Erbbaurechts auch Korintenberg/*Tiedtke*, GNotKG, § 49 Rn 23, dort allerdings mit einem Teilwertspektrum von 10 bis 30 Prozent des Erbbaurechtswertes.

46 Die Veränderung eines Erbbaurechts bemisst sich nach § 36 Abs. 1 GNotKG; ebenso *Leipziger Kostenspiegel*, Teil 5.67, hier Teilung des Erbbaurechts, die mit einem „Teilwert vom Wert des Erbbaurechts (80 %iger Grundstückswert einschließlich Bebauung)“ angesetzt wird.

23 Falls am Erbbaurecht ein **neues Vorkaufsrecht** eingetragen wird, ist hierfür eine 1,0 Gebühr nach der Nr. 14121 KV GNotKG anzusetzen, und zwar aus dem hälftigen Wert des Erbbaurechts, § 51 Abs. 1 S. 2 GNotKG.

Für die **Erstreckung eines Vorkaufsrechts** ist eine 0,5 Gebühr anzusetzen, Nr. 14123 KV GNotKG. Der Geschäftswert richtet sich wiederum nach § 44 Abs. 1 GNotKG (vgl. obige Anmerkungen).

Für die **Löschung der übrigen Vorkaufsrechte** fällt pro Vorkaufsrecht eine Festgebühr i.H.v. 25 EUR an, Nr. 14143 KV GNotKG.

§ 12 Beendigung eines Erbbaurechts

A. Allgemeines

Inflationäre Löschungs- und Aufhebungsbestimmungen trugen im **alten Recht** wesentlich zur Marginalisierung des Erbbaurechts bei (vgl. oben § 2 Rdn 3). Ein Recht, das ohne Weiteres erlischt bzw. sofort aufgehoben werden kann, sofern der Erbbauzins nicht rechtzeitig entrichtet wird,[1] das unvererblich und mit einer Vielzahl auflösender Bedingungen versehen ist, kann nicht ernsthaft behaupten, ein *grundstücksgleiches* Recht zu sein.[2] *Pesl* erwähnt in seiner Abhandlung aus dem Jahr 1910: 1

> *... dass fast alle Verträge in ängstlicher und misstrauischer Weise zahlreiche Beendigungsgründe festsetzen ... gibt es kaum eine Vertragszuwiderhandlung, die nicht das Erlöschen des Erbbaurechts zur Folge hätte; der Erbbauberechtigte schwebt dauernd in Gefahr, seines Rechtes verlustig zu gehen.*[3]

So sah das **alte BGB-Erbbaurecht** auflösende Bedingungen vor, beispielsweise in der Landwirtschaft,[4] um der Landflucht zu begegnen, dem Bevölkerungsschwund, ausgelöst durch die Urbanisierung, als es sich schwierig gestaltete, Landarbeiter zu rekrutieren. Die Situation lässt sich mit dem aktuellen Facharbeitermangel vergleichen. Der Landflucht wurde mit der Gründung von Landarbeiterkolonien im Erbbaurecht entgegengewirkt, also Erbbaurechten, bestellt für Landarbeiter. Den Erbbauzins orientierte der Grundstückseigentümer, der an der Gewinnung von Landarbeitern interessiert war, nicht an Renditeerwartungen, sondern „*unter Ausschluss jedes Gewinns*".[5] Dem Grundstückseigentümer war es Gewinn genug, auf Dauer über „Humanressourcen" verfügen zu können, über menschliche Arbeitskraft. Die konzeptionelle Empfehlung ging dahin, dem Erbbauberechtigten die Gelegenheit dazu zu geben, die Erbbauzinsschuld „*durch Überstunden ganz oder teilweise abzuarbeiten*".[6] Ein besonderes Anreizsystem der Vergangenheit, das Modell für die Gegenwart und Zukunft des Erbbaurechts sein kann, wenngleich nicht unter dem Signum der auflösenden Bedingung des Erbbaurechts. Die negative Wertung mag im beschriebenen Modell eine moderne Ausprägung *smarter* Leibeigenschaft sehen, die positive Wertung hingegen eine besondere Bindung des Arbeitnehmers an den Betrieb, eine Symbiose von Gutsbetrieb und Landarbeiter, die als Muster aktueller Erbbaurechtsvertragsgestaltung dienen kann, die darauf bedacht ist, Ar- 2

1 Vgl. die Darstellung bei *Pesl*, 83 f.
2 Zu der Vielzahl von Beendigungsgründen im alten Recht vgl. *Pesl*, 86, 88–91.
3 *Pesl*, 86 und 91.
4 Vgl. *Hero Kruse*, Das Erbbaurecht: seine Geschichte, juristische Natur und praktische Bedeutung, 1903, 108 ff.
5 *Hero Kruse*, 111.
6 *Hero Kruse*, 111.

beitskräfte mit weiteren Anreizsystemen an Betriebe zu binden. Im alten BGB- Erbbaurecht kam der Verknüpfung elementare Bedeutung zu: das Erbbaurecht endete, sobald der Landarbeiter nicht mehr in den Diensten des Gutsbesitzers stand.[7] Die mögliche Ausnahme trug unzweifelhaft Elemente der Leibeigenschaft: traten Familienmitglieder[8] in das Dienstverhältnis ein, sollte das Erbbaurecht nicht erlöschen.

3 Das **Erbbaurechtsgesetz** nahm Abstand von auflösenden Bedingungen, einem Angstszenario, erfüllt von der permanenten Sorge um Dauer und Bestand des Erbbaurechts, und optierte mit dem **Heimfallrecht** zu einem Instrumentarium, das in ähnlicher Weise zur Vertragstreue beiträgt, jedoch die Beleihbarkeit des Rechts sichert. Das Erbbaurecht erlischt nicht, sondern muss auf den Grundstückseigentümer übertragen werden. Es entsteht ein Eigentümererbbaurecht. Der historische Gesetzgeber griff auf, was *Pesl* bereits 1910 empfohlen hatte: „Soll das Erbbaurecht allgemeine Verbreitung und Anwendung finden, so muss die Mehrzahl dieser Erlöschensgründe wegfallen; es ist auch gar nicht erforderlich, dass überall die Beendigung des Erbbaurechts angedroht wird, wenn einmal der Erbbauberechtigte einer Vertragsverpflichtung nicht nachkommen kann und will.“[9]

Erlöschen kann ein Erbbaurecht nur noch durch **Zeitablauf** oder (vor Zeitablauf) durch **rechtsgeschäftliche Aufhebung**.[10] Ein aufschiebend bedingtes Erbbaurecht, dessen Bedingung nicht eingetreten ist, ist nicht erloschen, sondern überhaupt nicht entstanden.[11]

Dass der eingetragene Verein, zu dessen Gunsten ein Erbbaurecht eingetragen ist, mittlerweile liquidiert und im Vereinsregister gelöscht ist, bedeutet nicht, dass das Erbbaurecht erloschen ist.[12] Mit der **Löschung des Berechtigten im Register** ist das Erlöschen des Erbbaurechts nicht verbunden. Ein Löschungsantrag, gerichtet an das Grundbuchamt, führt deshalb nicht zum Erfolg,[13] schließlich ist das Erbbaurecht nicht untergegangen. Vielmehr besteht das Erbbaurecht fort, beschwert mit dem Heimfallanspruch. Weil der erbbauberechtigte Verein noch über Vermögen verfügt, gilt er als fortbestehend.[14] Die Liquidation kann wieder in Form einer Nachtragsliquidation aufgenommen werden.[15]

7 Vgl. *Hero Kruse*, 111.

8 *Hero Kruse*, 112.

9 *Pesl*, 91 f.

10 Vgl. bereits *Glaß/Scheidt*, § 11 Anm. II 13 = S. 112; ebenso *Räfle*, § 1 Rn 111 ff.; vgl. auch das Erbbaurechtsgesetz, das im V. Abschnitt die beiden Beendigungsgründe offeriert, Aufhebung, § 26 ErbbauRG, und Erlöschen, § 27 ErbbauRG. **A.A.** Ingenstau/Hustedt/*Bardenhewer*, § 27 Rn 1, Verzicht als Option.

11 Nagel/*Götting*, § 26 Rn 3.

12 OLG Saarbrücken FGPrax 2019, 125, 126.

13 OLG Saarbrücken, a.a.O.

14 OLG Saarbrücken, a.a.O.

15 OLG Saarbrücken, a.a.O.

Die Regelung in § 11 Abs. 1 S. 1 ErbbauRG nimmt § 928 BGB von der Anwendung auf das Erbbaurecht aus. Der Erbbauberechtigte kann deshalb **nicht** einseitig auf sein Recht **verzichten**.[16]

Die **Folgefragen**, die sich im Zuge des Zeitablaufs[17] oder der rechtsgeschäftlichen Aufhebung[18] ergeben, rücken mehr und mehr in den Fokus des Interesses.[19] Im Zusammenhang mit subjektiv-dinglichen Rechten, die für den jeweiligen Erbbauberechtigten eingetragen sind, steht der **Anwendungsbereich des § 12 Abs. 3 ErbbauRG** zur Debatte.[20] Geklärt ist hingegen, dass **Miet- und Pachtverträge**, die der Erbbauberechtigte über das Erbbaurecht abgeschlossen hat, durch den Zeitablauf oder die Aufhebung des Erbbaurechts nicht erlöschen, § 30 Abs. 1 ErbbauRG. Der Grundstückseigentümer tritt in die Miet- und Pachtverträge ein, kann aber ein Sonderkündigungsrecht geltend machen, § 30 Abs. 2 ErbbauRG.

B. Beendigung durch Zeitablauf

I. Allgemeines

Ewige Erbbaurechte,[21] die nach dem ErbbauRG zulässig sind, kennt die deutsche Rechtspraxis nicht. Üblich sind **festgelegte Laufzeiten**, etwa 25, 40, 50 oder 99 Jahre, häufig orientiert an der Lebensdauer des Bauwerks, und ein fester Endzeitpunkt, explizit vermerkt im Bestandsverzeichnis des Erbbaugrundbuchs, § 56 Abs. 2 GBV. Bezogen auf den Zeitpunkt 2050, sollen nach einer aktuellen Studie des Deutschen Erbbaurechtsverbandes[22] bis zu 49 Prozent der Erbbaurechtsverträge ablaufen, was die große Praxisrelevanz der Zeitablaufthematik unterstreicht. Beendigungen infolge Zeitablaufs[23] sind keine Seltenheit mehr. In der Vergangenheit sind Fälle aufgetreten, in denen ganze Erbbaurechtsgebiete vor dem Zeitablauf standen. Grund war ein uniformer Endzeitpunkt, niedergelegt in allen Erbbaurechtsverträgen des Gebiets. Durch rechtzeitige Verlängerung der Laufzeit vor Eintritt des Endzeitpunktes konnte der Zeitablauf häufig abgewendet wer- 4

16 *Westermann*, Vorsorge für eine Beendigung des Erbbaurechts, in: Hager (Hrsg.), Die Beendigung des Erbbaurechts, 2015, 27; ferner *Räfle*, § 1 Rn 114; *Glaß/Scheidt*, § 26 I, 153; Staudinger/*Rapp*, § 11 Rn 30; *Böhringer*, Rpfleger 2019, 557, 559; **a.A.** dagegen Ingenstau/Hustedt/*Bardenhewer*, § 27 Rn 1, dort wird der Verzicht als Option erwähnt; dieser Meinung kann jedoch nicht gefolgt werden.

17 Vgl. BGH, Beschl. v. 11.4.2013, Az. V ZB 109/12 = DNotZ 2013, 850 m. Anm. *Maaß*; *Grziwotz*, MittBayNot 2013, 517.

18 OLG Brandenburg, Beschl. v. 4.4.2013, Az. 5 W 47/13 = NotBZ 2013, 247.

19 BGH, Beschl. v. 11.4.2013, Az. V ZB 109/12 = DNotZ 2013, 850 m. Anm. *Maaß*.

20 BGH, Urt. v. 17.2.2012, Az. V ZR 102/11 = NJW-RR 2012, 845.

21 LG Deggendorf MittBayNot 1987, 254.

22 Studie Erbbaurecht 2023.

23 Zum Zeitablauf vgl. *Ott*, notar 2015, 75, 79 ff.

den, § 27 Abs. 3 ErbbauRG. Schließlich kann der Grundstückseigentümer seine Verpflichtung zur Zahlung der Entschädigung dadurch abwenden, dass er dem Erbbauberechtigten das Erbbaurecht vor dessen Zeitablauf für **die voraussichtliche Standdauer des Gebäudes verlängert**, § 27 Abs. 3 S. 1 ErbbauRG.[24] Dabei wird die anzubietende Verlängerungszeit durch den baulichen Zustand des Bauwerks und die erbbaurechtsvertragliche Nutzungsfähigkeit des Bauwerks bestimmt.[25] Allerdings kann der **Verlängerungszeitraum** nicht allgemein für die „voraussichtliche Standdauer" gewählt, sondern muss kalendermäßig bestimmt werden, um dem Bestimmtheitsgrundsatz zu genügen.[26] Dem Grundstückseigentümer steht ein weiter **Prognosespielraum**[27] zu, der im Rahmen eigener Bauwerksexpertise Einfluss auf die Bemessung der voraussichtlichen Standdauer des Bauwerks nehmen und Fehlertoleranzen[28] vorweisen kann. Häufig erfolgt die Ermittlung durch einen Sachverständigen. Einer falschen Einschätzung der voraussichtlichen Standdauer des Bauwerks kann der Erbbauberechtigte mit Ablehnung begegnen.[29] Die Abwendungsbefugnis kann durch Individualvertrag[30] ganz oder teilweise abbedungen werden, nach Ansicht des BGH[31] jedoch nicht durch Allgemeine Geschäftsbedingungen. Eine formularmäßige Abbedingung hält dem gesetzlichen Leitbild des § 27 Abs. 3 ErbbauRG nicht stand und ist nach § 307 Abs. 2 Nr. 1 BGB unwirksam.[32]

II. Erlöschen des Erbbaurechts durch Zeitablauf; Grundbuchunrichtigkeiten

5 Mit Zeitablauf **erlischt** das Erbbaurecht, womit die beiden **Grundbücher unrichtig** werden, in denen das Erbbaurecht eingetragen ist, das Erbbaugrundbuch[33] und das Grundstücksgrundbuch.[34] Das Erlöschen tritt ohne weiteres Zutun des Erbbauberechtigten oder Grundstückseigentümers ein, Erklärungen hierzu sind nicht erforderlich.[35] Das Gesetz selbst spricht vom *Erlöschen* des Erbbaurechts, vgl. § 27 Abs. 1 S. 1 ErbbauRG. Mit Ablauf

24 *Ott*, ErbbauZ 2021, 162.
25 *Ott*, ErbbauZ 2021, 162.
26 *Schöner/Stöber*, Rn 1873; *Ott*, ErbbauZ 2021, 162, 163.
27 *Ott*, ErbbauZ 2021, 162, 163.
28 *Ott*, ErbbauZ 2021, 162, 163.
29 *Ott*, ErbbauZ 2021, 162, 163.
30 *Wolffskeel v. Reichenberg*, MittBayNot 2021, 219, 225; *Amann*, MittBayNot 2019, 539.
31 BGH, Urt. v. 23.11.2018, V ZR 33/18 = NJW 2019, 9 = DNotI-Report 2019, 94 = NJW-Spezial 2019, 322 = ZfIR 2019, 489 m. Anm. *Binkowski/Mönig*; *Wolffskeel v. Reichenberg*, MittBayNot 2021, 219, 224.
32 BGH, Urt. v. 23.11.2018, V ZR 33/18 = NJW 2019, 9 = DNotI-Report 2019, 94 = NJW-Spezial 2019, 322 = ZfIR 2019, 489 m. Anm. *Binkowski/Mönig; Wolffskeel v. Reichenberg*, MittBayNot 2021, 219, 224.
33 In seiner Ganzheit unrichtig und deshalb von Amts wegen zu schließen, § 16 ErbbauRG.
34 Nur partiell unrichtig, Zweite Abteilung, lfd. Nummer des Erbbaurechts sowie ggf. weitere Rechte für den Erbbauberechtigten.
35 *Räfle*, § 1 Rn 113, § 27 Rn 1; Meikel/*Schneider*, § 56 Rn 33 GBV; *Böttcher*, RpflStud 2023, 5.

des Endtermins erlischt das Erbbaurecht ohne Weiteres.[36] **Nach Erlöschen** schließt sich **kein „Heimfall an den Grundstückseigentümer"**[37] an, da das Erbbaurecht nicht mehr besteht. Der Heimfall tritt nicht als automatischer Rückfall des Erbbaurechts an den Grundstückseigentümer in Erscheinung, sondern setzt Einigung und Eintragung voraus. Die **Löschung von Grundpfandrechten**, die noch im Erbbaugrundbuch eingetragen sind, soll unmöglich i.S.v. § 275 Abs. 1 BGB sein.[38] Diese Auffassung kann nicht uneingeschränkt geteilt werden, vielmehr ist auf die einzelnen **Zeitablaufvarianten** abzustellen (vgl. unten Ziffer VIII Rdn 16 ff.). Sofern die Entschädigungsforderung nicht ausgeschlossen ist und die Entschädigungsforderung nicht eingetragen werden soll, ist die Löschungsbewilligung der Realgläubiger am Erbbaurecht erforderlich, was gegen die Auffassung spricht, die Löschung sei wegen Zeitablaufs unmöglich. Dagegen spricht auch, dass der Löschungsvermerk keine Aussage darüber trifft, ob das Recht noch bestand oder bereits gegenstandslos war. Die Löschung bereits erloschener Rechte zählt zum grundbuchrechtlichen Standard, beispielsweise die Löschung höchstpersönlicher Rechte, die durch den Tod des Berechtigten erloschen sind. Die Löschung eines untergegangenen Rechts bleibt damit möglich.[39]

III. Dingliche Surrogation

Das Erbbaurecht ist tot – möglicherweise lebt das Erbbaurechtssurrogat, könnte man 6
die Rechtsfolge beschreiben, die das Gesetz regelmäßig für das durch Zeitablauf erloschene Erbbaurecht als Kompensation vorsieht. Nach § 27 Abs. 1 S. 1 ErbbauRG hat der Grundstückseigentümer dem Erbbauberechtigten für den Verlust des Bauwerkseigentums eine Entschädigung zu leisten. Etwas anderes gilt nur dann, sofern der Entschädigungsanspruch vertraglich ausgeschlossen ist, § 27 Abs. 1 S. 2 ErbbauRG.[40] Die **Entschädigungsforderung** steht dem Erbbauberechtigten im Zeitpunkt des Zeitablaufs zu,[41] nicht einem früheren Erbbauberechtigtem, der das Bauwerk errichtet hat. Schuldner ist der Grundstückseigentümer im Zeitpunkt des Zeitablaufs, nicht ein historischer Grundstückseigentümer. Zur Herausgabe des Grundstücks und der Einrede des Erbbauberechtigten vgl. Rdn 15.

36 OLG Hamm, Urt. v. 20.7.2017, 5 U 123/16; Staudinger/*Rapp*, § 27 Rn 2; *Böttcher*, RpflStud 2023, 5.

37 So aber *Drasdo*, ZfIR 2021, 316.

38 OLG Hamm, a.a.O.

39 **A.A.** OLG Hamm, a.a.O.

40 Nach h.M. stellt dies keine unangemessene Benachteiligung des Erbbauberechtigten i.S.v. § 307 BGB dar und kann daher durch Allgemeine Geschäftsbedingungen ausgeschlossen werden, vgl. Ingenstau/Hustedt/*Bardenhewer*, § 27 Rn 13. Zum Ausschluss der Entschädigungsforderung vgl. KG FGPrax 2019, 51, Bezugnahme reicht aus, unter Umständen ist sogar eine Auslegung erforderlich, sofern die Entschädigungsforderung fälschlicherweise als *Heimfallentschädigung* bezeichnet wurde; zum Ausschluss einer Entschädigungsforderung vgl. *Nagel/Bohlsen*, ErbbauZ 2022, 62, 63; *Böttcher*, RpflStud 2023, 5, 9; KG, Beschl. v. 4.12.2018, Az. 1 W 369/18 = ErbbauZ 2021, 150.

41 *Räfle*, § 27 Rn 4; *Erman/Grziwotz*, § 27 Rn 2. Dabei spielt es keine Rolle, ob der Erbbauberechtigte das Bauwerk selbst errichtet oder erworben hat.

Als bedingtes Recht ist die Entschädigungsforderung bereits mit Eintragung des Erbbaurechts entstanden,[42] mit Zeitablauf wird der Anspruch dann fällig, um **ranggleich an die Stelle des Erbbaurechts zu treten**. Deutlich wird dies in § 28 ErbbauRG.[43] Danach haftet die Entschädigungsforderung auf dem Grundstück an Stelle des Erbbaurechts und mit dessen Rang.[44] Gemeint ist damit eine **dingliche Surrogation**,[45] die der Sicherung bedarf, um nicht durch gutgläubigen, lastenfreien Erwerb des Grundstücks in Wegfall zu geraten.[46] Die Entschädigungsforderung kann auch übertragen oder gepfändet werden.[47] Als **Verwertungsrecht** ermöglicht die Entschädigungsforderung die Zwangsversteigerung oder Zwangsverwaltung des Grundstücks, vorausgesetzt, ein entsprechender Duldungstitel liegt vor.

Bereits im Erbbaurechtsvertrag kann den **Dienstbarkeiten**, die im Rang zurücktreten, um dem Erbbaurecht den ersten Rang am Grundstück zu verschaffen, der **Vorrang vor der Entschädigungsforderung** eingeräumt werden. Die Begründung hierfür ist darin zu sehen, dass die Rangstelle der Entschädigungsforderung als reallastähnliches dingliches Recht geändert werden kann.[48] Die Entschädigungsforderung unterliegt nicht dem Erstrangigkeitsgebot des § 10 Abs. 1 ErbbauRG, vgl. § 27 Abs. 1 S. 2 ErbbauRG.

IV. Eintragungsfähigkeit der Entschädigungsforderung; Pfandrechte an der Entschädigungsforderung

7 Die Frage danach, in welcher Form die Entschädigungsforderung[49] Eingang in das **Grundbuch** finden kann, lässt sich mit Hilfe des Erbbaurechtsgesetzes nicht beantworten, eine ausdrückliche gesetzliche Regelung fehlt.

Bereits unmittelbar **nach Inkrafttreten der ErbbauVO** stellte sich die motivnahe Literatur die Frage nach der „grundbuchmäßige(n) Behandlung der Vorschrift des § 28“.[50]

42 BGH, Beschl. v. 11.4.2013, V ZB 109/12 = MittBayNot 2013, 474, 476.

43 Zur Surrogation vgl. *Nagel/Bohlsen*, ErbbauZ 2022, 62, 63; *Böttcher*, RpflStud 2023, 5; KG, Beschl. v. 4.12.2018, Az. 1 W 369/18 = ErbbauZ 2021, 150, 151.

44 Es kann jedoch ein abweichender Rang vereinbart werden, *Ott*, notar 2015, 75, 82; Ingenstau/Hustedt/*Bardenhewer*, § 28 Rn 8; zum Rang vgl. *Nagel/Bohlsen*, ErbbauZ 2022, 62, 63.

45 *Westermann*, S. 31; *Ott*, notar 2015, 75, 79; *Räfle*, § 28 Rn 1; Ingenstau/Hustedt/*Bardenhewer*, § 28 Rn 1; DNotI-Gutachten Abruf-Nr. 144938; *Rapp*, ZfIR 2017, 89, 94; *Reichel*, ZfIR 2023, 315, 322; *Nagel/Bohlsen*, ErbbauZ 2022, 62, 63.

46 Ebenso Ingenstau/Hustedt/*Bardenhewer*, § 28 Rn 6.

47 Ingenstau/Hustedt/*Bardenhewer*, § 28 Rn 11, die Übertragung erfolgt durch Einigung und Eintragung, die Pfändung nach § 857 Abs. 6 ZPO.

48 *Rapp*, ZfIR 2017, 89, 94; Ingenstau/Hustedt/*Bardenhewer*, § 28 Rn 8.

49 Zur Verjährbarkeit der Entschädigung vgl. DNotI-Gutachten Abruf-Nr. 144938: Doppelnatur; das Verwertungsrecht ist unverjährbar, der persönliche Anspruch verjährt nach §§ 195, 199 BGB.

50 Vgl. *Glaß/Scheidt*, § 28 Anm. II = S. 163; zur Historie DNotI-Gutachten Abruf-Nr. 144938.

Erste Antworten fielen dahingehend aus, der Erbbauberechtigte könne „die Eintragung eines **Widerspruchs** und späterhin bei Vorliegen eines vollstreckbaren Titels (die Eintragung) einer **Zwangssicherungshypothek** verlangen".[51]

Spätere Ansichten gingen von einer kraft Gesetzes entstehenden **Sicherungshypothek** aus, die im Berichtigungswege im Grundbuch zu vermerken sei.[52] Den Wechsel von der Zweiten Abteilung, dem Eintragungsort des Erbbaurechts, zur Dritten Abteilung, dem Eintragungsort für Sicherungshypotheken, konnte diese Ansicht jedoch nicht überzeugend rechtfertigen,[53] geschweige denn die Wechselprobleme praktisch ausräumen. **8**

Es oblag daher dem **BGH**, Klarheit zu schaffen. Dies ist mit einem Beschluss aus dem Jahre 2013 geschehen.[54] Der BGH bezeichnet die Entschädigungsforderung „als ein **dingliches Sicherungsmittel eigener Art**",[55] dessen Eintragung sich nach den **Reallastvorschriften** richtet: „Wie bei dem Erbbaurecht erfolgt die **Eintragung in Abteilung II** des Grundbuchs."[56] Dem Surrogationscharakter wird auf diese Art und Weise besser Rechnung getragen.[57] Einen weiteren Vorteil bietet diese Ansicht in der praktischen Handhabung, die nicht selten dadurch gekennzeichnet ist, dass die **endgültige Höhe der Entschädigungsforderung** noch nicht feststeht. Wegen der reallastähnlichen Qualität der Entschädigungsforderung „genügt es auch hier, dass die Höhe der Forderung bestimmbar ist".[58] Die Entschädigungsforderung wird im Wege der **Grundbuchberichtigung** eingetragen.[59] Zur **Herausgabe** des Grundstücks vgl. Rdn 15.

Erlischt ein **Erbbaurecht, das in Wohnungs- und Teilerbbaurechte** aufgeteilt war, steht die Entschädigungsforderung den vormaligen Wohnungs- und Teilerbbauberechtig-

51 *Glaß/Scheidt*, a.a.O.

52 *Hönn*, NJW 1970, 138; vgl. die Darstellung der historischen Ansicht bei *Räfle*, § 28 Rn 1; *Westermann*, S. 32; zur Historie DNotI-Gutachten Abruf-Nr. 144938.

53 So auch bereits *Räfle*, § 28 Rn 1.

54 BGH, Beschl. v. 11.4.2013, Az. V ZB 109/12 = MittBayNot 2013, 474 = DNotZ 2013, 850 m. Anm. *Maaß* = NotBZ 2013, 298 = DNotI-Report 2013, 99 ff.; damit in Anschluss an OLG Hamm, Beschl. v. 15.3.2007, Az. 15 W 404/06.

55 BGH a.a.O., 474, 476; so bereits *Räfle*, § 28 Rn 1, eintragungsfähiges, dingliches Recht eigener Art; ebenso Ingenstau/Hustedt/*Bardenhewer*, § 28 Rn 5; *Grziwotz*, MittBayNot 2013, 517; *Westermann*, S. 31; OLG Hamm, Beschl. v. 15.3.2007, Az. 15 W 404/06; DNotI-Gutachten Abruf-Nr. 144938; Meikel/*Schneider*, § 56 Rn 37 GBV; *Böttcher*, RpflStud 2023, 5.

56 BGH, a.a.O.; *Ott*, notar 2015, 75, 82; OLG Hamm, Beschl. v. 15.3.2007, 15 W 404/06; DNotI-Gutachten Abruf-Nr. 144938. Wird das Grundstück später in Wohnungs- und Teileigentum aufgeteilt, wird die Entschädigungsforderung auf alle neu angelegten Wohnungs- und Teileigentumsgrundbücher übertragen; dabei muss das Grundbuchamt von Amts wegen die Gesamtbelastungssituation durch einen Gesamthaftvermerk kenntlich machen, § 48 Abs. 1 S. 1 GBO.

57 Zur Surrogation vgl. bereits *Räfle*, § 28 Rn 1.

58 BGH, a.a.O.; Bestimmbarkeit reicht, *Schöner/Stöber*, Rn 1874; DNotI-Report 2013, 99, 100; OLG Hamm, Beschl. v. 15.3.2007, 15 W 404/06; DNotI-Gutachten Abruf-Nr. 144938; *Rapp*, ZfIR 2017, 89, 94.

59 Vgl. auch Ingenstau/Hustedt/*Bardenhewer*, § 28 Rn 2 und 5; *Rapp*, ZfIR 2017, 89, 94.

ten im **Verhältnis ihrer vormaligen Mitberechtigungsanteile**[60] zu, was im Grundbuch zu verlautbaren ist, § 47 Abs. 1 GBO. Nicht selten wird aber auch als Berechtigungsverhältnis die **Gesamtberechtigung nach § 432 BGB** zur Eintragung bewilligt, da die Leistung nur alle gemeinschaftlich und nicht an jeden einzelnen von ihnen erbracht werden soll.[61]

9 Die Praxis kennt immer noch **grundbuchamtliche Zwischenverfügungen**, in denen aufgegeben wird, die **Höhe der Entschädigungsforderung** zu beziffern und näher zu bestimmen. Entsprechende Beanstandungen sind nicht gerechtfertigt, seit der BGH-Rechtsprechung überholt und im Weg der Beschwerde aufzuheben.

Die Entschädigungsforderung kann nach Ansicht des BGH auch **ohne Nennung eines bestimmten Geldbetrages** erfolgen,[62] und zwar in der **Veränderungsspalte** zum Erbbaurecht.[63] Im Grundbuch reicht die Klassifizierung als „Entschädigungsforderung",[64] reicht demnach die Bestimmbarkeit der Entschädigungsforderung aus.[65] Zur Grundbucheintragung vgl. Rdn 28, als Reallast sollte das Recht nicht eingetragen werden, da keine wiederkehrenden Leistungen gesichert werden.

Falls vertragliche Bestimmungen über die Höhe und die Art der Zahlung vorliegen, ist auf den Erbbaurechtsvertrag näher Bezug zu nehmen und der bereits festgelegte Betrag einzutragen.[66]

10 Sofern der Erbbaurechtsvertrag keine abweichende Bestimmung trifft, bestimmt sich die Entschädigung nach dem Verkehrswert[67] des Bauwerks im Erlöschenszeitpunkt. Die Entschädigungsforderung stellt ein **Verwertungsrecht** an einem Grundstück dar und unterliegt nicht der Verjährung, § 902 Abs. 1 S. 1 BGB.[68]

60 *Schneider*, ErbbauZ 2024, 66, 69.

61 Zur Gesamtberechtigung nach § 432 BGB vgl. *Demharter*, § 47 Rn 12.

62 BGH, a.a.O.; Ingenstau/Hustedt/*Bardenhewer*, § 28 Rn 2 und 5; OLG Hamm, Beschl. v. 15.3.2007, 15 W 404/06; Staudinger/*Rapp,* § 27 Rn 2a; *Böttcher*, RpflStud 2023, 5.

63 Für Eintragung in der Veränderungsspalte auch *Böttcher*, RpflStud 2023, 5, 6.

64 BGH, a.a.O.; Ingenstau/Hustedt/*Bardenhewer*, § 27 Rn 2; *Maaß* in seiner Anm. DNotZ 2013, 850, 857; OLG Hamm, Beschl. v. 15.3.2007, Az. 15 W 404/06; zur Eintragung der „Entschädigungsforderung als solche" vgl. *Böttcher*, RpflStud 2023, 5.

65 So auch *Böttcher*, RpflStud 2023, 5, 7.

66 So ebenfalls der BGH, a.a.O., die weitere Programmatik bei Eintragung des reallastähnlichen Rechts; vgl. auch Ingenstau/Hustedt/*Bardenhewer*, § 28 Rn 5.

67 Die Verkehrswertberechnung erfolgt nun nach der Immobilienwertermittlungsverordnung (ImmoWertV) 2021; insoweit obsolet *Böttcher*, Rn 720, der noch die Wertermittlungsverordnung für anwendbar hält; ebenso obsolet *Böttcher*, RpflStud 2023, 5, 7, dort noch ImmoWertV vom 19.5.2010 und die WertR 2006 angegeben. Die ImmoWertV 2010 ist jedoch nicht mehr in Kraft, an ihre Stelle ist mit Wirkung ab 1.1.2022 die ImmoWertV 2021 vom 14.7.2021 getreten, BGBl I S. 2805. Die Anwendungshinweise hierzu, die ImmoWertA, wurden zwischenzeitlich vom Bundesministerium für Wohnen, Stadtentwicklung und Bauwesen vorgelegt und am 20.9.2023 von der Fachkommission Städtebau zur Kenntnis genommen.

68 *Böttcher*, RpflStud 2023, 5, 9.

Grundpfandrechte und Reallasten,[69] die bei Zeitablauf noch auf dem Erbbaurecht lasten, setzen sich als Pfandrecht an der Entschädigungsforderung fort, § 29 ErbbauRG, und sind dort im Wege der Grundbuchberichtigung[70] auf Antrag[71] zu vermerken[72] (zur Grundbucheintragung vgl. Rdn 28). Auch insoweit tritt eine **dingliche Surrogation** ein.[73] In der Literatur ist von einer „doppelten dinglichen Surrogation“[74] die Rede, von einer doppelten Grundbuchunrichtigkeit.[75] Die erste Surrogation: die Entschädigungsforderung tritt als Surrogat an die Stelle des durch Zeitablauf erloschenen Erbbaurechts. Die zweite Surrogation: die Pfandrechte an der Entschädigungsforderung treten als Surrogat an die Stelle der Grundschulden und Reallasten, die bei Zeitablauf noch auf dem Erbbaurecht lasten, wobei auch die Pfandrechte **ohne nähere Bezifferung** eingetragen werden können.[76] Das untereinander bestehende **Rangverhältnis** dieser Verwertungsrechte setzt sich an der Entschädigungsforderung fort.[77] Deklaratorisch ist dieses **Rangverhältnis** im Grundbuch durch entsprechende Rangvermerke zum Ausdruck zu bringen.[78] Zur Grundbucheintragung vgl. Rdn 28.

V. Berichtigungsverbund

Mit der oben erwähnten Rechtsprechung des BGH[79] zur Löschung eines durch Zeitablauf erloschenen Erbbaurechts sind die **Bedingungen der Grundbuchberichtigung** geklärt. Im Mittelpunkt steht die Erkenntnis, dass das Erbbaurecht und die Entschädigungsforderung „nicht zwei voneinander unabhängige Rechte“[80] sind, sondern voneinander abhängen, miteinander verknüpft sind, sodass die eine Berichtigung (Löschung des Erbbaurechts) nicht ohne die andere Berichtigung (Eintragung der Surrogate) erfolgen kann. Es besteht ein **Eintragungszusammenhang**, der die Praxis dazu **11**

69 Nur diese Verwertungsrechte kommen in Betracht, die Realgläubiger, vgl. *Maaß* in seiner Anm. zu DNotZ 2013, 850, 856.

70 Ingenstau/Hustedt/*Bardenhewer*, § 27 Rn 5; Meikel/*Schneider*, § 56 Rn 40 GBV; *Böttcher*, RpflStud 2023, 5.

71 Nicht von Amts wegen, *Böttcher*, RpflStud 2023, 5, 7.

72 Ingenstau/Hustedt/*Bardenhewer*, a.a.O.; *Böttcher*, RpflStud 2023, 5.

73 *Ott*, notar 2015, 75, 82; *Rapp*, ZfIR 2017, 89, 94.

74 *Ott*, notar 2015, 75, 83; Ingenstau/Hustedt/*Bardenhewer*, § 29 Rn 9; Meikel/*Schneider*, § 56 Rn 33 GBV.

75 Ingenstau/Hustedt/*Bardenhewer*, § 27 Rn 2.

76 Ingenstau/Hustedt/*Bardenhewer*, § 29 Rn 8; *Maaß* in seiner Anm. zu DNotZ 2013, 850, 857; OLG Hamm, Beschl. v. 15.3.2007, 15 W 404/06.

77 Meikel/*Schneider*, § 56 Rn 33 ff. GBV.

78 Meikel/*Schneider*, § 56 Rn 40 GBV.

79 BGH, Beschl. v. 11.4.2013, Az. V ZB 109/12 = MittBayNot 2013, 474 = DNotZ 2013, 850 m. Anm. *Maaß* = NotBZ 2013, 298 = DNotI-Report 2013, 99 ff.

80 BGH, MittBayNot 2013, 474, 476.

zwingt, die Berichtigung nur einheitlich vorzunehmen.[81] Geboten ist eine **simultane Behandlung von Löschung und Surrogatseintragung**,[82] was an Verfahrensmechanismen erinnert, die die GBO im Bereich der Eintragung von Nacherben- und Testamentsvollstreckervermerken kennt. Auch dort kann die positive Eintragung von Rechtspositionen nur gleichzeitig mit Eintragung der Beschränkungen erfolgen, die mit der Rechtsposition verbunden sind.[83] Die **Unrichtigkeitskaskade**, die durch den Zeitablauf des Erbbaurechts in Gang gesetzt wird, löst zugleich eine **Berichtigungskaskade** aus. Festzustellen ist ein **Berichtigungsverbund**, dessen unbestreitbarer Vorteil darin liegt, der Entschädigungsforderung und den Pfandrechten hieran den gebotenen verfahrensrechtlichen Grundbuchschutz[84] zu verleihen. Das OLG München[85] hat diesen **Berichtigungsverbund** auf ein **Vorkaufsrecht des Erbbauberechtigten am Grundstück** ausgedehnt. Ein solches Vorkaufsrecht gehöre zum Inhalt des Erbbaurechts und könne deshalb nicht isoliert gelöscht werden. Die Zuordnung zum Inhalt des Erbbaurechts nach § 2 Nr. 7 ErbbauRG mag zweifelhaft erscheinen, nicht aber die Zuordnung eines solchen Vorkaufsrechts des Erbbauberechtigten zum Berichtigungsverbund, der eine simultane Behandlung von Löschung und Surrogatseintragung gebietet. Die Löschung des Vorkaufsrechts kann nur gleichzeitig mit Eintragung der Entschädigungsforderung geschehen,[86] eine isolierte Löschung kommt nicht in Betracht.

12 Zur Berichtigungskaskade zählt auch die **Berichtigung subjektiv-dinglicher Rechte**, die noch zugunsten des jeweiligen Inhabers des erloschenen Erbbaurechts eingetragen sind. Nach der Rechtsprechung des BGH[87] werden **Grunddienstbarkeiten** mit dem Inhalt von Wege- und Leitungsrechten zu Bestandteilen des Erbbaugrundstücks, § 12 Abs. 3 ErbbauRG, und sind entsprechend im Grundbuch zu berichtigen (zur Grundbucheintragung vgl. Rdn 30). Anderenfalls könnte der Grundstückseigentümer das Bauwerk nicht ordnungsgemäß nutzen, ohne Fortbestand der durch Grunddienstbarkeiten abgesicherten Infrastruktur.[88] Ob auch andere subjektiv-dingliche Rechte auf den jeweiligen Grundstückseigentümer übergehen, ist derzeit ungeklärt, nach hier vertrete-

81 KG, Beschl. v. 4.12.2018, Az. 1 W 369/18 = ErbbauZ 2021, 150; *Winkler/Schlögel*, Rn 5.239; *Böttcher*, RpflStud 2023, 5, 6.

82 Vgl. *Winkler/Schlögel*, Rn 5.248, Löschung und gleichzeitige Eintragung der Surrogate, nur einheitlicher Vollzug im Grundbuch möglich, vgl. KG, Beschl. v. 4.12.2018, Az. 1 W 369/18 = ErbbauZ 2021, 150, 151; *Rapp*, ZfIR 2017, 89, 94. Ebenso nun *Reichel*, ZfIR 2023, 315, 322; *Wolffskeel v. Reichenberg*, MittBayNot 2023, 220, 221; *Böttcher*, RpflStud 2023, 5, 6.

83 Beispiel: Eintragung des Nacherbenrechts ohne Eintragung des Vorerben unzulässig.

84 Zum Schutz vor gutgläubigem Erwerb vgl. auch *Böttcher*, RpflStud 2023, 5, 6.

85 OLG München, Beschl. v. 30.8.2018, Az. 34 Wx 67/18 = MittBayNot 2019, 144 m. Anm. *Winkler* = NotBZ 2019, 111 = FGPrax 2019, 6.

86 OLG München a.a.O.

87 BGH, Urt. v. 17.2.2012, Az. V ZR 102/11 = DNotZ 2012, 760 = MittBayNot 2013, 40; *Schöner/Stöber*, Rn 1871.

88 BGH, a.a.O.

ner Auffassung jedoch zu bejahen.[89] Jedenfalls postuliert § 12 Abs. 3 ErbbauRG keine anderslautende Differenzierung, und auch § 96 BGB nimmt keine Beschränkung vor. Der Normzweck des § 12 Abs. 3 ErbbauRG spricht für eine generelle, abstrakte Anwendung auf alle Rechte i.S.v. § 96 BGB.[90] In der Folge sind auch alle Herrschvermerke in das Grundstücksgrundbuch zu übertragen.[91]

VI. Eintragung des Vorrechts auf Erneuerung, § 31 ErbbauRG

13 Hintergrund ist das vertragsmäßig dem Erbbauberechtigten eingeräumte **Erneuerungsvorrecht nach § 2 Nr. 6 ErbbauRG**. In einer solchen Konstellation kann der Erbbauberechtigte das Vorrecht ausüben, sobald der Grundstückseigentümer mit einem Dritten einen neuen rechtsgültigen Erbbaurechtsvertrag über das betroffene Grundstück schließt, § 31 Abs. 1 S. 1 ErbbauRG. Dies gilt jedoch nur für einen Zeitraum von **drei Jahren** nach Ablauf der Zeit, für die das Erbbaurecht bestellt war, § 31 Abs. 2 ErbbauRG, und überdies nur für ein neues Erbbaurecht, das denselben wirtschaftlichen Zweck verfolgt wie das erloschene Erbbaurecht, § 31 Abs. 1 S. 2 ErbbauRG. Diese Einschränkungen offenbaren das beträchtliche **Umgehungspotential**, das dem Grundstückseigentümer zur Verfügung steht, um das Erneuerungsvorrecht zu Fall zu bringen.[92] Dient das neue Erbbaurecht einem anderen wirtschaftlichen Zweck, ist die Ausübung des Vorrechts ausgeschlossen, ebenso nach Ablauf der Dreijahresfrist.

14 Für den Fall, dass das Erbbaurecht nach dessen Zeitablauf, jedoch vor Ablauf der Dreijahresfrist nach § 31 Abs. 2 ErbbauRG gelöscht werden soll, ordnet § 31 Abs. 4 S. 3 ErbbauRG die Eintragung einer **Vormerkung zur Sicherung des vertraglich eingeräumten Vorrechts** an. Die Vormerkung ist von Amts wegen im bisherigen Rang des Erbbaurechts einzutragen, § 31 Abs. 4 S. 3 ErbbauRG. In der Folge muss das **Grundbuchamt** von Amts wegen in die Prüfung eintreten, ob ein Erneuerungsvorrecht besteht und die Dreijahresfrist noch nicht abgelaufen ist.[93] Sofern beides bejaht werden muss, ist die Eintragung von Amts wegen vorzunehmen. Dabei ist ausdrücklich **im Löschungsvermerk** des gelöschten Erbbaurechts auf die Eintragung der Vormerkung **hinzuweisen**, § 17 Abs. 2 S. 4 GBV. Die Vormerkung wird **halbspaltig** eingetragen (vgl. unten Rdn 27). Noch **ungeklärt** ist das **Rangverhältnis** zwischen der Vormerkung und der Entschädigungsforderung.[94] Eine Meinung geht von einem Gleichrang beider Rechtspositionen aus, da beide im bisherigen Rang des Erbbaurechts stehen. Die abweichende Meinung

89 *Schöner/Stöber*, Rn 1871; *Maaß*, NotBZ 2012, 208, 210; *Ott*, notar 2015, 75, 84; *Böttcher*, RpflStud 2023, 5, 11.
90 Wie hier auch *Böttcher*, RpflStud 2023, 5, 11, alle subjektiv-dinglichen Rechte für den Erbbauberechtigten.
91 *Böttcher*, RpflStud 2023, 5, 11.
92 Vgl. auch Ingenstau/Hustedt/*Bardenhewer*, § 31 Rn 2: kein großer praktischer Wert.
93 Meikel/*Schneider*, § 56 Rn 41 GBV.
94 Vgl. zum Sachstand Meikel/*Schneider*, § 56 Rn 42 GBV.

plädiert für einen Vorrang[95] der Entschädigungsforderung vor der Erneuerungsvormerkung. Unter Hinweis auf den offenkundigen Zeitablauf kann die Vormerkung nach Ablauf der Dreijahresfrist wieder gelöscht werden.[96]

VII. Grundgeschäft

15 Wie unter Ziffer II (Rdn 5) erwähnt, tritt das Erlöschen des Erbbaurechts mit Zeitablauf und **ohne weiteres Zutun** des Erbbauberechtigten oder Grundstückseigentümers ein, § 27 Abs. 1 S. 1 ErbbauRG. Damit entfällt die Notwendigkeit eines Grundgeschäfts,[97] um das Ende des Erbbaurechts zu besiegeln. Die **Grundbuchunrichtigkeiten** treten **automatisch** ein und können nur im Berichtigungsverbund beseitigt werden (vgl. Rdn 11). Den Beendigungsgrund bildet der Ablauf der im Erbbaurechtsvertrag bestimmten Zeit,[98] explizit ersichtlich im Erbbaugrundbuch. Als offenkundige Tatsache bedarf der Zeitablauf keines weiteren Nachweises durch öffentliche Urkunden, § 29 Abs. 1 S. 2 GBO.[99] Der Erbbauberechtigte ist zur **Herausgabe und Räumung des Grundstücks** nur **Zug um Zug gegen Eintragung seiner Entschädigungsforderung** verpflichtet.[100] Solange der Grundstückseigentümer die Eintragung nicht bewilligt hat, kann der Erbbauberechtigte die Herausgabe des Grundstücks gem. § 273 BGB verweigern.[101] Dem Herausgabeanspruch des Grundstückseigentümers nach § 985 BGB steht dann als **Einrede** die fehlende Eintragung der Entschädigungsforderung entgegen.[102]

VIII. Erfordernisse im Einzelnen – Checklisten für die Beendigung durch Zeitablauf

16 Um die Beendigung des Erbbaurechts infolge Zeitablaufs im Grundbuch vollziehen zu können, müssen die folgenden **formellen Voraussetzungen** erfüllt sein. Denkbar sind **mehrere Varianten**. Welche Verfahrensebene zu wählen ist, hängt maßgeblich von der Aussage ab, die der Erbbaurechtsvertrag über die Entschädigungsforderung trifft.[103]

95 So *Wagner/Weber*, Rfleger 2016, 685, 690.
96 *Schöner/Stöber*, Rn 1886.
97 *Räfle*, § 1 Rn 113 und § 27 Rn 1; *Ott*, notar 2015, 75, 79; *Böttcher*, RpflStud 2023, 5.
98 *Schöner/Stöber*, Rn 1872.
99 *Demharter*, § 29 Rn 60.
100 OLG Rostock, Urt. v. 22.2.2024, Az. 3 U 73/21 = BeckRS 2024, 3018.
101 OLG Rostock, Urt. v. 22.2.2024, Az. 3 U 73/21 = BeckRS 2024, 3018.
102 OLG Rostock, Urt. v. 22.2.2024, Az. 3 U 73/21 = BeckRS 2024, 3018.
103 *Schöner/Stöber*, Rn 1881 ff.

Variante 1: 17

Die Entschädigungsforderung ist nicht ausgeschlossen; Löschung des Erbbaurechts; es soll die Eintragung der Entschädigungsforderung und der Pfandrechte hieran erfolgen

- schriftlicher Löschungsantrag des Grundstückseigentümers oder des Erbbauberechtigten,[104] §§ 13 Abs. 1, 30 GBO. Ob auch Realgläubiger (Grundpfandrechte und Reallasten, die bei Zeitablauf im Erbbaugrundbuch eingetragen waren und nun ein Pfandrecht an der Entschädigungsforderung haben) den Antrag auf Löschung des Erbbaurechts und die Eintragung der Entschädigungsforderung samt Pfandrechten hieran stellen können, ist strittig und noch nicht obergerichtlich geklärt. Bis zur Klärung geht die Empfehlung dahin, einen Antrag des Grundstückseigentümers oder des Erbbauberechtigten vorzulegen. Gegen das Antragsrecht des Realgläubigers wird in der Grundbuchpraxis vorgebracht, es fehle an einer unmittelbaren Begünstigung.[105] Für ein Antragsrecht spricht die Konstruktion des Berichtigungsverbundes, die simultane Eintragung von Löschung und Surrogatseintragung (vgl. Rdn 11). Den Antrag auf Eintragung der Pfandrechte an der Entschädigungsforderung kann der Realgläubiger jedenfalls stellen.
- Eintragungsbewilligung des Grundstückseigentümers[106] in öffentlich beglaubigter Form, §§ 19, 29 Abs. 1 S. 1 GBO, gerichtet auf Eintragung der Entschädigungsforderung samt aller Pfandrechte hieran, § 29 ErbbauRG, ggf. auch in unbezifferter Form; steht die Entschädigungsforderung mehreren Erbbauberechtigten zu, ist ein Berechtigungsverhältnis anzugeben, § 47 Abs. 1 GBO, beispielsweise nach § 432 BGB; für eine BGB-Gesellschaft kann das Recht nur eingetragen werden, sofern die Gesellschaft im Gesellschaftsregister eingetragen ist, § 47 Abs. 2 GBO.
- Antrag[107] des Erbbauberechtigten oder Grundstückseigentümers[108] oder Realgläubigers auf Eintragung der Pfandrechte an der Entschädigungsforderung, § 13 Abs. 1 GBO,[109] § 29 ErbbauRG, ggf. auch in unbezifferter Form
- keine weitere Bewilligung der Realgläubiger zur Löschung des Erbbaurechts erforderlich, da ihre Rechte bei der Entschädigungsforderung vermerkt werden[110]

104 Vgl. DNotI-Gutachten Abruf-Nr. 144938; *Böttcher*, RpflStud 2023, 5, 6.

105 Dagegen für Vorgehensweise nach § 894 ZPO: Ingenstau/Hustedt/*Bardenhewer*, § 29 Rn 8, notfalls Klageerhebung.

106 Wie hier auch *Böttcher*, RpflStud 2023, 5, 6; KG, Beschl. v. 4.12.2018, Az. 1 W 369/18 = ErbbauZ 2021, 150, 151.

107 Antrag erforderlich, keine Eintragung von Amts wegen, vgl. auch *Böttcher*, RpflStud 2023, 5, 6.

108 **A.A.** *Ott*, notar 2015, 75, 83, kein Antragsrecht des Grundstückseigentümers.

109 *Grziwotz*, MittBayNot 2013, 517.

110 BGH, Beschl. v. 11.4.2013, Az. V ZB 109/12 = MittBayNot 2013, 474 = DNotZ 2013, 850 m. Anm. *Maaß* = NotBZ 2013, 298 = DNotI-Report 2013, 99 ff.; *Ott*, notar 2015, 75, 83.

- ggf. Antrag[111] des Grundstückseigentümers auf Berichtigung subjektiv-dinglicher Rechte, § 13 Abs. 1 GBO, die bislang für den jeweiligen Erbbauberechtigten eingetragen waren
- Grunderwerbsteuer fällt nicht an, da weder das Erlöschen des Erbbaurechts noch der Übergang des Bauwerks auf den Grundstückseigentümer der Grunderwerbsteuer unterliegen;[112] dem Berichtigungsantrag muss daher keine Unbedenklichkeitsbescheinigung (UB) des Finanzamtes beigefügt werden.

18 **Variante 2:**

Die Entschädigungsforderung ist nicht ausgeschlossen, keine Eintragung von Entschädigungsforderung und der Pfandrechte hieran (Verzicht des Erbbauberechtigten)

- schriftlicher Löschungsantrag des Erbbauberechtigten, § 13 Abs. 1 GBO. Ob auch Realgläubiger (Grundpfandrechte und Reallasten, die bei Zeitablauf im Erbbaugrundbuch eingetragen waren und nun ein Pfandrecht an der Entschädigungsforderung haben) den Antrag auf Löschung stellen können, ist strittig und noch nicht obergerichtlich geklärt (vgl. Rdn 17). Bis zur Klärung geht die Empfehlung dahin, einen Antrag des Erbbauberechtigten vorzulegen. Gegen das Antragsrecht des Realgläubigers wird in der Grundbuchpraxis vorgebracht, es fehle an einer unmittelbaren Begünstigung. Für ein Antragsrecht spricht die Konstruktion des Berichtigungsverbundes (vgl. Rdn 11) und die Betroffenheit des Realgläubigers, der die Löschung mitbewilligen muss.
- Löschungsbewilligung des Erbbauberechtigten in öffentlich beglaubigter Form, §§ 19, 29 Abs. 1 S. 1 GBO[113]
- Löschungsbewilligung der Realgläubiger am Erbbaurecht in öffentlich beglaubigter Form, §§ 19, 29 Abs. 1 S. 1 GBO;[114] falls es sich um ein Briefgrundpfandrecht handelt, ist auch der Grundpfandrechtsbrief vorzulegen, § 41 Abs. 1 GBO
- Unbedenklichkeitsbescheinigung des Finanzamtes ist nicht erforderlich, da der Vorgang nicht der Grunderwerbsteuer unterliegt.[115]

111 Keine Amtsberichtigung, vgl. auch *Wagner/Weber*, Rpfleger 2016, 685, 687.

112 BFH, Urt. v. 8.2.1995, Az. II R 51/92 = DStR 1995, 642; vgl. auch *Lahmann*, ErbbauZ 2022, 9, 12.

113 *Grziwotz*, MittBayNot 2013, 517; *Ott*, notar 2015, 75, 83.

114 *Grziwotz*, a.a.O.; *Ott*, a.a.O.; OLG Hamm, Beschl. v. 15.3.2007, Az. 15 W 404/06; *Erman/Grziwotz*, § 27 Rn 6; Staudinger/*Rapp*, § 27 Rn 2; Ingenstau/Hustedt/*Bardenhewer*, § 27 Rn 23; *Böttcher*, RpflStud 2023, 5, 7, die Eintragung eines Vermerks nach § 29 ErbbauRG hat dann zu unterbleiben.

115 BFH, a.a.O.; *Lahmann*, ErbbauZ 2022, 9, 12.

Variante 3: 19

Die Entschädigungsforderung ist als dinglicher Inhalt des Erbbaurechts ausgeschlossen,[116] § 27 Abs. 1 S. 2 ErbbauRG

- zur Löschung des Erbbaurechts genügt ein schriftlicher Antrag des Grundstückseigentümers oder des Erbbauberechtigten,[117] §§ 13 Abs. 1, 30 GBO. Ein Antragsrecht eines Realgläubigers am Erbbaurecht ist ausgeschlossen, da eine Entschädigungsforderung nicht im Raum steht, ebenso wenig existieren Pfandrechte hieran.
- Bewilligungen des Erbbauberechtigten oder der dinglich Berechtigten am Erbbaurecht sind nicht erforderlich, da Grundbuchunrichtigkeiten bestehen.[118]
- ebenso wenig ist eine Zustimmung des Grundstückseigentümers erforderlich.[119]
- die Unrichtigkeit (Zeitablauf) ist offenkundig und bedarf keines weiteren Nachweises,[120] § 29 Abs. 1 S. 2 GBO. Voraussetzung ist eine entsprechende Vereinbarung als Inhalt des Erbbaurechts und Eintragung[121] im Grundbuch, wobei Bezugnahme nach § 874 BGB ausreicht. Ggf. ist bei älteren Erbbaurechtsverträgen die Auslegung zu bemühen, sofern vom Ausschluss der „Heimfallentschädigung“[122] die Rede ist.
- Grunderwerbsteuer fällt nicht an, weder das Erlöschen des Erbbaurechts noch der Übergang des Bauwerks auf den Grundstückseigentümer unterliegen der Grunderwerbssteuer;[123] dem Berichtigungsantrag muss daher keine Unbedenklichkeitsbescheinigung (UB) des Finanzamtes beigefügt werden.

116 KG, Beschl. v. 4.12.2018, Az. 1 W 369/18 = ErbbauZ 2021, 150 = FGPrax 2019, 51, dabei reicht die Bezugnahme aus, u.U. ist sogar eine Auslegung erforderlich. Vgl. auch *Wagner/Weber*, Rpfleger 2016, 685, 688. Zum Ausschluss vgl. ferner *Winkler/Schlögel*, § 5 Rn 214. Der Ausschluss kann bereits bei Begründung des Erbbaurechts vereinbart werden, möglich ist aber auch ein nachträglicher Ausschluss, vgl. das Kapitel über die die Änderungen des Inhalts des Erbbaurechts. Vgl. überdies Meikel/*Schneider*, § 56 Rn 35 GBV; *Böttcher*, RpflStud 2023, 5, 9.

117 *Schöner/Stöber*, Rn 1881; *Grziwotz*, MittBayNot 2013, 517; Ingenstau/Hustedt/*Bardenhewer*, § 27 Rn 4; *Wagner/Weber*, Rpfleger 2016, 685, 688; *Böttcher*, RpflStud 2023, 5, 9.

118 *Schöner/Stöber*, a.a.O.; *Grziwotz*, a.a.O.; Meikel/*Schneider*, § 56 Rn 35 GBV.

119 *Wagner/Weber*, Rpfleger 2016, 685, 688.

120 *Wagner/Weber*, Rpfleger 2016, 685, 688.

121 KG FGPrax 2019, 51; Meikel/*Schneider*, § 56 Rn 35 GBV.

122 KG, a.a.O.

123 BFH, Urt. v. 8.2.1995, Az. II R 51/92 = DStR 1995, 642; *Lahmann*, ErbbauZ 2022, 9, 12.

20 **Variante 4:**

Die Entschädigungsforderung besteht grundsätzlich, ist aber erloschen, § 27 Abs. 3 S. 1, 2. HS ErbbauRG (= Verlängerungsangebot[124] des Grundstückseigentümers vor Zeitablauf des Erbbaurechts ist erfolgt, der Erbbauberechtigte lehnte jedoch die Verlängerung ab, womit der Anspruch auf Entschädigung erloschen ist, § 27 Abs. 3 S. 1 ErbbauRG)

In der Praxis zeigen sich zwei Varianten, Unrichtigkeitsnachweis oder Berichtigungsbewilligung.

Die erste Variante operiert mit dem Unrichtigkeitsnachweis:

- schriftlicher Antrag des Grundstückseigentümers oder des Erbbauberechtigten, §§ 13 Abs. 1, 30 GBO.[125] Ein Antragsrecht des Realgläubigers besteht nicht (Entschädigungsanspruch ist erloschen, der Realgläubiger ist nicht begünstigt und auch nicht betroffen).
- Unrichtigkeitsnachweis[126] i.d.F. des § 29 GBO, aus dem sich die beschriebene Konstellation ergibt (Verlängerungsangebot des Grundstückseigentümers vor Zeitablauf des Erbbaurechts erfolgt, der Erbbauberechtigte lehnte jedoch die Verlängerung ab, womit der Anspruch auf Entschädigung erloschen ist, § 27 Abs. 3 S. 1 ErbbauRG); in der Praxis wird ein solcher Unrichtigkeitsnachweis kaum zu erbringen sein, zur Alternative der Berichtigungsbewilligung vgl. unten, zweite Variante, noch dieselbe Rdn.
- die Mitwirkung der Realgläubiger ist nicht erforderlich, da der Entschädigungsanspruch kraft Gesetzes erloschen ist.[127]
- Grunderwerbsteuer fällt nicht an, weder das Erlöschen des Erbbaurechts noch der Übergang des Bauwerks auf den Grundstückseigentümer unterliegen der Grunderwerbssteuer;[128] dem Berichtigungsantrag muss daher keine Unbedenklichkeitsbescheinigung (UB) des Finanzamtes beigefügt werden.

124 Vgl. hierzu BGH, Urt. v. 23.11.2018, Az. V ZR 33/18 = NJW 2019, 9 = DNotI-Report 2019, 94 = NJW-Spezial 2019, 322 = ZfIR 2019, 489 m. Anm. *Binkowski/Mönig*. Nach Ansicht des BGH kann die Abwendungsbefugnis des Grundstückseigentümers nur durch Individualvertrag abbedungen werden, nicht durch Allgemeine Geschäftsbedingungen. Ein formularmäßiger Ausschluss hält dem gesetzlichen Leitbild des § 27 Abs. 3 ErbbauRG nicht stand, so der BGH, ein entsprechender Ausschluss ist unwirksam, § 307 Abs. 2 Nr. 1 BGB. Vgl. auch die Darstellung unter Rn 3 dieses Kapitels. Zur Löschung bei untergegangenem Anspruch vgl. ferner Meikel/*Schneider*, § 56 Rn 36 GBV.

125 *Grziwotz*, MittBayNot 2013, 517; *Schöner/Stöber*, Rn 1881; *Wagner/Weber*, Rpfleger 2016, 685, 688.

126 *Wagner/Weber*, Rpfleger 2016, 685, 688.

127 Ebenso Meikel/*Schneider*, § 56 Rn 36 GBV, keine Zustimmung erforderlich.

128 BFH, Urt. v. 8.2.1995, Az. II R 51/92 = DStR 1995, 642; vgl. auch *Lahmann*, ErbbauZ 2022, 9, 12.

Die zweite Variante operiert mit der Berichtigungsbewilligung:

- schriftlicher Antrag des Grundstückseigentümers oder des Erbbauberechtigten, §§ 13 Abs. 1, 30 GBO.[129] Ob auch Realgläubiger (Grundpfandrechte und Reallasten, die bei Zeitablauf im Erbbaugrundbuch eingetragen waren und nun ein Pfandrecht an der Entschädigungsforderung haben) den Antrag auf Löschung des Erbbaurechts stellen können, ist strittig und noch nicht obergerichtlich geklärt. Bis zur Klärung geht die Empfehlung dahin, einen Antrag des Grundstückseigentümers oder des Erbbauberechtigten vorzulegen. Gegen das Antragsrecht des Realgläubigers wird in der Grundbuchpraxis vorgebracht, es fehle an einer unmittelbaren Betroffenheit. Für ein Antragsrecht spricht die Konstruktion des Berichtigungsverbundes bzw. die Betroffenheit des Realgläubigers, der die Löschung mitbewilligen muss (vgl. auch Rdn 11);
- Berichtigungsbewilligung[130] des Erbbauberechtigten i.d.F. des § 29 GBO (betroffen wegen seines Entschädigungsanspruchs nach § 27 ErbbauRG);[131]
- Bewilligung der Realgläubiger ist erforderlich,[132] betroffen ist ihr Pfandrecht nach § 29 ErbbauRG;
- Grunderwerbsteuer fällt nicht an (vgl. auch obige Variante),[133] dem Berichtigungsantrag muss daher keine Unbedenklichkeitsbescheinigung (UB) des Finanzamtes beigefügt werden.

Variante 5: 21

Das Erbbaurecht ist erloschen, Erbbauberechtigter und Grundstückseigentümer sind personenidentisch, ein Entschädigungsanspruch ist nicht ausgeschlossen, die Löschung soll erfolgen

- kein Erlöschen des Entschädigungsanspruchs infolge Konfusion, da insoweit ein reallastartiges Recht vorliegt;[134] diese dingliche Rechtsposition ist im Zuge der Personenidentität von Grundstückseigentümer und Erbbauberechtigten nicht untergegangen, § 889 BGB.[135]
- schriftlicher Antrag des Grundstückseigentümers/Erbbauberechtigten,[136] §§ 13 Abs. 1, 30 GBO. Ob auch Realgläubiger (Grundpfandrechte und Reallasten, die bei

129 *Grziwotz*, MittBayNot 2013, 517; *Schöner/Stöber*, Rn 1881; *Wagner/Weber*, Rpfleger 2016, 685, 688.
130 Betroffen ist der Erbbauberechtigte, sein Entschädigungsanspruch steht im Raum, deshalb muss der Erbbauberechtigte die Berichtigungsbewilligung abgeben, vgl. auch *Wagner/Weber*, Rpfleger 2016, 685, 689.
131 *Wagner/Weber*, Rpfleger 2016, 685, 689.
132 *Wagner/Weber*, Rpfleger 2016, 685, 689; *Böttcher*, RpflStud 2023, 5, 7.
133 BFH, Urt. v. 8.2.1995, Az. II R 51/92 = DStR 1995, 642. Vgl. auch *Lahmann*, ErbbauZ 2022, 9, 12.
134 DNotI-Report 2020, 25, 26.
135 DNotI-Report 2020, 25, 26.
136 *Schöner/Stöber*, Rn 1881; *Grziwotz*, MittBayNot 2013, 517; Ingenstau/Hustedt/*Bardenhewer*, § 27 Rn 4; *Wagner/Weber*, Rpfleger 2016, 685, 688; *Böttcher*, RpflStud 2023, 5, 9.

Zeitablauf im Erbbaugrundbuch eingetragen waren und nun ein Pfandrecht an der Entschädigungsforderung haben) den Antrag auf Löschung des Erbbaurechts stellen können, ist strittig und noch nicht obergerichtlich geklärt. Vgl. die obigen Ausführungen.

- Löschungsbewilligung des Grundstückseigentümers/Erbbauberechtigten in öffentlich beglaubigter Form, §§ 19, 29 Abs. 1 S. 1 GBO; diese Löschungsbewilligung enthält auch konkludent den Verzicht auf Entschädigungsanspruch,[137] weshalb eine weitere Bewilligung nicht erforderlich ist.[138]
- Löschungsbewilligung der Realgläubiger am Erbbaurecht in öffentlich beglaubigter Form, §§ 19, 29 Abs. 1 S. 1 GBO;[139] falls es sich um ein Briefgrundpfandrecht handelt, ist auch der Grundpfandrechtsbrief vorzulegen, § 41 Abs. 1 GBO.
- Unbedenklichkeitsbescheinigung des Finanzamtes ist nicht erforderlich, da der Vorgang nicht der Grunderwerbsteuer unterliegt.[140]

IX. Muster

22 ▼

12.1 **Muster 12.1: Formulierungsvorschlag Löschung Erbbaurecht wegen Zeitablaufs, Eintragung der Entschädigungsforderung und der Pfandrechte hieran, ferner Eintragung einer Vormerkung zur Sicherung des Erneuerungsrechts**

1. Grundstück und Erbbaurecht

Grundstück: Amtsgericht Gemarkung Flurstück Grundbuch Blatt

Grundstückseigentümer:

Erbbaurecht: Amtsgericht Gemarkung , Erbbaugrundbuch Blatt

Erbbauberechtigter:

2. Zeitablauf des Erbbaurechts; Eintragung Entschädigungsforderung samt Pfandrechten hieran; Eintragung einer Vormerkung zur Sicherung des Erneuerungsvorrechts

137 DNotI-Report 2020, 25, 26.

138 Zur grundbuchamtlichen Auslegungspflicht vgl. DNotI-Report 2020, 25, 26.

139 *Grziwotz*, a.a.O.; *Ott*, a.a.O.; OLG Hamm, Beschl. v. 15.3.2007, Az. 15 W 404/06; *Erman/Grziwotz*, § 27 Rn 6; Staudinger/*Rapp*, § 27 Rn 2; Ingenstau/Hustedt/*Bardenhewer*, § 27 Rn 23; *Böttcher*, RpflStud 2023, 5, 7, die Eintragung eines Vermerks nach § 29 ErbbauRG hat dann zu unterbleiben.

140 BFH, a.a.O.; *Lahmann*, ErbbauZ 2022, 9, 12.

Im Grundbuch des Amtsgerichts Gemarkung Blatt ist ein Erbbaurecht eingetragen, das am durch Zeitablauf erloschen ist. Nach den Bestimmungen des Erbbaurechtsvertrags steht dem Erbbauberechtigten eine Entschädigungsforderung zu.

Es wird beantragt, das vorbezeichnete Erbbaurecht wegen Zeitablaufs zu löschen.

Beantragt wird ferner die Löschung derjenigen subjektiv-dinglichen Rechte, die dem Erbbaurecht am Grundstück eingeräumt sind. Das sind die Rechte Abt. II Nr. .

Dagegen ist das im Grundbuch von Blatt Abt. II Nr. eingetragene subjektiv-dingliche Recht zugunsten des jeweiligen Inhabers des erloschenen Erbbaurechts dahingehend zu berichtigen, dass es nunmehr dem jeweiligen Eigentümer des ehemals erbbaurechtsbelasteten Grundstücks zusteht, § 12 Abs. 3 ErbbauRG. Diese Rechte sind nun Bestandteile des ehemaligen Erbbaugrundstücks. Die Berichtigung wird beantragt.

Das Erbbaugrundbuch ist von Amts wegen zu schließen.

Gleichzeitig sollen eingetragen werden:

- die Entschädigungsforderung zugunsten des bisherigen Erbbauberechtigten gemäß §§ 27, 28 ErbbauRG; zur Eintragung bedarf es keiner weiteren Bezifferung; die Eintragung wird bewilligt und beantragt; mehrere Berechtigte sind als Gesamtberechtigte gem. § 432 BGB im Grundbuch einzutragen
- die an der Entschädigungsforderung bestehenden Befriedungsrechte der ehemaligen Realgläubiger (Hypotheken, Grundschulden, Reallasten am Erbbaurecht; ebenso Vormerkungen auf Einräumung solcher Rechte), § 29 ErbbauRG; nach Erbbaugrundbuchlage sind dies die folgenden Berechtigten ; zur Eintragung bedarf es keiner weiteren Bezifferung; die Eintragung wird bewilligt und beantragt
- eine Vormerkung für den bisherigen Erbbauberechtigten zur Sicherung des im Erbbaurechtsvertrag eingeräumten Vorrechts auf Erneuerung gemäß § 31 ErbbauRG; die Vormerkung ist im bisherigen Rang des Erbbaurechts von Amts wegen einzutragen, § 31 Abs. 4 S. 3 ErbbauRG.

Die Kosten trägt der Grundstückseigentümer.

Das Grundbuchamt wird gebeten, dem beglaubigenden Notar eine Vollzugsnachricht zu übersenden.

, den

UVZ-Nr.

Ich beglaubige hiermit die Echtheit der vorstehenden, vor mir vollzogenen Unterschriften von

, den

(Siegel und Unterschrift Notar)

23 **Muster 12.2: Formulierungsvorschlag ersatzlose Löschung Erbbaurecht wegen Zeitablaufs (ohne Eintragung der Entschädigungsforderung und der Pfandrechte hieran, keine Vormerkung zur Sicherung des Erneuerungsrechts)**

1. Grundstück und Erbbaurecht

Grundstück: Amtsgericht Gemarkung Flurstück Grundbuch Blatt

Grundstückseigentümer:

Erbbaurecht: Amtsgericht Gemarkung , Erbbaugrundbuch Blatt

Erbbauberechtigter:

2. Zeitablauf des Erbbaurechts; ersatzlose Löschung

Der Erbbauberechtigte bewilligt und beantragt die ersatzlose Löschung des vorbezeichneten Erbbaurechts wegen Zeitablaufs.

Eine Entschädigungsforderung i.S.v. §§ 27, 28 ErbbauRG soll nicht im Grundbuch eingetragen werden, ebenso wenig eine Vormerkung zur Sicherung eines Erneuerungsvorrechts i.S.v. § 31 ErbbauRG.

Die Zustimmungen der Realgläubiger am Erbbaurecht i.S.v. § 29 ErbbauRG (Hypotheken, Grundschulden, Reallasten am Erbbaurecht) sind dieser Löschungsbewilligung beigefügt.

Das Erbbaugrundbuch ist von Amts wegen zu schließen, § 16 ErbbauRG.

Beantragt wird ferner die Löschung derjenigen subjektiv-dinglichen Rechte, die dem Erbbaurecht am Grundstück eingeräumt sind. Das sind die Rechte Abt. II Nr. .

Dagegen ist das im Grundbuch des Amtsgerichts Gemarkung Blatt Abt. II Nr. eingetragene subjektiv-dingliche Recht zugunsten des jeweiligen Inhabers des erloschenen Erbbaurechts dahingehend zu berichtigen, dass es nunmehr dem jeweiligen Eigentümer des ehemals erbbaurechtsbelasteten Grundstücks zusteht, § 12 Abs. 3 ErbbauRG. Diese Rechte sind nun Bestandteile des ehemaligen Erbbaugrundstücks. Die Berichtigung wird beantragt.

Die Kosten trägt der Grundstückseigentümer.

Das Grundbuchamt wird gebeten, dem beglaubigenden Notar eine Vollzugsnachricht zu übersenden.

, den

UVZ-Nr.

Ich beglaubige hiermit die Echtheit der vorstehenden, vor mir vollzogenen Unterschriften von

, den

(Siegel und Unterschrift Notar)

▲

▼ 24

Muster 12.3: Formulierungsvorschlag ersatzlose Löschung Erbbaurecht wegen Zeitablaufs (Entschädigungsforderung ist als dinglicher Inhalt des Erbbaurechts ausgeschlossen, ein Erneuerungsrecht ist nicht begründet) 12.3

1. Grundstück und Erbbaurecht

Grundstück: Amtsgericht Gemarkung Flurstück Grundbuch Blatt

Grundstückseigentümer:

Erbbaurecht: Amtsgericht Gemarkung , Erbbaugrundbuch Blatt

Erbbauberechtigter:

2. Zeitablauf des Erbbaurechts; ersatzlose Löschung

Der Erbbauberechtigte erklärt, dass das oben genannte Erbbaurecht mit Zeitablauf am erloschen ist und kein Erneuerungsvorrecht besteht. Die Entschädigungsforderung ist als dinglicher Inhalt des Erbbaurechts ausgeschlossen.

Der Erbbauberechtigte beantragt die Löschung des Erbbaurechts, jedoch erst nach Ablauf des .

Das Erbbaugrundbuch ist von Amts wegen zu schließen, § 16 ErbbauRG.

Mit Zeitablauf des Erbbaurechts wird ferner die Löschung derjenigen subjektiv-dinglichen Rechte beantragt, die dem Erbbaurecht am Grundstück eingeräumt sind. Das sind die Rechte Abt. II Nr. .

Dagegen ist das im Grundbuch des Amtsgerichts Gemarkung Blatt Abt. II Nr. eingetragene subjektiv-dingliche Recht zugunsten des jeweiligen Inhabers des erloschenen Erbbaurechts dahingehend zu berichtigen, dass es nunmehr dem jeweiligen Eigentümer des ehemals erbbaurechtsbelasteten Grundstücks zusteht, § 12 Abs. 3 ErbbauRG. Diese Rechte sind nun Bestandteile des ehemaligen Erbbaugrundstücks. Die Berichtigung wird beantragt.

Die Kosten trägt der Grundstückseigentümer.

Das Grundbuchamt wird gebeten, dem beglaubigenden Notar eine Vollzugsnachricht zu übersenden.

___, den ___

UVZ-Nr. ___

Ich beglaubige hiermit die Echtheit der vorstehenden, vor mir vollzogenen Unterschriften von ___

___, den ___

(Siegel und Unterschrift Notar)

▲

25 ▼

Muster 12.4: Formulierungsvorschlag Zustimmung Realgläubiger zur ersatzlosen Löschung des Erbbaurechts nach Zeitablauf

1. Erbbaurecht

Erbbaurecht: Amtsgericht ___ Gemarkung ___, Erbbaugrundbuch Blatt ___

Erbbauberechtigter: ___

2. Zustimmung Realgläubiger am Erbbaurecht

Als Gläubiger, eingetragen im vorbezeichneten Erbbaugrundbuch, Abteilung ___ Nr. ___, stimmen wir der ersatzlosen Löschung des Erbbaurechts nach Zeitablauf zu und bewilligen den Vollzug im Grundbuch.

___, den ___

UVZ-Nr. ___

Ich beglaubige hiermit die Echtheit der vorstehenden, vor mir vollzogenen Unterschriften von ___

___, den ___

(Siegel und Unterschrift Notar)

▲

X. Grundbucheintragungen

1. Grundstücksgrundbuch

Die Löschung des Erbbaurechts ist in der **Löschungsspalte** der Zweiten Abteilung einzutragen, begleitet von der Rötung der Eintragung in der Hauptspalte, § 17 Abs. 2 GBV (im folgenden Beispiel soll die Unterstreichung die Rötung darstellen). 26

Die **Entschädigungsforderung**, das Erbbaurechtssurrogat, wird in der **Veränderungsspalte** eingetragen,[141] um ranggleich an die Stelle des erloschenen Erbbaurechts zu treten. Wie unter Rdn 8–10 dargestellt, kann die Eintragung auch ohne Nennung eines bestimmten Geldbetrages erfolgen.[142] Im Grundbuch genügt die Klassifizierung als „**Entschädigungsforderung**",[143] die Bezeichnung als Reallast wäre unzutreffend,[144] da es sich nur um ein reallastähnliches Recht handelt und im Übrigen keine wiederkehrenden Leistungen geschuldet werden. Eine anderslautende Eintragung durch das Grundbuchamt ist mit Fassungsbeschwerde anzugreifen. Ggf. ist auf den Erbbaurechtsvertrag näher Bezug zu nehmen, falls sich hierin Bestimmungen über die Höhe und die Art der Zahlung befinden.[145] Miteinzutragen sind diejenigen **Pfandrechte** an der Entschädigungsforderung, die als Surrogate den Verwertungsrechten am Erbbaurecht zustehen, § 29 ErbbauRG. Insoweit setzt sich das bisherige Rangverhältnis an der Entschädigungsforderung fort, die Empfehlung geht dennoch dahin, deklaratorisch das Rangverhältnis durch **Rangvermerke** zum Ausdruck zu bringen.[146] Die Pfandrechte müssen nicht näher beziffert werden.[147]

Zur Sicherung des Vorrechts (vgl. Rdn 13–14) ist u.U. von Amts wegen eine **Vormerkung** im bisherigen Rang des Erbbaurechts einzutragen, § 31 Abs. 4 S. 3 ErbbauRG.[148] Dabei ist im **Löschungsvermerk** ausdrücklich auf die Eintragung der Vormerkung **hinzuweisen**, § 17 Abs. 2 S. 4 GBV. Die Vormerkung wird **halbspaltig** eingetragen, §§ 12 Abs. 1 lit. b, 19 Abs. 1 S. 1 GBV.[149] 27

141 OLG Hamm, Beschl. v. 15.3.2007, Az. 15 W 404/06, Eintragung in Veränderungsspalte zum Erbbaurecht. Vgl. auch Meikel/*Schneider*, § 56 Rn 38 GBV. Die Eintragung in der Veränderungsspalte bringt den „bruchlosen" Surrogationsvorgang besser zum Ausdruck, weshalb dieser Buchungsform der Vorzug zu geben ist. Zur alternativen Eintragungsform in der Hauptspalte wird auf das folgende Beispiel verwiesen. Für Eintragung in der Veränderungsspalte auch *Böttcher*, RpflStud 2023, 5, 6.

142 BGH, a.a.O.

143 BGH, a.a.O.; Ingenstau/Hustedt/*Bardenhewer*, § 28 Rn 5, Bezeichnung als „Entschädigungsforderung" reicht aus.

144 Meikel/*Schneider*, § 56 Rn 39 GBV.

145 So ebenfalls der BGH, a.a.O., die weitere Programmatik bei Eintragung des reallastähnlichen Rechts.

146 Meikel/*Schneider*, § 56 Rn 40 GBV.

147 *Winkler/Schlögel*, Rn 5. 246.

148 Eintragungsmuster vgl. *Schöner/Stöber*, Rn 1885.

149 Zur Eintragung vgl. Meikel/*Schneider*, § 56 Rn 41 GBV.

Amtsgericht München **Grundbuch von** Max-Vorstadt **Blatt** 205 **Zweite Abteilung**

Lfd. Nummer der Eintragungen	Lfd. Nummer der betroffenen Grundstücke im Bestandsverzeichnis	Lasten und Beschränkungen
1	2	3
1	1	Erbbaurecht für Seefelder Verlags GmbH, München, Amtsgericht München, HRB 50210; gemäß Bewilligungen vom 9.2.1954 und 4.3.1954 – URNr. 303 und 570/jeweils Notarius, Augsburg; eingetragen am 8.11.1954. Konnetschke
2	1	Vormerkung gemäß § 31 ErbbauRG zur Sicherung des Vorrechts der Seefelder Verlags GmbH, München, Amtsgericht München, HRB 50210, auf Erneuerung des Erbbaurechts Abt. II Nr. 1; gemäß Bewilligung vom 8.12.2024 – UVZ-Nr. 1500/Notarius, München; von Amts wegen im bisherigen Erstrang des Erbbaurechts im Gleichrang mit der Entschädigungsforderung Abt. II Nr. 1, Veränderungsspalte, eingetragen am 16.12.2024. Lausmann

28 **Amtsgericht** München **Grundbuch von** Max-Vorstadt **Blatt** 205 **Zweite Abteilung**

Veränderungen		Löschungen	
Laufende Nummer der Spalte 1		Laufende Nummer der Spalte 1	
4	5	6	7
1	Entschädigungsforderung gemäß § 27 Abs. 1 S. 1 ErbbauRG für Seefelder Verlags GmbH, München, Amtsgericht München, HRB 50210; die Entschädigungsforderung ist als reallastähnliches Surrogat an die Stelle des durch Zeitablauf erloschenen Erbbaurechts getreten, und zwar in dessen Rang, § 28 ErbbauRG; wegen der Entschädigungsvereinbarung wird ergänzend auf den Erbbaurechtsvertrag (Bewilligungen vom 9.2.1954 und 4.3.1954 – URNr. 303 und	1	Erbbaurecht infolge Zeitablaufs gelöscht unter gleichzeitiger Eintragung der Entschädigungsforderung in den Spalten 4 und 5 (samt Befriedigungs- und Verwertungsrechten) sowie unter gleichzeitiger Eintragung der Vormerkung Abt. II Nr. 2; vermerkt am 16.12.2024. Lausmann

	570/jeweils Notarius, Augsburg) Bezug genommen; an der Entschädigungsforderung stehen den folgenden Berechtigten Befriedigungs- und Verwertungsrechte im bisherigen Rangverhältnis der Grundpfandrechte zu, § 29 ErbbauRG: der Silbertaler Sparkasse, Silbertal (erstrangig), und der Preußischblau Bausparkasse Aktiengesellschaft, Eggenfelden (zweitrangig); gemäß Bewilligung vom 8.12.2024 – UVZ-Nr. 1500/ Notarius, München –; im Wege der Grundbuchberichtigung im Gleichrang mit der Vormerkung II Nr. 2 eingetragen am 16.12.2024. Lausmann		

Alternative: Eintragung der Entschädigungsforderung in der **Hauptspalte:**[150]

Amtsgericht München **Grundbuch von** Max-Vorstadt **Blatt** 205 **Zweite Abteilung**

Lfd. Nummer der Eintragungen	Lfd. Nummer der betroffenen Grundstücke im Bestandsverzeichnis	Lasten und Beschränkungen
1	2	3
3	1	Entschädigungsforderung gemäß § 27 Abs. 1 S. 1 ErbbauRG für Seefelder Verlags GmbH, München, Amtsgericht München, HRB 50210; die Entschädigungsforderung ist als reallastähnliches Surrogat an die Stelle des durch Zeitablauf erloschenen Erbbaurechts Abt. II Nr. 1 getreten, und zwar in dessen Rang, § 28 ErbbauRG; wegen der Entschädigungsvereinbarung wird ergänzend auf den Erbbaurechtsvertrag (Bewilligungen vom 9.2.1954 und 4.3.1954 – URNr. 303 und 570/jeweils Notar

150 So der Vorschlag *Wagner/Weber*, Rpfleger 2016, 685, 693, die eine Eintragung in der Hauptspalte befürworten da das Erbbaurechts bereits erloschen sei; die Pfandrechte nach § 29 ErbbauRG sollen jedoch wiederum in der Veränderungsspalte eingetragen werden. Durch den Wechsel in die Hauptspalte tritt aber der Surrogatscharakter der Entschädigungsforderung in den Hintergrund. Deshalb ist der Eintragung in der Veränderungsspalte der Vorzug zu geben, so auch Meikel/*Schneider*, § 56 Rn 38 GBV. Aus der Sicht des Notariats ist die Eintragung in der Hauptspalte nicht zu beanstanden, das Notariat kann die alternative Eintragungsform zur Kenntnis nehmen. Eine Unrichtigkeit ist insoweit nicht gegeben, sondern eine unterschiedliche Eintragungsweise der Grundbuchämter.

		Prof. Dr. Notarius, München) Bezug genommen; Gleichrang mit II Nr. 4; eingetragen am 16.12.2024. Konnetschke
4	1	Vormerkung gemäß § 31 ErbbauRG zur Sicherung des Vorrechts der Seefelder Verlags GmbH, München, Amtsgericht München, HRB 50210, auf Erneuerung des Erbbaurechts Abt. II Nr. 1; gemäß Bewilligung vom 8.12.2024 – UVZ-Nr. 1500/Notarius, München; von Amts wegen im bisherigen Erstrang des Erbbaurechts im Gleichrang mit der Entschädigungsforderung Abt. II Nr. 3, eingetragen am 16.12.2024. Lausmann

Amtsgericht München **Grundbuch von** Max-Vorstadt **Blatt** 205 **Zweite Abteilung**

Veränderungen		Löschungen	
Laufende Nummer der Spalte 1		Laufende Nummer der Spalte 1	
4	5	6	7
3	Pfandrechte gemäß § 29 ErbbauRG (Befriedigungs- und Verwertungsrechte) im bisherigen Rang der Grundpfandrechte für: – Silbertaler Sparkasse, Silbertal (erstrangig) – und die Preußischblau Bausparkasse Aktiengesellschaft, Eggenfelden (zweitrangig); gemäß Bewilligung vom 8.12.2024 – UVZ-Nr. 1500/Notarius, München –; eingetragen am 16.12.2024. Lausmann	1	Erbbaurecht infolge Zeitablaufs gelöscht unter gleichzeitiger Eintragung der Entschädigungsforderung (Abt. II Nr. 3) sowie unter gleichzeitiger Eintragung der Vormerkung Abt. II Nr. 4; eingetragen am 16.12.2024. Lausmann

2. Erbbaugrundbuch

29 In der Praxis beantragen die Beteiligten im Zuge der Erbbaurechtslöschung eigenständig auch die **Schließung des Erbbaugrundbuchs**, was nicht konform mit der Regelung in

§ 16 ErbbauRG geht. Danach wird bei Löschung des Erbbaurechts das Erbbaugrundbuch bereits **von Amts wegen** geschlossen. Damit erübrigt sich ein eigener Schließungsantrag.

Realisiert wird die Schließung des Erbbaugrundbuchs wie folgt:

- durch einen **Aufschriftsvermerk**: „Wegen Erlöschen des Erbbaurechts infolge Zeitablaufs dieses Blatt geschlossen am 16.12.2024. Lausmann"; im Schließungsvermerk ist der **Grund der Schließung** anzugeben, § 36 lit. b GBV
- durch einen **Vermerk im Bestandsverzeichnis**, Spalten 7 und 8, **Abschreibungen**, vgl. auch § 56 Abs. 6 GBV:[151] „1 Erbbaurecht auf dem Blatt des belasteten Grundstücks nach Beendigung umgeschrieben gemäß §§ 27, 28 ErbbauRG; hier vermerkt und dieses Blatt von Amts wegen gemäß § 16 ErbbauRG geschlossen am 16.12.2024. Lausmann"
- und schließlich dadurch, dass sämtliche Seiten des Blattes **rot durchkreuzt** werden, § 36 lit. a GBV i.V.m. § 54 GBV.

3. Grundbuch mit subjektiv-dinglichen Rechten zugunsten des Erbbauberechtigten

Der Rechtsübergang ist in der **Veränderungsspalte** einzutragen, § 10 Abs. 5 und Abs. 7 GBV, Spalten 4 und 5, gefolgt von der **Rötung** des ehemaligen Berechtigten in der Hauptspalte, vgl. § 17 Abs. 3 S. 1 GBV. Sofern das subjektiv-dingliche Recht auf dem Blatt des ehemals herrschenden Erbbaurechts vermerkt ist, muss der Herrschvermerk in das Grundstücksgrundbuch übertragen werden,[152] worauf das Grundbuchamt zu achten hat. Eine fehlende Übertragung in das Grundstücksgrundbuch muss das Notariat dem Grundbuchamt mitteilen, damit das Grundbuchamt die Übertragung nachholen kann. 30

Amtsgericht München **Grundbuch von** Max-Vorstadt **Blatt** 2010 **Zweite Abteilung**

Laufende Nummer der Spalte 1		Laufende Nummer der Spalte 1	
4	5	6	7
5	Nach Erlöschen des Erbbaurechts durch Zeitablauf steht die Grunddienstbarkeit nunmehr dem jeweiligen Eigentümer des ehemaligen Erbbaugrundstücks Flurstück 456 zu, § 12 Abs. 3		

151 Zur Fassung des Vermerks vgl. *Böttcher*, RpflStud 2023, 5, 7, Umschreibung des Erbbaurechts nach Beendigung.

152 Vgl. *Böttcher*, RpflStud 2023, 5, 11.

	ErbbauRG; eingetragen am 16.12.2024. Lausmann		

XI. Kosten des Notariats und des Grundbuchamtes

1. Kosten des Notariats

31 Einschlägig ist die Nr. 21201 Nr. 4 KV GNotKG,[153] anzusetzen ist eine **0,5 Gebühr**, Tabelle B, mindestens ein Betrag i.H.v. 30 EUR.[154] Etwas anderes gilt nur dann, sollten ausnahmsweise vertragliche Vereinbarungen über den Entschädigungsanspruch beurkundet werden. Dann ist eine 2,0 Gebühr nach der Nr. 21100 KV GNotKG in Rechnung zu stellen.[155]

Der **Geschäftswert** richtet sich nach § 36 Abs. 1 GNotKG und ist am Wert der Entschädigungsforderung auszurichten, anderenfalls an einem Teilwert i.H.v. 10 bis 20 Prozent[156] des Wertes des Erbbaurechtes, der sich nach § 49 Abs. 2 GNotKG bestimmt.[157]

2. Kosten des Grundbuchamtes

32 Die **Löschung eines Erbbaurechts** löst eine Festgebühr i.H.v. 25 EUR aus, Nr. 14143 KV GNotKG. Das Erbbaugrundbuch wird von Amts wegen geschlossen, § 16 ErbbauRG, eine gesonderte Schließungsgebühr ist nicht zu erheben (mangels Gebührentatbestandes).

Für die **Eintragung** der reallastartigen **Entschädigungsforderung** fällt eine volle Gebühr nach der Nr. 14121 KV GNotKG an. Dass die Höhe der Entschädigungsforderung ggf. nicht beziffert ist, wirkt sich auch auf den Geschäftswert aus. In der Praxis wird dieses Problem häufig durch Heranziehung des Verkehrswertes des Gebäudes gelöst. Dabei werden aktuelle, anlässlich des Zeitablaufs bereits gefertigte Verkehrswertgutachten zugrunde gelegt, die von den Beteiligten angefordert werden können.

Ob der Vermerk über die **Verwertungs- und Befriedigungsvorrechte** der Realgläubiger an der Entschädigungsforderung (§ 29 ErbbauRG) eine Gebühr auslöst, ist in der Grundbuchpraxis **umstritten**. Eine Meinung geht von Gebührenfreiheit aus, weil ein entsprechender Gebührentatbestand fehle. Eine andere Meinung bezieht sich auf die Rechtsnatur der Verwertungs- und Befriedigungsvorrechte, die Pfandrechten gleichgestellt sind,[158] und bejaht die

153 *Streifzug*, Rn 886; *Leipziger Kostenspiegel*, Rn 5.91.
154 Ingenstau/Hustedt/*Hustedt*, Anhang II Rn 24.
155 *Streifzug*, Rn 887; *Leipziger Kostenspiegel*, Rn 5.93.
156 *Leipziger Kostenspiegel*, Rn 5.92, nur Teilwert.
157 *Streifzug*, a.a.O., Rn 886; *Leipziger Kostenspiegel*, Rn 5.92.
158 Ingenstau/Hustedt/*Bardenhewer*, § 29 Rn 6.

Anwendbarkeit der Nr. 14130 KV GNotKG. Diese Meinung setzt sich jedoch nicht mit der Frage auseinander, wo denn die Veränderung liege, schließlich werden die Vorrechte bei der Entschädigungsforderung sogleich vermerkt. Eine Änderung im materiell-rechtlichen Sinne ist nicht zu erkennen, die Entschädigungsforderung wird sogleich mit den Verwertungs- und Befriedigungsvorrechten gebucht. Im Ergebnis ist daher von Gebührenfreiheit auszugehen.

Die Eintragung einer **Vormerkung** gem. § 31 ErbbauRG ist dagegen mit einer 0,5 Gebühr 33
belegt, Nr. 14150 KV GNotKG. Geschäftswert ist der Wert des vorgemerkten Rechts, wobei die in § 51 Abs. 1 S. 2 GNotKG enthaltene Bestimmung über den Wert eines Vorkaufs- bzw. Wiederkaufsrechts entsprechende Anwendung findet, § 45 Abs. 3 GNotKG. Im Ergebnis ist nur der halbe Wert des einzutragenden Erbbaurechts maßgeblich. Die Wertberechnung eines Erbbaurechts ist in § 49 Abs. 2 GNotKG geregelt, der Wert eines Erbbaurechts beträgt 80 Prozent der Summe aus den Werten des belasteten Grundstücks und darauf errichteter Bauwerke. Also: 80 Prozent des Bodenwertes plus 80 Prozent vorhandener Bauwerke (siehe oben: Verkehrswertgutachten Rdn 32 = Gesamtsumme; für die Eintragung der Vormerkung ist aber nur der halbe Wert anzusetzen). Nach § 31 Abs. 4 S. 3 ErbbauRG enthält die Vormerkung kraft Gesetzes den Rang des abgelaufenen Erbbaurechts. Eine Rangänderung liegt damit nicht vor, sodass nicht auch noch eine Gebühr nach Nr. 14130 KV GNotKG anfällt. Die Eintragung entsprechender Rangvermerke erfolgt gebührenfrei.

Weitere **Löschungen von Rechten der Zweiten Abteilung** sind mit 25 EUR pro Recht in Rechnung zu stellen, Nr. 14143 KV GNotKG. In Betracht kommen vor allem subjektiv-dingliche Rechte, die dem Erbbaurecht am Grundstück eingeräumt waren, beispielsweise ein Vorkaufsrecht am Grundstück.

Löschungen in der Dritten Abteilung sind mit einer 0,5 Wertgebühr pro Recht belegt, Nr. 14140 KV GNotKG, je zu erheben aus dem Nominalbetrag des Grundpfandrechts, § 53 Abs. 1 GNotKG.

Die **Berichtigung subjektiv-dinglicher Rechte**, die zugunsten des jeweiligen Inhabers des erloschenen Erbbaurechts eingetragen waren und nun dem jeweiligen Eigentümer des ehemals erbbaurechtsbelasteten Grundstücks zustehen, § 12 Abs. 3 ErbbauRG, ist als Veränderung i.S.v. Nr. 14130 KV GNotKG einzuordnen. Pro Recht fällt eine 0,5 Veränderungsgebühr aus dem vollen Geschäftswert des Rechts an.

C. Rechtsgeschäftliche Aufhebung vor Zeitablauf

I. Allgemeines

34 In der Erbbaurechtspraxis bildet der Zeitablauf eines Erbbaurechts den Regel- und die **rechtsgeschäftliche Aufhebung vor Zeitablauf** den **Sonderfall.**[159] Eine Begrenzung der Beendigungsoptionen ist darin zu sehen, dass eine einseitige Erbbaurechtsaufgabe nicht in Betracht kommt, mangels Anwendbarkeit des § 928 BGB. Die Regelung in § 11 Abs. 1 S. 1 ErbbauRG schließt dies ausdrücklich aus.[160] Ebenso wenig kann das Erbbaurecht durch eine auflösende Bedingung beschränkt werden, § 1 Abs. 4 S. 1 ErbbauRG,[161] und es erlischt auch nicht durch Eintritt des Heimfalls[162] oder durch den Untergang des Bauwerks. Das moderne Erbbaurecht zeigt sich besonders gefestigt gegenüber Implosionsbestimmungen, was den historischen Erfahrungen geschuldet ist.[163] Im Vordergrund steht der **Bestandsschutz** des Erbbaurechts. Die Aufhebung vor Zeitablauf kann daher nur **einvernehmlich** erfolgen, im Einklang zwischen Grundstückseigentümer, Erbbauberechtigtem und Realgläubigern des Erbbaurechts. Ein solches Einvernehmen fällt häufig nicht schwer, weil Aufhebungen im Kontext eines Grundstückserwerbs durch den Erbbauberechtigten oder eines Erbbaurechtserwerbs durch den Grundstückseigentümer erfolgen. Zur Rechtssicherheit trägt bei, dass die Aufhebung **bedingungsfeindlich** ist.[164] Die Zahlung eines Entgelts für die Aufhebung ist nicht als Bedingung, sondern als bloße Gegenleistung[165] zu werten, steht der Aufhebung demnach nicht entgegen.

II. Schuldrechtliches Grundgeschäft

35 Damit ist auch bereits die Antwort auf die Frage gegeben, welcher Form das Grundgeschäft bedarf, mit dem das Erbbaurecht aufgehoben werden soll. Der Normzweck, gerichtet auf Warnung und Schutz der Beteiligten, gebietet die Form der **notariellen Beurkundung**, § 11 Abs. 2 ErbbauRG i.V.m. § 311b Abs. 1 BGB.[166] Dies mag auf den ersten Blick verwunderlich scheinen, weil Begründung und Beendigung dann einem einheitli-

159 Vgl. bereits *Glaß/Scheidt*, § 26 Anm. I, = S. 152; zu den Aufhebungsoptionen vgl. auch *Winkler/Schlögel*, Rn 5.194.

160 *Westermann*, Vorsorge für eine Beendigung des Erbbaurechts, in: Hager (Hrsg.), Die Beendigung des Erbbaurechts, 2015, 27; *Räfle*, § 1 Rn 114; *Glaß/Scheidt*, § 26 An. I = S. 153; unrichtig dagegen Ingenstau/Hustedt/*Bardenhewer*, § 27 Rn 1, Verzicht als Option.

161 Vgl. auch Ingenstau/Hustedt/*Bardenhewer*, § 11 Rn 75.

162 *Glaß/Scheidt*, § 26 Anm. I = S. 153.

163 *Pesl*, S. 86 ff.

164 Nagel/*Götting*, § 26 Rn 13.

165 Nagel/*Götting*, § 26 Rn 13.

166 *Schöner/Stöber*, Rn 1870; *Räfle*, § 1 Rn 112; *Ott*, notar 2015, 7; *Winkler/Schlögel*, § 5 Rn 197; *Böttcher*, Rn 698; Nagel/*Götting*, § 26 Rn 11.

chen Beurkundungsregime unterworfen sind. Das *formelle finale furioso* findet seine Begründung im **Rechtsübergang des Bauwerks**, den § 12 Abs. 3 ErbbauRG postuliert. Sobald das Erbbaurecht erlischt, werden die Bestandteile des Erbbaurechts zu Bestandteilen des Grundstücks. Wirtschaftlich entspricht dies der Übertragung des Erbbaurechts,[167] die ebenfalls der Beurkundungspflicht unterliegt. Zu weitreichend sind die wirtschaftlichen und rechtlichen Folgen, die mit dem Erlöschen des Erbbaurechts verbunden sind, weshalb die notarielle Beurkundung auf den Plan gerufen ist. Ein weiterer Grund ist darin zu sehen, dass auf die §§ 27 – 29 ErbbauRG nicht zurückgegriffen werden kann und Entschädigungsfragen durch die Beteiligten zu klären sind. Der **Rechtsübergang nach § 12 Abs. 3 ErbbauRG** schließt auch **Grunddienstbarkeiten** und **Reallasten** ein, die für den jeweiligen Erbbauberechtigten eingetragen sind. Ob dies nur für Wege- und Leitungsrechte[168] oder auch für andere Grunddienstbarkeiten und subjektiv-dingliche Reallasten gilt, bedarf der weiteren obergerichtlichen Klärung. Nach hier vertretener Auffassung ist dies zu bejahen.[169] Dem Regelungsgehalt des § 12 Abs. 3 ErbbauRG kann keine abweichende Differenzierung entnommen werden. Es ist vielmehr gerechtfertigt, die Regelung des § 12 Abs. 3 ErbbauRG **auf alle subjektiv-dinglichen Rechte** auszudehnen, die dem jeweiligen Erbbauberechtigten zuzurechnen sind. Der Normzweck spricht für eine generelle,[170] abstrakte Anwendung auf alle Rechte i.S.v. § 96 BGB. Eine weitere höchstrichterliche Klärung gäbe mehr Rechtssicherheit.

III. Vormerkung zur Sicherung des Anspruchs auf Erbbaurechtsaufhebung

Zur Sicherung des Anspruchs auf Aufhebung des Erbbaurechts kann eine **Vormerkung** 36
eingetragen werden, § 883 Abs. 1 S. 1 BGB.[171] Dabei kommt vor allem der Frage praktische Bedeutung zu, in **welchen Grundbüchern** – Erbbaugrundbuch oder/und Grundstücksgrundbuch –, die Eintragung zwingend erfolgen muss und zusätzlich erfolgen kann. Unter Hinweis auf die Funktionsrelevanz des Grundstücksgrundbuchs besteht Einigkeit dahingehend, dass eine solche Aufhebungsvormerkung **zwingend** im **Grundstücksgrundbuch** einzutragen ist.[172] Um maximale Publizität zu erreichen und eine Eintragungsdiskrepanz zu vermeiden, empfiehlt es sich jedoch, eine **Doppeleintragung vorzunehmen, also im Grundstücks- und im Erbbaugrundbuch**.[173] Eine einseitige

167 Zur Beurkundungsform vgl. *Ott*, notar 2015, 75; *Grauel*, ZNotP 1998, 456, 459.
168 BGH, Urt. v. 17.2.2012, Az. V ZR 102/11 = DNotZ 2012, 760 = MittBayNot 2013, 40 = NJW-RR 2012, 845.
169 *Schöner/Stöber*, Rn 1871; *Maaß*, NotBZ 2012, 208, 210; *Ott*, notar 2015, 75, 84; *Böttcher*, Rn 710.
170 *Ott*, notar 2015, 74, 84.
171 *Böhringer*, Rpfleger 2019, 557, 558, 559; Staudinger/*Rapp*, § 11 Rn 23a; Nagel/*Götting*, § 26 Rn 14.
172 *Böhringer*, Rpfleger 2019, 557, 559.
173 *Ott*, notar 2015, 75 f.; zweifelnd *Böhringer*, Rpfleger 2019, 557, 559.

Eintragung im Grundstücksgrundbuch führt in der Praxis nicht selten zu der Rückäußerung, ob insoweit das Grundbuchamt die Eintragung vergessen oder versehentlich nicht vorgenommen habe. Gläubiger des Erbbauberechtigten, die zur Zwangsvollstreckung schreiten wollen, werden nach bloßer Einsichtnahme in das Erbbaugrundbuch auf eine trügerische Fährte gelockt. Gleiches gilt für alle weiteren Berechtigten, für die am Erbbaugrundbuch eine Eintragung erfolgen soll, oder für Käufer des Erbbaurechts. Wirtschaftlich kommt dies einem Ergebnis gleich, das der Erbbaurechtsgesetzgeber mit dem Verbot auflösender Bedingungen vermeiden wollten, § 1 Abs. 4 S. 1 ErbbauRG. Echten Bestandsschutz erlangen Vollstreckungsgläubiger und Neuberechtigte nur nach Rückkoppelung mit dem Grundstücksgrundbuch, stets unter Darlegung des berechtigten Interesses, § 12 Abs. 1 S. 1 GBO. Abhilfe schafft die Doppeleintragung der Aufhebungsvormerkung im Grundstücks- und im Erbbaugrundbuch,[174] und zwar im **Grundstücksgrundbuch** in der Veränderungsspalte zum Erbbaurecht und im **Erbbaugrundbuch** in der Hauptspalte der Zweiten Abteilung (zur Grundbucheintragung vgl. Rdn 46 und 47). Nur auf diese Art und Weise erfüllt das Grundbuch seinen Auftrag, Spiegel dinglicher Rechtsverhältnisse zu sein, die am Grundstück bzw. grundstücksgleichem Recht lasten. Eine Eintragung nur im Grundstücksgrundbuch lässt den Spiegel an einer Stelle blind erscheinen, was nicht Aufgabe eines Registers sein kann.

IV. Zustimmung dinglich Berechtigter am Erbbaurecht

37 Auf den ersten Blick scheint der historische Gesetzgeber der Aufhebung des Erbbaurechts kaum und dem Zeitablauf große Bedeutung beigemessen zu haben: in § 26 ErbbauRG nur eine einzelne Regelung zur Aufhebung, in den §§ 27 bis 30 ErbbauRG dagegen eine Vielzahl komplexer Regelungen zum Zeitablauf. Dies erscheint umso verwunderlicher, als die motivnahe Literatur in der Zustimmung der Realberechtigten bereits „ein wesentliches Erfordernis der Rechtsänderung“[175] zu erkennen vermochte. Eine **Marginalisierung der Aufhebung** kann dem historischen Gesetzgeber aber nicht entgegengehalten werden. Besonders ausführliche Regelungen zum Zeitablauf schuf der Gesetzgeber deshalb, weil es insoweit galt, schutzwürdige Interessen des Erbbauberechtigten und der Berechtigten am Erbbaurecht zu wahren. Die Bestrebungen gingen dahin, diese Berechtigten vor einem rechtlosen Post-Erbbaurechtszustand zu bewahren, der an Frühformen des Erbbaurechts erinnerte. Eines solchen Schutzes bedarf der Berechtigte hingegen nicht, wenn er **autonom** für den **Schutz** seiner Interessen sorgen kann, etwa durch die Steuerung seiner Zustimmung, die zur Aufhebung des Erbbaurechts erforderlich ist. In den Worten der motivnahen Literatur: „Der Gläubiger des Erbbauberechtigten wird daher seine Zu-

174 *Ott*, a.a.O.
175 *Glaß/Scheidt*, § 26 Anm. II b = S. 154.

stimmung davon abhängig machen, dass ihm ein Ausgleich für den Fortfall der bisherigen Sicherheit seiner Forderung gewährt wird."[176]

Nach § 19 GBO muss die Löschung derjenige bewilligen, dessen Recht **von der Löschung betroffen wird**. Das sind auch die **Inhaber von Rechten am Erbbaurecht**.[177] Ihre Betroffenheit ist existenzieller Natur und resultiert aus dem Wegfall des Belastungsobjekts bzw. der Haftungsgrundlage.[178] Massiver könnte die Betroffenheit der dinglich Berechtigten am Erbbaurecht nicht ausfallen. Mit der Aufhebung des Erbbaurechts erlöschen auch die dinglichen Rechte am Erbbaurecht.[179] Sofern das dingliche Recht am Erbbaurecht seinerseits belastet oder verpfändet ist, ist auch die Zustimmung dieses Gläubigers bzw. Pfandgläubigers erforderlich.[180] Einen Sonderstatus nehmen **Vormerkungsberechtigte** am Erbbaurecht ein, die stets der Aufhebung zustimmen muss, trotz inhaltsgleicher Eintragung am Grundstück.[181] Insoweit ist ein Vergleich zwischen dem Erbbaurecht und dem Grundstück unzulässig, und es kann auch nicht unterstellt werden, dass der Erbbaurechtserwerber damit einverstanden ist, stattdessen das Grundstück zu erwerben.[182] 38

Damit ist bereits der Weg aufgezeigt, wie in der Praxis das Zustimmungserfordernis anderer dinglich Berechtigter am Erbbaurecht moderiert werden soll, durch ein **Belastungsäquivalent am Grundstück**. Das Erbbaurecht kann **ohne Zustimmung** der dinglich Berechtigten am Erbbaurecht gelöscht werden, sofern **diese Rechte identisch auf dem Grundstück lasten, inhaltsgleich und mit derselben Rangstelle**.[183] Eine Beeinträchti- 39

176 *Glaß/Scheidt*, § 26 Anm. II b = S. 154.

177 BayObLG, Beschl. v. 11.12.1986, Az. BReg. 2 Z 86/86 = MittBayNot 1987, 88 f.; *Ott*, notar 2015, 75, 77; *Schöner/Stöber*, Rn 1870; *Böhringer*, Rpfleger 2019, 557, 561; *Grauel*, ZNotP 1998, 456, 459; OLG Hamm, Beschl. v. 24.7.2013, Az. I-15 W 172/12 = ErbbauZ 2024, 30; OLG München, Beschl. v. 9.3.2023, Az. 34 Wx 20/23 e = notar 2024, 170 m. Anm. *Maaß*.

178 Ingenstau/Hustedt/*Bardenhewer*, § 11 Rn 78.

179 *Schöner/Stöber*, Rn 1870.

180 Sog. Zweigrechte, *Böhringer*, Rpfleger 2019, 557, 561.

181 *Schöner/Stöber*, Rn 1870; siehe insoweit den Beschl. des BayObLG, Beschl. v. 11.12.1986, Az. BReg. 2 Z 86/86 = MittBayNot 1987, 88, 90 = Rpfleger 1987, 156, eine rechtliche Beeinträchtigung liegt dann auch trotz inhaltsgleicher Eintragung am Grundstück vor; ebenso *Böhringer*, Rpfleger 2019, 557, 561; Nagel/*Götting*, § 26 Rn 29.

182 BayObLG, a.a.O.

183 BayObLG, Beschl. v. 11.12.1986, Az. BReg. 2 Z 86/86 = MittBayNot 1987, 88 f.; OLG Hamm, Beschl. v. 24.7.2013, Az. I- 15 W 172/13 = NJOZ 2013, 2001= ErbbauZ 2024, 30; OLG Brandenburg, Beschl. v. 4.4.2013, Az. 5 W 47/13 = NotBZ 2013, 247; OLG München, Beschl. v. 9.3.2023, Az. 34 Wx 20/23 e = notar 2024, 170 m. Anm. *Maaß*; LG Bayreuth, Beschl. v. 10.10.1996, Az. 4 T 109/96 = MittBayNot 1997, 39; LG Krefeld, Beschl. v. 10.2.1998, Az. 6 T 39 u. 40/98 = Rpfleger 1998, 284; Meikel/*Schneider*, § 56 Rn 44 GBV; *Böhringer*, Rpfleger 2019, 557, 561; Nagel/*Götting*, § 26 Rn 27; **a.A.** *Ott*, notar 2015, 75, 77, mit Zweifeln hieran und der Empfehlung an die notarielle Praxis, entgegen der herrschenden Meinung die Zustimmung Drittberechtigter am Erbbaurecht einzuholen, wenn das betroffene Recht noch nicht inhaltsgleich und entsprechender Rangstelle bereits eingetragen ist.

gung des dinglich Berechtigten liegt dann nicht mehr vor. Ob das Belastungsäquivalent am Grundstück bereits besteht oder erst nachträglich durch **Erstreckung**[184] (Rechte der Zweiten Abteilung des Grundbuchs) bzw. durch **Pfanderstreckung**[185] (Rechte der Dritten Abteilung des Grundbuchs, Gesamtgrundschuld[186]) geschaffen werden muss, spielt keine Rolle.[187] Ein bereits bestehendes oder nachträglich geschaffenes Belastungsäquivalent am Grundstück ist der Grund dafür, dass dinglich Berechtige am Erbbaurecht nicht mehr zustimmen müssen. Da die Erstreckung bzw. Pfandersteckung erst die Tür zur Aufhebung aufstößt, liegt eine besondere Erscheinungsform vor, die als **Exit-Erstreckung** bzw. **Exit-Pfanderstreckung** bezeichnet werden kann. Also eine Erstreckung, deren eigentlicher Zweck darin besteht, die Aufhebung erst zu ermöglichen. Erstreckt wird, um aufheben zu können.

40 Ob die **Rechte identisch auf dem Grundstück lasten, inhaltsgleich und mit derselben Rangstelle**[188] muss das Grundbuchamt anhand der Eintragungsgrundlagen ermitteln.[189] **Strittig**[190] ist, ob im Rahmen des Rangvergleichs wirtschaftliche Überlegungen miteinfließen können oder rein rechtliche Kriterien zugrunde zu legen sind. Das ist die **Frage**, ob die **Ranggleichheit vollstreckungsrechtlich oder grundbuchrechtlich** zu beurteilen ist.[191] Das **OLG München**[192] nimmt eine wirtschaftliche Betrachtungsweise ein und beurteilt die Ranggleichheit „unter Berücksichtigung der im Falle einer Zwangsversteigerung vorgehenden Rechte“, also **vollstreckungsrechtlich**. Eine Zustimmung des dinglich Berech-

184 Die *Erstreckung* der Rechte der Zweiten Abteilung des Grundbuchs ist der Grundbuchpraxis geläufig und bedarf keiner Auslegung. Dass die Eintragung im Grundstücksgrundbuch gemeint ist, kann kaum bezweifelt werden. Ggf. ist das Grundbuchamt verpflichtet, eine Auslegung vorzunehmen (Erstreckung gleichbedeutend mit „Neueintragung“ im Grundstücksgrundbuch).

185 Vgl. LG Krefeld, Beschl. v. 10.2.1998, Az. 6 T 39 u. 40/98 = Rpfleger 1998, 284, gleichzeitige Nachverpfändung.

186 Zur Gesamtgrundschuld vgl. auch Nagel/*Götting*, § 26 Rn 30.

187 *Schöner/Stöber*, Rn 1870; *Ott*, notar 2015, 75, 77; OLG Hamm a.a.O.

188 BayObLG, Beschl. v. 11.12.1986, Az. BReg. 2 Z 86/86 = MittBayNot 1987, 88 f.; OLG Hamm, Beschl. v. 24.7.2013, I- Az. 15 W 172/13 = NJOZ 2013, 2001= ErbbauZ 2024, 30; OLG Brandenburg, Beschl. v. 4.4.2013, Az. 5 W 47/13 = NotBZ 2013, 247; OLG München, Beschl. v. 9.3.2023, Az. 34 Wx 20/23 e = notar 2024, 170 m. Anm. *Maaß*; LG Bayreuth, Beschl. v. 10.10.1996, Az. 4 T 109/96 = MittBayNot 1997, 39; LG Krefeld, Beschl. v. 10.2.1998, Az. 6 T 39 u. 40/98 = Rpfleger 1998, 284; Meikel/*Schneider*, § 56 Rn 44 GBV; *Böhringer*, Rpfleger 2019, 557, 561; **a.A.** *Ott*, notar 2015, 75, 77, mit Zweifeln hieran und der Empfehlung an die notarielle Praxis, entgegen der herrschenden Meinung die Zustimmung Drittberechtigter am Erbbaurecht einzuholen, wenn das betroffene Recht noch nicht inhaltsgleich und entsprechender Rangstelle bereits eingetragen ist.

189 OLG Hamm, Beschl. v. 24.7.2013, Az. I-15 W 172/12 = ErbbauZ 2024, 30.

190 *Maaß*, notar 2024, 171, 172.

191 Zur Fragestellung vgl. OLG München, Beschl. v. 9.3.2023, Az. 34 Wx 20/23 e = notar 2024, 170 m. Anm. *Maaß*.

192 OLG München, Beschl. v. 9.3.2023, Az. 34 Wx 20/23 e = ErbbauZ 2024, 21 = notar 2024, 170 m. Anm. *Maaß*.

tigten soll auch dann nicht erforderlich[193] sein, sofern dem Recht am Grundstück auch andere Rechte vorgehen, aus denen jedoch die Zwangsversteigerung nicht betrieben werden kann, beispielsweise andere Nutzungsdienstbarkeiten. Die **abweichende Ansicht**[194] lehnt eine vollstreckungsrechtliche Betrachtung der Ranggleichheit ab, da sich Nutzungsrechte bereits gegenseitig beeinträchtigen können, § 1024 BGB. Einem nachrangigen Berechtigten können Befugnisse nicht zustehen, über die bereits ein vorrangiger Berechtigter verfüge.[195] Demnach sei die Ranggleichheit allein „anhand rechtlicher Kriterien" zu beurteilen, also **grundbuchrechtlich**, nicht vollstreckungsrechtlich.

Bis zur höchstrichterlichen Klärung geht die **Empfehlung** dahin, den sichersten Weg zu beschreiten und die **Ranggleichheit allein anhand grundbuchrechtlicher Überlegungen** zu beurteilen. Wie sich die Rangsituation im Versteigerungsfalle darstellen wird, wird sich der Kenntnis der notariellen Praxis regelmäßig entziehen, eine Prognose ist überdies mit unkalkulierbaren Risiken verbunden, die den sichersten Weg verlassen. Identische Überlegungen wird das Grundbuchamt anstellen.

In der Praxis werden diese Exit-Erstreckungen bzw. Exit-Pfanderstreckungen zwangsläufig vor die Aufhebungserklärung gesetzt. Sie scheitern nicht selten daran, dass sich die **Rangsituation** am Grundstück bereits anders gestaltet. Notwendig werden **Rangrücktrittserklärungen** dinglich Berechtigter am Grundstück sowie die Zustimmung des Grundstückseigentümers hierzu, sofern Grundpfandrechte im Rang zurücktreten. **Kein probates Mittel** ist die Exit-Erstreckung im Falle einer **Sicherungsgrundschuld**, die vor dem **20.8.2008** am Erbbaurecht eingetragen wurde und nun auf das Grundstück erstreckt werden soll.[196] Grund ist die die veränderte Kündigungsfrist nach § 1193 Abs. 1 S. 2, Abs. 2 S. 2 BGB, die der Schaffung eines Belastungsäquivalents am Grundstück entgegensteht. In der Folge muss der Gläubiger eines solchen Rechts der Aufhebung des Erbbaurechts stets zustimmen.[197] 41

193 So OLG München, Beschl. v. 9.3.2023, Az. 34 Wx 20/23 e = ErbbauZ 2024, 21 = notar 2024, 170 m. Anm. *Maaß*.

194 *Maaß*, notar 2024, 171.

195 *Maaß*, notar 2024, 171.

196 OLG Brandenburg, Beschl. v. 4.4.2013, Az. 5 W 47/13 = NotBZ 2013, 247; *Grziwotz*, MittBayNot 2013, 517 f.; LG Krefeld, Beschl. v. 10.2.1998, Az. 6 T 39 u. 40/98 = Rpfleger 1998, 284; *Böhringer*, Rpfleger 2019, 557, 561.

197 OLG Brandenburg, a.a.O.

V. Erfordernisse im Einzelnen (Checkliste): rechtsgeschäftliche Aufhebung vor Zeitablauf

42 Um die Aufhebung eines Erbbaurechts im Grundbuch vollziehen zu können, müssen die folgenden **formellen Voraussetzungen**[198] gegeben sein:

- schriftlicher Löschungsantrag des Grundstückseigentümers oder des Erbbauberechtigten, §§ 13 Abs. 1, 30 GBO
- Löschungsbewilligung des Erbbauberechtigten in öffentlich beglaubigter Form, §§ 19, 29 Abs. 1 S. 1 GBO
- Mitbewilligung[199] des Grundstückseigentümers in öffentlich beglaubigter Form, § 26 ErbbauRG, §§ 19, 29 Abs. 1 S. 1 GBO; diese kann nicht nach § 7 Abs. 3 ErbbauRG ersetzt werden.[200] Sofern der Grundstückseigentümer minderjährig ist oder unter Betreuung steht, ist eine familien- bzw. betreuungsgerichtliche Genehmigung erforderlich, §§ 1643 Abs. 1, 1850 Nr. 1 BGB.[201]
- Zustimmungen[202] bzw. Löschungsbewilligungen der Realgläubiger am Erbbaurecht, es sei denn, die Rechte bestehen mit gleichem Inhalt und mit gleicher Rangstelle am Grundstück fort; ggf. ist erst die Erstreckung der Erbbaurechtsbelastungen auf das Grundstück erforderlich (sog. Exit-Erstreckung), allerdings inhaltsgleich und mit derselben Rangstelle am Erbbaurecht; dabei müssen u.U. dinglich Berechtigte am Grundstück zurücktreten, um die Rangsituation des Erbbaurechts nachzuzeichnen.
- sofern das dingliche Recht am Erbbaurecht wiederum belastet oder verpfändet ist, ist auch die Zustimmung dieses Gläubigers bzw. Pfandgläubigers erforderlich.[203]
- ggf. Antrag des Grundstückseigentümers auf Berichtigung subjektiv-dinglicher Rechte, § 13 Abs. 1 GBO, die bislang für den jeweiligen Erbbauberechtigten eingetragen waren[204]

198 Vgl. *Glaß/Scheidt*, § 26 Anm. II = S. 153 ff.; *Schöner/Stöber*, Rn 1870; *Ott*, notar 2015, 75 f.; *Grziwotz*, MittBayNot 2013, 517 f.; *Grauel*, ZNotP 1998, 456, 459.

199 In der pauschalen Zustimmung zur Aufhebung des Erbbaurechts ist auch die Aufgabe der weiteren, subjektiv-dinglichen Rechte zu sehen – Erbbauzins, Vorkaufsrecht –, die dem Grundstückseigentümer zustehen, vgl. auch *Böhringer*, Rpfleger 2019, 557, 560.

200 *Winkler/Schlögel*, § 5 Rn 199; *Böhringer*, Rpfleger 2019, 557, 560; Nagel/*Götting*, § 26 Rn 24; eine Zustimmungsersetzung scheidet aus. Ob die Zustimmung des Grundstückseigentümers einer familien- oder betreuungsgerichtlichen Genehmigung bedarf, ist strittig, vgl. auch *Böhringer*, Rpfleger 2019, 557, 562, 563, wird aber von der h.M. verneint, da in der Zustimmung keine Verfügung liegen soll.

201 Strittig, in der Zustimmung liegt eine Verfügung über das Grundstück.

202 Liegt bereits eine Zustimmung vor, ist keine Löschungsbewilligung erforderlich, *Winkler/ Schlögel*, § 5 Rn 200; zur Notwendigkeit der Zustimmung dinglich Berechtigter vgl. auch Nagel/*Götting*, § 26 Rn 25.

203 Sog. Zweigrechte, *Böhringer*, Rpfleger 2019, 557, 561, 562. Falls der Berechtigte eines solchen Rechts unter Betreuung steht, ist auch die betreuungsgerichtliche Genehmigung erforderlich, weil über ein Recht verfügt wird, § 1850 Nr. 1 BGB, vgl. *Böhringer*, Rpfleger 2019, 557, 563.

204 Betroffen sind vor allem Grunddienstbarkeiten.

- Unbedenklichkeitsbescheinigung (UB) des Finanzamtes, da der Grundstückseigentümer das Bauwerk erwirbt, § 12 Abs. 3 ErbbauRG;[205] die Aufhebung eines Eigentümererbbaurechts löst dagegen keine Grunderwerbsteuer aus.[206] Die Aufhebung stellt einen eigenständigen Grunderwerbsteuertatbestand dar, sodass im Falle einer Aufhebung, Grundstücksvereinigung und Neubestellung eine UB allein für die Neubestellung nicht ausreicht. Grund ist der Bauwerkserwerb nach § 12 Abs. 3 ErbbauRG.
- Genehmigung nach § 144 Abs. 2 Nr. 1 BauGB, sofern das Erbbaurecht im Sanierungsgebiet liegt.[207]
- Genehmigung nach §§ 169 Abs. 1 Nr. 3, 144 Abs. 2 Nr. 1 BauGB, sofern das Erbbaurecht im städtebaulichen Entwicklungsbereich liegt.[208]
- Familien- bzw. betreuungsgerichtliche Genehmigung nach §§ 1643 Abs. 1, 1850 Nr. 1 BGB, falls der Erbbauberechtigte minderjährig ist oder unter Betreuung steht.[209]

VI. Muster

▼ 43

Muster 12.5: Formulierungsvorschlag Aufhebung eines Erbbaurechts vor Zeitablauf 12.5

„UVZ-Nr. /

Aufhebung eines Erbbaurechts

Heute, den

– 20 –

sind vor mir,

,

Notar/Notarin in , in den Geschäftsräumen des Notariats in der , erschienen:

1.

– nachstehend „Erbbauberechtigter“ genannt –,

205 *Lahmann*, ErbbauZ 2022, 9, 11; *Böhringer*, Rpfleger 2019, 557, 563; *Räfle*, § 1 Rn 112 i.V.m. BFH NJW 1976, 1424; *Grauel*, ZNotP 1998, 456, 461.

206 *Lahmann*, ErbbauZ 2022, 9, 12; *Böhringer*, Rpfleger 2019, 557, 563; Ingenstau/Hustedt/*Glade*, Anhang I Rn 128, Aufhebung eines Erbbaurechts am eigenen Grundstück unterliegt nicht der Grunderwerbsteuer.

207 *Böhringer*, Rpfleger 2019, 557, 559.

208 *Böhringer*, Rpfleger 2019, 557, 559.

209 Vgl. *Böhringer*, Rpfleger 2019, 557, 562.

2.

– nachstehend „Grundstückseigentümer“ genannt –,

jeweils ausgewiesen durch gültigen amtlichen Lichtbildausweis.

Die anwesenden Beteiligten erklärten, dass kein Vertragsteil in Ausübung einer gewerblichen oder selbstständigen beruflichen Tätigkeit handelt.

Der Notar verwies auf die Vorschriften des Geldwäschegesetzes und auf die hieraus resultierenden Pflichten.

Die Erschienenen erklärten, nicht auf Veranlassung Dritter oder als Treuhänder für Dritte, sondern auf eigene Rechnung und im eigenen Namen zu handeln.

Die Erschienenen erklärten ferner, weder eine politisch exponierte Person („PeP“) zu sein noch in den letzten 12 Monaten gewesen zu sein. Sie erklärten, auch nicht Familienmitglied, naher Angehöriger oder nahestehende Person einer solchen politisch exponierten Person zu sein.

Die Erschienenen verneinten die Frage des Notars/der Notarin nach einer Vorbefassung i.S.v. § 3 Abs. 1 S. 1 Nr. 7 BeurkG und baten um Beurkundung folgender Vereinbarungen:

I. Grundbuchstand

1. Erbbaugrundbuch

Im **Erbbaugrundbuch** des Amtsgerichts für die Gemarkung Blatt ist folgendes Erbbaurecht eingetragen:

Erbbaurecht an Flurstück , straße , Gebäude- und Freifläche, zu qm, bestellt bis zum

Erbbauberechtigter:

Das vorstehend genannte Erbbaurecht ist wie folgt belastet:

Belastungen der Zweiten Abteilung des Erbbaugrundbuchs:

lfd. Nr. 1:

lfd. Nr. 2:

Belastungen der Dritten Abteilung des Erbbaugrundbuchs:

lfd. Nr. 1:

lfd. Nr. 2:

lfd. Nr. : …

Das Grundbuch wurde am … eingesehen.

2. Grundstücksgrundbuch

Im **Grundstücksgrundbuch** des Amtsgerichts … für die Gemarkung … Blatt … ist folgender Grundbesitz eingetragen:

Flurstück …, … straße …, Gebäude- und Freifläche, zu … qm

Grundstückseigentümer: …

Der vorstehend genannte Grundbesitz ist wie folgt belastet:

Belastungen der Zweiten Abteilung des Grundstücksgrundbuchs:

lfd. Nr. 1: …

lfd. Nr. 2: …

Belastungen der Dritten Abteilung des Grundstücksgrundbuchs:

lfd. Nr. 1: …

lfd. Nr. 2: …

lfd. Nr. : …

Das Grundbuch wurde am … eingesehen.

II. Erstreckungen bzw. Pfanderstreckungen auf das Grundstück

Der Grundstückseigentümer erstreckt bzw. pfanderstreckt die am Erbbaurecht eingetragenen Rechte

Zweite Abteilung des Erbbaugrundbuchs:

lfd. Nr. 1: …

lfd. Nr. 2: …

Dritte Abteilung des Erbbaugrundbuchs:

lfd. Nr. 1: …

lfd. Nr. 2: …

lfd. Nr. : …

im bisherigen Rangverhältnis auf das Grundstück Flurstück …, … straße …, Gebäude- und Freifläche, zu … qm.

Der nähere Inhalt der Rechte ergibt sich aus den Eintragungsbewilligungen, die in den bisherigen Eintragungen und deren Bezugnahmen erwähnt sind.

Soweit Grundpfandrechte pfanderstreckt werden, unterwirft sich der Grundstückseigentümer wegen der Grundpfandrechte samt Zinsen und Nebenleistungen der sofortigen Zwangsvollstreckung aus dieser Urkunde in das Grundstück mit Wirkung gegen den jeweiligen Eigentümer.

III. Aufhebung des Erbbaurechts; Einigung; Zustimmungen

Der Grundstückseigentümer und der Erbbauberechtigte sind sich über die Aufhebung des vorstehend genannten Erbbaurechts an Flurstück einig. Beide erklären, dass das Erbbaurecht aufgehoben wird.

Der Grundstückseigentümer stimmt der Aufhebung ausdrücklich zu, § 26 ErbbauRG.

Sofern trotz Erstreckung bzw. Pfanderstreckung gemäß Ziffer II erforderlich, stimmen auch dinglich Berechtigte am Erbbaurecht der Erbbaurechtsaufhebung zu.

IV. Grundbucherklärungen

Der Grundstückseigentümer und der Erbbauberechtigte bewilligen und beantragen:

- die Eintragung der Erbbaurechtsaufhebung gemäß Ziffer III dieser Urkunde; der Grundstückseigentümer stimmt ausdrücklich der Erbbaurechtsaufhebung zu, § 26 ErbbauRG
- die Eintragung der Erstreckungen bzw. Pfanderstreckungen gemäß Ziffer II dieser Urkunde im bisherigen Rangverhältnis nebst dinglicher Zwangsvollstreckungsunterwerfung
- die Eintragung aller Rangrücktritts- und Löschungserklärungen, die notwendig sind, um den erstreckten bzw. pfanderstreckten Rechten den erforderlichen Rang zu verschaffen (siehe Ziffer II)
- die Löschung des Vorkaufsrechts für den Erbbauberechtigten am Grundstück
- die Berichtigung des im Grundbuch von Gemarkung Blatt Abt. II Nr. eingetragenen subjektiv-dinglichen Rechts zugunsten des jeweiligen Inhabers des erloschenen Erbbaurechts dahingehend, dass es nunmehr dem jeweiligen Eigentümer des ehemals erbbaurechtsbelasteten Grundstücks zusteht, § 12 Abs. 3 ErbbauRG. Entsprechende Rechte sind nunmehr Bestandteil des ehemaligen Erbbaugrundstücks.

Das Erbbaugrundbuch ist von Amts wegen zu schließen, § 16 ErbbauRG.

Mit der Aufhebung des Erbbaurechts erlöschen auch die dinglichen Rechte am Erbbaurecht. Die Eintragung von Löschungsvermerken wird deshalb nicht beantragt.

V. Notarermächtigung; Genehmigungen, Vollzug

Der Notar/die Notarin , deren Vertreter und Nachfolger im Amt werden jeweils beauftragt und bevollmächtigt, etwaige Zustimmungserklärungen, Rangrücktritts- und Löschungserklärungen sowie Genehmigungen unter Fertigung eines Entwurfs zu erholen. Die Genehmigungen und Erklärungen sollen mit dem Eingang im Notariat wirksam sein. Sobald Zustimmungserklärungen vorliegen, sind zum grundbuchmäßigen Vollzug zusätzliche Löschungsbewilligungen nicht mehr erforderlich.

Darüber hinaus wird der Notar/die Notarin , deren Vertreter und Nachfolger im Amt ermächtigt, den Vollzug dieser Urkunde zu betreiben und Anträge getrennt oder eingeschränkt zu stellen. Die Ermächtigung umfasst auch die Rücknahme der Erklärungen und die Abgabe aller verfahrensrechtlichen Erklärungen, die zur Durchführung dieser Urkunde erforderlich sind.

Die Vollzugsmitteilungen sind für alle Beteiligten an den Notar zu übersenden.

VI. Unbedenklichkeitsbescheinigung des Finanzamtes

Die Erschienenen wurden darauf hingewiesen, dass die Erbbaurechtsaufhebung im Grundbuch erst dann erfolgen kann, sobald die Unbedenklichkeitsbescheinigung (UB) des Finanzamtes vorliegt. Grund ist der Erwerb des Bauwerks durch den Grundstückseigentümer, § 12 Abs. 3 ErbbauRG. Die Unbedenklichkeitsbescheinigung wird erst nach Begleichung der Grunderwerbsteuer erteilt. Die Grunderwerbsteuer trägt .

Die Aufhebung eines Eigentümererbbaurechts löst dagegen keine Grunderwerbsteuer aus.

VII. Hinweise und Feststellungen

Die Vertragsteile wurden auf Folgendes hingewiesen:

- die Aufhebung des Erbbaurechts wird erst mit Grundbucheintragung wirksam
- alle Vereinbarungen, die in dieser Urkunde enthalten sind, müssen richtig und vollständig sein
- die Vertragsteile haften für die Grunderwerbsteuer und die Kosten
- unter Umständen ist die Zustimmung dinglich Berechtigter am Erbbaurecht erforderlich
- unter Umständen kann für die Erbbaurechtsaufhebung Grunderwerbsteuer anfallen
- Miet- und Pachtverträge, die der Erbbauberechtigte über das Erbbaurecht abgeschlossen hat, erlöschen durch die Aufhebung des Erbbaurechts nicht. Der Grund-

stückseigentümer tritt an die Stelle des Erbbauberechtigten in das Mietverhältnis ein, ihm steht jedoch ein Sonderkündigungsrecht zu

- alle Beteiligten erklären sich mit der Speicherung und Bearbeitung ihrer Daten durch das Notariat uneingeschränkt einverstanden und stimmen der Speicherung und Bearbeitung ausdrücklich zu. Über die Informationspflichten bei Erhebung personenbezogener Daten hat der Notar/die Notarin belehrt
- alle Beteiligten erklären, ausschließlich für eigene Rechnung zu handeln und auch selbst wirtschaftlicher Berechtigter zu sein. Keiner der Beteiligten handelt für fremde Rechnung. Über die Angabepflichten nach dem Geldwäschegesetz hat der Notar/die Notarin belehrt.

VIII. Ausfertigungen, Abschriften

Eine *vollstreckbare Ausfertigung* dieser Urkunde erhalten:

- Grundpfandrechtsgläubiger

Eine *beglaubigte Abschrift* dieser Urkunde erhalten:

- das Grundbuchamt
- der Grundstückseigentümer
- die dinglich Berechtigten, deren Rangrücktritts-, Zustimmungs- oder Löschungserklärung erforderlich ist

Eine *einfache Abschrift* dieser Urkunde erhält:

- das Finanzamt, Grunderwerbsteuerstelle

IX. Notar- und Gerichtskosten; Grunderwerbsteuer

Die Kosten für die Beurkundung und den Vollzug im Grundbuch trägt ______, ebenso die Grunderwerbsteuer.

Vorgelesen vom Notar,

von den Beteiligten genehmigt

und eigenhändig unterschrieben:

______

(Unterschriften der Beteiligten)

______

(Unterschrift und Siegel des Notars)“

▲

▼ 44

Muster 12.6: Formulierungsvorschlag unmittelbare Aufhebung eines Erbbaurechts vor Zeitablauf gegen Entschädigung, Zustimmungen statt Löschungen 12.6

„UVZ-Nr./

Unmittelbare Aufhebung eines Erbbaurechts gegen Entschädigung

Heute, den

– 20 –

sind vor mir,

,

Notar/Notarin in , in den Geschäftsräumen des Notariats in der , erschienen:

1.

– nachstehend „Erbbauberechtigter" genannt –,

2.

– nachstehend „Grundstückseigentümer" genannt –,

jeweils ausgewiesen durch gültigen amtlichen Lichtbildausweis.

Die anwesenden Beteiligten erklärten, dass kein Vertragsteil in Ausübung einer gewerblichen oder selbstständigen beruflichen Tätigkeit handelt.

Der Notar verwies auf die Vorschriften des Geldwäschegesetzes und auf die hieraus resultierenden Pflichten.

Die Erschienenen erklärten, nicht auf Veranlassung Dritter oder als Treuhänder für Dritte, sondern auf eigene Rechnung und im eigenen Namen zu handeln.

Die Erschienenen erklärten ferner, weder eine politisch exponierte Person („PeP") zu sein noch in den letzten 12 Monaten gewesen zu sein. Sie erklärten, auch nicht Familienmitglied, naher Angehöriger oder nahestehende Person einer solchen politisch exponierten Person zu sein.

Die Erschienenen verneinten die Frage des Notars/der Notarin nach einer Vorbefassung i.S.v. § 3 Abs. 1 S. 1 Nr. 7 BeurkG und baten um Beurkundung folgender Vereinbarungen:

I. Grundbuchstand

1. Erbbaugrundbuch

Im **Erbbaugrundbuch** des Amtsgerichts für die Gemarkung Blatt ist folgendes Erbbaurecht eingetragen:

Erbbaurecht an Flurstück , straße , Gebäude- und Freifläche, zu qm, auf die Dauer von Jahren, gerechnet

Erbbauberechtigter:

Das vorstehend genannte Erbbaurecht ist wie folgt belastet:

Belastungen der Zweiten Abteilung des Erbbaugrundbuchs:

lfd. Nr. 1:

lfd. Nr. 2:

Belastungen der Dritten Abteilung des Erbbaugrundbuchs:

lfd. Nr. 1:

lfd. Nr. 2:

lfd. Nr. :

Das Grundbuch wurde am eingesehen.

Dem vorstehend genannten Erbbaurecht liegt folgender Erbbaurechtsvertrag zugrunde:

– Urkunde vom , URNr. bzw. UVZ-Nr. , Notar

– Urkunde vom , URNr. bzw. UVZ-Nr. , Notar .

Die Erschienenen verweisen auf die oben genannten Urkunden, die ihnen bereits vorliegen. Die Erschienenen erklären, dass sie die Vorurkunden vollständig kennen und dass auf erneutes Verlesen der Vorurkunden verzichtet wird. In gleicher Weise verzichten die Erschienenen auf erneute Vorlage der Vorurkunden und auf deren Beifügung zur gegenwärtigen Urkunde. Auf die Bedeutung der Verweisung wurden die Erschienenen hingewiesen.

Das Erbbaurecht wurde am im Grundbuch eingetragen.

2. Grundstücksgrundbuch

Im **Grundstücksgrundbuch** des Amtsgerichts für die Gemarkung Blatt ist folgender Grundbesitz eingetragen:

Flurstück , straße , Gebäude- und Freifläche, zu qm

Grundstückseigentümer:

Der vorstehend genannte Grundbesitz ist wie folgt belastet:

Belastungen der Zweiten Abteilung des Grundstücksgrundbuchs:

lfd. Nr. 1:

lfd. Nr. 2:

Belastungen der Dritten Abteilung des Grundstücksgrundbuchs:

lfd. Nr. 1:

lfd. Nr. 2:

lfd. Nr. :

Das Grundbuch wurde am eingesehen.

Der nähere Inhalt der Rechte ergibt sich aus den Eintragungsbewilligungen, die in den bisherigen Eintragungen und deren Bezugnahmen erwähnt sind.

II. Bauwerkserrichtung aufgrund des Erbbaurechts; Verkauf des Bauwerks; Besitzübergang

Der Erbbauberechtigte ist berechtigt und verpflichtet, auf dem Grundstück folgendes Bauwerk zu haben: . Die Bebauung ist erfolgt. Der Verkäufer verkauft dieses Bauwerk an den Käufer mitsamt Zubehör und folgenden beweglichen Sachen:

Für Sachmängel haftet der Verkäufer nicht, Garantien leistet er nicht. Ansprüche, die dem Verkäufer gegen Dritte zustehen, tritt der Verkäufer an den Käufer unter der aufschiebenden Bedingung der vollständigen Kaufpreiszahlung ab.

Die Übergabe erfolgt mit Besitzübergang. Der Verkäufer ist verpflichtet, dem Käufer ungehinderten und lastenfreien Besitz am Bauwerk und an den mitverkauften beweglichen Sachen zu verschaffen, soweit nichts anderes vereinbart ist. Der Besitz, die Nutzungen, die Lasten und die Haftung gehen spätestens am auf den Käufer über, vorausgesetzt, der Abfindungsbetrag wurde vollständig entrichtet. Gebäudesachversicherungen gehen kraft Gesetzes auf den Käufer über, der sie jedoch innerhalb eines Monats nach Erlöschen des Erbbaurechts kündigen kann. Ab dem Tag des Besitzübergangs schuldet der Käufer die Zahlung der Versicherungsprämien. Unter der Voraussetzung, dass der Abfindungsbetrag bezahlt wurde, tritt der Verkäufer alle Ansprüche, die dem

Verkäufer, bezogen auf das Versicherungsobjekt zustehen, an den Käufer ab. Eine Ausnahme gilt für Ansprüche, die dem Nachteilsausgleich des Verkäufers dienen. Ab dem Tag des Besitzüberganges stellt der Käufer den Verkäufer von allen Ansprüchen des Versicherers frei.

III. Unmittelbare Aufhebung des Erbbaurechts gegen Entschädigung; Einigung

Der Grundstückseigentümer und der Erbbauberechtigte sind sich über die Aufhebung des vorstehend genannten Erbbaurechts einig. Beide erklären, dass das Erbbaurecht aufgehoben wird. Einigkeit besteht auch darüber, dass das Erbbaurecht nicht auf den Käufer übertragen und dann aufgehoben wird, sondern dass der Verkäufer unmittelbar die Aufhebung des Erbbaurechts gegen Entschädigung erklärt, § 875 BGB. Der Verkäufer erklärt, dass er das Erbbaurecht aufgibt, § 875 BGB.

Seine Verpflichtungen aus diesem Vertrag erfüllt der Verkäufer dadurch, dass er die Aufhebung des Erbbaurechts gegen Entschädigung erklärt. Eine Eintragung des Käufers im Erbbaugrundbuch soll ausdrücklich nicht erfolgen.

Auch auf Eintragung einer Aufhebungsvormerkung (Vormerkung zur Sicherung des Anspruchs auf Erbbaurechtsaufhebung) wird verzichtet.

Mit Vollzug dieses Vertrags erwirbt der Grundstückseigentümer das Bauwerk. Der Grundstückseigentümer stimmt der unmittelbaren Aufhebung des Erbbaurechts (§ 875 BGB) ausdrücklich zu, § 26 ErbbauRG. Mit der Aufhebung des Erbbaurechts wird das Grundbuchamt das Erbbaugrundbuch von Amts wegen schließen, § 16 ErbbauRG.

Mit der Aufhebung des Erbbaurechts erlöschen die dinglichen Rechte am Erbbaurecht. Die Löschung wird allerdings nicht beantragt.

IV. Entschädigung für die Aufhebung des Erbbaurechts

1. Abfindungsbetrag

Für die unmittelbare Aufhebung des Erbbaurechts erhält der Verkäufer einen Abfindungsbetrag in Höhe von

... EUR

(in Worten ... EUR).

2. Fälligkeit des Abfindungsbetrages

a) Voraussetzungen

Der Abfindungsbetrag wird unter der Voraussetzung fällig, dass alle zur lastenfreien Erbbaurechtsaufhebung erforderlichen Gläubigererklärungen bzw. Zustimmungen und sonstigen Unterlagen dem beurkundenden Notar in grundbuchtauglicher Form auflagenfrei oder unter der Auflage vorliegen, dass hierüber gegen Zahlung von Ablösebeträgen, die insgesamt den Abfindungsbetrag nicht übersteigen, verfügt werden kann. Der Notar ist bevollmächtigt, die Zustimmungsunterlagen anzufordern, entgegenzunehmen und zu verwenden.

b) Bestätigung des Notars

Der Notar wird damit beauftragt, den Beteiligten schriftlich (an Käufer per Einwurf-Einschreiben) mitzuteilen, dass die Fälligkeitsvoraussetzungen vorliegen.

Der Käufer schuldet die Zahlung des Abfindungsbetrags binnen vierzehn Tagen nach Zugang dieser Bestätigung. Bis zum Fälligkeitstermin ist der Abfindungsbetrag nicht zu verzinsen.

Der Käufer kommt auch ohne Mahnung in Verzug, sollte der Abfindungsbetrag nicht binnen der Frist von vierzehn Tagen nach Zugang der Bestätigung des Notars bezahlt werden. Der Käufer ist dann verpflichtet, die gesetzlichen Verzugszinsen zu bezahlen.

c) Verwendung des Abfindungsbetrags sowie Konto des Veräußerers

Der Abfindungsbetrag ist zur Lastenfreistellung zu verwenden, soweit die Freistellungserklärungen unter entsprechenden Auflagen erteilt werden. Insoweit kann der Abfindungsbetrag nur durch Erfüllung der Auflagen, nicht aber durch Leistung an den Veräußerer oder an einen Dritten bezahlt werden. Der Abfindungsbetrag ist insoweit zweckgebunden. Der Notar weist darauf hin, dass bei Ablösung langfristiger Verbindlichkeiten eine Vorfälligkeitsentschädigung anfallen kann, die zu Lasten des Verkäufers geht.

Der restliche Abfindungsbetrag ist zu überweisen auf das Konto des Verkäufers bei der

Bankinstitut:

IBAN:

BIC: .

Ab Bezahlung des Abfindungsbetrags überträgt der Verkäufer alle Eigentümerrechte und Rückübertragungsansprüche, die sich auf die Grundpfandrechte am Erbbaurecht beziehen, auf den Käufer und bewilligt die Umschreibung im Grundbuch.

3. Verzug, Rücktritt vom Vertrag

Der Notar wies darauf hin, dass der Käufer in Verzug gerät, sollte er den Abfindungsbetrag nicht bezahlen. Mit Fälligkeit des Abfindungsbetrags tritt Verzug ein, ohne dass es eines weiteren Hinweises oder einer weiteren Mahnung bedarf. Der Mahnung bedarf es nicht, wenn der Leistung ein Ereignis vorauszugehen hat und eine angemessene Zeit für die Leistung für die Leistung bestimmt ist, dass sich die Leistung von dem Ereignis an nach dem Kalendertag berechnen lässt, § 286 Abs. 2 Nr. 2 BGB. Ereignis ist hier die Absendung der Fälligkeitsmitteilung. Tritt Verzug ein, ist der Abfindungsbetrag in gesetzlicher Höhe zu verzinsen.

Sollte der Käufer ganz oder teilweise in Verzug sei, kann der Verkäufer zurücktreten, nachdem er den Käufer erfolglos unter schriftlicher Androhung des Rücktritts eine Zahlungsfrist von mindestens vier Wochen gesetzt hat. Dem Verkäufer steht dann ein Anspruch auf Schadensersatz nach den gesetzlichen Bestimmungen zu. Weitere gesetzliche Ansprüche des Verkäufers werden hiervon nicht berührt.

4. Unterwerfung unter die sofortige Zwangsvollstreckung

Der Käufer unterwirft sich – mehrere als Gesamtschuldner – wegen der hier eingegangenen Zahlungspflichten (Abfindungsbetrag sowie etwaige Verzugszinsen) der sofortigen Zwangsvollstreckung aus dieser Urkunde in sein gesamtes Vermögen. Eine vollstreckbare Ausfertigung kann ohne weiteres erteilt werden, sobald der Notar bestätigt hat, dass die Fälligkeitsvoraussetzungen gegeben sind. Eine Beweislastumkehr ist hiermit nicht verbunden.

V. Grundbucherklärungen

Der Grundstückseigentümer und der Erbbauberechtigte bewilligen und beantragen:

- die Eintragung der Erbbaurechtsaufhebung gemäß Ziffer III dieser Urkunde; das Erbbaurecht wird nicht auf den Käufer übertragen, sondern unmittelbar aufgehoben
- der Grundstückseigentümer stimmt der Erbbaurechtsaufhebung ausdrücklich zu, § 26 ErbbauRG
- die Löschung des Vorkaufsrechts des Erbbauberechtigten am Grundstück
- die Berichtigung des im Grundbuch von Gemarkung Blatt Abt. II Nr. eingetragenen subjektiv-dinglichen Rechts zugunsten des jeweiligen Inhabers des erloschenen Erbbaurechts dahingehend, dass es nunmehr dem jeweiligen Eigentümer des ehemals erbbaurechtsbelasteten Grundstücks zusteht, § 12 Abs. 3 ErbbauRG.
- Entsprechende Rechte sind nunmehr Bestandteil des ehemaligen Erbbaugrundstücks.

Mit der Aufhebung des Erbbaurechts wird das Grundbuchamt das Erbbaugrundbuch von Amts wegen schließen, § 16 ErbbauRG.

VI. Zustimmung dinglich Berechtigter am Erbbaurecht

- Zur Aufhebung des Erbbaurechts sind die Zustimmungen der dinglich Berechtigten am Erbbaurecht erforderlich, sofern diese Rechte nicht bereits inhaltsgleich auf dem Grundstück lasten. Mit der Aufhebung des Erbbaurechts erlöschen die dinglichen

Rechte am Erbbaurecht. Dies gilt nicht nur für Rechte Dritter am Erbbaurecht, sondern auch für Rechte des Grundstückseigentümers am Erbbaurecht. Auch als Inhaber solcher Rechte stimmt der Grundstückseigentümer der Aufhebung des Erbbaurechts ausdrücklich zu.

- Für die Aufhebung des Erbbaurechts reichen die Zustimmungen der dinglich Berechtigten am Erbbaurecht aus. Die Zustimmungen werden unter der Treuhandauflage erteilt, dass die noch gesicherten Verbindlichkeiten abgelöst werden. Die Zustimmungserklärungen sind dem Grundbuchamt mitvorzulegen. Die Löschung der Rechte wird ausdrücklich nicht beantragt, eine Eintragung im Erbbaugrundbuch wird nicht gewünscht.

VII. Vorlage an das Grundbuchamt

Der Notar/die Notarin , deren Vertreter und Nachfolger im Amt werden angewiesen, die Aufhebungserklärungen erst dann dem Grundbuchamt zum Vollzug vorzulegen, wenn der Verkäufer den Eingang des Kaufpreises bestätigt oder der Käufer die Zahlung durch Bankbestätigung nachgewiesen hat.

VIII. Notarermächtigung; Genehmigungen, Vollzug

Der Notar/die Notarin , deren Vertreter und Nachfolger im Amt werden jeweils beauftragt und bevollmächtigt, etwaige Zustimmungserklärungen sowie Genehmigungen unter Fertigung eines Entwurfs zu erholen. Die Genehmigungen und Erklärungen sollen mit dem Eingang im Notariat wirksam sein. Sobald Zustimmungserklärungen vorliegen, sind zum grundbuchmäßigen Vollzug zusätzliche Löschungsbewilligungen nicht mehr erforderlich.

Darüber hinaus wird der Notar/die Notarin , deren Vertreter und Nachfolger im Amt ermächtigt, den Vollzug dieser Urkunde zu betreiben und Anträge getrennt oder eingeschränkt zu stellen. Die Ermächtigung umfasst auch die Rücknahme der Erklärungen und die Abgabe aller verfahrensrechtlichen Erklärungen, die zur Durchführung dieser Urkunde erforderlich sind.

Die Vollzugsmitteilungen sind für alle Beteiligten an den Notar zu übersenden.

IX. Unbedenklichkeitsbescheinigung des Finanzamtes

Die Erschienenen wurden darauf hingewiesen, dass die Erbbaurechtsaufhebung im Grundbuch erst dann erfolgen kann, sobald die Unbedenklichkeitsbescheinigung (UB) des Finanzamtes vorliegt. Grund ist der Erwerb des Bauwerks durch den Grundstückseigentümer, § 12 Abs. 3 ErbbauRG. Die Unbedenklichkeitsbescheinigung wird erst nach Begleichung der Grunderwerbsteuer erteilt. Die Grunderwerbsteuer trägt .

Die Aufhebung eines Eigentümererbbaurechts löst dagegen keine Grunderwerbsteuer aus.

X. Hinweise und Feststellungen

Die Vertragsteile wurden auf Folgendes hingewiesen:

- die Aufhebung des Erbbaurechts wird erst mit Grundbucheintragung wirksam
- alle Vereinbarungen, die in dieser Urkunde enthalten sind, müssen richtig und vollständig sein
- die Vertragsteile haften für die Grunderwerbsteuer und die Kosten
- unter Umständen ist die Zustimmung dinglich Berechtigter am Erbbaurecht erforderlich
- unter Umständen kann für die Erbbaurechtsaufhebung Grunderwerbsteuer anfallen
- alle Beteiligten erklären sich mit der Speicherung und Bearbeitung ihrer Daten durch das Notariat uneingeschränkt einverstanden und stimmen der Speicherung und Bearbeitung ausdrücklich zu. Über die Informationspflichten bei Erhebung personenbezogener Daten hat der Notar/die Notarin belehrt
- alle Beteiligten erklären, ausschließlich für eigene Rechnung zu handeln und auch selbst wirtschaftlicher Berechtigter zu sein. Keiner der Beteiligten handelt für fremde Rechnung. Über die Angabepflichten nach dem Geldwäschegesetz hat der Notar/die Notarin belehrt.

XI. Abschriften

Eine *beglaubigte Abschrift* dieser Urkunde erhalten:

- das Grundbuchamt
- der Grundstückseigentümer
- die dinglich Berechtigten, deren Zustimmungserklärung erforderlich ist.

Eine *einfache Abschrift* dieser Urkunde erhält:

- das Finanzamt, Grunderwerbsteuerstelle.

XII. Notar- und Gerichtskosten; Grunderwerbsteuer

Die Kosten für die Beurkundung und den Vollzug im Grundbuch trägt , ebenso die Grunderwerbsteuer.

Vorgelesen vom Notar,

von den Beteiligten genehmigt

und eigenhändig unterschrieben:

(Unterschriften der Beteiligten)

(Unterschrift und Siegel des Notars)"

▲

VII. Grundbucheintragungen

Eintragung einer Vormerkung zur Sicherung des Anspruchs auf Erbbaurechtsaufhebung 45

Die Eintragungsfrage ist unter Pkt. III (siehe Rdn 36) abgehandelt, dargestellt wird im Folgenden die Doppeleintragung der Aufhebungsvormerkung im Grundstücks- und im Erbbaugrundbuch.

Erforderlich ist zum einen die Eintragung im **Grundstücksgrundbuch**, Zweite Abteilung, dort **Veränderungsspalte** zum Erbbaurecht (im folgenden Beispiel die lfd. Nr. 1). Nach § 12 Abs. 1 lit. c GBV wird die Aufhebungsvormerkung nicht in der Löschungsspalte, sondern in der **Veränderungsspalte** eingetragen. Da die Vormerkung einen Aufhebungsanspruch sichert, ist die Eintragung nicht halb-, sondern **vollspaltig** vorzunehmen. Die Begründung hierfür ist die Regelung in § 19 Abs. 1 S. 2 GBV zu sehen. Eine halbspaltige Eintragung ergäbe keinen Sinn, da die Löschung in einer anderen Spalte eingetragen wird, der Löschungsspalte. Eine *Umschreibung* der Vormerkung findet demnach nicht statt.

Eintragung im **Grundstücksgrundbuch**: 46

Amtsgericht München **Grundbuch von** Max-Vorstadt **Blatt** 205 **Zweite Abteilung**

Veränderungen		Löschungen	
Laufende Nummer der Spalte 1		Laufende Nummer der Spalte 1	
4	5	6	7
1	Vormerkung zur Sicherung des Anspruchs auf Aufhebung des Erbbaurechts für Landeshauptstadt München; gemäß Bewilligung vom 23.12.2024 – UVZ-Nr. 2200/ Notarius, München –; eingetragen am 30.12.2024. Lausmann		

47 Möglich ist zum anderen die **Eintragung im Erbbaugrundbuch**. Aus § 19 Abs. 1 S. 2 GBV lässt sich lediglich ableiten, dass die Eintragung nicht halb-, sondern **vollspaltig** erfolgen muss. Die Eintragungsstelle selbst bleibt im Unklaren. Nach dem Wortlaut des § 12 Abs. 1 lit. c GBV käme die Veränderungsspalte der Abteilung in Betracht, in der das von der Vormerkung betroffene Recht eingetragen ist. Dies trifft auf die Eintragung im Grundstücksgrundbuch uneingeschränkt zu, nicht aber auch auf die Eintragung im Erbbaugrundbuch. Dort ist das Erbbaurecht nicht in der Zweiten oder der Dritten Abteilung eingetragen, sondern eigenständig als grundstücksgleiches Recht gebucht, § 14 Abs. 1 S. 1 ErbbauRG. Eine Eintragung in der Veränderungsspalte der Zweiten Abteilung des Erbbaugrundbuchs kann mangels dort gebuchter Rechtsposition nicht vorgenommen werden. In der Folge kommt nur die vollspaltige Eintragung in der **Hauptspalte der Zweiten Abteilung des Erbbaugrundbuchs** in Betracht. Die Aufhebungsvormerkung kommt einer Übertragungsvormerkung gleich, zumal der Grundstückseigentümer das Bauwerk erwirbt, § 12 Abs. 3 ErbbauRG. Die Lösung liefert eine analoge Anwendung des § 12 Abs. 1 lit. a GBV:

48 **Amtsgericht** München **Grundbuch von** Max-Vorstadt **Blatt** 1969 **Zweite Abteilung**

Lfd. Nummer der Eintragungen	Lfd. Nummer der betroffenen Grundstücke im Bestandsverzeichnis	Lasten und Beschränkungen
1	2	3
7	1	Vormerkung zur Sicherung des Anspruchs auf Aufhebung des Erbbaurechts für Landeshauptstadt München; gemäß Bewilligung vom 23.12.2024 – UVZ-Nr. 2200/Notarius, München –; eingetragen am 30.12.2024. Lausmann

49 **Aufhebung des Erbbaurechts**

Im **Grundstücksgrundbuch** wird in der Zweiten Abteilung, Spalten 6 und 7, ein Löschungsvermerk angebracht, § 10 Abs. 6 GBV. Den Grund der Löschung anzugeben, ergäbe keinen Sinn und ist auch in der Grundbuchverfügung nicht vorgesehen. Surrogate werden nicht vermerkt. Da die Löschung mit der Eintragung im Grundstücksgrundbuch maßgeblich ist, ist es auch unzutreffend, den Blick auf das Erbbaugrundbuch zu lenken („Nach Aufhebung des Erbbaurechts gelöscht am…“). Das Erbbaurecht wird mit der Löschung im Grundstücksgrundbuch gelöscht, nicht durch die Eintragung im Erbbaugrundbuch. Die Eintragung über das Erbbaurecht ist zu röten,[210] ebenso alle Vermerke, die das Erbbaurecht betreffen, § 17 Abs. 2 GBV.

Amtsgericht München **Grundbuch von** Max-Vorstadt **Blatt** 205 **Zweite Abteilung**

Veränderungen		Löschungen	
Laufende Nummer der Spalte 1		Laufende Nummer der Spalte 1	
4	5	6	7
		1	Gelöscht am 16.12.2024. Lausmann

Amtsgericht München **Grundbuch von** Max-Vorstadt **Blatt** 205 **Zweite Abteilung**

Lfd. Nummer der Eintragungen	Lfd. Nummer der betroffenen Grundstücke im Bestandsverzeichnis	Lasten und Beschränkungen
1	2	3
1	1	Erbbaurecht für Seefelder Verlags GmbH, München, Amtsgericht München, HRB 50210; gemäß Bewilligungen vom 9.2.1954 und 4.3.1954 – URNr. 303 und 570/jeweils Notarius, Augsburg; eingetragen am 8.11.1954. Konnetschke

Im **Erbbaugrundbuch** müssen Eintragungen auf der Aufschrift und im Bestandsverzeichnis (BV) vorgenommen werden: 50

- Aufschriftsvermerk:

„*Wegen Aufhebung des Erbbaurechts geschlossen am 16.12.2024. Lausmann*“

Im Schließungsvermerk ist stets der Grund der Schließung anzugeben, § 36 lit. b GBV, hier die Aufhebung des Erbbaurechts. Dass das Erbbaugrundbuch von Amts wegen zu schließen ist, ergibt sich aus § 16 ErbbauRG.

- Bestandsverzeichnisvermerk, Spalten 7 und 8:

„1 Erbbaurecht auf dem Blatt des belasteten Grundstücks gelöscht; hier vermerkt und dieses Blatt geschlossen am 16.12.2024. *Lausmann*“

Grund ist die Regelung in § 56 Abs. 6 GBV, danach ist die Löschung des Erbbaurechts in der Spalte 8 des Bestandsverzeichnisses zu vermerken.

210 Die Rötung allein genügt nicht, es ist ein Löschungsvermerk anzubringen, *Böhringer*, Rpfleger 2019, 557, 563.

- danach werden sämtliche Seiten des Erbbaugrundbuchblattes **rot durchkreuzt**, § 36 lit. a GBV.

VIII. Kosten des Notariats und des Grundbuchamtes

1. Kosten des Notariats

51 Der Normzweck gebietet die **notarielle Beurkundung** (vgl. Rdn 35). Die Beurkundung des Aufhebungsvertrages schlägt mit einer **2,0 Gebühr** zu Buche, **Nr. 21100 KV GNotKG**,[211] mindestens jedoch mit 120 EUR.Etwas anderes gilt für die Aufhebung eines Eigentümererbbaurechts, insoweit wird nur eine 0,5 Gebühr nach der Nr. 21201 Nr. 4 KV GNotKG in Rechnung gestellt.[212] Der Geschäftswert bestimmt sich nach § 49 Abs. 2 GNotKG[213] und beträgt 80 Prozent der Summe aus den Werten des belasteten Grundstücks und darauf errichteter Bauwerke.

Daneben ist eine etwaige Mitbeurkundung[214] der **Löschungsbewilligung, die sich auf ein Vorkaufsrecht am Erbbaugrundstück** bezieht, zu berücksichtigen, und zwar grundsätzlich mit einer **0,5 Gebühr** nach der **Nr. 21201 Nr. 4 KV GNotKG**, mindestens jedoch 30 EUR.[215] Als Geschäftswert ist nur ein Teilwert i.H.v. 10 bis 20 Prozent[216] des unbebauten Grundstücks heranzuziehen.

Da allerdings die beiden Erklärungen (Aufgabe des Eigentümererbbaurechts und Löschung des Vorkaufsrechts am Erbbaugrundstück) verschiedene Beurkundungsgegenstände betreffen, wird **nur eine Gebühr aus dem zusammengerechneten Wert erhoben**, § 86 Abs. 2 GNotKG.[217]

52 Eine eigenständige Gebühr[218] fällt für die Beurkundung von **Pfandunterstellungen** an (sog. Exit-Erstreckungen, vgl. Rdn 39, 41), die erforderlich werden, um ein Belastungsäquivalent am Grundstück zu schaffen. Anzusetzen ist eine **1,0 Gebühr** nach der **Nr. 21200 KV GNotKG**, mindestens jedoch 60 EUR. Der Geschäftswert richtet sich nach § 44 Abs. 1 GNotKG, maßgeblich ist der geringere Wert, der aus dem Wertvergleich zwischen dem Grundstück und dem Nominalbetrag des Grundpfandrechts hervorgeht.

211 *Streifzug*, Rn 880; Ingenstau/Hustedt/*Hustedt*, Anhang II – Erbbaurecht und Kostenrecht, Rn 22; *Leipziger Kostenspiegel*, Rn 5.79.
212 *Leipziger Kostenspiegel*, Rn 5.84 und 5.87.
213 Ingenstau/Hustedt/*Hustedt* a.a.O.; ebenso *Streifzug*, Rn 875.
214 Insoweit liegt eine gegenstandsverschiedene Erklärung vor, die zu bewerten ist.
215 *Leipziger Kostenspiegel*, Rn 5.80.
216 **A.A.** *Leipziger Kostenspiegel*: 50 Prozent, vgl. dort Rn 5.80.
217 *Leipziger Kostenspiegel*, Rn 5.85.
218 Gegenstandsverschieden i.S.v. § 86 Abs. 2 GNotKG.

Für die **Erholung von Zustimmungen** dinglich Berechtigter am Erbbaurecht (siehe Rdn 37, 38) kann der Notar eine **0,5 Vollzugsgebühr** in Rechnung stellen, **Nr. 22110 KV GNotKG**.[219] Der Geschäftswert setzt sich aus dem Wert der Erbbaurechtsaufhebung und dem Wert der Löschungsbewilligung für das Vorkaufsrecht am Grundstück zusammen,[220] §§ 112, 113 Abs. 1 GNotKG.[221]

2. Kosten des Grundbuchamtes

Für die Eintragung einer **Vormerkung zur Sicherung des Anspruchs auf Erbbaurechtsaufhebung** ist eine **0,5 Gebühr** zu erheben, **Nr. 14150 KV GNotKG**, berechnet aus dem Wert des Erbbaurechts, § 45 Abs. 3 GNotKG.[222] Der Wert eines Erbbaurechts beträgt 80 Prozent der Summe aus den Werten des belasteten Grundstücks und darauf errichteter Bauwerke, § 49 Abs. 2 GNotKG. Die Doppeleintragung im Grundstücks- und im Erbbaugrundbuch (vgl. Rdn 36) verteuert die Eintragung nicht, es bleibt bei der Erhebung einer Gebühr, Vorbemerkung 1.4, dritte Anmerkung, S. 2 und 1 KV GNotKG. 53

Etwaige **Erstreckungen**, die erforderlich werden, um ein Belastungsäquivalent am Grundstück zu schaffen (vgl. Rdn 39, 41), sind nach der **Nr. 14123 KV GNotKG** zu behandeln. Pro Recht fällt eine **0,5 Eintragungsgebühr** an, und zwar aus dem geringeren Wert, der aus dem Wertvergleich nach § 44 Abs. 1 S. 1 GNotKG hervorgeht. Zu vergleichen sind der Nominalbetrag des Grundpfandrechts (§ 53 Abs. 1 GNotKG) und der Wert des einbezogenen Grundstücks, § 44 Abs. 1 S. 1 GNotKG.

Die Gebühren für die Eintragung von **Rangrücktritten**, die im Rahmen etwaiger Erstreckungen erforderlich werden, richten sich nach der **Nr. 14130 KV GNotKG**. Pro zurücktretendem Recht fällt eine **0,5 Eintragungsgebühr** an, zumal Rangänderungen nur als Veränderung des zurücktretenden Rechts zu behandeln sind, Nr. 14130 Anm. 2 KV GNotKG. Das Gesetz sieht einen Wertvergleich vor, § 45 Abs. 1 GNotKG, zu vergleichen sind der Wert des zurück- und der Wert des vortretenden Rechts. Maßgeblich ist der geringere Wert, § 45 Abs. 1 GNotKG.

Für die **Löschung von Grundpfandrechten am Erbbaurecht** fallen Gebühren nach der **Nr. 14140 KV GNotKG** an, und zwar pro Grundpfandrecht eine **0,5 Gebühr**, berechnet nach dem Nominalbetrag des Grundpfandrechts, § 53 Abs. 1 GNotKG. Aus kostenrechtlicher Sicht ist von der Erteilung von Löschungsbewilligungen, deren Vollzug Gebühren nach der Nr. 14140 KV GNotKG auslöst, abzuraten und stattdessen die **Zustimmungs-** 54

219 Ingenstau/Hustedt/*Hustedt*, Anhang II – Erbbaurecht und Kostenrecht, Rn 22.
220 *Streifzug*, Rn 881.
221 *Streifzug*, a.a.O.
222 *Korintenberg/Wilsch*, Nr. 14150 Rn 7, Geschäftswert ist der Wert des aufzuhebenden Rechts.

erklärung nahe zu legen. Letztere wird im Grundbuch nicht vollzogen und löst deshalb auch keine Grundbuchgebühren aus.

Die **Löschung des Erbbaurechts** kostet nur eine Festgebühr i.H.v. **25 EUR, Nr. 14143 KV GNotKG.**[223] Das Erbbaugrundbuch wird von Amts wegen geschlossen, § 16 ErbbauRG. Eine gesonderte Schließungsgebühr fällt insoweit nicht an (kein Gebührentatbestand für Schließung des Grundbuchs).

Weitere **Löschungen von Rechten der Zweiten Abteilung** sind mit **25 EUR** pro Recht in Rechnung zu stellen, **Nr. 14143 KV GNotKG**. In Betracht kommen vor allem subjektiv-dingliche Rechte, die dem Erbbaurecht am Grundstück eingeräumt waren, beispielsweise ein Vorkaufsrecht am Grundstück.

Die **Berichtigung subjektiv-dinglicher Rechte**, die zugunsten des jeweiligen Inhabers des erloschenen Erbbaurechts eingetragen waren und nunmehr dem jeweiligen Eigentümer des ehemals erbbaurechtsbelasteten Grundstücks zustehen, § 12 Abs. 3 ErbbauRG, löst ebenfalls Gebühren aus. Maßgeblich ist die Regelung in **Nr. 14130 KV GNotKG**. Pro Recht ist eine **0,5 Veränderungsgebühr** aus dem vollen Geschäftswert des Rechts zu erheben, § 52 GNotKG.

223 In Bayern kommt eine Katasterfortführungsgebühr hinzu, die aus der Festgebühr i.H.v. 25 EUR zu berechnen ist. Die Katasterfortführungsgebühr fällt jedoch nicht an, sofern Erbbauberechtigter und Grundstückseigentümer bereits identisch sind.

§ 13 Begründung von Wohnungs- und Teilerbbaurechten durch Vorratsteilung nach §§ 30 Abs. 2, 8 WEG

A. Allgemeines

I. Begründungsformen; Belastungsgegenstand; Bebauung

Konzeptionell zeigt sich das Erbbaurecht von jeher mit dem „dauernde(n) Bedürfnis für Wohnungen“[1] und der „Abhilfe der Wohnungsnot“[2] verbunden. Die Regelung in § 30 WEG greift dies auf und zieht die **Parallele** zu den allgemeinen **Begründungsformen des WEG**. Demnach können Bruchteilsberechtigte eines Erbbaurechts Wohnungs- und Teilerbbaurecht durch **Vertrag** begründen, sodass jedem Mitberechtigten das Sondereigentum an einer bestimmten Wohnung oder an nicht zu Wohnzwecken dienenden bestimmten Räumen zusteht, § 30 Abs. 1 i.V.m. § 3 WEG.[3] Gegebenenfalls muss die **Bruchteilsberechtigung** erst geschaffen werden, etwa durch **Auseinandersetzung** gesamthänderischen Eigentums.[4] Die Zustimmung des Grundstückseigentümers (§ 5 Abs. 1 ErbbauRG) ist nur dann erforderlich, sollten die neu geschaffenen Bruchteile nicht mit den ursprünglichen Bruchteilen übereinstimmen.[5] Zustimmungsfrei ist die Umwandlung einer Gesamthandsgemeinschaft in eine personengleiche Bruchteilsgemeinschaft.[6] 1

Den Hauptanwendungsfall bildet die **Vorratsteilung** nach § 30 Abs. 2 i.V.m. § 8 WEG, die einseitige Erklärung, abgegeben durch den Erbbauberechtigten.[7] Die Regelungen über die **Inhaltskontrolle allgemeiner Geschäftsbedingungen** (§§ 307 ff. BGB) sind auf die Gemeinschaftsordnung grundsätzlich **nicht anwendbar,**[8] da der Regelungszweck nicht im Bereich Kunde/Verwender, sondern im Bereich des künftigen Zusammenlebens der Wohnungs- und Teileigentümer liegt. Eine grundbuchamtliche Beanstandung, die sich auf das AGB- Recht stützt, kann daher erfolgreich angegriffen werden. Der BGH[9]

1 Glaß/*Scheidt*, Einleitung VII. Zur Begründung von Wohnungs- und Teilerbbaurechten vgl. *Wiesner/Stephan*, ErbbauZ 2020, 164.
2 *Pesl*, S. 61.
3 Zur Begründung von Wohnungs- und Teilerbbaurecht durch mehrere Erbbaurechtsberechtigte vgl. *Wiesner/Stephan*, ErbbauZ 2020, 164, 169.
4 Ebenso *Theus*, RNotZ 2019, 573, 580; *Winkler/Schlögel*, § 3 Rn 107; *Böttcher*, Rn 778.
5 *Theus*, RNotZ 2019, 573, 580.
6 LG Lübeck, Beschl. v. 20.12.1990, Az. 7 T 774/90 = Rpfleger 1991, 201; *Theus*, RNotZ 2019, 573, 580.
7 Ebenso *Wiesner/Stephan*, ErbbauZ 2020, 164, 169.
8 BGH, Urt. v. 20.11.2020, Az. V ZR 196/19 = DNotZ 2021, 754, 758; DNotI-Report 2021, 61; *Brückner*, ZNotP 2022, 9, 10.
9 BGH, Urt. v. 20.11.2020, Az. V ZR 196/19 = DNotZ 2021, 754, 758.

hält eine Inhaltskontrolle nach § 242 BGB für ausreichend, woran auch die WEG-Reform 2020 nichts geändert hat.

2 In beiden Fällen kann Gegenstand des Wohnungs- und Teilerbbaurechts nur **ein Erbbaurecht** sein, § 1 Abs. 4 WEG,[10] auch ein Gesamterbbaurecht,[11] ein Untererbbaurecht,[12] § 6a GBO, ein Eigentümererbbaurecht,[13] unter Umständen überdies ein altrechtliches Erbbaurecht.[14] Die Regelung in § 30 Abs. 1 WEG spricht von *einem* Erbbaurecht.

Zur **notwendigen Raumeigenschaft** vgl. unten Rdn 6.

An **mehreren Einzelerbbaurechten** kann Wohnungs- und Teilerbbaurecht nicht begründet werden,[15] sodass vorab der Vereinigungs- bzw. Bestandteilszuschreibungsweg zu beschreiten ist (vgl. § 11 des Buches). Die Regelung in § 30 Abs. 1 WEG erwähnt *ein* Erbbaurecht, an dem Wohnungs- und Teilerbbaurecht begründet werden kann,[16] und auch in § 30 Abs. 2 WEG ist von *einem* Erbbaurecht die Rede („das Erbbaurecht"). Somit steht auch das Gesamterbbaurecht als Belastungsgegenstand zur Verfügung.[17]

3 An einem **einzelnen Stockwerk eines Gebäudes** kann Wohnungs- und Teilerbbaurecht nicht begründet werden, weil § 1 Abs. 3 ErbbauRG einer solchen Einräumung entgegensteht.[18] In der Folge kann nur das gesamte Gebäude in Wohnungs- und Teilerbbaurecht aufgeteilt werden.[19]

Das **Erbbaurecht** muss **bereits bestehen**, der Doppeltatbestand, Einigung und Eintragung, muss bereits realisiert sein, um zur Begründung von Wohnungs- und Teilerbbaurecht schreiten zu können.[20] Die Begründung des Erbbaurechts zu „**überspringen**", kommt demnach nicht in Betracht.[21] Grundbuchkosten können mit entsprechenden Überlegungen ohnehin nicht eingespart werden, weil stets beide Gebührentatbestände

10 Vgl. *Theus*, RNotZ 2019, 573, 576; *Winkler/Schlögel*, § 3 Rn 102.

11 BayObLG, Beschl. v. 30.8.1989, Az. BReg. 2 Z 95/89 = MDR 1990, 53; LG Wiesbaden, Beschl. v. 16.12.1985, Az. 4 T 623/85 = MittBayNot 1986, 28; *Theus*, RNotZ 2019, 573, 577; *Wiesner/Stephan*, ErbbauZ 2020, 164, 165; *Winkler/Schlögel*, § 3 Rn 103.

12 *Theus*, RNotZ 2019, 573, 577; *Hügel/Elzer*, § 30 Rn 4; *Winkler/Schlögel*, § 3 Rn 102; zum Untererbbaurecht vgl. § 14 des Buches.

13 *Theus*, RNotZ 2019, 573, 577; *Winkler/Schlögel*, § 3 Rn 102.

14 Hier muss geprüft werden, ob dem Erbbauberechtigten überhaupt das Eigentum am Gebäude zusteht. Dies ist nicht der Fall, sollte das Gebäude bei Erbbaurechtsbestellung bereits errichtet gewesen sein, dann ist das Eigentum am Gebäude dem Grundstückseigentümer verblieben. In einer solchen Konstellation kann der Erbbauberechtigte das Gebäude nicht in Wohnungs- und Teilerbbaurechte aufteilen, vgl. auch *Theus*, RNotZ 2019, 573, 579. Keine Erörterung bei *Böttcher*, Rn 769–772.

15 *Theus*, RNotZ 2019, 573, 576; *Wiesner/Stephan*, ErbbauZ 2020, 164, 166.

16 Vgl. auch *Wiesner/Stephan*, ErbbauZ 2020, 164, 166.

17 *Wiesner/Stephan*, ErbbauZ 2020, 164, 166; zum Gesamterbbaurecht vgl. auch *Wilsch*, ErbbauZ 2024, 2.

18 Vgl. *Theus*, RNotZ 2019, 573, 575.

19 *Theus*, RNotZ 2019, 573, 575.

20 *Theus*, RNotZ 2019, 573, 576; *Winkler/Schlögel*, § 3 Rn 102.

21 *Theus*, RNotZ 2019, 573, 576.

generiert werden, die Eintragung eines Erbbaurechts und die Eintragung von Wohnungs- und Teilerbbaurecht. Häufig werden beide Vorgänge in verschiedenen Urkunden festgehalten, denkbar ist aber auch die Zusammenfassung in einer Urkunde,[22] was für das Grundbuchamt Anlegung und unmittelbar folgende Schließung des Erbbaugrundbuchs bedeutet.

Wie im Falle einer „**überschießenden“ Bebauung** durch den Erbbauberechtigten zu verfahren ist, ist obergerichtlich noch nicht geklärt und mit **erheblicher Rechtsunsicherheit** verbunden.[23] Geht der Erbbauberechtigte über die erbbaurechtsvertragliche Bebauungsbefugnis hinaus, steht das Schicksal der vertragswidrigen Bebauung im Raum, die auch die Frage nach der Begründung von Wohnungs- und Teilerbbaurecht beeinflusst. **Eine Meinung** verneint den Bauwerkserwerb durch den Erbbauberechtigten, der sich insoweit nicht in der Lage sieht, Wohnungs- und Teilerbbaurecht zu begründen.[24] Eine **andere Meinung** bejaht hingegen den Bauwerkserwerb durch den Erbbauberechtigten, weil das Bauwerk in Ausübung des Erbbaurechts errichtet worden sei. Insoweit führe jede Bauwerkserrichtung zum Eigentumserwerb durch den Erbbauberechtigten.[25] In den Worten von *Räfle*: 4

> *Wird das Bauwerk erst nach Entstehung des Erbbaurechts errichtet..., so wird der Erbbauberechtigte kraft Gesetzes Eigentümer... Allein schon die Tatsache, dass der Bau auf dem Erbbaugrundstück erstellt wird, führt zum Eigentum des Erbbauberechtigten, auch wenn er in einer vom Bestimmungszweck des Erbbaurechts abweichenden Weise gebaut hat....*[26]

Für die notarielle Praxis birgt diese Streitfrage ein erhebliches **Risiko**, das auch nicht dadurch reduziert werden kann, dass das Grundbuchamt, der zweiten Meinung folgend, grünes Licht für die Aufteilung in Wohnungs- und Teilerbbaurechte signalisiert. Denn eine abweichende obergerichtliche Würdigung mit dem Inhalt, der Erbbauberechtigte habe kein Bauwerk erworben, kann die Aufteilung auch noch später zu Fall bringen. Die **Empfehlung** geht daher dahin, vorab die erbbaurechtsvertragswidrige Bebauung zum Gegenstand eines **Erbbaurechtsnachtrages** zu machen, um Rechtssicherheit zu schaffen. Nur die **Synchronisierung von vertraglicher und realisierter Bebauung** ist geeignet, Zweifel zu zerstreuen und die Begründung auf eine unangreifbare Grundlage zu stellen. 5

22 Ebenso *Theus*, RNotZ 2019, 573, 576.
23 Zum Diskussionsstand vgl. *Theus*, RNotZ 2019, 573, 579.
24 *Theus*, RNotZ 2019, 573, 579.
25 Ingenstau/Hustedt/*Bardenhewer*, § 12 Rn 6; *Räfle*, § 12 Rn 4; zum Meinungsstand vgl. auch *Winkler/Schlögel*, § 2 Rn 43 ff. Für Erwerb des Bauwerks auch *Theus*, RNotZ 2019, 573, 580.
26 *Räfle*, § 12 Rn 4: ausreichend, dass das Bauwerk im Ausübungsbereich des Erbbaurechts liegt.

II. Definition Wohnungs- und Teilerbbaurecht, § 30 Abs. 1 WEG

6 Die **Definition** findet sich in § 30 Abs. 1 WEG: ein Bruchteil am Erbbaurecht, verbunden mit dem Sondereigentum an einer bestimmten Wohnung (= **Wohnungserbbaurecht**) oder an nicht zu Wohnzwecken dienenden bestimmten Räumen (= **Teilerbbaurecht**) in einem aufgrund des Erbbaurechts errichteten oder zu errichtenden Gebäude.[27] Aufgeteilt wird nur das **Erbbaurecht**, das Gebäude, nicht das Grundstück, was bei der Formulierung des Vertrages Berücksichtigung finden muss.[28] An die Stelle des Miteigentumsanteils am Grundstück tritt der Mitberechtigungsanteil am Erbbaurecht. Daraus resultiert u.a. die Nutzungsbefugnis nach § 1 Abs. 2 ErbbauRG, die Nutzung des für das Bauwerk nicht erforderlichen Teil des Grundstücks, auf den sich das Erbbaurecht bezieht.[29] Die Wohnungs- und Teilerbbauberechtigten sind insoweit zur gemeinsamen Nutzung berechtigt.[30] In der **Formularpraxis**[31] wird teilweise zwischen *„Sondereigentum bzw. Teileigentum"* differenziert, was nicht geteilt werden kann. Denn auch das Teilerbbaurecht ist **Sondereigentum**, und zwar Sondereigentum an Räumen, die nicht zu Wohnzwecken bestimmt sind, § 30 Abs. 1 WEG. Seit der WEG-Novelle 2020 kann nunmehr auch **Sondereigentum an Grundstücksfreiflächen** begründet werden, § 3 Abs. 2 WEG, sog. **Annexeigentum** an Grundstücksflächen. In der Folge kann das Sondereigentum auf einen außerhalb des Gebäudes liegenden Teil des Grundstücks erstreckt werden, etwa auf eine Garten- oder eine Terrassenfläche. Dabei muss das Annexeigentum im Aufteilungsplan zwingend durch **Maßangaben** bestimmt werden, § 3 Abs. 3 WEG. Gleiches gilt für **Stellplätze**, die nun zwar einer umfassenden[32] Fiktion der Raumeigenschaft unterliegen, vgl. § 3 Abs. 1 S. 2 WEG, jedoch durch Maßangaben im Aufteilungsplan zu bestimmen sind, § 3 Abs. 3 WEG.[33] Seit der WEG-Novelle 2020 kann Sondereigentum an allen Arten von Stellplätzen begründet werden, ohne Rücksicht darauf, ob sich die Stellplätze in Gebäuden oder im Freien befinden, § 3 Abs. 1 S. 2 WEG.[34]

27 Ebenso BayObLG, Beschl. v. 4.3.1999, Az. 2 Z BR 24/99 = Rpfleger 1999, 327, 328, für Wohnungserbbaurecht: „bruchteilsmäßige Mitberechtigung an dem Erbbaurecht, verbunden mit dem Sondereigentum an einer bestimmten Wohnung in dem aufgrund des Erbbaurechts errichteten oder noch zu errichtenden Gebäude". Vgl. auch *Theus*, RNotZ 2019, 573, 574; *Winkler/Schlögel*, § 3 Rn 96 und 97.

28 Fehler der Praxis insoweit: „Der erste Erbbauberechtigte wird das Erbbau*grundstück* gemäß Wohnungseigentumsgesetz aufteilen". Das Grundstück wird jedoch nicht aufgeteilt, aufgeteilt wird das Erbbaurecht.

29 Vgl. auch *Theus*, RNotZ 2019, 573, 574.

30 *Theus*, RNotZ 2019, 573, 575.

31 Vgl. Vertragsformulare PREMIUM, Stand 1.3.2024, Bearb. *Frense*, Ziffer 6.8.2.1, Aufteilung eines Erbbaurechts, dort § 2 des Formulars.

32 Nach der WEG-Novelle 2020 kann auch Sondereigentum an einzelnen Stellplätzen einer Doppelstockgarage begründet werden, § 3 Abs. 1 S. 2 WEG. Zur Sondereigentumsfähigkeit von Parksystemen vgl. auch DNotI-Report 2021, 161.

33 Vgl. *Böhringer*, Rpfleger 2021, 393, 394.

34 *Böhringer*, Rpfleger 2021, 393; *Zimmer*, ZWE 2021, 435, 437.

Fehlende Maßangaben führen zu einer Beanstandung durch das Grundbuchamt, weshalb das **Notariat gehalten ist, den Aufteilungsplan auf entsprechende Maßangaben zu kontrollieren**. Stets mitvorzulegen ist der Lageplan[35] des Grundstücks, vgl. § 7 Abs. 4 S. 1 Nr. 1 WEG, gleichgültig, ob Annexeigentum vereinbart oder nicht vereinbart ist. Den Begriff des „*Sondererbbaurechts*“[36] kennt das Gesetz nicht, ebenso wenig die Praxis. Das Gesetz spricht von Sondereigentum, nicht von Sondererbbaurecht, vgl. § 30 Abs. 1 WEG.

III. Marktsituation

Ein **Marktvergleich** von Wohnungs- und Teilerbbaurechten mit Wohnungs- und Teileigentum zeigt signifikante Wertunterschiede. Weil ein Grundstücksanteil nicht miterworben wird, sondern „lediglich“ ein Anteil am Erbbaurecht, bewegen sich die Kaufpreise von Wohnungs- und Teilerbbaurecht deutlich unter dem Niveau von Wohnungs- und Teileigentum.[37] Ein Beispiel aus dem Münchner Immobilienmarktbericht:[38] 7

- **Wohnungserbbaurecht**, durchschnittliche und gute Wohnlagen, Baujahresgruppe 1990–1999: Mittelwert i.H.v. 6.150 EUR pro qm Wohnfläche, Standardabweichung bis zu 25 Prozent, Erbbauzins i.H.v. 2,90 EUR pro qm als Mittelwert[39]
- **Wohnungseigentum**, gute Wohnlage, Baujahresgruppe 1990–1999: Mittelwert i.H.v. 7.750 EUR pro qm Wohnfläche, Standardabweichung bis zu 15 Prozent.[40]

Parameter, die den Kaufpreis eines Wohnungserbbaurechts bestimmen, sind die **Höhe des Erbbauzinses** und die **Restlaufzeit des Erbbaurechts**.[41] Im angegebenen Beispiel ist der Wertunterschied zwischen dem Wohnungserbbaurecht (6.150 EUR pro qm) und dem Wohnungseigentum (7.750 EUR pro qm) beträchtlich. Nicht selten scheuen Interessenten den Erwerb unter Hinweis auf die Dreifachbelastung, die mit dem Erwerb von Wohnungs- und Teilerbbaurechten einhergeht: Erbbauzins, Wohngeld und die Zins- und Tilgungsbeträge der eigenen Finanzierung. In Großstädten finden Wohnungs- und Teilerbbaurechte dennoch regelmäßig Absatz, ein Leerstand ist nicht zu verzeichnen. Häufig spielt auch die Nähe des Erwerbers zum kirchlichen oder kommunalem Erbbaurechtsausgeber eine Rolle. 8

35 *Forschner*, ZNotP 2021, 97, 103.
36 So Beck'sches Formularbuch Wohnungseigentumsrecht/*Fichtner*, Vertragliche Begründung von Wohnungserbbaurechten.
37 Vgl. für das Münchener Stadtgebiet den Jahresbericht 2023 „Der Immobilienmarkt in München“, herausgegeben vom Gutachterausschuss für Grundstückswerte im Bereich der Landeshauptstadt München, Seite 36, Kategorie „Wohnungen und Apartments im Erbbaurecht“. Zur Marktsituation vgl. auch *Weber*, ZWE 2019, 251.
38 Jahresbericht 2023 „Der Immobilienmarkt in München“, herausgegeben vom Gutachterausschuss für Grundstückswerte im Bereich der Landeshauptstadt München.
39 Immobilienmarktbericht a.a.O., 36.
40 Immobilienmarktbericht a.a.O., 33.
41 Immobilienmarktbericht a.a.O., 36.

IV. Zwei Hemisphären

9 Für das Wohnungs- und Teilerbbaurecht gelten die Vorschriften des WEG entsprechend, § 30 Abs. 3 S. 2 WEG i.V.m. §§ 1–29 WEG, weshalb „doppelte Rechtsbeziehungen“[42] zu konstatieren sind, **zwei Hemisphären**.

Das sind zum einen die Rechtsbeziehungen zwischen dem Grundstückseigentümer und den Wohnungs- und Teilerbbauberechtigten, also Bestimmungen, die sich aus dem Erbbaurecht ableiten und für die die Bestimmungen des **ErbbauRG** maßgeblich sind.

Das sind zum anderen die Rechtsbeziehungen der Wohnungs- und Teilerbbauberechtigten untereinander, demnach die Binnenregelungen, die sich aus der Gemeinschaftsordnung und den Bestimmungen des **Wohnungseigentumsgesetzes (WEG)** herleiten,[43] § 30 Abs. 3 S. 2 WEG. In der Literatur ist deshalb von einer im Einzelnen nicht leicht zu überblickenden „Überlagerung von Wohnungseigentumsrecht und Erbbaurecht“[44] die Rede. Gelegentlich sprechen Praktiker ironisch davon, bei dem Wohnungserbbaurecht handle es sich um eine *Konstruktion, die die Vorzüge des Wohnungseigentums mit denen des Erbbaurechts vereinigt*. Zu den Rechtsbeziehungen vgl. Rdn 12.

10 Orientierung bringt die Erkenntnis, dass **eigenständige Hemisphären** vorliegen, „verschiedene Regelungskomplexe“.[45] Um im Bild zu bleiben: der **Erbbaurechtsvertrag** enthält den **Quellcode**, den Quelltext, der das **übergeordnete Rechtsverhältnis** determiniert und der **nicht überschrieben** werden kann.[46] Eine inhaltliche Änderung tritt durch die Begründung von Wohnungs- und Teilerbbaurecht nicht ein,[47] das Wohnungs- und Teilerbbaurecht kann vom Inhalt des Erbbaurechts nicht abweichen, die Befugnisse des Erbbauberechtigten können nicht erweitert, die Befugnisse des Grundstückseigentümers nicht eingeschränkt werden.[48] Inhaltlich drängt sich die Nähe zum Ober- und Untererbbaurecht[49] auf, da inhaltlich das Untererbbaurecht[50] im Rahmen des Obererbbaurechts bleiben muss und nicht darüber hinausgehen darf. *Also deduktives, inhaltlich limitiertes und determiniertes, aus dem Erbbaurecht hergeleitetes Sondereigentum, verbunden mit einem Miterbbaurechtsanteil.* Die Determinierung des Wohnungs- und Teilerbbaurechts durch den Erbbaurechtsvertrag ist der Grund dafür, warum die Vertragspraxis gehalten

42 *Theus*, RNotZ 2019, 573, 574, 587; *Winkler/Schlögel*, § 3 Rn 100: „zwei sich überlagernde Rechtsverhältnisse“. Ähnlich Ingenstau/Hustedt/*Drasdo*, Anhang III Rn 8, Verhältnis auf „zwei Ebenen“.

43 Siehe *Winkler/Schlögel*, a.a.O.

44 *Langhein*, NotF Wohnungseigentumsrecht, § 11 Rn 2.

45 *Theus* spricht von einem „*janusköpfigen Rechtsinstitut*“, vgl. RNotZ 2019, 573, 587.

46 *Winkler/Schlögel*, § 3 Rn 100, sprechen von einer „vorrangigen Beziehung“.

47 Siehe *Winkler/Schlögel*, § 3 Rn 100; Ingenstau/Hustedt/*Drasdo*, Anhang III, Rn 8.

48 *Winkler/Schlögel*, § 3 Rn 100.

49 Zum Untererbbaurecht vgl. BGH, Urt. v. 22.2.1974, Az. V ZR 67/72 = NJW 1974, 1137. Der BGH spricht davon, dass der „Untererbbauberechtigte sein Recht von dem Obererbbauberechtigten herleitet“.

50 Zum Untererbbaurecht vgl. auch § 14 des Buches.

ist, den inhaltlichen Abgleich zu suchen,[51] die **Synchronisierung von Erbbaurechtsvertrag und Wohnungs- und Teilerbbaurechtsbegründungsvertrag**. Dazu dient die folgende Checkliste:

Synchronliste Erbbaurechtsvertrag und Wohnungs- und Teilerbbaurechtsvertrag:

- was der Erbbaurechtsvertrag über die Errichtung und Verwendung des Bauwerks festlegt, bindet unmittelbar die Wohnungs- und Teilerbbauberechtigten.[52] Diese können sich über den **Verwendungszweck des Bauwerks** nicht hinwegsetzen, beispielsweise statt einer Nutzung zu gewerblichen Zwecken nun Wohnzwecke vorsehen (zur Verwendung des Bauwerks vgl. auch § 4 Rdn 56 ff.[53])
- der **Aufteilungsplan** muss im Einklang mit der Bebauungs- und Verwendungsvereinbarungen stehen, die der Erbbaurechtsvertrag vorsieht (vgl. zur Verwendung des Bauwerks § 4 Rdn 56 ff.)[54]
- die **Gemeinschaftsordnung** muss im Einklang mit der Bebauungs- und Verwendungsbefugnis des Erbbaurechtsvertrages stehen (vgl. zur Verwendung des Bauwerks § 4 Rdn 56 ff.)
- die **Gemeinschaftsordnung** muss auch im Einklang mit den Instandhaltungs- und Wiederaufbaupflichten des Erbbaurechtsvertrages stehen[55]
- die **Sondernutzungsrechte** befinden sich im **Ausübungsbereich**, der dem Erbbaurecht zukommt, demnach liegt eine Erstreckung des Erbbaurechts auf den für das Bauwerk nicht erforderlichen Teil des Grundstücks vor, § 1 Abs. 2 ErbbauRG.[56]

Sofern der Erbbaurechtsvertrag einen **Zustimmungsvorbehalt** nach § 5 ErbbauRG vorsieht, trifft dieser nach Aufteilung jeden Wohnungs- und Teilerbbauberechtigten.[57] Nichts anderes gilt für **Heimfallbestimmungen**, die nach Aufteilung unmittelbare Wirkung gegenüber jedem Wohnungs- und Teilerbbauberechtigten entfalten.[58] Die Empfehlung geht dahin, bereits im Erbbaurechtsvertrag Regelungen über den möglichen Eintritt des **Gesamt-** und des **Einzelheimfalls** zu treffen.[59] Auf diese Art und Weise lässt sich entnehmen, unter welchen Umständen der Grundstückseigentümer die Übertragung sämtli- 11

51 Ebenso *Theus*, RNotZ 2019, 573, 596.

52 Vgl. auch *Böttcher*, Rn 792.

53 Ebenso *Theus*, RNotZ 2019, 573, 587; *Winkler/Schlögel*, § 3 Rn 105; *Böttcher*, Rn 792.

54 *Theus*, RNotZ 2019, 573, 596.

55 *Theus*, RNotZ 2019, 573, 596; *Winkler/Schlögel*, § 3 Rn 118.

56 Ebenso *Winkler/Schlögel*, § 3 Rn 118. Liegt keine Erstreckung des Erbbaurechts vor, können Sondernutzungsrechte nicht begründet werden.

57 Schleswig-Holsteinisches OLG, Beschl. v. 26.7.2000, Az. 2 W 92/00 = ZfIR 2000, 875; BayObLG Rpfleger 1989, 503. Zur fehlenden Zustimmung und der damit einhergehenden „schwebenden Unwirksamkeit" vgl. BGH, Beschl. v. 14.10.1988, Az. V ZR 157/87, zitiert nach juris; ebenso *Theus*, RNotZ 2019, 573, 597.

58 *Theus*, RNotZ 2019, 573, 587, 588, Bestandteil aller Wohnungs- und Teilerbbaurechte; *Böttcher*, Rn 793.

59 *Theus*, RNotZ 2019, 573, 596.

cher oder nur einzelner Wohnungs- und Teilerbbaurechtseinheiten verlangen kann[60] (vgl. auch das folgende Muster, Kombination Erbbaurechtsvertrag und Aufteilung in einer Urkunde). Das **Vorrecht auf Erneuerung des Erbbaurechts** (vgl. § 4 Rdn 86) steht nach der Aufteilung allen Wohnungs- und Teilerbbauberechtigten gemeinschaftlich zu, § 31 Abs. 3 ErbbauRG i.V.m. § 472 S. 1 BGB.[61] Falls einer der Wohnungs- und Teilerbbauberechtigten das Recht nicht ausüben möchte oder sich zur Ausübung außerstande sieht, sind die anderen berechtigt, das Vorkaufsrechts im Ganzen auszuüben, § 472 S. 2 BGB.[62] Schließlich hat die **Aufhebung des Erbbaurechts** das Erlöschen der Wohnungs- und Teilerbbaurechte zur Folge.[63] Eine Umwandlung[64] in Wohnungs- und Teileigentum kann nach Aufhebung des Erbbaurechts nicht eintreten, da das Erbbaurecht unterteilt ist, nicht aber das Grundstück. Eine **Umwandlung von Wohnungs- und Teilerbbaurechten in Wohnungs- und Teileigentum** ist ohnehin nicht möglich,[65] sondern setzt die Gesamtaufhebung[66] des Erbbaurechts (erster Schritt) und als zweiten Schritt[67] die Aufteilung des Grundstücks in Wohnungs- und Teileigentum voraus. Bereits vorhandene Aufteilungspläne und Abgeschlossenheitsbescheinigungen können bei Raumgleichheit[68] die Grundlage für die erneute Aufteilung bilden,[69] die Unterlagen sind nicht „verbraucht", weisen kein Verfallsdatum[70] auf und sind auch nicht hinfällig. Ggf. sind die Aufteilungspläne den aktuellen WEG- Erfordernissen anzupassen (Lageplan,[71] evtl. Maßangaben), und auch die Abgeschlossenheitsbescheinigung sollte durch die Genehmigungsbehörde dahingehend berichtigt werden,[72] dass nicht mehr das Erbbaurecht, sondern das Grundstück in Wohnungs- und Teileigentum aufgeteilt wird, nicht mehr in Wohnungs- und Teilerbbaurechte.

12 Die **Gemeinschaftsordnung** und die ergänzend heranzuziehenden Bestimmungen des Wohnungseigentumsgesetzes bilden den **Subtext**, das untergeordnete Rechtsverhältnis,

60 Vgl. auch *Theus*, RNotZ 2019, 573, 596.
61 Vgl. *Theus*, RNotZ 2019, 573, 590.
62 Ebenso *Theus*, RNotZ 2019, 573, 590, 596; *Weber*, ZWE 2019, 251, 252.
63 BayObLG, Beschl. v. 4.3.1999, Az. 2 Z BR 24/99 = Rpfleger 1999, 327, 328; Ingenstau/Hustedt/*Drasdo*, Anhang III, Rn 85.
64 Ingenstau/Hustedt/*Drasdo*, Anhang III, Rn 85.
65 Vgl. DNotI-Report 2024, 33, 34.
66 DNotI-Report 2024, 33, 34, also keine Teilaufhebung unter Weiterbestand der Wohnungs- und Teilerbbaurechtseinheiten möglich, das Erbbaurecht muss insgesamt aufgehoben werden, da das Wohnungs- und Teileigentum am Grundstück zu bilden ist, nicht am Erbbaurecht.
67 DNotI-Report 2024, 33, 34.
68 DNotI-Report 2024, 33, 34.
69 DNotI-Report 2024, 33, 34.
70 DNotI-Report 2024, 33, 34.
71 DNotI-Report 2024, 33, 34.
72 Insoweit keine Aussage im DNotI-Report 2024, 33, 34.

das die „interne Unterteilung“[73] abhandelt, die Interna der Wohnungs- und Teilerbbauberechtigten, über die Gemeinschaft, die Kosten- und Lastentragung, die Verwaltung,[74] über den Gebrauch des gemeinschaftlichen Eigentums und den Gebrauch des Sondereigentums. Zum Gebrauch zählt die Begründung von Sondernutzungsrechten an Nebenflächen, auf die sich das übergeordnete Erbbaurecht erstreckt, § 1 Abs. 2 ErbbauRG.[75]

Zum Subtext kann auch eine Vereinbarung zählen, nach der die Wohnungs- und Teilerbbauberechtigten verpflichtet sind, den jeweiligen Verwalter mit der **Einziehung** des verteilten Erbbauzinses zu beauftragen, damit dieser den Erbbauzins an den Grundstückseigentümer abliefert.[76] Ferner besteht die Möglichkeit, als Inhalt des Sondereigentums einen **Zustimmungsvorbehalt** nach § 12 Abs. 1 WEG zu vereinbaren.[77] Die **Zustimmungserfordernisse** nach § 5 ErbbauRG[78] und § 12 WEG können **kombiniert** werden.[79] Im Übrigen sind die Zustimmungserfordernisse nach § 5 ErbbauRG und § 12 WEG autonom, die eine Zustimmung impliziert nicht die andere Zustimmung, sodass die Vertragspraxis gehalten ist, **beide Zustimmungen** als Kaufpreisfälligkeitsbestimmung aufzunehmen.[80] Mit der entsprechenden Anwendung der Bestimmungen über das Wohnungseigentum sieht sich auch der **rechtsfähige Verband** der Wohnungs- und Teilerbbauberechtigten in der Lage, Rechte zu erwerben und Pflichten zu begründen.[81] Dazu zählt der Erwerb von Immobilien. Die Gemeinschaft der Wohnungseigentümer kann Rechte erwerben und Verbindlichkeiten eingehen, § 9a Abs. 1 S. 1 WEG.

B. Begründung durch Vorratsteilung, § 30 Abs. 2 i.V.m. § 8 WEG

I. Praktische Relevanz

Als Pendant zur Begründungspraxis von Wohnungs- und Teileigentum stellt die **Vorratsteilung** durch den Erbbauberechtigten den **häufigsten Anwendungsfall** zur Begründung von Wohnungs- und Teilerbbaurecht dar, § 30 Abs. 2 WEG i.V.m. § 8 WEG, die Auftei- 13

73 Vgl. *Winkler/Schlögel*, § 3, Rn 100.
74 Vgl. *Theus*, RNotZ 2019, 573, 593.
75 Ebenso *Theus*, RNotZ 2019, 573, 593.
76 OLG München, Beschl. v. 23.7.2015, Az. 34 Wx 139/15 = ZWE 2016, 18; *Hügel/Elzer*, § 30 Rn 4a. Eine solche Regelung liegt im Interesse aller Wohnungs- und Teilerbbauberechtigten, verhindert werden soll der Heimfall wegen eines Erbbauzinsrückstandes, vgl. OLG München a.a.O.; *Theus*, RNotZ 2019, 573, 593.
77 Ingenstau/Hustedt/*Drasdo*, Anhang III Rn 19 und 33; Staudinger/*Rapp*, § 30 Rn 18.
78 Eine im Erbbaurechtsvertrag vereinbarte Zustimmungspflicht nach § 5 ErbbauRG bleibt nach der Aufteilung in Wohnungs- und Teilerbbaurechte unverändert als Inhalt bestehen, vgl. BayObLG, Beschl. v. 30.8.1989, Az. BReg 2 Z 95/89 = MDR 1990, 53. Zur fehlenden Zustimmung und der damit einhergehenden „schwebenden Unwirksamkeit“ vgl. BGH, Beschl. v. 14.10.1988, Az. V ZR 157/87, zitiert nach juris.
79 Staudinger/*Rapp*, § 30 Rn 18; *Theus*, RNotZ 2019, 573, 597.
80 *Theus*, RNotZ 2019, 573, 597.
81 *Schneider*, ZfIR 2018, 589, 591; *Theus*, RNotZ 2019, 573, 594.

lung durch den alleinigen Erbbauberechtigten. Eine Erklärung hierauf geben das besondere Sicherungsinteresse des Grundstückseigentümers und das reduzierte Teilnehmerfeld der Akteure, die zur Schaffung von Wohnungs- und Teilerbbaurechten in der Lage sind. Dass sich der Grundstückseigentümer an der Person des Erbbauberechtigten besonders interessiert zeigt, verwundert nicht, § 5 ErbbauRG. In der Folge kommen nur *einzelne* und *handverlesene* Bauträger zum Zuge, darüber hinaus auch Bauträgergemeinschaften, beispielsweise Genossenschaften.

II. Form der Vorratsteilung

14 Materiell-rechtlich bedarf die Vorratsteilung keiner Form, weil § 4 WEG nicht zur Anwendung gelangt,[82] verfahrensrechtlich gebietet jedoch § 29 GBO mindestens die Form der öffentlichen Beglaubigung.[83] Zweckmäßigkeitsgründe geben in der Praxis den Ausschlag dafür, zur **notariellen Beurkundung** zu optieren, um bei späteren Kaufverträgen den Weg der vereinfachenden Bezugnahme nach § 13a BeurkG gehen zu können.[84] Dann muss im Rahmen der Beurkundung der Kaufverträge die Teilungserklärung nicht nochmals verlesen und als Anlage beigefügt werden, § 13a Abs. 1 S. 1 BeurkG. Es reicht die Erklärung der Beteiligten, dass ihnen der Inhalt der Teilungserklärung bekannt ist und dass sie auf das Vorlesen verzichten, § 13a Abs. 1 S. 1 BeurkG. Die eingeschränkte Beifügungs- und Vorlesungspflicht trägt nicht unerheblich zur Beschleunigung des Verfahrens bei.

III. Zustimmung des Grundstückseigentümers?

15 Die einfachste Möglichkeit, dem Grundstückseigentümer ein Mitspracherecht bei der Begründung von Wohnungs- und Teilerbbaurecht zu verschaffen, bestünde darin, die Begründung von der **Zustimmung des Grundstückseigentümers** abhängig zu machen, § 5 Abs. 1 ErbbauRG. Ältere Erbbaurechtsbestellungsverträge sehen solche Regelungen gelegentlich noch vor.[85] Die Rechtsprechung[86] musste einer entsprechenden Gestaltungspraxis die Gefolgschaft verweigern, weil die Begründung **keine Veräußerung i.S.v. § 5 Abs. 1 ErbbauRG** darstellt und auch nicht mit einem Rechtsübergang auf einen anderen

82 Bamberger/Roth/*Hügel*, § 8 Rn 4.

83 Siehe *Winkler/Schlögel*, § 3 Rn 109.

84 *Theus*, RNotZ 2019, 573, 582; *Böttcher*, Rn 776; zur zweckmäßigen notariellen Beurkundung vgl. auch *Wiesner/Stephan*, ErbbauZ 2020, 164, 169.

85 Vgl. den Erbbaurechtsbestellungsvertrag, der dem Beschl. des BayObLG vom 22.6.1978 zugrunde lag, BayObLG, Az. BReg. 2 Z 31/77 = DNotZ 1978, 626 = Rpfleger 1978, 375.

86 BayObLG, Beschl. v. 22.6.1978, Az. BReg. 2 Z 31/77 = DNotZ 1978, 626; OLG Celle, Beschl. v. 22.7.1980, Az. 4 Wx 20/80 = MittBayNot 1981, 131 = Rpfleger 1981, 22; die Literatur folgt dieser Ansicht, vgl. Ingenstau/Hustedt/*Drasdo*, Anhang III Wohnungserbbaurecht, Rn 12; *Winkler/Schlögel*, § 3 Rn 112.

Inhaber verbunden ist.[87] Im Übrigen gibt programmatisch § 30 Abs. 2 WEG die entsprechende Anwendung der Vorratsteilung nach § 8 WEG ohne weitere Modifikationen vor.[88] Zur Aufteilung in Wohnungs- und Teilerbbaurechte ist daher **keine Eigentümerzustimmung**[89] erforderlich (vgl. auch § 4 Rdn 105). Eine inhaltliche Änderung des Erbbaurechts tritt durch die Aufteilung in Wohnungs- und Teilerbbaurechte nicht ein,[90] auch keine Erweiterung des Nutzungsumfanges, welchen das Erbbaurecht gewährt. Auch eine Änderung des Verwendungszwecks des Bauwerks ist nicht gegeben.[91] Zur Verteilung des Erbbauzinses vgl. jedoch Rdn 18.

IV. Zustimmung Drittberechtigter?

16 Gleiches gilt grundsätzlich für **Drittberechtigte**, für Realgläubiger, die am Erbbaurecht eingetragen sind.[92] Die Vorratsteilung bewirkt keine Verschlechterung ihrer Rechtsposition, keine Änderung des Vertragsgegenstandes oder der Haftung.[93] Aus der Erbbauzinsreallast entsteht beispielsweise eine **Gesamtreallast**, die sich an allen Wohnungs- und Teilerbbaurechten fortsetzt,[94] § 1132 Abs. 1 BGB, aus einem Grundpfandrecht entsteht ein **Gesamtgrundpfandrecht**.[95] Eine Veränderung des Haftungsumfangs tritt nicht ein. Zu Unrecht zweifeln dies Teile der Grundbuchpraxis bei einem **Vorkaufsrecht** an, das **am Erbbaurecht** eingetragen ist.[96] Die Argumentation geht dahin, dass der Berechtigte des Vorkaufsrechts am Erbbaurecht durch die Aufteilung betroffen sei, schließlich stehe ihm das Vorkaufsrecht vor der Aufteilung am „gesamten“ Erbbaurecht zu, nach Aufteilung dagegen *nur* an allen Wohnungs- und Teilerbbaurechten. Diese Argumentation geht fehl, da auch insoweit **keine Verschlechterung** der Rechtsposition des Vorkaufsberechtigten zu erkennen ist, schließlich setzt sich das Vorkaufsrecht an allen Wohnungs- und Teilerbbaurechtseinheiten fort.[97] Zur Auftei-

87 BayObLG, a.a.O.; ähnlich Ingenstau/Hustedt/*Drasdo*, Anhang III Rn 13.
88 BayObLG, a.a.O.
89 BayObLG, a.a.O.; LG München I MittBayNot 1977, 68; *Theus*, RNotZ 2019, 573, 583; *Hügel/Elzer*, § 30 Rn 5; *Winkler/Schlögel*, § 3 Rn 111 und 112.
90 *Theus*, RNotZ 2019, 573, 583, 587, 595; *Winkler/Schlögel*, § 3 Rn 114; *Böttcher*, Rn 791.
91 *Theus*, RNotZ 2019, 573, 583.
92 Keine Zustimmung der dinglich Berechtigten, vgl. auch BayObLG, a.a.O.
93 BayObLG, a.a.O.; *Böttcher*, Rn 783.
94 BayObLG, a.a.O.
95 *Theus*, RNotZ 2019, 573, 595.
96 Zum Vorkaufsrecht am Grundstück, das dem Erbbauberechtigten zusteht und der Situation nach Aufteilung in Wohnungs- und Teilerbbaurechte vgl. DNotI-Report 2016, 13 ff.; mit der Aufteilung entstehen so viele Vorkaufsrechte, wie Wohnungs- und Teilerbbaurechtseinheiten gebildet werden; vgl. auch *Theus*, RNotZ 2019, 573, 584, 588. Dieses Ergebnis wird durch die Absichtserklärung in der Erbbaurechtsbestellungsurkunde, in der die spätere Aufteilung bereits angekündigt wird, unterstützt und sollte deshalb Bestandteil der Urkunde sein.
97 Einzelvorkaufsrechte, vgl. *Theus*, RNotZ 2019, 573, 584, 588.

lung in Wohnungs- und Teilerbbaurechte ist daher **keine Zustimmung dinglich Berechtigter**[98] erforderlich.

17 Eine **Ausnahme** gilt nur bei der vertraglichen Aufteilung nach §§ 30 Abs. 1, 3 WEG, sofern die bestehenden **Miterbbaurechtsanteile unterschiedlich belastet** sind. Die Einräumung von Wohnungs- und Teilerbbaurechten bedeutet dann eine Inhaltsänderung, der Einzelbelastungen zustimmen müssen, §§ 877, 876 S. 1 BGB.[99]

V. Verteilung des Erbbauzinses

18 Eine Mitwirkung des **Grundstückseigentümers** wird erst im Rahmen der **Verteilung des Erbbauzinses** erforderlich,[100] wozu dringend zu raten ist, um die gesamtschuldnerische Haftung aller Wohnungs- und Teilerbbauberechtigten zu beseitigen.[101] Ohne Verteilung ist die weitere Beleihung von Wohnungs- und Teilerbbaurechten kaum bzw. nur erschwert möglich, weil der Beleihungswert bereits überschritten ist.[102] Ohne Verteilung haften die Wohnungs- und Teilerbbauberechtigten gegenüber dem Grundstückseigentümer als Gesamtschuldner.[103] Jeder Wohnungs- und Teilerbbauberechtigte haftet für den vollen Erbbauzins mit seinem gesamten Vermögen.[104] Ohne Verteilung wird die Erbbauzinsreallast in die neu angelegten Wohnungs- und Teilerbbaurechtsgrundbüchern mit einem Gesamthaftvermerk übernommen (*„Gesamthaft: Blätter 63.645 bis 63.702“*). Abhilfe und Sicherheit[105] schafft hier die Verteilung des Erbbauzinses, wobei der **Grundstückseigentümer** als Berechtigter mitwirken muss, als Gläubiger des Erbbauzinses, dessen Inhalt abgeändert wird.[106] Die Mitwirkung der **Wohnungs- und Teilerbbauberechtigten** ist zur Verteilung des Erbbauzinses **nicht erforderlich**, da diese nicht betroffen, sondern nur begünstigt sind.[107] Nichts anderes kann für die **dinglich Berechtigten an den Wohnungs- und Teilerbbaurechtseinheiten** gelten.[108]

98 *Theus*, RNotZ 2019, 573, 584.
99 BayObLG NJW 1958, 2016; *Theus*, RNotZ 2019, 573, 584; *Böttcher*, Rn 783.
100 Vgl. auch *Winkler/Schlögel*, § 3 Rn 116.
101 OLG München, Beschl. v. 23.7.2015, Az. 34 Wx 139/15 = ZfIR 2015, 778 = ZWE 2016, 18; *Winkler/Schlögel*, § 3 Rn 119.
102 Vgl. Staudinger/*Rapp*, § 30 Rn 14.
103 OLG München, Beschl. v. 23.7.2015, Az. 34 Wx 139/15 = ZfIR 2015, 778 = ZWE 2016, 18; ebenso *Theus*, RNotZ 2019, 573, 591, 592.
104 Ebenso *Theus*, RNotZ 2019, 573, 591. Ausgleich lediglich im Innenverhältnis, § 426 Abs. 1 S. 1 BGB, vgl. auch *Theus*, RNotZ 2019, 573, 592.
105 Staudinger/*Rapp*, § 30 Rn 11; *Theus*, RNotZ 2019, 573, 591.
106 *Winkler/Schlögel*, § 3, Rn 120.
107 *Böttcher*, Rn 798.
108 Ebenso *Böttcher*, Rn 799.

Bei der Verteilung mitwirken müssen die **am *Grundstück* eingetragenen Verwertungsrechte**[109] **(Grundpfandrechte, Reallasten)**, § 876 S. 2 BGB.[110] Der Wechsel im Haftungsmodell – weg von der Gesamthaftung aller Wohnungs- und Teilerbbaurechte, hin zur Einzelhaftung –, berührt auch die Verwertungsrechte. Nach Verteilung des subjektiv-dinglichen Erbbauzinses steht den Verwertungsrechten am Grundstück ein anderes Haftungsobjekt zur Verfügung, was als Benachteiligung gewertet werden muss. Es ändert sich der Haftungsumfang, zu konstatieren ist eine „geschmälerte Haftungsgrundlage".[111] **Verfahrensrechtlich** ist die Mitbewilligung der Verwertungsrechte allerdings **nur erforderlich, sofern ein Herrschvermerk eingetragen**, demnach der Erbbauzins auf dem Blatt des herrschenden Grundstücks vermerkt ist, was in der Praxis selten der Fall ist. Der Dispens geht auf § 21 GBO zurück.[112] Danach bedarf es der Bewilligung der Personen, deren Zustimmung nach § 876 S. 2 BGB erforderlich ist, nur dann, wenn das Recht auf dem Blatt des herrschenden Grundstücks vermerkt ist. Fehlt der Herrschvermerk, sind die Mitbewilligungen entbehrlich.[113] Eine dennoch erlassene Zwischenverfügung des Grundbuchamtes kann mit Beschwerde angegriffen werden.[114] 19

Dienstbarkeiten, die am Grundstück eingetragen sind, müssen dagegen nicht mitwirken.[115] Eine Haftung besteht insoweit nicht.

In der Praxis leiden **Erbbauzinsverteilungen** nicht selten unter einfachen **Rechenfehlern**, die auf Rundungen zurückzuführen sind, die das Rechenprogramm vornimmt. Die **Empfehlung** geht dahin, Verteilungsentwürfe besonders darauf zu überprüfen, dass die **Summe nicht mehr und nicht weniger als 100 Prozent des zu verteilenden Erbbauzinses** ergibt. 20

Darüber hinaus kann die Verteilung nicht dahingehend erfolgen, dass der Erbbauzins nur noch einem bestimmten Miteigentümer am herrschenden Grundstück zusteht.[116] Grund hierfür ist der Erbbauzinscharakter als **subjektiv-dingliches Recht**, § 9 Abs. 2 ErbbauRG.

Zur möglichen **Anpassung des Erbbauzinses** (Wertsicherung, Versteigerungsfestigkeit)[117] vgl. § 9 des Buches.

109 Nicht dagegen Dienstbarkeitsberechtigte, *Theus*, RNotZ 2019, 573, 592.
110 OLG München, Beschl. v. 23.7.2015, Az. 34 Wx 139/15 = ZfIR 2015, 778 = ZWE 2016, 18.
111 OLG München, Beschl. v. 23.7.2015, Az. 34 Wx 139/15 = ZfIR 2015, 778.
112 Hügel/*Wilsch*, § 21 Rn 10; *Theus*, RNotZ 2019, 573, 592.
113 Hügel/*Wilsch*, § 21 Rn 10.
114 Hügel/*Wilsch*, § 21 Rn 10.
115 Ebenso *Theus*, RNotZ 2019, 573, 592.
116 BayObLG, Beschl. v 11.7.1990, Az. BReg. 2 Z 42/90 = BayObLGZ 1990, 212.
117 Vgl. *Schneider*, ZfIR 2007, 168, 170.

VI. Öffentlich-rechtliche Genehmigungen und Bescheinigungen

1. Abgeschlossenheits- und Maßangabenbescheinigung sowie Aufteilungsplan, §§ 30 Abs. 3 S. 2, 7 Abs. 4 WEG

21 Nach § 30 Abs. 3 S. 2 WEG gelten im Übrigen für Wohnungs- und Teilerbbaurechte die Vorschriften des WEG entsprechend, was die Notwendigkeit eines amtlichen[118] **Aufteilungsplanes**[119] (§ 7 Abs. 4 S. 1 Nr. 1 WEG) und einer **Abgeschlossenheits- und Maßangabenbescheinigung** der Baubehörde (§ 7 Abs. 4 S. 1 Nr. 2 WEG) bedeutet. Auf diese Weise wird die Abgrenzung von Sonder- und Gemeinschaftseigentum realisiert. Den beurkundenden Notar trifft zwar keine Pflicht, den Aufteilungsplan und die Abgeschlossenheits- und Maßangabenbescheinigung auf Mängel zu überprüfen.[120] Dennoch kann der Praxis nur **empfohlen** werden, auch hierauf einen Blick zu werfen, um den Vollzug zu beschleunigen.[121] Schließlich nimmt das Grundbuchamt eine Evidenzkontrolle vor. Zu achten ist beispielsweise darauf, dass alle zu derselben Einheit gehörenden Einzelräume und Teile des Grundstücks mit der gleichen Nummer bezeichnet sind, § 7 Abs. 4 S. 1 Nr. 1 WEG, vorsichtshalber auch die Balkone.[122] Das Augenmerk ist ferner darauf zu richten, ob alle Pläne den amtlichen Genehmigungsvermerk aufweisen (Unterschrift und Siegel oder Stempel der Baubehörde). Vorzulegen sind alle Grundrisse des Gebäudes, demnach auch die Grundrisse nicht ausgebauter Dachräume und Spitzböden.[123] Vorzulegen sind auch alle Schnitte der aufzuteilenden Gebäude. Ein in sich widersprüchlicher Aufteilungsplan kann nicht Grundlage der Eintragung sein[124] und muss vom Grundbuchamt mit Zwischenverfügung beanstandet werden.

2. Gebiete mit angespannten Wohnungsmärkten, § 250 BauGB; Milieuschutzsatzung, § 172 Abs. 1 S. 4 BauGB

22 Das Baulandmobilisierungsgesetz[125] vom 14.6.2021 begründete einen **neuen Genehmigungsvorbehalt für die Bildung von Wohnungs- und Teilerbbaurechten**, betroffen sind **Gebiete mit angespannten Wohnungsmärkten, § 250 BauGB**. Sofern Gebiete

118 Unterschrift und Siegel oder Stempel der Baubehörde.

119 Grundsätzlich Grundrisse im Maßstab 1:100, Schnitte, und Ansichten aller Stockwerke; ferner ein Lageplan (Maßstab hier i.d.R. 1:1000); vgl. auch *Theus*, RNotZ 2019, 573, 584.

120 *Langhein*, § 1 Rn 49.

121 So auch die Empfehlung bei *Langhein*, a.a.O.

122 Anders OLG München, DNotZ 2012, 34, danach sind Balkone bereits kraft Gesetzes der Wohnung zugeordnet. Um Rechtssicherheit zu schaffen, geht die Empfehlung jedoch dahin, auch die Balkone zu nummerieren.

123 So die Empfehlung der Münchner Lokalbaukommission; vgl. auch *Wobst*, DNotZ 2021, 582, 585.

124 BayObLG Rpfleger 1993, 335.

125 Gesetz zur Mobilisierung von Bauland (Baulandmobilisierungsgesetz) vom 14.6.2021, BGBl I, 1802; vgl. auch *Drexler*, notar 2021, 252.

mit angespannten Wohnungsmärkten i.S.v. § 201a S. 3 und 4 BauGB vorliegen und diese Gebiete durch landesrechtliche Verordnung bestimmt sind, ist bei Wohngebäuden, die bereits am Tag des Inkrafttretens der Rechtsverordnung Bestand hatten (Bestandswohngebäude[126]), zur Bildung von Wohnungs- und Teilerbbaurechten die **Genehmigung nach § 250 Abs. 1 S. 1 BauGB** erforderlich.[127] Die Regelung in § 250 Abs. 6 S. 1 Nr. 1 BauGB sieht ausdrücklich vor, dass die Genehmigung **auch für die Begründung von Wohnungs- und Teilerbbaurechten** nach § 30 WEG erforderlich ist. Ziel ist es, eine Umgehung der Genehmigungspflicht zu vermeiden.[128] Bei einem Grundstück, das im Geltungsbereich der Rechtsverordnung liegt, **darf das Grundbuchamt die Eintragung nur vornehmen, wenn ihm die Genehmigung oder das Nichtbestehen der Genehmigungspflicht nachgewiesen ist, § 250 Abs. 6 S. 2 BauGB i.V.m. § 250 Abs. 5 S. 1 BauGB**. Die Literatur spricht insoweit von einer „**Grundbuchsperre**",[129] was leicht in die Irre führen kann, da mit der Eintragung die Genehmigung als erteilt gilt, § 250 Abs. 5 S. 2 BauGB.[130] Überdies erklärte der BGH[131] die Regelung des § 878 BGB für entsprechend anwendbar, was einem vor Inkrafttreten der Verordnung gestellten Grundbuchantrag zum Erfolg verhelfen kann.[132] Die Landesregierungen sind ermächtigt, durch **Rechtsverordnung** die entsprechenden Gebiete zu bestimmen, § 250 Abs. 1 S. 3 BauGB. Die Rechtsverordnung muss spätestens mit **Ablauf des 31.Dezember 2025** außer Kraft treten, § 250 Abs. 1 S. 3 BauGB, womit auch die Genehmigungspflicht automatisch entfällt. Der **Genehmigungsvorbehalt** kann **nicht im Grundbuch eingetragen** werden, eine Grundbucheintragung wäre unzulässig,[133] weshalb das **Notariat** gehalten ist, die **landesrechtliche Situation** in Erfahrung zu bringen, um eine notwendige Genehmigung nach § 250 BauGB zu erholen. Dies kann beispielsweise durch die Übersicht des Deutschen Notarinstituts geschehen, die sich auf der Website des DNotI befindet (Internet: www.dnoti.de).[134] Zuständig für die **Erteilung der Genehmigung** ist die von der Landesregierung bestimmte Stelle, vgl. § 250 Abs. 2 Nr. 1 BauGB, Näheres regelt die je-

126 Neben den Bestandsgebäuden sind mindestens bezugsfertige Gebäude tangiert, nicht jedoch Rohbauten, die bereits begonnen, aber noch nicht vollendet sind. Nicht tangiert davon sind Neubauten, vgl. auch Battis/Krautzberger/Löhr/*Battis*, § 250 Rn 3.

127 Altfälle (Teilungserklärung bereits beurkundet und beim Grundbuchamt eingereicht) konnten über die analoge Anwendung des § 878 BGB gelöst werden, vgl. DNotI-Report 2021, 113, 114, 115. Der BGH konnte sich dieser Ansicht anschließen, vgl. nun BGH, Beschl. v. 21.3.2024, Az. V ZB 10/23 = ZWE 2024, 311.

128 Battis/Krautzberger/Löhr/*Battis*, § 250 Rn 6.

129 So Battis/Krautzberger/Löhr/*Battis*, § 250 Rn 8.

130 Verstößt das Grundbuchamt gegen die Genehmigungspflicht, kann demnach kein Widerspruch eingetragen werden.

131 BGH, Beschl. v. 21.3.2024, Az. V ZB 10/23 = ZWE 2024, 311.

132 BGH, Beschl. v. 21.3.2024, Az. V ZB 10/23 = ZWE 2024, 311, 312.

133 *Böhringer*, Rpfleger 2021, 562.

134 Https://www.dnoti.de/fileadmin/user_upload/Arbeitshilfen/Immobilienrecht/Umwandlungsverordnungen.pdf, dort eine „Übersicht zu Umwandlungsverordnungen i.S.v. § 250 Abs. 1 S. 3 BauGB", Stand 14.6.2023.

weilige Rechtsverordnung.[135] Derzeit sehen die folgenden Bundesländer eine Rechtsverordnung vor:

- **Bayern**: Verordnung zur Änderung der Gebietsbestimmungsverordnung Bau vom 6.9.2022,[136] die **Gebiete mit einem angespannten Wohnungsmarkt** bestimmen sich nach der **Anlage** zu dieser Verordnung, vgl. § 1 GBestV-Bau. Der Genehmigungsvorbehalt gilt für den Zeitraum ab dem 1.6.2024 bis zum **31.12.2025**. Der Genehmigungsvorbehalt gilt nicht, wenn sich in dem Wohngebäude **nicht mehr als zehn Wohnungen** befinden, § 2 Abs. 1 S. 2 GBestV-Bau. Der Genehmigungsvorbehalt gilt auch nicht für den Fall, der in § 2 Abs. 3 GBestV-Bau beschrieben ist (bis zum Ablauf des 31.5.2023 Antrag auf Erteilung der Bescheinigung nach § 7 Abs. 4 S. 1 Nr. 2 WEG gestellt). Mit **Ablauf des 31.12.2025** tritt der Genehmigungsvorbehalt wieder außer Kraft, § 3 S. 3 GBestV-Bau. Die Genehmigung wird durch die unteren Bauaufsichtsbehörden erteilt, vgl. § 2 Abs. 2 GBestV-Bau.
- **Berlin**: (zweite) Verordnung über einen Genehmigungsvorbehalt gemäß § 250 Abs. 1 S. 1 des Baugesetzbuchs für die Begründung oder Teilung von Wohnungseigentum oder Teileigentum in Gebieten mit angespannten Wohnungsmärkten vom 21.9.2021,[137] Inkrafttreten am 7.10.2021, **Geltungszeitraum bis 31.12.2025**. In § 1 der UmwandlungsVO Berlin wurde **das gesamte Land Berlin** als Gebiet mit einem angespannten Wohnungsmarkt bestimmt.
- **Freie und Hansestadt Hamburg**: Verordnung über die Einführung einer Genehmigungspflicht für die Bildung von Wohnungseigentum nach § 250 Abs. 1 S. 3 des Baugesetzbuches vom 2.11.2021,[138] **Genehmigungszeitraum von 10.11.2021 bis zum 31.12.2025**. In § 1 der Verordnung ist die Freie und Hansestadt Hamburg als Gebiet bestimmt, in dem bei Wohngebäuden, die bereits am Tag des Inkrafttretens der Verordnung (= 10.11.2021) bestanden, die Begründung von Wohnungseigentum der Genehmigung bedarf. Das Genehmigungserfordernis gilt allerdings nicht, wenn sich in dem Wohngebäude **nicht mehr als fünf Wohnungen** befinden, vgl. § 2 der hamburgischen Verordnung.
- **Hessen**: Verordnung über den Genehmigungsvorbehalt für die Begründung von Wohnungs- und Teileigentum und zur Bestimmung der Gebiete mit angespannten Wohnungsmärkten nach dem Baugesetzbuch (Umwandlungsgenehmigungs- und

135 Vgl. *Drexler*, notar 2021, 252, 253.

136 Gebietsbestimmungsverordnung Bau- GBestV- Bau- vom 6.9.2022, vgl. GVBl. S. 578, BayRS 2130 – 16 – B, die Begründung der Verordnung wurde am 7.9.2022 im Bayerischen Ministerialblatt bekanntgemacht.

137 Vgl. GVBl. 2021, 1175, sowie KG, Beschl. v. 24.11.2021, Az. 1 W 347/21, zitiert nach juris.; vgl. zur Berliner Verordnung nun auch KG, Beschl. v. 28.2.2023, Az. 1 W 509/22 = BeckRS 2023, 4056; BGH, Beschl. v. 21.3.2024, Az. V ZB 10/23 = ZWE 2024, 311.

138 Vgl. HmbGVBl. 2021, 727.

Gebietsbestimmungsverordnung), erlassen am 28.4.2022.[139] Welche hessischen Gemeinden betroffen sind, ergibt sich aus § 2 der Verordnung. Das Genehmigungserfordernis gilt nicht, wenn sich in dem Wohngebäude nicht mehr als **sechs Wohnungen** befinden, vgl. § 3 S. 2 der hessischen Verordnung.

- **Niedersachsen**: Niedersächsische Verordnung zur Bestimmung von Gebieten mit einem angespannten Wohnungsmarkt im Sinne des Baugesetzbuchs vom 14.9.2022, Genehmigungsvorbehalt bis zum 31.12.2025.[140] Welche Gebiete einen angespannten Wohnungsmarkt aufweisen, ist in den §§ 1, 2 der Verordnung niedergelegt.

Von großer Praxisrelevanz ist das Veräußerungsverbot, das in der Genehmigung geschaffen werden kann. Nach § 250 Abs. 3 S. 2 BauGB kann in der **Genehmigung** bestimmt werden, dass **auch die Veräußerung von Wohnungs- und Teileigentum der Genehmigung** bedarf,[141] was als **Veräußerungsverbot** in die betroffenen **Grundbücher** einzutragen ist, § 250 Abs. 3 S. 3 BauGB, allerdings nur auf Ersuchen der zuständigen Stelle, vgl. § 250 Abs. 3 S. 3 BauGB. Konsequenz ist, dass das Grundbuchamt die Veräußerung nur vornehmen darf, wenn ihm die Genehmigung oder das Nichtbestehen der Genehmigungspflicht nachgewiesen ist, § 250 Abs. 5 S. 1 BauGB.[142] Das **Notariat** ist gehalten, die Genehmigung bzw. das entsprechende Attest einzuholen und dem Grundbuchamt vorzulegen. Landesrechtliche Recherchen sind insoweit nicht erforderlich, da sich das Veräußerungsverbot aus dem Grundbuch ergibt.

Der Genehmigungsvorbehalt nach § 250 BauGB geht **dem Genehmigungsvorbehalt nach § 172 Abs. 1 S. 4 BauGB vor,** vgl. § 250 Abs. 7 S. 1 BauGB, insoweit besteht ein Vorrang der Genehmigungspflicht nach § 250 BauGB gegenüber der Genehmigungspflicht nach § 172 BauGB.[143] Ein Genehmigungserfordernis nach § 172 BauGB tritt dann zurück, das Notariat ist *nicht* gehalten, dem Grundbuchamt *beide* Genehmigungen vorzulegen, richtigerweise reicht **die Vorlage der Genehmigung nach § 250 BauGB aus**. In den Worten des Kammergerichts: „Dann hat es mit dem Nachweis einer Genehmigung nach § 250 Abs. 5 S. 1 BauGB sein Bewenden."[144]

Um die Zusammensetzung der Wohnbevölkerung zu erhalten und den Bestand der Umgebung zu sichern, sehen sich die Landesregierungen ermächtigt, für bestimmte Gebiete eine sog. **Milieuschutzsatzung** zu **erlassen, § 172 Abs. 1 Nr. 2 BauGB.**[145] Derzeit sind in den Bundesländern Baden-Württemberg, Bayern, Berlin, Hamburg, Hessen sowie Nordrhein-Westfalen Verordnungen nach § 172 Abs. 1 S. 4 BauGB in Kraft.

139 Vgl. Gesetz- und Verordnungsblatt für das Land Hessen Nr. 15/2022, S. 234, veröffentlicht am 11.5.2022.
140 Nds. GVBl. S. 544.
141 Zum Veräußerungsverbot vgl. auch *Drexler*, notar 2021, 252, 254.
142 *Drexler*, notar 2021, 252, 255; *Böhringer*, Rpfleger 2021, 562.
143 KG, Beschl. v. 28.2.2023, Az. 1 W 509/22 = BeckRS 2023, 4056.
144 KG, Beschl. v. 28.2.2023, Az. 1 W 509/22 = BeckRS 2023, 4056.
145 Vgl. allgemein *Häublein*, ErbbauZ 2021, 164; *Wilsch*, ZfIR 2021, 11, 17.

Nach dem Wortlaut der Norm bezieht sich eine etwaige Genehmigungspflicht nur auf die Begründung von Wohnungs- und Teileigentum,[146] nicht auch auf die Begründung von Wohnungs- und Teilerbbaurechten.[147] Überwiegend wird daher vertreten, dass die Begründung von Wohnungs- und Teilerbbaurecht **keiner Genehmigung** nach der Milieuschutzsatzung bedarf.[148] Die abweichende Meinung[149] bejaht hingegen eine Genehmigungspflicht, unterstützt durch weitere Rspr. des OLG München,[150] welches in „Umgehungsfällen" eine Genehmigungspflicht bejaht, etwa bei Bestellung eines Eigentümererbbaurechts und anschließender Aufteilung des Erbbaurechts in Wohnungs- und Teilerbbaurechte. Der **sicherste Weg** wird darin bestehen, **die Genehmigung bzw. die Freistellungserklärung zu erholen**, um den grundbuchamtlichen Vollzug störungsfrei zu gestalten. Dies gilt aber nur dann, sollte nicht bereits eine Genehmigung nach § 250 BauGB vorgelegt werden, denn der Genehmigungsvorbehalt nach § 250 BauGB geht dem Genehmigungsvorbehalt nach § 172 Abs. 1 S. 4 BauGB ohnehin vor, vgl. § 250 Abs. 7 S. 1 BauGB (= Vorrang der Genehmigungspflicht nach § 250 BauGB gegenüber der Genehmigungspflicht nach § 172 BauGB[151]).

146 Siehe OLG München FGPrax 2015, 255 (Neuaufteilung); KG BeckRS 2015, 20946; KG BeckRS 2016, 00027; *Theus*, RNotZ 2019, 573, 585. **A.A.** Bärmann/*Schneider*, § 30 Rn 29, der unter Hinweis auf den Schutzzweck der Norm eine Genehmigungspflicht bejaht; ihm folgend *Böttcher*, Rn 785.

147 Oberverwaltungsgericht Berlin-Brandenburg, Beschl. v. 10.4.2019, Az. OVG 2 S 45.18 = ZWE 2019, 293; Schöner/*Stöber*, Rn 3846; *Theus*, RNotZ 2019, 573, 585; Ingenstau/Hustedt/*Drasdo*, Anhang III Rn 26; *Häublein*, ErbbauZ 2021, 164, 166, 167. **A.A.** Bärmann/*Schneider*, § 30 Rn 29, der unter Hinweis auf den Schutzzweck der Norm eine Genehmigungspflicht bejaht; ihm folgend *Böttcher*, Rn 785. Dieser Auffassung ist das Oberverwaltungsgericht Berlin- Brandenburg entgegengetreten, es liege keine Gesetzeslücke vor, der Gesetzgeber habe keinen Anlass gesehen, die Regelung um die Begründung von Wohnungs- und Teilerbbaurecht zu erweitern, vgl. Oberverwaltungsgericht Berlin- Brandenburg, Beschl. v. 10.4.2019, Az. OVG 2 S 45.18 = ZWE 2019, 293; so auch *Häublein*, ErbbauZ 2021, 164, 166, 167.

148 Zu allgemeinen Fragen der Milieuschutzsatzungen vgl. *Krauß*, notar 2015, 282, 289; vgl. auch Oberverwaltungsgericht Berlin-Brandenburg, Beschl. v. 10.4.2019, Az. OVG 2 S 45.18 = ZWE 2019, 293; gegen Genehmigungspflicht auch *Häublein*, ErbbauZ 2021, 164, 166, 167, Analogie zu § 172 Abs. 1 S. 4 BauGB nicht möglich und Verstoß gegen das Bestimmtheitsgebot des Art. 80 Abs. 1 S. 2 GG; darüber hinaus habe sich der Gesetzgeber bewusst nur für Wohnungs- und Teileigentum entschieden, nicht auch für Wohnungs- und Teilerbbaurecht.

149 Bärmann/*Schneider*, § 30 Rn 29, der unter Hinweis auf den Schutzzweck der Norm eine Genehmigungspflicht bejaht; ihm folgend *Böttcher*, Rn 785.

150 OLG München, Beschluss v. 17.5.2021, Az. 34 Wx 101/21 = ErbbauZ 2021, 107 = NJW-Spezial 2021, 451 = NZM 2021, 617, 618 („Dass damit eine Umgehung der Genehmigungspflicht…bezweckt war, liegt auf der Hand."); ebenso *Böttcher*, ZNotP 2021, 49, 51.

151 KG, Beschl. v. 28.2.2023, Az. 1 W 509/22 = BeckRS 2023, 4056.

3. Gebiete mit Fremdenverkehrsfunktion; Umlegungsgebiete; Enteignungsverfahren

Vervollständig wird das Bild öffentlich-rechtlicher Genehmigungspflichten durch die Genehmigungspflicht nach § 22 BauGB, geschaffen für **Gemeinden mit Fremdenverkehrsfunktion.**[152] Die Regelung offeriert den Gemeinden die Möglichkeit, im Bebauungsplan oder einer sonstigen Satzung[153] auch die Begründung von Wohnungs- und Teilerbbaurechten einer Genehmigungspflicht zu unterwerfen.[154] Die Begründung von Wohnungs- und Teilerbbaurechten ist ausdrücklich in § 22 Abs. 1 S. 2 BauGB erwähnt. In der Folge darf das Grundbuchamt die Eintragung von Wohnungs- und Teilerbbaurechten nur vornehmen, sobald ihm der **Genehmigungsbescheid oder das Zeugnis über die fiktive Genehmigung** (§ 22 Abs. 5 S. 5 BauGB, vgl. auch § 22 Abs. 6 S. 1 BauGB) vorgelegt wird.[155] 23

Gleiches gilt für die Begründung von Wohnungs- und Teilerbbaurechten in einem **Umlegungsgebiet**, die Genehmigungspflicht folgt insoweit aus § 51 Abs. 1 S. 1 Nr. 1 BauGB. Die Begründung von Wohnungs- und Teilerbbaurechten ist als Verfügung über ein Recht an einem Grundstück zu werten, wofür der Genehmigungsbescheid oder das Zeugnis über die fiktive Genehmigung einzuholen ist, §§ 54 Abs. 2 S. 2, 51 Abs. 1 S. 1 Nr. 1 BauGB.[156]

Damit ist auch die Frage beantwortet, ob zur Begründung von Wohnungs- und Teilerbbaurechten eine Genehmigung erforderlich ist, sofern das **Enteignungsverfahren** eingeleitet ist, §§ 108, 109 BauGB.[157] Dies ist zu bejahen, da § 109 Abs. 1 BauGB auf § 51 BauGB verweist.

152 Vgl. Schöner/*Stöber*, Rn 3831 ff.; Ingenstau/Hustedt/*Drasdo*, Anhang III Rn 24.

153 Siehe Wortlaut § 22 Abs. 1 S. 1 BauGB.

154 Schöner/*Stöber*, Rn 3831; *Theus*, RNotZ 2019, 573, 585; Schleswig-Holsteinisches OLG, Beschl. v. 19.7.2000, Az. 2 W 112/00 = DNotZ 2000, 779 = NotBZ 2000, 341, die Satzung der Gemeinde sah explizit einen Genehmigungsvorbehalt für die Begründung von Wohnungs- und Teileigentum und für die Begründung von Wohnungs- und Teilerbbaurecht vor; vgl. auch Ingenstau/Hustedt/*Drasdo*, Anhang III Rn 24.

155 Schöner/*Stöber*, Rn 3842; *Theus*, RNotZ 2019, 573, 585; *Böttcher*, Rn 784.

156 *Theus*, RNotZ 2019, 573, 585. Dass die Begründung von Wohnungs- und Teilerbbaurecht nicht als Teilung des Grundstücks nach § 51 Abs. 1 S. 1 Nr. 1 BauGB zu werten ist, spielt deshalb keine Rolle. Es greift der weitere Genehmigungstatbestand, die Verfügung über ein Recht an einem Grundstück. **A.A.** *Böttcher*, Rn 786: „Genehmigung analog § 51 Abs. 1 Nr. 1 BauGB".

157 *Theus*, RNotZ 2019, 573, 585.

VII. Checkliste im Einzelnen/Unterlagen für den Grundbuchvollzug

24 Um die Begründung von Wohnungs- und Teilerbbaurechten nach §§ 30 Abs. 2, 8 WEG vollziehen zu können, müssen die **formellen Erfordernisse** der folgenden **Checkliste** erfüllt sein:

- Gegenstand der Aufteilung ist ein Erbbaurecht, § 1 Abs. 4 WEG,[158] auch ein Gesamterbbaurecht,[159] ein Eigentümererbbaurecht oder ein Untererbbaurecht, § 6a GBO. Mehrere Einzelerbbaurechte müssen vereinigt bzw. als Bestandteil zugeschrieben werden, an einem einzelnen Stockwerk eines Gebäudes kann Wohnungs- und Teilerbbaurecht nicht begründet werden, § 1 Abs. 3 ErbbauRG. Das Erbbaurecht muss bereits bestehen, die Begründung des Erbbaurechts durch Einigung und Eintragung kann nicht übersprungen werden (vgl. Rdn 2)
- Antrag des Erbbauberechtigten, § 13 Abs. 1 GBO
- Teilungserklärung des Erbbauberechtigten, § 19 GBO, aus Zweckmäßigkeitsgründen in notariell-beurkundeter Form
- die Summe der Miterbbaurechtsanteile muss ein Ganzes ergeben (1/1 = 1.000/1.000), Rundungsdifferenzen[160] bestehen nicht
- Bezeichnung des aufzuteilenden Erbbaurechts, § 28 S. 1 GBO
- Voreintragung des Erbbauberechtigten, § 39 Abs. 1 GBO
- amtlich genehmigter Aufteilungsplan, §§ 30 Abs. 3 S. 2, 7 Abs. 4 S. 1 Nr. 1 WEG. Alle zu derselben Wohnungs- bzw. Teilerbbaurechtseinheit gehörenden Einzelräume sind mit der jeweils gleichen Nummer gekennzeichnet, § 7 Abs. 4 S. 1 Nr. 1 WEG; vorzulegen sind Grundrisse, Schnitte, Ansichten,[161] nach der WEG-Novelle 2020 nun auch stets ein Lageplan;[162] eine körperliche Verbindung von Teilungserklärung und Aufteilungsplan bzw. Abgeschlossenheits- und Maßangabenbescheinigung ist nicht erforderlich[163]
- Abgeschlossenheits- und Maßangabenbescheinigung der Baubehörde, §§ 30 Abs. 3 S. 2, 7 Abs. 4 S. 1 Nr. 2 WEG; eine körperliche Verbindung von Teilungserklärung und Aufteilungsplan bzw. Abgeschlossenheits- und Maßangabenbescheinigung ist nicht erforderlich[164]

158 Vgl. *Winkler/Schlögel*, § 3, Rn 102.
159 BayObLG, Beschl. v. 30.8.1989, Az. BReg. 2 Z 95/89 = MDR 1990, 53.
160 Die Rundungsdifferenzen sind nicht selten auf Berechnungsprogramme zurückzuführen, grundbuchamtliche Zwischenverfügungen sind die Folge.
161 Fotos können Ansichten nicht ersetzen, vgl. *Wilsch*, ZfIR 2021, 11, 14; zum Erfordernis von Grundrissen, Schnitten und Ansichten vgl. auch *Wobst*, DNotZ 2021, 582, 585; *Zimmer*, ZWE 2021, 436, 439.
162 *Wobst*, DNotZ 2021, 582, 585.
163 KG, Beschl. v. 17.6.2021, Az. 1 W 275/21 =FDMietR 2021, 440794 = BeckRS 2021, 15242.
164 KG, Beschl. v. 17.6.2021, Az. 1 W 275/21 =FDMietR 2021, 440794 = BeckRS 2021, 15242.

- Annexeigentum muss im Aufteilungsplan zwingend durch Maßangaben bestimmt werden, § 3 Abs. 3 WEG, der Aufteilungsplan weist entsprechende Maßangaben auf, § 6 AVA
- Stellplätze im Sondereigentum sind durch Maßangaben im Aufteilungsplan bestimmt, § 3 Abs. 3 WEG, der Aufteilungsplan weist entsprechende Maßangaben auf
- Synchronliste Erbbaurechtsvertrag und Wohnungs- und Teilerbbaurechtsvertrag:
  - was der Erbbaurechtsvertrag über die Errichtung und Verwendung des Bauwerks festlegt, bindet unmittelbar die Wohnungs- und Teilerbbauberechtigten.[165] Diese können sich über den Verwendungszweck des Bauwerks nicht hinwegsetzen, beispielsweise statt einer Nutzung zu gewerblichen Zwecken nun Wohnzwecke vorsehen
  - der Aufteilungsplan steht im Einklang mit den Bebauungs- und Verwendungsvereinbarungen, die der Erbbaurechtsvertrag vorsieht
  - die Gemeinschaftsordnung steht im Einklang mit der Bebauungs- und Verwendungsbefugnis des Erbbaurechtsvertrages
  - die Gemeinschaftsordnung befindet sich im Einklang mit den Instandhaltungs- und Wiederaufbaupflichten des Erbbaurechtsvertrages
  - die Sondernutzungsrechte befinden sich im Ausübungsbereich, der dem Erbbaurecht zukommt, demnach liegt eine Erstreckung des Erbbaurechts auf den für das Bauwerk nicht erforderlichen Teil des Grundstücks vor, § 1 Abs. 2 ErbbauRG
- zur Aufteilung in Wohnungs- und Teilerbbaurechte ist keine Eigentümerzustimmung erforderlich[166]
- zur Erbbauzinsverteilung ist dagegen die Mitwirkung des Grundstückseigentümers erforderlich, ebenso müssen die am Grundstück eingetragenen Verwertungsrechte (Grundpfandrechte, Reallasten) der Verteilung des Erbbauzinses zustimmen, § 19 GBO, § 876 S. 2 BGB;[167] sofern für die zustimmungspflichtigen Grundpfandrechte ein Grundpfandrechtsbrief erteilt ist, ist auch der Brief vorzulegen, §§ 41, 42 GBO. Verfahrensrechtlich ist die Mitbewilligung der Verwertungsrechte allerdings nur erforderlich, sofern ein Herrschvermerk eingetragen, demnach der Erbbauzins auf dem Blatt des herrschenden Grundstücks vermerkt ist, was selten der Fall ist. Vgl. § 21 GBO,[168] fehlt der Herrschvermerk, sind die Mitbewilligungen entbehrlich[169]
- in Gebieten mit angespannten Wohnungsmärkten und landesrechtlicher Verordnung (derzeit Bayern, Berlin, Hamburg, Hessen, Niedersachsen): Genehmigungsvorbehalt

165 Vgl. Staudinger/*Rapp*, § 30 Rn 6; *Böttcher*, Rn 792.
166 BayObLG, Beschl. vom 22.6.1978, Az. BReg. 2 Z 31/77 = DNotZ 1978, 626; LG München I MittBayNot 1977, 68; Staudinger/*Rapp*, § 30 Rn 17.
167 OLG München, Beschl. v. 23.7.2015, Az. 34 Wx 139/15 = ZfIR 2015, 778.
168 Vgl. Hügel/*Wilsch*, § 21 Rn 10; *Theus*, RNotZ 2019, 573, 592.
169 Hügel/*Wilsch*, § 21 Rn 10.

für die Bildung von Wohnungs- und Teilerbbaurechten ist erforderlich, § 250 Abs. 1 S. 1 BauGB.[170] Die Regelung in § 250 Abs. 6 S. 1 Nr. 1 BauGB sieht ausdrücklich vor, dass die Genehmigung auch für die Begründung von Wohnungs- und Teilerbbaurechten nach § 30 WEG einzuholen und dem Grundbuchamt vorzulegen ist. Bei einem Grundstück, das im Geltungsbereich der Rechtsverordnung liegt, darf das Grundbuchamt die Eintragung nur vornehmen, wenn ihm die Genehmigung oder das Nichtbestehen der Genehmigungspflicht nachgewiesen ist, § 250 Abs. 6 S. 2 BauGB i.V.m. § 250 Abs. 5 S. 1 BauGB

- ob eine Genehmigung nach der Milieuschutzsatzung erforderlich[171] ist, ist zweifelhaft, der sicherste Weg besteht darin, die Genehmigung bzw. die Freistellungserklärung zu erholen, um den grundbuchamtlichen Vollzug störungsfrei zu gestalten (Milieuschutzsatzungen derzeit in Baden-Württemberg, Bayern, Berlin, Hamburg, Hessen sowie Nordrhein-Westfalen). Allerdings geht der Genehmigungsvorbehalt nach § 250 BauGB dem Genehmigungsvorbehalt nach § 172 Abs. 1 S. 4 BauGB vor, vgl. § 250 Abs. 7 S. 1 BauGB (= Vorrang der Genehmigungspflicht nach § 250 BauGB gegenüber der Genehmigungspflicht nach § 172 BauGB[172])
- in Gemeinden mit Fremdenverkehrsfunktion, vorausgesetzt, der Bebauungsplan oder eine sonstige Satzung sieht eine Genehmigungspflicht nach § 22 BauGB vor: Vorlage des Genehmigungsbescheids bzw. des Zeugnisses über die fiktive Genehmigung, § 22 Abs. 5 S. 5 BauGB[173]
- in einem Umlegungsgebiet ist der Genehmigungsbescheid oder das Zeugnis über die fiktive Genehmigung einzuholen und dem Grundbuchamt vorzulegen, §§ 54 Abs. 2 S. 2, 51 Abs. 1 S. 1 Nr. 1 BauGB[174]
- in einem Enteignungsverfahren ist die Genehmigung einzuholen und dem Grundbuchamt vorzulegen, §§ 109 Abs. 1, 51 BauGB
- ist der aufteilende Erbbauberechtigte minderjährig oder steht er unter Betreuung, ist die familien- bzw. betreuungsgerichtliche Genehmigung zu erholen und dem Grundbuchamt mitvorzulegen, §§ 1643, 1850 Nr. 1 BGB[175]

170 Altfälle (Teilungserklärung bereits beurkundet und beim Grundbuchamt eingereicht) konnten über die analoge Anwendung des § 878 BGB gelöst werden, vgl. DNotI-Report 2021, 113, 114, 115.

171 Schöner/*Stöber*, Rn 3846; *Theus*, RNotZ 2019, 573, 585. **A.A.** Bärmann/*Schneider*, § 30 Rn 29, der unter Hinweis auf den Schutzzweck der Norm eine Genehmigungspflicht bejaht; ihm folgend *Böttcher*, Rn 785.

172 KG, Beschl. v. 28.2.2023, Az. 1 W 509/22 = BeckRS 2023, 4056.

173 Schöner/*Stöber*, Rn 3842.

174 *Theus*, RNotZ 2019, 573, 585. Dass die Begründung von Wohnungs- und Teilerbbaurecht nicht als Teilung des Grundstücks nach § 51 Abs. 1 S. 1 Nr. 1 BauGB zu werten ist, spielt deshalb keine Rolle. Es greift der weitere Genehmigungstatbestand, die Verfügung über ein Recht an einem Grundstück. **A.A.** *Böttcher*, Rn 786: „Genehmigung analog § 51 Abs. 1 Nr. 1 BauGB".

175 Strittig, das Kammergericht sieht hierin ein „neutrales" Geschäft, vgl., KG, Beschl. v. 6.1.2015, Az. 1 W 369/14 = ZWE 2015, 118; in der Praxis der Grundbuchämter wird jedoch nicht selten die abweichende Meinung vertreten und der Fokus auf die Verfügung gerichtet. Der sicherste Weg besteht darin, die Genehmigung zu erholen und dem Grundbuchamt vorzulegen.

- eine Unbedenklichkeitsbescheinigung (UB) des Finanzamtes ist bei der Vorratsteilung nicht erforderlich,[176] ein grunderwerbsteuerbarer Tatbestand liegt nicht vor, das Grundbuchamt kann keine UB verlangen
- Anträge[177] auf Schließung des Erbbaugrundbuchs und auf Anlegung von Wohnungs- und Teilerbbaugrundbüchern sind nicht erforderlich, beides nimmt das Grundbuchamt von Amts wegen vor.

VIII. Muster Begründung von Wohnungs- und Teilerbbaurecht durch Vorratsteilung nach §§ 30 Abs. 2, 8 WEG; Muster Erbbaurechtsbegründung und Begründung von Wohnungs- und Teilerbbaurecht in einer Urkunde

▼ **25**

Muster 13.1: Formulierungsvorschlag Begründung von Wohnungs- und Teilerbbaurechten, §§ 30 Abs. 2, 8 WEG

UVZ-Nr. /

AUFTEILUNG EINES ERBBAURECHTS IN WOHNUNGS- UND TEILERBBAURECHTE GEM. §§ 30 ABS. 2, 8 WEG

Heute, den

– 20 –

sind vor mir,

,

Notar/Notarin in , in den Geschäftsräumen des Notariats in der , erschienen:

1.

– nachstehend „Erbbauberechtigter“ genannt –,

2.

– nachstehend „Grundstückseigentümer“ genannt –,

je ausgewiesen durch gültigen amtlichen Lichtbildausweis

176 Anders dagegen i.R.d. vertraglichen Begründung von Wohnungs- und Teilerbbaurechten, hier ist eine UB des Finanzamtes vorzulegen, vgl. auch BFH DNotZ 1981, 426; *Theus*, RNotZ 2019, 573, 585; *Böttcher*, Rn 78; zur Grunderwerbsteuer vgl. auch *Lahmann*, ErbbauZ 2022, 9, 11.

177 So aber Beck’sche Online-Formulare Vertrag, Bearb. *Frense*, 52. Edition, Stand 1.3.2020, Ziffer 8.5.3, Aufteilung eines Erbbaurechts, dort § 3 lit. b.

Die anwesenden Beteiligten erklärten, dass kein Vertragsteil in Ausübung einer gewerblichen oder selbstständigen beruflichen Tätigkeit handelt.

Der Notar verwies auf die Vorschriften des Geldwäschegesetzes und auf die hieraus resultierenden Pflichten. Die notarielle Belehrung über die Angabepflichten nach dem Geldwäschegesetz ist erfolgt.

Die Erschienenen erklärten, nicht auf Veranlassung Dritter oder als Treuhänder für Dritte, sondern auf eigene Rechnung und im eigenen Namen zu handeln.

Die Erschienenen erklärten ferner, weder eine politisch exponierte Person („PeP") zu sein noch in den letzten 12 Monaten gewesen zu sein. Sie erklärten, auch nicht Familienmitglied, naher Angehöriger oder nahestehende Person einer solchen politisch exponierten Person zu sein.

Die Erschienenen verneinten die Frage des Notars/der Notarin nach einer Vorbefassung i.S.v. § 3 Abs. 1 S. 1 Nr. 7 BeurkG und baten um Beurkundung folgender Vereinbarungen:

I. Grundbuchstand

1. Erbbaurecht

Im **Erbbaugrundbuch** des Amtsgerichts ___ für die Gemarkung ___ Blatt ___ ist das Erbbaurecht an dem im Grundbuch von ___ Blatt ___ unter BVNr. ___ verzeichneten Grundstück der Gemarkung Flurstück ___, ___ straße ___, Gebäude- und Freifläche, zu ___ qm,

eingetragen, Abt. II Nr. ___, und zwar bis zum ___.

Erbbauberechtigter: ___

Dem vorstehend genannten Erbbaurecht liegt folgender Erbbaurechtsvertrag zugrunde:

- Urkunde vom ___, URNr. ___, Notar ___.

Nachträge hierzu sind:

- Urkunde vom ___, URNr. ___, Notar ___.

Die Erschienenen verweisen nach § 13a BeurkG auf die oben genannten Urkunden, die ihnen bereits vorliegen. Die Erschienenen erklären, dass sie die Vorurkunden vollständig kennen und dass auf erneutes Verlesen der Vorurkunden verzichtet wird. In gleicher Weise verzichten die Erschienenen auf Vorlage zur Durchsicht und auf Beifügung zur gegenwärtigen Urkunde. Auf die Bedeutung der Verweisung wurden die Erschienenen hingewiesen.

Das vorstehend genannte Erbbaurecht ist wie folgt belastet:

Abteilung II:

lfd. Nr. 1:

lfd. Nr. 2:

Der jährliche Erbbauzins beträgt derzeit EUR.

Abteilung III:

lfd. Nr. 1:

Das Grundbuch wurde am eingesehen.

2. Erbbaugrundstück

Im **Grundstücksgrundbuch** des Amtsgerichts für die Gemarkung Blatt ist folgender Grundbesitz eingetragen:

Flurstück , straße , Gebäude- und Freifläche, zu qm

Eigentümer:

Das Grundbuch wurde am eingesehen.

II. Aufteilung in Miterbbaurechtsanteile, verbunden mit Sondereigentum

1. Aufteilung

Der Erbbauberechtigte teilt hiermit gemäß §§ 30 Abs. 2, 8 WEG das unter Ziffer I beschriebene Erbbaurecht in einzelne Miterbbaurechtsanteile in der Weise auf, dass mit jedem Miterbbaurechtsanteil das Sondereigentum an einer bestimmten und in sich abgeschlossenen Wohnung (Wohnungserbbaurecht) oder an nicht zu Wohnzwecken dienenden Räumen (Teilerbbaurecht) verbunden ist. Die Wohnungen und die nicht zu Wohnzwecken dienenden Räume sind in sich abgeschlossen.

Bei der Aufteilung werden die in der Anlage zu dieser Urkunde aufgeführten Miterbbaurechtsanteile gebildet, jeweils verbunden mit dem Sondereigentum an einer bestimmten Wohnung oder an nicht zu Wohnzwecken dienenden Räumen.

Auf die beiliegenden genehmigten Aufteilungspläne und die Abgeschlossenheits- und Maßangabenbescheinigung wird verwiesen.

Die Anlage wird zum Bestandteil der Urkunde erklärt.

2. Inhalt und Wesen des Wohnungs- und Teilerbbaurechts

Der Inhalt des Wohnungs- und Teilerbbaurechts ergibt sich:

- aus den gesetzlichen und vertraglichen Bestimmungen des ihm zugrunde liegenden Erbbaurechts
- sowie aus den gesetzlichen und vertraglichen Bestimmungen über das Sondereigentum (§ 30 Abs. 3 S. 2 WEG).

Alle Wohnungs- und Teilerbbauberechtigten treten in die Bestimmungen des Erbbaurechtsvertrages ein, ebenso in alle Nachträge hierzu (vgl. Ziffer I.1). Durch die Aufteilung werden alle Bestimmungen des Erbbaurechtsvertrags und der Nachträge zum Inhalt der Wohnungs- und Teilerbbaurechte. Im Verhältnis zum Eigentümer des mit dem Erbbaurecht belasteten Grundstücks gelten ausschließlich die Regelungen und Bestimmungen des Erbbaurechtsvertrages, die durch die Gemeinschaftsordnung (vgl. folgenden Abschnitt III) nicht eingeschränkt oder geändert werden. Das Wohnungs- und Teilerbbaurecht endet mit Fristablauf oder Aufhebung des Erbbaurechts.

Die Wohnungs- und Teilerbbauberechtigten können Vereinbarungen und Beschlüsse fassen. Der gesetzliche und vertragliche Inhalt des Erbbaurechts kann hierdurch jedoch nicht abgeändert werden.

Der Verwendungszweck des Erbbaurechtsgebäudes ergibt sich aus dem Erbbaurechtsvertrag und gilt auch für alle Wohnungs- und Teilerbbauberechtigten. Das Sonder- und das Gemeinschaftseigentum sind so nutzen, wie dies der übergeordnete Erbbaurechtsvertrag vorsieht. Verpflichtungen, die der Erbbaurechtsvertrag vorsieht, sind Verpflichtungen der Wohnungs- und Teilerbbauberechtigten. Eine Besonderheit gilt für den Erbbauzins, der verteilt werden soll (vgl. folgenden Pkt. IV).

Soweit am Erbbaugrundstück ein Vorkaufsrecht für den jeweiligen Erbbauberechtigten eingetragen ist, wird klargestellt, dass das Vorkaufsrecht nach der Aufteilung den jeweiligen Inhabern der Wohnungs- und Teilerbbaurechte gemeinschaftlich zusteht, und zwar entsprechend ihren jeweiligen Miterbbaurechtsanteilen. Sollte einer der Berechtigten das Vorkaufsrecht nicht ausüben, gilt § 472 BGB.

Soweit am Erbbaurecht ein Vorkaufsrecht für den jeweiligen Grundstückseigentümer eingetragen ist, wird klargestellt, dass dem jeweiligen Grundstückseigentümer nach der Aufteilung ein Vorkaufsrecht an jedem einzelnen Wohnungs- und Teilerbbaurecht zusteht (Einzelvorkaufsrecht).

Wohnungserbbaurecht ist der Mitberechtigungsanteil am Erbbaurecht, verbunden mit dem Sondereigentum an einer bestimmten Wohnung in einem aufgrund des Erbbaurechts errichteten oder zu errichtende Gebäude.

Das Vorrecht auf Erneuerung des Erbbaurechts steht nach der Aufteilung allen Wohnungs- und Teilerbbauberechtigten gemeinschaftlich zu, § 31 Abs. 3 ErbbauRG i.V.m. § 472 S. 1 BGB.

Teilerbbaurecht ist der Mitberechtigungsanteil am Erbbaurecht, verbunden mit dem Sondereigentum an nicht zu Wohnzwecken dienenden Räumen in einem aufgrund des Erbbaurechts errichteten oder zu errichtende Gebäude.

Gemeinschaftliches Eigentum sind die Teile, Anlagen und Einrichtungen des Gebäudes, die nicht im Sondereigentum oder im Eigentum eines Dritten stehen.

Für jeden Miterbbaurechtsanteil, verbunden mit Sondereigentum, wird ein besonderes Grundbuchblatt angelegt (Wohnungserbbaugrundbuch, Teilerbbaugrundbuch).

III. Gemeinschaftsordnung

Für das Rechtsverhältnis der Wohnungs- und Teilerbbauberechtigten untereinander gelten die Bestimmungen der in der Anlage zu dieser Urkunde aufgeführten Gemeinschaftsordnung, die den Inhalt des Wohnungs- und Teilerbbaurechts in Ergänzung und Abweichung von den Bestimmungen des Wohnungseigentumsgesetzes (WEG) enthält.

Die Anlage wird zum Bestandteil der Urkunde erklärt.

Die Gemeinschaftsordnung ist Inhalt aller Wohnungs- und Teilerbbaurechtseinheiten und wirkt für und gegen alle Rechtsnachfolger der Wohnungs- und Teilerbbauberechtigten.

In der Gemeinschaftsordnung sind Sondernutzungsrechte eingeräumt. Die Sondernutzungsrechte befinden sich im Ausübungsbereich, der dem Erbbaurecht zukommt. Eine Erstreckung des Erbbaurechts auf den für das Bauwerk nicht erforderlichen Teil des Grundstücks liegt vor.

IV. Verteilung des Erbbauzinses

Der derzeit zu zahlende Erbbauzins beläuft sich auf EUR jährlich und steht dem jeweiligen Eigentümer des erbbaurechtbelasteten Grundstücks zu.

Im Zuge der Aufteilung des Erbbaurechts in Wohnungs- und Teilerbbaurechte soll nunmehr der Erbbauzins verteilt werden, wozu die Mitwirkung des Grundstückseigentümers als Gläubiger erforderlich ist.

Die Verteilung des Erbbauzinses auf die einzelnen Wohnungs- und Teilerbbaurechtseinheiten ist in der Anlage zu dieser Urkunde enthalten. Auf die Anlage wird verwiesen, die Anlage wird zum Bestandteil der Urkunde erklärt.

Jeder Wohnungs- und Teilerbbauberechtigte ist verpflichtet, den auf sein Sondereigentum entfallenden Erbbauzins mit dem Wohngeld an den Verwalter zu zahlen. Der Verwalter wird mit der gemeinsamen Einziehung von Erbbauzins und Wohngeld beauftragt. Der Erbbauzins ist an den Grundstückseigentümer weiterzuleiten. Zugleich wird der Verwalter mit der Entgegennahme des Erbbauzinsanpassungsverlangens des Grundstückseigentümers gemäß den Bestimmungen des Erbbaurechtsvertrages beauftragt.

Der Notar/Die Notarin hat darüber belehrt, dass zur Verteilung des Erbbauzinses die Zustimmung der am Grundstück eingetragenen Verwertungsrechte (Grundpfandrechte, Reallasten) erforderlich ist, § 876 S. 2 BGB. Grund ist die Änderung im Haftungsmodell, die durch die Verteilung eintritt. Zustimmungserklärungen müssen mindestens in öffentlich beglaubigter Form vorliegen. Bei Briefgrundpfandrechten ist der Grundpfandrechtsbrief mitvorzulegen. Dem Grundbuchamt sind die Zustimmungen jedoch nur dann vorzulegen, sofern ein Herrschvermerk eingetragen, demnach der Erbbauzins auf dem Blatt des herrschenden Grundstücks vermerkt ist. Dies ist nicht der Fall. Dem Grundbuchamt sind insoweit keine Zustimmungserklärungen vorzulegen.

V. Grundbucherklärungen

Bewilligt und beantragt wird:

- die Aufteilung des Erbbaurechts in Miterbbaurechtsanteile, verbunden mit Sondereigentum, gemäß Abschnitt II
- als Inhalt des Sondereigentums der einzelnen Wohnungs- und Teilerbbaurechtseinheiten die Bestimmungen der Gemeinschaftsordnung gemäß Abschnitt III
- die Verteilung des Erbbauzinses auf die jeweiligen Wohnungs- und Teilerbbaurechtseinheiten gemäß Abschnitt IV.

VI. Notarermächtigung; Genehmigungen, Vollzug; Schlichtungsklausel

Der Notar/die Notarin , deren Vertreter und Nachfolger im Amt werden jeweils beauftragt und bevollmächtigt, etwaige Zustimmungserklärungen und Genehmigungen unter Fertigung eines Entwurfs einzuholen. Die Genehmigungen und Erklärungen sollen mit dem Eingang im Notariat wirksam sein.

Darüber hinaus wird der Notar/die Notarin , deren Vertreter und Nachfolger im Amt ermächtigt, den Vollzug dieser Urkunde zu betreiben und Anträge getrennt oder eingeschränkt zu stellen (Teilvollzug). Die Ermächtigung umfasst auch die Rücknahme der Erklärungen und die Abgabe aller verfahrensrechtlichen Erklärungen, die zur Durchführung dieser Urkunde erforderlich sind.

Die Vollzugsmitteilungen sind für alle Beteiligten an den Notar zu übersenden.

Die Erschienenen erklären sich mit der Speicherung und Bearbeitung ihrer Daten durch das Notariat uneingeschränkt einverstanden und stimmen der Speicherung und Bearbeitung ausdrücklich zu. Der Notar/die Notarin hat über die Informationspflichten belehrt, die im Rahmen der Erhebung personenbezogener Daten zu beachten sind.

Sollte es zwischen dem Grundstückseigentümer und den Wohnungs- und Teilerbbauberechtigten zu Konflikten kommen, werden sie miteinander verhandeln und eine einvernehmliche Lösung anstreben. Der Notar/die Notarin hat darauf hingewiesen, dass der Schlichtungs- und Schiedsgerichtshof deutscher Notare (SGH) ein Schlichtungsverfahren zur Verfügung stellt, wenn die direkten Verhandlungen zu keinem Ergebnis führen (Informationen und Kontaktdaten zum SGH unter www.dnotv.de). Die Beteiligten stellen klar, dass diese Absichtserklärungen der Einleitung eines Gerichtsverfahrens nicht entgegenstehen.

Alternativ:

Sollte es zwischen dem Grundstückseigentümer und den Wohnungs- und Teilerbbauberechtigten zu Konflikten kommen, werden sie miteinander verhandeln und eine einvernehmliche und in die Zukunft gerichtete Lösung anstreben. Der Notar/die Notarin hat darauf hingewiesen, dass der Schlichtungs- und Schiedsgerichtshof deutscher Notare (SGH) ein Schlichtungsverfahren zur Verfügung stellt, wenn die direkten Verhandlungen zu keinem Ergebnis führen (Informationen und Kontaktdaten zum SGH unter www.dnotv.de). Unter der Leitung eines erfahrenen und unabhängigen Schlichters kann dort der Konflikt selbstbestimmt weiterbearbeitet werden. Eine Klage betrachten die Beteiligten als letztes Mittel. Die rechtlichen Berater der Beteiligten sollen die Beteiligten vorrangig bei den vorgenannten Verhandlungslösungen unterstützen. Die Beteiligten stellen klar, dass diese Absichtserklärungen der Einleitung eines Gerichtsverfahrens nicht entgegenstehen.

Alternativ:

Sollte es zwischen dem Grundstückseigentümer und den Wohnungs- und Teilerbbauberechtigten zu Konflikten kommen, verpflichten sich die Beteiligten, alle oder im Zusammenhang mit diesem Vertrag entstehenden Streitigkeiten möglichst durch direkte Verhandlungen beizulegen. Die rechtlichen Berater der Beteiligten sollen diese dabei unterstützen. Gelingt dies nicht, verpflichten sich der Grundstückseigentümer und die Wohnungs- und Teilerbbauberechtigte, eine Schlichtung vor dem Schlichtungs- und Schiedsgerichtshof deutscher Notare (SGH) durchzuführen (Informationen und Kontaktdaten unter www.dnotv.de). Die Schlichtung beginnt mit dem Antrag auf Durchführung einer Schlichtung gegenüber dem SGH. Die Schlichtung endet auch ohne abschließende Einigung, wenn der Antrag zurückgewiesen wird oder der Schlichter das Scheitern der Schlichtung feststellt. Während der laufenden Schlichtung ist die Verjährung der streitgegenständlichen Ansprüche gehemmt. Die Klageerhebung ist erst nach der Beendigung der Schlichtung zulässig. Verfahren des einstweiligen

Rechtsschutzes sowie selbständige Beweisverfahren bleiben auch während der Schlichtung zulässig. Gleiches gilt für Verfahren zur Wahrung einer gesetzlichen Ausschlussfrist. Insoweit verpflichten sich der Grundstückseigentümer und der Erbbauberechtigte, während der laufenden Schlichtung das Ruhen des gerichtlichen Verfahrens zu beantragen.

VII. Ausfertigungen, Abschriften

Eine *beglaubigte Abschrift* dieser Urkunde erhalten:

- der Grundstückseigentümer
- der Erbbauberechtigte (insgesamt Abschriften)
- das Grundbuchamt
- die dinglich Berechtigten, deren Zustimmung erforderlich ist.
- Das Finanzamt Grunderwerbsteuerstelle, erhält eine einfache Abschrift dieser Urkunde.

VIII. Notar- und Gerichtskosten

Die Kosten für die Beurkundung und den Vollzug im Grundbuch trägt der Erbbauberechtigte. Der Erbbauberechtigte trägt auch die Kosten, die für die Erteilung von Zustimmungserklärungen dinglich Berechtigter entstehen.

Vorgelesen vom Notar,

von den Beteiligten genehmigt

und eigenhändig unterschrieben:

(Unterschriften der Beteiligten)

(Unterschrift und Siegel des Notars)

▲

▼ 26

Muster 13.2: Formulierungsvorschlag Kombination Erbbaurechtsvertrag und Begründung von Wohnungs- und Teilerbbaurecht durch Vorratsteilung nach §§ 30 Abs. 2, 8 WEG

„UVZ-Nr. /

BESTELLUNG EINES ERBBAURECHTS UND BEGRÜNDUNG VON WOHNUNGS- UND TEILERBBAURECHT DURCH VORRATSTEILUNG NACH §§ 30 ABS. 2, 8 WEG

Heute, den

– 20 –

sind vor mir,

,

Notar/Notarin in , in den Geschäftsräumen des Notariats in der , erschienen:

1.

– nachstehend „Grundstückseigentümer" genannt –,

2.

– nachstehend „Erbbauberechtigter" genannt –,

jeweils ausgewiesen durch gültigen amtlichen Lichtbildausweis.

Die anwesenden Beteiligten erklärten, dass kein Vertragsteil in Ausübung einer gewerblichen oder selbstständigen beruflichen Tätigkeit handelt.

Der Notar verwies auf die Vorschriften des Geldwäschegesetzes und auf die hieraus resultierenden Pflichten. Die notarielle Belehrung über die Angabepflichten nach dem Geldwäschegesetz ist erfolgt.

Die Erschienenen erklärten, nicht auf Veranlassung Dritter oder als Treuhänder für Dritte, sondern auf eigene Rechnung und im eigenen Namen zu handeln.

Die Erschienenen erklärten ferner, weder eine politisch exponierte Person („PeP") zu sein noch in den letzten 12 Monaten gewesen zu sein. Sie erklärten, auch nicht Familienmitglied, naher Angehöriger oder nahestehende Person einer solchen politisch exponierten Person zu sein.

Die Erschienenen verneinten die Frage des Notars/der Notarin nach einer Vorbefassung i.S.v. § 3 Abs. 1 S. 1 Nr. 7 BeurkG und baten um Beurkundung folgender Vereinbarungen:

A. Grundbuch- und Sachstand

I. Vorbemerkung: Erbbaugrundstück, Eigentümer

Im **Grundstücksgrundbuch** des Amtsgerichts ___ für die Gemarkung ___ Blatt ___ ist folgender Grundbesitz eingetragen:

Flurstück ___, ___ straße ___, Gebäude- und Freifläche, zu ___ qm

Eigentümer: ___

II. Belastungen

Der vorstehend genannte Grundbesitz ist wie folgt belastet:

Belastungen der Zweiten Abteilung des Grundbuchs:

lfd. Nr. 1: ___

lfd. Nr. 2: ___

Belastungen der Dritten Abteilung des Grundbuchs:

lfd. Nr. 1: ___

lfd. Nr. 2: ___

lfd. Nr. ___

Dieses Grundstück ist das „Erbbaugrundstück".

Das Grundbuch wurde am ___ eingesehen.

III. Sachstand

Grundstückseigentümer und Erbbauberechtigter vereinbaren in diesem Vertrag ein Erbbaurecht zwecks ___. Der Grundbesitz ist noch nicht bebaut, bauliche Anlagen wurden nicht errichtet. Der Grundstückseigentümer übernimmt keine Garantien, soweit die Bebaubarkeit der Grundstücke betroffen ist. Das Grundstück soll mit ___ bebaut werden. Die geplante Bebauung umfasst ___. Zu diesem Zweck soll das hier bestellte Erbbaurecht (vgl. folgenden Teil B dieser Urkunde) in ___ Wohnungs- und Teilerbbaurechtseinheiten aufgeteilt werden. Die Aufteilung in Wohnungs- und Teilerbbaurecht ergibt sich aus Teil C dieser Urkunde.

B. Bestellung eines Erbbaurechts

I. Erbbaurechtsbestellung

Der Beteiligte zu 1,

– „Grundstückseigentümer"–,

bestellt hiermit zugunsten des

Beteiligten zu 2,

– „Erbbauberechtigter" –,

- bei mehreren Mitberechtigten zu je Anteil
- für die im Gesellschaftsregister eingetragene Gesellschaft bürgerlichen Rechts

an dem in Abschnitt A näher bezeichneten Grundstück ein

Erbbaurecht

nach Maßgabe des in dieser Urkunde niedergelegten Inhalts und nach Maßgabe des Erbbaurechtsgesetzes (ErbbauRG).

Das Erbbaurecht ist das veräußerliche und vererbliche Recht, auf oder unter der Oberfläche des Grundstücks ein oder mehrere Bauwerke nach Maßgabe dieses Erbbaurechtsvertrages zu haben. Errichtung, Nutzung und Umfang des Bauwerks ergeben sich aus des Vertrages.

II. Beginn, Dauer

Das Erbbaurecht beginnt mit der Eintragung im Grundbuch und endet am , in Worten . Nach Beendigung des Erbbaurechts gehen die Bauwerke und baulichen Anlagen in das Eigentum des Grundstückseigentümers über. Vollzugskosten trägt .

Alternativ:

Das Erbbaurecht wird auf die Dauer von – in Worten: – Jahren bestellt. Nach Beendigung des Erbbaurechts gehen die Bauwerke und baulichen Anlagen in das Eigentum des Grundstückseigentümers über. Vollzugskosten trägt .

III. Schuldrechtlicher Beginn

Schuldrechtlich beginnt bzw. begann das Erbbaurecht bereits mit dem Tag des Besitzübergangs.

IV. Vertragsmäßiger dinglicher Inhalt

1. Vereinbarung

Als vertragsmäßiger dinglicher Inhalt des Erbbaurechts werden die folgenden Bestimmungen vereinbart.

2. Bauwerk, Zweck und Nebenflächen

Der Erbbauberechtigte bebaut das Erbbaugrundstück mit … Häusern mit insgesamt … Wohnungen sowie … Stellplätzen. Das Erbbaurecht wird zu Wohnzwecken bestellt. Das Erbbaurecht erstreckt sich auch auf den für die Bauwerke nicht erforderlichen Teil des Grundstücks, wobei dieser Teil nur für Anlagen verwendet werden darf, die dem Zweck der Bauwerke dienen, etwa als Hof-, Weg-, Stellplatz oder Gartenfläche, § 1 Abs. 2 ErbbauRG. Wirtschaftlich bleibt das Bauwerk die Hauptsache. Das Erbbaurecht soll in … Wohnungs- und Teilerbbaurechte aufgeteilt werden. Die Aufteilung ergibt sich aus Teil C dieser Urkunde.

Alternativ:

Der Erbbauberechtigte ist berechtigt und verpflichtet, auf dem Erbbaugrundstück eine Mietwohnanlage mit … Mietwohnungen einschließlich … ober- und unterirdischer Kfz-Stellplätze auf seine Kosten zu errichten und zu unterhalten. Die Bebauung ist bereits im Namen und auf Kosten des Erbbauberechtigten erfolgt. Seit … sind die Bauwerke bezugsfertig. Das Erbbaurecht erstreckt sich auch auf die für die Bauwerke nicht erforderlichen Teile des Erbbaugrundstücks, die der Erbbauberechtigte beispielsweise als Hofraum, Wegeflächen, Stellplatzflächen oder als Grünanlage nutzen darf. Das Erbbaurecht soll in … Wohnungs- und Teilerbbaurechte aufgeteilt werden. Die Aufteilung ergibt sich aus Teil C dieser Urkunde.

Alternativ:

Der Erbbauberechtigte ist berechtigt und verpflichtet, auf dem Grundstück folgende Bauwerke nach folgenden Maßgaben zu errichten und zu haben: …. Das Erbbaurecht erstreckt sich auch auf den für die Bauwerke nicht erforderlichen Teil des Grundstücks, wobei dieser Teil nur für Anlagen verwendet werden darf, die dem Zweck der Bauwerke dienen, etwa als Hof-, Weg-, Stellplatz oder Gartenfläche. Wirtschaftlich bleibt das Bauwerk die Hauptsache. Das Erbbaurecht soll in … Wohnungs- und Teilerbbaurechte aufgeteilt werden. Die Aufteilung ergibt sich aus Teil C dieser Urkunde.

Alternativ:

Das Erbbaugrundstück wird mit einem Wohnhaus bebaut, das folgende Geschosse umfasst: …. Im … befindet sich eine ambulant betreute Wohngemeinschaft bzw. eine vergleichbare Wohnform für Menschen mit Demenz. Im … befindet sich …. Das Erbbaurecht erstreckt sich auch auf den für die Bauwerke nicht erforderlichen Teil des Grundstücks, wobei dieser Teil nur für Anlagen verwendet werden darf, die dem Zweck der Bauwerke dienen, etwa als Hof-, Weg-, Stellplatz oder Gartenfläche. Wirtschaftlich bleibt das Bauwerk die Hauptsache. Das Erbbaurecht soll in Wohnungs- und Teilerbbaurechte aufgeteilt werden. Die Aufteilung ergibt sich aus Teil C dieser Urkunde.

Alternativ:

Der Erbbauberechtigte ist verpflichtet, das Bauwerk unter Ausschluss jeder anderen Verwendung wie folgt zu verwenden: Wohngebäude für den Erbbauberechtigten und die evtl. in seinem Haushalt lebenden Familienangehörigen und/oder Lebenspartner/in zu Dauerwohnzwecken (räumlicher Schwerpunkt der gesamten Lebensverhältnisse = Hauptwohnsitz im Sinne des Landesmeldegesetzes). Der Grundstückseigentümer bezweckt mit der Vergabe des Erbbaurechts die Deckung des Wohnbedarfs der ortsansässigen Bevölkerung, insbesondere von Bevölkerungsgruppen mit besonderen Wohnraumversorgungsproblemen. Dem Erbbauberechtigten ist bekannt, dass der Eigentümer ihm das Erbbaurecht nur zu dem vorstehenden Verwendungszweck einräumt. Er ist verpflichtet, das Bauwerk nur für diesen Zweck zu nutzen und diese Nutzung auf Verlangen jederzeit nachzuweisen. Das Erbbaurecht erstreckt sich auch auf den für das Bauwerk nicht erforderlichen Teil des Grundstücks, wobei dieser Teil nur für Anlagen verwendet werden darf, die dem Zweck der Bauwerke dienen, etwa als Hof-, Weg-, Stellplatz oder Gartenfläche, Wirtschaftlich bleibt das Bauwerk die Hauptsache. Das Erbbaurecht soll in Wohnungs- und Teilerbbaurechte aufgeteilt werden. Die Aufteilung ergibt sich aus Teil C dieser Urkunde.

Alternativ:

Der Erbbauberechtigte ist berechtigt und verpflichtet, auf eigene Kosten auf und unter dem genannten Erbbaugrundstück Bauwerke im Sinne des Erbbaurechtsgesetzes zu errichten, wie sie in der Anlage näher beschrieben sind, zu haben und betreiben zu lassen, und zwar im Rahmen eines innovativen Altenhilfeprojekts für ca. pflegebedürftige Menschen. Die Bauwerke werden zu folgenden Zwecken genutzt: vollstationäre Pflegeplätze, Betreutes Wohnen, Tagespflege, Kurzzeitpflege, Nachtpflege sowie Tiefgaragenstellplatzanlage. Soweit Bestimmungen dieses Vertrages nicht unmittelbar vom Erbbauberechtigten, sondern vom Betreiber erfüllt werden können, verpflichtet sich der Erbbauberechtigte, diese Verpflichtungen dem Betreiber aufzuerlegen. Das Erbbaurecht erstreckt sich auch auf den für das Bauwerk nicht erforderlichen Teil des Grundstücks, wobei dieser Teil nur für Anlagen verwendet werden darf, die dem Zweck der Bauwerke dienen, etwa als Hof-, Weg-, Stellplatz oder Gartenfläche. Wirtschaftlich bleibt das Bauwerk die Hauptsache. Das Erbbaurecht soll in Wohnungs- und Teilerbbaurechte aufgeteilt werden. Die Aufteilung ergibt sich aus Teil C dieser Urkunde.

Alternativ:

Das Erbbaurecht wird bestellt für die Errichtung von … Mehrfamilienhäusern und einer Tiefgarage im Wohnungs- und Teilerbbaurecht im Umfang der bei Vertragsschluss zulässigen Bebauung. Mitumfasst sind die erforderlichen Erschließungsanlagen. Die Lage und die Geschosszahl der Gebäude ergeben sich aus dem beigefügten Lageplan, der zum Bestandteil dieser Urkunde erklärt wird. Das Erbbaurecht wird zu Wohnzwecken bestellt. Eine Änderung des Verwendungszweckes bedarf der Zustimmung des Grundstückseigentümers. Das Erbbaurecht erstreckt sich auch auf den für das Bauwerk nicht erforderlichen Teil des Grundstücks, wobei dieser Teil nur für Anlagen verwendet werden darf, die dem Zweck der Bauwerke dienen, etwa als Hof-, Weg-, Stellplatz oder Gartenfläche. Wirtschaftlich bleibt das Bauwerk die Hauptsache. Das Erbbaurecht soll in … Wohnungs- und Teilerbbaurechte aufgeteilt werden. Die Aufteilung ergibt sich aus Teil C dieser Urkunde.

Alternativ:

Der Erbbauberechtigte ist berechtigt und verpflichtet, das Bauwerk im Rahmen einer energieoptimierten Nutzung zu verwenden, um den Energieverbrauch des Bauwerks zu reduzieren. Sofern wirtschaftlich zumutbar, verpflichtet sich der Erbbauberechtigte, im Rahmen der Bauwerksnutzung die höchste energetische Energieeffizienzklasse zu berücksichtigen, besonders energiesparende Leuchtmittel (insbesondere LED-Lampen) und entsprechende Elektrogeräte zu verwenden sowie die Empfehlungen gängiger Umweltsiegel zu befolgen (Blauer Engel, EU-Ecolabel, EU-Energielabel). Die zur Nutzung des Bauwerks erforderliche Energie ist zu … Prozent aus regenerativen Energiequellen zu beziehen. Nach dem Erneuerbare-Energien-Gesetz (EEG) sind dies Wasserkraft, solare Strahlungsenergie, Windkraft, Geothermie, Biomasse sowie weitere Energiequellen, die von einschlägigen Gesetzen als erneuerbar anerkannt werden. Das Erbbaurecht soll in … Wohnungs- und Teilerbbaurechte aufgeteilt werden. Die Aufteilung ergibt sich aus Teil C dieser Urkunde.

Alternativ:

Der Erbbauberechtigte ist berechtigt und verpflichtet, auf dem Erbbaugrundstück ein Mehrfamilienhaus mit einer Bruttogeschossfläche von … qm zu errichten. Dabei ist das Bauwerk unter Berücksichtigung der Klimaziele der Umweltinitiative … zu erstellen, die sich aus der anliegenden Beschreibung ergeben, auf die Bezug genommen wird und die einen Bestandteil dieser Urkunde bildet. Das Erbbaurecht soll in … Wohnungs- und Teilerbbaurechte aufgeteilt werden. Die Aufteilung ergibt sich aus Teil C dieser Urkunde.

Alternativ:

Der Erbbauberechtigte ist berechtigt und verpflichtet, auf dem Erbbaugrundstück ein … zu errichten. Dabei verpflichtet sich der Erbbauberechtigte zur wasserverbrauchsoptimierten Bauwerksnutzung. Der Erbbauberechtigte verpflichtet sich, ausschließlich wassersparende Geräte und Armaturen einzusetzen, wassersparende Vorrichtungen jeglicher Art zu verwenden und wassermindernde Maßnahmen vorzunehmen, um den Trinkwasserverbrauch zu reduzieren bzw. die Nutzung alternativer Wasserquellen zu forcieren, soweit dies ökonomisch zumutbar ist. Das Erbbaurecht soll in Wohnungs- und Teilerbbaurechte aufgeteilt werden. Die Aufteilung ergibt sich aus Teil C dieser Urkunde.

Alternativ:

Der Erbbauberechtigte ist berechtigt und verpflichtet, auf dem Erbbaugrundstück ein zu errichten. Dabei verpflichtet sich der Erbbauberechtigte zur abfall- und recyclingoptimierten Bauwerksnutzung, die mit einem entsprechenden, bauwerksbezogenen Abfall- und Recyclingmanagement einhergeht. Ziel ist es, den Anfall von Abfall zu vermeiden, den Abfallverbrauch zu reduzieren und die Recyclingquote zu erhöhen. Der im Bauwerk anfallende Abfall ist zu trennen und getrennt zu entsorgen. Die Grundsätze des Abfall- und Recycling- Managements ergeben sich aus der beigefügten Beschreibung, auf die Bezug genommen wird und die einen Bestandteil dieser Urkunde bildet. Diese Verpflichtung erstreckt sich auch auf Sanierungs-, Ausbau- und Umbaumaßnahmen. Der Erbbauberechtigte verpflichtet sich dazu, den Umfang nicht wiederverwendbarer Materialien zu reduzieren. Das Erbbaurecht soll in Wohnungs- und Teilerbbaurechte aufgeteilt werden. Die Aufteilung ergibt sich aus Teil C dieser Urkunde.

Alternativ:

Der Erbbauberechtigte ist berechtigt und verpflichtet, auf dem Erbbaugrundstück ein zu errichten. Dabei verpflichtet sich der Erbbauberechtigte zur Verwendung des Bauwerks im Sinne einer Biodiversitätsstrategie, deren Grundsätze sich aus der beigefügten Beschreibung ergeben, auf die Bezug genommen wird und die einen Bestandteil dieser Urkunde bildet. Ziel dieser bauwerksbezogenen Biodiversitätsstrategie ist es, dem Rückgang der Artenvielfalt zu begegnen und die biologische Vielfalt des Erbbaugrundstücks zu erhalten. Der Erbbauberechtigte verpflichtet sich, Handlungen zu vermeiden, die nachweislich negative Auswirkungen auf das Ökosystem haben können. Um die biologische Vielfalt im Rahmen der Bauwerksnutzung zu fördern, sollen die Maßnahmen ergriffen werden, deren Grundsätze sich aus der beigefügten Beschreibung ergeben, auf die Bezug genommen wird und die einen Bestandteil dieser Urkunde bildet. Hierzu zählen die Vermeidung invasiver Pflanzenarten, die Errichtung einer Streuobstwiese, die Anbringung von Nistkästen, die Errichtung von Gewächshäusern, die Begründung der Fassade, der Schutz heimischer Tierarten und die Ansiedlung von Bienenvölkern. Das Erbbaurecht soll in Wohnungs- und Teilerbbaurechte aufgeteilt werden. Die Aufteilung ergibt sich aus Teil C dieser Urkunde.

Alternativ:

Der Erbbauberechtigte ist berechtigt und verpflichtet, auf dem Erbbaugrundstück ein zu errichten. Dabei verpflichtet sich der Erbbauberechtigte zur Verwendung des Bauwerks im Sinne einer nachhaltigen Mobilitätsstrategie, mit der die Elektromobilität des Bauwerks ausgebaut werden soll, um die Treibhausgasemissionen zu reduzieren und die Klimaneutralität des Verkehrssektors zu forcieren. Die Grundsätze dieser bauwerksbezogenen Mobilitätsstrategie ergeben sich aus der beigefügten Beschreibung, auf die Bezug genommen wird und die einen Bestandteil dieser Urkunde bildet. Bezogen auf das Bauwerk des Erbbaurechts, verpflichtet sich der Erbbauberechtigte dazu, für die verstärkte Fahrradnutzung zu sorgen, Fahrradstellplätze zu errichten, Fahrrad- oder Carsharing- Möglichkeiten anzubieten, den Ausbau der Ladeinfrastruktur im Bauwerk zu unterstützen und die entsprechenden Energiekapazitäten im Bauwerk sicherzustellen. Das Erbbaurecht soll in Wohnungs- und Teilerbbaurechte aufgeteilt werden. Die Aufteilung ergibt sich aus Teil C dieser Urkunde.

Alternativ:

Der Erbbauberechtigte ist berechtigt und verpflichtet, auf dem Erbbaugrundstück ein zu errichten. Dabei verpflichtet sich der Erbbauberechtigte zur Verwendung des Bauwerks im Sinne einer Strategie, die sich an der Gesundheit und am Wohlbefinden orientiert. Die Grundsätze dieser bauwerksbezogenen Gesundheits- und Wohlbefindensorientierung ergeben sich aus der beigefügten Beschreibung, auf die Bezug genommen wird und die einen Bestandteil dieser Urkunde bildet. Der Erbbauberechtigte verpflichtet sich, bauwerksbezogen die Verwendung gesundheitsschädlicher Bestandteile zu unterlassen, etwa die Verwendung von Produkten mit toxischen Inhaltsstoffen (Phthalate, Formaldehyd, Biozide, Holzschutzmittel) oder die Verwendung von Weichmachern, stattdessen sind möglichst naturbelassene Materialien zum Einsatz zu bringen. Zur gesundheitsorientierten Bauwerksnutzung zählt die Vermeidung von Asbest oder von künstlichen Mineralfasern. Im Rahmen der Bauwerksnutzung verpflichtet sich der Erbbauberechtigte dazu, gesundheitsschädigende Störfaktoren zu vermeiden, etwa Schall, Straßenlärm, Staub-, Licht- oder Geruchsbelästigungen. Im Außenbereich sind möglichst allergiefreundliche Pflanzen zu verwenden. Das Erbbaurecht soll in Wohnungs- und Teilerbbaurechte aufgeteilt werden. Die Aufteilung ergibt sich aus Teil C dieser Urkunde.

3. Änderung des Verwendungszwecks

Das Erbbaugrundstück und die hierauf errichteten Bauwerke dürfen nur zu dem Zweck genutzt werden, der in obigem Absatz 2 genannt ist. Zur Änderung des Verwendungszwecks ist die vorherige schriftliche Zustimmung des Grundstückseigentümers erforderlich, die von einer angemessenen Erhöhung des Erbbauzinses abhängig gemacht werden kann.

Alternativ:

Ohne vorherige schriftliche Zustimmung des Grundstückseigentümers darf das Erbbaugrundstück nicht zu vertragsfremden Zwecken genutzt werden.

Alternativ:

Eine Änderung des vereinbarten Verwendungszwecks bedarf der vorherigen schriftlichen Zustimmung des Grundstückseigentümers.

4. Bauverpflichtung

Der Erbbauberechtigte verpflichtet sich, das Bauwerk auf eigene Kosten unter Beachtung aller öffentlich-rechtlichen Vorschriften und unter Verwendung guter und dauerhafter Baustoffe zu errichten. Der Erbbauberechtigte verpflichtet sich, das Bauwerk bis zum ... bezugsfertig zu errichten. Dabei sind die allgemein anerkannten Regeln der Baukunst und die einschlägigen DIN-Vorschriften zu beachten.

Während der Bauphase ist der Grundstückseigentümer berechtigt, die Baustelle nach vorheriger Anmeldung auf eigene Gefahr in Augenschein zu nehmen.

Der Baugenehmigungsantrag bedarf der Zustimmung des Grundstückseigentümers. Nach Baugenehmigung sind dem Grundstückseigentümer die für die Bauausführung maßgeblichen Baupläne mit Baubeschreibung und Baugenehmigung jeweils in Kopie zu übergeben.

Der Grundstückseigentümer kann die Übertragung des Erbbaurechts auf sich oder einen von ihm benannten Dritten auf Kosten des Erbbauberechtigten als Heimfall verlangen, sofern der Erbbauberechtigte gegen die Bebauungsverpflichtung verstößt. Statt den Heimfall geltend zu machen, kann der Grundstückseigentümer nach vorheriger Abmahnung die Zahlung einer Vertragsstrafe verlangen. Die Vertragsstrafe beläuft sich auf ... % der Erbbauzinsen, bezogen auf die Dauer des Vertragsverstoßes. Eine Vertragsstrafe soll jedoch nicht verlangt werden, sofern den Erbbauberechtigten kein Verschulden trifft.

Alternativ:

Der Erbbauberechtigte ist berechtigt und verpflichtet, die in ... genannte Bauwerke innerhalb von ... Jahren nach Abschluss dieses Vertrages bezugsfertig zu errichten. Dabei ist das Bauwerk unter Verwendung guter und dauerhafter Baustoffe und unter Beachtung allgemein anerkannter Regeln der Baukunst und der Bauvorschriften zu erstellen. Die der Bauausführung zugrunde liegenden Baupläne samt Baubeschreibung sind dem Grundstückseigentümer in Ausfertigung zu übergeben.

Alternativ:

Der Erbbauberechtigte ist berechtigt und verpflichtet, binnen ... Monaten nach ... einen Bauantrag auszuarbeiten, diesen bei der Baugenehmigungsbehörde einzureichen und die Bauwerke binnen Jahren nach Vorlage der bestandskräftigen Baugenehmigung fertig zu stellen, so dass sich zu diesem Zeitpunkt die baulichen Anlagen und das Baugrundstück in dem Zustand befinden, der den öffentlich-rechtlichen Vorschriften entspricht. Das Bauvorhaben ist bis zum fertig zu stellen. Falls sich die Erstellung des Bauvorhabens aus Gründen verzögert, die der Erbbauberechtigte nicht zu vertreten hat, verlängern sich die vorstehenden Fristen entsprechend. Der Erbbauberechtigte hat die Bauwerke unter Verwendung guter Baustoffe nach den Regeln der Technik und der Baukunst, ferner nach den Vorschriften der gesetzlichen Unfallversicherung sowie unter Einhaltung aller baurechtlichen Vorschriften sorgfältig und dauerhaft ausführen zu lassen. Der Grundstückseigentümer darf die ordnungsgemäße Bauausführung laufend überwachen bzw. durch beauftragte Dritte überwachen zu lassen.

5. Instandhaltungsverpflichtung

Der Erbbauberechtigte ist verpflichtet, die von ihm errichteten bzw. bei Vertragsabschluss bereits vorhandenen Bauwerke einschließlich Außenanlagen und besonderer Betriebseinrichtung in gutem und zweckentsprechendem Zustand zu halten und die erforderlichen Reparaturen und Erneuerungen unverzüglich auf eigene Kosten vorzunehmen. Der Grundstückseigentümer ist berechtigt, das Erbbaugrundstück und die Bauwerke zu jeder angemessenen Tageszeit selbst zu besichtigen oder durch Beauftragte besichtigen zu lassen, um den baulichen Zustand und die vertragsgemäße Verwendung des Bauwerks zu überprüfen. Bei Beanstandungen steht dem Grundstückseigentümer das Besichtigungsrecht so lange zu, bis die Mängel behoben bzw. die vertragsgemäße Verwendung des Bauwerks wiederhergestellt ist. Falls der Erbbauberechtigte der Instandhaltungspflicht trotz Aufforderung innerhalb angemessener Frist nicht oder nur ungenügend nachkommt, ist der Grundstückseigentümer berechtigt, die Arbeiten auf Kosten des Erbbauberechtigten vornehmen zu lassen.

Alternativ:

Der Erbbauberechtigte hat die Bauwerke und die vom Erbbaurecht erfassten Anlagen sowie Betriebseinrichtungen auf eigene Kosten dauernd in gutem Zustand zu erhalten. Hierzu hat der Erbbauberechtigte alle erforderlichen Instandsetzungen und Erneuerungen auf eigene Kosten unverzüglich vorzunehmen. Falls der Erbbauberechtigte diesen Verpflichtungen trotz schriftlicher Aufforderung innerhalb einer angemessenen Frist nicht oder nur unvollständig nachkommt, ist der Grundstückseigentümer berechtigt, die Arbeiten auf Kosten des Erbbauberechtigten vornehmen zu lassen.

Alternativ:

Der Erbbauberechtigte ist verpflichtet, die Bauwerke nach den Regeln einer ordnungsgemäßen Bewirtschaftung stets in ordentlichem Zustand zu erhalten und die erforderlichen Instandhaltungs- und Instandsetzungsmaßnahmen sowie Erneuerungen rechtzeitig vorzunehmen. Kommt er dieser Verpflichtung trotz Mahnung innerhalb einer angemessenen Frist, die der Grundstückseigentümer bestimmt, nicht nach, so ist der Grundstückseigentümer berechtigt, die erforderlichen Maßnahmen auf Kosten des Erbbauberechtigten durchführen zu lassen.

6. Besichtigungsrecht

Der Grundstückseigentümer ist berechtigt, das Erbbaugrundstück und die Bauwerke zu jeder angemessenen Tageszeit selbst oder durch Beauftragte besichtigen und auf ihren baulichen Zustand und ihre vertragsgemäße Verwendung zu prüfen.

Alternativ:

Der Grundstückseigentümer ist berechtigt, das Erbbaugrundstück und das Bauwerk jährlich nach vorheriger Terminsbestimmung zu jeder angemessenen Tageszeit selbst oder durch Beauftragte zu besichtigen und auf ihren baulichen Zustand und die vertragsgemäße Verwendung zu prüfen bzw. prüfen zu lassen. Scheitert eine vorherige Terminsbestimmung, kann der Grundstückseigentümer das Erbbaugrundstück und die Bauwerke zur angemessenen Tageszeit nach schriftlicher Vorankündigung von vierzehn Tagen besichtigen bzw. besichtigen lassen.

Alternativ:

Der Grundstückseigentümer ist jährlich nach vorheriger Absprache berechtigt, das Erbbaugrundstück und die Bauwerke zu besichtigten oder durch Beauftragte besichtigen und auf ihren baulichen Zustand und ihre vertragsgemäße Verwendung prüfen zu lassen. Ergeben sich berechtigte Beanstandungen, ist der Grundstückseigentümer so lange zu mehrfacher Besichtigung berechtigt, bis der Mangel behoben ist oder die Mängel bzw. die vertragswidrige Verwendung behoben sind.

Alternativ:

Der Grundstückseigentümer ist berechtigt, das Erbbaugrundstück und die Bauwerke samt Nebenanlagen zu betreten und zu besichtigen bzw. durch Beauftragte zu betreten und zu besichtigen lassen, um den Bauzustand und die vertragsgemäße Verwendung der Bauwerke prüfen zu lassen. Sofern nicht Gefahr in Verzug ist, wird der Grundstückseigentümer das Betretungsrecht nur nach vorheriger Absprache und unter angemessener Rücksichtnahme auf die Belange des Erbbauberechtigten wahrnehmen.

7. Versicherungsverpflichtung

Der Erbbauberechtigte ist verpflichtet, die auf dem Erbbaugrundstück befindlichen Bauwerke zum frühestmöglichen Zeitpunkt mit dem vollen Wert gegen Brand-, Sturm-, evtl. Heizöl-, Leitungswasser- sowie Elementarschäden in Form einer Neuwertversicherung auf eigene Kosten zu versichern und versichert zu halten. Der Erbbauberechtigte verpflichtet sich, die Versicherungsprämien pünktlich und vollständig zu bezahlen. Falls der Grundstückseigentümer eine Erhöhung der Versicherung für erforderlich erachtet, ist der Erbbauberechtigte zur Nachversicherung verpflichtet. Darüber hinaus ist der Erbbauberechtigte schuldrechtlich verpflichtet, eine Gebäude- bzw. Grundbesitzerhaftpflicht einschließlich Gewässerversicherung mit ausreichender Deckungssumme abzuschließen.

Die Versicherungen sind während der ganzen Laufzeit des Erbbaurechts aufrecht zu erhalten.

Auf Verlangen des Grundstückseigentümers ist diesem der Nachweis zu erbringen, dass die Versicherungen abgeschlossen wurden und unverändert bestehen. Gleiches gilt für eine Nachversicherung, die der Grundstückseigentümer für erforderlich erachtet.

Kommt der Erbbauberechtigte trotz schriftlicher Mahnung der oben beschriebenen Versicherungspflicht nicht oder nur ungenügend nach, ist der Grundstückseigentümer berechtigt, selbst für die Versicherungen auf Kosten des Erbbauberechtigten zu sorgen.

Die Versicherungs- sowie sonstigen Entschädigungsleistungen sind in vollem Umfang zur Wiederherstellung der Bauwerke zu verwenden.

Der Erbbauberechtigte ist auch dann zum Wiederaufbau verpflichtet, sollten die Zerstörungen nicht durch Versicherungs- oder Ersatzleistungen gedeckt sein. Eine Ausnahme gilt nur für den Fall, dass der Wiederaufbau unzumutbar wäre.

Sollte der Erbbauberechtigte im Rahmen der Wiederherstellung der Bauwerke von den ursprünglichen Bauplänen abweichen wollen, benötigt er die vorherige schriftliche Zustimmung des Grundstückseigentümers.

Falls ein Wiederaufbau nicht erfolgen kann oder Einigkeit zwischen Grundstückseigentümer und Erbbauberechtigtem darüber besteht, dass der Wiederaufbau derzeit nicht erfolgen soll, sind die Versicherungs- oder sonstigen Ersatzleistungen zur Beseitigung der Gebäudereste und zur Tilgung der auf dem Erbbaurecht ruhenden Belastungen zu verwenden.

Alternativ:

Während der Laufzeit des Erbbaurechts ist der Erbbauberechtigte verpflichtet, die auf dem Grundstück jeweils errichteten Bauwerke zum jeweils vollen Wiederherstellungswert (einschließlich der im Schadensfall anfallenden zusätzlichen Kosten, beispielsweise Kosten der Entsorgung) gegen Brand- und Gebäudeleitungswasserschaden sowie gegen Sturmschäden versichern zu lassen und dauernd versichert zu halten. Hierüber ist dem Grundstückseigentümer ein ausreichender Nachweis zu erbringen.

Der Erbbauberechtigte ist verpflichtet, alle werterhöhenden Baumaßnahmen dem Versicherer unverzüglich schriftlich zu melden und dem Grundstückseigentümer die daraufhin erfolgte Änderung der Versicherung nachzuweisen.

Falls der Erbbauberechtigte den vorstehenden Verpflichtungen trotz Mahnung nicht unverzüglich nachkommt, ist der Grundstückseigentümer berechtigt, jedoch nicht verpflichtet, auf Kosten des Erbbauberechtigten für die Versicherung zu sorgen.

Sofern Bauwerke auf dem Erbbaugrundstück ganz oder teilweise zerstört werden, ist der Erbbauberechtigte verpflichtet, den Schadensfall unverzüglich dem Grundstückseigentümer anzuzeigen.

Alternativ:

Der Erbbauberechtigte ist verpflichtet, das auf dem Erbbaugrundstück errichtete Bauwerk zum vollen Wiederherstellungswert gegen Brand- und Leitungswasserschaden zu versichern und versichert zu halten. Falls dies der Grundstückseigentümer verlangt, hat der Erbbauberechtigte hierüber Nachweise vorzulegen. Kommt der Erbbauberechtigte seiner Versicherungspflicht nicht nach, kann der Grundstückseigentümer auf Kosten des Erbbauberechtigten die Versicherung selbst vornehmen. Sofern Bauwerke auf dem Erbbaugrundstück ganz oder teilweise zerstört werden, ist der Erbbauberechtigte verpflichtet, den Schadensfall unverzüglich dem Grundstückseigentümer anzuzeigen.

Alternativ:

Der Erbbauberechtigte ist verpflichtet, während der Laufzeit des Erbbaurechts die auf dem Grundstück errichteten Bauwerke zum jeweils vollen Wiederherstellungswert einschließlich der im Schadensfalle zusätzlichen Kosten (beispielsweise der Entsorgung) gegen Brand- und Gebäudeleitungswasserschäden sowie gegen Sturmschäden versichern zu lassen und dauernd versichert zu halten. Nachweise hierüber sind dem Grundstückseigentümer vorzulegen. Kommt der Erbbauberechtigte vorstehenden Verpflichtungen trotz Mahnung nicht unverzüglich nach, so ist der Grundstückseigentümer berechtigt, aber nicht verpflichtet, auf Kosten des Erbbauberechtigten für die Versicherung zu sorgen.

8. Wiederaufbau

Bei Eintritt des Versicherungsfalles ist der Erbbauberechtigte zum Wiederaufbau der Bauwerke im vorherigen Umfang verpflichtet, und zwar binnen einer Frist von ______ Jahren.

Hierfür sind die Versicherungs- und sonstigen Entschädigungsleistungen in vollem Umfang zu verwenden.

Falls der Erbbauberechtigte von den ursprünglichen Plänen abweichen möchte, ist er verpflichtet, vorher die schriftliche Zustimmung des Grundstückseigentümers einzuholen.

Der Grundstückseigentümer kann die Übertragung des Erbbaurechts auf sich oder auf einen von ihm benannten Dritten auf Kosten des Erbbauberechtigten verlangen, sollte der Erbbauberechtigte seiner Wiederaufbauverpflichtung trotz Abmahnung nicht oder nur unzureichend nachkommen. Gleiches gilt für die nicht fristgerechte Wiederherstellung der Bauwerke.

Der Grundstückseigentümer ist berechtigt, eine Vertragsstrafe zu verlangen, sollte der Erbbauberechtigte gegen seine Wiederaufbauverpflichtung verstoßen. Die Vertragsstrafe beläuft sich auf % des Erbbauzinses samt Anpassung, bezogen auf die Dauer des Verstoßes. Durch die Zahlung der Vertragsstrafe wird der Erbbauberechtigte nicht von seiner Wiederaufbauverpflichtung befreit.

Bei vollständigen Zerstörungen, die nicht durch Versicherungs- oder sonstige Entschädigungsleistungen gedeckt sind, ist der Erbbauberechtigte zum Wiederaufbau nur verpflichtet, sofern er die Nicht- oder Unterversicherung zu vertreten hat.

Falls ein Wiederaufbau nicht erfolgen kann oder Einigkeit zwischen Grundstückseigentümer und Erbbauberechtigtem darüber besteht, dass der Wiederaufbau derzeit nicht erfolgen soll, sind die Versicherungs- oder sonstigen Ersatzleistungen zur Beseitigung der Gebäudereste und zur Tilgung der auf dem Erbbaurecht ruhenden Belastungen zu verwenden.

Alternativ:

Der Erbbauberechtigte ist zur Wiederherstellung der Bauwerke im bisherigen Umfang verpflichtet, sollten diese ganz oder teilweise zerstört werden. Die Bauwerke sind unverzüglich und auf Kosten des Erbbauberechtigten wiederaufzubauen und fertigzustellen.

Der Grundstückseigentümer ist berechtigt, eine Vertragsstrafe zu verlangen, sollte der Erbbauberechtigte gegen seine Wiederaufbauverpflichtung verstoßen. Die Vertragsstrafe beläuft sich auf % des Erbbauzinses samt Anpassung, bezogen auf die Dauer des Verstoßes. Durch die Zahlung der Vertragsstrafe wird der Erbbauberechtigte nicht von seiner Wiederaufbauverpflichtung befreit.

Zum Wiederaufbau sind alle Versicherungs- oder sonstigen Entschädigungsleistungen in vollem Umfang zu verwenden.

Falls der Erbbauberechtigte von den ursprünglichen Plänen abweichen möchte, ist er verpflichtet, vorher die schriftliche Zustimmung des Grundstückseigentümers einzuholen.

Falls ein Wiederaufbau nicht erfolgen kann oder Einigkeit zwischen Grundstückseigentümer und Erbbauberechtigtem darüber besteht, dass der Wiederaufbau derzeit nicht erfolgen soll, sind die Versicherungs- oder sonstigen Ersatzleistungen zur Beseitigung der Gebäudereste und zur Tilgung der auf dem Erbbaurecht ruhenden Belastungen zu verwenden.

Alternativ:

Bauwerke, die dem Erbbaurecht unterliegen und durch Brand oder in anderer Weise ganz oder teilweise zerstört werden, sind durch den Erbbauberechtigten im vorherigen

Umfang wiederherzustellen. Hierfür sind die Versicherungs- oder sonstigen Entschädigungsleistungen in vollem Umfang heranzuziehen.

9. Lastentragung

Beginnend mit dem Besitzübergang, trägt der Erbbauberechtigte für die gesamte Dauer des Erbbaurechts alle einmaligen und wiederkehrenden öffentlichen Lasten, Steuern und Abgaben des Erbbaurechts und des Erbbaugrundstücks. Zu den öffentlichen Abgaben zählen Geldleistungen aller Art, die kraft Gesetzes abgeführt werden müssen. Zu den öffentlichen Lasten zählen alle Leistungen, die kraft Gesetzes auf dem Grundstück ruhen, beispielsweise die Grundsteuer.

In gleicher Weise (ab Besitzübergang bis zur Beendigung des Erbbaurechts) trägt der Erbbauberechtigte auch alle privatrechtlichen Lasten des Erbbaurechts und des Erbbaugrundstücks. Soweit Erschließungsbeträge betroffen sind, trägt der Grundstückseigentümer alle bis zur Beurkundung des Erbbaurechts ergangenen Beträge. Der Erbbauberechtigte übernimmt alle Erschließungskosten und Anliegerbeträge, die als Bescheid nach dem Tag der Beurkundung ergehen.

Falls der Grundstückseigentümer bereits Leistungen erbracht hat, muss der Erbbauberechtigte diese unverzüglich erstatten. Ausgenommen von der Lastentragungspflicht sind Grundpfandrechte, die am Erbbaugrundstück bestellt werden. Diese trägt der Grundstückseigentümer allein.

Der Erbbauberechtigte ist verpflichtet, für die Erfüllung behördlicher Auflagen Sorge zu tragen.

Schuldrechtlich übernimmt der Erbbauberechtigte die Verpflichtung, für die Verkehrssicherungspflicht ab Besitzübergang zu sorgen. Diese Pflicht bezieht sich auf das Bauwerk und das Erbbaugrundstück.

Der rechtsgeschäftliche Erwerber des Erbbaurechts haftet für die Rückstände seines Vorgängers.

Alternativ:

Das Grundstück wird dem Erbbauberechtigten am übergeben. Von diesem Zeitpunkt an gehen Gefahr und Nutzungen, die dem Erbbauberechtigten zustehen, auf den Erbbauberechtigten über.

Der Erbbauberechtigte hat alle auf das Grundstück und das Erbbaurecht entfallenden öffentlichen und privatrechtlichen Abgaben und Lasten zu tragen, einschließlich der Grundsteuer und aller weiteren Verpflichtungen, die den Grundstückseigentümer als solchen treffen. Hierzu zählen auch alle mit der Erschließung des Grundstücks zusammenhängenden Aufwendungen, insbesondere Erschließungskosten und -beiträge, Ausgleichsbeträge, Nachfolgelasten, Planungskosten und Beträge nach dem Kommunalabgabengesetz. Sollte der Grundstückseigentümer bereits Leistungen erbracht haben, ist der Erbbauberechtigte verpflichtet, diese Leistungen zu erstatten. Sollten solche Aufwendungen dem Eigentümer in Rechnung gestellt, aber noch nicht bezahlt sein, verpflichtet sich der Erbbauberechtigte dazu, den Grundstückseigentümer freizustellen. Etwaige Grundpfandrechte, die am Erbbaugrundstück bestehen oder bestellt werden, trägt der Grundstückseigentümer allein.

Alternativ:

Die Besitzübergabe erfolgte bereits am .

Ab diesem Zeitpunkt gehen Nutzungen und Gefahren auf den Erbbauberechtigten über. Ab diesem Zeitpunkt hat der Erbbauberechtigte alle laufenden öffentlichen und privatrechtlichen Lasten und Abgaben des Grundstücks und des Erbbaurechts zu tragen.

Sämtliche Erschließungs- und Aufschließungskosten nach §§ 127, 128 BauGB für die erstmalige Erschließung des Erbbaugrundstücks treffen den Erbbauberechtigten. Alle künftigen Erschließungs- und Aufschließungskosten für Maßnahmen, die während der Dauer des Erbbaurechts durchgeführt werden, treffen den Erbbauberechtigten.

Alternativ:

Der Erbbauberechtigte übernimmt mit dem Übergang von Besitz, Nutzen und Lasten alle einmaligen und laufenden öffentlichen und privatrechtlichen Lasten und Abgaben für das Grundstück und für das Erbbaurecht, insbesondere die Grundsteuer, die auf das Grundstück und das Erbbaurecht entfallenden Herstellungs- und Benutzungskosten, die Kosten für Versorgungseinrichtungen (Wasser, Strom, Gas, Entwässerung, Müllabfuhr u.a.), die Straßenreinigungsgebühren, die Sondernutzungsgebühren nach dem Straßen- und Wegerecht sowie alle sonstigen öffentlich- und privatrechtlichen Lasten und Abgaben, die durch die Bestellung des Erbbaurechts sowie die Errichtung und Nutzung von Bauwerken und Anlagen auf dem Erbbaugrundstück verursacht werden.

Alternativ:

Ab Besitzübergang trägt der Erbbauberechtigte alle einmaligen und wiederkehrenden öffentlichen Lasten und Abgaben des Erbbaugrundstücks und des Erbbaurechts, etwa die Grund- und Gebäudesteuern sowie die Kanal-, Straßenreinigungs-, Müllabfuhr- und Kaminkehrerkosten.

Ferner trägt der Erbbauberechtigte alle privatrechtlichen Lasten des Erbbaugrundstücks und des Erbbaurechts. Ausgenommen hiervon sind alle gegenwärtigen und künftigen Belastungen des Grundstücks, die einzig und allein der Grundstückseigentümer zu tragen hat.

Der Erbbauberechtigte hat auch alle mit der Erschließung nach dem Baugesetzbuch und dem Kommunalabgabengesetz zusammenhängenden Kosten für das Grundstück und das Erbbaurecht zu tragen.

Alternativ:

Ab Besitzübergabe trägt der Erbbauberechtigte die öffentlichen und privatrechtlichen Abgaben und Lasten, die den Grundstückseigentümer als solchen treffen, insbesondere Erschließungsbeiträge und Gebühren für Straßenreinigung und den Anschluss und die Benutzung von Versorgungsanlagen.

10. Heimfall und Vertragsstrafe; Entschädigung bei Heimfall

Der Grundstückseigentümer kann die Übertragung des Erbbaurechts auf sich oder auf einen von ihm benannten Dritten auf Kosten des Erbbauberechtigten als Heimfall verlangen, sofern

- das Erbbaurecht vor Bauerrichtung veräußert wird
- der Erbbauberechtigte den kapitalisierten Erbbauzins gemäß nicht bis zum gezahlt hat
- das Erbbaugrundstück in einer aus gesundheitlichen oder sittlichen Gründen zu beanstandenden Weise genutzt wird
- die Fortsetzung des Erbbaurechtsverhältnisses aus einem in der Person des Erbbauberechtigten liegenden Grund eine unbillige Härte bedeuten würde
- ein wichtiger Grund gegeben ist, der in der Person des Erbbauberechtigten liegt, der die Fortsetzung des Erbbaurechts für den Grundstückseigentümer unzumutbar macht
- der Erbbauberechtigte die Bestimmungen dieses Erbbaurechtsvertrages nicht erfüllt oder ihnen zuwiderhandelt
- der Erbbauberechtigte gegen eine beliebige Verpflichtung des Erbbaurechtsvertrags verstößt, beispielsweise die Bauerrichtungspflicht, die Instandhaltungspflicht, die Lastentragungspflicht, die Bauwerkverwendungspflicht, die Versicherungspflicht oder die Wiederaufbaupflicht
- wesentliche Gebäudeveränderungen oder der Abriss ohne notwendige Zustimmung des Grundstückseigentümers vorgenommen werden, sofern die Gebäudeveränderungen nicht zumutbar sind und sich im üblichen Rahmen halten
- das aufgrund des Erbbaurechts errichtete Bauwerk zerstört oder grob vernachlässigt wird
- am Bauwerk des Erbbaurechts ohne Zustimmung des Grundstückseigentümers Nutzungsänderungen vorgenommen werden

- der Erbbauberechtigte das Erbbaurecht und die damit verbundenen Nutzungen ganz oder teilweise ohne schriftliche Zustimmung des Grundstückseigentümers an Dritte überlässt
- Erbbauzinszahlungsverzug des Erbbauberechtigten besteht, mindestens allerdings in Höhe zweier Jahresbeiträge, § 9 Abs. 4 ErbbauRG
- über das Vermögen des Erbbauberechtigten das Insolvenzverfahren eröffnet oder mangels Masse abgelehnt wird; sollte jedoch keine Vergütung gezahlt werden oder ein Missverhältnis zwischen Leistung und Gegenleistung im Insolvenzverfahren festgestellt werden, droht die Anfechtung dieser Regelung, §§ 133 Abs. 1, 146 Abs. 2 InsO
- über das Vermögen des Erbbauberechtigten der Antrag auf Insolvenzeröffnung gestellt wird
- Zahlungsunfähigkeit oder Überschuldung des Erbbauberechtigten besteht
- die Zwangsversteigerung oder die Zwangsverwaltung des Erbbaurechts angeordnet wird; bei Zwangsmaßnahmen, die vom Grundstückseigentümer wegen rückständiger Erbbauzinsen betrieben werden, ist jedoch ein Erbbauzinsrückstand in Höhe zweier Jahresbeträge erforderlich, § 9 Abs. 4 ErbbauRG
- der Erwerber (auch im Falle der Zwangsversteigerung) des Erbbaurechts nicht in alle schuldrechtlichen Verpflichtungen des Erbbaurechtsvertrags eintritt
- kirchenfeindliches Verhalten des Erbbauberechtigten festzustellen ist
- das Erbbaurecht mit Rechten belastet wird, die nicht in § 5 Abs. 2 ErbbauRG genannt sind (etwa Nießbrauch, Dienstbarkeiten, Vorkaufsrechte)
- der Erbbauberechtigte die vertraglich vereinbarten Belegungs- und Mietpreisbeschränkungen für den erwähnten Personenkreis missachtet, nachdem der Erbbauberechtigte ordnungsgemäß gemahnt und ihm eine Nachfrist gesetzt wurde
- ein Gericht rechtskräftig feststellt, dass dieser Erbbaurechtsvertrag unter Verstoß gegen die Bestimmungen des Vergaberechts geschlossen wurde und die Anpassung dieses Vertrages unmöglich oder für eine der Parteien unzumutbar wäre.

Steht das Erbbaurecht mehreren Berechtigten zu, reicht es aus, dass nur hinsichtlich eines Erbbauberechtigten ein Heimfallgrund besteht.

Bei Aufteilung des Erbbaurechts in Wohnungs- und Teilerbbaurecht kann der Heimfallanspruch immer nur für dasjenige Wohnungs- bzw. Teilerbbaurecht ausgeübt werden, bei dem einer der vorstehend aufgeführten Tatbestände gegeben ist (Einzelheimfall der betroffenen Einheit). Etwas anderes gilt für den Fall, dass die Gemeinschaft der Wohnungs- und Teilerbbaurechtsberechtigten die in den Ziffern ______ dieses Vertrages aufgeführten Verpflichtungen trotz Mahnung schuldhaft verletzt. Dann kann der Grundstückseigentümer die Übertragung sämtlicher Wohnungs- und Teilerbbaurechtseinheiten verlangen (Gesamtheimfall aller Einheiten).

Nur Verzug oder Verschulden des Wohnungs- bzw. Teilerbbauberechtigten soll den Heimfall auslösen.

Der Heimfallanspruch verjährt in sechs Monaten von dem Zeitpunkt an, in dem der Grundstückseigentümer von dem Vorhandensein der Voraussetzungen Kenntnis erlangt hat, anderenfalls in zwei Jahren.

Die Kosten des Heimfalls hat der betroffene Wohnungs- bzw. Teilerbbauberechtigte zu tragen.

Der Grundstückseigentümer kann die Zahlung einer Vertragsstrafe nach § 2 Nr. 5 ErbbauRG verlangen, sofern einer der oben beschriebenen Heimfallgründe vorliegt. Die Vertragsstrafe beläuft sich auf % des Erbbauzinses einschließlich Erbbauzinsanpassung, bezogen auf die Dauer des Verstoßes. Die Zahlung der Vertragsstrafe befreit den Erbbauberechtigten nicht von der Erfüllung seiner Verpflichtungen.

Der Grundstückseigentümer ist verpflichtet, an den Erbbauberechtigten eine Entschädigung zu bezahlen, sofern der Grundstückseigentümer von seinem Heimfallanspruch Gebrauch macht. Dies gilt aber nur für Bauwerke, die der Erbbauberechtigte genehmigt hat. Für Bauwerke oder Bauwerksteile, die der Erbbauberechtigte ohne Zustimmung des Grundstückseigentümers errichtet hat, ist keine Entschädigung zu zahlen. Die Entschädigung beläuft sich auf % des Verkehrswertes der Bauwerke im Zeitpunkt des Heimfalls. Die Entschädigung ist Monate nach Übertragung des Erbbaurechts, bei mangelnder Einigung frühestens nach Vorliegen der Schätzung zur Zahlung fällig und bis dahin unverzinslich. Die Entschädigung mindert sich um rückständige Erbbauzinsen. Übernimmt der Grundstückseigentümer gem. § 33 Abs. 2 ErbbauRG Schulden und Lasten, sind diese auf die Entschädigung anzurechnen. Ggf. ist der Erbbauberechtigte verpflichtet, überschießende Beträge dem Grundstückseigentümer zu erstatten, sollten die Schulden und Lasten höher sein als die Entschädigung.

Falls keine Einigkeit über den Verkehrswert besteht, ist der Verkehrswert durch zwei vereidigte Sachverständige zu ermitteln, wovon einen der Grundstückseigentümer und einen der Erbbauberechtigte benennt. Die Gutachterkosten tragen Grundstückseigentümer und Erbbauberechtigter zu je 1/2. Die Vergütung für das Bauwerk ist innerhalb von Wochen ab Beurkundung der Erbbaurechtsübertragung zu bezahlen.

Alternativ:

Liegt einer der Heimfallgründe vor, kann der Grundstückseigentümer anstelle der Geltendmachung des Heimfallanspruchs vom Erbbauberechtigten die Zahlung einer Geldstrafe gem. § 2 Nr. 5 ErbbauRG verlangen, es sei denn, den Erbbauberechtigten trifft kein

Verschulden. Die Vertragsstrafe beträgt 50 Prozent des Erbbauzinses einschließlich Anpassungen, und zwar bezogen auf die Dauer des Verstoßes. Die Vertragsstrafe ist unmittelbar nach Eintritt eines Heimfallgrundes und Geltendmachung durch den Grundstückseigentümer fällig. Klargestellt wird, dass der Erbbauberechtigte durch die Zahlung der Vertragsstrafe nicht von der Erfüllung seiner Verpflichtungen befreit wird. Falls der Vertragsverstoß anhält, ist der Grundstückseigentümer berechtigt, den Heimfallanspruch geltend zu machen. Die Verjährung des Heimfallanspruchs gilt als gehemmt, solange die Zahlung der Vertragsstrafe geltend gemacht wird. Daneben wird das Recht des Grundstückseigentümers nicht tangiert, den Verzugsschaden zu verlangen, sofern der Erbbauberechtigte mit der Zahlung des Erbbauzinses in Verzug gerät. Für die Dauer des Verzugs kann der Grundstückseigentümer die Zahlung einer Vertragsstrafe von 8 vom Hundert über dem jeweiligen Basiszinssatz verlangen.

Alternativ:

Sofern der Grundstückseigentümer von seinem Heimfallanspruch Gebrauch macht, ist für das Erbbaurecht keinerlei Vergütung an den Erbbauberechtigten zu zahlen.

Bei Aufteilung des Erbbaurechts in Wohnungs- und Teilerbbaurecht kann der Heimfallanspruch immer nur für dasjenige Wohnungs- bzw. Teilerbbaurecht ausgeübt werden, bei dem einer der vorstehend aufgeführten Tatbestände gegeben ist (Einzelheimfall der betroffenen Einheit). Etwas anderes gilt für den Fall, dass die Gemeinschaft der Wohnungs- und Teilerbbaurechtsberechtigten die in den Ziffern dieses Vertrages aufgeführten Verpflichtungen trotz Mahnung schuldhaft verletzt. Dann kann der Grundstückseigentümer die Übertragung sämtlicher Wohnungs- und Teilerbbaurechtseinheiten verlangen (Gesamtheimfall aller Einheiten).

Sollte im Einzelfall der Vergütungsausschluss unter Berücksichtigung aller für die vertraglichen Rechtsbeziehungen der Parteien bedeutsamen Gesichtspunkte grob unbillig oder gesetzlich ausgeschlossen sein, wird der Grundstückseigentümer für das Bauwerk eine Vergütung zahlen. Die Vergütung bei Heimfall beträgt zwei Drittel des zum Zeitpunkt der Rückübertragung des Erbbaurechts zu ermittelndem Verkehrswert des Bauwerks, im Zeitpunkt der Rückübertragung höchstens jedoch zwei Drittel des Wertes des Erbbaurechts zu diesem Zeitpunkt.

Die Vergütung ist Monate nach Rückübertragung des Erbbaurechts fällig.

Die Vergütung mindert sich um Beträge, die erforderlich sind, um solche Belastungen des Erbbaurechts abzulösen, die der Grundstückseigentümer übernehmen muss.

Falls über die Höhe der Vergütung keine Einigung erzielt wird, ist die Höhe der Vergütung durch den zuständigen Gutachterausschuss bindend für beide Vertragsteile zu ermitteln. Die gutachterlichen Kosten trägt der Erbbauberechtigte.

Der Grundstückseigentümer ist berechtigt, die zum Zeitpunkt der Erbbaurechtsübertragung bestehenden Effektivschuldreste einschließlich Zinsen und Nebenleistungen auf Forderungen, die dinglich am Erbbaurecht bestehen, einschließlich der hieraus entstehenden Löschungskosten in Anrechnung auf die Entschädigung abzulösen. Der Erbbauberechtigte ermächtigt den Grundstückseigentümer zur Abgabe aller hierfür erforderlichen Erklärungen gegenüber dem Grundpfandrechtsgläubiger. Die bei Ausübung des Heimfalls entstehenden Nebenkosten trägt der Erbbauberechtigte, einschließlich einer etwa anfallenden Grunderwerbsteuer.

Alternativ:

Kommt der Erbbauberechtigte einer Verpflichtung, wie sie unten aufgezählt sind, nicht oder nicht fristgerecht nach und hat er dies zu vertreten, kann der Grundstückseigentümer für jede Pflichtverletzung, soweit er den Heimfall nicht verlangt, folgende Vertragsstrafen verlangen:

- Verstoß gegen die Bauwerkerstellungsverpflichtung: monatlich EUR
- Verstoß gegen die Verpflichtung, die Zustimmung zu Baumaßnahmen einzuholen: EUR
- Verstoß gegen die Bewirtschaftungspflicht: EUR
- Verstoß gegen die Zweckbestimmung des Bauwerks: EUR
- Verstoß gegen die Versicherungspflicht: EUR
- Verstoß gegen Nachweis- und Mitteilungspflichten: EUR
- Verstoß gegen die Versicherungspflicht: EUR
- Verstoß gegen die Wiederaufbaupflicht: EUR
- Verstoß gegen die Belastungszustimmung: EUR
- Verstoß gegen die Zustimmungspflicht bei Neuvalutierung: EUR
- Verstoß gegen : EUR.
- Die Vertragsstrafe wird erst unter folgenden Umständen fällig:
- ergebnislose vorherige schriftliche Erinnerung
- Fristsetzung sowie erfolglose und angemessene Nachfristsetzung.

Die Vertragsstrafe wird als monatlicher Strafzins so lange erhoben, bis das vertragswidrige Verhalten eingestellt ist, längstens jedoch auf die Dauer von Jahren.

Jeder angefangene Monat zählt voll.

Sämtliche Vertragsstrafen können unabhängig voneinander und gleichzeitig erhoben werden.

Die Gesamtsumme der Vertragsstrafen nach diesem Vertrag darf jedoch einen Betrag in Höhe von des kapitalisierten Erbbauzinses nicht übersteigen.

Unberührt bleibt der Anspruch des Grundstückseigentümers auf Einhaltung der vertraglichen Verpflichtungen.

11. Vorrecht auf Erneuerung des Erbbaurechts

Der Grundstückseigentümer räumt dem Erbbauberechtigten ein Vorrecht auf Erneuerung des Erbbaurechts nach dessen Ablauf ein, §§ 2 Nr. 6, 31 ErbbauRG. Der Erbbauberechtigte kann das Vorrecht ausüben, sobald der Grundstückseigentümer nach Zeitablauf mit einem Dritten einen Vertrag über die Bestellung eines neuen Erbbaurechts am Erbbaugrundstück abgeschlossen hat, § 31 Abs. 1 S. 1 ErbbauRG. Die Ausübung des Vorrechts ist ausgeschlossen, sofern das für den Dritten bestellte Erbbaurecht einem anderen wirtschaftlichen Zweck dient, § 31 Abs. 1 S. 2 ErbbauRG. Die Ausübung ist auch dann ausgeschlossen, sollte der Erbbauberechtigte gegen Bestimmungen des Erbbaurechtsvertrages verstoßen haben. Das Vorrecht erlischt drei Jahre nach Ablauf der Zeit, für die das Erbbaurecht bestellt war, § 31 Abs. 2 ErbbauRG. Das Vorrecht auf Erneuerung des Erbbaurechts steht nach der Aufteilung allen Wohnungs- und Teilerbbauberechtigten gemeinschaftlich zu, § 31 Abs. 3 ErbbauRG i.V.m. § 472 S. 1 BGB.

Alternativ:

Der Erbbauberechtigte hat ein Vorrecht auf Erneuerung des Erbbaurechts nach dessen Ablauf, § 31 ErbbauRG. Das Vorrecht auf Erneuerung des Erbbaurechts steht nach der Aufteilung allen Wohnungs- und Teilerbbauberechtigten gemeinschaftlich zu, § 31 Abs. 3 ErbbauRG i.V.m. § 472 S. 1 BGB.

Alternativ:

Der Grundstückseigentümer räumt dem Erbbauberechtigten das Vorrecht auf Erneuerung des Erbbaurechts nach Ablauf des Erbbaurechts ein. Der Erbbauberechtigte kann demnach sein Vorrecht ausüben, wenn der Grundstückseigentümer nach Zeitablauf mit einem Dritten einen Vertrag über die Bestellung eines neuen Erbbaurechts an dem Vertragsgrundstück geschlossen hat, sofern es mit dem gleichen wirtschaftlichen Zweck wie im heutigen Vertrag abgeschlossen wurde. Das Vorrecht erlischt drei Jahre nach Ablauf der Zeit, für die das heutige Erbbaurecht bestellt war. Das Vorrecht auf Erneuerung des Erbbaurechts steht nach der Aufteilung allen Wohnungs- und Teilerbbauberechtigten gemeinschaftlich zu, § 31 Abs. 3 ErbbauRG i.V.m. § 472 S. 1 BGB.

Alternativ:

Ein Vorrecht für den Berechtigten auf Erneuerung des Erbbaurechts nach Ablauf der vereinbarten Zeit wird nicht vereinbart.

Alternativ:

Nach Ablauf des Erbbaurechts besteht kein Vorrecht auf Erneuerung des Erbbaurechts.

12. Entschädigung bei Zeitablauf

Nach vertragsgemäßem Ablauf des Erbbaurechts hat der Eigentümer dem Erbbauberechtigten eine Entschädigung in Höhe von $^2/_3$ des Verkehrswertes, den die Gebäude und Anlagen zum Zeitpunkt des Erlöschens des Erbbaurechts aufweisen, zu vergüten.

Keine Entschädigung ist jedoch für Bauwerke oder Bauwerksteile zu zahlen, die ohne Zustimmung des Grundstückseigentümers errichtet wurden. Entsprechende Bauwerke bleiben bei der Ermittlung der Entschädigungssumme außer Betracht.

Sofern sich die Vertragsteile binnen eines Monats nach vertragsgemäßem Ablauf des Erbbaurechts über die Höhe der zu zahlenden Entschädigung nicht einigen können, ist der Wert der Bauwerke und Anlagen durch einen gerichtlich vereidigten Sachverständigen zu schätzen, den ______ benennt. Diese Schätzung ist für alle Vertragsteile verbindlich.

Die Kosten des Schätzgutachtens tragen der Grundstückseigentümer und der Erbbauberechtigte je zur Hälfte.

Die Entschädigung ist sofort nach Einigung bzw. nach Erstellung des Schätzgutachtens zur Zahlung fällig, bis dahin jedoch unverzinslich.

Alternativ:

Erlischt das Erbbaurecht durch Zeitablauf, hat der Grundstückseigentümer dem Erbbauberechtigten keine Entschädigung für die Bauwerke zu leisten. Sofern jedoch aufgrund gesetzlicher Bestimmungen trotzdem bei Zeitablauf eine Vergütung zu zahlen sein sollte, ist nur der Verkehrswert der Bauwerke des Erbbaurechts zu zahlen, die in das Eigentum des Grundstückseigentümers übergehen.

13. Belastung des Erbbaurechts

Zur Belastung des Erbbaurechts mit einer Hypothek, Grund- oder Rentenschuld, Reallast oder einem Dauerwohn- und -nutzungsrecht nach dem WEG bedarf der Erbbauberechtigte der schriftlichen Zustimmung des Grundstückseigentümers.

Alternativ:

Der Erbbauberechtigte bedarf der schriftlichen Zustimmung des Eigentümers zur Belastung des Erbbaurechts mit einer Hypothek, Grundschuld, Rentenschuld, Reallast oder einem Dauerwohn- oder Dauernutzungsrecht. Dies gilt auch für jede Änderung des Inhalts der erwähnten Belastungen, sofern die Änderung eine weitere Belastung des Erbbaurechts enthält.

Die Belastung des Erbbaurechts mit den erwähnten Rechten darf erst eingetragen werden, sobald dem Grundbuchamt die Zustimmung des Grundstückseigentümers oder der rechtskräftige Ersetzungsbeschluss nachgewiesen wird, und zwar in der Form einer öffentlichen oder öffentlich beglaubigten Urkunde. Die Belastung des Erbbaurechts ist unwirksam, solange der Grundstückseigentümer nicht die notwendige Zustimmung erteilt hat. Die Zustimmung kann versagt werden, sofern ein entsprechender Grund vorliegt, § 7, jedoch besteht möglicherweise ein Anspruch auf Erteilung der Zustimmung. Falls die Zustimmung des Grundstückseigentümers ohne ausreichenden Grund verweigert wird, kann sie auf Antrag des Erbbauberechtigten durch das Amtsgericht ersetzt werden, § 7 Abs. 3 ErbbauRG.

Die Zustimmung zur Veräußerung enthält keine Zustimmung zur Belastung, die mit der Veräußerung einhergeht. Die Belastungszustimmung enthält auch keine Zustimmung zum Zuschlag in der Zwangsversteigerung. Hierfür ist eine eigene Zustimmung des Grundstückseigentümers einzuholen.

Schuldrechtlich gilt die Belastungsbeschränkung auch für alle anderen Belastungen des Erbbaurechts mit dinglichen Rechten, die in der Zweiten Abteilung des Grundbuchs eingetragen werden.

Kosten, die im Rahmen der Zustimmung anfallen, beispielsweise Beglaubigungskosten, trägt der Erbbauberechtigte.

Alternativ:

Zur Belastung des Erbbaurechts mit einer Hypothek, Grund- oder Rentenschuld, einer Reallast oder einem Dauerwohn- und Dauernutzungsrecht bedarf der Erbbauberechtigte der schriftlichen Zustimmung des Grundstückseigentümers. Dies gilt auch für jede Änderung des Inhalts der genannten Belastungen, sofern die Änderung eine weitere Belastung des Erbbaurechts enthält.

Die Belastung des Erbbaurechts mit den erwähnten Rechten darf erst eingetragen werden, sobald dem Grundbuchamt die Zustimmung des Grundstückseigentümers oder der rechtskräftige Ersetzungsbeschluss nachgewiesen wird, und zwar in der Form einer öffentlichen oder öffentlich beglaubigten Urkunde. Die Belastung des Erbbaurechts ist unwirksam, solange der Grundstückseigentümer nicht die notwendige Zustimmung erteilt hat. Die Zustimmung kann versagt werden, sofern ein entsprechender Grund vorliegt, möglicherweise besteht jedoch ein Anspruch auf Erteilung der Zustimmung. Falls die Zustimmung des Grundstückseigentümers ohne ausreichenden Grund verweigert wird, kann sie auf Antrag des Erbbauberechtigten durch das Amtsgericht ersetzt werden, § 7 Abs. 3 ErbbauRG.

Die Zustimmung zur Veräußerung enthält keine Zustimmung zur Belastung, die mit der Veräußerung einhergeht. Die Belastungszustimmung enthält auch keine Zustimmung zum Zuschlag in der Zwangsversteigerung. Hierfür ist eine eigene Zustimmung des Grundstückseigentümers einzuholen.

Schuldrechtlich gilt die Belastungsbeschränkung auch für alle anderen Belastungen des Erbbaurechts mit dinglichen Rechten, die in der Zweiten Abteilung des Grundbuchs eingetragen werden.

Kosten, die im Rahmen der Zustimmung anfallen (beispielsweise Beglaubigungskosten), trägt der Erbbauberechtigte.

Wird das Erbbaurecht mit einem Grundpfandrecht belastet, verpflichtet sich heute bereits der Erbbauberechtigte gegenüber dem Grundstückseigentümer, dieses Grundpfandrecht löschen zu lassen, wenn und soweit es sich mit dem Erbbaurecht in einer Person vereinigt. Zur Sicherung dieses Löschungsanspruchs ist bei Bestellung des Grundpfandrechts eine Löschungsvormerkung für den jeweiligen Grundstückseigentümer auf Kosten des Erbbauberechtigten einzutragen (§ 1179 Ziffer 2 BGB).

Wird das Erbbaurecht mit einer Grundschuld belastet, tritt der Erbbauberechtigte heute bereits seine Ansprüche auf Rückübertragung oder Löschung dieser Grundschuld an den Grundstückseigentümer ab. Zur Sicherung dieses abgetretenen Anspruchs auf Rückübertragung bzw. Löschung einer solchen Grundschuld ist für den jeweiligen Grundstückseigentümer eine Vormerkung bei Eintragung der Grundschuld im Grundbuch einzutragen (§ 883 Abs. 1 BGB).

Der Grundstückseigentümer stimmt bereits jetzt Belastungen des Erbbaurechts mit Hypotheken und Grundschulden zu, sofern

- sie innerhalb von ______ Jahren nach Abschluss des Erbbaurechtsvertrages bewilligt und beantragt werden
- sie Rang nach der Erbbauzinsreallast und dem dinglichen Vorkaufsrecht des Grundstückseigentümers erhalten
- sie zugunsten von Anstalten und Körperschaften des öffentlichen Rechts, Kreditinstituten und Versicherungsgesellschaften mit dem Sitz innerhalb der EU erfolgen
- zugleich mit den Belastungen die oben beschriebenen Vormerkungen (Löschungsvormerkung gem. § 1179 Ziffer 2 BGB und Rückgewährsvormerkung gem. § 883 Abs. 1 BGB) zugunsten des Grundstückseigentümers eingetragen werden.

14. Veräußerung des Erbbaurechts

Zur Veräußerung des Erbbaurechts oder eines realen oder ideellen Teils hiervon sowie von Wohnungs- und Teilerbbaurechten bedarf der Erbbauberechtigte der schriftlichen Zustimmung des Grundstückseigentümers. Dies gilt auch für eine Veräußerung im

Wege der Zwangsversteigerung, wozu auch eine Zwangsversteigerung zum Zwecke der Auseinandersetzung der Gemeinschaft zählt.

Voraussetzung für die Zustimmung zur Veräußerung ist, dass der Erwerber in sämtliche Verpflichtungen aus dem Erbbaurechtsvertrag (einschließlich der Nachträge) und aus dem Erbbaurechtsverhältnis im Übrigen in notarieller Form eintritt und sich dabei gegenüber dem Grundstückseigentümer wegen des Erbbauzinses der sofortigen Zwangsvollstreckung unterwirft. Die Zustimmung gilt als erteilt, falls sie nicht binnen unter Angabe von Gründen durch den Grundstückseigentümer verweigert wird. Die Zustimmung enthält keinen Verzicht auf Ansprüche des Grundstückseigentümers gegen den Erbbauberechtigten aus dem Erbbaurechtsverhältnis, die im Zeitpunkt der Veräußerung dem Grunde nach bereits entstanden sind. Ausgenommen den Erwerb durch Zwangsversteigerung, haften dann der Erbbauberechtigte und der Erwerber gegenüber dem Grundstückseigentümer als Gesamtschuldner.

Die Veräußerung des Erbbaurechts darf erst eingetragen werden, sobald dem Grundbuchamt die Zustimmung des Grundstückseigentümers oder der rechtskräftige Ersetzungsbeschluss (§ 7 Abs. 3 ErbbauRG) nachgewiesen wird, und zwar in der Form einer öffentlichen oder öffentlich beglaubigten Urkunde. Die Veräußerung des Erbbaurechts ist unwirksam, solange der Grundstückseigentümer nicht die notwendige Zustimmung erteilt hat. Die Zustimmung kann versagt werden, sofern ein entsprechender Grund vorliegt, möglicherweise besteht jedoch ein Anspruch auf Erteilung der Zustimmung. Falls die Zustimmung des Grundstückseigentümers ohne ausreichenden Grund verweigert wird, kann sie auf Antrag des Erbbauberechtigten durch das Amtsgericht ersetzt werden.

Die Zustimmung zur Veräußerung enthält keine Zustimmung zur Belastung, die mit der Veräußerung einhergeht.

Kosten, die im Rahmen der Zustimmung anfallen (beispielsweise Beglaubigungskosten), trägt der Erbbauberechtigte.

Alternativ:

Zur Veräußerung des Erbbaurechts oder eines realen oder ideellen Teils hiervon sowie von Wohnungs- und Teilerbbaurechten bedarf der Erbbauberechtigte der schriftlichen Zustimmung des Grundstückseigentümers. Dies gilt auch für eine Veräußerung im Wege der Zwangsversteigerung, wozu auch eine Zwangsversteigerung zum Zwecke der Auseinandersetzung der Gemeinschaft zählt.

Der Erbbauberechtigte wird das Erbbaurecht gemäß Wohnungseigentumsgesetz (WEG) aufteilen und die einzelnen Wohnungs- und/oder Teilerbbaurechtseinheiten veräußern. Der Erbbauzins soll auf die einzelnen Wohnungs- und Teilerbbaurechtseinheiten verteilt werden. Der Grundstückseigentümer erteilt zur ersten Veräußerung der Wohnungs- und Teilerbbaurechtseinheiten seine Zustimmung und macht von seinem Vorkaufsrecht in diesem Falle keinen Gebrauch. Voraussetzung ist jedoch, dass der Erwerber in sämtliche

Verpflichtungen aus dem Erbbaurechtsvertrag einschließlich etwaiger Nachträge und aus dem Erbbaurechtsverhältnis im Übrigen in notarieller Form eintritt und sich dabei gegenüber dem Grundstückseigentümer wegen des jeweiligen Erbbauzinses der sofortigen Zwangsvollstreckung unterwirft.

Die Zustimmung enthält keinen Verzicht auf Ansprüche des Grundstückseigentümers gegen den Erbbauberechtigten aus dem Erbbaurechtsverhältnis, die im Zeitpunkt der Veräußerung dem Grunde nach bereits entstanden sind. Ausgenommen den Erwerb durch Zwangsversteigerung, haften dann der Erbbauberechtigte und der Erwerber gegenüber dem Grundstückseigentümer als Gesamtschuldner.

Die Zustimmung zur Veräußerung enthält keine Zustimmung zur Belastung, die mit der Veräußerung einhergeht.

Kosten, die im Rahmen der Zustimmung anfallen, etwa Beglaubigungskosten, trägt der Erbbauberechtigte.

Alternativ:

Zur Veräußerung des Erbbaurechts oder eines realen oder ideellen Teils hiervon sowie von Wohnungs- und Teilerbbaurechten bedarf der Erbbauberechtigte der schriftlichen Zustimmung des Grundstückseigentümers. Dies gilt auch für eine Veräußerung im Wege der Zwangsversteigerung, wozu auch eine Zwangsversteigerung zum Zwecke der Auseinandersetzung der Gemeinschaft zählt.

Die erstmalige Veräußerung des Erbbaurechts oder von Teilen hiervon oder von Wohnungs- und Teilerbbaurechten bedarf jedoch keiner schriftlichen Zustimmung des Grundstückseigentümers, sofern . Unabhängig davon, ist jeder Veräußerungsvertrag dem Grundstückseigentümer zur Kenntnis zu bringen.

Voraussetzung für die Zustimmung zur Veräußerung ist, dass der Erwerber in sämtliche Verpflichtungen aus dem Erbbaurechtsvertrag (einschließlich der Nachträge) und aus dem Erbbaurechtsverhältnis im Übrigen in notarieller Form eintritt und sich dabei gegenüber dem Grundstückseigentümer wegen des Erbbauzinses der sofortigen Zwangsvollstreckung unterwirft. Die Zustimmung gilt als erteilt, falls sie nicht binnen unter Angabe von Gründen durch den Grundstückseigentümer verweigert wird. Die Zustimmung enthält keinen Verzicht auf Ansprüche des Grundstückseigentümers gegen den Erbbauberechtigten aus dem Erbbaurechtsverhältnis, die im Zeitpunkt der Veräußerung dem Grunde nach bereits entstanden sind. Ausgenommen den Erwerb durch Zwangsversteigerung, haften dann der Erbbauberechtigte und der Erwerber gegenüber dem Grundstückseigentümer als Gesamtschuldner.

Die Veräußerung des Erbbaurechts darf erst eingetragen werden, sobald dem Grundbuchamt die Zustimmung des Grundstückseigentümers oder der rechtskräftige Ersetzungsbeschluss nachgewiesen wird, und zwar in der Form einer öffentlichen oder öffentlich beglaubigten Urkunde. Die Veräußerung des Erbbaurechts ist unwirksam, solange der Grundstückseigentümer nicht die notwendige Zustimmung erteilt hat. Die Zustimmung kann versagt werden, sofern ein entsprechender Grund vorliegt, möglicherweise besteht jedoch ein Anspruch auf Erteilung der Zustimmung. Falls die Zustimmung des Grundstückseigentümers ohne ausreichenden Grund verweigert wird, kann sie auf Antrag des Erbbauberechtigten durch das Amtsgericht ersetzt werden, § 7 Abs. 3 ErbbauRG.

Die Zustimmung zur Veräußerung enthält keine Zustimmung zur Belastung, die mit der Veräußerung einhergeht.

Kosten, die im Rahmen der Zustimmung anfallen (beispielsweise Beglaubigungskosten), trägt der Erbbauberechtigte.

Alternativ:

Der Erbbauberechtigte bedarf zur Veräußerung der schriftlichen Zustimmung des Grundstückseigentümers. Die Zustimmung gilt als erteilt, falls sie nicht binnen eines bestimmten Zeitraums unter Angabe von Gründen durch den Grundstückseigentümer verweigert wird.

Die Veräußerung des Erbbaurechts darf erst eingetragen werden, sobald dem Grundbuchamt die Zustimmung des Grundstückseigentümers oder der rechtskräftige Ersetzungsbeschluss nachgewiesen wird, und zwar in der Form einer öffentlichen oder öffentlich beglaubigten Urkunde. Die Veräußerung des Erbbaurechts ist unwirksam, solange der Grundstückseigentümer nicht die notwendige Zustimmung erteilt hat. Die Zustimmung kann versagt werden, sofern ein entsprechender Grund vorliegt, möglicherweise besteht jedoch ein Anspruch auf Erteilung der Zustimmung. Falls die Zustimmung des Grundstückseigentümers ohne ausreichenden Grund verweigert wird, kann sie auf Antrag des Erbbauberechtigten durch das Amtsgericht ersetzt werden, § 7 Abs. 3 ErbbauRG.

Die Zustimmung zur Veräußerung enthält keine Zustimmung zur Belastung, die mit der Veräußerung einhergeht.

Kosten, die im Rahmen der Zustimmung anfallen (beispielsweise Beglaubigungskosten), trägt der Erbbauberechtigte.

V. Erbbauzins

1. Höhe und Fälligkeit

Der Erbbauberechtigte hat an den Grundstückseigentümer jährlich einen Erbbauzins in Höhe von

___ EUR – in Worten: ___ EUR –

zu zahlen.

Der Erbbauzins ist am … eines jeden Jahres im Voraus zur Zahlung fällig.

Das Erbbaurecht soll in … Wohnungs- und Teilerbbaurechtseinheiten aufgeteilt werden. Die Aufteilung in Wohnungs- und Teilerbbaurecht ergibt sich aus Teil C dieser Urkunde.

2. Wertsicherung und Versteigerungsfestigkeit

Sollte sich der vom Statistischen Bundesamt festgestellte Verbraucherpreisindex gegenüber dem für den Monat … festgesetzten Index (Basis 2020 = 100) um mehr als … % nach oben oder unten verändern, verändert sich jeweils auch der jährliche Erbbauzins automatisch, ohne dass es eines gesonderten Anpassungsverlangens bedarf, im gleichen prozentualen Verhältnis, und zwar vom Beginn des Jahres an, welches auf das Jahr folgt, in dem die Veränderung um mehr als … % eingetreten ist.

Bei einer Umbasierung des Verbraucherpreisindexes erfolgt die Anpassung auf der neuen Berechnungsgrundlage.

Änderungen sind zu berücksichtigen, wenn sie insgesamt nach oben oder unten mehr als … % erreichen.

Die erste Anpassung darf frühestens zum … erfolgen.

Sofern aufgrund der Wertsicherungsklausel eine Anpassung des jährlichen Erbbauzinses durchgeführt ist, wird die Klausel gemäß den vorstehenden Bestimmungen erneut anwendbar.

Der jährliche Erbbauzins ist dann wiederum anzupassen, sobald sich der Preisindex gegenüber dem für die letzte Anpassung maßgeblichen Preisindex erneut um mehr als … % nach oben oder nach unten verändert hat, und zwar ebenfalls vom Beginn des Folgejahres nach der Indexänderung an.

Eine Anpassung soll allerdings nur dann möglich sein, soweit diese im Rahmen der Bestimmung nach § 9a ErbbauRG zulässig ist. Über die Bestimmung des § 9a ErbbauRG hat der Notar die Beteiligten belehrt.

Ferner wird vereinbart, dass die Erbbauzinsreallast abweichend von § 52 Abs. 1 ZVG mit ihrem Hauptanspruch bestehen bleiben soll, sofern der Grundstückseigentümer aus der Reallast oder der Inhaber eines im Rang vorgehenden oder gleichstehenden dinglichen Rechts die Zwangsversteigerung in das Erbbaurecht betreibt, § 9 Abs. 3 S. 1 Nr. 1 ErbbauRG. Die Versteigerungsfestigkeit des Erbbauzinses ist dinglicher Inhalt der Erbbauzinsreallast.

3. Unterwerfung unter die sofortige Zwangsvollstreckung

Der Erbbauberechtigte unterwirft sich wegen der in dieser Urkunde eingegangenen Verpflichtung zur Zahlung des Erbbauzinses der sofortigen Zwangsvollstreckung aus dieser Urkunde in sein gesamtes Vermögen.

Eine vollstreckbare Ausfertigung ist ohne Nachweis der die Fälligkeit begründenden Tatsachen zu erteilen.

Bei Neufestsetzung des Erbbauzinses (siehe obige Wertsicherungsklausel) hat auf Verlangen des Grundstückseigentümers eine erneute Zwangsvollstreckungsunterwerfung des Erbbauberechtigten wegen des Erhöhungsbetrages zu erfolgen, und zwar in einer Nachtragsurkunde. Der Erbbauberechtigte verpflichtet sich, im Falle einer Erhöhung erneut und auf eigene Kosten der sofortigen Zwangsvollstreckung zu unterwerfen. Eine vollstreckbare Ausfertigung ist wiederum ohne Nachweis der die Fälligkeit begründenden Tatsachen zu erteilen.

4. Bestellung einer Erbbauzinsreallast

Der Erbbauberechtigte bestellt zugunsten des jeweiligen Eigentümers des Erbbaugrundstücks eine Erbbauzinsreallast in der vorstehend vereinbarten, wertgesicherten und versteigerungsfesten Form. Der Erbbauberechtigte bewilligt und beide Vertragsteile beantragen die Eintragung dieser Reallast im Erbbaugrundbuch.

Alternativ:

1. Allgemeines

Die Beteiligten sind sich einig, dass der Erbbauzinse auf der Grundlage der Lebenshaltungskosten vereinbart ist und wertgesichert sein soll.

Mehrere Erbbauberechtigte haften für alle Verpflichtungen, die aus dem Erbbaurechtsvertrag und der Anpassung des Erbbauzinses resultieren, als Gesamtschuldner.

Das Erbbaurecht soll in Wohnungs- und Teilerbbaurechtseinheiten aufgeteilt werden. Die Aufteilung in Wohnungs- und Teilerbbaurecht ergibt sich aus Teil C dieser Urkunde.

2. Der Erbbauzins ist wertgesichert

Ändert sich der vom Statistischen Bundesamt in Wiesbaden für das Basisjahr 2020 (derzeitige Basis 2020 = 100 Punkte) ermittelte Verbraucherpreisindex für Deutschland (VPI) oder der an seine Stelle tretende Index nach drei Jahren um mehr als 5 % (in Worten: fünf Prozent) nach oben oder unten, so erhöht oder ermäßigt sich der Erbbauzins in demselben Verhältnis, ohne dass es eines gesonderten Anpassungsverlangens bedarf. Die Änderung gilt jeweils vom Beginn des Kalenderjahres an, in dem die Veränderung geltend gemacht wird. Dabei orientiert sich die Berechnung der Differenz an der durchschnittlichen Veränderung des Verbraucherpreisindexes (VPI) im Vergleich zum Zeitpunkt der letzten Anpassung des Erbbauzinses. Die automatische Anpassung des Erbbauzinses ist dinglicher Inhalt der Erbbauzinsreallast. Eine Änderung kann erst Jahre nach der letzten Änderung verlangt werden. Die Regelung in § 9a ErbbauRG bleibt unberührt.

3. Der Erbbauzins ist versteigerungsfest

Ferner soll die Erbbauzinsreallast abweichend von § 52 Abs. 1 ZVG mit ihrem Hauptanspruch bestehen bleiben, sofern der Grundstückseigentümer aus der Erbbauzinsreallast oder der Inhaber eines im Rang vorgehenden oder gleichstehenden dinglichen Rechts die Zwangsversteigerung in das Erbbaurecht betreibt, § 9 Abs. 3 S. 1 Nr. 1 ErbbauRG. Die Versteigerungsfestigkeit des Erbbauzinses ist dinglicher Inhalt der Erbbauzinsreallast.

4. Unterwerfung unter die sofortige Zwangsvollstreckung

Der Erbbauberechtigte unterwirft sich wegen der einzelnen wertgesicherten Erbbauzinsraten der sofortigen Zwangsvollstreckung aus dieser Urkunde in sein gesamtes Vermögen. Eine vollstreckbare Ausfertigung ist auch ohne Nachweis der Fälligkeit zu erteilen, womit keine Umkehr der Beweislast verbunden sein soll. Der Grundstückseigentümer ist berechtigt, sich jederzeit eine vollstreckbare Ausfertigung erteilen zu lassen.

5. Bewilligung und Antrag; Eintragung im Grundbuch

Zur Sicherung des vorstehend vereinbarten, wertgesicherten und versteigerungsfesten Erbbauzinses wird zugunsten des jeweiligen Eigentümers des Erbbaugrundstücks eine Erbbauzinsreallast bewilligt und zur Eintragung beantragt.

Alternativ:

1. Höhe und Fälligkeit

Der jährliche Erbbauzins beträgt EUR (in Worten: EUR).

Das Erbbaurecht soll in Wohnungs- und Teilerbbaurechtseinheiten aufgeteilt werden. Die Aufteilung in Wohnungs- und Teilerbbaurecht ergibt sich aus Teil C dieser Urkunde.

Der Jahreserbbauzins ist am 1. Januar eines jeden Kalenderjahres im Voraus fällig und ohne Aufforderung bei Fälligkeit an den Grundstückseigentümer oder an die von ihm zur Entgegennahme ermächtigte Person oder Stelle unter Angabe der Grundstücksbezeichnung und des Zeitabschnitts, für den gezahlt wird, zu entrichten. Aus besonderem Grund und jederzeit widerruflich kann dem Erbbauberechtigten Teilzahlung in monatlichen, viertel- oder halbjährlichen Raten gewährt werden. Bis zur Eintragung des Erbbaurechts im Grundbuch ist der vereinbarte Erbbauzins als Nutzungsentgelt in gleicher Höhe zu zahlen.

Vom Tage der Übergabe des Erbbaugrundstücks bis zum darauffolgenden 31. Dezember hat der Erbbauberechtigte den anteiligen Jahreserbbauzins in einem einmaligen Betrag in Höhe von EUR bis zum 1. des Monats, der dem Tag der Übergabe folgt, zu zahlen.

Der Erbbauberechtigte ermächtigt den Grundstückseigentümer, den Erbbauzins in der jeweiligen Höhe im Wege des Lastschrifteinzugsverfahrens zu erheben. Der Grundstückseigentümer wird dem Erbbauberechtigten rechtzeitig eine Mitteilung über den Beginn des Lastschrifteinzugsverfahrens zugehen lassen.

2. Erbbauzinsreallast; Versteigerungsfestigkeit; Wertsicherung

Der Erbbauberechtigte ist verpflichtet, den Erbbauzins durch Eintragung einer Reallast an … Rangstelle des Erbbaugrundbuchs zugunsten des jeweiligen Grundstückseigentümers dinglich zu sichern. Als Inhalt der Reallast wird das Bestehenbleiben des Erbbauzinses nach § 9 Abs. 3 Ziffer 1 ErbbauRG vereinbart.

Die Vertragsteile sind sich gemäß § 9 Abs. 1 ErbbauRG, § 1105 Abs. 1 S. 2 BGB darüber einig, dass der Erbbauzins auf der Grundlage der Lebenshaltungskosten vereinbart ist und wertgesichert sein soll. Ändert sich der vom Statistischen Bundesamt in Wiesbaden für das Basisjahr 2020 = 100 ermittelte Verbraucherpreisindex für Deutschland oder der an seine Stelle tretende Index nach 3 Jahren von heute an bzw. nach 3 Jahren vom zurückliegenden letzten Anpassungsdatum an gegenüber dem Indexstand vom Monat des Vertragsschlusses bzw. vom Monat der letzten Anpassung, so erhöht oder ermäßigt sich der Erbbauzins bzw. der Erbbauzins gemäß der letzten Anpassung in demselben Verhältnis, ohne dass es eines gesonderten Anpassungsverlangens bedarf. Diese Vereinbarung ist als Inhalt der Erbbauzinsreallast in das Grundbuch einzutragen.

3. Unterwerfung unter die sofortige Zwangsvollstreckung

Der Erbbauberechtigte unterwirft sich wegen der einzelnen wertgesicherten Erbbauzinsraten der sofortigen Zwangsvollstreckung aus dieser Urkunde in sein gesamtes Vermögen. Eine vollstreckbare Ausfertigung ist auch ohne Nachweis der Fälligkeit zu erteilen, womit keine Umkehr der Beweislast verbunden sein soll. Der Grundstückseigentümer ist berechtigt, sich jederzeit eine vollstreckbare Ausfertigung erteilen zu lassen.

4. Bewilligung und Antrag; Eintragung im Grundbuch

Zur Sicherung des vorstehend vereinbarten, wertgesicherten und versteigerungsfesten Erbbauzinses wird zugunsten des jeweiligen Eigentümers des Erbbaugrundstücks eine Erbbauzinsreallast bewilligt und zur Eintragung beantragt.

VI. Gegenseitige Vorkaufsrechte

1. Vorkaufsrecht am Erbbaugrundstück

Der Grundstückseigentümer bestellt dem jeweiligen Erbbauberechtigten ein dingliches Vorkaufsrecht für jeden Fall des Verkaufs des Erbbaugrundstücks. Die Eintragung dieses Vorkaufsrechts wird bewilligt und beantragt, und zwar im Rang nach dem Erbbaurecht.

Das Erbbaurecht soll in … Wohnungs- und Teilerbbaurechtseinheiten aufgeteilt werden. Die Aufteilung in Wohnungs- und Teilerbbaurecht ergibt sich aus Teil C dieser Urkunde. Nach der Aufteilung steht das Vorkaufsrecht den jeweiligen Inhabern der Wohnungs- und Teilerbbaurechte gemeinschaftlich zu, und zwar entsprechend den jeweiligen Miterbbaurechtsanteilen. Sollte einer der Berechtigten das Vorkaufsrecht nicht ausüben, gilt § 472 BGB.

2. Vorkaufsrecht am Erbbaurecht

Der Erbbauberechtigte bestellt dem jeweiligen Grundstückseigentümer ein dingliches Vorkaufsrecht am Erbbaurecht, und zwar für jeden Fall des Verkaufs des Erbbaurechts oder eines Teils davon. Das Erbbaurecht soll in Wohnungs- und Teilerbbaurechtseinheiten aufgeteilt werden. Die Aufteilung in Wohnungs- und Teilerbbaurecht ergibt sich aus Teil C dieser Urkunde. Nach der Aufteilung steht dem jeweiligen Grundstückseigentümer ein Vorkaufsrecht an jedem einzelnen Wohnungs- und Teilerbbaurecht zu (Einzelvorkaufsrecht).

Die Eintragung dieses Vorkaufsrechts wird bewilligt und beantragt, und zwar im Rang nach der Erbbauzinsreallast.

Alternativ mit Einschränkungen des Vorkaufsrechts:

1. Gegenseitige Vorkaufsrechte

Der jeweilige Grundstückseigentümer räumt dem jeweiligen Erbbauberechtigten am Erbbaugrundstück, der jeweilige Erbbauberechtigte dem jeweiligen Grundstückseigentümer am Erbbaurecht das dingliche Vorkaufsrecht für alle Verkaufsfälle ein.

Das Erbbaurecht soll in Wohnungs- und Teilerbbaurechtseinheiten aufgeteilt werden. Die Aufteilung in Wohnungs- und Teilerbbaurecht ergibt sich aus Teil C dieser Urkunde. Nach der Aufteilung steht dem jeweiligen Grundstückseigentümer ein Vorkaufsrecht an jedem einzelnen Wohnungs- und Teilerbbaurecht zu (Einzelvorkaufsrecht). Nach der Aufteilung steht das Vorkaufsrecht den jeweiligen Inhabern der Wohnungs- und Teilerbbaurechte gemeinschaftlich zu, und zwar entsprechend den jeweiligen Miterbbaurechtsanteilen. Sollte einer der Berechtigten das Vorkaufsrecht nicht ausüben, gilt § 472 BGB.

Für die Vorkaufsrechte gelten die gesetzlichen Bestimmungen, allerdings mit den folgenden Einschränkungen.

2. Einschränkungen der Vorkaufsrechte

Das Vorkaufsrecht des jeweiligen Grundstückseigentümers wird dinglich dahingehend eingeschränkt, dass es in folgenden Fällen nicht gilt und nicht ausgeübt werden kann:

- Übertragung an Miterbbauberechtigte oder Ehegatten oder Verwandte in gerader Linie des jeweiligen Erbbauberechtigten, soweit der Erbbauberechtigte keine Gesellschaft ist
- Übertragung auf eine andere Personen- oder Kapitalgesellschaft, deren Anteilsinhaber mehrheitlich aus Gesellschaftern des heutigen Erbbauberechtigten oder deren Ehegatten, Geschwistern oder Verwandten in gerader Linie bestehen.

Das Vorkaufsrecht des jeweiligen Erbbauberechtigten wird dinglich dahingehend eingeschränkt, dass es in folgenden Fällen nicht gilt und nicht ausgeübt werden kann:

- Übertragung des Erbbaugrundstücks an Miteigentümer, Ehegatten, Geschwister oder Verwandte in gerader Linie zu einem der Gesellschafter bzw. des jeweiligen Grundstückseigentümers, sofern dieser keine Gesellschaft ist
- Übertragung des Erbbaugrundstücks auf eine (andere) Personen- oder Kapitalgesellschaft, deren Anteilsinhaber mehrheitlich aus Gesellschaftern des heutigen Grundstückseigentümers oder deren Ehegatten, Geschwistern oder Verwandten in gerader Linie bestehen.

VII. Grundbucherklärungen

Die Vertragsteile sind sich über die Entstehung des Erbbaurechts mit dem in niedergelegten Inhalt einig.

Die Vertragsteile bewilligen und beantragen:

1. die Eintragung des Erbbaurechts am Erbbaugrundstück
2. die Eintragung der wertgesicherten und versteigerungsfesten Erbbauzinsreallast für den jeweiligen Eigentümer des Erbbaugrundstücks, und zwar an erster Rangstelle im Erbbaugrundbuch
3. die Eintragung der Vorkaufsrechte für den Grundstückseigentümer und für den Erbbauberechtigten; das Vorkaufsrecht für den Grundstückseigentümer erhält zweite Rangstelle im Erbbaugrundbuch, das Vorkaufsrecht für den Erbbauberechtigten ist im Rang nach dem Erbbaurecht einzutragen.

Der Notar wird beauftragt und bevollmächtigt, etwaige Rangrücktrittserklärungen zu erholen.

Der Notar wird ermächtigt, die Beteiligten im Grundbuchverfahren umfassend zu vertreten. Dies umfasst auch die Abgabe ergänzender und berichtigender Grundbucherklärungen.

Alternativ:

Die Vertragsteile sind über die Bestellung der nachfolgenden Rechte einig und bewilligen, der Erbbauberechtigte beantragt:

1. in das Grundstücksgrundbuch einzutragen:
   - das Erbbaurecht gemäß den Bestimmungen dieses Vertrages an erster Rangstelle
   - das Vorkaufsrecht für den Erbbauberechtigten im Rang nach dem Erbbaurecht
   - den Rangrücktritt aller Erklärungen, die erforderlich sind, um dem Erbbaurecht die erste Rangstelle zu verschaffen

2. in das neu angelegte Erbbaugrundbuch einzutragen:
   - das Erbbaurecht mit dem vereinbarten dinglichen Inhalt dieses Vertrages
   - die wertgesicherte und versteigerungsfeste Erbbauzinsreallast für den jeweiligen Grundstückseigentümer, und zwar an Rangstelle
   - das Vorkaufsrecht für den jeweiligen Grundstückseigentümer, und zwar im Rang nach der Erbbauzinsreallast.

Der Notar wird beauftragt und bevollmächtigt, etwaige Rangrücktrittserklärungen zu erholen.

Der Notar wird ermächtigt, die Beteiligten im Grundbuchverfahren umfassend zu vertreten. Dies umfasst auch die Abgabe ergänzender und berichtigender Grundbucherklärungen.

Der Erbbauberechtigte beantragt, dem Grundstückseigentümer zwei amtliche Ausdrucke des Erbbaugrundbuchs zu erteilen.

VIII. Haftung; Verschaffung der ersten Rangstelle

Der Grundstückseigentümer schuldet den ungehinderten Besitzübergang, die Entstehung des Erbbaurechts und die Freiheit des Erbbaugrundstücks von Miet- und Pachtverhältnissen sowie anderen vertraglichen Bindungen.

Der Grundstückseigentümer haftet über Zusicherungen hinaus, die in dieser Urkunde niedergelegt sind, nicht für Mängelfreiheit. Ausgeschlossen sind Ansprüche und Rechte des Erbbauberechtigten wegen eines Sachmangels, insbesondere im Hinblick auf das Flächenmaß, die Bodenbeschaffenheit und die Verwertbarkeit. Der Grundstückseigentümer versichert, dass ihm verborgene Mängel nicht bekannt sind. Der Grundstückseigentümer übernimmt keine Garantie für die Beschaffenheit.

Ab Besitzübergang treffen alle Haftungen den Erbbauberechtigten, insbesondere für Schäden, die während der Bauphase auftreten oder die durch das Vorhandensein oder die Unterhaltung der Bauwerke resultieren. Dies gilt auch für Schäden an benachbarten Grundstücken.

Das Erbbaurecht kann nur zur ausschließlich ersten Rangstelle bestellt werden, § 10 Abs. 1 S. 1 ErbbauRG. Die Rangstelle muss permanent gehalten und kann auch nach Eintragung des Erbbaurechts im Grundbuch nicht nachträglich geändert werden, § 10 Abs. 1 S. 1, 2. HS. ErbbauRG. Der Grundstückseigentümer haftet für die Verschaffung der ersten Rangstelle und verpflichtet sich zur Beschaffung aller erforderlichen Unterlagen (Rangrücktrittserklärungen, ggf. weitere Identitätsnachweise), und zwar auf eigene Kosten. Falls die erste Rangstelle nicht verschafft werden kann, können beide Vertragsteile ihren Rücktritt erklären. Die hierbei anfallenden Kosten (Notariat, Grundbuchamt) trägt der Grundstückseigentümer. Die Geltendmachung weiterer Rechte ist dann ausgeschlossen, insbesondere findet keine Erstattung gezahlter Erbbauzinsbeträge oder die Zahlung von Schadensersatz statt.

Alternativ:

Für Sachmängel haftet der Grundstückseigentümer nicht, etwa für die Bodenbeschaffenheit, das Flächenmaß oder die Nutzbarkeit des Erbbaugrundstücks. Der Grundstückseigentümer garantiert lediglich, dass das Erbbaugrundstück ein Baugrundstück ist, dessen Bebaubarkeit von den Festsetzungen der gemeindlichen Bauleitplanung bestimmt wird. Eine weitere Garantie übernimmt der Grundstückseigentümer nicht. Es obliegt dem Erbbauberechtigten, die Genehmigung der Baubehörde einzuholen. Schließlich garantiert der Grundstückseigentümer, dass Abtretungen für Belange des öffentlichen Bedarfs nicht zu leisten sind.

Der Grundstückseigentümer haftet für die Verschaffung der ersten Rangstelle und verpflichtet sich zur Beschaffung aller erforderlichen Unterlagen (Rangrücktrittserklärungen, ggf. weitere Identitätsnachweise), und zwar auf eigene Kosten. Falls die erste Rangstelle nicht verschafft werden kann, können beide Vertragsteile ihren Rücktritt erklären. Die hierbei anfallenden Kosten (Notariat, Grundbuchamt) trägt der Grundstückseigentümer. Die Geltendmachung weiterer Rechte ist dann ausgeschlossen, insbesondere findet keine Erstattung gezahlter Erbbauzinsbeträge oder die Zahlung von Schadensersatz statt.

IX. Haftung als Gesamtschuldner

Mehrere Erbbauberechtigte haften für alle Verpflichtungen, die aus diesem Vertrag resultieren, als Gesamtschuldner, sofern nichts anderes bestimmt ist. Tatsachen, die gegenüber einem der Erbbauberechtigen Ansprüche begründen, muss der andere Erbbauberechtigte gegen sich geltend lassen. Dabei ist jeder Erbbauberechtigte befugt, den anderen Erbbauberechtigten bei der Abgabe und der Entgegennahme von Erklärungen gegenüber dem Grundstückseigentümer zu vertreten. Das Erbbaurecht soll in Wohnungs- und Teilerbbaurechtseinheiten aufgeteilt werden. Die Aufteilung in Wohnungs- und Teilerbbaurecht ergibt sich aus Teil C dieser Urkunde.

X. Übernahme von Verpflichtungen durch Rechtsnachfolger; Weitergabeverpflichtung; Mitteilungspflicht

Die Vertragsparteien verpflichten sich, ihren Rechtsnachfolgern die Übernahme sämtlicher schuldrechtlicher Verpflichtungen und Bestimmungen, die aus dem Erbbaurechtsverhältnis resultieren, und deren Weitergabe an weitere Rechtsnachfolger aufzuerlegen, so dass jeder weitere Rechtsnachfolger in gleicher Weise verpflichtet wird.

Der Erbbauberechtigte ist verpflichtet, dem Grundstückseigentümer seine aktuelle Anschrift und seine Bankdaten unverzüglich mitzuteilen. Diese Verpflichtung gilt auch für andere Korrespondenzadressen, beispielsweise E-Mail-Adressen. Bei Verstoß gegen diese Verpflichtung haftet der Erbbauberechtigte auf Schadensersatz.

Darüber hinaus ist der Erbbauberechtigte verpflichtet, dem Grundstückseigentümer eine etwaige Zwangsvollstreckungsmaßnahme, die gegen das Erbbaurecht ergriffen wird, unverzüglich mitzuteilen. Dies gilt auch für die Eröffnung des Insolvenzverfahrens über das Vermögen des Erbbauberechtigten und für eine Ablehnung des Insolvenzverfahrens mangels Masse.

Alternativ:

Alle Verpflichtungen dieses Vertrages, die nicht zum Inhalt des Erbbaurechts und auch nicht zum Inhalt der einzutragenden dinglichen Rechte zählen, sind von jedem Vertragsteil etwaigen Rechtsnachfolgern mit Weitergabeverpflichtung aufzuerlegen.

Alternativ:

Jeder Vertragsteil ist verpflichtet, Verpflichtungen, die nicht bereits kraft Gesetzes übergehen, seinem Rechtsnachfolger mit Weitergabeverpflichtung aufzuerlegen. Falls ein Rechtsnachfolger nicht alle Bestimmungen dieses Vertrages übernimmt, ist der Grundstückseigentümer berechtigt, seine Zustimmung zur Übertragung des Erbbaurechts zu verweigern.

XI. Teilunwirksamkeit; salvatorische Klausel; Schlichtungsklausel

Die Unwirksamkeit einzelner Bestimmungen dieses Vertrages berührt den übrigen Vertragsinhalt nicht. An die Stelle unwirksamer Bestimmungen dieses Vertrages treten die gesetzlichen Bestimmungen. Die Vertragsteile verpflichten sich, eine unwirksame Bestimmung durch eine wirksame Bestimmung zu ersetzen, so dass der beabsichtigte Zweck erreicht werden kann.

Sollte es zwischen dem Grundstückseigentümer und dem Erbbauberechtigten zu Konflikten kommen, werden sie miteinander verhandeln und eine einvernehmliche Lösung anstreben. Der Notar/die Notarin hat darauf hingewiesen, dass der Schlichtungs- und Schiedsgerichtshof deutscher Notare (SGH) ein Schlichtungsverfahren zur Verfügung stellt, wenn die direkten Verhandlungen zu keinem Ergebnis führen (Informationen und Kontaktdaten zum SGH unter www.dnotv.de). Die Beteiligten stellen klar, dass diese Absichtserklärungen der Einleitung eines Gerichtsverfahrens nicht entgegenstehen.

Alternativ:

Sollte es zwischen dem Grundstückseigentümer und dem Erbbauberechtigten zu Konflikten kommen, werden sie miteinander verhandeln und eine einvernehmliche und in die Zukunft gerichtete Lösung anstreben. Der Notar/die Notarin hat darauf hingewiesen, dass der Schlichtungs- und Schiedsgerichtshof deutscher Notare (SGH) ein Schlichtungsverfahren zur Verfügung stellt, wenn die direkten Verhandlungen zu keinem Ergebnis führen (Informationen und Kontaktdaten zum SGH unter www.dnotv.de). Unter der Leitung eines erfahrenen und unabhängigen Schlichters kann dort der Konflikt selbstbestimmt weiterbearbeitet werden. Eine Klage betrachten die Beteiligten als letztes Mittel. Die rechtlichen Berater der Beteiligten sollen die Beteiligten vorrangig bei den vorgenannten Verhandlungslösungen unterstützen. Die Beteiligten stellen klar, dass diese Absichtserklärungen der Einleitung eines Gerichtsverfahrens nicht entgegenstehen.

Alternativ:

Sollte es zwischen dem Grundstückseigentümer und dem Erbbauberechtigten zu Konflikten kommen, verpflichten sich die Beteiligten, alle oder im Zusammenhang mit diesem Vertrag entstehenden Streitigkeiten möglichst durch direkte Verhandlungen beizulegen. Die rechtlichen Berater der Beteiligten sollen diese dabei unterstützen. Gelingt dies nicht, verpflichten sich der Grundstückseigentümer und der Erbbauberechtigte, eine Schlichtung vor dem Schlichtungs- und Schiedsgerichtshof deutscher Notare (SGH) durchzuführen (Informationen und Kontaktdaten unter www.dnotv.de). Die Schlichtung beginnt mit dem Antrag auf Durchführung einer Schlichtung gegenüber dem SGH. Die Schlichtung endet auch ohne abschließende Einigung, wenn der Antrag zurückgewiesen wird oder der Schlichter das Scheitern der Schlichtung feststellt. Während der laufenden Schlichtung ist die Verjährung der streitgegenständlichen Ansprüche gehemmt. Die Klageerhebung ist erst nach der Beendigung der Schlichtung zulässig. Verfahren des einstweiligen Rechtsschutzes sowie selbständige Beweisverfahren bleiben auch während der Schlichtung zulässig. Gleiches gilt für Verfahren zur Wahrung einer gesetzlichen Ausschlussfrist. Insoweit verpflichten sich der Grundstückseigentümer und der Erbbauberechtigte, während der laufenden Schlichtung das Ruhen des gerichtlichen Verfahrens zu beantragen.

Alternativ:

Sofern eine Bestimmung dieses Vertrages nicht wirksam sein sollte oder der Vertrag eine Lücke enthält, lässt dies die Wirksamkeit der übrigen Bestimmungen unberührt. Die Vertragsteile verpflichten sich, in diesem Fall eine Bestimmung zu wählen, die dem am nächsten kommt, was die Vertragsteile bei Kenntnis der Unwirksamkeit bzw. der Lücke vereinbart hätten.

Sollte es zwischen dem Grundstückseigentümer und dem Erbbauberechtigten zu Konflikten kommen, werden sie miteinander verhandeln und eine einvernehmliche Lösung anstreben. Der Notar/die Notarin hat darauf hingewiesen, dass der Schlichtungs- und Schiedsgerichtshof deutscher Notare (SGH) ein Schlichtungsverfahren zur Verfügung stellt, wenn die direkten Verhandlungen zu keinem Ergebnis führen (Informationen und Kontaktdaten zum SGH unter www.dnotv.de). Die Beteiligten stellen klar, dass diese Absichtserklärungen der Einleitung eines Gerichtsverfahrens nicht entgegenstehen.

Alternativ:

Sollte es zwischen dem Grundstückseigentümer und dem Erbbauberechtigten zu Konflikten kommen, werden sie miteinander verhandeln und eine einvernehmliche und in die Zukunft gerichtete Lösung anstreben. Der Notar/die Notarin hat darauf hingewiesen, dass der Schlichtungs- und Schiedsgerichtshof deutscher Notare (SGH) ein Schlichtungsverfahren zur Verfügung stellt, wenn die direkten Verhandlungen zu keinem Ergebnis führen (Informationen und Kontaktdaten zum SGH unter www.dnotv.de). Unter der Leitung eines erfahrenen und unabhängigen Schlichters kann dort der Konflikt selbstbestimmt weiterbearbeitet werden. Eine Klage betrachten die Beteiligten als letztes Mittel. Die rechtlichen Berater der Beteiligten sollen die Beteiligten vorrangig bei den vorgenannten Verhandlungslösungen unterstützen. Die Beteiligten stellen klar, dass diese Absichtserklärungen der Einleitung eines Gerichtsverfahrens nicht entgegenstehen.

Alternativ:

Sollte es zwischen dem Grundstückseigentümer und dem Erbbauberechtigten zu Konflikten kommen, verpflichten sich die Beteiligten, alle oder im Zusammenhang mit diesem Vertrag entstehenden Streitigkeiten möglichst durch direkte Verhandlungen beizulegen. Die rechtlichen Berater der Beteiligten sollen diese dabei unterstützen. Gelingt dies nicht, verpflichten sich der Grundstückseigentümer und der Erbbauberechtigte, eine Schlichtung vor dem Schlichtungs- und Schiedsgerichtshof deutscher Notare (SGH) durchzuführen (Informationen und Kontaktdaten unter www.dnotv.de). Die Schlichtung beginnt mit dem Antrag auf Durchführung einer Schlichtung gegenüber dem SGH. Die Schlichtung endet auch ohne abschließende Einigung, wenn der Antrag zurückgewiesen wird oder der Schlichter das Scheitern der Schlichtung feststellt. Während der laufenden Schlichtung ist die Verjährung der streitgegenständlichen Ansprüche gehemmt. Die Klageerhebung ist er nach der Beendigung der Schlichtung zulässig. Verfahren des einstweiligen Rechtsschutzes sowie selbständige Beweisverfahren bleiben auch während der Schlichtung zulässig. Gleiches gilt für Verfahren zur Wahrung einer gesetzlichen Ausschlussfrist. Insoweit verpflichten sich der Grundstückseigentümer und der Erbbauberechtigte, während der laufenden Schlichtung das Ruhen des gerichtlichen Verfahrens zu beantragen.

Alternativ:

Sollte eine Bestimmung dieser Urkunde unwirksam sein oder werden, bleiben die übrigen Bestimmungen wirksam. In diesem Fall ist die unwirksame Bestimmung durch eine wirksame Bestimmung zu ersetzen, die der unwirksamen Bestimmung wirtschaftlich entspricht. Dies soll auch für etwaige Vertragslücken gelten.

Sollte es zwischen dem Grundstückseigentümer und dem Erbbauberechtigten zu Konflikten kommen, werden sie miteinander verhandeln und eine einvernehmliche Lösung anstreben. Der Notar/die Notarin hat darauf hingewiesen, dass der Schlichtungs- und Schiedsgerichtshof deutscher Notare (SGH) ein Schlichtungsverfahren zur Verfügung stellt, wenn die direkten Verhandlungen zu keinem Ergebnis führen (Informationen und Kontaktdaten zum SGH unter www.dnotv.de). Die Beteiligten stellen klar, dass diese Absichtserklärungen der Einleitung eines Gerichtsverfahrens nicht entgegenstehen.

Alternativ:

Sollte es zwischen dem Grundstückseigentümer und dem Erbbauberechtigten zu Konflikten kommen, werden sie miteinander verhandeln und eine einvernehmliche und in die Zukunft gerichtete Lösung anstreben. Der Notar/die Notarin hat darauf hingewiesen, dass der Schlichtungs- und Schiedsgerichtshof deutscher Notare (SGH) ein Schlichtungsverfahren zur Verfügung stellt, wenn die direkten Verhandlungen zu keinem Ergebnis führen (Informationen und Kontaktdaten zum SGH unter www.dnotv.de). Unter der Leitung eines erfahrenen und unabhängigen Schlichters kann dort der Konflikt selbstbestimmt weiterbearbeitet werden. Eine Klage betrachten die Beteiligten als letztes Mittel. Die rechtlichen Berater der Beteiligten sollen die Beteiligten vorrangig bei den vorgenannten Verhandlungslösungen unterstützen. Die Beteiligten stellen klar, dass diese Absichtserklärungen der Einleitung eines Gerichtsverfahrens nicht entgegenstehen.

Alternativ:

Sollte es zwischen dem Grundstückseigentümer und dem Erbbauberechtigten zu Konflikten kommen, verpflichten sich die Beteiligten, alle oder im Zusammenhang mit diesem Vertrag entstehenden Streitigkeiten möglichst durch direkte Verhandlungen beizulegen. Die rechtlichen Berater der Beteiligten sollen diese dabei unterstützen. Gelingt dies nicht, verpflichten sich der Grundstückseigentümer und der Erbbauberechtigte, eine Schlichtung vor dem Schlichtungs- und Schiedsgerichtshof deutscher Notare (SGH) durchzuführen (Informationen und Kontaktdaten unter www.dnotv.de). Die Schlichtung beginnt mit dem Antrag auf Durchführung einer Schlichtung gegenüber dem SGH. Die Schlichtung endet auch ohne abschließende Einigung, wenn der Antrag zurückgewiesen wird oder der Schlichter das Scheitern der Schlichtung feststellt. Während der laufenden Schlichtung ist die Verjährung der streitgegenständlichen Ansprüche gehemmt. Die Klageerhebung ist er nach der Beendigung der Schlichtung zulässig. Verfahren des einstweiligen Rechtsschutzes sowie selbständige Beweisverfahren bleiben auch während der Schlichtung zulässig. Gleiches gilt für Verfahren zur Wahrung einer gesetzlichen Ausschlussfrist. Insoweit verpflichten sich der Grundstückseigentümer und der Erbbauberechtigte, während der laufenden Schlichtung das Ruhen des gerichtlichen Verfahrens zu beantragen.

XII. Unbedenklichkeitsbescheinigung des Finanzamtes

Die Erschienenen wurden darauf hingewiesen, dass die Erbbaurechtseintragung im Grundbuch erst erfolgen kann, sobald die Unbedenklichkeitsbescheinigung des Finanzamtes vorliegt. Die Unbedenklichkeitsbescheinigung wird erst nach Begleichung der Grunderwerbsteuer erteilt. Die Grunderwerbsteuer trägt der Erbbauberechtigte.

C. Aufteilung in Miterbbaurechtsanteile, verbunden mit Sondereigentum

I. Einräumung von Sondereigentum

Der Erbbauberechtigte teilt gemäß §§ 30 Abs. 2, 8 WEG das unter Ziffer B erwähnte Erbbaurecht in einzelne Miterbbaurechtsanteile in der Weise auf, dass mit jedem Miterbbaurechtsanteil das Sondereigentum an einer bestimmten und in sich abgeschlossenen Wohnung (Wohnungserbbaurecht) oder an nicht zu Wohnzwecken dienenden Räumen (Teilerbbaurecht) verbunden ist.

Gebildet werden die in der Anlage zu dieser Urkunde aufgeführten Miterbbaurechtsanteile, jeweils verbunden mit dem Sondereigentum an einer bestimmten Wohnung oder an nicht zu Wohnzwecken dienenden Räumen. Die Anlage wurde verlesen. Jedes neu gebildete Wohnungs- bzw. Teilerbbaurecht ist abgeschlossen im Sinne des § 3 Absatz 3 WEG. Die zur Einheit gehörenden Einzelräume sind im Aufteilungsplan mit der Nummer der Einheit bezeichnet, auch Balkone und weitere Nebenräume. Alle übrigen Räume sind Gemeinschaftseigentum, ebenso die Instandhaltungsrücklage und das gesamte Verwaltungsvermögen. Auf die beiliegenden genehmigten Aufteilungspläne und die Abgeschlossenheits- und Maßangabenbescheinigung wird verwiesen. Beide wurden zur Durchsicht vorgelegt.

Die Anlage wird zum Bestandteil der Urkunde erklärt.

II. Inhalt und Wesen des Wohnungs- und Teilerbbaurechts

Der Inhalt des Wohnungs- und Teilerbbaurechts ergibt sich:

- aus den gesetzlichen und vertraglichen Bestimmungen des ihm zugrunde liegenden Erbbaurechts
- sowie aus den gesetzlichen und vertraglichen Bestimmungen über das Sondereigentum (§ 30 Abs. 3 S. 2 WEG).

Alle Wohnungs- und Teilerbbauberechtigten treten in die Bestimmungen des Erbbaurechtsvertrages ein, ebenso in alle Nachträge hierzu. Durch die Aufteilung werden alle Bestimmungen des Erbbaurechtsvertrags und der Nachträge zum Inhalt der Wohnungs- und Teilerbbaurechte. Im Verhältnis zum Eigentümer des mit dem Erbbaurecht belasteten Grundstücks gelten ausschließlich die Regelungen des Erbbaurechtsvertrages, die durch die Gemeinschaftsordnung (vgl. folgenden Abschnitt III) nicht eingeschränkt oder geändert werden. Das Wohnungs- und Teilerbbaurecht endet mit Fristablauf oder Aufhebung des Erbbaurechts.

Die Wohnungs- und Teilerbbauberechtigten können Vereinbarungen und Beschlüsse fassen. Der gesetzliche und vertragliche Inhalt des Erbbaurechts kann hierdurch jedoch nicht abgeändert werden.

Der Verwendungszweck des Erbbaurechtsgebäudes ergibt sich aus dem Erbbaurechtsvertrag und gilt auch für alle Wohnungs- und Teilerbbauberechtigten.

Wohnungserbbaurecht ist der Mitberechtigungsanteil am Erbbaurecht, verbunden mit dem Sondereigentum an einer bestimmten Wohnung in einem aufgrund des Erbbaurechts errichteten oder einem zu errichtenden Gebäude.

Teilerbbaurecht ist der Mitberechtigungsanteil am Erbbaurecht, verbunden mit dem Sondereigentum an nicht zu Wohnzwecken dienenden Räumen in einem aufgrund des Erbbaurechts errichteten oder einem zu errichtenden Gebäude.

Gemeinschaftliches Eigentum sind die Teile, Anlagen und Einrichtungen des Gebäudes, die nicht im Sondereigentum oder im Eigentum eines Dritten stehen.

Für jeden Miterbbaurechtsanteil, verbunden mit Sondereigentum, wird ein besonderes Grundbuchblatt angelegt (Wohnungserbbaugrundbuch, Teilerbbaugrundbuch).

III. Gemeinschaftsordnung

Für das Rechtsverhältnis der Wohnungs- und Teilerbbauberechtigten untereinander gelten die Bestimmungen der in der Anlage ______ zu dieser Urkunde aufgeführten Gemeinschaftsordnung, die den Inhalt des Wohnungs- und Teilerbbaurechts in Ergänzung und Abweichung von den Bestimmungen des Wohnungseigentumsgesetzes (WEG) enthält.

Die Anlage ______ wird zum Bestandteil der Urkunde erklärt.

Die Gemeinschaftsordnung ist Inhalt aller Wohnungs- und Teilerbbaurechtseinheiten und wirkt für und gegen alle Rechtsnachfolger der Wohnungs- und Teilerbbauberechtigten.

In der Gemeinschaftsordnung sind Sondernutzungsrechte eingeräumt. Die Sondernutzungsrechte befinden sich im Ausübungsbereich, der dem Erbbaurecht zukommt. Eine Erstreckung des Erbbaurechts auf den für das Bauwerk nicht erforderlichen Teil des Grundstücks liegt demnach vor, § 1 Abs. 2 ErbbauRG.

IV. Verteilung des Erbbauzinses

Der derzeit zu zahlende Erbbauzins beläuft sich auf ______ EUR jährlich und steht dem jeweiligen Eigentümer des erbbaurechtbelasteten Grundstücks zu.

Im Zuge der Aufteilung des Erbbaurechts in Wohnungs- und Teilerbbaurechte soll der Erbbauzins verteilt werden, wozu die Mitwirkung des Grundstückseigentümers als Gläubiger erforderlich ist.

Die Verteilung des Erbbauzinses auf die einzelnen Wohnungs- und Teilerbbaurechtseinheiten ist in der Anlage ____ zu dieser Urkunde enthalten. Die Anlage ____ wird zum Bestandteil der Urkunde erklärt.

Jeder Wohnungs- und Teilerbbauberechtigte ist verpflichtet, den auf sein Sondereigentum entfallenden Erbbauzins mit dem Wohngeld an den Verwalter zu zahlen. Der Verwalter wird mit der gemeinsamen Einziehung von Erbbauzins und Wohngeld beauftragt. Der Erbbauzins ist an den Grundstückseigentümer weiterzuleiten. Zugleich wird der Verwalter mit der Entgegennahme des Erbbauzinsanpassungsverlangens des Grundstückseigentümers gemäß den Bestimmungen des Erbbaurechtsvertrages beauftragt.

Der Notar/Die Notarin hat darüber belehrt, dass zur Verteilung des Erbbauzinses die Zustimmung der am Grundstück eingetragenen Verwertungsrechte (Grundpfandrechte, Reallasten) erforderlich ist, § 876 S. 2 BGB. Grund ist die Änderung im Haftungsmodell, die durch die Verteilung eintritt. Zustimmungserklärungen müssen mindestens in öffentlich beglaubigter Form vorliegen. Bei Briefgrundpfandrechten ist der Grundpfandrechtsbrief mitvorzulegen. Dem Grundbuchamt sind die Zustimmungen jedoch nur dann vorzulegen, sofern ein sog. Herrschvermerk im Grundbuch eingetragen, demnach der Erbbauzins auch auf dem Blatt des herrschenden Grundstücks im Bestandsverzeichnis vermerkt ist, § 21 GBO (Grundbuchordnung). Dies ist nicht der Fall. Dem Grundbuchamt sind deshalb keine Zustimmungserklärungen vorzulegen.

V. Grundbucherklärungen

Bewilligt und beantragt wird:

- die Aufteilung des Erbbaurechts in Miterbbaurechtsanteile, verbunden mit Sondereigentum, gemäß Abschnitt I
- als Inhalt des Sondereigentums der einzelnen Wohnungs- und Teilerbbaurechtseinheiten die Bestimmungen gemäß Abschnitt II und III
- die Verteilung des Erbbauzinses auf die jeweiligen Wohnungs- und Teilerbbaurechtseinheiten gemäß Abschnitt IV.

D. Hinweise, Notarermächtigung, Genehmigungen, Vollzug

I. Hinweise

Die Vertragsteile wurden auf Folgendes hingewiesen:

- alle Vereinbarungen, die in dieser Urkunde enthalten sind, müssen richtig und vollständig sein
- das Erbbaurecht kann nur an ausschließlich erster Rangstelle eingetragen werden

- am Vertragsgegenstand können Rückstände an öffentlichen Lasten bestehen
- die Vertragsteile haften für die Grunderwerbsteuer und die Kosten.
- die Erschienenen erklären sich mit der Speicherung und Bearbeitung ihrer Daten durch das Notariat uneingeschränkt einverstanden und stimmen der Speicherung und Bearbeitung ausdrücklich zu. Die notarielle Belehrung über die Informationspflichten bei Erhebung personenbezogener Daten ist erfolgt.

II. Notarermächtigung; Genehmigungen, Vollzug

Der Notar/die Notarin , deren Vertreter und Nachfolger im Amt werden jeweils beauftragt und bevollmächtigt, etwaige Zustimmungserklärungen und Genehmigungen unter Fertigung eines Entwurfs einzuholen. Die Genehmigungen und Erklärungen sollen mit dem Eingang im Notariat wirksam sein.

Darüber hinaus wird der Notar/die Notarin , deren Vertreter und Nachfolger im Amt ermächtigt, den Vollzug dieser Urkunde zu betreiben und Anträge getrennt oder eingeschränkt zu stellen (Teilvollzug). Die Ermächtigung umfasst auch die Rücknahme der Erklärungen und die Abgabe aller verfahrensrechtlichen Erklärungen, die zur Durchführung dieser Urkunde erforderlich sind.

Die Vollzugsmitteilungen sind für alle Beteiligten an den Notar zu übersenden.

Alternativ:

Der Notar/die Notarin , deren Vertreter und Nachfolger im Amt werden jeweils beauftragt und bevollmächtigt, die Beteiligten im Grundbuchverfahren umfassend zu vertreten. Der Notar/die Notarin , deren Vertreter und Nachfolger im Amt ist ermächtigt, Erbbaurechtsbestimmungen, die nicht Inhalt des Erbbaurechts sein können, zu bezeichnen und von der Eintragung auszunehmen. Entsprechende Bestimmungen sollen jedoch als schuldrechtliche Vereinbarungen weitergelten und ihre Gültigkeit behalten. Genehmigungen sollen mit Eingang im Notariat als mitgeteilt gelten und rechtswirksam sein.

III. Ausfertigungen, Abschriften

Eine *Ausfertigung* dieser Urkunde erhalten:

- der Grundstückseigentümer
- der Erbbauberechtigte
- das Grundbuchamt

Eine *beglaubigte Abschrift* dieser Urkunde erhalten:

- das Finanzamt, Grunderwerbsteuerstelle
- der Gutachterausschuss
- der Erbbauberechtigte für seinen Finanzierungsgläubiger
- die dinglich Berechtigten, deren Rangrücktritts-, Zustimmungs- oder Löschungserklärung erforderlich ist.

IV. Notar- und Gerichtskosten; Grunderwerbsteuer

Die Kosten für die Beurkundung und den Vollzug im Grundbuch trägt der Erbbauberechtigte, ebenso die Grunderwerbsteuer.

Kosten, die im Rahmen der Erstrangbeschaffung des Erbbaurechts anfallen, trägt der Grundstückseigentümer.

Alternativ:

Sämtliche Kosten, die mit dieser Beurkundung verbunden sind, trägt der Erbbauberechtigte. Hierzu zählen auch die Kosten für die Einholung von Genehmigungen, die Kosten des grundbuchamtlichen Vollzugs, die Grunderwerbsteuer, ebenso die Kosten des Heimfalls und der Löschung des Erbbaurechts. Der Erbbauberechtigte trägt auch die Grunderwerbsteuer, die im Rahmen dieses Vertrages anfällt.

Kosten der Lastenfreistellung und Kosten der Rangbeschaffung des Erbbaurechts trägt jedoch der Grundstückseigentümer.

Vorgelesen vom Notar,

von den Beteiligten genehmigt

und eigenhändig unterschrieben:

(Unterschriften der Beteiligten)

(Unterschrift und Siegel des Notars)“

▲

IX. Eintragungen im Grundbuch

1. Anlegung von Wohnungs- und Teilerbbaugrundbücher

27 Für jeden Miterbbaurechtsanteil wird von Amts wegen ein eigenes Grundbuch angelegt, § 30 Abs. 3 S. 1 WEG,[178] ein **Wohnungserbbaugrundbuch** bzw. ein **Teilerbbaugrundbuch**,[179] je nachdem, ob Gegenstand des Sondereigentums zu Wohnzwecken oder nicht zu Wohnzwecken dienende Räume sind, § 30 Abs. 1 WEG. Notwendigerweise entstehen die Wohnungs- und Teilerbbaurechte erst mit der Anlegung der Grundbücher, mit der buchmäßigen Verkörperung des Miterbbaurechtsanteils, verbunden mit Sondereigentum.[180] Teilweise[181] wird in der Literatur gefordert, einen Antrag auf Anlegung von Wohnungs- und Teilerbbaugrundbüchern in die Urkunde aufzunehmen. Dies verkennt, dass die Anlegung von Amts wegen ins Werk gesetzt wird. Ein Antrag ist nicht erforderlich.

In der **Aufschrift** ist unter die Blattnummer in Klammern das Wort „Wohnungserbbaugrundbuch" bzw. „Teilerbbaugrundbuch" zu setzen, §§ 8, 2 S. 1 WGV.[182] Verwiesen wird damit auf die überwiegende Nutzung des Raumerbbaurechts. Lässt sich im Falle einer hybriden Nutzung nicht feststellen, ob einer der Zwecke überwiegt, ist das Grundbuchblatt als „Wohnungs- und Teilerbbaugrundbuch" zu bezeichnen, §§ 8, 2 S. 2 WGV. In der Praxis wird nicht selten fälschlicherweise von dieser Hybridbezeichnung Gebrauch gemacht, obwohl die Nutzung als Wohnung überwiegt.

28 **Beispiel** für eine Aufschrift eines Wohnungserbbaurechts:

> *Beispiel: Aufschrift eines Wohnungserbbaurechts*
>
> „**Amtsgericht** München
>
> **Grundbuch**
>
> von
>
> Max-Vorstadt
>
> **Blatt** 9235
>
> (Wohnungserbbaugrundbuch)"

178 Vgl. auch *Winkler/Schlögel*, § 3 Rn 117; *Theus*, RNotZ 2019, 573, 585.

179 Muster vgl. Anl. 3 zu § 9 WGV (Verordnung über die Anlegung und Führung der Wohnungs- und Teileigentumsgrundbücher = Wohnungsgrundbuchverfügung).

180 *Theus*, RNotZ 2019, 573, 585.

181 Vgl. Vertragsformulare PREMIUM, Bearb. *Frense*, Stand 1.3.2024, Ziffer 6.8.2.1, Aufteilung eines Erbbaurechts, dort § 3 lit. b.

182 Die Regelung in § 8 WGV erklärt die §§ 2–6 WGV für entsprechend anwendbar. Vgl. Anlage 3 zu § 9 WGV, dort ist von „Wohnungserbbaugrundbuch" die Rede.

Was Eingang in das **Bestandsverzeichnis** (BV) des Wohnungs- bzw. Teilerbbaugrundbuchs findet, regeln §§ 8, 3 Absätze 1 bis 4 WGV: 29

- in der Spalte 3 des BV ist der in einem zahlenmäßigen Bruchteil ausgedrückte Mitberechtigungsanteil am Erbbaurecht einzutragen, §§ 8, 3 Abs. 1 lit. a WGV
- gefolgt von der Angabe des Grundstücks, das mit dem das Erbbaurecht belastet ist, §§ 8, 3 Abs. 1 lit. b WGV (ebenfalls Spalte 3); anzugeben ist auch der Eigentümer des belasteten Grundstücks sowie der Inhalt des Erbbaurechts, § 1 WGV i.V.m. § 56 Abs. 1 lit. b und c GBV
- bezeichnet werden muss das Sondereigentum an bestimmten Räumen und die Beschränkung des Miterbbaurechtsanteils durch die Einräumung der zu den anderen Miterbbaurechtsanteilen gehörenden Sondereigentumsrechte; anzugeben sind die Grundbuchblätter der übrigen Miterbbaurechtsanteile, §§ 8, 3 Abs. 1 lit. c WGV. In der Grundbuchpraxis wird nicht selten der für die übliche WEG-Aufteilung übliche Textbaustein benutzt, weshalb in der Eintragung von einem „Miteigentumsanteil" die Rede ist. Dies trifft jedoch nicht zu, tatsächlich liegt ein Miterbbaurechtsanteil vor. Wegen des Gegenstands und des Inhalts des Sondereigentums kann auf die Eintragungsbewilligung Bezug genommen werden, §§ 8, 3 Abs. 2 WGV (ebenfalls Spalte 3)
- soweit vorhanden, müssen vereinbarte Zustimmungsvorbehalte nach § 12 WEG ausdrücklich Erwähnung finden, §§ 8, 3 Abs. 2 WGV (Spalte 3)
- seit der WEG-Novelle 2020 ist auch die Haftung von Sondernachfolgern für Geldschulden ausdrücklich einzutragen, § 7 Abs. 3 S. 2 WEG
- dies gilt auch für die Zustimmungsvorbehalte nach § 5 ErbbauRG,[183] auch diese müssen ausdrücklich Erwähnung finden, allerdings aufgrund einer anderen Verweisungsvorschrift, § 1 WGV i.V.m. § 56 Abs. 2 GBV (Spalte 3)
- in der Folge ist auch die Befristung des Erbbaurechts ausdrücklich einzutragen, § 1 WGV i.V.m. § 56 Abs. 2 GBV (Spalte 3).

183 Zum Fortbestand einer Verfügungsbeschränkung i.S.v. § 5 ErbbauRG nach Aufteilung in Wohnungs- und Teilerbbaurechte vgl. auch Schleswig-Holsteinisches OLG, Beschl. v. 26.7.2000, Az. 2 W 92/00 = ZfIR 2000, 875; LG Itzehoe, NZM 2001, 256 = Rpfleger 2000, 495. Zur fehlenden Zustimmung und der damit einhergehenden „schwebenden Unwirksamkeit" vgl. BGH, Beschl. v. 14.10.1988, Az. V ZR 157/87, zitiert nach juris.

30 **Beispiel** für das Bestandsverzeichnis eines Wohnungserbbaurechts:

Amtsgericht München **Grundbuch von** Max-Vorstadt **Blatt** 9235 **Bestandsverzeichnis**

		Bezeichnung der Grundstücke und der mit dem Eigentum verbundenen Rechte			Größe		
Lfd. Nr. d. Grundstücke	Bisherige lfd. Nummer d. Grundstücke	Gemarkung Flurstück		Wirtschaftsart und Lage	ha	a	qm
		a/b		c			
1	2	3			4		
1	–	8,8/1000 Anteil an dem Erbbaurecht an Grundstück Blatt 205 BVNr. 1 456 Kreittmayrstraße 5, Gebäude- und Freifläche eingetragen Abt. II Nr. 5, bis zum 26.3.2072; zur Veräußerung des Erbbaurechts oder eines Teiles hiervon sowie von Wohnungs- und Teilerbbaurechten – auch im Wege der Zwangsversteigerung – ist die Zustimmung des Grundstückseigentümers erforderlich; dies gilt auch für das Zwangsversteigerungsverfahren zur Auseinandersetzung der Gemeinschaft. Zur Erstveräußerung durch den ersten Erbbauberechtigten bedarf es jedoch keiner Zustimmung des Grundstückseigentümers, vorausgesetzt, der notarielle Erstveräußerungsvertrag berücksichtigt, dass der Erwerber in sämtliche Verpflichtungen aus dem Erbbaurechtsvertrag einschließlich etwaiger Nachträge und aus dem Erbbaurechtsverhältnis im Übrigen in notarieller Form eintritt. Ferner ist die Zustimmung des Grundstückseigentümers erforderlich zur Belastung mit: – einer Hypothek, einer Grund- oder Rentenschuld, einer Reallast sowie einem Dauerwohn- und -nutzungsrecht – nebst deren Inhaltsänderung als weitere Belastung. Grundstückseigentümer: St. Benno Stiftung, München. Die Haftung von Sondernachfolgern für Geldschulden ist vereinbart.				77	77

		Wegen des Inhalts des Erbbaurechts wird auf die folgenden Bewilligungen Bezug genommen: – 23.12.2018, URNr. 2500/Notarius, Tauberbischofsheim – 19.1.2019, URNr. 88/Notarius, Tauberbischofsheim. Erbbaurecht angelegt am 22.1.2019. Mit dem Anteil an dem Erbbaurecht ist das Sondereigentum an der Wohnung samt Keller Nr. 1 des Aufteilungsplans des aufgrund des Erbbaurechts zu errichtenden Gebäudes verbunden; der Miterbbaurechtsanteil ist durch die zu den anderen Miterbbaurechtsanteilen gehörenden Sondereigentumsrechte beschränkt (eingetragen Bl. 9235 bis 9442). Sondernutzungsrechte sind vereinbart. Zur Veräußerung ist die Zustimmung des Verwalters erforderlich. Wegen Gegenstand und Inhalt des Sondereigentums Bezugnahme auf die Bewilligungen vom: – 19.2.2024, UVZ-Nr. 200/Notarius, Tauberbischofsheim – 2.3.2024, UVZ-Nr. 290/Notarius, Tauberbischofsheim; übertragen aus Bl. 9183; eingetragen am 6.4.2024. *Lausmann*				

Die **Erste Abteilung** des Wohnungs- bzw. Teilerbbaugrundbuchs dient zur Eintragung des Wohnungserbbauberechtigten, § 1 WGV i.V.m. § 57 Abs. 1 GBV.

31 **Beispiel** für die Erste Abteilung eines Wohnungs- bzw. Teilerbbaurechts:

Amtsgericht München **Grundbuch von** Max-Vorstadt **Blatt** 9235 **Erste Abteilung**

Laufende Nummer der Eintragungen	Eigentümer	Laufende Nummer der Grundstücke im Bestandsverzeichnis	Grundlage der Eintragung
1	2	3	4
1	Max-Vorstädter Wohnungsbau GmbH, München, Amtsgericht München, HRB 7777	1	Einräumung von Sondereigentum gemäß §§ 30 Abs. 2, 8 WEG; eingetragen am 6.4.2024. Lausmann

32 Die **Zweite Abteilung** des Wohnungs- bzw. Teilerbbaugrundbuchs weist die Lasten und Beschränkungen aus, § 1 WGV i.V.m. § 57 Abs. 2 GBV. Rechte, die naturgemäß nicht an einem einzelnen Raumerbbaurecht, sondern nur am gesamten Wohnungs- und Teilerbbaurecht lasten können, werden erkennbar als Gesamtbelastung eingetragen, §§ 8, 4 Abs. 1 S. 1 WGV, und zwar unter Verweis auf die übrigen Eintragungen, §§ 8, 4 Abs. 1 WGV. Dabei kann in der Eintragungspraxis der Fehler auftreten, dass der Baustein „Lastend am ganzen *Grundstück*" bemüht wird, obgleich diese Bezeichnung nicht zutrifft. Denn Belastungsgegenstand ist nicht das Grundstück, sondern das *ganze Erbbaurecht*, aufgeteilt in Wohnungs- und Teilerbbaurechtseinheiten. Dies ist richtig zu stellen, gegebenenfalls im Wege der Fassungsbeschwerde. Anders stellt sich dagegen die Situation im Rahmen des verteilten Erbbauzinses dar, insoweit liegen nur noch Einzelrechte vor, was auch durch die Bezugnahme auf die Verteilungsbewilligung deutlich gemacht wird.

Beispiel für die Zweite Abteilung eines Wohnungs- bzw. Teilerbbaurechts: 33

Amtsgericht München **Grundbuch von** Max-Vorstadt **Blatt** 9235 **Zweite Abteilung**

Laufende Nummer der Eintragungen	Laufende Nummer der betroffenen Grundstücke im Bestandsverzeichnis	Lasten und Beschränkungen
1	2	3
1	1	Verteilter Erbbauzins in Höhe von derzeit 1.734 EUR jährlich – wertgesichert – für den jeweiligen Eigentümer des Flurstücks 456 (BVNr. 1 in Blatt 205); das Bestehenbleiben des Hauptanspruchs in der Zwangsversteigerung ist vereinbart; gemäß Bewilligung vom 23.12.2018, URNr. 2500/Notarius, Tauberbischofsheim, sowie Bewilligung vom 19.1.2019, URNr. 88/Notarius, Tauberbischofsheim; eingetragen am 22.1.2019 und hierher nach Verteilung gemäß Bewilligung vom 19.2.2024, UVZ-Nr. 200/Notarius, Tauberbischofsheim, übertragen am 6.4.2024. Lausmann
2	1	Vorkaufsrecht für alle Verkaufsfälle für den jeweiligen Eigentümer des Flurstücks 456 (BVNr. 1 in Blatt 205); gemäß Bewilligung vom 23.12.2018, URNr. 2500/Notarius, Tauberbischofsheim, sowie Bewilligung vom 19.1.2019, URNr. 88/Notarius, Tauberbischofsheim; eingetragen am 22.1.2019 und hierher übertragen am 6.4.2024. Lausmann
3	1	Lastend am gesamten Wohnungs- und Teilerbbaurecht: Beschränkte persönliche Dienstbarkeit (Unterbauungsrecht, Bebauung mit Tiefgarage) für den jeweiligen Eigentümer von Flst. 463/3; gemäß Bewilligung vom 20.1.2019 – URNr. 78/Notarius, Weimar; eingetragen am 22.1.2019 und hierher sowie auf die für die anderen Wohnungs- und Teilerbbaurechte angelegten Blätter übertragen am 6.4.2024. Lausmann

34 In der **Dritten Abteilung** werden Grundschulden, Hypotheken, Rentenschulden sowie die Vormerkungen und Widersprüche eingetragen, die sich auf diese Rechte beziehen, § 1 WGV i.V.m. § 11 Abs. 1 GBV.

35 **Beispiel** für die Dritte Abteilung eines Wohnungs- bzw. Teilerbbaurechts:

Amtsgericht München **Grundbuch von** Max-Vorstadt **Blatt** 9235 **Dritte Abteilung**

Laufende Nummer der Eintragungen	Laufende Nummer der belasteten Grundstücke im Bestandsverzeichnis	Betrag	Hypotheken, Grundschulden, Rentenschulden
1	2	3	4
1	1	2.000.000 EUR	Grundschuld ohne Brief zu zwei Millionen EUR; für Sparkasse Silbertal, Silbertal; 18 Prozent jährlich; vollstreckbar nach § 800 ZPO; gemäß Bewilligung vom 20.1.2019 – URNr. 100/Notarius, München –; eingetragen am 22.1.2019 und hierher sowie auf die für die übrigen Wohnungs- und Teilerbbaurechte angelegten Blätter übertragen am 6.4.2024. Gesamthaft: Bl. 9235 – 9442 Lausmann

Veränderungen		
Lfd. Nummer der Spalte 1	Betrag	
5	6	7
1	2.000.000 EUR	Rückgewährsvormerkung (Rückübertragung bzw. Verzicht bzw. Löschung) für den jeweiligen Eigentümer des Flurstücks 456; gemäß Bewilligung vom 20.1.2019 – URNr. 100/Notarius, München –; eingetragen am 22.1.2019 und hierher sowie auf die für die übrigen Wohnungs- und Teilerbbaurechte angelegten Blätter übertragen am 6.4.2024. Lausmann
1	2.000.000 EUR	Löschungsvormerkung gemäß § 1179 Ziffer 2 BGB für den jeweiligen Eigentümer des Flurstücks 456; gemäß Bewilligung vom 20.1.2019 – URNr. 100/Notarius, München –; eingetragen am 22.1.2019 und hierher sowie auf die für die übrigen Wohnungs- und Teilerbbaurechte angelegten Blätter übertragen am 6.4.2024. Lausmann

2. Schließung des Erbbaugrundbuchs

Das **Erbbaurechtsgrundbuch** wird von Amts wegen geschlossen, § 30 Abs. 3 S. 2 WEG i.V.m. § 7 Abs. 1 S. 3 WEG.[184] Vereinzelt wird gefordert, in die Aufteilung einen Antrag auf Schließung des Erbbaugrundbuchs aufzunehmen. Ein entsprechender Antrag ist jedoch nicht erforderlich, da die Schließung von Amts wegen ins Werk gesetzt wird. 36

Im Einzelnen:

- Aufschriftsvermerk: „Wegen Bildung von Wohnungs- und Teilerbbaurecht in Bl. 9235 mit 9442 geschlossen am 6.4.2024. *Lausmann*“
- Bestandsverzeichnis, Abschreibungsspalten 7 und 8: „Bei Bildung von Wohnungs- und Teilerbbaurecht gemäß §§ 30 Abs. 2, 8 WEG übertragen nach Bl. 9235–9442; eingetragen am 6.4.2024. *Lausmann*“
- alle Seiten des Erbbaugrundbuchs sind rot zu durchkreuzen.

3. Vermerk der Aufteilung im Grundstücksgrundbuch

Im **Grundstücksgrundbuch** wird die Aufteilung des Erbbaurechts in Wohnungs- und Teilerbbaurechte in der Veränderungsspalte zum Erbbaurecht vermerkt. Unter Berücksichtigung des Regelungsziels, das § 14 Abs. 3 S. 3 ErbbauRG beigemessen wird, empfiehlt sich eine Bezugnahme auf die neu angelegten Wohnungs- und Teilerbbaurechtsgrundbücher. Neue Wohnungs- und Teilerbbauberechtigte müssen dann nicht mehr auf dem Grundstücksblatt vermerkt werden,[185] was dazu beiträgt, eine Überfüllung bzw. Unübersichtlichkeit des Grundstücksgrundbuchs zu vermeiden.[186] 37

184 Vgl. *Theus*, RNotZ 2019, 573, 586.

185 Zur grundsätzlichen Pflicht, die Eintragung eines neuen Erbbauberechtigten unverzüglich auf dem Blatt des Grundstücks zu vermerken, vgl. § 14 Abs. 3 S. 2 ErbbauRG.

186 Vgl. bereits *Lehnert*, Justizverwaltungsblatt 1972, 97 ff.

38 **Amtsgericht** München **Grundbuch von** Max-Vorstadt **Blatt** 205 **Zweite Abteilung**

Veränderungen		Löschungen	
Laufende Nummer der Spalte 1		Laufende Nummer der Spalte 1	
4	5	6	7
5	Das in Blatt 9183 vorgetragene Erbbaurecht an Flurstück 456 ist nunmehr aufgeteilt in Wohnungs- und Teilerbbaurechte, §§ 30 Abs. 2, 8 WEG; auf die Grundbücher Bl. 9235 – 9442 wird Bezug genommen; eingetragen am 6.4.2024. Lausmann		

X. Kosten des Notariats und des Grundbuchamtes

1. Kosten des Notariats

39 Die **Beurkundung** einer Teilungserklärung nach §§ 30 Abs. 2, 8 WEG[187] löst eine **volle Gebühr** nach der Nr. 21200 KV GNotKG aus, mindestens 60 EUR.[188] Zum Geschäftswert vgl. Rdn 40. Die **Verteilung** des Erbbauzinses bildet einen eigenen Beurkundungsgegenstand und ist gesondert zu bewerten, § 86 Abs. 2 GNotKG.[189] Beide Werte sind zusammenzurechnen,[190] der Wert der Aufteilung des Erbbaurechts, das ist der volle Wert nach § 49 Abs. 2 GNotKG (80 Prozent des bebauten Grundstückswertes),[191] und der Wert der Verteilung, das ist der nach § 52 GNotKG kapitalisierte Wert des Erbbauzinses (jährlicher Erbbauzins x Faktor).[192]

187 Anders dagegen die Aufteilung nach §§ 30 Abs. 2, 3 WEG, die mit einer 2,0 Gebühr nach der Nr. 21100 KV GNotKG zu Buche schlägt, vgl. *Leipziger Kostenspiegel*, Rn 5.123; *Streifzug*, Rn 834.
188 Ingenstau/Hustedt/*Hustedt*, Anhang II Rn 18; *Diehn/Volpert*, Rn 2221; *Leipziger Kostenspiegel*, Rn 4.31.
189 Ingenstau/Hustedt/*Hustedt*, Anhang II Rn 18; *Leipziger Kostenspiegel*, Rn 5.124.
190 Vgl. *Streifzug*, Rn 834; *Leipziger Kostenspiegel*, Rn 5.124.
191 S.a. Korintenberg/*Sikora*, § 42 Rn 27; *Streifzug*, Rn 834.
192 *Leipziger Kostenspiegel*, Rn 5.124.

2. Kosten des Grundbuchamtes

Für die Anlegung der Wohnungs- und Teilerbbaurechtsgrundbücher erhebt das Grundbuchamt eine **volle Gebühr** nach der Nr. 14112 KV GNotKG,[193] und zwar aus dem vollen Wert des Erbbaurechts nach § 49 Abs. 2 GNotKG (80 Prozent des bebauten Grundstücks). Eine künftige Bebauung ist zu berücksichtigen, da der Beurkundungsgegenstand, das Wohnungs- und Teilerbbaurecht, wesensgemäß an die Bebauung anknüpft. 40

Die Verteilung des Erbbauzinses schlägt mit einer **0,5 Gebühr** (Nr. 14130 KV GNotKG) aus dem vollen Wert des nach § 52 kapitalisierten Erbbauzinses zu Buche.[194]

193 Vgl. Korintenberg/*Wilsch*, Nr. 14112 Rn 19.

194 Nicht dagegen bloß ein Bruchteil, vgl. BayObLG Rpfleger 1981, 326; Korintenberg/*Wilsch*, Nr. 14130 Rn 20; **a.A.** *Diehn/Volpert*, Rn 2221, nur Bruchteil.

§ 14 Begründung eines Untererbbaurechts

A. Allgemeines

Als *„rechte crux iurisconsultorum“*[1] bezeichnete *Erman* 1926 das **Untererbbaurecht**, das in der ursprünglichen Fassung der ErbbauVO noch keine Erwähnung fand. Die **Schwierigkeiten** rührten zum einen daher, dass die Bestellung eines Erbbaurechts an einem Erbbaurecht zumeist an § 1014 BGB scheiterte, der Unzulässigkeit der Beschränkung eines Erbbaurechts auf einen Gebäudeteil.[2] Die Krux bestand und besteht zum anderen darin, dass das Untererbbaurecht mit dem Heimfall des Obererbbaurechts erlischt, § 33 Abs. 1 S. 3 ErbbauRG,[3] worin teilweise eine auflösende Bedingung gesehen wurde, ein Verstoß gegen § 1 Abs. 4 ErbbauRG.[4] Dem Ruf nach einer Novellierung des § 33 Abs. 1 S. 3 ErbbauRG, einer Gleichbehandlung von Untererbbaurechten und Grundpfandrechten, die im Heimfall bestehen bleiben, ist der Gesetzgeber bislang nicht nachgekommen, trotz veränderter Rechtswirklichkeit.[5] In der Folge läuft der Untererbbauberechtigte unverändert **Gefahr**, dass sein Recht auf diese Art und Weise erlischt.[6] Die Existenz, die Sicherheit und die Beleibarkeit sind mit dem Obererbbaurecht verknüpft.[7] Die Risikoabwägung kann ergeben, dass von der Bestellung eines Untererbbaurechts Abstand zu nehmen und die Teilung des Erbbaurechts in Angriff ins Werk zu setzen ist[8] (zur Teilung vgl. § 10). Dieses Risiko erklärt die **Rezeption** und **Akzeptanz des Untererbbaurechts**, welches auch als **derivatives Recht** bezeichnet werden kann, als Recht, das sich von einem anderen Recht ableitet. Nicht selten wird das Obererbbaurecht als das *„eigentliche Erbbaurecht“* bezeichnet und das Untererbbaurecht der Bedeutungslosigkeit überantwortet.[9] Andere Darstellungen sprechen vom Untererbbaurecht als *„Splitter“*[10] sowie von der *„Zwischenschaltung“* des Obererbbaurechts, da der Grundstückseigentümer *„mit der mehr oder weniger großen Anzahl der eigent-* 1

1 *Erman*, Das Untererbbaurecht, Archiv für die civilistische Praxis, 126.Band, 1926, S. 214; zum Untererbbaurecht vgl. *Wilsch*, ErbbauZ 2021, 35. Zur „komplexen“ Beleihungssituation eines Untererbbaurechts vgl. *Freckmann*, ErbbauZ 2021, 98.

2 Vgl. *Kruse*, Das Erbbaurecht: seine Geschichte, juristische Natur und praktische Bedeutung, 1903, S. 76.

3 *Schöner/Stöber*, Rn 1703; *Räfle*, § 1 Rn 22; *Wilsch*, ErbbauZ 2021, 35, 36; *Freckmann*, ErbbauZ 2021, 98.

4 So noch die Auffassung, die zur Entscheidung des BGH führte, mit der auf die Zulässigkeit des Untererbbaurechts erkannt wurde, vgl. BGH, Urt. v. 22.2.1974, Az. V ZR 67/72 = NJW 1974, 1137 = DNotZ 1974, 694.

5 *Knothe*, S. 200.

6 Vgl. OLG Celle, Urt. v. 14.3.1972, Az. 4 U 118/71 = DNotZ 1972, 538, 539.

7 *Freckmann*, ErbbauZ 2021, 98.

8 *Habel*, MittBayNot 1998, 315.

9 Zum Untererbbaurecht vgl. *Habel*, MittBayNot 1998, 315; *Wilsch*, ErbbauZ 2021, 35.

10 So *Knothe*, S. 196.

lichen Nutzer…möglichst wenig zu tun haben“[11] möchte.[12] Das aktuelle **Spektrum der Untererbbaurechte** wird damit unzureichend abgebildet. Die aktuelle Grundbuchpraxis kennt Szenarien, in denen Vereine Untererbbaurechte bestellen, um eigenständige Bauwerke sanieren zu können, beispielsweise Rennbahntribünen, oder erbbauberechtigte Gastronomiebetriebe am See, die Untererbbaurechte an eigenständigen Kiosk-Gebäuden vergeben, und schließlich auch Gemeinden, die als Erbbauberechtigte Untererbbaurechte zugunsten von Schulverbänden einräumen. Zum Spektrum zählt, dass Untererbbaurechte in **Wohnungs- und Teilerbbaurechte** aufgeteilt[13] und sogar **Unteruntererbbaurechte** bestellt werden können,[14] Erbbaurechte am Untererbbaurecht, weitere Herleitungen aus dem Recht. Denkbar wäre auch folgende Konstellation: ein Erbbaurecht an Gleisanlagen[15] (vgl. § 4 Rdn 28), belastet mit einem Untererbbaurecht, das in Wohnungs- und Teilerbbaurechte aufgeteilt wird.

2 Übergroße **Verbreitung** fand das Rechtsinstitut bislang nicht, obgleich die historische Literatur dem Untererbbaurecht stets positiv gegenüberstand, allerdings unter dem Signet eines *zweiten Erbbaurechts,*[16] dessen Nutzungsbefugnis auf einen anderen übertragen werden kann (vgl. auch § 4 Rdn 19). Nach der **Normierung des Untererbbaurechts** in **§ 6a Abs. 1 S. 1 GBO** kann von einer echten Krux oder begründeten Zweifeln nicht mehr die Rede sein,[17] trotz höchstrichterlicher[18] Beschlüsse, die im Untererbbaurecht eine „*Bestellung eines Erbbaurechts an einem Erbbaugrundstück*“[19] sehen wollen. Belastungsgegenstand des Untererbbaurecht ist jedoch nicht das *Grundstück*, sondern das Erbbaurecht. Der **BGH**[20] leitete aus dem grundstücksgleichen Charakter des Erbbaurechts, manifest in § 11 Abs. 1 ErbbauRG, die Zulässigkeit des Untererbbau-

11 *Knothe*, S. 192; zur Zwischenschaltung vgl. auch Staudinger/*Rapp*, § 11 Rn 12c; *Habel*, MittBayNot 1998, 315; *Böttcher*, Rn 59; vgl. im Übrigen *Wilsch*, ErbbauZ 2021, 35, 36.

12 Dies soll „Gewähr für eine reibungslosere, von Emotionen freie Abwicklung des Erbbaurechtsverhältnisses“ sein, so *Knothe*, S. 192.

13 Vgl. *Habel*, MittBayNot 1998, 315, 319.

14 Vgl. *Räfle*, § 1 Rn 22, jedoch (noch) keine Praxisrelevanz; *Winkler/Schlögel*, § 3 Rn 30.

15 Vgl. zum „*Wohnen über Schienen*“ auch SZ Nr. 199 vom 29/30. August 2020, S. 42, Bauen & Wohnen; in Köln wird ein Wohngebäude über einer regelmäßig genutzten Bahntrasse mit einspurigem Schienenweg errichtet.

16 *Glaß/Scheidt*, § 1 Anm. II; zur Verbreitung des Untererbbaurechts vgl. auch *Habel*, MittBayNot 1998, 315.

17 Vgl. *Schöner/Stöber*, Rn 1701; Staudinger/*Rapp*, § 11 Rn 11 mit Darstellung, dass die Belastung eines Erbbaurechts mit einem Erbbaurecht noch „umstritten“ sei.

18 BFH, Urt. v. 5.12.1979, Az. II R 103/76 = BeckRS 1979, 22005121.

19 So der amtliche Leitsatz des BFH a.a.O.

20 BGH, Urt. v. 22.2.1974, Az. V ZR 67/72 = NJW 1974, 1137 = DNotZ 1974, 694= Rpfleger 1974, 219. So bereits LG Lüneburg, Beschl. v. 27.6.1962, Az. 5 T (IV) 248/62 = NJW 1962, 1573, dort auch bereits zur Programmatik des Rahmens, den das Obererbbaurecht zieht. Zur Zulässigkeit des Untererbbaurechts vgl. davor auch OLG Celle, Urt. v. 14.3.1972, Az. 4 U 118/71 = DNotZ 1972, 538; zur Entwicklung vgl. *Wilsch*, ErbbauZ 2021, 35.

rechts ab, eines Erbbaurechts an einem Erbbaurecht bzw. an einem Gesamterbbaurecht.[21] Da das Erbbaurecht „*grundsätzlich genauso wie ein Grundstück belastet werden kann*",[22] führt kein Weg an der Gleichsetzung vorbei. Einen neuen Vertragspartner erhält der Grundstückseigentümer durch die Bestellung eines Untererbbaurechts nicht, vielmehr kann er sich weiterhin an den Obererbbauberechtigten halten.[23] Lehensgleich leitet der Untererbbauberechtigte sein Recht vom Obererbbauberechtigten her.[24]

B. Gesetzlicher Inhalt, §§ 1, 10 ErbbauRG

I. Untererbbaurecht als vererbliches Recht, § 1 Abs. 1 ErbbauRG

Als Erbbaurecht am Erbbaurecht teilt das Untererbbaurecht die **unabdingbaren Charakteristika**, die das Erbbaurecht kennzeichnen,[25] darunter die **Vererblichkeit** des Rechts, § 1 Abs. 1 ErbbauRG. Die Beteiligten sehen sich nicht in der Lage, dieses gesetzliche Erfordernis zu modifizieren (vgl. auch § 4 Rdn 1). Eine Abweichung lässt das Erbbaurecht nicht entstehen,[26] ebenso wenig die Ausgestaltung als **subjektiv-dingliches Untererbbaurecht** oder als **auf die Lebenszeit des Untererbbauberechtigten** ausgestaltetes Untererbbaurecht (vgl. zum Sachstand auch § 4 Rdn 2). Die Untererbbaurechtsbestellung auf die **Lebenszeit des Obererbbauberechtigten** oder des **Grundstückseigentümers** impliziert eine unzulässige auflösende Bedingung, § 1 Abs. 4 ErbbauRG, und kann daher nicht Gegenstand des Untererbbaurechts sein (vgl. auch § 4 Rdn 2).[27] 3

II. Untererbbaurecht als veräußerliches Recht, § 1 Abs. 1 ErbbauRG

Ein weiteres, der Dispositionsbefugnis der Beteiligten entzogenes Element ist in der **Veräußerlichkeit** des Untererbbaurechts zu sehen, § 1 Abs. 1 ErbbauRG. In unveräußerlicher Form kann das Untererbbaurecht nicht zur Entstehung gelangen,[28] auch nicht im Zuge einer Veräußerung erlöschen (vgl. zum Sachstand vgl. § 4 Rdn 3). Weil der Kernbereich des Erbbaurechts berührt ist, kann die Unveräußerlichkeit nicht nur zeitweise[29] vereinbart werden, vielmehr ist das Untererbbaurecht über die **gesamte Dauer** als ver- 4

21 *Räfle*, § 1 Rn 20 ff.; *Winkler/Schlögel*, § 3 Rn 28.
22 BGH, Urt. v. 22.2.1974, Az. V ZR 67/72 = NJW 1974, 1137 = Rpfleger 1974, 219; ebenso bereits OLG Celle a.a.O. sowie LG Lüneburg a.a.O. Vgl. auch *Stahl-Sura*, DNotZ 1981, 604, 609.
23 BGH a.a.O.
24 Zur Herleitung vgl. BGH a.a.O.; ebenso bereits LG Lüneburg a.a.O.
25 Vgl. *Räfle*, § 1 Rn 54, Veräußerlich- und Vererblichkeit sind unabdingbar.
26 Ingenstau/Hustedt/*Hustedt*, § 1 Rn 64.
27 Zur generellen Vererblichkeit des Erbbaurechts vgl. Ingenstau/Hustedt/*Hustedt*, § 1 Rn 64.
28 Ingenstau/Hustedt/*Hustedt*, § 1 Rn 65.
29 Ebenso Ingenstau/Hustedt/*Hustedt*, § 1 Rn 65.

äußerliches und vererbliches Recht einzustufen. Anderenfalls ließe sich das Recht nicht als grundstücksgleiches Recht realisieren. Zulässig bleibt die Vereinbarung einer Veräußerungsbeschränkung i.S.v. § 5 Abs. 1 ErbbauRG, mit dinglicher Wirkung allerdings nur im Verhältnis von Ober- und Untererbbauberechtigten, nicht auch zugunsten des Grundstückseigentümers.[30]

III. Belastungsgegenstand des Untererbbaurechts, § 1 Abs. 1, Abs. 3 ErbbauRG

5 Den Belastungsgegenstand bildet einzig und allein[31] das **Erbbaurecht (= Obererbbaurecht)**, das grundsätzlich wie ein Grundstück behandelt wird, § 11 Abs. 1 ErbbauRG.[32] Weil das Untererbbaurecht als Gebrauchsrecht in Erscheinung tritt, kann nur das **ganze Erbbaurecht** belastet werden, nicht bloß ein **einzelner Miteigentumsanteil**- oder nur **ein oder mehrere Gesamthandsanteile** hieran (vgl. § 4 Rdn 6).[33]

Zulässig ist die **Belastung des gesamten Obererbbaurechts mit Ausübungsbeschränkung auf eine Teilfläche des Obererbbaurechts**, womit keine Teilungsnotwendigkeit verbunden ist.[34] Denn eine Teilbelastung i.S.v. § 7 Abs. 1 GBO liegt dann nicht vor, sondern eine Belastung des gesamten Obererbbaurechts.

Zur zulässigen Vereinbarung **mehrerer Ausübungsbereiche** vgl. § 4 Rdn 9.

Generell zum **Vorrangsvorbehalt** für ein Erbbaurecht vgl. § 4 Rdn 36.

6 Für das **Eigentümererbbaurecht** gelten keine Besonderheiten,[35] weshalb es ebenfalls mit einem Untererbbaurecht belastet werden und als Obererbbaurecht in Erscheinung treten kann.

Das **Grundstück** selbst ist niemals Belastungsgegenstand des Untererbbaurechts.[36] Die Begründung hierfür ist darin zu sehen, dass sich das Untererbbaurecht zwingend aus einem Erbbaurecht herleiten[37] muss.

30 Ingenstau/Hustedt/*Hustedt*, § 5 Rn 33: zugunsten des Grundstückseigentümers nur mit schuldrechtlicher Wirkung vereinbar. Ebenso LG Augsburg, Beschl. v. 8.3.1995, Az. 4 T 5186/94, zitiert nach juris.

31 Belastungsgegenstand ist nur das Erbbaurecht, vgl. *Schöner/Stöber*, Rn 1703; *Habel*, MittBayNot 1998, 315, 319; vgl. generell zum Belastungsgegenstand *Knothe*, S. 197; *Wilsch*, ErbbauZ 2021, 35, 36.

32 BGH, Urt. v. 22.2.1974, Az. V ZR 67/72 = NJW 1974, 1137; *Knothe*, S. 191; *Schöner/Stöber*, Rn 1701.

33 Ideelle Anteile oder Gesamthandsanteile scheiden als Belastungsgegenstand aus; *Habel*, MittBayNot 315, 319; *Wilsch*, ErbbauZ 2021, 35, 36.

34 Zur Zulässigkeit der Konstellation vgl. *Schöner/Stöber*, Rn 1702; *Limmer*, Rn 222; *Winkler/Schlögel*, § 3 Rn 28.

35 Zum Eigentümererbbaurecht *Räfle*, § 1 Rn 23; zur Zulässigkeit *Winkler/Schlögel*, § 3 Rn 28.

36 Ebenso *Winkler/Schlögel*, § 3 Rn 14.

37 Zur Herleitung vgl. BGH a.a.O.

Auch ein **Gesamterbbaurecht** kann als Obererbbaurecht fungieren und mit einem Untererbbaurecht belastet werden.[38] Ein Gesamterbbaurecht wird an mehreren Grundstücken oder mehreren Erbbaurechten bestellt (vgl. auch § 4 Rdn 12). Dem Antrag auf Eintragung eines Erbbaurechts soll jedoch nicht entsprochen werden, wenn das Erbbaurecht sowohl an einem Grundstück also auch an einem anderen Erbbaurecht bestellt werden soll, § 6a Abs. 2 GBO. Nicht etwa materiell-rechtliche Bedenken stehen einer solchen **hybriden Erbbaurechtsform** entgegen,[39] bestehend aus **Untererbbaurecht und Grundstück**, sondern technische Darstellungsprobleme.[40]

Soll nur ein **Teil des Gesamterbbaurechts** belastet, also das Untererbbaurecht nur an einem Teil des Gesamterbbaurechts bestellt werden, muss eine Teilung und Abschreibung des Erbbaurechts und des Grundstücks erfolgen,[41] § 7 Abs. 1 GBO.[42] Gleiches[43] gilt für jede andere **Belastung nur eines Teils des Obererbbaurechts.** Die Mitwirkung des Grundstückseigentümers wird erforderlich.[44] Zur **Belastung des gesamten Gesamterbbaurechts mit Beschränkung der Ausübungsbefugnis auf einen bestimmten Teilbereich** des Ausübungsbereichs des Gesamterbbaurechts vgl. dagegen obige Ausführungen, eine Teilbelastung i.S.v. § 7 Abs. 1 GBO liegt dann nicht vor.[45]

▼ 7

Muster 14.1: Formulierungsvorschlag Belastungsgegenstand des Untererbbaurechts

I. Vorbemerkung: Erbbaurecht

Im Erbbaugrundbuch des Amtsgerichts von Blatt ist folgendes Erbbaurecht eingetragen:

<u>Bestand</u>

Erbbaurecht an Grundstück Blatt , BVNr. , Flurstück , Gebäude- und Freifläche, qm.

Das Erbbaurecht ist eingetragen in Abt. II , Blatt , Gemarkung . Die Laufzeit des Erbbaurechts endet am . Eigentümer des Erbbaugrundstücks ist .

Erbbauberechtigter: .

38 DNotI-Report 1998, 237; *Habel*, MittBayNot 1998, 315, 319.

39 *Schöner/Stöber*, Rn 1701; *Wilsch*, ErbbauZ 2021, 35, 36; Bauer/Schaub/*Maaß*, § 6a Rn 7.

40 Vgl. *Demharter*, § 6a Rn 5; *Wilsch*, ErbbauZ 2021, 35, 36.

41 LG Traunstein, Beschl. v. 5.2.1987, Az. 4 T 2708/86 = Rpfleger 1987, 242; vgl. zur Abgrenzung DNotI-Report 1998, 237, 238.

42 *Habel*, MittBayNot 1998, 315, 318; *Schöner/Stöber*, Rn 1702.

43 Ingenstau/Hustedt/*Bardenhewer*, § 11 Rn 19.

44 *Habel*, MittBayNot 1998, 315, 318.

45 *Schöner/Stöber*, Rn 1702.

Belastungen der Zweiten Abteilung des Erbbaugrundbuchs:

Abt. II Nr. .

Belastungen der Dritten Abteilung des Erbbaugrundbuchs:

Abt. III Nr. .

II. Untererbbaurechtsbestellung

Der Erbbauberechtigte bestellt hiermit an dem in Ziffer I erwähnten Erbbaurecht zugunsten des Untererbbauberechtigten zur Berechtigung ein Untererbbaurecht nach Maßgabe des in dieser Urkunde niedergelegten Inhalts und nach Maßgabe des Erbbaurechtsgesetzes (ErbbauRG).

▲

IV. Berechtigter eines Untererbbaurechts, § 1 Abs. 1 ErbbauRG

8 Als besondere Form des Erbbaurechts ist es dem Untererbbaurecht verwehrt, als subjektiv-dingliches Recht bestellt zu werden. In Betracht kommt lediglich die Bestellung als **subjektiv-persönliches Recht,**[46] § 1 Abs. 1 ErbbauRG (vgl. § 4 Rdn 20), als Recht für eine konkrete natürliche oder juristische Person,[47] auch für den Berechtigten des Obererbbaurechts, nicht dagegen für mehrere Berechtigte in Gesamtgläubigerschaft nach § 428 BGB[48] (vgl. § 4 Rdn 21 dort zur evtl. Umdeutung in eine Bruchteilsberechtigung). Soll das **Untererbbaurecht mehreren gemeinschaftlich** zustehen, kann die Eintragung nur erfolgen, sofern im Untererbbaurechtsvertrag ein **Berechtigungsverhältnis** angegeben ist, § 47 Abs. 1 GBO.[49] Die Eintragung eines Untererbbaurechts für eine **Gesellschaft bürgerlichen Rechts** setzt nunmehr die Eintragung der GbR im Gesellschaftsregister voraus. Für eine BGB-Gesellschaft kann das Untererbbaurecht nur eingetragen werden, sofern die BGB-Gesellschaft im Gesellschaftsregister eingetragen ist, § 47 Abs. 2 GBO.

Für das Notariat bedeutet dies eine Vorabrecherche im Gesellschaftsregister. Mit der Eintragung der Gesellschaft im Gesellschaftsregister ist die GbR berechtigt, den Namenszusatz *„eingetragene Gesellschaft bürgerlichen Rechts“* oder *„eGbR“* zu verwenden. Die GbR kann nur noch mit ihrem Namen und ihrem Sitz im Grundbuch eingetragen werden, nicht mehr unter Zuhilfenahme der Gesellschafter. Die Gesellschafter werden lediglich im Gesellschaftsregister eingetragen, nicht mehr im Grundbuch.

46 Zum subjektiv-persönlichen Charakter des Erbbaurechts vgl. Ingenstau/Hustedt/*Hustedt*, § 1 Rn 9.

47 *Räfle*, § 1 Rn 33.

48 **A.A.** *Räfle*, § 1 Rn 33, Gesamtgläubigerschaft sei zulässig.

49 Ebenso Ingenstau/Hustedt/*Hustedt*, § 1 Rn 50, Erbbaurecht für mehrere Berechtigte; vgl. *Räfle*, § 1 Rn 34.

▼ 9

Muster 14.2: Formulierungsvorschlag Untererbbaurecht für mehrere Berechtigte 14.2

Der Erbbauberechtigte bestellt hiermit

- bei mehreren Mitberechtigten zu je Anteil
- bei ausländischem Güterstand mehrerer Mitberechtigter: im Güterstand der nach dem Recht des Staates
- bei mehreren Mitberechtigten in Gütergemeinschaft/Erbengemeinschaft
- für die im Gesellschaftsregister eingetragene Gesellschaft bürgerlichen Rechts (eGbR)
- am vorgenannten Erbbaurecht ein Untererbbaurecht nach Maßgabe des folgenden Inhalts und nach Maßgabe des Erbbaurechtsgesetzes (ErbbauRG).

▲

V. Vertragliche Regelungen zum Bauwerk eines Untererbbaurechts, §§ 1 Abs. 1, 12 ErbbauRG

Auf der Basis des § 1 Abs. 1 ErbbauRG kann das **Untererbbaurecht** nicht anders als das veräußerliche und vererbliche Recht verstanden werden, ein **Bauwerk zu haben**. Das Recht wird vom Obererbbauberechtigten abgeleitet, und das aufgrund des Untererbbaurechts errichtete Bauwerk gilt als wesentlicher Bestandteil des Untererbbaurechts, nicht des Obererbbaurechts und auch nicht des Grundstücks, § 12 Abs. 1 S. 1 ErbbauRG.[50] 10

In den Darstellungen des Untererbbaurechts scheint das **zentrale Element**, das **Bauwerk des Untererbbauberechtigten**, zuweilen aus dem Blickfeld zu geraten. Grund ist die Herleitung der Befugnisse aus dem Obererbbaurecht, der derivative Charakter des Untererbbaurechts, weshalb der Blick einiger Kommentatoren[51] auf dem Obererbbaurecht zu ruhen scheint. Richtig ist in diesem Zusammenhang, dass im Zuge der Untererbbaurechtsbestellung das **Obererbbaurecht nicht** zu einem ***nullum***[52] degradiert werden, nicht **zu einer Hülle ohne Bauwerksberechtigung** herabsinken darf. Dem Obererbbauberechtigten muss die Berechtigung verbleiben, ein Bauwerk haben zu dürfen,[53] anderenfalls droht eine **unzulässige Entkernung des Obererbbaurechts**, ein ***Leererbbaurecht***. Ohne Baurecht kann das Erbbaurecht nicht existieren, vgl. § 1 Abs. 1

50 Ebenso *Habel*, MittBayNot 1998, 315; *Winkler/Schlögel*, § 3 Rn 29.

51 Vgl. *Habel*, MittBayNot 1998, 315; *Knothe*, S. 195 („Obererbbauberechtigte nutzt also das Grundstück durch den Untererbbauberechtigten"); vgl. zur „Passivseite" auch *Winkler/Schlögel*, § 3 Rn 25.

52 *Habel*, MittBayNot 1998, 315.

53 *Winkler/Schlögel*, § 3 Rn 26.

ErbbauRG.[54] Die Restbefugnisse des Obererbbauberechtigten dürfen nicht außer Acht gelassen werden, da das derivative Recht, das Untererbbaurecht, **nicht** das Obererbbaurecht **aushöhlen** darf. Dabei wird die Sorge um das Obererbbaurecht zuweilen mit dem Hinweis flankiert, der Ausübungsbereich beider Rechte sei deckungsgleich.[55] Diese Ansicht kann nicht geteilt werden, da nicht selten **unterschiedliche Bauwerke** vorliegen,[56] ein Bauwerk des Obererbbauberechtigten und ein anderes Bauwerk des Untererbbauberechtigten. Vgl. oben Rdn 1, die Szenarien, in denen Vereine Untererbbaurechte bestellen, um eigenständige Bauwerke sanieren zu können, beispielsweise Rennbahntribünen, oder erbbauberechtigte Gastronomiebetriebe am See, die Untererbbaurechte an eigenständigen Kiosk-Gebäuden vergeben, und schließlich auch Gemeinden, die als Erbbauberechtigte Untererbbaurechte zugunsten von Schulverbänden einräumen. Die essenziellen Rechte des Ober- und Untererbbauberechtigten, ein Bauwerk haben zu dürfen, stehen bei **verschiedenen Bauwerken** außer Zweifel[57] und begegnen keinerlei Bedenken.

11 **Dasselbe Bauwerk** kann nicht gleichzeitig Gegenstand des Ober- und des Untererbbaurechts sein, zulässig ist insoweit lediglich eine zeitliche Sukzessivstaffelung,[58] sodass es absehbar ist, zu welchem Zeitpunkt der Obererbbauberechtigte das Bauwerk besitzt.[59]

Eine grundsätzliche Beschränkung des Untererbbaurechts resultiert daraus, dass der Obererbbaurechtsvertrag bereits eine bestimmte Form der Bebauung oder eine bestimmte Laufzeit vorgeben kann, beispielsweise eine Wohnbebauung bis zum 31.12.2099, alternativ eine gewerbliche Bebauung. Als derivatives Recht muss sich das Untererbbaurecht in den **Bahnen des Obererbbaurechts** bewegen. Der Inhalt des Untererbbaurechts darf **nicht über den Inhalt des Obererbbaurechts hinausgehen**[60] und ihn auch **nicht modifizieren**. Berechtigt das Obererbbaurecht nur zur Wohnbebauung, kann das Untererbbaurecht nicht eine gewerbliche Bebauung vorsehen. Ein entsprechendes Erbbaurecht fiele aus dem **Rahmen**, den das Obererbbaurecht vorgibt. Läuft das Obererbbaurecht nur bis zu einem bestimmten Termin, kann das Untererbbaurecht nur eine kürzere,[61] nicht eine längere Laufzeit aufweisen. Der Untererbbaurechtsvertrag wird durch den Obererbbaurechtsvertrag determiniert, weshalb die Empfehlung dahin geht, vor der Beurkundung einen inhaltlichen Abgleich vorzunehmen. **Konkordanzprobleme**, wie sie beispielsweise

54 *Winkler/Schlögel*, § 3 Rn 25.
55 *Habel*, MittBayNot 1998, 315.
56 Zur Konstellation mehrerer Bauwerke vgl. *Winkler/Schlögel*, § 3 Rn 16; *Räfle*, § 1 Rn 21.
57 *Winkler/Schlögel*, § 3 Rn 26.
58 *Räfle*, § 1 Rn 21; *Habel*, MittBayNot 1998, 315; *Winkler/Schlögel*, § 3 Rn 26; Staudinger/*Rapp*, § 11 Rn 12a.
59 *Habel*, MittBayNot 1998, 315.
60 BGH, Urt. v. 22.2.1974, Az. V ZR 67/72 = NJW 1974, 1137, 1138; *Winkler/Schlögel*, § 3 Rn 27; Staudinger/*Rapp*, § 11 Rn 11.
61 *Habel*, MittBayNot 1998, 315, 316.

bei der Vereinigung bzw. Bestandteilszuschreibung von Erbbaurechten auftreten können (vgl. § 11 Rdn 2 ff.), bleiben dann dem Untererbbaurecht erspart. Dies gilt nicht nur für die Bebauungsbefugnisse, sondern auch für die anderen **Determinanten des Obererbbaurechtsvertrags**.

Auf einen **Teil des Gebäudes** darf das Untererbbaurecht nicht beschränkt werden, § 1 Abs. 3 ErbbauRG (vgl. auch Rdn 13). 12

Der Bauwerksbegriff des Untererbbaurechts entspricht dem **allgemeinen Bauwerksbegriff** als unbewegliche, durch Verwendung von Arbeit und bodenfremdem Material in Verbindung mit dem Erdboden herstellte Sache (vgl. § 4 Rdn 23). Dabei reicht es nicht aus, lediglich den Bauwerksbegriff wiederzugeben (vgl. § 4 Rdn 24, dort auch zur Ausnahme bei älteren Erbbaurechten). Zum dauerhaften oder nur temporären Zweck des Bauwerks vgl. § 4 Rdn 25. Dem **Bestimmtheitsgrundsatz** ist auch im Untererbbaurechtsrahmen zu entsprechen, und zwar in der üblichen, gemäßigten Ausprägung, die eine ungefähre Beschaffenheit des Bauwerks genügen lässt (§ 4 Rdn 26; zur Gebäudezahl vgl. § 4 Rdn 27).

Zu den einzelnen Bauwerken i.S.v. § 1 Abs. 1 ErbbauRG vgl. den **Katalog** zu § 4 Rdn 28.

VI. Untererbbaurecht und Beschränkung auf Gebäudeteile, § 1 Abs. 3 ErbbauRG

Die Immanenz des Untererbbaurechts, die Herleitung[62] des Rechts vom Obererbbauberechtigten, könnte als Votum für eine Beschränkung des Untererbbaurechts auf einen Gebäudeteil verstanden werden. Grund sei der **derivative Charakter** des Untererbbaurechts. Diese Ansicht kann nicht geteilt werden, da **zwingendes Recht** entgegensteht. Nach § 1 Abs. 3 ErbbauRG ist die **Beschränkung auf einen Teil eines Gebäudes**, insbesondere ein Stockwerk, **unzulässig**. Das Telos der Norm, Sonderrechte an Gebäuden und Streitigkeiten zu vermeiden,[63] wird durch die Gestaltung als Untererbbaurecht nicht modifiziert oder außer Kraft gesetzt. Die Ausgestaltung als Untererbbaurecht legt es vielmehr nahe, diesen Normzweck besonders in den Fokus zu rücken. An einem **horizontalen** oder **vertikalen Gebäudeteil** kann ein Untererbbaurecht nicht bestellt werden, § 1 Abs. 3 ErbbauRG (vgl. auch § 4 Rdn 30).[64] Zu konstatieren ist ein generelles Beschränkungsverbot, das an einer einheitlichen Sache einheitliche Rechtsverhältnisse garantieren 13

62 BGH, Urt. v. 22.2.1974, Az. V ZR 67/72 = NJW 1974, 1137.

63 Vgl. Ingenstau/Hustedt/*Hustedt*, § 1 Rn 90.

64 Vgl. BGH, Urt. v. 22.6.1973, Az. V ZR 160/71 = WM 1973, 999, 1000; vgl. generell hierzu *Schmidt- Räntsch*, ZfIR 2014, 269, 270. Zum erweiterten Anwendungsbereich vgl. *Räfle*, § 1 Rn 50, der die Belastung von Gebäudeteilen für „*schlechthin*" unzulässig bezeichnet, als unvereinbar mit dem Regelungsgehalt des § 1 Abs. 3 ErbbauRG.

soll (vgl. auch § 4 Rdn 30). Keine horizontalen oder vertikalen Gebäudeteile liegen dagegen bei selbstständigen Gebäuden vor, die teilweise übereinander errichtet werden.[65]

VII. Untererbbaurecht und Bedingungen sowie Befristungen, § 1 Abs. 4 ErbbauRG

14 Die **Geschichte des Untererbbaurechts** ist eng mit der Frage auflösender Bedingungen verbunden. Dies spiegelt sich in der **höchstrichterlichen Rechtsprechung**[66] wider, die dem Untererbbaurecht den Weg ebnete. Die ablehnende Haltung in Rechtsprechung und Literatur hielt dem Untererbbaurecht die Möglichkeit des **Heimfalls des Obererbbaurecht** entgegen und sah darin eine unzulässige auflösende Bedingung i.S.v. § 1 Abs. 4 ErbbauRG.[67] Der BGH verwarf diese Ansicht und begründete dies damit, „*dass die genannte Vorschrift unmittelbar nur dann zur Anwendung kommt, wenn es sich um rechtsgeschäftlich vereinbarte auflösende Bedingungen handelt*".[68] Für eine entsprechende Anwendung der Norm sah der BGH keinen Raum, weil das Untererbbaurecht insoweit „*keiner weitergehenden Gefahr der vorzeitigen Beendigung ausgesetzt (ist) als das Obererbbaurecht*".[69] Dass das Untererbbaurecht im Heimfall des Obererbbaurechts erlischt, § 33 Abs. 1 S. 3 ErbbauRG, steht der Zulässigkeit des Untererbbaurechts nicht entgegen.[70] Ein **wirtschaftliches Risiko**[71] lässt sich nicht leugnen, eine auflösende Bedingung kann darin aber nicht gesehen werden.

15 Durch **auflösende Bedingungen** (§ 158 Abs. 2 BGB) kann das Untererbbaurecht nicht beschränkt werden, § 1 Abs. 4 S. 1 ErbbauRG, um die Beleihbarkeit zu sichern (vgl. § 4 Rdn 31 und 33; zur zulässigen Vereinbarung auf schuldrechtlicher Ebene vgl. jedoch § 4 Rdn 32). Das Untererbbaurecht an die Lebenszeit des Untererbbauberechtigten, des Obererbbauberechtigten oder des Grundstückseigentümers zu koppeln, kommt nicht in Betracht, ebenso wenig die Bestellung eines Untererbbaurechts durch einen **nicht befreiten Vorerben (Obererbbauberechtigten)** ohne Zustimmung des Nacherben[72] (vgl. § 4 Rdn 31) sowie die Bestellung eines Untererbbaurechts an einem Erbbaurecht, das sich in der **Zwangsversteigerung** befindet (vgl. § 4 Rdn 32). Die unzulässige Bedingtheit kann nur durch die Zustimmung aller Gläubiger, die die Zwangsversteigerung betreiben, beseitigt werden, alternativ durch die Löschung des Versteigerungsvermerks. Ein dennoch ein-

65 Vgl. *Winkler/Schlögel*, § 3 Rn 16, Supermarktbauwerk und Apartmentbauwerk.
66 BGH, Urt. v. 22.2.1974, Az. V ZR 67/72 = NJW 1974, 1137.
67 Vgl. die Darstellung im Urteil des BGH a.a.O.
68 BGH a.a.O., 1138.
69 BGH a.a.O., 1138.
70 BGH a.a.O., 1138.
71 Vgl. bereits LG Lüneburg, Beschl. v. 27.6.1962, Az. 5 T (IV) 248/62 = NJW 1962, 1573, 1574.
72 Vgl. generell hierzu BGHZ 52, 269, 271 = NJW 1969, 2043.

getragenes Untererbbaurecht ist inhaltlich unzulässig und von Amts wegen zu löschen, § 53 Abs. 1 S. 2 GBO (vgl. § 4 Rdn 33).

Im Umkehrschluss ist es zulässig, das Untererbbaurecht unter eine **aufschiebende Bedingung** oder eine **Befristung** zu stellen.[73] Entsprechende Beschränkungen des Untererbbaurechts sind **ausdrücklich einzutragen**, § 56 Abs. 2 GBV, nicht durch Bezugnahme. Die Empfehlung an die notarielle Praxis geht dahin, die grundbuchamtliche **Eintragungsmitteilung** dahingehend zu **überprüfen**. Eine unterbliebene Eintragung in unmittelbarer Weise muss moniert, ggf. mit der sog. Fassungsbeschwerde angegriffen werden. Die Angabe eines **Datums**, das **vor der Eintragung** des Untererbbaurechts liegt, wird regelmäßig nur der Bestimmung des Endtermins des Untererbbaurechts dienen und nur für die Zukunft gelten[74] (vgl. § 4 Rdn 33). Da eine weitere Überlagerung mit der Dauer des Obererbbaurechts droht, geht die Empfehlung dahin, entsprechende Bestimmungen zu vermeiden und klarzustellen, dass das Untererbbaurecht erst mit der Eintragung im Grundbuch beginnt. 16

Nach Ansicht des **BGH**[75] kann Gegenstand des Erbbaurechtsvertrags eine Regelung mit dem Inhalt sein, dass sich das Erbbaurecht automatisch um eine bestimmte Anzahl von Jahren verlängert (**Optionsrecht auf Verlängerung des Erbbaurechts**), falls nicht beispielsweise ein halbes Jahr vor Beendigung ein Vertragsteil gegenüber einem anderen Vertragsteil der Verlängerung widerspricht. Eine solche Vertragsgestaltung kommt einer **aufschiebenden Bedingung** gleich. Die Verbindung eines Optionsrechts mit dem Untererbbaurecht kann sich allerdings nur im Rahmen des Obererbbaurechts bewegen, darf die zeitliche Grenze des Obererbbaurechts nicht überschreiten. Über den Bestand des Obererbbaurechts hinaus kann das Untererbbaurecht nicht verlängert werden, da sich das Untererbbaurecht vom Obererbbaurecht herleitet. Ein entsprechendes Optionsrecht für das Untererbbaurecht muss eine Entsprechung im Obererbbaurechtsvertrag finden, anderenfalls eine zeitliche Differenz zu entstehen droht, die der Eintragung des Untererbbaurechts entgegenstehen kann. Wegen der **zeitlichen Obergrenze des Obererbbaurechts** kann das Optionsrecht des Untererbbaurechts keinen längeren Zeitraum vorsehen. Für die Beurkundungspraxis bringt dies die Notwendigkeit mit sich, das Optionsrecht des Untererbbaurechts mit dem Obererbbaurecht zu *erden*. Ohne **Korrelat im Obererbbaurechtsvertrag** geht die Option für das Untererbbaurecht ins Leere und gibt Anlass zur inhaltlichen Beanstandung durch das Grundbuchamt. 17

> *Formulierungsbeispiel: Untererbbaurecht mit Optionsrecht auf Verlängerung, Obergrenze Zeitdauer des Obererbbaurechts* 18
>
> Das Obererbbaurecht endet am…, das Untererbbaurecht grundsätzlich am …. Das Untererbbaurecht verlängert sich allerdings drei Mal um einen Zeitraum von jeweils …

73 *Räfle*, § 1 Rn 69.
74 BayObLG, Beschl. v. 14.2.1991, Az. BReg. 2 Z 158/90 = NJW-RR 1991, 718.
75 BGH DNotZ 1970, 32, 35 = NJW 1969, 2043, 2046; *König*, MittRhNotK 1989, 261, 262; *Böttcher*, Rn 111.

Jahren, maximal jedoch bis zum Zeitablauf des Obererbbaurechts am …, sofern nicht der Untererbbauberechtigte schriftlich ein Jahr vor Ablauf dem Erbbauberechtigten mitteilt, dass der Untererbbauberechtigte von der Verlängerung keinen Gebrauch machen möchte.

19 Das **OLG München**[76] bestätigte die grundsätzliche Zulässigkeit eines Optionsrechts und konnte sich hierbei auf die Rechtsprechung des BGH stützen. **Andere Meinungen**[77] halten die Regelung für nicht eintragungsfähig. Es obliegt ggf. der lokalen Grundbuchpraxis, eine weitere obergerichtliche Klärung herbeizuführen. Als aufschiebende Bedingung muss das Optionsrecht **unmittelbar** im Grundbuch eingetragen werden, eine Bezugnahme reicht nicht aus. Eintragungsvorschläge:

- „mit aufschiebend bedingter Verlängerungsoption"
- oder „mehrfach aufschiebend bedingte Verlängerung um … Jahre"
- oder Wiederholung des gesamten Optionstextes
- oder mit dem Vermerk „eingetragen in Abt. II Nr. 1 bis zum 31.12.2098 (im Falle der Ausübung des Optionsrechts nach §…der Urkunde bis 31.12.2113"), einzutragen im Anschluss an den Vermerk über die Laufzeit.

Zum **Verstoß** gegen das Gebot der unmittelbaren Grundbucheintragung vgl. § 4 Rdn 34, die Bedingung wird nicht wirksam, und das Untererbbaurecht erlischt zum angegebenen Zeitpunkt.[78] Um dieses Ergebnis zu vermeiden, ist das beurkundende Notariat gehalten, die **fehlende Unmittelbarkeit** zu **monieren**, ggf. mit der sog. Fassungsbeschwerde. Ins Feld geführt werden kann § 56 Abs. 2 GBV, wonach **Bedingungen**, **Befristungen und Verfügungsbeschränkungen im Grundbuch stets unmittelbar einzutragen sind**, nicht durch Bezugnahme.

20 *Formulierungsbeispiel: Festlegung der Untererbbaurechtsdauer*

Das Untererbbaurecht beginnt mit der Eintragung im Grundbuch und endet am 30.6.2084, in Worten dreißigsten Juni zweitausendvierundachtzig. Nach Beendigung des Untererbbaurechts gehen die Bauwerke und baulichen Anlagen in das Eigentum des Obererbbauberechtigten über.

Alternativ:

Das Untererbbaurecht wird auf die Dauer von … – in Worten: … Jahren bestellt, beginnend mit Eintragung des Untererbbaurechts im Grundbuch. Nach Beendigung

76 OLG München, Beschl. v. 30.8.2018, Az. 34 Wx 67/18 = NJOZ 2018, 1782, 1783: Verlängerung der Laufzeit stehe unter einer zulässigen aufschiebenden Bedingung. Vgl. auch *Böttcher*, ZNotP 2020, 200, 202.

77 Vgl. *Winkler/Schlögel*, § 2 Rn 143; ebenso das Gutachten des Deutschen Notarinstituts, Abruf-Nr. 152591, letzte Aktualisierung 13.2.2017, Optionsrecht auf Verlängerung des Erbbaurechts.

78 OLG München, Beschl. v. 30.8.2018, Az. 34 Wx 67/18 = NJOZ 2018, 1782.

des Untererbbaurechts gehen die Bauwerke und baulichen Anlagen in das Eigentum des Obererbbauberechtigten über.

VIII. Erste Rangstelle des Untererbbaurechts, § 10 ErbbauRG, sowie Ausnahmen

Am Erbbaurecht muss das Untererbbaurecht die **erste Rangstelle** einnehmen, § 10 Abs. 1 S. 1 ErbbauRG,[79] weshalb Belastungen, die am Erbbaurecht eingetragen sind, im Rang zurücktreten müssen[80] (vgl. auch § 4 Rdn 36 ff.). Hierzu zählen alle Rechte, die in der zweiten und dritten Abteilung des Erbbaugrundbuchs eingetragen sind, darunter auch vorgemerkte Rechte sowie Rechte, die für den Grundstückseigentümer eingetragen sind, etwa die Erbbauzinsreallast und das Vorkaufsrecht, daneben die Finanzierungsgrundpfandrechte des Erbbauberechtigten.[81] Eine Verpflichtung des Grundstückseigentümers, den Rangrücktritt zu erklären, besteht nicht, vielmehr kann der Grundstückseigentümer den Rangrücktritt an Gegenleistungen knüpfen.[82] Zur Notwendigkeit weiterer Identitätsnachweise infolge Verschmelzung, Spaltung, Namens- oder Firmenänderung vgl. bereits § 4 Rdn 36. Die notarielle Praxis ist insoweit gehalten, die weiteren Nachweise in Erfahrung zu bringen und dem Grundbuchamt zu präsentieren. Treten am Erbbaurecht lastende Grundpfandrechte im Rang zurück, muss der Erbbauberechtigte hierzu seine Zustimmung erteilen, § 880 Abs. 2 S. 2 BGB. Das Untererbbaurecht muss die **erste Rangstelle permanent** halten, sodass keine Möglichkeit besteht, den Rang des Untererbbaurechts nachträglich zu ändern, § 10 Abs. 1 S. 1 Hs. 2 ErbbauRG (vgl. auch § 4 Rdn 38). Solange das Untererbbaurecht besteht, muss es die erste Rangstelle einnehmen (zum Rangänderungsverbot vgl. auch § 4 Rdn 38). Gesichert wird der fortdauernde Bestand des Untererbbaurechts, beginnend mit Eintragung und dauernd bis zum Ende des Untererbbaurechts. Nur selten wird in der Praxis nachträglich am Rang des Untererbbaurechts gerüttelt, virulent wird das Rangproblem nur im Rahmen der Eintragung des Untererbbaurechts, die von unauflösbaren Konflikten[83] begleitet sein kann. Die Gestaltungsempfehlung geht dahin, für das gescheiterte Untererbbaurecht **besondere Rücktrittsrechte** vorzusehen,[84] womit die Parallele zur Eintragung des Erbbaurechts gezogen wird. Unter Umständen kann durch das Scheitern sogar ein Anspruch auf Schadensersatz[85] im Raum stehen, vgl. das folgende Formulierungsbeispiel. **21**

79 So bereits *Glaß/Scheidt*, § 1 Anm. II; vgl. im Übrigen Staudinger/*Rapp*, § 11 Rn 11; *Winkler/Schlögel*, § 3 Rn 22; *Räfle*, § 1 Rn 21.

80 BGH a.a.O.; *Winkler/Schlögel*, § 3 Rn 28; Staudinger/*Rapp*, § 11 Rn 11.

81 *Stahl-Sura*, DNotZ 1981, 604, 610.

82 *Winkler/Schlögel*, § 3 Rn 28.

83 Vgl. generell hierzu *Mönig*, ErbbauZ 2020, 5, 8.

84 Generell *Mönig*, ErbbauZ 2020, 5, 8, 9: „*vertragliches Haftungsregime*", verknüpft mit Rücktrittsrechten.

85 Spiegelberger/Schallmoser/*Rapp*, Rn 5.19.

Andererseits kann auch der Ausschluss von Schadensersatz und von Erbbauzinsrückzahlungen vorgesehen sein.

22 *Formulierungsbeispiel: Erste Rangstelle des Untererbbaurechts, Verschaffung der ersten Rangstelle sowie Rangrücktritte*

Das Untererbbaurecht kann nur zur ausschließlich ersten Rangstelle bestellt werden, § 10 Abs. 1 S. 1 ErbbauRG. Die Rangstelle muss permanent gehalten und kann auch nach Eintragung des Untererbbaurechts im Grundbuch nicht nachträglich geändert werden. Die am zu belastenden Obererbbaurecht eingetragenen Berechtigten treten im Rang hinter das zu bestellende Untererbbaurecht zurück und bewilligen die Eintragung im Grundbuch. Der Obererbbauberechtigte stimmt dem Rangrücktritt zu und bewilligt und beantragt die Eintragung im Grundbuch. Der Obererbbauberechtigte haftet für die Verschaffung der ersten Rangstelle und verpflichtet sich zur Beschaffung aller erforderlichen Unterlagen (Rangrücktrittserklärungen, ggf. weitere Identitätsnachweise), und zwar auf eigene Kosten. Falls die erste Rangstelle nicht verschafft werden kann, können beide Vertragsteile ihren Rücktritt erklären. Die hierbei anfallenden Kosten (Notariat, Grundbuchamt) trägt der Obererbbauberechtigte. Die Geltendmachung weiterer Rechte ist dann ausgeschlossen, insbesondere findet keine Erstattung gezahlter Erbbauzinsbeträge oder die Zahlung von Schadensersatz statt.

23 Was die Eintragung des Obererbbaurechts prägt und von existenzieller Bedeutung ist, die **Ermittlung der Rangsituation**, gilt auch für die Eintragung des Untererbbaurechts. Im Unterschied zur Eintragung eines Obererbbaurechts am Grundstück, das u.U. eine umfassende und wechselvolle Bestandsgeschichte vorweisen kann, geprägt von Teilungen, Vereinigungen und Zuschreibungen, stellt sich die Rangsituation am Erbbaurecht regelmäßig übersichtlicher dar. Die fatale und unzulässige Praxis der Grundbuchämter, die Spalte 2 der zweiten und dritten Abteilung nicht zu aktualisieren, entfaltet keine Relevanz, da alle im Erbbaugrundbuch eingetragenen Rechte zurücktreten müssen. Das Gebot der Erstrangigkeit impliziert, dass dem Untererbbaurecht im Rang kein Recht vorgehen oder gleichstehen darf. Die Bestellung **mehrerer gleichrangiger Untererbbaurechte** am Erbbaurecht scheidet wegen § 10 Abs. 1 ErbbauRG aus.[86] Abgestellt wird auf den Zeitpunkt der Realisierung des Untererbbaurechts, demnach auf **den Zeitpunkt der Eintragung des Untererbbaurechts im Erbbaugrundbuch**, nicht auf den Zeitpunkt der Einigung zwischen Ober- und Untererbbauberechtigten.[87]

86 *Winkler/Schlögel*, § 3 Rn 15, mehrere Untererbbaurecht sind unzulässig; ebenso *Habel*, MittBayNot 1998, 315, 318. Vgl. *Räfle*, § 10 Rn 3; *Krause*, ZAP Fach 7, 359, 363; Ingenstau/Hustedt/*Bardenhewer*, § 10 Rn 11; Staudinger/*Rapp*, § 1 Rn 24. Anderer Ansicht: *Böttcher*, Rn 118, danach sollen generell mehrere Erbbaurechte im Gleichrang zulässig sein. Dazu im Selbstwiderspruch *Böttcher*, Rn 60, mehrere Untererbbaurechte seien nicht möglich, Teilung des Obererbbaurechts und des Grundstücks seien nötig.

87 Zum Zeitpunkt vgl. generell Ingenstau/Hustedt/*Bardenhewer*, § 10 Rn 3, 12; Erman/*Grziwotz*, § 10 Rn 1.

Noch keine Erörterung[88] fand, ob die **Rangausnahmen**, die in § 10 Abs. 1 S. 2 und Abs. 2 ErbbauRG vorgesehen sind, und die Ausnahmen, die die Rechtsprechung für das Erbbaurecht fand, **auch für das Untererbbaurecht gelten**. Die Literatur[89] thematisiert diese Frage noch nicht, und auch die Rechtsprechung konnte noch keine Position beziehen. Das ist zum einen die Frage, ob Rechte, die zur Erhaltung der Wirksamkeit gegenüber dem öffentlichen Glauben des Grundbuchs der Eintragung nicht bedürfen, dem Rangerfordernis entgegenstehen. Tangiert sind Überbau- und die Notwegerenten,[90] die im Rang ohnehin allen Rechten vorgehen,[91] sowie altrechtliche Dienstbarkeiten,[92] gesetzliche Vorkaufsrechte und öffentliche Lasten.[93] Eine **Einschränkung der Ausnahme,** die § 10 Abs. 1 S. 2 ErbbauRG offeriert, lässt sich dem Gesetz **nicht entnehmen**. Das Gesetz gibt insbesondere nicht vor, dass die gesetzlichen Ausnahmen nur für das Obererbbaurecht gelten und nicht auch für das Untererbbaurecht zur Anwendung gelangen sollen. Abweichende Aspekte, die eine Einschränkung der Ausnahmen nahelegen, sind nicht ersichtlich. Was für die Belastung des Grundstücks gilt, muss auch für die Belastung des grundstücksgleichen Rechts gelten, für die Belastung des Erbbaurechts. In seiner Entscheidung vom 22.2.1974 teilte der BGH[94] diese grundsätzliche Gleichsetzung. Der Rekurs auf § 10 Abs. 1 S. 1 ErbbauRG ist umfassend und impliziert die Ausnahmen nach § 10 Abs. 1 S. 2 und Abs. 2 ErbbauRG. 24

Der **landesrechtliche Vorbehalt nach § 10 Abs. 2 ErbbauRG** kommt daher auch im Rahmen der **Eintragung des Untererbbaurechts** zur Anwendung. Damit erklärt sich auch, warum landesrechtliche Regelungen z.T. explizit auf das Untererbbaurecht eingehen.[95] Eine entgegenstehende Ansicht des Grundbuchamtes sollte Anlass zur obergerichtlichen Klärung geben. Gemeint ist die ablehnende Haltung eines Gerichts, das sich weigert, für die Eintragung des Untererbbaurechts ein Unschädlichkeitszeugnis zu erteilen. Dies sollte mit Beschwerde angefochten werden. Die Landesregierungen sind ermächtigt, durch Rechtsverordnung zu bestimmen, dass bei der Bestellung des Erbbaurechts von dem Erfordernis der ersten Rangstelle abgesehen werden kann, sofern dies für die **vorgehenden Berechtigten** und den **Bestand des Erbbaurechts** unschäd- 25

88 Vgl. *Winkler/Schlögel*, § 3 Rn 22, keine Erörterung etwaiger Ausnahmen; auch keine Darstellung bei Ingenstau/Hustedt/*Bardenhewer*, § 10 Rn 13 ff., oder bei *Habel*, MittBayNot 1998, 315, 318; ohne Erläuterung auch *Böttcher*, Rn 60.

89 *Winkler/Schlögel*, § 3 Rn 22, Ingenstau/Hustedt/*Bardenhewer*, § 10 Rn 13 ff.

90 Zu diesen Rechten auch Ingenstau/Hustedt/*Bardenhewer*, § 10 Rn 15; *Mönig*, ErbbauZ 2020, 5, 6.

91 *Glaß/Scheidt*, § 10 Anm. I 2.

92 BayObLG, Beschl. v. 5.5.1982, Az. BReg. 2 Z 22/82 = Rpfleger 1982, 339; die altrechtlichen Dienstbarkeiten bedürfen nicht der Eintragung, vgl. Art. 187 Abs. 1 S. 1 EGBGB; in Bayern besteht für altrechtliche Grunddienstbarkeiten kein Eintragungszwang, vgl. BayObLGZ 1969, 284, 291; *Krause*, ZAP Fach 7, 359, 363.

93 *Räfle*, § 10 Rn 7; *Glaß/Scheidt*, § 10 Anm. I 2; Ingenstau/Hustedt/*Bardenhewer*, § 10 Rn 16.

94 BGH, Urt. v. 22.2.1974, Az. V ZR 67/72 = NJW 1974, 1137, 1138.

95 Vgl. beispielsweise explizit § 2 Abs. 1 ErbBRVO, die Regelung für Baden-Württemberg.

lich ist. Gleiches muss aus den geschilderten Gründen für die Eintragung des Untererbbaurechts gelten. Landesrechtlich steht die Erteilung eines **Unschädlichkeitszeugnisses** im Raum.

Zur **landesrechtlichen Situation von Unschädlichkeitszeugnissen** vgl. § 4 Rdn 41 ff., dort auch die betroffenen Bundesländer.

Zur **baden-württembergischen Situation** vgl. auch § 4 Rdn 42, dort auch zur „Unschädlichkeit" und „Schädlichkeit".

Das Unschädlichkeitszeugnis wird nur auf **Antrag** erteilt und erst mit **Rechtskraft** wirksam. Ersetzt wird nicht nur die Rangrücktrittsbewilligung des vorrangig Berechtigten, sondern auch die Vorlage des Grundpfandrechtsbriefs des vorrangigen Rechtes. Das Antragsrecht liegt beim Berechtigten des zu belastenden Erbbaurechts. Vgl. auch § 4 Rdn 42.

26 Die Rechtsprechung und die Literatur entwickelten für das Erbbaurecht **weitere Rangausnahmen**, um bestimmten Konstellationen gerecht zu werden (vgl. auch § 4 Rdn 43). Zur Debatte stehen bestimmte dingliche Rechte, die für den Untererbbauberechtigten eingetragen sind. Der Transfer auf das Untererbbaurecht erscheint zwingend, zumal keine Verwertungsrechte involviert sind und den Rechten eine Bestandteilseigenschaft i.S.d. §§ 96, 93 BGB nicht abgesprochen werden kann. Der Stellenwert dieser Rechte ist nicht anders einzuschätzen, und eine Versteigerung auf der Basis dieser vorgehenden Rechte ist ausgeschlossen. Eine abweichende Einschätzung des Grundbuchamtes sollte Grund zur obergerichtlichen Klärung sein und mit Beschwerde angegriffen werden. Die hier vertretene Einschätzung geht dahin, dass folgende Konstellationen dem Erstrangigkeitsgebot des § 10 Abs. 1 ErbbbauRG nicht entgegenstehen:

- ein vorrangiges subjektiv-dingliches Vorkaufsrecht für den jeweiligen Untererbbauberechtigten[96]
- ein vorrangiges subjektiv-persönliches, allerdings unübertragbares **Vorkaufsrecht** für den Untererbbauberechtigten[97]
- ein zu Unrecht gelöschtes Untererbbaurecht, das nach gutgläubigem Erwerb der Rangstelle durch ein anderes Recht mit einem abweichenden Rang eingetragen werden kann. Eine kraft Gesetzes eintretende Rangverschiebung vermag § 10 Abs. 1 S. 1 ErbbauRG nicht außer Kraft zu setzen[98]
- ein vorrangige Grunddienstbarkeit für den Untererbbauberechtigten.

96 Zur Konstellation vgl. grds. BGH NJW 1954, 1443; *Krause*, ZAP Fach 7, 359, 363; Ingenstau/Hustedt/*Bardenhewer*, § 10 Rn 28; *Mönig*, ErbbauZ 2020, 5, 6.

97 Zur Konstellation vgl. Ingenstau/Hustedt/*Bardenhewer*, § 10 Rn 29.

98 BGH MDR 1969, 128.

- nicht dagegen eine **subjektiv-dingliche Reallast** für den Untererbbauberechtigten, weil insoweit ein Verwertungsrecht vorliegt, das zur Zwangsversteigerung[99] befähigt, womit das Untererbbaurecht zu erlöschen droht.

Für eine **Vormerkung zur Sicherung des Anspruchs auf Einräumung eines Untererbbaurechts**, die im Grundbuch des Erbbaurechts (= Obererbbaurechts) eingetragen werden soll, gilt das Erstrangigkeitsgebot dagegen noch nicht.[100] Die Regelung in § 10 Abs. 1 S. 1 ErbbauRG bezieht sich nur auf das Erbbaurecht bzw. das Untererbbaurecht, nicht auch auf eine Vormerkung.[101] Eine entsprechende Vormerkung muss nicht bereits den ersten Rang am zu belastenden Erbbaurecht einnehmen.[102] Demnach sieht sich das beurkundende Notariat nicht in der Pflicht, bereits bei entsprechender Antragstellung– *Antrag auf Eintragung einer Vormerkung zur Sicherung des Anspruchs auf Einräumung eines Untererbbaurechts* –, Rangrücktrittserklärungen vorzulegen. Die **Begründungsvormerkung** kann allerdings nur eingetragen werden kann, sofern das Untererbbaurecht **inhaltlich eintragungsfähig** ist. Ob unzulässige Vereinbarungen enthalten sind, prüft das **Grundbuchamt** bereits bei Eintragung der Vormerkung.[103] Vorgemerkt werden kann nur, was auch endgültig eingetragen werden kann.[104] Bei Eintragung der Vormerkung prüft das Grundbuchamt bereits den **Inhalt des Untererbbaurechts,** was bei Antragstellung nicht außer Acht gelassen werden darf. In der Grundbuchpraxis werden entsprechende Vormerkungen selten eingetragen. Einer unzulässigen Prüfung kommt es gleich, sofern das Grundbuchamt im Rahmen der Untererbbaurechtsvormerkung bereits den Inhalt der Rechte prüft, die später am Untererbbaurecht oder am Obererbbaurecht zur Eintragung gelangen sollen. Unzulässig deshalb, weil diese Rechte nicht zum Inhalt des Untererbbaurechts zählen, beispielsweise die Untererbbauzinsreallast oder ein subjektiv-dingliches Vorkaufsrecht für den Obererbbauberechtigten. Etwaige Zwischenverfügungen des Grundbuchamtes können mit Beschwerde angegriffen werden. Die **Begründungsvormerkung** wird **halbspaltig** in das **Erbbaugrundbuch (Obererbbaurecht)** eingetragen, und zwar in der **zweiten Abteilung**, §§ 19 Abs. 1, 12 Abs. 1 lit. b GBV.[105] Häufig verzichten die Beteiligten auf die Eintragung einer entsprechenden Vormerkung. 27

99 Zur Zwangsversteigerung eines Untererbbaurechts vgl. beispielsweise AG Soest, Beschl. v. 2.11.2007, Az. 8 II 1/7 = WKRS 2007, 54806.

100 Vgl. generell zur Vormerkung eines Erbbaurechts OLG Hamm, Beschluss v. 12.3.2014, Az. I-15 W 354/13 = FGPrax 2014, 196.

101 Ebenso Ingenstau/Hustedt/*Bardenhewer*, § 10 Rn 10.

102 Analog zur Eintragung einer Vormerkung zur Sicherung des Anspruchs auf Eintragung eines Erbbaurechts an einem Grundstück, vgl. generell hierzu *Räfle*, § 10 Rn 4; *Krause*, ZAP Fach 7, 359, 363; Erman/*Grziwotz*, § 10 Rn 1; Ingenstau/Hustedt/*Bardenhewer*, § 10 Rn 10; *Mönig*, ErbbauZ 2020, 5, 6.

103 Zum Erbbaurecht vgl. BayObLG, Beschl. v. 9.9.1999, Az. 2Z BR 127/99 = BayObLGZ 1999, 252, 253. Dies gilt auch für das Untererbbaurecht.

104 BayObLG, Beschluss v. 9.9.1999, Az. 2Z BR 127/99 = BayObLGZ 1999, 252, 253; BayObLGZ 1986, 54, 56.

105 Vgl. generell hierzu OLG Hamm, Beschl. v. 12.3.2014, Az. 15 W 354/13.

Lfd. Nummer der Eintragungen	Lfd. Nummer der betroffenen Grundstücke im Bestandsverzeichnis	Lasten und Beschränkungen
1	2	3
5	1	Vormerkung zur Sicherung des Anspruchs auf Eintragung eines Untererbbaurechts bis zum 31.12.2099 für die Real Estate GmbH, München, HRB 10000, Amtsgericht München; gemäß Bewilligungen vom 9.2.2024 und 6.11.2024 – UVZ-Nr. 303 und 1300/ jeweils Notarius, München; eingetragen am 12.11.2024. Lausmann

C. Vertraglicher Inhalt, §§ 2, 5–8 ErbbauRG

I. Generalprämisse: Untererbbaurecht bewegt sich im Rahmen des Obererbbaurechts

28 Die **Generalprämisse**, unter der jede Untererbbaurechtsbestellung zu betrachten ist, ergibt sich aus der Herleitung des Untererbbaurechts aus dem Obererbbaurecht, aus dem **derivativen Charakter** des Untererbbaurechts, *der Geburt des Untererbbaurechts aus dem Geiste des Obererbbaurechts*. Der **Inhalt** des Untererbbaurechts darf über den Inhalt des Obererbbaurechts **nicht hinausgehen.**[106] Die **Determination** des Untererbbaurechts durch das Obererbbaurecht ist auf **allen Ebenen** zu beachten, im Rahmen des Bauwerks, das der Untererbbauberechtigte haben darf, im Rahmen der Nutzungsbefugnis, die dem Untererbbauberechtigten zusteht, und im Rahmen der zeitlichen Dauer,[107] die dem Untererbbaurecht beigemessen wird. Als derivatives Recht muss sich das Untererbbaurecht in den **Bahnen des Obererbbaurechts** bewegen (vgl. auch Rdn 11). Gibt der Obererbbaurechtsvertrag bereits eine bestimmte Form der **Bebauung** vor (Wohn- oder Gewerbebebauung[108]), kann das Untererbbaurecht keine andere Bebauungsform gewähren. Sieht der Obererbbaurechtsvertrag nur eine bestimmte **Laufzeit** vor, kann der Untererbbaurechtsvertrag keine längere Laufzeit[109] wählen. Gewährt

106 BGH, Urt. v. 22.2.1974, Az. V ZR 67/72 = NJW 1974, 1137, 1138; *Winkler/Schlögel*, § 3 Rn 27; Staudinger/*Rapp*, § 11 Rn 11; *Knothe*, S. 196; so auch bereits LG Lüneburg, Beschl. v. 27.6.1962, Az. 5 T (IV) 248/62 = NJW 1962, 1573, 1574; *Räfle*, § 1 Rn 21.

107 Ebenso *Habel*, MittBayNot 1998, 315, 319.

108 *Knothe*, S. 196.

109 Ebenso *Habel*, MittBayNot 1998, 315, 316, das Untererbbaurecht muss eine kürzere Laufzeit aufweisen.

der Obererbbaurechtsvertrag kein **Optionsrecht** auf Verlängerung,[110] keine weitere aufschiebende Bedingung (vgl. Rdn 17), kann der Untererbbaurechtsvertrag keine entsprechende Verlängerung vorsehen. Diskordanzen zwischen dem Ober- und dem Untererbbaurechtsvertrag können nicht bestehen, was bereits im Vorfeld der Bestellung zu beachten ist und zur Prüfprogrammatik des Grundbuchamtes zählt. **Diskordanzen** führen zur **Beanstandung** durch das Grundbuchamt, wobei das Grundbuchamt den Mangel nicht mit Zwischenverfügung, sondern nur mit **Zurückweisung** aufgreifen muss. Die Begründung hierfür ist darin zu sehen, dass das Hindernis nicht mit rückwirkender Kraft beseitigt werden kann.[111] Ohne **Korrelat im Obererbbaurechtsvertrag** geht die abweichende Bestimmung des Untererbbaurechtsvertrags ins Leere[112] und gibt Anlass zur inhaltlichen Beanstandung durch das Grundbuchamt.

II. Vertraglicher Inhalt, §§ 2, 5–8 ErbbauRG

Die §§ 2, 5–8 ErbbauRG bieten die Option, entsprechende **Vereinbarungen** zum **Inhalt des Untererbbaurechts** auszugestalten, womit an die allgemeinen Regelungsmöglichkeiten eines Erbbaurechts angeknüpft wird (vgl. § 4 Rdn 46 ff.), bestehend aus dem gesetzlichen Inhalt nach § 1 ErbbauRG und den Vereinbarungen nach §§ 2 ff. ErbbauRG. Alle Vereinbarungen stehen jedoch unter der beschriebenen Generalprämisse, dass der Inhalt des Untererbbaurechts nicht über den Inhalt des Obererbbaurechts hinausgehen darf. Als derivatives Recht muss sich das Untererbbaurecht in den **Bahnen des Obererbbaurechts** bewegen (vgl. auch Rdn 11). Teilweise geht die Empfehlung dahin, den Obererbbauberechtigten schuldrechtlich von allen Pflichten **freizustellen,**[113] die aus dem Obererbbaurechtsvertrag resultieren, soweit dies möglich und dem Kontext geschuldet ist. Dies wird jedoch zu Recht abgelehnt, da zwischen dem Grundstückseigentümer und dem Untererbbauberechtigten keine Vertragsbeziehungen bestehen.[114] 29

Zur **Verweisung** nach § 13a BeurkG[115] vgl. § 4 Rdn 46.

Im Einklang mit den allgemeinen Erbbaurechtsformen geht auch hier die Empfehlung dahin, dingliche Vereinbarungen von rein schuldrechtlichen Vereinbarungen **deutlich abzugrenzen** (vgl. § 4 Rdn 46).

110 BGH DNotZ 1970, 32, 35 = NJW 1969, 2043, 2046; für Zulässigkeit auch *König*, MittRhNotK 1989, 261, 262.

111 *Schöner/Stöber*, Rn 433.

112 Für Nichtigkeit *Knothe*, S. 196.

113 *Habel*, MittBayNot 1998, 315, 317; ebenso *Limmer*, Rn 221.

114 *Winkler/Schlögel*, § 3 Rn 28.

115 OLG Braunschweig, Beschl. v. 15.7.2019, Az. 1 W 12/19 = FGPrax 2019, 231.

III. Vertragliche Bestimmungen über die Errichtung, Instandhaltung und Verwendung des Bauwerks des Untererbbaurechts, § 2 Nr. 1 ErbbauRG

30 **Vgl. § 4 Rdn 47 ff.**

- Zur **Errichtung des Bauwerks** (vgl. § 4 Rdn 48 ff.) wird vorgeschlagen,[116] die Planvorlage auch zugunsten des Grundstückseigentümers zu vereinbaren; im Untererbbaurechtsvertrag wird die **Bebauungsbefugnis teilweise** an den Untererbbauberechtigten weitergegeben,[117] dem Obererbbauberechtigten verbleibt die Möglichkeit, ein Bauwerk haben zu dürfen;[118] zu etwaigen Klimaschutz- und Reduktionszielen, die die Beteiligten wünschen, vgl. § 4 Rdn 48;
- zur **Instandhaltung** des Bauwerks vgl. § 4 Rdn 53 ff.;
- zur **Verwendung** des Bauwerks vgl. § 4 Rdn 56 ff.; getroffen werden können **Verwendungsvereinbarungen** mit ökologischen Nachhaltigkeitszielen bzw. mit klimapolitischen Zielvorstellungen,[119] vgl. § 4 Rdn 48, 52 und 58, also Regelung folgenden Inhalts, die an dieser Stelle nochmals wiedergegeben werden dürfen:
- die **energieoptimierte Bauwerksnutzung**, um den Energieverbrauch des Bauwerks zu reduzieren. Dabei können Regelungen zur **Installation intelligenter Messsysteme** vereinbart werden, etwa die Installation sog. Smart Meter, die zur Digitalisierung der Verbrauchsdaten beitragen. In diesem Rahmen der energieoptimierten Nutzung des Bauwerks bewegt sich auch eine Verpflichtung des Erbbauberechtigten, stets die **höchste energetische Energieeffizienzklasse** zu berücksichtigen, besonders energiesparende Leuchtmittel zu verwenden, entsprechende Elektrogeräte anzuschaffen und die Empfehlungen gängiger Umweltsiegel zu befolgen (Blauer Engel, EU-Ecolabel, EU-Energielabel). Zur Seite gestellt werden können Nutzungsbeschränkungen, die den **Energiebezug aus ausschließlich regenerativen Energiequellen** vorsehen, alternativ nur zu einem bestimmten Prozentsatz, sofern dies wirtschaftlich vertretbar ist. Welche Energiequellen in Betracht kommen, wird durch eine Aufzählung i.S.d. EEG (Erneuerbare-Energien-Gesetz) dargelegt, also Wasserkraft, solare Strahlungsenergie, Windkraft, Geothermie, Biomasse sowie weitere Energiequellen, die von einschlägigen Gesetzen als erneuerbar anerkannt werden.[120] Vgl. auch § 4 Rdn 58;
- die **wasserverbrauchsoptimierte Bauwerksnutzung**, etwa in Gestalt einer Verpflichtung, wassersparende Geräte und Armaturen einzusetzen, wassersparende Vor-

116 *Habel*, MittBayNot 1998, 315, 317.
117 Vgl. *Winkler/Schlögel*, § 3 Rn 16.
118 *Winkler/Schlögel*, § 3 Rn 26.
119 Vgl. hierzu *Hedemann*, Green Leases, S. 167 ff.; zur Regelung des Bauwerkenergieverbrauchs vgl. auch Nagel/*Swars*, § 2 Rn 33.
120 *Hedemann*, Green Leases, S. 167 – 169.

richtungen zu verwenden oder eine bauwerksbezogene Wassermanagementstrategie zu befolgen, um den Trinkwasserverbrauch zu reduzieren bzw. die Nutzung alternativer Wasserquellen zu forcieren.[121] Vgl. auch § 4 Rdn 58;

- die **abfall- und recyclingoptimierte Bauwerksnutzung**, die mit einem bauwerksbezogenen Abfall- und Recyclingmanagement einhergeht, um den Abfallverbrauch zu reduzieren und die Recyclingquote zu optimieren. Dies kann auf Sanierungs- und Umbaumaßnahmen erstreckt werden, wobei sich der Erbbauberechtigte verpflichtet, den Umfang nicht wiederverwendbarer Materialien zu reduzieren. Der im Bauwerk anfallende Abfall ist zu trennen und getrennt zu entsorgen.[122] Vgl. auch § 4 Rdn 58;
- die **Verwendung umweltfreundlicher, ressourcenschonender, gesundheitsfördernder Materialien im Rahmen baulicher Veränderungen**, die bestimmten Beschaffungs- und Gebäudevorgaben unterworfen werden können, die in der Erbbaurechtsbestellungsurkunde näher definiert und dargelegt werden. Vgl. auch § 4 Rdn 58;
- die **Verwendung des Bauwerks im Sinne einer in der Erbbaurechtsbestellungsurkunde definierten Biodiversitätsstrategie**, um dem regionalen Rückgang der Artenvielfalt zu begegnen. Im Rahmen einer solchen bauwerksbezogenen Biodiversitätsstrategie bewegen sich Vereinbarungen über die Anlage von Streuobstwiesen, die Anbringung von Nistkästen, die Errichtung von Gewächshäusern, die Begrünung der Fassade, die Errichtung eines Grün- oder eines Sumpfdaches mit hydrologischen Pflanzen, der Schutz heimischer Tierarten, die Zurückdrängung invasiver Pflanzenarten oder die Ansiedlung von Bienenvölkern.[123] Vgl. auch § 4 Rdn 58;
- die **Verwendung des Bauwerks im Sinne einer in der Erbbaurechtsbestellungsurkunde definierten Mobilitätsstrategie**, mit der die Elektromobilität des Bauwerks ausgebaut werden soll, um die Treibhausgasemissionen zu reduzieren und die Klimaneutralität des Verkehrssektors zu forcieren. Teil dieser bauwerksbezogenen Mobilitätsstrategie kann die Verpflichtung des Erbbauberechtigten sein, für die verstärkte Fahrradnutzung zu sorgen, Fahrradstellplätze zu errichten, Fahrrad- oder Carsharing- Möglichkeiten anzubieten, den Ausbau der Ladeinfrastruktur im Bauwerk zu unterstützen und die entsprechenden Energiekapazitäten im Bauwerk sicherzustellen.[124] Vgl. auch § 4 Rdn 58;
- eine **gesundheits- und wohlbefindensorientierte Bauwerksnutzung**, in deren Rahmen der Erbbauberechtigte sich verpflichtet, die Verwendung gesundheitsschädlicher Bestandteile zu unterlassen, etwa die Verwendung von Produkten mit toxischen Inhaltsstoffen (Phthalate, Formaldehyd, Biozide, Holzschutzmittel) oder die Verwendung von Weichmachern, stattdessen sind naturbelassene Materialien zum Einsatz

121 *Hedemann*, Green Leases, S. 169 ff.
122 *Hedemann*, Green Leases, S. 171 ff.
123 *Hedemann*, Green Leases, S. 173.
124 *Hedemann*, Green Leases, S. 173 ff.

zu bringen. Zur gesundheitsorientierten Bauwerksnutzung zählt die Vermeidung von Asbest oder von künstlichen Mineralfasern. Darüber hinaus kann sich der Erbbauberechtigte verpflichten, gesundheitsschädigende Störfaktoren zu vermeiden, etwa Schall, Straßenlärm, Staub-, Licht- oder Geruchsbelästigungen. Vgl. auch § 4 Rdn 58;

- zu den **Verwendungsbeschränkungen** über die gesamte Dauer des Untererbbaurechts vgl. auch § 4 Rdn 59.

Gibt der Obererbbaurechtsvertrag bereits eine bestimmte Form der **Bebauung** vor (Wohn- oder Gewerbebebauung[125]), kann der Untererbbaurechtsvertrag keine andere Bebauungsform gewähren. Tangiert ist die Generalprämisse des Untererbbaurechts. Die **Determination des Untererbbaurechts durch das Obererbbaurecht** ist auch im Rahmen des Bauwerks, das der Untererbbauberechtigte haben darf, zu beachten, ebenso im Rahmen der **Nutzungsbefugnis**, die dem Untererbbauberechtigten eingeräumt wird, sowie im Rahmen der **zeitlichen Dauer,**[126] die dem Untererbbaurecht beigemessen wird. Als derivatives Recht muss sich das Untererbbaurecht in den Bahnen des Obererbbaurechts bewegen. Dem Obererbbauberechtigten muss die Berechtigung verbleiben, ein Bauwerk haben zu dürfen.[127] Ohne Baurecht kann das Erbbaurecht nicht existieren, vgl. § 1 Abs. 1 ErbbauRG.[128]

IV. Vertragliche Bestimmungen über die Versicherung des Bauwerks des Untererbbaurechts und seinen Wiederaufbau im Falle der Zerstörung, § 2 Nr. 2 ErbbauRG

31 **Vgl. § 4 Rdn 61 ff.**

- Zu den **Sachversicherungen** vgl. § 4 Rdn 61;
- zum **Gestaltungsraum** über den näheren Inhalt des Versicherungsvertrages vgl. § 4 Rdn 63.

  Die Praxis kennt Untererbbaurechtsverträge, in denen lediglich die Verpflichtung zum Abschluss einer **Brandschadensversicherung** aufgegeben und von weiteren Versicherungen Abstand genommen wird;
- zum **Wiederaufbau** vgl. § 4 Rdn 65 ff.

  Der Inhalt des Untererbbaurechts darf über **den Inhalt des Obererbbaurechts nicht hinausgehen,**[129] vgl. Rdn 28, **Generalprämisse** des Untererbbaurechts.

125 Vgl. *Knothe*, S. 196.
126 Ebenso *Habel*, MittBayNot 1998, 315, 319.
127 *Winkler/Schlögel*, § 3 Rn 26.
128 *Winkler/Schlögel*, § 3 Rn 25.
129 BGH, Urt. v. 22.2.1974, Az. V ZR 67/72 = NJW 1974, 1137, 1138; *Winkler/Schlögel*, § 3 Rn 27; Staudinger/*Rapp*, § 11 Rn 11; *Knothe*, S. 196; so auch bereits LG Lüneburg, Beschl. v. 27.6.1962, Az. 5 T (IV) 248/62 = NJW 1962, 1573, 1574.

Die Determination des Untererbbaurechts durch das Obererbbaurecht ist auf allen Ebenen zu beachten.

V. Vertragliche Bestimmungen über die Tragung der öffentlichen und privatrechtlichen Lasten und Abgaben, § 2 Nr. 3 ErbbauRG

Vgl. § 4 Rdn 69 ff. 32

- Zur Tragung der öffentlichen und privatrechtlichen **Lasten** und Abgaben vgl. § 4 Rdn 69;
  häufig werden in der Vertragspraxis **alle** öffentlichen und privatrechtlichen **Lasten** und **Abgaben** auf den Untererbbauberechtigten abgewälzt; teilweise besteht jedoch auch die Notwendigkeit, einen **Verteilungsschlüssel** im Verhältnis von Ober- und Untererbbauberechtigten festzulegen, der immer dann zur Anwendung gelangt, sofern sich spezielle Lasten und Abgaben nicht separieren lassen;
- zur Verkehrssicherungspflicht vgl. § 4 Rdn 70;
- zum Erschließungsbeitrag vgl. § 4 Rdn 71.

Der Inhalt des Untererbbaurechts darf über **den Inhalt des Obererbbaurechts nicht hinausgehen**[130] (**Generalprämisse** des Untererbbaurechts). Die Determination des Untererbbaurechts durch das Obererbbaurecht ist auf allen Ebenen zu beachten.

VI. Vertragliche Heimfallbestimmungen zum Untererbbaurecht, § 2 Nr. 4 ErbbauRG

Vgl. § 4 Rdn 73 ff. 33

- Zum **Erlöschen** der auf dem Untererbbaurecht lastenden Rechte vgl. § 4 Rdn 73;
- zur Vormerkung und dem Anspruch auf **inhaltsgleiche Neubestellung** für den Fall, dass das Recht erlischt, vgl. § 4 Rdn 73;
- zur gesamten **Dauer** des Untererbbaurechts vgl. § 4 Rdn 75;
- zur Frage des **Verzugs** oder **Verschuldens** vgl. § 4 Rdn 76;
- zum **Katalog zulässiger Heimfallbestimmungen** vgl. § 4 Rdn 77;
- zum **Katalog unzulässiger Heimfallbestimmungen** vgl. § 4 Rdn 79;
- zur **Ausübung** des Heimfalls und der Vormerkungsfähigkeit vgl. § 4 Rdn 80;
- zur Geltendmachung gegenüber dem **Erwerber** und **Ersteher** vgl. § 4 Rdn 80.

130 BGH, Urt. v. 22.2.1974, Az. V ZR 67/72 = NJW 1974, 1137, 1138; Staudinger/*Rapp*, § 11 Rn 11; *Knothe*, S. 196; LG Lüneburg, Beschluss v. 27.6.1962, Az. 5 T (IV) 248/62 = NJW 1962, 1573, 1574.

Der Inhalt des Untererbbaurechts darf über **den Inhalt des Obererbbaurechts nicht hinausgehen**[131] (**Generalprämisse** des Untererbbaurechts). Die Determination des Untererbbaurechts durch das Obererbbaurecht ist auf allen Ebenen zu beachten.

34 Im Falle des **Heimfalls des Obererbbaurechts** erlischt auch das Untererbbaurecht, § 33 Abs. 1 S. 3 ErbbauRG,[132] wogegen **Vorsorge** zu treffen und durch den **beurkundenden Notar** entsprechend zu **belehren** ist. Dies kann durch eine Vereinbarung zwischen dem Untererbbauberechtigten und den Grundstückseigentümer geschehen,[133] gerichtet auf **Neubestellung eines Erbbaurechts am Grundstück** und gesichert durch Eintragung einer **Begründungsvormerkung**,[134] einzutragen im Grundstücksgrundbuch. Dem derivativen Charakter des Untererbbaurechts entspricht dies jedoch nicht, da das Untererbbaurecht als solches nur am Obererbbaurecht begründet werden kann.[135] Eine andere Option besteht darin, dem Untererbbauberechtigten die Möglichkeit einzuräumen, den **Obererbbauzins zu zahlen.**[136] Vorschlagen[137] wird auch die Bestellung einer **Grundschuld am Obererbbaurecht** zugunsten des Untererbbauberechtigten, und zwar zur Sicherung eines Vergütungsanspruchs für das Untererbbaurecht.[138] Im Heimfall des Obererbbaurechts bleibt die Grundschuld bestehen, vgl. § 33 Abs. 1 S. 1 ErbbauRG. Dieser Lösung werden allerdings die Schwierigkeiten entgegengehalten, die sich aus der Wertermittlung des Untererbbaurechts ergeben.[139] Möglich ist auch die Vereinbarung einer **besonderen Loyalitätsklausel**, die jedoch nur schuldrechtlich wirkt (vgl. auch Rdn 53 des Vertragsmusters).

VII. Vertragliche Bestimmungen über die Verpflichtung des Untererbbauberechtigten zur Zahlung von Vertragsstrafen, § 2 Nr. 5 ErbbauRG

35 **Vgl. § 4 Rdn 81 ff.**

- zum **Wahlrecht** vgl. § 4 Rdn 82;
- zum **persönlich haftenden Strafschuldner** vgl. § 4 Rdn 84.

131 BGH, Urt. v. 22.2.1974, Az. V ZR 67/72 = NJW 1974, 1137, 1138; *Winkler/Schlögel*, § 3 Rn 27; Staudinger/*Rapp*, § 11 Rn 11; *Knothe*, S. 196; so auch bereits LG Lüneburg, Beschl. v. 27.6.1962, Az. 5 T (IV) 248/62 = NJW 1962, 1573, 1574.
132 BGH, Urt. v. 22.2.1974, Az. V ZR 67/72 = NJW 1974, 1137, 1138; *Limmer*, Rn 223.
133 Beck'sches Notar-Handbuch/*Wolffskeel v. Reichenberg*, § 4 Rn 51.
134 Ebenso *Winkler/Schlögel*, § 3 Rn 33; *Limmer*, Rn 223.
135 *Winkler/Schlögel*, § 3 Rn 33.
136 *Schöner/Stöber*, Rn 1703; Direktzahlung des Erbbauzinses durch den Untererbbauberechtigten an den Grundstückseigentümer; ebenso *Limmer*, Rn 224; Staudinger/*Rapp*, § 11 Rn 12; *Böttcher*, Rn 64.
137 Beck'sches Notar-Handbuch/*Wolffskeel v. Reichenberg*, § 4 Rn 51.
138 *Winkler/Schlögel*, § 3 Rn 33; *Böttcher*, Rn 66.
139 *Winkler/Schlögel*, § 3 Rn 33.

Der Inhalt des Untererbbaurechts darf über **den Inhalt des Obererbbaurechts nicht hinausgehen**[140] (**Generalprämisse** des Untererbbaurechts). Die Determination des Untererbbaurechts durch das Obererbbaurecht ist auf allen Ebenen zu beachten.

VIII. Vertragliche Bestimmungen über die Einräumung eines Vorrechts für den Untererbbauberechtigten auf Erneuerung des Untererbbaurechts nach dessen Ablauf, § 2 Nr. 6 ErbbauRG

Vgl. § 4 Rdn 86 ff. 36

- zur **praktischen Relevanz** vgl. § 4 Rdn 87

Der Inhalt des Untererbbaurechts darf über **den Inhalt des Obererbbaurechts nicht hinausgehen,**[141] vgl. Rdn 28. Die Determination des Untererbbaurechts durch das Obererbbaurecht ist auf allen Ebenen zu beachten. Höchstgrenze ist die Laufzeit des Obererbbaurechts.

IX. Vertragliche Bestimmungen über die Verpflichtung des Obererbbauberechtigten, das Obererbbaurecht an den jeweiligen Untererbbauberechtigten zu verkaufen, § 2 Nr. 7 ErbbauRG

Generell zur Regelung vgl. § 4 Rdn 89 ff.; 37

- zur **praktischen Relevanz** vgl. § 4 Rdn 91.

X. Vereinbarungen nach §§ 5–8 ErbbauRG: Zustimmungsvorbehalt für die Veräußerung oder Belastung des Untererbbaurechts

Nach § 5 Abs. 1 ErbbauRG kann ein **Veräußerungszustimmungserfordernis** zum Inhalt 38
des Erbbaurechts erklärt werden, ein Zustimmungsvorbehalt für die Veräußerung des Erbbaurechts. Vereinbart werden kann ferner, dass der Erbbauberechtigte zur **Belastung** des Erbbaurechts mit einem Grundpfandrecht oder einer Reallast die Zustimmung des Grundstückseigentümers benötigt, § 5 Abs. 2 S. 1 ErbbauRG (vgl. auch § 4 Rdn 92 ff.). Eine Komplettierung erfährt diese Regelungsmöglichkeit durch § 5 Abs. 2 S. 2 ErbbauRG, wo-

140 BGH, Urt. v. 22.2.1974, Az. V ZR 67/72 = NJW 1974, 1137, 1138; *Winkler/Schlögel*, § 3 Rn 27; Staudinger/*Rapp*, § 11 Rn 11; *Knothe*, S. 196; LG Lüneburg, Beschl. v. 27.6.1962, Az. 5 T (IV) 248/62 = NJW 1962, 1573, 1574.

141 BGH, Urt. v. 22.2.1974, Az. V ZR 67/72 = NJW 1974, 1137, 1138; *Winkler/Schlögel*, § 3 Rn 27; Staudinger/*Rapp*, § 11 Rn 11; *Knothe*, S. 196; LG Lüneburg, Beschl. v. 27.6.1962, Az. 5 T (IV) 248/62 = NJW 1962, 1573, 1574.

nach u.U. auch die **Inhaltsänderung** eines Grundpfandrechts oder einer Reallast unter Zustimmungsvorbehalt gestellt werden kann.

Dass die Regelungen das Verhältnis zwischen dem **Grundstückseigentümer** und dem **Erbbauberechtigten** erwähnen, spricht nicht gegen die Übertragung auf das **Untererbbaurecht**, weil es dem Gesetzgeber an dieser Stelle lediglich um den Hauptanwendungsfall ging, nicht auch um den Ausschluss des Untererbbaurechts. Einer abweichenden Beurteilung steht die Rechtsnatur des Untererbbaurechts entgegen, eines Erbbaurechts an einem Erbbaurecht, eines derivativen Rechts,[142] das splittermäßig[143] die Rechtsposition des Erbbaurechts wahrt. Einer abweichenden Beurteilung steht ferner der Regelungszweck des § 5 ErbbauRG entgegen, womit eine **Kontrollmöglichkeit** über die Person des Erbbauberechtigten und die **Belastungssituation** am Erbbaurecht geschaffen werden soll.[144] Um den Verkauf zu Spekulationszwecken zu unterbinden (vgl. auch § 4 Rdn 100) und ein unliebsames Belastungsszenario im Heimfall zu verhindern (vgl. § 33 Abs. 1 S. 1 ErbbauRG; vgl. hier § 4 Rdn 100), kann der **Regelungsgegenstand des § 5 ErbbauRG auch im Verhältnis zwischen dem Ober- und dem Untererbbauberechtigten aktiviert werden.**[145] Dann benötigt der Untererbbauberechtigte zur Veräußerung oder Belastung des Untererbbaurechts die Zustimmung des Obererbbauberechtigten.[146] Im Kontext des Untererbbaurechts kann **dinglich** dagegen **kein Zustimmungsvorbehalt zugunsten des Grundstückseigentümers** geschaffen werden,[147] dessen Rechtsstellung durch das Untererbbaurecht nicht tangiert wird. Die Regelung in § 5 ErbbauRG ist einschränkend auszulegen und gestattet keine dingliche Ausdehnung auf den Grundstückseigentümer.[148] Möglich bleibt ein schuldrechtlicher Zustimmungsvorbehalt.[149]

39 Die Übertragung oder die Belastung des Untererbbaurechts darf erst eingetragen werden, sobald dem Grundbuchamt die **Zustimmung** des Obererbbauberechtigten oder der **rechtskräftige Ersetzungsbeschluss** in der Form des § 29 GBO nachgewiesen wird (§ 4 Rdn 96). Ohne Zustimmung liegt keine wirksame Übertragung oder Belastung vor, § 6 Abs. 1 ErbbauRG (vgl. § 4 Rdn 96 ff.; dort – § 4 Rdn 97 – auch zur zustimmungs-

142 Zur Herleitung des Untererbbaurechts vgl. BGH, Urt. v. 22.2.1974, Az. V ZR 67/72 = NJW 1974, 1137.

143 Zur Bezeichnung als „*Splitter*" vgl. *Knothe*, S. 196.

144 Zum Regelungszweck vgl. BGH, Urt. v. 22.2.1974, Az. V ZR 67/72 = NJW 1974, 1137.

145 Vgl. auch AG Soest, Beschl. v. 2.11.2007, Az. 8 II 1/7 = WKRS 2007, 54806; ferner OLG Hamm, Beschl. v. 3.7.2008, Az. 15 Wx 116/08 = WKRS 2008, 20103; Ingenstau/Hustedt/*Hustedt*, § 5 Rn 33; *Räfle*, § 5 Rn 11, Regelungen sind auch auf das Untererbbaurecht anwendbar.

146 *Räfle*, § 5 Rn 11.

147 *Habel*, MittBayNot 1998, 315, 319; LG Augsburg MittBayNot 1995, 211; Staudinger/*Rapp*, § 11 Rn 11. Eine entsprechende Regelung kann nur mit schuldrechtlicher Wirkung geschaffen werden, vgl. auch Ingenstau/Hustedt/*Hustedt*, § 5 Rn 33; *Räfle*, § 5 Rn 11. **A.A.** LG Kleve MittRhNotK 1979, 74, 75; *Stahl-Sura*, DNotZ 1981, 604, 610.

148 *Habel*, MittBayNot 1998, 315, 319; LG Augsburg MittBayNot 1995, 211; Staudinger/*Rapp*, § 11 Rn 11; *Räfle*, § 5 Rn 11. **A.A.** LG Kleve MittRhNotK 1979, 74, 75; *Stahl-Sura*, DNotZ 1981, 604, 610.

149 *Räfle*, § 5 Rn 11.

freien Eintragung einer Vormerkung). Die Regelung lässt keine vertragliche Einschränkung auf die vorherige Zustimmung zu, wenngleich dies in der Praxis häufig gewünscht wird (vgl. § 4 Rdn 112). Eine Einschränkung auf die vorherige Zustimmung schränkt die Freizügigkeit und die wirtschaftliche Freiheit des Untererbbauberechtigten unzulässigerweise ein[150] und kann nicht dinglicher Inhalt des Untererbbaurechtsvertrages sein (vgl. auch § 4 Rdn 112; zur neutralen Formulierung vgl. § 4 Rdn 112).

- Zur **Zustimmungsfiktion** vgl. § 4 Rdn 103;
- zur **Vorabzustimmung** für Belastungen vgl. § 4 Rdn 116;
- zur **familien- oder betreuungsgerichtlichen Genehmigung** einer Zustimmung vgl. § 4 Rdn 129;
- zur **grundbuchmäßigen Voreintragung des Zustimmungsberechtigten** vgl. § 4 Rdn 94;
- zur **Voreintragungsobliegenheit (= Eintragung im Gesellschaftsregister) einer zustimmenden Gesellschaft bürgerlichen Rechts** vgl. § 4 Rdn 94;
- zur **Unwiderruflichkeit** nach Wirksamwerden des schuldrechtlichen Kausalgeschäfts vgl. § 4 Rdn 106;
- zum **Katalog der Veräußerungen** i.S.v. § 5 Abs. 1 ErbbauRG vgl. § 4 Rdn 104 und 105;
- zum **Katalog der Belastungen** i.S.v. § 5 Abs. 2 ErbbauRG vgl. § 4 Rdn 121 und 122;
- zum **Katalog zustimmungspflichtiger Inhaltsänderungen** einer Belastung vgl. § 4 Rdn 124 und 125.

Formulierungsbeispiel: Hinweis bei Zustimmungsvorbehalt für die Veräußerung des Untererbbaurechts 40

Die Veräußerung des Untererbbaurechts darf erst eingetragen werden, sobald dem Grundbuchamt die Zustimmung des Obererbbauberechtigten oder der rechtskräftige Ersetzungsbeschluss nachgewiesen wird, und zwar in der Form einer öffentlichen oder öffentlich beglaubigten Urkunde. Die Veräußerung des Untererbbaurechts ist unwirksam, solange der Obererbbauberechtigte nicht die notwendige Zustimmung erteilt hat. Die Zustimmung kann versagt werden, sofern ein entsprechender Grund vorliegt, möglicherweise besteht jedoch ein Anspruch auf Erteilung der Zustimmung. Falls die Zustimmung des Obererbbauberechtigten ohne ausreichenden Grund verweigert wird, kann sie auf Antrag des Untererbbauberechtigten durch das Amtsgericht ersetzt werden, § 7 Abs. 3 ErbbauRG.

Die Zustimmung zur Veräußerung enthält keine Zustimmung zur Belastung, die mit der Veräußerung einhergeht. Die Belastungszustimmung enthält auch keine Zustim-

150 *Schmenger*, BWNotZ 2006, 73, 90.

mung zum Zuschlag in der Zwangsversteigerung. Hierfür ist eine eigene Zustimmung des Obererbbauberechtigten einzuholen.

Kosten, die im Rahmen der Zustimmung anfallen (beispielsweise Beglaubigungskosten), trägt der Untererbbauberechtigte.

41 *Formulierungsbeispiel: Zustimmungsvorbehalt für die Veräußerung des Untererbbaurechts*

Zur Veräußerung des Untererbbaurechts oder eines realen oder ideellen Teils hiervon sowie von Wohnungs- und Teilerbbaurecht bedarf der Untererbbauberechtigte der schriftlichen Zustimmung des Obererbbauberechtigten. Dies gilt auch für eine Veräußerung im Wege der Zwangsversteigerung, wozu auch eine Zwangsversteigerung zum Zwecke der Auseinandersetzung der Gemeinschaft zählt.

Voraussetzung für die Zustimmung zur Veräußerung ist, dass der Erwerber in sämtliche Verpflichtungen aus dem Untererbbaurechtsvertrag (einschließlich der Nachträge) und aus dem Untererbbaurechtsverhältnis im Übrigen in notarieller Form eintritt und sich dabei gegenüber dem Obererbbauberechtigten wegen des Untererbbauzinses der sofortigen Zwangsvollstreckung unterwirft. Die Zustimmung gilt als erteilt, falls sie nicht binnen eines bestimmten Zeitraums unter Angabe von Gründen durch den Obererbbauberechtigten verweigert wird. Die Zustimmung enthält keinen Verzicht auf Ansprüche des Obererbbauberechtigten gegen den Untererbbauberechtigten aus dem Untererbbaurechtsverhältnis, die im Zeitpunkt der Veräußerung dem Grunde nach bereits entstanden sind. Ausgenommen ist der Erwerb durch Zwangsversteigerung, dann haften der Untererbbauberechtigte und der Erwerber gegenüber dem Obererbbauberechtigten als Gesamtschuldner.

Die Veräußerung des Untererbbaurechts darf erst eingetragen werden, sobald dem Grundbuchamt die Zustimmung des Obererbbauberechtigten oder der rechtskräftige Ersetzungsbeschluss nachgewiesen wird, und zwar in der Form einer öffentlichen oder öffentlich beglaubigten Urkunde. Die Veräußerung des Untererbbaurechts ist unwirksam, solange der Obererbbauberechtigte nicht die notwendige Zustimmung erteilt hat. Die Zustimmung kann versagt werden, sofern ein entsprechender Grund vorliegt, möglicherweise besteht jedoch ein Anspruch auf Erteilung der Zustimmung. Falls die Zustimmung des Obererbbauberechtigten ohne ausreichenden Grund verweigert wird, kann sie auf Antrag des Untererbbauberechtigten durch das Amtsgericht ersetzt werden, § 7 Abs. 3 ErbbauRG.

Die Zustimmung zur Veräußerung enthält keine Zustimmung zur Belastung, die mit der Veräußerung einhergeht.

Kosten, die im Rahmen der Zustimmung anfallen (beispielsweise Beglaubigungskosten), trägt der Untererbbauberechtigte.

Formulierungsbeispiel: Zustimmungsvorbehalt für die Belastung des Untererbbaurechts 42

Zur Belastung des Untererbbaurechts mit einer Hypothek, Grund- oder Rentenschuld, einer Reallast oder einem Dauerwohn- und Dauernutzungsrecht bedarf der Untererbbauberechtigte der schriftlichen Zustimmung des Obererbbauberechtigten. Dies gilt auch für jede Änderung des Inhalts der genannten Belastungen, sofern die Änderung eine weitere Belastung des Untererbbaurechts enthält.

Die Belastung des Untererbbaurechts mit den erwähnten Rechten darf erst eingetragen werden, sobald dem Grundbuchamt die Zustimmung des Obererbbauberechtigten oder der rechtskräftige Ersetzungsbeschluss nachgewiesen wird, und zwar in der Form einer öffentlichen oder öffentlich beglaubigten Urkunde. Die Belastung des Untererbbaurechts ist unwirksam, solange der Obererbbauberechtigte nicht die notwendige Zustimmung erteilt hat. Die Zustimmung kann versagt werden, sofern ein entsprechender Grund vorliegt, möglicherweise besteht jedoch ein Anspruch auf Erteilung der Zustimmung. Falls die Zustimmung des Obererbbauberechtigten ohne ausreichenden Grund verweigert wird, kann sie auf Antrag des Untererbbauberechtigten durch das Amtsgericht ersetzt werden, § 7 Abs. 3 ErbbauRG.

Die Zustimmung zur Veräußerung enthält keine Zustimmung zur Belastung, die mit der Veräußerung einhergeht. Die Belastungszustimmung enthält auch keine Zustimmung zum Zuschlag in der Zwangsversteigerung. Hierfür ist eine eigene Zustimmung des Obererbbauberechtigten einzuholen.

Schuldrechtlich gilt die Belastungsbeschränkung auch für alle anderen Belastungen des Untererbbaurechts mit dinglichen Rechten, die in der Zweiten Abteilung des Grundbuchs eingetragen werden.

Kosten, die im Rahmen der Zustimmung anfallen (beispielsweise Beglaubigungskosten), trägt der Untererbbauberechtigte.

Wird das Untererbbaurecht mit einem Grundpfandrecht belastet, verpflichtet sich bereits heute der Untererbbauberechtigte gegenüber dem Obererbbauberechtigten dazu, dieses Grundpfandrecht löschen zu lassen, wenn und soweit es sich mit dem Untererbbaurecht in einer Person vereinigt. Zur Sicherung dieses Löschungsanspruchs ist bei Bestellung des Grundpfandrechts eine Löschungsvormerkung für den jeweiligen Obererbbauberechtigten auf Kosten des Untererbbauberechtigte einzutragen (§ 1179 Ziffer 2 BGB).

Wird das Untererbbaurecht mit einer Grundschuld belastet, tritt der Untererbbauberechtigte bereits heute seine Ansprüche auf Rückübertragung oder Löschung dieser Grundschuld an den Obererbbauberechtigten ab. Zur Sicherung dieses abgetretenen Anspruchs auf Rückübertragung bzw. Löschung einer solchen Grundschuld ist für den Obererbbauberechtigten eine Vormerkung bei Eintragung der Grundschuld im Grundbuch einzutragen (§ 883 Abs. 1 BGB).

Der Obererbbauberechtigte stimmt bereits jetzt Belastungen des Untererbbaurechts mit Hypotheken und Grundschulden zu, sofern

- sie innerhalb von … Jahren nach Abschluss des Untererbbaurechtsvertrages bewilligt und beantragt werden
- sie Rang nach der Untererbbauzinsreallast und dem dinglichen Vorkaufsrecht des Obererbbauberechtigten erhalten
- sie zugunsten von Anstalten und Körperschaften des öffentlichen Rechts, Kreditinstituten und Versicherungsgesellschaften mit dem Sitz innerhalb der EU erfolgen
- zugleich mit den Belastungen die oben beschriebenen Vormerkungen (Löschungsvormerkung gem. § 1179 Ziffer 2 BGB und Rückgewährsvormerkung gem. § 883 Abs. 1 BGB) zugunsten des Obererbbauberechtigten eingetragen werden.

Im **Untererbbaugrundbuch** ist der Zustimmungsvorbehalt **unmittelbar einzutragen**, § 56 Abs. 2 GBV.

D. Bestellung eines Untererbbaurechts: Grundgeschäft

43 Das **Verpflichtungsgeschäft** zwischen dem **Ober**- und dem **Untererbbauberechtigten** bedarf der **notariellen Beurkundung**, § 11 Abs. 2 ErbbauRG i.V.m. § 311b Abs. 1 BGB (zur Form vgl. auch § 4 Rdn 126). Der Aufklärungsbedarf ist nicht gering, hinzu kommt der **inhaltliche Abgleich mit dem Obererbbaurechtsvertrag**, der notwendig ist, um **Diskordanzen** zu vermeiden. Schließlich darf das Untererbbaurecht nicht über den Inhalt des Obererbbaurechts hinausgehen.[151] Bewussten Formverstößen darf das Grundbuchamt nicht die Hand reichen und durch Eintragung zur Heilung verhelfen (vgl. § 4 Rdn 126). Nicht mitwirken muss der Grundstückseigentümer,[152] dessen Vertragspartner der Obererbbauberechtigte bleibt. Davon zu trennen ist die Frage nach dem Rangrücktritt etwaiger Rechte, die für den Grundstückseigentümer eingetragen sind.

E. Bestellung eines Untererbbaurechts: dingliche Begründung

44 Die Begründung eines Untererbbaurechts erfordert eine **Einigung**, erklärt vom Ober- und Untererbbauberechtigten, und die **Eintragung**, und zwar im Grundbuch des Obererbbaurechts, dort wiederum an erster Rangstelle, § 11 Abs. 2 ErbbauRG i.V.m. § 873 Abs. 1 BGB. Nicht involviert ist der Grundstückseigentümer, für den die Bestellung eines Unter-

151 BGH, Urt. v. 22.2.1974, Az. V ZR 67/72 = NJW 1974, 1137.
152 Vgl. *Habel*, MittBayNot 1998, 315, 319.

erbbaurechts keine Änderung bedeutet. Der BGH führte insoweit aus: „*Im Vergleich zur Veräußerung ändert sich bei der Belastung eines Erbbaurechts mit einem Untererbbaurecht für den Eigentümer insofern nichts, als er keinen neuen Vertragspartner erhält, weil das Erbbaurechtsverhältnis zwischen ihm und dem (ursprünglichen) Erbbauberechtigten bestehen bleibt.*“[153]

Der **Meinungsstreit**, der zur **Form** geführt wird (vgl. § 4 Rdn 127), wirkt sich auch auf die Frage aus, ob für die Begründung eines Untererbbaurechts eine besondere Form zu beachten ist. Nach der überwiegenden Meinung soll das dingliche Erfüllungsgeschäft nicht der notariellen Form bedürfen,[154] vielmehr eine notariell beglaubigte Erklärung ausreichen (vgl. § 4 Rdn 127). Die **Praxis** dominiert jedoch die **notarielle Beurkundung**, bedingt durch die Vorteile, die sich aus einer Vorverlagerung der Bindungswirkung ergeben, § 873 Abs. 2 BGB (vgl. § 4 Rdn 127).

Die Grundbucheintragung darf nur erfolgen, sofern die erforderliche Einigung des Ober- und des Untererbbauberechtigten **erklärt** und dem Grundbuchamt in der Form des § 29 GBO **nachgewiesen** ist, vgl. **§ 20 GBO** (vgl. § 4 Rdn 128).

Für das Untererbbaurecht wird ein **eigenes Untererbbaugrundbuch** angelegt, § 14 Abs. 1 S. 1 ErbbauRG,[155] zeitgleich mit der **Eintragung des Untererbbaurechts im Grundbuch des Obererbbaurechts**, dort Zweite Abteilung, erste Rangstelle (vgl. auch § 4 Rdn 128, dort auch zur versehentlichen Nichtanlegung des Untererbbaugrundbuchs, die vom Notariat im Rahmen der Kontrolle der grundbuchamtlichen Eintragungsbekanntmachung beanstandet werden muss, wenngleich das Untererbbaurecht wirksam zur Entstehung gelangt).

F. Checkliste im Einzelnen/Unterlagen für den Vollzug im Grundbuch

Um die **Untererbbaurechtsbegründung** im Grundbuch vollziehen zu können, müssen 45
die **formellen Erfordernisse** der folgenden **Checkliste** erfüllt sein:[156]

- **Zulässigkeitsprüfung** und **Generalprämisse**:
  - das Untererbbaurecht muss sich als derivatives Rechte in den Bahnen des Obererbbaurechts bewegen, der Inhalt des Untererbbaurechtsvertrags darf **nicht über den Inhalt des Obererbbaurechtsvertrags hinausgehen** (beispielsweise Laufzeit,

153 BGH, Urt. v. 22.2.1974, Az. V ZR 67/72 = NJW 1974, 1137; *Habel*, MittBayNot 1998, 315, 319.

154 *Demharter*, § 20 Rn 30.

155 BGH, Urt. v. 22.2.1974, Az. V ZR 67/72 = NJW 1974, 1137, 1138; *Schöner/Stöber*, Rn 1703.ff.

156 *Schöner/Stöber*, Rn 1679; fragmentarisch *Böttcher*, Rn 401, dort ohne weitere Genehmigungserfordernisse nach Baugesetzbuch, Gemeinderecht, Kirchenrecht, Familien- und Betreuungsrecht.

Bebauung, Nutzungsbefugnis). Der inhaltliche Abgleich ist vor der Beurkundung des Untererbbaurechtsvertrages erfolgt, keine Diskordanzen.
- dem Obererbbauberechtigten verbleibt die Möglichkeit, ein Bauwerk haben zu dürfen

- **Antrag** des Ober- oder des Untererbbauberechtigten, § 13 Abs. 1 GBO
- **Einigung** des Ober- und des Untererbbauberechtigten, § 20 GBO, nachgewiesen in notariell beurkundeter Form, § 29 Abs. 1 S. 1 GBO
- **Bewilligung** des Obererbbauberechtigten, §§ 19, 29 GBO
- **Voreintragung** des Obererbbauberechtigten, § 39 Abs. 1 GBO; ist der Obererbbauberechtigte eine Gesellschaft bürgerlichen Rechts, muss sie sich vorab im Gesellschaftsregister und danach im Wege der Berichtigung im Grundbuch eintragen lassen, um ein Untererbbaurecht bestellen zu können
- bei mehreren Untererbbauberechtigten ist das **Anteilsverhältnis** anzugeben, § 47 GBO; ist der Untererbbauberechtigte eine Gesellschaft bürgerlichen Rechts, muss die Gesellschaft vorab im Gesellschaftsregister eingetragen werden, § 47 Abs. 2 GBO
- dem Grundbuchamt ist eine **Unbedenklichkeitsbescheinigung** (UB) des Finanzamtes vorzulegen, § 22 GrEStG
- dem Grundbuchamt ist die Genehmigung der Gemeinde vorzulegen, sofern im Obererbbaugrundbuch ein **Sanierungsvermerk** eingetragen ist; nach § 144 Abs. 2 Nr. 1 BauGB ist zur Bestellung eines Untererbbaurechts die Genehmigung der Gemeinde erforderlich.
- genehmigungsbedürftig ist auch die Bestellung eines Untererbbaurechts in einem Umlegungsgebiet. Nach § 51 Abs. 1 Nr. 1 BauGB ist die **Genehmigung der Umlegungsstelle** vorzulegen, da mit dem Untererbbaurecht ein weiteres Bebauungsrecht eingeräumt wird.
- Eine **Vorkaufsrechtsbescheinigung** der Gemeinde ist **nicht erforderlich**, da ein Kauf nicht vorliegt, sondern die Begründung eines Untererbbaurechts. Das Erbbaurecht ist ohnehin von der Vorkaufsrechtsbescheinigung ausgenommen ist, vgl. § 24 Abs. 2 BauGB.
- bei Beteiligung eines **Minderjährigen** oder **Betreuten** ist ggf. eine **rechtskräftige familien- bzw. betreuungsgerichtliche Genehmigung** vorzulegen, §§ 1643 Abs. 1, 1850 BGB
- bei Bestellung eines Untererbbaurechts *für* eine Kommune ist die **Genehmigung der Kommunalaufsichtsbehörde** erforderlich, sofern eine Verpflichtung zur Zahlung eines Untererbbauzinses begründet wird. Die höchstrichterliche Rechtsprechung[157]

157 BGH, Beschl. v. 18.11.2016, Az. V ZR 266/14 = NZM 2016, 856 = ZfIR 2016, 407 m. Anm. *Becker* = DNotZ 2016, 375; *Amann*, DNotZ 2017, 328.

sieht hierin ein kreditähnliches Rechtsgeschäft. Dem Grundbuchamt ist die Genehmigung der Kommunalaufsicht vorzulegen, alternativ ein entsprechendes Negativattest.

G. Genehmigungserfordernisse

I. Unbedenklichkeitsbescheinigung des Finanzamtes

Die Bestellung eines Untererbbaurechts unterliegt der **Grunderwerbsteuer,**[158] sodass dem Grundbuchamt zur Eintragung des Untererbbaurechts die **Unbedenklichkeitsbescheinigung** (UB) des Finanzamtes vorzulegen ist. Die Gleichstellung der Erbbaurechte mit den Grundstücken (vgl. § 2 Abs. 2 Nr. 1 GrEStG) erfasst auch die Untererbbaurechte.[159] In der UB bescheinigt das Finanzamt, dass gegen die Eintragung keine steuerlichen Bedenken bestehen. 46

II. Genehmigung nach Kirchenrecht

Vgl. auch § 4 Rdn 141, danach benötigen kirchliche Rechtsträger zur Bestellung eines Untererbbaurechts an einem kirchlichen Erbbaurecht die **Genehmigung ihrer Kirchenaufsichtsbehörde.**[160] Das katholische Kirchenrecht, der *Codex Iuris Canonici* (CIC), sieht für veräußerungsähnliche Rechtsgeschäfte eine Genehmigungspflicht vor, c. 1295 CIC.[161] In den Partikularnormen der Dt. Bischofskonferenz ist insoweit festgelegt, dass zu veräußerungsähnlichen Rechtsgeschäfte, die die Obergrenze von 5 Millionen EUR überschreiten, zusätzlich zur Genehmigung des Diözesanbischofs die Genehmigung des Apostolischen Stuhls erforderlich ist. Die Empfehlung geht dahin, in Zweifelsfällen das Negativattest der Aufsichtsbehörde in grundbuchmäßiger Form (Siegel und Unterschrift) zu erholen. 47

III. Genehmigung nach Gemeinderecht und Baugesetzbuch

Vgl. § 4 Rdn 142, zur Begründung eines Untererbbaurechts *zugunsten* einer Kommune ist die **Genehmigung der Kommunalaufsichtsbehörde** vorzulegen,[162] sofern der **Untererbbaurechtsvertrag** als **kreditähnliches Rechtsgeschäft** zu werten ist. Dies ist der 48

158 BFH, Urt. v. 5.12.1979, Az. II R 103/76 = BeckRS 1979, 22005121; vgl. ferner Ziffer 1, letzter Satz, der Erbbaurechtserlasse vom 16.9.2015, BStBl I 2015, 827.

159 BFH a.a.O.

160 *Schöner/Stöber*, Rn 4085.

161 *Schöner/Stöber*, a.a.O.

162 BGH, Urt. v. 22.1.2016, Az. V ZR 27/14 = NZM 2016, 856 = ZfIR 2016, 407 m. Anm. *Becker* = DNotZ 2016, 375; vgl. *Amann*, DNotZ 2017, 328; *Sauren*, Rpfleger 2019, 368, 373; Spiegelberger/Schallmoser/*Rapp*, Rn 5.54. Überholt insofern *Habel*, MittBayNot 1998, 315, 318 (dort Genehmigungsfähigkeit noch verneint).

Fall, sofern der Untererbbaurechtsvertrag die **Verpflichtung der Kommune** begründet, einen **Untererbbauzins** zu zahlen.[163] In der Zahlung eines Untererbbauzinses ist eine Kreditaufnahme durch die Kommune zu sehen,[164] wobei es nicht darauf ankommt, dass die Zahlung des Untererbbauzinses dinglich gesichert wird (Eintragung einer Untererbbauzinsreallast) oder nur schuldrechtlich vereinbart ist.[165] Maßgeblich ist einzig und allein, dass die Gegenleistung, die Untererbbauzinszahlung, auch in die **kommenden Haushaltsjahre** verlagert wird. Der BGH[166] unterscheidet nicht danach, wie lange der Untererbbauzins zu zahlen ist. Eine Grenze von 30 Jahren[167] kann der höchstrichterlichen Rechtsprechung nicht entnommen werden. Ohne Genehmigung der Kommunalaufsichtsbehörde ist ein entsprechender Untererbbaurechtsvertrag unwirksam. Zur evtl. Ersitzung vgl. § 4 Rdn 142. Dagegen liegt **kein kreditähnliches Rechtsgeschäft** vor, sofern nur eine **einmalige Zahlung als Gegenleistung** vereinbart ist.[168] Die Gegenleistung wird dann nicht in die kommenden Haushaltsjahre verlagert.[169] Ob die Kreditaufnahme der Genehmigung der Kommunalaufsichtsbehörde bedarf, ist in den jeweiligen Gemeindeordnungen der **Bundesländer** geregelt. Zum **Katalog** der einzelnen Regelungen der Bundesländer vgl. bereits die Übersicht unter § 4 Rdn 142, die aus Vereinfachungsgründen hier nochmals beigefügt wird:

- **Baden-Württemberg**: die Begründung einer Zahlungspflicht, die wirtschaftlich einer Kreditaufnahme gleichkommt, bedarf der Genehmigung der Rechtsaufsichtsbehörde, vgl. § 87 Abs. 5 S. 1 BadWürttGO; allerdings sieht die VwV-Freigrenzen-Verwaltungsvorschrift vom 1.12.2014 (GABl 2014, 914) vor, dass spezielle Rechtsgeschäfte als allgemein genehmigt gelten, sofern sie spezielle Erfordernisse erfüllen, vgl. Pkt. 1 Ziffer 1 der Verordnung, also die Begründung von Zahlungspflichten, die bestimmte Wertgrenzen nicht übersteigen, abhängig von der Einwohnerzahl. Die Regelung in Pkt. C Ziffer 2 der Verwaltungsvorschrift sieht vor, dass bei allgemein genehmigten Rechtsgeschäften auf Wunsch schriftlich unter Hinweis auf die relevante Bestimmung erklärt werden kann, dass das Rechtsgeschäft als allgemein genehmigt gilt. Die Empfehlung geht dahin, eine solche Erklärung bzw. ein Negativattest anzufordern, um den grundbuchamtlichen Vollzug zu beschleunigen.

163 BGH a.a.O.; *Sauren,* a.a.O.; Spiegelberger/Schallmoser/*Rapp*, Rn 5.54.
164 BGH a.a.O.; überholt *Habel*, MittBayNot 1998, 315, 318.
165 So explizit BGH a.a.O.
166 BGH a.a.O.; nicht mehr aktuell *Habel*, MittBayNot 1998, 315, 318.
167 *Amann*, DNotZ 2017, 328, 342: langfristige Zahlungsverpflichtungen sollen nur Zahlungsverpflichtungen sein, die über 30 Jahre hinaus gelten. Nach Ansicht von *Amann* sollen kürzere Zahlungsverpflichtungen genehmigungsfrei bleiben. *Amann* weist aber auch auf die abweichende Ansicht des BGH hin. Soweit ersichtlich, nimmt die grundbuchamtliche Praxis eine entsprechende Abgrenzung nicht vor, sondern verlangt die Genehmigung der Kommunalaufsichtsbehörde.
168 BGH a.a.O.
169 BGH a.a.O.

- **Bayern**: der Abschluss von Rechtsgeschäften, die der Kreditaufnahme wirtschaftlich gleichkommen, bedarf der Genehmigung, vgl. Art. 72 Abs. 1 BayGO. Die Genehmigung ist dem Grundbuchamt vorzulegen.
- **Brandenburg**: die Begründung einer Zahlungsverpflichtung, die wirtschaftlich einer Kreditverpflichtung gleichkommt, bedarf der Genehmigung der Kommunalaufsichtsbehörde, vgl. § 74 Abs. 5 S. 1 der Kommunalverfassung des Landes Brandenburg. Die Kommunalaufsicht kann die Genehmigung allgemein erteilen für Zahlungsverpflichtungen, die für den Haushalt der Gemeinde keine besondere Belastung darstellen oder für die standardisierte Verträge verwendet werden, vgl. § 74 Abs. 5 S. 2 der Kommunalverfassung des Landes Brandenburg. Die Empfehlung geht dahin, eine solche Erklärung bzw. ein Negativattest anzufordern, um den grundbuchamtlichen Vollzug zu beschleunigen.
- **Hessen**: die Begründung einer Zahlungspflicht, die wirtschaftlich einer Kreditverpflichtung gleichkommt, bedarf der Genehmigung der Aufsichtsbehörde, vgl. § 103 Abs. 7 S. 1 Hessische Gemeindeordnung (HGO). Die Genehmigung ist dem Grundbuchamt vorzulegen.
- **Mecklenburg-Vorpommern**: die Begründung einer Zahlungsverpflichtung, die wirtschaftlich einer Kreditaufnahme gleichkommt, bedarf der Genehmigung der Rechtsaufsichtsbehörde (Einzelgenehmigung), vgl. § 52 Abs. 5 S. 1 der Kommunalverfassung für das Land Mecklenburg-Vorpommern. In § 2 der GenehmFVO-M-V (GVOBl. M-V 2008, 442) ist eine bedingte Genehmigungsfreiheit vorgesehen, die das Notariat bzw. das Grundbuchamt nicht feststellen können (Genehmigungsfreiheit in Abhängigkeit von Beträgen), so dass die Empfehlung dahin geht, die Genehmigung bzw. das Negativattest anzufordern und dem Grundbuchamt vorzulegen.
- **Niedersachsen**: die Begründung einer Zahlungsverpflichtung, die wirtschaftlich einer Kreditverpflichtung gleichkommt, bedarf der Genehmigung der Kommunalaufsichtsbehörde, vgl. § 120 Abs. 6 S. 1 des Niedersächsischen Kommunalverfassungsgesetzes (NKomVG). Die Genehmigung ist dem Grundbuchamt vorzulegen.
- **Nordrhein-Westfalen**: keine Genehmigung der Kommunalaufsichtsbehörde erforderlich, es besteht lediglich eine Anzeigepflicht, vgl. § 86 Abs. 4 S. 1 GO NRW[170] sowie Pkt. 4.2 des RdErl. d. Ministeriums für Inneres und Kommunales vom 16.12.2014, Az. 34–48.05.01/02-8/14. Eine Genehmigung muss nicht angefordert werden, ebenso wenig ein Negativattest. Gegenüber dem Grundbuchamt empfiehlt sich der Hinweis auf die Rechtslage.
- **Rheinland-Pfalz**: die Begründung einer Zahlungspflicht, die wirtschaftlich einer Kreditaufnahme gleichkommt, bedarf der Genehmigung der Aufsichtsbehörde, vgl.

170 Vgl. den Wortlaut des § 86 Abs. 4 S. 1 GO NRW sowie *Gern/Brüning*, Rn 1251.

§ 103 Abs. 5 S. 1 der GemO Rheinland-Pfalz. Die Genehmigung ist dem Grundbuchamt vorzulegen.

- **Saarland**: die Begründung einer Zahlungsverpflichtung, die wirtschaftlich einer Kreditverpflichtung gleichkommt, bedarf der Genehmigung der Kommunalaufsichtsbehörde, vgl. § 92 Abs. 5 S. 1 KSVG. Eine Ausnahme hierzu sieht die § 2 Abs. 1 der Freistellungsverordnung (GemRGV SL) vom 28.9.2001 (Amtsblatt 2001, 1942, Gliederungs-Nr. 2020-1–2) vor, Wertgrenzen in Relation zur Einwohnerzahl (bis 10.000 Einwohner: 20.000 EUR; über 10.000 bis 20.000 Einwohner: 40.000 EUR; über 20.000 bis 40.000 Einwohner: 60.000 EUR; über 40.000 bis 100.000 Einwohner: 125.000 EUR; über 100.000 Einwohner: 250.000 EUR). Entsprechende Rechtsgeschäfte bedürfen nicht der Genehmigung, vielmehr besteht nur eine Anzeigepflicht gegenüber der Kommunalaufsichtsbehörde, vgl. § 2 Abs. 2 der Freistellungsverordnung. Die Empfehlung geht dahin, die Genehmigung bzw. das Negativattest anzufordern und dem Grundbuchamt vorzulegen.
- **Sachsen**: die Begründung einer Zahlungspflicht, die wirtschaftlich einer Kreditaufnahme gleichkommt, bedarf der Genehmigung der Rechtsaufsichtsbehörde, vgl. § 82 Abs. 5 S. 1 SächsGemO. Die Genehmigung ist dem Grundbuchamt vorzulegen.
- **Sachsen-Anhalt**: die Begründung einer Zahlungspflicht, die wirtschaftlich einer Kreditaufnahme gleichkommt, bedarf der Genehmigung der Kommunalaufsichtsbehörde, vgl. § 108 Abs. 6 S. 1 KVG LSA. Die Genehmigung ist dem Grundbuchamt vorzulegen.
- **Schleswig-Holstein**: die Begründung einer Zahlungsverpflichtung, die wirtschaftlich einer Kreditverpflichtung gleichkommt, bedarf der Genehmigung der Kommunalaufsichtsbehörde, vgl. § 95g der Gemeindeordnung für Schleswig-Holstein; die Landesverordnung über die Genehmigungsfreiheit von Rechtsgeschäften kommunaler Körperschaften vom 14.9.2016 (Gliederungs-Nr. 2020-3–34) sieht hierfür keine Ausnahme vor. Die Empfehlung geht dahin, eine solche Erklärung (Genehmigung bzw. Negativattest) anzufordern, um den grundbuchamtlichen Vollzug zu beschleunigen.
- **Thüringen**: der Abschluss von Rechtsgeschäften, die der Kreditaufnahme wirtschaftlich gleichkommen, ist genehmigungspflichtig, vgl. § 64 Abs. 1 der Thüringer Gemeinde- und Landkreisordnung (ThürKO); allerdings kann das für das Kommunalrecht zuständige Ministerium durch Rechtsverordnung spezielle Rechtsgeschäfte von der Genehmigung freistellen, etwa Rechtsgeschäfte, die die Gemeinden zur Erfüllung bestimmter Aufgaben eingehen oder die ihrer Natur nach regelmäßig wiederkehren, vgl. § 64 Abs. 5 Nr. 1 und 3 ThürKO. Die Empfehlung geht dahin, die Genehmigung bzw. das Negativattest anzufordern und dem Grundbuchamt vorzulegen.

49 Zur Bestellung eines Untererbbaurechts ist ferner die **Sanierungsgenehmigung** der Gemeinde vorzulegen, sofern im Obererbbaugrundbuch ein Sanierungsvermerk eingetragen ist. Das Genehmigungserfordernis ergibt sich aus § 144 Abs. 2 Nr. 1 BauGB, mit dem Untererbbaurecht wird ein neues Erbbaurecht bestellt. Dem Erfordernis der ersten Rangstelle (§ 10 ErbbauRG) steht der Sanierungsvermerk am Obererbbaurecht nicht entgegen, da es sich nicht um ein Recht handelt.

Genehmigungsbedürftig ist auch die Bestellung eines Erbbaurechts in einem **Umlegungsgebiet**. Nach § 51 Abs. 1 Nr. 1 BauGB ist zur Verfügung über ein Recht an einem Grundstück (= Obererbbaurecht) bzw. für die Einräumung eines neuen Bebauungsrechts (= Untererbbaurecht) die **Genehmigung der Umlegungsstelle** vorzulegen.

Vgl. § 4 Rdn 142, die Erholung einer gemeindlichen **Vorkaufsrechtsbescheinigung** 50
scheidet aus, zumal das Vorkaufsrecht nur beim Kauf von Grundstücken besteht, § 24 Abs. 1 S. 1 BauGB i.V.m. § 433 BGB, nicht aber bei der Bestellung eines Untererbbaurechts. Es besteht **kein Vorkaufsrechtsfall**. Dies gilt auch für den Kauf von Untererbbaurechten.[171] Seit der Novellierung des Baugesetzbuches im Jahr 1987 steht der Gemeinde beim Kauf eines Untererbbaurechts kein Vorkaufsrecht mehr zu. Ein **Negativattest** muss dem Grundbuchamt **nicht vorgelegt** werden.

IV. Genehmigung des Familien- bzw. Betreuungsgerichts

Vgl. § 4 Rdn 143, zur **Belastung des Obererbbaurechts eines minderjährigen Kindes** 51
mit einem Untererbbaurecht benötigen die Eltern die **Genehmigung des Familiengerichts**. Eine entsprechende Genehmigungspflicht ergibt sich aus §§ 1643 Abs. 1, 1850 Nr. 1 BGB.[172] Eine Verfügung über ein Recht an einem Grundstück liegt vor, eine Verfügung über das Obererbbaurecht. Gleiches gilt für die Untererbbaurechtsbestellung durch **Betreuer** oder **Pfleger.**[173]

Eine Genehmigungspflicht besteht auch für den Fall des **Untererbbaurechtserwerbs durch ein Kind**. Maßgeblich ist § 1850 Nr. 6 BGB, da der Vertrag auf den entgeltlichen Erwerb eines grundstücksgleichen Rechts gerichtet ist.[174] Bereits die Zahlung des Untererbbauzinses als Gegenleistung rechtfertigt die Annahme eines entgeltlichen Erwerbs.

Die **Belastung** bzw. **Veräußerung des Untererbbaurechts eines Kindes** stellt eine genehmigungspflichtige Verfügung über das Untererbbaurecht dar, § 1850 Nr. 1 BGB.[175] Gleiches gilt für die Belastung bzw. Veräußerung durch einen Betreuer oder Pfleger.[176]

Zur **Antragstellung**, **Rechtskraft** und **Doppelvollmacht** vgl. § 4 Rdn 144 und 145.

171 Vgl. *Schöner/Stöber*, Rn 4109.

172 Vgl. *Schöner/Stöber*, Rn 1718 und 3690; *Räfle*, § 1 Rn 88; *Böttcher*, Rn 380.

173 Auch Nachlasspfleger, vgl. §§ 1960 ff. BGB.

174 OLG Brandenburg, Beschl. v. 22.7.2002, Az. 10 UF 183/01 = BeckRS 2003, 06687; *Böttcher/Spanl*, RpflJB 1990, 193, 206, 207.

175 *Schöner/Stöber*, Rn 3684; *Böttcher/Spanl a.a.O.*, 193, 203.

176 Auch Nachlasspfleger, vgl. §§ 1960 ff. BGB.

V. Genehmigung nach dem GrdstVG

52 Vgl. § 4 Rdn 146, die **Bestellung eines Untererbbaurechts** ist **genehmigungsfrei**, da keinerlei Veräußerung vorliegt, ebenso wenig eine Verfügung über land- oder forstwirtschaftliche Grundstücke. Mit der Untererbbaurechtsbestellung wird über das Obererbbaurecht verfügt, nicht über das Grundstück. Der **Anwendungsbereich** des GrdstVG ist demnach **nicht eröffnet**. Die Bestellung eines Untererbbaurechts unterliegt **nicht** der Genehmigungspflicht nach § 2 GrdstVG. Die Aufzählung in § 2 GrdstVG präsentiert sich als abschließend, alle weiteren Verfügungen sind genehmigungsfrei.[177]

H. Muster Untererbbaurechtsvertrag

53 ▼

Muster 14.3: Formulierungsvorschlag Untererbbaurechtsvertrag

„UVZ-Nr. /

BESTELLUNG EINES UNTERERBBAURECHTS

Heute, den

– 20 –

sind gleichzeitig vor mir,

,

Notar/Notarin in , in den Geschäftsräumen des Notariats in der , erschienen:

1.

– nachstehend „Erbbauberechtigter“ bzw. „Obererbbauberechtigter“ genannt –,

2.

– nachstehend „Untererbbauberechtigter“ genannt –,

jeweils ausgewiesen durch gültigen amtlichen Lichtbildausweis

177 OLG Hamm a.a.O., 369, 370; LG Düsseldorf a.a.O.; *Schöner/Stöber*, Rn 3942; **a.A.** LG Aurich, Beschl. v. 24.11.1964, Az. 3 T 191/64 = NJW 1965, 543; danach „umfasst der Veräußerungsbegriff des § 2 GrdstVG, wenn schon die Nießbrauchsbestellung genehmigungspflichtig ist, auch die Erbbaurechtsbestellung, die eine viel stärkere Rechtsposition gibt als die Nießbrauchsbestellung“. Dies würde auch für die Bestellung eines Untererbbaurechts gelten. Die Praxis folgt dieser Analogie jedoch nicht.

Die anwesenden Beteiligten erklärten, dass kein Vertragsteil in Ausübung einer gewerblichen oder selbstständigen beruflichen Tätigkeit handelt.

Der Notar verwies auf die Vorschriften des Geldwäschegesetzes und auf die hieraus resultierenden Pflichten.

Die Erschienenen erklärten, nicht auf Veranlassung Dritter oder als Treuhänder für Dritte, sondern auf eigene Rechnung und im eigenen Namen zu handeln.

Die Erschienenen erklärten ferner, weder eine politisch exponierte Person („PeP") zu sein noch in den letzten 12 Monaten gewesen zu sein. Sie erklärten, auch nicht Familienmitglied, naher Angehöriger oder nahestehende Person einer solchen politisch exponierten Person zu sein.

Die Erschienenen verneinten die Frage des Notars/der Notarin nach einer Vorbefassung i.S.v. § 3 Abs. 1 Satz 1 Nr. 7 BeurkG und baten um Beurkundung folgender Vereinbarungen:

I. Grundbuch- und Sachstand

1. Vorbemerkung: Erbbaurecht, Erbbauberechtigter

Im **Erbbaugrundbuch** des Amtsgerichts für die Gemarkung Blatt

ist folgendes Erbbaurecht eingetragen:

Erbbaurecht an dem Flurstück Gemarkung , Flurstücksnummer , straße , Gebäude- und Freifläche, zu qm

Erbbauberechtigter:

Das Erbbaurecht ist eingetragen in Abt. II Nr. des Grundstücksgrundbuch des Amtsgerichts für die Gemarkung Blatt . Eingetragen wurde das Erbbaurecht am . Die Laufzeit des Erbbaurechts endet am . Eigentümer des Erbbaugrundstücks ist .

2. Belastungen

Das vorstehend genannte Erbbaurecht ist wie folgt belastet:

Belastungen der Zweiten Abteilung des Erbbaugrundbuchs:

lfd. Nr. 1:

lfd. Nr. 2:

Belastungen der Dritten Abteilung des Erbbaugrundbuchs:

lfd. Nr. 1:

lfd. Nr. 2:

lfd. Nr.

Das Grundbuch wurde am eingesehen.

3. Erbbaurechtsvertrag

Das Erbbaurecht richtet sich nach den folgenden Urkunden:

– Urkunde vom , URNr. bzw. UVZ-Nr. , Notar

– Urkunde vom , URNr. bzw. UVZ-Nr. , Notar

Diese Urkunden lagen in beglaubigter Abschrift vor und sind den Beteiligten bekannt. Auf eine nochmalige Verlesung und Beifügung dieser Urkunden wird daher verzichtet. Auf die Urkunden wird verwiesen.

Diese Urkunden werden im Folgenden als „Erbbaurechtsvertrag“ bezeichnet. Verweisungen in der heutigen Urkunde auf den Erbbaurechtsvertrag beziehen sich, soweit nichts anderes bestimmt ist, auf die genannten Urkunden, mit denen das Erbbaurecht begründet wurde.

Die sich aus dem Erbbaurechtsvertrag ergebenden Bauverpflichtungen wurden erfüllt. Erbbauberechtigter und Untererbbauberechtigter vereinbaren in diesem Vertrag ein Untererbbaurecht zwecks .

II. Bestellung eines Untererbbaurechts

1. Untererbbaurechtsbestellung

Der Beteiligte zu 1,

– „Erbbauberechtigter“ bzw. „Obererbbauberechtigter“–,

bestellt hiermit zugunsten des

Beteiligten zu 2,

– „Untererbbauberechtigter“ –,

- bei mehreren Mitberechtigten zu je Anteil-
- bei ausländischem Güterstand mehrerer Mitberechtigter: im Güterstand der nach dem Recht des Staates
- bei mehreren Mitberechtigten in Gütergemeinschaft/Erbengemeinschaft

- für die im Gesellschaftsregister eingetragene Gesellschaft bürgerlichen Rechts (eGbR)

an dem in Abschnitt I. 1 näher bezeichneten Erbbaurecht ein

UNTERERBBAURECHT

nach Maßgabe des in dieser Urkunde niedergelegten Inhalts und nach Maßgabe des Erbbaurechtsgesetzes (ErbbauRG) in der jeweils gültigen Fassung.

Das Untererbbaurecht lastet am Erbbaurecht, dem Obererbbaurecht, und ist das veräußerliche und vererbliche Recht, ein oder mehrere Bauwerke nach Maßgabe dieses Untererbbaurechtsvertrages zu haben, und zwar im Rahmen der aus dem Obererbbaurecht fließenden Nutzungsbefugnis.

Errichtung, Nutzung und Umfang des Untererbbaurechtsbauwerks ergeben sich aus des Vertrags.

Der Besteller des Untererbbaurechts, der Obererbbauberechtigte, bleibt selbst Erbbauberechtigter an dem belasteten Grundstück.

Alternativ: Untererbbaurecht mit Ausübungsbeschränkung auf reale Teilfläche:

Die tatsächliche Ausübung des Untererbbaurechts beschränkt sich auf eine Teilfläche des Ausübungsbereichs des Obererbbaurechts von qm, wie sie im beigefügten Lageplan (Anlage 1) rot schraffiert gekennzeichnet ist. Auf den beigefügten Lageplan wird verwiesen; dieser wurde zur Durchsicht vorgelegt und genehmigt. Das Untererbbaurecht erstreckt sich auch auf die nicht bebauten Teile des Obererbbaurechts innerhalb des festgelegten Ausübungsbereichs, wobei das Untererbbaurechtsbauwerk wirtschaftlich die Hauptsache bleibt. Die unbebaute Fläche des Ausübungsbereichs darf wie folgt genutzt werden: . Rein schuldrechtlich wird festgehalten, dass eine Vermessung oder Vermarkung der Teilfläche derzeit ausdrücklich nicht erfolgen soll. Sollte das Erbbaugrundstück geteilt werden, verpflichten sich die Vertragsteile, das Untererbbaurecht auf die Ausübungsfläche zu beschränken und den Rest freizugeben. Soweit dem Grundstückseigentümer Rechte und Ansprüche zustehen, ist dann Berechtigter lediglich der Eigentümer der Ausübungsfläche. Soweit dem Obererbbauberechtigten Rechte und Ansprüche zustehen, ist dann Berechtigter lediglich der Obererbbauberechtigte an der Ausübungsfläche. Soweit dem Untererbbauberechtigten Rechte und Ansprüche zustehen, ist dann Berechtigter lediglich der Untererbbauberechtigte an der Ausübungsfläche.

2. Beginn, Dauer

Das Untererbbaurecht beginnt mit der Eintragung im Grundbuch des Obererbbaurechts und endet am , in Worten . Nach Beendigung des Untererbbaurechts gehen die Bauwerke und baulichen Anlagen in das Eigentum des Obererbbauberechtigten über.

Alternativ:

Das Untererbbaurecht wird auf die Dauer von – in Worten: – Jahren bestellt. Nach Beendigung des Untererbbaurechts gehen die Bauwerke und baulichen Anlagen in das Eigentum des Obererbbauberechtigten über.

Alternativ:

Das Untererbbaurecht beginnt mit der Eintragung im Grundbuch des Obererbbaurechts und endet durch Zeitablauf am .

3. Schuldrechtlicher Beginn

Schuldrechtlich beginnt bzw. begann das Untererbbaurecht bereits mit dem Tag des Besitzübergangs.

III. Vertragsmäßiger dinglicher Inhalt

1. Vereinbarung

Als vertragsmäßiger dinglicher Inhalt des Untererbbaurechts werden die folgenden Bestimmungen vereinbart.

2. Bauwerk, Zweck und Nebenflächen

Das Untererbbaurecht wird im Rahmen der bei Vertragsabschluss zulässigen Bebauung für die Errichtung eines Bauwerks bestellt, das im Abschnitt näher bestimmt ist (Untererbbaurechtsbauwerk). Die Lage und die Geschosszahl des Untererbbaurechtsbauwerks ergeben sich aus dem anliegenden Plan, der Bestandteil dieser Urkunde ist. Das Untererbbaurecht wird zu Wohnzwecken bestellt. Das Untererbbaurecht erstreckt sich auch auf die für das Untererbbaurechtsbauwerk nicht erforderlichen Nebenflächen, wobei diese Nebenflächen nur für Anlagen verwendet werden dürfen, die dem Zweck des Untererbbaurechtsbauwerk dienen, etwa als Hof-, Weg-, Stellplatz- oder Gartenfläche. Wirtschaftlich bleibt das Untererbbaurechtsbauwerk die Hauptsache.

Alternativ:

Der Untererbbauberechtigte ist berechtigt und verpflichtet, ein Einfamilienhaus mit einer Bruttogeschossfläche von qm zu errichten. Dabei ist das Untererbbaurechtsbauwerk unter Verwendung guter und dauerhafter Baustoffe und unter Beachtung allgemein anerkannter Regeln der Baukunst und der Bauvorschriften zu erstellen. Das Untererbbaurecht erstreckt sich auch auf die für das Untererbbaurechtsbauwerk nicht erforderliche Fläche.

Alternativ:

Der Untererbbauberechtigte ist berechtigt und verpflichtet, ein oder mehrere zu gewerblichen Zwecken dienende Untererbbaurechtsbauwerke mit Nebenanlagen zu errichten und dort zu belassen, und zwar mit folgender Maßgabe: . Die Nutzungen müssen jeweils baurechtlich zulässig sein. Das Untererbbaurecht erstreckt sich auch auf die für die Untererbbaurechtsbauwerke nicht erforderlichen Nebenflächen, § 1 Abs. 2 ErbbauRG, wobei diese Nebenflächen nur für Anlagen verwendet werden dürfen, die dem Zweck der Untererbbaurechtsbauwerke dienen, etwa als Hof-, Weg-, Stellplatz- oder Gartenfläche, § 1 Abs. 2 ErbbauRG. Wirtschaftlich bleibt das Untererbbaurechtsbauwerk die Hauptsache.

Alternativ:

Der Untererbbauberechtigte ist berechtigt und verpflichtet, innerhalb von Jahren auf eigene Kosten ein Untererbbaurechtsbauwerk nach Maßgabe der baurechtlichen Vorschriften zu erstellen. Das Untererbbaurechtsbauwerk dient ausschließlich zu Wohnzwecken, eine andere Verwendungsart ist unzulässig, insbesondere eine gewerbliche Nutzung des Untererbbaurechtsbauwerks. Das Untererbbaurecht erstreckt sich auch auf den für das Untererbbaurechtsbauwerk nicht erforderlichen Nebenflächen, § 1 Abs. 2 ErbbauRG, wobei diese Nebenflächen nur für Anlagen verwendet werden dürfen, die dem Zweck der Untererbbaurechtsbauwerke dienen, etwa als Hof-, Weg-, Stellplatz- oder Gartenfläche. Wirtschaftlich bleibt das Untererbbaurechtsbauwerk die Hauptsache.

Alternativ:

Der Untererbbauberechtigte ist berechtigt und verpflichtet, eine Mietwohnanlage mit Mietwohnungen und oberirdischen Kfz-Stellplätzen einschließlich ober- und unterirdischer Kfz-Stellplätze auf seine Kosten zu errichten und zu unterhalten. Die Bebauung ist bereits im Namen und auf Kosten des Untererbbauberechtigten erfolgt. Seit dem sind die Untererbbaurechtsbauwerke bezugsfertig. Das Untererbbaurecht erstreckt sich auch auf die für die Untererbbaurechtsbauwerke nicht erforderlichen Nebenflächen i.S.v. § 1 Abs. 2 ErbbauRG, die der Untererbbauberechtigte beispielsweise als Hofraum, Wegeflächen, Stellplatzflächen oder als Grünanlage nutzen darf.

Alternativ:

Der Untererbbauberechtigte ist berechtigt und verpflichtet, folgendes Bauwerk nach den folgenden Maßgaben zu errichten und zu haben:

Alternativ:

Das Untererbbaurechtsbauwerk ist ausschließlich zu Wohnzwecken zu nutzen. Die Ausübung eines Gewerbes jedweder Art ist nicht zulässig. Das Untererbbaurecht erstreckt sich auch auf den für die Untererbbaurechtsbauwerke nicht erforderlichen Nebenflächen, wobei diese Nebenflächen nur für Anlagen verwendet werden dürfen, die dem Zweck der Untererbbaurechtsbauwerke dienen, etwa als Hof-, Weg-, Stellplatz oder Gartenfläche. Wirtschaftlich bleibt das Untererbbaurechtsbauwerk die Hauptsache.

Alternativ:

Der Untererbbauberechtigte ist berechtigt und verpflichtet, ein oder mehrere zu gewerblichen Zwecken dienende Gebäude mit Nebenanlagen (Tiefgarage, Garagen, Zufahrtswege, Stellplätze) zu errichten und dort zu belassen. Im Erdgeschoss der Bauwerke sind Einzelhandelsbetriebe aus dem segment zulässig, in den Obergeschossen Büros, in den Untergeschossen Kfz-Stellplätze und Lagerflächen und Technikräume. Das Untererbbaurecht erstreckt sich auch auf die für die Untererbbaurechtsbauwerke nicht erforderlichen Nebenflächen, wobei diese Nebenflächen nur für Anlagen verwendet werden dürfen, die dem Zweck der Untererbbaurechtsbauwerke dienen, etwa als Hof-, Weg-, Stellplatz- oder Gartenfläche, § 1 Abs. 2 ErbbauRG. Wirtschaftlich bleibt das Untererbbaurechtsbauwerk die Hauptsache.

Alternativ:

Der Untererbbauberechtigte ist verpflichtet, das Bauwerk unter Ausschluss jeder anderen Verwendung wie folgt zu verwenden: Wohngebäude für den Untererbbauberechtigten und die evtl. in seinem Haushalt lebenden Familienangehörigen und/oder Lebenspartner/in zu Dauerwohnzwecken (räumlicher Schwerpunkt der gesamten Lebensverhältnisse = Hauptwohnsitz im Sinne des Landesmeldegesetzes). Der Obererbbauberechtigte bezweckt mit der Vergabe des Untererbbaurechts die Deckung des Wohnbedarfs der ortsansässigen Bevölkerung, insbesondere von Bevölkerungsgruppen mit besonderen Wohnraumversorgungsproblemen. Dem Untererbbauberechtigten ist bekannt, dass der Obererbbauberechtigte das Untererbbaurecht nur zu dem vorstehenden Verwendungszweck einräumt. Er ist verpflichtet, das Bauwerk nur für diesen Zweck zu nutzen und diese Nutzung auf Verlangen jederzeit nachzuweisen. Das Untererbbaurecht erstreckt sich auch auf die für das Untererbbaurechtsbauwerk nicht erforderlichen Nebenflächen, wobei diese Nebenflächen nur für Anlagen verwendet werden dürfen, die dem Zweck der Untererbbaurechtsbauwerke dienen, etwa als Hof-, Weg-, Stellplatz- oder Gartenfläche. Wirtschaftlich bleibt das Untererbbaurechtsbauwerk die Hauptsache.

Alternativ:

Der Untererbbauberechtigte ist berechtigt und verpflichtet, Gebäude aller Art zu errichten, die ausschließlich dem Zweck der Errichtung und des Betriebes eines Innovations- und Gründerzentrums für Biotechnologie dienen.

Alternativ:

Der Untererbbauberechtigte ist berechtigt und verpflichtet, auf eigene Kosten ein mehrstöckiges Schulgebäude samt Nebenanlagen zur schulischen Nutzung zu errichten, zu haben und zu halten. Der Untererbbauberechtigte darf die für die Bebauung nicht erforderlichen Nebenflächen im Rahmen des Untererbbaurechtsvertrags in einer Weise nutzen, die für ihn vorteilhaft ist, insbesondere als Zufahrten, Zuwege, Stellplätze für Kraftfahrzeuge, Lagerplätze, für Schulsportanlagen und für Hofraumzwecke.

3. Änderung des Verwendungszwecks

Die aufgrund des Untererbbaurechts errichteten Untererbbaurechtsbauwerke dürfen nur zu dem Zweck genutzt werden, der in obigem Absatz 2 genannt ist. Zur Änderung des Verwendungszwecks ist die schriftliche Zustimmung des Obererbbauberechtigten erforderlich, die von einer angemessenen Erhöhung des Untererbbauzinses abhängig gemacht werden kann.

Alternativ:

Ohne schriftliche Zustimmung des Obererbbauberechtigten darf das Untererbbaurecht nicht zu vertragsfremden Zwecken genutzt werden.

Alternativ:

Eine Änderung des vereinbarten Verwendungszwecks bedarf der schriftlichen Zustimmung des Obererbbauberechtigten.

4. Bauverpflichtung

Der Untererbbauberechtigte verpflichtet sich, das Untererbbaurechtsbauwerk auf eigene Kosten unter Beachtung aller öffentlich-rechtlichen Vorschriften und unter Verwendung guter und dauerhafter Baustoffe zu errichten. Der Untererbbauberechtigte verpflichtet sich, das Untererbbaurechtsbauwerk bis zum bezugsfertig zu errichten. Dabei sind die allgemein anerkannten Regeln der Baukunst und die einschlägigen DIN-Vorschriften zu beachten.

Während der Bauphase ist der Obererbbauberechtigte berechtigt, die Baustelle nach vorheriger Anmeldung auf eigene Gefahr in Augenschein zu nehmen.

Der Baugenehmigungsantrag bedarf der Zustimmung des Obererbbauberechtigten. Nach Baugenehmigung sind dem Obererbbauberechtigten die der Bauausführung zugrunde zu legenden Baupläne mit Baubeschreibung und Baugenehmigung jeweils in Kopie zu übergeben.

Der Obererbbauberechtigte kann die Übertragung des Untererbbaurechts auf sich oder einen von ihm benannten Dritten auf Kosten des Untererbbauberechtigten als Heimfall verlangen, sofern der Untererbbauberechtigte gegen die Bebauungsverpflichtung verstößt. Statt den Heimfall geltend zu machen, kann der Obererbbauberechtigte nach vorheriger Abmahnung die Zahlung einer Vertragsstrafe verlangen. Die Vertragsstrafe beläuft sich auf % der Untererbbauzinsen, bezogen auf die Dauer des Vertragsverstoßes. Eine Vertragsstrafe soll jedoch nicht verlangt werden, sofern den Untererbbauberechtigten kein Verschulden trifft.

Alternativ:

Der Untererbbauberechtigte ist berechtigt und verpflichtet, das in Ziffer III. 2 genannte Untererbbaurechtsbauwerk innerhalb von … Jahren nach Abschluss dieses Vertrages bezugsfertig zu errichten. Dabei ist das Untererbbaurechtsbauwerk unter Verwendung guter und dauerhafter Baustoffe und unter Beachtung allgemein anerkannter Regeln der Baukunst und der Bauvorschriften zu erstellen. Die der Bauausführung zugrunde liegenden Baupläne samt Baubeschreibung sind dem Obererbbauberechtigten in Ausfertigung zu übergeben.

Alternativ:

Der Untererbbauberechtigte ist berechtigt und verpflichtet, auf seine Kosten ein oder mehrere zu gewerblichen Zwecken dienende Gebäude mit Nebenanlagen (insbesondere Tiefgarage, Zufahrtswege, Stellplätze) zu errichten und dort zu belassen, und zwar mit folgender Maßgabe: … . Die vorgenannten Nutzungen müssen jedoch jeweils baurechtlich zulässig sein. Zahl und Umfang der Untererbbaurechtsgebäude richten sich nach dem Bebauungsplan Nr. … .

Alternativ:

Der Untererbbauberechtigte ist berechtigt und verpflichtet, ein Einfamilienhaus mit einer Bruttogeschossfläche von … qm zu errichten. Dabei ist das Untererbbaurechtsbauwerk unter Verwendung guter und dauerhafter Baustoffe und unter Beachtung allgemein anerkannter Regeln der Baukunst und der Bauvorschriften zu erstellen.

Alternativ:

Der Untererbbauberechtigte ist berechtigt und verpflichtet, binnen … Monaten nach … einen Bauantrag auszuarbeiten, diesen bei der Baugenehmigungsbehörde einzureichen und die Untererbbaurechtsbauwerke binnen … Jahren nach Vorlage der bestandskräftigen Baugenehmigung fertig zu stellen, so dass sich zu diesem Zeitpunkt die baulichen Anlagen und das Baugrundstück in dem Zustand befinden, der den öffentlich-rechtlichen Vorschriften entspricht. Das Bauvorhaben ist bis zum … fertig zu stellen. Falls sich die Erstellung des Bauvorhabens aus Gründen verzögert, die der Untererbbauberechtigte nicht zu vertreten hat, verlängern sich die vorstehenden Fristen entsprechend. Der Untererbbauberechtigte hat die Untererbbaurechtsbauwerke unter Verwendung guter Baustoffe nach den Regeln der Technik und der Baukunst, ferner nach den Vorschriften der gesetzlichen Unfallversicherung sowie unter Einhaltung aller baurechtlichen Vorschriften sorgfältig und dauerhaft ausführen zu lassen. Der Obererbbauberechtigte darf die ordnungsgemäße Bauausführung laufend überwachen bzw. durch beauftragte Dritte überwachen lassen.

5. Instandhaltungsverpflichtung

Der Untererbbauberechtigte ist verpflichtet, die von ihm errichteten bzw. bei Vertragsabschluss bereits vorhandenen Untererbbaurechtsbauwerke einschließlich Außenanlagen und besonderer Betriebseinrichtung in gutem und zweckentsprechendem Zustand zu halten und die erforderlichen Reparaturen und Erneuerungen unverzüglich auf eigene Kosten vorzunehmen. Der Obererbbauberechtigte ist berechtigt, das Untererbbaurecht und die Untererbbaurechtsbauwerke zu jeder angemessenen Tageszeit selbst zu besichtigen oder durch Beauftragte besichtigen zu lassen, um den baulichen Zustand und die vertragsgemäße Verwendung des Untererbbaurechtsbauwerks zu überprüfen. Bei Beanstandungen steht dem Obererbbauberechtigten das Besichtigungsrecht so lange zu, bis die Mängel behoben bzw. die vertragsgemäße Verwendung des Untererbbaurechtsbauwerks wiederhergestellt ist. Falls der Untererbbauberechtigte der Instandhaltungspflicht trotz Aufforderung innerhalb angemessener Frist nicht oder nur ungenügend nachkommt, ist der Obererbbauberechtigte berechtigt, die Arbeiten auf Kosten des Untererbbauberechtigten vornehmen zu lassen.

Alternativ:

Der Untererbbauberechtigte hat die Untererbbaurechtsbauwerke und die vom Untererbbaurecht erfassten Anlagen sowie Betriebseinrichtungen auf eigene Kosten dauernd in gutem Zustand zu erhalten. Hierzu hat der Untererbbauberechtigte alle erforderlichen Instandsetzungen und Erneuerungen auf eigene Kosten unverzüglich vorzunehmen. Falls der Untererbbauberechtigte diesen Verpflichtungen trotz schriftlicher Aufforderung innerhalb einer angemessenen Frist nicht oder nur unvollständig nachkommt, ist der Obererbbauberechtigte berechtigt, die Arbeiten auf Kosten des Untererbbauberechtigten vornehmen zu lassen.

Alternativ:

Der Untererbbauberechtigte ist verpflichtet, die Untererbbaurechtsbauwerke nach den Regeln einer ordnungsgemäßen Bewirtschaftung stets in ordentlichem Zustand zu erhalten und die erforderlichen Instandhaltungs- und Instandsetzungsmaßnahmen sowie Erneuerungen rechtzeitig vorzunehmen. Kommt er dieser Verpflichtung trotz Mahnung innerhalb einer angemessenen Frist, die der Obererbbauberechtigte bestimmt, nicht nach, so ist der Obererbbauberechtigte berechtigt, die erforderlichen Maßnahmen auf Kosten des Untererbbauberechtigten durchführen zu lassen.

Alternativ:

Der Untererbbauberechtigte ist verpflichtet, die Untererbbaurechtsbauwerke laufend entsprechend den Grundsätzen einer ordnungsgemäßen Bewirtschaftung instand zu halten und die dazu erforderlichen Ausbesserungen und Erneuerung laufend auf seine Kosten vorzunehmen. Der Obererbbauberechtigte ist berechtigt, während der Dauer des Untererbbaurechts die Einhaltung dieser Verpflichtungen zu überwachen und zu diesem Zweck zu jeder angemessenen Tageszeit nach vorheriger Anmeldung Zutritt zu dem Untererbbaurecht und zu den Untererbbaurechtsbauwerken zu verlangen. Dabei kann sich der Obererbbauberechtigte dritter Personen bedienen und eine beauftragte Person benennen. Kommt der Untererbbauberechtigte dieser Verpflichtung trotz Mahnung innerhalb einer angemessenen Frist, die der Obererbbauberechtigte bestimmt, nicht nach, ist der Obererbbauberechtigte berechtigt, die erforderlichen Maßnahmen auf Kosten des Untererbbauberechtigten erfüllen oder erfüllen zu lassen.

6. Besichtigungsrecht

Der Obererbbauberechtigte ist berechtigt, das Untererbbaurecht und die Untererbbaurechtsbauwerke zu jeder angemessenen Tageszeit selbst oder durch Beauftragte besichtigen und auf ihren baulichen Zustand und ihre vertragsgemäße Verwendung zu prüfen. In diesem Rahmen ist der Untererbbauberechtigte auch verpflichtet, das Besichtigungsrecht zu gewähren, soweit es dem Grundstückseigentümer gegenüber dem Obererbbauberechtigten zusteht. Der Obererbbauberechtigte wird insoweit von allen Verpflichtungen freigestellt.

Alternativ:

Der Obererbbauberechtigte ist berechtigt, das Untererbbaurecht und das Untererbbaurechtsbauwerk jährlich nach vorheriger Terminsbestimmung zu jeder angemessenen Tageszeit selbst oder durch Beauftragte zu besichtigen und auf ihren baulichen Zustand und die vertragsgemäße Verwendung zu prüfen bzw. prüfen zu lassen. Scheitert eine vorherige Terminsbestimmung, kann der Obererbbauberechtigte das Untererbbaurecht und die Untererbbaurechtsbauwerke zur angemessenen Tageszeit nach schriftlicher Vorankündigung von vierzehn Tagen besichtigen bzw. besichtigen lassen. In diesem Rahmen ist der Untererbbauberechtigte auch verpflichtet, das Besichtigungsrecht zu gewähren, soweit es dem Grundstückseigentümer gegenüber dem Obererbbauberechtigten zusteht. Der Obererbbauberechtigte wird insoweit von allen Verpflichtungen freigestellt.

Alternativ:

Der Obererbbauberechtigte ist jährlich nach vorheriger Absprache berechtigt, das Untererbbaurecht und die Untererbbaurechtsbauwerke zu besichtigten oder durch Beauftragte besichtigen und auf ihren baulichen Zustand und ihre vertragsgemäße Verwendung prüfen zu lassen. In diesem Rahmen ist der Untererbbauberechtigte auch verpflichtet, das Besichtigungsrecht zu gewähren, soweit es dem Grundstückseigentümer gegenüber dem Obererbbauberechtigten zusteht. Der Obererbbauberechtigte wird insoweit von allen Verpflichtungen freigestellt. Ergeben sich berechtigte Beanstandungen, ist der Obererbbauberechtigte so lange zu mehrfacher Besichtigung berechtigt, bis der Mangel oder die Mängel bzw. die vertragswidrige Verwendung behoben sind.

Alternativ:

Der Obererbbauberechtigte ist berechtigt, das Untererbbaurecht und die Untererbbaurechtsbauwerke samt Nebenanlagen zu betreten und zu besichtigen bzw. durch Beauftragte zu betreten und zu besichtigen lassen, um den Bauzustand und die vertragsgemäße Verwendung der Untererbbaurechtsbauwerke prüfen zu lassen. Sofern nicht Gefahr in Verzug ist, wird der Obererbbauberechtigte das Betretungsrecht nur nach vorheriger Absprache und unter angemessener Rücksichtnahme auf die Belange des Untererbbauberechtigten wahrnehmen. In diesem Rahmen ist der Untererbbauberechtigte auch verpflichtet, das Besichtigungsrecht zu gewähren, soweit es dem Grundstückseigentümer gegenüber dem Obererbbauberechtigten zusteht. Der Obererbbauberechtigte wird insoweit von allen Verpflichtungen freigestellt.

7. Versicherungsverpflichtung

Der Untererbbauberechtigte ist verpflichtet, die auf dem Untererbbaurecht befindlichen Untererbbaurechtsbauwerke zum frühestmöglichen Zeitpunkt mit dem vollen Wert gegen Brand-, Sturm-, evtl. Heizöl-, Leitungswasser- sowie Elementarschäden in Form einer Neuwertversicherung auf eigene Kosten zu versichern und versichert zu halten. Der Untererbbauberechtigte verpflichtet sich dazu, die Versicherungsprämien pünktlich und vollständig zu bezahlen. Falls der Obererbbauberechtigte eine Erhöhung der Versicherung für erforderlich erachtet, ist der Untererbbauberechtigte zur Nachversicherung verpflichtet. Darüber hinaus ist der Untererbbauberechtigte schuldrechtlich verpflichtet, eine Gebäude- bzw. Grundbesitzerhaftpflicht einschließlich Gewässerversicherung mit ausreichender Deckungssumme abzuschließen.

Die Versicherungen sind während der ganzen Laufzeit des Untererbbaurechts aufrecht zu erhalten.

Auf Verlangen des Obererbbauberechtigten ist diesem der Nachweis zu erbringen, dass die Versicherungen abgeschlossen wurden und unverändert bestehen. Gleiches gilt für eine Nachversicherung, die der Obererbbauberechtigte für erforderlich erachtet.

Kommt der Untererbbauberechtigte trotz schriftlicher Mahnung der oben beschriebenen Versicherungspflicht nicht oder nur ungenügend nach, ist der Obererbbauberechtigte berechtigt, selbst für die Versicherungen auf Kosten des Untererbbauberechtigten zu sorgen.

Die Versicherungs- sowie sonstigen Entschädigungsleistungen sind in vollem Umfang zur Wiederherstellung der Untererbbaurechtsbauwerke zu verwenden.

Der Untererbbauberechtigte ist auch dann zum Wiederaufbau verpflichtet, sollten die Zerstörungen nicht durch Versicherungs- oder Ersatzleistungen gedeckt sein. Eine Ausnahme gilt nur für den Fall, dass der Wiederaufbau unzumutbar wäre.

Sollte der Untererbbauberechtigte im Rahmen der Wiederherstellung der Untererbbaurechtsbauwerke von den ursprünglichen Bauplänen abweichen wollen, benötigt er die vorherige schriftliche Zustimmung des Obererbbauberechtigten.

Falls ein Wiederaufbau nicht erfolgen kann oder Einigkeit zwischen Ober- und Untererbbauberechtigtem darüber besteht, dass der Wiederaufbau derzeit nicht erfolgen soll, sind die Versicherungs- oder sonstigen Ersatzleistungen zur Beseitigung der Gebäudereste und zur Tilgung der auf dem Untererbbaurecht ruhenden Belastungen zu verwenden.

Alternativ:

Während der Laufzeit des Untererbbaurechts ist der Untererbbauberechtigte verpflichtet, die auf dem Untererbbaurecht jeweils errichteten Untererbbaurechtsbauwerke zum jeweils vollen Wiederherstellungswert (einschließlich der im Schadensfall anfallenden zusätzlichen Kosten, beispielsweise Kosten der Entsorgung) gegen Brand- und Gebäudeleitungswasserschaden sowie gegen Sturmschäden versichern zu lassen und dauernd versichert zu halten. Hierüber ist dem Obererbbauberechtigten ein ausreichender Nachweis zu erbringen.

Der Untererbbauberechtigte ist verpflichtet, alle werterhöhenden Baumaßnahmen dem Versicherer unverzüglich schriftlich zu melden und dem Obererbbauberechtigten die daraufhin erfolgte Änderung der Versicherung nachzuweisen.

Falls der Untererbbauberechtigte den vorstehenden Verpflichtungen trotz Mahnung nicht unverzüglich nachkommt, ist der Obererbbauberechtigte berechtigt, jedoch nicht verpflichtet, auf Kosten des Untererbbauberechtigten für die Versicherung zu sorgen.

Sofern Untererbbaurechtsbauwerke ganz oder teilweise zerstört werden, ist der Untererbbauberechtigte verpflichtet, den Schadensfall unverzüglich dem Obererbbauberechtigten anzuzeigen.

Alternativ:

Der Untererbbauberechtigte ist verpflichtet, seine Untererbbaurechtsbauwerke auf eigene Kosten gegen Brandschäden zu versichern. Abzuschließen ist eine angemessene Versicherung zum gleitenden Neuwert in Höhe des jeweiligen Wiederherstellungsaufwandes. Die Versicherung ist für die gesamte Dauer des Untererbbaurechts abzuschließen und aufrecht zu erhalten. Dies ist dem Obererbbauberechtigten durch Überlassung einer Ablichtung der Versicherungspolice auf Verlangen jederzeit nachzuweisen. Kommt der Untererbbauberechtigte dieser Verpflichtung nicht nach, kann der Obererbbauberechtigte die Versicherung auf Kosten des Untererbbauberechtigten abschließen.

8. Wiederaufbau

Bei Eintritt des Versicherungsfalles ist der Untererbbauberechtigte zum Wiederaufbau der Untererbbaurechtsbauwerke im vorherigen Umfang verpflichtet, und zwar binnen einer Frist von   Jahren.

Hierfür sind die Versicherungs- und sonstigen Entschädigungsleistungen in vollem Umfang zu verwenden.

Falls der Untererbbauberechtigte von den ursprünglichen Plänen abweichen möchte, ist er verpflichtet, vorher die schriftliche Zustimmung des Obererbbauberechtigten einzuholen.

Der Obererbbauberechtigte kann die Übertragung des Untererbbaurechts auf sich oder auf einen von ihm benannten Dritten auf Kosten des Untererbbauberechtigten verlangen, sollte der Untererbbauberechtigte seiner Wiederaufbauverpflichtung trotz Abmahnung nicht oder nur unzureichend nachkommen. Gleiches gilt für die nicht fristgerechte Wiederherstellung der Untererbbaurechtsbauwerke.

Der Obererbbauberechtigte ist berechtigt, eine Vertragsstrafe zu verlangen, sollte der Untererbbauberechtigte gegen seine Wiederaufbauverpflichtung verstoßen. Die Vertragsstrafe beläuft sich auf   % des Untererbbauzinses samt Anpassung, bezogen auf die Dauer des Verstoßes. Durch die Zahlung der Vertragsstrafe wird der Untererbbauberechtigte nicht von seiner Wiederaufbauverpflichtung befreit.

Bei vollständigen Zerstörungen, die nicht durch Versicherungs- oder sonstige Entschädigungsleistungen gedeckt sind, ist der Untererbbauberechtigte zum Wiederaufbau nur verpflichtet, sofern er die Nicht- oder Unterversicherung zu vertreten hat.

Falls ein Wiederaufbau nicht erfolgen kann oder Einigkeit zwischen Ober- und Untererbbauberechtigtem darüber besteht, dass der Wiederaufbau derzeit nicht erfolgen soll, sind die Versicherungs- oder sonstigen Ersatzleistungen zur Beseitigung der Untererbbaurechtsgebäudereste und zur Tilgung der auf dem Untererbbaurecht ruhenden Belastungen zu verwenden.

Alternativ:

Der Untererbbauberechtigte ist zur Wiederherstellung der Untererbbaurechtsbauwerke im bisherigen Umfang verpflichtet, sollten diese ganz oder teilweise zerstört werden. Die Untererbbaurechtsbauwerke sind unverzüglich und auf Kosten des Untererbbaurechtsberechtigten wiederaufzubauen und fertigzustellen. Zum Wiederaufbau sind alle Versicherungs- oder sonstigen Entschädigungsleistungen in vollem Umfang zu verwenden.

Kommt der Untererbbauberechtigte dieser Verpflichtung nicht nach, ist der Obererbbauberechtigte berechtigt, die Wiederherstellung oder den Wiederaufbau auf Kosten des Untererbbauberechtigten durchzuführen.

Falls der Untererbbauberechtigte von den ursprünglichen Plänen abweichen möchte, ist er verpflichtet, vorher die schriftliche Zustimmung des Obererbbauberechtigten einzuholen.

Falls ein Wiederaufbau nicht erfolgen kann oder Einigkeit zwischen Ober- und Untererbbauberechtigtem darüber besteht, dass der Wiederaufbau derzeit nicht erfolgen soll, sind die Versicherungs- oder sonstigen Ersatzleistungen zur Beseitigung der Untererbbaurechtsgebäudereste und zur Tilgung der auf dem Untererbbaurecht ruhenden Belastungen zu verwenden.

Alternativ:

Der Untererbbauberechtigte ist zur Wiederherstellung der Untererbbaurechtsbauwerke im bisherigen Umfang verpflichtet, sollten diese ganz oder teilweise zerstört werden. Die Untererbbaurechtsbauwerke sind unverzüglich und auf Kosten des Untererbbaurechtsberechtigten wiederaufzubauen und fertigzustellen.

Kommt der Untererbbauberechtigte dieser Verpflichtung nicht nach, ist der Obererbbauberechtigte berechtigt, die Wiederherstellung oder den Wiederaufbau auf Kosten des Untererbbauberechtigten durchzuführen.

Der Obererbbauberechtigte ist berechtigt, eine Vertragsstrafe zu verlangen, sollte der Untererbbauberechtigte gegen seine Wiederaufbauverpflichtung verstoßen. Die Vertragsstrafe beläuft sich auf % des Untererbbauzinses samt Anpassung, bezogen auf die Dauer des Verstoßes. Durch die Zahlung der Vertragsstrafe wird der Untererbbauberechtigte nicht von seiner Wiederaufbauverpflichtung befreit.

Zum Wiederaufbau sind alle Versicherungs- oder sonstigen Entschädigungsleistungen in vollem Umfang zu verwenden.

Falls der Untererbbauberechtigte von den ursprünglichen Plänen abweichen möchte, ist er verpflichtet, vorher die schriftliche Zustimmung des Obererbbauberechtigten einzuholen.

Falls ein Wiederaufbau nicht erfolgen kann oder Einigkeit zwischen Ober- und Untererbbauberechtigtem darüber besteht, dass der Wiederaufbau derzeit nicht erfolgen soll, sind die Versicherungs- oder sonstigen Ersatzleistungen zur Beseitigung der Untererbbaurechtsgebäudereste und zur Tilgung der auf dem Untererbbaurecht ruhenden Belastungen zu verwenden.

Alternativ:

Bauwerke, die dem Untererbbaurecht unterliegen und die durch Brand oder in anderer Weise ganz oder teilweise zerstört werden, sind durch den Untererbbauberechtigten im vorherigen Umfang wiederherzustellen. Hierfür sind die Versicherungs- oder sonstigen Entschädigungsleistungen in vollem Umfang heranzuziehen.

9. Lastentragung

Beginnend mit dem Besitzübergang, trägt der Untererbbauberechtigte für die gesamte Dauer des Untererbbaurechts alle einmaligen und wiederkehrenden öffentlichen Lasten, Steuern und Abgaben des Untererbbaurechts und des Obererbbaurechts. Zu den öffentlichen Abgaben zählen Geldleistungen aller Art, die kraft Gesetzes abgeführt werden müssen. Zu den öffentlichen Lasten zählen alle Leistungen, die kraft Gesetzes auf dem Unter- bzw. Obererbbaurecht ruhen, beispielsweise die Grundsteuer.

In gleicher Weise (ab Besitzübergang bis zur Beendigung des Untererbbaurechts) trägt der Untererbbauberechtigte auch alle privatrechtlichen Lasten des Untererbbaurechts und des Obererbbaurechts. Soweit Erschließungsbeträge betroffen sind, trägt der Obererbbauberechtigte alle bis zur Beurkundung des Untererbbaurechts ergangenen Beträge. Der Untererbbauberechtigte übernimmt alle Erschließungskosten und Anliegerbeträge, die als Bescheid nach dem Tag der Beurkundung ergehen.

Falls der Obererbbauberechtigte bereits Leistungen erbracht hat, muss der Untererbbauberechtigte diese unverzüglich erstatten. Ausgenommen von der Lastentragungspflicht sind Grundpfandrechte, die am Obererbbaurecht bestellt werden. Diese trägt der Obererbbauberechtigte allein.

Der Untererbbauberechtigte ist verpflichtet, für die Erfüllung behördlicher Auflagen Sorge zu tragen.

Schuldrechtlich übernimmt der Untererbbauberechtigte die Verpflichtung, für die Verkehrssicherungspflicht ab Besitzübergang zu sorgen. Diese Pflicht bezieht sich auf das Untererbbaurechtsbauwerk und das Obererbbaurecht.

Der rechtsgeschäftliche Erwerber des Untererbbaurechts haftet für die Rückstände seines Vorgängers.

Alternativ:

Der Untererbbauberechtigte ist verpflichtet, alle öffentlichen und privatrechtlichen Lasten und Abgaben des Untererbbaurechts zu tragen, und zwar ab Besitzübergang. Dazu zählen insbesondere die Grundsteuer, Straßenreinigungs- und Müllabfuhrkosten, Gas-, Wasser-, Strom-, Kanalisations- und Schornsteinfegergebühren, daneben Erschließungsbeträge sowie Wegereinigungs- und Streupflichtkosten. Soweit diese Kosten dem Obererbbauberechtigten insgesamt auferlegt sind oder werden und nicht hinsichtlich Ober- und Untererbbaurecht, jeder für seinen Bereich, getrennt ausgewiesen werden, hat der Untererbbauberechtigte sie anteilig zu tragen.

Alternativ:

Der Untererbbauberechtigte hat alle auf das Ober- und das Untererbbaurecht entfallenden öffentlichen und privatrechtlichen Abgaben und Lasten zu tragen, einschließlich der

Grundsteuer und aller weiteren Verpflichtungen, die den Obererbbauberechtigten als solchen treffen. Hierzu zählen auch alle mit der Erschließung des Obererbbaurechts zusammenhängenden Aufwendungen, insbesondere Erschließungskosten und -beiträge, Ausgleichsbeträge, Nachfolgelasten, Planungskosten und Beträge nach dem Kommunalabgabengesetz. Sollte der Obererbbauberechtigte bereits Leistungen erbracht haben, ist der Untererbbauberechtigte verpflichtet, diese Leistungen zu erstatten. Sollten solche Aufwendungen dem Obererbbauberechtigten in Rechnung gestellt, aber noch nicht bezahlt sein, verpflichtet sich der Untererbbauberechtigte dazu, den Obererbbauberechtigten freizustellen. Etwaige Grundpfandrechte, die am Obererbbaurecht bestehen oder bestellt werden, trägt der Obererbbauberechtigte allein.

Alternativ:

Die Besitzübergabe erfolgte bereits am .

Ab diesem Zeitpunkt gehen Nutzungen und Gefahren auf den Untererbbauberechtigten über. Ab diesem Zeitpunkt hat der Untererbbauberechtigte alle laufenden öffentlichen und privatrechtlichen Lasten und Abgaben des Obererbbaurechts und des Untererbbaurechts zu tragen.

Sämtliche Erschließungs- und Aufschließungskosten nach §§ 127, 128 BauGB für die erstmalige Erschließung des Obererbbaurechts treffen den Untererbbauberechtigten. Alle künftigen Erschließungs- und Aufschließungskosten für Maßnahmen, die während der Dauer des Untererbbaurechts durchgeführt werden, treffen den Untererbbauberechtigten.

Alternativ:

Der Untererbbauberechtigte übernimmt mit dem Übergang von Besitz, Nutzen und Lasten alle einmaligen und laufenden öffentlichen und privatrechtlichen Lasten und Abgaben für das Obererbbaurecht und für das Untererbbaurecht, insbesondere die Grundsteuer, die auf das Obererbbaurecht und das Untererbbaurecht entfallenden Herstellungs- und Benutzungskosten, die Kosten für Versorgungseinrichtungen (Wasser, Strom, Gas, Entwässerung, Müllabfuhr u.a.), die Straßenreinigungsgebühren, die Sondernutzungsgebühren nach dem Straßen- und Wegerecht sowie alle sonstigen öffentlich- und privatrechtlichen Lasten und Abgaben, die durch die Bestellung des Untererbbaurechts sowie die Errichtung und Nutzung von Untererbbaurechtsbauwerken und Anlagen verursacht werden.

Alternativ:

Ab Besitzübergang trägt der Untererbbauberechtigte alle einmaligen und wiederkehrenden öffentlichen Lasten und Abgaben des Ober- und des Untererbbaurechts, etwa die Grund- und Gebäudesteuern sowie die Kanal-, Straßenreinigungs-, Müllabfuhr- und Kaminkehrerkosten.

Ferner trägt der Untererbbauberechtigte alle privatrechtlichen Lasten des Obererbbaurechts und des Untererbbaurechts. Ausgenommen hiervon sind alle gegenwärtigen und künftigen Belastungen des Obererbbaurechts, die einzig und allein der Obererbbauberechtigte zu tragen hat.

Der Untererbbauberechtigte hat auch alle mit der Erschließung nach dem Baugesetzbuch und dem Kommunalabgabengesetz zusammenhängenden Kosten für das Obererbbaurecht und das Untererbbaurecht zu tragen.

Alternativ:

Ab Besitzübergabe trägt der Untererbbauberechtigte die öffentlichen und privatrechtlichen Abgaben und Lasten, die den Obererbbauberechtigten als solchen treffen, insbesondere Erschließungsbeiträge und Gebühren für Straßenreinigung und den Anschluss und die Benutzung von Versorgungsanlagen.

10. Heimfall und Vertragsstrafe; Entschädigung bei Heimfall

Der Obererbbauberechtigte kann die Übertragung des Untererbbaurechts auf sich oder auf einen von ihm benannten Dritten auf Kosten des Untererbbauberechtigten als Heimfall verlangen, sofern

- das Untererbbaurecht vor der Untererbbaurechtsbauwerkserrichtung veräußert wird
- der Untererbbauberechtigte den kapitalisierten Untererbbauzins gemäß ______ nicht bis zum ______ gezahlt hat
- das Obererbbaurecht dadurch für den Obererbbauberechtigten günstiger genutzt oder verwertet werden kann
- das Untererbbaurecht in einer Weise genutzt wird, die aus gesundheitlichen oder sittlichen Gründen zu beanstanden ist
- die Fortsetzung des Untererbbaurechtsverhältnisses aus einem in der Person des Untererbbauberechtigten liegenden Grund eine unbillige Härte bedeuten würde
- ein wichtiger Grund gegeben ist, der in der Person des Untererbbauberechtigten liegt, der die Fortsetzung des Untererbbaurechts für den Obererbbauberechtigten unzumutbar macht
- der Untererbbauberechtigte die Bestimmungen dieses Untererbbaurechtsvertrages nicht erfüllt oder ihnen zuwiderhandelt
- der Untererbbauberechtigte gegen eine beliebige Verpflichtung des Untererbbaurechtsvertrags verstößt, beispielsweise die Bauerrichtungspflicht, die Instandhaltungspflicht, die Lastentragungspflicht, die Bauwerkverwendungspflicht, die Versicherungspflicht oder die Wiederaufbaupflicht

- der Untererbbauberechtigte oder der Obererbbauberechtigte verstirbt
- wesentliche Untererbbaurechtsgebäudeveränderungen oder der Abriss ohne notwendige Zustimmung des Obererbbauberechtigten vorgenommen werden, sofern die Gebäudeveränderungen nicht zumutbar sind und sich im üblichen Rahmen halten
- das Untererbbaurechtsbauwerk zerstört oder grob vernachlässigt wird
- am Bauwerk des Untererbbaurechts ohne Zustimmung des Obererbbauberechtigten Nutzungsänderungen vorgenommen werden
- der Untererbbauberechtigte das Untererbbaurecht und die damit verbundenen Nutzungen ganz oder teilweise ohne schriftliche Zustimmung des Obererbbauberechtigten an Dritte überlässt
- Untererbbauzinszahlungsverzug des Untererbbauberechtigten besteht, mindestens allerdings in Höhe zweier Jahresbeiträge, § 9 Abs. 4 ErbbauRG
- über das Vermögen des Untererbbauberechtigten das Insolvenzverfahren eröffnet oder mangels Masse abgelehnt wird; sollte jedoch keine Vergütung gezahlt werden oder ein Missverhältnis zwischen Leistung und Gegenleistung im Insolvenzverfahren festgestellt werden, droht die Anfechtung dieser Regelung, §§ 133 Abs. 1, 146 Abs. 2 InsO
- über das Vermögen des Untererbbauberechtigten der Antrag auf Insolvenzeröffnung gestellt wird
- Zahlungsunfähigkeit oder Überschuldung des Untererbbauberechtigten besteht
- die Zwangsversteigerung oder die Zwangsverwaltung des Untererbbaurechts angeordnet wird; bei Zwangsmaßnahmen, die vom Obererbbauberechtigten wegen rückständiger Untererbbauzinsen betrieben werden, ist jedoch ein Untererbbauzinsrückstand in Höhe zweier Jahresbeträge erforderlich, § 9 Abs. 4 ErbbauRG
- der Untererbbauberechtigte die Eidesstattliche Versicherung abgibt
- der Erwerber (auch im Falle der Zwangsversteigerung) des Untererbbaurechts nicht in alle schuldrechtlichen Verpflichtungen des Untererbbaurechtsvertrags eintritt
- dringender Eigenbedarf des Obererbbauberechtigten oder seiner Erben gegeben ist
- kirchenfeindliches Verhalten des Untererbbauberechtigten festzustellen ist
- das Untererbbaurecht mit Rechten belastet wird, die nicht in § 5 Abs. 2 ErbbauRG genannt sind (etwa Nießbrauch, Dienstbarkeiten, Vorkaufsrechte)
- der Untererbbauberechtigte gegen die vertraglich vereinbarten Belegungs- und Mietpreisbeschränkungen für den erwähnten Personenkreis missachtet, nach-

dem der Untererbbauberechtigte ordnungsgemäß gemahnt und ihm eine Nachfrist gesetzt wurde

- ein Gericht rechtskräftig feststellt, dass dieser Untererbbaurechtsvertrag unter Verstoß gegen die Bestimmungen des Vergaberechts geschlossen wurde und die Anpassung dieses Vertrages unmöglich oder für eine der Parteien unzumutbar wäre.

Steht das Untererbbaurecht mehreren Berechtigten zu, reicht es aus, dass nur hinsichtlich eines Untererbbauberechtigten ein Heimfallgrund besteht.

Nur Verzug oder Verschulden des Untererbbauberechtigten soll den Heimfall auslösen.

Der Heimfallanspruch verjährt in sechs Monaten von dem Zeitpunkt an, in dem der Obererbbauberechtigte von dem Vorhandensein der Voraussetzungen Kenntnis erlangt hat, anderenfalls in zwei Jahren.

Der Heimfallanspruch entsteht jeweils neu, sollte eine der oben beschriebenen Konstellationen erneut eintreten. Dies gilt auch ungeachtet des Umstandes, dass der Anspruch früher nicht geltend gemacht worden ist.

Der Obererbbauberechtigte kann die Zahlung einer Vertragsstrafe nach § 2 Nr. 5 ErbbauRG verlangen, sofern einer der oben beschriebenen Heimfallgründe vorliegt. Die Vertragsstrafe beläuft sich auf % des Untererbbauzinses einschließlich Untererbbauzinsanpassung, bezogen auf die Dauer des Verstoßes. Die Zahlung der Vertragsstrafe befreit den Untererbbauberechtigten nicht von der Erfüllung seiner Verpflichtungen.

Der Obererbbauberechtigte ist verpflichtet, an den Untererbbauberechtigten eine Entschädigung zu bezahlen, sofern der Obererbbauberechtigte von seinem Heimfallanspruch Gebrauch macht. Dies gilt aber nur für Bauwerke, die der Obererbbauberechtigte genehmigt hat. Für Bauwerke oder Bauwerksteile, die der Untererbbauberechtigte ohne Zustimmung des Obererbbauberechtigten errichtet hat, ist keine Entschädigung zu zahlen. Die Entschädigung beläuft sich auf % des Verkehrswertes der Untererbbaurechtsbauwerke im Zeitpunkt des Heimfalls. Die Entschädigung ist Monate nach Übertragung des Untererbbaurechts, bei mangelnder Einigung frühestens nach Vorliegen der Schätzung zur Zahlung fällig und bis dahin unverzinslich. Die Entschädigung mindert sich um rückständige Untererbbauzinsen. Übernimmt der Obererbbauberechtigte gem. § 33 Abs. 2 ErbbauRG Schulden und Lasten, sind diese auf die Entschädigung anzurechnen. Ggf. ist der Untererbbauberechtigte verpflichtet, überschießende Beträge dem Obererbbauberechtigten zu erstatten, sollten die Schulden und Lasten höher als die Entschädigung sein.

Falls keine Einigkeit über den Verkehrswert besteht, ist der Verkehrswert durch zwei vereidigte Sachverständige zu ermitteln, wovon einen der Obererbbauberechtigte und einen der Untererbbauberechtigte benennt. Die Gutachterkosten tragen Ober- und Untererbbauberechtigter zu je 1/2. Die Vergütung für das Bauwerk ist innerhalb von Wochen ab Beurkundung der Untererbbaurechtsübertragung zu bezahlen.

Alternativ:

Liegt einer der Heimfallgründe vor, kann der Obererbbauberechtigte anstelle der Geltendmachung des Heimfallanspruchs vom Untererbbauberechtigten die Zahlung einer Geldstrafe gem. § 2 Nr. 5 ErbbauRG verlangen, es sei denn, den Untererbbauberechtigten trifft kein Verschulden. Die Vertragsstrafe beträgt 50 Prozent des Untererbbauzinses einschließlich Anpassungen, und zwar bezogen auf die Dauer des Verstoßes. Die Vertragsstrafe ist unmittelbar nach Eintritt eines Heimfallgrundes und Geltendmachung durch den Obererbbauberechtigten fällig. Klargestellt wird, dass der Untererbbauberechtigte durch die Zahlung der Vertragsstrafe nicht von der Erfüllung seiner Verpflichtungen befreit wird. Falls der Vertragsverstoß anhält, ist der Obererbbauberechtigte berechtigt, den Heimfallanspruch geltend zu machen. Die Verjährung des Heimfallanspruchs gilt als gehemmt, solange die Zahlung der Vertragsstrafe geltend gemacht wird. Daneben wird das Recht des Obererbbauberechtigten nicht tangiert, den Verzugsschaden zu verlangen, sofern der Untererbbauberechtigte mit der Zahlung des Untererbbauzinses in Verzug gerät. Für die Dauer des Verzugs kann der Obererbbauberechtigte die Zahlung einer Vertragsstrafe von 8 vom Hundert über dem jeweiligen Basiszinssatz verlangen.

Alternativ:

Sofern der Obererbbauberechtigte von seinem Heimfallanspruch Gebrauch macht, ist für das Untererbbaurecht keinerlei Vergütung an den Untererbbauberechtigten zu zahlen.

Sollte im Einzelfall der Vergütungsausschluss unter Berücksichtigung aller für die vertraglichen Rechtsbeziehungen der Parteien bedeutsamen Gesichtspunkte grob unbillig oder gesetzlich ausgeschlossen sein, wird der Obererbbauberechtigte für das Untererbbaurechtsbauwerk eine Vergütung zahlen. Die Vergütung bei Heimfall beträgt zwei Drittel des zum Zeitpunkt der Rückübertragung des Untererbbaurechts zu ermittelnden Verkehrswertes des Untererbbaurechtsbauwerks, im Zeitpunkt der Rückübertragung höchstens jedoch zwei Drittel des Wertes des Untererbbaurechts zu diesem Zeitpunkt.

Die Vergütung ist Monate nach Rückübertragung des Untererbbaurechts fällig. Die Vergütung besteht ausschließlich in einem Geldbetrag.

Die Vergütung mindert sich um Beträge, die erforderlich sind, um solche Belastungen des Untererbbaurechts abzulösen, die der Obererbbauberechtigte übernehmen muss.

Falls über die Höhe der Vergütung keine Einigung erzielt wird, ist die Höhe der Vergütung durch den zuständigen Gutachterausschuss bindend für beide Vertragsteile zu ermitteln. Die gutachterlichen Kosten trägt der Untererbbauberechtigte.

Der Obererbbauberechtigte ist berechtigt, die zum Zeitpunkt der Untererbbaurechtsübertragung bestehenden Effektivschuldreste einschließlich Zinsen und Nebenleistungen auf Forderungen, die dinglich am Untererbbaurecht bestehen, einschließlich der hieraus entstehenden Löschungskosten in Anrechnung auf die Entschädigung abzulösen. Der Untererbbauberechtigte ermächtigt den Obererbbauberechtigten zur Abgabe aller hierfür erforderlichen Erklärungen gegenüber dem Grundpfandrechtsgläubiger. Die bei Ausübung des Heimfalls entstehenden Nebenkosten trägt der Untererbbauberechtigte, einschließlich einer etwa anfallenden Grunderwerbsteuer.

Alternativ:

Kommt der Untererbbauberechtigte einer Verpflichtung, wie sie unten aufgezählt sind, nicht oder nicht fristgerecht nach, und hat er dies zu vertreten, kann der Obererbbauberechtigte für jede Pflichtverletzung, soweit er den Heimfall nicht verlangt, folgende Vertragsstrafen verlangen:

- Verstoß gegen die Bauwerkerstellungsverpflichtung: monatlich EUR
- Verstoß gegen die Verpflichtung, die Zustimmung zu Baumaßnahmen einzuholen: EUR
- Verstoß gegen die Bewirtschaftungspflicht: EUR
- Verstoß gegen die Zweckbestimmung des Bauwerks: EUR
- Verstoß gegen die Versicherungspflicht: EUR
- Verstoß gegen Nachweis- und Mitteilungspflichten: EUR
- Verstoß gegen die Versicherungspflicht: EUR
- Verstoß gegen die Wiederaufbaupflicht: EUR
- Verstoß gegen die Belastungszustimmung: EUR
- Verstoß gegen die Zustimmungspflicht bei Neuvalutierung: EUR
- Verstoß gegen : EUR.

Die Vertragsstrafe wird erst unter folgenden Umständen fällig:

- ergebnislose vorherige schriftliche Erinnerung
- sowie Fristsetzung und erfolgloser angemessener Nachfristsetzung.

Die Vertragsstrafe wird als monatlicher Strafzins so lange erhoben, bis das vertragswidrige Verhalten eingestellt ist, längstens jedoch auf die Dauer von Jahren.

Jeder angefangene Monat zählt voll.

Sämtliche Vertragsstrafen können unabhängig voneinander und gleichzeitig erhoben werden.

Die Gesamtsumme der Vertragsstrafen nach diesem Vertrag darf jedoch einen Betrag in Höhe von des kapitalisierten Untererbbauzinses nicht übersteigen.

Unberührt bleibt der Anspruch des Obererbbauberechtigten auf Einhaltung der vertraglichen Verpflichtungen.

11. Vorrecht auf Erneuerung des Untererbbaurechts

Der Obererbbauberechtigte räumt dem Untererbbauberechtigten ein Vorrecht auf Erneuerung des Untererbbaurechts nach dessen Ablauf ein, §§ 2 Nr. 6, 31 ErbbauRG. Der Untererbbauberechtigte kann das Vorrecht ausüben, sobald der Obererbbauberechtigte nach Zeitablauf mit einem Dritten einen Vertrag über die Bestellung eines neuen Untererbbaurechts am Obererbbaurecht abschließt, § 31 Abs. 1 Satz 1 ErbbauRG. Die Ausübung des Vorrechts ist ausgeschlossen, sofern das für den Dritten bestellte Untererbbaurecht einem anderen wirtschaftlichen Zweck dient, § 31 Abs. 1 Satz 2 ErbbauRG. Die Ausübung ist auch dann ausgeschlossen, sollte der Untererbbauberechtigte gegen Bestimmungen des Untererbbaurechtsvertrages verstoßen haben. Das Vorrecht erlischt drei Jahre nach Ablauf der Zeit, für die das Untererbbaurecht bestellt war, § 31 Abs. 2 ErbbauRG.

Alternativ:

Der Untererbbauberechtigte hat ein Vorrecht auf Erneuerung des Untererbbaurechts nach dessen Ablauf, § 31 ErbbauRG. Für das Vorrecht gelten die gesetzlichen Bestimmungen.

Alternativ:

Der Obererbbauberechtigte räumt dem Untererbbauberechtigten das Vorrecht auf Erneuerung des Untererbbaurechts nach Ablauf des Untererbbaurechts ein. Der Untererbbauberechtigte kann demnach sein Vorrecht ausüben, wenn der Obererbbauberechtigte nach Zeitablauf mit einem Dritten einen Vertrag über die Bestellung eines neuen Untererbbaurechts an dem Obererbbaurecht geschlossen hat, sofern es mit dem gleichen wirtschaftlichen Zweck wie im heutigen Vertrag abgeschlossen wurde. Das Vorrecht erlischt drei Jahre nach Ablauf der Zeit, für die das heutige Untererbbaurecht bestellt war.

Alternativ:

Ein Vorrecht für den Berechtigten auf Erneuerung des Untererbbaurechts nach Ablauf der vereinbarten Zeit wird nicht vereinbart.

12. Entschädigung bei Zeitablauf

Nach vertragsgemäßem Ablauf des Untererbbaurechts hat der Obererbbauberechtigte dem Untererbbauberechtigten eine Entschädigung in Höhe von 2/3 des Verkehrswertes, den die Untererbbaurechtsgebäude und Anlagen zum Zeitpunkt des Erlöschens des Untererbbaurechts aufweisen, zu vergüten. Die Entschädigung besteht in einem Geldbetrag.

Keine Entschädigung ist jedoch für Untererbbaurechtsbauwerke oder Untererbbaurechtsbauwerksteile zu zahlen, die ohne Zustimmung des Obererbbauberechtigten errichtet wurden.

Sofern sich die Vertragsteile binnen eines Monats nach vertragsgemäßem Ablauf des Untererbbaurechts über die Höhe der zu zahlenden Entschädigung nicht einigen können, ist der Wert der Untererbbaurechtsbauwerke und Anlagen durch einen gerichtlich vereidigten Sachverständigen zu schätzen, den … benennt. Diese Schätzung ist für alle Vertragsteile verbindlich.

Die Kosten des Schätzgutachtens tragen der Ober- und der Untererbbauberechtigte je zur Hälfte.

Die Entschädigung ist sofort nach Einigung bzw. nach Erstellung des Schätzgutachtens zur Zahlung fällig, bis dahin jedoch unverzinslich.

Alternativ:

Erlischt das Untererbbaurecht durch Zeitablauf, hat der Obererbbauberechtigte dem Untererbbauberechtigten keine Entschädigung für die Untererbbaurechtsbauwerke zu leisten. Sofern jedoch aufgrund gesetzlicher Bestimmungen trotzdem bei Zeitablauf eine Vergütung zu zahlen sein sollte, ist nur der Verkehrswert der Bauwerke des Untererbbaurechts zu zahlen, die in das Eigentum des Obererbbauberechtigten übergehen.

13. Belastung des Untererbbaurechts

Zur Belastung des Untererbbaurechts mit einer Hypothek, Grund- oder Rentenschuld, Reallast oder einem Dauerwohn- und -nutzungsrecht nach dem WEG bedarf der Untererbbauberechtigte der schriftlichen Zustimmung des Obererbbauberechtigten.

Alternativ:

Der Untererbbauberechtigte bedarf der schriftlichen Zustimmung des Obererbbauberechtigten zur Belastung des Untererbbaurechts mit einer Hypothek, Grundschuld, Rentenschuld, Reallast oder einem Dauerwohn- oder Dauernutzungsrecht. Dies gilt auch für jede Änderung des Inhalts der erwähnten Belastungen, sofern die Änderung eine weitere Belastung des Untererbbaurechts enthält.

Die Belastung des Untererbbaurechts mit den erwähnten Rechten darf erst eingetragen werden, sobald dem Grundbuchamt die Zustimmung des Obererbbauberechtigten oder der rechtskräftige Ersetzungsbeschluss nachgewiesen wird, und zwar in der Form einer öffentlichen oder öffentlich beglaubigten Urkunde. Die Belastung des Untererbbaurechts ist unwirksam, solange der Obererbbauberechtigte nicht die notwendige Zustimmung erteilt hat. Die Zustimmung kann versagt werden, sofern ein entsprechender Grund vorliegt, jedoch besteht möglicherweise ein Anspruch auf Erteilung der Zustimmung. Falls die Zustimmung des Obererbbauberechtigten ohne ausreichenden Grund verweigert wird, kann sie auf Antrag des Untererbbauberechtigten durch das Amtsgericht ersetzt werden.

Die Zustimmung zur Veräußerung enthält keine Zustimmung zur Belastung, die mit der Veräußerung einhergeht. Die Belastungszustimmung enthält auch keine Zustimmung zum Zuschlag in der Zwangsversteigerung enthält. Hierfür ist eine eigene Zustimmung des Obererbbauberechtigten einzuholen.

Schuldrechtlich gilt die Belastungsbeschränkung auch für alle anderen Belastungen des Untererbbaurechts mit dinglichen Rechten, die in der Zweiten Abteilung des Grundbuchs eingetragen werden.

Kosten, die im Rahmen der Zustimmung anfallen (beispielsweise Beglaubigungskosten), trägt der Untererbbauberechtigte.

Alternativ:

Zur Belastung des Untererbbaurechts mit einer Hypothek, Grund- oder Rentenschuld, einer Reallast oder einem Dauerwohn- und Dauernutzungsrecht bedarf der Untererbbauberechtigte der schriftlichen Zustimmung des Obererbbauberechtigten. Dies gilt auch für jede Änderung des Inhalts der genannten Belastungen, sofern die Änderung eine weitere Belastung des Untererbbaurechts enthält.

Die Belastung des Untererbbaurechts mit den erwähnten Rechten darf erst eingetragen werden, sobald dem Grundbuchamt die Zustimmung des Obererbbauberechtigten oder der rechtskräftige Ersetzungsbeschluss nachgewiesen wird, und zwar in der Form einer öffentlichen oder öffentlich beglaubigten Urkunde. Die Belastung des Untererbbaurechts ist unwirksam, solange der Obererbbauberechtigte nicht die notwendige Zustimmung erteilt hat. Die Zustimmung kann versagt werden, sofern ein entsprechender Grund vorliegt, möglicherweise besteht jedoch ein Anspruch auf Erteilung der Zustimmung. Falls die Zustimmung des Obererbbauberechtigten ohne ausreichenden Grund verweigert wird, kann sie auf Antrag des Untererbbauberechtigten durch das Amtsgericht ersetzt werden.

Die Zustimmung zur Veräußerung enthält keine Zustimmung zur Belastung, die mit der Veräußerung einhergeht. Die Belastungszustimmung enthält auch keine Zustimmung zum Zuschlag in der Zwangsversteigerung enthält. Hierfür ist eine eigene Zustimmung des Obererbbauberechtigten einzuholen.

Schuldrechtlich gilt die Belastungsbeschränkung auch für alle anderen Belastungen des Untererbbaurechts mit dinglichen Rechten, die in der Zweiten Abteilung des Grundbuchs eingetragen werden.

Kosten, die im Rahmen der Zustimmung anfallen (beispielsweise Beglaubigungskosten), trägt der Untererbbauberechtigte.

Wird das Untererbbaurecht mit einem Grundpfandrecht belastet, verpflichtet sich bereits heute der Untererbbauberechtigte gegenüber dem Obererbbauberechtigten dazu, dieses Grundpfandrecht löschen zu lassen, wenn und soweit es sich mit dem Untererbbaurecht in einer Person vereinigt. Zur Sicherung dieses Löschungsanspruchs ist bei Bestellung des Grundpfandrechts eine Löschungsvormerkung für den jeweiligen Obererbbauberechtigten auf Kosten des Untererbbauberechtigte einzutragen (§ 1179 Ziffer 2 BGB).

Wird das Untererbbaurecht mit einer Grundschuld belastet, tritt der Untererbbauberechtigte bereits heute seine Ansprüche auf Rückübertragung oder Löschung dieser Grundschuld an den Obererbbauberechtigten ab. Zur Sicherung dieses abgetretenen Anspruchs auf Rückübertragung bzw. Löschung einer solchen Grundschuld ist für den Obererbbauberechtigten eine Vormerkung bei Eintragung der Grundschuld im Grundbuch einzutragen (§ 883 Abs. 1 BGB).

Der Obererbbauberechtigte stimmt bereits jetzt Belastungen des Untererbbaurechts mit Hypotheken und Grundschulden zu, sofern

- sie innerhalb von   Jahren nach Abschluss des Untererbbaurechtsvertrages bewilligt und beantragt werden
- sie Rang nach der Untererbbauzinsreallast und dem dinglichen Vorkaufsrecht des Obererbbauberechtigten erhalten
- sie zugunsten von Anstalten und Körperschaften des öffentlichen Rechts, Kreditinstituten und Versicherungsgesellschaften mit dem Sitz innerhalb der EU erfolgen
- zugleich mit den Belastungen die oben beschriebenen Vormerkungen (Löschungsvormerkung gem. § 1179 Ziffer 2 BGB und Rückgewährsvormerkung gem. § 883 Abs. 1 BGB) zugunsten des Obererbbauberechtigten eingetragen werden.

14. Veräußerung des Untererbbaurechts

Der Untererbbauberechtigte bedarf der schriftlichen Zustimmung des Obererbbauberechtigten zur Veräußerung des Untererbbaurechts. Die Zustimmung gilt als erteilt, falls sie nicht binnen eines bestimmten Zeitraums unter Angabe von Gründen durch den Obererbbauberechtigten verweigert wird.

Die Veräußerung des Untererbbaurechts darf erst eingetragen werden, sobald dem Grundbuchamt die Zustimmung des Obererbbauberechtigten oder der rechtskräftige Ersetzungsbeschluss nachgewiesen wird, und zwar in der Form einer öffentlichen oder öffentlich beglaubigten Urkunde. Die Veräußerung des Untererbbaurechts ist unwirksam, solange der Obererbbauberechtigte nicht die notwendige Zustimmung erteilt hat. Die Zustimmung kann versagt werden, sofern ein entsprechender Grund vorliegt, möglicherweise besteht jedoch ein Anspruch auf Erteilung der Zustimmung. Falls die Zustimmung des Obererbbauberechtigten ohne ausreichenden Grund verweigert wird, kann sie auf Antrag des Untererbbauberechtigten durch das Amtsgericht ersetzt werden.

Die Zustimmung zur Veräußerung enthält keine Zustimmung zur Belastung, die mit der Veräußerung einhergeht.

Kosten, die im Rahmen der Zustimmung anfallen (beispielsweise Beglaubigungskosten), trägt der Untererbbauberechtigte.

Alternativ:

Zur Veräußerung des Untererbbaurechts oder eines realen oder ideellen Teils hiervon sowie von Wohnungs- und Teilerbbaurecht bedarf der Untererbbauberechtigte der schriftlichen Zustimmung des Obererbbauberechtigten. Dies gilt auch für eine Veräußerung im Wege der Zwangsversteigerung, wozu auch eine Zwangsversteigerung zum Zwecke der Auseinandersetzung der Gemeinschaft zählt.

Voraussetzung für die Zustimmung zur Veräußerung ist, dass der Erwerber in sämtliche Verpflichtungen aus dem Untererbbaurechtsvertrag (einschließlich der Nachträge) und aus dem Untererbbaurechtsverhältnis im Übrigen in notarieller Form eintritt und sich dabei gegenüber dem Obererbbauberechtigten wegen des Untererbbauzinses der sofortigen Zwangsvollstreckung unterwirft. Die Zustimmung gilt als erteilt, falls sie nicht binnen eines bestimmten Zeitraums unter Angabe von Gründen durch den Obererbbauberechtigten verweigert wird. Die Zustimmung enthält keinen Verzicht auf Ansprüche des Obererbbauberechtigten gegen den Untererbbauberechtigten aus dem Untererbbaurechtsverhältnis, die im Zeitpunkt der Veräußerung dem Grunde nach bereits entstanden sind. Ausgenommen den Erwerb durch Zwangsversteigerung, haften dann der Untererbbauberechtigte und der Erwerber gegenüber dem Obererbbauberechtigten als Gesamtschuldner.

Die Veräußerung des Untererbbaurechts darf erst eingetragen werden, sobald dem Grundbuchamt die Zustimmung des Obererbbauberechtigten oder der rechtskräftige Ersetzungsbeschluss nachgewiesen wird, und zwar in der Form einer öffentlichen oder öffentlich beglaubigten Urkunde. Die Veräußerung des Untererbbaurechts ist unwirksam, solange der Obererbbauberechtigte nicht die notwendige Zustimmung erteilt hat. Die Zustimmung kann versagt werden, sofern ein entsprechender Grund vorliegt, möglicherweise besteht jedoch ein Anspruch auf Erteilung der Zustimmung. Falls die Zustimmung des Obererbbauberechtigten ohne ausreichenden Grund verweigert wird, kann sie auf Antrag des Untererbbauberechtigten durch das Amtsgericht ersetzt werden.

Die Zustimmung zur Veräußerung enthält keine Zustimmung zur Belastung, die mit der Veräußerung einhergeht.

Kosten, die im Rahmen der Zustimmung anfallen (beispielsweise Beglaubigungskosten), trägt der Untererbbauberechtigte.

Alternativ:

Zur Veräußerung des Untererbbaurechts oder eines realen oder ideellen Teils hiervon sowie von Wohnungs- und Teilerbbaurecht bedarf der Untererbbauberechtigte der schriftlichen Zustimmung des Obererbbauberechtigten. Dies gilt auch für eine Veräußerung im Wege der Zwangsversteigerung, wozu auch eine Zwangsversteigerung zum Zwecke der Auseinandersetzung der Gemeinschaft zählt.

Die erstmalige Veräußerung des Untererbbaurechts oder von Teilen hiervon oder von Wohnungs- und Teilerbbaurechten bedarf jedoch keiner schriftlichen Zustimmung des Obererbbauberechtigten, sofern . Unabhängig davon, ist jeder Veräußerungsvertrag dem Obererbbauberechtigten zur Kenntnis zu bringen.

Voraussetzung für die Zustimmung zur Veräußerung ist, dass der Erwerber in sämtliche Verpflichtungen aus dem Untererbbaurechtsvertrag (einschließlich der Nachträge) und aus dem Untererbbaurechtsverhältnis im Übrigen in notarieller Form eintritt und sich dabei gegenüber dem Obererbbauberechtigten wegen des Untererbbauzinses der sofortigen Zwangsvollstreckung unterwirft. Die Zustimmung gilt als erteilt, falls sie nicht binnen eines bestimmten Zeitraums unter Angabe von Gründen durch den Obererbbauberechtigten verweigert wird. Die Zustimmung enthält keinen Verzicht auf Ansprüche des Obererbbauberechtigten gegen den Untererbbauberechtigten aus dem Untererbbaurechtsverhältnis, die im Zeitpunkt der Veräußerung dem Grunde nach bereits entstanden sind. Ausgenommen den Erwerb durch Zwangsversteigerung, haften dann der Untererbbauberechtigte und der Erwerber gegenüber dem Obererbbauberechtigten als Gesamtschuldner.

Die Veräußerung des Untererbbaurechts darf erst eingetragen werden, sobald dem Grundbuchamt die Zustimmung des Obererbbauberechtigten oder der rechtskräftige Ersetzungsbeschluss nachgewiesen wird, und zwar in der Form einer öffentlichen oder öffentlich beglaubigten Urkunde. Die Veräußerung des Untererbbaurechts ist unwirksam, solange der Obererbbauberechtigte nicht die notwendige Zustimmung erteilt hat. Die Zustimmung kann versagt werden, sofern ein entsprechender Grund vorliegt, möglicherweise besteht jedoch ein Anspruch auf Erteilung der Zustimmung. Falls die Zustimmung des Obererbbauberechtigten ohne ausreichenden Grund verweigert wird, kann sie auf Antrag des Untererbbauberechtigten durch das Amtsgericht ersetzt werden, § 7 Abs. 3 ErbbauRG.

Die Zustimmung zur Veräußerung enthält keine Zustimmung zur Belastung, die mit der Veräußerung einhergeht.

Kosten, die im Rahmen der Zustimmung anfallen (beispielsweise Beglaubigungskosten), trägt der Untererbbauberechtigte.

IV. Besondere schuldrechtliche Vereinbarungen zum Untererbbaurecht

1. Gegenseitige Loyalität

Der Obererbbauberechtigte verpflichtet sich, die Bestimmungen des Obererbbaurechts auch gegenüber dem Untererbbauberechtigten einzuhalten. Insbesondere verpflichtet sich der Obererbbauberechtigte dazu, alles zu vermeiden, was einen Heimfall des Obererbbaurechts auslösen könnte. Die Vertragsteile verpflichten sich zur gegenseitigen Loyalität. Diese Loyalität gilt für die gesamte Dauer des Untererbbaurechts und schließt die gegenseitige Information über Sachverhalte ein, die den Bestand des Untererbbaurechts gefährden könnten. Die Beteiligten informieren sich unverzüglich, sobald sich die Gefahr eines Heimfalls des Obererbbaurechts abzeichnen sollte. Dem Untererbbauberechtigten steht das Recht zu, den Obererbbauzins zu bezahlen, um den Heimfall des Obererbbaurechts abzuwenden.

2. Schuldrechtlicher Beginn; Zahlungsbeginn; Übergang von Nutzungen und Lasten

Schuldrechtlich beginnt das Untererbbaurecht bereits am   . Ab diesem Zeitpunkt beginnt auch die Zahlung des Untererbbauzinses. Nutzungen und Lasten des Untererbbaurechts gehen ab diesem Zeitpunkt auf den Untererbbauberechtigten über. Die Lastenfreiheit wird ab diesem Zeitpunkt zugesichert.

3. Heimfall des Obererbbaurechts

Sollte dennoch der Heimfall des Obererbbaurechts ausgeübt werden, steht dem Untererbbauberechtigten ein Entschädigungsanspruch gegen den Obererbbauberechtigten zu. Zur Sicherung dieses Anspruchs tritt der Obererbbauberechtigte seinen Entschädigungsanspruch gegen den Grundstückseigentümer an den Untererbbauberechtigten ab. Dieser wird ermächtigt, die Abtretung dem Grundstückseigentümer anzuzeigen. Auf weitere Sicherung wird verzichtet, da der Grundstückseigentümer nicht mitwirkt.

4. Freistellung

Soweit sie das Untererbbaurecht betreffen, verpflichtet sich der Untererbbauberechtigte dazu, den Obererbbauberechtigten von Verpflichtungen freizuhalten, die aus dem Obererbbaurechtsvertrag resultieren und gegenüber dem Grundstückseigentümer zu erfüllen sind.

V. Untererbbauzins

1. Höhe und Fälligkeit

Der Untererbbauberechtigte hat an den Obererbbauberechtigten jährlich einen Untererbbauzins in Höhe von

        EUR – in Worten: Euro -

zu zahlen.

Der Untererbbauzins ist am   eines jeden Jahres im Voraus zur Zahlung fällig.

2. Wertsicherung und Versteigerungsfestigkeit

Sollte sich der vom Statistischen Bundesamt festgestellte Verbraucherpreisindex für Deutschland (VPI) gegenüber dem für den Monat festgesetzten Index (Basis 2020 = 100) um mehr als 5 % nach oben oder unten verändern, verändert sich jeweils auch der jährliche Untererbbauzins automatisch, ohne dass es eines gesonderten Anpassungsverlangens bedarf, im gleichen prozentualen Verhältnis, und zwar vom Beginn des Jahres an, welches auf das Jahr folgt, in dem die Veränderung um mehr als 5 % eingetreten ist.

Bei einer Umbasierung des Verbraucherpreisindexes erfolgt die Anpassung auf der neuen Berechnungsgrundlage.

Änderungen sind zu berücksichtigen, wenn sie insgesamt nach oben oder unten mehr als 5 % erreichen.

Die erste Anpassung darf frühestens zum erfolgen.

Sofern aufgrund der Wertsicherungsklausel eine Anpassung des jährlichen Untererbbauzinses durchgeführt ist, wird die Klausel gemäß den vorstehenden Bestimmungen erneut anwendbar.

Der jährliche Untererbbauzins ist dann wiederum anzupassen, sobald sich der Preisindex gegenüber dem für die letzte Anpassung maßgeblichen Preisindex erneut um mehr als 5 % nach oben oder nach unten verändert hat, und zwar ebenfalls vom Beginn des Folgejahres nach der Indexänderung an.

Eine Anpassung soll allerdings nur dann möglich sein, soweit diese im Rahmen der Bestimmung nach § 9a ErbbauRG zulässig ist.

3. Unterwerfung unter die sofortige Zwangsvollstreckung

Der Untererbbauberechtigte unterwirft sich wegen der in dieser Urkunde eingegangenen Verpflichtung zur Zahlung des Untererbbauzinses der sofortigen Zwangsvollstreckung aus dieser Urkunde in sein gesamtes Vermögen.

Eine vollstreckbare Ausfertigung ist ohne Nachweis der die Fälligkeit begründenden Tatsachen zu erteilen.

Bei Neufestsetzung des Untererbbauzinses (siehe obige Wertsicherungsklausel) hat auf Verlangen des Obererbbauberechtigten eine erneute Zwangsvollstreckungsunterwerfung des Untererbbauberechtigten wegen des Erhöhungsbetrages zu erfolgen, und zwar in einer Nachtragsurkunde.

4. Bestellung einer Untererbbauzinsreallast

Der Untererbbauberechtigte bestellt zugunsten des jeweiligen Obererbbauberechtigten eine Untererbbauzinsreallast in der vorstehend vereinbarten, wertgesicherten und versteigerungsfesten Form. Der Untererbbauberechtigte bewilligt und beide Vertragsteile beantragen die Eintragung dieser Reallast im Untererbbaugrundbuch.

Alternativ:

1. Allgemeines

Die Beteiligten sind sich einig, dass der Untererbbauzins auf der Grundlage der Lebenshaltungskosten vereinbart ist und wertgesichert sein soll.

Mehrere Untererbbauberechtigte haften für alle Verpflichtungen, die aus dem Untererbbaurechtsvertrag und der Anpassung des Untererbbauzinses resultieren, als Gesamtschuldner.

2. Der Untererbbauzins ist wertgesichert

Ändert sich der vom Statistischen Bundesamt in Wiesbaden für das Basisjahr 2020 (derzeitige Basis 2020 = 100 Punkte) ermittelte Verbraucherpreisindex für Deutschland (VPI) oder der an seine Stelle tretende Index nach drei Jahren um mehr als 5 % (in Worten: fünf Prozent) nach oben oder unten, so erhöht oder ermäßigt sich der Untererbbauzins in demselben Verhältnis, ohne dass es eines gesonderten Anpassungsverlangens bedarf. Die Änderung gilt jeweils vom Beginn des Kalenderjahres an, in dem die Veränderung geltend gemacht wird. Dabei orientiert sich die Berechnung der Differenz an der durchschnittlichen Veränderung des Verbraucherpreisindexes (VPI) im Vergleich zum Zeitpunkt der letzten Anpassung des Untererbbauzinses. Die automatische Anpassung des Untererbbauzinses ist dinglicher Inhalt der Untererbbauzinsreallast. Eine Änderung kann erst   Jahre nach der letzten Änderung verlangt werden. Die Regelung in § 9a ErbbauRG bleibt unberührt.

3. Der Untererbbauzins ist versteigerungsfest

Ferner soll die Untererbbauzinsreallast abweichend von § 52 Abs. 1 ZVG mit ihrem Hauptanspruch bestehen bleiben, sofern der Obererbbauberechtigte aus der Untererbbauzinsreallast oder der Inhaber eines im Rang vorgehenden oder gleichstehenden dinglichen Rechts die Zwangsversteigerung in das Untererbbaurecht betreibt, § 9 Abs. 3 S. 1 Nr. 1 ErbbauRG. Die Versteigerungsfestigkeit des Untererbbauzinses ist dinglicher Inhalt der Untererbbauzinsreallast.

4. Unterwerfung unter die sofortige Zwangsvollstreckung

Der Untererbbauberechtigte unterwirft sich wegen der einzelnen wertgesicherten Untererbbauzinsraten der sofortigen Zwangsvollstreckung aus dieser Urkunde in sein gesamtes Vermögen. Eine vollstreckbare Ausfertigung ist auch ohne Nachweis der Fälligkeit zu erteilen, womit keine Umkehr der Beweislast verbunden sein soll. Der Obererbbauberechtigte ist berechtigt, sich jederzeit eine vollstreckbare Ausfertigung erteilen zu lassen.

5. Bewilligung und Antrag; Eintragung im Grundbuch

Zur Sicherung des vorstehend vereinbarten, wertgesicherten und versteigerungsfesten Untererbbauzinses wird zugunsten des jeweiligen Obererbbauberechtigten eine Untererbbauzinsreallast bewilligt und zur Eintragung beantragt.

Alternativ:

1. Höhe und Fälligkeit

Der jährliche Untererbbauzins beträgt   EUR (in Worten: EUR).

Der Jahresuntererbbauzins ist am 1.Januar eines jeden Kalenderjahres im Voraus fällig und ohne Aufforderung bei Fälligkeit an den Obererbbauberechtigten oder an die von ihm zur Entgegennahme ermächtigte Person oder Stelle unter Angabe der Untererbbaurechtsbezeichnung und des Zeitabschnitts, für den gezahlt wird, zu entrichten. Aus besonderem Grund und jederzeit widerruflich kann dem Untererbbauberechtigten Teilzahlung in monatlichen, viertel- oder halbjährlichen Raten gewährt werden. Bis zur Eintragung des Untererbbaurechts im Grundbuch ist der vereinbarte Untererbbauzins als Nutzungsentgelt in gleicher Höhe zu zahlen.

Vom Tage der Übergabe bis zum darauffolgenden 31.Dezember hat der Untererbbauberechtigte den anteiligen Jahresuntererbbauzins in einem einmaligen Betrag in Höhe von   EUR bis zum 1. des Monats, der dem Tag der Übergabe folgt, zu zahlen.

Der Untererbbauberechtigte ermächtigt den Obererbbauberechtigten, den Untererbbauzins in der jeweiligen Höhe im Wege des Lastschrifteinzugsverfahrens zu erheben. Der Obererbbauberechtigte wird dem Untererbbauberechtigten rechtzeitig eine Mitteilung über den Beginn des Lastschrifteinzugsverfahrens zugehen lassen.

2. Untererbbauzinsreallast; Versteigerungsfestigkeit; Wertsicherung

Der Untererbbauberechtigte ist verpflichtet, den Untererbbauzins durch Eintragung einer Reallast an   Rangstelle des Untererbbaugrundbuchs zugunsten des jeweiligen Obererbbauberechtigten dinglich zu sichern. Als Inhalt der Reallast wird das Bestehenbleiben des Untererbbauzinses nach § 9 Abs. 3 Ziffer 1 ErbbauRG vereinbart.

Die Vertragsteile sind sich gemäß § 9 Abs. 1 ErbbauRG, § 1105 Abs. 1 Satz 2 BGB darüber einig, dass der Untererbbauzins auf der Grundlage der Lebenshaltungskosten vereinbart ist und wertgesichert sein soll. Ändert sich der vom Statistischen Bundesamt in Wiesbaden für das Basisjahr 2020 = 100 ermittelte Verbraucherpreisindex für Deutschland (VPI) oder der an seine Stelle tretende Index nach 3 Jahren von heute an bzw. nach 3 Jahren vom zurückliegenden letzten Anpassungsdatum an gegenüber dem Indexstand vom Monat des Vertragsschlusses bzw. vom Monat der letzten Anpassung, so erhöht oder ermäßigt sich der Untererbbauzins gemäß der letzten Anpassung in demselben Verhältnis, ohne dass es eines gesonderten Anpassungsverlangens bedarf. Diese Vereinbarung ist als Inhalt der Untererbbauzinsreallast in das Grundbuch einzutragen.

3. Unterwerfung unter die sofortige Zwangsvollstreckung

Der Untererbbauberechtigte unterwirft sich wegen der einzelnen wertgesicherten Untererbbauzinsraten der sofortigen Zwangsvollstreckung aus dieser Urkunde in sein gesamtes Vermögen. Eine vollstreckbare Ausfertigung ist auch ohne Nachweis der Fälligkeit zu erteilen, womit keine Umkehr der Beweislast verbunden sein soll. Der Obererbbauberechtigte ist berechtigt, sich jederzeit eine vollstreckbare Ausfertigung erteilen zu lassen.

4. Bewilligung und Antrag; Eintragung im Grundbuch

Zur Sicherung des vorstehend vereinbarten, wertgesicherten und versteigerungsfesten Untererbbauzinses wird zugunsten des jeweiligen Obererbbauberechtigten eine Untererbbauzinsreallast bewilligt und zur Eintragung beantragt.

Alternativ:

1. Anteiliger Erbbauzinsbetrag

Der Untererbbauberechtigte hat einen Anteil von   des Erbbauzinses zu zahlen, der nach dem Obererbbaurechtsvertrag an den Grundstückseigentümer zu entrichten ist. Somit entfällt auf das Untererbbaurecht ein jährlicher Untererbbauzins in Höhe von   EUR (in Worten: EUR).

Der Obererbbauberechtigte bleibt weiterhin zur Entrichtung des gesamten Erbbauzinses an den Grundstückseigentümer verpflichtet

2. Fälligkeit

Der Jahresuntererbbauzins ist am 1.Januar eines jeden Kalenderjahres im Voraus fällig und ohne Aufforderung bei Fälligkeit an den Obererbbauberechtigten oder an die von ihm zur Entgegennahme ermächtigte Person oder Stelle unter Angabe der Untererbbaurechtsbezeichnung und des Zeitabschnitts, für den gezahlt wird, zu entrichten. Der Untererbbauzins ist erstmalig am Monatsersten zu zahlen, der auf die Eintragung des Untererbbaurechts im Grundbuch folgt. Aus besonderem Grund und jederzeit widerruflich kann dem Untererbbauberechtigten Teilzahlung in monatlichen, viertel- oder halbjährlichen Raten gewährt werden. Bis zur Eintragung des Untererbbaurechts im Grundbuch ist der vereinbarte Untererbbauzins als Nutzungsentgelt in gleicher Höhe zu zahlen.

Der Untererbbauberechtigte ermächtigt den Obererbbauberechtigten, den Untererbbauzins in der jeweiligen Höhe im Wege des Lastschrifteinzugsverfahrens zu erheben. Der Obererbbauberechtigte wird dem Untererbbauberechtigten rechtzeitig eine Mitteilung über den Beginn des Lastschrifteinzugsverfahrens zugehen lassen.

3. Untererbbauzinsreallast; Versteigerungsfestigkeit; Wertsicherung

Der Untererbbauberechtigte ist verpflichtet, den Untererbbauzins durch Eintragung einer Reallast an Rangstelle des Untererbbaugrundbuchs zugunsten des jeweiligen Obererbbauberechtigten dinglich zu sichern. Als Inhalt der Reallast wird das Bestehenbleiben des Untererbbauzinses nach § 9 Abs. 3 Ziffer 1 ErbbauRG vereinbart.

Die Vertragsteile sind sich gemäß § 9 Abs. 1 ErbbauRG, § 1105 Abs. 1 Satz 2 BGB darüber einig, dass der Untererbbauzins auf der Grundlage der Lebenshaltungskosten vereinbart ist und wertgesichert sein soll. Ändert sich der vom Statistischen Bundesamt in Wiesbaden für das Basisjahr 2020 = 100 ermittelte Verbraucherpreisindex für Deutschland (VPI) oder der an seine Stelle tretende Index nach 3 Jahren von heute an bzw. nach 3 Jahren vom zurückliegenden letzten Anpassungsdatum an gegenüber dem Indexstand vom Monat des Vertragsschlusses bzw. vom Monat der letzten Anpassung, so erhöht oder ermäßigt sich der Untererbbauzins gemäß der letzten Anpassung in demselben Verhältnis, ohne dass es eines gesonderten Anpassungsverlangens bedarf. Diese Vereinbarung ist als Inhalt der Untererbbauzinsreallast in das Grundbuch einzutragen.

4. Unterwerfung unter die sofortige Zwangsvollstreckung

Der Untererbbauberechtigte unterwirft sich wegen der einzelnen wertgesicherten Untererbbauzinsraten der sofortigen Zwangsvollstreckung aus dieser Urkunde in sein gesamtes Vermögen. Eine vollstreckbare Ausfertigung ist auch ohne Nachweis der Fälligkeit zu erteilen, womit keine Umkehr der Beweislast verbunden sein soll. Der Obererbbauberechtigte ist berechtigt, sich jederzeit eine vollstreckbare Ausfertigung erteilen zu lassen.

5. Bewilligung und Antrag; Eintragung im Grundbuch

Zur Sicherung des vorstehend vereinbarten, wertgesicherten und versteigerungsfesten Untererbbauzinses wird zugunsten des jeweiligen Obererbbauberechtigten eine Untererbbauzinsreallast bewilligt und zur Eintragung beantragt.

VI. Vorkaufsrecht

1. Vorkaufsrecht am Obererbbaurecht

Der Obererbbauberechtigte bestellt dem jeweiligen Untererbbauberechtigten ein dingliches Vorkaufsrecht für jeden Fall des Verkaufs des Obererbbaurechts. Die Eintragung dieses Vorkaufsrechts wird bewilligt und beantragt, und zwar im Rang nach dem Untererbbaurecht.

2. Vorkaufsrecht am Untererbbaurecht

Der Untererbbauberechtigte bestellt dem jeweiligen Obererbbauberechtigten ein dingliches Vorkaufsrecht am Untererbbaurecht, und zwar für jeden Fall des Verkaufs des Untererbbaurechts oder eines Teils davon. Die Eintragung dieses Vorkaufsrechts wird bewilligt und beantragt, und zwar im Rang nach der Untererbbauzinsreallast.

Alternativ (keine wechselseitigen Vorkaufsrechte, nur Vorkaufsrecht am Untererbbaurecht)

Der Untererbbauberechtigte bestellt dem jeweiligen Obererbbauberechtigten ein dingliches Vorkaufsrecht am Untererbbaurecht, und zwar für jeden Fall des Verkaufs des Untererbbaurechts oder eines Teils davon. Die Eintragung dieses Vorkaufsrechts wird bewilligt und beantragt, und zwar im Rang nach der Untererbbauzinsreallast.

Alternativ bei Eintragung eines Untererbbaurechts mit Ausübungsbeschränkung auf reale Teilfläche:

1. Vorkaufsrecht am Obererbbaurecht

Der Obererbbauberechtigte räumt dem jeweiligen Untererbbauberechtigten am Obererbbaurecht ein Vorkaufsrecht für alle Verkaufsfälle gemäß § 1094 BGB auf die Dauer des Untererbbaurechts ein. Das Vorkaufsrecht ist auf die Ausübungsfläche des Untererbbaurechts beschränkt.

Für das Vorkaufsrecht gelten die gesetzlichen Bestimmungen. Die Vertragsteile sind sich über die Entstehung des Vorkaufsrechts als dingliche Last einig.

Der Obererbbauberechtigte bewilligt und beide Vertragsteile beantragen die Eintragung dieses Vorkaufsrechts am Obererbbaurecht im Grundbuch, und zwar im Rang nach dem Untererbbaurecht.

2. Vorkaufsrecht am Untererbbaurecht

Der Untererbbauberechtigte räumt seinerseits dem jeweiligen Obererbbauberechtigten am Untererbbaurecht ein Vorkaufsrecht für alle Verkaufsfälle gemäß § 1094 BGB ein.

Für das Vorkaufsrecht gelten die gesetzlichen Bestimmungen. Die Vertragsteile sind sich über die Entstehung des Vorkaufsrechts als dingliche Last einig.

Der Untererbbauberechtigte bewilligt und beide Vertragsteile beantragen die Eintragung dieses Vorkaufsrechts am Untererbbaurecht im Grundbuch, und zwar im Rang nach der Untererbbauzinsreallast.

Alternativ mit Einschränkungen des Vorkaufsrechts:

1. Gegenseitige Vorkaufsrechte

Der jeweilige Obererbbauberechtigte räumt dem jeweiligen Untererbbauberechtigten am Obererbbaurecht, der jeweilige Untererbbauberechtigte dem jeweiligen Obererbbauberechtigten am Untererbbaurecht das dingliche Vorkaufsrecht für alle Verkaufsfälle ein.

Für die Vorkaufsrechte gelten die gesetzlichen Bestimmungen, allerdings mit den folgenden Einschränkungen.

2. Einschränkungen der Vorkaufsrechte

Das Vorkaufsrecht des jeweiligen Obererbbauberechtigten wird dinglich dahingehend eingeschränkt, dass es in folgenden Fällen nicht gilt und nicht ausgeübt werden kann:

- Übertragung an Mituntererbbauberechtigte oder Ehegatten oder Verwandte in gerader Linie des jeweiligen Untererbbauberechtigten, soweit der Untererbbauberechtigte keine Gesellschaft ist
- Übertragung auf eine andere Personen- oder Kapitalgesellschaft, deren Anteilsinhaber mehrheitlich aus Gesellschaftern des heutigen Untererbbauberechtigten oder dessen Ehegatten, Geschwistern oder Verwandten in gerader Linie bestehen.

Das Vorkaufsrecht des jeweiligen Untererbbauberechtigten wird dinglich dahingehend eingeschränkt, dass es in folgenden Fällen nicht gilt und nicht ausgeübt werden kann:

- Übertragung des Obererbbaurechts an Miteigentümer, Ehegatten, Geschwister oder Verwandte in gerader Linie zu einem der Gesellschafter bzw. des jeweiligen Obererbbauberechtigten, sofern dieser keine Gesellschaft ist
- Übertragung des Obererbbaurechts auf eine (andere) Personen- oder Kapitalgesellschaft, deren Anteilsinhaber mehrheitlich aus Gesellschaftern des heutigen Obererbbauberechtigten oder dessen Ehegatten, Geschwistern oder Verwandten in gerader Linie bestehen.

VII. Grundbucherklärungen

Die Vertragsteile sind sich über die Entstehung des Untererbbaurechts mit dem in niedergelegten Inhalt einig.

Die Vertragsteile bewilligen und beantragen:

1. die Eintragung des Untererbbaurechts am Erbbaurecht (Obererbbaurecht), und zwar an erster Rangstelle im Obererbbaugrundbuch

2. die Eintragung der wertgesicherten und versteigerungsfesten Untererbbauzinsreallast für den jeweiligen Obererbbauberechtigten, und zwar an erster Rangstelle im Untererbbaugrundbuch
3. die Eintragung der Vorkaufsrechte für den Obererbbauberechtigten und für den Untererbbauberechtigten; das Vorkaufsrecht für den Obererbbauberechtigten erhält zweite Rangstelle im Untererbbaugrundbuch, das Vorkaufsrecht für den Untererbbauberechtigten ist im Rang nach dem Untererbbaurecht einzutragen.

Der Notar wird beauftragt und bevollmächtigt, etwaige Rangrücktrittserklärungen zu erholen.

Der Notar wird ermächtigt, die Beteiligten im Grundbuchverfahren umfassend zu vertreten. Dies umfasst auch die Abgabe ergänzender und berichtigender Grundbucherklärungen.

Alternativ:

Die Vertragsteile sind über die Bestellung der nachfolgenden Rechte einig und bewilligen, der Untererbbauberechtigte beantragt:

1. in das Erbbaugrundbuch des Obererbbaurechts einzutragen:
   - das Untererbbaurecht gemäß den Bestimmungen dieses Vertrages an erster Rangstelle
   - das Vorkaufsrecht für den Untererbbauberechtigten im Rang nach dem Untererbbaurecht
   - den Rangrücktritt aller Erklärungen, die erforderlich sind, um dem Untererbbaurecht die erste Rangstelle zu verschaffen
2. in das neu angelegte Untererbbaugrundbuch einzutragen:
   - das Untererbbaurecht mit dem vereinbarten dinglichen Inhalt dieses Vertrages
   - die wertgesicherte und versteigerungsfeste Untererbbauzinsreallast für den jeweiligen Obererbbauberechtigten, und zwar an ______ Rangstelle
   - das Vorkaufsrecht für den jeweiligen Obererbbauberechtigten, und zwar im Rang nach der Untererbbauzinsreallast.

Der Notar wird beauftragt und bevollmächtigt, etwaige Rangrücktrittserklärungen zu erholen.

Der Notar wird ermächtigt, die Beteiligten im Grundbuchverfahren umfassend zu vertreten. Dies umfasst auch die Abgabe ergänzender und berichtigender Grundbucherklärungen.

Der Untererbbauberechtigte beantragt, dem Obererbbauberechtigten zwei amtliche Ausdrucke des Untererbbaugrundbuchs zu erteilen.

VIII. Haftung; Verschaffung der ersten Rangstelle

Der Obererbbauberechtigte schuldet den ungehinderten Besitzübergang, die Entstehung des Untererbbaurechts und die Freiheit von Miet- und Pachtverhältnissen sowie anderen vertraglichen Bindungen.

Der Obererbbauberechtigte haftet über Zusicherungen hinaus, die in dieser Urkunde niedergelegt sind, nicht für Mängelfreiheit. Ausgeschlossen sind Ansprüche und Rechte des Untererbbauberechtigten wegen eines Sachmangels, insbesondere im Hinblick auf das Flächenmaß, die Bodenbeschaffenheit und die Verwertbarkeit. Der Obererbbauberechtigte versichert, dass ihm verborgene Mängel nicht bekannt sind. Der Obererbbauberechtigte übernimmt keine Garantie für die Beschaffenheit.

Ab Besitzübergang treffen alle Haftungen den Untererbbauberechtigten, insbesondere für Schäden, die während der Bauphase auftreten oder die durch das Vorhandensein oder die Unterhaltung der Untererbbaurechtsbauwerke resultieren. Dies gilt auch für Schäden an benachbarten Grundstücken.

Das Untererbbaurecht kann nur zur ausschließlich ersten Rangstelle bestellt werden, § 10 Abs. 1 Satz 1 ErbbauRG. Die Rangstelle muss permanent gehalten und kann auch nach Eintragung des Untererbbaurechts im Grundbuch nicht nachträglich geändert werden. Der Obererbbauberechtigte haftet für die Verschaffung der ersten Rangstelle und verpflichtet sich zur Beschaffung aller erforderlichen Unterlagen (Rangrücktrittserklärungen, ggf. weitere Identitätsnachweise), und zwar auf eigene Kosten. Falls die erste Rangstelle nicht verschafft werden kann, können beide Vertragsteile ihren Rücktritt erklären. Die hierbei anfallenden Kosten (Notariat, Grundbuchamt) trägt der Obererbbauberechtigte. Die Geltendmachung weiterer Rechte ist dann ausgeschlossen, insbesondere findet keine Erstattung gezahlter Untererbbauzinsbeträge oder die Zahlung von Schadensersatz statt.

Alternativ:

Für Sachmängel haftet der Obererbbauberechtigte nicht, etwa für die Bodenbeschaffenheit, das Flächenmaß oder die Nutzbarkeit. Der Obererbbauberechtigte garantiert lediglich, dass eine Bebauung möglich ist, wobei die Bebaubarkeit von den Festsetzungen der gemeindlichen Bauleitplanung bestimmt wird. Eine weitere Garantie übernimmt der Obererbbauberechtigte nicht. Es obliegt dem Untererbbauberechtigten, die Genehmigung der Baubehörde einzuholen. Schließlich garantiert der Obererbbauberechtigte, dass Abtretungen für Belange des öffentlichen Bedarfs nicht zu leisten sind.

Der Obererbbauberechtigte haftet für die Verschaffung der ersten Rangstelle und verpflichtet sich zur Beschaffung aller erforderlichen Unterlagen (Rangrücktrittserklärungen, ggf. weitere Identitätsnachweise), und zwar auf eigene Kosten. Falls die erste Rangstelle nicht verschafft werden kann, können beide Vertragsteile ihren Rücktritt erklären. Die hierbei anfallenden Kosten (Notariat, Grundbuchamt) trägt der Obererbbauberechtigte. Die Geltendmachung weiterer Rechte ist dann ausgeschlossen, insbesondere findet keine Erstattung gezahlter Untererbbauzinsbeträge oder die Zahlung von Schadensersatz statt.

Alternativ:

Der Obererbbauberechtigte haftet dafür, dass das Untererbbaurecht die erste Rangstelle erhält. Die Haftung beschränkt sich allerdings auf alle möglichen und zumutbaren Schritte, die erforderlich sind, um die erste Rangstelle zu erreichen. Beide Vertragsteile sind zum Rücktritt von den schuldrechtlichen Bestimmungen dieses Vertrages berechtigt, sollte die erste Rangstelle nicht zu beschaffen sein. Dann ist die Geltendmachung weiterer Rechte ausgeschlossen. Die Rückabwicklungskosten fallen dem Obererbbauberechtigten zur Last, er trägt auch sämtliche Kosten, die insoweit im Notariat und Grundbuchamt anfallen.

Soweit Sachmängel betroffen sind, übernimmt der Obererbbauberechtigte keine Haftung für die Bebaubarkeit. Der Umfang der Bebaubarkeit hängt von den baurechtlichen Maßgaben und den Festsetzungen der städtischen Bauleitplanung ab. Der Obererbbauberechtigte übernimmt keine Garantie dafür, dass das Objekt zur Errichtung der Untererbbaurechtsbauwerke geeignet ist, die der Untererbbauberechtigte errichten möchte. Der Obererbbauberechtigte übernimmt auch keine Garantie dafür, dass die notwendigen baurechtlichen Genehmigungen erteilt werden.

Darüber hinaus haftet der Grundstückseigentümer auch nicht für die Bodenbeschaffenheit und das angegebene Flächenmaß.

Der Obererbbauberechtigte hat den Untererbbauberechtigten auf die frühere Nutzung des Objekts hingewiesen. Dem Obererbbauberechtigten ist nicht bekannt, dass Altlasten bzw. Kontaminationen bestehen. Ein etwaiger Ausgleichsanspruch nach § 24 Abs. 2 BBodSchG wird abbedungen.

IX. Haftung als Gesamtschuldner

Mehrere Untererbbauberechtigte haften für alle Verpflichtungen, die aus diesem Vertrag resultieren, als Gesamtschuldner. Tatsachen, die gegenüber einem der Untererbbauberechtigen Ansprüche begründen, muss der andere Untererbbauberechtigte gegen sich geltend zu lassen.

X. Übernahme von Verpflichtungen durch Rechtsnachfolger; Weitergabeverpflichtung; Mitteilungspflicht

Die Vertragsparteien verpflichten sich, ihren Rechtsnachfolgern die Übernahme sämtlicher schuldrechtlicher Verpflichtungen und Bestimmungen, die aus dem Untererbbaurechtsverhältnis resultieren, und deren Weitergabe an weitere Rechtsnachfolger aufzuerlegen, so dass jeder weitere Rechtsnachfolger in gleicher Weise verpflichtet wird.

Der Untererbbauberechtigte ist verpflichtet, dem Obererbbauberechtigten seine aktuelle Anschrift und entsprechende Bankdaten unverzüglich mitzuteilen. Diese Verpflichtung gilt auch für andere Korrespondenzadressen, beispielsweise E-Mail-Adressen. Bei Verstoß gegen diese Verpflichtung haftet der Untererbbauberechtigte auf Schadensersatz.

Darüber hinaus ist der Untererbbauberechtigte verpflichtet, dem Obererbbauberechtigten eine etwaige Zwangsvollstreckungsmaßnahme, die gegen das Untererbbaurecht ergriffen wird, unverzüglich mitzuteilen. Dies gilt auch für die Eröffnung des Insolvenzverfahrens über das Vermögen des Untererbbauberechtigten und für eine Ablehnung des Insolvenzverfahrens mangels Masse.

Alternativ:

Alle Verpflichtungen dieses Vertrages, die nicht zum Inhalt des Untererbbaurechts und auch nicht zum Inhalt der einzutragenden dinglichen Rechte zählen, sind von jedem Vertragsteil etwaigen Rechtsnachfolgern mit Weitergabeverpflichtung aufzuerlegen.

Alternativ:

Jeder Vertragsteil ist verpflichtet, Verpflichtungen, die nicht bereits kraft Gesetzes übergehen, seinem Rechtsnachfolger mit Weitergabeverpflichtung aufzuerlegen. Falls ein Rechtsnachfolger nicht alle Bestimmungen dieses Vertrages übernimmt, ist der Obererbbauberechtigte berechtigt, seine Zustimmung zur Übertragung des Untererbbaurechts zu verweigern.

XI. Teilunwirksamkeit; salvatorische Klausel; Schlichtungsklausel

Die Unwirksamkeit einzelner Bestimmungen dieses Vertrages berührt den übrigen Vertragsinhalt nicht. Der Vertrag bleibt im Übrigen bestehen. An die Stelle unwirksamer Bestimmungen dieses Vertrages treten die gesetzlichen Bestimmungen. Die Vertragsteile verpflichten sich, eine unwirksame Bestimmung durch eine wirksame Bestimmung zu ersetzen, mit der der beabsichtigte Zweck erreicht werden kann.

Sollte es zwischen dem Obererbbauberechtigten und dem Untererbbauberechtigten zu Konflikten kommen, werden sie miteinander verhandeln und eine einvernehmliche Lösung anstreben. Der Notar/die Notarin hat darauf hingewiesen, dass der Schlichtungs- und Schiedsgerichtshof deutscher Notare (SGH) ein Schlichtungsverfahren zur Verfügung stellt, wenn die direkten Verhandlungen zu keinem Ergebnis führen (Informationen und Kontaktdaten zum SGH unter www.dnotv.de). Die Beteiligten stellen klar, dass diese Absichtserklärungen der Einleitung eines Gerichtsverfahrens nicht entgegenstehen.

Alternativ:

- Sollte es zwischen dem Obererbbauberechtigten und dem Untererbbauberechtigten zu Konflikten kommen, werden sie miteinander verhandeln und eine einvernehmliche und in die Zukunft gerichtete Lösung anstreben. Der Notar/die Notarin hat darauf hingewiesen, dass der Schlichtungs- und Schiedsgerichtshof deutscher Notare (SGH) ein Schlichtungsverfahren zur Verfügung stellt, wenn die direkten Verhandlungen zu keinem Ergebnis führen (Informationen und Kontaktdaten zum SGH unter www.dnotv.de). Unter der Leitung eines erfahrenen und unabhängigen Schlichters kann dort der Konflikt selbstbestimmt weiterbearbeitet werden. Eine Klage betrachten die Beteiligten als letztes Mittel. Die rechtlichen Berater der Beteiligten sollen die Beteiligten vorrangig bei den vorgenannten Verhandlungslösungen unterstützen. Die Beteiligten stellen klar, dass diese Absichtserklärungen der Einleitung eines Gerichtsverfahrens nicht entgegenstehen.

Alternativ:

- Sollte es zwischen dem Obererbbauberechtigten und dem Untererbbauberechtigten zu Konflikten kommen, verpflichten sich die Beteiligten, alle oder im Zusammenhang mit diesem Vertrag entstehenden Streitigkeiten möglichst durch direkte Verhandlungen beizulegen. Die rechtlichen Berater der Beteiligten sollen diese dabei unterstützen. Gelingt dies nicht, verpflichten sich die Beteiligten, eine Schlichtung vor dem Schlichtungs- und Schiedsgerichtshof deutscher Notare (SGH) durchzuführen (Informationen und Kontaktdaten unter www.dnotv.de). Die Schlichtung beginnt mit dem Antrag auf Durchführung einer Schlichtung gegenüber dem SGH. Die Schlichtung endet auch ohne abschließende Einigung, wenn der Antrag zurückgewiesen wird oder der Schlichter das Scheitern der Schlichtung feststellt. Während der laufenden Schlichtung ist die Verjährung der streitgegenständlichen Ansprüche gehemmt. Die Klageerhebung ist erst nach der Beendigung der Schlichtung zulässig. Verfahren des einstweiligen Rechtsschutzes sowie selbständige Beweisverfahren bleiben auch während der Schlichtung zulässig. Gleiches gilt für Verfahren zur Wahrung einer gesetzlichen Ausschlussfrist. Insoweit verpflichten sich der Obererbbauberechtigte und der Untererbbauberechtigte, während der laufenden Schlichtung das Ruhen des gerichtlichen Verfahrens zu beantragen.

Alternativ:

Sofern eine Bestimmung dieses Vertrages nicht wirksam sein sollte oder der Vertrag eine Lücke enthalten, lässt dies die Wirksamkeit der übrigen Bestimmungen unberührt. Die Vertragsteile verpflichten sich dazu, in diesem Fall eine Bestimmung zu wählen, die dem am nächsten kommt, was die Vertragsteile bei Kenntnis der Unwirksamkeit bzw. der Lücke vereinbart hätten.

- Sollte es zwischen dem Ober- und dem Untererbbauberechtigten zu Konflikten kommen, werden sie miteinander verhandeln und eine einvernehmliche Lösung anstreben. Der Notar/die Notarin hat darauf hingewiesen, dass der Schlichtungs- und Schiedsgerichtshof deutscher Notare (SGH) ein Schlichtungsverfahren zur Verfügung stellt, wenn die direkten Verhandlungen zu keinem Ergebnis führen (Informationen und Kontaktdaten zum SGH unter www.dnotv.de). Die Beteiligten stellen klar, dass diese Absichtserklärungen der Einleitung eines Gerichtsverfahrens nicht entgegenstehen.

Alternativ:

- Sollte es zwischen dem Ober- und dem Untererbbauberechtigten zu Konflikten kommen, werden sie miteinander verhandeln und eine einvernehmliche und in die Zukunft gerichtete Lösung anstreben. Der Notar/die Notarin hat darauf hingewiesen, dass der Schlichtungs- und Schiedsgerichtshof deutscher Notare (SGH) ein Schlichtungsverfahren zur Verfügung stellt, wenn die direkten Verhandlungen zu keinem Ergebnis führen (Informationen und Kontaktdaten zum SGH unter www.dnotv.de). Unter der Leitung eines erfahrenen und unabhängigen Schlichters kann dort der Konflikt selbstbestimmt weiterbearbeitet werden. Eine Klage betrachten die Beteiligten als letztes Mittel. Die rechtlichen Berater der Beteiligten sollen die Beteiligten vorrangig bei den vorgenannten Verhandlungslösungen unterstützen. Die Beteiligten stellen klar, dass diese Absichtserklärungen der Einleitung eines Gerichtsverfahrens nicht entgegenstehen.

Alternativ:

- Sollte es zwischen dem Ober- und dem Untererbbauberechtigten zu Konflikten kommen, verpflichten sich die Beteiligten, alle oder im Zusammenhang mit diesem Vertrag entstehenden Streitigkeiten möglichst durch direkte Verhandlungen beizulegen. Die rechtlichen Berater der Beteiligten sollen diese dabei unterstützen. Gelingt dies nicht, verpflichten sich der Ober- und dem Untererbbauberechtigten, eine Schlichtung vor dem Schlichtungs- und Schiedsgerichtshof deutscher Notare (SGH) durchzuführen (Informationen und Kontaktdaten unter www.dnotv.de). Die Schlichtung beginnt mit dem Antrag auf Durchführung einer Schlichtung gegenüber dem SGH. Die Schlichtung endet auch ohne abschließende Einigung, wenn der Antrag zurückgewiesen wird oder der Schlichter das Scheitern der Schlichtung feststellt. Während der laufenden Schlichtung ist die Verjährung der streitgegenständlichen Ansprüche gehemmt. Die Klageerhebung ist erst nach der Beendigung der Schlichtung zulässig. Verfahren des einstweiligen Rechtsschutzes sowie selbständige Beweisverfahren bleiben auch während der Schlichtung zulässig. Gleiches gilt für Verfahren zur Wahrung einer gesetzlichen Ausschlussfrist. Insoweit verpflichten sich der Ober- und dem Untererbbauberechtigte, während der laufenden Schlichtung das Ruhen des gerichtlichen Verfahrens zu beantragen.

Alternativ:

Sollte eine Bestimmung dieser Urkunde unwirksam sein oder werden, bleiben die übrigen Bestimmungen wirksam. In diesem Fall ist die unwirksame Bestimmung durch eine wirksame Bestimmung zu ersetzen, die der unwirksamen Bestimmung wirtschaftlich entspricht. Dies soll auch für etwaige Vertragslücken gelten.

- Sollte es zwischen dem Ober- und dem Untererbbauberechtigten zu Konflikten kommen, werden sie miteinander verhandeln und eine einvernehmliche Lösung anstreben. Der Notar/die Notarin hat darauf hingewiesen, dass der Schlichtungs- und Schiedsgerichtshof deutscher Notare (SGH) ein Schlichtungsverfahren zur Verfügung stellt, wenn die direkten Verhandlungen zu keinem Ergebnis führen (Informationen und Kontaktdaten zum SGH unter www.dnotv.de). Die Beteiligten stellen klar, dass diese Absichtserklärungen der Einleitung eines Gerichtsverfahrens nicht entgegenstehen.

Alternativ:

- Sollte es zwischen dem Ober- und dem Untererbbauberechtigten zu Konflikten kommen, werden sie miteinander verhandeln und eine einvernehmliche und in die Zukunft gerichtete Lösung anstreben. Der Notar/die Notarin hat darauf hingewiesen, dass der Schlichtungs- und Schiedsgerichtshof deutscher Notare (SGH) ein Schlichtungsverfahren zur Verfügung stellt, wenn die direkten Verhandlungen zu keinem Ergebnis führen (Informationen und Kontaktdaten zum SGH unter www.dnotv.de). Unter der Leitung eines erfahrenen und unabhängigen Schlichters kann dort der Konflikt selbstbestimmt weiterbearbeitet werden. Eine Klage betrachten die Beteiligten als letztes Mittel. Die rechtlichen Berater der Beteiligten sollen die Beteiligten vorrangig bei den vorgenannten Verhandlungslösungen unterstützen. Die Beteiligten stellen klar, dass diese Absichtserklärungen der Einleitung eines Gerichtsverfahrens nicht entgegenstehen.

Alternativ:

- Sollte es zwischen dem Ober- und dem Untererbbauberechtigten zu Konflikten kommen, verpflichten sich die Beteiligten, alle oder im Zusammenhang mit diesem Vertrag entstehenden Streitigkeiten möglichst durch direkte Verhandlungen beizulegen. Die rechtlichen Berater der Beteiligten sollen diese dabei unterstützen. Gelingt dies nicht, verpflichten sich der Ober- und dem Untererbbauberechtigte, eine Schlichtung vor dem Schlichtungs- und Schiedsgerichtshof deutscher Notare (SGH) durchzuführen (Informationen und Kontaktdaten unter www.dnotv.de). Die Schlichtung beginnt mit dem Antrag auf Durchführung einer Schlichtung gegenüber dem SGH. Die Schlichtung endet auch ohne abschließende Einigung, wenn der Antrag zurückgewiesen wird oder der Schlichter das Scheitern der Schlichtung feststellt. Während der laufenden Schlichtung ist die Verjährung der streitgegenständlichen Ansprüche gehemmt. Die Klageerhebung ist erst nach der Beendigung der Schlichtung zulässig. Verfahren des einstweiligen Rechtsschutzes sowie selbständige Beweisverfahren bleiben auch während der Schlichtung zulässig. Gleiches gilt für Verfahren zur Wahrung einer gesetzlichen Ausschlussfrist. Insoweit verpflichten sich der Ober- und der Untererbbauberechtigten, während der laufenden Schlichtung das Ruhen des gerichtlichen Verfahrens zu beantragen.

XII. Unbedenklichkeitsbescheinigung des Finanzamtes

Die Erschienenen wurden darauf hingewiesen, dass die Untererbbaurechtseintragung im Grundbuch erst dann erfolgen kann, sobald die Unbedenklichkeitsbescheinigung des Finanzamtes vorliegt. Die Unbedenklichkeitsbescheinigung wird erst nach Begleichung der Grunderwerbsteuer erteilt. Die Grunderwerbsteuer trägt der Untererbbauberechtigte.

XIII. Notarermächtigung; Genehmigungen, Vollzug

Der Notar/die Notarin , deren Vertreter und Nachfolger im Amt werden jeweils beauftragt und bevollmächtigt, etwaige Zustimmungserklärungen und Genehmigungen unter Fertigung eines Entwurfs einzuholen. Die Genehmigungen und Erklärungen sollen mit dem Eingang im Notariat wirksam sein.

Darüber hinaus wird der Notar/die Notarin , deren Vertreter und Nachfolger im Amt ermächtigt, den Vollzug dieser Urkunde zu betreiben und Anträge getrennt oder eingeschränkt zu stellen (Teilvollzug). Die Ermächtigung umfasst auch die Rücknahme der Erklärungen und die Abgabe aller verfahrensrechtlichen Erklärungen, die zur Durchführung dieser Urkunde erforderlich sind.

Die Vollzugsmitteilungen sind für alle Beteiligten an den Notar zu übersenden.

Alternativ:

Der Notar/die Notarin , deren Vertreter und Nachfolger im Amt werden jeweils umfassend beauftragt und bevollmächtigt, für den Vollzug dieser Urkunde zu sorgen, insbesondere die Beteiligten im Grundbuchverfahren uneingeschränkt zu vertreten und alle Zustimmungs-, Genehmigungs-, Rangrücktritts- sowie Lastenfreistellungserklärungen einzuholen und entgegenzunehmen. Der Notar/die Notarin , deren Vertreter und Nachfolger im Amt sind berechtigt, den Teilvollzug zu beantragen, also einzelne Bestimmungen von der Eintragung des Untererbbaurechts auszunehmen.

Zugleich erteilt der Untererbbauberechtigte dem Obererbbauberechtigten unter Befreiung von den Beschränkungen des § 181 BGB Vollmacht, alle Erklärungen abzugeben und entgegenzunehmen, die erforderlich und zweckdienlich sind, um Zwischenverfügungen oder ähnliche Beschlüsse des Grundbuchamtes zu erfüllen und die Eintragung des Untererbbaurechts herbeizuführen.

Alternativ:

Der Notar/die Notarin , deren Vertreter und Nachfolger im Amt werden jeweils beauftragt und bevollmächtigt, die Beteiligten im Grundbuchverfahren umfassend zu vertreten. Der Notar/die Notarin , deren Vertreter und Nachfolger im Amt ist ermächtigt, Bestimmungen, die nicht Inhalt des Untererbbaurechts sein können, zu bezeichnen und von der Eintragung auszunehmen. Entsprechende Bestimmungen sollen jedoch als schuldrechtliche Vereinbarungen weitergelten und ihre Gültigkeit behalten. Genehmigungen sollen mit Eingang im Notariat als mitgeteilt gelten und rechtswirksam sein.

XIV. Weitere Hinweise und Feststellungen

Die Vertragsteile wurden auf Folgendes hingewiesen:

- alle Vereinbarungen, die in dieser Urkunde enthalten sind, müssen richtig und vollständig sein
- das Untererbbaurecht kann am Obererbbaurecht nur an ausschließlich erster Rangstelle eingetragen werden
- am Vertragsgegenstand können Rückstände an öffentlichen Lasten bestehen
- die Vertragsteile haften für die Grunderwerbsteuer und die Kosten
- alle Beteiligten erklären sich mit der Speicherung und Bearbeitung ihrer Daten durch das Notariat uneingeschränkt einverstanden und stimmen der Speicherung und Bearbeitung ausdrücklich zu; die Belehrung durch den Notar über die Informationspflichten bei Erhebung personenbezogener Daten ist erfolgt
- alle Beteiligten erklären, ausschließlich für eigene Rechnung zu handeln und auch selbst wirtschaftlicher Berechtigter zu sein. Keiner der Beteiligten handelt für fremde Rechnung. Die Belehrung durch den Notar über die Angabepflichten nach dem Geldwäschegesetz ist erfolgt.

XV. Ausfertigungen, Abschriften

Eine *Ausfertigung* dieser Urkunde erhalten:

- der Obererbbauberechtigte
- der Untererbbauberechtigte
- das Grundbuchamt

Eine *beglaubigte Abschrift* dieser Urkunde erhalten:

- das Finanzamt, Grunderwerbsteuerstelle
- der Gutachterausschuss
- der Untererbbauberechtigte für seinen Finanzierungsgläubiger
- die dinglich Berechtigten, deren Rangrücktritts-, Zustimmungs- oder Löschungserklärung erforderlich ist

XVI. Notar- und Gerichtskosten; Grunderwerbsteuer

Die Kosten für die Beurkundung und den Vollzug im Grundbuch trägt der Untererbbauberechtigte, ebenso die Grunderwerbsteuer.

Kosten, die im Rahmen der Erstrangbeschaffung des Erbbaurechts anfallen, trägt der Obererbbauberechtigte.

Alternativ:

Sämtliche Kosten, die mit dieser Beurkundung verbunden sind, trägt der Untererbbauberechtigte. Hierzu zählen auch die Kosten für die Einholung von Genehmigungen, die Kosten des grundbuchamtlichen Vollzugs, die Grunderwerbsteuer, ebenso die Kosten des Heimfalls, der Löschung des Untererbbaurechts. Der Untererbbauberechtigte trägt auch die Grunderwerbsteuer, die im Rahmen dieses Vertrages anfällt.

Kosten der Lastenfreistellung und Kosten der Rangbeschaffung des Untererbbaurechts trägt jedoch der Obererbbauberechtigte.

Vorgelesen vom Notar,

von den Beteiligten genehmigt

und eigenhändig unterschrieben:

(Unterschriften der Beteiligten)

(Unterschrift und Siegel des Notars)"

▲

I. Eintragung im Grundbuch

Für das Untererbbaurecht wird von Amts wegen ein besonderes Grundbuchblatt ange- 54
legt,[178] ein **Erbbaugrundbuch,** § 14 Abs. 1 S. 1 ErbbauRG,[179] das sinnvollerweise als **Untererbbaugrundbuch** zu bezeichnen ist,[180] um Verwechslungen mit dem Obererbbaugrundbuch zu vermeiden und das Verhältnis zwischen Ober- und Untererbbaurecht abzubilden. Das Untererbbaurecht lediglich als *Erbbaugrundbuch* zu bezeichnen, trägt

178 So bereits BGH, Urt. v. 22.2.1974, Az. V ZR 67/72 = NJW 1974, 1137, 1138: „*Eine Unübersichtlichkeit des Grundbuchs ist deswegen nicht zu befürchten, weil für jedes Untererbbaurecht gemäß § 14 ErbbauVO ein eigenes Grundbuchblatt anzulegen ist.*"

179 Ebenso Ingenstau/Hustedt/*Bardenhewer*, § 11 Rn 19; *Winkler/Schlögel*, § 3 Rn 29.

180 Vgl. *Schöner/Stöber*, Rn 1703; unklar *Böttcher*, Rn 61, der nur von einem Erbbaugrundbuch spricht.

zur Verwirrung der Einsichts- und Beurkundungspraxis bei. Gemeint sind Rückfragen des Inhalts, ob denn unzulässigerweise mehrere Erbbaurechte an demselben Grundstück eingetragen sind bzw. welcher funktionelle Zusammenhang zwischen Ober- und Untererbbaurecht besteht. Dies gilt es zu vermeiden. Tatsächlich liegt eine Belastung des Erbbaurechts vor, was grundbuchmäßig nur durch die Bezeichnung „*Untererbbaurecht*" zum Ausdruck gebracht werden kann.

Im **Untererbbaugrundbuch** werden auch der Obererbbauberechtigte und jeder spätere Erwerber des Obererbbaurechts vermerkt, § 14 Abs. 1 S. 2 ErbbauRG, dort im Bestandsverzeichnis.[181] Ob auch der **Grundstückseigentümer** zu vermerken ist, ist ungeklärt, aber zu bejahen, da eine Grundstücksnutzung vorliegt und die Person des Eigentümers von Interesse ist. Der Grundstückseigentümer ist auch deshalb im Untererbbaugrundbuch zu vermerken, da den Untererbbauberechtigten die Rechtsfolgen eines etwaigen Heimfalls des Obererbbaurechts treffen.[182] Beim Heimfall des Obererbbaurechts erlischt das Untererbbaurecht, § 33 Abs. 1 S. 3 ErbbauRG. Der Vermerk des Grundstückseigentümers im Untererbbaugrundbuch ist überdies vom Wortlaut des § 14 Abs. 1 S. 2 ErbbauRG gedeckt.[183]

55 Im **Grundstücksgrundbuch** erfolgt dagegen **keine Eintragung**, weil das Untererbbaurecht sich als derivatives Recht vom Obererbbaurecht ableitet,[184] nicht dagegen vom Grundstück.

Generell finden sich die Regelungen über das Erbbaugrundbuch und damit auch das Untererbbaugrundbuch in den §§ 54 – 60 GBV wieder, allerdings offeriert die **GBV kein Muster** für die Anlegung eines **Untererbbaugrundbuchs,**[185] was Gegenstand einer gesetzgeberischen Überarbeitung der GBV sein könnte.

Die **Aufschrift** des Untererbbaugrundbuchs enthält das Amtsgericht, die Gemarkung, die Blattnummer und den Klammerzusatz „*Untererbbaugrundbuch*", § 55 Abs. 2 GBV:

„**Amtsgericht** München
Grundbuch
von
Max-Vorstadt
Blatt1969
(Untererbbaugrundbuch)"

181 Ebenso *Winkler/Schlögel*, § 3 Rn 29.
182 Vgl. zum Heimfall des Obererbbaurechts auch *Knothe*, S. 198.
183 „Im Erbbaugrundbuch sind auch der Eigentümer und jeder spätere Erwerber des Grundstücks zu vermerken."
184 Auch gegen Eintragung im Grundstücksgrundbuch: *Winkler/Schlögel*, § 3 Rn 29.
185 Meikel/*Schneider*, § 56 Rn 49 GBV.

Im **Bestandsverzeichnis** sind die Bezeichnung „Untererbbaurecht", das belastete Obererbbaurecht, das Flurstück, der Inhalt des Unter- und des Obererbbaurechts sowie der Eigentümer des belasteten Grundstücks einzutragen, § 56 Abs. 1 GBV.

Beschränkungen des Untererbbaurechts durch **Bedingungen**, **Befristungen** oder **Zustimmungsvorbehalte** i.S.v. § 5 ErbbauRG sind **ausdrücklich** einzutragen, § 56 Abs. 2 GBV. Die Veräußerung und die Belastung des Untererbbaurechts mit Grundpfandrechten oder Reallasten kann von der **Zustimmung des Obererbbauberechtigten** abhängig gemacht werden,[186] § 5 Abs. 1 und Abs. 2 S. 1 ErbbauRG, ebenso eine Inhaltsänderung von Grundpfandrechten und Reallasten, die eine weitere Belastung des Untererbbaurechts enthält, § 5 Abs. 2 S. 2 ErbbauRG.[187] Eine Bezugnahme nach § 874 BGB ist insoweit unzulässig. Eine Erweiterung i.S. einer Bindung an die **Zustimmung des Grundstückseigentümers** kann **nicht** mit **dinglicher**, sondern nur mit schuldrechtlicher Bindung vereinbart werden[188] und ist durch die Bezugnahme gedeckt.

Ungeklärt ist, ob im **Untererbbaugrundbuch**, Bestandsverzeichnis, auch die **Zustimmungsvorbehalte** abzubilden sind, die den **Obererbbauberechtigten im Verhältnis zum Grundstückseigentümer** treffen. Teile der Grundbuchpraxis erwähnen im Untererbbaurecht auch die **Zustimmungsvorbehalte** des Obererbbauberechtigten, was jedoch **abzulehnen** ist. Das Untererbbaugrundbuch ist der falsche Ort dafür, diese Zustimmungsvorbehalte darzustellen, die bereits Gegenstand des Obererbbaugrundbuchs sind. Ein praktisches Bedürfnis, die Zustimmungsvorbehalte des Obererbbauberechtigten im Untererbbaugrundbuch erneut aufzugreifen, ist nicht ersichtlich. Im Lichte allgemeiner **Datenschutzerwägungen** erscheint eine solche Reprise sogar bedenklich und muss daher **vermieden** werden. Ob der Obererbbauberechtigte Zustimmungen des Grundstückseigentümers zur Veräußerung oder Belastung des Obererbbaurechts benötigt, wirkt sich auf das Untererbbaurecht nicht aus. Terminologisch ist bei der Eintragung darauf zu achten, etwaige Beschränkungen des Untererbbaurechts diesem und nicht dem „Erbbaurecht" zuzuordnen, womit u.U. das Obererbbaurecht gemeint sein könnte (also nicht: *„Der Untererbbauberechtigte bedarf der Zustimmung des Obererbbauberechtigten zur Veräußerung des Erbbaurechts.*"). Im Rahmen der **Bezugnahme auf Vertragsinhalte** ist folglich in gleicher Weise zwischen dem **Ober- und dem Untererbbaurecht zu differenzieren**, um der **Einsichtspraxis** den Weg zu ebnen und das Verständnis zu erleichtern. 56

186 OLG Hamm, Beschl. v. 3.7.2008, Az. 15 WX 116/08 = WKRS 2008, 20103; Staudinger/*Rapp*, § 11 Rn 11; Ingenstau/Hustedt/*Hustedt*, § 5 Rn 33.

187 *Räfle*, § 5 Rn 11; Ingenstau/Hustedt/*Hustedt*, § 5 Rn 33.

188 Ingenstau/Hustedt/*Hustedt*, § 5 Rn 33.

Eintragungen im **Untererbbaugrundbuch:**

Amtsgericht München **Grundbuch von** Max-Vorstadt **Blatt** 1969 **Bestandsverzeichnis**

		Bezeichnung der Grundstücke und der mit dem Eigentum verbundenen Rechte				Größe		
Lfd. Nr. d. Grundstücke	Bisherige lfd. Nummer d. Grundstücke	Gemarkung Flurstück			Wirtschaftsart und Lage	ha	a	qm
		a/b			c			
1	2	3				4		
1	-	*Untererbbaurecht an dem im Obererbbaugrundbuch von Max-Vorstadt Blatt 1870 eingetragenen Erbbaurecht, zweite Abteilung Nr. 1. Das Obererbbaurecht lastet an dem Grundstück Max-Vorstadt Blatt 123, BVNr. 1*						
		456			*Kreittmayrstraße 5, Gebäude- und Freifläche*		*77*	*77*
		Das Obererbbaurecht ist für Johann Konnetschke, geb. 8.11.1979, bis zum 31.12.2099 eingetragen. Das Untererbbaurecht ist eingetragen bis zum 31.12.2088. *Grundstückseigentümer: Anton Lausmann, geb. 19.1.1959.* *Die Zustimmung des Obererbbauberechtigten ist erforderlich zur:* *– Veräußerung des Untererbbaurechts* *– Belastung des Untererbbaurechts mit Grundpfandrechten, Reallasten, Dauerwohn- und-nutzungsrechten* *– nebst deren Inhaltsänderung als weitere Belastung des Untererbbaurechts.* *Wegen des weiteren Inhalts des Obererbbaurechts wird auf die Bewilligung vom 6.4.1992 – URNr. 811/Notar Dr. Notarius, München–, Bezug genommen.* *Wegen des weiteren Inhalts des Untererbbaurechts wird auf die Bewilligung vom 2.6.2024 – UVZ-Nr. 1200/Notarin Prof. Dr. Notarius, München–, Bezug genommen.* *Angelegt am 2.8.2024.* *Frantzen*						

Die **Erste Abteilung** des **Untererbbaugrundbuchs** dient zur Eintragung des **Untererbbauberechtigten**, § 57 Abs. 1 GBV:

Amtsgericht München **Grundbuch von** Max-Vorstadt **Blatt** 1969 **Erste Abteilung**

Laufende Nummer der Eintragungen	Eigentümer	Laufende Nummer der Grundstücke im Bestandsverzeichnis	Grundlage der Eintragung
1	2	3	4
1	Seefelder Verlags GmbH, München, Amtsgericht München, HRB 50210	1	Einigung vom 2.6.2024; eingetragen am 2.8.2024. Frantzen

Die **Zweite Abteilung** weist die Lasten und Beschränkungen aus und folgt den allgemeinen Bestimmungen, § 57 Abs. 2 GBV. Der Erbbauzins, der auf dem Untererbbaurecht lastet, kann als „**Untererbbauzins**" bezeichnet werden, um eine Verwechslung mit dem Erbbauzins zu vermeiden, der auf dem Obererbbaurecht ruht. Die Bezeichnung als „Erbbauzins" wäre unschädlich.

Amtsgericht München **Grundbuch von** Max-Vorstadt **Blatt** 1969 **Zweite Abteilung**

Lfd. Nummer der Eintragungen	Lfd. Nummer der betroffenen Grundstücke im Bestandsverzeichnis	Lasten und Beschränkungen
1	2	3
1	1	Untererbbauzins in Höhe von derzeit einhunderttausend EUR jährlich – wertgesichert – für den jeweiligen Obererbbauberechtigten in Blatt 1870, Bestandsverzeichnis-Nr. 1; das Bestehenbleiben des Hauptanspruchs in der Zwangsversteigerung wurde vereinbart; gemäß Bewilligung vom 2.6.2024 – UVZ-Nr. 1200/Notarin Prof. Dr. Notarius, München –; eingetragen am 2.8.2024. Frantzen
2	1	Vorkaufsrecht für alle Verkaufsfälle für den jeweiligen Obererbbauberechtigten in Blatt 1870, Bestandsverzeichnis-Nr. 1; gemäß Bewilligung vom 2.6.2024 – UVZ-Nr. 1200/Notarin Prof. Dr. Notarius, München –; eingetragen am 2.8.2024. Frantzen

In der **Dritten Abteilung** werden Grundschulden, Hypotheken, Rentenschulden sowie die Vormerkungen und Widersprüche eingetragen, die sich auf diese Rechte beziehen, § 11 Abs. 1 GBV:

Amtsgericht München **Grundbuch von** Max-Vorstadt **Blatt** 1969 **Dritte Abteilung**

Lfd. Nummer der Eintragungen	Lfd. Nr. der belasteten Grundstücke im Bestandsverzeichnis	Betrag	Hypotheken, Grundschulden, Rentenschulden
1	2	3	4
1	1	2.000.000 EUR	Grundschuld ohne Brief zu zwei Millionen EUR; für Sparkasse Silbertal, Silbertal; 18 Prozent jährlich; vollstreckbar nach § 800 ZPO; gemäß Bewilligung vom 19.9.2024 – UVZ-Nr. 1944/Notar Dr. Notarius, München –; eingetragen am 9.10.2024. Frantzen

Amtsgericht München **Grundbuch von** Max-Vorstadt **Blatt** 1969 **Dritte Abteilung**

Veränderungen			Löschungen	
Lfd. Nummer d. Spalte 1	Betrag		Lfd. Nummer d. Spalte 1	
4		5	6	7
1	2.000.000 EUR	Rückgewährsvormerkung (Rückübertragung bzw. Verzicht bzw. Löschung) für den jeweiligen Obererbbauberechtigten in Blatt 1870, Bestandsverzeichnis-Nr. 1; gemäß Bewilligung vom 19.9.2024 – UVZ-Nr. 1944/Notar Dr. Notarius, München –; eingetragen am 9.10.2024. Frantzen		
1	2.000.000 EUR	Löschungsvormerkung gemäß § 1179 Ziffer 2 BGB für den jeweiligen Obererbbauberechtigten in Blatt 1870, Bestandsverzeichnis-Nr. 1; gemäß Bewilligung vom 19.9.2024 – UVZ-Nr. 1944/Notar Dr. Notarius, München –; eingetragen am 9.10.2024. Frantzen		

Bei der Eintragung im **Obererbbaugrundbuch** ist zur näheren Bezeichnung des Inhalts des Untererbbaurechts auf das Untererbbaugrundbuch Bezug zu nehmen, § 14 Abs. 2 ErbbauRG. Das Untererbbaurecht wird im Obererbbaugrundbuch an erster Rangstelle eingetragen.[189] Die Eintragung im Obererbbaugrundbuch lautet wie folgt:

Amtsgericht München **Grundbuch von** Max-Vorstadt **Blatt** 1870 **Zweite Abteilung**

Lfd. Nummer der Eintragungen	Lfd. Nummer der betroffenen Grundstücke im Bestandsverzeichnis	Lasten und Beschränkungen
1	2	3
1	1	Untererbbaurecht bis zum 31.12.2088 für Seefelder Verlags GmbH, München, Amtsgericht München, HRB 50210; gemäß Bewilligung vom 2.6.2024 – UVZ-Nr. 1200/Notarin Prof. Dr. Notarius, München –; mit Bezug auf die Nr. 1 des Bestandsverzeichnisses des Untererbbaugrundbuches von Max-Vorstadt Blatt 1969 eingetragen am 2.8.2024. Frantzen
2	1	Vorkaufsrecht für alle Verkaufsfälle für den jeweiligen Berechtigten des in Blatt 1969 vorgetragenen Untererbbaurechts, Bestandsverzeichnis-Nr. 1; gemäß Bewilligung vom 2.6.2024 – UVZ-Nr. 1200/Notarin Prof. Dr. Notarius, München –; eingetragen am 2.8.2024. Frantzen

J. Kosten des Notariats und des Grundbuchamtes

I. Kosten des Notariats

Im Falle der vertraglichen Bestellung eines **Untererbbaurechts** fällt eine 2,0 Gebühr an, Nr. 21100 KV GNotKG, mindestens ein Betrag i.H.v. 120 EUR. **57**

Der **Geschäftswert für die Bestellung des Untererbbaurechts** ist **nicht** nach § 36 Abs. 1 GNotKG zu schätzen, sondern richtet sich nach den §§ 97, 43, 52, 49 Abs. 2 GNotKG. Demnach sind zwei Werte zu ermitteln und gegenüberzustellen:

- das ist zum einen der nach § 52 GNotKG vereinbarte Untererbbauzins, §§ 43 S. 1, 52 GNotKG, also der Jahresuntererbbauzins, multipliziert mit der Dauer des Rechts, höchstens jedoch mit dem Faktor 20, § 52 Abs. 2 S. 1 und 2 GNotKG. Preisklauseln bleiben unberücksichtigt, § 52 Abs. 7 GNotKG. Heranzuziehen ist nicht der im Ober-

189 *Winkler/Schlögel*, § 3 Rn 29.

erbbaurecht bereits eingetragene Erbbauzins, sondern der Untererbbauzins, der im Untererbbaugrundbuch eingetragen wird.

- das ist zum anderen der Wert des Obererbbaurechts nach § 49 Abs. 2 GNotKG, begrenzt auf die Teilfläche des Untererbbaurechts, der in zwei Schritten zu ermitteln ist (doppelte Teilwertbildung). Zuerst ist der Wert des Obererbbaurechts festzustellen, der reguläre Wert eines Erbbaurechts, demnach 80 Prozent des bebauten Grundstücks (erster Teilwert), allerdings begrenzt auf die Teilfläche des Untererbbaurechts, die regelmäßig noch nicht bebaut ist. Noch nicht errichtete Bauwerke bleiben unberücksichtigt (anders dagegen die Geschäftswertermittlung des Vorkaufsrechts, vgl. unten). Also: 80 Prozent des Bodenwertes, begrenzt auf die Teilfläche des Untererbbaurechts. Zu bewerten ist kein Obererbbaurecht, sondern ein Untererbbaurecht, so dass eine weitere Teilwertbildung erforderlich wird. Vom ermittelten, auf die Teilfläche des Untererbbaurechts begrenzten Wert (s.o.) sind wiederum nur 80 Prozent heranzuziehen, § 49 Abs. 2 GNotKG. Dieser Wert fließt in den modifizierten Wertvergleich ein, der für das Untererbbaurecht vorzunehmen ist.

Maßgeblich ist der **höhere** Wert, § 43 S. 2 GNotKG,[190] der höhere Wert bildet den **Wert des Untererbbaurechts.**

58 Wird der Notar mit dem Vollzug beauftragt (Genehmigung eines vollmachtlos Vertretenen; Einholung von Rangrücktrittserklärungen), fällt hierfür eine 0,5 Gebühr an, Nr. 22110 KV GNotKG.

Üblicherweise räumen sich der Obererbbauberechtigte und der Untererbbauberechtigte **wechselseitige Vorkaufsrechte** ein, wobei kostenrechtlich das Vorkaufsrecht am *Ober*erbbaurecht als Inhalt des Untererbbaurechts gewertet werden muss, das **Vorkaufsrecht am Untererbbaurecht dagegen als eigener, verschiedener Beurkundungsgegenstand** i.S.v. § 86 Abs. 2 GNotKG betrachtet wird. Es liegen verschiedene Beurkundungsgegenstände vor (Untererbbaurecht; Vorkaufsrecht am Untererbbaurecht), deren Werte zu addieren sind, § 35 Abs. 1 GNotKG (Wert Untererbbaurecht plus Wert Vorkaufsrecht am Untererbbaurecht). Dabei ist der Wert des Vorkaufsrechts am Untererbbaurecht nach § 51 Abs. 1 S. 2 GNotKG mit dem hälftigen Wert des Untererbbaurechts zu bemessen. Hierbei ist nicht die obige Wertermittlung heranzuziehen, da sich diese Ermittlung auf den Bestellungsvorgang beschränkt. Vielmehr gilt es zu berücksichtigen, dass im Rahmen der Vorkaufsrechtsbewertung das künftige Bauwerk des Untererbbaurechts stets miteinzubeziehen ist.[191] Die Bebauung zählt wesensgemäß zum Untererbbaurecht, die Regelung in § 49 Abs. 2 GNotKG erfährt durch § 51 Abs. 1 GNotKG eine Modifikation

190 *Streifzug*, Rn 831 ff.

191 Vgl. *Wilsch*, ZfIR 2019, 96 ff.; **a.A.** OLG München, Beschluss v. 31.10.2018, Az. 34 Wx 448/17 KostO = ZfIR 2019, 92, das jedoch nach § 51 Abs. 3 GNotKG eine Abweichung zuließ, um unbillige Einzelfallergebnisse zu vermeiden.

(vgl. auch § 4 Rdn 164). Die notarielle Praxis ist gehalten, die voraussichtlichen Kosten des Untererbbaurechtsbauwerks in Erfahrung zu bringen. Die Empfehlung geht dahin, diese Kosten auch dem Grundbuchamt mitzuteilen.

Also:

- 80 Prozent der mit dem Bauwerk des Untererbbaurechts belasteten Fläche (ggf. Baukosten des Untererbbaurechtsbauwerks veranschlagen, sollte das Bauwerk noch nicht errichtet sein), § 49 Abs. 2 GNotKG
- davon jedoch nur 50 Prozent, § 51 Abs. 1 S. 2 GNotKG
- = Geschäftswert des Vorkaufsrechts am Untererbbaurecht

II. Kosten des Grundbuchamtes

Für die Eintragung des **Untererbbaurechts** fällt eine volle Gebühr an, Nr. 14121 KV GNotKG, ebenfalls berechnet nach den §§ 43, 52, 49 Abs. 2 GNotKG (vgl. oben, Kosten des Notariats, Rdn 57). Notarielle und grundbuchamtliche Geschäftswertermittlung verlaufen synchron, weshalb das Grundbuchamt an die Bewertung des Notariats anknüpfen kann. 59

In Bayern und Bremen kommt die **Katasterfortführungsgebühr** nach Art. 1 KatFortGebG hinzu.

Die Eintragung der **Untererbbauzinsreallast** löst eine volle Gebühr aus, Nr. 14121 KV GNotKG, errechnet nach § 52 GNotKG (vgl. Rdn 57 ff.).

Mit einer vollen Eintragungsgebühr nach der Nr. 14121 KV GNotKG ist auch die Eintragung eines **Vorkaufsrechts am Untererbbaurecht** belegt, zu errechnen aus dem halben Wert der Sache, §§ 51 Abs. 1 S. 2, 49 Abs. 2 GNotKG. Vgl. Rdn 57 und 58:

- 80 Prozent der mit dem Bauwerk des Untererbbaurechts belasteten Grundstücksfläche (ggf. Baukosten des Untererbbaurechtsbauwerks veranschlagen, sollte das Bauwerk noch nicht errichtet sein), § 49 Abs. 2 GNotKG
- davon jedoch nur 50 Prozent, § 51 Abs. 1 S. 2 GNotKG
- = Geschäftswert des Vorkaufsrechts am Untererbbaurecht

Eine volle Eintragungsgebühr nach der Nr. 14121 KV GNotKG ist überdies für die Eintragung des **Vorkaufsrechts am Obererbbaurecht** in Rechnung zu stellen. Ausgangspunkt ist die Regelung in § 49 Abs. 2 GNotKG, 80 Prozent des mit dem Bauwerk des Obererbbauberechtigten bebauten Grundstücks. Falls das Bauwerk des Obererbbaurechts noch nicht bebaut ist, sind die voraussichtlichen Baukosten in Erfahrung zu bringen. Die Empfehlung geht dahin, dem Grundbuchamt bereits bei Antragstellung die voraussichtlichen Baukosten des Obererbbaurechtsbauwerks mitzuteilen. Vom ermittelten Wert– 80 Prozent des bebauten Grundstücks–, sind jedoch nur 50 Prozent in Ansatz zu bringen, § 51 Abs. 1 S. 2 GNotKG.

60 Schließlich fallen in der Praxis noch **Rangänderungsgebühren** nach der Nr. 14130 KV GNotKG (Gebührensatz 0,5) an, die im Rahmen der Untererbbaurechtsbestellung notwendig werden. Hintergrund ist die Regelung in § 10 Abs. 1 S. 1 ErbbauRG, wonach das Untererbbaurecht am Obererbbaurecht nur zur ausschließlich ersten Rangstelle bestellt werden kann. Für jedes Recht, das im Rang zurücktritt, fällt eine 0,5 Veränderungsgebühr an, Nr. 14130 Anmerkung 2 KV GNotKG, und zwar berechnet nach dem geringeren Wert, der sich aus dem Wertvergleich zwischen vor- und zurücktretendem Recht ergibt, § 45 Abs. 1 GNotKG.

Stichwortverzeichnis

fette Zahlen = Paragrafen, magere Zahlen = Randnummern

Benutzerhinweise für den Download

Zur Nutzung des PDF-Musterverzeichnisses benötigen Sie einen **lokal installierten PDF-Reader**, da die Funktionalität über das reine Anzeigen einer PDF-Seite hinausgeht.

Den Download-Link (URL) finden Sie auf der Seite 4 (IV) des Werks (Impressum). Über diesen Link stellen wir Ihnen sämtliche im Werk enthaltenen Muster und Formulierungsbeispiele zur Verfügung. Zur Nutzung der Muster/Formulierungsbeispiele gehen Sie auf den Download-Link und laden die dort abgelegte zip-Datei auf Ihr Laufwerk herunter. Um den Ordner zu entpacken, klicken Sie mit der rechten Maustaste auf die Datei, wählen „**Alle extrahieren**" und folgen dann den Anweisungen. Die Nutzung der Muster ist unabhängig vom Betriebssystem Ihres Rechners.

Durch das Extrahieren werden ein **PDF-Musterverzeichnis** sowie die **Worddateien** der jeweiligen Muster auf dem von Ihnen gewählten Laufwerk Ihres Rechners abgelegt.

Zur Nutzung des PDF-Musterverzeichnisses benötigen Sie einen kostenlosen PDF-Reader. Das Musterverzeichnis gibt Ihnen einen Überblick über die enthaltenen Muster und erleichtert Ihnen den Zugang zu den Mustertexten. Beim Anklicken des gewünschten Musters in dem PDF-Musterverzeichnis öffnet sich der Text direkt in Microsoft Word oder in dem bei Ihnen eingesetzten Textverarbeitungsprogramm. Dann können Sie die Word-Datei direkt bearbeiten und unter einem neuen Dateinamen abspeichern. Bei Nutzern von Microsoft Word können Sicherheitshinweise auf dem Bildschirm erscheinen. Dort müssten Sie die Nutzung ggf. zulassen. Dies wird in den verschiedenen Wordversionen und Textverarbeitungsprogrammen unterschiedlich gehandhabt. In den einzelnen Word-Dateien sind keine Makros o.ä. eingebunden. Damit die Navigation über das PDF-Musterverzeichnis funktioniert dürfen der Ordner „Muster-Doks" und die ursprünglich gelieferten Dateien nicht umbenannt werden. Speichern Sie die bearbeiteten Worddateien daher stets unter einem neuen Dateinamen ab.

Die in einigen Word-Mustertexten vorhandenen **Formularfelder** können Sie markieren und überschreiben. Sie können sich die Bearbeitung erleichtern, indem Sie diese Formularfelder mit dem Default-Tastaturkürzel Ihres Textbearbeitungsprogrammes ansteuern. Für Microsoft Word ist dies i.d.R. das Tastaturkürzel F11, um zum nächsten Feld zu springen und „UMSCHALT+F11", um zum vorherigen zu springen. Diese Tastaturkürzel werden von der Arbeitsumgebung Ihres Textverarbeitungsprogramms und nicht durch die bereitgestellten Word-Muster-Dateien definiert. Daher können die Tastaturkürzel in alternativen Betriebssystemen und/oder Textbearbeitungsprogrammen (z.B. Libre-Office Writer) abweichen.

Bearbeiten der Muster/Formulierungsbeispiele mit einer anderen Textverarbeitung und/oder einem anderen Betriebssystem

Wenn Sie kein Microsoft Word, sondern ein anderes Textverarbeitungsprogramm auf Ihrem Rechner installiert haben, können Sie die Dateien trotzdem aufrufen und bearbeiten. Gehen Sie dazu direkt auf das gewünschte Muster in dem abgelegten Ordner „Muster-Doks“. Über diesen Weg können Sie auch auf die Word-Dateien zugreifen, wenn Sie nicht über das mitgelieferte PDF-Musterverzeichnis navigieren möchten. Jedem Mustertext ist eine Nummer zugewiesen, die in dem Download-Symbol neben dem jeweiligen Formular/Mustertext im Buch abgedruckt ist. Über den Dateinamen (p = Paragraf und m = Muster) lässt sich die gewünschte Mustertext-Datei auffinden.